生物物理学

BIOPHYSICS

生物物理学
BIOPHYSICS

主　编　施一公　汤　超　王宏伟
副主编　陈柱成　齐　志
编著者　（以姓氏拼音为序）

白净卫	曹远胜	柴继杰	陈春来
陈宇凌	陈柱成	邓海腾	方显杨
葛　颢	龚海鹏	李方廷	李海涛
李　明	李丕龙	李雪明	李志远
梁　鑫	吝　易	刘晓蕙	柳振峰
娄继忠	陆　颖	马　锐	齐　志
秦山山	全　舒	施一公	孙　珊
汤　超	涂展春	王宏伟	王佳伟
王　爽	王文娟	王　欣	王新泉
吴聪颖	吴建平	席　鹏	肖百龙
薛　毅	闫创业	闫永彬	张　磊
张强锋	张　欣	赵　帅	赵昕宇

"101 计划"核心教材
生物科学领域

中国教育出版传媒集团
高等教育出版社·北京

内容简介

生物物理学是一门用物理学的原理和方法研究生物大分子的结构与功能、理解生物学问题和规律、阐释生命现象的交叉学科。物理学、化学、计算机科学等领域的发展极大促进了生物物理学的发展。本教材吸收近年来生物物理学领域的重大研究成果，弥补了过去 20 年来我国在这方面的空白。教材内容包括五大部分，分别为生物物理基础、分子生物物理、细胞生物物理、定量生物学导论、生物物理研究的实验方法。教材既注重理论知识的讲解，使学生通过系统学习形成完备的生物物理学知识体系，又能引导学生主动思考和激发他们学习生物物理学的热情。本书适合作为生物学背景高年级本科生和低年级研究生的选修课教材，也可供对生物学感兴趣的物理、化学和数学背景的学生参考。

封面图片说明：具有活性中心的完整剪接体的三维结构（来自裂殖酵母，分辨率高达 3.6 Å）。剪接体是真核生物前体 mRNA 剪接过程的执行者，它由 5 条小 RNA 和 100 多种蛋白质组成，是细胞内最复杂的分子机器之一。通过复杂的结构变化，剪接体逐步形成完全由 RNA 构成的活性中心并催化两步剪接反应。（施一公供图）

**数字资源**

网上数字资源围绕纸质教材知识体系设计，充分体现学科知识的广度和深度，是纸质教材的有力拓展和补充。数字资源主要包括微课、动画、拓展阅读、教学课件等，内容丰富、形式多样，可供教师教学和学生参考。

使用方法

1. 电脑或移动设备访问新形态教材网。

abooks.hep.com.cn/64307

2. 注册并登录后，进入"个人中心"。
3. 刮开图书封底防伪码涂层，通过扫描二维码或手动输入 20 位密码，完成防伪码绑定。
4. 绑定成功后，即可开始学习。

如有使用问题，请点击页面下方的"疑问"按钮。

图书在版编目（CIP）数据

生物物理学 / 施一公，汤超，王宏伟主编；陈柱成，齐志副主编. -- 北京：高等教育出版社，2025.9.
ISBN 978-7-04-064307-7

Ⅰ. Q6

中国国家版本馆CIP数据核字第2025B1T950号

SHENGWU WULIXUE

策划编辑	王 莉 张 磊	开 本	889mm×1194mm 1/16	
责任编辑	张 磊 王 莉	印 张	54.75	
封面设计	姜 磊 贺雅馨	字 数	1450 千字	
版式设计	王凌波 赵 阳	购书热线	010-58581118	
责任绘图	于 博 裴一丹	咨询电话	400-810-0598	
责任校对	王 巍	网 址	http://www.hep.edu.cn	
责任印制	存 怡		http://www.hep.com.cn	
		网上订购	http://www.hepmall.com.cn	
			http://www.hepmall.com	
			http://www.hepmall.cn	
出版发行	高等教育出版社	版 次	2025年9月第1版	
社 址	北京市西城区德外大街4号	印 次	2025年9月第1次印刷	
邮政编码	100120	定 价	220.00元	
印 刷	北京华联印刷有限公司			

本书如有缺页、倒页、脱页等质量问题，请到所购图书销售部门联系调换
版权所有 侵权必究
物 料 号 64307-00

序

博大精深的生命科学

地球 46 亿年演化至今，生物可以说是最为复杂多样的存在，并在过去半个世纪成为科学世界最被广泛关注的研究对象。2005 年，《科学》周刊根据全球科学家的反馈，提出的 125 个悬而未决的基本科学问题中有一多半与生命科学直接相关，其中遴选出的 25 个特别关注里有 15 个是生物学问题。近 20 年过去了，新的知识、理论和技术不断涌现，给生物科学领域带来了深刻变革和巨大进步，然而之前提出的那些基本问题没有一个获得最终答案，很多甚至依旧在原地踏步。

与物理、化学等学科相比，生物学有其鲜明的特点。目前阶段，生物学仍主要通过观察现象去理解机理，以实验科学和数据分析为主，还没有发展到从基本理论出发、推导结论的程度。可能也正因为如此，生物学是进入 21 世纪以来最活跃的研究领域，新问题、新突破层出不穷，也是学科交叉的汇聚焦点。面对新的机遇和挑战，如何培养能够引领未来、创造未来的拔尖人才？教育部 2023 年启动的基础学科系列"101 计划"就是为解决这一问题而实施的高校教育教学综合改革方案。

生物科学"101 计划"的专家委员会通过分析近年来生物科学各领域的深刻变革，以及社会发展对生命科学人才培养的新要求，提出了 11 门课程作为生物科学专业核心课程：普通生物学、生物化学、细胞与分子生物学、遗传学和发育生物学、生理学、微生物学、神经生物学、生物物理学、生物信息学、生态学、免疫生物学，并编写了一套具有鲜明特点的理论和实验教材。教材主编和参编者均为活跃在教学和科研第一线的学者，他们不仅在各自领域取得了出色的研究成果，而且积累了丰富的教学经验，从而保证了教材内容的准确性和教学适用性。本套教材有以下几个特点：

一是注重系统性和前沿性。全面梳理了生物学科知识模块，重构了核心知识框架；注重经典和前沿的融合，关注国际学术前沿和国家战略发展需求，突出学科交叉，更新迭代新知识、新内容。

二是注重深入浅出，启蒙创新思维。不仅清晰介绍知识点，更注重讲述科学发现背后的逻辑，力求能够激发学生的创新火花，培养科学思维、批判性思维和定量思维。

三是体现中国特色。紧密关注国家战略发展需求，充分反映国内生物学领域高水平学术成果，生动展现我国科技事业发展取得的长足进步。

四是呈现形态多元。采用纸质教材加数字资源的新形态教材出版形式，二者一体化设计、有机融合。纸质教材确保可读性和趣味性，数字资源充分展示学科知识的广度与深度，实现信息技术与教材的深度融合。

生物学是一门极富生命力的学科，问题层出不穷，发展日新月异，"授之以鱼不如授之以渔"。我们在期待这套教材能够让读者朋友们系统掌握生物科学知识体系的同时，更希望激发大家对生命科学领域的好奇心、想象力、探知欲，掌握基本的方法论，成为未来创新的主力军。

在这里，要特别感谢生物科学"101计划"专家委员会成员、主编团队以及一起奋斗的400余位编委、撰稿人，没有大家的辛勤付出，不可能短时间内高质量完成这套教材的编写工作；更要感谢几十所高校的资深专家、一线老师和同学在教材编写、审读、试讲试用中提供的宝贵建议。当然，第一版教材肯定会有很多不足之处，恳请读者朋友们带着批判的态度，反馈宝贵的改进意见，我们将继续努力，力争把这套教材打造成为经典，真正走向世界。

尺寸教材，悠悠国事。衷心希望这套教材为有志于在生命科学领域有所作为的青年人带来一点启发，也助力中国科研教育工作者在全社会的持续支持下为探索未知、培养人才做出更大的贡献。

施一公
2025年3月于西湖大学

前 言

生物物理：用物理学手段揭示生命现象中的物理原理

　　格物致知，万物之理。物理学研究从无垠宇宙到微观粒子的基本结构、相互作用和运动规律。地球上的生物只不过是物质的一种特殊存在形式，所有的生命形式都有物质基础，遵从物理法则，各种生命现象的背后蕴藏着物理学的原理。生物物理学一方面揭示生命现象的物理基础和底层逻辑，另一方面则利用物理学方法和思维方式来理解生命现象。1944 年，诺贝尔物理学奖得主埃尔温·薛定谔（Erwin Schrödinger）撰写的《生命是什么？》（What Is Life?）更是吸引了大批物理学家涌入生物学领域，试图用物理学的方法和思维揭示生命的本质。20 世纪 70 年代开始，随着分子生物学手段的建立和发展，又有一大批物理学家进入生命科学相关领域从事研究，大大推动了生物物理学的发展。

　　一般而言，生命科学的问题常常起始于现象观察，其解答也有很多层面，可以是宏观的个体或组织器官层面，也可以是微观的细胞层面；现代生物学研究在还原论的思路下通常都要到分子层面寻找答案。正如宏观的自然现象几乎都可以被现代物理学解释一样，几乎所有的生命现象也都可以找到物理基础。

　　宏观上讲，人体的运动要依从力学原理，代谢过程要遵守能量守恒定律，神经传导则符合电学原理。微观上看，细胞内所有的细胞活动背后时时刻刻都有物理的影子、受物理原理的支配。以一个细胞为例，细胞生物学描绘了一个细胞内部的结构和功能，而生物物理学则可以在原子水平上解析这些结构，诠释这些结构背后的组装原理，同时探明细胞内大分子的物理性质（比如力学和电学性质）、能量状态，以及与其它大分子相互作用的机制，从而揭示这些功能的分子基础。可以说，生物物理是从本质上认识并解释生命现象，它与生物化学互为补充、互相促进，在最基础的层面上共同诠释包括遗传发育、神经活动、免疫反应在内的各种生命现象。

　　生物物理学的定义和研究范畴来自物理学相关研究方向。普通物理学的力学、电磁学、热力学和光学在生物物理学中都有对应内容，既作为研究对象不断深化对生命本质的理解，也提供更精准更多元的研究手段。

生物物理概念的演绎

17世纪，德国著名学者阿塔纳修斯·基歇尔（Athanasius Kircher）开始研究生物发光现象，英国博物学家罗伯特·胡克（Robert Hooke）利用光学显微镜观察软木薄切片，打开了人类观察生命微观世界的大门，开启了细胞生物学。19世纪末，德国物理学家威廉·康拉德·伦琴（Wilhelm Conrad Röntgen）发现了X射线强悍的"穿透"功能。20世纪初，德国物理学家马克斯·冯·劳厄（Max von Laue）发现X射线通过有序排列的晶体时产生衍射图谱。随后，英国物理学家布拉格父子（William Henry Bragg和William Lawrence Bragg）推导出X射线衍射的规律，即布拉格定律，奠定了X射线晶体学的理论基础，使人类张开了从原子分辨率水平观察物质世界的眼睛。

20世纪以来，利用X射线晶体学、电子显微镜、核磁共振，科学家们从观察无机物、有机物终于雄心勃勃地进入生命科学范畴，开始探究更为复杂的生物大分子。多罗西·克劳福特·霍奇金（Dorothy Crowfoot Hodgkin）从20世纪40年代开始测定胆固醇、青霉素等复杂生物分子的结构，并凭借在1955年发表的维生素B_{12}的结构获得了1964年的诺贝尔化学奖。1953年，詹姆斯·沃森（James Watson）和弗朗西斯·克里克（Francis Crick）基于罗莎琳德·富兰克林（Rosalind Franklin）DNA纤维的X射线衍射图谱提出了DNA双螺旋模型。1958—1962年，麦克斯·佩鲁茨（Max Perutz）和约翰·肯德鲁（John Kendrew）则通过X射线晶体衍射解析了血红蛋白和肌红蛋白的空间三维结构，使人类对生命的理解进入分子、原子层面，标志着分子生物学时代的开始，而佩鲁茨和肯德鲁则被誉为"分子生物学之父"。1962年，沃森、克里克和莫里斯·威尔金斯（Maurice Wilkins）获得诺贝尔生理学或医学奖，而佩鲁茨和肯德鲁则获得同年的诺贝尔化学奖。

18世纪末，意大利博物学家路易吉·加尔瓦尼（Luigi Galvani）观察到电极刺激可以引起脑死青蛙腿部肌肉的收缩，标志着生物电研究的开端。经过之后一百多年的发展，到20世纪中叶动作电位的本质被阐明，针对离子通道的鉴定和电流记录成为现代生物物理学的一个重要分支，并极大地促进了神经生物学的发展。与此同时，生物对声、光、电、温度、压力、味道等感知的分子基础也不断被发现，各种负责感受这些外界刺激的离子通道、受体及其下游信号转导通路在过去四五十年内相继被发现。时至今日，各类生物在不同层面对各种外界刺激的感知与反应依旧是最活跃的研究领域；其中，对于重力和磁场等的感知基础仍有待被发现与确认。

探测手段和技术的进步也使得生物力学的研究对象从早年的机体、器官、组织、细胞逐步推进到单分子水平。1998年，谢晓亮首次观测到胆固醇氧化酶的单分子酶活。利用光镊、原子力显微镜等，可以在皮牛（pN）水平精密地测量单个生物大分子折叠、互作过程中的作用力。与此同时，利用等温滴定量热仪、表面等离子共振等技术也把生物大分子的热动力学研究从生物化学的免疫共沉淀等定性描述提升到精确的定量分析。与此同时，包括信号转导和细胞行为在内的针对生物系统的定量模型和数学模拟也发展成为一个活跃的前沿研究领域。

可见，生物物理无处不在，生物物理学是一门蓬勃发展不断革新的关键基础学科和交叉学科，始终在不断开发、引入新的物理方法和技术中刷新我们对于生命现象物理本质的认知。而广义的生物物理学还包括利用物理手段进行医疗诊治。实际上，成立于1957年的约翰斯·霍普金斯大学（Johns Hopkins University）的生物物理系，其初衷就是研究"水、热、光对于疾病的治疗作用"。时至今日，核医学、磁共振成像（MRI）、正电子发射计算机断层成像（PET-CT）、X射线成像等都已经成为全球各大医院主流的诊疗手段。

结构生物学

生物物理博大精深，本书试图总结最重要最常用的生物物理方法和最经典的研究成果。在各种技术中，结构生物学因为在最高分辨率水平揭示生物世界的物质基础，故而在生物物理中占有举足轻重的地位，其核心就是通过空间三维结构的解析来诠释生物大分子功能、理解生命现象、解释生命过程。结构决定功能不仅是生命现象中最基本的规律之一，也是宇宙天地间最基本的规律之一。宇宙的结构决定了星体运行的基本规律，人造建筑的结构决定了其外观、承重和用途，运动员的身体结构决定了其最有竞争力的运动项目，而在细胞内部，细胞核、细胞骨架、细胞器、亚细胞器和大分子的结构决定了细胞功能。

地球生物所共同遵守的中心法则是从遗传物质DNA到生命执行者蛋白质的信息流。1990年10月，人类基因组计划（Human Genome Project，HGP）启动，2003年4月，第一个人类基因组测序完成，开启了生物学大发现和分子医学的新时代；但是，这些DNA密码所代表的含义时至今日都没有被完全破译。基因编码的蛋白质是细胞活动的主要执行者，其结构研究一直备受关注。1971年，蛋白质数据库（Protein Data Bank，PDB）正式在美国国家卫生研究院（National Institutes of Health，NIH）建立，收录了11个蛋白质的结构信息。截至2025年2月底，PDB一共收录了大约23.2万个通过实验手段测量的生物大分子结构。值得一提的是，中国在这个领域也取得了重大突破，1965年9月17日在世界上首次获得人工合成牛胰岛素的晶体，1972年梁栋材先生获得了2.5 Å分辨率的猪胰岛素晶体结构，在国际上产生重大影响。

20世纪60年代末，美国科学家克里斯蒂安·安芬森（Christian Anfinsen）通过实验结果的分析提出了蛋白质空间三维结构是由其氨基酸一级序列决定的假说，安芬森因此获得了1972年的诺贝尔化学奖。但是，蛋白质一级序列如何决定三维结构，却是一个世纪难题！始于1994年的全球蛋白质结构预测（Critical Assessment of Structure Prediction，CASP；直译为"结构预测关键评估"）比赛在很长一段时间里进展甚微。2018年，基于神经网络学习的人工智能软件AlphaFold第一次参加CASP比赛，就大放异彩；2020年改进版的AlphaFold2再次参加CASP比赛，击败了所有竞争对手。其后两年，AlphaFold2已经预测了两亿多个结构，并且数量在持续快速增加。可以说，凡是地球上已知氨基酸序列的蛋白质，其折叠结构都已经可以被比较准确地预测了，这意味着DNA密码所代表的执行生命主体的功能基础得到了释译。换句话说，执行生命活动的结构基础在单个蛋白质层面已经获得解析。这一意义极其重大，并且导致了结构生物学研究范式的改变。领导AlphaFold开发的杰米斯·哈萨比斯（Demis Hassabis）和约翰·江珀（John Jumper）与蛋白质结构设计专家戴维·贝克（David Baker）分享了2024年的诺贝尔化学奖。

传统生命科学的研究过程总是遵循从机体到细胞再到生化和生物物理、从宏观到微观这一推进式规律，而作为生物物理重要分支的结构生物学在历史上通常是验证并解释来自遗传学、细胞生物学、生物化学的发现。一般情况下，解析已知功能的生物大分子结构不会导致全新生物学功能的发现，只能解释其已知功能。当然，对未知功能的生物大分子结构的解析和分析有可能对其功能的发现起到重要的提示作用。AlphaFold出现以后，上述研究的范式已经发生了深刻的改变。生命科学的研究过程，其顺序可以完全颠倒过来，即从微观到宏观、从结构到生化再到细胞，最后到机体。这种做法的关键就是用已知功能的蛋白质结构去搜索AlphaFold预测的结构库，获得大量的类似结构，分析这些结构获得以前未知的生物化学性质，然后求证细胞生物学功能，最后再看其遗传编码DNA在相关疾病中是否有突变。

人工智能的出现，也会影响生物物理学甚至生命科学整体的发展。世界上，有简单规则的领域和学科就是最适合人工智能发挥强大作用的地方。正是因为围棋规则简单明了，所以AlphaGo-Zero才可以自我学习之后轻松击败世界上的任何九段顶尖高手；正是因为蛋白质结构预测最主要的两个依据是蛋白质数据库和蛋白质序列比对，所以AlphaFold才可以自我学习之后在2020年击败人类科学家，精准预测许多未知结构蛋白的结构。

对于没有简单规则的领域，目前人工智能还很难超越人类智慧，比如探索知识前沿的基础研究。但是，包括生物物理学领域的这些基础研究的某些分支具有强烈的规则属性，一旦这些规则可以准确描述，人工智能也会很快创造人类大脑无法企及的新知识。这些领域不仅包括结构生物学，应该也包括各种简单或复杂生命过程的数学定量模拟，甚至包括分子生物物理和细胞生物物理的每一个细分领域，都会被人工智能重新定位和定义。

永恒不变的是科学逻辑

面对眼花缭乱的新技术以及人工智能的冲击，人类大可不必忧心忡忡，更不能放弃努力而"躺平"。不要忘了，所有的新知识、新技术和人工智能，都是人类创造的，都是人类通过科学研究实现的。无论今后的世界如何变化，无论人工智能如何强大，每一位学生最好的应对就是培养好自己严密的科学逻辑，掌握基本的科学知识，训练优秀的研究能力。在生物物理这样一个生命科学的基础支撑领域，发现新的自然规律，创造奇迹。

生物物理，最终是一种思维方式。面对一个重要的生物学问题，生物物理学家首先看到的是背后的物理原理。因为物理原理是一种终极的解释，在生命科学领域，每一位本科生或多或少都要学一点儿生物物理学知识，每一位博士生都要了解生物物理学的一些方法和应用，而每一位领导独立实验室的科学家则需要能够独立或者通过合作运用一些生物物理学的方法推进前沿研究。

希望本书的每一位认真的读者都能有所收获！

施一公

2025 年 3 月

目 录

第一部分 生物物理基础

1 生物现象中的物理学　003

1.1 生命的时空尺度　004
    1.1.1 生命现象涉及极大的空间尺度　004
    1.1.2 生命现象有极广的时间尺度　005
    1.1.3 热运动能量是生命的能量标尺　005

1.2 生物中的力　006
    1.2.1 生物与重力　006
    1.2.2 生物与电磁力　007
    1.2.3 力的产生与力的感知　008

1.3 生物中的电　008
    1.3.1 生物中的电现象　008
    1.3.2 生物电的产生　010

1.4 生物中的光学现象　011
    1.4.1 光与生物感知　011
    1.4.2 生物对光的利用　011

1.5 生物与温度　013
    1.5.1 温度对生物的影响　013
    1.5.2 生物体温的维持　013

1.6 生物维持有序结构的一般规律　014
    1.6.1 生物体中不同尺度的物质运输　016
    1.6.2 生物中的周期性　017

2 生物物理中的物理和化学　019

2.1 热运动与玻尔兹曼分布　020
    2.1.1 理想气体模型　020
    2.1.2 玻尔兹曼分布　023

2.2 熵与自由能　024
    2.2.1 玻尔兹曼熵　025
    2.2.2 孤立系统的平衡　027
    2.2.3 自由能　028
    2.2.4 熵效应与熵力　029
    2.2.5 疏水相互作用与熵效应　031

2.3 化学势与化学反应　032
    2.3.1 理想稀溶液的化学势　032
    2.3.2 化学平衡与质量作用定律　033

2.4 扩散与随机运动　035
    2.4.1 布朗运动与随机行走　035
    2.4.2 扩散方程　036
    2.4.3 外场中的布朗粒子　040
    2.4.4 自由能景观上的随机行走　042

2.5 量子力学简介与量子生物学　043
    2.5.1 量子力学的发现　044
    2.5.2 薛定谔方程　045
    2.5.3 电子轨道与分子键　045
    2.5.4 电磁波的能级效应和初步光谱学　050
    2.5.5 量子生物学　052

第二部分 分子生物物理

3 生物大分子的结构 057

3.1 蛋白质结构 058
- 3.1.1 蛋白质一级序列决定三维结构 058
- 3.1.2 蛋白质结构 060
- 3.1.3 结构的可塑性和动态性 069
- 3.1.4 形成蛋白质结构的力和能量基础 070

3.2 DNA 的结构 074
- 3.2.1 DNA 的一级结构 074
- 3.2.2 DNA 的 B 型双螺旋结构 076
- 3.2.3 其它非 B 型 DNA 结构 080
- 3.2.4 核小体与染色质的结构 081

3.3 RNA 结构 084
- 3.3.1 RNA 的一级结构 085
- 3.3.2 RNA 的二级结构 087
- 3.3.3 RNA 的三级结构 093
- 3.3.4 RNA 的四级结构 102

3.4 生物大分子复合物结构 104
- 3.4.1 生物大分子可组成大小不同的分子机器 104
- 3.4.2 复合物组装的对称性 106
- 3.4.3 细胞的超结构 108

4 晶体学导论 111

4.1 由外窥内：通过晶体外形推测其内部结构 112
- 4.1.1 晶体的早期研究 112
- 4.1.2 空间晶格概念的提出及几何晶体学的发展 112

4.2 实验探索：精确测定晶体 115
- 4.2.1 X 射线衍射的发现 115
- 4.2.2 X 射线结构分析的诞生及布拉格方程 117
- 4.2.3 X 射线衍射的几何解释——厄瓦耳球方法 118

4.3 阿贝成像理论与晶体学中的相位问题 119
- 4.3.1 相位问题的起源 120
- 4.3.2 晶体的衍射 121
- 4.3.3 晶体相位求解的方法 123

4.4 劳厄衍射、布拉格单色仪法的区别 125
- 4.4.1 劳厄法 125
- 4.4.2 布拉格单色仪法 126

4.5 蛋白质晶体学的发展 128
- 4.5.1 胃蛋白酶晶体的 X 射线衍射照片 128
- 4.5.2 多对同晶置换法的诞生 128
- 4.5.3 同步辐射光源与多波长反常散射技术 130
- 4.5.4 分子置换法 131
- 4.5.5 蛋白质晶体结构的验证 132

4.6 自由电子激光 132

5 核磁共振 136

5.1 核磁共振技术的发展历史 137

5.2 核磁共振的原理 140
- 5.2.1 核磁共振的基本概念 140
- 5.2.2 原子核的自旋 140
- 5.2.3 核磁共振的矢量模型 143
- 5.2.4 核磁信号的产生 143

5.3 核磁共振实验 146
- 5.3.1 一维核磁谱的原理 146
- 5.3.2 化学位移 149
- 5.3.3 J 耦合 150
- 5.3.4 核磁二维谱的原理 153

5.4 核磁共振在结构研究中的应用 155
- 5.4.1 生物大分子的谱峰指认 155
- 5.4.2 结构约束信息的获取和结构计算 156
- 5.4.3 用于结构解析的其它实验数据 158
- 5.4.4 化学交换 161

6 冷冻电子显微学结构解析导论　165

- 6.1 透射电镜的基本光学原理　166
  - 6.1.1 透射电镜的光路结构　167
  - 6.1.2 透射电镜中的阿贝成像原理　169
- 6.2 透射电镜的图像衬度形成原理　170
  - 6.2.1 质厚衬度　171
  - 6.2.2 衍射衬度　172
  - 6.2.3 相位衬度　172
  - 6.2.4 小结　173
- 6.3 冷冻电子显微学三维重构的基本原理　173
  - 6.3.1 三维重构的中心截面定理　174
  - 6.3.2 投影与厄瓦耳反射球　176
  - 6.3.3 冷冻电镜生物结构解析的三个关键技术分支　176
- 6.4 冷冻电镜单颗粒分析技术　177
  - 6.4.1 方向随机的生物大分子投影的获取　178
  - 6.4.2 三维空间取向描述方法　179
  - 6.4.3 三维重构的迭代精修算法　179
  - 6.4.4 单颗粒三维重构的分辨率估计　181
- 6.5 冷冻电子断层成像技术　184
  - 6.5.1 冷冻电子断层成像的基本原理　184
  - 6.5.2 缺失楔与投影信息缺失问题　185
- 6.6 微晶电子衍射技术　187
- 6.7 冷冻电镜技术的发展史及发展趋势　187

7 生物大分子的折叠　194

- 7.1 蛋白质折叠　195
  - 7.1.1 蛋白质折叠的热力学和动力学　195
  - 7.1.2 蛋白质折叠的体内机制　200
  - 7.1.3 固有无序蛋白质及特性　203
  - 7.1.4 蛋白质折叠的研究技术　206
- 7.2 RNA 的折叠　208
  - 7.2.1 RNA 折叠的基本原理　209
  - 7.2.2 RNA 折叠的影响因素　213

8 生物大分子的结构预测和模拟　220

- 8.1 蛋白质结构预测　221
  - 8.1.1 理论基础——安芬森法则　221
  - 8.1.2 基于物理的结构预测方法　222
  - 8.1.3 统计信息的运用　224
  - 8.1.4 共进化信息的引入　226
  - 8.1.5 深度学习算法　228
  - 8.1.6 划时代的方法：AlphaFold2　229
- 8.2 RNA 结构预测　231
  - 8.2.1 RNA 结构基础　231
  - 8.2.2 RNA 二级结构预测　232
  - 8.2.3 RNA 三级结构预测　237
- 8.3 从结构到功能：蛋白质与生物分子相互作用预测　238
  - 8.3.1 蛋白质与小分子相互作用预测　239
  - 8.3.2 蛋白质与 DNA/RNA 相互作用预测　242
  - 8.3.3 蛋白质与蛋白质相互作用预测　244
- 8.4 蛋白质与 RNA 设计　245
  - 8.4.1 蛋白质设计的基本概念　245
  - 8.4.2 蛋白质设计的第一发展阶段：理性设计　248
  - 8.4.3 蛋白质设计的第二发展阶段：计算设计　249
  - 8.4.4 蛋白质设计的第三发展阶段：人工智能设计　250
  - 8.4.5 RNA 设计　252
- 8.5 生物大分子的化学计算与模拟　254
  - 8.5.1 理论基础　254
  - 8.5.2 力场模型　255
  - 8.5.3 分子力学　257
  - 8.5.4 分子动力学模拟　258
  - 8.5.5 蒙特卡罗模拟　259
  - 8.5.6 模拟退火　261

9 生物大分子互作与识别 265

- 9.1 蛋白质互作与识别的基本概念 266
- 9.2 蛋白质－蛋白质互作与识别 267
- 9.3 蛋白质－核酸互作与识别 270
  - 9.3.1 蛋白质与 DNA 识别 270
  - 9.3.2 蛋白质与 RNA 识别 275
- 9.4 蛋白质－多肽/小分子互作与识别 277
  - 9.4.1 蛋白质与肽互作识别 277
  - 9.4.2 蛋白质与信号分子识别 278
  - 9.4.3 蛋白质与糖类和脂质识别 279
  - 9.4.4 靶点与小分子药物识别 280
- 9.5 生物大分子的动态修饰与识别 282
  - 9.5.1 组蛋白修饰与识别 283
  - 9.5.2 核酸修饰与识别 285
  - 9.5.3 非组蛋白修饰与识别 287
- 9.6 生物大分子互作检测技术 288
  - 9.6.1 体内检测蛋白质与配体的互作 288
  - 9.6.2 体外检测蛋白质与配体的互作 291

10 生物大分子自组装与相分离 298

- 10.1 生物结构的不同组装方式 299
  - 10.1.1 生物大分子有序自组装 299
  - 10.1.2 生物大分子无序自组装 301
- 10.2 相分离和相变的机制 301
  - 10.2.1 物理和生物中的"相" 301
  - 10.2.2 相分离和相变的热力学机制 305
  - 10.2.3 生物大分子相分离的分子机制 309
- 10.3 相分离液滴的物理力学性质 313
  - 10.3.1 相分离液滴的力学性质 313
  - 10.3.2 表面张力与液滴融合分裂 316
  - 10.3.3 液滴物理力学性质的调控 318

11 生物大分子的力学 321

- 11.1 生物体中产生力的大分子及其生物学过程 322
  - 11.1.1 转动分子马达 322
  - 11.1.2 其它类型的 ATP 酶 324
- 11.2 生物大分子的力学特性 326
  - 11.2.1 线性高聚物分子的力学拉伸理论 327
  - 11.2.2 核酸分子的力学特性 330
  - 11.2.3 蛋白质分子的力学特性 334
- 11.3 生物大分子相互作用的力学调控 337
  - 11.3.1 Bell 模型与动态力谱理论 338
  - 11.3.2 力对相互作用寿命的影响 339
- 11.4 力敏感受体 341
  - 11.4.1 触觉受体 341
  - 11.4.2 听觉受体 343
  - 11.4.3 其它类型的力学受体 345

12 生物大分子的电磁学 349

- 12.1 生物大分子产生电 350
  - 12.1.1 离子浓度梯度与细胞膜的膜电位 350
  - 12.1.2 离子通道的动力学性质 354
  - 12.1.3 离子通道离子选择性的结构基础 357
- 12.2 生物大分子感应电 360
  - 12.2.1 电压门控离子通道的动力学 360
  - 12.2.2 电压门控的结构基础 364
  - 12.2.3 电压依赖的配体门控离子通道 366
- 12.3 生物大分子对磁场的响应 369
  - 12.3.1 生物大分子磁性变化及其在医疗中的应用 370
  - 12.3.2 生物大分子对强磁场的响应 371
- 12.4 生物大分子对光的吸收与感应 372
  - 12.4.1 光合作用过程中的光能吸收、传递和转换 372
  - 12.4.2 微生物对光的吸收与感应 381
  - 12.4.3 动物视觉系统中的光转导 384

第三部分 细胞生物物理

13 细胞迁移与组织形态发生　393
13.1 单细胞迁移　394
13.1.1 间充质样迁移　394
13.1.2 阿米巴样迁移　395
13.2 群体细胞迁移　397
13.2.1 多细胞迁移的模式　397
13.2.2 多细胞系统的拥堵转变　398
13.2.3 多细胞迁移的模型　399
13.3 组织形成的生物力学基础　401
13.3.1 多细胞系统的细胞形状和取向　401
13.3.2 群体细胞振荡　401
13.3.3 管腔形成　402
13.3.4 骨骼肌、肌腱和韧带的生物力学特性　403

14 细胞骨架　406
14.1 细胞骨架的结构　407
14.1.1 细胞骨架的种类　407
14.1.2 细胞骨架单体和纤维的结构　408
14.2 细胞骨架的组装　409
14.2.1 被动组装模型　410
14.2.2 主动组装模型　413
14.3 细胞骨架力学　416
14.3.1 细胞骨架纤维的刚度　417
14.3.2 骨架组装产生的主动力　419
14.4 分子马达的结构和运动　422
14.4.1 分子马达的结构　422
14.4.2 分子马达的运动　423
14.4.3 分子马达的力学　426

15 生物膜　430
15.1 生物膜的组成　431
15.1.1 膜脂　431
15.1.2 膜蛋白　433
15.1.3 膜糖　435
15.2 生物膜的结构　436
15.2.1 脂质聚集的热力学基础　436
15.2.2 脂质聚集体/相的多态性　437
15.2.3 脂质相多态性的生物学意义　441
15.3 生物膜的动态变化　442
15.3.1 脂质对膜形态的影响　442
15.3.2 蛋白质对膜形态的影响　442
15.3.3 膜的流动性　444
15.3.4 膜融合与膜分裂　447
15.3.5 膜出芽的数学模型　452

16 细胞区室化　457
16.1 细胞器的研究历史　458
16.2 细胞核　460
16.3 内质网　462
16.4 高尔基体　464
16.5 线粒体　465
16.6 溶酶体和过氧化物酶体　467
16.6.1 溶酶体　467
16.6.2 过氧化物酶体　467
16.7 囊泡　468
16.7.1 胞内囊泡运输　468
16.7.2 内体　468
16.7.3 外泌体　469
16.8 无膜细胞器　470
16.8.1 无膜细胞器的形成机制　470
16.8.2 细胞核里的无膜细胞器　470
16.8.3 细胞质中的无膜细胞器　473
16.8.4 生物膜附着的无膜细胞器　474

第四部分 定量生物学导论

17 定量模型　479
17.1 定量模型的必要性　480
- 17.1.1 生物学历史上的定量模型　480
- 17.1.2 大数据时代　482
- 17.1.3 定量模型对于解释、预测和规律发现的帮助　483

17.2 定量模型的简单案例　484
- 17.2.1 简单估算　484
- 17.2.2 卢里亚 - 德尔布吕克实验和理论　486
- 17.2.3 二态系统　489

18 基本生物过程的数学模型　493
18.1 酶促反应动力学　494
- 18.1.1 米氏反应动力学　494
- 18.1.2 信号转导的建模　498

18.2 转录翻译过程的数学描述　500
- 18.2.1 转录过程的数学描述　500
- 18.2.2 蛋白质浓度的动态响应　503

18.3 单细胞中随机性的定量刻画　504
- 18.3.1 最简单的基因转录模型　506
- 18.3.2 转录爆发现象与定量模型　508

19 生物网络的动力学模型　511
19.1 网络的基本知识和矩阵表征　512
19.2 基因调控　513
- 19.2.1 布尔逻辑简介　514
- 19.2.2 乳糖操纵子简介　515
- 19.2.3 乳糖阻遏蛋白介导的负性调控　515
- 19.2.4 分解代谢物基因激活蛋白介导的正向调控　516
- 19.2.5 大肠杆菌乳糖代谢的组合逻辑　517
- 19.2.6 连续方程下的乳糖操纵子活性　519

19.3 信号转导和前馈　521
- 19.3.1 信号转导：状态转变的传递　521
- 19.3.2 状态改变的数学表示：以磷酸化 - 去磷酸化为例　522
- 19.3.3 多个偶联的状态变化构成信号转导通路　523
- 19.3.4 信号转导的复杂性　524

19.4 正反馈　528
- 19.4.1 一维正反馈的动力学模型　529
- 19.4.2 二维正反馈　534

19.5 负反馈　539
- 19.5.1 一维负反馈　539
- 19.5.2 三维负反馈中的振荡行为　540

20 复杂生物网络　545
20.1 复杂生物网络的特征　546
20.2 基因调控网络　546
- 20.2.1 大肠杆菌的基因调控网络　547
- 20.2.2 细胞周期调控网络　552
- 20.2.3 果蝇胚胎发育早期的基因调控网络　554

20.3 代谢网络　555

21 生命系统特征的定量理解　563
21.1 远离平衡态的生命系统　564
- 21.1.1 化学反应非平衡稳态热力学基础　564
- 21.1.2 动力学校对　567

21.2 稳健性　570
- 21.2.1 信号转导过程的稳健性　571
- 21.2.2 细胞周期过程的稳定性　574
- 21.2.3 果蝇体节发育的稳健性　577

21.3 优化原理　579
- 21.3.1 网络功能与网络拓扑的关系　579
- 21.3.2 模块化　581

21.3.3 细菌的优化生长　584
21.3.4 生物网络中的信息　587
21.4 自组织　589
21.4.1 图灵斑图　589
21.4.2 胚胎发育的理论模型　592
21.4.3 集群行为　595

第五部分　生物物理研究的实验方法

22　光散射技术　601
22.1 光的散射　602
22.1.1 从光的波动性分析弹性散射的发生　603
22.1.2 从光的波动性分析非弹性散射的发生　605
22.1.3 从光的粒子性分析散射的发生　606
22.1.4 非理想溶液体系的弹性散射　606
22.2 静态光散射　609
22.2.1 静态光散射的基本原理　609
22.2.2 静态光散射测定的主要参量和样品要求　609
22.2.3 静态光散射在生物学中的应用　610
22.3 动态光散射　611
22.3.1 动态光散射的基本原理　611
22.3.2 动态光散射测定的主要参量和样品要求　613
22.4 拉曼光谱　614
22.4.1 拉曼散射的基本原理　614
22.4.2 拉曼光谱测定的主要参量和样品要求　616
22.5 小角散射　618

23　晶体衍射技术　623
23.1 晶体的点阵结构和晶胞　624
23.1.1 点阵与结构基元　624
23.1.2 晶胞　624
23.2 对称操作　625
23.2.1 点对称操作　625
23.2.2 空间对称操作　626
23.2.3 对称操作等效点系和矩阵表达形式　626
23.3 晶系、点群与空间群　627
23.3.1 晶系与布拉维格子　627
23.3.2 点群　629
23.3.3 空间群　629
23.4 晶体的衍射方向　630
23.4.1 劳厄方程　630
23.4.2 布拉格方程　631
23.4.3 倒易点阵　632
23.4.4 反射球　633
23.5 晶体的衍射强度　633
23.5.1 一个电子的散射　634
23.5.2 一个原子的散射与原子散射因子　634
23.5.3 一个晶胞的散射与结构因子　635
23.5.4 衍射空间对称性　635
23.6 晶体生长的基本原理　637
23.6.1 优质晶体的重要性　637
23.6.2 提升分子均一性的方法　637
23.6.3 晶体生长的方法与策略　638
23.6.4 晶体尺寸对衍射的影响　640
23.6.5 制备重原子衍生物　641
23.7 数据采集　642
23.7.1 晶体的冷冻保护　642
23.7.2 晶体的初步检测　643
23.7.3 单色旋转方法　643
23.7.4 设置数据收集参数　644

23.8 数据处理　646
  23.8.1 峰搜索　646
  23.8.2 自动指标化　646
  23.8.3 晶格对称性　647
  23.8.4 衍射几何参数调整　647
  23.8.5 衍射点强度的总和与轮廓拟合方法　649
  23.8.6 数据还原　649
  23.8.7 数据品质评估　649
  23.8.8 结构因子强度的分布及孪晶检测　650
23.9 解决蛋白质晶体学中相位问题的方法　654
  23.9.1 实验相位解决方法　654
  23.9.2 分子置换法　656
23.10 密度修正　657
  23.10.1 相位概率分布　658
  23.10.2 修正电子密度　659
23.11 蛋白质结构的建模、精修和验证　660
  23.11.1 搭建原子模型　660
  23.11.2 结构精修　660
  23.11.3 验证和评估蛋白质结构模型　661

24 吸收和发射光谱　664
24.1 光的吸收和发射　665
  24.1.1 光与物质相互作用的经典理论　665
  24.1.2 朗伯-比尔定律　668
  24.1.3 光与物质相互作用的量子理论简介　668
  24.1.4 吸收光谱、激发光谱和发射光谱　671
24.2 紫外-可见吸收光谱　673
  24.2.1 紫外-可见吸收光谱的选择定则　673
  24.2.2 紫外-可见吸收光谱给出的主要信息和影响因素　674
  24.2.3 紫外-可见吸收光谱在生物学中的应用　676
24.3 圆二色光谱　679
  24.3.1 圆二色光谱的基本原理和主要参量　679
  24.3.2 圆二色光谱的样品要求　684
  24.3.3 圆二色光谱在生物学中的主要应用　684
24.4 红外吸收光谱　686
  24.4.1 红外吸收光谱的选择定则　686
  24.4.2 红外吸收光谱测定的主要参数和样品要求　688
  24.4.3 红外吸收光谱在生物学中的应用　692
24.5 荧光光谱　695
  24.5.1 荧光光谱的主要参数及其影响因素　697
  24.5.2 荧光光谱的样品要求　702
  24.5.3 荧光光谱在生物学中的主要应用　703

25 磁共振波谱　711
25.1 核磁共振波谱学　712
  25.1.1 核磁共振的量子力学描述　712
  25.1.2 核磁实验的脉冲序列　718
  25.1.3 核磁共振的弛豫和构象动态研究　720
25.2 电子顺磁共振波谱学　729
  25.2.1 电子顺磁共振的基本原理　729
  25.2.2 电子顺磁共振波谱仪　732
  25.2.3 定点自旋标记技术　734
  25.2.4 电子顺磁共振波谱及其应用　736

26 显微成像　743
26.1 显微成像中的关键原理和概念　744
26.2 光学显微技术　748
  26.2.1 透射光学显微技术　749
  26.2.2 荧光显微技术　750
  26.2.3 超分辨荧光显微技术　752
26.3 冷冻透射电子显微学技术　755

26.3.1 相位衬度成像与衬度传递函数以及成像参数的测量　756
26.3.2 生物大分子单颗粒三维重构技术　763
26.3.3 冷冻电子断层成像技术的基本原理　774
26.3.4 新技术与新进展　778
26.4 扫描电子显微学技术　780
26.4.1 成像原理与二次电子像　780
26.4.2 生物样品表面形貌表征　781
26.4.3 冷冻蚀刻技术　782
26.4.4 扫描电镜三维成像技术　782

27　单分子技术　789

27.1 单分子的特性　790
27.2 单分子电学技术　790
27.2.1 膜片钳　790
27.2.2 纳米孔技术　793
27.3 单分子荧光技术　796
27.3.1 单分子荧光检测和追踪技术　797
27.3.2 单分子荧光共振能量转移　799
27.3.3 荧光相关光谱　805
27.4 单分子力谱　809
27.4.1 光镊　810
27.4.2 磁镊　812
27.4.3 原子力显微镜　814
27.4.4 声镊　815

28　质谱方法　819

28.1 质谱的基本原理　820
28.1.1 原子和分子的稳定同位素分布和分子量　820
28.1.2 质谱分辨率和分子量的准确测量　821
28.2 质谱仪的组成和工作原理　823
28.2.1 电离技术　823
28.2.2 质量分析器　824
28.2.3 离子检测器　826
28.2.4 串联质谱/复合型质谱及其蛋白质序列解析　827
28.3 质谱方法在系统生物学和化学生物学中的应用　829
28.3.1 蛋白质组学　829
28.3.2 代谢组学与脂质组学　832
28.3.3 蛋白质-配体复合物分析　834
28.4 质谱方法在结构生物学中的应用　835
28.4.1 非变性质谱技术　836
28.4.2 化学交联质谱技术　838
28.4.3 氢氘交换质谱技术　839

索引　843

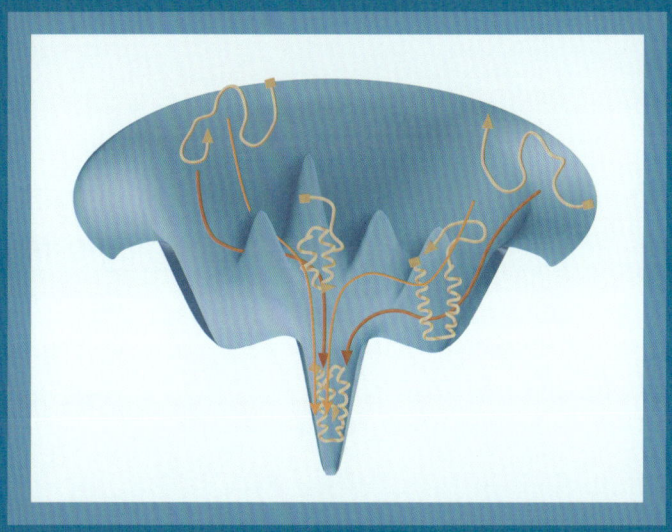

第一部分
生物物理基础

　　生物物理学是物理学和生物学交叉的领域,旨在运用物理学的基本原理,深入理解生命体的复杂行为。从微观的分子到宏观的生物个体,生物物理学帮助我们理解这些复杂系统背后的规律与机制。尽管生物体的结构和功能千差万别,但它们的核心依旧遵循相同的物理和化学法则,如能量守恒、热力学定律、量子效应等。这些物理现象不仅塑造了分子结构,还驱动了生命过程中的功能和动力学行为。

　　首先,生命的现象发生在不同的尺度上,从纳米级别的分子到宏观的组织与器官,展示了跨越大尺度的复杂性与有序性。无论是蛋白质分子的折叠、酶促反应的动力学,还是细胞膜的电信号传递、肌肉的收缩,都可以用物理学中的力学、电学和热学原理加以解释。在本书第 1 章中,我们将探讨这些基本生命现象,简单介绍物理因素如何在生命系统中驱动复杂过程,例如蛋白质的折叠和光合作用中的能量转换。

　　接下来,在第 2 章中,我们将深入探讨这些生命现象背后的物理基础。对于宏观的生命系统,经典力学为我们提供了描述生物运动、力学行为的工具,例如肌肉与骨骼的运动如何依赖于牛顿运动定律和能量守恒定律。而在分子和细胞层面，生命系统充满了随机性和波动性，这使得统计物理学成为理解这些系统的关键工具。例如，蛋白质折叠和分子间相互作用的随机过程依赖于热力学和统计物理的描述。此外，量子力学也在原子和分子层面发挥着重要作用，解释了化学键的形成、光合作用中的能量传递，以及在某些生物过程中可能出现的量子隧穿现象。

在分子和细胞层面，物理学不仅解释了生物分子的结构和功能，还为我们提供了定量工具，预测并模拟生物系统的动态行为。生物物理学作为跨学科的领域，不仅加深了我们对生命过程的理解，也为生物技术、医学等实际应用提供了理论支持。

生物现象中的物理学

所有的生命体都是由无数个微小的分子构成的。从单细胞生物到复杂的哺乳动物，生命体都展现出惊人的复杂性和多样性。然而，不论大小，所有生命体都遵循着共同的物理和化学规律。

本章将带领读者进入生物与物理交叉的世界。我们将看到，生命现象发生在极大跨度的尺度上，从纳米级的分子，到微米级的细胞，再到宏观的组织和器官。在这些尺度上，力、热、电、光等物理因素与生物分子相互作用，驱动着生命的基本过程。例如，蛋白质分子在细胞内的折叠和运动，神经元的电信号传递，以及植物的光合作用，都离不开这些物理作用。

生命体的一个显著特征是高度的有序性，这使得生命体能够高效地完成各种复杂的生理功能。本章将简单介绍生命体如何维持这种高度有序的状态，以及其中的物理机制。

1.1 生命的时空尺度

现代生物学的研究对象跨越的时间和空间尺度极大。例如，结构生物学关注原子层面的事件，而生态学则研究物种层面的变化，两者的空间大小差异超过 13 个数量级。在物理学中，原子等微观世界的规律由量子力学主导，而我们日常所接触的世界则可以由经典物理学描述。了解生命现象的空间和时间尺度，可以让我们选择恰当的物理规律去理解对应的生命现象。在本节中，我们简单介绍生命中的空间尺度、时间尺度以及细胞中的能量尺度和常见的相互作用。

1.1.1 生命现象涉及极大的空间尺度

生命涉及的空间尺度小到埃（Å，10^{-10} m），大到上百米（m），覆盖电子显微镜、光学显微镜以及人裸眼观察的尺度（图 1-1）。蜂鸟不到拳头大小，我国成年男性和成年女性平均身高约为 1.7 m 和 1.6 m。最大的动物——蓝鲸可达 30 m，最高的植物——加州红杉高达 120 m。

与无生命的系统一样，构成生命的底层物质是原子和分子，它们的尺度在 Å 到几个纳米（nm）的量级。小分子，如碳氢键长约 0.9 Å，水分子之间的氢键约为 2.8 Å。大分子包括脂质、蛋白质、核酸（DNA、RNA）等。脂质分子可以视为 2 nm 长的棒，大量脂质分子形成约 4 nm 厚的双层膜结构，成为细胞隔离外界影响的屏障。蛋白质在细胞内折叠成几个 nm 的有序结构。由原子构成分子时，量子力学的作用是最主要的。例如，共价键是相邻原子之间通过共用电子形成的强烈相互作用。

细胞是构成生命的基本单元。动、植物细胞的尺寸通常在几十至上百微米（μm），细菌细胞的大小通常为几个 μm，而动物的卵细胞常常裸眼可见。在亚细胞尺度下，可见到各种细胞器和病毒。例如，T2 噬菌体的大小为 30～60 nm，叶绿体约为 1 μm。在细胞环境中，常见的力有静电相互作用、疏水相互作用、排空力，等等。静电相互作用是物理学中的基本相互作用。生物大分子通常带电，因此分子间存在静电

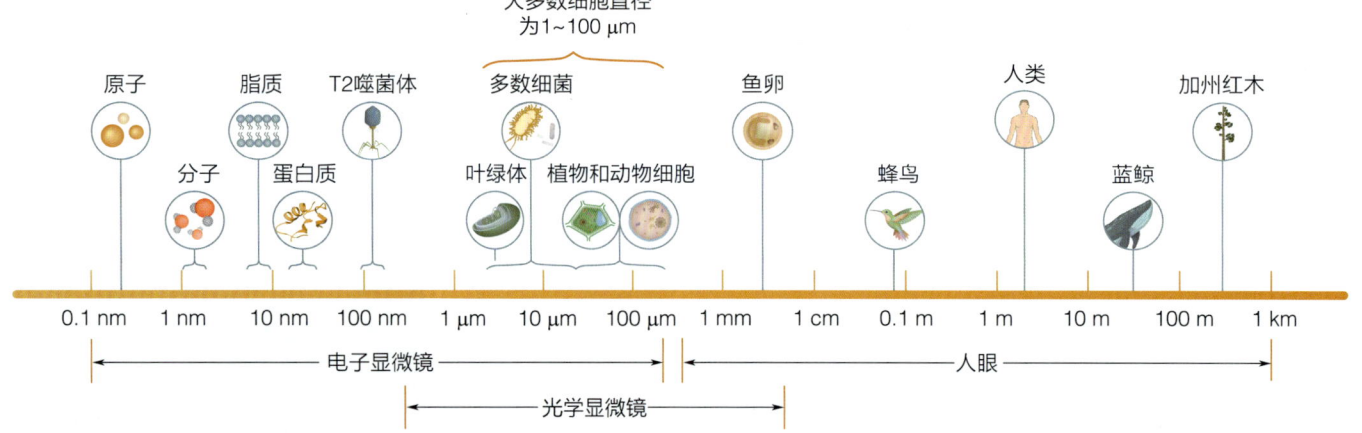

图 1-1 生命中的空间尺度：从埃到百米

相互作用。细胞中的离子会产生静电屏蔽，这使得细胞中的分子间静电相互作用呈现短程性。疏水相互作用来自水中氢键网络的熵效应。我们将在 2.2 节详细讨论疏水相互作用的起源。

1.1.2 生命现象有极广的时间尺度

如同生命空间尺度的范围，生命发生变化的时间尺度也极大，从分子相互作用的飞秒到生命演化跨越的上亿年历史。一般而言，时间尺度与空间尺度之间存在相关性。例如，原子尺度的运动都极快，在纳秒量级；而宏观生物个体，其运动通常用秒为单位来衡量；在演化历史中，物种的变化通常都发生在百万年的时间尺度上。

如图 1-2 所示，细胞生命过程涉及很多化学反应，化学键断裂的时间尺度为飞秒（fs），光合作用中的初级反应时间尺度为纳秒（ns）。蛋白质折叠的时间尺度在微秒（μs）到秒（s）的量级。细胞内分子马达负责胞内货物的长程运输，每"走"一步时间约为 1 毫秒（ms）。

人类日常常用的时间是秒（s）、分（min）、小时（h）、天（d）、年（a）。人类心跳间隔约为 1 秒，蜉蝣的寿命约为 1 天，病毒寿命约为几天，人类红细胞寿命约为 3 个月，蝴蝶等昆虫寿命约为 1 年，人类平均寿命不满百年，目前已知植物寿命最长的已达 5500 年。

1.1.3 热运动能量是生命的能量标尺

细胞是生命的基本单元。细胞内是一个动荡的环境，热运动无处不在。分子的无规热运动会产生多种效应，这是本章和后面的章节会多次讨论的问题。因此，在讨论细胞内的能量时，我们用热运动对应的能量 $k_B T$ 作为基本能量单位，其中温度 T 是以绝对零度为起点，单位为开尔文（K），$k_B = 1.38 \times 10^{-23}$ J/K 是玻尔兹曼常量。当 T 为室温（25℃）时，$k_B T = 4.1 \times 10^{-21}$ J。对于细胞内发生的过程，力的大小通常是在皮牛（pN，10^{-12} N）大小，而运动的幅度都发生在分子水平，也就是 nm 量级。因此，如果采用 pN 和 nm 为单位，热运动能量是

$$k_B T \approx 4.1 \text{ pN·nm}。$$

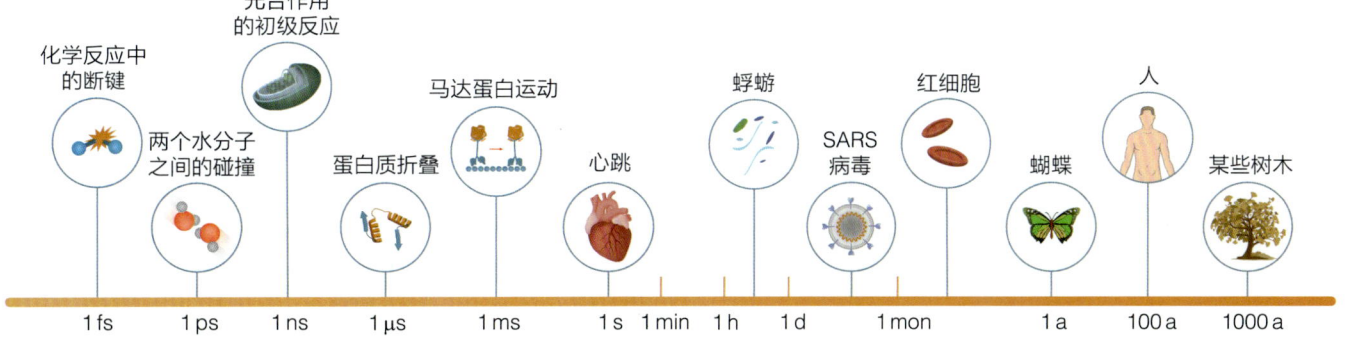

图 1-2 生命中的时间尺度：从飞秒到千年

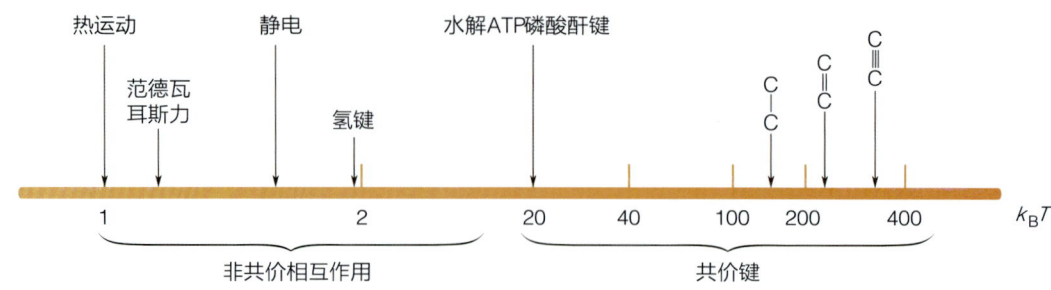

图 1-3 细胞中的能量尺度

在考虑电荷的热运动时，我们会使用 $k_BT = 25$ meV。

我们可以用热运动能量作为标尺来估算细胞中相互作用的强度。如图 1-3 所示，细胞中的基本相互作用分两类，一类是比较强的共价键，一类是比较弱的非共价键。ATP 作为细胞的主要能量货币，在生理条件下，水解释放的能量约为 20 k_BT。碳碳单键（C—C）和双键（C═C）断裂释放的能量分别为 150 k_BT 和 250 k_BT。碳碳三键（C≡C）释放的能量高达 300 k_BT。较弱的非共价键包括范德瓦耳斯力、氢键、静电作用等，其相互作用能量在 k_BT 量级。

1.2 生物中的力

1.2.1 生物与重力

"鹰击长空，鱼翔浅底，万类霜天竞自由。"生命自诞生起就需要时刻应对地球无处不在的引力——重力。引力是四大基本力之一，是地球上生物体所经历的自然力量之一，它对生物产生了广泛的影响。无论是生物体的形态和结构，还是生长、发育、运动和行为等，都受到重力的影响。

细胞是生物体最基本的结构单元，其形态和结构受重力的影响。在重力作用下，细胞如果没有其它因素影响，实际上无法保持稳定的球形结构，而会在水平方向扩展。因此，生物需要特定的细胞结构或环境来应对重力影响。早期生命形式起源于水环境，受到渗透压和表面张力的影响，一定程度上抵抗了重力的影响，可以帮助维持细胞的立体结构（图 1-4A）。

在漫长的演化过程中，细胞进化出各种复杂的系统来对抗重力，以保持细胞结构的稳定。真核细胞形成细胞骨架系统以维持刚性结构；植物细胞演化出细胞壁来保持结构稳定（图 1-4B）。这些微观尺度上演化而来的特殊结构在执行其生理功能的同时，帮助生物抵抗重力和其它机械力。因此，尽管重力对微观结构的作用力较小，但其对生命的影响却无处不在，是形成目前生命多态性的重要影响因素。

令人惊奇的是，一些单细胞微生物能够巧妙利用重力来调控其生命过程。例如，某些生存在水环境中的气囊细菌会在细胞内形成气囊或空泡，以调节浮力和定位。这些气囊通常由蛋白质等物质构成，形状各异。源自巨大芽孢杆菌（*Bacillus*

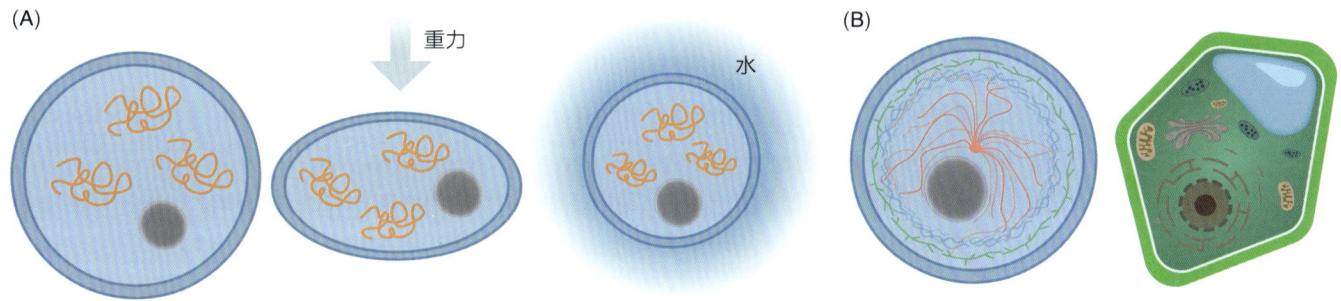

图 1-4 重力对细胞结构的影响
(A) 正常的细胞结构在重力作用下向水平方向展开。在水环境中的细胞可以部分抵消重力的影响。(B) 在重力下，细胞骨架与细胞壁可以帮助细胞维持结构的稳定性。

megaterium) 的气囊结构中，单体蛋白 GvpA 通过有序排列形成特殊的纺锤形囊泡结构，实现浮力调节（图 1-5）。

1.2.2 生物与电磁力

从个体、细胞，再到分子层面，生命的构成形成了一个错综复杂的世界。在这个多姿多彩的生命世界中，电磁力统一了一切。

自然界存在四种基本力：引力、强相互作用、弱相互作用和电磁力。我们在前面已经提到过引力对生物的影响。强相互作用和弱相互作用主要在原子核层面发挥作用，而电磁力则构成了生物体各个层次（从宏观生命活动到微观分子功能）的基础，在生命体中扮演核心角色。电磁力负责带电粒子的相互作用，不仅在维持原子和分子的稳定结构方面至关重要，还构成了光、电和磁等现象的基础。

原子核带正电荷，而电子带负电荷，它们通过电磁相互作用，形成稳定的原子结构。分子是由原子组成的，其构建涉及电子与原子核、多个邻近原子之间的电子以及原子核之间的电磁相互作用。在化学键（如离子键、共价键和配位键等）的形成和断裂过程中，同样是电磁力在发挥作用，它们主导并推动各种化学反应，促进了所有生命

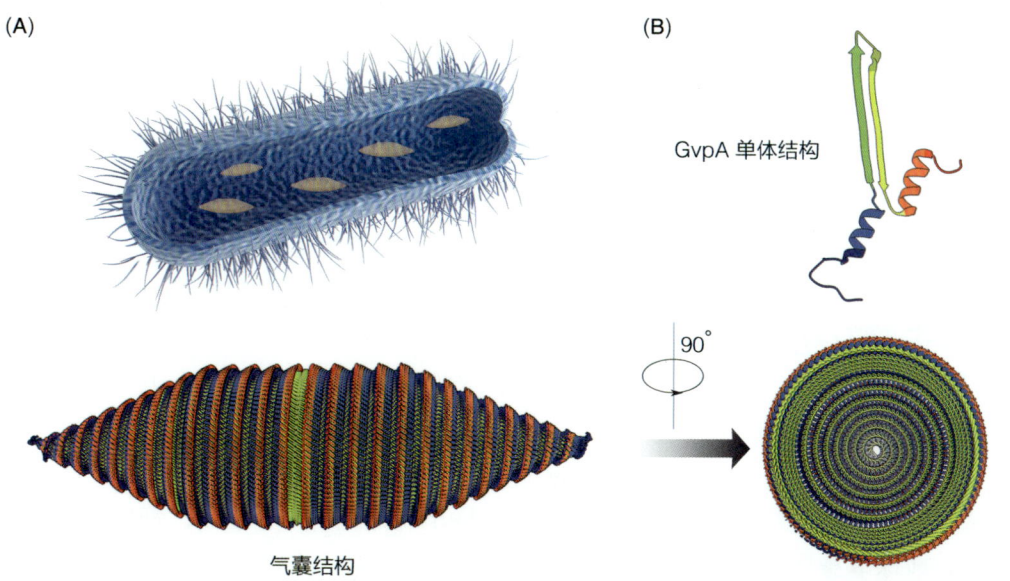

图 1-5 气囊细菌的气囊结构
(A) 巨大芽孢杆菌及其中的气囊结构。(B) 构成气囊的单体结构（PDB 编号：7WLT）。(C) 完整的气囊冷冻电镜三维结构及其剖面图。

过程的进行。

电磁力在生物大分子相互作用的层面同样发挥着关键作用。核酸、蛋白质、糖类、脂质内部以及它们之间的相互作用，都依赖于电磁力。例如，核酸、蛋白质的二级、三级结构的基础是分子内氢键和亲、疏水相互作用，糖与水环境存在亲水相互作用，脂质分子之间及其与水的亲、疏水相互作用，这些都是电磁力在生物大分子互作上的表现形式。范德瓦耳斯力，作为一种弱的分子间力，本质上也是电磁力。生物体感知外界声、光、电和磁场等信号，以及维持生命所需的各种功能，都可以追溯到电磁相互作用。

1.2.3　力的产生与力的感知

在个体、细胞和分子层面，机械力实质上是由微观层面的电磁相互作用所引起的。当物体之间接触或相互作用时，其表面的原子和分子之间电荷分布和电子云的运动会导致物体之间产生电磁相互作用，进而产生机械力作用（知识窗 1-1）。大量分子的规则排布与定向运动，如肌纤维的肌动蛋白与肌球蛋白等，可以产生宏观力的作用。

我们对机械力的感知本质上是通过电磁力来实现的。人类和许多生物能通过皮肤的感觉器官感知外部物体对其施加的力，即触觉，这使得我们能够感知物体的硬度、质地、温度等特性。例如，当外部力的刺激超过身体组织所能承受的阈值时，我们会感受到疼痛；通过手我们可以感知物体表面光滑度、轻重差异。高等动物可以利用内耳中的感觉器官感知速度变化，帮助它们调节身体平衡。植物通过根系和茎来感知土壤的力学特性，以调整它们的生长方向。

从分子层面来看，生物体感知外界力刺激的途径多种多样。其中一种经典的方式是通过生物体内存在的一类特殊蛋白质通道，称为机械力敏感通道（mechanosensitive channel）。这些通道能够感知和响应机械力（如压力和拉力）刺激。它们在细胞膜上形成微小通道，允许离子（通常是 Na^+、K^+ 和 Ca^{2+}）进出细胞，改变细胞的膜电位，产生响应信号。机械力敏感通道广泛存在于各种生物体中，从细菌到高等动物，它们以不同方式利用这些通道感知外部机械力刺激，将刺激转化为胞内信号或神经信号，实现力的感知。我们在第 11 章会用一个简单模型来理解离子通道如何响应力信号。

1.3　生物中的电

1.3.1　生物中的电现象

从大到我们所在的地球，到生物个体，最后小到细胞、分子层面，都广泛存在着电现象。地球本身是带有电场的，地球电场对于某些动物的行为和导航能力、植物的

知识窗 1-1

甜麦圈效应

生物中的表面张力是一种重要的物理现象。表面张力是液体表面上分子间相互作用力所产生的现象，例如液滴的形状、蜉蝣浮于水面等都是表面张力的体现。在生物体内，表面张力能够影响细胞的形态、功能和相互作用。它在维持细胞结构、细胞间相互作用以及液体在生物体内传输等方面发挥着一定作用。

甜麦圈效应（cheerios effect）是一个有趣的现象，指的是小浮动物体在液体表面聚集的行为。它得名于甜麦圈的例子，当甜麦圈在牛奶碗中浮动时，有相互吸引并粘在一起的倾向（图 1-6A）。在生命系统中，我们可以在各种小颗粒中观察到这种效应，比如细胞、微生物甚至分子，它们倾向于在液体表面聚集形成聚集体。这些聚集体的形成主要是由于表面张力和黏附力的平衡（图 1-6B）。表面张力试图最小化表面积并将物体拉到一起，导致颗粒聚集。这种效应可以影响细胞和微生物在细胞黏附等过程中的行为。

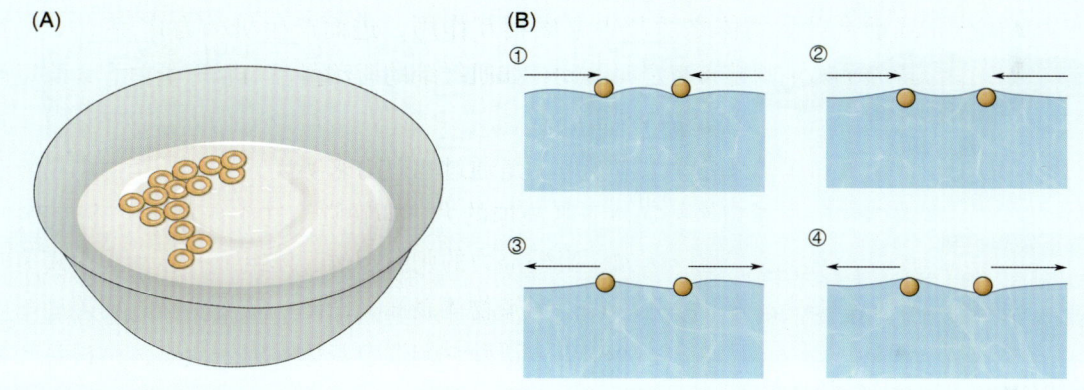

图 1-6 甜麦圈效应
（A）牛奶中的甜麦圈会自发地聚集在一起。（B）由于表面张力的存在，非浸润或浸润表面的小球在水溶液中会倾向于聚集在一起（①，②），而半浸润或者浸润和非浸润混合的小球倾向于分离（③，④）。通过不同的聚集或分离的形式来降低液体的表面积。

根系生长和水分吸收都会产生影响。

从小的个体来看，生物都是有电现象的，特别是某些发电的动物更加明显。这些生物都具有特殊的电器官，能够产生电场或电流，并以此来进行捕食、防御或传递信息。例如电鳗（知识窗 1-2），它的所有脏器都集中在身体前部五分之一，剩下的五分之四由三种发电器官组成（图 1-7A）。

在细胞和分子层面，生物也有很多重要的电现象，如神经元、肌纤维、心肌等细胞的电活动。这些细胞存在跨膜电位，在接受刺激时，膜上的离子通道产生动作电位，并传递电信号，使得生物个体可以完成感知刺激、控制肌肉运动以及其它生理功能。

知识窗 1-2

电鳗的发电机制

电鳗（图 1-7A）通过特殊的电细胞结构和发电机制产生强大电压，电击是通过电细胞的串联和膜离子通道激活来实现的。每个电细胞都带有特殊的离子通道，控制着离子的通透，从而改变细胞内外电位。电细胞排布在电器官中，具有侧膜离子通道系统，包括钠通道和钾通道，可调控电位变化。静息电细胞的前后细胞膜电位差约为 0 mV（图 1-7B）。当电细胞受刺激时，通过脊髓神经元的突触将单侧膜钠通道同时打开，使 Na^+ 进入细胞，将该侧膜电位翻转，从而产生约 150 mV 的跨细胞的电位。在电器官中，电细胞串联排布。整个序列中的电细胞电位变化同步改变，并通过电细胞之间的串联效应累积，产生高电压脉冲，即电鳗的电击（图 1-7C）。

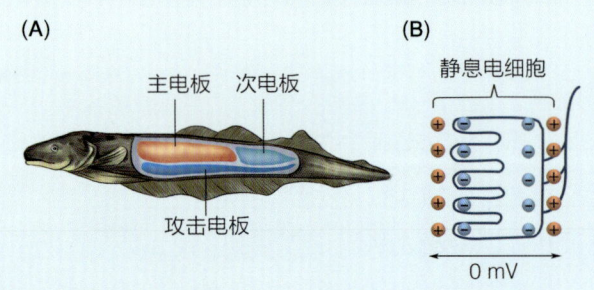

图 1-7 电鳗的发电机制
（A）电鳗的发电器官。（B）电鳗中静息状态下的电细胞。电细胞前后两侧的细胞质膜所带电荷相同，没有表面电位差。（C）活化状态下电细胞的表面电荷结构。电细胞单侧膜通道被激活后，将翻转膜电位，使得细胞两侧所带电荷不同，形成约 150 mV 的电位差，在发电器官中通过串联排列的电细胞可以形成强大的电压。

1.3.2 生物电的产生

一些关键离子，如 Na^+、K^+、Ca^{2+} 等，在细胞内外的不均等分布及选择性的跨膜运动，是形成生物膜电位的基础。在哺乳动物细胞内外，存在许多不同离子的浓度梯度（表 1-1），这些梯度在维持细胞正常功能、电位平衡、膜通透性等方面起着重要作用。这些离子的平衡和调控受到细胞膜上各种离子通道、转运蛋白等的调节。

膜电位的形成是由于细胞质膜对离子的选择性通透而产生的。由于离子跨膜浓度差的存在，离子会顺浓度梯度扩散，而与此同时，由于发生电荷分离，会产生反向的电势差来拮抗这种扩散作用。当电势差达到与浓度差（或化学势差）平衡的时候，称之为能斯特（Nernst）平衡电位（E_{Nernst}）（表 1-1）。细胞质膜通过不同的离子通道来控制离子的流动，因此具有选择通透性。正常可兴奋性细胞主要对 K^+ 具有较高的通透性，因此正常细胞质膜两侧的平衡膜电位（约 –70 ~ –90 mV）主要是 K^+ 平衡电位。我们将在第 2、12 章进一步描述离子分布的电化学势、跨膜电位的形成。

表 1-1　哺乳动物细胞的离子浓度梯度

离子	膜外浓度 / (mmol·L^{-1})	膜内浓度 / (mmol·L^{-1})	膜外浓度 / 膜内浓度	E_{Nernst}/mV
Na$^+$	145	12	12	+67
K$^+$	4.5	155	0.029	−95
Cl$^-$	116	4.2	27.6	−89
Ca^{2+}	1.0	10^{-4}	10 000	+123

1.4　生物中的光学现象

1.4.1　光与生物感知

光是一种电磁波，光与物质的相互作用的本质是电磁力的一种表现形式。光是万物色彩斑斓的感知基础。生物体内存在对应的光受体分子或者细胞结构，能够感知和响应光信号。在生物中，有多种光受体用于感知不同波长和强度的光，从而调节生物体的行为、生理和生态。

视蛋白是动物眼中用于感知光信号的主要受体。在人的视网膜中，存在大量的视杆细胞和视锥细胞，在这些视细胞的外节部分，存在高度有序折叠的膜结构，这些膜结构中存在有序排布的视蛋白，如视紫红质、绿色感光蛋白、蓝色感光蛋白等，使得动物能够灵敏地感知不同波长的光（图 1-8A）。

在植物中，也有各种各样的蛋白质来帮助它们感知和利用不同波段的光。光合色素是植物和一些原核生物（如藻类和细菌）中的光受体。它们包括叶绿素和类胡萝卜素等，用于吸收太阳光的能量并参与光合作用；光敏色素家族（phytochrome，PHYA～E），能感受红光/远红光，对植物的生长、开花、休眠和光周期等生理过程有重要影响。蓝光受体是一类感知蓝光的蛋白质，包括隐花色素（cryptochrome，CRY）、向光素（phototropin，PHOT）和光受体 ZEITLUPE（ZLF）等，参与植物的光周期调节、光合作用、光敏性和生长发育。紫外光受体 UVR8 用于感知和响应紫外光 B（UV-B）波段的光辐射，它在植物的生长和适应环境变化中发挥着重要作用（图 1-8B）。

1.4.2　生物对光的利用

光在生物学过程中的利用是多样且重要的，它为生物体提供了能量和信息，支持了生物体的生长、发育和适应环境的能力。

光合作用一般是指生物体利用光能将二氧化碳和水转化为有机物质和氧气这一过

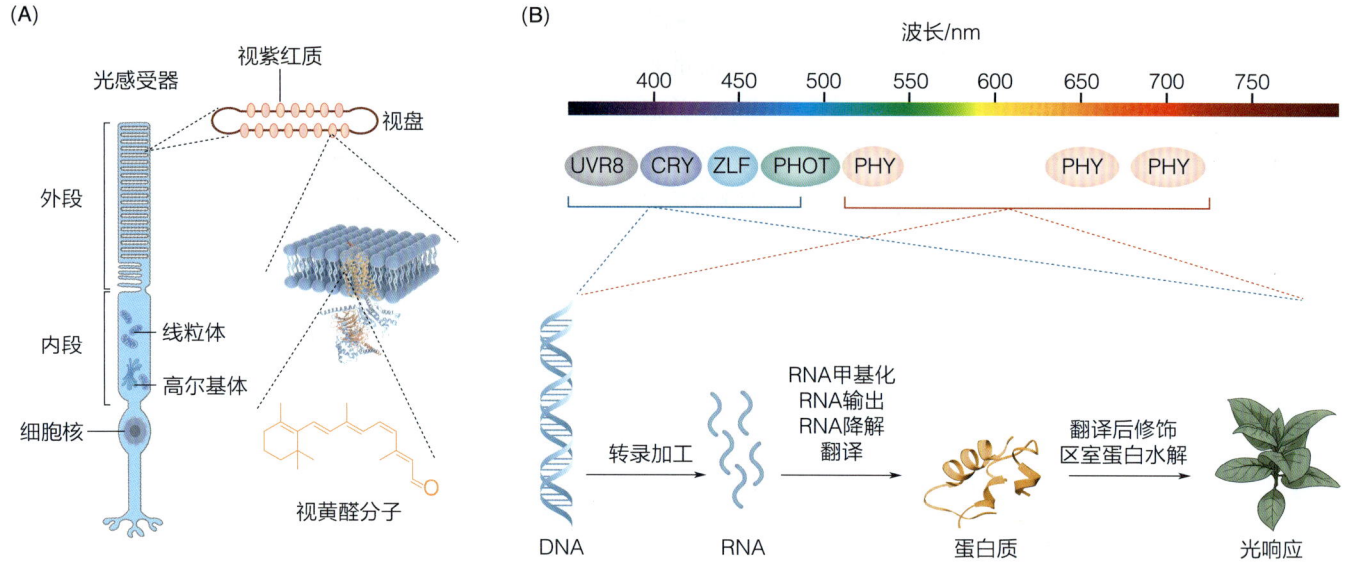

图 1-8 不同的光受体蛋白
(A) 视杆细胞中视紫红质对光的感知。(B) 植物中不同类型的光感受蛋白及其光响应过程。

程。在自然界中，光合作用是地球上几乎所有生物生存的基石，主要在植物、藻类和某些细菌中进行。不同类型生物的光合作用有着不同的途径和机制。

硫细菌使用硫化物而不是二氧化碳作为最终电子受体，它们能在低氧环境下进行光合作用。非硫细菌使用硝酸盐等作为最终电子受体来完成光合作用。

绿藻在光合作用中使用叶绿素来捕获光能，并通过光合反应将二氧化碳和水转化为有机物和氧气。红藻和褐藻中除叶绿素外还含有大量其它不同种类的色素分子，使得它们呈现不同的颜色。

高等植物如大多数陆生植物使用叶绿素 a 和叶绿素 b 来捕获光能，将二氧化碳和水转化为有机物和氧气。高等植物光合作用涉及两个重要的光系统：光系统Ⅰ（PSⅠ）和光系统Ⅱ（PSⅡ）。这两个光系统在植物光合作用中协同工作，负责将光能转化为化学能。捕获的光能在反应中心将水（电子供体）分解产生氧气和质子，并将电子传递到电子受体（图 1-9）。

植物光合作用包含两个关键阶段：光反应和暗反应。在光反应阶段，光能被叶绿

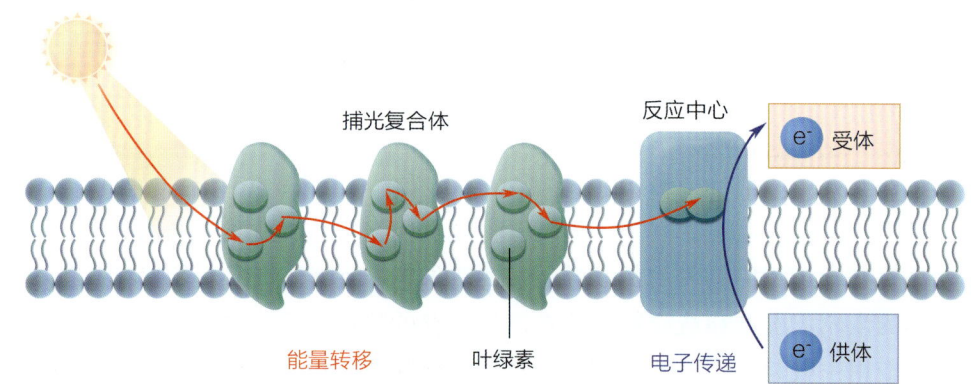

图 1-9 光合作用中的电子传递过程
光能被捕光复合体中的色素分子吸收并传递到反应中心，在反应中心将电子从供体传递到受体中。

素等色素吸收，激发电子，将水分子分解为氧气和氢离子，并产生高能化合物 ATP 和 NADPH。这些高能化合物是后续暗反应所需的能量来源。在暗反应阶段，利用光反应阶段产生的 ATP 和 NADPH，二氧化碳被固定，并通过一系列酶催化的反应，将二氧化碳转化为有机物质，最终产生葡萄糖等有机化合物。这些有机化合物不仅为植物自身提供生长和代谢的能量，也为其它生物提供能量和养分，是整个生物圈食物链的基础。

1.5 生物与温度

1.5.1 温度对生物的影响

温度是生物体内和周围环境的重要物理参数，对生物的生理和行为产生深远影响。温度是生物体内化学反应速率的重要调节因素，它影响着生物的代谢水平和能量利用情况。此外，温度还参与调控生物体的生长和发育过程，在植物的开花、动物卵的孵化（知识窗 1-3）等很多过程中都发挥着重要的作用。

通常情况下，随着温度的升高，化学反应速率也会加快，而温度的降低则会导致反应速率减慢。这种关系可以通过阿伦尼乌斯方程（Arrhenius equation）来描述，该方程表达了温度与反应速率之间的指数关系：

$$k = Ae^{-\frac{E_a}{k_B T}}$$

其中，k 是反应速率常数，A 是阿伦尼乌斯常数，E_a 是活化能，k_B 是玻尔兹曼常量，T 是反应的热力学温度。

这个方程表明，温度升高会导致指数项增大，从而使得反应速率常数 k 增加。换句话说，提高温度会使反应物分子更容易克服活化能能垒，从而加快反应的进行速率。因此，温度对于生物体内的生化反应和酶催化过程十分重要。在适宜的温度范围内，生物体内的代谢反应会加快，从而维持生物体正常的生理功能。温度过高或过低会对生物体产生不良影响。

生物对温度变化表现出不同的生理适应性。动物通过调节体温或生理反应来适应不同的温度条件，动物的活动模式、食性和繁殖行为通常与温度密切相关。

1.5.2 生物体温的维持

维持适宜的体温对生物的生存和正常生理功能至关重要。体温调节是通过一系列复杂的生理和行为反应来实现的。恒温动物，如哺乳动物和鸟类，能够通过内部代谢来调节体温。它们拥有高代谢率，能够产生足够的热量来保持体温。在环境温度降低时，它们会增加代谢率，产生更多的热量以抵抗寒冷。相反，在环境温度升高时，它

知识窗 1-3

温度性别决定

温度性别决定（temperature-dependent sex determination，TSD）是在某些动植物中普遍存在的性别决定方式。在这种机制中，生物的性别发育和分化受到环境温度的影响。在一些爬行动物（如鳄、海龟和蜥蜴）、鱼类以及一些昆虫等生物中，它们产卵孵化时的温度范围决定了后代的性别（图 1-10）。例如，彩龟就是著名的温度性别决定者，其性别由海龟蛋在沙滩上的温度条件所决定。较高的温度会导致更多的雌性孵化，而较低的温度则会导致更多的雄性孵化。

温度性别决定是一种独特的性别决定机制，与传统的性染色体决定（如 XX/XY 系统）不同，它使得生物的性别在不同环境条件下具有一定的可塑性，为其生态适应性提供了一种灵活的方式。

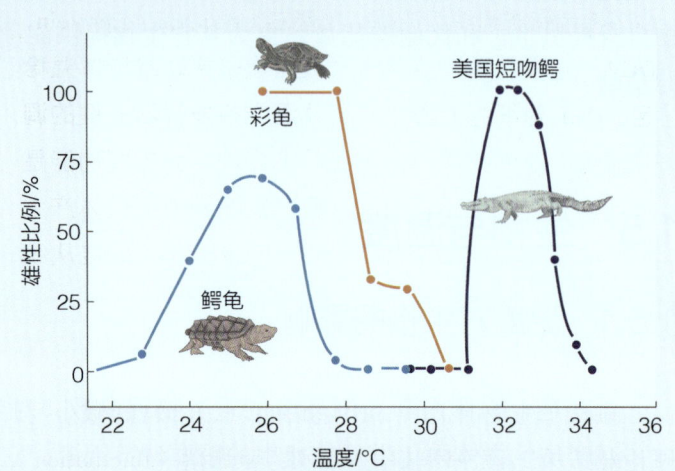

图 1-10 三种爬行动物的温度依赖性别决定
图中不同曲线代表鳄龟、彩龟和美国短吻鳄在不同温度下雄性孵化的比例。

们会减少代谢率，防止体温过高。变温动物，如爬行动物和无脊椎动物，其体温会随着环境的变化而波动，它们依赖于外部环境来调节体温。

通常生物通过多种机制来维持体温在适宜的范围。当生物体进行营养物质的代谢过程时，会产生能量，其中一部分能量以热量的形式散发出来，称为代谢热。这种热量的产生是生物体维持体温的重要机制。肌肉运动也会消耗能量并产生大量热量。此外，某些哺乳动物拥有特殊的组织——棕色脂肪组织，其主要功能是产生热量而不是储存能量。当生物体需要额外的热量时，棕色脂肪组织会被激活，产生大量热量以维持体温（知识窗 1-4）。

1.6 生物维持有序结构的一般规律

细胞作为生命的基本单元，其微小尺寸和高度有序性一直以来都吸引着科学家的目光。细胞的直径通常在微米量级，却包含着种类繁多的生物大分子，数量从 1（例如 DNA 分子）到 10^6（例如大肠杆菌中的总蛋白质数目）不等。然而，细胞却能够一直维持自身的稳定有序状态，并将这种状态精确地遗传给后代。

知识窗 1-4

解耦联蛋白

棕色脂肪组织通过解耦联蛋白（decoupling protein，DCP）的解耦联作用产生大量热量来帮助维持体温稳定。DCP 对细胞能量代谢和体温维持发挥着关键的调节作用，它们主要存在于线粒体内膜，其主要功能是解耦联氧化磷酸化。氧化磷酸化是细胞内线粒体产生 ATP 的过程。当 DCP 活跃时，它会将质子直接从线粒体膜间隙释放到线粒体基质，导致质子的跨膜电化学势蕴含的能量无法转化为 ATP，而直接以热量的形式散失。

DCP 的解耦联作用使细胞能够调节 ATP 合成和消耗的平衡，以满足不同的能量需求，这对于维持细胞内能量代谢的平衡和稳定至关重要。

在分子生物学大发现之前的时代，细胞的微小与高度有序性似乎与经典统计物理理论相矛盾，其中最核心的问题是涨落（fluctuation）。涨落描述了物理量（如温度、压强和体积等）偏离平均值的程度，就像一个正态分布的随机数偏离平均值一样。对于经典平衡态系统，系统中粒子数越少，涨落就越明显。从这个角度看，由于数量有限，构成细胞的那些分子（或原子）似乎根本无法支撑一个精确有序的结构。

最早注意到这个问题的是一群物理学家。在 X 射线诱导突变的遗传实验中，马克斯·德尔布吕克（Max Delbrück，1906—1981）等人估算出一个"基因基本单元"大约包含了 1000 个原子。如果将这个基本单元假设为一团平衡态的理想气体，那么这种系统大约会有 3% 的涨落，这意味着基因大约有 3% 的自发突变率。这显然远远高于遗传学观察到的结果：普通基因的自发突变率仅在 10^{-9} 数量级。

这两个差异巨大的数字促使物理学家思考生命维持有序性的物理基础是什么。1943 年，奥地利物理学家埃尔温·薛定谔（Erwin Schrödinger，1887—1961）基于当时的遗传学实验和最新的量子力学理论，提出了遗传物质稳定性和生命系统维持有序性的理论雏形，并总结在《生命是什么？》一书中。薛定谔认为，为了抵抗热涨落，基因中的原子显然不能像理想气体分子一样随意晃动，而应该像晶体中的原子一样被固定在特定的位置。固定原子的这种力就是化学键，是一种量子力学效应。由于化学键键能很高，因此几乎不可能被热运动破坏（详细计算见第 2 章）。同时，为了记录庞大的遗传信息，这些构成基因的原子不能像晶体一样简单地重复排列，而是要像一本宏大巨著中的字母一样非周期地、有意义地展开。薛定谔称这种遗传物质结构为"非周期晶体"。现在看来，薛定谔提出的关于遗传物质的大致图像是很有前瞻性的（需要说明的是，这个观点并非薛定谔原创，多个物理学家和生物学家都有过类似的猜测）。

薛定谔对于生命物理基础的追问并没有止步于此，而是提出了一个更宏大的问题：是不是知道了染色体的全部序列，我们就掌握了全部的生命奥秘呢？薛定谔提出，即使知道了全部的基因编码，我们还是面临一个基本难题：现有的物理理论无法回答遗传物质是如何工作的。遗传密码就像一部书，人类基因组计划已经让我们知道了书的每一个字符，但是我们离完整地理解这部书还有很远的距离；就像只知道一本英文小说的字母排列，并不意味着我们读懂了这本小说。

从物理角度来看，对于复杂的生命系统，有什么一般性规律呢？如果我们坚信物理原理对生命系统同样适用，那么热力学第二定律所断言的孤立系统无序程度永不减少似乎就是所有生命不可避免的命运。然而，生命并没有陷入这种最大无序的状态，其根本原因是生命并不是一个孤立系统，而是不停地与外界在进行"新陈代谢"。新陈代谢过程到底交换了什么？薛定谔指出，生命吸收"负熵"，抵抗体内熵增加的趋势，从而维持一个稳定的"活"的状态。负熵本质就是自由能（F），包含能量（E）与熵（S）两个部分：

$$F = E - TS,$$

我们会在第 2 章中仔细讨论熵和自由能的概念。在随后的章节中，我们会发现熵和自由能是生物物理中最核心的物理量。

1.6.1 生物体中不同尺度的物质运输

当我们走进一家餐厅，嗅觉神经元能迅速捕捉到空气中弥漫的气味分子，这些分子通过自由扩散的方式，在极短的时间内抵达鼻腔，引发嗅觉。同样，当我们品尝果汁时，甜味物质（如蔗糖和果糖）在口腔唾液中迅速扩散，与味蕾上的受体结合，产生甜味。这些日常的体验都展示了自由扩散在生命系统中的重要性。

在长度大约 2 μm 的大肠杆菌细胞中，mRNA、蛋白质分子从细胞的一端自由扩散到另一端只需要几秒钟（按照扩散系数约为 1 $\mu m^2/s$ 估算，不同大小的蛋白质扩散系数有很大差异，详见第 2 章）。然而，对于多细胞生物而言，仅仅依靠自由扩散是远远不够的。例如，在人类神经系统中，神经元轴突的长度可达数米。若神经递质的运输完全依赖自由扩散，那么从细胞体到达轴突末梢可能需要长达千年，无法满足神经系统快速传递信息的需求。为了克服这一限制，细胞进化出了主动运输机制。通过消耗能量，细胞可以将物质逆浓度梯度或长距离运输，从而保证细胞内物质的动态平衡。为什么气体分子和水中的糖分子自由扩散可以这么快？为什么大肠杆菌中的物质运输通过自由扩散就可以满足细胞的需要，而坐骨神经元的物质运输必须通过主动运输来实现？主动运输与自由扩散现象的物理学原理差异在哪里？

在第 2 章中，我们会学习扩散的基本规律。扩散的本质是分子的无规热运动，从宏观上看，分子从高浓度区域扩散到低浓度区域，是一种自发的行为，不需要外部能量输入。扩散所需时间与距离的平方成正比。因此，在生物体内短距离的物质运输可以依靠扩散，例如在大肠杆菌中的分子扩散；而长距离的物质运输由于所需时间过长，几乎不可能由扩散来完成。这时，定向的主动运输就会成为主角。主动运输通过消耗能量（例如 ATP 的化学能、质子的浓度梯度等）克服无规热运动，使得所载物质在微观上定向快速运动。在细胞内，主动运输的两种重要机制是分子马达驱动和细胞质的输运。我们将在第 2、13 和 14 章等相关章节中仔细研究这个问题。在个体层面，扩散和主动运输都会起到重要作用，例如，氧气和二氧化碳的交换是通过肺泡和血液之间的扩散来实现；而营养物质、激素的吸收等则通过血管壁上的主动运输来完成。扩散和主动运输是生命系统中物质运输的两个基本机制，它们互相配合，共同维持着细胞内、细胞间以及整个生物体内的物质平衡，为生命活动的正常进行提供必要支持。

1.6.2　生物中的周期性

从猎豹皮毛上的斑纹，到动物身体的体节结构，我们会发现很多生物体的空间周期性现象。而生物体中的时间周期性现象更是无处不在，从宏观的动物睡眠周期和植物生长周期，到微观的细胞分裂周期和细胞骨架的动态组装。这些周期现象的物理学规律是什么？

无论是时间上的周期性，还是空间中的周期性，本质都是一系列有序的事件依次发生。这种有序性的根源是什么？在第 2 章中，我们会仔细讨论平衡态。在平衡态系统中，有序性最小，无序度最大，因此不可能出现这样的周期性事件（严格地说，平衡态系统不可能产生时间上的周期性事件，但是空间的周期排布是可能的，例如晶体，但是这种排布是平衡态的一种现象）。历史上，正是对于化学振荡等周期性现象的研究，伊利亚·普里戈金（Ilya Prigogine，1917—2003）等物理学家提出了耗散结构的概念。由于生命系统是一个开放系统，能够不停地耗散自由能，进而远离平衡态，产生各种有序的结构。更重要的是，这些有序结构不是由外界控制的，而是由于系统内部的相互作用自发形成的，我们称之为自组织（self-organization）现象。因此，这种自组织现象体现了结构（生命体内部相互作用）与功能（周期性）之间密不可分的关系。在第 10 章将会讨论生物体中产生自组织现象的基本原理。现代生物学的核心内容之一就是探索生物内部结构与功能之间的关系。从这个角度而言，研究非平衡态系统的物理学与生物学有异曲同工之妙。通过深入了解这些周期性现象的物理基础，我们能更好地理解生物体内部的秩序和生命活动的奥妙。

※ 本章小结

在这一章里，我们简单介绍了生命体的一些基本尺度，以及生命感知和操控力、热、电、光等物理效应的机制，并简单讨论了生物中有序性的基本物理规律。在本书后面的章节中，我们会详细展开讨论相关的内容。想要理解这些过程和生物功能，我们首先要了解相应过程的结构基础，然后运用物理学原理理解该结构在特定物理因素下的工作机制。结构与功能的对应关系是本书最核心的认知方法。

※ 扩展阅读

图书

Harold F M. The way of the cell: molecules, organisms, and the order of life[M]. Oxford: Oxford University Press, 2001.

Parthasarathy R. So simple a beginning: how four physical principles shape our living world[M]. New Jersey: Princeton University Press, 2022.

Schrödinger E. What is life?: the physical aspect of the living cell[M]. Cambridge: Cambridge University Press, 1944.

2 生物物理中的物理和化学

生命系统，从微观的分子到宏观的个体，都展现出令人叹为观止的复杂性和精巧性。这些生命现象背后，蕴藏着深邃的物理学原理。本章旨在介绍这些基本物理理论。在组织和个体等宏观层面，生命系统可以被视为复杂的机械系统。经典力学中的基本定律，如牛顿运动定律和能量守恒定律，为我们提供了描述生物运动和力学行为的理论框架。例如，肌肉的收缩、骨骼的运动，都可以用力学模型来解释。在细胞和分子等微观水平，热运动是无处不在的。分子间的相互作用力和热运动共同决定了生物分子的结构和功能。统计物理学为我们提供了一套工具，用于描述和分析这些随机过程。例如，蛋白质的折叠过程是一个典型的统计物理学问题。在原子和分子尺度上，量子力学效应变得显著。化学键、轨道能级跃迁、量子隧穿等量子现象在生物过程中扮演着重要的角色。

在本章中，我们将介绍这些不同尺度上的物理规律，初步探讨它们在生命系统中的作用。由于本书主要侧重分子和细胞生物物理，我们将介绍统计物理学和量子力学的基本理论，希望在此基础上深入理解生物分子的结构与功能、相互作用，以及细胞的代谢与运动。

2.1 热运动与玻尔兹曼分布

生命体是由高度有序的结构组成的。例如，细胞内的蛋白质分子具有特定的三维结构，细胞内的各种生物化学反应都按照严格的时空顺序进行。然而，由于生物分子尺度微小，其所携带的能量与周围环境的热运动能量相当。这种热运动使得生物分子处于持续的随机运动状态，这似乎与生命体的高度有序性形成了矛盾。

那么，生命体是如何在无序的热运动中维持高度有序的状态呢？要回答这个问题，我们首先需要了解无序热运动的本质。一个经典的模型是理想气体模型。该模型通过研究大量气体分子的随机运动，建立了微观运动与宏观性质之间的联系。例如，我们可以计算气体分子运动速度的分布情况，从而了解气体分子的平均动能与温度的关系。

理想气体模型为我们提供了一个研究无序运动的框架。通过对理想气体模型的深入研究，我们可以将其推广到其它系统，如理想溶液。这将有助于我们更好地理解生物分子在溶液中的运动行为，以及它们如何在无序的热运动中维持有序的结构。

2.1.1 理想气体模型

实验精确地表明，对任何气体，在足够低的密度下，气体压强 p、体积 V、分子数 N 和温度 T 之间满足一个简单的关系，称为理想气体定律：

$$pV = Nk_B T 。 \tag{2-1}$$

足够低的密度使得分子之间的相互作用可以忽略，气体的能量就主要来自分子的运动。因此，我们可以考虑一种理想情形，气体的内能只有分子动能，这种气体被称为理想气体。

分子的微观运动如何产生了宏观效应？如图 2-1 所示，对于理想气体而言，在固定体积时，宏观效应就是气体作用于容器壁的压强，其本质来源于气体分子与容器壁的碰撞导致的动量交换。我们可以计算一个分子碰撞容器壁产生的力，再把多个分子的效应叠加，就可以得到宏观上的压强：

$$p = \frac{Nm\langle v_x^2 \rangle}{V}, \tag{2-2}$$

其中，m 是分子的质量，$\langle v_x^2 \rangle = \sum_{i=1}^{N} \frac{v_{x,i}^2}{N}$ 是分子速度平方的平均值。在后面的章节中，符号 $\langle x \rangle$ 均表示 x 的平均值，即 $\langle x \rangle = \frac{\sum_i x_i}{N}$。式（2-2）是直接由气体分子的牛顿运动定律得到的压强与分子数、体积之间的关系（推导过程见知识窗 2-1）。而同时，理想气体定律公式（2-1）也给出了三者之间的定量关系，

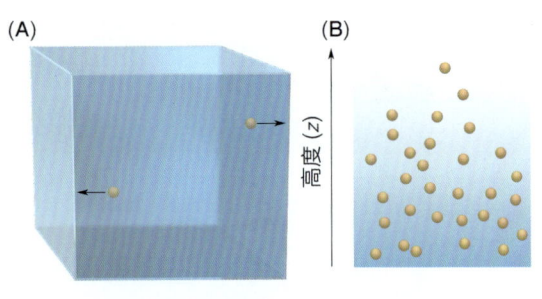

图 2-1 玻尔兹曼分布
（A）一个气体分子与容器壁发生碰撞并传递动量，这是理想气体分子产生压强的微观机制。（B）理想气体分子在重力场中的分布示意图。

$p = \dfrac{Nk_\mathrm{B}T}{V}$，通过对比我们得到

$$m\langle v_x^2 \rangle = k_\mathrm{B}T。 \qquad (2-3)$$

注意到分子的平均动能是 $\dfrac{1}{2}(m\langle v_x^2 \rangle + m\langle v_y^2 \rangle + m\langle v_z^2 \rangle)$，并且 x、y 和 z 三个方向上的运动规律都是一样的，因此根据对称性有

$$\langle v_x^2 \rangle = \langle v_y^2 \rangle = \langle v_z^2 \rangle = \dfrac{k_\mathrm{B}T}{m}, \qquad (2-4)$$

因此在三维空间中运动的分子平均动能是 $\dfrac{3}{2}k_\mathrm{B}T$，每个运动自由度分别有 $\dfrac{k_\mathrm{B}T}{2}$ 的能量。这个规律在热力学中称为能量均分定理。从该定理可以看到，温度 T 直接度量了分子热运动的快慢。由于理想气体没有分子间的相互作用，因此理想气体的内能就是所有分子的动能

$$E = \dfrac{3}{2}Nk_\mathrm{B}T。 \qquad (2-5)$$

在处理微观世界中的问题时，仅仅知道宏观量（压强、体积等）是不够的，因为这些量仅仅代表了大量粒子的平均行为。我们通常还需要了解一些比平均行为更细节的物理量，比如每个气体分子的速度、能量等等。但是，由于分子的数量巨大，而且每时每刻都在改变状态，因此我们想要得到的是分子在这种持续变化中保持不变的性质。这种性质就是分子运动的统计规律。

知识窗 2-1

由牛顿运动定律得到气体分子产生压强的微观机制

每个分子碰撞产生的力可以由牛顿第二定律计算，如图 2-1A 所示。考虑一个质量为 m 的气体分子沿着 x 方向以速度 v_x 运动，每与容器壁碰撞一次，动量就会从 mv_x 变为 $-mv_x$，并传递给容器壁大小为 $2mv_x$ 的动量。在 x 方向上来回运动一次的时间是 $\Delta t = \dfrac{2L}{v_x}$，其中 L 是容器在 x 方向的长度。根据牛顿第二定律，该分子作用在容器壁上的力就是动量变化量除以作用时间，即

$$f = \dfrac{2mv_x}{2L/v_x} = \dfrac{mv_x^2}{L}。 \qquad (2-6)$$

这里我们得到了单个分子碰撞产生的力。对于容器中的 N 个分子，它们在 x 方向上产生的作用力之和为

$$F = \sum_{i=1}^{N} f_i = \sum_{i=1}^{N} \dfrac{mv_{x,i}^2}{L} = \dfrac{Nm\langle v_x^2 \rangle}{L},$$

其中，$\langle v_x^2 \rangle = \sum_{i=1}^{N} \dfrac{v_{x,i}^2}{N}$ 是分子速度平方的平均值。压强是单位面积上的力，即

$$p = \dfrac{F}{S} = \dfrac{Nm\langle v_x^2 \rangle}{LS} = \dfrac{Nm\langle v_x^2 \rangle}{V}, \qquad (2-7)$$

其中，容器体积 $V = LS$。

> **知识窗 2-2**
>
> ### 概率的定义与运算
>
> 在数学上，我们使用概率语言来描述某个变量的统计规律。对于某个取离散值的变量 X，在多次实验中发现其取值为 x_1 的次数为 N_1，取值为 x_2 的次数为 N_2，等等。当实验次数 $N(N = N_1 + N_2 + \cdots)$ 足够大时，我们说变量 X 取值为 x_i 的概率可近似为
>
> $$P(x_i) = \frac{N_i}{N} \text{。} \quad (2\text{-}8)$$
>
> 对于式（2-8）定义的概率，满足归一化条件 $\sum_i P(x_i) = 1$。对于那些取连续值的变量，我们可以使用类似的方法，定义 X 取值在范围 (x_1, x_2) 的概率为
>
> $$P(x_1 \leq x \leq x_2) = \int_{x_1}^{x_2} P(x) \mathrm{d}x \text{。} \quad (2\text{-}9)$$
>
> 注意此时 $P(x)$ 被称为概率密度，是一个有量纲的量。比如，如果 X 是长度，量纲为 m，那么 $P(x)$ 就有 m^{-1} 的量纲。对于取值范围在 $a \leq x \leq b$ 上的概率密度函数，其归一化条件是 $\int_a^b P(x) \mathrm{d}x = 1$。在本书后面的章节中，我们都统一使用符号 $P(x)$ 表示概率或者概率密度，其归一化条件由变量 X 本身取值是否连续来决定。
>
> 通常我们还会处理多个事件的概率。例如，变量 X 取值为 x_1 或者 x_2 的概率满足加法原理，即 $P(x_1) + P(x_2)$。而两个互相独立的事件同时发生的概率满足乘法原理，例如变量 X 取值为 x 的概率是 $P_X(x)$，而变量 Y 取值为 y 的概率是 $P_Y(y)$，如果两个变量的取值是独立的，则 (X, Y) 取值为 (x, y) 的联合概率是 $P_{XY}(x, y) = P_X(x) P_Y(y)$。

对于随机运动的理想气体分子，虽然我们不能预测每个单分子的速度，但是我们可以明确地预言分子总体上的速度分布。由于速度是一个连续变量，因此我们需要使用速度的概率密度（知识窗 2-2）。例如，对于一盒孤立的气体分子，在足够长时间到达平衡后（我们后面会仔细地讨论平衡的定义），从简单的对称性我们知道，一个分子以速度 v_x 向 x 正方向运动的概率等于它以同样的速度 $-v_x$ 向 x 负方向运动的概率，即 $P(v_x) = P(-v_x)$，因此分子速度的平均值 $\langle v_x \rangle$ 为零。满足这种性质的一种常见统计分布是平均值为零的高斯分布

$$P(x) = \frac{1}{\sigma \sqrt{2\pi}} \mathrm{e}^{-\frac{x^2}{2\sigma^2}}, \quad (2\text{-}10)$$

其中，σ^2 是 x 的方差。对于满足如公式（2-10）所示的速度概率密度，我们只需要知道方差就可以确定分布。根据定义，速度的方差 $\langle (v_x - \langle v_x \rangle)^2 \rangle = \langle v_x^2 \rangle = \sigma^2$。由分子平均动能与温度的关系公式（2-4）可知，方差 $\sigma^2 = \langle v_x^2 \rangle = \frac{k_B T}{m}$。因此对于某个特定分子，其 x 方向运动速度的概率密度为

$$P(v_x) = \sqrt{\frac{m}{2\pi k_B T}} \, \mathrm{e}^{-\frac{m v_x^2}{2 k_B T}} \text{。} \quad (2\text{-}11)$$

在热学中，我们知道这是理想气体分子速度特定分量的麦克斯韦分布（关于麦克斯韦分布的推导，可以参考统计物理教材；或者可以把麦克斯韦分布理解成下一小节中玻

尔兹曼分布的特例，由于理想气体分子之间没有相互作用，玻尔兹曼分布的指数因子上就只有动能项）。注意到该分布正比于 $\mathrm{e}^{-\frac{E_x}{k_B T}}$，其中 $E_x = \frac{1}{2}mv_x^2$，即指数上的因子为分子动能与热运动能量之比。

2.1.2 玻尔兹曼分布

麦克斯韦分布只适用于不受任何外界影响，且分子间无相互作用的理想气体。但是如果分子处于外界力场之中或者与其它分子有相互作用，分布可能会发生变化。例如，空气在高海拔的地区变得稀薄，这是因为气体分子在重力场的影响下，更倾向于重力势能更低的区域。想象两种极端情形，当温度趋近于绝对零度，即热运动消失时，气体分子会全部聚集在势能最低的区域；当温度极高时，重力势能相对分子动能可以忽略，此时气体分子在不同高度的分布是均匀的。因此分子的总能量（动能加势能）决定了气体分子在特定微观态下的分布。在统计物理中，玻尔兹曼分布描述了平衡态时，某个微观态出现的概率与该状态能量之间的关系：

$$P_i = \frac{1}{Z}\mathrm{e}^{-\frac{E_i}{k_B T}}, \tag{2-12}$$

其中，$Z = \sum_i \mathrm{e}^{-\frac{E_i}{k_B T}}$ 是归一化常数，被称为配分函数。其中 E_i 是第 i 个微观态的能量。对于理想气体，分子的能量只有动能，因此满足麦克斯韦分布公式（2-11）。对于在重力场中的理想气体分子，总能量 $E_i = \frac{1}{2}mv_i^2 + mgz_i$，其分布就满足 $P_i = \frac{1}{Z}\mathrm{e}^{-\frac{\frac{1}{2}mv_i^2 + mgz_i}{k_B T}}$，其中 z_i 是状态 i 所在的高度。可以看到，气体分子的微观态分布不仅取决于速度，还取决于高度，如图 2-1B 所示。从玻尔兹曼分布公式（2-12）可以看到，$k_B T$ 出现在指数因子的分母上，正如 1.1 节所述，这是热运动的能量标尺。

玻尔兹曼分布不仅适用于处于外场中但分子间无相互作用的理想气体系统，也适用于有各种内部相互作用的平衡体系。例如，对于处于溶液中的蛋白质分子，系统的微观态的总能量就包括蛋白质分子的内能、水分子的内能以及蛋白质分子与水分子、水分子与水分子之间的相互作用能，等等。把这些能量加和为 E，则蛋白质处于某个特定结构的概率就是 $p = \frac{1}{Z}\mathrm{e}^{-\frac{E}{k_B T}}$。另外一个常用的例子是离心作用。在离心管中，分子以角速度 ω 转动，在不同位置所受的离心力是 $m\omega^2 r$。我们可以根据力与势能的关系 $F = -\frac{\partial V}{\partial r} = m\omega^2 r$ 定义离心势能 $V(r) = -\frac{1}{2}m\omega^2 r^2$，则根据玻尔兹曼分布，分子的浓度分布（由概率分布决定）满足关系 $c(r) \sim \mathrm{e}^{\frac{m\omega^2 r^2}{2k_B T}}$。质量越大的分子，其离心势能越大，因此越容易富集到离心管的外侧。这正是离心机分离不同质量分子的基本工作原理。总之，原则上只要给定系统某个微观态的组成和与之对应的总能量，我们就可以根据玻尔兹曼分布确定该微观态在平衡态下出现的概率。

如果某个微观态粒子数目不守恒，那么玻尔兹曼分布会推广为吉布斯分布：

$$P_i = \frac{1}{Z} e^{-\frac{E_i - \mu N_i}{k_B T}},$$

其中，N_i 是状态 i 中的粒子数目；μ 称为粒子的化学势，其物理含义为增加一个粒子所带来的系统能量变化。关于玻尔兹曼分布和吉布斯分布的推导见统计物理教材。

我们可以使用玻尔兹曼分布计算化学键在室温下自发断开的概率。把化学键连接的状态记为 1 态，能量为 E_1；断开的状态记为 2 态，能量为 E_2。根据玻尔兹曼分布，两种状态出现的概率分别是

$$p_{1,2} = \frac{1}{Z} e^{-\frac{E_{1,2}}{k_B T}},$$

其中 $Z = e^{-\frac{E_1}{k_B T}} + e^{-\frac{E_2}{k_B T}}$。将两态之间的能量差记为 $\Delta E = E_2 - E_1$。在 p_2 表达式中，上下同时除以 $e^{-\frac{E_2}{k_B T}}$，则可以得到

$$p_2 = \frac{1}{1 + e^{-\frac{\Delta E}{k_B T}}}。$$

根据上一节所述，一个化学键的典型键能是 $150\, k_B T$，因此化学键因为热运动而自发断开的概率是 $p_2 = \frac{1}{1 + e^{150}} \approx 7 \times 10^{-66}$。这个概率小到可以忽略，因此化学键在室温下是极为稳定的，不会因为热运动而自发断裂。在后面的章节中我们还会反复使用玻尔兹曼分布。

2.2 熵与自由能

在前一节中，我们引入了玻尔兹曼分布描述某个特定的微观态出现的概率。微观态的例子包括一个分子的位置、动量、能量等。在生物学中，微观态可以指一个蛋白质分子的具体构象、一个酶与底物的结合方式等。在生命系统中，由于分子数量庞大，我们通常无法精确描述每个分子的状态。统计物理为我们提供了一种研究大量粒子系统的有效方法，它通过研究粒子的平均性质和分布来描述系统的宏观态。宏观态可以指一个系统的温度、pH、细胞膜的电位等。一般而言，宏观态是一系列微观态的集合。在给定温度、体积和粒子数的系统中（在统计物理中称为正则系综），如果这些微观态都属于同一宏观态，并且具有相同的能量 $E_i = E_I$，那么宏观态 I 的概率就是

$$P_I = \sum_{i \in I} P_i = \sum_{i \in I} \frac{1}{Z} e^{-\frac{E_i}{k_B T}} = \frac{\Omega_I}{Z} e^{-\frac{E_I}{k_B T}}, \tag{2-13}$$

其中 Ω_I 表示属于宏观态 I 的微观态数目。因此，系统处于某个特定宏观态的概率不只与该状态的能量有关，还与该宏观态所包含的微观态数有关。在接下来的小节中，我

们会介绍玻尔兹曼熵，并推导它与微观态数的对数的关系。熵与能量共同决定了系统处于特定宏观态的概率。进一步，我们将引入自由能的概念。熵和自由能是生物物理中非常常用和重要的概念。这些概念将帮助我们理解分子和细胞水平上发生的多种过程。

2.2.1 玻尔兹曼熵

一个演示微观态与宏观态的例子如图 2-2 所示，有 N 个相同的气体分子处于一个绝热的容器中。由于每个分子都在进行独立的随机热运动，在任何时刻，给定的某个分子处于容器左侧或者右侧的概率都是 $\frac{1}{2}$（假设左右两侧的体积相同）。我们可以用左、右两侧的分子数目（N_1, N_2）来区分系统的分配方式（$N_1 + N_2 = N$）：例如图 2-2A 和图 2-2B 就是（3，3）和（4，2）两种分配方式。不同的分配方式对应了系统不同的宏观态。由于是绝热容器（此时系统为孤立系统，不与外界交换能量与物质），所有的微观态都具有相同的能量。决定某个宏观态出现的概率只由该状态对应的微观态数 Ω 决定。

实现一种相同的构型实际上可以有很多种不同的分配分子的方案。我们可以用组合数来计算每种构型有多少种组合方案，每种组合方案称为一种微观态。这个问题相当于从 N 个相同的分子中随机选取 N_1 个分子，总的选取方案就是组合数

$$\Omega(N_1) = \frac{N!}{N_1!(N-N_1)!},$$

如图 2-2C 所示，函数 $\Omega(N_1)$ 是关于 $N_1 = \frac{N}{2}$ 对称的，并且在 $N_1 = \frac{N}{2}$ 处取极大值。统计物理的一个基本假设是所有的微观态的出现概率都是相等的[在这个问题中，如果一个分子等概率地处于左侧或者右侧，那么任何一种微观态的概率都是

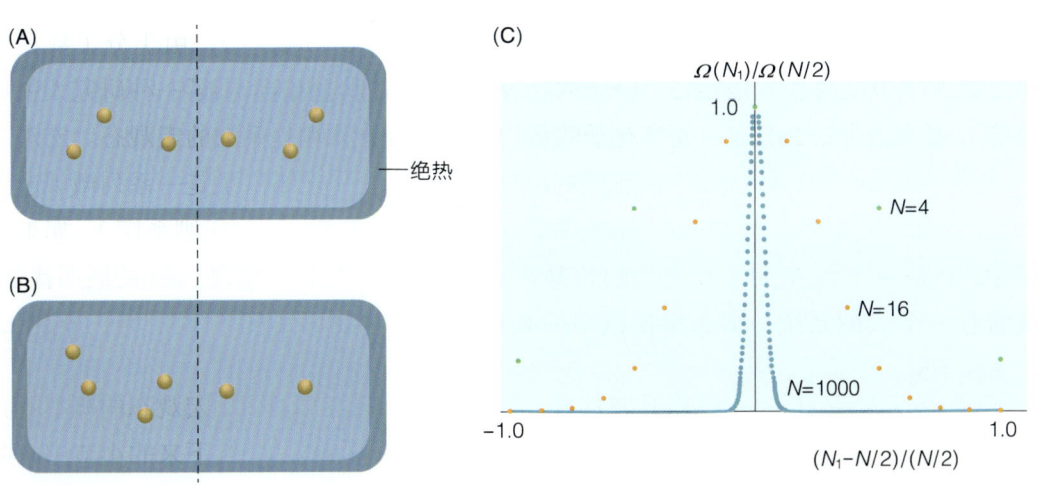

图 2-2 微观态数的分布（A、B）6 个分子在一个绝热容器左、右两侧的不同分布。（C）总粒子数不同的两种分布的概率。

$\left(\frac{1}{2}\right)^N$],因此一个构型出现的概率就正比于上式中的 Ω。1877 年,路德维希·玻尔兹曼(Ludwig E. Boltzmann,1844—1906)引入

$$S = k_B \ln \Omega \tag{2-14}$$

来表示热力学熵 S 与系统特定状态下所包含的微观态数 Ω 之间的关系。对于极大的分子数 N,图 2-2C 中的函数值在 $N_1 = N/2$ 附近会越来越集中;相比于 $N_1 = N/2$ 处的概率,偏离对称轴的其它位置的概率都趋近于零。可以想见,对于热力学极限下的 $N(N \approx 10^{23})$,系统最可能的状态就是在 $N_1 = N/2$ 处,即左、右两边分子均匀分布的状态。

数学上,为了找到概率最大的状态,我们可以对 Ω 求最大值,根据式(2-14)的关系,也就是对玻尔兹曼熵求极大值。我们可以假设 N、N_1、$N_2 = N - N_1$ 都很大,使用斯特林公式

$$\ln N! \approx N \ln N - N, \tag{2-15}$$

可得

$$S = k_B \ln \Omega \approx k_B (N \ln N - N - N_1 \ln N_1 + N_1 - N_2 \ln N_2 + N_2)$$
$$= k_B (N \ln N - N_1 \ln N_1 - N_2 \ln N_2)。$$

使用新变量 $v = \frac{N_1}{N}$,则有

$$S = k_B N [-v \ln v - (1-v) \ln(1-v)],$$

S 的极大值由 $\frac{dS}{dv} = 0$ 决定,可得此时 $v = \frac{1}{2}$。我们再次验证了概率最大的宏观态就是左右两侧分子数相同的状态。这个概率最大的状态被称为平衡态。在上面的计算中,我们考察的是一个孤立系统,即不与外界交换能量与物质的系统(见图 2-5A)。平衡态就是一个孤立系统熵最大的状态。如果孤立系统一开始不是处于平衡态,比如图 2-2B 中左侧分子比右侧多,那么经过足够长的时间后,根据概率,系统一定会到达平衡态,使得左右两侧的分子数相等。这正是热力学第二定律的熵表述形式:孤立系统的熵永不减少,并在平衡态时达到最大值。

熵有两个重要的性质:首先,熵是一个系统的状态量,满足特定的状态方程(具体见热力学中的内容)。因此,只要给定了系统的各种状态函数(能量、体积、分子数等),熵就是唯一确定的。对于理想气体,熵与能量、体积之间的关系是

$$S = k_B N (\ln \frac{V}{N} + \frac{3}{2} \ln \frac{E}{3N} + C), \tag{2-16}$$

其中,C 是一个与 N、V、E 无关的常数。其次,熵是一个广延量。如果把两个系统看作一个大的系统,那么根据概率的乘法原理,有 $\Omega_{tot} = \Omega_1 \Omega_2$,取对数后自然有 $S_{tot} = S_1 + S_2$。

热力学第二定律的熵表述形式说明,一个孤立的系统,其自发演化的方向是熵增加的方向,直至到达平衡态。图 2-3 表示了两种典型的自发过程:图 A 是绝热容器中

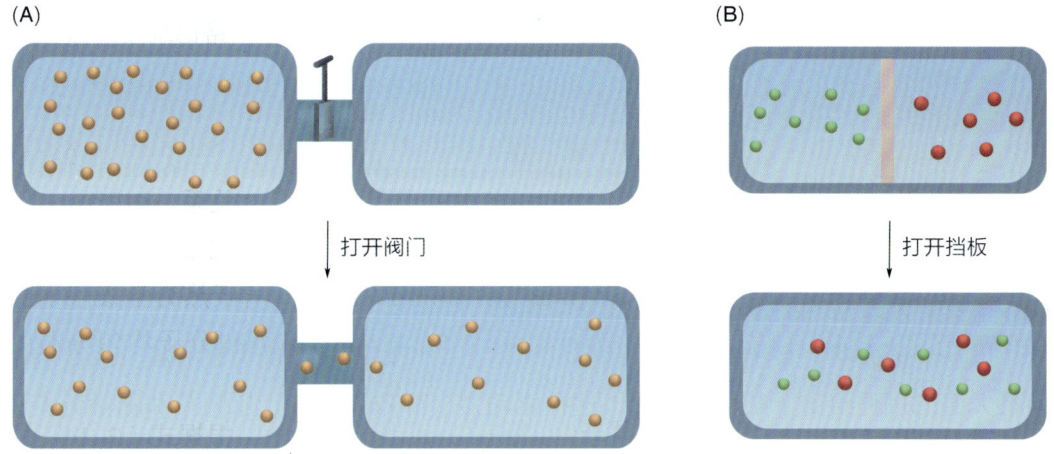

图 2-3 两种典型的自发过程
（A）绝热自由膨胀。（B）两种不同的分子混合。

的理想气体自由膨胀，气体分子初始状态处于容器一侧，打开阀门后分子在容器中均匀分布；图 B 是两种不同分子的混合，初始状态两种分子分别位于容器两侧，打开挡板后两种分子均匀混合。

计算表明（见统计物理教材），不论是理想气体的绝热自由膨胀，还是两种不同分子的混合，末态熵相对于初态都是增加的，因此这两个过程都是自发进行的。在挡板打开后，系统中那些原来有序的结构（例如气体分子都处于同一侧，或者两种气体分子分别处于两侧），在这些自发的过程中消失了，系统变得更加无序。系统重新到达一个平衡态后熵增加。因此，熵可以用来度量系统的无序程度。在上面的例子中，熵越大，我们越无法预测气体分子所处的位置，因此无序度越大。熵增加的方向决定了孤立系统的演化方向，在下一节中我们将详细讨论这个问题。

2.2.2 孤立系统的平衡

在上一节中我们发现，如果孤立系统的两个部分之间存在粒子数目差异，系统会逐渐朝着无序度增加的方向演化并最终到达粒子分布均匀的平衡态，此时系统的熵最大。同理我们可以想象，如果孤立系统两个部分之间存在温度差异，那么根据简单的生活常识，我们会知道两个部分之间会交换能量，最终到达等温的平衡态。对于这些问题，我们统一采用最大熵原理来处理：对于两个部分系统构成的孤立系统，熵总是增加的，并且在平衡时达到熵最大。

在使用最大熵原理时，各种守恒量扮演了重要的角色。如图 2-4A 所示，如果系统两个部分的能量守恒时，熵极大（即平衡）的结果是两部分温度相同，这称为热平衡。当两个部分的体积守恒时，如图 2-4B 所示，中间滑动挡板平衡的条件是挡板两侧压强相同，这称为力学平衡。当两个部分的粒子数守恒时，如图 2-4C 所示，分子会在半透膜两侧交换，直至两侧的分子化学势相等，这称为化学平衡。可见，一个守恒的广延量（随系统大小增加而增加的量，如体积）其对应的平衡条件就是与之共轭的强度量（不随系统大小增加而增加的量，如压强就是体积的共轭量，两者的乘积构

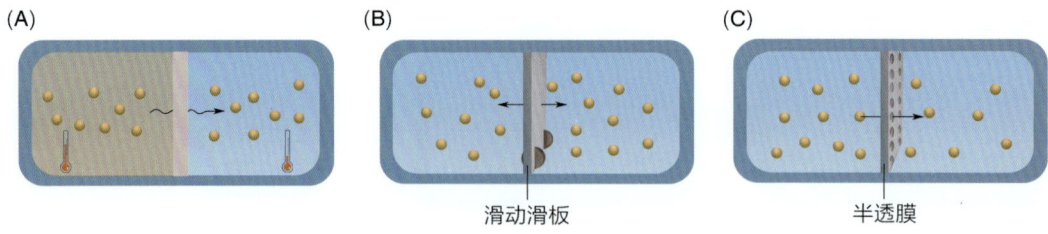

图 2-4 三种平衡条件
对于可以在左右两侧交换热（**A**）、交换体积（**B**）以及交换粒子（**C**）的三种系统，平衡条件分别对应温度相同、力学平衡以及化学平衡。

成一个具有能量量纲的量）在两个部分中相等。

以上论证表明，系统具有特殊地位的平衡态，可以通过熵最大来寻找。系统熵趋向最大值的过程给出了某种驱动力，这种驱动力会导致温度差、压强差和化学势差逐渐趋于相同。

2.2.3 自由能

在宏观态的玻尔兹曼分布中［式（2-13）］，某个宏观态 I 出现的概率可以用玻尔兹曼熵 $S_I = k_B \ln \Omega_I$ 表示为

$$P_I = \frac{\Omega_I}{Z} e^{-\frac{E_I}{k_B T}} = \frac{1}{Z} e^{-\frac{E_I - TS_I}{k_B T}} = \frac{1}{Z} e^{-\frac{A}{k_B T}}。 \quad (2-17)$$

我们又得到了一个类似玻尔兹曼分布的结果，不过这个分布中决定状态概率的不只是系统的能量，而是能量与熵综合起来的一个因子：

$$A = E - TS, \quad (2-18)$$

该因子被称为自由能。由于式（2-17）是在给定温度、体积和粒子数的条件下定义的，式（2-18）被称为亥姆霍兹自由能。这个系统温度 T 是由热库（与系统接触但不受系统变化影响的体系）决定的，是一个恒定的值。我们称这样的系统为封闭系统，即只与热库交换能量、但不交换粒子的系统，如图 2-5B 所示。平衡态是概率最大的宏观态，这对应了式（2-17）的最大值，同时也是自由能［式（2-18）］的最小值。因此，亥姆霍兹自由能决定了封闭系统的自发演化方向，并且在平衡态时达到最小值。

生命系统中发生的多种化学反应过程通常都是在给定温度和压强的条件下进行的，这时我们需要使用吉布斯自由能

$$G = E + p_r V - T_r S \quad (2-19)$$

来描述系统的演化，其中 p_r、T_r 是环境［或者热库（heat reservoir）］的压强和温度，在后面的公式中我们通常会省略下标。吉布斯自由能适合用于描述粒子数目（例如化学反应）可变的系统，这样的系统可以与热库交换能量与粒子，称之为开放系统，如图 2-5C 所示。在自发过程中，吉布斯自由能会减小，并在平衡态时达到最小值。更一般地，如果存在外场作用，自由能可以表示为能量、熵与共轭量之间的组合：

$$F = E - TS - \sum_i X_i x_i, \quad (2-20)$$

其中，X_i 是广义力（例如压强、电压），x_i 是广义位移（例如体积、电荷量）。

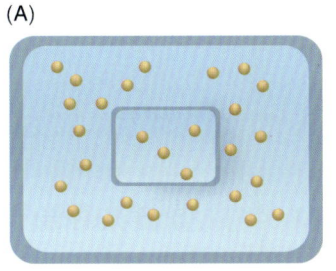
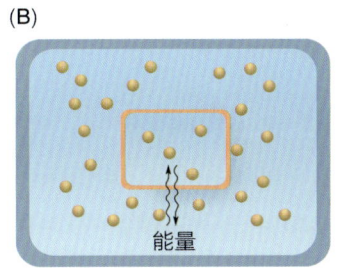
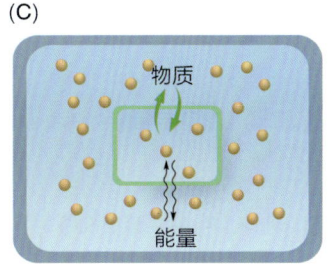

图 2-5 孤立系统（A）、封闭系统（B）和开放系统（C）

在自由能的定义公式（2-20）中，能量与熵带有相反的符号，因此能量与熵是竞争的关系。对于一个没有随机性的力学系统（如宏观层面的生物个体的运动状态），系统平衡由能量最小决定，这个作用通常会把系统聚集到一个方向，例如重力场中的物体都倾向于到达势能最低位置。而在具有随机性的系统中，与能量最小效应竞争的是熵效应，该效应使得粒子倾向于分散到更大的空间中。能量与熵的这种竞争关系可以用于处理蛋白质折叠、胶体粒子周围的离子分布和受体-配体结合等许多生命系统中的问题。我们会在后面的章节中详细讨论这些问题。

2.2.4 熵效应与熵力

熵最大或者自由能极小决定了多种过程自发进行的方向。在生命体内，这些自发过程会产生类似力的效应（称为熵力）或者有序的结构。下面我们简单介绍几种情况。在后面的章节中，我们会更详细地讨论其它熵效应。

我们先考虑一个最简单的模型。如图 2-6A 所示，对于理想气体系统与温度为 T_r、压强为 p_r 的热库接触，在 x 方向上有一个活动的活塞导致气体的体积发生改变。根据理想气体状态方程，气体的压强 $p_s = \dfrac{Nk_BT}{V}$，活塞两侧的压强差是 $p_s - p_r$。为了维持活塞的力学平衡，必须对活塞施加一个朝右的力

$$F = (p_s - p_r)A, \qquad (2-21)$$

其中 A 是活塞的面积。如果 $F = 0$，气体会一直膨胀，直到 $p_s = p_r$ 为止，即

$$V_0 = \dfrac{Nk_BT_r}{p_r}。 \qquad (2-22)$$

式（2-22）的含义是当热库的温度和压强给定时，与热库接触的理想气体在平衡时会达到特定的体积。其本质原因是每个气体分子都希望尽量大地占有体积从而增大熵，直到与热库的压强平衡为止。在式（2-21）中，如果理想气体的体积小于平衡时的体积 $V < \dfrac{Nk_BT_r}{p_r}$，理想气体就会在活塞上施加一个非零的力，并对外做功。这个力

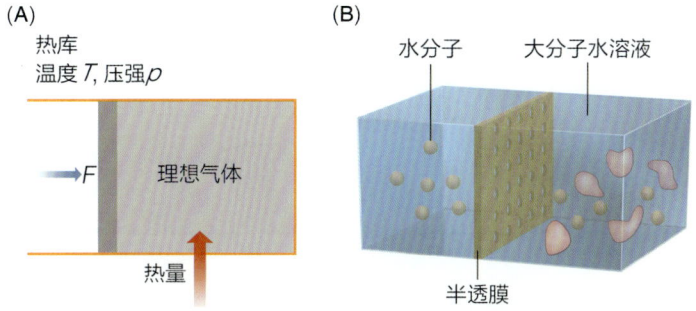

图 2-6 两种典型的熵力
（A）理想气体系统与热库接触，交换热和体积。（B）渗透压示意图。

称为熵力。熵力做功的最大值 $W_{\max} = \int_V^{V_0} \dfrac{F dV}{A} = Nk_\text{B}T \int_V^{V_0} \left(\dfrac{1}{V} - \dfrac{1}{V_0}\right) dV = Nk_\text{B}T \left[\ln \dfrac{V_0}{V} - \left(1 - \dfrac{V}{V_0}\right)\right]$。根据理想气体的熵公式（2-16）可知，等温等压的理想气体在体积变化时熵改变 $\Delta S = Nk_\text{B}\ln \dfrac{V_0}{V}$，而 $p\Delta V = \dfrac{Nk_\text{B}T}{V_0}(V_0 - V) = Nk_\text{B}T\left(1 - \dfrac{V}{V_0}\right)$。等温条件给出 $\Delta E = 0$。系统可做的最大功就是自由能的减少量：

$$W_{\max} = -\Delta G = -\Delta(E + pV - TS)。$$

因此，自由能可以被视为是热力学系统中的"势能"，它度量了系统在特定条件下（如恒温恒压）对外做功的最大潜力。在没有热运动的力学系统中，系统的能量表现为势能 $U(x)$。由于能量守恒，当系统从高势能状态向低势能状态转变时，势能的减少量恰好等于系统对外所做的最大功 $W = -\Delta U$。在存在热运动的热力学系统中，除了势能外，还有内能和熵的贡献。自由能综合考虑了这些能量形式，并反映了系统在特定条件下对外做功的有效能量。我们可以将自由能类比为一个"热力学势"，它决定了系统在热力学过程中的演化方向。就像机械系统中物体总是倾向于向势能最低的位置运动一样，热力学系统也总是自发地向自由能最低的状态演化。当系统达到最低自由能状态时，即达到热力学平衡态，此时系统对外做功的能力为零。自由能越低，系统越稳定，对外做功的潜力就越小。两种系统的类比如图 2-7 所示。

在细胞中，熵力的一个重要体现就是渗透压。渗透压的本质是细胞中热运动的溶质分子倾向于占有更大的体积，因此会倾向于从细胞中流出。这种浓度差导致的效应会在细胞膜上产生压强，这种压强被称为渗透压。放入纯水中的红细胞会因为渗透压破裂，许多细菌和植物需要使用坚固的细胞壁来抵抗渗透压。

理想稀溶液（溶质分子之间没有相互作用）的渗透压如图 2-6B 所示，一个刚性容器被活塞分成两个腔，一侧是纯水，另一侧是含有 N 个溶质分子的溶液。半透膜的特性是水分子可以通过，但是溶质分子不能通过。可以想象，由于溶质分子倾向于占据更大的体积，溶质分子会向半透膜施加压强，推动半透膜活塞朝纯水一侧运动。由于是稀溶液，我们可以近似认为溶质分子之间没有相互作用，因此我们可以把溶质近似为理想气体，溶质分子施加的压强就是

$$p = \dfrac{Nk_\text{B}T}{V} = ck_\text{B}T, \quad (2\text{-}23)$$

该关系被称为范托夫关系。该关系表明，如果要阻碍半透膜朝着纯水侧移动，就要在纯水侧施加一个式（2-23）的压强，因此溶液可以对外做功，这又是一种熵力。

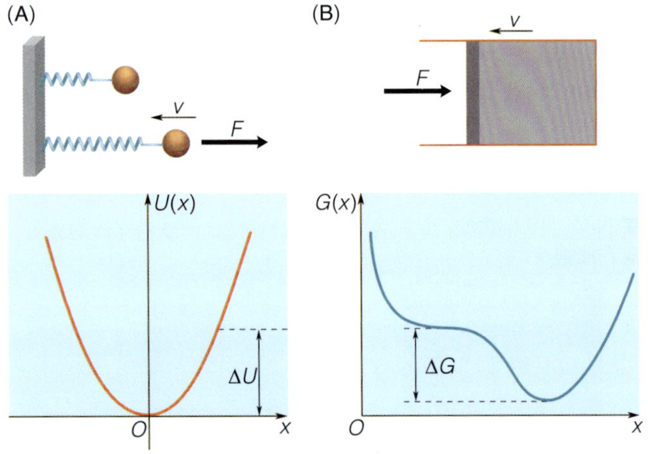

图 2-7 力学势与热力学势的对比
（A）力学系统的最大功等于势能减少量。（B）热力学系统的最大功等于自由能减少量。

一个真实细胞的渗透压有多大？细胞中的无机离子典型浓度是 100 mmol/L，用分子数和 nm³ 作单位，大约是 0.06 分子数 /nm³。室温下 $k_B T \approx 4.1$ pN·nm，因此，渗透压大约是

$$p \approx 0.06 \text{ nm}^{-3} \times 4.1 \text{ pN·nm} = 0.24 \text{ pN·nm}^{-2} \approx 2.4 \text{ atm},$$

其中 atm 是标准大气压，1 atm$=1.013 \times 10^5$ Pa ≈ 0.1 pN·nm^{-2}。也就是说，细胞的渗透压相当于几个大气压。因此，渗透压对细胞的影响极为显著。

2.2.5 疏水相互作用与熵效应

在上面的理想气体和稀溶液系统中，熵效应都是某种单一的成分（如气体分子、溶质分子等）要自发地占有更多的微观态而产生的，因此宏观上有自发扩散的过程。但是，我们日常生活中也能发现一些自发聚合的过程，最简单的例子就是原本因搅拌而分散均匀的油水混合物在放置长时间后会自发地分成油和水。这个分离过程并不是因为重力。实际上在太空中油和水也会分离。从表面来看，这种自发分离的过程违背了最大熵原理。但是由于系统中不只有油分子，还有水分子，两种分子之间的相互作用可能会导致总自由能并不像理想气体那么简单。

水在生命过程中如此重要的一个原因是，水是一个极性分子。水分子由一个氧原子和两个氢原子组成，其中氢原子的电子绝大多数时间都处于氧原子上，因此氢原子表现为一个裸露的质子。氧原子与两个氢原子之间的夹角是 104°，大约是四面体中心与两个顶点的连线夹角。由于裸露质子的强电场，一个水分子的氧原子会与另外一个分子的氢原子相互吸引，该作用称为氢键（分子之间的成键理论本章后面还会有详细介绍）。氢键的键能大约是 9 $k_B T$，比非特异性的分子间吸引力如范德瓦耳斯力强（约为 1 $k_B T$），但是比典型的共价键（约为 150 $k_B T$）弱。氢键相互作用导致水分子会排列成四面体结构，其中氧原子位于四面体的四个顶点上，每个水分子有 4 个氢键（图 2-8A），这正是固态冰的结构。当水从固态融化成液态时，熵效应逐渐破坏氢键结构，即便如此，在室温下水分子之间依然保留了大部分氢键（每个水分子平均有 3.5 个氢键），氢键网络的模型依然有效。

在水分子的四面体氢键网络中，居于中心的水分子在保持 4 个氢键的情况下，一共可以存在 6 种构型，每种构型对应水分子在四面体中的不同朝向（在图 2-8 中，每种构型对应中间水分子的张角朝向四面体的一条边）。当极性基团（如羟基）浸入水中，因为基团中存在可以形成氢键的原子构型，它能够参与水分子氢键网络的形成，对氢键网络影响不大，因而是亲水性的。当一个非极性分子（不存在可以形成氢键的原子构型）被引入水中时，它不能与周围的水分子形成氢键，因此限制了某些氢键的形成，降低了水分子氢键网络的构象熵，因而自由能升高，这被称为疏水效应。

详细的计算表明，每 nm² 面积上非极性基团疏水自由能约为 7 $k_B T$，对于像 O_2 这样的小分子，疏水自由能与室温热运动能量相当，因此，稍微有点热扰动，O_2 就能够溶解于水。然而，对于大的非极性基团，如蛋白质表面积在上百 nm²，疏水自由能

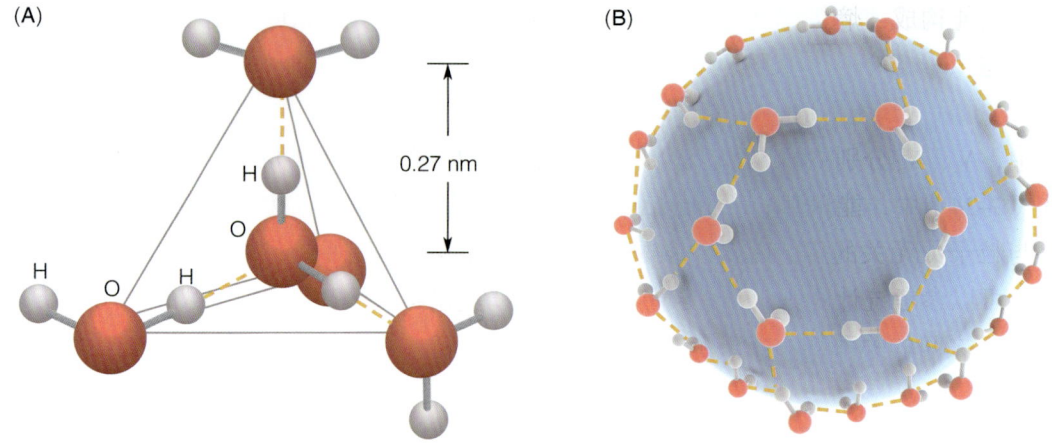

图 2-8 氢键与氢键网络
（A）由氢键连接的水分子结构。（B）水分子在非极性分子表面形成的氢键网络。

代价约为 $700\,k_B T$，远大于室温热运动能量。因此，细胞中的蛋白质会折叠，并尽可能将非极性基团埋在内部。当两个非极性表面接近时，为减小疏水表面积，两个表面会紧贴在一起，看起来像是有某种力作用在两个非极性物体上，使得二者"吸"在一起。这种类似力的效应被称为疏水相互作用。在生命体中，蛋白质和脂质分子都受到亲疏水相互作用的支配，这些内容在后面的章节中会有详细的介绍。

2.3 化学势与化学反应

在上一节中，我们引入了熵与自由能来描述有序向无序的转化过程，并利用这两个概念初步探讨了渗透压和疏水相互作用等在生物中常见的效应。在生命体内，还有一大类重要的过程是化学反应。化学反应会导致分子数目的变化，而分子数目的变化会导致系统自由能的变化。系统的自由能最终达到最小值时即达到了化学平衡。化学平衡分析是生物学中应用最广泛的定量方法。在本节中，我们将仔细讨论化学势的概念，并初步介绍化学平衡的定量描述。

2.3.1 理想稀溶液的化学势

对于化学反应，我们通常关心的是等温等压系统。化学反应带来的变化只有粒子数的变化。这里我们关注理想稀溶液：溶质分子的浓度足够低，从而使得溶质分子之间的相互作用可以忽略。粒子数作为一个广延量，其对应的强度量是化学势。在等温等压系统中，化学势的定义是

$$\mu_i = \left(\frac{\partial G}{\partial N_i}\right)_{T,p}, \tag{2-24}$$

其中，N_i 是第 i 个组分的粒子数。式（2-24）中化学势的含义是，每增加一个分子，系统自由能的增加量。对于溶剂和溶质分子混合的溶液，自由能的能量部分由两种分

子的内能构成，熵部分是两种分子的混合熵 S_{mix}，由式（2-16）给出。因此自由能表达式是

$$G = E_s N_s + E_p N_p - TS_{\text{mix}},$$

其中，N_s、N_p 分别是溶剂和溶质的分子数，E_s、E_p 是溶剂和溶质分子的平均能量。在式（2-24）中，能量部分求导之后给出常数因子。对熵部分的求导会得到两项：一项是与粒子数无关的常数，另一项是正比于 $\ln c_p$ 的项，其中 c_p 是溶质的浓度（严格的推导可以参考统计物理教材）。最终我们得到理想溶液中溶质分子的化学势 μ_p 与溶质浓度 c_p 之间的关系：

$$\mu_p = \mu_{p0} + k_B T \ln \frac{c_p}{c_{p0}}, \tag{2-25}$$

其中 c_{p0} 是为了量纲引入的一个常数，通常选为参考态下的浓度。而 μ_{p0} 是相对于参考浓度的标准化学势。在化学中约定参考态是每种分子组分浓度为 1 mol/L 的状态。在式（2-25）中可以看到，浓度越高，化学势越高。式（2-25）表示特定组分的化学势，也被称为内在化学势。

2.3.2 化学平衡与质量作用定律

我们可以用化学势来考察一个化学反应的反应趋势。例如，对于两个分子相遇产生复合物的反应 A + B ⇌ AB，如果反应开始时试管中 A 和 B 的浓度很高但是没有 AB 复合物，那么反应就会朝着形成复合物的方向进行；反之，如果一开始 AB 复合物浓度很高但是没有 A 和 B，那么反应就会朝着复合物分解的方向进行。在足够长时间后，这两种反应所达到的最终状态没有区别，也就是达到了化学平衡态。平衡态是与初始条件无关的。但是，我们可以根据平衡条件来判断给定初始状态的系统反应发生的方向。

对于上面提到的简单化学反应 A + B ⇌ AB，由于我们关心的系统通常是等温等压的，只有分子数的变化，则体系的自由能只是三种分子数的函数，即 $G = G(N_A, N_B, N_{AB})$。每发生一次化学反应，自由能的变化是

$$dG = \frac{\partial G}{\partial N_A} dN_A + \frac{\partial G}{\partial N_B} dN_B + \frac{\partial G}{\partial N_{AB}} dN_{AB}。$$

根据化学势的定义式（2-24），我们有

$$dG = \mu_A dN_A + \mu_B dN_B + \mu_{AB} dN_{AB}。 \tag{2-26}$$

平衡时，自由能达到极小值，因此 $dG = 0$。利用理想溶液化学势的定义式（2-25），我们会得到反应参与物的平衡浓度所满足的关系（知识窗 2-3）：

$$\prod_i c_{i,e}^{v_i} = K_{\text{eq}}。 \tag{2-27}$$

这里我们使用标记 $c_{i,e}$ 表示化学反应平衡时各种参与物的浓度；v_i 表示反应中第 i 个参

与物的化学计量数；常数 K_{eq} 称为平衡常数（$K_{\text{d}} = \dfrac{1}{K_{\text{eq}}}$ 称为解离常数）。式（2-27）被称为质量作用定律，该定律表明，在化学反应到达平衡时，反应物浓度和生成物浓度之间满足特定的约束关系。其中常数 K_{eq} 是与反应参与物浓度无关的一个量。例如，在反应 $A + B \rightleftharpoons AB$ 达到平衡时，质量作用定律给出

$$\prod_i c_{i,\text{e}}^{v_i} = c_{A,\text{e}}^{-1} c_{B,\text{e}}^{-1} c_{AB,\text{e}}^{1} = \frac{[AB]_\text{e}}{[A]_\text{e}[B]_\text{e}} = K_{\text{eq}},$$

其中 [AB]、[A]、[B] 分别表示 AB、A 和 B 的浓度，下角标 e 表示平衡态。

对于一开始没有处于平衡的反应 [即反应物和产物浓度不满足式（2-27）的情形]，每发生一次反应所导致的自由能改变是

$$\Delta\mu = -k_{\text{B}}T \ln K_{\text{eq}} + k_{\text{B}}T \ln \prod_i c_i^{v_i} 。 \tag{2-28}$$

知识窗 2-3

由化学平衡导出质量作用定律

在到达平衡时，自由能到达极小值：

$$\text{d}G = \frac{\partial G}{\partial N_A}\text{d}N_A + \frac{\partial G}{\partial N_B}\text{d}N_B + \frac{\partial G}{\partial N_{AB}}\text{d}N_{AB} = 0 。$$

根据化学势的定义式（2-24），上式即为

$$\text{d}G = \mu_A \text{d}N_A + \mu_B \text{d}N_B + \mu_{AB} \text{d}N_{AB} = 0 。$$

在计算分子数的变化 $\text{d}N_A$、$\text{d}N_B$、$\text{d}N_{AB}$ 时，要考虑化学反应所对应的化学计量数。例如，在 $A + B \rightleftharpoons AB$ 反应中，每发生一次合成反应，A 和 B 分子各减少一个时，AB 分子增加一个。一般地，我们将反应中第 i 个参与物的化学计量数记为 v_i，并约定反应物的化学计量数为负，生成物的化学计量数为正（例如 $v_A = v_B = -1$，$v_{AB} = 1$）。在这种约定下，每发生 $\text{d}N_r$ 次正向反应，所对应的参与物分子数变化为 $\text{d}N_i = v_i \text{d}N_r$。例如在式（2-26）中，$\text{d}N_A = \text{d}N_B = -\text{d}N_r$，$\text{d}N_{AB} = \text{d}N_r$。利用化学势和化学计量数来表述式（2-26），则有

$$\text{d}G = (-\mu_A - \mu_B + \mu_{AB})\text{d}N_r = \Delta\mu \text{d}N_r = 0 。$$

对于一般的化学反应，每一次化学反应 $\text{d}N_r = 1$，化学反应反应物和产物之间的化学势差是

$$\Delta\mu = \sum_i v_i \mu_i 。 \tag{2-29}$$

平衡时，$\quad \Delta\mu = \sum_i v_i \mu_i = 0,$

即反应正向进行和反应逆向进行的各种参与物化学势是一致的。

利用理想溶液化学势与物质浓度的关系式（2-25）我们还可以进一步化简式（2-29）。首先，我们把所有依赖于参与物浓度的项放一起，这些项都有 $v_i \ln c_i = \ln c_i^{v_i}$ 的形式；利用对数求和规则，这些项的求和 $\sum_i \ln c_i^{v_i} = \ln \prod_i c_i^{v_i}$。化学势中不包含浓度的项定义为 $-k_{\text{B}}T \ln K_{\text{eq}}$。因此式（2-29）可以进一步展开为

$$\Delta\mu = -k_{\text{B}}T \ln K_{\text{eq}} + k_{\text{B}}T \ln \prod_i c_i^{v_i}, \tag{2-30}$$

平衡时 $\Delta\mu = 0$，从上面的表达式我们得到质量作用定律

$$\prod_i c_{i,\text{e}}^{v_i} = K_{\text{eq}} 。$$

式（2-30）也给出了没有达到平衡时，发生一次化学反应（$\text{d}N_r = 1$）所导致的自由能改变。

式（2-28）表明，化学反应释放的自由能由反应物和产物的浓度以及平衡常数决定。注意对数函数中的浓度要取成无量纲的形式，即 $\frac{c_i}{1\ \text{mol/L}}$。

对于 ATP 的水解反应，ATP $\rightleftharpoons$ ADP + P_i，标准态测量的 $-k_B T \ln K_{eq} \approx -13 k_B T$（每分子）。在大肠杆菌中，ATP 浓度约为 5 mmol/L，ADP 浓度约为 0.5 mmol/L，P_i 的浓度约为 10 mmol/L。使用式（2-28），得到浓度部分的贡献约为 $-6.9\ k_B T$。因此一分子 ATP 水解所释放的自由能 $\Delta G \approx -20\ k_B T$。

2.4 扩散与随机运动

在之前的章节中，我们借助熵、自由能等热力学概念，介绍了判断系统是否处于平衡态的标准。然而，这些热力学量仅能提供系统的静态（或准静态）描述，无法揭示系统演化过程中的动态特征。一个系统是否处于平衡态，以及它趋向平衡态的速度，是两个不同的问题。

为了深入研究系统演化的动力学过程，我们需要引入动力学概念。动力学关注的是系统随时间的变化规律，它不仅包含那些遵循确定性规律的演化过程，如经典力学中的牛顿运动定律所描述的弹簧振动，还包括那些受到热运动影响的随机过程。这些随机运动在自然界中普遍存在，例如墨水分子在溶液中的扩散，电流经过电阻发热并耗尽电池，以及相互接触的物体经过热传导达到相同的温度。在这些过程中，有序的能量（如化学势、电势、温度差）逐渐耗散为无序的热运动。这种耗散过程是自然界中普遍存在的现象，它驱动系统趋向于更加无序、概率更大的平衡态。

在生命系统中，耗散过程扮演着至关重要的角色。细胞作为一个高度有序的开放系统，需要不断地从外界摄取能量，以维持其内部的非平衡状态。这些能量的摄取和利用都伴随着能量的耗散。因此，理解耗散过程对于深入研究生命现象具有重要意义。接下来，我们将从扩散动力学出发，介绍耗散现象的一般规律。

2.4.1 布朗运动与随机行走

1828 年，植物学家罗伯特·布朗（Robert Brown，1773—1858）通过显微镜观察到悬浮在水中的花粉颗粒在不停地运动。这种运动的激烈程度只与颗粒大小以及水的温度相关。由普通物理学知识我们知道，布朗运动本质上是处于热运动的水分子与布朗粒子的碰撞导致的。在下面的内容中我们将说明这种碰撞将导致布朗粒子在三维空间中的随机行走，而大量粒子的随机行走表现为宏观上粒子浓度的扩散行为。

我们首先从微观的角度理解布朗运动。布朗运动的一个最基本过程是单个水分子与布朗粒子的碰撞。假设各个方向上运动是对称性的，那我们只需要考虑粒子在 x 轴上的一维运动。假设在 Δt 时间内，只有一个水分子与粒子发生碰撞。在两次碰撞之间，粒子位置的改变量为 Δx（注意，我们假设碰撞时间是固定的）。由于碰撞的随机性，粒子每一步向左和向右的概率是相同的，均为 1/2。因此，粒子位置改变量的平均值 $\langle \Delta x \rangle = 0$，而方差 $\langle \Delta x^2 \rangle$ 不为零（实际上 Δx 服从均值为零的正态分布）。细致的计算表明，布朗粒子在空间中的均方位移（mean square displacement，MSD）与时间的关系是：

$$\langle \Delta x^2 \rangle = 2Dt 。 \quad (2\text{-}31a)$$

在二维和三维情形下分别有：

$$\langle r^2(t) \rangle = 4Dt, \langle r^2(t) \rangle = 6Dt 。 \quad (2\text{-}31b)$$

其中 r 是粒子的位移，$r^2 = x^2 + y^2 + z^2$。式（2-31）被称作布朗粒子的扩散定律（知识窗 2-4）。该定律表明，粒子的均方位移随着时间线性增加，比例系数 D 被称为扩散系数。扩散系数 D 是一个可以由实验测量的量：记录粒子的初始位置和 t 时刻的位置，进行多次实验，用均方位移除以 $2t$ 即可得到扩散系数。

布朗运动的核心假设是布朗粒子与水分子的每一次碰撞导致的运动都是随机且独立的。在细胞中，有很多过程近似满足这个假设。例如，我们可以应用布朗运动来预测高分子的空间大小。这一类问题在生物学中有重要的意义，比如 DNA 就是一类长链高分子，如果要把 DNA 分子装到噬菌体中或者整合到细胞核内，我们就需要知道自由 DNA 所占的空间体积。如图 2-9C 所示，考虑这个问题最简单的一个模型是把高分子想象成是由 N 个单元连接而成的长链。每个单元都是一个长度为 a 的刚性链节，而链节之间通过柔性的铰链连接，可以在空间中自由转动。该模型被称为自由连接杆模型。在平衡时，高分子上的每一个单元伸展都可以视作空间中步长为 a 的随机行走。因此，分子链的首尾位移是 $\boldsymbol{R} = \sum_{i=1}^{N} \boldsymbol{r}_i$，其中 $\boldsymbol{r}_i = (\Delta x_i, \Delta y_i, \Delta z_i)$ 是三维空间中每一步行走的位移。与扩散运动类似，我们有 $\langle \boldsymbol{R} \rangle = 0$，但是均方位移 $\langle x_N^2 \rangle = \sum_{i=1}^{N} \Delta x_i^2 = Na^2$，即 $\langle \boldsymbol{R}^2 \rangle = \sum_{i=1}^{N} (\langle x_i \rangle^2 + \langle y_i \rangle^2 + \langle z_i \rangle^2) = 3Na^2$。因此在三维空间中，高分子长链的平均尺寸是

$$\sqrt{\langle \boldsymbol{R}^2 \rangle} = a\sqrt{3N} 。$$

以上结论说明，当高分子链节之间没有相互作用时，高分子链首尾距离与单元数平方根成正比，随着单元数增多而增加。高分子链节之间的排斥相互作用会导致高分子尺寸比 $\sqrt{N}$ 标度大，而吸引相互作用会导致尺寸比 $\sqrt{N}$ 标度小。例如，对于蛋白质，统计发现 $R \sim N^{\frac{1}{3}}$，这说明蛋白质的折叠不是随机行走。

2.4.2　扩散方程

在上一节中，我们讨论了单个粒子在水溶液中的随机运动。在细胞层面，我们通常还要处理一群粒子的运动。例如，氧气分子从血液向组织的扩散。在这些过程中，我们通常关心分子浓度的变化。与最简单的理想气体类似，我们先假设粒子之间没有

知识窗 2-4

扩散定律的推导

一个巧妙的确定方差的方式是应用能量均分定理：当粒子与水分子处于热平衡时，有 $\langle v_x^2 \rangle = \dfrac{k_B T}{m}$，其中 m 是布朗粒子的质量；而根据速度的定义 $\langle v_x^2 \rangle = \left\langle \left(\dfrac{\Delta x}{\Delta t}\right)^2 \right\rangle \approx \dfrac{\langle \Delta x^2 \rangle}{\Delta t^2}$，其中 Δt 是两次碰撞之间的平均时间。我们得到

$$\langle \Delta x^2 \rangle = \dfrac{k_B T \Delta t^2}{m}。$$

在实际情况中，我们很难看到一个水分子碰撞的事件。但是容易想象，所有我们实际观察到的轨迹都是由多个这样的独立碰撞事件构成的。实验中，由于时间分辨率的限制，我们通常只能观察布朗粒子在 t 时间后运动达到的位置。如图 2-9A 所示，假设粒子经过 N 步之后达到终点位置 x_N（因此有 $t = N\Delta t$），那么终点位置 $x_N = \sum_{i=1}^{N} \Delta x_i$。假设我们观测了多次这样的粒子运动轨迹（图 2-9B），我们就可以得到轨迹和终点位置的分布信息。首先，终点位置的平均值：

$$\langle x_N \rangle = \left\langle \sum_{i=1}^{N} \Delta x_i \right\rangle = \sum_{i=1}^{N} \langle \Delta x_i \rangle = 0。$$

在上面的第二个等号中，求和平均在 N 有限时是可以交换的。粒子平均运动了多远，可以由均方位移 $\langle x_N^2 \rangle = \left\langle \left(\sum_{i=1}^{N} \Delta x_i\right)^2 \right\rangle$ 来定量描述，这是一个非零的项。将均方位移等式右边展开，里面会包含两类项，一类是完全平方项如 $\langle \Delta x_i^2 \rangle$，另一类是交叉项如 $\langle \Delta x_i \Delta x_j \rangle$。由于两次相互碰撞之间是互相独立的，根据概率的乘法原理，有 $\langle \Delta x_i \Delta x_j \rangle = \langle \Delta x_i \rangle \langle \Delta x_j \rangle = 0$。因此我们得到均方位移：

$$\langle x_N^2 \rangle = \left\langle \left(\sum_{i=1}^{N} \Delta x_i\right)^2 \right\rangle = \sum_{i=1}^{N} \langle \Delta x_i^2 \rangle = N \langle \Delta x^2 \rangle$$

$$= N \dfrac{k_B T \Delta t^2}{m} = \dfrac{k_B T \Delta t}{m} t = 2Dt,$$

其中我们使用了等式 $t = N\Delta t$，并定义系数

$$D = \dfrac{\langle \Delta x^2 \rangle}{\Delta t} = \dfrac{k_B T \Delta t}{2m}。$$

该式给出了扩散系数的微观定义。

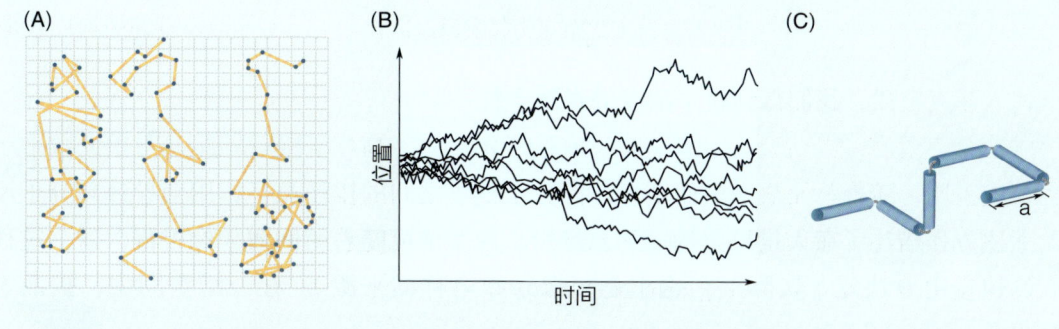

图 2-9 布朗运动
（A）单个布朗粒子的轨迹。（B）多个布朗粒子从同样的初始位置运动的轨迹（一维）。（C）三维高分子链的自由连接杆模型。

相互作用，对于每个粒子而言，只是在空间中独立地进行随机行走。

考虑图 2-10 所示的情形，大量粒子的密度分布在 y、z 方向上是均匀的，但是在 x 方向上不均匀（例如有一个从左至右的梯度）。从上一节我们知道，扩散过程有

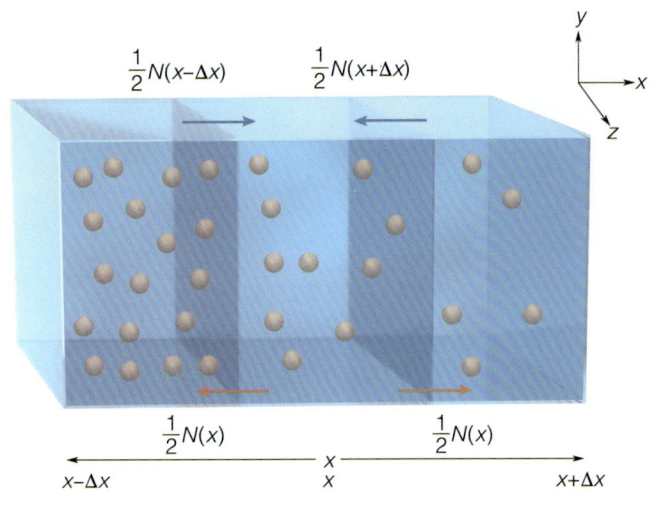

图 2-10 大量布朗粒子在空间中的扩散,粒子浓度左边高右边低

一个特征长度,就是水分子与布朗粒子单次碰撞产生的平均位移 $\langle \Delta x \rangle$。我们可以用这个特征长度把空间划分为一个个小格子;在每一个小格子内,一个布朗粒子在 Δt 时间内平均只发生一次碰撞,之后粒子就会等概率地进入左右相邻的格子中。这种划分标记在图 2-10 中。我们将空间在 x 方向上以粒子随机运动步长 Δx 做分隔。在每个体积元内,由于每个粒子都是进行随机行走,从左至右以及从右至左运动的概率都是 $\frac{1}{2}$,因此,Δt 时间内朝两个方向运动的粒子数目都是 $\frac{N(x)}{2}$,这里 $N(x)$ 是中心位于 x 宽度为 Δx 的格子内的分子数目。在一个扩散时间步长 Δt 内,位于 x 位置的体积元内粒子数变化包含流入和流出两项:①流入项包括 $x - \Delta x$ 位置体积元内粒子向右的扩散,为 $\frac{1}{2} N(x - \Delta x)$,和 $x + \Delta x$ 位置体积元内的粒子向左扩散,为 $\frac{1}{2} N(x + \Delta x)$(图 2-10 中的蓝色箭头);②流出项包括当前体积元内向左和向右离开的粒子数,一共为 $-N(x)$(图 2-10 中的橙色箭头)。可以想象,只要位于 x 位置和 $x \pm \Delta x$ 位置的粒子数目不相同,就会存在粒子的净流动。这种流动会导致局部位置的粒子浓度发生改变。可以证明,当 Δx 和 Δt 都很小时(见统计物理教材),单位面积上粒子的净流与浓度差异之间满足线性关系:

$$j = -D \frac{\partial c}{\partial x}, \tag{2-32}$$

该关系称为菲克定律。由于空间中粒子总数是守恒的,满足方程

$$\frac{\partial c}{\partial t} + \frac{\partial j}{\partial x} = 0,$$

代入菲克定律,我们得到粒子浓度的扩散方程

$$\frac{\partial c}{\partial t} = D \frac{\partial^2 c}{\partial x^2}。 \tag{2-33a}$$

上述方程描述了在大量粒子构成的系统中,粒子浓度随着时间演化的过程,这个过程的快慢由 D 决定(实际上,这正是扩散系数名称的来源)。在三维空间中,扩散方程是

$$\frac{\partial c}{\partial t} = D \nabla^2 c, \tag{2-33b}$$

其中拉普拉斯算符 $\nabla^2 = \frac{\partial^2}{\partial x^2} + \frac{\partial^2}{\partial y^2} + \frac{\partial^2}{\partial z^2}$。扩散方程是一个偏微分方程,其求解需要辅以系统的初始条件和边界条件,一般比较复杂(知识窗 2-5),在本书中我们主要

知识窗 2-5

扩散方程的非平衡解及应用

如果适当地控制边界条件，式（2-32）和式（2-33）可以有一个非零的稳态解（即 $\frac{\partial c}{\partial t}=0$）：

$$j(x)=j_0,$$

其中 j_0 是一个非零常数。这个解的含义是粒子持续地沿着一个方向流动。应用这个解的例子是细胞对环境中小分子的吸收。如图 2-11 所示，在这个问题中，我们可以认为环境足够大，细胞的消耗不会对环境中的小分子浓度造成影响，因此在远离细胞的区域小分子浓度保持一个固定值 c_0（这非常类似热学中热库的概念）。细胞通过吞噬自身周围的小分子造成局部的浓度降低，从而形成浓度梯度，进而让环境中的小分子持续流向细胞。我们希望通过解扩散方程的稳态解得到稳定分布的小分子流，即 $\frac{\partial c}{\partial t}=D\nabla^2 c=0$。

假设细胞是一个半径为 R 的球体，在细胞表面我们假定分子被完全吸收，即 $c(R)=0$。在无穷远处，分子的浓度是个恒定的值，即 $c(\infty)=c_0$。由于我们考虑的是一个球形的细胞，因此采用球坐标系（r,θ,ϕ）的扩散方程更为方便 [这里我们忽略两个角度方向（θ,ϕ）的差异]：

$$\nabla^2 c=\frac{1}{r^2}\cdot\frac{d}{dr}\left(r^2\frac{dc}{dr}\right)=0。$$

这个方程可以按如下步骤求解：首先括号内的项为常数，即 $r^2\frac{dc}{dr}=A$；对 $\frac{dc}{dr}=\frac{A}{r^2}$ 积分，可以得到解是 $c(r)=B-\frac{A}{r}$，其中 B 是积分常数。代入边界条件 $c(\infty)=c_0$，可得 $B=c_0$；而由边界条件 $c(R)=0$ 可得 $A=c_0R$。因此分子浓度的稳态分布是

$$c(r)=c_0\left(1-\frac{R}{r}\right)。 \quad(2-34)$$

在 $r=R$ 处，从环境到达细胞表面的小分子流由菲克定律[式（2-32）]给出。由于是球体，细胞总的吸收量（I）是单位表面积的流乘以细胞的总表面积：

$$I=D\frac{dc}{dr}\bigg|_{r=R}\times 4\pi R^2=4\pi DRc_0。 \quad(2-35)$$

注意在上面的表达式中，我们计算的是从细胞外流向细胞内的分子，没有菲克定律中的负号。

根据式（2-35），细胞吸收环境中小分子的速率随细胞增大而增加，但只是尺寸 R 的一次方。对于一些特定的物质，例如氧气，会随着细胞的代谢率增加而增加。代谢率一般与生物体的表面积相关，即正比于 R^2。因此随着尺寸增大，氧气的消耗速率会比氧气的吸收速率增长更快。假设代谢消耗的氧气量 $Q=\alpha R^2$，为了维持氧气代谢正常，细胞存在一个上限 $Q=I$，即

$$R_{max}=\frac{4\pi Dc_0}{\alpha}。$$

如果 R 过大，细胞会窒息或进入无氧代谢状态。吸收与消耗的平衡关系定性的表示在图 2-11B 中。

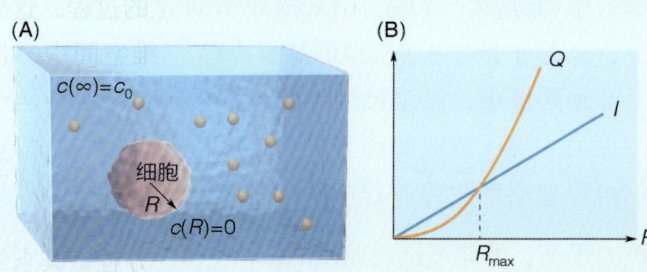

图 2-11 细胞对小分子的吸收
（A）球形细胞在环境中对小分子的吸收示意图。
（B）细胞氧气代谢率（Q）与吸收率（I）与细胞大小（R）的关系。

讨论一些特殊情形。

只要空间中粒子的浓度不均匀，就会存在净的粒子流［式（2-32）］，从而驱动粒子在空间中重新分布。驱动这种粒子流动的本质原因在于每个粒子都是独立地在进行随机运动，但是粒子数目多的体积元流出的粒子数比粒子数目少的体积元流出的粒子数更多：这单纯就是一种熵的作用！

扩散过程一直会进行到粒子浓度在空间中均匀为止，此时系统达到平衡态。事实上，$j(x) = 0$ 就是方程（2-33）的一个特殊解，此时 $c(x) = c_0$，这个解称为系统的平衡态解。菲克定律［式（2-32）］和扩散方程［式（2-33）］表明，粒子流的后果是降低各个体积元之间的浓度差异直至平衡。因此，独立且随机的无规热运动最终会导致各种浓度差异（即浓度的空间有序性）被抹除，最终达到没有差异即无序度最大的状态。该过程的快慢由扩散系数决定。

2.4.3 外场中的布朗粒子

上面所讨论的布朗粒子的扩散是由于粒子与溶液中的水分子碰撞导致的，是简单的随机热运动。在生物学和化学中，布朗粒子本身还可能会处于一些外场中并受外场作用力影响，进而导致定向运动。例如带正电荷的离子在电场中会受力并朝着负极移动，如图 2-12 所示。可以想象，外场导致粒子的定向运动，从而在宏观上出现定向流，这种流会与产生随机运动的扩散叠加，改变粒子的浓度分布。定向运动和随机运动（即定向流和扩散流）的平衡决定了粒子浓度的最终分布。对于一个处于外场中的粒子，所受外场的力 $F = -\dfrac{dU}{dx}$，其中 U 是粒子在外场中的势能。由于粒子处于水溶液中，还会受到摩擦力 $f = -\xi v = -\xi \dfrac{dx}{dt}$，其中 ξ 是摩擦系数。最后，粒子还会受到水分子碰撞导致的随机力 $f_r(t)$。根据牛顿第二定律，粒子的运动方程是

$$m \frac{d^2 x}{dt^2} = -\xi \frac{dx}{dt} - \frac{dU}{dx} + f_r(t)。 \qquad (2-36)$$

该方程称为郎之万方程，是一个描述微观粒子在液体或气体等介质中运动的随机微分方程。郎之万方程广泛应用于物理、化学、生物等多个领域，用来描述布朗运动、扩散、噪声等现象，也是分子动力学模拟的基本方程。

在水溶液中，微观尺度（纳米到微米量级）的运动通常由摩擦力主导（该区间称为低雷诺数区间）。在这个条件下，我们可以忽略郎之万方程中的惯性项。平均而言，外场力与摩擦力平衡，即粒子运动速度 $v_{\text{drift}} = \dfrac{F}{\xi} = -\dfrac{U'}{\xi}$，这里 $U' = \dfrac{dU}{dx}$。对于大量的由郎之万方程描述的布朗粒子，由外场导致的漂

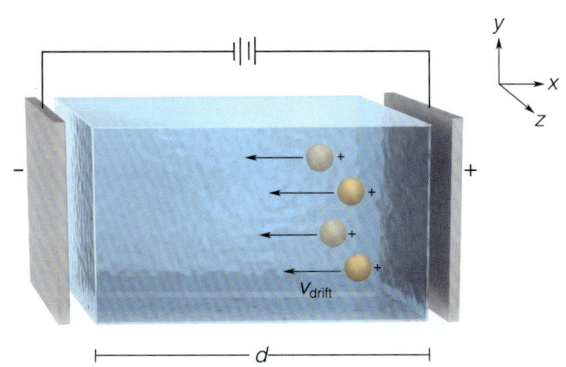

图 2-12 有外场（例如电场）作用时布朗粒子的运动

移流 $j_{\text{drift}} = v_{\text{drift}} c(x) = -\dfrac{U'}{\xi} c(x)$。扩散流由菲克定律[式(2-32)]给出。因此总流

$$j = j_{\text{drift}} + j_{\text{diffusion}} = -\frac{U'}{\xi} c(x) - D \frac{dc}{dt}。$$

再次使用粒子数守恒条件 $\dfrac{\partial c}{\partial t} + \dfrac{\partial j}{\partial x} = 0$，我们得到斯莫鲁霍夫斯基方程

$$\frac{\partial c}{\partial t} = \frac{\partial}{\partial x}\left(\frac{U'}{\xi} c + D \frac{\partial c}{\partial x}\right)。 \tag{2-37}$$

该方程描述了粒子在受力和扩散作用下运动的偏微分方程，是对扩散方程[式(2-33)]的扩展。通过求解这个方程，我们可以得到粒子在空间中的浓度（或概率）分布。

在系统达到平衡时，净流为零 $j = 0$，我们得到平衡时粒子浓度满足的方程

$$D \frac{dc(x)}{dx} = -\frac{c(x)}{\xi} \frac{dU(x)}{dx}。$$

这个方程的解具有形式 $c(x) = C_0 e^{-\frac{U(x)}{D\xi}}$，其中 C_0 是一个常数。同时根据玻尔兹曼分布，粒子在外场下的分布应满足

$$c(x) = C_0 e^{-\frac{U(x)}{k_B T}}。 \tag{2-38}$$

两种分布对应同一种平衡态，因此要求有相同的指数因子

$$D\xi = k_B T。 \tag{2-39}$$

该关系由阿尔伯特·爱因斯坦（Albert Einstein，1879—1955）在1905年发现，称为爱因斯坦关系。式（2-39）表明，在平衡态时，布朗粒子的涨落（由扩散系数决定）与耗散（由摩擦系数决定）之间存在定量关系（一个具体应用见知识窗2-6）。

当多个粒子在外场中达到平衡时，我们会得到一个不变量 $\ln c(x) + \dfrac{U(x)}{k_B T} = \ln C_0$ [对式（2-38）取对数]。这个关系表明，如果外场不为零，那么布朗粒子的浓度也会有非均匀分布。两个位置之间的浓度差 $\Delta \ln c = \ln c(x_1) - \ln c(x_2)$ 与势能差 $\Delta U = U(x_1) - U(x_2)$ 满足：

$$\Delta \ln c = -\frac{\Delta U}{k_B T}。$$

特别地，对于电场 $\phi(x)$ 中的粒子，如果粒子带电荷为 q，那么粒子的电势能是 $q\phi(x)$，则有浓度差

$$\Delta \ln c = -\frac{q\Delta\phi}{k_B T}。 \tag{2-40}$$

式（2-40）被称为能斯特关系。该关系表明，电势差可以维持浓度差。在物理化学中，我们定义 $q\phi + k_B T \ln c$ 为系统的电化学势，是一个具有能量量纲的量。以上分析表明，平衡时，系统没有电化学势的差异。这再一次说明了系统平衡态是抹除了任何有序性（这里的有序性来源于电化学势差异）、无序度达到最大的一种状态。

在神经元或者肌细胞中，细胞膜内外通常有较大的离子浓度差，比如钾离子。我们可以估算维持这些离子浓度差所需要的电势差。利用 $k_B T = 25$ meV，并且钾离子带

知识窗 2-6

分子大小决定扩散的快慢

对于水中的球体，摩擦系数 ξ 与球体半径 R 之间存在简单的定量关系：

$$\xi = 6\pi\eta R。$$

该关系称为斯托克斯公式，其中 η 是流体的黏度，在室温下水的黏度大约是 10^{-3} kg·m^{-1}·s^{-1}。结合 $D\xi = k_\mathrm{B}T$，可以得到斯托克斯－爱因斯坦关系：

$$D = \frac{k_\mathrm{B}T}{6\pi\eta R}。$$

该关系表明，扩散系数与粒子大小、溶液黏度成反比。越大的粒子扩散越慢；在不同的溶液中，粒子在越黏稠的溶液中扩散越慢。这与我们的直觉相符。

根据之前的讨论，一个高分子的平均半径与单元数之间的关系是 $R \sim N^{1/2}$。高分子的分子量 M 就是单元数乘以单元的分子量，因此有 $R \sim M^{1/2}$。根据斯托克斯－爱因斯坦关系，高分子扩散系数与分子量之间存在定量关系（图 2-13）：

$$D \sim M^{-1/2}。$$

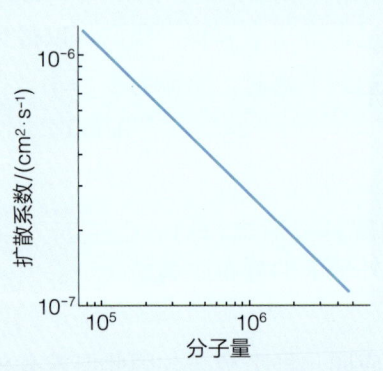

图 2-13　扩散系数与分子量之间的关系

电荷为 e，如果细胞内外浓度差为 10 倍，则可以计算得到电势差为 $\Delta\phi = 58$ mV。这确实与实际测量的跨膜电势差在一个量级上。我们这里只是进行了简单的估算，在后面的章节中会更仔细地讨论这个问题。

2.4.4　自由能景观上的随机行走

在上一节中，我们讨论的是布朗粒子在外场中的随机运动。这种方法可以推广到生物大分子，如蛋白质、DNA 的构象变化以及分子马达的运动。类似布朗运动中的外场势能 U，对于这些生物过程，根据 2.2.4 节中的讨论，热力学系统中的"势能"是自由能，因此我们应该采用自由能 G 来描述定向的力。这时，特定反应坐标（类似布朗运动中的位移）的郎之万方程是

$$\xi \frac{\mathrm{d}x}{\mathrm{d}t} = -\nabla G + f_\mathrm{r}(t), \tag{2-41}$$

其中 $f_\mathrm{r}(t)$ 是系统受到的随机力（这里我们忽略惯性）。与布朗运动类似，式（2-41）描述了系统在自由能景观（free energy landscape）上寻找自由能最低态的随机行走。自由能景观模型为我们提供了一个统一的框架，用于理解多种多样的生物过程。

例如，蛋白质折叠可以形象地描述为蛋白质分子在自由能景观的能量漏斗中进行随机行走的过程，如图 2-14A 所示。

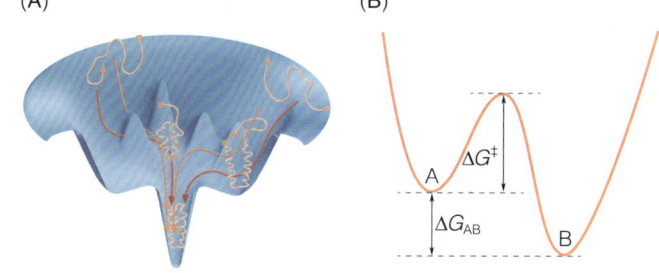

图 2-14 反应动力学与自由能景观
（A）蛋白质折叠可以视为自由能景观上的随机行走。（B）化学反应对应的自由能景观。

这种自由能景观模型同样适用于化学反应。如图 2-14B 所示，一个分子的两种构型 A 和 B 分别对应于自由能景观上的两个极小值点，两种构型之间的转化速率分别是 $k_{A \to B}$ 和 $k_{B \to A}$。当反应达到平衡时，净流为零，分子处于 A 态和 B 态的概率满足 $k_{A \to B} p_A = k_{B \to A} p_B$（该条件称为细致平衡条件）。平衡时，玻尔兹曼分布又给出 $\frac{p_A}{p_B} = e^{\frac{\Delta G_{AB}}{k_B T}}$，其中 $\Delta G_{AB} = G_B - G_A$ 是两种构型之间的自由能差异。综合以上两个平衡条件，我们得到反应速率满足的方程

$$\frac{k_{A \to B}}{k_{B \to A}} = e^{-\frac{\Delta G_{AB}}{k_B T}} = K_d \text{。} \tag{2-42}$$

式（2-42）表明化学反应的动力学与热力学之间存在密切关系：反应速率的比值由两个状态之间的自由能差异决定，其中第二个等式来源于质量作用定律（2-27）。如果反应是通过随机运动越过 A 和 B 之间的势垒 $\Delta G^\ddagger$，那么反应速率的快慢取决于势垒的高度：

$$k_{A \to B} = k_0 e^{-\frac{\Delta G^\ddagger}{k_B T}}, \tag{2-43}$$

其中，k_0 是一个常数。式（2-43）被称为克莱默斯速率公式，反映了系统在势场中通过扩散机制进行跃迁的速率。该形式与化学中的阿伦尼乌斯公式 $k = A e^{-\frac{E_a}{k_B T}}$ 具有相同的形式，$\Delta G^\ddagger$ 就是该公式中的活化能 E_a。

2.5 量子力学简介与量子生物学

在前面的几节中，我们都是基于经典力学来介绍统计物理如何处理微观粒子的运动行为。但是，当我们深入到原子和亚原子尺度时，经典力学不再适用。量子力学是我们理解许多生物过程和生物物理技术的必要手段。例如，荧光水母的发光特性是由其体内的荧光蛋白分子决定的。绿色荧光蛋白（GFP）的发现和应用是现代细胞生物学的重要突破性技术进展（2010 年绿色荧光蛋白的发现者获得了诺贝尔化学奖）。GFP 的特性是在一定波长的紫外线的照射下会发出绿色的荧光。其核心荧光基团是由 Thr/Ser-Tyr-Gly 环化形成的特异分子结构（图 2-15）。钱永健等人通过改造 GFP 核心部位的氨基酸组合，形成了多种不同荧光特性的分子。为什么 GFP

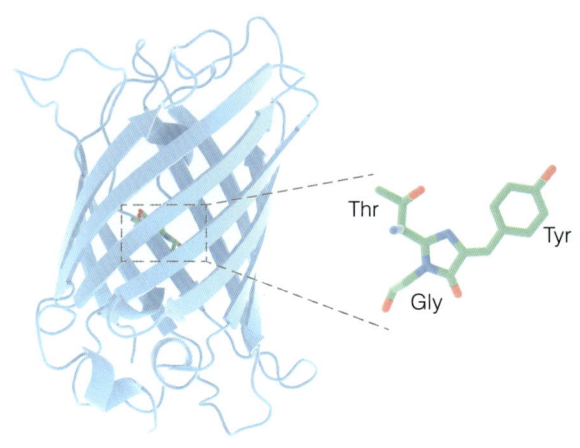

图 2-15 绿色荧光蛋白的结构

会产生荧光？为什么改造之后的荧光蛋白会有不同的荧光特性？这些问题需要量子力学来进行解释。

2.5.1 量子力学的发现

量子力学是分析解释微观世界里的分子、原子特性的本质原理的一门学科。量子（quantum）这个概念最早由马克斯·普朗克（Max K. E. L. Planck，1858—1947）在1900年黑体辐射的理论模型中提出。他指出，光的能量并非连续，而是由均一分布的最小单元逐个叠加起来的。这个最小的能量单元大小为 $h\nu$，其中 h 为普朗克常量（$h = 6.626\,070\,15 \times 10^{-34}$ J·s），ν 是辐射电磁波的频率（Hz，即 s^{-1}）。能量非连续的概念迥然不同于经典物理学的思想。这个全新的量子概念与19世纪末20世纪初实验物理学家在微观世界里的一系列重要发现相结合，掀起了现代物理学的一场革命。爱因斯坦引入"光量子"的概念成功地解释了金属只有在短于一定波长的光的照射下才能产生电流的光电效应现象。尼尔斯·玻尔（Niels Bohr，1885—1962）在约瑟夫·汤姆孙（Joseph J. Thomson，1856—1940）发现的电子和欧内斯特·卢瑟福（Ernest Rutherford，1871—1937）提出的原子核概念的基础上，提出了原子核周围的电子运动在量子化的能量轨道上，从而成功地解释了氢原子光谱的分立谱线，并建立了原子模型。路易·德布罗意（Louis Victor de Broglie，1892—1987）在爱因斯坦光子假说的基础上，提出了光既是波也是粒子，更进一步大胆地提出了所有微观粒子都具有波粒二象性，为量子力学做出了奠基性的贡献。沃纳·海森堡（Werner K. Heisenberg，1901—1976）在玻尔和马克斯·玻恩（Max Born，1882—1970）前期工作的基础上创立了量子的矩阵力学理论。海森堡还发现了著名的不确定性原理：

$$\Delta x \cdot \Delta p \geq \frac{h}{4\pi}, \qquad (2\text{-}44)$$

即粒子的位置和动量不可能被同时准确测量。薛定谔则在德布罗意波粒二象性的启发下提出了波函数和波动方程的数学表达形式，即著名的薛定谔方程（Schrödinger equation）。保罗·狄拉克（Paul A. M. Dirac，1902—1984）敏锐地意识到矩阵力学与波动方程的理论等价性，发表了《论量子力学理论》，形成了完整的量子力学理论体系。

量子力学与经典力学的重要区别概括见表2-1。

表 2-1 量子力学与经典力学的区别

经典力学	量子力学
描述宏观世界的物理学	描述微观世界（原子或亚原子）的物理学
能量和速度是连续的	能量和速度是量子化的
粒子的位置和速度可以同时精确测定	无法同时精确测定粒子的位置和速度（测不准原理）
波和粒子是两种截然不同的物质形式	物质同时具有波粒二象性
用牛顿力学方程描述	用波函数描述

2.5.2 薛定谔方程

薛定谔方程在物理上与海森堡的矩阵动力学等价，但是对量子力学的数学描述和解释更为方便，因此在实践中得到了更为普遍的使用。在这里我们主要介绍薛定谔方程的含义和应用。为简化理解，我们使用一维的薛定谔方程：

$$i\hbar \frac{\partial \Psi(x,t)}{\partial t} = \hat{H}\Psi(x,t) = [T+V(x)]\psi(x) = -\frac{\hbar^2}{2m}\frac{\partial^2 \Psi(x)}{\partial x^2} + V(x)\Psi(x), \quad (2-45)$$

其中，T 是动能项，$V(x)$ 是势能项，$\hbar$ 是约化普朗克常量（$\hbar = h/2\pi$），i 是虚数单位，m 是粒子的质量，$\Psi(x,t)$ 则是波函数。与经典力学的运动函数不同，波函数 $\Psi(x,t)$ 描述的是微观粒子的量子态随时间的变化。波函数是一个复数，具有振幅和相位。玻恩发现，波函数的振幅平方反映的是微观粒子处于该量子态的概率 $|\Psi(x)|^2 = \Psi(x)\Psi^*(x)$，因此归一化后的波函数具有如下特性：① 全时空范围内波函数振幅的总和为 1，即 $\int \Psi^*\Psi \mathrm{d}x = 1$；② Ψ 的振幅绝对值永远不会大于 1；③ Ψ 在函数的任意一点都只有一个值；④ Ψ 和它的一阶导函数都是连续的。

通常我们关心薛定谔方程的本征态（也是方程的不随时间演化的定态）

$$\hat{H}\psi_E(x) = E\psi_E(x), \quad (2-46)$$

其中，$\psi_E(x)$ 是本征值为 E 的波函数。E 实际上就是对应本征态的能量。对于任意时刻的波函数，我们都可以使用

$$\Psi_E(x,t) = \psi_E(x)\mathrm{e}^{-\frac{\mathrm{i}Et}{\hbar}} \quad (2-47)$$

来获得随时间演化的波函数。因此，求解式（2-46）获得本征态和本征能量是求解薛定谔方程的关键步骤（知识窗 2-7）。

2.5.3 电子轨道与分子键

量子力学为解释原子和分子的结构提供了重要的理论基础。玻尔最早将量子的概念引入建立了氢原子的电子轨道模型。氢原子是最简单的原子，只由一个质子和一个电子构成，电子与质子之间有静电相互作用，电子的运动状态是量子化的。应用薛定

知识窗 2-7

定态薛定谔方程的解

我们可以应用薛定谔方程尝试解析一些特殊条件下的波函数。

第一个例子是在一维空间上自由运动的粒子。因为粒子在自由运动，因此外部势能 $V(x)=0$，薛定谔方程简化为

$$-\frac{\hbar^2}{2m}\frac{d^2\psi}{dx^2} = E\psi,$$

或者简化为

$$\frac{d^2\psi}{dx^2} = -k^2\psi,$$

其中，$k=\frac{\sqrt{2mE}}{\hbar}$。这个方程的一般解是正弦和余弦函数的组合。这里我们使用指数形式：

$$\psi(x) = Ae^{ikx} + Be^{-ikx},$$

其中，A、B 为待定常数。本征能量 $E = \frac{\hbar^2 k^2}{2m}$。通过能量与动量的关系 $E = \frac{p^2}{2m}$，我们得到 $p = \hbar k$。将 $\psi(x)$ 的解代入式（2-46）中，当 $B=0$ 时，波函数代表一个向 x 轴正方向自由运动的粒子；当 $A=0$ 时，波函数代表一个向 x 轴负方向运动的粒子。粒子在任何位置的概率 $\psi^*\psi = A^2 + B^2$ 是一个常数，这意味着在动量 $p = \hbar k$ 给定的情况下，粒子在 x 轴上出现的概率是完全相同的，也就是粒子的空间位置无法确定！这恰恰就是海森堡不确定性原理的体现。

第二个例子是在具有明确边界的一维势阱的粒子。粒子在 $x=0$ 到 L 的区域里不受到外力，因此 $V=0$，但在 $x \leq 0$ 和 $x \geq L$ 的区域里 $V = \infty$（这被称为无限深方势阱）。我们参考上一个例子，可以解析得到当粒子在盒子里时候的波函数解为：

$$\psi(x) = A\cos kx + B\sin kx,$$

其中，$k = \frac{\sqrt{2mE}}{\hbar}$。与第一个例子不同的是，在无限深方势阱中，边界条件

$$\psi(0) = \psi(L) = 0,$$

要求 $A=0$。在 $kL = 0, \pm\pi, \pm 2\pi, \cdots$，都有 $\psi(L)=0$，因此

$$k_n = \frac{n\pi}{L}, \quad n = 1, 2, 3, \cdots。$$

因此能量也是分立取值的：

$$E_n = \frac{\hbar^2 k_n^2}{2m} = \frac{n^2\hbar^2\pi^2}{2mL^2}。 \qquad (2-48)$$

这些波函数与能量值如图 2-16 所示。与经典情况截然不同的是，无限深方势阱中的量子粒子不再是随意取任何能量，它只能取一些特殊的值，我们称之为能级。其最低的能级是 $n=1$ 时 $E_1 = \frac{\hbar^2\pi^2}{2mL^2}$，对应的波函数 ψ_1 称为基态；其它态的能量正比于 n^2，称为激发态。在基态时，粒子的动量 $p = \pm\frac{h}{L}$，因此动量的最小变化范围 $\Delta p \geq \frac{h}{L}$。粒子在盒子中的位置不确定范围 $\Delta x \approx L$。因此满足不确定性关系 $\Delta p \cdot \Delta x \geq h$。如果使用类似的推导对一个粒子的薛定谔函数随时间的变化进行分析，可以得到不确定性关系在能量和时间关系的表述 $\Delta E \cdot \Delta t \geq h$。

$n = 2, 3, \cdots$ 的波函数和能量对应的状态被称为激

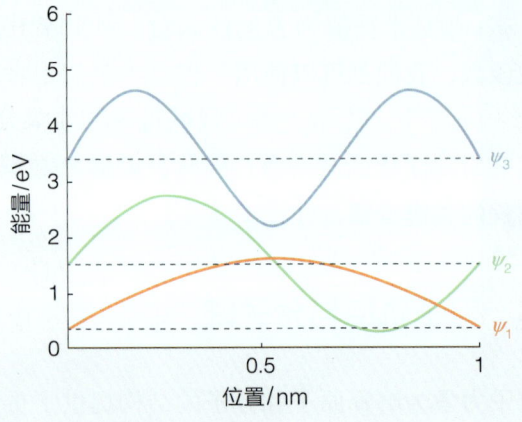

图 2-16　无限深方势阱中的粒子波函数与能量取值

发态。n 越大，激发态的能级越高。从低能级进入高能级状态被称为能级跃迁。该一维盒子中的粒子若要从基态跃迁进入 $n=2$ 的激发态，必须而且只要接受到高于 $\Delta E(=E_2-E_1=\dfrac{3h^2}{2mL^2})$ 一个能量包即可，而低于 ΔE 的再多的能量包也无法实现粒子的能级跃迁。从以上的能量与能级公式可见，ΔE 与 mL^2 成反比，故一维盒子的尺度越大，粒子的质量越大，能级的差别就越小。这个推导说明，分子轨道中电子的能级差别直接受分子轨道尺寸的影响：分子越大，其能级差别越小，需要的跃迁能量也越少。这就是具有离域电子轨道的芳香族氨基酸比无离域电子轨道的氨基酸具有更强的吸收近紫外线能力的原因。另一方面，当 m 和 L 大到宏观尺度时，ΔE 就会小到接近于零，这意味着不同状态之间的能量变化是连续的，也就与经典物理学一致了。

以上对薛定谔方程的两个特例的简单数学推导及其物理学含义的解释，体现了量子力学主要是对微观世界的物理学刻画，并不排斥经典物理学对日常世界的描述。

谔方程可以对氢原子的电子轨道波函数进行解析。

氢原子由一个质量很大的、带电荷量为 e、基本上静止不动的质子（选为坐标原点）和一个质量轻得多的电子（电荷为 $-e$）组成。电子受到质子引力的势能函数为：

$$V(r)=-\dfrac{Ze^2}{4\pi\varepsilon_0}\cdot\dfrac{1}{r},$$

其中，Z 是原子核的电荷数（对氢原子，$Z=1$）；$\varepsilon_0=8.854\times10^{-12}\ \mathrm{J^{-1}\cdot C^2\cdot m^{-1}}$，是介电常数；$r$ 是电子与质子之间的距离。

与上一节中讨论的一维势阱中粒子的情况类似，电子因为限制在原子核周围很小的空间里，其波函数在特定的分立能级下具有不同的特征。因为波函数表示的是电子在氢原子核附近的空间分布概率函数，因此其形状根据概率的大小呈现为云状分布，也就是常说的电子云。电子在电子云中出现概率较大的区域被称为电子轨道。不同能级的波函数具有不同的量子态，其电子轨道的形状也不同（图 2-17）。

对任何原子中的某个电子，电子轨道主要由三种量子数表示，分别是主量子数 n、角量子数 l、磁量子数 m。这三种量子数的组合遵循泡利原则，并决定电子轨道的能级和形状。其中，主量子数 n 反映电子的能级分布，用自然数 1、2、3 等表示。角量子数 l 决定电子轨道具有不同的形状，对化学键和键角有重要影响，可取的值由主量子数决定：$l=0,1,2,\cdots,n-1$，通常我们用 s、p、d、f 等表示。磁量子数 m 决定非球对称形状的电子轨道在空间中的伸展方向，磁量子数所有可能取值由角量子数决定：$m=0,\pm1,\pm2,\cdots,\pm l$。另外，每个电子还有一个自旋量子数 $m_\mathrm{s}=\pm\dfrac{1}{2}$，是第四个量子数。

氢原子电子的能级只由主量子数 n 决定，不同能级的电子处于距离原子核不同的轨道上，又称为壳层。当电子从一个较高能级的壳层进入另一个较低能级的壳层时，

图 2-17 电子轨道

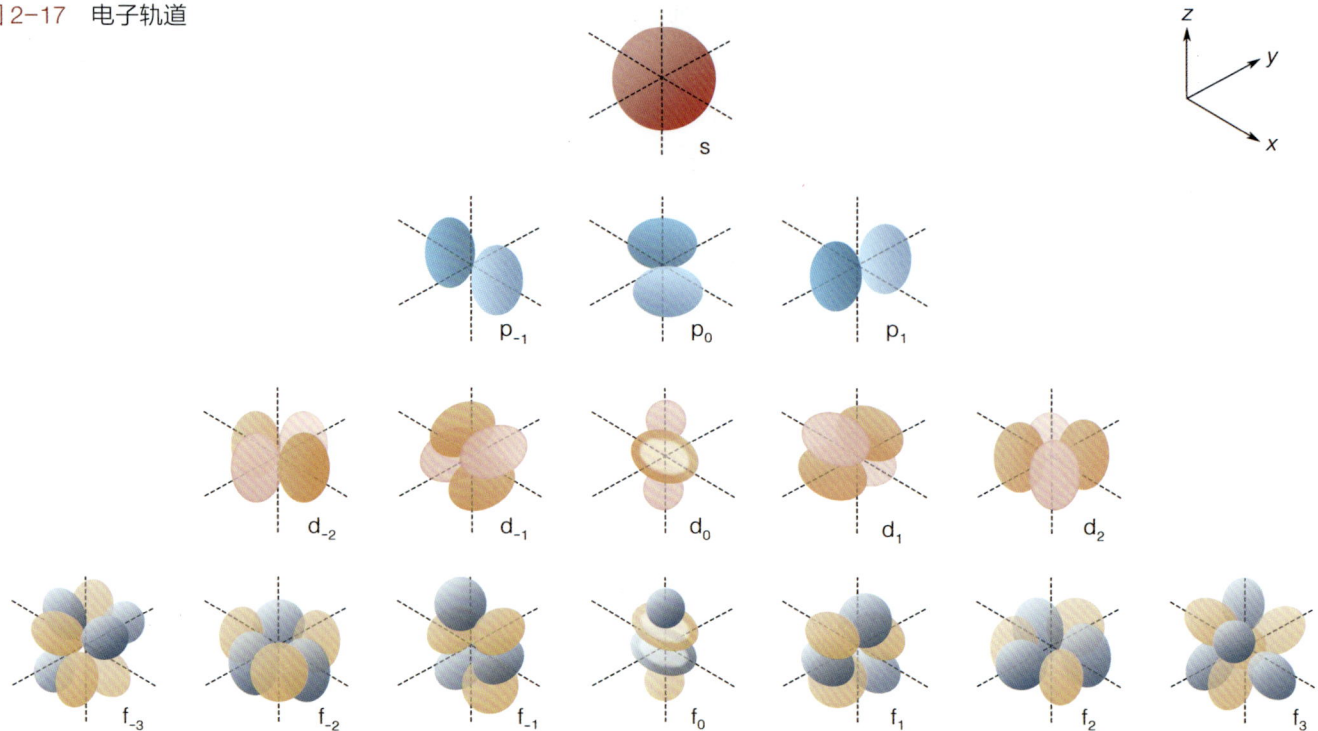

即发射出相应的光子,这就是氢原子的光谱。以上这些关于电子轨道的特征描述都是由波函数决定的。

对于多电子的单原子体系,因为需要考虑电子之间的相斥性,无法对薛定谔方程进行精确求解,所以只能使用近似手段。当系统中存在多个电子时,必须考虑电子间的相斥性。泡利不相容原理指出,在一个原子中不可能存在两个电子共有全同的四个量子数。因此,在同一个电子轨道里(n, l, m)最多只能容纳两个自旋相反的电子。处于同一轨道中的一对自旋相反的电子被称为电子对。而具有相同自旋方向的多个电子在原子中尽量远离,按照轨道能级从低到高分布在不同的电子轨道中。这种电子排布规则被称为洪特定则。

对于多电子和多原子核的分子体系,薛定谔方程更加复杂,即使今天也无法进行精确解析,只能在一些近似假设的基础上进行分析。玻恩-奥本海默近似考虑到原子核的质量远大于电子,电子的运动速度远大于原子核,因此假设原子核相对电子是不动的,可以将薛定谔方程中的原子核波函数部分忽略不计。基于此假设,整个系统主要由电子的波函数加上相对不变的原子核间的排斥力决定。因此薛定谔方程不必考虑原子核的变化。电子的势能 V 包括两个部分:原子核对电子的吸引力和电子之间的互斥力。对多原子核的较大分子,可以再引入一个假设:当电子靠近一个原子核时,来自其它电子的排斥力忽略不计。这样电子在分子里的轨道可以近似为多个原子轨道的线性叠加(图 2-18)。这称之为分子轨道近似。基于以上近似提出的分子轨道理论是现代解释分子键尤其是共价键的主要理论。该理论认为,当原子形成分子后,电子在整个分子的分子轨道中运行;分子轨道由组成分子的多个原子决定,其轨道函数是这些原子轨道的线性叠加。比如，两个原子的 s 轨道线性叠加，就形成了 σ_{s-s} 共价键；两个原子的 p 轨道沿着对称轴方向头对头线性叠加，就形成了 σ_{p-p} 共价键；两个原子的 p 轨道平行相连线性叠加，就形成了 π_{p-p} 共价键。

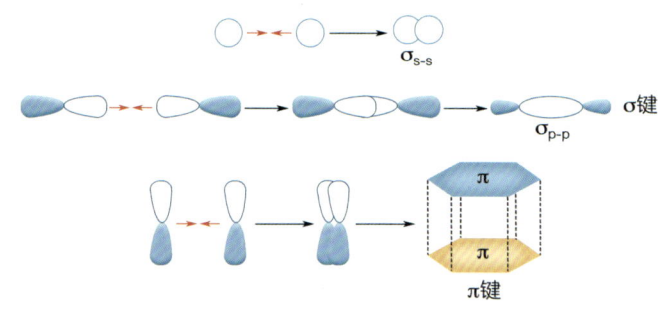

图 2-18　分子轨道是原子轨道的线性叠加

应用分子轨道近似理论，我们可以推导出原子在形成分子轨道时要遵从的几个原则：最大重叠原则、对称性一致原则和能量相似原则。

最大重叠原则：两个原子轨道的波函数线性叠加后的概率分布密度包括波函数的乘积项，决定了分子轨道的重叠密度。波函数乘积项为正的时候，重叠密度增大。重叠密度越大，意味着电子在此分子轨道中出现的概率越高，则分子系统的能量越低，因而就形成了稳定的化学键。这种分子轨道也称为成键轨道。反之，也会存在两个原子轨道波函数的乘积项为负的情况，导致重叠密度变小，系统能量变高，反而促进原子的分离。这种分子轨道称为反键轨道。

对称性一致原则：只有对称性匹配的原子轨道按照一定的角度组合才能形成更大的原子轨道重叠，组合成分子轨道。

能量相似原则：只有能量相近的原子轨道形成重叠的可能性较大，从而组合成有效的分子轨道。成键原子轨道的能量越相近，越容易形成分子轨道。成键形成分子的能量低于成键前原子单独的能量之和。

当形成化学键的两个原子轨道能量完全相同时，分子轨道形状是对称的。而当两个原子轨道能量有差异时，分子轨道呈现为不对称的形状。其中，与分子轨道能量接近的原子对成键的贡献最大，因而分子轨道在该原子附近的电子云密度更高，该原子从而体现为对电子的较强吸引力，呈现为负电荷；对应的，另一个原子则对电子吸引力较弱，呈现为正电荷。这个化学键体现为电荷在两个原子之间的分布不均匀，呈现为化学键的极性。这种极性的化学键在电磁场中是一种偶极子，会对电磁场产生响应（图 2-19）。分子轨道因为原子轨道的不同组合方式也呈现为不同的量子态，分布于不同的能级上。与原子轨道中的电子一样，在同一个分子中，电子也可以在不同的分子轨道之间实现跃迁，并伴随着能量的吸收或释放。

在一些较为复杂的分子轨道中，一个原子中的多个原子轨道常常与周边原子的轨道相重合，结果导致化学键的杂化。这被称为分子轨道杂化理论（图 2-20）。碳原子是分子轨道杂化最丰富的原子之一。碳原子在分子中的轨道包括 sp^3、sp^2、sp 等多种杂化状态，形成了不同几何形状的化学键组合方式。多个碳原子与其它原子以不同的轨道杂化方式相互组合，形成了复杂的有机分子世界。比如，在乙烷分子中，两个碳原子通过 sp^3 杂化轨道里的一个轨道头对头形成 σ 键；在乙烯分子中，两个碳原子通过 sp^2 杂化轨道里的一个轨道头对头形成 σ 键，而各自余下的两个 p 轨道则肩并肩形成 π 键，形成了平面排布的分子形状；在苯分子中，六个碳原子都是 sp^2 杂化轨道，两两形成 6 个 σ 键，形成了一个六元环平面形状的分子，各自余下的一个 p 轨道则在

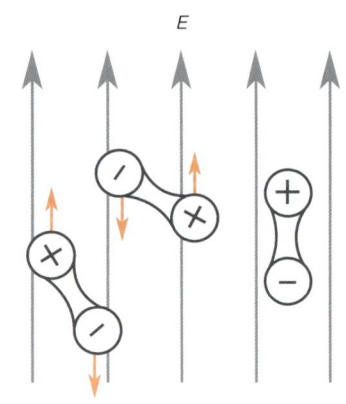

图 2-19　偶极子对电磁场的响应

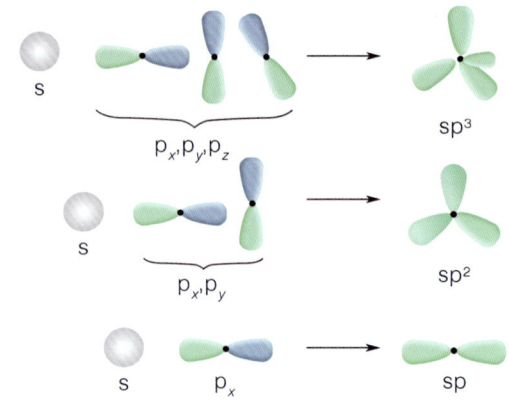

图 2-20　碳原子的杂化轨道

环上肩并肩融合，形成了一个离域 π 键。

在自然界的分子中，最典型的化学键包括共价键和离子键。共价键形成主要遵循上述的分子轨道近似理论。根据以上的描述可知，共价键的形成与分子轨道的形状关系密切，因而具有方向性。共价键的方向性决定了多原子分子的形状。这也是生物分子尤其是生物大分子具有复杂的空间形状的根本原因。离子键则是因为两个能量不同的原子的高度极化，导致一个原子将另一个原子周围的电子夺走，一个原子带纯的负电荷，而另一个原子带纯的正电荷，形成了阴离子和阳离子。阴离子和阳离子靠静电相互作用吸引从而形成离子键。与共价键依赖分子轨道的形状呈现出方向性不同，两个阴阳离子之间的相互作用是没有方向性的。

氢原子与电负性较大的原子如 F、O、N 形成共价键后，电子云主要集中于电负性原子周围，导致氢原子呈现为较强的正电性。这样的带正电的氢原子可以与附近存在的具有较大电负性又含有孤电子对的另外一个原子产生静电相互作用，形成一种特殊的介于共价键和离子键之间的特殊类型的分子间或分子内相互作用，即为氢键。氢键因为是氢原子核与负电性的孤电子对相互作用，因而具有方向性，呈现出 X—H⋯Y 的排列，其中 X 和 Y 是同种或不同种的原子，主要是 F、O、N。同时，因为 O—H 和 N—H 共价键在水分子、有机分子和生物分子中广泛存在，所以氢键广泛存在于水分子之间、水溶液以及生物大分子中，也导致了水、水溶液和生物大分子的很多独特性质。氢键在生物大分子的三维结构形成中尤其发挥着重要的作用。

2.5.4　电磁波的能级效应和初步光谱学

变化的电场会产生磁场，变化的磁场也会产生电场。1864 年，英国科学家麦克斯韦提出，随时间周期性变化的电场将产生随时间周期性变化的磁场，反之亦然，而且这样的电场与磁场交替变化可以向周围空间扩散，从而形成了变化电磁场的传播，也就是电磁波。电磁波中电场与磁场紧密相关，对传播所到之处的带电或磁性物质会产

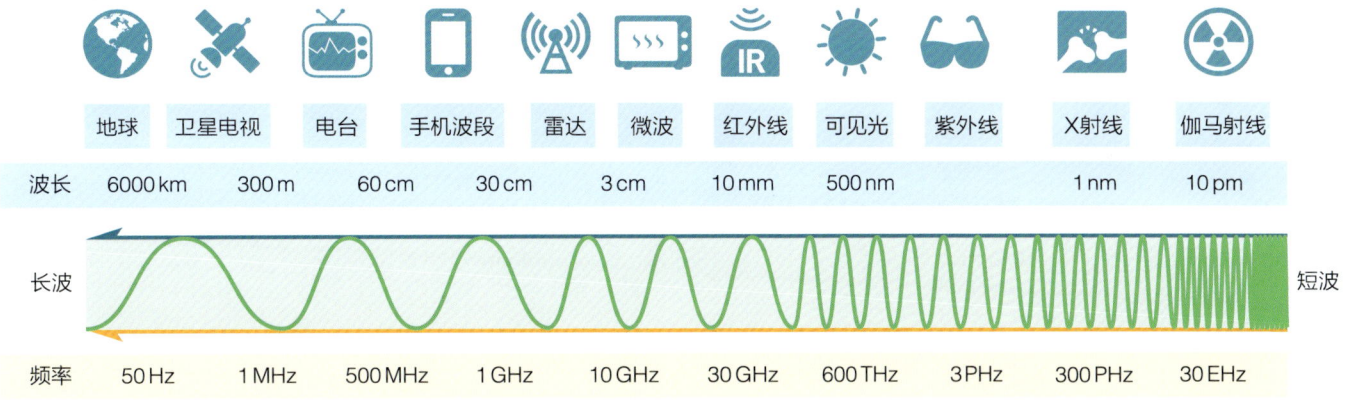

图 2-21 电磁波波谱图

生相应的电场或磁场效应。电磁波的传播本身不需要任何介质，任何电磁波在真空中都以相同的速度（即光速）传播。电磁波具有振幅、频率和波形等基本参数，其中，振幅体现了电磁波的强度，频率也可以根据公式 $\lambda v = c$ 换算为波长。电磁波可以发生折射、衍射、干涉等波的行为，还会因为电磁场振动的方向而呈现出偏振性。

光的本质就是电磁波（图 2-21）。不同频率或波长的电磁波包括我们通常所说的可见光、紫外线、红外线等。X 射线、γ 射线都是波长很短的电磁波，波长较长的电磁波则包括微波、无线电波等。光不只是波，也是粒子。光的波粒二象性是物理学在 20 世纪初做出的最重要的发现之一。

爱因斯坦对光电效应的理论解释深刻揭示了光的粒子性。光电效应是指某些物体在光束的照射下会发射电子的物理学现象，发射出来的电子被称为"光电子"。实验中发现，对可以产生光电效应的材料，只有使用频率高于特定阈值的光进行照射才会发射光电子，而当光的频率低于阈值时，无论光束的辐照度多大都不会产生电子。另外，发射出来的光电子的能量与照射光的频率成正比而与光照强度无关；光电子的数量则与光照强度成正相关。针对光电效应的以上特点，爱因斯坦提出光量子假设，即光束是由离散的光子所组成，每个光子的能量取决于光的频率，为 hv。当光的频率大于某极限阈值时，单个光子的能量就足够大而使得物体表面的一个电子发生逃逸，产生光电效应。光量子的假设完美地解释了光电效应现象，进而确立了电磁波的波粒二象性。所有电磁波中光子的能量与波的频率直接相关，为 hv。电磁波的波长越长，其频率越低，所以能量也越低。红外线光子的能量要比紫外线光子的能量低，γ 射线的能量则非常高。

前面介绍到氢原子的电子可以在不同能级的轨道壳层之间跃迁。这种跃迁由于轨道能级的差异，伴随着光子的吸收或发射。处于较低能级轨道上的电子在吸收了能量合适的光子时即可以实现跃迁，进入相应的高能级轨道。反过来，处于高能级轨道上的电子可以跃迁到低能级轨道上，并伴随着光子的发射。被吸收或发射的光子的能量恰好等于高低两个轨道之间的能级差。因为氢原子中的电子轨道能级是分立的，所以能级差也是分立并有明确数值的，只有符合能级差的相应频率的光子才能被吸收或发

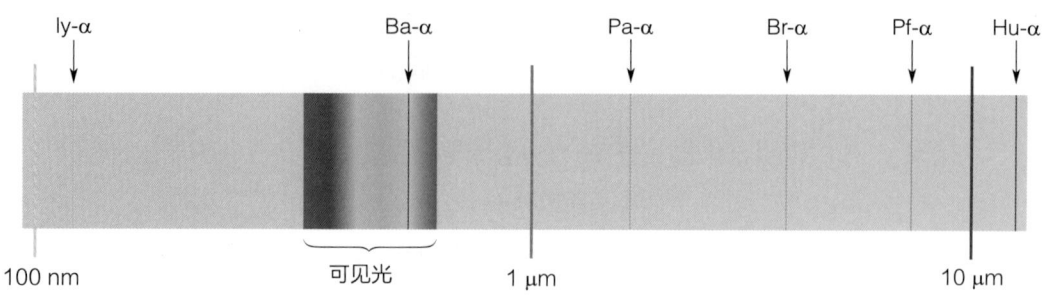

图 2-22 氢原子发射谱线图

各谱线名称：ly，莱曼系；Ba，巴耳末系；Pa，帕申系；Br，布拉格系；Pf，蒲芬德系；Hu，韩福瑞系。

射。故而，氢原子的吸收光谱和发射光谱都是一系列分立的谱线组成的，如图2-22所示。

与氢原子的电子轨道跃迁一样，在分子中不同轨道上的电子也会发生轨道之间的跃迁。分子轨道的能级是分立的，因此电子在轨道之间的跃迁也是量子化的。当一个分子中的电子处于能级最低的分子轨道时，该分子处于基态；当处于基态的电子吸收了一个能量匹配的光子时，跃迁到高能级的分子轨道，分子处于激发态。分子在激发态并不稳定，会迟滞一段时间后回到基态，并发射出一个能量匹配的光子，这个过程称为自发发射。处于激发态的分子也可以在一个能量匹配的光子的诱导下回到基态，伴随着两个能量和方向完全相同的光子的发射，这个过程称为激发发射。

绝大多数的分子轨道跃迁对应的光子能量在紫外线和可见光范围内，可以使用紫外线和可见光谱学进行分析。在同一个分子轨道内的分子振动能级差则主要在红外线范围内，因而可以使用红外光谱对分子的振动状态进行研究。另外，分子在空间内的转动也呈现为量子化的能级分布，其能级差比分子振动更小，可以使用红外线甚至微波等进行分析。不同的原子和分子中的原子核和电子还有一个量子特征，即它们的自旋，这些自旋也是量子化的。不同的原子核和电子呈现为不同的自旋能级。这些自旋能级会在磁场中发生响应，并形成光子能量的吸收或发射，从而可以使用磁共振谱学进行分析。

2.5.5 量子生物学

在第1章中，我们简单介绍了生物体与光之间的相互作用。这些相互作用是生命活动中至关重要的一个方面。从微小的细菌到高等植物和动物，生物都进化出了各种各样的感光和吸收光的机制，以适应不同的生存环境。

在生命体感光和利用光的过程中，光合色素起到了重要的作用。这些色素分子是一大类高度特化的分子，可以参与光的吸收和电子传递等过程（见第9章）。这些色素分子都有一个共同的特征：它们都含有一个相对较大的共轭双键系统。这个共轭双键系统是由交替的单键和双键组成的，这种结构使得π电子可以在分子内自由移动，类似于电子在导线中的运动。共轭双键系统的结构和大小决定了π电子的能级，从而决定了色素分子能够吸收特定波长的光。

当光合色素分子吸收光子后，其电子会跃迁到更高的能级。处于激发态的电子可以以多种方式释放能量，例如：以光的形式释放（荧光），以热的形式释放，或者转移给其它分子。如果激发态的电子回到基态并释放光子，那么色素分子就会发光，例如 GFP 的发光原理就是如此。通过改造分子结构，可以影响电子的能级，进而影响发射光的波长。此外，激发态的电子还可以将能量转移给其它分子，例如在光合作用中，电子会沿着电子传递链传递，最终用于合成 ATP。有趣的是，电子在传递过程中并不需要色素分子直接接触，而是通过量子隧穿的方式穿过分子间的空隙，这是量子力学的一个奇妙现象。

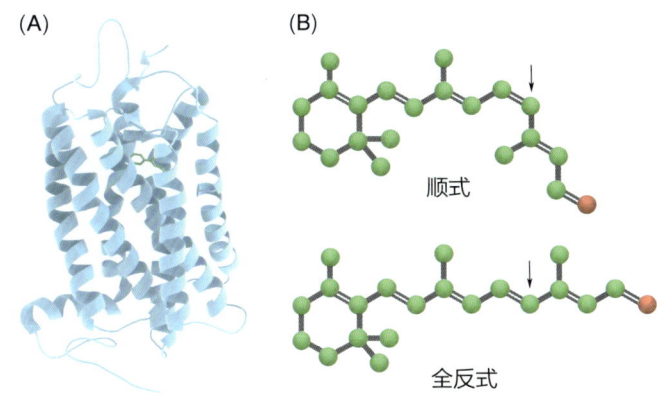

图 2-23　视蛋白结构（A）与视黄醛 11-顺式异构体和全反式异构体（B）

生物对光的感知也依赖于光吸收。视蛋白是一种重要的光敏蛋白，它由七个跨膜 α 螺旋组成，其中嵌入了一个视黄醛分子，如图 2-23A 所示。视黄醛分子在光照下会发生构象变化，从 11-顺式异构体转变为全反式异构体，如图 2-23B 所示。这种构象变化会引起视蛋白构象的改变，从而激活下游的信号转导通路，最终导致视觉的产生。

※ 本章小结

生命体需要持续地消耗自由能来抵抗自发到达无序状态的趋势。在这一章中，我们用熵和自由能来刻画这种自发趋于无序的效应。正是这种效应的普遍存在，生命体才需要各种主动机制来维持有序的状态。在后面的章节中，我们会更仔细地讨论这些主动机制。同时，我们也简单介绍了量子力学及其在生物学中的应用。在第五部分我们会更详细地介绍相关技术应用。

※ 思考题

1. 平衡态中的"平衡"有字面含义：系统各个部分之间没有差异。请思考如果系统是非平衡的，可能有哪些差异。如何从熵极大原理理解这些差异的消失？

2. 在化学反应中，我们通常会引入一个反应速率来表示单位时间内一个反应发生多少次。思考这个反应速率会取决于哪些因素。在极稀的溶液中，反应参与物的扩散会限制反应速率的大小，为什么？细胞有哪些可能的方式来影响扩散进而影响反应速率？

3. 测不准原理会影响生物体的宏观行为吗？为什么？如果要实验验证生命系统的某种宏观行为（例如鸟类的导航能力）是量子效应，主要会面临哪些挑战？

※ 扩展阅读

图书

纳尔逊. 生物物理学：信息、能量、生命 [M]. 黎明，戴陆如，等，译. 2 版. 上海：上海科学技术出版社，2023.

普利施克，贝格森. 平衡态统计物理学：第三版 [M]. 汤雷翰，童培庆，译. 北京：北京大学出版社，2020.

Phillips R, Kondev J, Theriot J, et al. Physical biology of the cell[M]. 2nd ed. London: Garland Science, 2013.

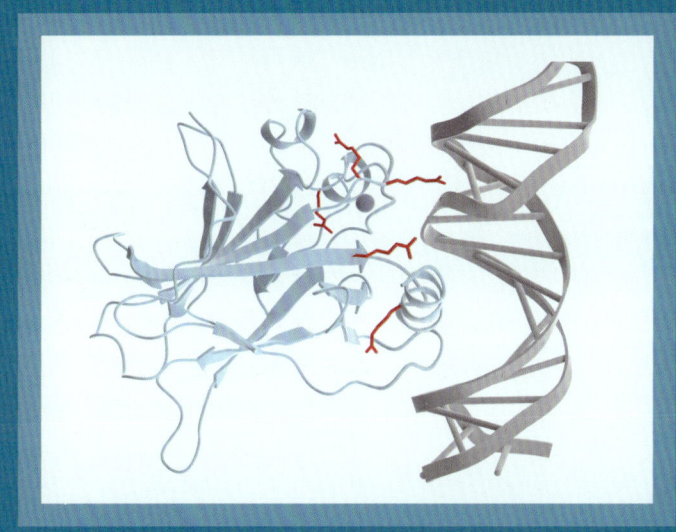

第二部分
分子生物物理

  分子生物物理学在分子水平上研究生物大分子及其相互作用，阐明各种生命活动表象背后的分子基础和机制。该研究领域在理解蛋白质、核酸和其它生物分子的结构、动力学和功能方面发挥着至关重要的作用。分子生物物理学是跨学科领域，融合了物理学、化学、计算机和生物学的概念和技术。分子生物物理学的核心内容是生物分子的结构、物理性质和行为，这部分涵盖广泛的主题。本书将按照从静态结构到动态行为、从结构到功能的逻辑思路介绍相关内容。

  1. 结构生物学（第3—6章）本领域重点研究生物大分子的三维结构。我们先阐述生物大分子的结构模式；再介绍三种主要结构生物学方法的入门知识，这包括X-射线晶体学、核磁共振波谱学和冷冻电子显微镜学。

  2. 分子折叠及结构预测（第7、8章）生物大分子折叠成三维结构是一个热力学和动力学调控的过程。我们将介绍蛋白质和RNA折叠的基本原理，以及基于计算机模拟和人工智能的结构预测方法。

  3. 生物大分子的相互作用（第9、10章）生物大分子有两种作用形式：折叠成特定的结构单元（结构域），或者通过非特异作用形成凝聚体（相分离）。我们将分别介绍这两方面的基本原理和例子。

4. 生物大分子对物理信号的应答（第11、12章） 生物大分子感知力、电、磁等物理信号，改变其构象，从而使机体能应答外界的刺激。我们将结合分子马达、离子通道、光合作用等内容介绍相关生物大分子的结构和作用机制。

科学永不停息，分子生物物理学随着技术的进步一直飞速发展。从同步辐射光源的广泛应用，超高分辨率显微镜、冷冻电子显微镜的技术革命，到近几年的基于人工智能的结构预测，新技术方法的出现无不极大地推动着分子生物物理学进步。分子生物物理学是一个至关重要且充满活力的领域，它与生物化学、遗传学和细胞生物学等学科的密切关系丰富了我们对生物学的理解，导致医学、生物技术等领域的进步。当深入研究这个迷人的领域时，你们将发现丰富的知识和机会。

3 生物大分子的结构

生物大分子包括蛋白质、脱氧核糖核酸（DNA）、核糖核酸（RNA）、多糖等。蛋白质的结构丰富多彩，是各种生命活动的执行者，在基本的呼吸作用、细胞增殖、高等生物的免疫应答、神经活动等等过程中发挥作用。DNA携带遗传密码，控制生物性状，是构建生命的蓝图。RNA是传递遗传密码的信使，指导蛋白质的合成。近来研究显示，细胞转录大量没有编码蛋白质的RNA，它们同样具有重要的生物学功能。

发现并理解生物大分子的功能是生命科学的核心问题，而解析生物大分子的结构，可以透过现象看本质，揭示功能背后的机理，并为理解生物学功能提供新的视角和思路。例如，DNA的双螺旋结构揭示了遗传信息的存储和传递机制；肌红蛋白和血红蛋白的结构揭示了机体存储和运输氧气的机制。这些生物大分子结构研究也是现代分子生物学开端的标志性事件。同时，生物大分子的结构研究在药物研发和医学领域中发挥着重要作用。例如，通过解析蛋白质的结构，可以帮助开发新药物，并优化现有的药物。

本章将介绍蛋白质、DNA、RNA以及它们复合物的基本结构。在这些大分子结构尤其是蛋白质结构中，有两个反复出现的主题。首先，结构决定功能。为了实现某种生物学功能，往往需要特定的三维结构作支撑。因此，揭示生物大分子的结构特点，洞见其功能背后的机制是生物物理研究的核心内容。其次，生物大分子结构具有可塑性，而非静止不变。这种可塑性体现在构象的变化上，有些构象变化很细微，有些则很剧烈。有些变化是由于自发的热力学涨落，有些是由于应答环境的变化和信号刺激。正是这些特点使得生物大分子结构研究重要而且有趣。

表征和测定生物大分子结构需要不同的生物物理实验方法。例如，质谱技术常用于测定蛋白质的一级结构（序列信息），吸收和发射光谱常用于分析蛋白质的二级和三级结构，而晶体学、核磁共振以及电子显微镜技术可以解析蛋白质的精细三维结构。三种常用的结构解析方法的初步介绍见第 4—7 章，而更多的生物物理方法介绍见第五部分。

3.1 蛋白质结构

本节主要介绍蛋白质的多层次结构，以及推动这些结构形成的分子相互作用力。

3.1.1 蛋白质一级序列决定三维结构

蛋白质是复杂的生物分子，执行广泛的功能，对许多生物过程都至关重要。如酶催化生化反应，可以成千上万，甚至百万倍地加快反应速度；抗体分子特异识别病毒、细菌等病原体，对机体有重要的免疫保护作用；分子马达移动核小体，调节基因表达，控制细胞发育分化；离子通道蛋白质调节细胞内外离子的流动，控制神经信号的传导和效应。为什么蛋白质作为同一类的生物大分子，却具有如此丰富多样的功能呢？蛋白质的功能与其独特的结构和氨基酸序列密切相关。序列中的每个氨基酸都影响最终的三维结构，并最终确定其功能。

蛋白质序列指的是蛋白质多肽链中的氨基酸线性序列。氨基酸是蛋白质的基本组成单位。为什么一维的氨基酸序列能够控制蛋白质的三维结构？这是一个复杂的蛋白质折叠问题，涉及到蛋白质主链的肽键共价链接、侧链的非共价键作用、分子伴侣等，进一步讨论见第 7 章。克里斯蒂安·安芬森（Christian B. Anfinsen, 1916—1995）在 1958 年发现核糖核酸酶 A（一种切割 RNA 的小蛋白质）在去除变性剂后可以恢复原来活性，从而证明蛋白质折叠成天然构象所需的信息包含在其氨基酸序列中。安芬森因此获得到了 1972 年的诺贝尔化学奖。

蛋白质的结构由其序列确定，但也受外在环境（如 pH、温度、化学修饰和其它分子的存在）影响。例如，流感病毒血凝素蛋白（hemagglutinin，HA）的构象随 pH 值发生巨大变化（图 3-1）。HA 蛋白是流感病毒的外膜蛋白，在感染过程中，HA 蛋白与宿主细胞表面的受体结合，流感病毒通过内吞作用进入宿主细胞。而病毒外膜在内吞体（endosome）与宿主细胞膜的融合则由 HA 的细胞膜融合区的构象变化所介导。在中性条件下，HA 蛋白的细胞

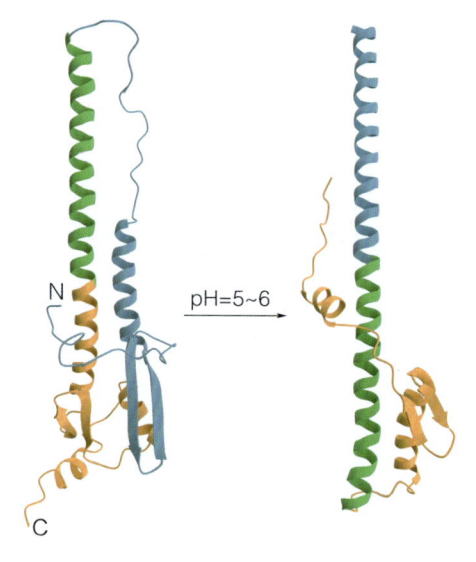

图 3-1 流感病毒 HA 细胞膜融合区在不同 pH 条件下的结构

流感病毒 HA 细胞膜融合区形成卷曲螺旋三聚体，图中显示其中一个单体的结构。左图，在中性 pH 的结构（PDB 编号：2HMG）；右图，在酸性 pH 的结构（PDB 编号：1HTM）。酸性条件下，流感病毒 HA 细胞膜融合区的 N 端（蓝色部分）往外翻，延长中央螺旋（绿色部分）；同时，C 端（橙色部分）重新折叠。

膜融合区被隐藏在蛋白内部；在内吞体的酸性环境中（pH = 5~6），细胞膜融合区发生构象变化，疏水性（hydrophobic）区域暴露在蛋白表面，并与宿主细胞膜融合，从而把病毒的基因组释放到宿主细胞内。

"序列决定结构，结构决定功能"这一逻辑范式是理解蛋白质的基础。一些蛋白质在不同物种中保留了相似的功能。相应地，它们的序列中出现相同的片段，而且它们折叠成相似的三维结构。这些在演化上不变或相似的序列被称为保守序列（conserved sequence），相关蛋白被称为同源蛋白（homologous protein）。同时，蛋白质序列中也含有非保守序列，这些序列是不同蛋白质之间的差异所在，它们可以影响蛋白质的特异性。例如，RecA家族蛋白利用ATP水解能量，介导同源DNA链交换。它们在演化上高度保守，在细菌中称RecA，在古菌中称RadA，而在真核生物中被命名为Rad51。比较不同物种的RecA蛋白序列，可以发现核心序列高度保守（图3-2A），折叠成相似的结构（图3-2B、C），执行相似的功能。因此，分析蛋白质序列，并与已知蛋白对比，可以获得蛋白质功能的提示。

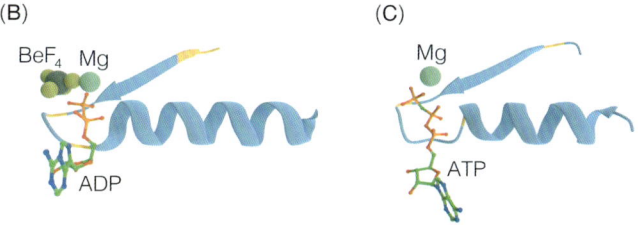

图3-2 RecA家族蛋白序列和结构比较
（A）RecA家族蛋白的核苷酸结合区域的多序列比对。EcRecA，大肠杆菌（Escherichia coli）RecA；MkRecA，甲烷嗜热菌（Methanopyrus kandleri）RadA；ScRad15，酿酒酵母（Saccharomyces cerevisiae）Rad51；hsRad51，人类（Homo sapiens）Rad51。"*"表示相同的氨基酸残基，橙色高亮。":"和"."分别表示高度类似和类似的氨基酸残基。（B）EcRecA核苷酸结合区域的结构（PDB编号：3CMW）。（C）HsRad51核苷酸结合区域的结构（PDB编号：7EJC）。

序列-结构-功能范式在研究基因突变相关的疾病以及蛋白工程等方面发挥作用。例如，表皮生长因子受体（EGFR）是一种位于细胞膜表面的受体酪氨酸激酶，参与细胞生长、增殖和分化等生物学过程。EGFR的突变会导致其在肺癌等恶性肿瘤中的异常表达和活化，进而引起肺癌的发生和发展。抑制EGFR激酶活性成为肺癌治疗的重要策略。第一代EGFR抑制剂吉非替尼（Gefitinib）竞争性结合EGFR的ATP结合位点，阻止其活化（图3-3）。然而，第一代EGFR抑制剂容易出现耐药性，其中一个常见抗药机制是T790M突变。药物分子虽然仍可以结合新出现的突变体，但失去相对于ATP的结合优势。人们根据EGFR激酶的结构特点，筛选设计出新一代的共价结合小分子抑制剂，如奥西马替尼（Osimertinib）。奥西马替尼不影响正常的EGFR，能够选择性地结合EGFR突变体T790M，并通过化学键与ATP结合口袋的Cys797侧链共价结合，从而锁定EGFR的失活状态。

总之，分析蛋白质的一维序列和三维结构特点，不仅可以揭示其精妙的功能机制，而且有助人们开发新型的药物。目前，对于许多蛋白质，可以根据其序列进行结构预测，其精度跟实验测量相差无几，更多讨论见本书8.1节。另一方面，通过有针对性地改变氨基酸序列，可以创建具有新的或改进功能的蛋白质，例如具有更高活性的酶或具有更高特异性的抗体。这种方法通常用于生物技术和药物开发，以创造具有特定性质的蛋白质，更多讨论见本书8.4节。

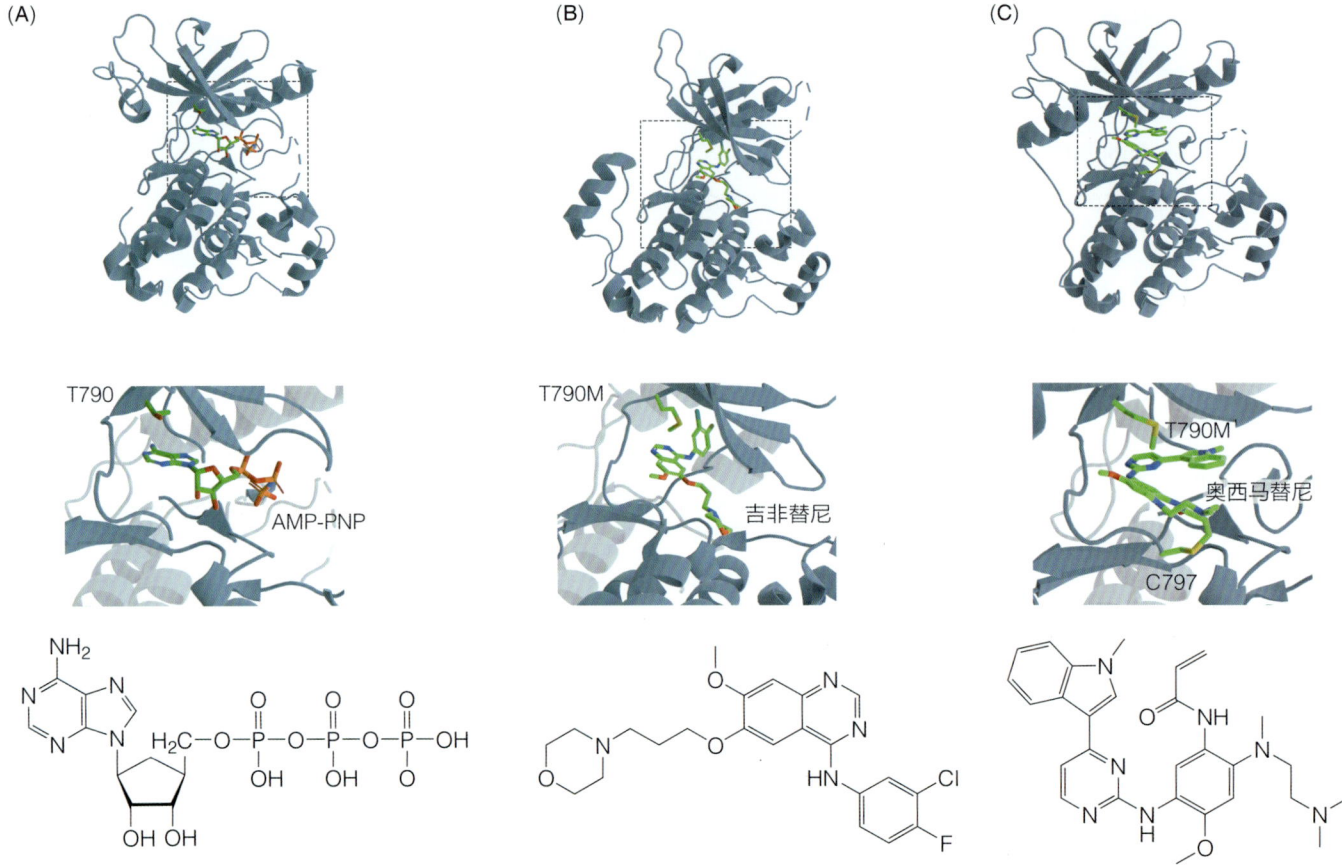

图 3-3 EGFR 激酶部分的结构及其与小分子抑制剂的作用

(A) EGFR 激酶部分结合 ATP 类似物 (AMP-PNP) 的晶体结构 (PDB 编号: 2ITV), 中图是结合口袋的放大图, 下图是 ATP 的化学结构。(B) EGFR 激酶 T790M 突变体结合吉非替尼的晶体结构 (PDB 编号: 4I22), 下图是吉非替尼的化学结构。(C) EGFR 激酶部分结合奥西马替尼的晶体结构 (PDB 编号: 6JX4), 下图是奥西马替尼的化学结构。

3.1.2 蛋白质结构

(1) 一级结构与肽键

蛋白质是以氨基酸残基为基本重复单元, 通过肽键 (peptide bond) 链接起来的复杂生物大分子。多肽链中的氨基酸残基序列被称为蛋白质的一级结构。氨基酸由一个中心碳原子 (C_α)、氨基 (—NH_2)、羧基 (—COOH) 和一个侧链 (—R) 组成 (图 3-4)。在自然界中存在着 20 种常见天然氨基酸, 它们的侧链分别具有不同的化学性质, 包括亲水性、疏水性、酸性、碱性等。为了方便表示, 通常使用缩写字母来表示不同的氨基酸。例如, 甘氨酸用字母 "Gly" 或者 "G" 表示, 天冬氨酸用字母 "Asp" 或者 "D" 表示等等。氨基酸残基的侧链性质决定了蛋白质的独特结构和功能。除了甘氨酸外, 其它氨基酸的中心碳原子 C_α 连接有四个不同的化学基团, 具有镜像异构体, 即手性。天然的蛋白质中所含的氨基酸大部分是 L 型氨基酸。

蛋白质多肽链的主链由一个氨基酸的羧基与另一个氨基酸的氨基通过脱水反应生成一个酰胺键 (肽键) 而链接起来。肽键的 C—N 键与 C=O 键有单-双键共振, 使得肽键具有部分双键特性, 从而使得相邻的两个 C_α 位于一个平面上, 称之为肽平面 (图 3-5A)。4 个相连原子的相对位置可以用二面角 (dihedral angle 或 torsion angle) 进

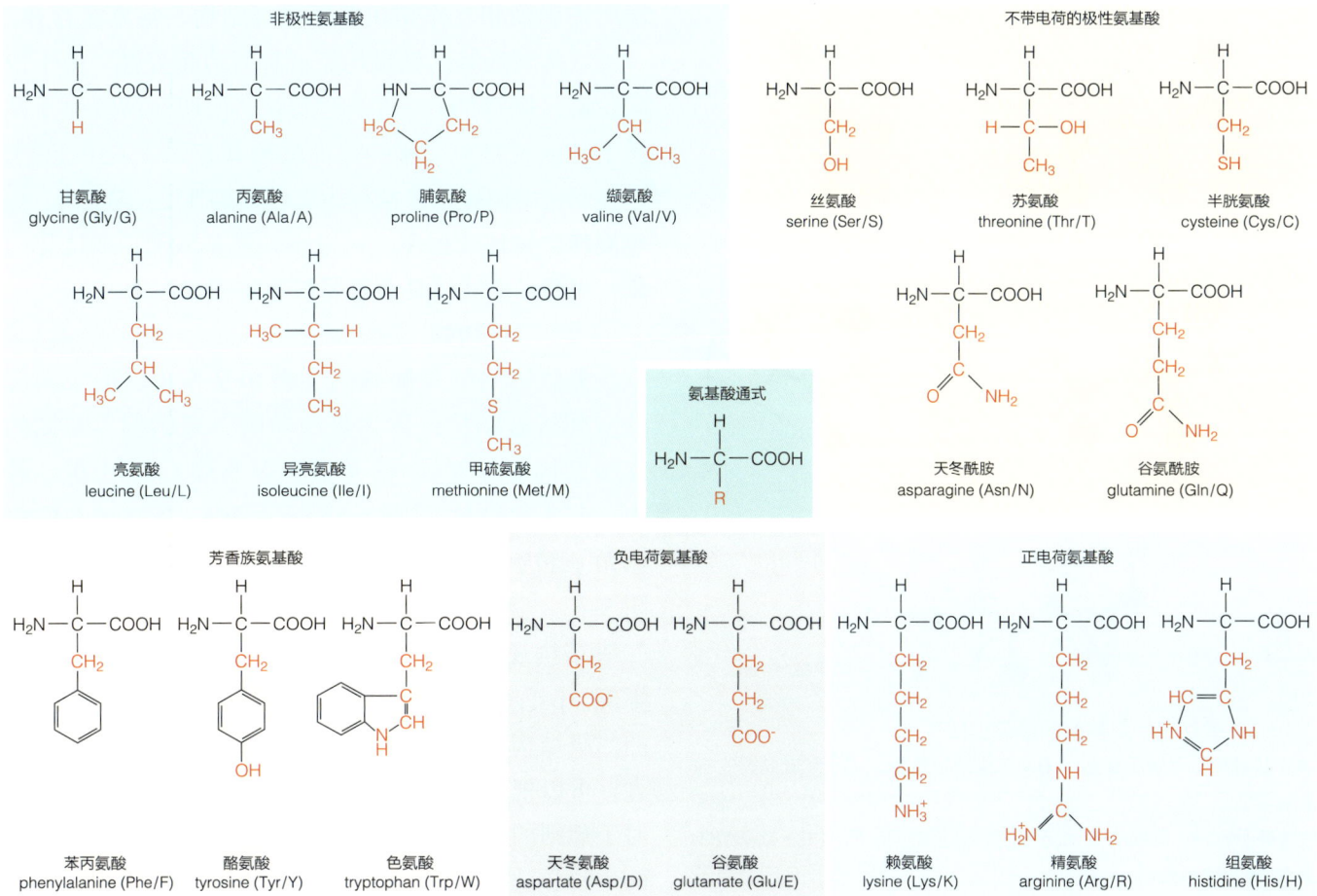

图3-4 20种常见氨基酸的化学结构及分类

行描述，它指前三个原子形成的平面和后三个原子平面之间的夹角（图3-5B）。沿着肽键方向的二面角（C_α—C—N—C_α）称为 ω（omega），其取值只有0°或者180°。因为空间位阻作用，C_α 碳原子位于肽键两侧的反式（$trans$，$\omega = 180°$）构象较为稳定；而顺式（cis，$\omega = 0°$）肽键非常罕见。出现脯氨酸残基时，顺式构象会常见一些（顺式脯氨酸）（图3-5C、D）。

多肽主链的构象可以由每个氨基酸残基 C_α 两侧的两个二面角——ψ（psi）和 φ（phi）来描述（图3-5E）。相对于 ω 角，ψ 和 φ 可取值范围较大。但同样由于空间位阻作用，ψ 和 φ 只能取有限范围内的值。ψ 和 φ 允许的取值区域用拉氏图（Ramachandran plot）来表示（图3-6）。拉氏图有两个主要的允许区域，对应蛋白结构中的两种主要构象类型：右手 α 螺旋（α-helix）和 β 片层（β-sheet）。此外，还有一个较小的稳定区域，对应结构中的柔性环区以及左手 α 螺旋（Lα）。因为没有侧链的限制，甘氨酸残基的 ψ 和 φ 允许的取值区域较大，结构柔性显著，贡献了柔性环区的大部分事例。拉氏图是实验测定的蛋白质结构模型立体化学质量评估的一个重要指标。一个高质量的结构模型，绝大部分氨基酸残基的 ψ 和 φ 角落在允许区。一些落在不允许区内的氨基酸残基，可能是由于模型构建不准确，但也有可能是蛋白质特定功能所需强烈相互作用扭曲了局部结构，是真实存在。

氨基酸残基的侧链构象同样具有偏好性。由于空间位阻，侧链的 C—C 单键旋转，使四面体碳原子侧链上的取代基呈交错构象而远离其它原子（图 3-7）。这些侧链的偏好构象被称为旋转异构体（rotamer）。构建旋转异构体数据库，可以得知氨基酸侧链的优势构象，对蛋白质建模具有重要指导作用。

（2）二级结构

多肽链的氨基酸残基主链相互作用，形成局部的空间折叠结构，称为蛋白质的二级结构。常见的二级结构有 α 螺旋、β 片层，以及环（loop）等。其中，前两种是有规则的结构（见图 3-10），涉及的构象角 ψ 和 φ 集中分布在拉氏图的两个稳定区域（见图 3-6）。除了 α 螺旋与 β 片层外，有规则的蛋白质二级结构还包括 β 转角（beta-turn）、3_{10} 螺旋、左手螺旋、β 凸起，等等。蛋白质中还含有大量的不规则的二级结构，例如环结构，它们柔性强，构象角变化大，可以把不同的有规则二级结构单元链接起来。相对于规则的二级结构，动态性的环结构往往具有重要的生物学功能，例如分子识别、蛋白互相作用、配体结合、酶催化，等等。

1951 年，化学家、分子生物学创始人之一——莱纳斯·鲍林（Linus Carl Pauling，1901—1994）（知识窗 3-1）根据肽键的平面性等化学特性提出了蛋白质 α 螺旋的结构模型，从而打开了结构生物学的大门，

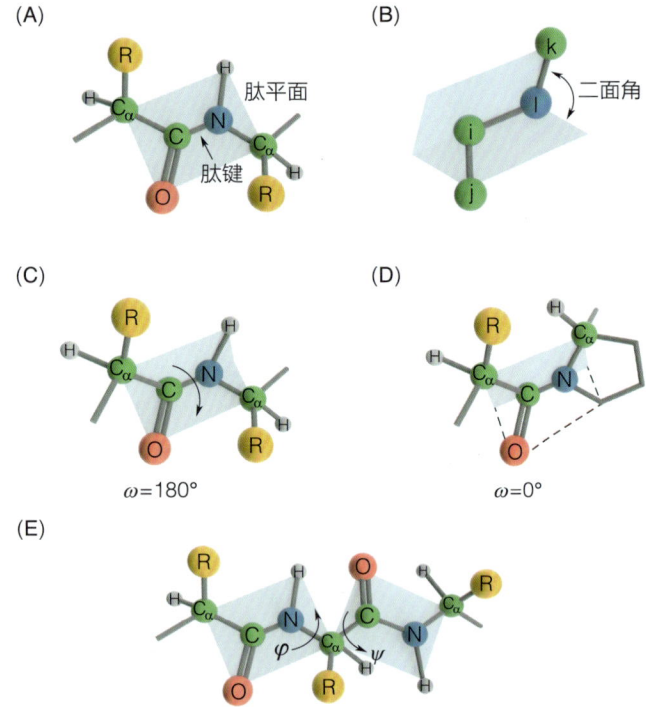

图 3-5 多肽链中氨基酸的肽键链接

（A）肽键和肽平面示意图。（B）二面角示意图。（C）顺式肽键的构象角示意图（$\omega=180°$）。两端的 C_α 位于肽键的异侧。（D）顺式脯氨酸肽键示意图。两端的 C_α 位于脯氨酸肽键的同一侧。（E）氨基酸残基 C_α 两侧的构象角（ψ 和 φ）示意图。φ 是 C—N—C_α—C 四个原子间的二面角，ψ 是 N—C_α—C—N 四个原子间的二面角。

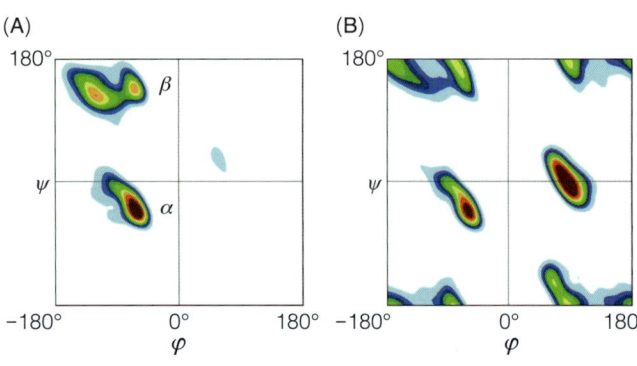

图 3-6 拉氏图

（A）蛋白质中非甘氨酸残基的 ψ 和 φ 角度分布。（B）甘氨酸残基的 ψ 和 φ 角度分布。（引自 Hovmöller S, et al. Acta Crystallogr D, 2002, 58(145): 768-776）

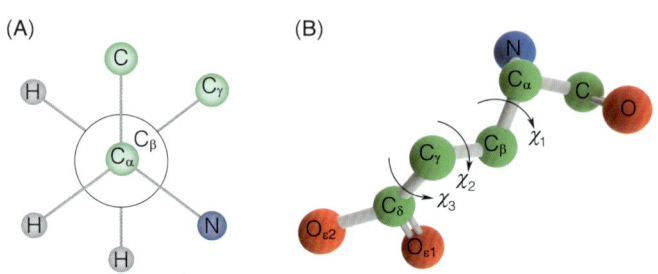

图 3-7 氨基酸侧链的旋转异构体

（A）沿 C_α-C_β 单键的旋转异构体的纽曼式投影图。（B）谷氨酸残基的侧链旋转异构体的扭转角（torsion angle）χ_1、χ_2 和 χ_3。

知识窗 3-1

莱纳斯·鲍林

莱纳斯·鲍林，美国著名的化学家，20世纪最杰出的科学家之一。1954年因在化学键方面的工作获得诺贝尔化学奖，1962年因反对核武器的行动获得诺贝尔和平奖。

1925年，鲍林在加州理工学院获得化学博士学位。1926年，鲍林前往欧洲，在量子力学家尼尔斯·玻尔（Niels Bohr）和薛定谔等人的指导下学习，1927年入职加州理工学院。鲍林提出了原子的杂化轨道理论，分析了碳原子的正四面体结构。此外鲍林还提出许多重要的化学概念和理论，如共振论、共价半径、电负性等。随后，他把研究兴趣转向生物学。

鲍林长期关注蛋白质的分子结构。20世纪30年代，人们已经知道蛋白质由氨基酸构成，氨基酸以肽键形式从一端链接到另一端。但是，多肽链如何折叠成有功能的形式是生命的秘密。1938年，鲍林解析了甘氨酸的晶体结构，这是历史上第一个得到精确解析的氨基酸结构。第二次世界大战结束后，鲍林继续研究蛋白质结构。

同一时期，英国的科学家采用自上而下策略，研究某个具体的蛋白质。例如，弗雷德里克·桑格（Frederick Sanger，1918—2013）研究胰岛素，马克斯·佩鲁茨（Max F. Perutz，1914—2002）研究血红蛋白，约翰·肯德鲁（John Cowdery Kendrew，1917—1997）研究肌红蛋白等。而鲍林则从化学键的键长、键角、肽键的平面性出发，搭建原子模型。1951年，鲍林发表工作，详细描述了α螺旋的结构（图3-8）。

鲍林提出的α螺旋结构是分子生物学的转折事件。20世纪30年代早期，人们对蛋白质这一神秘的生命物质知之甚少。而现在，分子生物学被用于提供更有效的药物，提高粮食产量，开发各种新产品。鲍林坚持用化学原理解析蛋白质结构，他摒弃了关于周期的"凑整"习惯，迅速找到方法解释冲突的数据。然而，α螺旋只是一种二级结构，它不能完全解答蛋白质的功能问题。鲍林的工作启发了后续的探索，研究蛋白质的结构和功能是一个漫长而持续的过程，一直到今天。

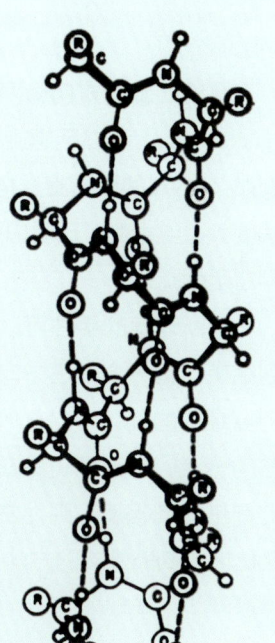

图3-8 鲍林与其提出的α螺旋结构
左图是鲍林（左）与其助手在讨论；右图是鲍林1951年提出的α螺旋结构。这个最初的模型没有考虑手性，实际上是左手螺旋结构。（左，拍摄于1951年，源自 Oregon State University；右，引自 Pauling L, et al. *Proc Natl Acad Sci USA*, 1951, 37(4): 205-211）

并启发了紧接着的 DNA 双螺旋结构的研究。

经典的 α 螺旋是右手螺旋（知识窗 3-2），也称 3.6_{13} 螺旋，每圈螺旋含 3.6 个氨基酸残基（图 3-10C）。α 螺旋中，氨基酸残基（i 残基）的主链羰基（—CO—）与下一个周期氨基酸残基（$i+4$ 残基）的氨基（—NH—）之间形成了一个氢键，这是 α 螺旋的主要结构特征。每个氨基酸残基的侧链大约以 100° 的夹角指向螺旋轴外，$C_β$ 原子伸向螺旋的 N 端，其延伸方向呈圣诞树的样子。每个氨基酸残基沿螺旋轴线有 1.5 Å 的上升，一个 α 螺旋周期为 5.4 Å。

单独的 α 螺旋并不稳定，表皮、毛发、豪猪棘刺等的角蛋白是由两股 α 螺旋互相缠绕形成的卷曲螺旋（coiled-coil，图 3-10D）。这种卷曲螺旋（一种三级结构）增加了角蛋白的机械强度。卷曲螺旋中，两股 α 螺旋的螺旋轴互相缠绕扭曲，解释了鲍林 α 螺旋结构的 5.4 Å 周期与角蛋白 5.1 Å 周期的不一致性。

不同氨基酸残基形成 α 螺旋的倾向性不一样，这与它们的侧链特性有关，也与周围的氨基酸相关。丙氨酸（Ala）最倾向于形成 α 螺旋。相反，脯氨酸（Pro）缺失形成氢键的氢原子，不利于 α 螺旋形成。甘氨酸由于较大的柔性，不倾向形成稳定的 α 螺旋。连续多个同电荷氨基酸，如多聚谷氨酸（Glu），由于电荷排斥，也不利于形成 α 螺旋。

另外一种有规则的二级结构是 β 片层（图 3-10B）。与 α 螺旋相比，β 片层的主链更加延展，呈扇面状结构（略有起伏，不完全在一个平面上）。β 片层中每一股

知识窗 3-2

螺旋的手性

螺旋的旋转方向有两种排列方式：左手螺旋（left-handed helix）和右手螺旋（right-handed helix）（图 3-9）。例如，DNA 的双螺旋结构以及蛋白质中的 α 螺旋是右手螺旋。微丝中的肌动蛋白以及核小体中的 DNA 缠绕方式是左手螺旋。

判断螺旋的手性可以对照手指的方向。螺旋从开始到结束，有一个前进方向。右手握住螺旋，使四指的指向与螺旋的旋转方向一致，如果拇指指向与螺旋的前进方向一致，则该螺旋是右手螺旋；如果拇指指向与螺旋的前进方向相反，则为左手螺旋。同理，也可以通过左手比照，判断螺旋的方向。

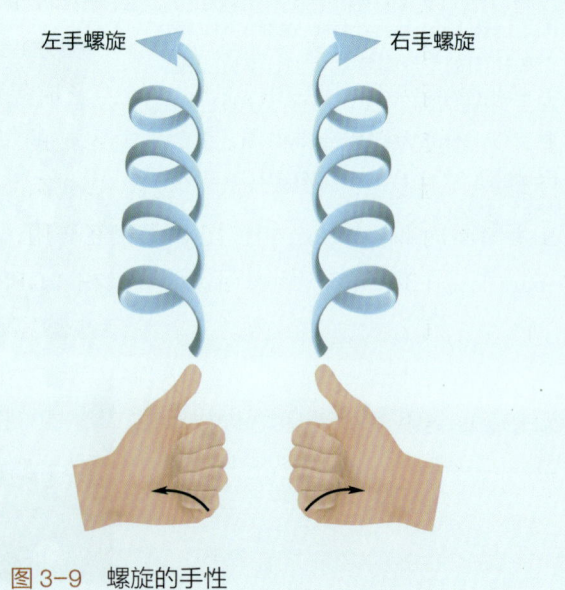

图 3-9 螺旋的手性

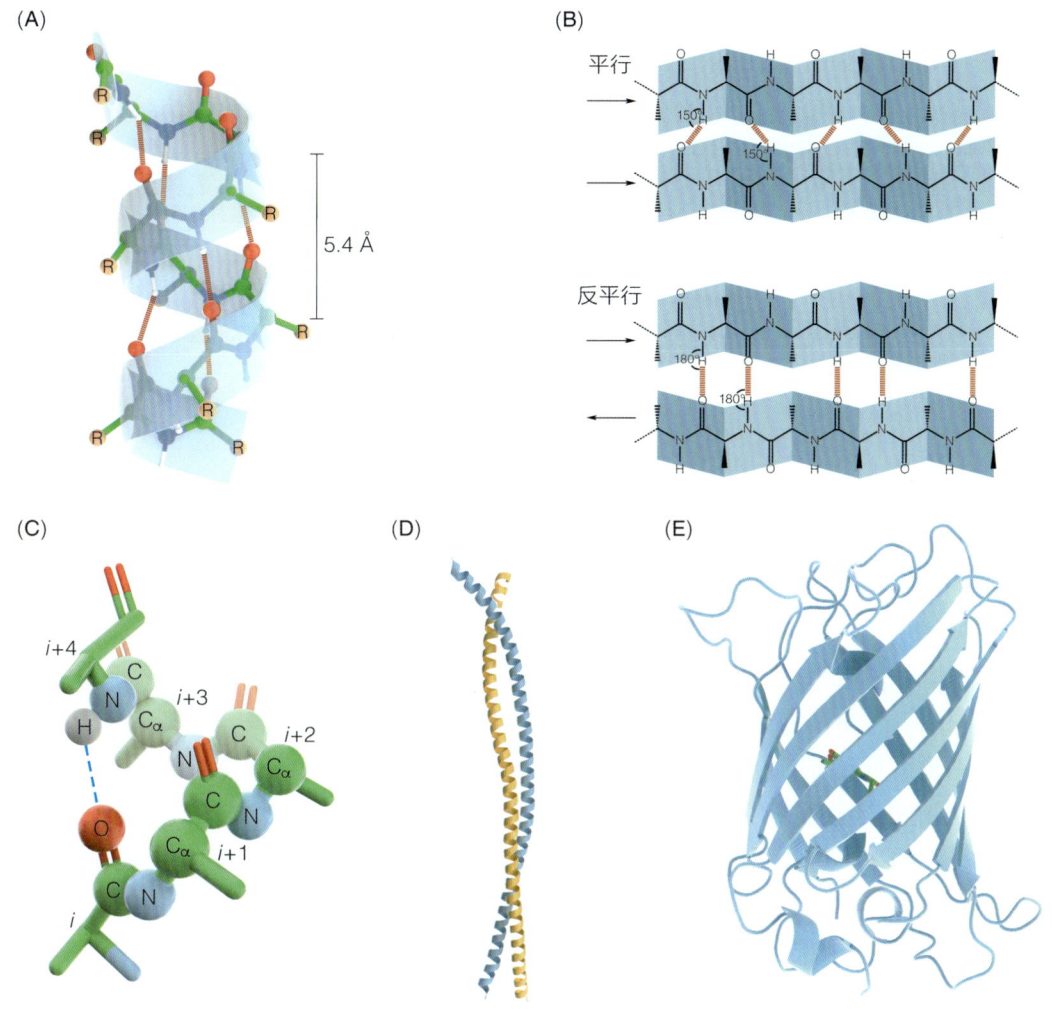

图 3-10 蛋白质的二级结构

（A）α螺旋结构示意图。氢键用虚线表示。（B）平行与反平行两种类型的β片层结构示意图。（C）经典的α螺旋（3.6_{13}螺旋）的原子排布示意图。（D）人皮肤角蛋白的卷曲螺旋结构（PDB编号：6UUI）。（E）绿色荧光蛋白β桶结构（PDB编号：6JGJ）。

肽段称为β股（β-strand）。β股中，肽平面呈锯齿状伸展。β股之间相互平行，主链通过氢键结合，侧链R基垂直交替分布在片层的两侧。β股走向分平行（也称正平行）和反平行两种。反平行β股之间的形成氢键的原子（N—H⋯O）几乎在同一直线上，因此较为稳定。而平行β股之间形成的氢键不在一直线上，是一个弱氢键，稳定性较差。因此，平行β片层一般含有较多的β股，很少低于5个，而且经常被包埋在蛋白质内部。β片层的首尾β股相互作用，形成一个封闭的桶装结构，称为β桶（β-barrel，图3-10E），例如绿色荧光蛋白（GFP）。

因为空间上较大的延展性，β片层能够容纳一些侧链有分支的氨基酸残基。因此，Val、Ile、Leu、Phe、Tyr、Trp以及Thr等出现在β片层的倾向较高。当然，侧链无分支的氨基酸残基也可以出现在β片层。相反，Pro的刚性环结构限制了它的构象角。Pro不会出现在β片层内部，但可以出现在β片层的边缘。

（3）三级结构

一条多肽链的多个二级结构进一步盘绕折叠，形成特定的空间结构，称为三级结构。三级结构通常由模体（motif，又称基序）和结构域（domain）组成。多肽链的二

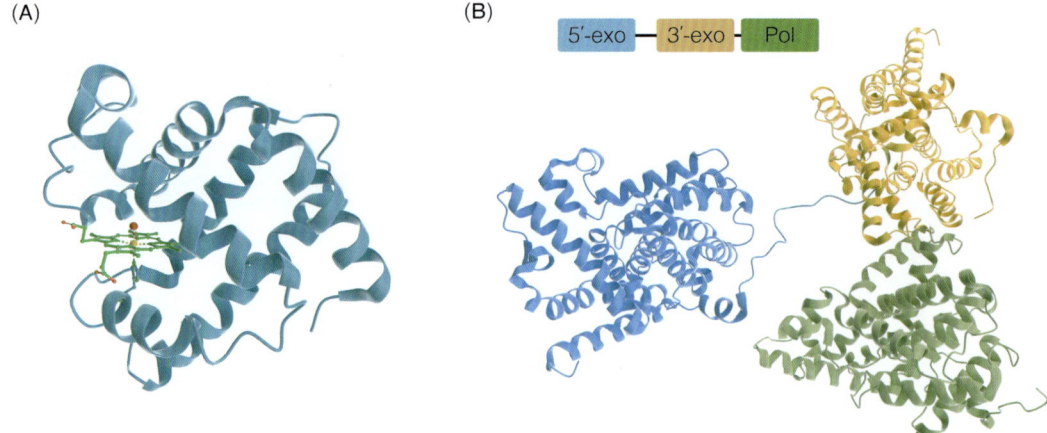

图 3-11 蛋白质的三级结构

（A）肌红蛋白结构（PDB 编号：1MBN）。氧分子和铁原子分别用红色和黄色球表示。（B）大肠杆菌的 DNA 聚合酶 I 的结构域组织（上图）和 alphaFOLD2 预测结构（下图）。5'-exo、3'-exo 和 Pol 分别是 5'- 外切核酸酶、3'- 外切核酸酶和 DNA 聚合酶结构域。

级结构形成主要靠主链的氢键相互作用，而三级结构则涉及侧链的各种作用，如氢键、电荷作用、范德瓦耳斯力（van der Waals force，又称范德华力）、疏水作用、二硫键（disulfide bond）等。更多关于分子间相互作用的讨论见 3.1.4 节。

结构域通常是指围绕单一疏水核心，独立折叠的蛋白质结构。一些较小的蛋白质自身折叠成一个紧凑的空间结构，就是一个结构域，如历史上第一个三维结构得到解析的蛋白质，肌红蛋白（myoglobin，图 3-11A）。肌红蛋白的结构由英国剑桥大学的肯德鲁于 1959 年通过 X 射线晶体学的方法解析出来。有些较大、较复杂的蛋白质则包含多个结构域。如大肠杆菌的 DNA 聚合酶 I 包含 3 个结构域，分别是 5'- 外切核酸酶、3'- 外切核酸酶和 DNA 聚合酶结构域（图 3-11B）。

常见的有规则的二级结构只有两种，但由它们为主组成的结构域有许许多多，如碱性亮氨酸拉链结构域（basic leucine zipper domain，bZIP domain）、溴结构域（bromodomain，BrD）、免疫球蛋白样结构域（immunoglobulin-like domain，Ig domain）、SH2 结构域（SH2 domain）等（图 3-12）。结构域因为稳定的三维结构，往往具有特定的功能。例如，bZIP 结合 DNA，BrD 识别组蛋白尾肽，Ig 结构域介导蛋白质 – 蛋白质相互作用，SH2 识别磷酸化酪氨酸。目前，CATH 数据库中收录了 5000 多个结构

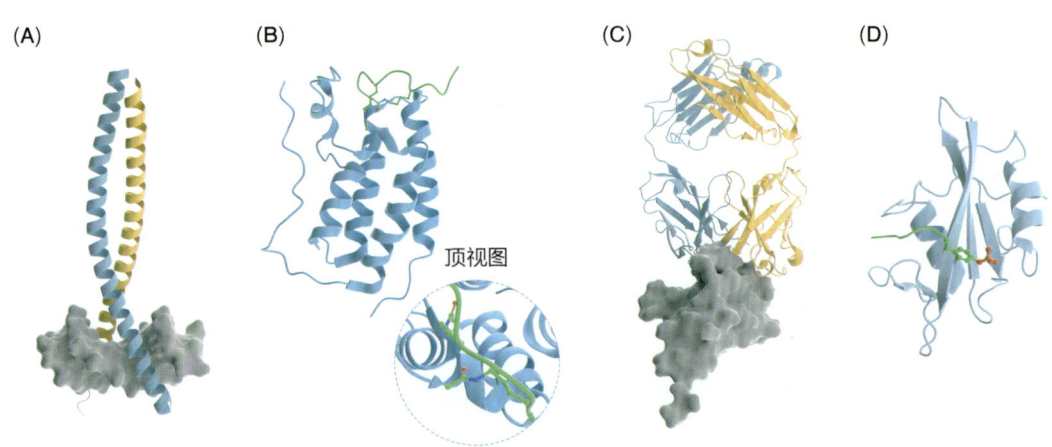

图 3-12 四种常见结构域

（A）bZIP 结构域结合 DNA 的结构（PDB 编号：1GD2）。（B）BrD 识别组蛋白尾肽的结构（PDB 编号：3UVW）。（C）抗体的 Ig 结构域识别抗原（灰色表面）的结构（PDB 编号：7VUX）。（D）SH2 结构域识别磷酸化酪氨酸结构（PDB 编号：1SHB）。

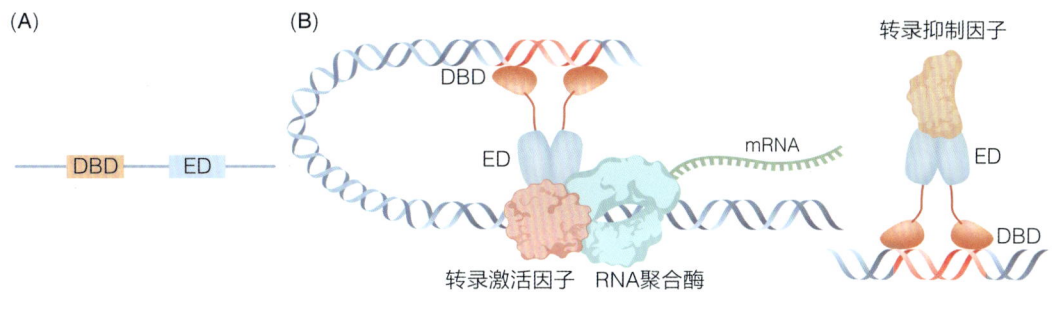

图 3-13 转录因子的结构域及其作用

（A）转录因子的两个相对独立的结构域示意图。（B）一些转录因子招募转录激活因子，促进基因表达（左）；而另一些转录因子招募转录抑制因子，沉默基因表达（右）。

域超家族。探索结构域单独以及协同作用的功能是蛋白质研究的重要内容。

一些结构域自身具有独立的功能，这一点在转录因子上尤为突出。转录因子一般包含相对独立的 DNA 结合结构域（DNA-binding domain，DBD）和转录效应结构域（effector domain，ED）（图 3-13）。DBD 识别特异 DNA 序列，ED 招募下游效应蛋白，例如转录机器、染色质调控蛋白等。一些效应结构域促进基因表达，一些抑制基因表达，而一些则具有双重功能。DBD 与 ED 往往没有直接相互作用，但串联起来可以调控基因表达。人基因组编码约 1600 种不同的转录因子，它们的 DBD 结构可以被准确预测，但 ED 结构往往可塑多变。

一些结构域单独没有功能，它们的作用是调控其它结构域的活性，或者几个结构域协同完成一个功能。例如，分子马达 ISWI 是调控染色质结构的蛋白，它具有多个结构域，包括自抑制结构域 AutoN、ATP 水解酶结构域（Lobe1 和 Lobe2），以及 DNA 结合结构域（DBD）（图 3-14）。单独的 Lobe1 或 Lobe2 都不能水解 ATP。ISWI 结合核小体后被激活，Lobe1 结合 ATP，Lobe2 提供催化 ATP 水解的元素（精氨酸手指，arginine finger），两个结构域协同作用促进 ATP 水解。辅助结构域调控中央 ATP 水解酶结构域的活性，其中，AutoN 结构域锁定 ISWI 在自抑制构象，而 DBD 结构域促进 ISWI 结合底物。

结构域作为一个功能单元，演化的模块，可以被反复利用，出现在不同的蛋白质中，例如前边提到的 bZIP 结构域、Ig 结构域、SH2 结构域反复出现在多种蛋白质中。另一方面，要实现一个新功能，简单有效的方式不是从头演化出一个新的结构域，而是把已有的结构域配置在一起，就如上述 ISWI 例子。大自然更多时候不是一个从 0 到 1 的发明家，而是一个搬运工、修补匠，把不同结构域组织在一起，实现一个新的功能。

结构域内部，由相邻二级结构相互作用，排列成规则的二级结构组合体称为模体或者基序。常见的模体有 β 发夹（β-hairpin）、锌指（zinc finger）、螺旋-环-螺旋（helix-loop-helix，HLH）、HEAT 重

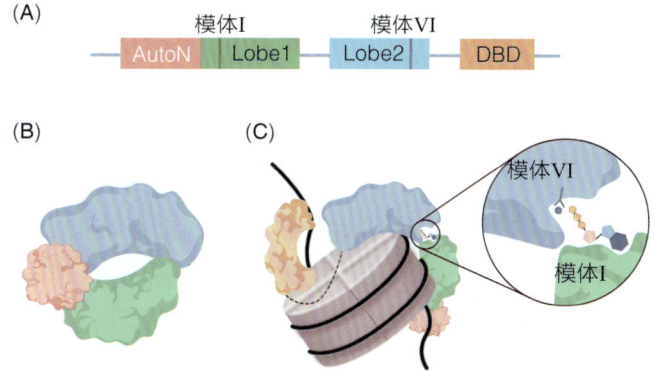

图 3-14 分子马达 ISWI 的结构域及其活性调控机制

（A）ISWI 蛋白的结构域示意图。（B）ISWI 的自抑制机理模型。AutoN 把水解酶结构域 Lobe1 和 Lobe2 锁定在没有活性的构象。（C）ISWI 结合核小体被激活的机理模型。右图放大显示结合和水解 ATP 的两个关键模体。

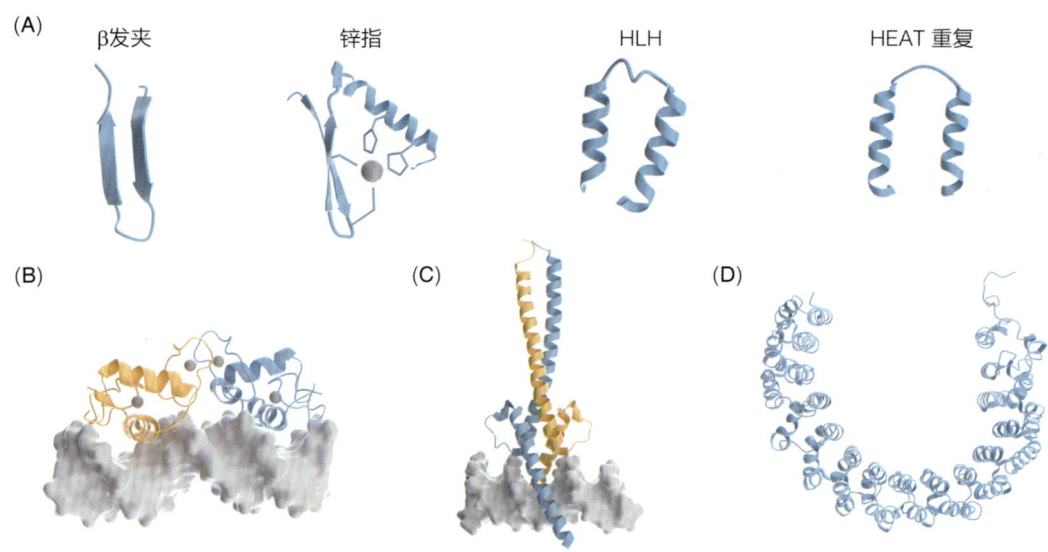

图 3-15 结构模体示意图（A）四种常见结构模体示意图。（B）前列腺受体 DNA 结合结构域 -DNA 复合物的结构（PDB 编号：1R4I）。（C）Myc-MAX DNA 结合结构域 -DNA 复合物的结构（PDB 编号：1NKP）。（D）蛋白磷酸酶 2A（PP2A）的结构（PDB 编号：2IAE）。

复（HEAT repeat）等（图 3-15A）。β 发夹是模体结构中最简单的一种，由两段反平行的 β 股和一段小环（2～5 氨基酸残基）组成。锌指模体有多种，如 Cys_2His_2、Cys_4、Cys_6 等。锌指模体常见于转录因子，可以识别特征的 DNA 序列（图 3-15B）。HLH 由两股螺旋和螺旋间的环构成。多种 Ca^{2+} 结合蛋白含有这种结构，常称为 EF 手相（EF-hand）。另外，许多转录因子也含有这种结构，其中一股螺旋含有碱性氨基酸残基（bHLH），可以结合 DNA（图 3-15C）。HEAT 重复由两股螺旋和一段短环构成，多个 HEAT 重复模体可以形成 α 螺线管结构（α-solenoid）（图 3-15D）。α- 螺线管结构常作为活性界面结合其它蛋白质。HEAT 名字来源于发现这种结构的四个蛋白质的缩写 [huntingtin、elongation factor 3（EF3）、protein phosphatase 2A（PP2A）和 TOR1]。

一些结构域内部的模体有特定的功能。例如，ISWI 蛋白的解旋酶模体 I（helicase motif I）结合 ATP（见图 3-14），以及解旋酶模体 VI 催化 ATP 水解。这些解旋酶模体在不同的解旋酶超家族蛋白质中的功能保守。分析蛋白质的模体和结构域，可以对该蛋白质的功能有初步的了解。

（4）四级结构

由多条（2 至数百条）多肽链组成的蛋白质有第四级（最高级）的结构。每一条多肽链是一个亚基（subunit）。四级结构指多亚基蛋白质复合物中亚基的空间排布。由二、三、四个亚基组成的蛋白质聚合体分别称为二聚体（dimer）、三聚体（trimer）和四聚体（tetramer）。相同亚基组成的蛋白质通常是对称的，如钾通道四聚体，每个对称单元称为原体（protomer）。更多关于对称性的介绍见 3.4.2 节。

一些酶由多个功能不同的亚基构成，常被称为全酶（holoenzyme）。其中，催化亚基是功能核心，其它亚基起不同的调控作用：增强或抑制活性、靶向特定位置、招募下游分子，等等。多元复合物的四级结构改变，即一些亚基的变化引起其它亚基的变化，体现了蛋白质构象变化的协同效应（cooperativity）或者变构效应（allostery，又称别构）。更多的复合物讨论见 3.4 节。

3.1.3 结构的可塑性和动态性

蛋白质的功能与其结构密切相关,但是这不意味着为了实现某种特定功能,蛋白质只呈现一种特定的结构。实际上,蛋白质的结构可以随外界环境改变而变化。结构的可塑性对许多蛋白质的功能起重要作用。例如,血红蛋白在不同氧气浓度的变构效应;分子马达在 ATP 水解过程中的构象变化,离子通道在不同条件下的开关,等等。另外,蛋白质也有自发的热力学摆动(动态性),尤其是具有多结构域的蛋白质。一些负责招募作用的结构域,例如 SH2 结构域、溴结构域,往往通过柔性序列链接催化核心,这些招募结构域相对于催化核心的不停摆动,有助于搜索识别靶点。因此,认识到结构的可塑性和动态性才能正确理解蛋白质的工作机制。

变构是蛋白质结构可塑性的突出表现。变构效应是指调控分子结合在活性位点以外的位点,导致蛋白质构象发生变化,从而增强或抑制蛋白质活性。变构蛋白具有两个或多个不同的结合位点,即活性位点和变构位点。活性位点是底物结合的位置。变构位点是蛋白质上另外的位置,可以结合调节分子,称为变构效应子(allosteric effector)。变构调节对于新陈代谢、信号转导和基因表达等许多生物过程至关重要。

血红蛋白是一个经典的变构蛋白。血红蛋白质有 4 个亚基,一个亚基与氧的结合引起构象变化,从而促进其它亚基与氧的结合。这种积极的变构效应被称为协同性,它使血红蛋白能够有效地结合和释放氧气。变构蛋白的另一个经典例子是分解代谢激活蛋白(catabolite activator protein,CAP)。CAP 是细菌的一种转录因子,调节糖代谢相关基因表达。CAP 是同源二聚体,在基态时,关键的 DNA 结合螺旋被包埋,没有活性(图 3-16)。在葡萄糖稀缺时,CAP 被 cAMP 激活。cAMP 与 CAP 结合引起构象变化,DNA 结合螺旋暴露在外,使 CAP 与 DNA 结合并激活参与糖代谢的基因的转录。

可塑性和动态性是蛋白质结构的本征特性,其物理基础是形成某种构象的推动力

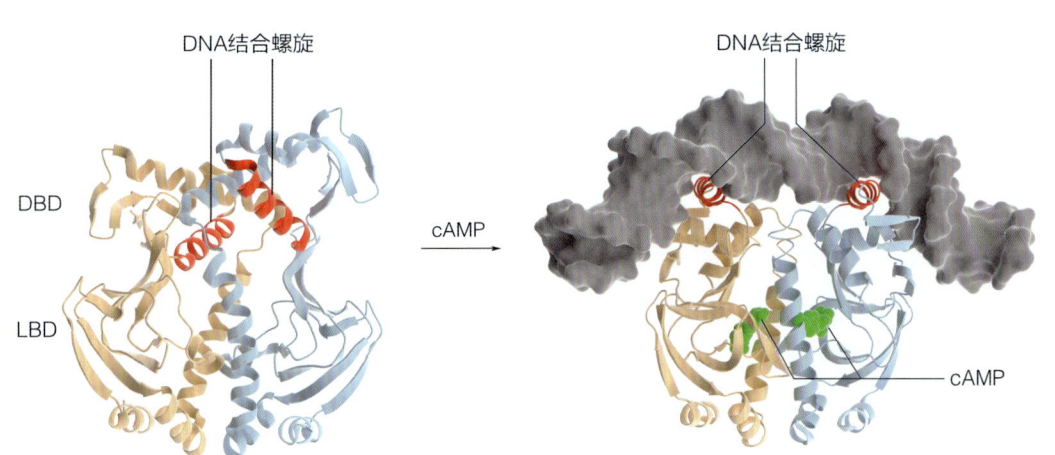

图 3-16 CAP 蛋白应答 cAMP 信号的变构机制
(A) CAP 在基态没有结合 cAMP 时的结构(PDB 编号:3FWE)。DBD,DNA 结合结构域;LBD,配体结合结构域。(B) CAP 被 cAMP 激活后,结合 DNA 的结构(PDB 编号:1CGP)。

大都是较弱的作用力，如氢键、疏水作用等，而且多肽链的柔性环区的构象角可变范围较大，它们在外力作用下容易发生改变。因此，酶等大部分蛋白质是脆弱的，在高温、机械力等作用下容易发生结构改变，失去活性。下一小节将介绍这些分子作用力。

3.1.4 形成蛋白质结构的力和能量基础

如前所述，形成蛋白质结构依赖于分子（残基）的相互作用力，包括二硫键、配位键、静电相互作用、氢键、范德瓦耳斯力和疏水作用等。这些相互作用力也是蛋白识别其它分子并发挥功能的基础。下面将进一步介绍这些相互作用力。

（1）二硫键

二硫键是由两个半胱氨酸在氧化条件下形成的一种共价键。二硫键的键能约260 kJ/mol，耐热稳定，但在还原性环境中可以打开。一些分泌到细胞外的蛋白质，如核糖核酸酶 A（RNase A）、胰岛素、抗体等，在胞外的氧化条件下常常形成二硫键（图 3-17A），这对它们形成正确的结构和行使功能至关重要。相反，因为细胞内部的还原性环境，胞内蛋白质很少形成二硫键。

（2）配位键

配位键是一种特殊的共价键，其中共用的电子对由其中一个原子独自提供，常见于一些金属蛋白质。以大肠杆菌的碱性磷酸酯酶（EcAP）为例，这种由 429 个氨基酸组成的蛋白质形成同源二聚体（图 3-17B）。每个 EcAP 单体含有由 2 个 Zn^{2+} 和 1 个

图 3-17 蛋白质三维结构中的二硫键和配位键 （A）核糖核酸酶 A 结构（PBD 编号：1RNX），四对二硫键用球棒模型显示。下图是二硫键形成的化学反应。（B）碱性磷酸酯酶局部结构（PDB 编号：1ALK）。Mg^{2+}（绿色）和 Zn^{2+}（灰色）的金属配位键分别放大显示。

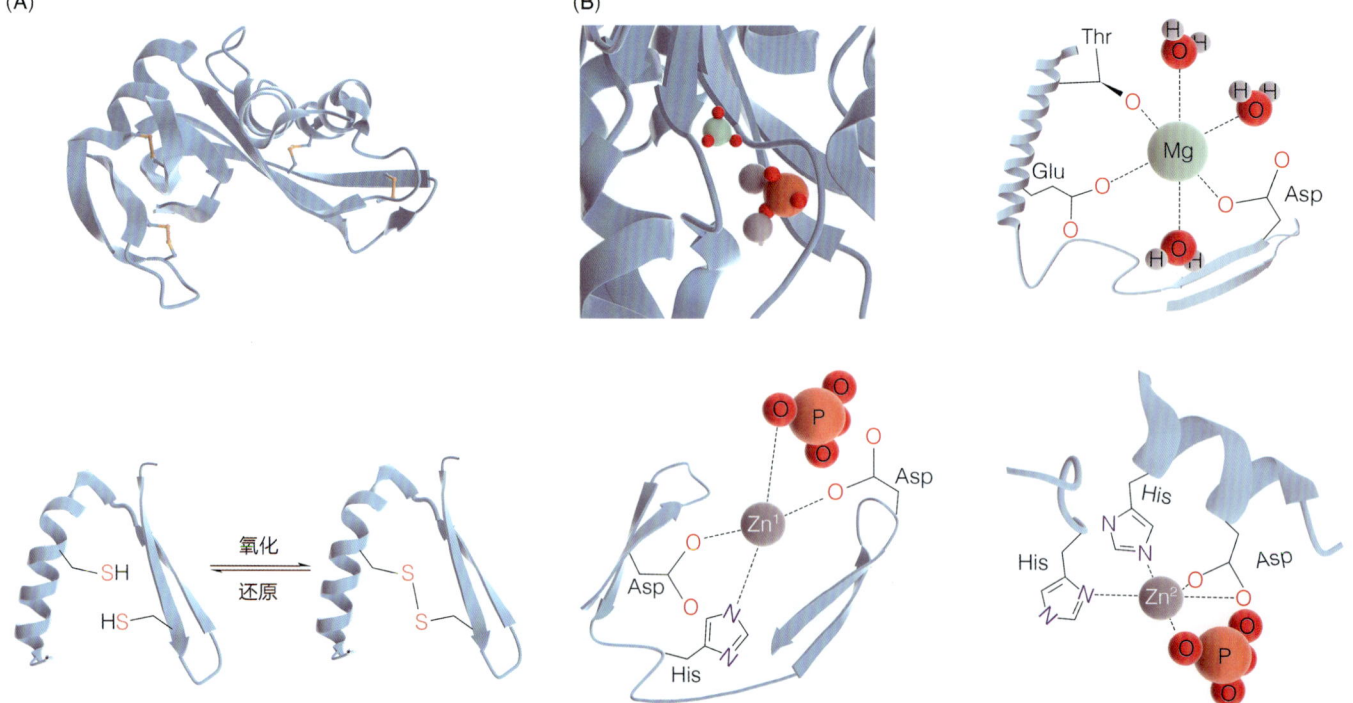

Mg^{2+} 组成的活性中心，可在核苷酸、蛋白质、生物碱等分子上去除磷酸基，在碱性（pH 为 8.0）环境下最为有效。其中，Zn^{2+} 与天冬氨酸、组氨酸以及磷酸基团形成配位键；而 Mg^{2+} 与天冬氨酸、苏氨酸、谷氨酸以及水分子形成配位键。这些配位键中，组氨酸侧链的氮原子，天冬氨酸、苏氨酸、谷氨酸侧链的氧原子提供共用的电子对，与金属离子形成配位键，键长为 1.8~2.5 Å。配位键对 EcAP 形成正确的三维结构以及酶活性具有关键作用。

（3）氢键

氢键（hydrogen bond）是由氢原子与电负性较高的原子，如氧、氮等形成的非共价相互作用力。在氢键中，氢原子核裸露，带有部分的正电性。这是因氢键中的氢原子与一个电负性较高的原子（氢键供体，hydrogen-bond donor）形成了一个共价键，这种键的电子密度偏向电负性较高的原子，使得该原子带有一定的负电荷，而氢原子带部分正电。当两个分子之间存在氢键的时候，它们的极性部分会相互靠近，使得部分裸露的氢原子核与电负性较高的原子（氢键受体，hydrogen-bond acceptor）的电子相互作用，从而形成一个氢键（图 3-18A）。相对于共价键，氢键是一种弱的相互作用力，如水分子间氢键键能约为 20 kJ/mol。

图 3-18 氢键作用示意图
（A）氢键形成原理示意图。（B）水分子间的氢键作用。

氢键的形成需要满足一定的几何和电子结构要求（图 3-18B）：

① 氢键供体、受体原子间的间距较短，通常小于 3.4 Å。例如水分子的氢键中 O—H⋯O 距离为 2.8 Å，而 α 螺旋中主链氢键 N—H⋯O 距离是 3.1 Å。

② 氢键的形成通常需要满足一定的几何限制条件，如线性或近线性的排列方式。如反平行的 β 片层的氢键 N—H⋯O 键角接近 180°，而平行的 β 片层的氢键接近 150°（作用力较弱）。

③ 电负性较高的原子作为氢键的供体和受体。除了常见的氧、氮原子外，半胱氨酸的硫原子也可以参与氢键的形成。

在蛋白质分子中，氢键非常普遍，稳定多肽链二级结构的氢键来自主链原子，而稳定三级结构的氢键通常来自侧链原子。因为需要特定的空间构造以及化学特性，氢键在生物大分子的特异识别上具有重要作用，包括核酸碱基的互补配对、蛋白质对 DNA 的识别、抗原-抗体识别等。

（4）静电相互作用

带相反电荷的离子基团产生静电吸引力（electrostatic interaction）。在生理 pH 条件下，精氨酸和赖氨酸的侧链带正电荷，而天冬氨酸和谷氨酸侧链带负电荷，（见图 3-4）。多肽链最末端的氨基（—NH_3^+）和羧基（—COO^-）分别带正电和负电。一些可以电离的氨基酸残基，例如组氨酸、酪氨酸，依赖于外界环境对侧链 pK_a 的影响，在适合的条件下也可以带电，参与静电作用（图 3-19A）。此外，带负电荷的核酸磷酸骨架以及脂质膜的磷酸基团也可以与正电荷氨基酸残基产生静电吸引力（图 3-19B）。在距离和空间构型合适时，静电作用和氢键作用可以同时发生在同一离

图3-19 氨基酸残基的静电及盐桥作用

（A）正-负电荷氨基酸残基的静电作用。谷氨酸残基（Glu）带负电，赖氨酸（Lys）带正电。（B）赖氨酸与DNA磷酸骨架的静电作用。（C）天冬氨酸（Asp）与精氨酸（Arg）的盐桥作用。

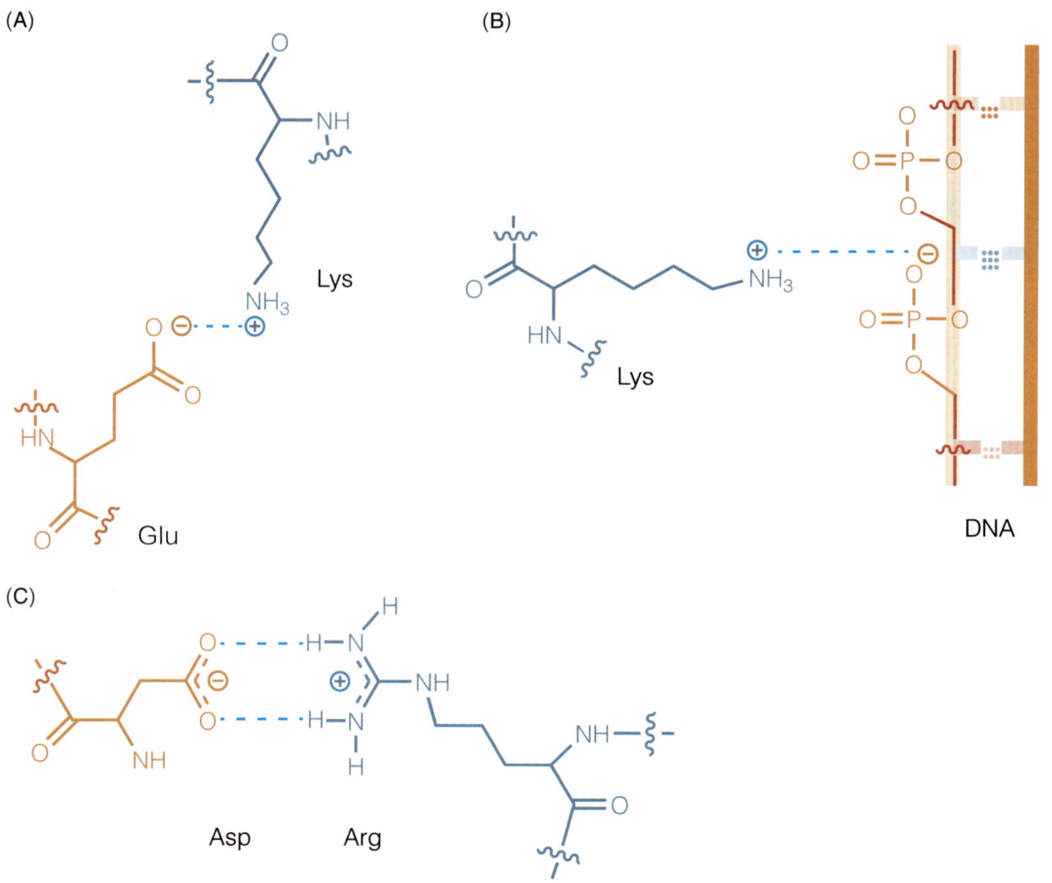

子对上，这种作用也常被称为盐桥（salt bridge）或盐键（salt bond）（图3-19C）。

静电吸引力的大小可以用库仑定律描述，也就是正比于 $e^2/\varepsilon r^2$，这里 e 是单位电荷，ε 是介电常数，r 是电荷当作点电荷时两个电荷的间距。从库仑定律可知，静电吸引力与共价作用不同，是一种长程的作用，而且依赖于周围的介质环境。在水溶液中，介电常数 ε 约等于80，而在蛋白质内部或者脂质双层膜中，介电常数 ε 低得多（约为4）。因此，包埋在蛋白质内部，距离较近的盐桥作用产生显著的稳定作用。一般，蛋白质的盐桥的键能约为 10 kJ/mol。

（5）范德瓦耳斯力

范德瓦耳斯力是两个相邻不带电的非成键原子间的相互作用力。范德瓦耳斯力是由于电子密度的瞬态波动产生。电子密度可能暂时分布在原子核的一侧，这种转变会产生瞬时电荷，附近的原子可以被吸引或排斥（图3-20）。原子间的范德瓦耳斯力对距离变化非常敏感，在非常短的距离处是排斥力，在平衡距离为零，在大于平衡距离呈现为吸引力。这个平衡距离称为原子的范德瓦耳斯半径。不同原子有其特征的范德瓦耳斯半径（表3-1）。例如，碳原子的范德瓦耳斯半径是 1.7 Å。当两个非成键碳原子的距离小于 3.4 Å，它们互相排斥；当距离大于 3.4 Å，它们互相吸引。这解释了石墨的碳原子层间距为 3.4 Å。同理，DNA双螺旋结构中碱基对的步长为 3.4 Å。当碳原子的间距大于 4 Å，范德瓦耳斯吸引力很弱而经常被忽略。

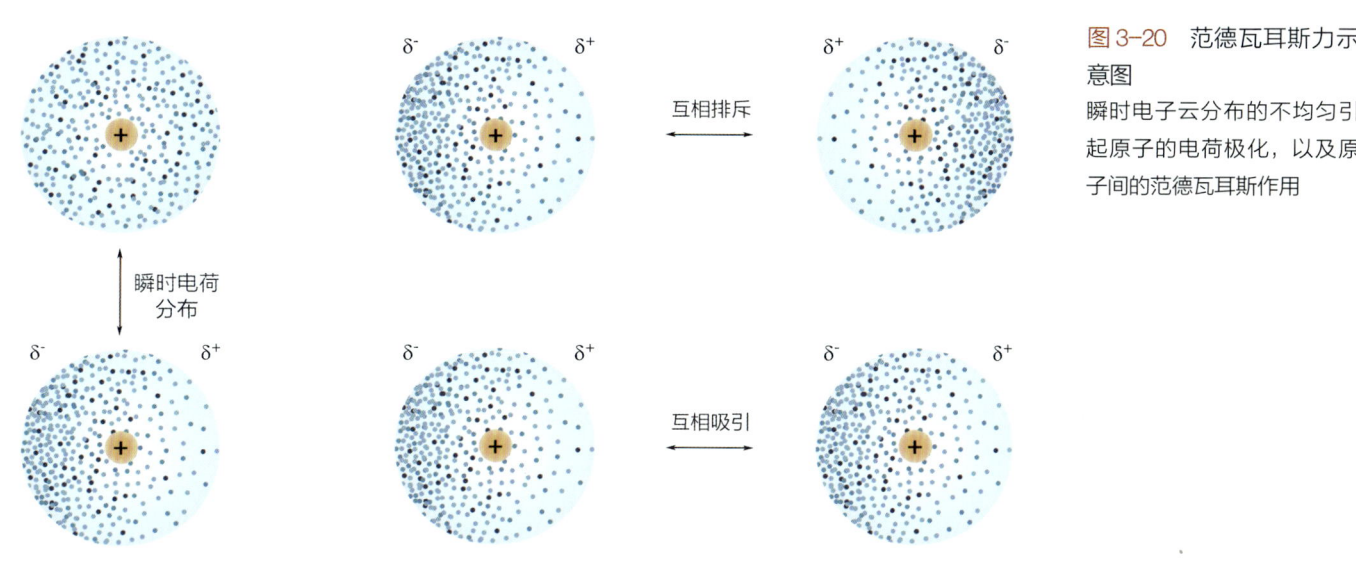

图 3-20 范德瓦耳斯力示意图
瞬时电子云分布的不均匀引起原子的电荷极化,以及原子间的范德瓦耳斯作用

范德瓦耳斯力是一个弱相互作用,键能约为 1 kJ/mol。范德瓦耳斯力是非特异性的,在极性以及非极性环境都可以发生。在蛋白质等生物大分子中,范德瓦耳斯作用普遍存在,对三维结构的稳定以及生物大分子的聚集不可或缺。

(6)疏水相互作用

疏水相互作用是指在水性环境中,非极性(疏水)物质相互靠拢,以最小化其与水分子的接触,从而产生的驱动力和趋势。疏水相互作用的产生机制可以从水分子的结构和性质入手来解释。水分子是一个极性分子,其中的氧原子具有较强的电负性,使其形成部分负电荷,而氢原子则形成部分正电荷。这种极性使得水分子具有相互吸引的特性,形成水的氢键网络。当有非极性物质存在时,如疏水氨基酸残基(异亮氨酸、苯丙氨酸等,见图 3-4),它们与水分子之间的相互作用主要是范德瓦耳斯力,相对较弱。这是因为非极性物质无法与水分子形成氢键或其它极性相互作用。相反,非极性物质相互间靠拢(范德瓦耳斯力),以释放水分子,增加系统的自由度(熵增)(图 3-21)。因此,疏水相互作用与氢键、范德瓦耳斯力等作用力不同,它不是疏水基团之间形成更强的相互吸引力(焓驱动),而是水溶液的一种熵最大化效应。

在蛋白质中,疏水相互作用对于蛋白质折叠、稳定性和功能发挥至关重要。在蛋白质的折叠过程中,疏水残基会聚集在蛋白质内部,远离水相。这种聚集形成了疏水核心,有助于蛋白质的稳定性和紧密折叠。疏水相互作用还在蛋白质

表 3-1 一些元素的范德瓦耳斯半径

元素	范德瓦耳斯半径 /Å
H	1.1
O	1.5
N	1.5
C	1.7
S	1.8
P	1.9

(数据自 Chauvin R. *J Phys Chem*, 1992, 96: 9194-9197)

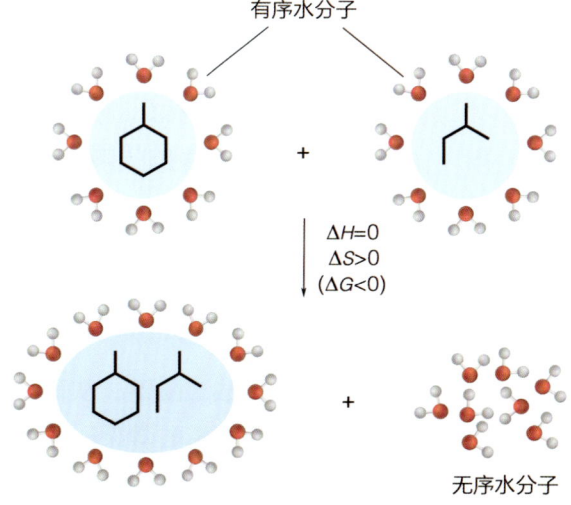

图 3-21 疏水效应的热力学本质

的功能区域起着重要作用。疏水相互作用的存在可以提供特定的疏水环境，有助于稳定和促进蛋白质与其它分子的相互作用。例如，绿色荧光蛋白的发光基团位于其 β 桶的疏水核心（见图 3-10E）。

驱动蛋白质结构形成的要素除了二硫键、配位键、氢键、静电作用、范德瓦耳斯力和疏水相互作用外，还有偶极作用和阳离子-π 电子作用等。这些分子间的相互作用力是蛋白质折叠成特定三维结构的基础。细胞中有另一些蛋白质不能折叠成稳定的三维结构，而是处于一种天然无序状态。这些天然无序蛋白质能聚集一起，发挥重要生物学功能。推动蛋白质聚集的机制同样是由于这些分子间的作用力。更多关于天然无序蛋白质的介绍见第 10 章。

3.2 DNA 的结构

与蛋白质千变万化的功能不同，DNA 的功能单一，即储存和传递遗传信息。DNA 作为遗传物质，与其独特的结构密不可分。DNA 一级结构（序列）储存遗传信息，其高级结构调控遗传信息的复制、转录、重组和修复等。真核细胞中，DNA 与蛋白质相互作用，形成染色质（chromatin）。染色质折叠成不同的结构，如核小体（nucleosome）、染色质环（chromatin loop）、拓扑相关结构域（topologically-associating domain，TAD），以及更大尺度的染色区室（chromatin compartment）等。这些染色质结构对调控遗传信息的可及性（accessibility）具有重要作用。本节主要介绍这些不同层次的 DNA 结构。

3.2.1 DNA 的一级结构

DNA 的一级结构是指构成 DNA 链上的核苷酸（nucleotide）或碱基（base）的排列顺序。核苷酸是核酸的基本组成单元。DNA 的核苷酸由三部分组成，分别是：碱基、脱氧核糖（deoxyribose）和磷酸（phosphate）（图 3-22A）。磷酸提供 DNA 的酸性（负电荷）特征。核糖的 5′-羟基（—OH）与磷酸连接，而糖环（sugar ring）是区分 DNA 与 RNA 的依据。RNA 的糖环上 2′-碳原子上连接一个羟基，而 DNA 的糖环上 2′-碳原子连接一个氢原子。因为失去了具有化学活性的羟基，DNA 比较稳定，适合作为遗传物质长期保存遗传信息。而 RNA 反应性高，寿命比较短，适合作为中间信使，调控遗传信息在特定条件下的表达。更多关于 RNA 的介绍见下一节。

一个核苷酸的糖环 3′-羟基与下一个核苷酸的磷酸基团发生脱水反应，形成 3′-5′ 磷酸二酯键，从而把核苷酸连接成长链聚合物（图 3-23）。核糖和磷酸组成 DNA 链的糖磷酸骨架。糖磷酸骨架具有方向性，通常书写成从 5′ 开始，指向 3′ 端，这也是 DNA 发生聚合反应的延伸方向。磷酸骨架不是一成不变，一些细菌的磷酸骨架可以发生化学修饰，形成磷硫酰键。这是细菌特定的"自我"信号，用于区分外来的"非

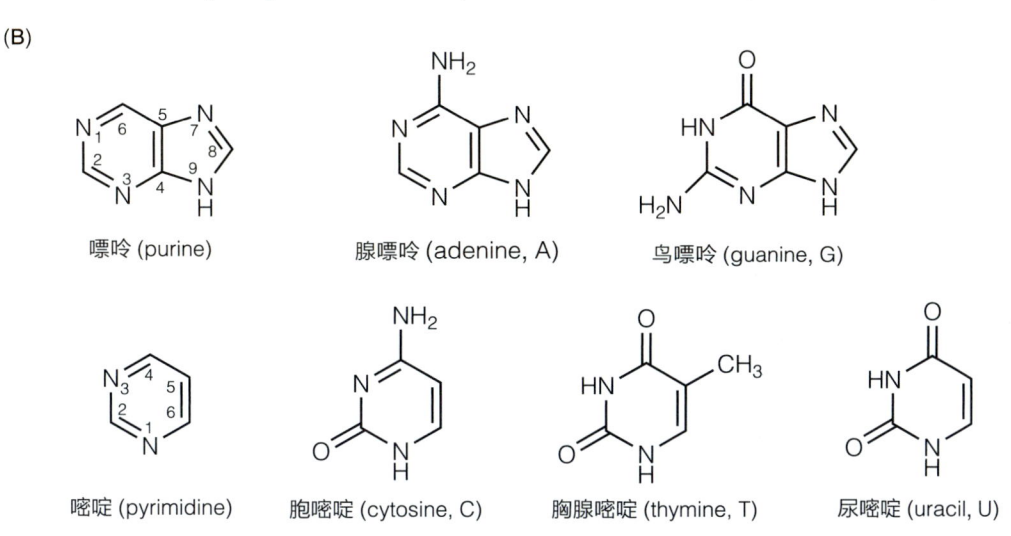

图 3-22 核酸的组成元素
（A）三磷酸核苷酸的结构。
（B）核酸上常见碱基的结构。

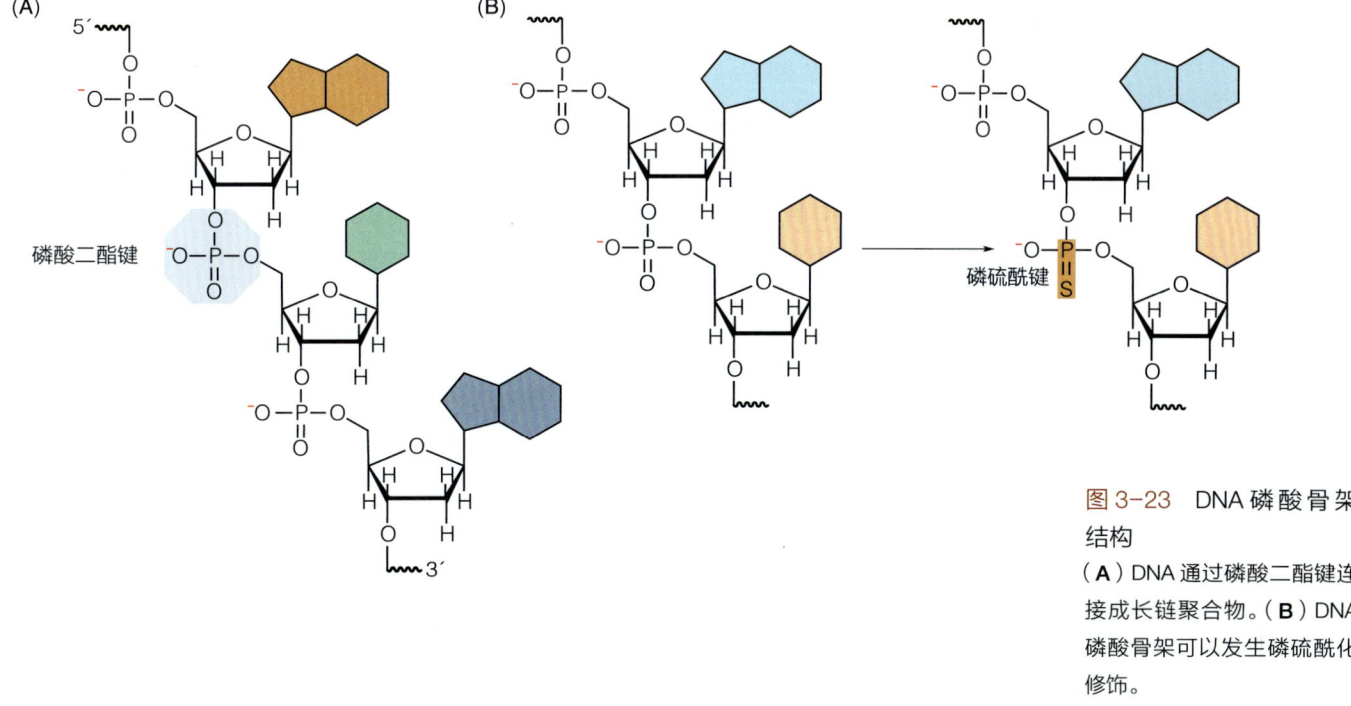

图 3-23 DNA 磷酸骨架结构
（A）DNA 通过磷酸二酯键连接成长链聚合物。（B）DNA 磷酸骨架可以发生磷硫酰化修饰。

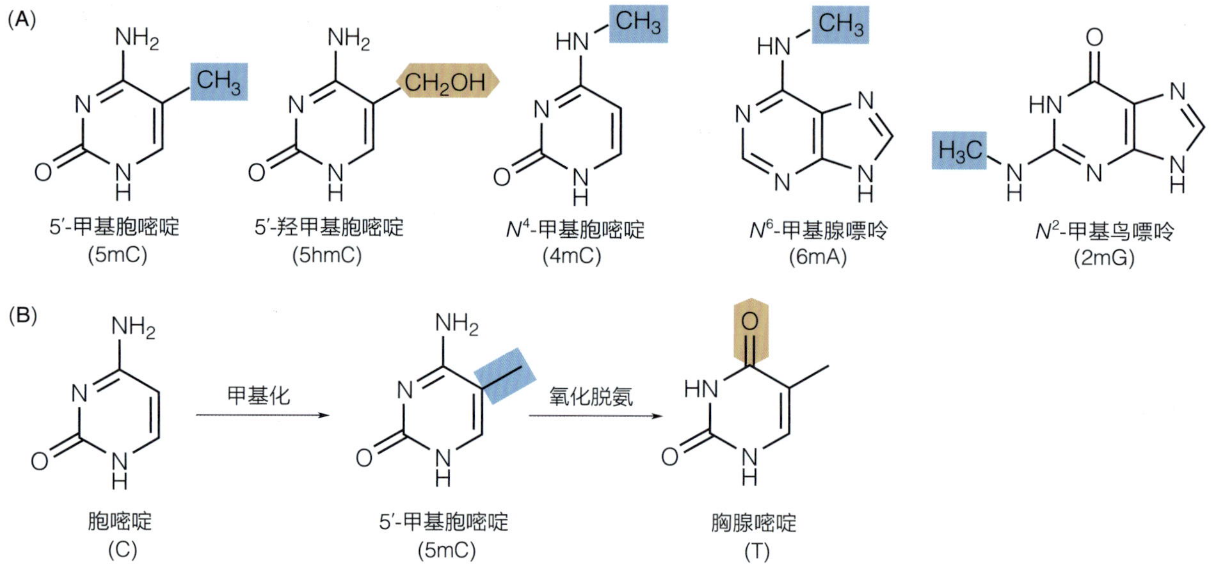

图 3-24 DNA 碱基的化学修饰

（A）常见的 DNA 碱基的化学修饰。（B）化学修饰引起的胞嘧啶到胸腺嘧啶的转换。

"我" DNA，是细菌的一种自我保护的免疫机制。

DNA 的碱基排列顺序是遗传信息的关键。DNA 有四种常见的碱基，它们分别是腺嘌呤（adenine，A）、鸟嘌呤（guanine，G）、胞嘧啶（cytosine，C）和胸腺嘧啶（thymine，T）（图 3-22B）。尿嘧啶（uracil，U）是 RNA 中常见碱基，但在少数情况下，也可以出现在 DNA 中。相对于磷酸骨架，DNA 的碱基可以发生多种化学修饰，例如形成 5′- 甲基胞嘧啶（5mC），5′- 羟甲基胞嘧啶（5hmC），N^4- 甲基胞嘧啶（4mC），N^6- 甲基腺嘌呤（6mA）等（图 3-24A）。这些化学修饰不改变 DNA 编码的遗传信息，但具有独特的功能。例如，5mC 在细菌中保护自身的 DNA 不被甲基化敏感的限制性内切酶切割；而在真核细胞中，5mC 是一种表观遗传信号，招募或抵抗甲基化敏感的 DNA 结合蛋白的结合，从而调控基因的表达。5mC 形成后，容易进一步发生氧化脱氨反应，转换成胸腺嘧啶，从而改变遗传密码（图 3-24B）。这是人群中引起单核苷酸多态性（single nucleotide polymorphism，SNP）的重要原因。

3.2.2 DNA 的 B 型双螺旋结构

20 世纪 40 年代，奥斯瓦尔德·埃弗里（Oswald Theodore Avery，1877—1955）等发现，把从致病性肺炎链球菌提取的 DNA 注入到非致病性菌株中，可以把非致病菌转变成致病菌，从而推断 DNA 携带了致病的遗传信息。1952 年，艾尔弗雷德·赫尔希（Alfred Day Hershey，1908—1997）等通过同位素实验确定无疑地指明，是 DNA 而不是蛋白质携带了遗传信息。赫尔希因此获得了 1969 年的诺贝尔生理学或医学奖。

但组成简单的 DNA，它如何行使如此重要的生物学功能，存储和传递遗传信息？1953 年，詹姆斯·沃森（James Dewey Watson）和弗朗西斯·克里克（Francis Harry Compton Crick，1916—2004）提出了 DNA 双螺旋模型，从而揭示了遗传物质的传递、转录、修复等机制的结构基础，并直接导致了分子生物学的诞生（知识窗 3-3）。1962

知识窗 3-3

詹姆斯·沃森与 DNA 双螺旋结构的发现

詹姆斯·沃森 1928 年出生于美国的芝加哥市。1947 年进入印第安纳大学攻读博士学位，导师是萨尔瓦多·卢里亚（Salvador Edward Luria，1912—1991，研究病毒的遗传物质结构和复制机制）与马克斯·德尔布吕克（Max Delbrück，1906—1981，和赫尔希一起获得 1969 年的诺贝尔生理学或医学奖）。

德尔布吕克、卢里亚及赫尔希等人组成一个生物学家社团"噬菌体社团"（phage group），该社团研究基因的物理本质。当时流行的观点是蛋白质是基因，可以自我复制。在"噬菌体社团"影响下，沃森知道埃弗里的实验结果，认识到遗传物质可能是 DNA。1951 年，沃森在意大利的一个会议上得知威尔金斯的 DNA X 射线衍射数据。沃森希望可以学习 X 射线衍射的实验方法，解析 DNA 的结构。随后，沃森到英国剑桥大学的分子生物学实验室（LMB）做博士后研究。在那里，沃森遇到正在攻读博士学位的克里克，两人共同研究 DNA 结构。起初，他们提出碱基朝外的 DNA 三螺旋结构。在科学交流中，另一个科学家罗莎琳德·富兰克林（Rosalind Elsie Franklin，1920—1958）指出这个结构的缺陷。富兰克林与威尔金斯通过 X 射线衍射方法研究 DNA 结构，并发现 DNA 是螺旋结构，至少有两股。无独有偶，1953 年 2 月，鲍林（蛋白质 α 螺旋的发现者，见 3.1 节）也提出 DNA 三螺旋结构。1953 年 4 月，沃森和克里克根据富兰克林的 DNA X 射线衍射数据，尤其是一张编号 51 的清晰的 DNA 衍射图，以及 DNA 碱基的定量关系等信息，提出了具有划时代意义的 DNA 双螺旋结构。*Nature* 杂志同期发表了威尔金斯和富兰克林分别报道的 DNA X 射线衍射数据，以及他们推断的 DNA 结构（图 3-25）。

1956 年，沃森到哈佛大学任教，大力推动从经典生物学到分子生物学的转变。1968 年沃森任冷泉港实验室（Cold Spring Harbor Laboratory）主任，使冷泉港实验室发展为世界重要的教育和研究机构之一。1990 年，沃森领导了人类基因组计划（Human Genome Project，HGP）。2018 年，沃森重提种族和遗传的言论。次年，冷泉港实验室取消了沃森的荣誉称号。

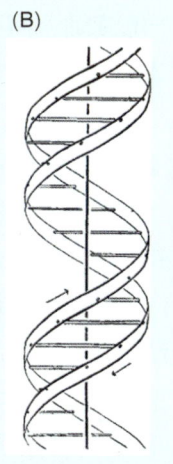
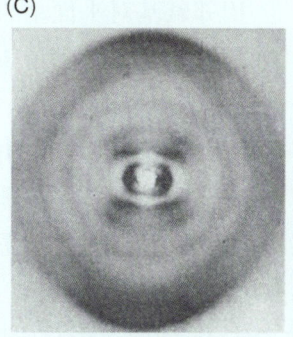
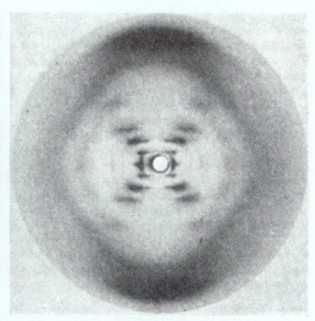

图 3-25 DNA 双螺旋结构的发现
（A）沃森和克里克在搭建 DNA 模型。（B）沃森和克里克在 1953 年提出的 DNA 结构模型。（C）左图和右图分别是威尔金斯和富兰克林在 1953 年发表的 DNA 纤维的 X 射线衍射图案。
（A，经 Science Photo Library 授权使用；B，引自 Watson J D, et al. *Nature*, 1953, 171(4356): 737-738; C 左，引自 Wilkins M H F, et al. *Nature*, 1953, 171(4356): 738-740; C 右，引自 Franklin R E, et al. *Nature*, 1953, 171(4356): 740-741）

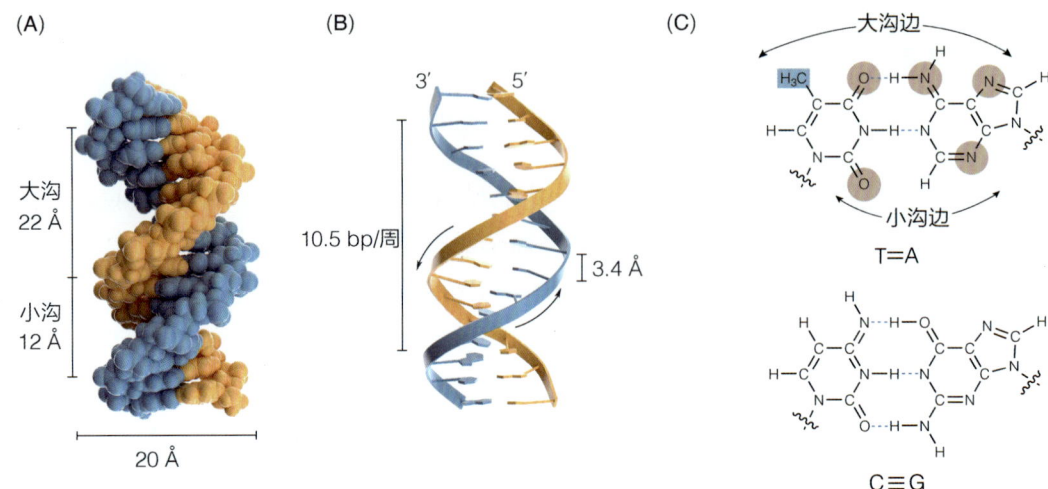

图 3-26　B 型 DNA 的双螺旋结构

（A）B 型 DNA 的空间填充结构模型。（B）B 型 DNA 的丝带模型。（C）B 型 DNA 的 A-T 以及 G-C 碱基互补配对。A-T 大沟边的疏水基团以及可形成氢键基团分别用蓝色和浅棕色表示。

年，沃森、克里克以及莫里斯·威尔金斯（Maurice Hugh Frederick Wilkins，1916—2004）因为 DNA 结构的工作，共同获得了 1962 年诺贝尔生理学或医学奖。

沃森与克里克提出的 DNA 模型的结构特征包括以下几点（图 3-26）：

① DNA 由两条反平行的链组成，呈右手双螺旋结构，直径是 20 Å。

② 两条 DNA 链的碱基是互补的，它们形成特定的碱基配对。其中，一条链的碱基 A 通过 2 个氢键与另一条链的 T 配对，G 通过 3 个氢键与 C 配对。这种碱基配对方式被称为沃森-克里克碱基配对（Watson-Crick base pairing）。

③ 碱基对位于双螺旋内部，相邻碱基对通过范德瓦耳斯力以及疏水相互作用堆叠在一起。

④ 双螺旋表面有大沟（major groove）和小沟（minor groove），宽度分别为 22 Å 和 12 Å。

⑤ 相邻碱基对平面垂直于螺旋轴，间距为 3.4 Å，相差 36°。一个完整螺旋的周期含 10 个碱基对，螺距是 34 Å。（这些结构参数非常接近细胞内 DNA 的实际螺旋周期：每周 10.5 碱基对。）

这些特征中，最关键的是碱基的互补配对原则，这为 DNA 的复制、同源重组以及损伤修复提供了理论依据。此外，暴露的大沟和小沟为蛋白质阅读碱基对的序列信息提供识别位点，而无需解开双螺旋结构。例如，A-T 碱基对的大沟边缘含有 3 个位点可以参与氢键形成，一个基团提供疏水作用，而小沟边缘含有 2 个氢键位点（图 3-26C）。因此，蛋白质在结合 DNA 时，经常通过氢键识别大沟边缘的特异位点，通过电荷与小沟边缘的磷酸骨架形成非特异的相互作用。DNA 结构的解析揭示了生命的秘密，为遗传信息的储存、复制、转录等关键生物学过程提供了重要的指导作用，极大地推动后续分子生物学的发展。

沃森与克里克提出的 DNA 模型是 B 型 DNA 结构，是 DNA 在生理条件下主要的存在形式。DNA 是柔性的，其结构可以用不同参数描述（知识窗 3-4）。而且，在不同湿度、盐种类和浓度以及特定碱基组成等条件下，DNA 可以形成非 B 型结构。

知识窗 3-4

DNA 的结构参数

蛋白质结构具有柔性，DNA 结构同样具有柔性。除了可以形成 B 型、A 型、Z 型结构外，DNA 在蛋白质等外力作用下可以发生形变，例如在组蛋白的作用下发生弯曲，盘绕形成核小体。可以用几组参数系统描述双螺旋结构中碱基的几何结构（图 3-27）。这些参数没有考虑糖磷酸骨架的构象，只关注碱基的空间取向。例如，相邻两个碱基对的构象用 6 个参数描述，即移动（shift）、滑动（slide）、升起（rise）、倾斜（tilt）、

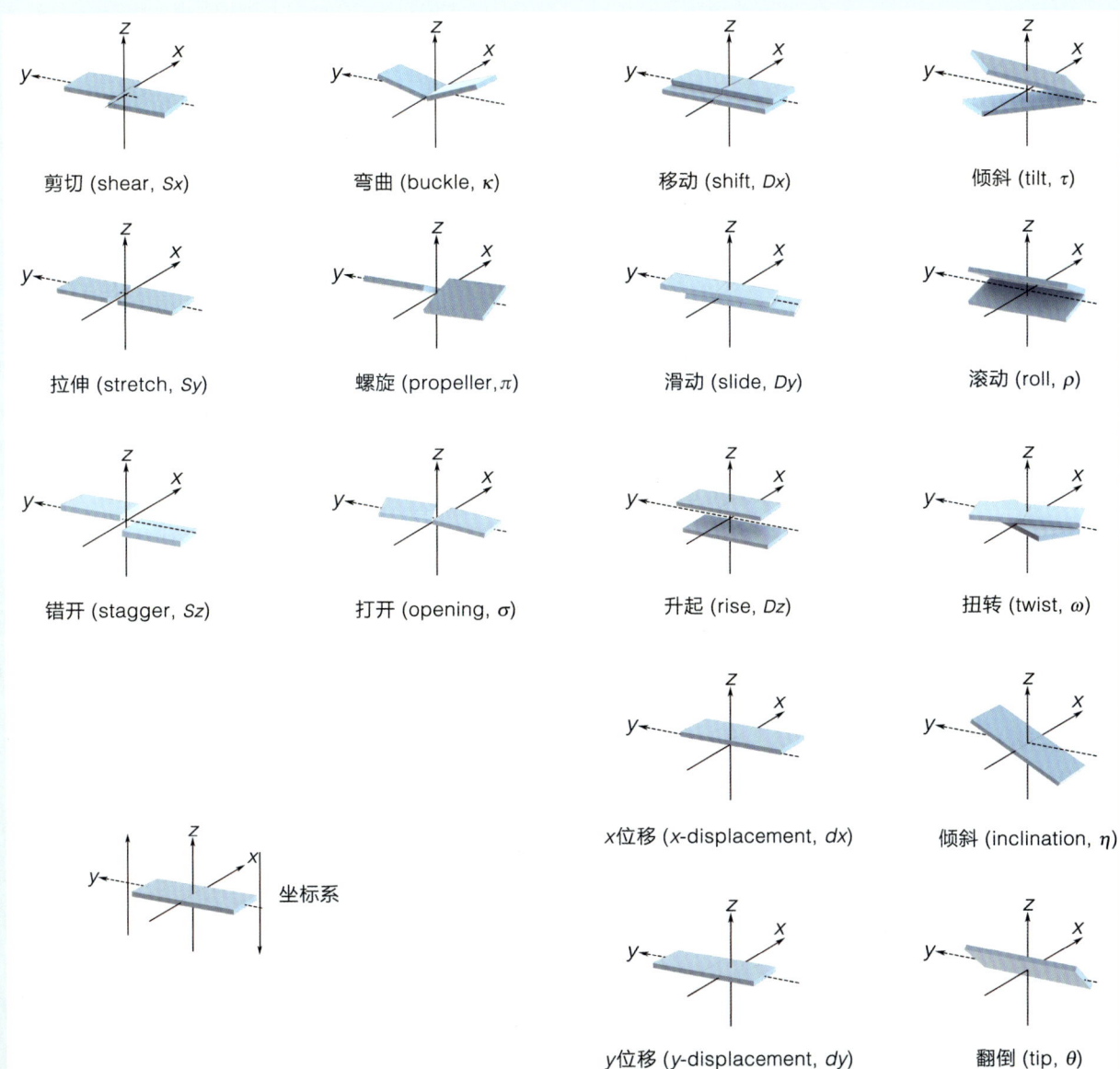

图 3-27　DNA 的构象参数
（数据自 Lu X J, et al. *Nat Protoc*, 2008, 3(7): 1213-1227）

滚动（roll）、扭转（twist）。两条链上的一对互补碱基不是完全平面的，1989年在英国剑桥举行的EMBO研讨会定义了6个参数描述碱基对偏离平面的构象，即剪切（shear）、拉伸（stretch）、错开（stagger）、弯曲（buckle）、螺旋（propeller）、打开（opening）。另外，碱基对保留了平面构象，但偏离了理想位置，可以用4个参数定义，即 x 位移（x-displacement）、y 位移（y-displacement）、倾斜（inclination）、翻倒（tip）。

3.2.3 其它非B型DNA结构

在脱水条件下，DNA可以转变成A型结构。此外，DNA与RNA配对形成杂化双螺旋时，也可以形成A型结构。A型DNA保持右手螺旋结构，但螺旋变得短而粗，一个螺旋周期含11 bp，螺距28 Å，碱基对不再垂直于螺旋轴，而是有20°倾斜，大沟变深而小沟变浅（图3-28）。A型结构可以在脱水条件下，例如细菌孢子内，保护DNA。一些嗜热病毒的DNA采用A型结构，可能是一种在极端环境下的适应性机制。

在高盐条件下（如2 mol/L NaCl），或者含多聚CG序列，DNA可以形成Z型结构。Z型DNA为左手螺旋，二核苷酸为重复单元，每圈螺旋含6个二核苷酸（共12 bp），螺距较大（45 Å），呈特征性的Z型骨架（图3-28）。细胞内，胞嘧啶的甲基化（5mC）被认为有助于促进B型到Z型的转变，可能调控一些基因的表达。

一些非经典的DNA结构还包含3条以及4条链。在G-C、A-T形成Watson-Crick碱基配对后，其大沟边含有额外的氢键供体和受体，可以接纳第三条链，形成铰链DNA（hinged DNA，H-DNA）。例如G-C碱基对可以结合质子化的胞嘧啶C^+，形成$C^+·G-C$三碱基配对；A-T碱基对可以结合胸腺嘧啶，形成T·A-T三碱基配对（图3-29）。这种非Watson-Crick碱基配对方式被称为Hoogsteen碱基配对（胡斯坦碱基配对）。由于更强的磷酸骨架负电荷排斥，三链DNA结构没有双链结构稳定，RNA-DNA-DNA三链结构相对比较稳定。三链DNA是最早发现的多链DNA结构。

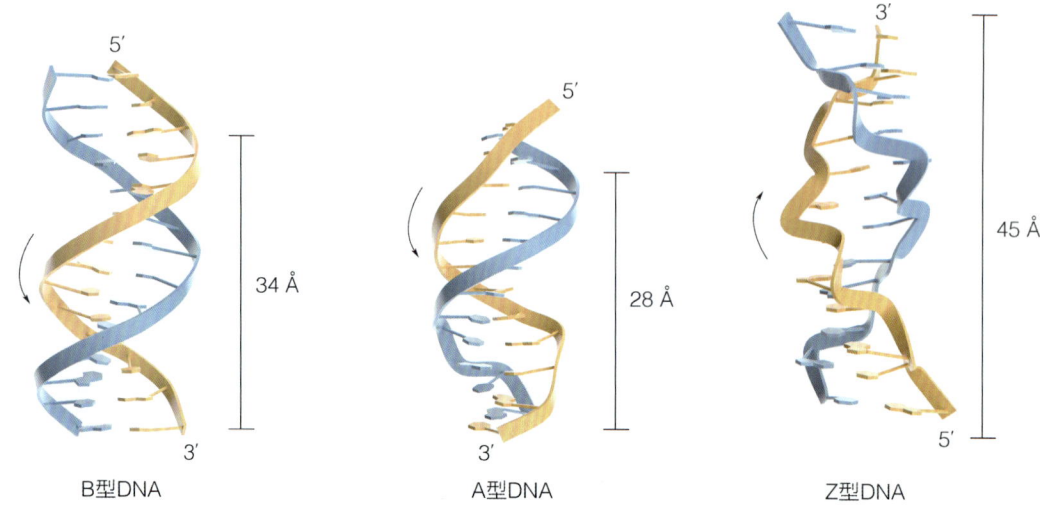

图3-28 B型、A型和Z型DNA结构比较
B型DNA和A型DNA的结构图来自标准结构，Z型DNA的结构图来自PBD（编号：4OCB）。

B型DNA　　A型DNA　　Z型DNA

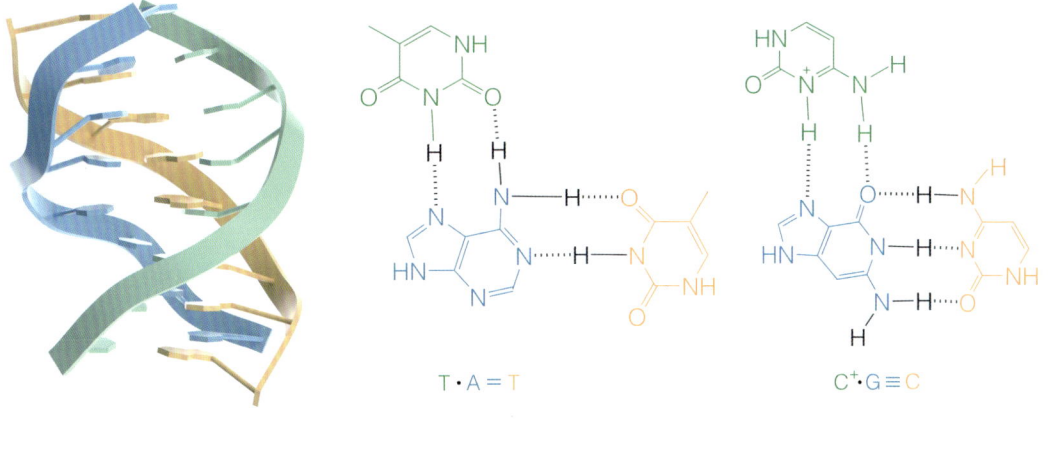

图 3-29 三链 DNA 结构
蓝色和橙色 DNA 链发生 Watson-Crick 碱基配对，第三链（绿色）通过胡斯坦作用配对（PDB 编号：1D3X）。

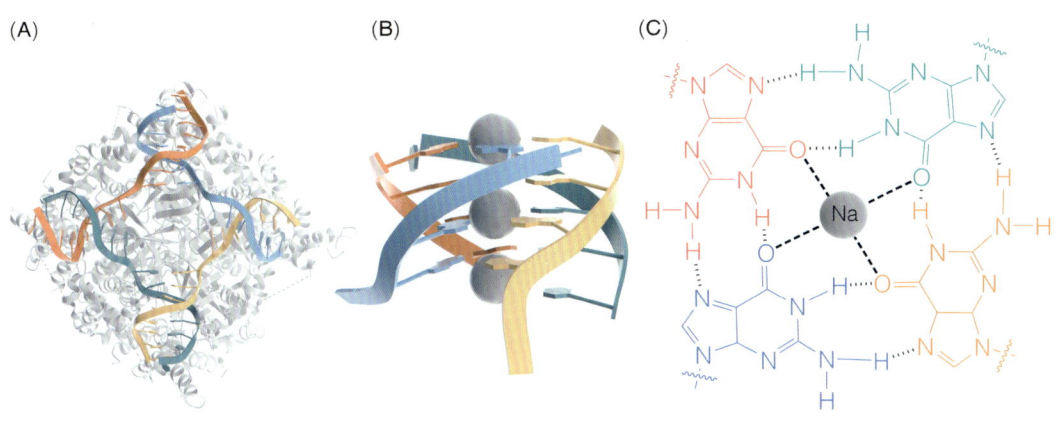

图 3-30 四链 DNA 结构
（A）四链 DNA Holliday 交叉结构（PDB 编号：7OA5）。（B）G 四链体结构（PDB 编号：244D）。Na^+ 结合在 G 四链体中央，起稳定结构作用。（C）G 四链体的平面结构

在细胞内，基因组中的嘌呤镜像重复序列有助于构成分子内的三链 DNA 结构。近年来，多个非编码 RNA 被发现结合启动子 DNA，形成 RNA-DNA 三链结构，从而调控基因表达。

四链 DNA 结构包括 X 型的 Holliday 交叉（Holliday junction）结构以及 G 四链体（G-quadruplex）（图 3-30）。Holliday 交叉结构中，两条双链通过一个十字交叉位点连接在一起。这种结构在 DNA 发生同源重组时形成，有助于 DNA 链交换，从而形成新的遗传信息。G 四链体发生在基因组中富含 G 的序列，例如端粒 DNA 以及富含 CG 序列的启动子区。G 四链体结构异常稳定，被认为可以保护端粒 DNA 的稳定性，或者抑制基因的转录。

3.2.4 核小体与染色质的结构

基因组 DNA 在真核细胞中被折叠压缩，储存在细胞核中。例如，人的基因组含大约 30 亿个碱基对（bp），如果这些 DNA 以 B 型 DNA 形式连接起来，将长达 2 m。实际上，这些 DNA 与蛋白质形成复合物，即染色质，储存在直径只有 10 μm 大小的细胞核中（图 3-31）。染色质的结构是动态变化的。在细胞周期的间期，染色质结构稍松散，但也成千上万倍地被压缩。在细胞周期的分裂期，染色质固缩成染色体

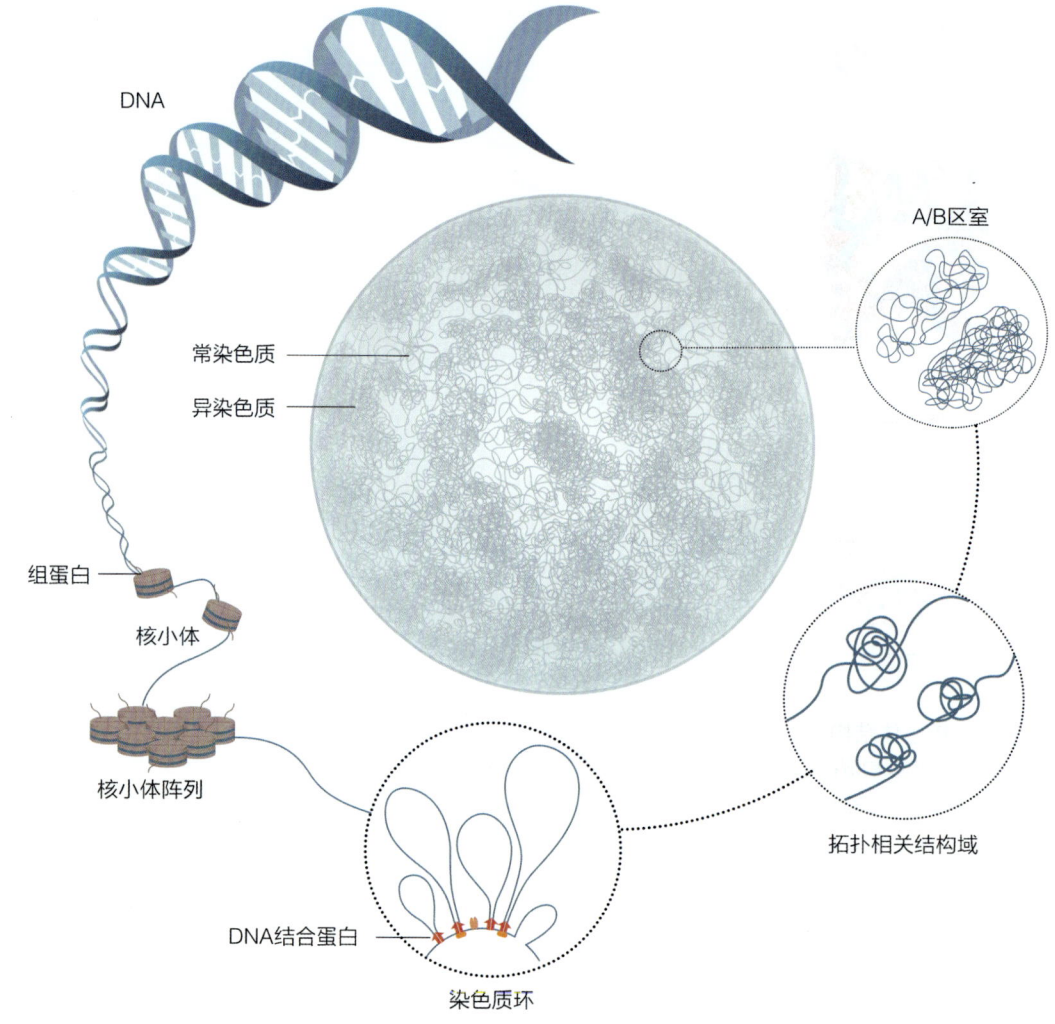

图 3-31 染色质结构示意图
染色质是以核小体为基本重复单元组成的复杂 DNA-蛋白质复合物。核小体排列成不同的阵列，并折叠形成不同层次结构，包括染色质环、拓扑相关结构域，以及 A/B 区室。

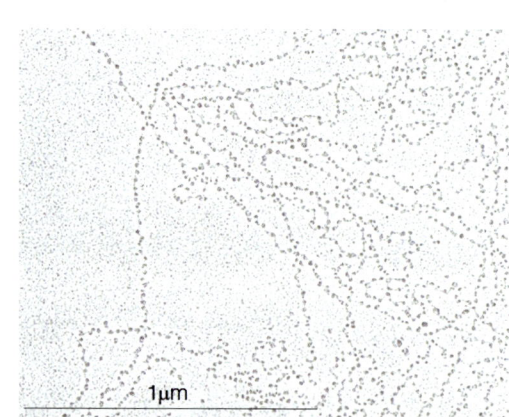

图 3-32 果蝇胚胎染色质的核小体串珠结构
（引自 McKnight S L, et al. Cell, 1976, 8(2):305-319）

（chromosome），呈最紧密状态。即使在同一时间，不同染色质区域压缩状态也不一样。在细胞周期间期，DNA 高度压缩的区域称为异染色质（heterochromatin），而较为松散的染色质区域称为常染色质（euchromatin）。DNA 折叠压缩形成染色质，不仅对遗传物质储存很重要，而且对复制、基因转录、DNA 修复等产生深刻的影响。

有趣的是，染色质中的 DNA 缠绕组蛋白（histone），形成一个特定的重复结构单元，被称为核小体（nucleosome）。染色质经过处理，通过电子显微镜可以观察到连续的小球串在一条线上（图 3-32）。每一个小球是一个核小体，核小体间的线是连接 DNA（linker DNA）。这种核小体的串珠结构常被称为 10 nm 染色质纤维，是染色质的一级结构。

核小体的核心由组蛋白八聚体组成，其中包含 4 种核心组蛋

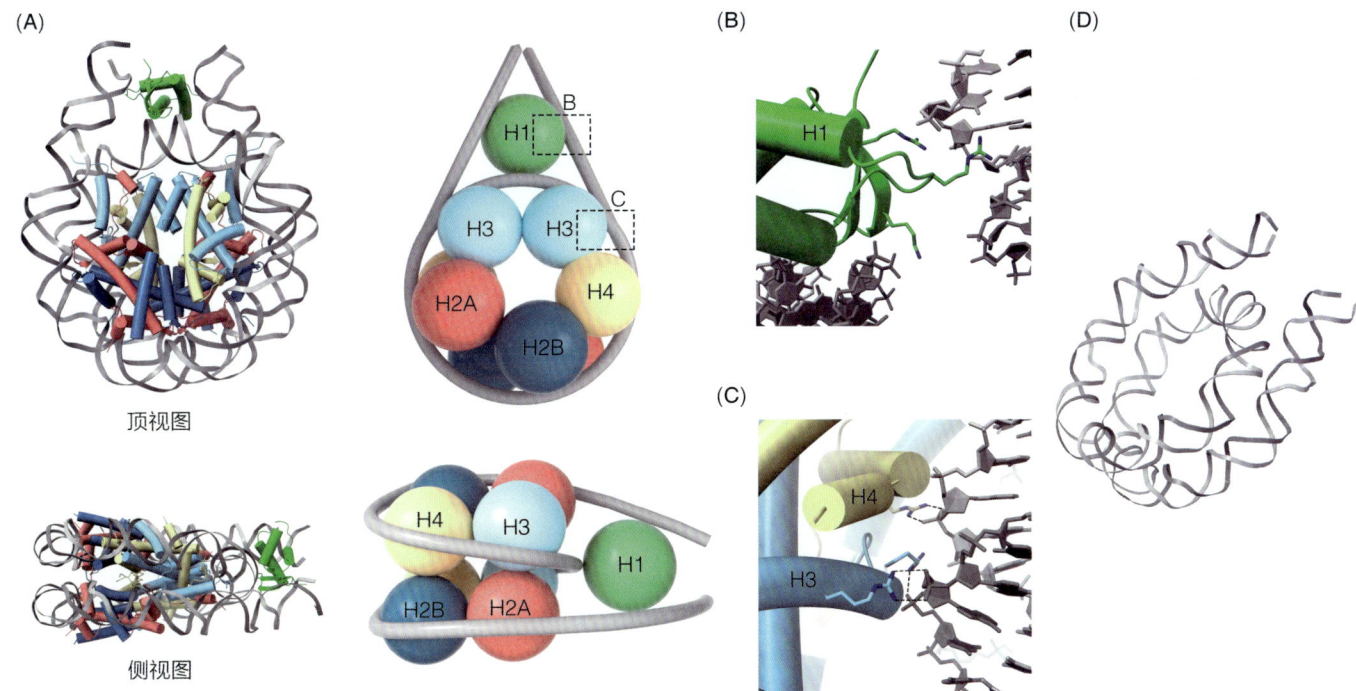

图 3-33 核小体结构
(A) 核小体的顶视和侧视图 (PDB 编号: 4QLC)。右图是组蛋白布局图。方框内结构局部放大在图 (B)、(C) 显示。(B) H1 与 DNA 的相互作用。(C) H3-H4 与 DNA 的相互作用。图中虚线表示组蛋白与磷酸骨架之间的氢键相互作用。(D) 核小体中 DNA 的左手超螺旋结构。

白 H2A、H2B、H3 和 H4（图 3-33）。约 147 bp 的 DNA 以左手超螺旋形式环绕八聚体 1.7 圈，形成直径约 10 nm、高 6 nm 的盘状结构。这种紧密缠绕的结构被称为核小体核心颗粒（nucleosome core particle，NCP）。H3-H4 形成四聚体位于 NCP 的内部，而两个 H2A-H2B 二聚体分别位于 NCP 外围的两端。这种组蛋白布局方式使得 H2A-H2B 二聚体容易从核小体解离出来，具有较大的动态性（自发的以及酶促的）。DNA 的螺旋轴因与组蛋白作用发生弯曲而偏离经典 B 型结构，但大体上保留了大沟和小沟特征及其周期性。组蛋白具有多个精氨酸和赖氨酸残基，它们带正电荷的侧链深入到 DNA 的小沟中，通过氢键和静电作用结合磷酸骨架，从而稳定核小体中 DNA 的弯曲结构。

在核小体核心颗粒外周，还有接头组蛋白（linker histone）H1。H1 带有更多的正电荷，与核小体进出口两端的接头 DNA 作用，使结构更紧凑。接头 DNA 连接相邻的核小体，其长度在不同染色质区域、不同物种中各不相同（10~90 bp）。

核小体中，组蛋白灵活且非结构化的 N 端尾部从核小体核心向外延伸突出。组蛋白尾部可以发生多种翻译后修饰，如乙酰化、甲基化、磷酸化以及泛素化等。这些组蛋白修饰在调节 DNA 可及性和基因表达方面发挥着至关重要的作用。

核小体不是静态结构，而是表现出动态特性。核小体的组蛋白构成、稳定性以及在基因组的定位受到多种因素的影响，包括 DNA 自身的柔性、DNA 结合蛋白、ATP

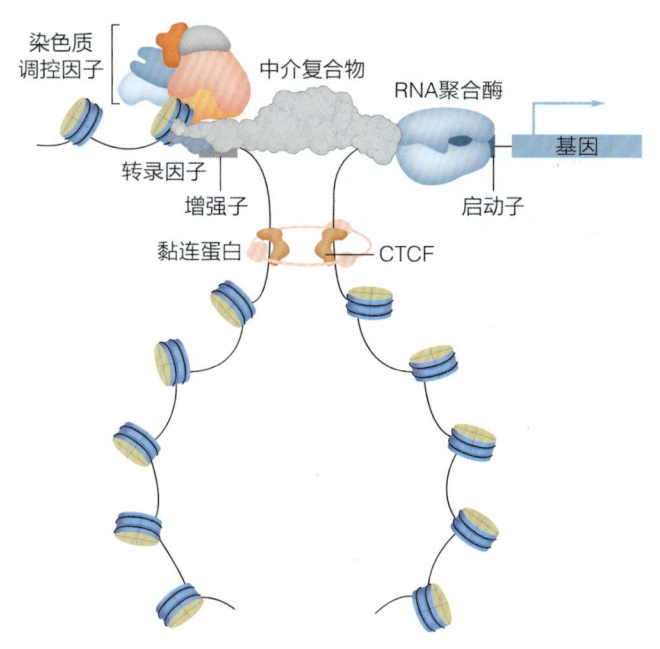

图 3-34 染色质环结构
增强子-启动子 DNA 通过转录因子、染色质调控因子、中介复合物等形成染色质环结构。

依赖的染色质重塑复合物等。组蛋白尾部的翻译后修饰，例如乙酰化和甲基化，可以改变组蛋白-DNA 相互作用，招募下游效应蛋白，调控染色质结构，激活或抑制基因表达，从而塑造细胞发育、衰老、疾病等过程。

以核小体为重复单元，染色质折叠成更复杂的高级结构，包括 30 nm 纤维、染色质环，以及拓扑相关结构域等等。两段在基因组 DNA 序列上远离的染色质可以在物理空间上彼此靠近，形成环状结构（图 3-34）。其中，一种常见的形式是增强子-启动子染色质环。通过染色质环结构，结合在增强子序列上的转录因子、中介复合物（mediator complex）、染色质调控因子等蛋白质被带到基因的启动子附近，招募和稳定 RNA 聚合酶，从而调控基因表达。大部分染色质环的形成需要 DNA 结合蛋白 CTCF（CCCTC-binding factor）和黏连蛋白（cohesin）。CTCF 识别特定的 DNA 序列，锚定在染色质环的根部；而黏连蛋白不但作为索套分子，稳定环结构，而且作为分子马达，通过挤压作用推动染色质环的扩展。

拓扑相关结构域是一段自相互作用的染色质区域，其内部的 DNA 发生物理作用的频率较高，而拓扑相关结构域之间的作用较少（见图 3-31）。拓扑相关结构域内部有相同的组蛋白修饰状态，一般认为这有助于调控基因表达。拓扑相关结构域的形成同样依赖于 CTCF 和黏连蛋白。

尽管 DNA 的双螺旋结构在 70 多年前已经被阐明，但染色质结构近 10 年才逐步被揭示。染色质结构在调控基因表达的作用，在发育、衰老、疾病状态下的变化规律及其机理等许多重要问题需要回答。

3.3　RNA 结构

RNA 是由核糖核苷酸（ribonucleotide）经缩合反应而形成的多聚核苷酸链生物大分子。RNA 有着多种多样的功能，可在遗传编码、催化化学反应、基因表达、基因调控等过程发挥作用。RNA 的突变或代谢失衡也往往导致多种疾病。RNA 功能的多样性与其可形成复杂的多层次结构密不可分。和蛋白质一样，RNA 的多层次结构也可划分为一级结构、二级结构、三级结构和四级结构。以 tRNA 为例，其多层次结构如图 3-35 所示。

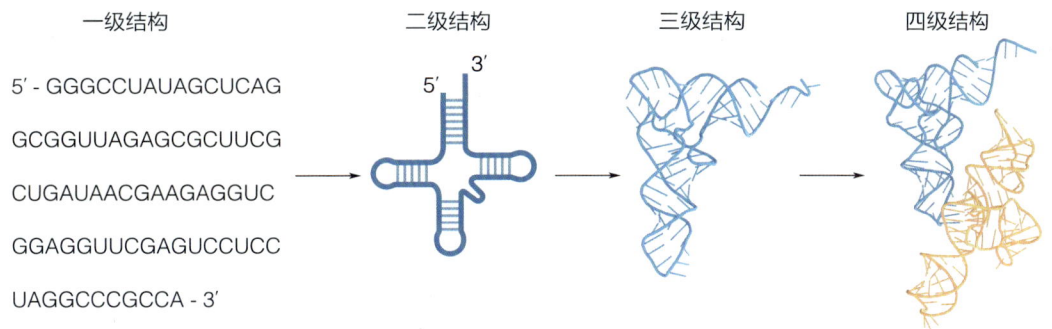

图 3-35　tRNA 的多层次结构

一级结构
5'- GGGCCUAUAGCUCAG
GCGGUUAGAGCGCUUCG
CUGAUAACGAAGAGGUC
GGAGGUUCGAGUCCUCC
UAGGCCCGCCA - 3'

二级结构

三级结构

四级结构

3.3.1　RNA 的一级结构

RNA 的一级结构指的是多聚核苷酸链中核糖核苷酸的组成、连接方式和顺序。

核糖核苷酸由碱基、核糖和磷酸三部分组成。和 DNA 一样，RNA 也包含 4 种含氮碱基，其中 C、A、G 为 DNA 和 RNA 共有，不同的是，RNA 中还包含 U，DNA 中的则为 T。这些含氮碱基的化学结构式及各原子编号如图 3-22 所示。核糖（ribose）是一种五碳醛糖，有 D- 核糖和 L- 核糖两种构型，其中 D- 核糖是组成 RNA 的主要成分。为与含氮碱基的原子编号区别，核糖的各原子编号加有上撇号（'）。核糖通过其 C1' 与嘌呤的 N9 或嘧啶的 N1 以 C—N 糖苷键连结形成核苷（nucleoside）。核苷中的核糖与磷酸以磷酸酯键连结形成核糖核苷酸（见图 3-22）。

细胞内大多数核糖核苷酸是通过其核苷的核糖 C5' 羟基发生磷酸化，核糖的 C5' 羟基除可被单磷酸化形成一磷酸酯外，还可被二磷酸化或三磷酸化形成二磷酸酯或三磷酸酯。磷酸化也可发生在核糖的 C2' 或 C3' 羟基，或同时发生在 C2'/C3' 或 C3'/C5' 羟基。以核糖腺苷酸为例，除 5'- 单磷酸腺苷（AMP，又称腺苷单磷酸）、5'- 二磷酸腺苷（ADP，又称腺苷二磷酸）、5'- 三磷酸腺苷（ATP，又称腺苷三磷酸）外，还可以形成 2'- 单磷酸腺苷，3'- 单磷酸腺苷，2',3'- 环单磷酸腺苷，或 3',5'- 环单磷酸腺苷等，它们的化学结构式如图 3-36 所示。三磷酸核糖核苷酸是参与核酸合成的直接前体，也是生理储能和供能的重要分子，而其它形式的核糖核苷酸多为代谢中间产物或酶活性及代谢的调节物质。在三磷酸核糖核苷酸中，三个磷酸基团按距离核糖从近到远依次编号为 α、β 和 γ（见图 3-22）。

RNA 链的走向定义为从 5' 到 3' 方向，其中每个基本核糖核苷酸单元按原子顺序包含 5' 端的磷原子到核糖的 3' 氧原子，以及核糖和碱基上的所有原子（图 3-37A）。细胞利用三磷酸核糖核苷酸为底物沿 5' 向 3' 方向合成 RNA，其中三磷酸核糖核苷酸的 α 磷原子可以亲电进攻另一核糖核苷酸或核酸分子的 3' 羟基形成磷酸二酯键，同时脱去一分子焦磷酸，而将两个核糖核苷酸的 3' 和 5' 端以 3',5'- 磷酸二酯键连接在一起（图 3-37B）。RNA 通常为线性分子，不同核糖核苷酸之间不仅可以 3',5'- 磷酸二酯键连接，也可以 2',5'- 磷酸二酯键连接（图 3-37C）。RNA 链也可以通过 3',5'- 磷酸二酯键或 2',5'- 磷酸二酯键进行首尾相连，形成环状 RNA（circRNA）

图 3-36 核糖腺苷酸的多种形式

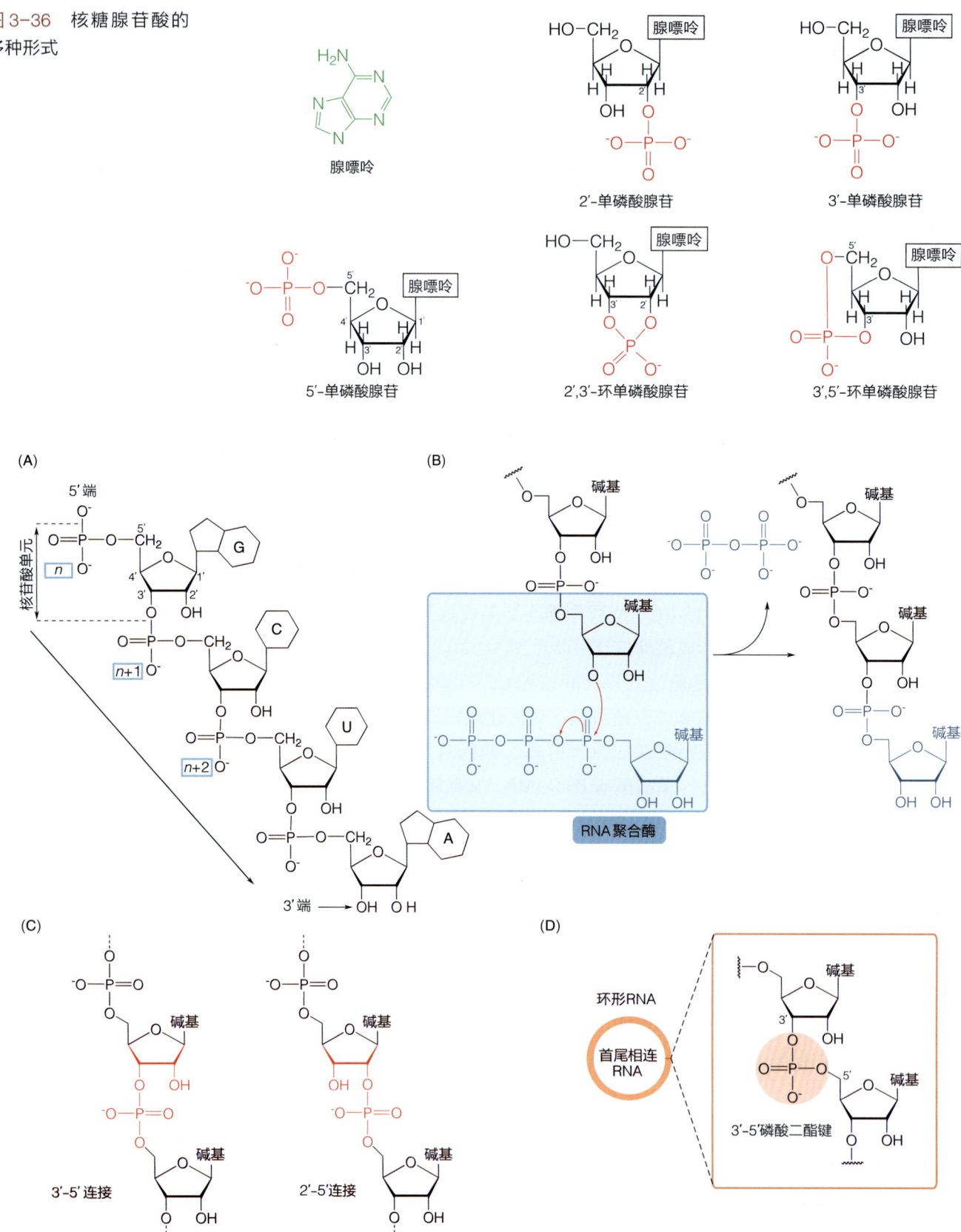

图 3-37 RNA 链的方向及核糖核苷酸间的连接方式

（图 3-37D）。

对 RNA 来说，组成主链骨架的磷酸和核糖对每一个核糖核苷酸都是一样的，因此 RNA 一级结构通常以碱基（A、C、G、U）的排列顺序从 5′ 到 3′ 书写。如果 RNA 一级结构上的特定位置可能出现一种以上的核糖核苷酸或其组合，则可用其它字母符号表示，如：R 表示 A+G；Y 表示 C+U；M 表示 A+C；K 表示 G+U；S 表示 C+G；W 表示 A+U；H 表示 A+C+U；B 表示 C+G+U；V 表示 A+C+G；D 表示 A+G+U；N 表示 A+C+G+U 的组合，等等。

RNA 链的核糖核苷酸上还可能发生化学修饰。例如在人细胞质 tRNA 的不同位置上发现有丰富的化学修饰（图 3-38）。修饰位点可能在碱基、核糖或磷酸上。目前已鉴定的 RNA 化学修饰高达 170 种，包括核苷的甲基化修饰（如 m^6A、m^1A、2′-O-Me 等）、糖基化修饰，不常见碱基如肌苷（I）、二氢尿苷（D）、假尿嘧啶（ψ）等，以及 α-磷硫酰化等，这些化学修饰进一步丰富了 RNA 中核糖核苷酸的类型（图 3-39）。

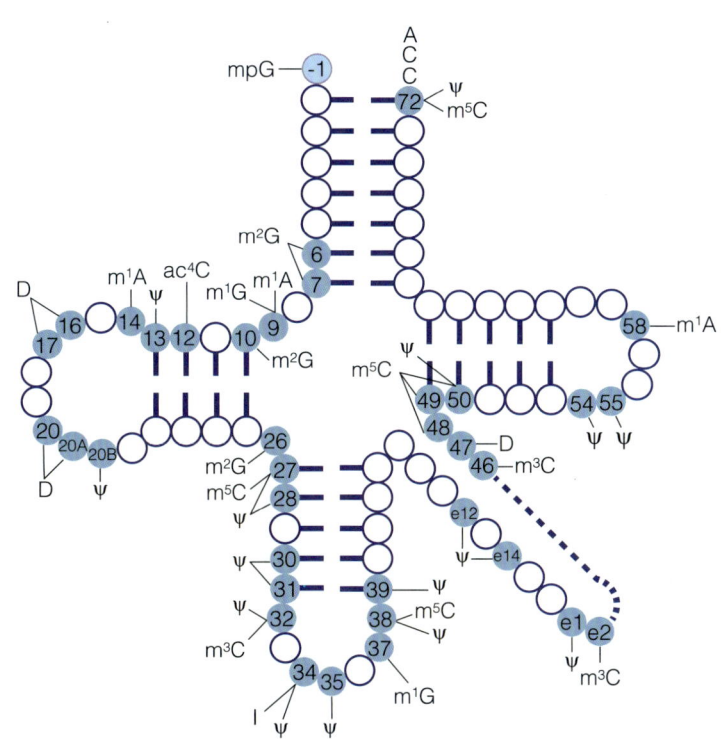

图 3-38　tRNA 上存在多种化学修饰
图中仅展示了部分化学修饰。

相比于 DNA，RNA 的化学稳定性较差。RNA 核糖上的 2′-OH 可以形成环磷酸中间产物，导致 RNA 容易被水解或被核酸酶切割而降解（图 3-40）。由于能够有效周转并减少细胞内 RNA 的活跃浓度，RNA 能够调节许多重要的生物学过程。此外，RNA 上的 2′-OH 也使得其能够与其它 RNA 分子或配体形成氢键相互作用，在 RNA 三级结构的折叠、分子识别等过程中发挥着重要作用。

3.3.2　RNA 的二级结构

RNA 的二级结构指的是 RNA 链中核糖核苷酸碱基间的氢键配对范式。

在 RNA 中，任一核糖核苷酸的碱基要么处于未配对的单链状态，要么与其它碱基通过氢键相互作用形成碱基对或碱基三联体（base triple）。通常大多数碱基对彼此相邻并形成反平行的双螺旋结构，在某些情况下，还可进一步形成三链螺旋（triple helix）或四链体（quadruplex）结构。根据单链和双螺旋结构的穿插范式，RNA 二级结构又可细分为双链（duplex）、发夹环（hairpin loop）、对称内环（symmetric internal loop）、不对称凸起（asymmetric bulge）、凸起（bulge）、二路接合（two-way junction）、三路接合（three-way junction）、四路接合（four-way junction）、吻式环（kissing loop）、假结（pseudoknot）、三链螺旋等（图 3-41）。其中，假结是一类特殊的 RNA 二级结

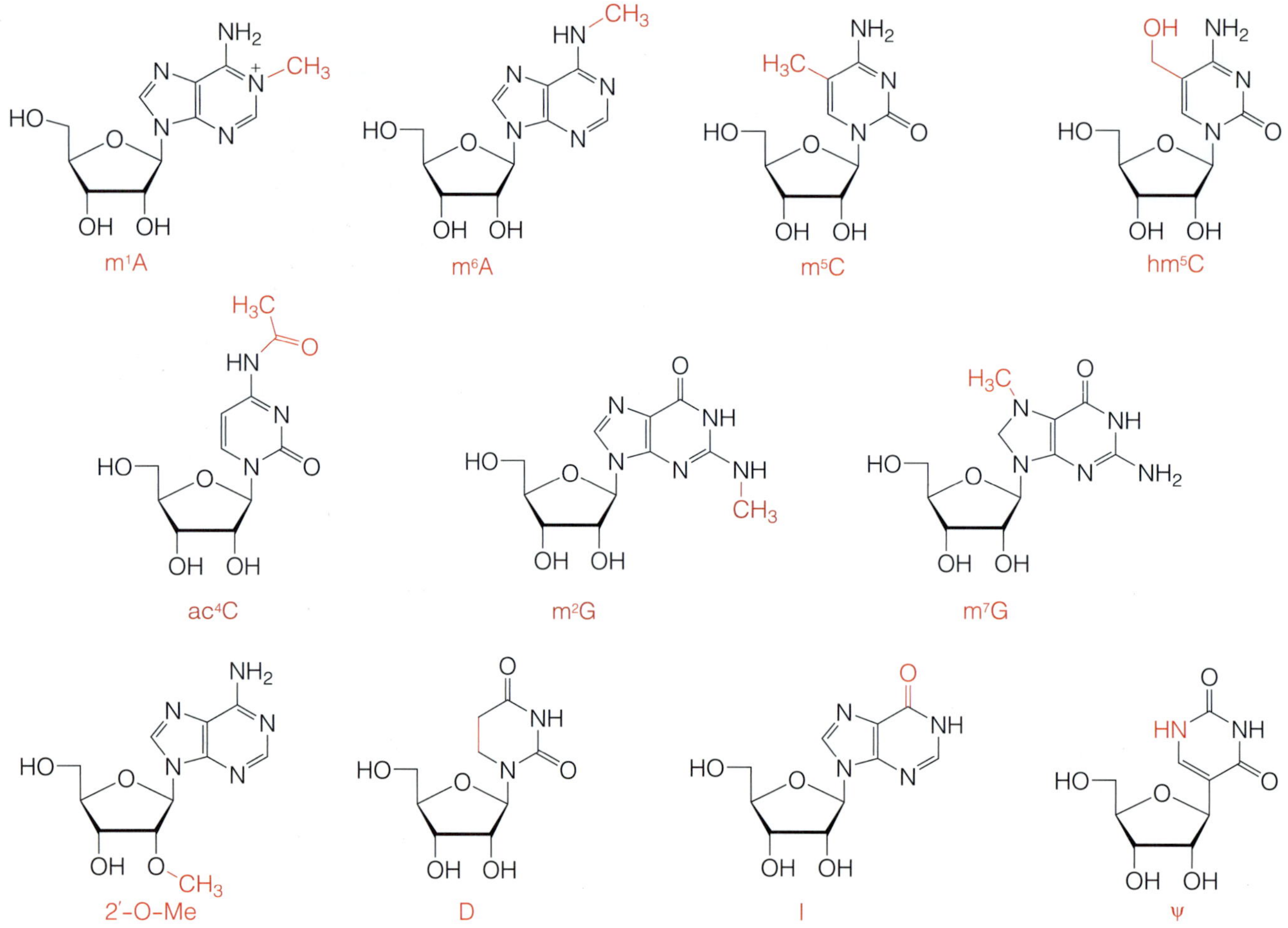

图 3-39 多种代表性的 RNA 化学修饰

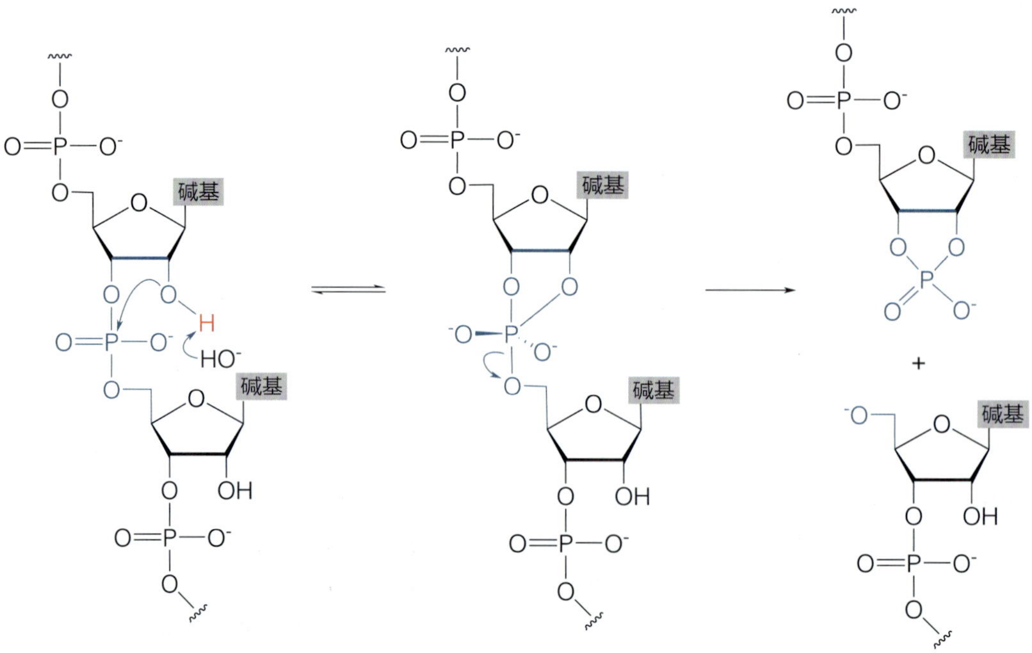

图 3-40 RNA 不稳定性的结构基础

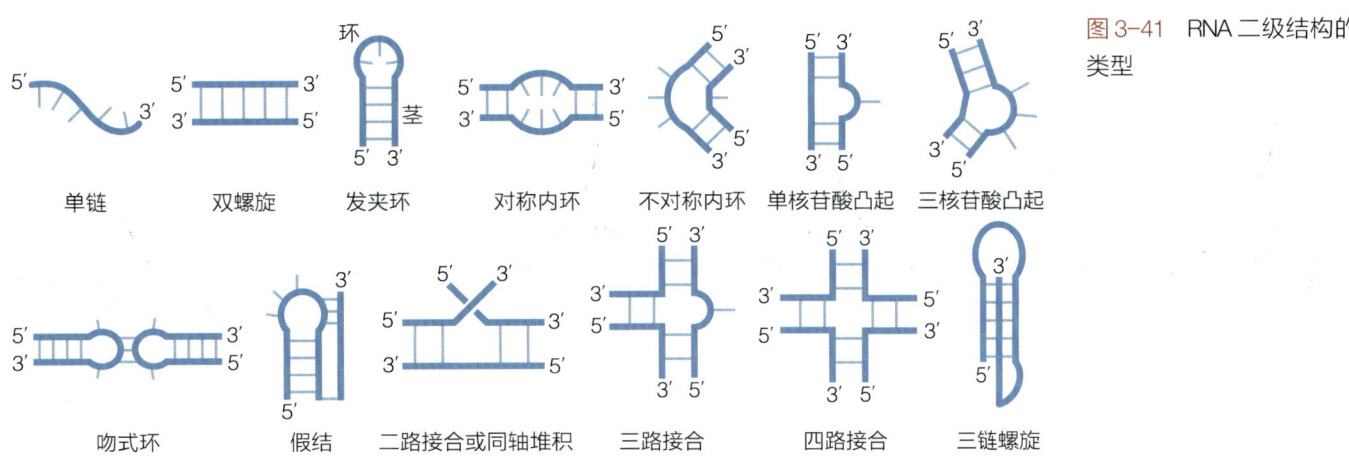

图 3-41 RNA 二级结构的类型

构，可视为同一链上的茎环结构与单链区通过碱基配对而形成。

相比于 DNA，RNA 中核苷酸碱基配对的模式更为多样化，粗略可分为沃森－克里克碱基配对和非沃森－克里克碱基配对（图 3-42）。在 RNA 双螺旋中，A、U、C、G 可以类似于双链 DNA 中的沃森－克里克碱基配对原则形成 A-U 和 G-C 碱基对，这种模式在能量上最为稳定，被称为规范碱基配对。此外，RNA 中碱基间还可以不同于沃森－克里克碱基配对的模式形成氢键配对，被称为非规范碱基配对。最常见的非规范碱基配对是鸟嘌呤（G）和尿嘧啶（U）通过两个氢键形成 G·U 摇摆碱基对（wobble base pair），G·U 碱基对的稳定性与 A-U 碱基对相当。在 RNA 中，A-U、G-C 和 G·U 这三种碱基配对最为常见，它们的三维尺寸几乎相同，互相排列组合在一起后，可以堆积形成刚性的 A 型双螺旋，具有窄而深的大沟和浅而宽的小沟（靠近 2′—OH 一侧）。

RNA 也可以通过胡斯坦碱基配对（Hoogsteen base pairing）形成比 A 型双螺旋更复杂而多样化的结构。例如，poly(U) 单链可与 poly(A-U) 双螺旋的大沟结合，第 3 个 U 可与 A-U 碱基对中的 A 进行胡斯坦配对形成 U·A-U 碱基三联体并互相堆积形成三螺旋结构。类似的，C 可以和 G-C 碱基对中的 G 通过胡斯坦配对形成 C$^+$·G-C 碱基三联体（图 3-43）。与 U·A-U 碱基三联体不同，C$^+$·G-C 碱基三联体对 pH 敏感，这是因为 C 的 N3 的 pK_a 为 4.6，在酸性条件下，C 的 N3 可质子化从而可与 G 的 N7 形成氢键而稳定胡斯坦配对。因此，含 C$^+$·G-C 碱基三联体的三螺旋 RNA 在低

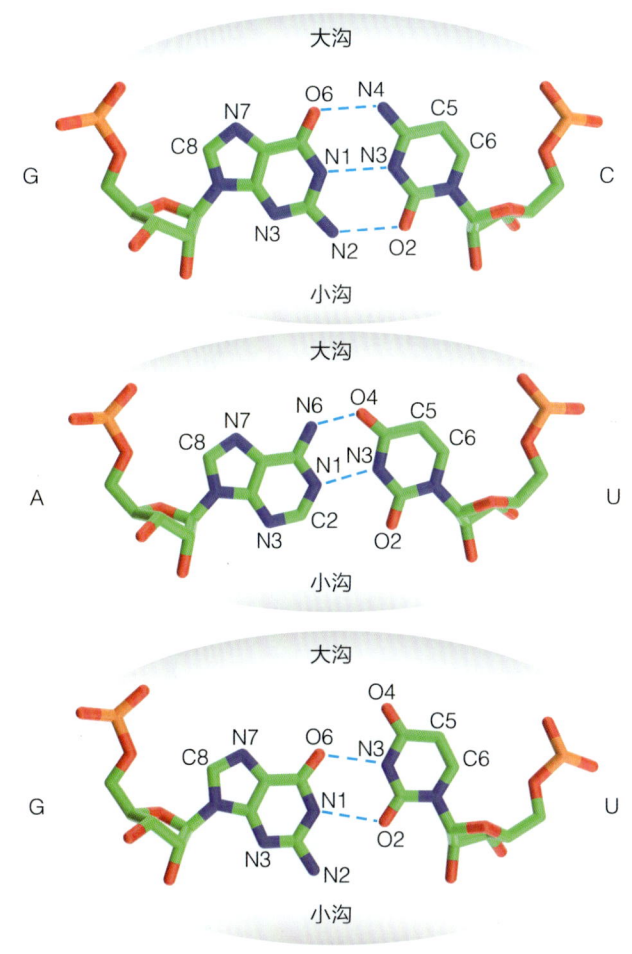

图 3-42 RNA 中沃森－克里克碱基对（G-C 和 A-U）和 G·U 摇摆碱基对的几何构型

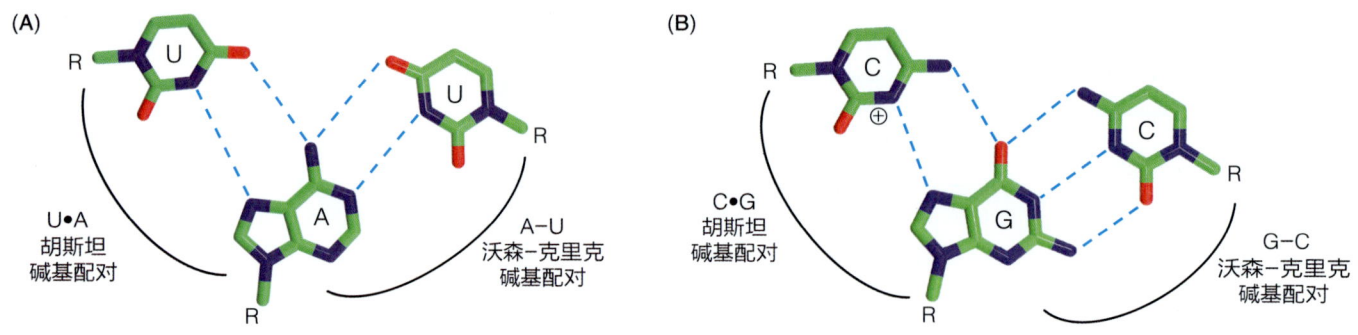

图 3-43 RNA 碱基三联体

pH 下（如 pH = 5）会比在中性条件下更稳定。

对于一段或多段包含串联重复 G 的 RNA 序列，鸟嘌呤可通过分子内或分子间的胡斯坦氢键相互连接，形成鸟嘌呤以正方形方式排列的 G 四分体，并通过多层堆积形成 G 四链体结构（图 3-44A、B）。对于一段或多段包含串联重复 C 的 RNA 序列，在酸性条件下，C 的 N3 可质子化，从而可稳定形成 i 模体（i-motif）的四链体结构（图 3-44C、D）。

为了对 RNA 中不同碱基配对模式进行准确描述和分类，尼奥克利斯·莱昂蒂斯（Neocles Leontis）和埃里克·韦斯特霍夫（Eric Westhof）基于参与碱基配对的碱基相

图 3-44 RNA 四链体结构
（A）G 四分体俯视图，图中 M 为一价金属阳离子。（B）G 四链体侧视图。（C）C-C 配对俯视图。（D）i 模体侧视图。

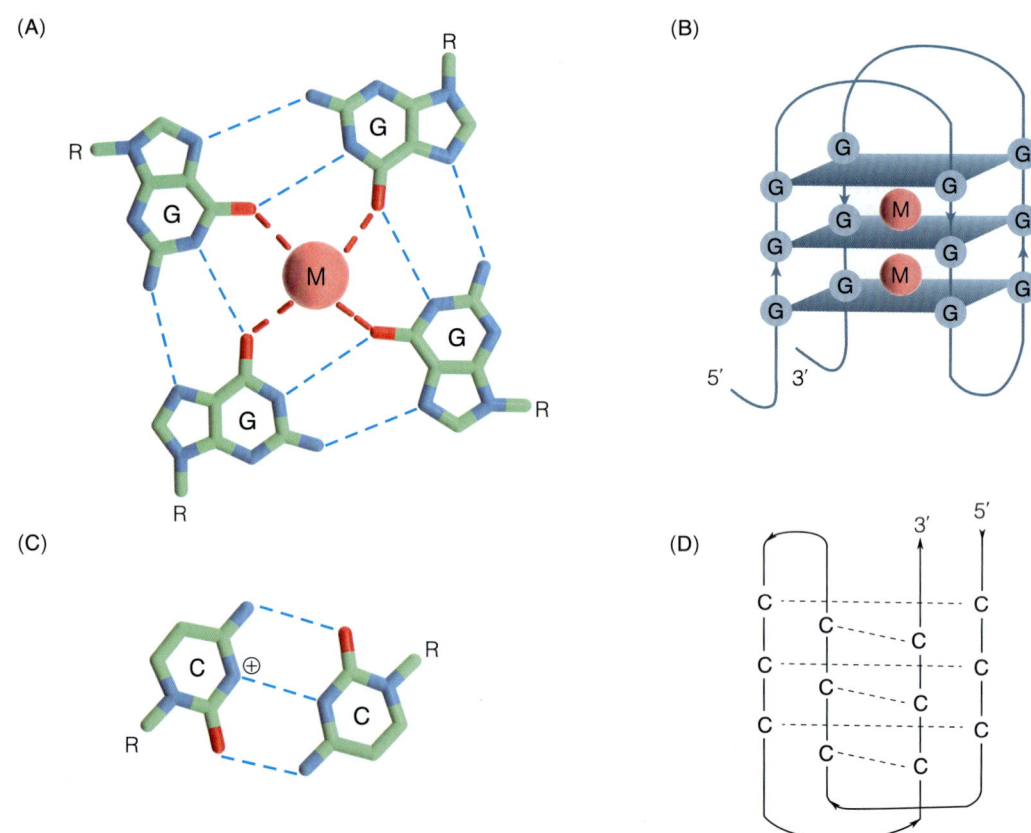

互作用边和氢键的取向，提出了 Leontis-Westhof 分类和展示系统（图 3-45）。RNA 中不同核苷酸的碱基总体上均为共平面的含氮杂环，根据分布于其上的氢键受体和供体，可将其分为三个边：沃森－克里克边（Watson-Crick edge，W 边）、胡斯坦边（Hoogsteen edge，H 边）和糖边（sugar edge，S 边）。A-U、G-C 以及 G·U 碱基对主要通过沃森－克里克边形成氢键相互作用，其它碱基对也可通过胡斯坦边或糖边形成氢键。因此，在不同碱基对中，可能出现 6 类相互作用边的组合，如沃森－克

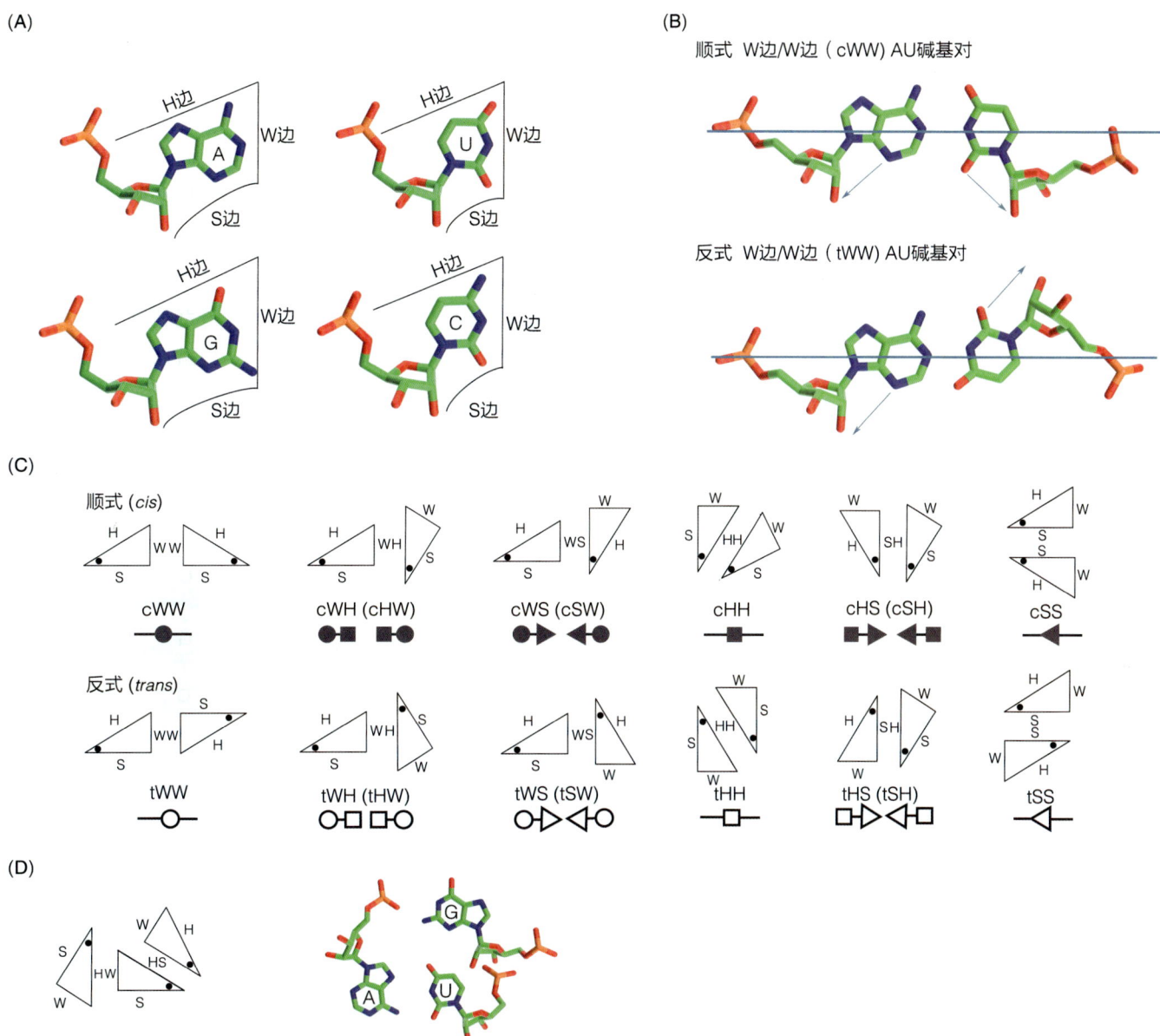

图 3-45 Leontis-Westhof 分类和展示系统
（A）RNA 碱基的边。根据参与氢键的配对，碱基可以分为沃森－克里克边（W 边）、胡斯坦边（H 边）和糖边（S 边）。（B）根据糖苷键形成的方向不同，可以分为顺式的和反式的沃森－克里克碱基配对。（C）根据糖苷键的顺式和反式、参与形成氢键的碱基的边等，碱基配对可以分成 12 类碱基配对家族。图中参与形成氢键的 W、H 和 S 分别用圆形、正方形和三角形表示，顺式和反式配对分别用实心和空心图形表示。（D）tHW/cHS AUG 碱基三联体的几何构型。

里克边/沃森-克里克边（W∶W）、沃森-克里克边/胡斯坦边（W∶H）、沃森-克里克边/糖边（W∶S）、胡斯坦边/胡斯坦边（H∶H）、胡斯坦边/糖边（H∶S）以及糖边/糖边（S∶S）。考虑到每个碱基对的两个糖苷键可能位于氢键主轴的同一侧（*cis*，顺式）或不同侧（*trans*，反式），RNA中的碱基配对方式则可分为12类。不考虑碱基互补配对原则，组成RNA的4种碱基每种均可以3种相互作用边与任意碱基互作，以及糖苷键相对于氢键主轴存在顺式和反式取向，则共有超过100种可能的非规范碱基配对形式，这也是RNA可形成多样性结构的原因之一。

RNA的二级结构可用多种方法表示，其中最常规的是以二维平面图形表示（图3-46A），从中可直观了解RNA的序列、单链区和最常见的A-U、G-C、G·U的碱基配对模式。用Leontis-Westhof分类和展示系统表示的RNA二级结构（图3-46B），则可直观了解规范碱基配对和非规范碱基配对模式。RNA二级结构的点-括号表示法则是最常见的文本表示方法（图3-46C）。该表示法用"."表示RNA中的单链未配对碱基，而用圆括号表示互补配对的两个碱基〔其中相对靠近5′端的用"("表示，而相对靠近3′端的用")"表示〕，假结则可以用方括号表示（其中相对靠近5′端的用"["表示，而相对靠近3′端的用"]"表示）。由于该表示法仅采用了少数几种符号，而且可以被计算机识别，因而在很多数据库和计算软件中常用这种

图3-46 RNA二级结构的不同表示方式
（A）常规二维平面图表示。
（B）Leontis-Westhof系统表示，图中红色结构为结合的小分子。（C）点-括号表示。

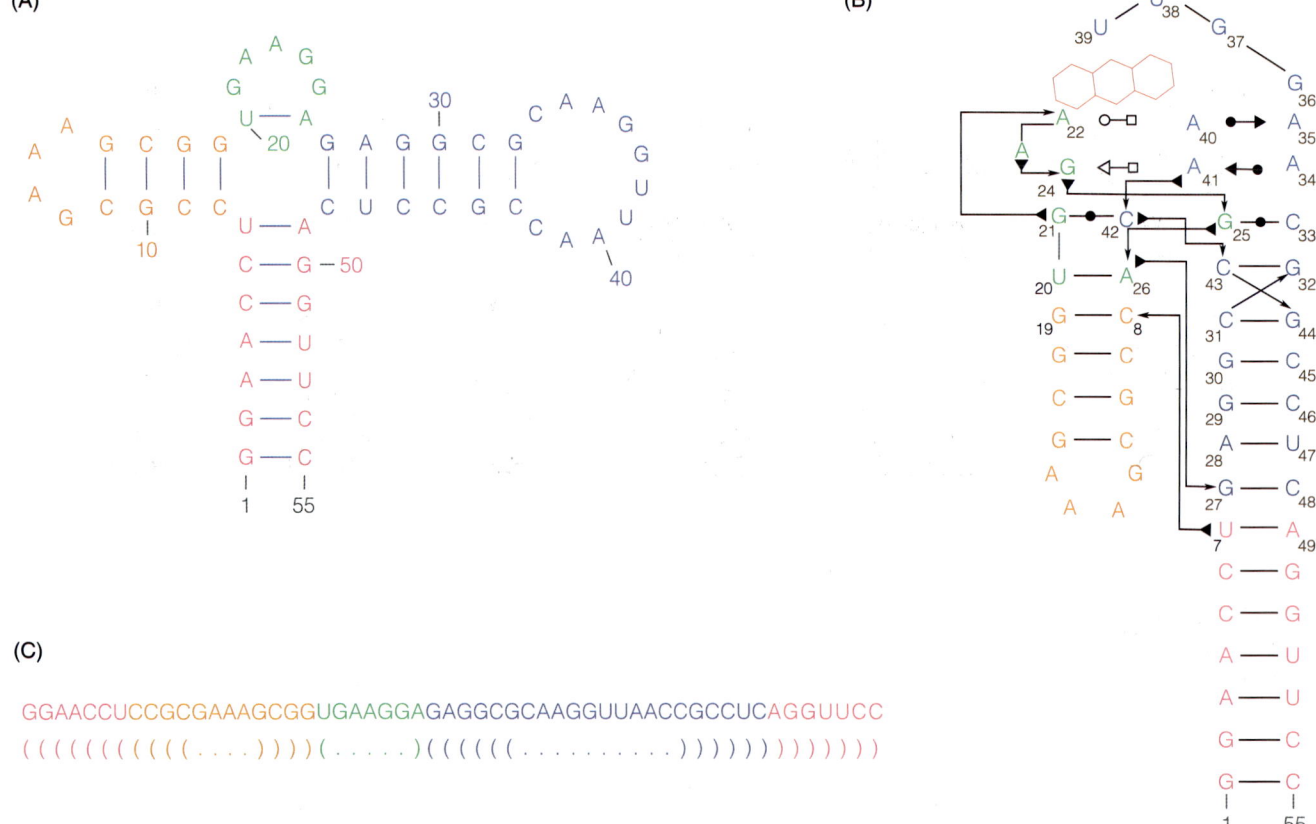

方式来表示 RNA 的二级结构。

3.3.3 RNA 的三级结构

RNA 的三级结构指的是 RNA 在多种非共价键相互作用下稳定连结并折叠形成的三维空间结构。RNA 在三维空间的实际结构形态并不是线性伸展的，而是按一定方式折叠盘绕形成特定的构象（conformation）。RNA 构象指的是 RNA 分子中的原子和基团在三维空间上的排列、分布以及核苷酸链的走向。RNA 构象的改变并不导致共价键的断裂和生成，稳定 RNA 构象的主要为非共价键相互作用，包括氢键、范德瓦耳斯力、π-π 堆积作用等。

相比于蛋白质，RNA 的构象具有更大的柔性。蛋白质的多肽链可看作是由一系列刚性的肽平面通过 α 碳原子连接而成的长链，其主链上只有 α- 碳原子两侧的两个单键可以自由旋转，肽平面绕 C_α-N1 旋转的二面角称为 φ，而绕 C_α-C2 旋转的二面角称为 ψ，因而蛋白质主链的构象可由肽平面之间的这两个二面角的角度决定。而 RNA 的每一个基本核苷酸单元的主链构象需要多达 6 个二面角（α、β、γ、δ、ε、ζ）的角度决定（图 3-47）。然而，由于空间位阻的存在，这些二面角的实际取值只能在有限的范围，使得柔性的 RNA 依然能形成某个稳定的构象。

核糖的呋喃糖环并非平面结构，通常可采取信封式和扭船式的构象，并可在不同构象态之间快速转换（图 3-48A）。在核糖的信封式构象中，环上的 3 个碳原子和 1 个氧原子接近于共平面，另一个碳原子则向上折起。若 C2′ 或 C3′ 在 C5′ 的同一侧突出平面，分别称为 C2′- 内式（C2′-endo）和 C3′- 内式（C3′-endo）（图 3-48B）。

核糖的 C1′ 通过 C—N 糖苷键与嘧啶的 N1 或嘌呤的 N9 连接形成核苷，由于空间位阻的限制，碱基在糖苷键上的旋转受到限制，导致核苷能以同位（syn）和反位（anti）两种构象存在（图 3-49）。定义糖苷键的扭转角为 χ（图 3-47），对于嘌呤和嘧啶来说，χ 分别为 O4′-C1′-N9-C4 和 O4′-C1′-N1-C2 的二面角。如果 $\chi = 0°$，则

图 3-47　RNA 主链核苷酸基本单元的二面角

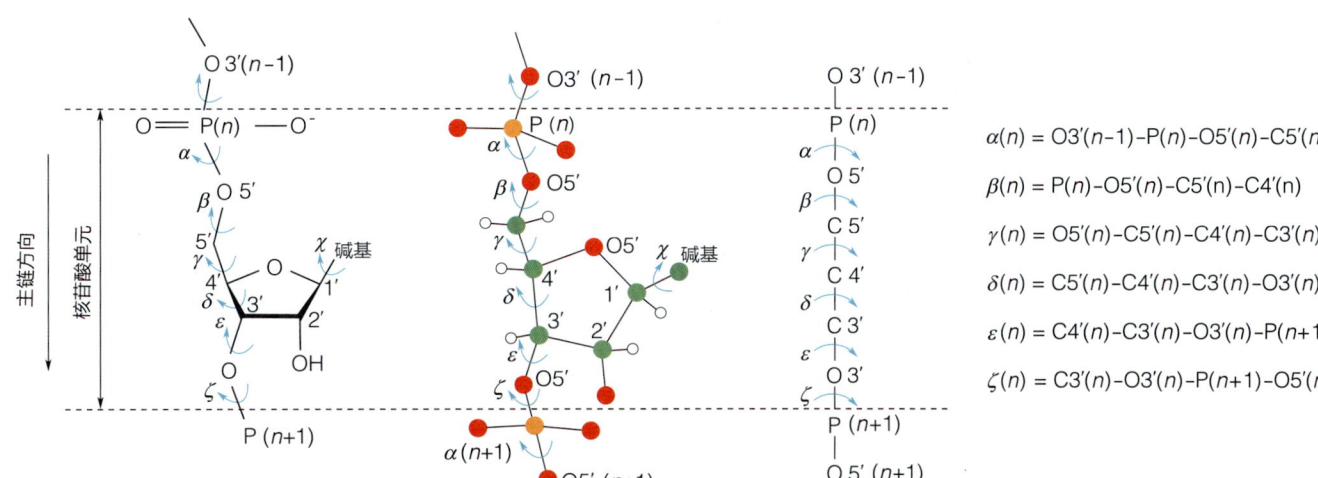

图 3-48 RNA 核糖的基本构型

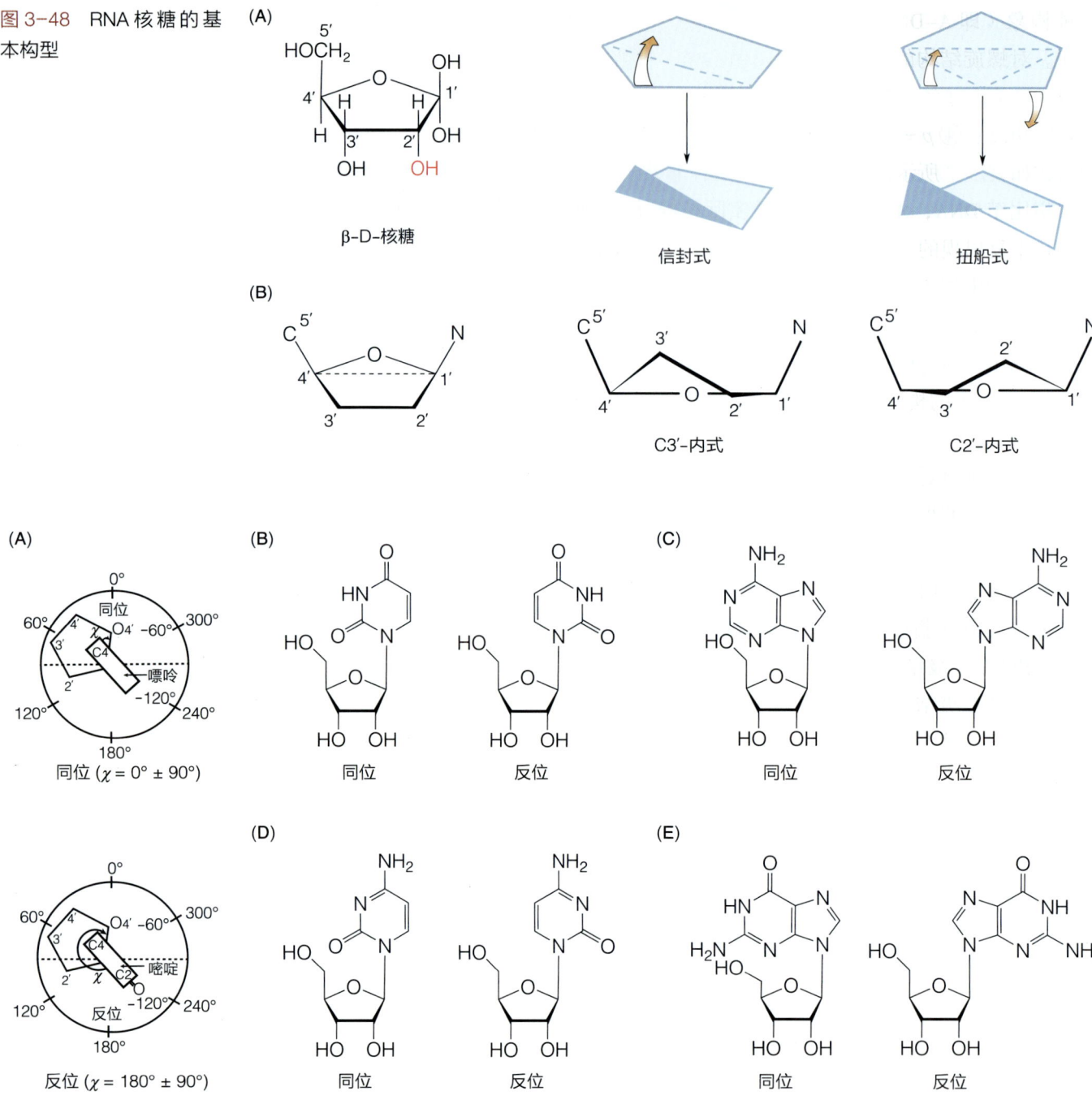

图 3-49 糖苷键及不同核苷的构型

嘌呤的 N9—C4 键和嘧啶的 N1—C2 键的投影与糖环的 O4′—C1′ 键重叠。同位核苷（$\chi = 0° \pm 90°$）的碱基与戊糖环在同一个方向，反位核苷（$\chi = 180° \pm 90°$）的碱基与戊糖环在相反的方向。由于嘧啶环 O2 和戊糖环 C5′ 之间的空间位阻，嘧啶核苷通常为反位构象。嘌呤核苷可采取两种构象，自由的嘌呤核苷（特别是鸟苷）更容易形成同位构象。

相比于双链 DNA，RNA 主要以单链形式存在，但 RNA 也可以通过分子内的碱基互补配对形成双螺旋结构，或三链螺旋结构。与自然界的 DNA 双螺旋至少可以形成三种构象（即 A-DNA、B-DNA 和 Z-DNA）不同，RNA 双螺旋主要以 A'-RNA 构象存在。对螺旋结构的描述通常需要用到如下参数：① n，围绕螺旋轴旋转一圈的碱基对数；② h，每个碱基对绕螺旋轴上升的高度；③ $t = 360/n$，即每个碱基对绕螺旋轴扭转的角度；④ $p = n \cdot h$，即碱基对绕螺旋旋转一周上升的高度。不同核酸螺旋的结构参数如表 3-2 所示。

相比于 DNA，RNA 可形成的三级结构更加复杂多样，但它们往往都包含有易于识别且重复出现的三级结构模体（tertiary structural motif）。常见的 RNA 三级结构模体主要有共轴堆积（coaxial stacking）、接合点拓扑结构（junction topology）、假结、吻式环、A 小沟模体（A-minor motif）、K 转角（K-turn）、S 转角（S-turn）、四元环 – 环受体（tetraloop-receptor）、核糖拉链（ribose zipper）以及金属离子等。这些结构模体充当了 RNA 分子的构建模块。随着更多 RNA 的三级结构得到解析，新的三级结构模体将被揭示。

下面举例简要介绍一些结构特征已知的 RNA 三级结构模体。

（1）共轴堆积

共轴堆积指两个 RNA 螺旋的末端碱基对相互堆积，导致两个螺旋的轴重合。RNA 碱基对之间的 π-π 堆积作用是 RNA 三级结构形成过程中的最主要驱动力之一。一般来说，RNA 折叠会试图最大化碱基堆积作用，尤其是在螺旋的末端。如图 3-50 所示，tRNA 三级结构中观察到的共轴堆积螺旋决定了分子的整体形状。tRNA 具有三叶草形的二级结构，包含四个螺旋分别是受体臂、D 臂、反密码子臂以及 TψC 臂，其中 D 臂和反密码子臂、受体臂和 TψC 臂分别以末端 – 末端的方式互相堆积形成两个较长的螺旋，最终使 tRNA 折叠为 L 形的三级结构。

表 3-2　不同核酸螺旋的结构参数

参数	A'-RNA 双螺旋	RNA 三链螺旋	A-RNA 双螺旋[a]	A-RNA 双螺旋[b]	B-DNA 双螺旋[a]	B-DNA 双螺旋[b]
螺旋方向	右手螺旋	右手螺旋	右手螺旋	右手螺旋	右手螺旋	右手螺旋
螺旋扭曲	31.4° ± 8.1	30° ± 5.3	32.7°	33.7° ± 4.7	36°	36.2° ± 3.9
碱基轴升	2.9 Å ± 0.1	2.9 Å ± 0.2	2.8 Å	2.6 Å ± 0.3	3.4 Å	3.4 Å ± 0.3
螺距	32.8 Å	35.1 Å	31 Å	27.5 Å	34 Å	33.7 Å
X 位移	-4.9 Å ± 1	-5 Å ± 1	-4.3 Å	-3.9 Å ± 0.6	0.6 Å	0.3 Å ± 0.6
每圈碱基数	11.5	12	11	10.7	10	10
大沟	宽（8.4 Å ± 0.3）	宽	窄（4 Å）	窄（3.1 Å ± 0.5）	宽（11.4 Å）	宽（11.4 Å ± 0.8）
小沟	宽（9.7 Å ± 0.7）	宽（9 Å ± 0.5）	宽（11 Å）	宽（9.9 Å ± 0.9）	窄（5.9 Å）	窄（4.9 Å ± 1.4）
直径	24 Å（均方根偏差 1.6）	24 Å（均方根偏差 1.6）	23.3 Å	22.9 Å（均方根偏差 1.7）	23.8 Å	23.9 Å（均方根偏差 1.0）
螺旋外原子	O2'	O2'	O2'	O2'	OP1	OP1
糖环折叠	C3'- 内式	C3'- 内式	C3'- 内式	C3'- 内式	C2'- 内式	C2'- 内式

注：a，理想条件下的参数；b，实验所得的参数。

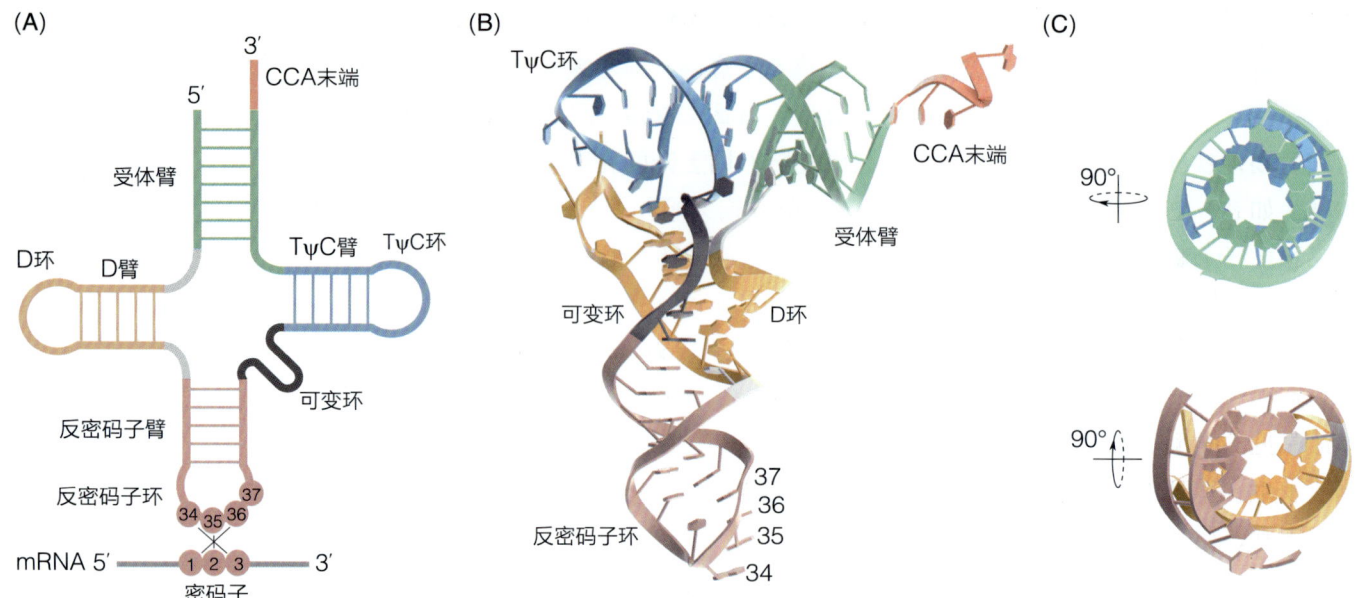

图 3-50　tRNA 的二级结构与三级结构

（A）tRNA 的二级结构呈三叶草形，由受体臂、D 臂、反密码子臂以及 TψC 臂四个螺旋组成，形成一个四路接合的结构。（B-C）tRNA 的三级结构呈 L 形，D 臂和反密码子臂、受体臂和 TψC 臂分别以末端–末端的方式互相共轴堆积形成两个较长的螺旋。图中各部分结构颜色与（A）中一致（PDB 编号：6TNA）。

（2）接合点拓扑结构

在多路接合 RNA 中，接合点的拓扑结构约束了螺旋之间的相对取向，使其仅可形成有限数目的构象状态，最终通过形成三级相互作用而折叠为稳定的三级结构。

众多研究表明，接合点的拓扑结构可以显著影响共轴堆积对象的选择，因而是 RNA 形成特定三级结构的重要决定因素。在 RNA 中，紧邻的双螺旋倾向于共轴堆积，使折叠自由能最小化，而位于接合点的核苷酸往往可以通过形成非规范碱基配对，如 A·G、C·C 和 G·U 配对，进一步延伸螺旋的末端，从而作为与其它螺旋共轴堆积的界面。对于三路接合 RNA，如腺苷核糖开关（图 3-51），其由三个单链（J12、J23、

图 3-51　三路接合腺苷核糖开关 RNA 的二级结构（A）与三级结构（B）

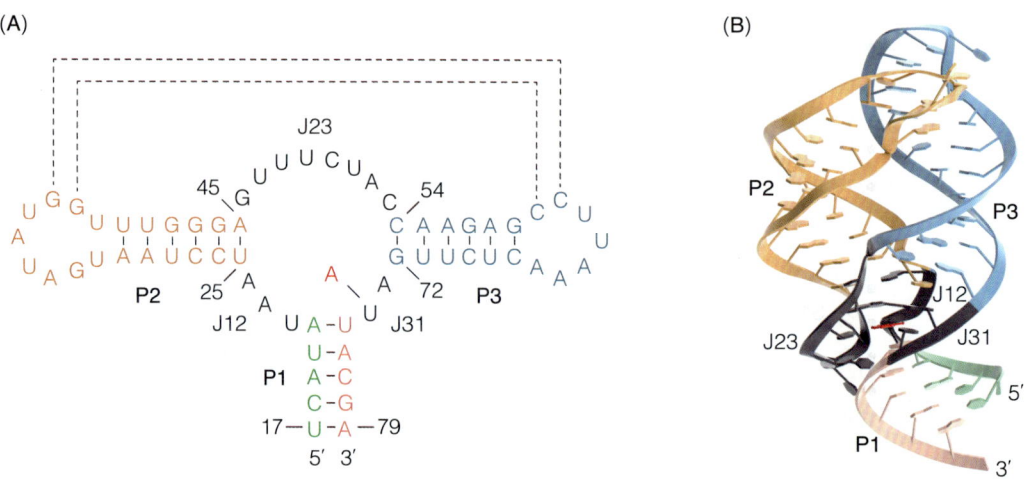

J31）连接三个螺旋（P1、P2、P3）形成。三路接合RNA中形成共轴堆积的螺旋遵循以下规则：①如果两个螺旋直接连接，而第三个螺旋与其它螺旋以较长的单链区连接，那么连续的螺旋会形成共轴堆积；②如果连接螺旋的单链区的长度是一样的，此时则主要取决于沃森-克里克碱基配对在堆积自由能上的稳定性。对于四路接合的RNA，如tRNA（图3-50），最常见的共轴堆积方式为第一个和第四个螺旋堆积，而第二和第三个螺旋堆积。

（3）假结

假结结构是一种在RNA中普遍存在的结构模体。假结结构可分为H型、B型和I型等。若碱基配对发生在茎环的顶环（apical loop）与单链区，称为H型假结，这也是最常见的类型。如碱基配对发生在茎环的凸起环与单链区，称为B型假结。如碱基配对发生在茎环的内环与单链区，称为I型假结。长距离的碱基配对往往导致形成第二个螺旋，通常会与紧邻的螺旋共轴堆积（图3-52）。

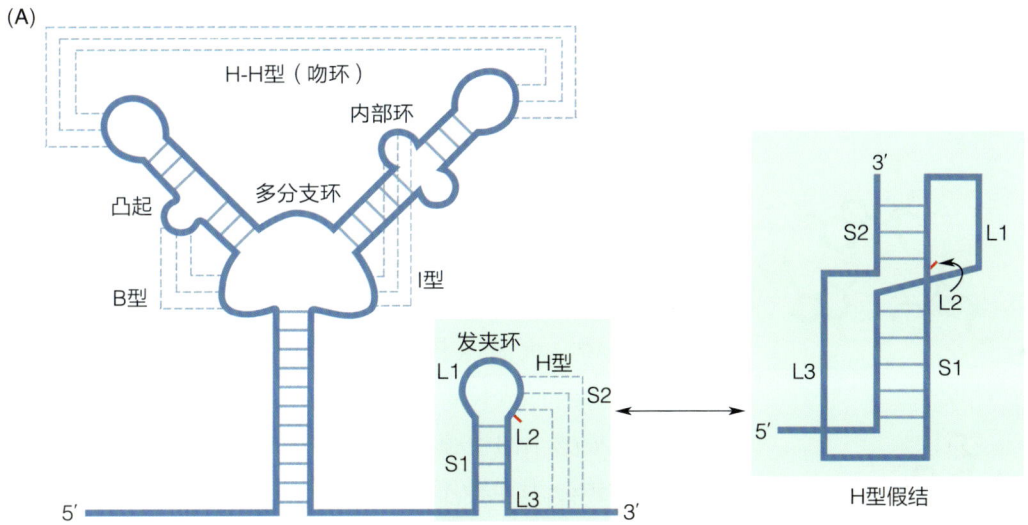

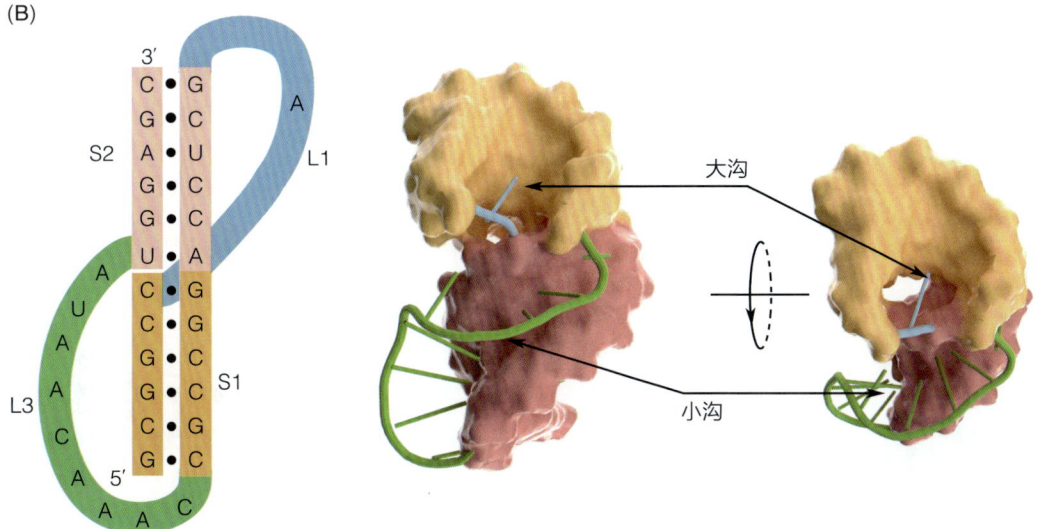

图 3-52 假结结构
图中L和S分别表示环（loop）和茎（stem）。

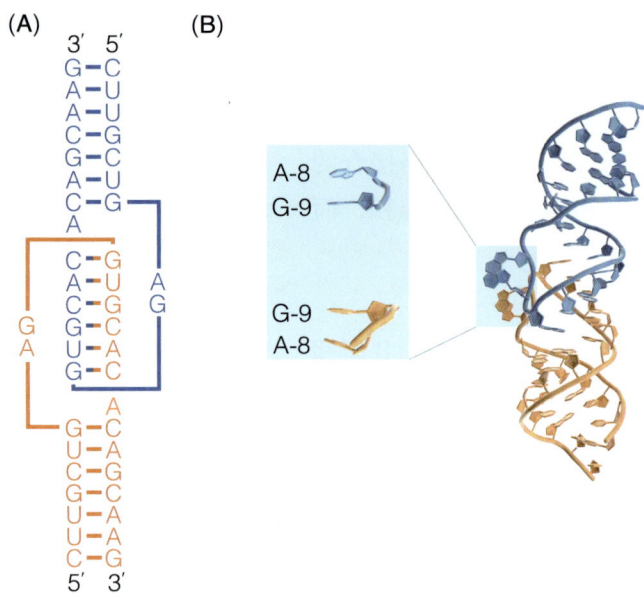

图 3-53 HIV-1 病毒的二聚起始位点（DIS）RNA 通过吻式环相互作用共轴堆积形成同源二聚体（PDB 编号：1K9W）

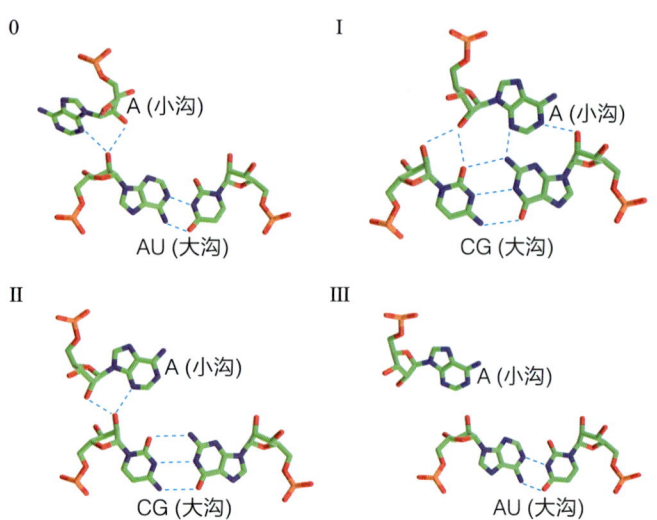

图 3-54 四种类型的 A 小沟相互作用

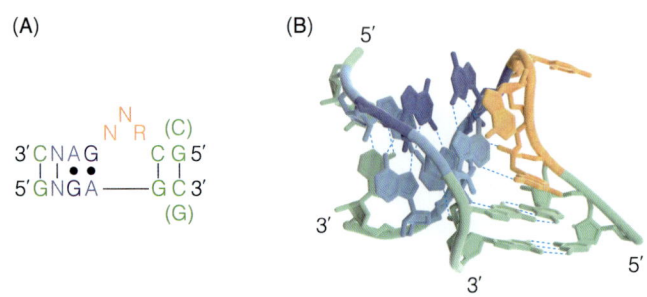

图 3-55 K 转角结构模体的序列（A）与结构（B）

（4）吻式环

吻式环是由具有回文序列的茎环结构或具有互补序列的不同茎环结构的顶环之间通过沃森 - 克里克碱基互补配对介导形成的。吻式环在许多 RNA 例如 tRNA 与 mRNA 的相互识别中普遍存在（图 3-50），甚至在只有两对碱基配对的情况下也可以形成稳定的环 - 环相互作用（图 3-51）。逆转录病毒可以利用吻式发夹环相互作用起始基因组 RNA 的二聚过程，比较典型的例子是 HIV-1 病毒的二聚起始位点（dimerization initiation site，DIS），自身互补的环形成了包含六个碱基对的相互作用，并在包含凸起嘌呤的连续的螺旋内共轴堆积（图 3-53）。

（5）小沟三联体和 A 小沟相互作用

RNA 结构中可由未配对的核苷酸插入 RNA 双链的小沟中形成小沟三联体（minor-groove base triple）。以腺苷酸为例，插入碱基的 N1-C2-N3 面可以和双链中的一个或两个核苷酸上的核糖的 2′-OH 或者碱基形成氢键相互作用。尽管鸟苷酸、胞苷酸和尿苷酸都可以形成小沟三联体，但由腺苷酸参与的小沟三联体相互作用最为普遍的被称为 A 小沟相互作用。在核糖体 RNA 中，大量腺苷酸参与形成 A 小沟相互作用，甚至比参与形成长距离的沃森 - 克里克碱基配对更为普遍。根据小沟中腺苷酸的 2′-OH 取向不同，可将小沟三联体分为四种不同类型（图 3-54）。其中类型 Ⅰ 和 Ⅱ 是特异性针对腺苷酸的，类型 0 和 Ⅲ 尽管更偏向于腺苷酸，也可以是除了腺苷酸之外的其它核苷酸。A 小沟模体是组成更大的三级结构模体的重要结构单元，例如在 K 转角和四元环受体中则有许多连续的 A 小沟相互作用。

（6）K 转角（K-turn）

K 转角是一种可以将 RNA 螺旋轴弯折 120° 的螺旋 - 环 - 螺旋结构模体（图 3-55）。K 转角模体具有明显的序列特征，其中一侧螺旋是规范碱基配对，而另外一侧螺旋则含有串联的 G-A 非规范碱基配对，富含嘌呤的三核苷酸凸环则引起螺旋的弯折，G-A 配对形成的堆积相互作用扭曲主链进而促进环中的扭结，G-A 配对中的腺苷酸则互相堆积参与形成 A 小沟相互

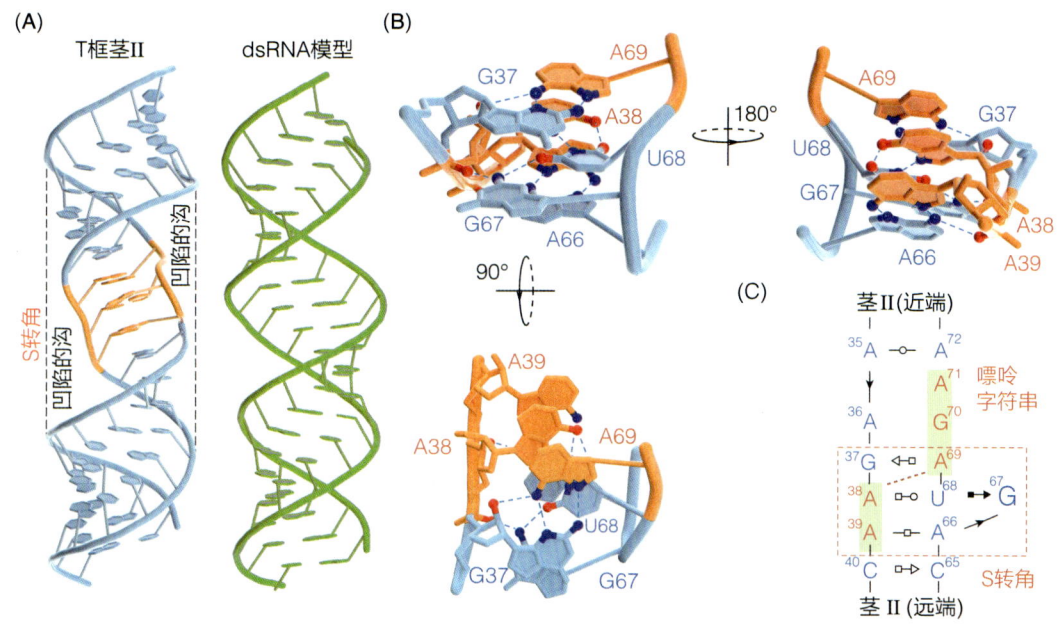

图 3-56 S 转角结构模体
（A）T 框核糖开关（PDB 编号：6UFM）茎 II 的双链 RNA 中 S 转角模体的结构。（B）S 转角结构模体的三级结构。（C）S 转角结构模体的二级结构，图中黄色所示为连续的 5 个嘌呤。

作用。K 转角可通过结合特异性蛋白质稳定其结构（如核糖体蛋白 L7A）。K 转角单独存在时，其扭结构象和伸展构象处于动态平衡，而高浓度的金属离子可以稳定扭结构象。因此普遍认为 K 转角不能单独为 RNA 三级结构折叠提供热力学上的驱动力，而需要与周围的蛋白质或其它三级结构相互协作。

（7）S 转角（S-turn）

S 转角是另外一种广泛存在于核糖体 RNA、T 框（T-box）核糖开关、卫星核酶等 RNA 的三级结构模体，也被称为 E 环（loop E）或 G 凸起（bulged-G）模体，其特征是磷酸-糖骨架上存在两个连续的弯折，形成一个特征的 S 形（图 3-56）。不像 K 转角或 U 转角模体可以使得 RNA 螺旋弯折 120° 或 180°，S 转角是嵌入在 RNA 双链中的螺旋结构元件，不会引起 RNA 螺旋主链轨迹的弯曲。S 转角比典型的 RNA 双链要窄，形成两个较宽的、凹陷的沟，通常可以参与和其它蛋白质或 RNA 的相互作用。

（8）四元环-环受体模体

四元环-环受体模体通常由包含特征序列如 GNRA、GANC 的末端发夹环和与之对应的有多种类型的、结构复杂程度不同的环受体组成。一种最普遍的环受体是具有高度保守结构的内环模体例如 11-nt 模体，可以特异性地识别 GAAA 四元环（图 3-57）；而 IC3 模体则特异性地结合 GNRA 环（N 代表任意碱基，R 代表嘌呤）。GAAA 环与 11-nt 受体的相互作用特别稳定，主要包括：① GAAA 环的第二个腺苷酸与受体环中形成的 A-A 平台（某些情况下是 A-C 平台）

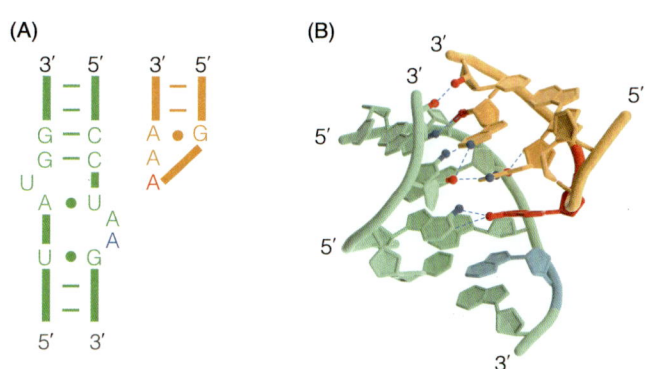

图 3-57 group I 内含子 P4-6 结构域的四元环-环受体相互作用

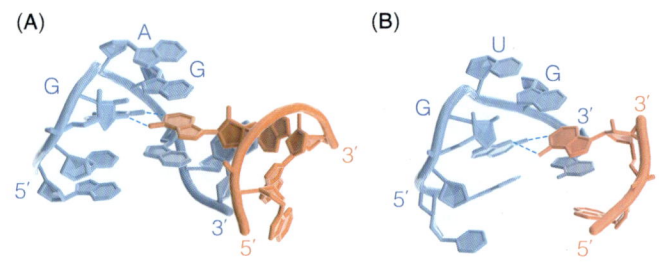

图3-58 T环模体的结构
（A）group Ⅱ内含子的T环模体（PDB编号：3IGI）。（B）RNase P 特异性结构域的T环模体（PDB编号：1NBS）。环上的碱基用深蓝色表示。

相互堆积，并且形成氢键相互作用；②GAAA环中的其它核苷酸则与相邻的受体螺旋中的G-C碱基配对形成氢键相互作用网络。有趣的是，其它类型的环-环受体只用到了其中一种相互作用策略。

（9）嵌入式相互作用

类GNRA环也可以通过嵌入环内部形成长距离的T环（T-loop）三级相互作用（图3-58）。GNRA环的U转角骨架结构在结构形式上也有很多变体，包括碱基的插入甚至是碱基的缺失。在嵌入的U转角（T环模体的亚型）中，环的第四个核苷酸是"缺失"的，代替的是从结构的其它区域插入的碱基，这也使得两个模体可以一起滑动，使结构上较远的区域连接起来。

（10）RNA三链体结构

碱基三联体在RNA三级结构中频繁出现。三链体RNA结构可视为以沃森-克里克碱基配对形成的双链RNA通过与第三条链形成氢键而形成。碱基三联体可以在RNA双螺旋的小沟内部形成（A小沟模体），也可以在RNA双螺旋的大沟内部形成。在大沟内部的碱基三联体通常利用嘌呤的胡斯坦边参与相互作用（如U·A-U和C⁺·G-C）。例如在核糖体的50S亚基和30S亚基中分别有27对和10对碱基三联体，而在四膜虫group Ⅰ内含子中，活性位点包含一个四层的碱基三联体。类似地，在group Ⅱ内含子活性位点，一系列堆积的大沟三联体组成了保守的催化三联体，在反应化学中发挥着重要的作用。此外，在真核生物的剪接体的活性位点中可能也存在类似的三联体网络。胡斯坦三联体中比较普遍的是U-A·U，腺苷酸的N7与尿苷酸的N3形成氢键。碱基三联体C-G·C⁺与U-A·U是类似的，但是第三条链中的C必须是质子化的，这样才能与鸟苷酸的N7形成氢键。来自卡波西肉瘤相关疱疹病毒的多聚腺苷化RNA（PAN）中包含着一个核表达元件（element for nulcear expression，ENE），可以阻止mRNA的降解，ENE包含一个由尿苷酸组成的内部环与mRNA的多聚A尾相互作用形成三联体U-A·U结构（图3-59）。

（11）RNA四链体结构

富含串联重复鸟嘌呤的RNA序列可以形成G四链体（G-quadruplex）结构（图3-60）。形成G四链体的基本结构单元是G四分体（G-quartet），由4个G通过Hoogsteen氢键连接形成环状平面，两层或以上的四分体则通过π-π堆积形成G四链体。根据参与形成G四链体的RNA链的数目，可分为分子内（intramolecular）、双分子（bimolecular）或四分子

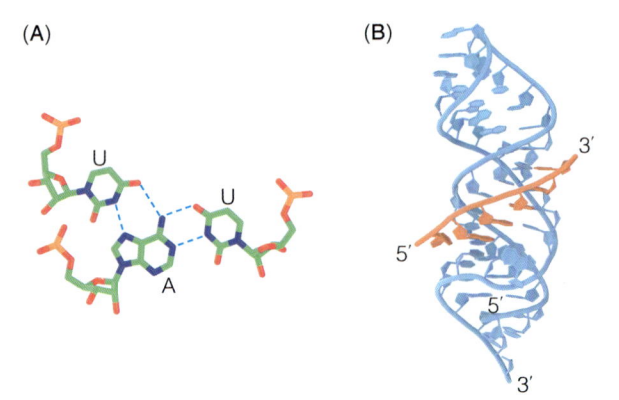

图3-59 碱基三联体相互作用
（A）U-A·U三联体碱基配对的结构。（B）卡波西肉瘤相关病毒多聚腺苷化细胞核RNA ENE元件的结构（PDB编号：3P22），ENE RNA（蓝色）与多聚A（橙色）之间的三联体相互作用。

（tetramolecular）等不同类型；根据 G 四链体 RNA 链的方向，可将结构分为平行和反平行。端粒 DNA 包含有串联重复的鸟苷酸序列，可以被转录为可形成 G 四链体的长非编码 RNA［端粒重复 RNA（telomeric repeat-containing RNA，TERRA）］，通过抑制端粒酶和染色质重塑调控端粒的长度。K^+ 可以稳定 G 四链体的结构，位于四链体中心的 K^+ 可被鸟苷酸上的氧螯合。越来越多的证据表明 G 四链体结构在调控 mRNA 的翻译和一些前体 mRNA（pre-mRNA）的剪接中发挥着重要作用。

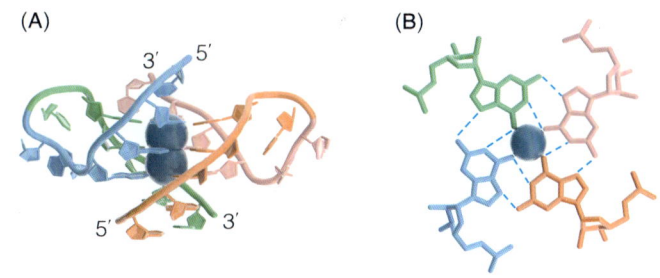

图 3-60　RNA 碱基四链体相互作用
（A）人端粒重复 RNA（TERRA）四链体的结构（PDB 编号：3IBK）。（B）G 四链体结构的俯视图，蓝色球代表 K^+，蓝色虚线代表氢键相互作用。

（12）核糖拉链

一条 RNA 链上的不同区域或两条不同的、反平行的 RNA 链上多个连续的核苷酸通过核糖上的 2'-OH 形成的氢键相互作用网络被称为核糖拉链（图 3-61）。核糖拉链最早在核酶的晶体结构中被发现，其在稳定核酶的核心结构中发挥重要作用。在多种具有序列特征的三级相互作用模体如环-环受体模体、吻式发夹环和 S 转角模体等中，核糖拉链可作为"胶水"发挥辅助作用维持整个三级结构的稳定性。尽管大多数的核糖拉链形成是不依赖序列的，但一些类型的核糖拉链模体仅存在于特定的序列中，其形成受到周围结构的影响。

（13）金属离子-核心模体

RNA 的折叠及其稳定性对所处溶液环境中的离子条件非常敏感。普遍认为生理条件下的单价阳离子可以促进 RNA 二级结构的形成，而 Mg^{2+} 可以稳定 RNA 的三级结构，但在 RNA 结构中单价阳离子和二价阳离子还有多种不同的作用。在核酶的活性位点和一些折叠结构域中普遍存在可特异性螯合金属离子的结构元件。其中一个例子是 M 框核糖开关，其可特异性结合和感知 Mg^{2+}（图 3-62）。由于 M 框晶体结构的分辨率较高，人们可以深入分析 M 框 RNA 与单价和二价阳离子的相互作用。在

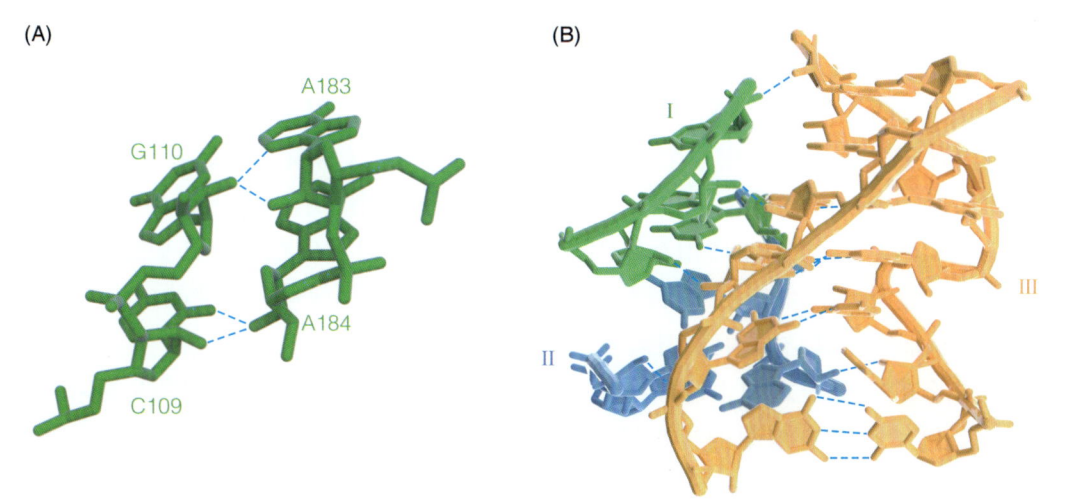

图 3-61　RNA 结构中的核糖拉链
（A）group I 内含子的 P456 结构域中的核糖拉链。（B）Group II 内含子中连接 I、II、III 结构域的核糖拉链网络（PDB 编号：3IGI）。

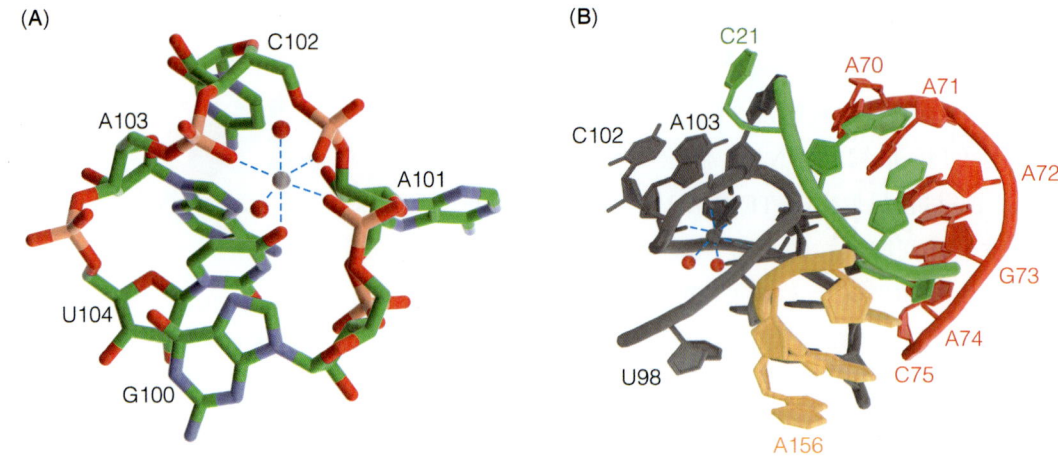

图 3-62 M 框核糖开关 RNA 内螯合的金属离子结合位点
（A）二价金属离子（灰色小圆）可以与 A101、C102、A103 的磷酸氧以及 U104 的 O4、两个 H_2O（红色小圆）形成配位键。（B）图（A）中所展示的金属离子结合位点的结构环境（PDB 编号：3PDR）。

其中一个金属离子结合位点，三个磷酸氧和鸟苷酸上的一个酮氧参与金属离子配位，使得 RNA 主链骨架相互靠近（磷酸间的距离分别为 5.3 Å 和 5.4 Å），最终产生一个非常紧凑折叠的区域。

3.3.4 RNA 的四级结构

RNA 四级结构指的是 RNA 与其它生物大分子（蛋白质、DNA、RNA 等）形成的复合体中各亚基的空间排布以及亚基间接触部位的布局和相互作用。

RNA 可以与自身相互作用形成同源二聚体或多聚体。例如来自 HIV-1 基因组上的 DIS RNA 可以通过吻式发夹相互作用形成对称的同源二聚体，这对于逆转录病毒基因组 RNA 的包装过程非常必要。如图 3-53 所示，DIS RNA 顶环上的六个核苷酸通过沃森 – 克里克碱基配对相互作用，与两个螺旋共轴堆积。环上的另外两个碱基 AG 向外凸起并互相堆积，通过螺旋的大沟对称地加入到两个螺旋中。另外一个例子则是来自噬菌体 φ29 的前头 RNA（prohead RNA，pRNA）所形成的同源寡聚体（图 3-63）。噬菌体 φ29 利用 ATP 依赖的 DNA 包装马达将约 20 kb 的基因组包装在衣壳中。pRNA 的环可以与包装马达的其它元件相互作用，包括驱动 DNA 进入衣壳的 ATP 酶和将包装马达连接到衣壳的头尾连接器。单独的 pRNA 原体（174 个核苷酸）可以通过两个不同的 RNA 序列之间的吻式发夹相互作用，发生寡聚化，形成封闭的五聚体或六聚体，其中一个 pRNA 原体的凸起 B23（螺旋 2 和螺旋 3 之间的凸起）和邻近 pRNA 原体的 L4 环相互作用，如此循环直到最后一个 pRNA 原体的 B23 与第一个 pRNA 原体的 L4 环相互作用。尽管相互作用只发生在四个碱基配对之间，但是由此形成的 4 bp 的双链却可以与 pRNA 原体的 P4 与 P3 形成连续的共轴堆积相互作用，从而维持其结构的稳定性。

不同的 RNA 分子之间也可以组装成 RNA-RNA 复合物以执行特定的生理功能。其中一个例子是来自细菌的核糖核酸酶 P（RNase P）与底物 tRNA 形成的复合物（图 3-64A）。RNaseP 是一种核糖核酸内切酶，其主要功能是移除前体 tRNA 的 5' 端

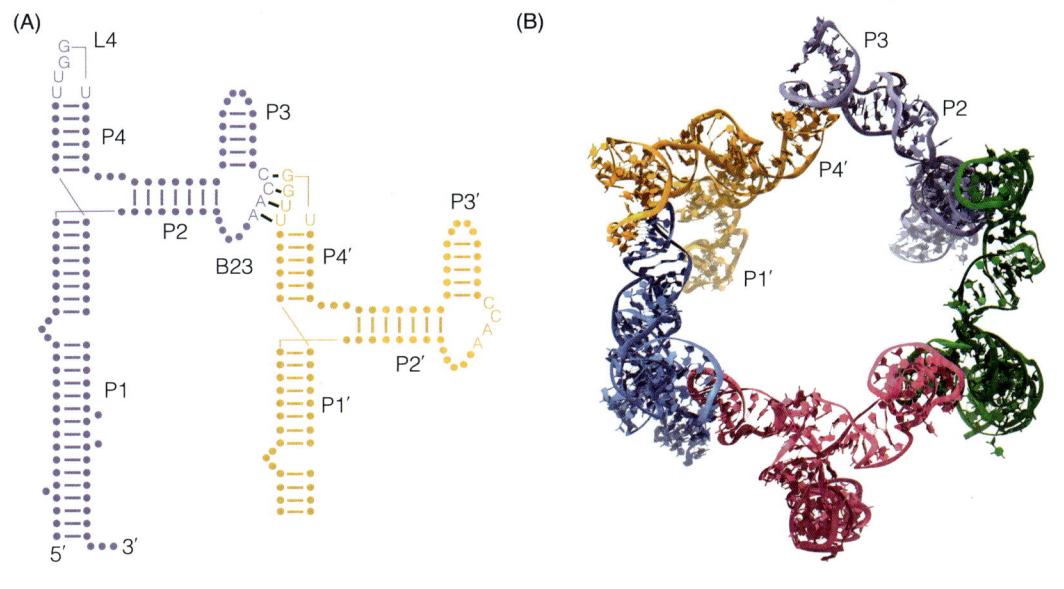

图 3-63 RNA 形成的寡聚体
（A）两个 pRNA 单元的二级结构示意图，其中一个 pRNA 的凸起 B23 和另一个 RNA 的 L4 形成分子内的吻式发夹相互作用。（B）基于噬菌体前头的冷冻电镜图像重构的五聚体 pRNA 模型图。每个 pRNA 单体由 P1、P2、P3 和 P4 四个螺旋组成。

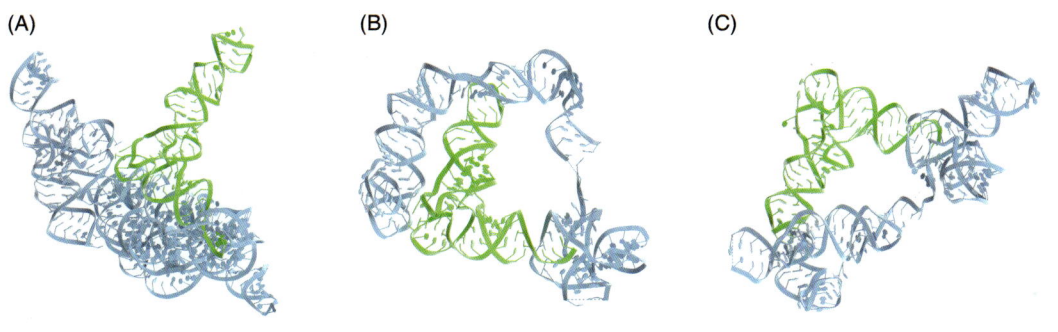

图 3-64 RNA-RNA 复合物
（A）RNase P 与底物 tRNA 形成的复合物（PDB 编号：3Q1Q）。（B）转录型 T 框核糖开关与 tRNA 复合物（PDB 编号：6POM）。（C）翻译型 T 框核糖开关与 tRNA 复合物（PDB 编号：6UFG）。

的先导序列，其结构由催化结构域和特异性结构域组成。RNaseP 可以识别 tRNA 的共轴堆积的接受臂和 T 臂，两者之间存在众多的相互作用包括 TψC/D 环与 S 结构域之间的碱基堆积，A 小沟相互作用及核糖拉链等。此外，tRNA 的 3′ 端 NCCA 序列可以与 RNaseP 的催化结构域中的 L15 环通过碱基配对相互作用，该结合受到金属离子和 L15 区域的核糖拉链作用的稳定。另外一类典型的例子是 T 框核糖开关与其所识别的 tRNA 配体的复合物（图 3-64B、C）。T 框核糖开关是一大类普遍存在于革兰氏阳性细菌 mRNA 的 5′ 非翻译区（UTR）上的结构元件，可以特异性地结合 tRNA 并感知其末端的氨酰化状态，进而发生不同构象状态的转变，最终在转录水平或翻译水平调控下游基因的表达。T 框核糖开关与 tRNA 之间存在三处（转录型）或两处（翻译型）直接的结合位点。其中 tRNA 的反密码子区和 T 框的 specifier 区域结合，tRNA 3′ NCCA 末端与 T 框表达平台（expression platform）结构域的凸起区域结合。虽然这两部分相互作用分别只包含 3~4 个碱基配对，但是其可以进一步被其它相互作用包括共轴堆积、A 小沟相互作用、S 转角结构模体等进一步稳定。

3.4 生物大分子复合物结构

生命机体复杂多元,生命过程错综关联。为了完成一个生物学过程,多个生物大分子往往组装在一起形成复合物,连接多个中间步骤,协调作用,形成一个精妙的分子机器。从功能角度,复合物整体大于各部分之和。组成复合物的亚基单独可能不具有活性,或者具有复合物的一部分功能。生物大分子复合物的三维结构解析,有助于揭示复合物组成和发挥功能的机制,阐明生命的最深层次的奥秘。

3.4.1 生物大分子可组成大小不同的分子机器

与蛋白质一样,复合物的功能也千差万别,展现不同的特征尺寸。细胞内一些超大复合物直径达 20 nm,分子量[*]超 1 MDa,有些甚至形成直径大于 100 nm 的巨大分子机器(图 3-65)。随着复合物越来越大,分析其结构变得越来越具有挑战性,所使用的研究工具也随之经历着日新月异的发展,最近 10 年冷冻电子显微镜技术被广泛使用。

前面提到,核小体核心颗粒大小约 10 nm,由约 147 bp DNA 与 8 个核心组蛋白形成蛋白质–DNA 复合物,分子量约 200 kDa。DNA 携带遗传信息,而组蛋白提供 DNA 压缩存储的基质,从而调控遗传信息的可及性。这样,核小体复合物把存储和调控遗传信息读取整合在一起。1997 年,核小体高分辨率晶体结构的解析为染色质组装、基

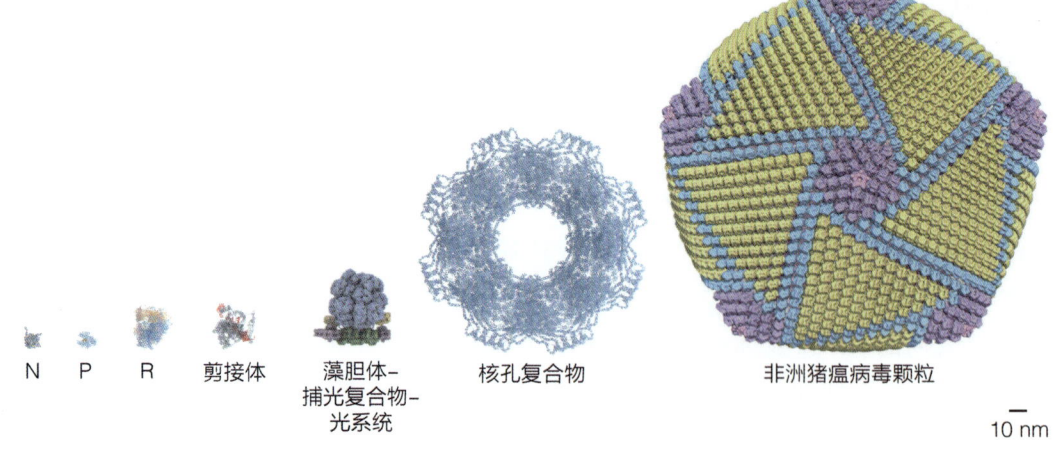

图 3-65 大小不同的生物大分子复合物
N,核小体(PDB 编号:1KX5);P,RNA 聚合酶 II(PDB 编号:1I6H);R,核糖体(PDB 编号:4UG0);核孔复合物(PDB 编号:7R5K)。图中各复合物以相同比例缩小。(藻胆体–捕光复合物–光系统图像由隋森芳惠赠;非洲猪瘟病毒颗粒图像由饶子和惠赠)

---

[*] 分子量(molecular weight, M_r)和分子质量(molecular mass)是两个不同的概念。分子质量是指分子的实际质量,国际单位制下其单位为 kg,涉及生物大分子时,常用道尔顿(Da)作为质量单位。1 Da 被定义为 ^{12}C 原子质量的 1/12(1.660 540 2 × 10^{-27} kg)。分子量是指分子质量与 ^{12}C 原子质量的 1/12 之比,无量纲。当分子质量以 Da 为单位时,其数值与分子量数值相同。为兼顾学科领域习惯和行文需要,本书不再刻意区分"分子量"和"分子质量"这两个概念。

因调控等基本生物学问题提供了物理基础，推动表观遗传学的发展。

RNA 聚合酶 II（RNA polymerase II）复合物负责把 DNA 的遗传信息转录成 mRNA。酵母核心 RNA 聚合酶 II 由 12 个亚基组成，分子量约 500 kDa，大小约为 15 nm。罗杰·科恩伯格（Roger David Kornberg，2006 年诺贝尔化学奖获得者）2000 年通过 X 射线晶体学解析出酵母 RNA 聚合酶的高分辨率三维结构，随后又解析出 RNA 聚合酶结合 DNA-RNA 复合物的结构。这系列工作揭示了蛋白质-DNA 和蛋白质-RNA 的相互作用，阐明了真核生物基因转录的分子基础。

核糖体（ribosome）是细胞合成蛋白质的分子机器，由 1 个大亚基（催化肽键合成和结合 tRNA）和 1 个小亚基（结合 mRNA）组成。不同物种的核糖体大小不一，大肠杆菌的核糖体由 3 条 rRNA 和 52 个蛋白质组成，全酶大小约为 20 nm；而真核细胞核糖体更大一些，由 4 段 rRNA 和 82 个蛋白质组成，分子量约 4 MDa，大小 25~30 nm。核糖体太大太复杂，其结构解析是长期存在的问题。直到 2000 年，托马斯·施泰茨（Thomas Steitz，1940—2018）、文卡特拉曼·拉马克里希南（Venkatraman Ramakrishnan）和阿达·约纳特（Ada Yonath）等人使用晶体学方法，解析出核糖体的高分辨率结构，阐明了核糖体的组装和催化蛋白质合成的机制以及多种抗生素的工作机制。他们因此获得了 2009 年的诺贝尔化学奖。目前，人们常规使用冷冻电子显微镜技术解析核糖体的结构。

剪接体（spliceosome）是另外一种由多种蛋白质（约 100 种）和 RNA 组成、大小约为 30 nm 的超大复合物，负责移除真核细胞未成熟的 pre-mRNA 中的内含子（intron）序列，并把外显子（exon）序列连接起来。剪接体结构高度动态，随着剪接反应进行到不同阶段，可以结合不同的蛋白质。利用冷冻电子显微镜，不同状态的剪切体结构得到解析。剪接体是一个蛋白质协调的金属核酶（metalloribozyme），核小 RNA（snRNA）构成了剪接反应的催化中心，而蛋白质稳定复合物的结构，协调 RNA 的移动，促进剪接反应。而且 pre-mRNA 剪接机制从酵母到人严格保守。这一系列工作揭示了 pre-mRNA 剪接的动态过程和反应机理。

光合作用是一个复杂的过程，从捕获可见光开始，光能被耦合到分解水、释放氧气、固定二氧化碳并转化为糖等多个反应。不同物种演化出不同的光反应机制。红藻利用藻胆体（phycobisome）以及捕光复合物（light-harvesting complex）吸收光的能量，并把光能传输到光系统（photosystem）进行水光解以及合成 NADPH 等反应。藻胆体-捕光复合物-光系统相互作用，耦合光捕获以及水分解等过程，以提供光合作用后续反应所需的能量（更多介绍见 12.4 节）。通过原位冷冻电子断层成像和单颗粒电子显微镜技术，红藻的光反应系统的结构得到了解析。藻胆体-捕光复合物-光系统形成一个分子量超过 30 MDa、大小约为 50 nm 的超大复合物。其中，色素分子形成一张巨大的复杂网络，把光能传递到化学反应中心。

核孔复合物（nuclear pore complex）是更大的复合物，镶嵌在核膜上，选择性地允许 RNA、蛋白质等物质通过核膜。不同物种核孔复合物大小不一，酵母核孔复合物约 52 MDa，而人的核孔复合物由 500 多个蛋白质组成，分子量超 100 MDa，直径超

100 nm。面对如此庞大的分子机器，人们通过综合运用冷冻电子显微镜、X射线晶体学以及基于机器学习的结构预测，逐步解析出核孔复合物的三维结构。

非洲猪瘟病毒（African swine fever virus）是一个巨大的双链DNA病毒（基因组达189 kb）。1919年于肯尼亚被发现并命名，2017年在世界范围内广泛流行，在家猪中引起急性出血热，发病率和死亡率可高达100%。非洲猪瘟病毒颗粒由3万多个蛋白质亚基组成，直径达260 nm。其三维结构展示了病毒表面衣壳的结构特征和组装机制，为非洲猪瘟疫苗开发开辟新途径。

重要的生物大分子复合物不胜枚举。生命过程层出不穷，从物理化学角度看，可以有信息传递、能量转换、物质变化；从生物角度看，可以有发育、衰老、免疫、神经活动等。这些生命过程无不由生物大分子复合物介导。解析生物大分子复合物的结构，揭示其工作机制，是一项具有挑战性且非常有意义的工作，将有力地推动生命科学向前发展。

3.4.2 复合物组装的对称性

尽管大部分复合物的内部结构没有固定的周期，但是由多个相同蛋白质组成的复合物往往具有优美的对称性（图3-66）。通过对称性组装，简单的相同的亚基被重复利用，从而构筑成复杂、庞大的复合物。

例如，PCNA（proliferating cell nuclear antigen）是一种DNA钳，促进真核细胞DNA聚合酶在DNA复制时的持续性，对于复制至关重要。PCNA同源三聚体组装成具有三重对称的带正电荷的封闭环状结构，内径约3.0 nm，可以把DNA链夹在环内，让复制机器在DNA链上连续移动而不脱落。

钾通道是形成膜电位、产生神经信号的关键蛋白质。四个钾通道蛋白围成一个具有四重对称性的复合物，复合物中心有一个通道。通道中有一段狭小的区域，其大小正好让位于通道壁的氨基酸残基与K^+形成配位作用，从而选择性地让K^+通过。

有些蛋白质复合物的对称性较为复杂，具有在不同方向上的多重对称轴。例如铁

图 3-66 生物大分子组装的常见对称性

为了显示其对称性，图中各复合物不是以同一比例缩小（从左到右 PDB 编号：1P1Q、1BL8、1FHA、8D15、5SYF）。

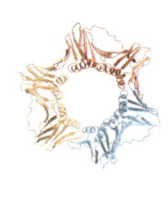

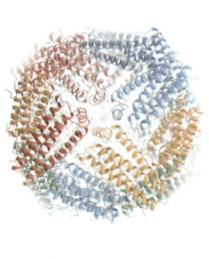
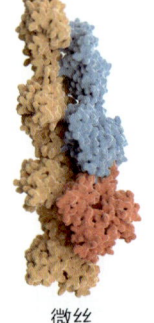
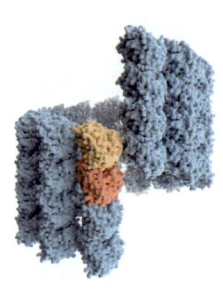

PCNA	钾通道	铁蛋白	微丝	微管
三重对称	四重对称	八面体对称	螺旋对称	螺旋对称

蛋白（ferritin）负责细胞内存储和运输铁元素。24个铁蛋白亚基组装成一个中空的球状复合物。铁蛋白复合物的外壳呈八面体（octahedron）对称，有四重、三重和二重对称轴。铁蛋白外壳围成的球状结构内部直径为 8 nm，可以存储大量的铁离子（磷酸盐和氢氧化物形式）。

螺旋对称性也是一种常见的组装形式。例如，单个的球状肌动蛋白（globular actin）大小只有 5 nm，成百上千的肌动蛋白可组装成具有双螺旋结构的微丝（microfilament），其长度达微米。微丝的一股原丝（protofilament）中，相邻两个肌动蛋白旋转 167°，上升 2.7 nm。微丝的组装一方面提供力学支撑，塑造细胞形状；另一方面引起肌动蛋白结构变化，并激活其 ATPase 酶活性。ATP 结合与水解使得新旧不同的微丝携带不同核苷酸，具有不同的结构稳定性，从而调控细胞骨架的动态行为。类似地，由微管蛋白（tubulin）组装成螺旋对称的微管（microtubule）。微管的重复单元是 α 微管蛋白和 β 微管蛋白异源二聚体。微管直径为 25 nm，提供细胞所需的力学支撑作用，同样具有核苷酸状态依赖的动态不稳定性。

在对称组装方面，病毒是一个突出的例子（图 3-67）。稳定的衣壳结构在保护病毒基因组（DNA 或者 RNA）方面有重要作用。病毒基因组编码几个主要的衣壳蛋白，相同的衣壳蛋白重复出现，形成高度对称的衣壳结构。病毒常出现两种不同的对称性：螺旋对称和二十面体对称（icosahedral symmetry）。螺旋对称导致病毒颗粒包装成杆状，如烟草花叶病毒（tobacco mosaic virus）、埃博拉病毒（Ebola virus）等；二十面体对称导致病毒颗粒包装成球状结构，如引起普通感冒的腺病毒（adenovirus）等。有些病毒有复杂的对称性，例如 T4 噬菌体（T4 phage），具有二十面体对称的头部和螺旋对称的尾部，头和尾还带有其它重要的蛋白质。

正二十面体对称是封闭系统可能产生的最高对称性。它是一种由 12 个顶角及 20 个面组成的多面体，每一个面是一个等边三角形，具有五重、三重和二重对称性。例

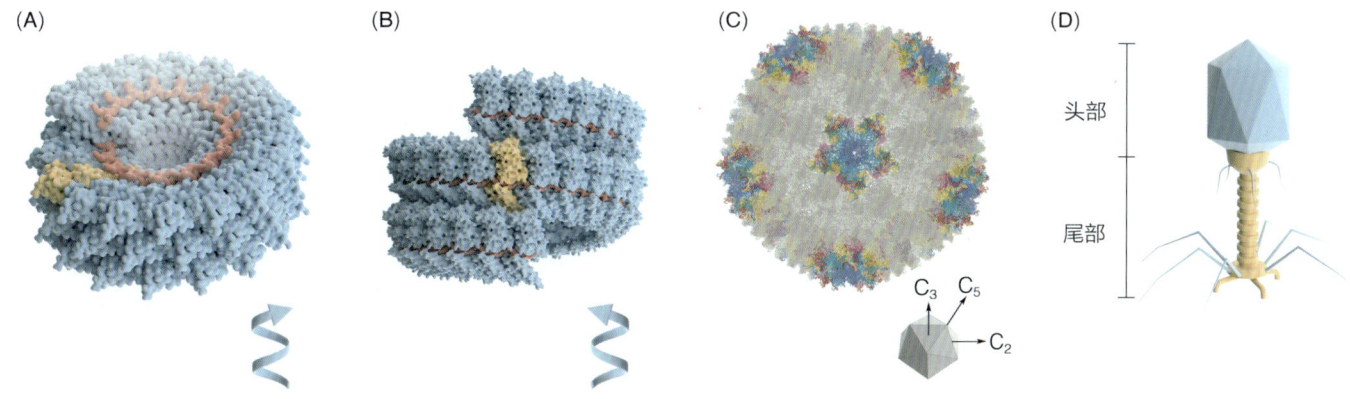

图 3-67 病毒组装的对称性
（A）烟草花叶病毒衣壳结合 DNA（红色）的结构。黄色标记其中一个衣壳蛋白亚基（PDB 编号：2OM3）。（B）埃博拉病毒衣壳结合 RNA（红色）的结构。黄色标记其中一个衣壳蛋白亚基（PDB 编号：5Z9W）。（C）腺病毒衣壳组装成二十面体结构（PDB 编号：3IYN）。下图显示规则二十面体的五重（C_5）、三重（C_3）和二重（C_2）对称轴。（D）完整的 T4 噬菌体结构。

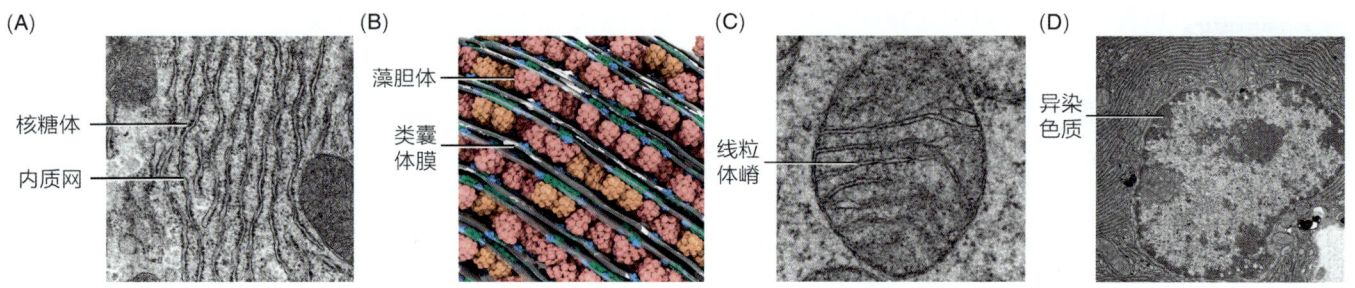

图 3-68 细胞的超结构
（A）粗面内质网上的核糖体阵列的电子显微镜照片。（B）类囊体膜上的藻胆体阵列的电子显微镜断层照片。（C）线粒体的电子显微镜照片，内膜凹陷形成线粒体嵴。（D）细胞核的电子显微镜照片，深色区是异染色质（A、C、D，刘轶群惠赠；B，隋森芳惠赠）。

如，腺病毒衣壳呈二十面体对称，其表面有两种主要蛋白：六邻体蛋白（hexon，每个排列成六边形）和五邻体基质蛋白（penton-base，PB，每个排列成五边形）。人腺病毒的颗粒直径约 100 nm，二十面体的每个面有 4 个六邻体蛋白三聚体，每个顶点上有 1 个五邻体基质蛋白五聚体。人腺病毒是一种广泛传播的病原体，也常用作基因递送的工具。揭示病毒的结构为抗病毒和应用开发提供了基础。

3.4.3　细胞的超结构

多种生物大分子机器可以相互作用，在细胞内形成超结构（ultrastructure），组织成分子社会（molecular society），实现特定细胞功能（图 3-68）。例如，核糖体可以在内质网上排列成有规则的结构。另一个令人惊叹的例子是由藻胆体等组成的光合作用光反应系统在叶绿体组装成密集堆积的有序结构。线粒体同样展现出丰富的超结构，其中与 ATP 合成相关的蛋白质复合物富集在线粒体嵴（cristate）上。类似地，核小体紧密排布形成异染色质，目前尚不清楚这些核小体阵列如何折叠成三维结构。

※ 本章小结

本章介绍了跨越不同尺度的生物结构，从单个的蛋白质、DNA、RNA，到复合物、分子机器，再到分子社会。无论是蛋白质、DNA、RNA，或者各种复合物，组成这些不同结构的底层作用机制是共通的，主要是范德瓦耳斯力、氢键、电荷作用、疏水效应等。不同层次的结构是支撑细胞内各种生物功能的物理基础，而且物质结构的变化产生相应的功能改变。阐明这些结构的特征需要使用不同的生物物理手段和工具，包括晶体学、核磁共振波谱学、电子显微镜学，等等。本书第 4—7 章将简单介绍这些方法，更多的说明见第五部分。

※ 思考题

1. 细胞内各种不同层次结构的形成有什么规律？

2. 在蛋白质-RNA复合体中，RNA一般结合在蛋白质的哪些位置，能否通过它们的序列进行准确预判？

3. 相当一部分肺癌患者中有 *EGFR* 基因的突变，导致细胞过度生长。靶向EGFR蛋白，成为治疗肺癌的重要策略。小分子药物吉非替尼是EGFR激酶活性的特异性抑制剂，取得了很好的临床使用效果。但使用不久，患者会出现抗药性。其中一个原因是 *EGFR* 出现 *T790M* 突变。针对这种情况，新一代的EGFR抑制剂奥希替尼（Osimertinib）被研发出来。请说明奥希替尼为什么能克服 *T790M* 引起的抗药性，同时对正常细胞毒性较少。

4. 氨基酸是构成蛋白质的基本单元，请简要思考一下为什么生物体只选用了20种常见氨基酸就可以合成形形色色的蛋白质，进而发挥它们的生物学功能。

※ 扩展阅读

研究论文

Ban N, Nissen P, Hansen J, et al. The complete atomic structure of the large ribosomal subunit at 2.4 Å resolution[J]. Science, 2000, 289(5481):905-920.

Cho Y, Gorina S, Jeffrey P D, et al. Crystal structure of a p53 tumor suppressor-DNA complex: understanding tumorigenic mutations[J]. Science, 1994, 265(5170):346-355.

Doyle D A, Cabral J M, Pfuetzner R A, et al. The structure of the potassium channel: molecular basis of K^+ conduction and selectivity[J]. Science, 1998, 280(5360):69-77.

Gnatt A L, Cramer P, Fu J, et al. Structural basis of transcription: an RNA polymerase II elongation complex at 3.3 Å resolution[J]. Science, 2001, 292(5523):1876-1882.

Luger K, Mäder A, Richmond R, et al. Crystal structure of the nucleosome core particle at 2.8 Å resolution[J]. Nature, 1997, 389(6648):251-260.

Mahamid J, Pfeffer S, Schaffer M, et al. Visualizing the molecular sociology at the HeLa cell nuclear periphery[J]. Science, 2016, 351(6276):969-972.

Rosenbaum D M, Cherezov V, Hanson M A, et al. GPCR engineering yields high-resolution structural insights into β_2-adrenergic receptor function[J]. Science, 2007, 318(5854):1266-1273.

Wang N, Zhao D M, Wang J L, et al. Architecture of African swine fever virus and implications for viral assembly[J]. Science, 2019, 366(6465):640-644.

Watson J, Crick F. Molecular structure of nucleic acids: a structure for deoxyribose nucleic acid[J]. Nature, 1953, 171(4356):737-738.

Yan C Y, Hang J, Wan R X, et al. Structure of a yeast spliceosome at 3.6-angstrom resolution[J]. Science, 2015, 349(6253):1182-1191.

4 晶体学导论

蛋白质 X 射线晶体学专注于探究蛋白质晶体结构及其功能。当 X 射线束照射到蛋白质晶体上并对其产生的衍射图案进行分析时，可以揭示蛋白质分子中原子排布和结合的详细信息，这对于后续探索蛋白质的功能和相互作用至关重要。此外，借助晶体学数据，可以识别蛋白质与配位化合物、药物或其它小分子的结合模式，这对于药物设计和治疗研究具有重要价值。总体而言，蛋白质 X 射线晶体学在揭示生物分子结构与功能、药物研发、生物技术等多个领域扮演着关键角色，为我们理解生命的奥秘和应用生命科学提供了强大的技术支持。

4.1 由外窥内：通过晶体外形推测其内部结构

4.1.1 晶体的早期研究

"晶体"（crystal）一词源于希腊语 κρύσταλλος，最初的意义是冰，早期主要用于描述透明的冰块。随着时间的推移，这个词汇开始用于描述透明的矿物，尤其是石英。晶体的外表通常呈现出规则的几何形状，如立方体和六角柱等（图 4-1）。晶体在光线传播和相互作用中表现出独特的性质，如双折射和偏振等。晶体的硬度取决于其成分，例如，钻石是自然界中最坚硬的物质之一。此外，晶体还具有特定的热膨胀性、电导性、磁性等物理性质。这些特征使得晶体在科学、技术和美学领域都有着广泛的应用和研究价值。

尽管晶体的规则形状和独特光泽令人着迷，但在 20 世纪以前，由于技术限制，科学家们难以直接观察和研究晶体的内部结构。因此，推断晶体的特性和结构的一种常见方法就是通过观察其外观和表面特征。科学家们会仔细观察晶体的对称性、光滑度、角度和棱角的形状，对矿物晶体进行分类和描述。其中，面角守恒定律（law of constancy of interfacial angle）是一项重要的原理，它指出：在相同的温度和压力条件下生长、具有相同化学组成和内部结构的晶体，其晶面之间的夹角将保持不变。即使晶体的形状和大小有所差异，但如果这些晶体属于同一种物质，那么其晶面夹角始终恒定。这个定律的发现对矿物学和晶体学的发展起到了重要的推动作用。通过观察和测量晶体的夹角，科学家们可以推断出晶体的内部结构和晶胞参数，从而进一步研究晶体的物理和化学性质。面角守恒定律是矿物分类的重要依据，同时也奠定了晶体结构研究的基础。

4.1.2 空间晶格概念的提出及几何晶体学的发展

长久以来，人们一直努力揭示晶体内部结构，尤其是隐藏在其规则外形下的细节。在 17 世纪，罗伯特·胡克（Robert Hooke，1635—1703）和克里斯蒂安·惠更斯（Christiaan Huygens，1629—1695）首次提出了描述晶体最密堆积的理论。他们将球体以六边形最密堆积结构排列在平面上，每个球体有六个邻居（图 4-2，左）。接着在这一层上又放置了第二层球体，这些球体位于下方一层球体的凹陷处（图 4-2，中），

图 4-1 一些矿物晶体样品

方解石

黄铁矿

硫酸铜

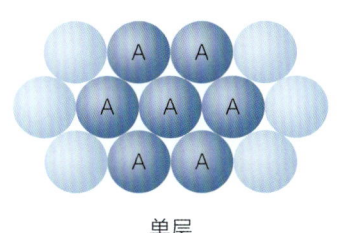 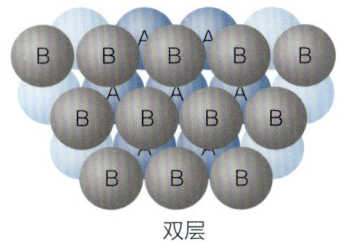 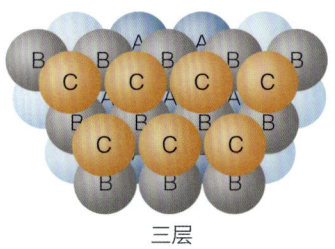

单层　　　　　　　双层　　　　　　　三层

图 4-2　面心立方和六方密堆模型

形成一个与三个下层球体相接触的等边三角形。第三层球体继续堆积在第二层的凹陷处（图 4-2，右）。通过这种方式，他们不断重复堆叠球体，形成多层最密堆积结构。这种方法被称为胡克-惠更斯最密堆积方法，可以模拟出晶体最紧凑的排列方式，确保每个球体尽可能与邻近球体相接触，以最大限度地填充空间。这一方法可解释很多晶体的密集堆积结构，如六方密堆积和面心立方密堆积。

18 世纪末至 19 世纪初，被誉为"现代晶体学之父"的法国科学家雷内-尤斯特·阿雨（René-Just Haüy，1743—1822）提出了"原始晶体"的概念。阿雨认为，每个结晶体都由一系列相继堆积的"原始晶体"构成，并在无外界干扰的情况下，形成了一种规则的几何形状（图 4-3）。这种几何形状具有特定的角度，各面间的角度可以用简单的整数比来表示。阿雨将晶体化学分子的基本概念引入到矿物分类中。他认为不同的矿物种类是由具有不同结晶形状和成分的原始晶体相互堆积形成的。通过观察和研究矿物晶体的形态和夹角，可以推测晶体的成分和结构。阿雨的理论为晶体学的发展奠定了基础，对后续的晶体结构研究产生了深远的影响。

19 世纪中叶，法国数学家奥古斯特·布拉维（Auguste Bravais，1811—1863）提出了空间晶格理论，为现代晶体学奠定了基础。布拉维认为，在三维空间中，晶体内的原子、离子或分子按照规则的方式排列，形成了一种周期性结构。他详细描述了 14 种不同的晶格类型（图 4-4），这些类型被称为布拉维晶格或布拉维格子（Bravais lattice），并用点阵描述其基本结构。根据晶体内对称性元素的组合，晶体可以分为不同类型。例如：旋转、镜面反射和反演等操作可以形成 32 种不同的对称性，这些对称性被称为点群（point group）。每个点群代表一种特定的对称性，可描述晶体的平面、轴线和中心排列方式。这些点群在晶体学研究和结构分析中扮演重要角色。将这 32 个点群的对称操作与平移对称性相结合，可以形成 230 种空间群（space group）。这些空间群描述了在无限格子中排列相同物体的唯一方式。国际晶体表 A 卷（https://it.iucr.org）中罗列了这些空间群的符号、编号，它们的对称操作、起源、反射条件和空间群投影图等信息。

空间群是一种理论概念，用于描述晶体的对称性和周期性特征。它确定了晶体中原子或分子排列的重复模式，并规定了晶体中所有可能的对称操作。X 射线衍射技术的出现为晶体学研究提供了重要的实验工具和证据，推动了空间群理论的广泛应用和进一步发展。关于点

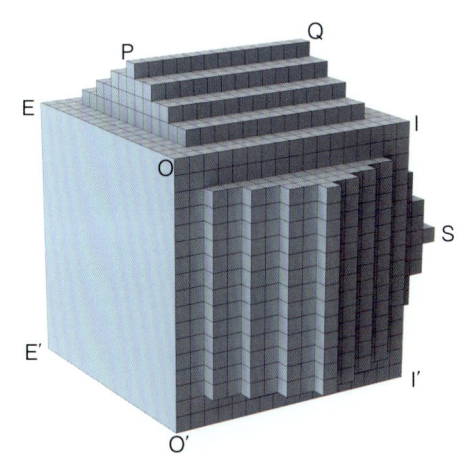

图 4-3　阿雨的晶体模型

图 4-4 七种晶系和十四种布拉维晶格

根据晶胞的对称性和轴长（a、b、c）、轴角（α、β、γ）的关系分为七类：三斜晶系、单斜晶系、正交晶系、四方晶系、三方晶系、六方晶系、立方晶系。在七种晶系中，根据结点分布（简单、底心、体心、面心）进一步细分为 14 种布拉维晶格。底心（C）：仅在单斜和正交晶系中出现，指一对晶面中心有额外结点。体心（I）：晶胞中心有一个结点（如正交、四方、立方）。面心（F）：所有晶面中心均有结点（如正交、立方）。

	P: 简单	C: 底心	I: 体心	F: 面心	
三斜	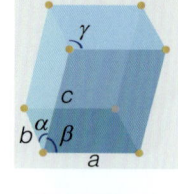				$a \neq b \neq c$ $\alpha \neq \beta \neq \gamma \neq 90°$
单斜	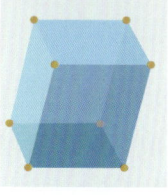	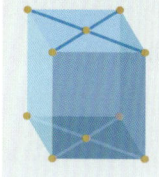			$a \neq b \neq c$ $\alpha = \gamma = 90°$ $\beta \neq 90°$
正交	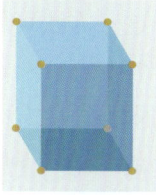	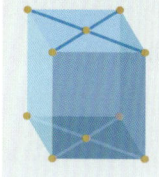	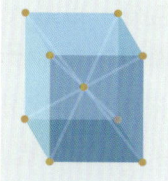	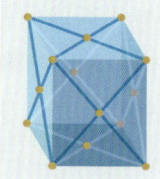	$a \neq b \neq c$ $\alpha = \beta = \gamma = 90°$
四方	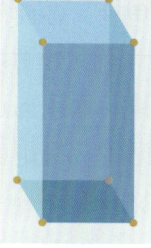		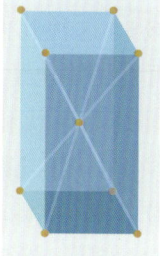		$a = b \neq c$ $\alpha = \beta = \gamma = 90°$
三方	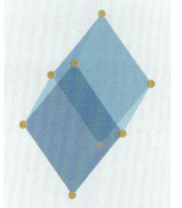				$a = b = c$ $\alpha = \beta = \gamma \neq 90°$
六方	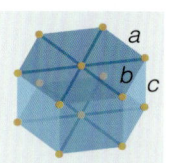				$a = b \neq c$ $\alpha = \beta = 90°$ $\gamma = 120°$
立方	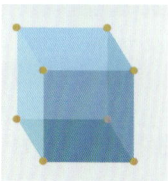		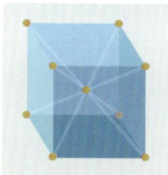	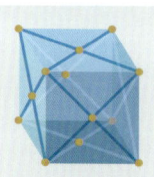	$a = b = c$ $\alpha = \beta = \gamma = 90°$

阵、对称操作和点群的更多信息，我们将在第五部分的第 23 章进行详细介绍。

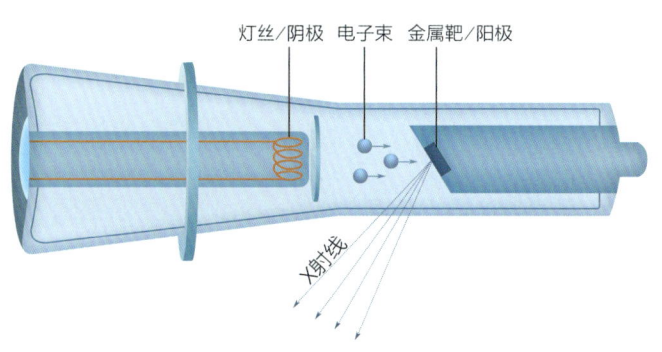

图 4-5 阴极射线管的结构
当阴极灯丝被加热后，释放出的电子在高压电场的作用下迅速飞向阳极与靶碰撞，从而释放出 X 射线。

4.2 实验探索：精确测定晶体

4.2.1 X 射线衍射的发现

1895 年，威廉·伦琴（Wilhelm Conrad Röntgen，1845—1923）在实验室进行阴极射线实验时，偶然发现了一种具有极强穿透力的射线（图 4-5）。这种射线能够穿透人体组织和许多其它物质，从而形成阴影照片。后来被称为 X 射线或伦琴射线。如今，X 射线在科学研究中得到广泛应用，尤其在生物医学领域，可用于分析和测定蛋白质结构，观察某些器官的形态和病变。此外，X 射线还被用于物品检查、工业探伤、鉴定美术古画珍品的真伪等方面。

到了 1912 年，马克斯·冯·劳厄（Max von Laue，1879—1960；知识窗 4-1）了解到晶体中原子的周期性排列模型（图 4-3），并结合托马斯·杨（Thomas Young，1773—1829）的双缝干涉实验，提出了一种大胆而创新的理论。他认为，晶体中原子的周期性排列可以类比为一个三维的光栅结构，这个结构可以对入射光进行衍射，并形成特定的衍射图样（图 4-6A-D）。当入射光照射在单个分子上时，它会被散射成为二次波，这种现象称为漫散射（diffuse scattering）。由于存在探测器噪声，我们还不能准确地记录并利用这些漫散射信号进行原子分辨率结构解析。当多个分子形成一维等间距周期排列时，每个分子散射的二次波互相发生干涉，形成明暗相间的条状图案，这些条纹称为干涉条纹或者干涉图案。分子数越多，干涉信号强度也会增加（图 4-6E、F），推广到三维空间后，干涉图案将形成一些衍射点。

为了验证他的理论，劳厄等人使用铂靶产生 X 射线，并将其照射到硫酸铜晶体上，他们观察到了预期的衍射图样（图 4-7）。这一发现有力地证实了之前提出的晶

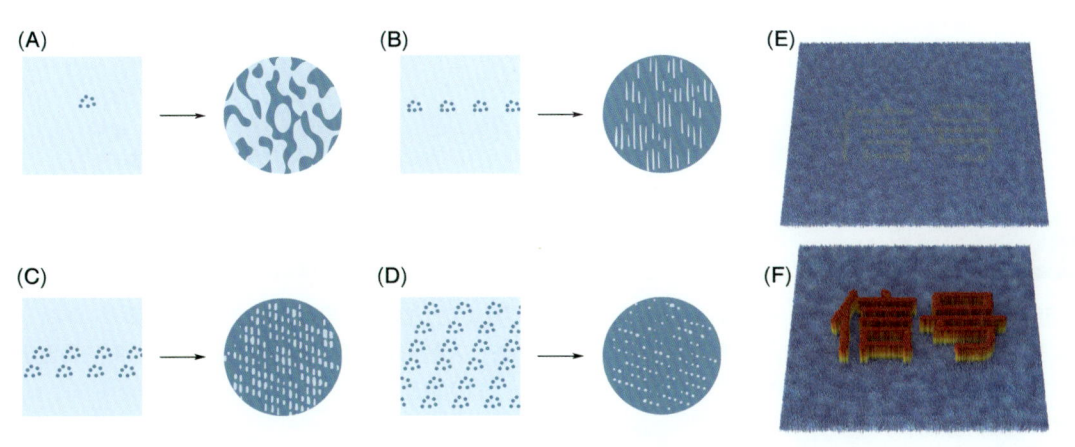

图 4-6 分子的衍射图案
（A）单个分子及其漫散射图案。（B）分子周期性的线性阵列。（C）两排线性分子阵列。（D）二维分子晶格。（E）噪声干扰漫散射信号的检测。（F）分子周期排列引起信号的干涉增强。

> **知识窗 4-1**
>
> ### 马克斯·冯·劳厄
>
> 马克斯·冯·劳厄（1879—1960）出生于德国，于1913年晋升为世袭贵族，他的父亲是普鲁士军事管理部门的高级公务员。劳厄1902年定居于柏林的弗里德里希－威廉大学，开始在马克斯·普朗克的指导下进行博士研究。他于1903年7月获得博士学位，然后返回哥廷根进行为期两年的博士后研究工作。随后，他通过了高中教学所需的考试，取得了高中教师资格。1905年，劳厄成为普朗克助手，并于1906年获得了关于"干涉光束熵"的讲师资格。1909年，他前往慕尼黑，在阿诺德·索默菲尔德（Arnold Sommerfeld）的研究所担任讲师。1912年夏天，他被任命为苏黎世大学理论物理学教授，1914年成为法兰克福大学教授，最终在1919年成为柏林大学理论物理学教授，并一直任职至1943年退休。从1946年到1951年，他担任哥廷根大学物理学教授和马克斯·普朗克物理研究所的代理所长。1951年，他成为柏林－达勒姆的弗里茨－哈伯物理化学研究所所长，直至1958年。劳厄因"发现晶体对X射线的衍射"而于1914年获得诺贝尔物理学奖。1920年，他当选为普鲁士科学院院士，1926年当选为德国自然科学院院士。1948年，国际晶体学联合会成立时，他被选为名誉主席。

体结构模型以及X射线波动性的本质，对于X射线晶体学技术的发展具有重要意义。劳厄的工作奠定了固体物理学和晶体学的基础，为后续研究提供了重要的指导。他的发现也为确定晶体中原子排列的方式提供了关键手段，推动了晶体学的发展。

在对硫酸铜晶体进行实验后，劳厄等人建立了新的实验装置，开始对闪锌矿（ZnS）晶体发射的次级辐射进行初步测试。在实验中，他们获取了一张展示了四重轴对称和两个与其平行的对称面的衍射照片。这张照片直观地展示了晶体晶格的存在，并且证明了晶格本身与衍射图样的形成密切相关（图 4-8）。这项实验结果标志着晶体学的重要突破，不仅提供了对晶体结构的直接证据，还为进一步研究晶体的性质和行为提供了基础。事实上，这张衍射照片成了晶体学研究的经典图像之一，展示了晶体的美丽和复杂性。

 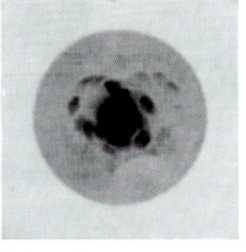

图 4-7 晶体衍射实验装置和第一张X射线衍射照片
左：劳厄使用的实验设备，现存放于德国博物馆。X射线源（左边）是一个克鲁克斯（Crookes）管，它有一个铂阳极。右：第一张硫酸铜晶体的X射线衍射照片。

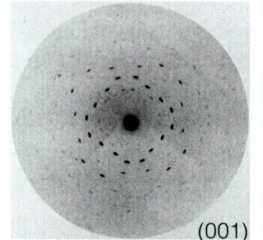 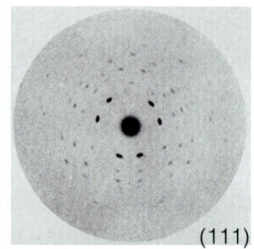

图 4-8 闪锌矿晶体的劳厄衍射图案
左：入射光垂直于（001）晶面。右：入射光垂直于（111）晶面。

4.2.2 X射线结构分析的诞生及布拉格方程

当劳厄的实验结果传到英国后，威廉·亨利·布拉格（William Henry Bragg，1862—1942）和威廉·劳伦斯·布拉格（William Lawrence Bragg，1890—1971；知识窗4-2）父子提出一个假设，旨在解释晶格尺寸和衍射图案之间的数学关系。他们假设入射波在晶体中的平行原子面上发生镜面反射，类似于镀银的镜子，每个平面只反射少量的辐射。根据这一假设，反射角等于入射角（图4-9）。尽管大多数角度照射到晶体表面的X射线束并不会发生增强衍射，原因是与原子碰撞而偏转的X射线会产生相位差（out of phase），从而相互抵消。但当X射线束以特定角度照射晶体，使得晶体中原子层间的距离接近X射线的波长时，偏转的射线将会同相（in phase），并在探测器上产生一个衍射点。基于这个理论，劳伦斯·布拉格推导出了布拉格方程（Bragg equation）：$2d\sin\theta = n\lambda$。该方程描述了X射线波长与晶格距离之间的关系，其中d表示平行晶面间的距离，θ是从镜面开始测量的角度，而n为衍射级数。相邻平行晶面的反射波之间的光程差为$2d\sin\theta$。布拉格定律概述了X射线或其它电磁波在晶体中产生衍射的条件，为确定晶体结构和晶格参数提供了一种高效的方法。通过分析衍射图案、测量衍射角度和波长，我们可以获取有关晶体内部原子排列的重要信息。

劳厄曾假设闪锌矿晶体具有简单立方结构，每个立方体角上均有一个原子。然而，劳伦斯·布拉格提出了一个新的晶体结构模型，即面心立方晶格（图4-10A）。在布拉格的模型中，晶体的每个面心都有原子，而不仅仅是角上有原子。这个模型符合实际晶体结构，并能解释劳厄实验中观察到的衍射现象（图4-10B）。

在此基础上，劳伦斯·布拉格成功地完成了碱金属卤化物的全面晶体结构分析。他利用X射线衍射技术和布拉格定律，确定了这些化合物的晶体结构和晶格参数。通过测量X射线在晶体中的衍射图样，劳伦斯·布拉格能够确定晶体中原子的排列方式和相互作用。他的研究揭示了碱金属卤化物晶体的面心立方结构，并确定了原子之

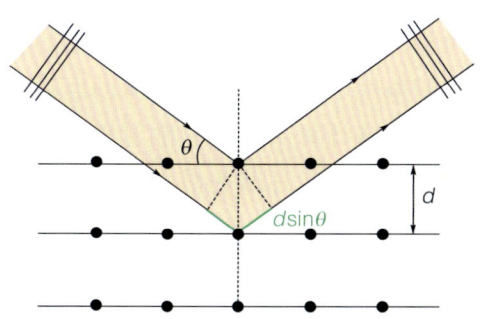

图4-9 布拉格定律
假设入射波从晶体中的平行原子平面进行镜面反射，当来自这些平行原子平面的反射波产生相互干涉时，就会形成衍射束。

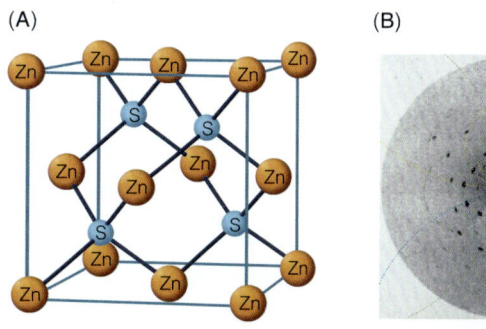

图4-10 布拉格根据闪锌矿面心立方模型解析其劳厄衍射图谱
（A）闪锌矿晶体的面心立方模型。（B）对闪锌矿的劳厄衍射图谱（见图4-8）的解析。

> **知识窗 4-2**
>
> ### 威廉·劳伦斯·布拉格
>
> 威廉·劳伦斯·布拉格爵士（1890—1971）出生于澳大利亚的阿德莱德。1909 年，他与父亲一同移居英国，进入剑桥大学三一学院，并于 1912 年以一等荣誉获得自然科学三一学位。1914 年，他成为剑桥大学三一学院的研究员，在约瑟夫·汤姆孙和父亲威廉·亨利·布拉格的指导下准备论文，并被任命为讲师。第一次世界大战期间，劳伦斯·布拉格在法国地图部门总部担任声音测量技术顾问。1919 年，他被任命为曼彻斯特大学物理学教授，直至 1937 年。1938 年，他成为剑桥大学卡文迪许实验室实验物理学教授，直至 1953 年退休。他的研究主要集中在利用 X 射线和电子显微镜研究金属结构方面，但他也积极推动生物大分子结构的研究，开辟了实验室的新方向。他招募了佩鲁茨、肯德鲁等学者，并在 1953 年的索尔维会议上首次发布了沃森 - 克里克的 DNA 双螺旋模型。他与父亲因"通过 X 射线分析结晶结构所作出的贡献"，共同获得了 1915 年的诺贝尔物理学奖，他成为有史以来最年轻的自然科学诺贝尔奖获得者。1921 年，他当选为英国皇家学会会员，并于 1941 年被封爵士。他与保罗·厄瓦耳一道对国际晶体学联合会的建立发挥了重要作用，并担任该组织的首任主席（1948—1951）。

间的距离和排列方式。这项工作为研究和理解其它化合物的晶体结构提供了重要的方法和技术。

4.2.3　X 射线衍射的几何解释——厄瓦耳球方法

1921 年，保罗·厄瓦耳（Paul Peter Ewald，1888—1985）提出了"厄瓦耳球"（Ewald sphere）理论，为描述衍射光束的方向提供了一种直观的几何解释（图 4–11）。在这一理论中，假设 X 射线照射在点 O_e 上发生衍射，以 O_e 为球心，以 X 射线波长的倒数 $1/\lambda$ 为半径，构建一个球，这个球便是所谓的厄瓦耳球。入射束与球面的交点 O_R 被定义为倒易原点。根据布拉格定律 $2d\sin\theta = n\lambda$，我们可以推导出，在厄瓦耳球面上的每个倒易阵点（x,y,z）对应着可能产生衍射的实空间晶面。倒易阵点的坐标与衍射光束的方向有关，其坐标表示了不同散射角度下的衍射效果。借助厄瓦耳球，我们可以简要确定哪些晶面会产生衍射，并进一步计算出相应的散射角度。这对于分析衍射实验结果和确定晶体结构具有重要意义。厄瓦耳球的引入使衍射的解释更加直观和几何化，为晶体学的发展和研究提供了重要的几何工具。

同时，厄瓦耳引入了倒易空间的概念。倒易空间是晶体学中的一个重要概念，它与实空间相对应。在实空间中，我们描述原子的位置和晶格的结构；而在倒易空间中，我们描述的是倒易晶格的结构和性质。通过对晶体进行傅里叶变换，我们可以将原子在实空间的周期性排列转换为倒易空间中的衍射格点。倒易空间和实空间是对偶空间，实空间的晶格矢量是倒易晶格的倒数。倒易空间的概念在晶体学中具有很大的

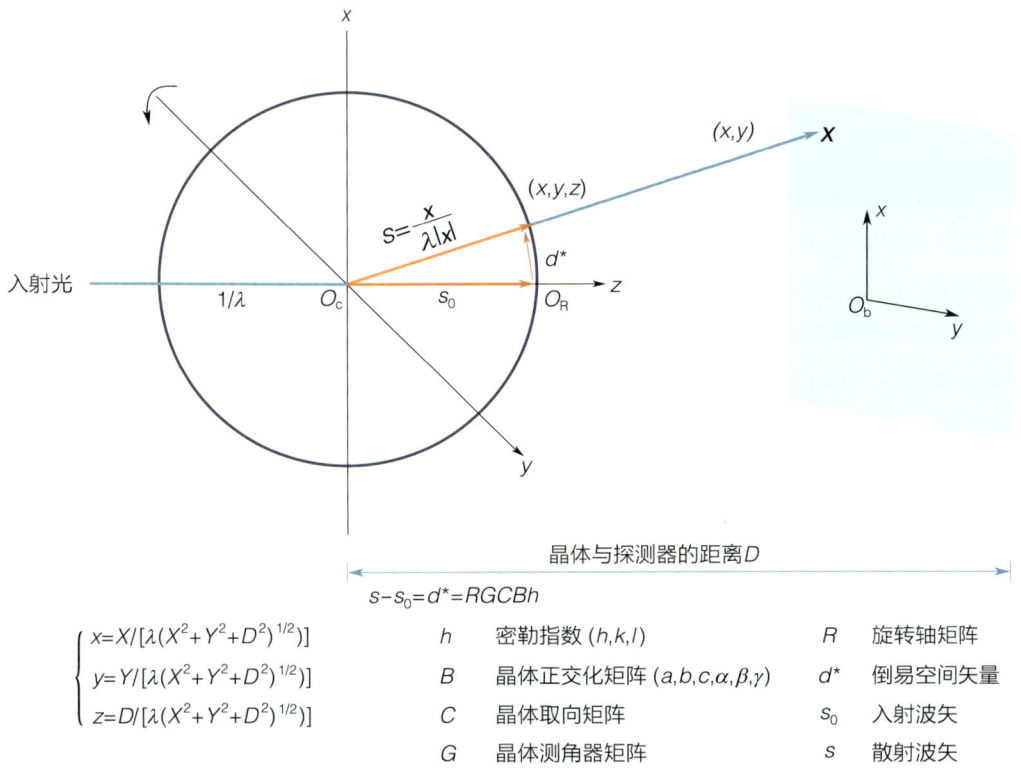

图 4-11 厄瓦耳球的构建
相机的坐标系采用普渡大学的标准。

意义。它提供了一种理解和分析晶体的衍射图样和散射数据的方法。通过研究倒易空间的性质，我们可以推断出原子的排列方式、晶格参数以及晶体的对称性等信息。倒易空间的引入使得晶体结构的研究更加全面和深入，为解析晶体学中的复杂问题提供了有效的数学工具。同时，倒易空间的概念也在其它领域如凝聚态物理和材料科学中得到广泛应用。

4.3 阿贝成像理论与晶体学中的相位问题

在早期的晶体结构分析中，氯化钠等碱金属卤化物以及金刚石都是面心立方晶体，所有的原子位置都可以通过晶格对称性指定。随着解析结构复杂度的增加，除了部分位置可以通过晶格对称性指定外，还有一些参数需要通过衍射点的强度确定，比如黄铁矿（FeS_2）和方解石（$CaCO_3$）晶体包含一个自由参数。为了测定这些结构，布拉格发展了一种称为蝇眼法（Fly's Eye）的方法（知识窗 4-3）。在这个方法中，布拉格首先构建一个可能的晶体模型，然后根据该模型预测产生的衍射图案，并将其与从实验中得到的衍射照片进行比较，以此验证模型的正确性。这种方法在解析透辉石（$CaMg(SiO_3)_2$）和苯的衍生物等结构时，取得了显著的成果。著名的 DNA 双螺旋结构的发现也是利用了这种方法。然而，随着科学家们研究更加复杂的晶体结构，定性的蝇眼法开始显得力不从心。为了更准确地解析复杂的晶体结构，科学家们开始寻找

> **知识窗 4-3**
>
> ### 蝇 眼 法
>
> 蝇眼法最早是由劳伦斯·布拉格提出（Bragg WL, et al. *Nature*, 1945, 156(3959): 332—333）。该方法的步骤是制造出可能产生 X 射线衍射图样的特定结构的光学模拟版本：在金属罩上按照特定结构的图案进行打孔，并反复进行，使强光透过，投影到平面上。由此产生的光学衍射图案可以与实际晶体衍射图案进行比较，从而判断该特定结构是否与晶体的实际结构相匹配。详见 DNA 双螺旋结构的解析：https://physicsopenlab.org/2019/10/01/double-helix-optical-diffraction-pattern/。

> **知识窗 4-4**
>
> ### 傅里叶变换
>
> 傅里叶变换是一种数学工具，能够将函数或信号从时间（或空间）域转换到频率（或倒空间）域。对于时间域的函数 $h(t)$，可以用频率域的函数表示 $H(f)$，其中 f 的范围为负无穷到正无穷。它们之间的关系由傅里叶变换给出：
>
> $$H(f) = \int_{-\infty}^{\infty} h(t) e^{2\pi i f t} dt$$
>
> 以及
>
> $$h(t) = \int_{-\infty}^{\infty} H(f) e^{-2\pi i f t} df,$$
>
> $h(t)$ 和 $H(f)$ 都是复数。然而，在时间域中，如果 $h(t)$ 只能取实数值，那么相应的频率域就需要满足 $H(-f) = [H(f)]^*$ 的对称性，即负频率处的函数值等于其正频率处的共轭。在晶体学中，电子密度分布必须是实数，因此在倒异空间中存在一个中心反演对称。电子密度不仅为实数，还必须大于等于 0，这是直接法和电子密度修正的理论基础。

新的方法。其中，傅里叶变换方法应运而生（知识窗 4-4），它为求解晶体中的电子密度分布提供了一种定量的手段。在晶体学中，傅里叶变换能将衍射图样转换为电子密度分布，进而揭示出晶体的内在结构。然而，傅里叶变换方法并非完美无瑕，它引入了一个被称为"相位问题"的新挑战。在 X 射线晶体衍射实验中，我们可以测量到衍射波的强度，但是无法直接测量到衍射波的相位。然而，恢复电子密度分布需要知道衍射波的完整信息，包括强度和相位。因此，如何从只有强度信息的衍射数据中恢复出相位的信息，成为了晶体学中的一个重要问题。

4.3.1　相位问题的起源

19 世纪末期，德国物理学家恩斯特·阿贝（Ernst Karl Abbe，1840—1905）提出了光学显微镜中图像形成原理，即阿贝成像原理（图 4-12）。根据这一原理，光源发出的光线经过准直透镜或准直镜筒照射到样品上，在后焦面形成一个中间图像，这个中间图像可以看作是样品的傅里叶变换。然后，物镜再对这个中间图像进行反傅里叶变换，实现对样品的收集、放大和成像。然而，在 X 射线成像中，我们面临着一个挑战。由于 X 射线的折射率几乎为 1.0，这意味着 X 射线几乎不会被透镜聚焦。因此，在 X 射线系统中，我们只能获得后焦面的数据，也就是通过探测器记录到的 X 射线强度信息。当我们试图通过反傅里叶变换将这些数据转换回实空间时，我们只能得到振幅信息，相位信息则丢失了。

然而，相位信息至关重要。如图 4-13 所示，如果我们将两位晶体学家、诺贝尔奖获得者赫伯特·豪普特曼（Herbert A. Hauptman，1917—2011）和杰罗姆·卡尔勒（Jerome Karle，1918—2013）照片的相位互换，最终的图像将更像哪一个，完全取决于相位信息。这个例子清楚地展示了相位信息在图像重建中的重要性；此外，丢失的相位信息也是晶体学中所谓的"相位问题"的核心。如何从仅有的衍射数据中恢复相位信息，成为晶体学中的一个重要问题。卡尔勒和豪普特曼发展了解决小分子相位问题的直接法（见 4.3.3.2 节），并因此获得了 1985 年的诺贝尔化学奖。马克斯·佩鲁茨（Max Ferdinand Perutz，1914—2002）和约翰·肯德鲁（John Cowdery Kendrew，1917—1997）发明了同晶置换法，解决了蛋白质晶体的相位问题，并因此获得了 1962 年的诺贝尔化学奖。

4.3.2 晶体的衍射

理想晶体是通过单胞密度和无限延伸的周期性平移点阵的卷积来描述的三维周期性结构（图 4-14）。针对无限延伸的晶格，整个晶体的电子密度 $\rho_{晶}(r)$ 可以表示为单胞的电子密度 $\rho_{单胞}(r)$ 与沿着 a、b、c 方向周期性重复的点阵的卷积：

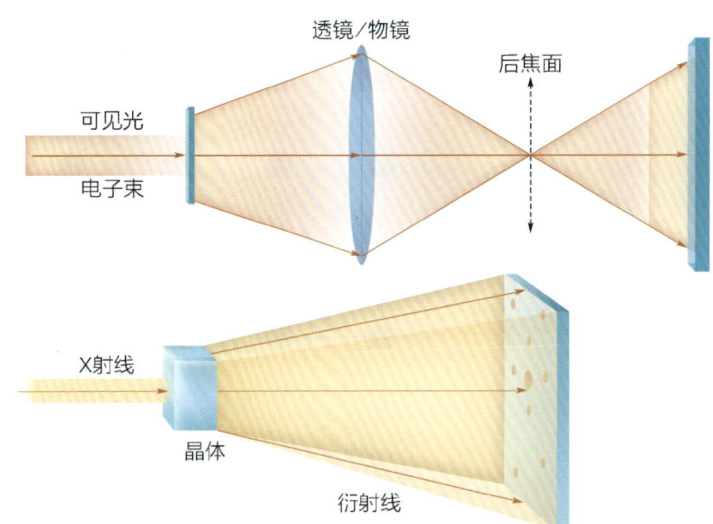

图 4-12 阿贝成像理论和晶体学相位问题

图 4-13 相位信息的重要性

第一排是卡尔勒（左）和豪普特曼（右）的照片，他们因为在解决小分子晶体相位问题上的工作而获得了诺贝尔奖。我们可以将这些照片视为密度图，并计算它们的傅里叶变换，以获得振幅和相位信息。如果我们将豪普特曼照片的相位与卡尔勒照片的振幅结合起来，我们就得到了左下方的图像。右下方的图像则将卡尔勒的相位与豪普特曼的振幅结合起来。显然，相位决定了我们所观察到的内容。当我们考虑使用原子模型的相位时，模型相位的偏差也就非常令人担忧。

图 4-14 晶体的周期平移性形成

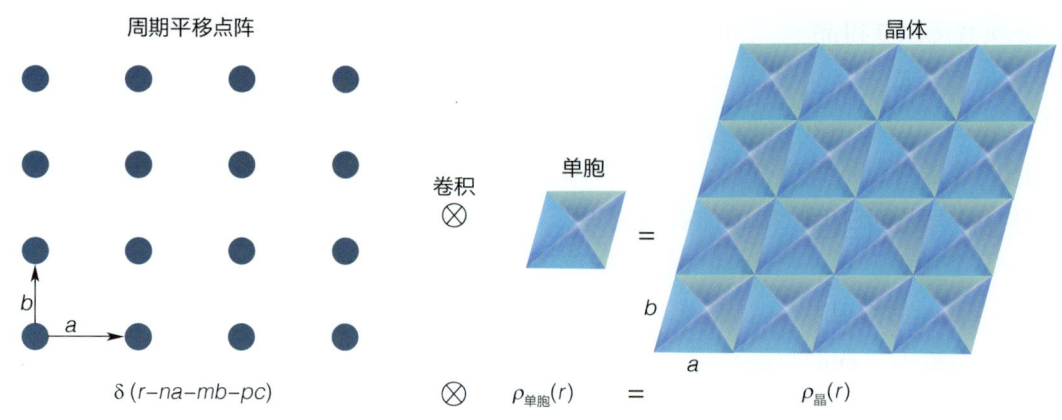

$$\rho_{晶}(r)=\sum_{n=-\infty}^{\infty}\sum_{m=-\infty}^{\infty}\sum_{p=-\infty}^{\infty}\rho_{单胞}(r)*\delta(r-na-mb-pc)。 \quad (4-1)$$

其中 a、b、c 是晶胞矢量，n、m 和 p 是整数，代表实空间的分数坐标，δ 是狄拉克 δ 函数。根据阿贝成像理论，晶体的弹性相干散射是对 $\rho_{晶}(r)$ 的傅里叶变换。根据傅里叶卷积定理，两个函数的卷积的傅里叶变换是单个函数的傅里叶变换的乘积（知识窗 4-5），故有

$$\hat{F}[\rho_{晶}(r)]=\sum_n\sum_m\sum_p\hat{F}[\rho_{单胞}(r)]\hat{F}[\delta(r-na-mb-pc)]。$$

实空间中的狄拉克 $\delta(r-na-mb-pc)$ 函数的傅里叶变换是倒易空间中的狄拉克 $\delta(S-ha^*-kb^*-lc^*)$ 函数，代表了倒易晶格，其中 h、k、l 是倒易空间的分数坐标：

$$\hat{F}[\rho_{晶}(r)]=\hat{F}[\rho_{单胞}(r)]\sum_n\sum_m\sum_p\delta(S-ha^*-kb^*-lc^*)。 \quad (4-2)$$

因此，晶体的散射 $\hat{F}[\rho_{晶}(r)]$ 与单胞的散射 $\hat{F}[\rho_{单胞}(r)]$ 成正比，并且仅在离散的散射矢量方向上发生：

$$S=ha^*+kb^*+lc^*。$$

实验测量了倒易空间的衍射振幅 $|F(hkl)|$ 后，再重现相位信息 $\phi(hkl)$，通过反傅里

知识窗 4-5

卷 积

卷积是一种积分变换的数学方式，两个时间域函数 $h(t)$ 和 $g(t)$ 的卷积一般表示为

$$g*h=\int_{-\infty}^{\infty}g(\tau)h(t-\tau)\mathrm{d}\tau。$$

卷积的物理意义是：一个函数 g（如：晶胞）在另一个函数 h（如：平移点阵）上的加权叠加。卷积定理是傅里叶变换的一个重要性质，它表明两个函数在时间域的卷积对应于频率域中的乘积，如果 F 表示傅里叶变换，那么

$$F(g*h)=F(g)\times F(h)。$$

叶变换就可以获得晶胞内的电子密度分布函数 $\rho(xyz)$：

$$\rho(xyz) = \frac{1}{V}\sum_h\sum_k\sum_l |F(hkl)|\cos 2\pi[hx+ky+lz-\phi(hkl)]。$$

4.3.3 晶体相位求解的方法

X射线晶体衍射实验中丢失的相位信息可以通过帕特森法（Patterson method）或直接法（direct method）求解。这两种方法常用于小分子晶体学的相位求解，或者蛋白质晶体学中重原子或者反常散射原子位置坐标的求解。Shelx程序包集成了帕特森法和直接法，是目前使用最广泛的结构分析软件，在我们研究晶体性质时发挥着至关重要的作用。

（1）帕特森法

由于相位信息无法通过实验直接观测到，阿瑟·帕特森（Arthur Lindo Patterson，1902—1966）提出，直接对衍射强度进行傅里叶变换：

$$P(r) = \hat{F}^{-1}(I(h)) = \hat{F}^{-1}(|F(h)|^2) = \frac{1}{V}\sum_h |F(h)|^2 e^{-2\pi i hr}。$$

然而，

$$|F(h)|^2 = F(h)F^*(\overline{h}) = \sum_{j=1}^{N}\sum_{k=1}^{N} f_j f_k e^{2\pi i h(r_j - r_k)}。$$

正如上式所示，$|F(h)|^2$ 也可视为倒易空间中的结构因子。在实空间中，它是由位于位置 $r_j - r_k$ 的散射体和散射因子 f_j, f_k 的结构构成。帕特森函数是根据晶格中原子位置之间的差异计算得出的一种函数（图4-15），具有以下特点：

① 帕特森晶胞与晶体晶胞相同。

② 由晶胞中 N 个原子形成的晶体的帕特森函数将显示 N^2 个峰值（即所有可能的

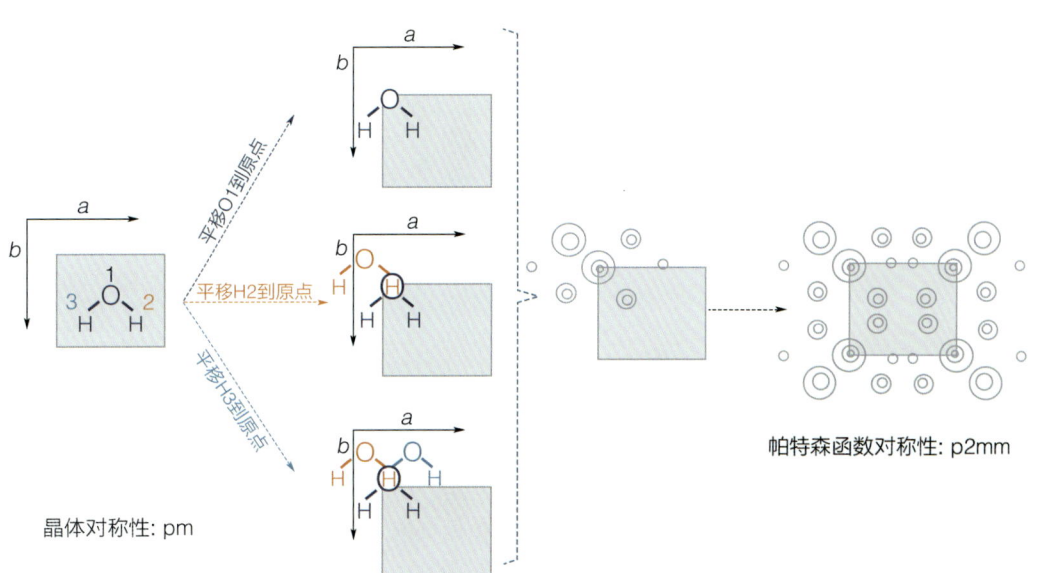

图4-15 晶体与帕特森函数的关系

原子间矢量），即使不考虑每个原子与自身的矢量，峰值数量也为 $N^2–N$。

③ 峰值的高度与参与原子的原子数的乘积成比例，这在检测结构中较重原子时提供了很大的优势。

④ 帕特森函数的对称性可以通过去除每个对称操作的平移部分并添加一个中心反演进行推导。

利用帕特森重叠方法（Patterson superimposition method），可以获得单个晶体的电子密度分布（图 4-16），其中包括求和函数、乘积函数以及广泛使用的最小值函数。在蛋白质晶体学软件 SOLVE 中，寻找重原子或者反常散射原子位置的方法是通过帕特森最小值函数重叠法实现的，简称为 HASSP。在 Shelxd 程序首次应用双空间迭代法之前，初始原子位置的种子生成也可以通过帕特森最小值函数重叠法获得。

帕特森法被用于解析多个含有重原子的晶体结构，如铂酞菁（platinum phthalocyanin）和胆固醇碘化物结构。尽管一些晶体中存在重原子，但它们并未占据主导地位，这对于使用帕特森法解析结构构成了挑战。多罗西·霍奇金（Dorothy Crowfoot Hodgkin，1910—1994）凭借毅力和化学直觉，成功利用帕特森法解析了具有挑战性的结构，如青霉素和维生素 B_{12}，从而获得了 1964 年的诺贝尔化学奖。

（2）直接法

然而，大多数有机分子的原子（如碳、氮和氧，氢的散射强度较弱通常可以忽略不计）仅展现出近似相等的散射强度，因此，引入重原子并不总是那样简单。幸运的是，随着晶体学直接法的进步，对解决相位问题的需求得到了满足。直接法的发展可以追溯到哈克－卡斯珀（Harker-Kasper）不等式和卡尔勒－豪普特曼（Karle-Hauptman）行列式不等式的早期研究。通过塞尔（Sayre）、科克伦（Cochran）和查哈里阿森（Zachariasen）引入的符号关系，以及豪普特曼和卡尔勒撰写的美国晶体学会专论，这些方法在处理中心对称结构时的适用范围显著扩大。1952 年，塞尔基于原子性，推导出了适用于中心对称和非中心对称结构的结构因子 $F(h)$、$F(h')$ 和 $F(h-h')$

图 4-16 帕特森函数重叠法

将（A）中帕特森函数复制一份，沿着红色箭头平移到原点，然后与原始的帕特森函数重叠，得到（B）。在（B）中抹去单独的、较低的峰，得到（C）。再次复制原始的帕特森函数（A），并沿着绿色的箭头平移，然后与（C）重叠，得到（D）。清除较低的峰，就可以获得晶体的结构。

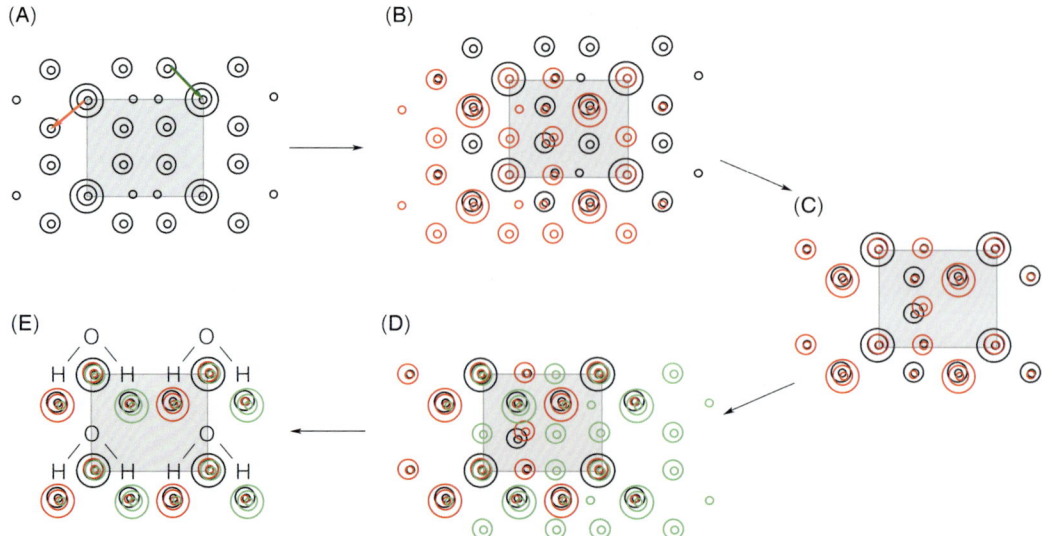

之间的确切方程，即塞尔等式，其中 $h=(h, k, l)$ 是倒易矢量。1950 年，卡尔勒和豪普特曼提出了基于正定性行列式因子的结构因子 $F(h)$、$F(h')$ 和 $F(h-h')$ 相位之间的关系：对于振幅足够大的 $|F(h)|$、$|F(h')|$ 和 $|F(h-h')|$ 的三元组，相位关系 $\varphi(h) \approx \varphi(h') + \varphi(h-h')$ 大致成立。基于三相位不变量，最终推导出了一个著名的正切公式：

$$\tan\varphi_h = \frac{\sum_{h'} \kappa_{h,h'} \sin(\varphi_{h'} + \varphi_{h-h'})}{\sum_{h'} \kappa_{h,h'} \cos(\varphi_{h'} + \varphi_{h-h'})},$$

$$\kappa_{h,h'} = 2\sigma_3 \sigma_2^{-3/2} E_h E_{h'} E_{h-h'}。$$

其中，E_h 是归一化结构因子。该公式以已知的部分相位为基础，通过使用三相位不变量关系式，可以推导出剩余的相位值。直到 1964 年，卡尔勒夫妇才使用他们的符号加法程序（symbolic addition）首次用直接法解决了第一个非中心对称结构。计算机的问世使得自动解决方法如 MULTAN、SHELX 成为解决小结构的主要工具。它们已成功解决了大量晶体结构的相位问题，从而使药物分子结构分析成为一种常规的研究手段。在后续的研究中，豪普特曼引入了双空间（dual space）的概念，这极大地增强了直接法的能力，使其可以解析包含更多原子的晶体结构。

1985 年诺贝尔化学奖授予两位直接法先驱者豪普特曼和卡尔勒，这是对这些方法在晶体学特别是在科学领域中所获得重要性的认可。

4.4 劳厄衍射、布拉格单色仪法的区别

在晶体衍射实验中，一个关键的考虑是如何将倒易晶格点映射到厄瓦耳球的表面上，或者如何调整厄瓦耳球的半径，以便不同的衍射点能够落在其球面上。实现这一目标主要有两种方法：劳厄法和布拉格单色仪法。

4.4.1 劳厄法

使用固定晶体和连续波长光谱（也称为白光辐射）的方法被称为劳厄法（Laue method）。在这种方法中，晶体保持静止，连续频谱的 X 射线照射在晶体上，不同的晶面会筛选出并偏转不同波长的 X 射线。在厄瓦耳球模型中，每一个波长都会形成一个厄瓦耳球，因此，连续波的波长将形成连续的多个厄瓦耳球，而晶体的倒易空间点是离散的。当某个倒易空间点接触到某个厄瓦耳球时，在相应方向上会发生衍射（图 4-17）。然而，劳厄法存在一个主要挑战，即一张照片上记录了多种波长的衍射点，这可能导致衍射点过于密集，甚至有时会发生重叠，给结构分析带来困难。因此，这种方法通常只在需要快速收集衍射数据的特殊应用中使用，特别是在衍射受到某些方式影响的情况下（例如：微小的晶体或对氧气、湿度高度敏感的样品）。该方

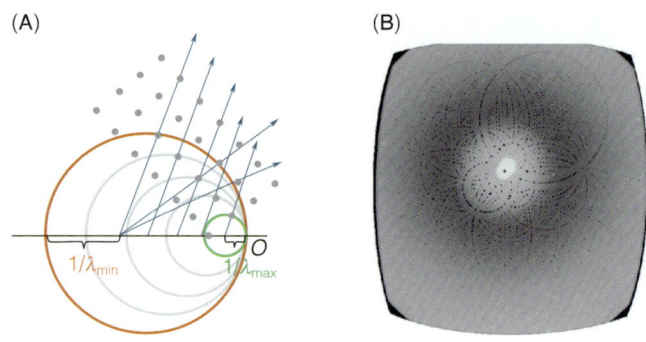

图 4-17 劳厄衍射技术中的厄瓦耳球的构造
（A）最大球的半径为 $1/\lambda_{min}$，最小球的半径为 $1/\lambda_{max}$。分辨率球的半径为 $1/d_{min}$。在阴影区域内的倒易晶格点会引起衍射。（B）一幅劳厄衍射图像。

法获得的优势主要是双重的。首先，由于单个图像上可以有比单色实验更多的衍射点，因此有可能在单个图像上获得一个有用的完整数据集。只要已知底层结构，劳厄实验收集的数据（可能只有 50%~70% 的完整性）就足以明确识别配体。其次，由于同步辐射的衍射图样可以由单个电子束团的辐射形成，因此可以观察到非常短时间尺度上的变化，达到皮秒级别。在 20 世纪 80 年代中期到晚期，人们投入了相当大的努力来发展同步辐射上的劳厄晶体学，用于收集蛋白质数据。由于当时的样品几乎普遍处于室温，单色方法需要在数小时内收集多张衍射图像，然而晶体总是显示出明显的辐射损伤。单个劳厄曝光所关联的极短曝光时间和实质的完整性意味着可以避免这种情况。

处理劳厄实验的图像比使用单色辐射进行数据收集的图像要复杂得多，这主要是由于每个单独数据的波长依赖性。只要事先知道晶体对称性和单位细胞尺寸，这个困难就可以克服。目前同步辐射的主要实际问题是，鉴于处理数据的软件和计算资源的状态，全世界可用于该技术的光束线非常少。

4.4.2 布拉格单色仪法

为了解决劳厄法中衍射点过于密集的问题，研究者们选择使用固定的厄瓦耳球，这需要选取特定的波长（单色辐射），并通过旋转晶体使不同的倒易晶格点进入衍射状态，此方法被称为单色法。晶体围绕与入射 X 射线束垂直的轴旋转，即单轴仪器中的 φ 轴和多圆仪器中的 ω 轴；将旋转轴如此定位的额外优点是可将盲区的尺寸最小化。这种方法被称为旋转法（rotation method）。旋转法是在大分子晶体学中记录衍射数据的最常用方法（图 4-18）。在实际操作中，家用衍射仪通常使用波长为 1.5418 Å 的 Cu Kα 射线作为入射光源。晶体被放置在测角仪上，并以恒定的速度进行旋转。在旋转过程中，入射线与晶体中的不同晶面发生相互作用，从而产生衍射。利用 X 射线探测器，研究者们可以记录晶体在不同旋转角度时的衍射图像。这些衍射图像是由晶体中的原子散射形成的，可以提供丰富的信息，帮助我们理解其内部结构并进行解析。

衍射图像收集完成后，自从布拉格使用离子化室技术来确定简单盐类结构以来，估计衍射点的强度一直是结构生物学的一个组成部分。现代数据处理可以分为一系列步骤：

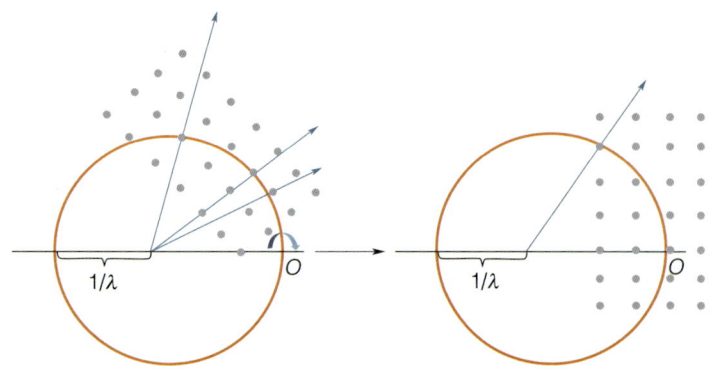

图 4-18 布拉格单色仪法

① 自动指标化。这需要一个峰提取程序，然后分析峰的位置以确定单位细胞尺寸、布拉维格子和晶体取向。

② 相机参数的预校正（晶体到探测器的距离，相对于振荡方向的扫描方向，探测器偏离 X 射线束正射的倾斜角度），晶体取向和有效镶嵌扩散（实际镶嵌扩散与束流发散的卷积）。

③ 通过剖面拟合进行强度积分，假设衍射位置是根据预校正的相机和晶体参数计算得出的。[可以为每个衍射点估计误差；可以应用重叠和过载（探测器的非线性响应）校正；可以计算衍射的部分性。]

④ 洛伦兹和偏振校正，然后归约到倒易空间中的唯一不对称单位（这依赖于劳厄群）。然后需要根据它们在倒易空间中选定的不对称单位的指标对衍射进行排序。这便于比较对称相关的衍射，它们将在衍射列表中相邻。

⑤ 对称相关和重复测量的衍射强度确保相等，使得数据内部一致（假设已经确定了正确的劳厄群）。在最终数据处理后，分析观测衍射点强度之间的差异，可以作为数据质量的指示，但不一定表明其绝对正确性。

大分子晶体结构的质量在一定程度上取决于数据的质量和数量。那么，如何利用数据质量指标来选择高分辨率截止值以获得最佳模型呢？数据精度的通用指标包括：

（1）R_{merge}

传统的内部一致性度量是 R_{merge}（也称为 R_{sym}），其定义如下：

$$R_{\text{merge}} = \frac{\sum_h \sum_l |I_{hl} - \langle I_h \rangle|}{\sum_h \sum_l \langle I_h \rangle},$$

即对所有衍射 h 的观察强度 I 求和。但这种方法存在一个缺点，那就是即使通过平均更多的观测点来改善合并数据，它也会随着数据冗余性的增加而增加。

（2）$CC_{1/2}$

引入 $CC_{1/2}$ 来评估合并数据的精度，它是独立观测集之间的皮尔森（Pearson）相关系数（CC）。完全相关数据与反相关数据的 CC 值范围为 1～-1，但对于指标化正确的数据，这些指标的范围应该从接近 1 的高度精确数据到接近 0 的非常不精确数据。基于 CC 的指标的一个优点是，它们具有经过充分研究的统计特性，因此，给定一个 CC 值和有多少观测结果对其有贡献，就可以计算出该值偶然出现的概率，即零假设成立的可能性有多大。类似地，通过关联两个半数据集产生的强度值，在分辨率壳层中计算出 $CC_{1/2}$，它提供了可辨别信号水平的无模型经验测量，相当于冷冻电镜研究中判别分辨率的傅里叶壳层相关统计。

4.5 蛋白质晶体学的发展

4.5.1 胃蛋白酶晶体的 X 射线衍射照片

1934 年 4 月，约翰·贝尔纳（John Desmond Bernal，1901—1971）获得了一些胃蛋白酶（pepsin）的晶体。当他首次将这些晶体置于 X 射线下时，并未观察到预期的衍射图像，而只得到了一个模糊的图像，与前人在处理蛋白质晶体时得到的结果类似。然而，贝尔纳并没有放弃。他通过显微镜观察发现，当晶体从母液中取出时，它们会发生变质，变得发白且失去双折射现象。这让贝尔纳意识到，为了保持晶体的完整性和活性，必须将其保持在母液中。于是，他用一个薄壁玻璃毛细管装载了一颗湿晶体，并成功保持了其透明度。当这颗晶体再次置于 X 射线下时，就产生了优秀的衍射图案，胶片上布满大量的衍射点。在这项工作中，贝尔纳得到了霍奇金的帮助。她协助贝尔纳通过测定晶胞尺寸、空间群等特征来表征 X 射线照片。1934 年 5 月，他们在 Nature 杂志上发表了来自蛋白质晶体的第一张 X 射线照片。完成这项工作后，霍奇金回到了牛津，在那里她通过解析胆固醇、青霉素、维生素 B_{12} 和胰岛素的 X 射线晶体结构，为结构生物学作出了杰出的贡献。因此，与剑桥的同事们一起，她被认为是蛋白质晶体学的创始人之一。然而，在使蛋白质结构测定成为可能的过程中，还缺少一个至关重要的信息——相位。解决蛋白质晶体学中的相位问题几乎需要额外 20 年的时间。以下只介绍蛋白质晶体学的发展历程，更详细的蛋白质晶体学相位问题的解析方法，包括同晶置换法、反常散射法、分子置换法等，会在第五部分的第 23 章中进行详细介绍。

4.5.2 多对同晶置换法的诞生

1936 年，来自奥地利的年轻研究生佩鲁茨（知识窗 4-6）加入了贝尔纳的团队。佩鲁茨获得了血红蛋白的蛋白质晶体，并在团队成员的帮助下确定了晶体的基本参数，包括晶胞尺寸和空间群。高质量 X 射线图案清晰展示了晶体中的蛋白质分子结构，但进一步解析这些结构并不容易。佩鲁茨尝试了各种相位求解方法，如帕特森法和直接法，但对于如此大的蛋白质分子，这些方法都未能提供正确的相位。直到 1953 年，佩鲁茨开始研究一种早已被讨论和使用过的方法。这种方法的基本思路是引入重原子到分子中，结晶改性分子，以获得略有改变的 X 射线衍射强度。这种方法已经成功地应用于较小的分子，但没有人认为它适用于如血蛋白这样巨大的分子。即使是具有 80 个电子的重原子，也不被期望会对含有一千个或更多轻原子的分子的衍射图案产生可测量的变化。然而，佩鲁茨没有放弃。他成功地结晶了血红蛋白的汞化合物"衍生物"，并将其中的一个晶体暴露在 X 射线下。当他显影照片时，与未经改性的蛋白质晶体的衍射强度相比，他都可以看到明显的变化（图 4-19）。汞原子并没有在衍射图案中占主导地位，而仅仅是改变了"未经改性"的胶片上的强度，产生了微小但可

知识窗 4-6

马克斯·佩鲁茨

马克斯·佩鲁茨出生于奥地利，后来成为英国一位杰出的生物化学家。因为对血红蛋白结构进行了开创性的 X 射线衍射分析，他与约翰·肯德鲁共同荣获了 1962 年的诺贝尔化学奖。佩鲁茨曾在维也纳大学和剑桥大学接受教育，并于 1940 年获得博士学位。在剑桥大学的研究生涯初期，他于 1937 年加入了著名的卡文迪许实验室，并成功拍摄了血红蛋白晶体的首批 X 射线衍射图像。

随后，他利用 X 射线晶体学进行了血红蛋白结构的研究。1947 年，佩鲁茨与肯德鲁共同在剑桥创建了医学研究委员会（MRC）下研究生物系统分子结构的部门，佩鲁茨担任该部门的负责人。从 1962 年起，该部门成为 MRC 的"分子生物学实验室"（LMB），佩鲁茨继续担任负责人直到 1979 年退休。

测量的差异，可以用于确定相位。然而，实际上，需要两种不同的衍生物（理论上）才能计算出唯一的相位。这就是多对同晶置换法（multiple isomorphous replacement，MIR），该方法被用于解析蛋白质晶体的原子结构。

佩鲁茨的学生肯德鲁（知识窗 4-7）在获得博士学位后，决定将他的研究重点从血红蛋白转移到体积只有其四分之一但功能密切相关的肌红蛋白上。血红蛋白由四个蛋白链和四个血红素基团组成，其作用是将氧输送到细胞中，而单链肌红蛋白只有一个血红素基团，在肌肉中储存氧气（作为氧气的储备）。肯德鲁选择这个新的项目可能是因为确定这种较小分子的结构会更容易，且由于它和血红蛋白在功能上如此密切相关，有可能在这两种结构之间进行有趣的比较。

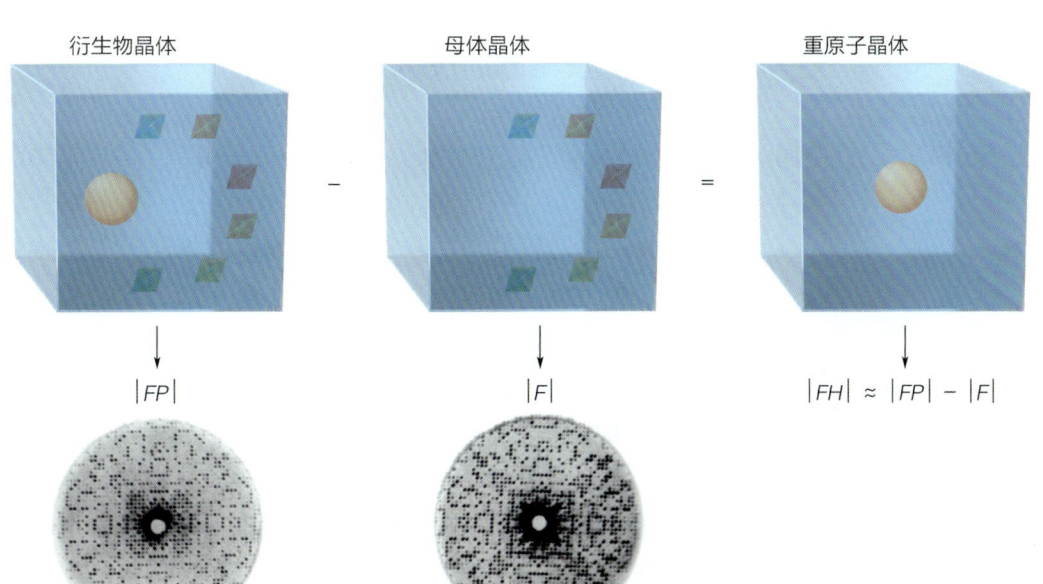

图 4-19 同晶置换法

在这个"假想实验"中，我们考虑了从完全同晶的衍生物晶体中减去一个天然蛋白质晶体的情况。这样做相当于将实空间中的轻原子"抵消"，只留下重原子在差异晶体中。尽管我们无法制备出差异晶体，但我们可以通过观察衍生物和天然蛋白质晶体实验数据之间的差异来推导一个"差异衍射模式"。这个模式在倒易空间中具有相同数量的衍射，但代表了一个更简单化的"差异晶体"情景。

> **知识窗 4-7**
>
> ### 约翰·肯德鲁
>
> 约翰·肯德鲁爵士 1917 年出生于英格兰牛津郡，1997 年于剑桥郡去世，是一位英国生物化学家，他确定了肌肉蛋白肌红蛋白的三维结构，这种蛋白在肌肉细胞中储存氧气。由于他的成就，他与佩鲁茨共同获得了 1962 年的诺贝尔化学奖。肯德鲁在剑桥大学三一学院接受教育，并于 1949 年获得博士学位。1946 年至 1947 年，他与佩鲁茨共同创立了剑桥医学研究委员会分子生物学单位。他们使用 X 射线晶体学技术来研究蛋白质的结构，其中佩鲁茨研究血红蛋白，而肯德鲁试图确定相对简单的肌红蛋白的结构。到 1960 年，随着特殊衍射技术的使用和计算机帮助分析 X 射线数据，肯德鲁能够获得肌红蛋白分子中氨基酸单元排列的三维模型，这是首次在蛋白质领域完成此类成就。

肯德鲁决定使用佩鲁茨的多对同晶置换法来求解相位。在制备并测试了大量衍生物后，他最终成功地制备了五种化合物，这些衍生物的衍射强度与未修饰的蛋白质晶体相比呈现出合理的强度变化。肯德鲁使用帕特森法确定了重原子的位置，同时使用手绘的相位图进行相位求解。最后，他使用 400 个来自未经改性晶体的测定强度数据和相应的相位来计算电子密度。根据计算的电子密度图，他构建了分辨率为 6 Å 的肌红蛋白分子模型（图 4-20A）。这一研究成果在 1957 年初完成，并于次年发表在 *Nature* 杂志上。这是第一张蛋白质分子结构的图像，后来在 1959 年，肌红蛋白（分辨率为 2.0 Å；图 4-20B）和血红蛋白（分辨率为 5.5 Å）的高质量结构测定也随之完成。1962 年佩鲁茨和肯德鲁因对肌红蛋白和血红蛋白结构的研究而获得了诺贝尔化学奖。至此，蛋白质晶体学的方法已经全面建立，更多重要的蛋白质结构随后被解析出来。

4.5.3 同步辐射光源与多波长反常散射技术

在 20 世纪 40 年代，科学家首次观察到，在磁场中受到加速的带电粒子能够产生电磁辐射（图 4-21A），这种现象被称为同步辐射源。它所产生的辐射强度非常高，比传统的 X 射线管要强几个数量级。然而，直到 20 世纪 70 年代，人们仍然普遍怀疑生物样品是否能够承受同步辐射光源产生的高强度 X 射线。1976 年，一项实验对在同步辐射光束中的蛋白质晶体的稳定性进行了测试，结果令人鼓舞。所有不同蛋白质（包括红色氧化蛋白、蓝铜蛋白、神经生长因子和 L-谷氨酰胺酶）的晶体在测试中仅受到了相对较小的辐射损伤，足以获得高质量的衍射图像。因此，这个实验确立了使用同步辐射来确定生物

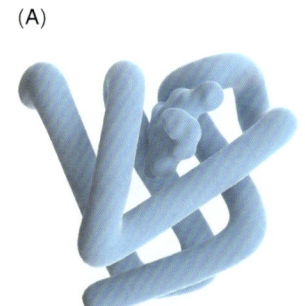

图 4-20 肌红蛋白的结构
（A）6 Å 分辨率的电子密度图。（B）2 Å 分辨率的结构。

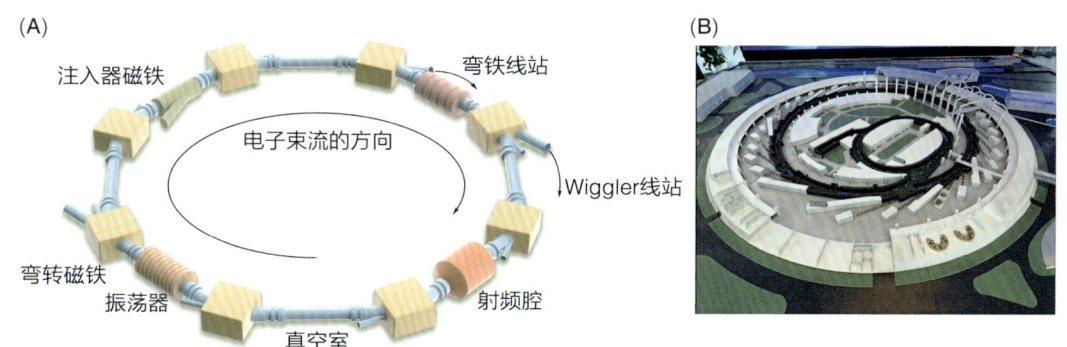
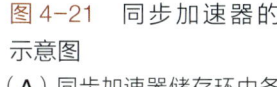

图 4-21 同步加速器的示意图

（A）同步加速器储存环中各基本组件的位置。在小型电子枪或注入器（injector）中产生的电子首先经过助推环（booster）进行预加速，然后再注入储存环中。射频发生器（radio-frequency generator）或脉冲补偿器（kicker）可补偿电子环绕过程中的能量损失，以保持其恒定能量。弯曲磁铁（bending magnet）作为插入装置位于直线段中，产生切向的白色（多色）X 射线束，将其单色化，最终到达装有衍射设备的实验舱（hutch）。（B）上海同步加速器的布局。

分子晶体结构的可行性。2008 年上海同步辐射光源的建成为我国结构生物学发展做出了巨大的贡献（图 4-21B）。同步辐射的主要优势之一是高强度，这使得数据收集更加高效，研究人员可以从较小的蛋白质晶体中获得高分辨率的衍射图像，这对于难以结晶的蛋白质或难以形成大晶体的蛋白质尤为重要。此外，同步辐射束的高强度还减少了数据收集所需的曝光时间，从而最大限度地减少了对蛋白质晶体的辐射损伤。同步辐射在高分辨率蛋白质结构研究中发挥着重要的作用。

同步辐射的另一个优势在于其宽能谱特性。同步辐射源能够产生不同能量的 X 射线，使研究人员能够根据实验需求定制 X 射线波长，这对于发展反常散射等技术至关重要。反常散射，又称为共振散射，是指当入射 X 射线的能量接近原子激发到激发态的跃迁能量时发生的散射现象（图 4-22）。利用蛋白质结构中某些原子（如硫或硒）的反常散射特性，在多个波长下收集数据，可以解决相位问题，这就是多波长反常散射法（multi-wavelength anomalous diffraction，MAD）。MAD 方法在蛋白质晶体学中得到了广泛应用，因为它省却了在多对同晶置换法中摸索多个衍生物晶体的烦琐步骤。

4.5.4 分子置换法

肌红蛋白和血红蛋白在分子量和生理功能上有着明显的相似性。科学家们在详细解析了它们的结构之后发现，肌红蛋白的分子结构与血红蛋白的 α 和 β 多肽链保持着显著的相似性。这一发现催生了一个思路：如果两个蛋白质的结构高度相似，那么可以使用已知的蛋白质结构作为模型，来解析另一个未知结构的相位问题（图 4-23）。1962 年，迈克尔·罗斯曼（Michael G. Rossmann，1930—2019）和戴维·布洛（David Blow，1931—2004）提出了分子置换法（molecular replacement method）。在这种方法中，研究者首先需要确定已知模型在未知晶格中的旋转和平移参数。这可以通过将预测的衍射图与实验数据进行比

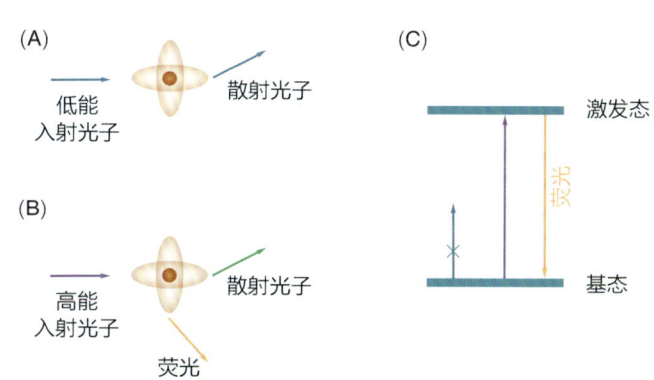

图 4-22 反常散射原理

（A）当入射光子能量较低时，它们要么发生散射，要么不被吸收，因为这些光子的能量不足以激发任何可用的电子跃迁。（B）当入射光子具有足够高的能量时，一部分光子被吸收并以较低能量重新发射（产生荧光），另一部分光子则被吸收并立即以相同的能量重新发射（与吸收边能量强耦合）。（C）A、B 两图轨道能级示意图。

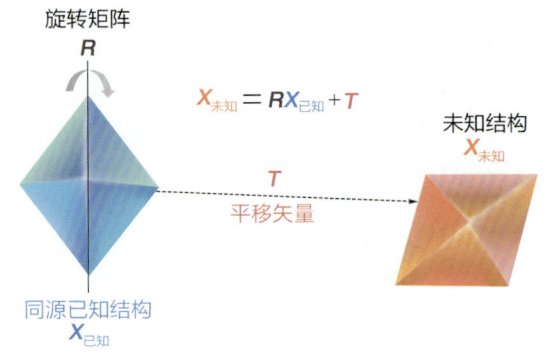

图 4-23 分子置换法的原理

分子置换法是蛋白质晶体结构解析中常用的一种重要基本方法。通过已知结构，结合晶体学的结构修正方法，可以推导出另一个未知结构。

较，并优化这些参数以使二者尽可能一致。一旦这些参数被确定，研究者就可以利用已知模型结构提供的相位信息，结合未知结构的实验强度数据，来解析出未知蛋白质的结构。

4.5.5 蛋白质晶体结构的验证

由于宏观分子晶体学通常处理的有限分辨率和不完美的相位信息，建立和优化蛋白质模型并不是一门精确的科学。相反，这是一个主观过程，受经验、偏见、期望和实践的影响。这意味着在此过程中犯错几乎是不可避免的，但晶体学家的任务是在分析、发表和提交结构之前尽可能多地消除这些错误。对于高分辨率数据和良好相位，得到的模型可能 95% 以上是由数据决定的，尽管在原子分辨率下，仍需主观选择：使用哪个优化程序，是否包含备选构象，是否模拟显式氢原子，如何模拟温度因子，应用哪些限制和约束，哪些峰在电子密度图里解释为溶剂分子，以及如何处理非晶体学对称性。一旦分辨率降至 2 Å 以下，这种平衡就会发生变化，一些发表的蛋白质模型似乎是由某些晶体学家的想象决定的，而非实验数据。主观性不一定是问题，前提是晶体学家经验丰富，知道自己在做什么，并意识到实验数据对模型的限制。然而，即使是缺乏经验的人也可以避免许多模型构建和优化的陷阱。除了实践经验，还有许多其它方法可以减少或避免错误。这些包括：①在模型构建中使用从良好优化结构数据库中得出的信息，例如，从 C_α 轨迹生成主链坐标和从首选的旋转异构体构象生成侧链坐标；②使用各种局部质量检查（以检测出因一个或多个理由被认为是"异常"的残基，这些残基需要进一步审查和可能的调整）；③使用全局质量指标，例如，使用 R_{free} 值来指示重大错误，防止过拟合，并监控重建和优化过程的进展。

4.6 自由电子激光

自由电子激光器（free electron laser，FEL）的发展可追溯到 20 世纪 70 年代，但建造 X 射线自由电子激光（X-ray free electron laser，XFEL）的最初提议是在 1992 年。经过十多年的努力，直到 2009 年才出现了第一台运行的硬 XFEL。XFEL 是基于自由电子激光技术的创新，它利用高速电子束产生极强且极短脉冲的 X 射线束（图 4-24）。XFEL 能够产生极高强度的 X 射线脉冲，其辐射强度可达传统 X 射线源的数十亿倍。这种高辐射强度使得 XFEL 能够探测到微弱信号，例如蛋白质晶体的衍射图像，即使样品微小或非常稀薄，也能获得高质量的数据。XFEL 产生的脉冲极短，通常在飞秒（10^{-15} s）至阿秒（10^{-18} s）的时间尺度内。这意味着 XFEL 能够捕捉到物质内部极短暂的动态过程，例如化学反应、原子振动和电子转移等现象。由于 XFEL

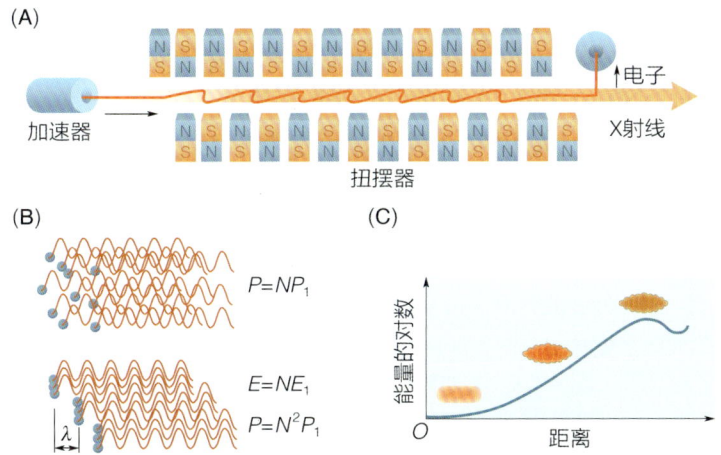

图 4-24 X射线自由电子激光

产生自由电子激光的过程：首先，将电子束加速至接近光速，并通过周期性横向磁场（扭摆器）使其产生摆动，形成正弦状路径，电子在这个过程中会发射电磁辐射（A）。最初的电磁辐射是低能且不相干的（B，上）。通过足够长的扭摆器阵列，使电磁辐射与电子束长时间相互作用，在自放大自发辐射模式下，电子沿着运动方向聚集形成尺寸接近光波波长的周期性束团（B，下）。在这个过程中，束团将自身动能转化为光场能量，增大光场振幅直到饱和，从而产生自由电子激光（C）。X射线自由电子激光也被称为第四代光源，其亮度更高，全相干，可调谐，并且以超短脉冲形式发射。

采用自由电子束，研究者可以根据实验需求调整电子束的能量和强度，以选择最适合研究不同样品的条件，并获取最佳的实验结果。

在理论上，由于XFEL具有高强度性和高度聚焦性，使得单分子散射技术成为可能（见图4-6A）。然而，目前的技术尚不能实现对单分子散射结构的解析。因此，科学家们将XFEL应用于研究非常小的或难以获得完整晶体的样品（图4-25），从而催生了串行晶体学技术（serial crystallography）。在串行晶体学中，样品以微小晶体微滴的形式，通过X射线或电子束进行快速扫描。这些微滴中含有单个或少量晶体，每个晶体会连续被扫描并记录其衍射图像。由于扫描速度非常快，每个晶体只被照射一次，因此避免了对晶体的损伤。所获得的散射图像用于确定晶体的结构。由于每个晶体都是独立的，可以用不同的图像来解析晶体的结构，并通过采用大量数据的平均值来提高信噪比。此方法有效地用于研究动态过程、非晶态物质或难以获得完整晶体的生物大分子等样品。

为了实现单分子成像，科学家们采取了一种独特的策略：向X射线束中注入一系列孤立的分子。在这种强烈的X射线脉冲与分子相互作用的过程中，X射线会从分子的原子上散射出来，从而形成一个独特的散射图案。通过分析这些散射图案，科学家们能够重建出分子详细的三维电子密度图，展现其微观原子结构。X射线自由电子激光单分子成像技术面临着一个挑战：如何从单个分子中准确收集数据。这是因为X射线脉冲的强度极高，有可能对被研究的分子造成损害或破坏。为了解决这一问题，科学家们采用了一种名为"破坏前衍射"的技术。破坏前衍射是一种巧妙的解决方案，该技术在分子被X射线束破坏之前捕捉其散射衍射图案的快照，然后将这些快照组合起来，以此重建出分子的原子结构（图4-26）。

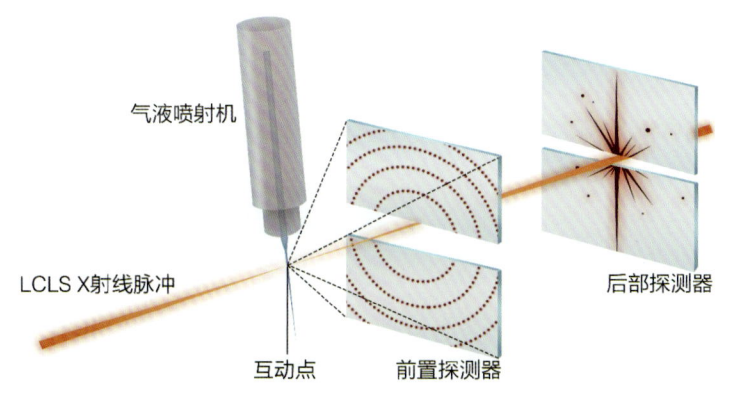

图 4-25 串行晶体学

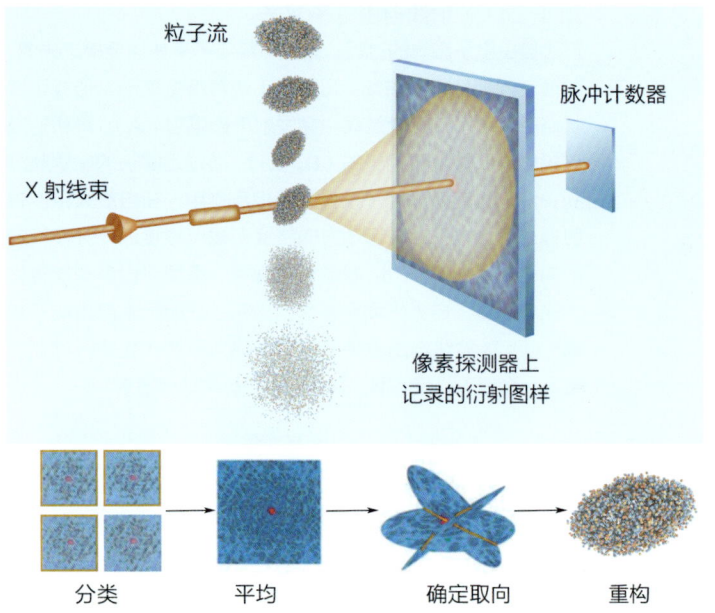

图 4-26 X 射线自由电子激光单分子成像技术

XFEL 单粒子衍射成像涉及记录目标物体在因电离和库仑爆炸而破坏之前的单粒子衍射图案（上图）、单粒子衍射图案的分类、2D 类平均、方向确定以及倒易空间中强度的三维重构。傅里叶幅度随后被用于合成物体的真实空间图像，但仅在恢复衍射实验中丢失的相位信息之后。相位信息是使用迭代相位检索算法实现的。

※ 本章小结

本章从天然矿物晶体入手，讨论了人们对于晶体内部结构的早期推测。基于晶体平移对称性的假设，引入了 14 种布拉维晶格、32 个点群和 230 种空间群的概念。随着 X 射线的发现和晶体相干衍射实验的成功，人们首次在实验中直接观察到晶体内部的平移对称性，并开发出了通过衍射图像来推断晶体分子结构的技术。为了解析更为复杂的分子结构，晶体学中的相位问题变得日益显著，为此研究者们发展了多种解决相位问题的技术。蛋白质晶体学同样围绕着这一相位问题，经过 70 多年的发展，逐渐成为现代的结构生物学。

※ 思考题

1. 为什么晶体结构分析中要选择晶体作为衍射物质？
2. X 射线晶体学中相位问题的根源是什么？
3. 劳厄衍射法和布拉格单色仪法之间的区别是什么？
4. 小分子晶体学中，有哪些方法可以解决相位问题？

※ 扩展阅读

图书

Aroyo M I. International tables for crystallography: Volume A: Space-group symmetry[M]. 6th ed. Hoboken: Wiley, 2017.

Authier A. Early days of X-ray crystallography[M]. Oxford: Oxford University Press,

2013.

Blundell T L, Johnson L N. Protein crystallography[M]. London: Academic Press, 1976.

Drenth J. Principles of protein X-ray crystallography[M]. Berlin: Springer, 2007.

Judson H F. The eighth day of creation: makers of the revolution in biology[M]. Cold Spring Harbor: Cold Spring Harbor Laboratory Press, 1996.

McRee D E, David P R. Practical protein crystallography[M]. San Diego: Academic Press, 1999.

Rossmann M G, Arnold E V. International tables for crystallography: crystallography of biological macromolecules[M]. Berlin: Springer, 2001.

Rupp B. Biomolecular crystallography: principles, practice, and application to structural biology[M]. New York: Garland Science, 2010.

Woolfson M M. An introduction to X-ray crystallography[M]. Cambridge: Cambridge University Press, 1997.

Woolfson M M, Fan H F. Physical and non-physical methods of solving crystal structures[M]. Cambridge: Cambridge University Press, 1995.

5

核磁共振

上一章的 X 射线晶体结构解析和下一章的冷冻透射电子显微镜可以说都是"所见即所得"的方法——实验数据在倒易空间采集或者重构后，再回到实空间转化为三维的结构密度，在某种意义上可以说我们"亲眼"看到了生物大分子。核磁共振与此迥异，它所采集的是较为"抽象"的核磁谱图，从中提取出结构约束，再通过计算结构生物学方法，尤其是分子动力学模拟，获得生物大分子的三维结构。因此，核磁结构都是通过"计算"间接得到的。这种结构解析方式优缺点都很鲜明：一方面让核磁共振在面对其它两种方法的竞争时，由于学习曲线陡峭、解析步骤烦琐以及对样品限制较多而落于下风；另一方面也赋予了核磁共振在处理生物大分子的柔性区域、固有无序蛋白或者核酸分子时的独特优势。

核磁共振本质上是一种量子现象，其发展与上世纪初量子力学的革命密切相关，所成就的自然科学方面的诺贝尔奖得主不在少数。生物大分子的核磁测量最早可追溯到 20 世纪 50 年代，并在此后数十年里蓬勃发展。尤其是上世纪末到本世纪初的十余年堪称生物核磁发展的黄金时代，新方法层出不穷，硬件也日新月异，为核磁共振成为与晶体衍射和冷冻电镜并列的生物大分子结构解析的三大方法之一奠定了坚实的基础。尽管如此，核磁共振技术的进一步发展仍面临着诸多挑战。展望未来，核磁共振领域迫切需要更多革新性方法的出现。

本章以核磁共振发展的历史脉络开始，讲解了核磁共振的基本概念和它在生物大分子结构研究中的应用。在学习中注意体会核磁共振与另外两种结构解析方法相比优缺点分别在哪里，什么情况下适合采用核磁共振方法。

5.1 核磁共振技术的发展历史

1921年斯特恩（Otto Stern）提出可以通过在不均匀磁场下测量原子束的分裂来验证角动量空间量子化的假说。在合作者盖拉赫（Walther Gerlach）的协助下斯特恩在1922年完成了著名的斯特恩-盖拉赫实验，证实原子的角动量在磁场中的空间取向是量子化的，并测量了银原子的磁矩（图5-1）。1933年斯特恩成功测量了氢原子核

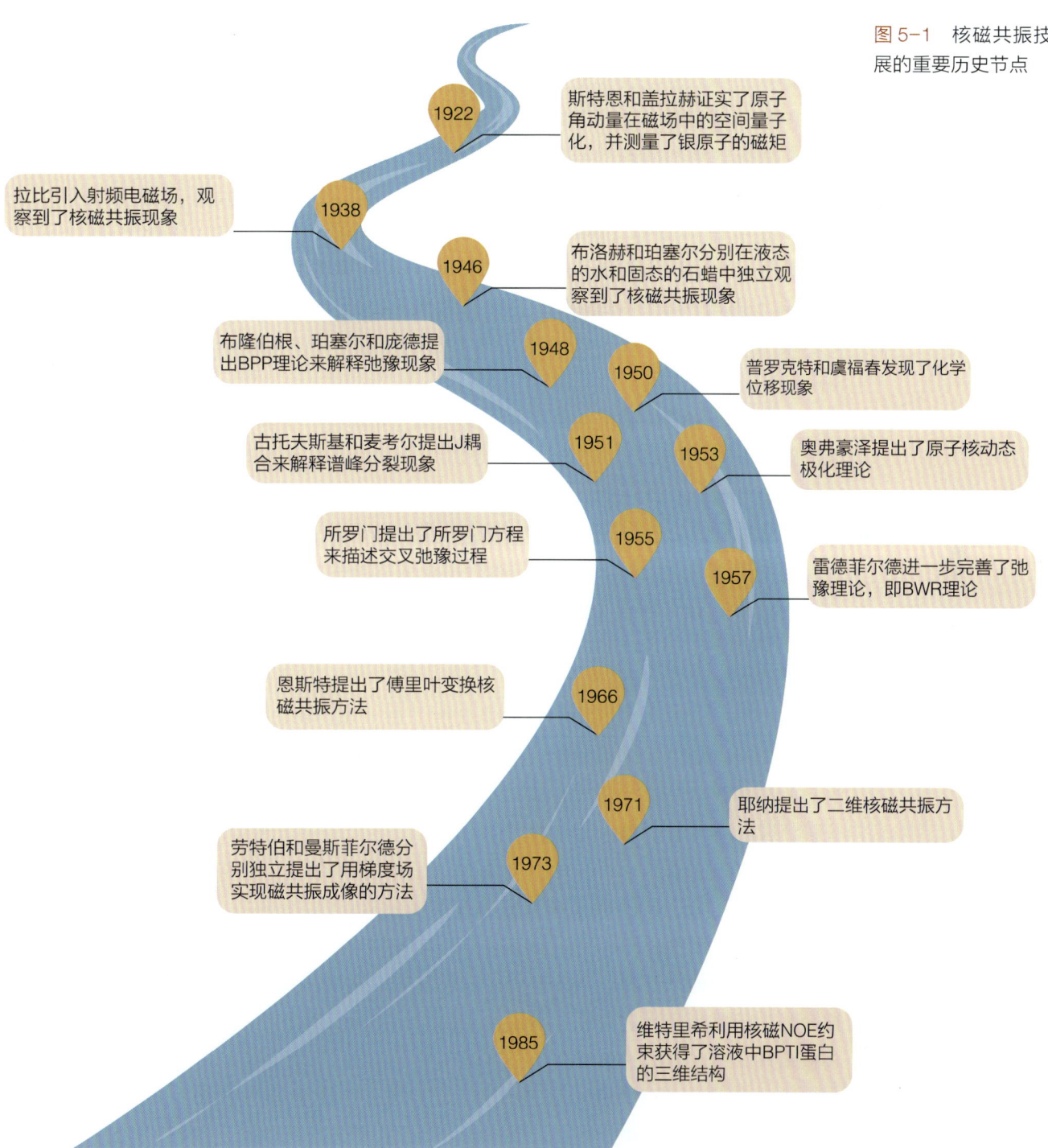

图5-1 核磁共振技术发展的重要历史节点

（即质子）的磁矩。因其所发展的原子束方法以及对质子磁矩的发现和测量，斯特恩独享了1943年诺贝尔物理学奖。

1924年泡利（Wolfgang Pauli）提出了描述微观粒子量子属性的新自由度，即后来所命名的自旋量子数。两年后他又引入泡利矩阵（Pauli matrix）作为自旋算符。1945年泡利因其提出的泡利不相容原理独享了诺贝尔物理学奖。

1929年拉比（Isidor Rabi）在跟随斯特恩做了两年博士后之后在哥伦比亚大学建立了分子束实验室。随后拉比改进了斯特恩的分子束实验，通过引入射频电磁场观察到核磁共振现象。因其在核磁共振测量方法上的贡献，拉比独享了1944年诺贝尔物理学奖。

1946年斯坦福大学的布洛赫（Felix Bloch）和哈佛大学的珀塞尔（Edward Purcell）分别在液态的水和固态的石蜡中独立观察到了核磁共振现象，两人因此分享了1952年诺贝尔物理学奖。

1948年布隆伯根（Nicolaas Bloembergen）、珀塞尔和庞德（Robert Pound）提出BPP理论（Bloembergen–Purcell–Pound theory）来解释弛豫现象；1955年所罗门（Ionel Solomon）提出所罗门方程来描述交叉弛豫（cross-relaxation）过程；1957年，雷德菲尔德（Alfred Redfield）进一步完善了弛豫理论，即BWR理论（Bloch-Wangsness-Redfield theory）。

1950年布洛赫课题组的博士生普罗克特（Warren Proctor）和中国博士后虞福春在测量硝酸铵的^{14}N核磁谱时意外得到了两个共振峰，从而发现了后来被命名为化学位移的核磁现象；在同一时期，MIT的迪金森（W. C. Dickinson）在用核磁共振方法测量含有两种含氟化合物的样品时也观察到类似的现象。普罗克特和虞福春还首次发现了同一谱峰有时会产生分裂，但没有给出正确的解释。

1951年古托夫斯基（Herbert Gutowsky）和麦考尔（David McCall）提出核磁谱峰的分裂是由于相邻原子核之间的J耦合；同年拉姆齐（Norman Ramsey）和珀塞尔提出了多个化学键介导的J耦合。

1952年瓦里安（Varian）公司研制出世界上第一台商用核磁共振仪Varian HR-30。该公司由瓦里安兄弟创建，两兄弟中的罗素·瓦里安（Russell Varian）曾经是布洛赫的同事汉森（William Hansen）的实验助手，因而敏锐地意识到核磁共振在化学分析领域的应用前景和巨大商机。

1953年奥弗豪泽（Albert Overhauser）提出了原子核动态极化的理论，认为电子的极化状态可以转移给原子核，即奥弗豪泽效应（Overhauser effect）。基于该效应的动态核极化（dynamic nuclear polarization，DNP）测量可以极大提高核磁共振的灵敏度，近年来得到广泛的应用并且仍在蓬勃发展。而极化状态在原子核之间的转移后来被命名为核奥弗豪泽效应（nuclear Overhauser effect，NOE），在30年后成为生物大分子核磁共振结构解析的基础。

1966年恩斯特（Richard Ernst）提出了傅里叶变换核磁共振（FT-NMR）方法。该方法由于高灵敏度和分辨率，很快成为核磁实验方法的主流。

1958 年到 1959 年，安德鲁（Edward Andrew）和洛（Irving Lowe）分别提出了魔角旋转（magic angle spinning）；1972 年，派因斯（Alexander Pines）和沃（John Waugh）提出了交叉极化（cross polarization）。这两个技术对于固体核磁技术的发展至关重要。

1961 年亚伯拉罕（Anatole Abragam）出版了 *The Principles of Nuclear Magnetism* 一书，系统总结并重新阐述了核磁共振理论，成为核磁发展史上里程碑式的著作。

1971 年耶纳（Jean Jeener）首次提出了二维核磁共振实验的构想，但当时的硬件水平无法实现这一实验；1976 年在苏黎世联邦理工大学任职的恩斯特与耶纳合作，实现了耶纳提出的 COSY 二维核磁共振实验。恩斯特因其发明的傅里叶变换核磁共振方法以及在核磁理论方面的卓越贡献，独享了 1991 年诺贝尔化学奖。

1971 年美国科学家达马迪安（Raymond Damadian）发现实验鼠体内的肿瘤组织和正常组织由于弛豫时间不同，核磁信号有明显不同。1973 年，美国科学家劳特伯（Paul Lauterbur）和英国科学家曼斯菲尔德（Peter Mansfield）分别独立地发表文章，提出了用梯度场实现磁共振成像的原理。1974 年劳特伯获得活鼠的核磁共振图像，1976 年曼斯菲尔德获得世界上第一幅人体断层像。两人于 2003 年分享了诺贝尔生理学或医学奖。

1985 年苏黎世联邦理工大学的维特里希（Kurt Wüthrich）利用核磁 NOE 现象得到氢原子间的距离约束，解析出溶液中 BPTI 蛋白完整的三维结构。该方法最初仅适用于分子量较小的蛋白质和多肽；而 40~50 kDa 以上的生物大分子由于谱峰展宽和严重重叠，难以进行谱峰指认和后续的结构解析。为了缓解这个问题，维特里希和合作者发明了 TROSY 核磁实验，将适用于核磁研究的分子大小推进到 100 kDa 以上。凭借着用核磁方法解析蛋白质三维结构的开创性贡献，维特里希与质谱科学家共享了 2002 年诺贝尔化学奖。

从上世纪 80 年代末到 90 年代初，^{15}N 和 ^{13}C 的同位素标记日渐普及。核磁科学家们利用异核同位素标记，开发了三维和四维的核磁共振实验，极大减轻了核磁谱峰的重叠问题，使得生物大分子的核磁结构解析和动力学研究得到高速的发展。

回顾核磁共振的百年发展史，可以看到技术的发展不是几位诺贝尔奖得主就能够实现的，而是一代代才华横溢的科学家和工程师们合力建造了核磁共振方法的大厦。部分研究者之间的师承关系也令人印象深刻，例如斯特恩的博士后拉比改进了老师的分子束方法，开创性地引入了横向射频脉冲，至今仍是核磁技术的基石。另外，布洛赫实验室的普罗克特和虞福春意外发现了化学位移现象后，在布洛赫的帮助下正确解释了化学位移的来源，这使得他们的工作比迪金森在同时期观察到 ^{19}F 化学位移现象的工作影响更为深远。

5.2 核磁共振的原理

5.2.1 核磁共振的基本概念

在外磁场作用下，自旋非零的原子核产生的磁矩在空间取向上不是任意的，而是需要满足量子化的条件，即采取两个或更多特定的倾角，对应于不同的能级。这时如果在垂直于外加磁场的方向上施加射频电磁波，那么当电磁波的频率与两个能级的能量差匹配时，原子核会吸收电磁波并从低能量状态跃迁到高能量状态；当停止施加电磁波后，原子核会释放出能量并回到原来的状态。这就是核磁共振现象。正如其字面含义所示，核磁共振现象有三个要素：外加磁场、原子核、共振。这里我们简要讨论磁场，而另两个要素则在下面几个小节中阐释。

要产生可测量的核磁现象需要施加很强的外加静磁场，并且磁场的空间均匀度和时间稳定性都必须达到很高的要求。商用核磁共振仪所用的静磁场大小在 7～28 T 的范围。要理解这个场强有多大，我们可以将它与其它常见的磁场作对比：地磁场的大小在 50～60 μT，冰箱贴表面的磁场大小约在 5 mT，工业上常用的磁铁通常在 1 T 以下。换个方式来说，一把铁质扳手在靠近核磁共振仪时可以产生数百公斤的吸力！要产生如此强的均匀磁场，核磁共振仪所采用的方法是在超导状态下对金属线圈施加很大的电流，而超导现象则通过将线圈置入液氦的极低温度中来实现。

5.2.2 原子核的自旋

原子核具有不同的物理属性，例如大小、质量、电荷和自旋。与核磁共振现象直接相关的属性是原子核的自旋。按照经典力学的观点，自旋指的是原子核绕自身高速旋转，由此产生了自旋角动量。由于原子核带正电，旋转后产生电荷环流，可以等效为一个电流线圈（图 5-2）。电流线圈在磁场中具有磁矩，倾向于沿着外磁场方向取向，于是在不同取向之间就产生了能量差异。但这种经典力学的视角无法解释一些重要的实验现象，例如氢原子核的自旋角动量（或者磁矩）只有两种朝向：要么顺着磁场方向，要么逆着磁场方向。而在量子力学的框架下，这些实验现象都能得到合理的解释。具体来说，自旋是原子核的内禀属性，以自旋量子数 I 来表征。I 可以取非负的整数或半整数，具体取值由原子核的质子数 p 和中子数 n 决定。当 p 和 n 均为偶数时，$I=0$，例如 ^{12}C 和 ^{16}O；当 p 和 n 均为奇数时，I 为正整数，例如 ^{14}N；当 p 和 n 是一奇一偶时，I 为半整数，例如 ^{1}H、^{13}C 和 ^{15}N。$I=0$ 的原子核不会产生核磁共振现象。常用于核磁共振测量的原子核如表 5-1 所示。

原子核自旋角动量 I 的方向由右手定则确定（图 5-2），其大

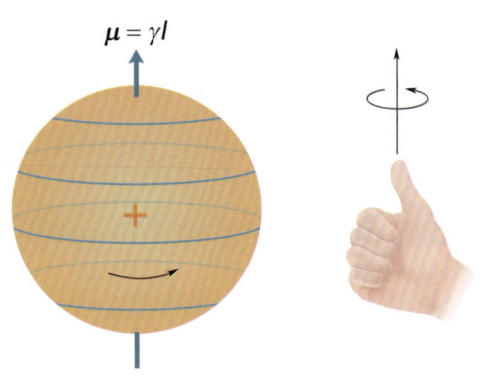

图 5-2 原子核自旋的经典物理图像
带正电的原子核绕自身旋转产生了电荷环流，从而产生了磁矩。电荷环流的方向和自旋角动量以及磁矩的方向遵循右手定则。

表 5-1 能够产生核磁共振信号的常用原子核

原子核	I	$\gamma/(\text{s}^{-1}\cdot\text{T}^{-1})$	天然丰度 /%
^{1}H	1/2	2.6752×10^{8}	99.99
^{2}H	1	4.107×10^{7}	0.012
^{13}C	1/2	6.728×10^{7}	1.07
^{14}N	1	1.934×10^{7}	99.63
^{15}N	1/2	-2.713×10^{7}	0.37
^{17}O	5/2	-3.628×10^{7}	0.038
^{19}F	1/2	2.518×10^{8}	~100
^{23}Na	3/2	7.081×10^{7}	~100
^{31}P	1/2	1.0839×10^{8}	~100
^{113}Cd	1/2	-5.961×10^{7}	12.22

小是量子化的,由自旋量子数 I 决定:

$$|\boldsymbol{I}| = \hbar\sqrt{I(I+1)} \, 。\tag{5-1}$$

其中 $\hbar$ 为约化普朗克常数(reduced Planck constant)。当原子核置于静磁场中时,自旋角动量的空间取向也是量子化的。定义静磁场的方向为 z 轴,则自旋角动量的 z 分量为

$$I_z = \hbar m \, 。\tag{5-2}$$

其中 m 为自旋磁量子数(下文中简称为磁量子数),取值从 $-I$ 到 I 且间隔为 1,即 $m = -I, -I+1, \cdots, I-1, I$。

核磁实验中最常见的是自旋量子数为 1/2 的原子核(^{1}H、^{13}C、^{15}N 等),其角动量大小为 $\hbar\sqrt{\frac{1}{2}\left(\frac{1}{2}+1\right)} = \frac{\sqrt{3}}{2}\hbar$,而其 z 分量可以取两个值: $-\frac{1}{2}\hbar$(当 $m=-\frac{1}{2}$ 时)和 $\frac{1}{2}\hbar$(当 $m=\frac{1}{2}$ 时),所以角动量与 z 轴之间必然有一个倾斜角 θ(图 5-3)。该角度满足关系式 $\cos\theta = 1/\sqrt{3}$,因此 $\theta\approx 54.7°$。这意味着角动量只能有两种取向,要么分布在上锥面,要么分布在下锥面,且两个锥面的锥角均为 54.7° 左右。对应于 $m=\frac{1}{2}$ 的取向称作自旋向上,定义为 α 态;对应于 $m=-\frac{1}{2}$ 的取向称作自旋向下,定义为 β 态。

自旋角动量会产生磁矩,磁矩 $\boldsymbol{\mu}$ 与自旋角动量成正比: $\boldsymbol{\mu} = \gamma\boldsymbol{I}$。比例系数 γ 由原子核的种类决定,称为旋磁比(gyromagnetic ratio)。常用原子核的旋磁比见表 5-1。磁矩 $\boldsymbol{\mu}$ 在静磁场 $\boldsymbol{B}_0$ 中的能量为

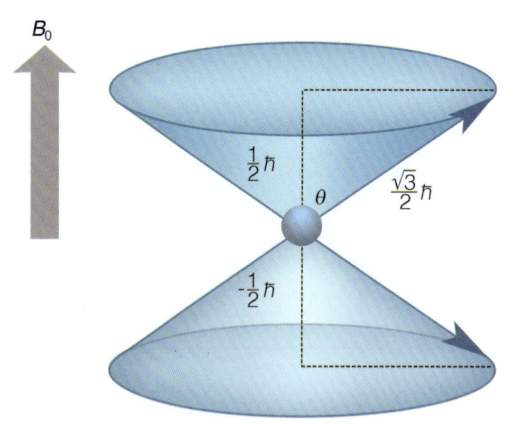

图 5-3 自旋为 1/2 的原子核在磁场中只有两种取向

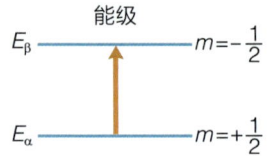

图 5-4 自旋为 1/2 的原子核所对应的能级图

$$E = -\boldsymbol{\mu} \cdot \boldsymbol{B}_0 = -\mu_z B_0 = -\gamma I_z B_0 = -\gamma \hbar m B_0 \qquad (5\text{-}3)$$

仍以 1/2 自旋核为例，假定 γ 值为正，那么 α 态比 β 态能量低，这时两个能级间的能量差为 $\Delta E = \hbar \gamma B_0$，如图 5-4 所示。

我们定义 $\omega_0 = \gamma B_0$，称为拉莫尔频率（Larmor frequency）*。这样能量差就可以写为 $\Delta E = \hbar \omega_0$。显然，$\omega_0$ 代表能级跃迁时系统吸收或者发射的电磁波频率。习惯上人们以氢原子核的拉莫尔频率来标定核磁仪。例如 600 MHz 核磁仪意味着氢原子核（^{1}H）在该仪器中的拉莫尔频率为 600 MHz，对应的磁感应强度是 14.1 T。^{13}C 和 ^{15}N 的 γ 值分别是 ^{1}H 的大约 1/4 和 1/10（见表 5-1 和知识窗 5-1），因此它们在 600 MHz 核磁仪中的拉莫尔频率约为 150 MHz 和 60 MHz。

核磁共振是一种灵敏度很低的检测技术，其原因可通过玻尔兹曼分布定律（Boltzmann distribution law）来解释。在平衡状态下处于 α 态的原子核数目 N_α 比处于 β 态的数目 N_β 多，比值为

$$\frac{N_\alpha}{N_\beta} = \exp\left(\frac{\Delta E}{k_B T}\right) = \exp\left(\frac{\hbar \omega_0}{k_B T}\right) \approx 1 + \frac{\hbar \omega_0}{k_B T} \qquad (5\text{-}4)$$

如果在 300 K 温度下用 600 MHz 核磁仪测量氢原子核，那么 $N_\alpha/N_\beta \approx 1 + 0.000\,096$。也就是说，此时 α 态的核比 β 态仅仅多了不到万分之一，而核磁信号正是由这近万分之一的原子核数量差所产生的。这种低灵敏度导致了核磁测量对样品量的需求比较大。

知识窗 5-1

氢原子核与核磁共振

氢在元素周期表中位列第一，是宇宙中最常见的化学元素，其身影遍布化学小分子和生物大分子。例如，生物大分子中氢原子占其原子总数的一半左右，通过形成氢键，在生物大分子的折叠和功能发挥中起着至关重要的作用。氢原子核（^{1}H）也称为质子（proton），天然丰度高达 99.99%，并且具有最高的旋磁比，因而是核磁共振研究中最灵敏最易于测量的原子核（见表 5-1）。由于氢是最小的原子，只有一个电子，无论使用 X 射线晶体衍射还是冷冻电镜都难以检测，但是核磁共振恰恰是对氢原子检测最为灵敏的技术，与另两种技术形成了优势互补。由于其在分子中分布的广泛性、检测的便捷性，以及对结构和构象变化的高度敏感性，氢原子核成为了核磁共振研究中最常用和最重要的原子核。如果没有氢原子核，很难想象核磁共振的世界将会是何种景象。从这个意义上，可以说氢原子是上苍送给核磁共振的礼物。

---

* 严格来说，拉莫尔频率通常定义为 $-\gamma B_0$，以便其正负可直接对应进动方向的正负。详情见知识窗 5-2。

5.2.3 核磁共振的矢量模型

核磁共振的矢量模型是用来描述和理解核磁共振现象的一个经典物理模型。这个模型通过分析原子核自旋的总磁矩在磁场中的行为，帮助我们理解核磁共振的基本原理。下面仍以 1/2 自旋核为例。在核磁样品中存在极大数量的原子核，它们要么自旋向上，要么自旋向下，其磁矩只能分布于锥角固定的两个圆锥面上。在平衡状态下，上锥面（α 态）的原子核比下锥面（β 态）的略多一点，因此总磁矩在 z 方向的分量是向上的；而在每个锥面上，磁矩位于锥面何处是完全随机的，因此总磁矩在 xy 平面上的分量为零。由此便产生了一个沿正 z 轴方向的总磁矩（图 5-5）。我们将单位体积里的总磁矩定义为宏观磁化矢量，用 M 表示，这种描述方法称为核磁共振的矢量模型。在核磁实验中，我们所操纵和观测的正是这个宏观磁化矢量。

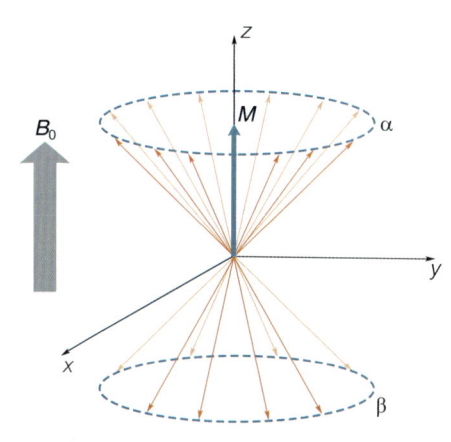

5.2.4 核磁信号的产生

下面我们以最简单的一维氢谱实验为例解释核磁信号是如何获得的。早期的核磁共振仪采用扫频（改变入射电磁波的频率）或扫场（改变静磁场的强度）的方式来测量共振频率，而现代核磁仪使用脉冲傅里叶变换的方式进行测量。如图 5-6 所示，在样品被静磁场激发出宏观磁化矢量并达到平衡后，从横向施加一个射频脉冲信号。当脉冲信号的频率匹配待测原子核的拉莫尔频率时，宏观磁化矢量转向 xy 平面，系统偏离平衡态。当脉冲信号撤除后，宏观磁化矢量从 xy 平面逐渐回到 z 轴，在此过程中产生随时间振荡的可检测信号，直到系统恢复至平衡态，此时振荡信号衰减至零。最后，对检测到的时域信号做傅里叶变换，就能获得频域上的核磁共振谱。整个过程可以类比为向一个平静的湖面投入小石子（施加射频脉冲信号），湖面产生小涟漪（振荡衰减的信号），最后对小涟漪做傅里叶频谱分析即得到水波的振动频率。

那么为什么横向的射频脉冲可以让磁化矢量转向 xy 平面？要回答这个问题，我们需要研究宏观磁化矢量在静磁场中的运动规律。根据布洛赫方程（知识窗 5-2），当磁化矢量偏离 B_0 的方向时，将绕着 B_0 以拉莫尔频率旋转。这种转动类似于陀螺

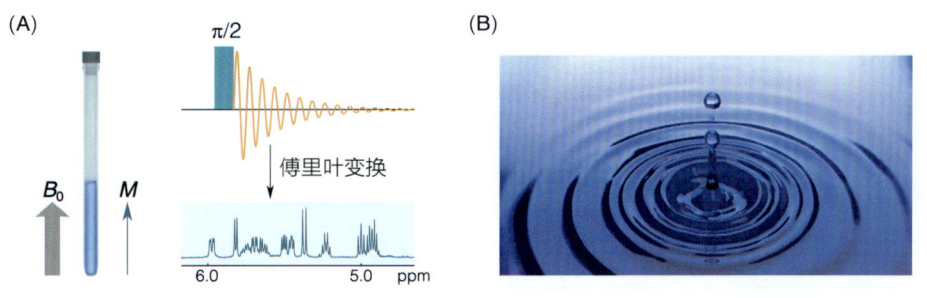

图 5-6 一维核磁共振氢谱实验的原理
（A）对装在核磁管里的样品施加静磁场 B_0，激发出宏观磁化矢量 M；然后应用射频脉冲信号（标记有 π/2 的蓝色矩形），记录随时间振荡衰减的信号；最后对时域信号应用傅里叶变换，获得频域上的核磁共振谱。（B）傅里叶变换核磁共振方法可以类比于在湖面上激起涟漪，检测涟漪的振动频率。

的进动（precession），即陀螺的自转轴偏离重力方向时，除了保持高速自转外，其自转轴同时还绕着重力方向转动。因此，宏观磁化矢量的这种转动我们也称之为进动（知识窗 5-3）。

知识窗 5-2

布洛赫方程

当外磁场与磁矩不共线时，磁场对磁矩将产生一个力矩，使得磁矩发生转动。类比于描述物体平动的牛顿运动方程（动量对时间的导数等于作用力），物体转动的动力学方程可以表述为角动量对时间的导数等于力矩：

$$\frac{d\boldsymbol{I}}{dt} = \boldsymbol{\mu} \times \boldsymbol{B}。$$

方程两边同乘以 γ，并把"微观"的 $\boldsymbol{\mu}$ 替换为"宏观"的 $\boldsymbol{M}$，我们得到

$$\frac{d\boldsymbol{M}}{dt} = \gamma \boldsymbol{M} \times \boldsymbol{B}。 \quad (5-5)$$

式（5-5）即著名的布洛赫方程（Bloch equation）。对该方程进行求解得到

$$\begin{cases} M_z(t) = M_z(0) \\ M_{xy}(t) = M_{xy}(0)e^{-i\omega_0 t} \end{cases} \quad (5-6)$$

从式（5-6）可知，宏观磁化矢量 $\boldsymbol{M}$ 在静磁场中将绕着磁场以角速度 $-\omega_0$ 进行转动，这里 ω_0 为拉莫尔频率（如图 5-7 所示）。由于 ω_0 前的负号会带来不便，人们重新定义了拉莫尔频率，即 $\omega_0 = -\gamma B_0$。在该定义下，$\boldsymbol{M}$ 的角速度即拉莫尔频率 ω_0。注意 γ 和 ω_0 都是可正可负的，ω_0 为正代表逆时针转动（在图中从上往下观察），为负代表顺时针转动。

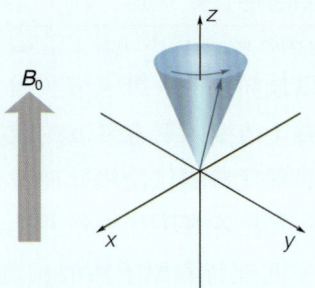

图 5-7 宏观磁化矢量的进动
当宏观磁化矢量偏离 z 轴后将绕着静磁场做进动，类似于陀螺偏离竖直方向后产生的进动。

知识窗 5-3

珀塞尔的诺贝尔奖获奖演说

布洛赫教授已经向大家展示了如何在一滴水中检测原子核的进动。这种实验在我们的实验室里已经司空见惯了，然而我还没有失去对这种现象的好奇和喜悦。这种精妙的运动竟然存在于我们周围所有的普通事物中，但是只有寻找它的人才能发现它。我记得，在我们第一次实验的冬天，就在七年前，我用新的眼光看雪。这些雪就躺在我的家门口——我看到了一大堆的氢原子核在地球磁场中静静地做进动。在某一瞬间把世界看成是丰富而奇特的东西，这是许多科学发现给予科学家的私人馈赠。

——珀塞尔在 1952 年诺贝尔奖获奖演说的开场白

假设偏转的宏观磁化矢量不存在进动，那么只要在横向额外施加一个静磁场 B_1，即可造成磁化矢量依照右手定则从 z 轴出发绕着 B_1 向 xy 平面转动（图 5-8A）。但实际上宏观磁化矢量一旦偏离 z 轴，就会绕 z 轴以拉莫尔频率做高速进动。此时 B_1 必须在 xy 平面上追随磁化矢量同样以拉莫尔频率旋转（此即共振条件），才能够使磁化矢量正常转向 xy 平面。最终的效果是，宏观磁化矢量将经历螺旋线的轨迹倒向 xy 平面（图 5-8B）。为了在技术上达到这一效果，只需要把 B_1 从一个静磁场改为一个交变磁场（或者说电磁波）即可，因为一个在 xy 平面上绕 z 轴旋转的磁场在 x 轴或者 y 轴上的投影正是交变磁场，两者等效（知识窗 5-4）。

可以看到，我们在这里从经典力学的角度解释了核磁体系的"共振"，和前面从能级跃迁的角度所做的量子解释交互辉映，启人深思。

最后，介绍核磁共振中的一个重要现象：饱和（saturation）。具体是指在自旋体系处于平衡状态时，如果长时间地施加 B_1，那么这个 B_1 会以同样的概率诱导 α 态到 β 态的跃迁以及 β 态到 α 态的跃迁。随着时间的推移，处于两个能级上的自旋核数量逐渐接近，最终导致 $M_z = 0$（图 5-9）。此时自旋体系达到了饱和，不再产生核磁信号。

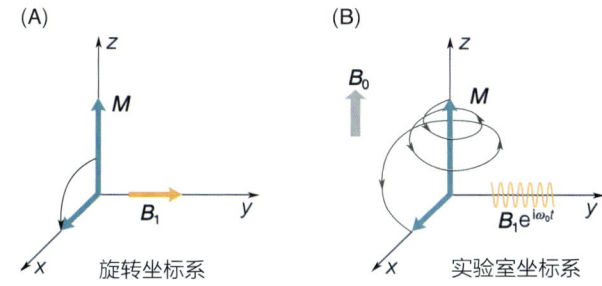

图 5-8　在旋转坐标系中的恒定横向磁场（A）与在实验室坐标系中的交变横向磁场（B）对磁化矢量的影响

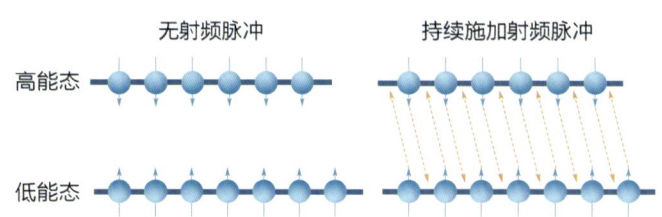

图 5-9　核磁共振的饱和现象

横向射频场以同样的机率诱导上行的跃迁和下行的跃迁，由于 α 态的核数目多于 β 态，因此上行的跃迁数目也多于下行的跃迁数目，最终两个能级上的自旋核数目趋同。

知识窗 5-4

射频脉冲导致宏观磁化矢量转动的进一步解释

当宏观磁化矢量处于平衡态时，为了让它向 xy 平面旋转，简单的想法是施加一个横向的恒定磁场 B_1，但这种方式显然行不通。如图 5-10 所示，M 一旦偏离 z 轴，就会绕 z 轴以拉莫尔频率高速进动。假设 B_1 沿 y 轴放置，根据右手定则，相当于有一个人站在 x 轴上用绳子拉动 M。当 M 转到了正 x 轴一侧时，M 确实可以被拉离 z 轴；可是当 M 转到了负 x 轴一侧时，M 又被绳子拉回 z 轴了（图 5-10A）。要解决这个问题，我们可以让人站在一个圆台上，而圆台也绕着 z 轴以拉莫尔频率旋转。此时，圆台成为一个旋转坐标系（rotating frame），在圆台上的人眼里，M 不再有进动，因此可以被顺利地拉离 z 轴（图 5-10B）。

在核磁实验里，要实现转动圆台的效果，我们只需把施加的恒定磁场 B_1 替换为交变磁场，即让 B_1 以角频率 ω_0 在 y 轴上做简谐振动。简谐振动可以分解成一个逆时针转动和一个顺时针转动的叠加，其中顺时针转动实现了圆台的效果，而逆时针方向由于其转动与 M 的转动加倍地不同步，所以对 M 运动的影响可以忽略不计。

如果在旋转坐标系里观察，M 从 z 轴出发，按右手定则绕着 y 轴转向 x 轴（图 5-8A）；如果在实验室坐标系里观察，M 则是一边以拉莫尔频率进动，一边绕着 y 轴转向 x 轴，呈现出螺旋形的轨迹（图 5-8B）。

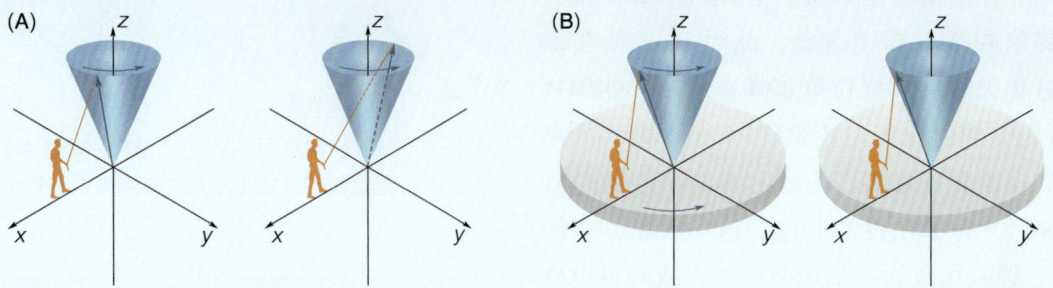

图 5-10　射频脉冲对宏观磁化矢量的作用
（A）横向的恒定磁场无法将磁化矢量拉离 z 轴。（B）横向的交变磁场在频率匹配拉莫尔频率时可以将磁化矢量拉离 z 轴。B 图左侧是实验室坐标系，右侧是以圆台为参照的旋转坐标系，人站在以拉莫尔频率转动的圆台上。

5.3　核磁共振实验

5.3.1　一维核磁谱的原理

有了核磁共振的理论知识，我们接下来就可以具体解释一维和二维核磁共振实验。我们先了解一下核磁共振仪的硬件组成。现代的核磁共振仪主要由超导磁体（magnet）、探头（probe）、机柜（console）和控制电脑四部分组成（图 5-11）。磁体呈圆柱形，中央有一个贯通的竖直空腔。探头从下方插入空腔，而核磁样品从上方孔道进入，在气流控制下递送到探头的检测线圈中央。圆柱形容器被分隔为两部分，内腔

图 5-11　核磁共振仪的组成
（A）从左至右：超低温平台、磁体和探头、机柜、控制电脑。（B）磁体和探头的剖面示意图。探头位于下方，磁体内灌注有液氦（深蓝色）和液氮（浅蓝色）。

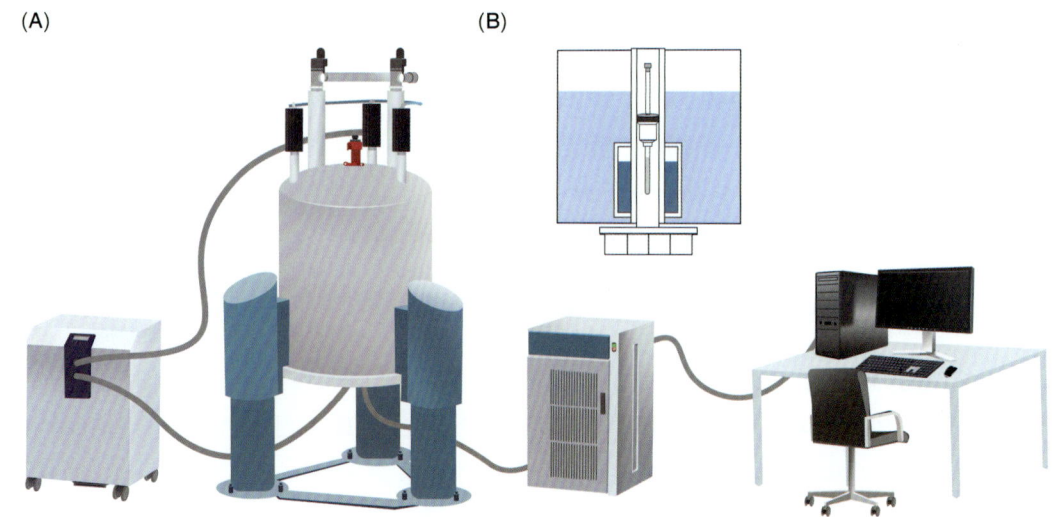

灌注液氦，超导线圈浸泡在其中并包围着竖直空腔。超导效应使得线圈能承载很大的恒定电流，从而产生极强的竖直向上的静磁场。容器的外腔灌注液氮，可以大幅降低内腔中液氦的挥发*。机柜里有射频信号发生器、射频信号接收器和模数转换器等重要部件。

在核磁实验中，特定的脉冲序列（pulse sequence）从控制电脑发送到射频信号发生器，生成精确的射频脉冲信号，经功率放大后施加在探头里的激发线圈上，产生横向的电磁波脉冲。如上文所述，横向电磁波如果频率与待测原子核的拉莫尔频率匹配，可以让宏观磁化矢量向着 xy 平面运动。如果控制射频脉冲的长度，使得磁化矢量到达 xy 平面时脉冲结束，那么磁化矢量就停留在 xy 平面上进行进动。我们将这种脉冲叫作 90° 脉冲，因为在它的作用下磁化矢量的有效转动角度为 90°。此时原来的激发线圈被接入到检测电路中，成为检测线圈。进动的磁化矢量在 xy 平面上的分量将在检测线圈中激发出感生电动势，也就是核磁信号。核磁信号经由探头附近的前置放大器放大后，送入机柜中的射频信号接收器进一步放大，然后被模数转换器转换为数字信号，再送到控制电脑中进行后续处理。

在核磁信号的检测过程中，磁化矢量不会一直在 xy 平面上进动，而是逐渐返回平衡态。自旋体系在受扰动偏离平衡态后重新回到平衡态的过程称为弛豫（relaxation）。从实验室坐标系观察，在弛豫过程中磁化矢量一边进动一边回到沿 z 轴的平衡态（图 5-12A）。如果把 $\boldsymbol{M}$ 分解到纵向分量 M_z 和横向分量 M_{xy}，那么 M_z 从零开始随着时间以指数曲线恢复到平衡态 M_0，而 M_{xy} 从 M_{xy}^0 出发随着时间以指数曲线衰减到零。前者称为纵向弛豫（longitudinal relaxation），后者称为横向弛豫（transverse relaxation）。由指数恢复曲线和指数衰减曲线可以分别定义特征时间 T_1 和 T_2（图 5-12B），以及弛豫速率 $R_1(=1/T_1)$ 和 $R_2(=1/T_2)$。

在 $\boldsymbol{M}$ 的两个分量中，能产生核磁信号的是 xy 平面上的分量 M_{xy}。M_{xy} 绕着 z 轴以拉莫尔频率旋转，并逐渐衰减。M_{xy} 可以进一步分解到 x 轴和 y 轴上，同时进行检测（知识窗 5-5），得到振荡衰减的核磁信号 S_x 和 S_y（图 5-13）。

接下来需要通过傅里叶变换将时域信号转换成最终的频域信号。在做变换前，先把 x 分量信号 $S_x = S_0 \cos\omega_0 t \cdot e^{-R_2 t}$ 和 y 分量信号 $S_y = S_0 \sin\omega_0 t \cdot e^{-R_2 t}$ 合成为一个复数信号（注意：这里的 R_2 是上文中定义的磁化矢量在 xy 平面上衰减的速率），

$$S(t) = S_x(t) + iS_y(t) = S_0 e^{i\omega_0 t} \cdot e^{-R_2 t} = S_0 e^{(i\omega_0 - R_2)t}, \quad (5-7)$$

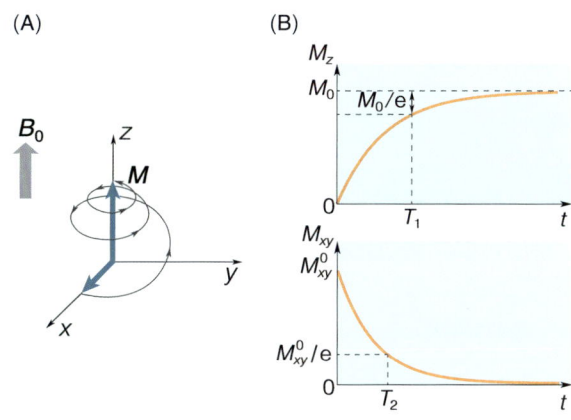

图 5-12 核磁共振的弛豫过程
（A）磁化矢量被转到 xy 平面后将逐渐沿着螺旋线轨迹返回平衡态。（B）磁化矢量在返回 z 轴平衡态的过程中，其纵向分量 M_z 和横向分量 M_{xy} 对时间的变化曲线分别是指数恢复曲线（上）和指数衰减曲线（下）。它们的特征时间 T_1 和 T_2 定义为达到距离目标值的 1/e 所需要的时间，e 为自然常数。

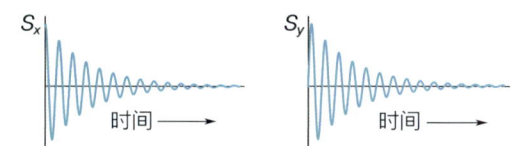

图 5-13 核磁信号的正交检测
M_{xy} 在 x 轴上的分量（左）和 y 轴上的分量（右）都是振荡衰减的时域信号。两者合并才是完整的核磁信号。

---

* 液氦的价格远高于液氮的价格。

知识窗 5-5

为什么需要同时检测 x 分量和 y 分量

假设只检测 x 分量,则无法区分顺时针和逆时针转动,也即无法区别频率的正负,如图 5-14 所示。此外,两个分量可以组装成复数,使得核磁信号具有相位信息。

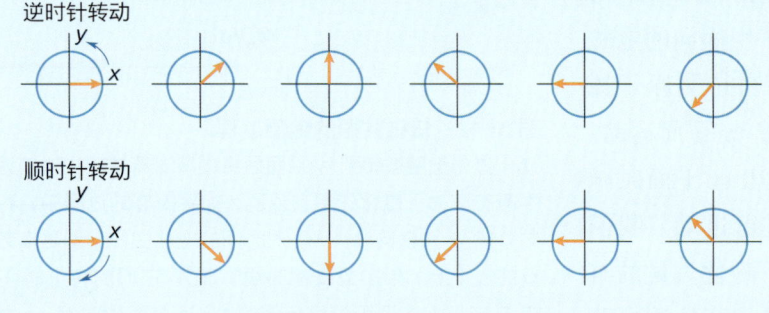

图 5-14 核磁信号正交检测的必要性

如果 M_{xy} 从 x 轴的位置开始进动,那么它在逆时针旋转时(上)和顺时针旋转时(下),在 x 轴上的投影信号是完全一样的。

得到的复数形式的振荡衰减信号称为自由感应衰减(free induction decay,FID)。对式(5-7)进行傅里叶变换,就得到频域上的信号:

$$F(\omega) = \int_0^\infty S_0 e^{(i\omega_0 - R_2)t} \cdot e^{-i\omega t} \, dt = S_0 \int_0^\infty e^{[i(\omega_0 - \omega) - R_2]t} \, dt$$

$$= S_0 \frac{R_2}{R_2^2 + (\omega - \omega_0)^2} - iS_0 \frac{\omega - \omega_0}{R_2^2 + (\omega - \omega_0)^2} \, . \quad (5-8)$$

式(5-8)的实部是洛伦兹函数的形式,称为吸收峰型(absorptive),函数曲线如图 5-15 所示。通常核磁谱仅展示实部部分。

在核磁共振的谱图分析中,共振峰的峰高(peak height)和半峰宽(half-width)是两个重要参数。峰高与噪声幅度的比值是信噪比,反映核磁谱的灵敏度(sensitivity);半峰宽也简称峰宽(linewidth),决定了谱峰的尖锐程度,反映的是核磁谱的分辨率(resolution)。从式(5-8)可以推导出半峰宽等于 $2R_2$(知识窗 5-6)。换句话说,FID 衰减得越快,共振峰的半峰宽越大(图 5-16)。容易证明,如果 FID 的初始幅值不变,那么共振峰的面积也不变。所以,半峰宽越大,峰高就越小。

这是一个很重要的结论,解释了液态核磁共振技术在测量大分子量的生物分子时为什么会面临很大的挑战。分子量越大,生物大分子在溶液里的翻转越慢,导致弛豫速率 R_2 越大(参见 25.1.3 节),即峰宽越大。图 5-17 展示了蛋白质分子量从 8 kDa 增加到 100 kDa 的过程中,酰胺区域一维氢谱的模拟结果。可以看到,50 kDa 的蛋白质氢谱已经展宽得非常严重,到 100 kDa 就难以分辨了。

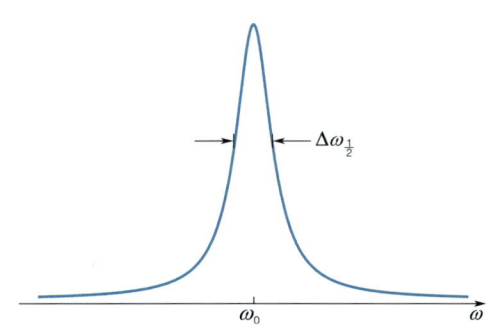

图 5-15 核磁共振的吸收峰

频率为 ω_0 的 FID 信号经过傅里叶变换得到的吸收峰,图上标识出的宽度是半峰宽。

> **知识窗 5-6**
>
> ### 如何推导半峰宽的大小
>
> 对式（5-8）的实部做如下变形：
>
> $$S_0 \frac{R_2}{R_2^2+(\omega-\omega_0)^2} = S_0 \frac{R_2/R_2^2}{[R_2^2+(\omega-\omega_0)^2]/R_2^2} = S_0 \frac{1/R_2}{1+\left(\dfrac{\omega-\omega_0}{R_2}\right)^2}$$
>
> 由此可见，当 $\omega = \omega_0 \pm R_2$ 时，信号下降到峰值的一半，也就是说，半峰宽 $\Delta\omega_{1/2} = 2R_2$。

5.3.2 化学位移

在图 5-17 所示的酰胺区域的氢谱中，共振峰远远不止一个。为什么同样是氢原子核的共振峰，甚至连氢所在的基团都相同，但共振频率却如此不同呢？原因在于这些核所处的环境有所差别。原子核周围分布着电子云，在外磁场的作用下，核外电子围绕磁场产生运动，催生出次生磁场。该次生磁场部分屏蔽了外加磁场。在一个分子里不同位置上的氢核所处的化学环境是不一样的，因此每个氢核周围电子云的分布也呈现出差异性，导致对外部静磁场的屏蔽程度不同。这样每个氢核感受到的实际磁感应强度都有所不同，共振频率也就有些微的差别。这个现象称为化学位移（chemical shift）。

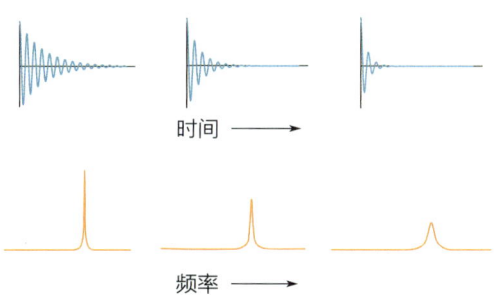

图 5-16　横向弛豫速率与半峰宽的关系

不同的弛豫速率 R_2 下得到的核磁谱峰。从左至右，R_2 逐渐增大（上），核磁谱峰的峰高逐渐降低，峰宽逐渐增加（下）。

理论上我们可以用共振频率来定量描述化学位移现象，但在实践中很不方便，体现在：①共振频率与静磁场的磁感应强度成正比，因此同一样品在不同场强的核磁仪测量到的共振频率是不一样的，给比较结果带来了不便；②同种原子核的共振频率区别很小，往往在有效数字好多位后才会有差异。为了解决这些问题，人们把化学位移 δ 作了如下定义：

$$\delta = \frac{\omega - \omega_{\text{ref}}}{\omega_0} \times 10^6 。 \tag{5-9}$$

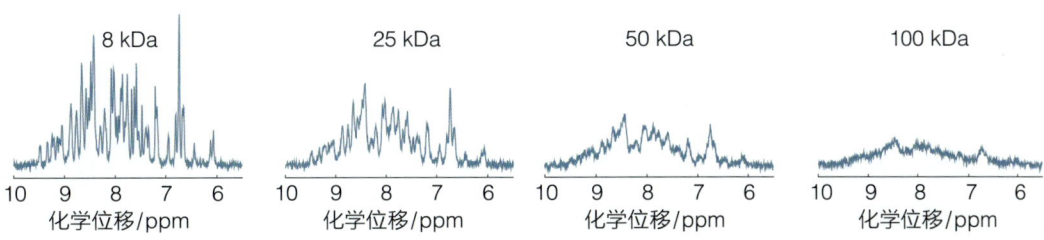

图 5-17　不同分子量的蛋白质样品在酰胺区域的模拟一维氢谱

其中 ω_{ref} 是样品中参考小分子共振峰的频率。采用这样的定义后，我们测量的是待测峰和参考峰的频率差值，使得微小的差异可以凸显出来。以拉莫尔频率 ω_0 做分母则保证了不同核磁仪的测量结果可以直接比较。由于这样得到的比值非常小，所以又放大了 10^6 倍，因此化学位移的单位是 ppm（part per million）。

在有机小分子样品中，通常使用四甲基硅烷（tetramethylsilane，TMS）作为参考小分子。在生物样品中，则通常使用水溶性比较好的 DSS（2,2-dimethyl-2-silapentane-5-sulfonic acid）。

化学位移对生物大分子的构象变化非常敏感。构象改变会导致待测原子核周围电子云分布的不同，进而影响屏蔽作用。因此，化学位移里蕴含着丰富的结构信息。化学位移受多种因素的影响。当所测原子核的自身或相邻核经历了氢键形成或破坏、互变异构、电负性改变等能够引起电子云重分布的过程，化学位移将产生很大的变化。在空间上靠近的基团对化学位移也会造成显著影响：芳香环基团通过环流效应（ring-current effect）在待测核上产生附加磁场；带电基团通过电场极化效应（electric-field-induced polarization effect）改变待测核周围的电子云分布。两者都会导致化学位移发生明显改变。此外，一些物理因素如溶剂、温度、pH 等也会影响化学位移。

蛋白质、DNA 和 RNA 的一维氢谱如图 5-18 所示。

蛋白质分子的一维氢谱可以提供蛋白质的折叠信息。当蛋白质折叠得比较好，那么在酰胺基区域（6.5~10.5 ppm），谱峰分布得比较均匀（图 5-18A）；如果蛋白质以无序区域为主，其酰胺基的谱峰会集中在 8~8.5 ppm 的一个比较窄的区域内（图 5-18B）。产生该现象的原因是无序蛋白处于构象的快速切换中，化学位移被平均化从而趋向于往中间靠拢。DNA 和 RNA 分子的一维氢谱可以提供核酸二级结构的信息，这主要反映在亚氨基区域（10~15 ppm），因为只有稳定配对的碱基才会在这个区域产生鸟嘌呤（guanine）和尿嘧啶（uracil）的共振峰（图 5-18C、D；知识窗 5-7）。

5.3.3　J 耦合

在核磁共振谱中，有时本应以单峰形式出现的谱峰会发生分裂现象，其产生的原因是该原子核与经由一个或者多个化学键相连的另一个原子核之间可以通过化学键发生核自旋的相互作用，称为自旋-自旋耦合（spin-spin coupling）或者 J 耦合（J-coupling）。这种相互作用会影响所测核自旋的能级结构，从而引起谱峰的分裂（图 5-19）。J 耦合的大小由分裂谱峰的距离来衡量，单位为 Hz。值得注意的是，J 耦合的数值与外加磁场的大小无关，而化学位移在以 Hz 为单位时与外加磁场的大小成正比。

J 耦合导致的谱峰分裂的数目和相对峰高取决于跟所测原子核耦合的原子核数目。例如在一维氢谱中，如果一个质子与邻近的两个质子发生相同大小的 J 耦合，它的谱

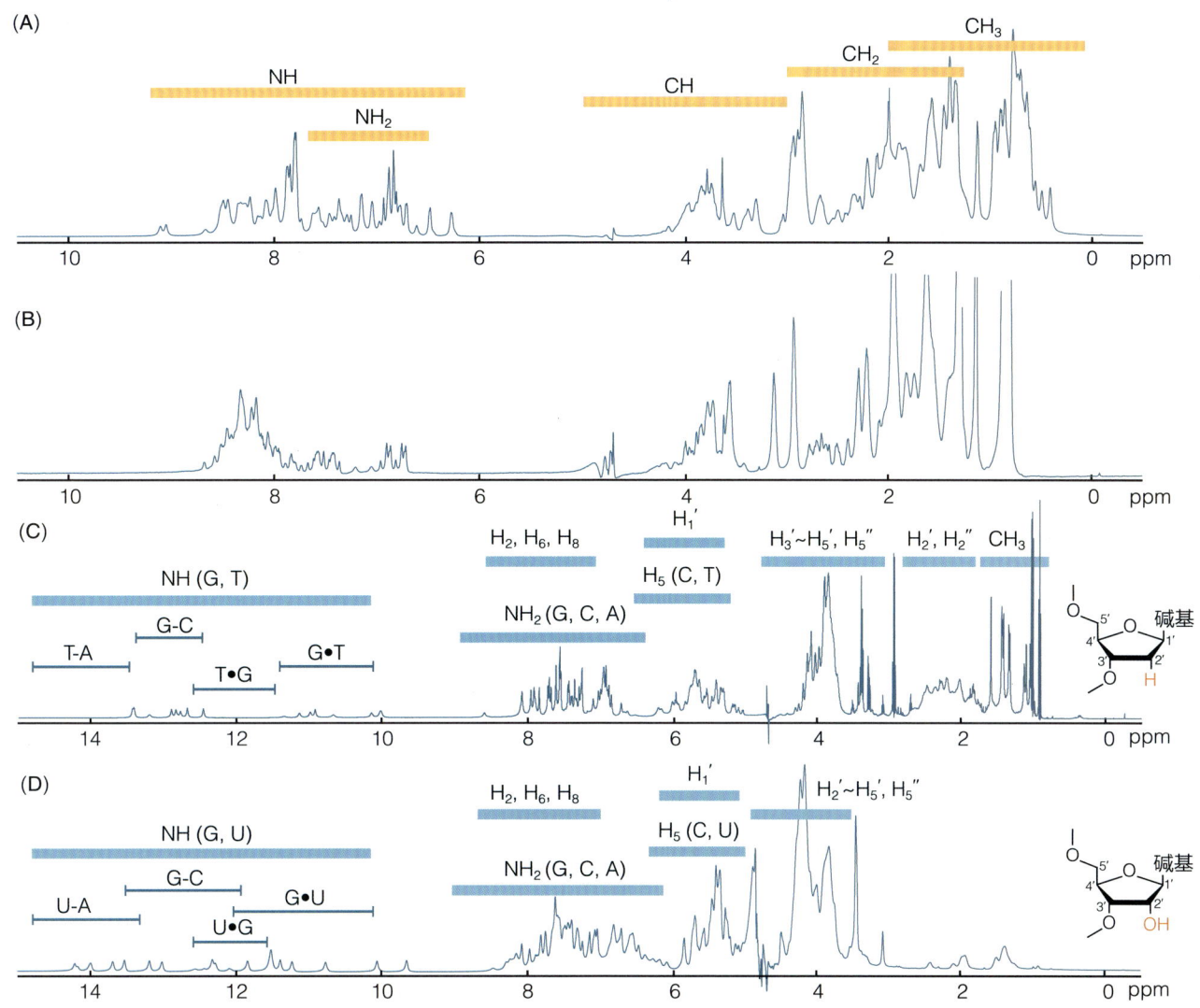

图 5-18 蛋白质、DNA 和 RNA 的一维氢谱
（**A**）折叠蛋白样品的核磁谱。（**B**）无序蛋白样品的核磁谱。（**C**）发夹 DNA 样品的核磁谱，谱图左侧谱峰代表碱基配对中 G 和 T 的亚氨基，右端展示了脱氧核苷酸的结构。（**D**）发夹 RNA 样品的核磁谱，谱图左侧谱峰代表碱基配对中 G 和 U 的亚氨基，右端展示了核苷酸的结构。

知识窗 5-7

沃森 - 克里克碱基配对的实验验证

在沃森与克里克于 1953 年揭示了革命性的 DNA 双螺旋结构之后，对这一模型的关键特征——碱基配对的实验验证也随之如火如荼地展开。1959 年胡斯坦（Karst Hoogsteen）解析了含有 9-甲基腺嘌呤和 1-甲基胸腺嘧啶的共晶结构，观察到腺嘌呤和胸腺嘧啶采取了与沃森 - 克里克碱基对迥异的配对模式，后来被命名为胡斯坦配对（Hoogsteen basepair）（参见 3.2.3 节）。60 年代，晶体衍射学家们陆续解析了包含嘌呤和嘧啶的衍生物或寡核苷酸链的共晶结构，发现涉及鸟嘌呤和胞嘧啶的共晶结构形成了预期的沃森－克里克碱基对，但涉及腺嘌呤和胸腺嘧啶（或尿嘧啶）的共晶结构则无法形成这样的碱基对，并且在大多数情况下，倾向于形成胡斯坦碱基对。这些实验结果以及同时期 Z 型 DNA 的发现，为 DNA 双螺旋结构模型蒙上了一层阴影，一时间质疑声此起彼伏。其中一位怀疑者是鲍林，他认为诺贝尔奖颁给沃森等人为时过早，因为 DNA 三维结构的实验证据还存在争议。

到了 70 年代，正是液态核磁共振首先为沃森－克里克碱基对，特别是 A-T（和 A-U）的经典配对提供了宝贵的实验支持。对 tRNA 和双链寡核苷酸的核磁测量发现，在生理溶液条件下这些样品的一维谱在亚氨基区域呈现出特征峰，这些谱峰的化学位移与沃森－克里克碱基对的化学位移计算值相符，但是与胡斯坦碱基对的计算值有显著差异。

1973 年，里奇（Alexander Rich）等人解析了包含 A-U 和 G-C 配对的两条二核苷酸形成的晶体结构，该结构展现出期待已久的右手双螺旋和沃森－克里克碱基对。这是人们第一次直接观察到涉及腺嘌呤的沃森－克里克经典配对，而这一结构也被誉为"原子分辨率的双螺旋"。沃森在收到论文预印本后马上给里奇打电话，告诉他："二十年来，我第一次睡了个好觉！"

1980 年，迪克森（Richard Dickerson）等人第一次解析了真正的 B 型 DNA 双螺旋的高分辨率晶体结构。该 DNA 链被设计为包含 12 个核苷酸的回文序列：C-G-C-G-A-A-T-T-C-G-C-G，这就是著名的迪克森十二聚体 DNA（Dickerson dodecamer）。至此，DNA 双螺旋结构的实验验证被画上了完美的句号。

峰将分裂为峰高 1∶2∶1 的三重峰（图 5-20A）；如果与邻近的三个质子发生相同大小的 J 耦合，谱峰将分裂为峰高 1∶3∶3∶1 的四重峰（图 5-20B）。因此，J 耦合提供了关于分子结构的信息，在有机小分子包括药物分子的鉴定和分析中尤其重要。

对于生物大分子，J 耦合也可以提供某些结构信息。例如，蛋白质中 H^N 与 H^α 之间有三个化学键相连，其耦合常数 $^3J(H^N, H^\alpha)$ 与蛋白质主链二面角的关系由卡普拉斯

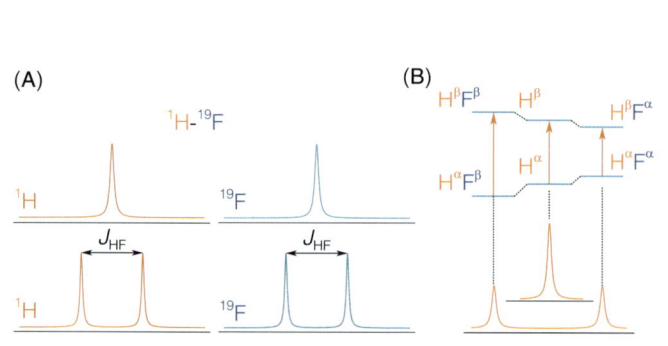

图 5-19 J 耦合导致的谱峰分裂

（**A**）对于 HF 分子，^1H 和 ^{19}F 之间的 J 耦合导致它们各自出现相同赫兹数的谱峰分裂。（**B**）以 ^1H 的谱峰为例，相邻的 ^{19}F 如果自旋向上则导致 ^1H 的 α 态和 β 态能级差变小，如果自旋向下则导致能级差变大。

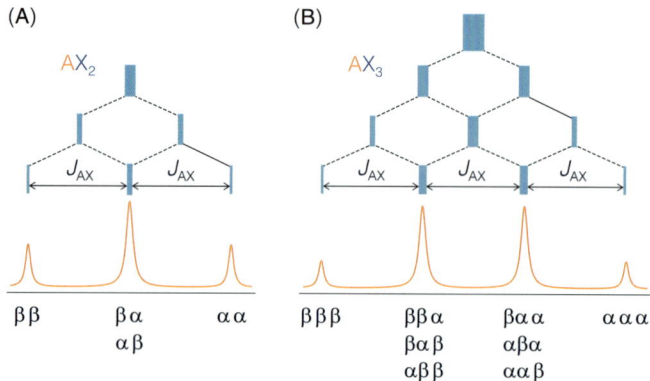

图 5-20 J 耦合产生的裂峰数与邻近核数目的关系

（**A**）两个邻近核的自旋状态有 4 种排列，产生峰高为 1∶2∶1 的三个裂峰。（**B**）三个邻近核的自旋状态有 8 种排列，产生峰高为 1∶3∶3∶1 的四个裂峰。

方程（Karplus equation）*所描述：

$$J = A\cos^2\theta + B\cos\theta + C_\circ \tag{5-10}$$

其中，$\theta \approx \varphi - 60°$，代表二面角 H^N–N–C^α–H^α，而 φ 为主链二面角 C'–N–C^α–C'。

5.3.4 核磁二维谱的原理

前面我们解释了核磁一维谱是如何产生的，下面我们讨论如何获得核磁二维谱。图 5-21A 展示了在蛋白质测量中最常用的 NH-HSQC（heteronuclear single-quantum correlation）二维谱的脉冲序列，该脉冲序列在 25.1.2 节中有较为详细的解释。简单地说，起始的 90° 脉冲在 ^{1}H 上激发出宏观磁化矢量，然后磁化矢量传递到 ^{15}N 上并经历时长为 t_1 的演化，接着磁化矢量又被传回 ^{1}H，最后在 t_2 时间内采集 FID 信号。二维实验是通过采集一系列的一维 FID 来完成的，采集这些一维 FID 所使用的 t_1 渐次增大。由于 t_1 对应于磁化矢量在 ^{15}N 上的演化，这样就间接实现了对 ^{15}N 共振频率的探测。将这些一维 FID 排列成一个二维阵列，先对 t_2（横轴）进行傅里叶变换，然后再对 t_1（纵轴）进行傅里叶变换，这样两个轴都从时域转换到了频域，最终产生了二维谱峰（图 5-21B）。在 HSQC 实验中，蛋白质分子里每个氨基酸的 NH 基团都通过这样的过程产生各自的共振峰，最后就得到了包含众多谱峰的 HSQC 二维谱，每个谱峰都对应着某个氨基酸残基的一个 NH 基团（图 5-21C）。上述二维谱的采集策略可以推广到三维和四维核磁谱中，只需要在脉冲序列中磁化矢量转移到相应原子核时插入一段可变的时间延迟，让信号在该维度上间接地演化。

由于化学位移对生物大分子的构象变化很敏感，所以 HSQC 二维谱常常作为生物大分子构象的指纹图谱使用。对蛋白质来说，最常用的指纹图谱是 NH-HSQC 谱。此外，甲基区域的 CH-HSQC 谱也比较常用，尤其是对于分子量比较大的蛋白质。HSQC 谱一个重要的应用是化学位移映射（chemical shift mapping），用于表征大分子与配体

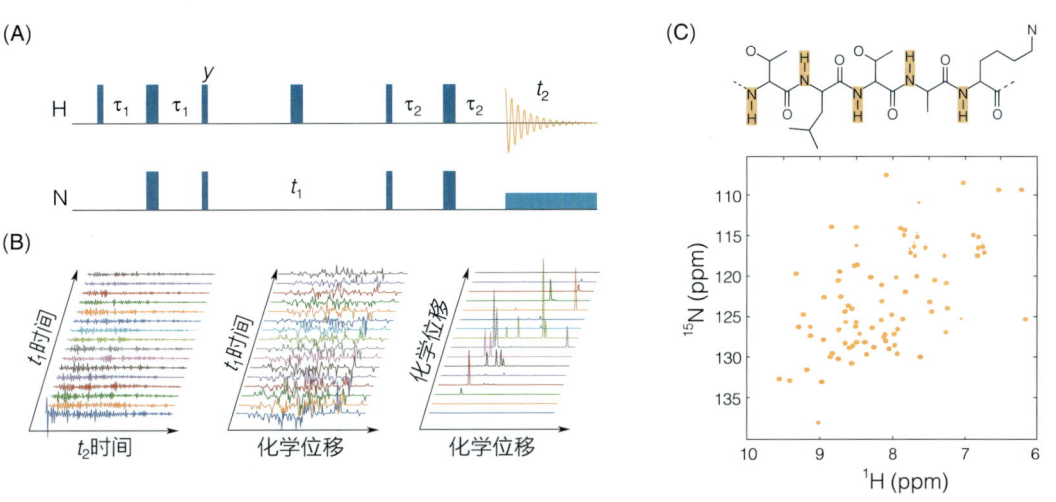

图 5-21 HSQC 二维核磁谱的原理
（A）NH-HSQC 实验的脉冲序列。（B）从一系列不同 t_1 时长产生的 FID 得到二维谱的原理。（C）NH-HSQC 的每个谱峰都对应于蛋白质分子不同的酰胺基团，因此提供了蛋白质构象的指纹谱。

---

* 该方程由马丁·卡普拉斯（Martin Karplus，2013 年诺贝尔化学奖得主）提出。

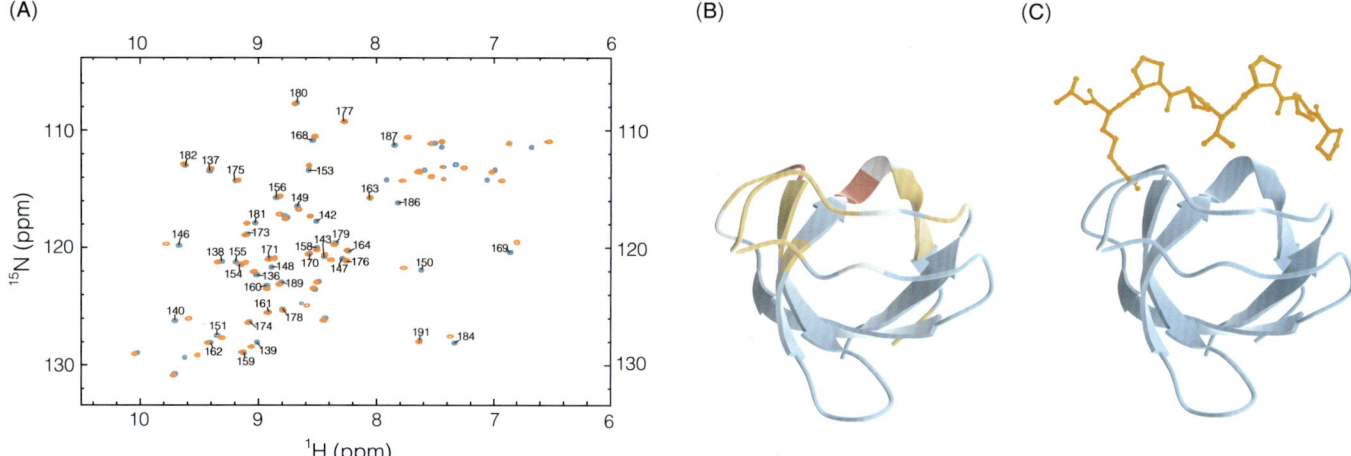

图 5-22 表征蛋白质与多肽结合位点的化学位移映射实验 （A）crkSH3 蛋白在自由态（蓝色）和结合态（橙色）的 NH-HSQC 二维谱。（B）化学位移的变化通过颜色映射到 crkSH3 晶体结构后的结果，红色表示化学位移变化较大，黄色表示中等变化，而蓝色表示基本没有变化。（C）crkSH3（蓝色）与 Sos 多肽（橙色）复合物的晶体结构。

的相互作用。下面以蛋白质分子和多肽的 NH-HSQC 化学位移映射为例来说明。在这个实验中，蛋白质分子需要进行 ^{15}N 同位素标记，而多肽不做标记。首先获取蛋白质分子单独的 HSQC 二维谱，然后加入多肽，再次采集 HSQC 二维谱。在蛋白质表面结合多肽的区域，由于化学环境的变化其对应的谱峰会发生移动（图 5-22A），这样的移动称为化学位移扰动（chemical shift pertubation，CSP）。如果蛋白质分子的三维结构已知，我们就可以把化学位移有变化的残基在三维结构上以一定的颜色标记（图 5-22B）。在本例中，化学位移的映射区域与蛋白质-多肽复合物晶体结构所揭示的结合区域高度一致（图 5-22C），说明了这种方法的有效性。

最后，不管是一维谱还是多维谱，谱图质量通常用分辨率和灵敏度来衡量（知识窗 5-8）。

知识窗 5-8

核磁谱图的分辨率和灵敏度

在了解了核磁一维谱和二维谱之后，我们下面简要介绍核磁谱图的分辨率和灵敏度。如前所述，分辨率由谱峰的半峰宽决定，而后者又由 R_2 弛豫速率决定。灵敏度由信噪比（signal-to-noise，s/n）来衡量，而核磁信号的信噪比由下式决定：

$$s/n \propto N \gamma_{exc}^{\frac{3}{2}} \gamma_{det}^{\frac{3}{2}} B_0^{\frac{3}{2}} \sqrt{n_s} \quad (5-11)$$

其中，N 为样品中待测原子核的总数，γ_{exc} 和 γ_{det} 分别是脉冲序列中激发核和检测核的旋磁比，B_0 为外加磁感应强度，n_s 为扫描次数。由于 ^1H 具有最高的 γ 值，所以大多数核磁脉冲序列都是以 ^1H 激发和 ^1H 检测的原则来设计的。

这个公式告诉我们，信噪比与样品浓度成正比，与场强的 3/2 次方成正比，还与核磁实验扫描时间的平方根成正比。因此，提高样品浓度和选择更高场的核磁仪都是提高信噪比的有效方法。此外，就只能依靠积累测量时间来达到目的，但效率不高，有时候甚至完全不可行。

5.4 核磁共振在结构研究中的应用

核磁共振技术在生物大分子的结构研究中有广泛的应用，主要包括生物大分子溶液状态下的三维结构解析、生物大分子与配体的相互作用、构象动态、折叠与去折叠机制、代谢组学、靶向生物大分子的药物开发等。半个多世纪以来，生物核磁共振的快速发展为理解生物大分子结构、动态和功能三者间的关系，揭示生物大分子的相互作用和调控机制，以及推动药物研发提供了重要的研究手段。特别值得一提的是，与 X 射线晶体衍射及冷冻电镜方法相比，核磁共振在研究生物大分子的构象动态上有独特的优势。关于这方面的内容将在 25.1.3 节讨论。

5.4.1 生物大分子的谱峰指认

在采集到生物大分子的核磁谱图后，通常都需要进行谱峰指认（resonance assignment；也称作化学位移归属），即确定每个谱峰是由哪些原子核产生的。谱峰指认是一个烦琐耗时的过程，而且很容易出错，需要反复检查修正。早期的核磁研究中，蛋白质和核酸的谱峰指认是通过 NOESY（nuclear Overhauser effect spectroscopy）（原理见 5.4.2 节）二维谱确定的，只要分子量稍大一些就相当困难。此后随着同位素标记技术的广泛应用以及三维和四维异核脉冲序列的发明，蛋白质谱峰指认的难度明显降低，但对于较大的蛋白质分子（例如 50 kDa 以上）仍然比较困难。对于核酸分子来说，由于其磷酸骨架不像蛋白质主链那样可以通过 ^{15}N-^{13}C 或者 ^{13}C-^{13}C 之间较强的 J 耦合串联起来，仍然需要依靠 NOESY 二维谱来进行谱峰指认。下面我们简要介绍蛋白质主链的谱峰指认。

蛋白质主链的归属主要依靠两个异核三维实验：HNCACB（或者 CBCANH）和 HN(CO)CACB（或者 CBCA(CO)NH）。前者把当前氨基酸残基的 H^N、N 与当前残基的 C^α、C^β 以及前一个残基的 C^α 和 C^β，通过 J 耦合关联起来；后者仅把当前 H^N、N 与前一个残基的 C^α、C^β 关联起来（图 5-23A）。HNCACB/CBCANH 的作用尤其重要，正是通过它才能把当前残基和前一个残基串联起来；而 HN(CO)CACB/CBCA(CO)NH 的作用是帮助区分前者获取的两组 C^α/C^β 谱峰，即哪组来自当前残基，哪组来自前一个残基（图 5-23B）。不同残基 C^α/C^β 的化学位移区别比较明显，可作为每个残基的"指纹"信息来使用。部分残基（Ala、Ser、Thr、Gly）从 C^α 和 C^β 两个峰的位置可以很容易判断出氨基酸种类，这个特点可以方便我们找到主链归属从哪个残基开始尝试。

上述两个三维实验灵敏度不高，因此当样品浓度比较低时可能采集不到质量足够好的谱图。这种情况下可以选择测量 HNCA、HN(CO)CA、HNCO、HN(CA)CO 这四个灵敏度比较高的三维谱，这时 C^α/C^β 的作用由 C^α/C' 替代。值得注意的是，后者对各个残基的区分度没有前者高，因此会给谱峰指认带来一定的难度。

侧链的化学位移归属比主链更加烦琐，主要依靠 HCCH-TOCSY 三维或者四维谱来完成。在获得主链和侧链完整的化学位移归属后，接下来就可以利用这些结果来指

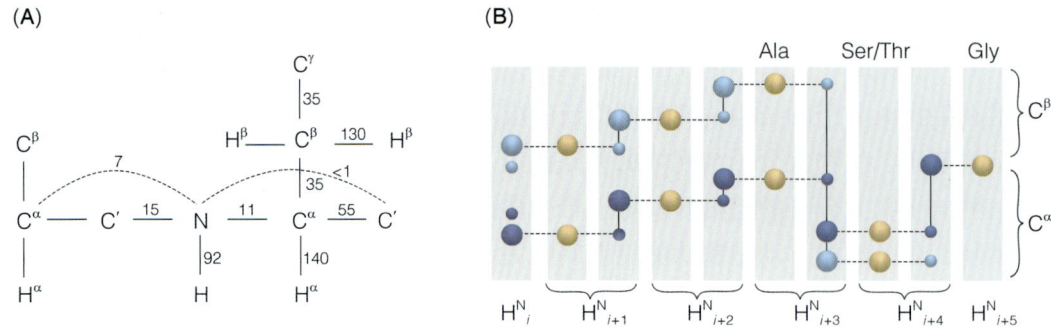

图 5-23 蛋白质核磁谱的主链归属
（A）蛋白质分子中的 J 耦合。（B）从 HNCACB 和 HN(CO)CACB 这两套三维谱里截取出的各个氨基酸残基主链 NH 峰所对应的 $C^α/C^β$ 维度的竖条（strip）。对每个竖条，横向对应主链 H^N 的化学位移，纵向对应 $C^α/C^β$ 的化学位移，而垂直于纸面的维度是主链 H^N 的化学位移。包含深蓝色和浅蓝色谱峰的竖条来自 HNCACB 谱，较大的一对谱峰对应于当前残基的 $C^α$（深蓝色）和 $C^β$（浅蓝色），较小的一对谱峰对应于前一个残基的 $C^α$（深蓝色）和 $C^β$（浅蓝色）；包含黄色谱峰的竖条来自 HN(CO)CACB 谱，对应于前一个残基的 $C^α$ 和 $C^β$。水平虚线代表对相邻残基 $C^α/C^β$ 谱峰的串联追溯。

认 NOESY 谱中大量存在的 ^1H-^1H 相关峰。

5.4.2 结构约束信息的获取和结构计算

解析核磁三维结构的基本原理是通过核磁共振实验获得生物大分子的结构约束，然后把这些结构约束作为分子动力学模拟的能量项，驱动着模拟朝向能满足结构约束的方向演化，最终使得生物大分子折叠为正确的三维构象。最主要的结构约束来自 NOESY 实验，而 NOESY 实验的原理是 NOE 效应。NOE 效应指的是当两个原子核（通常是旋磁比最大的氢核）在空间中距离较近时，它们之间的偶极耦合作用导致一个核的极化状态会影响另一个核的极化状态。NOE 效应的强度与两个核之间距离的六次方成反比。图 5-24 展示了溶菌酶的二维 NOESY 谱，其中每个共振峰都关联着两个氢核。当蛋白质分子中两个氢核距离在 5 Å 之内时，就很有可能会在谱图的相应位置产生一个交叉峰，其峰高与核间距的六次方成反比。通过分析 NOESY 谱，我们可以获得大量的氢原子对之间的距离约束。

为了减少谱峰的重叠，我们通常采集两个三维 NOESY 谱：^{15}N-NOESY-HSQC 和 ^{13}C-NOESY-HSQC。对于比较大的蛋白质，还可以采集四维 NOESY 谱。NOESY 在用于结构计算前需要通过此前完成的主链和侧链归属来对 NOESY 的交叉峰进行指认，即辨识出每个谱峰是由哪两个氢原子核产生的。由于 NOESY 的相关峰数目经常能达到数以千计的规模，这一过程通常使用软件来自动完成，例如 CYANA 和 ARIA。

如前所述，在解析核磁结构时需要采集一系列三维甚至四维的核磁谱，这是很耗时的过程，往往要连续采谱二周左右。近年来，随着非均匀采样（non-uniform sampling，NUS）技术的快速发展和逐渐普及，可以把采谱时间缩短为 4~5 天。

主链二面角 $φ$ 和 $ψ$ 以及侧链二面角 $χ_1$ 也是经常使用的结构约束，可以通过化学

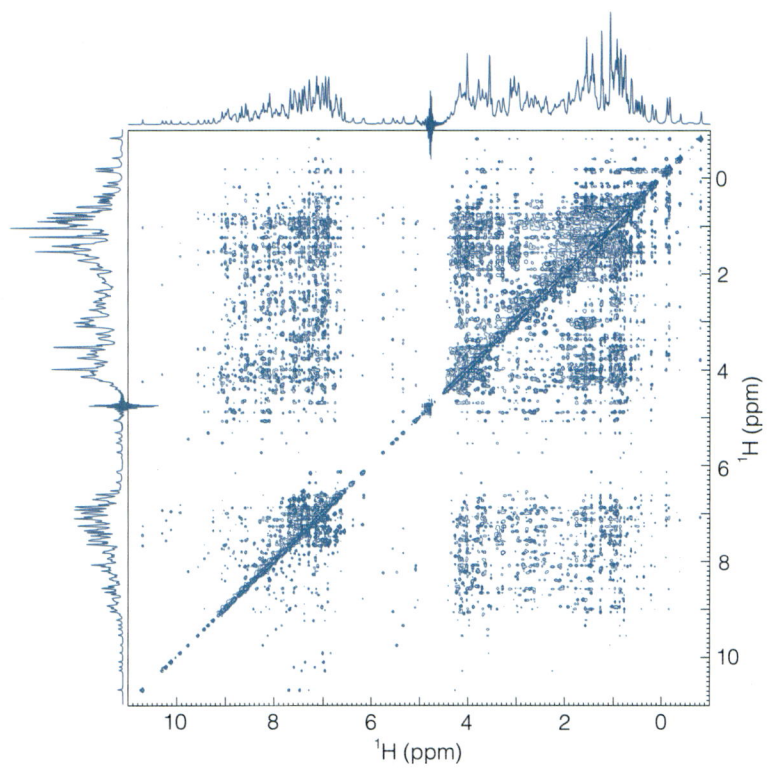

图 5-24 溶菌酶的二维 NOESY 谱（800 MHz, 25℃）

位移计算获得，也可以通过测量三键 J 耦合常数获得，例如从 $^3J(H^N, H^\alpha)$ 可以得到 φ 角*（通过前文提到的卡普拉斯方程），从 $^3J(H^\alpha, H^\beta)$ 可以得到 χ_1 角。

蛋白质的二级结构信息可以从主链二面角、二级结构单元产生的特定模式的 NOE 交叉峰，以及主链上 H^N 形成的氢键推导出来。氢键的存在可以通过测量 H^N 与水溶液的氢之间的交换速率获得。较慢的交换速率代表 H^N 很可能参与了氢键的形成。此外，二级化学位移（secondary chemical shift，即某些对二级结构类型敏感的主链原子核例如 $^{13}C^\alpha$、$^{13}C^\beta$、$^1H^\alpha$ 和 $^{13}C'$ 的化学位移相对于无规卷曲构象化学位移的偏离值）也提供了一种判定二级结构的简便方法。

残余偶极耦合（residual dipolar coupling，RDC）实验可以为结构解析提供准确可靠的角度约束。在蛋白质和核酸的核磁结构解析中使用残余偶极耦合约束在近年来已经成为常规操作。残余偶极耦合能够提供生物大分子中各个化学键的空间取向信息，通常与 NOE 约束联合使用来解析结构，对于确定生物大分子多个结构域间的相对朝向尤其重要。顾名思义，残余偶极耦合来源于化学键连接的两个核之间的偶极耦合作用。偶极耦合的大小由下式决定：

$$D = D_{max} \frac{3\cos^2\theta - 1}{2}。 \qquad (5-12)$$

其中，$D_{max} = \dfrac{\mu_0 \hbar \gamma_I \gamma_S}{4\pi^2 r_{IS}^3}$，$\mu_0$ 为真空磁导率，γ_I 和 γ_S 为两个核的旋磁比，r_{IS} 为核间距；θ

---

* 严格地说，直接得到的是二面角 θ，即 H^N-N-C^α-H^α；而主链二面角 $\varphi \approx \theta + 60°$。

为连接两核的矢量与外加磁场的夹角。

核磁样品的缓冲液通常是各向同性的，生物大分子在溶液中的取向完全随机并且在不停地快速翻转。此时分子感受到的偶极耦合作用是式（5-12）在球面空间的积分：

$$\langle D \rangle = D_{max} \int_0^\pi \frac{3\cos^2\theta - 1}{2} \sin\theta d\theta = 0。$$

通过计算容易看出，偶极耦合被平均化变成了零。为了测量偶极耦合，需要在核磁样品中加入排列介质（alignment medium），使得生物大分子在溶液中的取向不再是各向同性，从而获得了微弱的优势取向。此时，偶极耦合的平均值不再是零，残余的偶极耦合取决于优势取向下化学键与外加磁场 B_0 的夹角 θ（图 5-25A）。换句话说，通过测量化学键连接的两个自旋核之间的残余偶极耦合，我们可以获得该化学键的角度信息。

残余偶极耦合的实验值是通过测量两核之间的 J 耦合获得的。以 RNA 中 C—H 键的残余偶极耦合为例，首先在普通核磁缓冲液中测量 ^{13}C 和 ^1H 之间的谱峰分裂，裂分大小即为 J 耦合常数。然后在样品中加入排列介质，常用的排列介质有脂质双圆盘（lipid bicelles）、纤维状噬菌体（Pf1）、拉伸或压紧的聚丙烯酰胺凝胶、烷基聚乙二醇与醇形成的液晶等等，此时再次测量谱峰分裂，裂分大小为 J 耦合常数与残余偶极耦合之和（图 5-25B、C）。

以上都是在核磁结构解析中使用的常规结构约束。这些结构约束需要在分子动力学模拟的力场中通过先升温后降温的模拟退火过程，来引导生物大分子三维结构朝着满足结构约束的方向演化，最终达到一个收敛的构象。在初始模型构建（initial model building）和结构精修（refinement）中涉及的常用软件有 CYANA、CNS 和 Xplor-NIH。近年来 Amber、CHARMM、GROMACS 等专用的分子动力学软件包也越来越多地被用于结构精修中。这些软件包使用的力场更为准确完善，有助于获得更加合理的三维结构。

5.4.3 用于结构解析的其它实验数据

除此之外，还有其它一些核磁实验数据可以提供结构约束。前文我们提到化学位

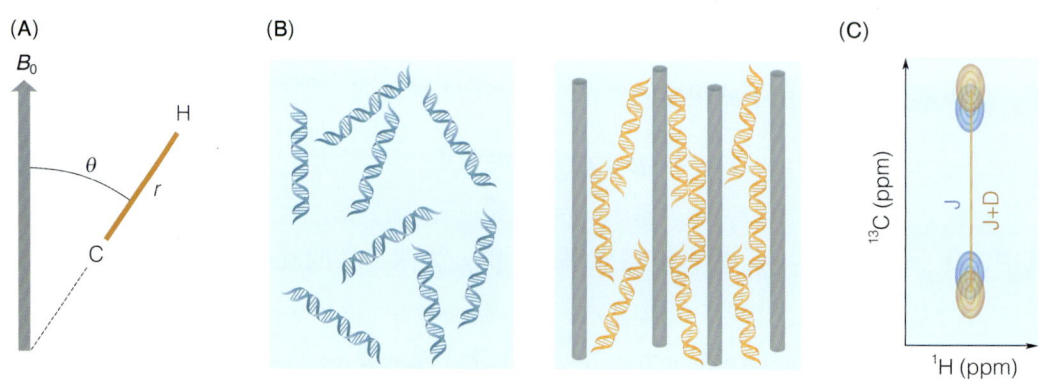

图 5-25 残余偶极耦合实验的原理
（A）RNA 的 C—H 键处于外磁场 B_0 中。（B）普通核磁缓冲液中的 RNA 分子（左）和加入了纤维状噬菌体的缓冲液中的 RNA 分子（右）。纤维状噬菌体在磁场中产生了定向排列，从而对 RNA 分子的空间朝向起了一定的限制作用，使后者不再各向同性。（C）在各向同性缓冲液中测量的谱峰分裂（蓝色）和在含有排列介质的缓冲液中测量的谱峰分裂（橙色）。

移实际上蕴含了丰富的结构信息，因此可以借助化学位移预测方法为结构计算提供约束。通过与分子建模软件（例如 Rosetta）的联用，已经可以做到仅仅依靠蛋白质化学位移数据或者再加上少量 NOE 和 RDC 数据，获得 40 kDa 以内蛋白质的具有较高准确度的三维结构。顺磁弛豫增强（paramagnetic relaxation enhancement，PRE）和赝接触位移（pseudocontact shift，PCS）这两种方法可以获得比较长程的距离约束，也是解析核磁结构的有力工具。下面对它们作逐一介绍。

PRE 和 PCS 都需要在生物大分子上标记一个顺磁探针，探针中存在一个或多个未配对电子。前文中我们提到，NOE 效应与氢核间距离的六次方成反比，因此只能获得 5 Å 内的近程距离信息。PRE 效应也与电子–原子核距离成六次方反比关系，但由于电子的旋磁比是氢核的 658 倍，因此产生的偶极耦合作用要比 NOE 效应中的大了近 3 个数量级，所以能够检测 15~30 Å 的距离。PCS 效应与电子–原子核距离的三次方成反比，因此检测的距离更大，可达 40 Å 或者更大。

值得注意的是，对于比较动态的生物大分子或者无序蛋白，即使两个氢核接近到 5 Å 以内，由于其距离的动态性，也经常不会产生 NOE 交叉峰，因此这类生物大分子不适合测量 NOE。对于这种情况，PRE 实验是一个很好的选择。尤其在与分子动力学模拟联用的时候，PRE 提供的远程距离约束可用于重构生物大分子的动态。

在生物大分子的 PRE 测量中，常用的顺磁探针包括氮氧自由基以及加载了顺磁性金属离子（Cu^{2+}、Mn^{2+}、Gd^{3+} 等）的金属螯合剂。图 5-26A 显示的是一种常用的氮氧自由基 MTSL。这些顺磁基团会按照 $1/r^6$ 的关系加速其周围原子核的弛豫，导致谱峰的展宽（图 5-26B、C）。通常使用峰高的衰减来定量表示 PRE 效应的强度。有三种类型的 PRE 实验：①分子内 PRE，测量同一分子上的顺磁基团在分子内引起的 PRE 效应；②分子间 PRE，即一个分子上的顺磁基团在与其互作的另一分子上引起的 PRE 效应；③溶剂 PRE，即溶剂中的小分子顺磁探针通过随机碰撞在大分子表面引起的 PRE 效应。

在生物大分子的 PCS 测量中，常用的顺磁探针是加载了各向异性稀土金属离子（例如 Tb^{3+}、Dy^{3+}、Ho^{3+}、Er^{3+}、Tm^{3+}、Yb^{3+} 等）的金属螯合剂。与 PRE 不同，PCS 测量的是与逆磁金属离子的情况相比，加载了顺磁金属离子后产生的谱峰移动。其化学位移的差值与 $1/r^3$ 成正比。图 5-27 解释了 PCS 测量的原理。

由于分子量对于核磁测量的限制，通常来说不超过 30 kDa 的蛋白质或者核酸比较容易解析出核磁结构。即便是不以结构解析为目的的核磁研究，在分子量超过 50 kDa 后谱峰展宽和重叠现象越来越严重，阻碍了谱峰指认以及后续的结构和动态表征。目前主要有两种策略来克服这个问题，一个是样品氘代和 TROSY 技术的联用，另一个是 ^{19}F 测量方法。

蛋白质样品的氘代可以通过在重水配制的培养基中表达蛋白质来实现。在氘代蛋白质置换到核磁缓冲液后，只有 N、O 和 S 上的 ^2H 被置换为 ^1H，大大稀释了蛋白质氢核间的偶极耦合作用网络，从而减缓了 R_2 弛豫速率。TROSY 实验的原理是通过脉冲序列的巧妙设计，使 R_2 的两个主要贡献因素（偶极耦合和化学位移各向异性，参

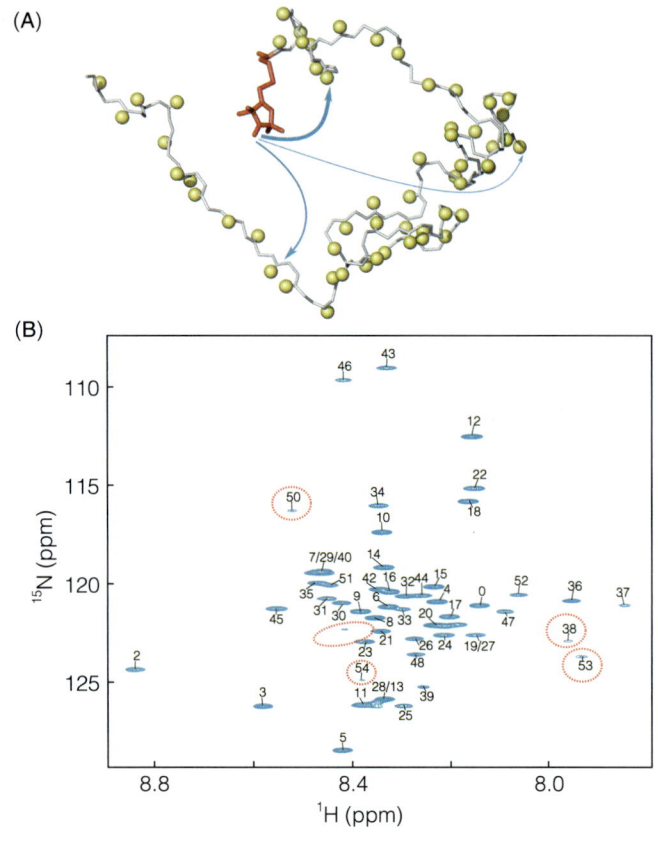

图 5-26 PRE 实验的原理

（A）在 C 端 59 号位氨基酸残基连接了 MTSL 顺磁探针（红色）的变性 drkN SH3 蛋白。黄色小球代表各个残基上主链氨基的氢原子。（B）标记有 MTSL 的蛋白质的 HSQC 谱。（C）顺磁探针被还原后的蛋白质的 HSQC 谱。虚线红圈指示了由于 PRE 效应在顺磁标记附近出现的谱峰展宽效应。

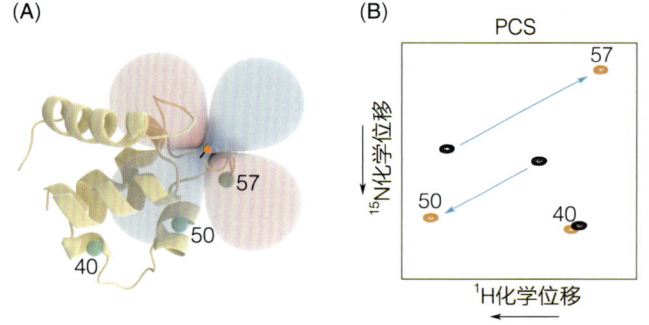

图 5-27 PCS 实验的原理

（A）标记有顺磁金属离子探针（橙色小圆点）的蛋白质分子。浅红色和浅蓝色阴影区域代表顺磁金属离子的 PCS 各向异性张量，浅红色区域中的蛋白质残基将产生负的化学位移改变，浅蓝色区域中的残基将产生正的化学位移改变。改变值与所测残基（绿色小球）到顺磁中心距离的三次方成反比。（B）NH-HSQC 谱在蛋白质加载了顺磁金属离子（黑色谱峰）与加载了逆磁金属离子（橙色谱峰）这两种情况下的变化。

见 25.1.3 节）互相抵消，显著减小了 R_2，使谱峰更加尖锐。通过氘代和 TROSY 方法的联合使用，对很多超过 100 kDa 的蛋白质也可以得到高质量的核磁谱。可测蛋白质分子量的上限还可以通过对甲基的观测来进一步提升，即采用氘代和 Methyl-TROSY 方法联用的策略。利用这种策略，甚至有些分子量在 1000 kDa 左右的蛋白质也可以被成功测量。

^{19}F 核磁共振实验近年来发展非常迅速，已成为核磁共振研究的前沿领域之一。^{19}F 用于核磁测量有多个优点：^{19}F 的灵敏度仅次于 ^{1}H，可达到 ^{1}H 的 83.4%；^{19}F 的化学位移范围分布很广，且对生物大分子的构象以及所处环境非常敏感；天然生物样品中没有 ^{19}F，因此仅在标记位点上产生核磁谱峰，这意味着无须进行费时费力的化学位移归属，大大简化了实验操作和谱

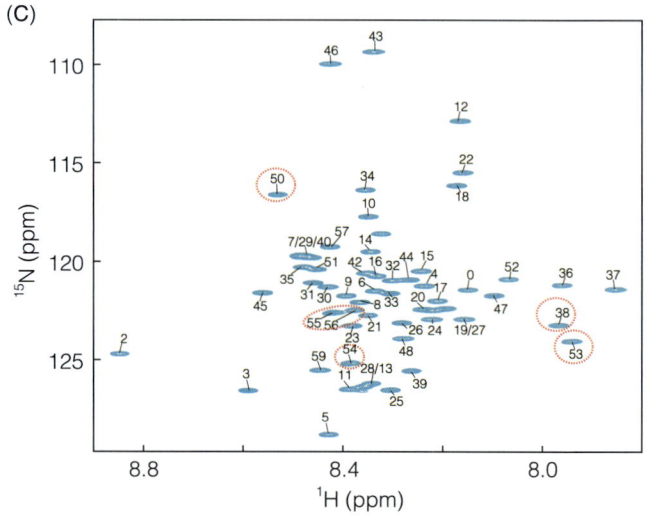

图分析；最后，^{19}F 通常仅需采集一维谱，对样品的需求量较少，可以应用在真核表达的蛋白质样品上，而且对分子量很大的样品也比较容易检出信号。

5.4.4 化学交换

在本小节的最后，我们介绍一种在核磁共振中很重要的现象：化学交换（chemical exchange）。核磁共振中的化学交换指的是由于分子发生化学反应或者构象来回切换，导致部分原子核所处的化学环境也在不断地交换。化学交换可以用下面的反应方程式表示：

$$A \underset{k_{-1}}{\overset{k_1}{\rightleftharpoons}} B, \quad (5\text{-}13)$$

其中 k_1 和 k_{-1} 分别为正向反应和逆向反应的速率常数。我们把化学交换的速率记作 k_{ex}（以 s^{-1} 为单位），$k_{ex} = k_1 + k_{-1}$，原子核在两种状态下的化学位移之差记作 $\Delta\omega$（以 rad/s 为单位）。根据 k_{ex} 与 $\Delta\omega$ 之间的相对大小，可以把化学交换分为慢交换（slow exchange；$k_{ex} \ll \Delta\omega$）、中速交换（intermediate exchange；$k_{ex} \sim \Delta\omega$）和快交换（fast exchange；$k_{ex} \gg \Delta\omega$）。化学交换的速率直接影响到谱峰的强度和形状，如图 5-28 所示。

上图所示的化学交换对谱峰的影响可以用两态模型直观地解释。在式（5-13）中，原子核在 A 和 B 两个状态有不同的化学位移，即它们进动的频率不同，可以用"走"和"跑"两种状态代表（图 5-29A）。假设样品有数量众多的原子核都从同一位置一起出发，在不同的交换速率下，将产生不同数量和形状的谱峰（图 5-29B）。

在化学交换下核磁谱峰的数值模拟可以通过 Bloch-McConnell

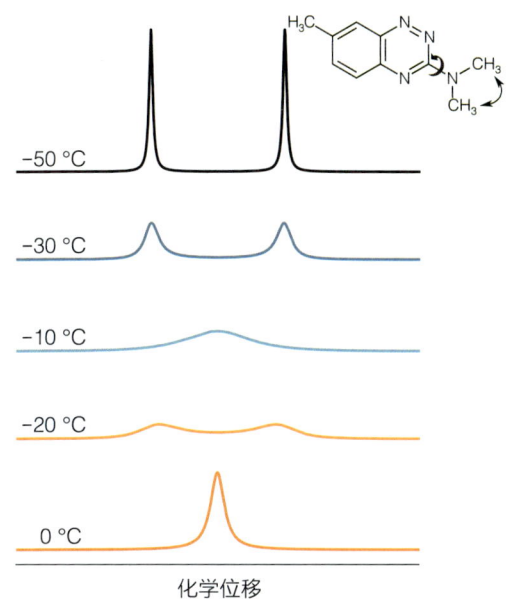

图 5-28 Azapropazone 衍生物的两个甲基在化学交换下的谱峰

化学交换由两个甲基如图示绕着 C—N 键转动所导致，温度越高，转动越快。自上而下是温度逐渐升高时在一维氢谱的甲基区域观察到的谱峰。

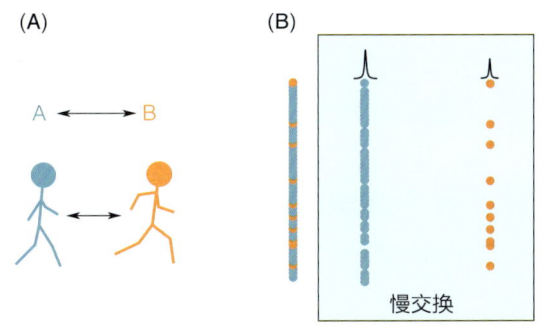 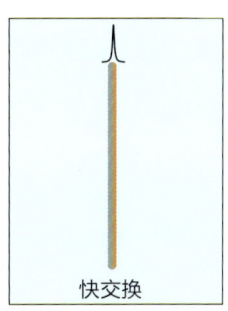 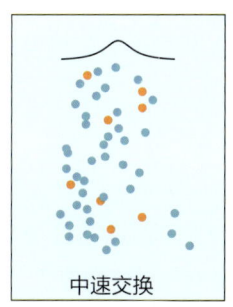

图 5-29 两态模型对化学交换现象的解释
（A）原子核在化学交换下的两个状态可以用"走"（蓝色）和"跑"（橙色）代表。（B）慢交换的情形下，在核磁检测过程中两种状态不发生切换，最后产生两个尖锐的谱峰；快交换的情形下，两种状态的切换快到无法区分，每个原子核都以同样的平均速度移动，将产生一个尖锐的谱峰；中速交换的情形下，每个原子核在检测过程中随机发生多次"走"和"跑"的切换，导致谱峰明显展宽。

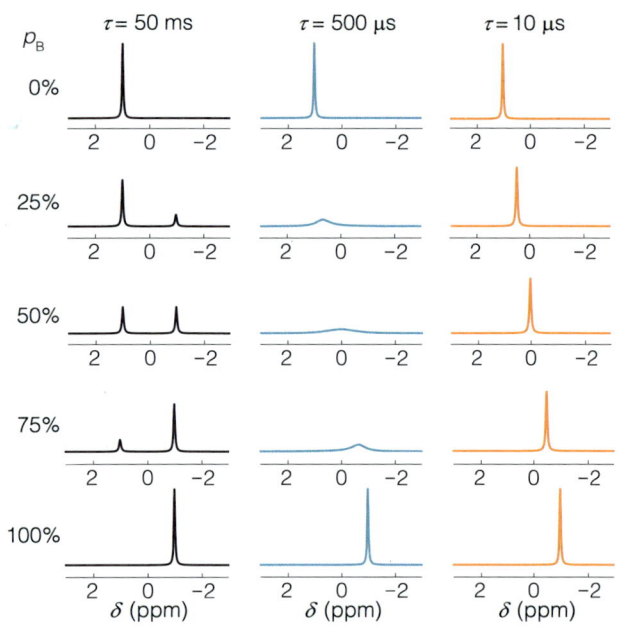

图 5-30　不同比例的两种状态在慢交换（左）、中速交换（中）和快交换（右）三种情形下产生的 600 MHz 核磁仪的模拟谱峰

方程来完成。图 5-30 展示了 A 和 B 在不同比例下快交换、中速交换和慢交换产生的谱峰，其中 p_B 代表状态 B 的占比，$\tau = 1/k_{ex}$ 代表化学交换的特征时间。由此可见，在发生中速交换时，核磁谱峰会产生严重的展宽现象。

值得注意的是，测量生物大分子和配体结合的核磁滴定实验（类似图 5-22，但配体浓度逐渐加大）也属于化学交换现象。在滴定过程中，生物大分子在自由态和结合态之间不断交换。两种状态的交换速率与结合常数有很大关系（知识窗 5-9）。如果生物大分子和配体结合比较弱，那么生物大分子的自由态和结合态的切换通常属于快交换；如果结合比较强，那么切换将转变为中速交换；如果结合非常强，就会进入慢交换的范围。

在三种交换速率下，滴定实验中核磁谱峰的变化可以从图 5-30 每一列中自上而下清楚地看到。在慢交换下，自由态的谱峰逐渐降低，同时在一个新的位置上结合态的谱峰出现并逐渐增高，在整个过程中不发生谱峰的偏移。在快交换下，自由态谱峰连续过渡到结合态的位置，在此过程中峰高变化不大。在中速交换下，谱峰从自由态移向结合态，同时谱峰很快地发生展宽，伴随着峰高的迅速降低。在结合的中点，谱峰甚至会展宽到检测不到，直至滴定朝着终点发展才逐渐恢复。

知识窗 5-9

滴定实验中化学交换速率与亲和常数的关系

蛋白质 A 和配体 L 的结合和解离过程可以用下面的反应式表示：

$$A + L \underset{k_{off}}{\overset{k_{on}}{\rightleftharpoons}} AL,$$

其中，k_{on} 和 k_{off} 分别是结合速率常数和解离速率常数。如果将其写成两态反应的形式

$$A \underset{k_{off}}{\overset{k_{on}[L]}{\rightleftharpoons}} AL,$$

那么化学交换速率就是

$k_{ex} = k_{on}[L] + k_{off} = k_{off}([L]/K_D + 1)$。

在滴定的中点，自由态和结合态的生物大分子各占 50%。从亲和常数的定义出发，容易推出此时配体浓度 [L] 等于亲和常数 K_D。因此，当滴定达到中点时，化学交换速率可以写成

$k_{ex} = 2k_{off} = 2k_{on}K_D$。

由此可见，此时的交换速率与解离速率 k_{off} 成正比，也大体上与亲和常数 K_D 成正比（结合速率 k_{on} 往往被生物大分子与配体间的扩散过程所限定，其值相对稳定）。

※ 本章小结

核磁共振是生物大分子结构解析的常用方法，受限于分子量增大带来的谱峰展宽和谱峰重叠问题，一般用于解析 30 kDa 以内的蛋白质、核酸以及它们的复合物。除了结构解析方面的应用，核磁共振波谱学还经常用于分析生物分子的动态行为，例如配体-受体的结合和解离、固有无序蛋白的结构特征以及生物大分子在多个构象之间的转换。随着 TROSY 脉冲序列的出现、同位素标记方法的进步以及 ^{19}F NMR 的兴起，核磁的构象动态测量已经可以拓展到分子量达数百 kDa 的生物大分子。

本章仅提供了核磁共振的入门知识，想要了解核磁脉冲序列的原理，或者如何运用核磁共振来洞察生物大分子的构象动态，请继续阅读第 25 章。在那里我们将介绍核磁共振的量子描述，并讲解研究生物大分子动态特性的常用核磁方法。

除了本书介绍的液态核磁共振技术，核磁方法的大家庭中还包括固态核磁共振和磁共振成像。固态核磁虽然在谱图质量上逊于液态核磁，但其谱峰不随分子量的增大而展宽，因而在膜蛋白、淀粉样蛋白纤维以及其它蛋白质聚集物的结构研究上有独到优势。磁共振成像与液态核磁共振的原理类似，但通过施加梯度场，获得了在三维空间对水峰信号成像的能力，在医疗检测上应用极广。感兴趣的读者请参考"扩展阅读"里的相关书籍和文献。

※ 思考题

1. 对于自旋量子数为 1/2 的原子核，其磁矩分布在与磁场方向呈约 54.7° 的上下两个锥面上。如果是自旋量子数为 1 的原子核，其磁矩在空间中将如何分布？

2. 化学位移如果以赫兹（Hz）为单位，那么其值与磁感应强度成正比；而 J 耦合常数（单位是 Hz）却与磁感应强度无关。请从化学位移和 J 耦合产生的原理给予解释。

3. 在生物大分子的一维氢谱中，通常把谱图中心设在水峰的位置，常温下约为 4.77 ppm；而蛋白质主链酰氨基的谱峰分布大致以 8 ppm 为中心。请计算在 800 MHz 核磁仪中，水峰与酰胺基中心区域相差多少赫兹。

4. 请简要概述核磁共振方法解析蛋白质结构的流程，并思考在什么场景下适合选择该方法表征或解析生物大分子的结构。

※ 扩展阅读

图书

张家海，夏佑林，龚庆国，等. 核磁共振原理及其应用 [M]. 合肥：中国科学技术大学出版社，2022.

Hore P J. Nuclear magnetic resonance[M]. Oxford: Oxford University Press, 1995.

Keeler J. Understanding NMR spectroscopy[M]. 2nd ed. Chichester: Wiley, 2010.

Levitt M H. Spin dynamics: basics of nuclear magnetic resonance[M]. 2nd ed. Chichester: Wiley, 2001.

Rule G S, Hitchens T K. Fundamentals of protein NMR spectroscopy[M]. Dordrecht: Springer, 2006.

Wüthrich K. NMR of proteins and nucleic acids[M]. New York: Wiley-Interscience, 1986.

综述

Varani G, Aboul-ela F, Allain F H-T. NMR investigation of RNA structure[J]. Prog Nucl Magn Reson Spectrosc, 1996, 29(1/2):51-127.

6 冷冻电子显微学结构解析导论

透射电子显微镜（transmission electron microscope，TEM）简称透射电镜，被广泛用于研究原子水平上的物质结构，其分辨率范围位于亚埃到纳米尺度的区间。透射电镜使用被加速到数百千电子伏特能量的高能电子束作为光源，在此能量下，电子束体现出显著的波粒二象性，电子波的波长仅几皮米，远小于可见光的波长以及原子的尺寸（原子的离子半径范围在 1.5 Å 左右）。如此短的波长使透射电子显微镜能够摆脱成像光波波长对分辨率的限制，从而获得原子级高分辨率的主要原因。

冷冻透射电子显微镜，简称冷冻电镜，具备维持样品室内低温的能力，是透射电镜的一种。依托冷冻电镜的冷冻电子显微学（cryo-electron microscopy，cryoEM）技术，简称冷冻电镜技术，是解析生物大分子复合物和细胞结构的重要工具。2013 年以来，冷冻电镜技术获得了快速的发展，主要受益于多项冷冻电镜关键技术的突破，包括直接电子探测相机技术和基于统计推断的三维重构算法。这些突破性进展将基于冷冻电镜的生物大分子结构解析提高到了近原子甚至原子分辨率水平，被称为"分辨率革命"。一大批困扰了科研人员多年的蛋白质复合物结构被快速破解，促进了人们对蛋白质复合物结构与功能的理解。冷冻电镜技术与其它两个蛋白质高分辨率结构解析技术——X 射线晶体学技术和核磁共振技术，一起成为蛋白质结构解析的主要工具。冷冻电镜技术的快速发展也助力了基于结构的药物设计等重要领域的发展，也为基于人工智能技术的蛋白质结构预测提供了重要的实验结构信息。冷冻电镜的技术变革极大地推进了结构生物学领域的发展，成为了生物结构研究领域的关键工具。

目前，冷冻电镜技术已经发展出三个主要技术分支：冷冻电镜单颗粒分析（single particle analysis，SPA）、冷冻电子断层成像（cryo-electron tomography，cryoET）以及微晶电子衍射（microcrystalline electron diffraction，microED）。单颗粒冷冻电镜技术是目前发展最为成熟的技术，被广泛用于解析纯化的蛋白质复合物结构；微晶电子衍射技术类似于X射线晶体学技术，使用电子衍射来解析蛋白质或有机小分子晶体的结构，主要专注于那些难以长大的亚微米尺度微小晶体；冷冻电子断层成像技术近年来发展迅速，被认为是最具潜力的冷冻电镜技术，可以观察细胞的结构以及解析位于细胞原位的生物大分子结构。冷冻电子断层成像相对于单颗粒分析更能够反映处于生理状态下的生物大分子结构，揭示细胞中生物大分子之间的相互作用以及空间组织关系。因此，冷冻电子断层成像被认为是冷冻电镜技术的未来发展方向。

本章将从冷冻电镜的基本原理结合其发展历程来阐明冷冻电镜技术的基本特点和应用的主要方向，以及应用过程中所面临的主要问题。这些信息将为我们选择和使用冷冻电镜技术提供方向性指引。

6.1 透射电镜的基本光学原理

透射电镜被广泛用于研究各种物质的高分辨率结构，包括金属、陶瓷、半导体、各种功能材料以及有机样本等（知识窗6-1）。冷冻电镜是专门针对冷冻含水样本改造的透射电子显微镜。冷冻电镜与应用于其它领域的透射电镜在成像原理和电子光学结构上几乎一样，只存在轻微的硬件配置差别，主要在于样品台部分能够承载冷冻于液氮温度下的生物样品，并增加了专门的冷阱来降低低温样品对污染物的吸附，以及为了实现高角度倾转而采用的较大物镜极靴间距。下面将介绍透射电镜的光路结构以及成像衬度形成的基本原理。

知识窗 6-1

电子显微镜的两种类型

通常意义上的电子显微镜包含透射电镜和扫描电镜两种类型。它们在成像原理上的主要区别是电子束是否穿透样品。透射电镜中电子束穿透样品，从而能获得样品内部的结构信息。而扫描电镜是将电子束会聚在样品表面进行点阵扫描，通过探测入射电子在样品表面激发的特征信号来进行成像。由于探测到的信号来自样品的表面或浅表面，扫描电镜只能用于观察样品表面结构，而无法看到样品内部的结构。

6.1.1 透射电镜的光路结构

透射电镜主要包括五个部分：光源、样品台、物镜、中间镜和投影镜，以及荧光屏和相机（图 6-1）。

光源部分主要为成像提供满足条件的电子束，包含电子枪和多级聚光镜。电子枪的主要功能是发射电子束，并通过一个直流加速电场来把电子加速到给定的能量。这里的加速电压通常为几百千伏到数千千伏。目前，透射电镜常用的加速电压范围为 80~300 kV，这一范围被称为中等加速电压。超过 1 MV 加速电压的电镜通常被称为超高压电镜。综合对比不同加速电压下的电子参数（表 6-1），中等加速电压对应的波长已经足以提供原子级的分辨率。但是，如果考虑到电子束对样品的穿透能力（与电子的速度正相关），超高压电镜具有更好的样品穿透能力，可以观察更厚的样品。在 20 世纪六七十年代人们建立了多个 1~3 MV 加速电压的超高压电镜，并展示了其针对厚样品的优异穿透力和成像能力。但由于超高压电镜的制造成本和难度远超中等加速电压电镜，并没有获得普遍的推广和应用，目前报道的应用比较少。

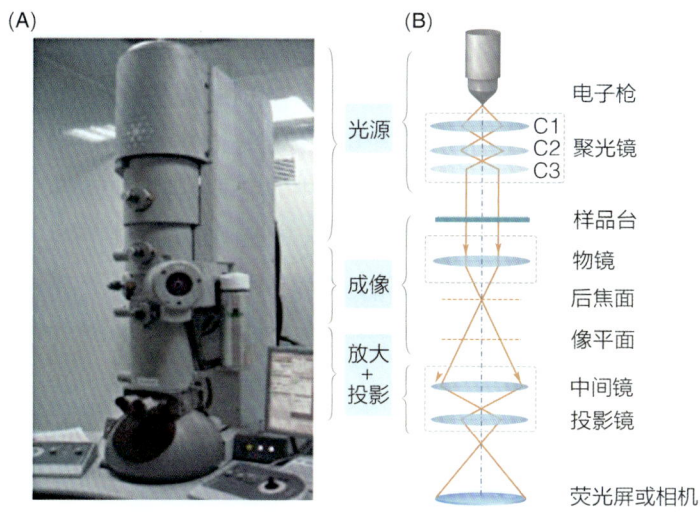

图 6-1 透射电镜结构图
（A）一台常见的 200 kV 冷冻电镜实物图。（B）透射电镜各部分的光路示意图。

使用电子束作为光源是透射电镜与光学显微镜的最主要差别（知识窗 6-2）。当电子被加速到接近光速时，电子束中电子的集体行为体现出波动性，也就是我们常说的波粒二象性。这些电子随后被至少两级聚光镜调节来获得会聚或者平行的电子束。一些高端的透射电镜还具有第三级聚光镜，以获得更高水平的光学调节能力。

表 6-1 不同加速电压下的电子相关参数

加速电压	相对论意义下电子速度与光速的比值	电子波波长 /pm	相对论意义下电子质量与静止质量的比值
80 kV	0.502	4.176	1.157
120 kV	0.587	3.349	1.235
200 kV	0.695	2.508	1.391
300 kV	0.777	1.969	1.587
800 kV	0.921	1.027	2.566
1 MV	0.941	0.871 9	2.957
3 MV	0.989	0.356 9	6.871
1 GV	0.999 999 87	0.001 239	1 958

> **知识窗 6-2**
>
> **波粒二象性是基本粒子的一种基本性质**
>
> 理解波粒二象性对理解透射电镜原理以及相机探测的原理具有重要的意义。对于透射电镜中的电子束来讲,其由离散的电子组成,每个电子都是一个微小的粒子,具有基本的粒子属性。当电子束中的电子被电场加速到接近光速的时候,这些小"粒子"的空间或时间分布体现出带有波动性的集体行为,体现为电子波。在量子力学中通常用波函数来描述电子波或者说这些粒子的集体行为。波函数的强度体现了粒子在某一个时间和空间中出现的概率密度。因此,电子波可以被理解为一种概率密度波。在透射电镜成像中,正是因为电子束到达荧光屏或相机探测器时具有与样品结构相关的电子密度分布,我们才能看到图像衬度的变化。

冷冻样品台是冷冻电镜区别于其它类型透射电镜的主要部件。冷冻电镜的样品台需要将生物样品保持在液氮温度,使样品中的水处于固体状态,不至于在电镜光路的真空系统中蒸发掉。冷冻电镜中的"冷冻"二字也正是来源于此。从光源中发射出的电子束穿透样品,从而携带出样品内部的结构信息。这也是透射电子显微镜可以用来观察样品内部三维结构的主要原因。

物镜是透射电镜的最核心部件,很多与成像分辨率相关的因素都与物镜直接相关。根据阿贝成像原理(具体介绍见下一节),在物镜的像平面上我们可以观察到样品的图像;在物镜的后焦平面上,可以观察到样品的电子衍射信息。在实际的使用中,可以通过对物镜的焦距参数的调节,或者结合后焦面上物镜光阑的使用,来对成像的衬度进行控制。物镜本身存在的各种像差,例如球差、慧差、像散以及离焦等,是影响成像衬度和分辨率的关键因素。

中间镜和投影镜是位于物镜后方的一组透镜,其主要功能是将物镜产生的像或者电子衍射图案进一步放大并投射到荧光屏上或相机上。从光学上讲,中间镜和投影镜的组合可以抽象为一个凸透镜(图 6-2)。这个凸透镜的像平面永远位于荧光屏或相机平面上。调节中间镜和投影镜焦距,当把这个透镜组合的物平面放到物镜的像平面上的时候,就能在荧光屏上或相机上观察到图像信息(图 6-2,左);当把这个透镜组合的物平面置于物镜的后焦面上时,观察到的则是电子衍射图(图 6-2,右)。

透射电镜成的像或者衍射可以通过荧光屏或相机来观察记录。透射电镜的荧光屏是一个涂有荧光粉的屏,可以将轰击在荧光屏上的电子能量转化为可见光,从而让用户直接观察到电镜图像或衍射图。相机可以把电镜所成的像和衍射信息转化为数码图像,需要具备耐受高能电子辐照和可记录微弱图像信号的能力。

从结构上来讲,透射电镜与传统的光学显微镜非常类似。二者都需要具备相干可控的光源、用于成像的物镜,以及能够将微观图像放大为可用肉眼或相机直接观察的光学放大系统。受光源和物镜成像条件的影响,透射电镜所成的像不一定能够直接反映样品的结构,还需要结合进一步的图像分析处理才能够还原出样品的二维或三维结

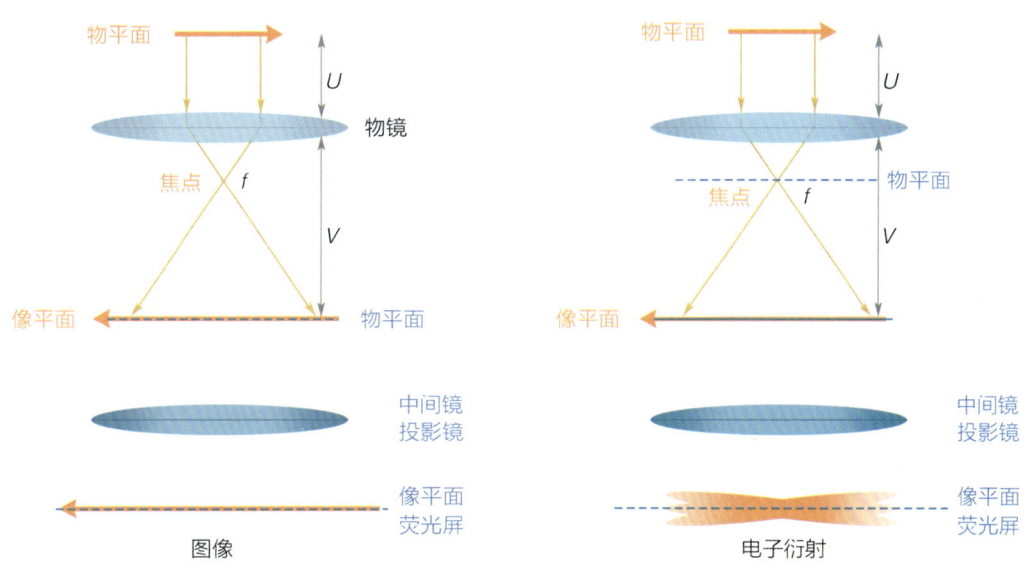

图 6-2 透射电镜的中间镜和投影镜与物镜的关系 通过调节中间镜投影镜组合的物平面位置,可以实现图像(左)和衍射(右)两种成像模式。图中的两条蓝色虚线分别表示中间镜和投影镜组合的物平面和像平面位置。

构信息。因此,图像处理和三维重构技术也是冷冻电镜技术的重要一环。

6.1.2 透射电镜中的阿贝成像原理

透镜是显微镜的核心组件,是显微成像中的最基本元素。在不同的显微镜中,透镜的结构和材质会有所不同。例如,光学透镜使用光学玻璃作为介质;而电子显微镜使用具有特定形状的磁场或电场作为介质。尽管存在光源和介质上的显著不同,透镜的基本原理都是依托透镜介质对光的折射来实现对入射光束的会聚或者发散。例如,凸透镜可以让入射的平行光汇聚到一个点上;而凹透镜恰恰相反,可以将入射的平行光变得发散。电子显微镜利用磁场操控电子束,磁透镜受磁场形状设计的限制,只有凸透镜。

凸透镜是参与显微镜尤其是透射电镜成像的关键部件(图 6-3)。在光路中,凸透镜的基本性质由几个关键平面确定,分别是物平面、像平面和焦平面。这几个平面处于光轴之上,均与光轴垂直。凸透镜具有一前一后两个焦点,而焦平面就是穿过焦点且与光轴垂直的平面。按照光传播的方向,光首先通过的焦平面称为前焦面,后通过的焦平面称为后焦面。放置被观察物体的平面称为物平面。物平面上的物体出射面(exit plane)发出的光经过透镜之后所成的像所在的平面,称为像平面。当采用相干平行光照明时,凸透镜在像平面形成图像的同时,还会在后焦面上形成样品的衍射图像。凸透镜能够同时呈现衍射和图像的原理被称为阿贝成像原理,是 1873 年由德国物理学家恩斯特·阿贝(Ernst Karl Abbe,1840—1905)提出来的。

在上述成像过程中,凸透镜所发挥的作用是将整个样品中所散射出的光按照传播方向进行分解(图 6-3 中不同颜色的箭头线),并将不同方向的光分别会聚到后焦面不同的位置。这一过程也是理想凸透镜几何作图法的原理基础。把这一过程反过来

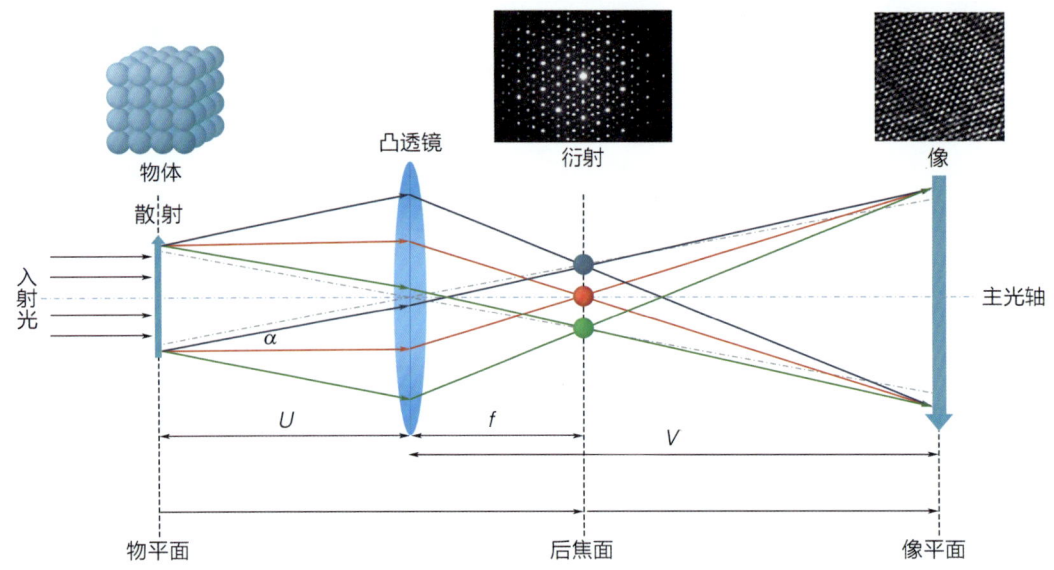

图 6-3 理想凸透镜的成像光路图和关键概念
图中用红绿蓝三色箭头线表示从样品发出的沿不同方向传播的光，它们分别在后焦面上会聚于不同的位置，之后进一步传播干涉在像平面上形成倒立的放大的像。

说，在后焦面上观察到的衍射图案中的每个光点都对应于整个样品中往某一个方向所散射出的光。后焦面上的每个位置都对应于一个光在样品中的散射方向，越远离主光轴，散射角越大。在后焦面上会聚的光再进一步传播干涉，到达像平面时融合为一幅反映样品出射波的图像。上述通过凸透镜实现的光的分解和融合过程，为进一步控制成像的效果提供了方法基础，例如下一节所要介绍的图像衬度形成原理。

6.2 透射电镜的图像衬度形成原理

透射电镜所成的像是没有颜色的，在荧光屏或相机上观察到的图像只有光强弱的变化。这种强弱的变化或者反差，称为图像的衬度，简称像衬。强弱反差越大，衬度越强，反之，则越弱。在计算机系统或图像显示系统中，人们通常将衬度的强弱变化用黑白的灰度图像来显示，或者加一些伪色彩来增强显示效果。成像的衬度是如何形成的，又能否根据不同的需求来进行控制呢？下面将结合凸透镜（物镜）的成像原理，从电子和物质相互作用的角度来解释透射电镜图像衬度的形成原理和控制方式。

像模式下，（冷冻）透射电镜一般采用平行于主光轴的平行光入射样品。在穿透样品的过程中，电子束与样品中原子的电势场相互作用发生散射，传播方向发生变化。这个传播方向发生变化的过程，就是电子束携带样品结构信息的过程。不同的样品对电子的散射不同，导致电子束传播方向的变化就会不同。由于入射的电子束方向是已知的，只要能测定出电子束传播方向的变化，逻辑上就可以反推出样品的结构。这一反推的过程实际上是利用透射电镜的物镜系统来实现的，对应于图像衬度的形成过程。对透射电镜来讲，像衬按形成原理的不同，通常可以分为三类：质厚衬度、衍射衬度和相位衬度。

6.2.1 质厚衬度

质厚衬度是一种非相干成像衬度，对入射光的相干性没有要求，其体现的是具有不同厚度、密度和原子序数等不同物质属性的样品区域的成像衬度差异。样品对入射电子的散射会受到上述物质属性的影响，从而在不同的角度上有不同的散射概率。物质的原子序数越高，其电势场的作用范围就越大（经常被量化为原子对电子的散射半径），从而对入射电子造成散射和大角度散射的概率就越高。更厚的样品或者更高的密度，也意味着电子与原子发生相互作用的概率被大大增加，相应地被大角度散射的概率也越高。因此，样品中厚度大密度高或者包含重原子的区域，会有更多的入射电子被大角度散射；反之，小角度散射和透射电子会更多。由这些被散射的电子构成的电子束被称为衍射束。

对于透射电镜样品来说，通常厚度都很薄，大部分电子没有与样品中的原子发生相互作用就直接穿透过去了，这些没被散射的电子构成了透射束。不同散射角（方向）的电子，在通过物镜（凸透镜）后，会被会聚在后焦面的不同位置上。其中，平行于主光轴的透射束被会聚在后焦面的中心点上，衍射束会聚在后焦面上中心点之外的区域。通过在后焦面上放一个中心位于主光轴上的物镜光阑，就能阻挡住高角度散射电子；使用不同孔径的物镜光阑，可以控制阻挡的角度范围（图 6-4A）。最终，在像平面上就仅有相对低角度的散射束和透射束对图像衬度产生贡献，从而在像平面上形成与散射角度关联的衬度。样品中厚度大、密度高或者包含重原子的区域参与成像

图 6-4 透射电子显微镜的三种成像衬度形成原理示意图和典型照片
（A）质厚衬度。（B）衍射衬度。（C）相位衬度。图中光的强和弱分别用粗和细的橙色箭头表示。

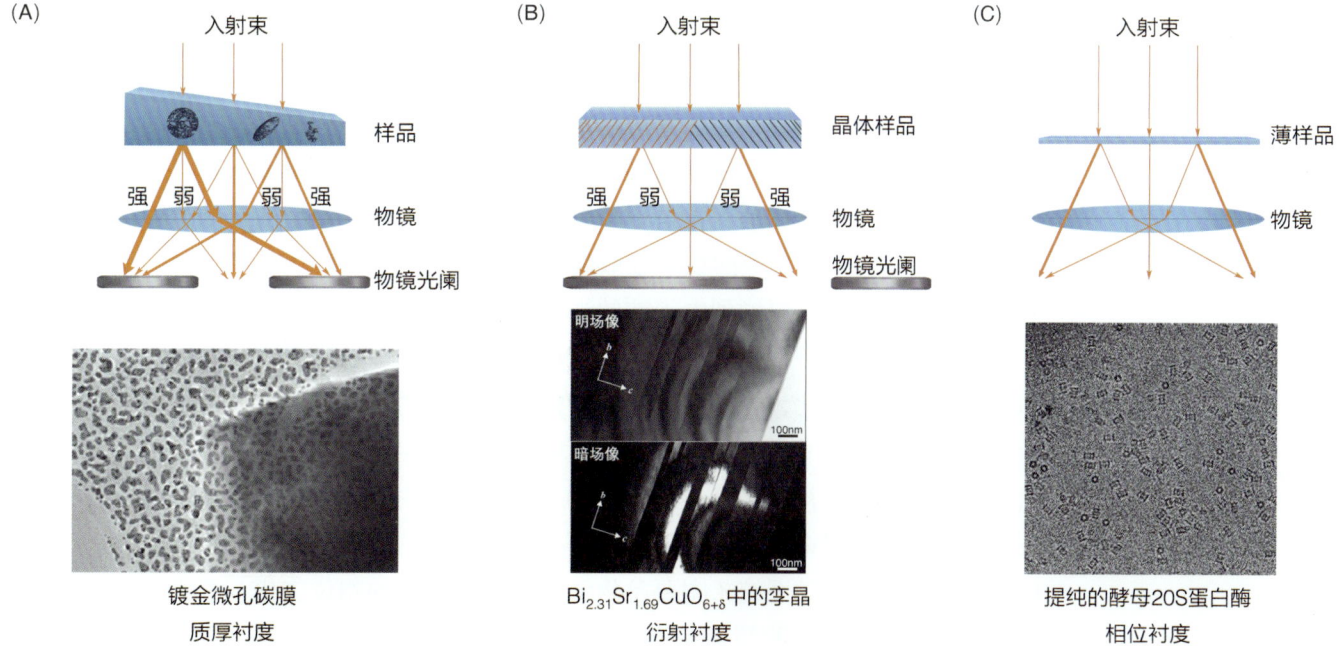

镀金微孔碳膜
质厚衬度

Bi$_{2.31}$Sr$_{1.69}$CuO$_{6+\delta}$中的孪晶
衍射衬度

提纯的酵母20S蛋白酶
相位衬度

的电子相对少,衬度偏暗;相反,其它区域偏亮。这样形成的衬度被称为质厚衬度。

6.2.2 衍射衬度

衍射衬度依赖于相干成像,通常仅用于晶体样品的成像。受晶体中晶面布拉格散射条件的影响,按相同方向入射的平行电子束,在穿过样品中不同的晶体颗粒时,被散射的方向和强度受晶体取向和缺陷等因素的影响会存在差异。这时如果在后焦面上放置一个物镜光阑,只允许部分方向上的衍射束通过并参与成像(图 6-4B),那么在光阑方向上散射光多的晶体在最终的成像中会亮一些,反之则暗一些。图像中的衬度差异就反映出样品中不同晶体颗粒之间取向的差异。

除了晶体的取向会影响光衍射的方向之外,晶体中的缺陷(点、面和线缺陷,以及掺杂等)和晶体种类的差异等很多因素都会影响入射光被散射的方向分布。因此,通过移动后焦面上物镜光阑的位置,仅允许某些特定衍射束或/和透射束的通过,就会形成晶体样品图像中的衬度,这种衬度被称为衍射衬度。目前人们已经发展出了多种衍射衬度成像的方法来观察晶体中的不同结构信息,例如,仅使用透射束和一个衍射束来进行干涉成像的双束成像方法。衍射衬度是研究晶体中晶粒取向和晶体缺陷的重要手段,在材料科学中被广泛应用。

6.2.3 相位衬度

相位衬度也依赖于相干成像,是透射电镜实现原子分辨率成像和冷冻电镜实现高分辨率成像的基础。相位衬度成像适用于非常薄的样品,即当入射电子束穿过样品之后,在样品的出射面上,光的强度分布没有发生变化,只是相位发生了变化。这里的相位变化是由入射电子波受到样品内部电势场的作用之后引起的,因此相位的变化包含了样品结构的信息。而因为样品非常薄,所以电子波的振幅几乎无变化,满足这种厚度要求的样品被称为相位物体。在实际的应用中,仅满足相位物体的条件是不够的,还需要更薄的样品,使得由样品电势场引起的相位变化可小到足以满足数学上无穷小量的近似条件,达到简化电子与物体相互作用的数学模型的目的,这样的薄样品被称为弱相位物体,相应的数学近似被称为弱相位物体近似。

图像探测器只能探测到电子波的强度,无法探测到电子波的相位。而对于相位物体或弱相位物体来讲,出射电子波的强度分布都是均匀的,无法在探测器上形成可感知的图像衬度。因此,当样品满足弱相位物体近似的厚度条件之后,还需要一定的成像条件,把出射波中携带样品结构信息的相位转换为可探测的图像强度。这一转换的过程被称为相位衬度成像(图 6-4C)。通常的做法是在物镜的后焦面上通过一些方法在透射束或衍射束上引入额外的相位变化。常用的方法包括在后焦面上插入一个相位板,或者利用光学系统(主要是物镜)像差所带来的相位变化。把物镜像差带来的相位变化归结为一个物镜后焦面上的衬度传递函数(详细原理见第 25 章)是最常用的相位衬度成像方法。这些后焦面上引入的相位变化，就会把样品出射电子波中的相位信息转化到电子波的振幅中去，从而在像平面上被探测到。不同于衍射衬度成像仅使用少数光束成像的方法，相位衬度成像需要使用透射束和尽量多的衍射束来相干成像，以充分利用入射电子束穿透样品后产生的衍射信息，获得尽量高的分辨率。结合使用球差矫正器和色差矫正器，相位衬度成像的分辨率可以达到亚埃级。

6.2.4 小结

对比透射电镜的三种图像衬度形成原理和实现方法，可以看到，透射电镜成像衬度形成的基本思路是在后焦面上对不同方向的衍射束施加不同的影响，使用光阑遮挡或者施加一种更复杂的衬度传递函数，从而改变不同方向衍射束或透射束对图像衬度的贡献。在实际的成像过程中，这三种衬度原则上来说都是同时存在的，只是在不同的样品和成像条件下，某一种成像衬度成为主要的衬度贡献来源。此外，涉及到衍射束或透射束的部分遮挡成像，明场像和暗场像是两个重要的概念。有透射束参与形成的像通常被称为明场像，仅有衍射束参与形成的像为暗场像。结合前面的成像原理分析可知，透射束和衍射束仅从散射角度来讲是对立的；相应地，明场像和暗场像是互补的，或者说衬度相反的。

除了上述传统的成像方法之外，目前人们还发展了多种其它的成像方式，以获得更加丰富的、易于解释的结构信息或者更高的分辨率，例如，电子全息成像、扫描透射成像（STEM）和基于扫描透射成像的叠层成像（ptychography）等。在材料科学领域，扫描透射成像目前已成为一个最主要的高分辨率成像技术，采用会聚电子束在样品表面进行栅格式扫描的方式成像，其获得的图像不但分辨率高，而且易于解释。叠层成像属于四维扫描透射成像，是在扫描透射成像的基础上，记录每个扫描点上的二维衍射信息并结合计算的方式来成像。在目前已经报道的工作中，层叠成像已经达到了所有成像方法中最高的分辨率——约 0.3 Å，限制成像分辨率的主要因素不再是电镜本身，而是样品中原子的热振动。此外，结合各种能谱或者电子能量损失谱的分析技术，透射电镜还能够获得样品中的元素分布信息并对其成分分布进行成像。

6.3 冷冻电子显微学三维重构的基本原理

在生物结构解析中，相位衬度成像是冷冻电镜的主要工作方式。平行电子束穿透样品后，在样品的出射面形成出射波（exit wave）。出射波是一个二维的波函数，通过透镜系统后被探测器探测，形成二维的电镜图像。这个电镜图像反映了样品沿着电子束方向投影得到的二维结构。生物样品的结构通常非常复杂，一个生物大分子中可能包含几万甚至上百万个原子。在冷冻电镜生成的二维投影图像中，大量原子重叠在一起，难以从二维分析中得出生物样品的三维原子结构模型。因此，需要将冷冻电镜生

> 知识窗 6-3
>
> **透射电镜技术在非生物样品结构研究中的应用**
>
> 人们使用透射电镜研究的非生物样品，大多数是晶体结构样品。例如，常见的金属、半导体以及陶瓷基本都是晶体。而且，在这些晶体的晶胞中，包含的原子数并不多，少的只有几个，多的也就是几十个。利用晶体结构的周期性结构特点，通常通过少数几个投影就能分析出晶体的结构，尤其是那些基本结构已知的晶体。因此，晶体结构样品的研究通常不需要进行三维重构。三维重构技术主要被应用于生物样品。

物样品像进行三维重构，实现三维成像。这一点与透射电镜在材料科学领域内的应用是非常不同的，因为材料科学的研究对象通常是各种无机晶体，单个晶胞内原子数量不多（大多数情况下几个到几十个原子的范围），在借助晶体周期性的条件下，经常通过几张图像就可以精确构建出样品的原子结构（知识窗 6-3）。

从二维的投影图像重构出三维结构所依赖的基本原理是——中心截面定理（central section theorem）。这一理论的核心在于，通过整合不同角度的二维图像，构建出目标物体的三维模型，从而实现从平面到立体的跨越。下面将详细阐述这一基本原理和应用中所面临的一些问题。

6.3.1 三维重构的中心截面定理

1968 年，艾伦·克拉格（Aron Klug, 1926—2018）提出了中心截面定理，将二维投影图像与物体的三维结构联系了起来。中心截面定理奠定了冷冻电镜三维重构以及包含 CT（computed tomography）技术在内的三维成像基本原理。中心截面定理的基本描述为：一个三维物体沿某一方向的二维投影的傅里叶变换图是这个物体的三维傅里叶变换图在垂直于此投影方向上过中心原点的一个截面（中心截面）（图 6-5；知识窗 6-4）。

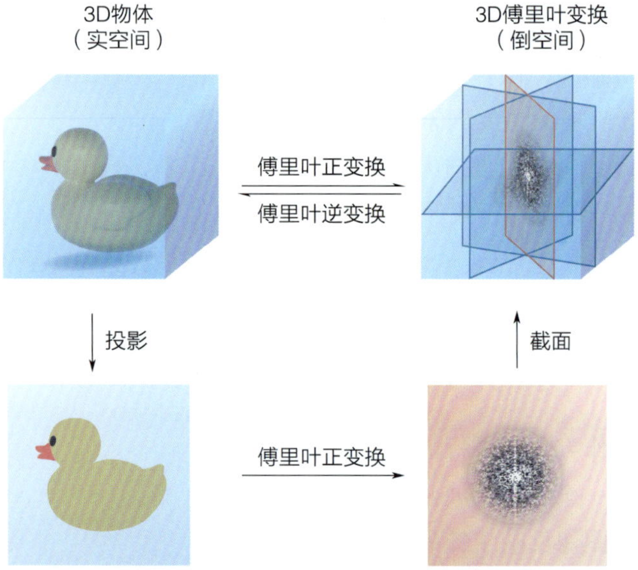

中心截面定理利用傅里叶变换把实空间中三维物体和二维投影之间的投影关系转化为了傅里叶空间中的截面关系。当重构一个三维物体时，可以先在傅里叶空间中重构这个三维物体，然后经过逆傅里叶变换就可以得到实空间中的三维物体。而要在傅里叶空间中重构一个三维物体，只需要获得足够多的截面来填充满整个三维傅里叶空间即可。

图 6-5 中心截面定理示意图
图中展示了一个三维的小鸭子物体的投影与截面，并通过傅里叶变换将它们联系了起来。

知识窗 6-4

中心截面定理的数学推导

对于一个三维物体，可以用一个三维函数 $f(x, y, z)$ 来描述其结构。在透射电镜观察物质原子结构的应用场景下，这个描述结构的三维函数就是物体中原子电场的电势分布函数。为了简化推导过程，选择沿着三维物体的 z 轴方向来进行相关的推导过程。对于其它的任意投影方向，实际上只需要对物体进行一个简单的旋转，将期望的投影方向旋转到 z 轴方向上即可适用以下的推导过程。

先定义物体沿 z 方向的二维投影为

$$p(x,y) = \int_{-\infty}^{+\infty} f(x,y,z)\,\mathrm{d}z,$$

这个投影过程描述了三维函数 $f(x,y,z)$ 沿 z 轴方向的积分。

接下来，对三维物体函数进行傅里叶变换，得到其在傅里叶空间中的对应函数：

$$F(u,v,w) = \iiint f(x,y,z)\,\mathrm{e}^{-2\pi\mathrm{i}(ux+vy+wz)}\,\mathrm{d}x\mathrm{d}y\mathrm{d}z。$$

其中 (u,v,w) 是傅里叶空间，或者说衍射空间，某个点的三维坐标。u、v、w 所对应的坐标轴方向分别与实空间中的 x、y、z 坐标轴的方向对应。

然后，在这个傅里叶空间中取过原点且垂直 z 方向的截面，根据坐标轴的对应关系，这个傅里叶空间的截面可用 $w=0$ 来描述，相应的截面函数计算为

$$\begin{aligned}F(u,v,0) &= \iiint f(x,y,z)\,\mathrm{e}^{-2\pi\mathrm{i}(ux+vy)}\,\mathrm{d}x\mathrm{d}y\mathrm{d}z \\ &= \iint \left[\int_{-\infty}^{+\infty} f(x,y,z)\,\mathrm{d}z\right] \mathrm{e}^{-2\pi\mathrm{i}(ux+vy)}\,\mathrm{d}x\mathrm{d}y \\ &= \iint p(x,y)\,\mathrm{e}^{-2\pi\mathrm{i}(ux+vy)}\,\mathrm{d}x\mathrm{d}y \\ &= \mathrm{FT}\,[\,p(x,y)\,]，\end{aligned}$$

其中 FT 表示二维傅里叶正变换。根据上述推导可见，物函数 $f(x,y,z)$ 沿 z 方向的投影 $p(x,y)$ 和其傅里叶变换的过原点的垂直于投影方向的截面 $F(u,v,0)$ 通过一个二维傅里叶变换被严格地联系了起来。

基于上述原理，要想获得一个完整的三维结构，需要两个独立的步骤（图 6-6）：第一步是对一个结构从多个方向进行投影成像；第二步是依据中心截面定理将这些不同方向的投影结构信息在三维傅里叶空间中整合起来。简单来说，重构一个三维结构需要两部分信息，样品沿不同方向的投影图像和相应投影的方向信息。

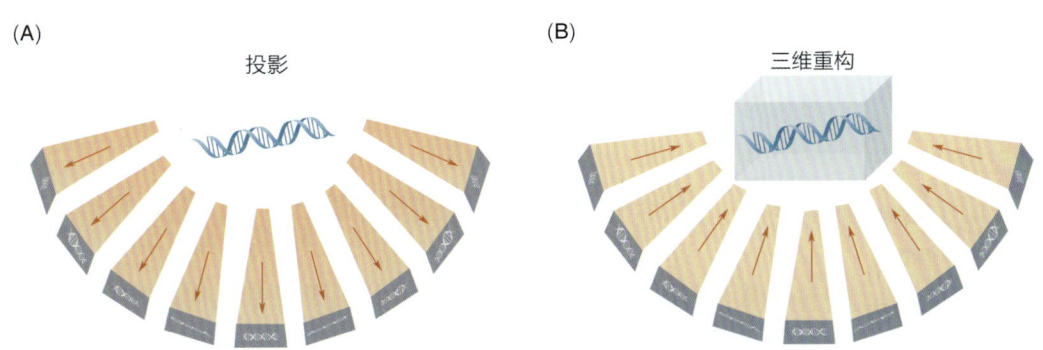

图 6-6 冷冻电镜三维重构流程示意图
（A）从一个物体生成一系列不同角度的投影。（B）多个不同角度的投影重构回三维物体。

6.3.2 投影与厄瓦耳反射球

前面的讨论多次提到通过透射电镜或冷冻电镜对样品进行成像，获得的是一个二维的图像，这个图像反映了样品三维结构沿电子入射方向的二维投影。为什么可以将电镜的成像过程理解为对样品结构的投影呢，其背后的理论依据是什么呢？接下来的解释也有利于进一步理解中心截面定理的物理实质，以及在实现中心截面定理时可能面临的问题。

本书第 4 章介绍了由布拉格衍射定律导出的厄瓦耳反射球（以下简称反射球）的概念和相应的作图方法。反射球的引入提供了一个形象的工具来理解在一次实验中所观察到的二维衍射谱与三维晶体衍射谱之间的关系。也就是说，在相干的平行光入射的条件下，观察到的二维晶体衍射花样是晶体结构三维傅里叶变换谱中的一个球面截面。尽管这一理论是基于 X 射线晶体学衍射分析得出来的，但实际其并不依赖于晶体和 X 射线衍射的场景，而普适于任何类型的样品结构和相干光探测，包括非晶态的生物结构，以及平行光电子衍射的场景（这也是前述的透射电镜成像的基本场景）。

在电镜成像的光学过程中，反射球的相关原理可以进一步阐述为：通过相干平行电子束照射样品后，得到的电子衍射是样品三维衍射谱（样品三维电势场的傅里叶变换）中过原点的一个球面截面。如果在这一过程中引入透射电镜的物镜成像过程，那么在物镜的后焦面上看到的就是这个球形截面。这里如果考虑后焦面是一个平面，那么从球面到平面之间的转换，就对应于晶体衍射中的厄瓦耳效应（图 6-7）。后焦面上的电子衍射波进一步传播到像平面就形成了前面提到的电镜图像。此时如果把中心截面定理对应过来，透射电镜的物镜成像过程恰恰就是中心截面定理的物理实现。蛋白质衍射晶体学通过旋转蛋白质单晶采集三维电子衍射谱的过程也可以被认为是中心截面定理的一种应用。

在之前对中心截面定理的阐述过程中，我们忽略了厄瓦耳效应。中心截面定理中涉及的傅里叶空间（衍射空间）截面是一个严格的平面，而实际电镜成像时，这个截面是一个曲面。由于反射球的半径是波长的倒数，对于数百千伏加速电压的电镜成像或衍射来说，反射球的曲率相对于 X 射线的要小得多。通常在数埃的分辨率范围内，反射球截面几乎可以被近似地当作平面来处理。因此，在基于冷冻电镜的结构解析中，厄瓦耳球效应通常是被忽略的，只有在少数极度追求精度的情形下才会被考虑，可在重构时考虑反射球的形状因素以消除厄瓦耳效应问题。

6.3.3 冷冻电镜生物结构解析的三个关键技术分支

基于前面几节的讨论，我们看到用于三维重构的中心截面定理和透射电子显微镜的成像原理是一致的。透射电子显微镜不仅

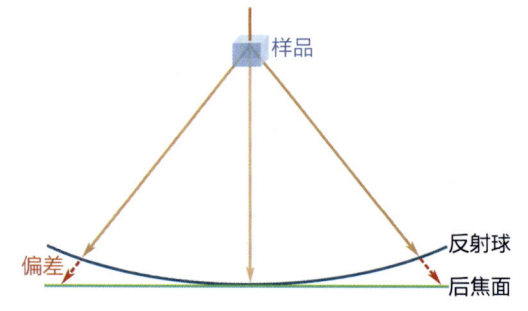

图 6-7 厄瓦耳反射球的曲率和平面形态的后焦面探测产生的偏差（厄瓦耳效应）

能够产生样品的高分辨率投影图像,还能同时生成样品投影结构的衍射图。通过调节中间镜与投影镜组合的物平面位置,可以选择性地获取样品的图像或衍射图信息。这是透射电镜独特的双重能力。通过在电镜内部灵活地操控衍射和图像信息,例如衍射衬度成像,还可以实现对给定结构图像和衍射信息的精准控制和针对性提取。这种灵活性使得透射电镜成为物质结构(包括生物结构)领域表征微观结构的首选工具,尤其是在成像和衍射模式的交替使用上。

结合(冷冻)透射电镜上述原理,人们发展出了不同的策略来获取三维重构所需的基本数据信息,实现对生物结构的三维成像。在过去几十年中,科学家们发展出了冷冻电镜技术的三个主要分支,分别是单颗粒分析,电子断层成像和微晶电子衍射。前两个技术分支依托冷冻电镜的图像模式。其中,单颗粒分析对提纯的生物大分子颗粒进行成像(图 6-8A),是目前冷冻电镜生物大分子结构解析的主要技术;电子断层成像对细胞或更大的组织样品进行成像和三维重构(图 6-8B),能够在细胞原位进行细胞或生物大分子结构的观察与解析。第三个技术分支的微晶电子衍射针对生物大分子或有机分子晶体(图 6-8C),利用冷冻电镜的衍射功能来获取晶体衍射数据,是 X 射线晶体学技术在冷冻电镜上的一种实现。在随后的几节中,将详细介绍上述三种技术的基本原理和思路。

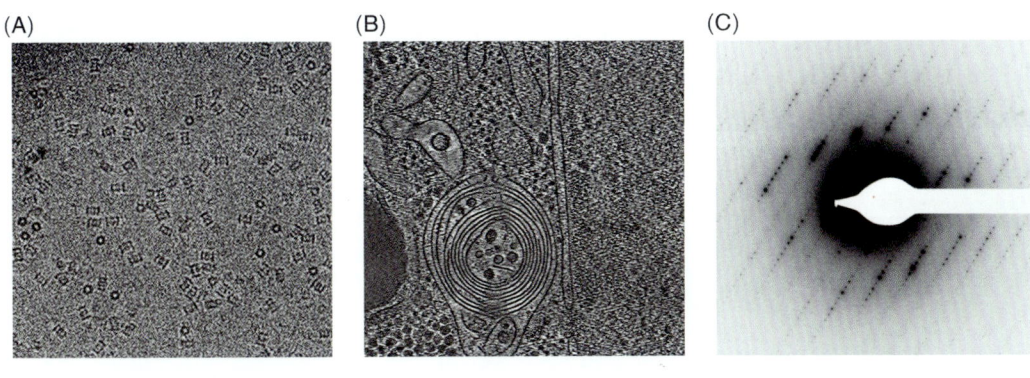

图 6-8 三种冷冻电镜技术的典型电镜照片
(A)使用单颗粒分析技术获得的嗜热古菌 20S 蛋白酶颗粒的照片。(B)使用冷冻电子断层成像方法获得的 HeLa 细胞核附近的三维图像截面。(C)一个多肽晶体的微晶电子衍射照片。

6.4 冷冻电镜单颗粒分析技术

冷冻电镜单颗粒分析是冷冻电镜技术中发展最为成熟的分支。在 2013 年前后,随着一系列的技术突破,该技术获得了快速的发展,成为了生物大分子原子分辨率结构解析的中坚力量。单颗粒技术所针对的生物样品是提纯出来的悬浮于溶液之中的生物大分子。相对于传统的 X 射线晶体学,冷冻电镜单颗粒技术不再需要对生物大分子结晶,样品制备方法简单,且样品中蛋白质所处环境更接近生理状态。相对 X 射线晶体学和核磁共振技术来说,冷冻电镜单颗粒技术也更适合于解析那些具有数百甚至数千 kDa 分子量的大蛋白质复合物结构。基于中心截面定理,单颗粒技术针对提纯出来的生物大分子的基本特点来获取实现三维重构的投影和方向两个关键因素的信息。

6.4.1 方向随机的生物大分子投影的获取

单颗粒分析获得投影的基本思路，是利用溶液中具有相同结构的不同生物大分子颗粒取向的随机性，通过一次成像而获得同一个结构沿不同方向的诸多投影。单颗粒技术对生物样本有一个最基本的要求或者说假定，就是所有被用于三维重构的大分子颗粒都必须具有完全一致的结构，且这里的一致性要求通常是在原子或近原子精度水平上的。不同分子间的结构差异将导致三维重构的失败或者解析分辨率的降低。

单颗粒分析方法制备的样品是镶嵌在数十纳米厚度非晶冰薄膜中的生物大分子颗粒。进行冷冻电镜相位衬度成像之后，能在照片中看到广泛分布的生物大分子颗粒（图 6-9）。把这些颗粒从照片上抠取出来之后（图 6-9，右上），就得到了同一个蛋白质结构沿不同方向的投影像。通常在一张电子显微图中可以获得数十到上百个蛋白质颗粒的投影，数千张这样的显微图可以产生数万到数百万个颗粒照片。这些生物大分子颗粒的电镜照片通常信噪比是非常低的，大多情况下不足 0.1。在照片中能够直接观察到的只是蛋白的轮廓和一些粗略的细节。然而，生物大分子的精细结构细节，甚至说每一个原子的图像信息，都包括在这些照片之中（图 6-9，右下）；需要通过进一步的图像处理，将大量的颗粒照片在三维空间中进行平均，增强信号后才能被观察到。由于颗粒在冰层中是按照随机取向分布的，接下来的工作就是要测定每一张颗粒照片的三维空间投影取向。

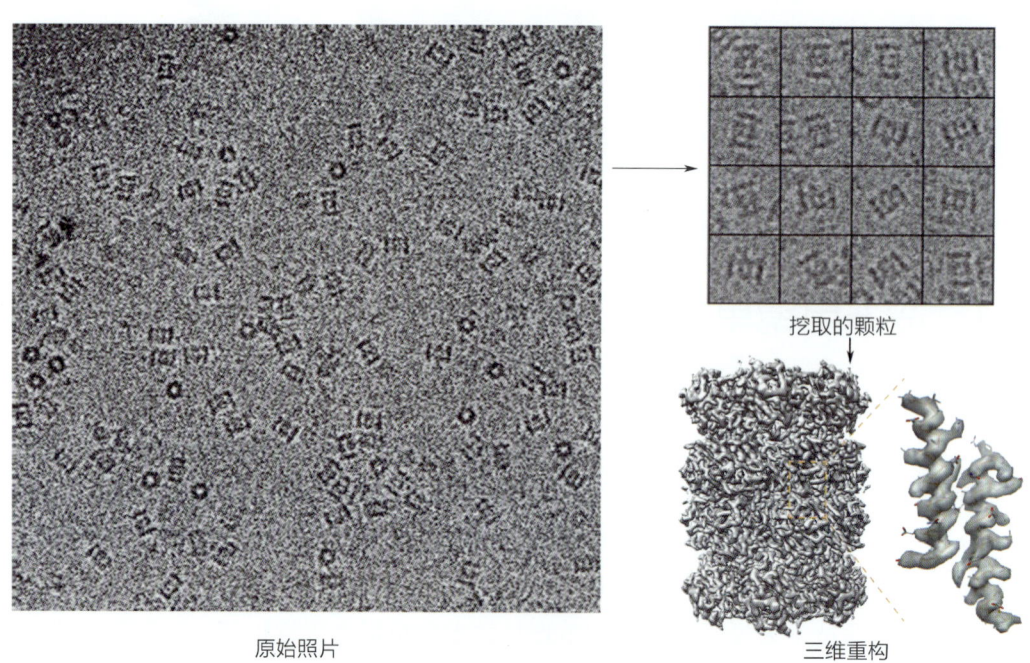

图 6-9　嗜热古菌 20S 蛋白酶体的冷冻电镜单颗粒照片与三维重构

6.4.2 三维空间取向描述方法

在基于单颗粒照片进行三维重构和信息增强之前,需要测定每个颗粒的投影方向。首先需要对每个图像的投影方向描述作出定义(图6-10)。对于每张图像,投影方向的描述可以分为面内取向和空间取向两部分。面内取向是一张二维图像在所在的二维平面内的方位,通常包含三个自由度:两个用来描述粒子中心位置的平移量,另外一个用来描述这个粒子绕着中心位置的旋转角度。在直角坐标系中,如果考虑初始的二维图像处在 xy 平面内,那么这张图像的法线方向就是 z 方向。它的三个运动自由度可以用 xy 方向上的两个平移量以及一个绕 z 轴旋转的旋转角来描述。在第二部分的空间取向中,通常考虑如何把一个初始为 z 轴方向的矢量(位于 xy 平面的二维图像的法线方向)旋转到任意一个空间方向上去。要实现这一目标,可以先把这个沿 z 轴方向的矢量绕着 y 轴旋转一定角度,最后再绕着 z 轴旋转一定角度到指定的方向上去。

把面内和空间两部分取向描述结合起来可知,把一个二维的图像旋转到一个给定的投影方向上去,共有五个自由度。首先是两个 xy 面内的平移自由度,另外是把这张图像依次绕着 z 轴、y 轴和 z 轴旋转。这三个绕轴旋转角被称为欧拉角(知识窗6-5)。最终,通过两个平移自由度和三个欧拉角就可以描述出一个生物大分子在三维空间中的中心和投影方向。在上面的讲解中我们使用了定态定义下的 z-y-z 的旋转组合,是冷冻电镜领域中常用的一种描述方式。

6.4.3 三维重构的迭代精修算法

当确定了大分子颗粒的空间取向描述方法之后,颗粒的取向测定问题就变为了一个纯粹的数学问题。对每一张给定的蛋白质颗粒照片,只要确定5个未知的取向参

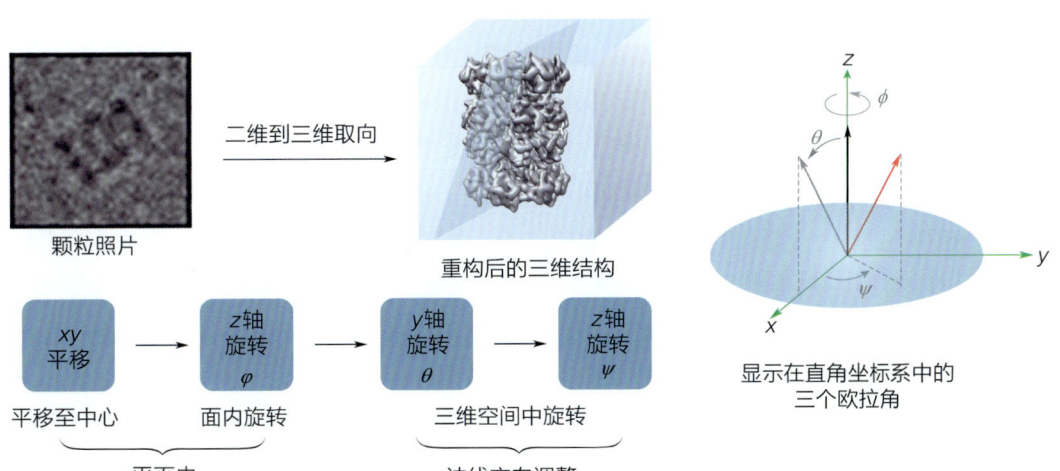

图6-10 单颗粒照片的投影方向与欧拉角

> **知识窗 6-5**
>
> ## 欧拉角和空间旋转
>
> 欧拉角（Euler angle）由数学家莱昂哈德·欧拉（Leonhard Euler，1707—1783）提出，用于描述刚体的方向。欧拉角由三个转动角 (ψ,θ,φ) 组成，用于描述三个连续的绕轴转动。根据坐标系的不同选择，欧拉角有静态和动态两种定义。静态定义采用实验室坐标系，也就是说坐标系是固定的，不随着物体的转动而转动。动态定义采用物体的坐标系，坐标系随着物体的转动而转动。这两种定义是等价的，通常根据应用场景的需要来选择。在经典的欧拉角定义中，一共有 6 种可能的旋转轴组合，分别是 z-x-z、x-y-x、y-z-y、z-y-z、x-z-x 和 y-x-y。在静态和动态两种定义中，这里的坐标轴分别对应实验室坐标系和物体本身坐标系的坐标轴。
>
> 每一种绕轴旋转操作都可以用一个 3×3 旋转矩阵来描述，如下：
>
> $$R_x(\omega)=\begin{bmatrix} 1 & 0 & 0 \\ 0 & \cos\omega & \sin\omega \\ 0 & -\sin\omega & \cos\omega \end{bmatrix},$$
>
> $$R_y(\omega)=\begin{bmatrix} \cos\omega & 0 & -\sin\omega \\ 0 & 1 & 0 \\ \sin\omega & 0 & \cos\omega \end{bmatrix},$$
>
> $$R_z(\omega)=\begin{bmatrix} \cos\omega & \sin\omega & 0 \\ -\sin\omega & \cos\omega & 0 \\ 0 & 0 & 1 \end{bmatrix}。$$
>
> 其中 $R_x(\omega)$、$R_y(\omega)$ 和 $R_z(\omega)$ 分别是绕 x、y 和 z 轴旋转 ω 角的矩阵。经过三个欧拉角的连续旋转，实际上得到的也是一个 3×3 矩阵。以冷冻电镜技术中常用的静态 z-y-z 欧拉角定义为例，欧拉角 (ψ,θ,φ) 对应的旋转矩阵为
>
> $$R(\psi,\theta,\varphi)=R_z(\psi)R_y(\theta)R_z(\varphi)。$$
>
> 相应地，三维物体中的任意一个点 (x_0,y_0,z_0)，在经过上述欧拉角旋转后，到达新的位置：
>
> $$\begin{bmatrix} x \\ y \\ z \end{bmatrix}=R(\psi,\theta,\varphi)\begin{bmatrix} x_0 \\ y_0 \\ z_0 \end{bmatrix}。$$

数就可以了。当然这个参数量是巨大的。假如有 1 万张单颗粒照片参与最终的三维重构，那么就有了一个包含着 5 万个待确定参数的巨大的参数空间。确定这么多参数的计算量显然是巨大的，目前通常采用的是基于迭代的数值计算方法，其基本过程阐述如下。

首先，我们需要给定一个初始的三维模型（密度图）。尽管在一开始并不知道蛋白质结构是什么，但大多数情况下，我们可以给定一个非常粗略的模型，比如一个椭球，一个圆柱，甚至是一团噪声。然后对这个初始模型按照所有可能的（满足一定的精度要求即可）投影参数（投影方向和中心位置）进行投影。也就是说，遍历描述投影方向和中心的 5 个参数的所有可能取值组合，得到一组计算投影图像。之后把实验过程中拍到的每一张蛋白质颗粒的照片，都与这组计算投影图像中的每一张进行对比，找出最像的那一张。那么计算产生最像的这张照片的投影参数，就是实验照片的投影参数。重复采用这种方法，测定数据集中所有实验照片的取向。这一个过程被称为颗粒的对中（alignment）。依托刚刚测定的取向参数和实验投影图像进行三维重构，得到一个三维密度图，然后用这个新的密度图替换掉原来的初始密度图。之后，重复

上面的操作很多轮，直到三维重构出的密度图收敛到一个稳定的结构。这个迭代的方法就是目前单颗粒三维重构的主要方法。这是一种传统的交替优化算法（alternating maximization，AM）。

上述的计算方法能够收敛到正确的结构上是基于投影图像的某种内在关联性。经验上，整个计算过程能否收敛以及收敛的速度，一方面依赖于蛋白质结构的均一性和照片的图像质量，另一方面也依赖于算法设计的优劣程度。因此，在过去的这些年中，人们不断发展各种算法来改善三维重构的计算精度和可靠性。随着概率思想的加入，上述迭代算法又进一步地建立在期望最大化的算法（expectation maximization，EM）框架之下，其中期望步骤进行颗粒的对中操作，最大化步骤进行颗粒的三维重构。基于EM算法的最大似然和进一步的贝叶斯统计推断方法已经成为目前冷冻电镜单颗粒三维重构的关键算法。基于概率的方法依赖于对整个参数估计过程的统计建模，并基于这些模型来约束和控制整个迭代优化过程的收敛（详见第26章）。

另一方面，也可以看到整个迭代优化过程的计算量是巨大的。因此，在三维重构算法的设计上，也需要把降低计算量的需求考虑进来。一个常用的逻辑思路是在三维重构结构优化的最开始阶段，在整个参数空间中采用较大的步长，只做很粗略的全局参数搜索；然后在取向参数被初步确定后，仅需要进行局部小步长搜索，提高参数的测定精度，而不必全程都进行精细的全局搜索。这样就可以大大降低整体计算所需要的运算量。此外，人们还引入了各种梯度搜索的优化算法来提高取向参数搜索的速度。近年来，随着人工智能技术的快速发展，基于深度学习算法的三维重构和三维分析方法也正被逐渐引入冷冻电镜单颗粒数据分析。除了软件算法方面的改善，近些年来计算机硬件的发展也非常迅速。通用图形处理器（graphics processing unit，GPU）以及大规模的计算机集群，目前已经是冷冻电镜三维重构计算的主要计算硬件。结合算法和计算设备的技术进步，在很多情况下，一个结构的计算解析经常只需要几个小时就可以完成。而在冷冻电镜技术发展的早期，解析一个结构可能需要几周甚至几个月的时间。

6.4.4 单颗粒三维重构的分辨率估计

在冷冻电镜单颗粒三维重构的过程中，确定三维重构的分辨率是另外一个关键问题。分辨率是评价三维重构好坏的一个重要的定量信息，它对下一步的结构建模也具有重要的参考作用。目前测定分辨率的主要方法被称为傅里叶壳层相关系数法（Fourier shell correlation，FSC）。该方法要求在进行三维重构参数搜索时将所有颗粒的照片分为互相不重叠的两组，比如编号为奇数和偶数的两组照片，然后用这两组照片分别进行迭代三维重构计算，独立得到两个三维重构模型。分辨率的信息通过比较这两个三维重构模型在傅里叶空间不同空间频率（壳层）下的信号一致性（权重相位残差）来确定（图6-11A）。具体计算是在傅里叶空间中进行的，首先需要把两个重构出来的三维模型分别进行三维傅里叶变换，然后再计算两个密度图频谱信号在不同

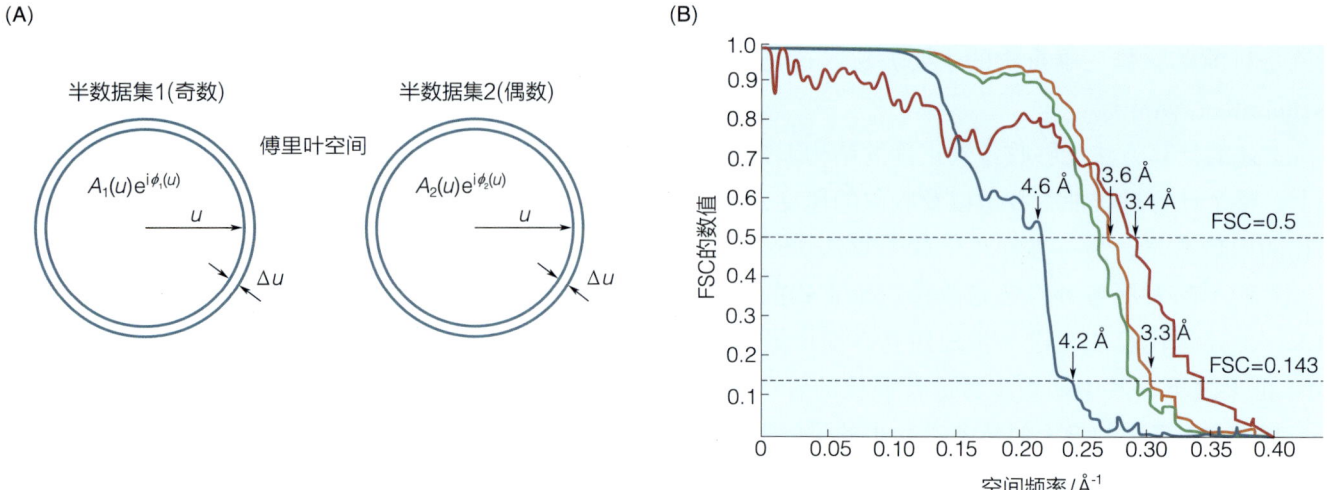

图 6-11 单颗粒三维重构分辨率测定的 FSC 曲线方法

（A）FSC 曲线计算公式中各项的示意图。（B）几条典型的 FSC 曲线。其中横轴表示空间频率，或者说，傅里叶空间中壳层的半径；纵轴表示 FSC 的数值。习惯上，通常用 FSC 曲线衰减到 0.5 或 0.143 时对应的空间频率倒数作为三维重构的分辨率值。

空间频率（壳层）的相位一致程度，这里用加权相位残差的余弦值来描述相位的一致性。这样最终就可以得到一条横坐标为空间频率，纵坐标为相位残差余弦值的曲线，这条曲线就被称为 FSC 曲线（图 6-11B；知识窗 6-6）。通常 FSC 曲线是一条从低频到高频逐渐衰减的曲线，当这条曲线的值衰减到一定阈值标准的时候，所对应的空间频率的倒数值，就被认为是当前三维重构的分辨率。

目前常用的 FSC 阈值标准有 0.5 和 0.143 两种，接下来解释下这两个标准确定的依据。首先，依据两个独立的半数据集重构计算出来的 FSC(u) 和信噪比 SNR(u) 有如下关系：

$$\text{SNR}(u) = \frac{\text{FSC}(u)}{1 - \text{FSC}(u)}。$$

如果人为地把信噪比 SNR(u)=1 作为定义分辨率的阈值点，那么从上式可以算出此时 FSC(u)=0.5。其次，考虑到最终使用的三维重构图像是两个半数据集重构的和，信噪比要提高一倍，在上述的评判标准下，分辨率被低估了。合并后新的曲线 FSC′ 和半数据集的 FSC 曲线之间满足如下关系：

$$\text{FSC}'(u) = \sqrt{2\text{FSC}(u)/(1+\text{FSC}(u))}。$$

如果对这条新的 FSC′(u) 取阈值 0.5，从上式可以算出，对应于原来的 FSC(u)=0.143，以此作为一个更为合理的分辨率评判标准。但实际上，无论是 0.5 还是 0.143 的标准，都是人为地强行取信噪比为 1 时认定的标准，信噪比低于 1 的信号并不一定是无用的。因此，FSC 曲线的方法只是给出了一个大致的分辨率水平的估计，并不是绝对意义上的分辨率。

使用上述的单颗粒三维重构方法，目前人们已经能够把某些蛋白质重构到真正的原子分辨率，观察到其中的原子。要实现一次三维重构，通常需要数万甚至数十万个蛋白质颗粒的照片。那么为什么需要这么多照片呢？这里存在几个原因。首先，蛋白质颗粒照片的信噪比非常低，需要大量高度冗余的照片来进行叠加平均（叠加重构到一个共同的三维重构密度图上）以提升信噪比。也就是说，在直接拍摄的电镜照片中

> **知识窗 6-6**
>
> ## FSC 计算公式
>
> 在单颗粒三维重构中把数据分成两部分，分别计算得到两个三维密度图。将这两个密度图分别做傅里叶正变换，其中位于空间频率 u 上的像素的值分别记为 $F_1(u)$ 和 $F_2(u)$，这里用下标 1 和 2 分别表示两个半数据集的三维重构密度图。由于像素值都是复数，可以写成振幅和相位的形式，分别为
>
> $$F_1(u)=A_1(u)\mathrm{e}^{\mathrm{i}\phi_1(u)},$$
> $$F_2(u)=A_2(u)\mathrm{e}^{\mathrm{i}\phi_2(u)}。$$
>
> 其中，A_1 和 A_2 为振幅，ϕ_1 和 ϕ_2 为相位。在傅里叶空间中，遍历半径为 u、厚度为 Δu 的球壳内的所有点，得到空间频率 u 处的 FSC 值，如下：
>
> $$\begin{aligned}\mathrm{FSC}(u) &= \mathrm{Re}\left(\frac{\sum_{\Delta u} F_1(u)*F_2^*(u)}{\sqrt{\sum_{\Delta u}|F_1(u)|^2 * \sum_{\Delta u}|F_2(u)|^2}}\right)\\ &=\mathrm{Re}\left(\frac{\sum_{\Delta u} A_1(u)A_2(u)\mathrm{e}^{\mathrm{i}[\phi_1(u)-\phi_2(u)]}}{\sqrt{\sum_{\Delta u}|A_1(u)|^2 * \sum_{\Delta u}|A_2(u)|^2}}\right)\\ &=\mathrm{Re}(\mathrm{e}^{\mathrm{i}\Delta\phi})\\ &=\mathrm{Re}(\cos\Delta\phi + \mathrm{i}\sin\Delta\phi)\\ &=\cos\Delta\phi\end{aligned}$$
>
> 其中，* 表示复数共轭；$\sum$ 表示对半径为 u 厚度为 Δu 范围内的所有像素点计算值遍历求和；振幅 A_1 和 A_2 被考虑为权重项；$\Delta\phi$ 表示考虑振幅权重后的总体相位残差；Re 表示取复数的实部。从最后的计算结果来看，FSC 实际上反映了综合相位残差的余弦值。当 $\Delta\phi = 0°$ 时，FSC 取值为 1，表示完全相同；当 $\Delta\phi = 90°$ 时，FSC 取值为 0，表示完全不相同。计算所有 u 处的 FSC 值，就得到了 FSC 曲线。

虽然无法看到蛋白质中的原子，但是当用大量照片重构时，实际上在三维傅里叶空间或三维实空间进行了平均，图像中的结构信息的信噪比被大幅增强，最终使结构细节都能被展示出来。其次，蛋白质的柔性或结构异质性总是存在的，也就是参与三维重构的每一个蛋白质颗粒的结构可能都是有所差异的。结构异质性会破坏单颗粒三维重构算法对结构一致性的最基本假定，导致那些柔性的部分在三维重构中被平均掉。为了解决这个问题，在进行三维重构的时候，需要引入更多额外的参数。除了 5 个最基本的空间取向参数之外，还可以引入分类的参数，在计算过程中把结构不均匀的蛋白质分离开，保证每一类中的颗粒具有更为一致的结构，以满足单颗粒重构的基本条件。但是在实际溶液中蛋白质结构的变化是连续的，并不能简单地分几个类就把它们划分开。如何描述蛋白质结构的动态连续变化，并对其进行数学建模和参数化，目前仍然是国际上方法学发展的前沿，是一个重要的未解决问题。动态结构的流形分析算法和基于人工智能的算法正在被不断地研究尝试，以获得对动态结构的精确识别。对动态结构的分析计算，也使得在获得高分辨率结构的同时能够获得蛋白质的与功能相关的动态结构信息。

综上所述，单颗粒三维重构方法需要大量高度冗余的照片来进行叠加平均以提高

信噪比，计算量巨大且强烈依赖算法效率，同时蛋白质的均一性或者异质性已成为影响三维重构成败的关键因素。

6.5 冷冻电子断层成像技术

随着冷冻电镜技术的发展，人们越来越期待能够看到在细胞原位的生物大分子结构以及它们的空间组织和相互作用关系。冷冻电子断层成像技术是实现这一目标的关键技术手段。冷冻电子断层成像针对细胞或病毒颗粒等不具有结构一致性的生物样品，可以直接获得投影方向已知的生物结构投影照片，并以此来进行三维重构。

6.5.1 冷冻电子断层成像的基本原理

冷冻电子断层成像技术通过连续倾转样品的方式来获得同一个样品的多角度投影。相对于单颗粒技术来讲，该技术不依赖于生物结构的一致性，原则上可以用于任意结构的成像。因此，冷冻电子断层成像通常被用于细胞结构的三维重建以及其中原位生物大分子的结构解析。

受限于电子的样品穿透能力，使用冷冻电子断层成像能观察的样品通常很薄，一般不超过 200 nm。对于超过这一厚度的样品，需要通过一定的样品制备技术，例如聚焦离子束切割或者使用金刚石刀的冷冻切片方法，把样品减薄或切片到合适的厚度。之后，把样品加载到电镜上，按照一定的步长间隔（通常为 2°~4°），对样品进行倾转（图 6-12）。在每一个倾转角度上，对样品进行拍照成像，并记录相应的倾转角度。最终依托所获得的这些具有已知成像角度的图像（一个数据集通常包含 40~60 张照片），就能重构出样品的三维结构。

从表面上来看，冷冻电子断层成像技术比单颗粒技术似乎更加简单直接，然而事

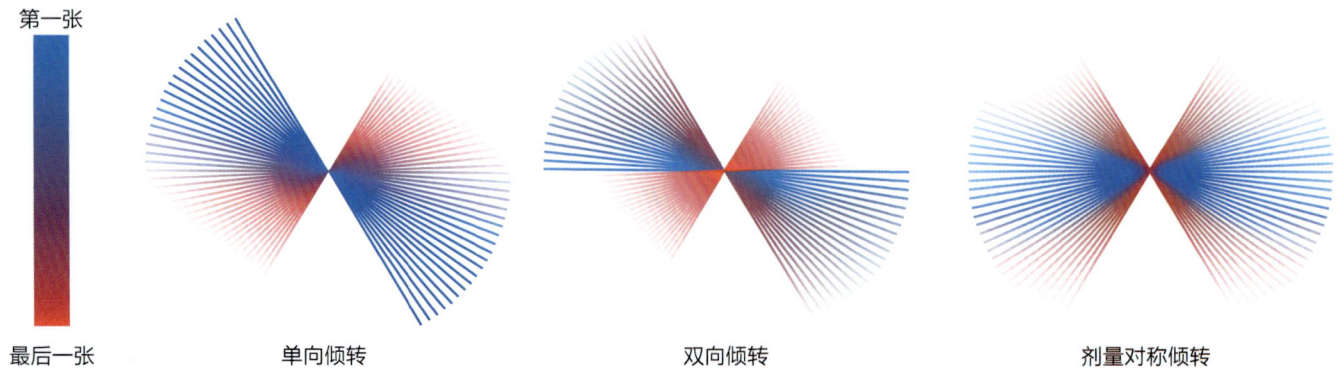

图 6-12 冷冻电子断层成像数据采集的三种常用的样品倾转策略示意图

三幅图都描述了傅里叶空间中的中心截面的侧视图（沿着倾转轴方向观察），其中每个插入重构的图像用一条直线描述。从蓝色到红色表示了数据采集的次序。高频信号（每条线的尾端）随着辐照损伤的累积逐渐衰减。

实并非如此。第一个问题是，样品倾转的角度并不能覆盖完整的角度空间（从 –90°到 +90°），从而导致部分方向上的投影信息缺失。造成这一问题的原因是，当倾转角度过大时，样品台的边缘会对电子束形成遮挡，从而阻碍成像。通常来讲，冷冻电镜常用的拍摄角度在 ±60° 之间。此外，由于样品台的不稳定性和精度误差，在实验中所测量到的角度信息并不十分准确，并且由于样品台的抖动和样品的漂移等因素，样品的位置也经常会在数据采集的过程中发生变化。这些偏差也都需要借助后期的图像处理和分析来进行矫正。第二个问题涉及辐照损伤。在冷冻电镜成像中，为了避免辐照损伤对生物样品的结构造成破坏，人们通常采用低剂量成像的方式来对样品进行成像（知识窗 6–7）。而低剂量成像就好像在微弱星光的夜晚中对一个物体进行拍照，图像的信噪比是非常低的。过低的信噪比会导致后续的图像处理分析变得非常困难。对于单颗粒成像技术，在不破坏天然结构的基础上所有的辐照都被施加到一张图像上去，图像的信噪比是被最大化的。而对于冷冻电子断层成像来说，同样的剂量需要被分配到数十张照片上去，从而使得每张照片的信噪比都很低，显著增加了后续处理的难度。此外，在前两个问题的基础上，高频信号的衰减也是比较显著的。一方面，当有一定厚度的样品随着倾转角的增大，电子在样品中需要穿透的厚度也是不断增加的，进一步降低了高频信号的信噪比；另一方面，累积的辐照损伤，也导致后采集的照片的高频信号会有更多的衰减。这也是人们发展了多种不同的数据采集策略来优化能获得的信号质量的主要原因（图 6–12）。

6.5.2 缺失楔与投影信息缺失问题

在实际应用中，受到样品本身条件或者数据采集策略的限制，生物样品三维重构经常面临无法获取某些角度上的投影的问题，进而导致三维信息不完整而产生一些三维图像解释上的困难。常见的有缺失锥和缺失楔问题（图 6–13）。缺失锥是傅里叶空间中的中心截面无法覆盖到一个锥形区域，其产生是因为样品投影方向近似分布在一个角度空间中的环形区域上。缺失锥问题常见于单颗粒技术中，通常与蛋白质上某些特定区域吸附到气液界面上造成的优势取向有关。缺失楔是冷冻电子断层成像技术所

知识窗 6-7

生物样品的辐照剂量和损伤

在高能电子的辐照之下，生物样品会从电子束中吸收能量，或受到入射电子束电磁场的影响，而发生结构性的破坏或变化。在常规冷冻电镜的成像条件下，辐照损伤的程度与所受到的电子辐照的总量有关，通常用单位面积上辐照的电子个数作为剂量的衡量单位。研究发现，在数百 keV 能量的电子辐照之下，生物样品所能承受的辐照总剂量，通常在 20～100 个 /Å^2 之间。

图 6-13 三维重构（傅里叶空间）中的缺失楔和缺失锥

（A）缺失楔是楔形顶点过傅里叶空间原点的一对楔形信息缺失区域。图中的每条线表示一个傅里叶空间的截面，线上的圆点示意性地表示截面上的像素。（B）缺失锥是在傅里叶空间中围绕某个轴的关于傅里叶空间原点对称的一对近似锥形的信息缺失区域（图中因为遮挡，只显示出了一个缺失锥）。

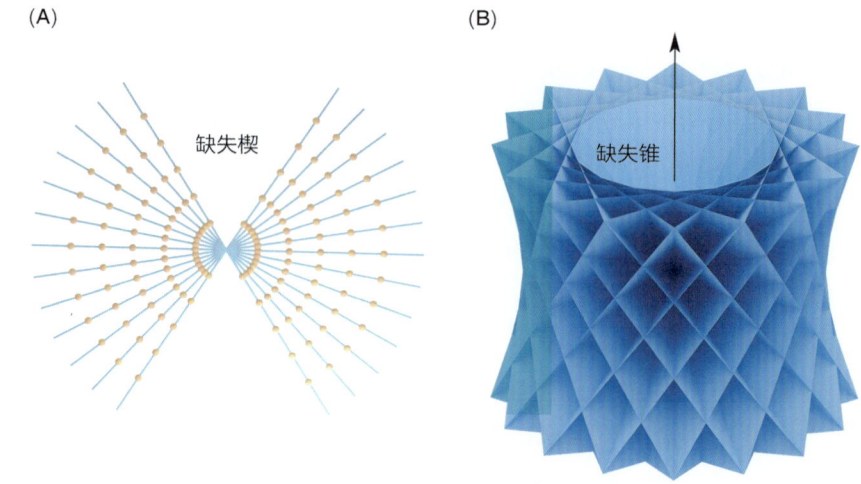

面临的主要问题，其产生的原因是样品台无法倾转到高角度。

缺失楔和缺失锥问题都是对应在某个方向上的结构信息缺失，从而在最终的三维重构中导致相应方向上出现模糊或结构密度的拉长变形。为了能够清晰显示出信息缺失的影响，这里以一张菊花的二维图像为例（图 6-14），按照中心截面定理通过其投影［二维图像沿某个方向的投影是一条强度有变化的线，此二维投影过程也被称为拉东变换（Radon transform）］来重构菊花。在重构时，我们通过减少特定方向的投影来引入缺失楔。当投影信息只能覆盖 ±60° 的区间时，尽管菊花的轮廓还是清楚的，但是其中的一些具体细节已经无法被看清，主要体现在上下方向（沿信息缺失方向）上的一些细节弥散，导致水平或接近水平方向上的花瓣都看不清楚了。另一方面，使用较大的投影角度步长，也会引入一些条纹状的图像缺陷。

图 6-14 缺失楔和采样不足造成的图像缺陷

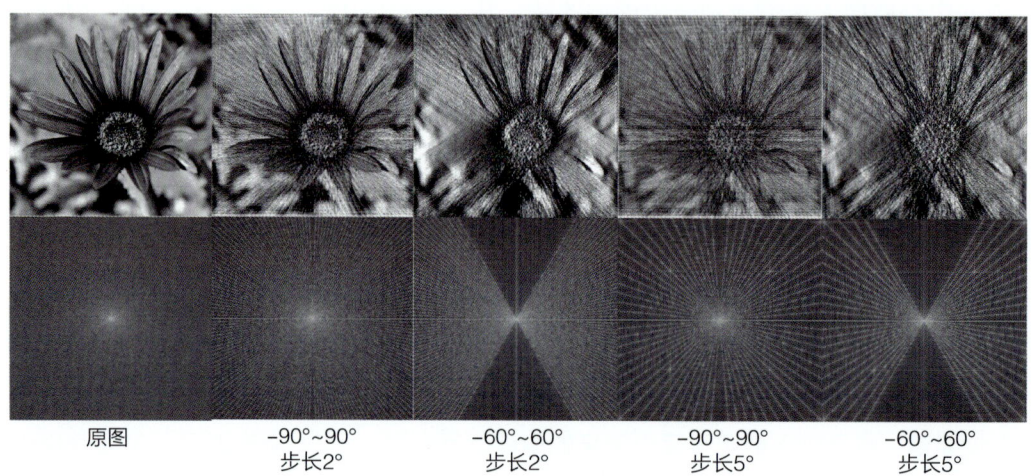

6.6 微晶电子衍射技术

微晶电子衍射技术是利用冷冻电镜的衍射模式来获取晶体样品的衍射信息，并进行结构解析的技术。由于电子衍射与 X 射线衍射形成的光学过程是几乎相同的，所以使用电子衍射技术解析结构的基本原理与 X 射线晶体学技术也基本一致。单纯从散射角度看，电子衍射与 X 射线衍射之间存在的差别主要是它们与样品（或者说原子）的相互作用不同。如果用原子散射振幅来衡量这种差别，电子的原子散射振幅 f_e 和 X 射线的原子散射振幅 f_X 符合下述关系：

$$f_e = 2.38 \times 10^{-10} \left(\frac{\lambda}{\sin\theta} \right)^2 (Z - f_X)。$$

其中，λ 为入射电子波长，θ 为散射角，Z 为原子序数。在电镜的应用范围内，$\sin\theta/\lambda$ 的范围在 0.2～1 Å^{-1} 区间内，f_e 是 f_X 的 10^3～10^4 倍，进一步考虑到强度与这个振幅是平方关系，电子衍射强度通常比 X 射线的衍射强度高 10^6～10^8 倍。X 射线光子与样品中原子的相互作用是一种弱相互作用。这使得在使用 X 射线来研究晶体结构时，需要晶体样品足够大（通常需要数微米的尺寸）才能激发出足够的可以被探测到的衍射信息以解析结构。而电子本身是带电粒子，与样品中的原子核和核外电子具有强烈的相互作用，属于强相互作用范畴。因此，即使非常微小的，小至数十纳米的蛋白质晶体，在电子束的辐照下都能激发出可被探测到的显著的衍射信号，满足结构解析的要求。因此，人们把那些难以长大的晶体，尝试用冷冻电镜的电子衍射模式来获取衍射强度信息并进行结构解析，产生了微晶电子衍射技术。由于上述技术特点，微晶电子衍射技术是 X 射线晶体学技术的一个重要补充，为包括蛋白质和小分子药物在内的有机晶体结构解析提供了一个电子光学解决方案。

6.7 冷冻电镜技术的发展史及发展趋势

冷冻电镜技术的发展贯穿了整个透射电子显微学技术的发展过程。德国物理学家恩斯特·鲁斯卡（Ernst Ruska，1906—1988）在 1931 年前后制造出世界上第一台透射电子显微镜（图 6-15A）之后，人们很快就用它来观察生物样品。但是当把一个棉花纤维样品放到透射电镜中（图 6-15B），在高能电子的辐照之下样品很快就因为辐照损伤和在真空中脱水被破坏掉了。这是人们使用透射电镜观察生物样品的最初尝试。因此，要想使用透射电镜来观察生物样品，就需要把生物样品冷冻起来以及使用低剂量的辐照来进行成像。

在随后的几十年中，透射电子显微镜的分辨率被快速提高，并在 1950 年前后基本上实现了原子分辨率（无机材料成像）。但是因为生物样品的特殊性，直接在透射电镜中观察生物样品仍然具有非常大的困难。这时人们想到的解决方案是通过对生物样品染色，将重金属盐渗透到生物样品中，并脱水替代掉样品中的生物物质，从而将

图 6-15 第一台电子显微镜和早期对棉花纤维的电镜成像

（**A**）世界上第一台透射电子显微镜的设计图和实物图。（**B**）使用第一台透射电子显微镜拍摄的载网上的棉花纤维照片。（A，引自鲁斯卡的诺贝尔奖获奖演说；B，引自 Marton L. *Nature*, 1934, 133(3372): 911）

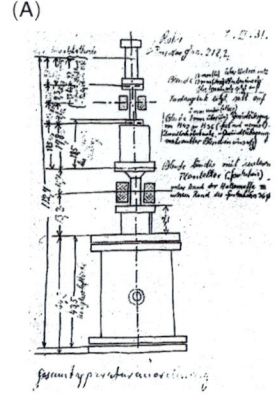

生物样品转化为可在真空和常温条件下承受高剂量电子辐照的样品。这个时期人们使用染色的方式观察到了各种人类组织以及病毒的微观精细结构（图 6-16），尽管其分辨率并不能达到原子分辨率，通常在几纳米尺度，但是已经显著高于光学显微镜所能达到的分辨率。

然而，要想获得高至原子分辨率级别的生物样品结构解析，就不能采用染色的间接方法，需要对生物样品进行直接的成像和观察。从上世纪 70 年代开始，相关的努力获得了显著的进展。美国科学家肯尼思·泰勒（Kenneth Taylor）和罗伯特·格莱泽（Robert Glaeser）在 1974 年成功地实现了对含水蛋白质晶体的电子衍射，观察到了高至 3 Å 分辨率的衍射强度信息（图 6-17A）。这说明生物样品是可以在电子光学条件下实现接近原子分辨率的结构信息获取的。1975 年，理查德·亨德森（Richard Henderson）和奈杰·昂温（Nigel Unwin）使用类似的技术获得了非染色紫膜蛋白晶体的三维重构，观察到了膜蛋白中的跨膜 α 螺旋结构（图 6-17B）。然而到此时为止，这些成功的尝试仍然仅限于二维蛋白质晶体。对于溶液中的蛋白质大分子颗粒的研究仍然需要进一步的冷冻样品制备技术支持。

早在 20 世纪 30 年代，人们就已经知道，水在一定的快速冷冻条件下可以形成一种非晶态冰，而不仅仅是我们常见的晶态冰。这种非晶态冰也被称为玻璃态冰，其中的水分子是无规则分布的，类似于液态水中的分子分布状态。并且，在玻璃态冰的形成过程中，冰不会像晶态冰形成时一样发生膨胀和内溶物的析出，从而避免破坏周围的生物结构。因此，如何制备出满足冷冻电镜成像所要的非晶态冰样品成

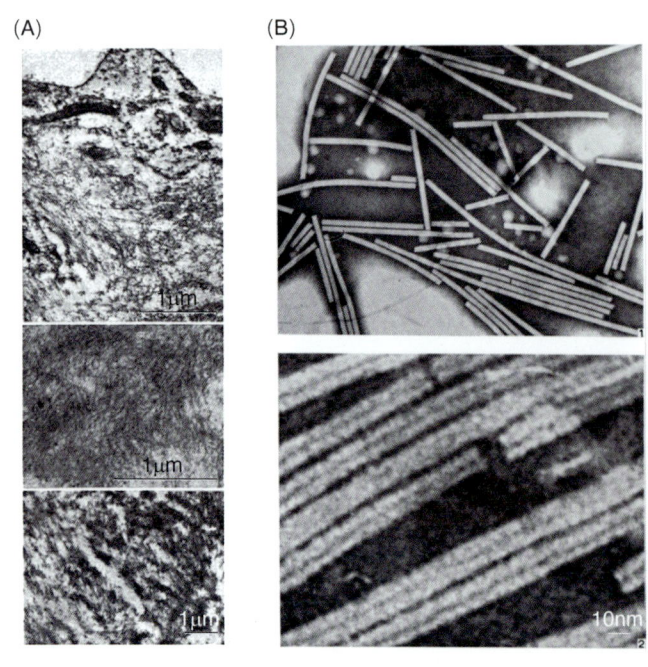

图 6-16 早期对染色生物样品的电镜成像

（**A**）神经组织中的淀粉样沉淀蛋白（amyloid）纤维的染色透射电镜照片。（**B**）烟草花叶病毒（TMV）的染色透射电镜照片。（A，引自 Cohen A S, et al. *Nature*, 1959, 183(4669): 1202-1203；B，引自 Brenner S, et al. *Biochim Biophys Acta*, 1959, 34: 103-110）

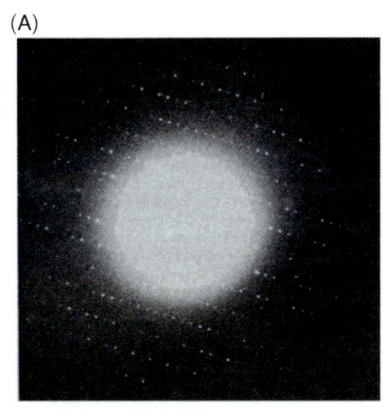
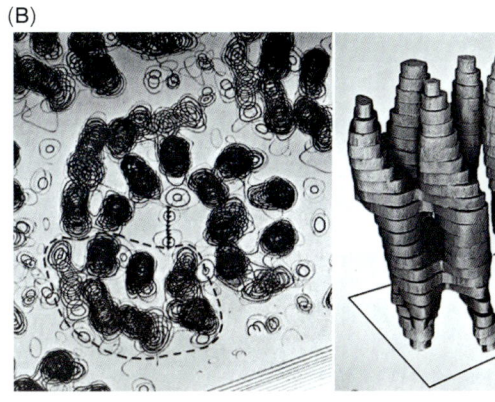

图 6-17 早期的冷冻晶体衍射和蛋白质结构重构（A）含水蛋白质晶体的电子衍射。（B）紫膜蛋白质晶体的三维重构截面密度图和三维展示图。（A，引自 Taylor K A, et al. *Science*, 1974, 186(4168): 1036-1037; B, 引自 Henderson R, et al. *Nature*, 1975, 257(5521): 28-32）

为实现冷冻电镜技术的关键一环。1980 年，雅克·杜波谢特（Jacques Dubochet）和阿拉斯戴尔·麦克道尔（Alasdair McDowall）发现使用具有高比热的液态乙烷可以实现对极微量水的快速冷冻，形成玻璃态的冰。对于冷冻电镜样品制备来讲，除了要获得玻璃态的冰之外，还需要样品非常薄。这是因为电子和物质的强相互作用，使得电子在样品中的穿透能力很差，过厚的样品将导致电子束无法穿透样品或者被样品强烈吸收和多次散射，从而破坏使用透射电镜成像的基本条件。1982 年，杜波谢特提出了一种可以快速生成样品水膜并使用液态乙烷将其冷冻到玻璃态的方法（图 6-18），奠定了冷冻电镜样品制备技术的基础。目前这一技术仍然是人们制备单颗粒样本的基本技术。后来高压冷冻技术和冷冻切片技术的发展，又进一步推动了对组织和细胞类样品的冷冻制备。

除了高分辨率透射电镜和样品制备技术之外，冷冻电镜技术的实现还需要图像处理方法的支持。首要的是如何从电镜拍摄的二维照片重构出三维的结构。1968 年，克拉格提出中心截面定理，奠定了将透射电镜生成的二维图像重构出三维结构的数学原理。然而要想实现生物大分子的三维重构，还需要大量的计算分析处理以及三维重构计算。为了解决这些计算中遇到的问题，在随后的几十年里人们不断地发展各种针对冷冻电镜三维结构分析的计算算法和计算工具。阿希姆·弗兰克（Joachim Frank）团队研发的 SPIDER 软件是最早期软件之一。冷冻电镜技术对图像处理分析算法和软件有强烈依赖，这也是不同于其它透射电镜技术的显著特色。

20 世纪 80 年代前的这些技术积累，奠定了冷冻电镜技术的基础。在随后的几十年中，冷冻电镜技术迅速发展并逐渐走入普通的生物学实验室。然而，在很长一段时间内冷冻电镜的分辨率并不像人们期待的那么高，通常只能达到纳米或亚纳米水平的分辨率。在这个分辨率下，只能看到蛋白质复合物的外部轮廓

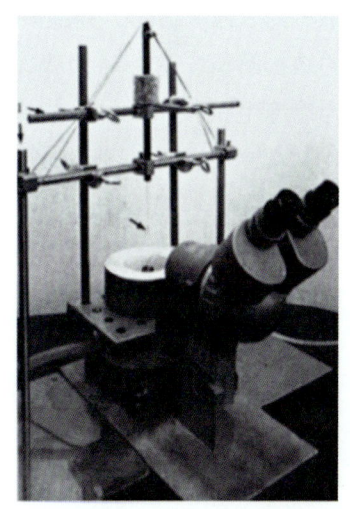

图 6-18 早期的冷冻电镜样品制备装置实物图
（引自 Dubochet J, et al. *Q Rev Biophys*, 1988, 21(2): 129-228）

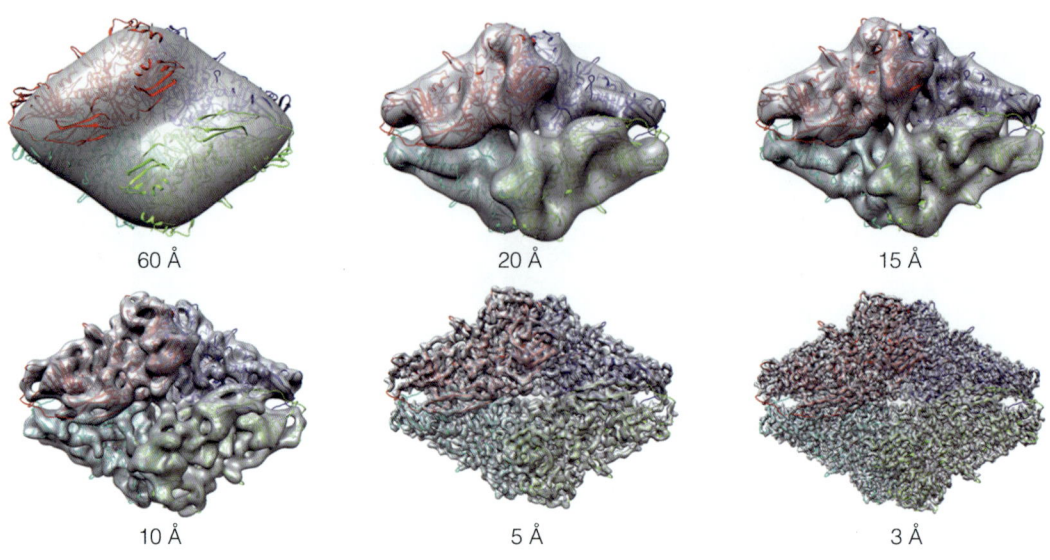

图 6-19 不同分辨率下的生物大分子结构
以 β-半乳糖苷酶为例作图，该蛋白质具有 D2 对称性。图中灰色的密度图由彩色的蛋白质原子模型计算得到，并分别低通滤波到下方标注的分辨率。

或者部分的二级结构信息（图 6-19）。虽然透射电镜很久以前就已经可以实现对原子分辨率水平的结构信号的成像，但是在冷冻电镜生物样品成像的条件下，如大视野、低剂量和大离焦成像条件，常规的电镜相机无法有效记录到高分辨率的结构信号，从而限制了冷冻电镜三维重构的分辨率。而要获得更高的分辨率，冷冻电镜技术面临的主要瓶颈是相机问题。

在上述背景之下，直接电子探测相机的概念被提出并获得了快速发展。2013 年前后，高帧率直接电子探测、电子计数和图像漂移校正等多项电镜相机技术获得巨大突破，使得记录生物样本的高分辨率结构信号成为可能。同一时期，最大似然估计和贝叶斯统计推断方法广泛应用于单颗粒三维重构，也使三维重构计算的精度和柔性结构三维分类的能力获得大幅提高。在这些技术突破的共同支持下，冷冻电镜技术首次解析了包括 20S 蛋白酶和 TrpV1 在内的多个中等分子量蛋白质复合物的近原子分辨率（约 3 Å）结构，并在随后几年中迅速带动了一大批积攒多年的重要蛋白质复合物的结构解析。这一时期冷冻电镜单颗粒技术向近原子或原子分辨率的技术突破，被称为冷冻电镜技术的"分辨率革命"。2013 年也成为冷冻电镜单颗粒技术发展的分水岭（图 6-20）。随后越来越多的新技术方法被引入冷冻电镜领域，例如电压相位板技术、基于深度学习的蛋白质柔性结构分析和自动结构建模技术等，使得冷冻电镜单颗粒技术成为结构生物学中至关重要的结构解析技术，并对基于结构的药物设计产生了明显的推动作用。

随着冷冻电镜单颗粒技术的日臻成熟，人们对冷冻电镜技术的期望从解析提纯出来的蛋白质结构，逐渐转向解析处于细胞原位的生物大分子结构，后者相应的技术即冷冻电子断层成像技术。在结构生物学中，用于解析生物大分子高分辨率结构的技术手段主要有三种，包括冷冻电镜单颗粒技术、X 射线蛋白质晶体学技术以及核磁共振技术。这三项技术都涉及蛋白质的提纯，甚至结晶的处理。这些处理都导致蛋白质在结构解析时已脱离细胞的原生生理环境，从而存在无法反映生理状态下的真实结构的

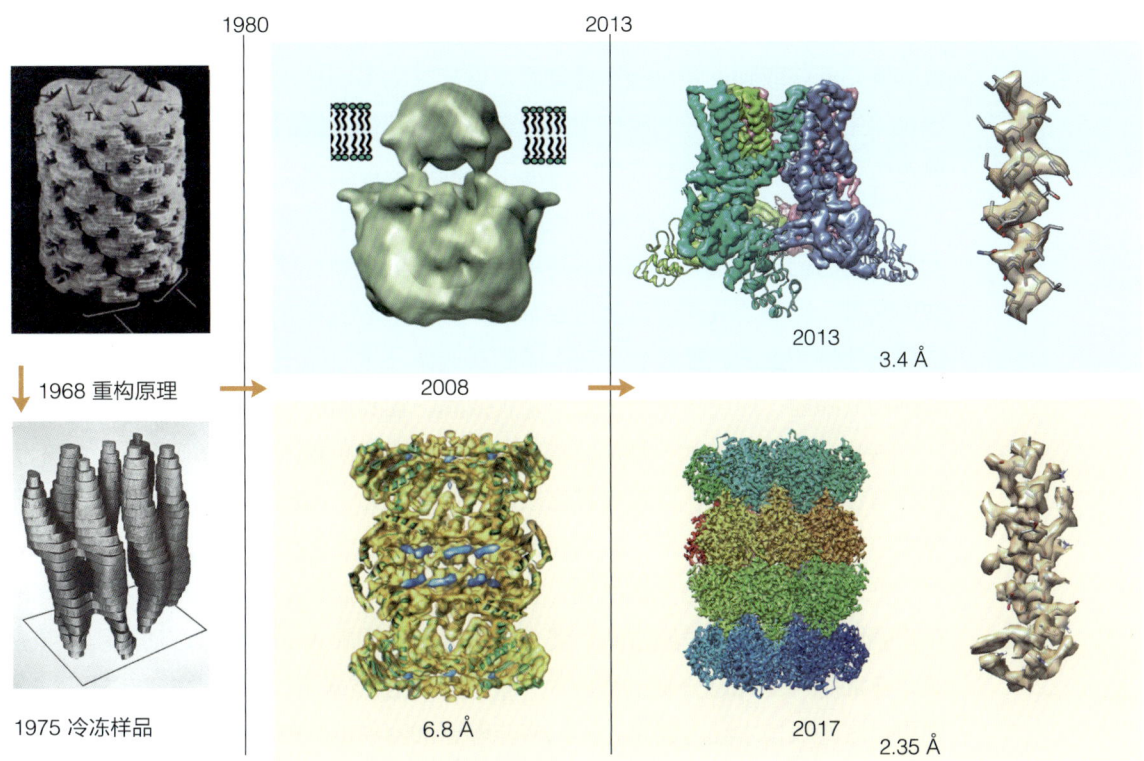

图 6-20 冷冻电镜结构解析分辨率的逐步提高和里程碑时间点

图中展示了不同时间阶段解析出来的代表性蛋白质结构，包括 1968 年的第一个噬菌体尾部结构，1975 年的紫膜蛋白的穿膜区结构，以及 TrpV1 和嗜热古菌 20S 蛋白酶分别在不同时期（2008 年及以后）解析的结构。（上左，引自 De Rosier D J, et al. *Nature*, 1968, 217(5124): 130-134；上中，引自 Moiseenkova-Bell V Y, et al. *PNAS USA*, 2008, 105(21): 7451-7455；下左，引自 Henderson R, et al. Nature, 1975, 257(5521): 28-32；下中，引自 Rabl J, et al. *Mol Cell*, 2008, 30(3): 360-368.）

问题，也无法体现细胞内周围物质相互作用条件下的结构状态。而要解决这些问题，冷冻电子断层成像技术是最佳的解决方案。2016 年人们通过冷冻电子断层成像技术在近原子分辨率水平上解析了未成熟的 HIV 病毒中的衣壳蛋白结构，证明了冷冻电子断层成像技术也是一种可以实现高分辨率蛋白质结构解析的工具。并且随着基于聚焦离子束切割技术的发展，细胞样品切片的制备技术也获得了快速发展，显著促进了冷冻电子断层成像技术在细胞或组织结构解析方面的应用。到目前为止，冷冻电子断层成像技术仍然处在快速发展期，在实际应用中还面临巨大的技术挑战。但是冷冻电子断层成像技术本身所体现出来的巨大潜力，使其成为未来冷冻电镜技术发展的主要方向。

※ 本章小结

本章概括介绍了生物大分子结构解析的冷冻电子显微学方法。更多的方法细节见第 26 章。在本章中我们介绍了冷冻电镜技术所依赖的基本原理，包括电镜的光路、衬度形成的基本原理，以及三维重构的基本原理和基本方法。中心截面定理是冷冻电镜技术的核心原理，其涉及的两个基本要素是投影与投影的方向。单颗粒分析和冷冻电子断层成像就是围绕如何获取到这两个基本要素而发展起来的不同技术。单颗粒冷冻电镜技术利用提纯出来的生物大分子颗粒的随机取向分布来快速获得大量的投影图像，并结合计算的方法来测定每张投影图像的投影方向。冷冻电子断层成像技术，采用更加主动的方式来控制投影方向，把要观察的样品在电镜中按照一定角度步长进行旋转，在每个角度下拍照获得投影图像，同时记录下投影方向。这两种技术各有优缺点：单颗粒技术可以实现高效率的投影数据采集，但是需要通过大量且复杂的计算来获取投影方向，且只能用于提纯的具有高度结构一致性的蛋白质颗粒；冷冻电子断层成像技术可用于任意的非重复性生物样本，例如细胞和细胞器，但经常受限于数据采集效率、辐照损伤和样品最大倾角范围。

冷冻电镜技术作为一种高分辨率的生物结构解析技术，展示出巨大的技术优势，本身也具有极大的灵活性，存在与其它技术融合的潜力。因此，人们也始终在尝试把冷冻电镜技术与其它技术结合起来，以实现更加全面的生物结构和功能研究。

把冷冻电镜技术与先进的荧光显微镜技术结合起来的光电联用技术是近年来冷冻电镜技术领域的一个热点发展方向。荧光显微镜技术的最大优点是可以通过引入荧光标记的方法，在细胞中追踪感兴趣的蛋白质。而冷冻电镜技术可以解析这些感兴趣蛋白质的结构。如果将这两项技术结合起来，人们将能够更加容易地观察特定蛋白质的生理状态结构以及与周围蛋白质的相互作用关系。

另外一项可能的技术融合是冷冻电子断层成像技术与质谱技术的融合，冷冻电子断层成像技术解析出来的细胞结构都是电子密度。图像中只有密度的强弱之分，而没有成分的信息。在没有足够的结构信息条件下很难从中分析出样品的组成成分。如果能够结合质谱技术，对冷冻电镜样品中的微观区域进行分析以确定其中生物大分子的组成成分，将大大促进我们对细胞内微观生理过程和结构的理解。

※ 思考题

1. 透射电子显微镜和普通光学显微镜有什么异同点？使用电子束作为光源会带来哪些优势和问题？
2. 要解析蛋白质或细胞的三维结构，为什么需要用透射电镜而不是扫描电镜？
3. 为什么目前的单颗粒技术相对于冷冻电子断层成像技术更容易获得高分辨率？
4. 如何理解衍射分析技术和成像技术的共同点？

※ 扩展阅读

图书

赫什，豪伊，尼科尔森，等. 薄晶体电子显微学 [M]. 刘安生，李永洪，译. 北京：科学出版社，1983.

Frank J. Three-dimensional electron microscopy of macromolecular assemblies[M].

2nd ed. New York: Oxford University Press, 2006.

综述

Kühlbrandt W. The resolution revolution[J]. Science, 2014, 343(6178):1443-1444.

Orlova E V, Saibil H R. Structural analysis of macromolecular assemblies by electron microscopy[J]. Chem Rev, 2011, 111(11):7710-7748.

研究论文

De Rosier D J, Klug A. Reconstruction of three dimensional structures from electron micrographs[J]. Nature, 1968, 217(5124):130-134.

Dubochet J, Adrian M, Chang J J, et al. Cryo-electron microscopy of vitrified specimens[J]. Q Rev Biophys, 1988, 21(2):129-228.

Henderson R, Unwin P N T. Three-dimensional model of purple membrane obtained by electron microscopy[J]. Nature, 1975, 257(5521):28-32.

Li X M, Mooney P, Zheng S, et al. Electron counting and beam-induced motion correction enable near-atomic-resolution single-particle cryo-EM[J]. Nat Methods, 2013, 10(6):584-590.

Scheres S H. A Bayesian view on cryo-EM structure determination[J]. J Mol Biol, 2012, 415(2):406-418.

7 生物大分子的折叠

前面章节介绍了生物大分子结构及其解析方法。本章从蛋白质和 RNA 的折叠入手，介绍单个生物大分子的折叠规律。生物物理学家和蛋白质化学家过去几十年间通过在试管里深入探究蛋白质的折叠和去折叠过程，并结合突变体的生物化学研究和原子分辨率的结构解析，揭示了维持蛋白质稳定性的基本相互作用力以及蛋白质稳定性和功能的关系。这部分内容已经在经典生物物理教科书中进行了深入详尽的探讨。本章的重点放在蛋白质折叠中涉及生物物理学原理的方面，而对上述经典的研究内容、理论和技术只浅显涉及。RNA 的折叠过去在教科书中少有涉及，因此本章对于该内容也作了初步介绍。值得一提的是，单分子技术是研究蛋白质和 RNA 等生物大分子折叠过程的利器，感兴趣的读者请参阅本书第 27 章。

7.1 蛋白质折叠

前面的第 3 章详细探讨了蛋白质的一级、二级、三级和四级结构。其中提到蛋白质的一级序列决定了蛋白质的三维结构，从物理化学角度这是一个蛋白质折叠问题。早在上个世纪 50 年代，克里斯蒂安·安芬森（Christian Anfinsen，1916—1995）等通过研究核糖核酸酶 A（ribonuclease A）的结构与功能提出决定蛋白质三级结构的信息包含在其一级氨基酸序列中。安芬森也是因为这个重要发现而获得了 1972 年诺贝尔化学奖（知识窗 7-1）。在 70 多年的研究进程中，"蛋白质折叠问题"可以被归结为三个主要层面：①蛋白质折叠的热力学问题，即在原子相互作用下氨基酸序列如何形成稳定存在的天然态结构；②蛋白质折叠的动力学问题，即蛋白质如何以及多快从无序的未折叠状态到达其天然构象，涉及到折叠的速度和路径；③蛋白质结构预测的计算方法问题，即怎样从一级序列出发预测天然状态下的蛋白质空间结构。本节内容主要涵盖蛋白质折叠问题的前两个层面，而第三个层面将在第 8 章中专门进行讲解。

纵观整个蛋白质结构生物学历史，绝大部分的研究对象都是能够在接近内源条件下折叠成具有相对稳定三维结构的结构域、蛋白质或蛋白质复合物。而在世纪之交，无法形成稳定三维结构的固有无序蛋白质 / 多肽序列，伴随着核磁共振技术的发展和高场核磁共振波谱仪的普及而逐步被结构生物学家所重视。本节第一部分（7.1.1 节和 7.1.2 节）所讨论的对象集中在具有相对稳定三维结构的结构域或蛋白质，而无序蛋白质的特性在第二部分（7.1.3 节）有简要介绍，第三部分（7.1.4 节）则简单介绍蛋白质稳定性检测所用的技术。

7.1.1 蛋白质折叠的热力学和动力学

蛋白质的折叠过程是由物理化学的基本原理驱动的。在这个过程中，蛋白质分子从无序的线性多肽链转变为特定的三维结构，这个结构通常是蛋白质执行其功能所必需的。本小节将讨论蛋白质折叠背后的热力学和动力学原理。

（1）吉布斯自由能与热力学稳定性

蛋白质折叠的热力学基础是能量最小化原则，即蛋白质分子自发地向自由能最低的状态折叠。根据玻尔兹曼分布定律，对于任何一个具有相对稳定构象的蛋白质而言，尽管折叠态是自由能最低的状态，蛋白质也有一定概率处于完全去折叠的高能量构象。我们把稳定折叠的状态称为天然态或者完全折叠态（native/folded state，N）而把后者称为完全去折叠态（unfolded/denatured state，U），将蛋白质折叠前后的吉布斯自由能变化（$\Delta G_{折叠}$）定义为：

$$\Delta G_{折叠} = G_N - G_U = \Delta H - T\Delta S \text{。} \tag{7-1}$$

其中，ΔH 表示折叠过程中焓的变化，反映了分子间相互作用的能量（如氢键、疏水相互作用等），通常为负（意味着形成分子间相互作用释放能量）；ΔS 表示熵的变化，反映系统的无序度，通常也为负（折叠态可取的空间构型数目远远小于去折叠态可取

知识窗 7-1

蛋白质折叠问题的研究历程

蛋白质的折叠是一个极具挑战的物理化学过程。正如赛勒斯·利文索尔（Cyrus Levinthal，1922—1990）在 1969 年提出的著名悖论（Levinthal's paradox，也称利文索尔佯谬）中所指出的：如果蛋白质折叠是随机的，那么一个包含 150 个氨基酸的多肽链可能具有的构象数量将是天文数字，遍历这些构象所需的时间可能比宇宙的年龄还要长；然而，实际的蛋白质折叠过程可在毫秒到小时的时间尺度内完成。蛋白质折叠问题一直是生物化学和生物物理领域的重要研究课题，人们对该问题的探索已有近百年的历史。

早在 1931 年，中国科学家吴宪（1893—1959）在《中国生理学杂志》（Chinese Journal of Physiology）上发表了关于蛋白质变性机理的论文，这是首次在世界上提出蛋白质变性理论。其要点是，天然可溶蛋白的紧密构型由分子内的次级键所维持，而变性则是由于这些键的破坏。20 世纪 60 年代，安芬森发现牛胰核糖核酸酶 A 在变性后能够自发重新折叠。由此他提出了蛋白质折叠的热力学假说，认为蛋白质的天然构象由其氨基酸序列决定（即蛋白质的一级结构决定其高级结构），且该构象代表了其系统自由能的最低状态。这一假说为理解蛋白质折叠的驱动力提供了重要的理论框架。1958 年，中国科学院上海生物化学所启动"人工合成牛胰岛素"项目，邹承鲁团队成功解决了天然胰岛素两条多肽链的拆合及二硫键正确配对问题，将重组牛胰岛素恢复天然活性的概率提升至 10%，并于 1966 年实现了结晶牛胰岛素的人工全合成。这一成就不仅标志着人工合成蛋白质的重要进展，也为蛋白质折叠研究奠定了重要的实验基础。

20 世纪八九十年代，涌现出了众多关于蛋白质折叠的理论模型，代表性的如能量景观模型，认为蛋白质折叠由自由能驱动，沿漏斗形自由能阱滑向天然态。人们通过各种实验手段鉴定到许多蛋白质折叠过程的中间体，证明了蛋白质折叠并不是完全随机，而是遵循一定的路径和机制。分子伴侣的发现是蛋白质折叠研究的另一个重要里程碑。1987 年，约翰·埃利斯（John Ellis）提出了"分子伴侣"的概念，这些分子伴侣在蛋白质折叠过程中起到辅助作用，帮助新生肽链正确折叠。分子伴侣的发现表明蛋白质折叠在体内的调控远比溶液体系中的自发折叠复杂得多，进一步丰富了我们对蛋白质折叠机制的理解。20 世纪末，科学家发现蛋白质错误折叠与多种疾病密切相关，包括阿尔茨海默病、帕金森病和克-雅病等。这些发现引发了对蛋白质错误折叠及其生物学后果的深入探索，推动了对淀粉样蛋白的研究，并成为药物开发的重要方向。

除了蛋白质折叠实验及理论、方法的发展，随着计算技术的进步，尤其是深度学习的应用，蛋白质结构预测迎来了重大突破。谷歌的 AlphaFold 项目在 2020 年宣布通过深度学习模型准确预测了大量蛋白质的三维结构。这一成就被认为解决了蛋白质折叠问题中的一个关键挑战，极大地加速了结构生物学等领域的进展。

的空间构型数目）；T 是热力学温度。根据自由能定义，ΔG 依赖于焓 ΔH 和熵 ΔS 值的变化，自由能变化有可能是正值，也有可能是负值。只有当 $\Delta G_{折叠}$ 为负时，蛋白质折叠才是自发的。同时，$\Delta G_{折叠}$ 的大小也反映了蛋白质的热力学稳定性，对于能够自发折叠的蛋白质而言，其绝对值越大（说明折叠态与去折叠态之间的能量差异越大），蛋白质就越稳定。

蛋白质的天然态通常是自由能最低的状态，因此在生理条件下，蛋白质会自发地从去折叠态向天然态转变，最终形成一个具有疏水内核的致密结构。然而在完全去折叠状态下，一些内埋的疏水侧链基团暴露，分子结构变得松散，导致生物活性丧失、黏度增加、溶解度改变、扩散速度减慢，以及其它物理化学性质的变化，这就是所谓的"蛋白质变性"。蛋白质变性的本质就是蛋白质分子的次级键被破坏，导致天然构象的解体。变性作用一般不涉及共价键的断裂（二硫键除外），蛋白质的一级结构保持完整。

特别需要指出的是，虽然天然态蛋白质结构比去折叠态更加稳定，但是一般情况下二者之间的能量差别很小，通常在 5~10 kcal/mol*。相比之下，蛋白质内部一个氢键的强度就约为 1~4 kcal/mol，这意味着蛋白质通常处于一个"边缘稳定性"（marginal stability）状态。这种边缘稳定性使得蛋白质对外部环境变化（如温度、pH值或盐浓度）较为敏感，容易发生变性。同时，蛋白质对自身的突变也较为敏感，某些突变（例如在疏水内核中引入带电或者亲水残基）可能会显著破坏蛋白质内部残基间的紧密堆积，从而使蛋白质变得不稳定，甚至导致错误折叠和功能丧失。然而，这种边缘稳定性也是必要的，因为如果蛋白质过于稳定，其结构可能会刚性过强而灵活性不足，这反而不利于其正常功能的发挥。因此，蛋白质的边缘稳定性是在漫长的演化过程中为适应蛋白质的两大需求——既要保持足够的稳定性来维持其结构与构象，又要保留必要的灵活性以适应功能需求——而发展出来的结果。

单结构域的简单蛋白质折叠态和去折叠态在天然溶液环境里不断发生交换反应，即折叠/去折叠反应是可逆的。简单蛋白质的稳定性也可以用一个简单两态模型作定量表征：

$$U \leftrightarrow N$$

其中，去折叠态和折叠态的相对丰度分别是 f_U 和 f_N，$f_U + f_N = 1$。f_N 和 f_U 的比值决定了蛋白质在折叠与去折叠状态之间的平衡，即蛋白质折叠反应的平衡常数 K_{eq} 由以下公式定义：

$$K_{eq} = \frac{f_N}{f_U}$$

蛋白质折叠反应自由能变化 $\Delta G_{折叠}$ 也可以表征为：

$$\Delta G_{折叠} = -RT \ln K_{eq} = -RT \ln \frac{f_N}{f_U} = -RT \ln \frac{f_N}{1-f_N} \quad (7-2)$$

由此可知，如果我们能够测定在某一温度和溶液条件下蛋白质折叠态、去折叠态的相对丰度，就能够计算出该条件下蛋白质的热力学稳定性。具体方法我们将在 7.1.4 节中进行学习。

（2）动力学与折叠路径

蛋白质折叠不仅是热力学驱动的过程，也是一个受动力学影响的动态过程。多肽链长度、氨基酸序列的复杂性以及折叠过程中是否存在中间态等，都会影响到蛋白

---

* 1 cal ≈ 4.18 J。下同。

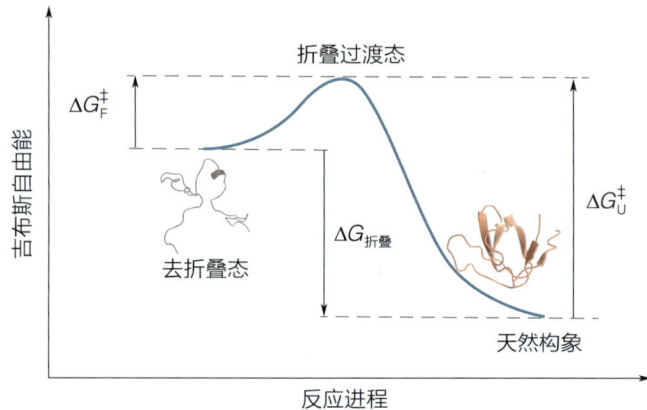

图 7-1　蛋白质折叠/去折叠过程中涉及的自由能变化及能量势垒

图中 $\Delta G_{折叠}$ 的大小决定了蛋白质的稳定程度，而蛋白质折叠/去折叠的快慢由能量势垒决定：$\Delta G_F^{\ddagger}$ 越大则 k_f 越小，$\Delta G_U^{\ddagger}$ 越大则 k_u 越小，反之亦然。

质折叠的速率。例如，小型单链蛋白质往往能够快速自发折叠，而大型、复杂的多亚基蛋白质可能需要更长的时间，甚至依赖分子伴侣帮助折叠。蛋白质并不是通过完全随机的探索过程进行折叠，而是通过特定的、有序的路径完成折叠。

我们将去折叠态和折叠态在天然溶液环境里相互转换的反应速率常数称为 k_f 和 k_u。其中，k_f 表示蛋白质从去折叠态进入折叠状态的速率常数，而 k_u 表示蛋白质从折叠状态返回去折叠状态的速率常数。k_f 和 k_u 的大小由蛋白质折叠或者去折叠过程中必须克服的能量势垒（$\Delta G^{\ddagger}$）的大小所决定（图 7-1；参见 2.4.4 节）（读者可以类比酶催化反应中涉及的速率常数以及反应活化能）。

在平衡状态下，蛋白质的折叠速率等于其去折叠速率，因此去折叠态和折叠态的相对丰度和反应速率常数间有如下关系：$f_U k_f = f_N k_u$。其中，f_U 和 f_N 是折叠反应的热力学参数，k_f 和 k_u 则是折叠反应的动力学参数。因此，式（7-2）还可以改写成：

$$\Delta G_{折叠} = -RT \ln \frac{k_f}{k_u} \, 。 \tag{7-3}$$

上述的两态模型对很多蛋白质结构来说有点简化，往往在完全去折叠态和完全折叠态之间会有中间状态或者称为折叠中间态（intermediate state，I）：

$$U \leftrightarrow I \leftrightarrow N 。$$

有些蛋白质的折叠中间态也能够承担重要生化功能（如 Ras 蛋白的折叠中间态能够与鸟嘌呤核苷酸交换因子相互作用，细胞色素 c 的折叠中间态可以在细胞凋亡中发挥作用），因此对整个蛋白质的完全折叠态、完全去折叠态及重要中间状态的构象全景（landscape）的鉴定和研究具有重要意义（知识窗 7-2）。

此外，"折叠中间态"需要与"折叠过渡态"进行区分。前者是折叠过程中可能出现的稳定或半稳定状态；而后者指的是蛋白质从去折叠状态向天然状态转变的过程中，必须克服的高能量峰值状态（图 7-1），该状态不稳定且瞬间即逝。过渡态决定了折叠过程的速率，因为蛋白质必须通过这一状态才能完成折叠。当过渡态存在较高的能量势垒时，即使蛋白质的热力学稳定性较高，也需要花费较长的时间完成折叠（k_f 值较小）。另一方面，对去折叠过程而言，如果去折叠需要克服的能量势垒较高，即使其去折叠状态在热力学上只比天然态稍微稳定，去折叠过程也会很慢（k_u 值较小），因此蛋白质在天然态下会保持较长时间。这就涉及另外一个重要概念——蛋白质的"动力学稳定性"，指蛋白质在折叠状态下保持稳定的时间长短，主要由去折叠速率常数 k_u 决定。动力学稳定性可以补充热力学稳定性，解释为何有些蛋白质在热力学上虽然不太稳定，但在折叠态下依然可以存在很长时间。

知识窗 7-2

描述蛋白质折叠的自由能景观模型

1995年，彼得·沃林斯（Peter Wolynes）等人首次提出自由能景观（free energy landscape）的概念，为解释蛋白质折叠中的多样性和动力学复杂性提供了新的框架。经过多位科学家的不断完善，它成为目前广泛接受的能量景观模型（图7-2）。该假说认为，多肽链的折叠是一个由自由能驱动的过程，通过一个类似漏斗形状的自由能阱"下滑"形成天然构象，这一过程同时伴随着多肽链构象熵的减少。漏斗顶部宽阔部分代表了蛋白质去折叠态，处于无序状态，拥有大量可能的构象。漏斗底部代表了蛋白质的天然态，这是自由能最低的状态，蛋白质在这里达到功能性折叠的稳定状态。漏斗中间的凹凸不平部分代表了蛋白质折叠过程中遇到的局部自由能极小值，这些区域会导致蛋白质暂时停留在一些折叠中间态，形成所谓的"动力学陷阱"，使折叠速度变慢或者折叠失败。分子伴侣（见7.1.2节）在体内可以帮助蛋白质逃离这些陷阱，帮助蛋白质正确折叠。能量景观模型还可以解释蛋白质聚集和错误折叠的现象：当"动力学陷阱"过深时，蛋白质被锁定在部分折叠态，非天然接触可能会导致错误折叠或聚集，某些蛋白质甚至可能形成更为稳定的淀粉样纤维（amyloid）。能量景观模型提供了对利文索尔佯谬的部分解释。由于蛋白质折叠受自由能降低驱动，因此蛋白质并不会探索所有的构象，而是通过较短路径"滑动"至自由能最低的天然态，从而大大缩短了折叠时间。同时，该模型认为多肽链可以通过多种路径折叠成天然构象，实验也表明许多蛋白质确实存在多条折叠路径，这种多路径可选的特性为蛋白质在不同环境条件下正确折叠提供了稳健性。

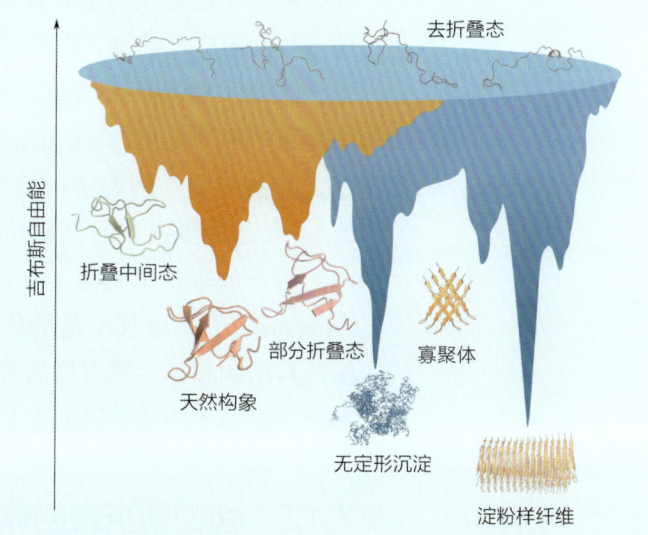

图7-2 描述蛋白质折叠过程的漏斗状能量景观模型

前述理论适用于单结构域的小型蛋白质。然而，大多数大型蛋白质分子由多个结构域组成，每个结构域可能独立存在，并且具有各自不同的稳定性。在完整的分子中，这些结构域之间常发生相互作用。因此，当这些大型蛋白质发生去折叠时，往往需要首先打破结构域之间的相互作用，然后再依次使各个结构域完全展开。正因为如此，大型蛋白质的去折叠过程往往比单域蛋白质复杂得多。

从式（7-1）和式（7-2）可见，蛋白质的热力学稳定性由折叠态和去折叠态下的自由能 G_N 和 G_U 共同决定，且平衡条件下折叠态的相对丰度越大，相应蛋白的稳定性越高。从式（7-3）可见，对稳定性高的蛋白质而言，其折叠速率常数也会远大于去折叠速率常数。在生理条件下，k_f 和 k_u 因蛋白质的不同而变化，但一般来说，蛋白质的折叠速率通常比去折叠速率要快得多。对于小型的单结构域蛋白质而言，典型的折叠速率范围通常是 1～10 s，而去折叠速率通常要慢一个或两个数量级。

从微观层面来看，疏水相互作用、氢键、静电作用、范德瓦耳斯力和二硫键等多种相互作用共同决定了蛋白质的稳定性（参见 3.1.4 节）。疏水相互作用在这中间扮演主导角色，一般认为疏水相互作用是水溶液环境下球形蛋白质折叠的主要驱动力，疏水残基远离溶液环境并向蛋白质核心的包埋过程导致了结构的快速形成。然而蛋白质的折叠绝非简单地掩埋疏水残基、暴露亲水残基的过程，在包括氢键在内的多种作用力的共同驱使下，残基侧链在蛋白质内部像形成三维拼图一样相互填补，形成紧密的三维结构。其中，氢键在维持蛋白质的二级结构（如 α 螺旋和 β 片层）中发挥关键作用。带电氨基酸之间的静电相互作用，特别是盐桥，能够显著增强蛋白质的结构稳定性，尤其是在高温或者高盐等极端环境下。范德瓦耳斯力虽然较弱，但在蛋白质内部原子间的紧密堆积中不可忽视。二硫键不仅可承担功能（比如参与氧化还原反应），也是蛋白质稳定性的重要保证，特别是对于分泌蛋白或者膜蛋白而言。通过在氧化条件下共价形成二硫键，提供了额外的结构稳定性。

值得注意的是天然蛋白质的稳定性有一个较大的范围，从鲜有稳定三维结构的固有无序序列（见 7.1.3 节），到微稳定的蛋白质，再到相对稳定的蛋白质，以及超级稳定的蛋白质（例如来自极端环境的热稳定蛋白质，$\Delta G_{折叠}$ 能达到 −15 kcal/mol 或更低）。大部分蛋白质的稳定性属于前三种情形，超级稳定的蛋白质比较少见，耳熟能详的例子如来自链霉菌（*Streptomyces avidinii*）的生物素结合蛋白质——链霉亲和素（streptavidin），以其出色的稳定性而闻名。链霉亲和素能在广泛的温度和 pH 条件下保持其结构和与生物素结合的亲和力。链霉亲和素的稳定性使其在许多实验和应用中都是理想的生物化学研究工具。

7.1.2 蛋白质折叠的体内机制

蛋白质的折叠和去折叠是两个非常基本且彼此关联的过程，不仅仅是物理化学驱动的结构转变，还与细胞中生物大分子的拥挤效应、局部环境的变化以及蛋白质的翻译、运输、降解等过程紧密相关。生物化学家过去几十年的研究积累了大量相关知识，生物化学教材里有非常详尽的讲解，简要概括如下：①作为中心法则的最后步骤，蛋白质按照其一级序列以线性构象进行翻译，然后经过自发的或者辅助的折叠过程形成相对稳定的三维结构，并且有相当一部分蛋白质存在边翻译边折叠的现象。②蛋白质的翻译在细胞质中进行，但某些蛋白质需要在内膜系统、细胞膜上或者细胞外发挥作用。这些蛋白质在合成完成后需要经历穿越磷脂双分子层的运输过程，这个过程通常需要蛋白质处于部分或者完全去折叠的状态，这种去折叠过程可能是自发的，也可能需要"去折叠酶"或者分子伴侣的辅助。一旦穿越膜结构，这些蛋白质通常会在适当的细胞位置重新折叠。③当蛋白质错误折叠或遭遇应激条件时，细胞内的分子伴侣可以通过特定机制帮助蛋白质重新折叠，这一过程常依赖 ATP 水解提供的能量驱动。④大量研究表明，完成使命的蛋白质最终在水解阶段的构象主要是去折叠状态，这个去折叠的过程同样可能是自发进行或者在"去折叠酶"及分子伴侣的辅助下进行。⑤此外，蛋白质在被调控（如被翻译后修饰）或者发挥某些特定生物学功能时也会在（部分）去折叠的状态下进行。本小节将探讨蛋白质折叠的体内分子机制，特别是从物理化学角度如何理解这一复杂的过程。

（1）核糖体上的蛋白质折叠

在体外的蛋白质变复性实验中，蛋白质的全部氨基酸序列已经合成完毕并具备决定其最终结构的信息。但在体内，蛋白质的折叠可以与其多肽链在核糖体上的合成过程同步进行，在原核和真核生物中均普遍存在这种现象。随着多肽链在翻译过程中逐渐暴露到细胞质中，它们可能在翻译尚未全部完成时便开始局部折叠，尤其是二级结构（如α螺旋和β片层）的形成。这种"边翻译边折叠"的协同作用有助于提高折叠效率，特别是对于较大的多结构域蛋白质而言，可以显著减少蛋白质进入错误构象的风险，并促进其正确折叠。真核细胞中的蛋白质平均翻译速率约为每秒钟4~6个氨基酸残基，而在大肠杆菌中可达每秒钟20个氨基酸残基；与之对比，蛋白质的折叠可在毫秒到小时的时间尺度内完成。当翻译速率小于折叠速率，就可能产生"边翻译边折叠"现象。据估测约有三分之一的大肠杆菌蛋白质的折叠与翻译同步进行。

核糖体的翻译速率控制着氨基酸序列的暴露速度，这直接影响蛋白质的折叠动力学。同时，核糖体出口孔道在新生肽链的折叠中起着重要的调节作用，对其中涉及的主要机制概述如下：①出口孔道内的水分子扩散速率较慢，这种特定的水分子行为会一定程度上驱动新生肽链上残基侧链间的紧密堆积，促进早期结构的形成。②孔道的几何结构和电荷分布共同决定了多肽链初期折叠的程度和起始时间。孔道大小和形状可容纳未折叠的多肽链，但限制了大型或复杂三级结构的形成。孔道内部带有负电荷，这与新生肽链的带电区域相互作用，可能改变多肽链的折叠轨迹。③新生肽链与孔道壁之间的相互作用不仅调节折叠，还会影响翻译的速率。成簇出现的带正电氨基酸残基可能减慢翻译速率，甚至导致翻译停滞。这种翻译速率变化进一步影响折叠的效率与结果。

当蛋白质在核糖体上进行折叠时，特别是在新生多肽链尚未完全合成且处于部分折叠状态时，它们的疏水区域容易暴露在外，导致蛋白质聚集的风险显著增加。为防止这一情况的发生，核糖体结合的分子伴侣通过识别并与这些新生链的暴露区域相互作用，确保蛋白质在合成的同时正确进行折叠。除了核糖体结合分子伴侣，胞质以及不同的细胞器内还存在多种不同的分子伴侣，下面将对分子伴侣蛋白的功能与机制进行简单介绍。

（2）分子伴侣在折叠中的作用

细胞中的折叠环境远比体外复杂，本质上是一个异常拥挤的环境，导致较大或结构复杂的蛋白质往往不能通过自发折叠顺利完成该过程。此外，由于蛋白质普遍具有"边缘稳定性"，自身突变或者是周围环境的细微变化都可能引发蛋白质的错误折叠。事实上，大部分蛋白质需要分子伴侣（molecular chaperone）及折叠酶（如二硫键氧化还原酶、二硫键异构酶、肽基脯氨酰顺反异构酶）的帮助才能避免错误折叠和聚集，并在合理的时间尺度内完成折叠。此外，分子伴侣还在蛋白质转运及分泌、多亚基蛋白质组装、应激反应后的蛋白质复性以及蛋白质降解等过程中，协助确保蛋白质结构与功能的正确形成和维持。

传统上将分子伴侣按照分子量大小分为 Hsp70（约 70 kDa）、Hsp60（约 60 kDa）、Hsp90（约 90 kDa）等主要蛋白质家族以及一些小热激蛋白。Hsp 即指代热激蛋白（heat shock protein），该名称源于这些蛋白质在细胞遭受热应激时大量表达的现象。当然，并非所有的分子伴侣都是热激蛋白，细胞中还存在一些非热激蛋白的分子伴侣，它们在正常生理条件下持续表达并参与蛋白质折叠与维持，例如前面提到的与核糖体结合的分子伴侣。此外，还有一些分子伴侣在其它环境刺激下诱导表达，包括氧化应激、金属毒性、渗透压变化等。

分子伴侣虽然多种多样，但它们执行功能时也遵循一些共性的机制。首先，是对疏水相互作用的屏蔽，以实现"抗聚集"的功能。在蛋白质折叠过程中，未折叠或者部分折叠的多肽链往往暴露出本该是被包埋的疏水区域，这些区域容易通过排挤周围的水分子而紧密堆积，最终导致聚集沉淀。分子伴侣通过识别和结合这些疏水区域，防止它们彼此间接触，降低聚集的可能性。这一过程主要基于疏水效应，但越来越多的证据显示，长程的静电相互作用也在这一过程中扮演了重要的角色，有助于分子伴侣快速抓取"客户蛋白"。

其次，分子伴侣的许多功能依赖于 ATP 的水解循环。例如，Hsp70 通过周期性地与 ATP 结合和水解实现蛋白质的折叠与释放。ATP 结合时，Hsp70 处于"开放"状态，可以结合辅助分子伴侣（co-chaperone，是一类协助主要分子伴侣完成其功能的蛋白质）Hsp40 传递过来的客户蛋白；当 ATP 水解为 ADP 后，Hsp70 进入"闭合"状态，与客户蛋白的结合力显著增强，稳定住客户蛋白中部分折叠的结构。随后，核苷酸交换因子通过将 ADP 交换为 ATP，使 Hsp70 恢复"开放"状态并释放客户蛋白。这种动力学调控允许分子伴侣通过反复的 ATP 水解循环，推动蛋白质向其天然构象折叠。再如，Hsp100 是一类特殊的分子伴侣，主要参与错误折叠或聚集蛋白质的解聚，其利用 ATP 水解释放的能量对蛋白质施加机械力，将聚集体中的蛋白质拉入其孔道结构，通过逐步展开和解聚，使得这些蛋白质能够重新进入正确的折叠循环。

除了这些共性机制，也有一些有趣的特殊机制。例如，Hsp60〔又称伴侣蛋白（chaperonin），特指形成封闭腔室的桶状分子伴侣〕及其辅助分子伴侣 Hsp10 为蛋白质提供了一个封闭的微环境，使其免受细胞质中其它大分子的干扰。在这个"折叠笼"中，蛋白质能够更顺利地完成折叠。尽管大多数分子伴侣在辅助蛋白质折叠时依赖 ATP 水解驱动构象变化，近年来针对非 ATP 依赖型分子伴侣的研究逐渐揭示了新的作用模式。例如，分子伴侣 Spy 通过其灵活的无序末端与自身的客户蛋白结合位点发生相互作用，竞争性地取代客户蛋白的结合。这种机制促使 Spy 有效地释放客户蛋白，无须依赖 ATP 提供能量。

此外，分子伴侣在体内并不是孤立的系统，而是通过多种方式进行协作（包括与蛋白质质量控制体系中其它组分的协作），形成复杂的网络来维持蛋白质的正确折叠、转运和降解。例如，在大肠杆菌中，大约有 70% 的新生肽链可以在核糖体结合分子伴侣触发因子（trigger factor，TF）的帮助下正确折叠，约有 30% 的新生肽链还需要下游的 Hsp70 系统（细菌中的 DnaK-DnaJ-GrpE）和 Hsp60 系统（GroEL-GroES）的进一步帮助。Hsp70 和 Hsp90 之间也存在密切的合作。Hsp70 通常是客户蛋白折叠的第一步，随后 Hsp70 与辅因子共同作用，将客户蛋白转移给 Hsp90，完成进一步的折叠或功能激活。Hsp90 更擅长帮助那些需要精确折叠和活化的复杂蛋白质，如激酶和受体。Hsp100 经常与其它分子伴侣（如 Hsp70）协同工作，确保解聚后的蛋白质能够被重新正确折叠，而不是再次错误聚集。在蛋白质的降解过程中，Hsp70 还与泛素-蛋白酶体系统协同工作：Hsp70 负责识别并稳定这些异常蛋白质，然后通过泛素标记，将它们引导至蛋白酶体进行降解。

7.1.3 固有无序蛋白质及特性

蛋白质序列-折叠-结构-功能关系一直是生物学长期以来的核心问题之一。与具有稳定三维结构的蛋白质相比，固有无序蛋白质（intrinsically disordered protein，IDP）缺乏明确的结构域或规则的二级结构模式，难以形成稳定、易检测的结构。这使得它们具备高度的构象灵活性和可塑性，挑战了传统的"结构-功能"关系认知模式。根据无序区域的范围，固有无序蛋白质可以分为完全无序蛋白质（整体无序）和部分无序蛋白质（局部含有超过 30 个残基的无序区域）。研究表明，原核生物中约 0.9%~7% 的蛋白质含有长无序区域，而在哺乳动物细胞中，约 30%~40% 的蛋白质是完全无序或含有无序区域的。那么，什么样的蛋白质序列更容易呈现无序状态？固有无序蛋白质有怎样的作用机制及功能特征？这些疑惑随着研究的深入逐渐成为具有重要意义的科学问题（图 7-3）。

经过几十年结构生物学的发展，科学家们总结了一些固有无序蛋白质的序列规律，可主要概括为：① IDP 通常含较少的疏水性氨基酸，这使其难以形成稳定的折叠结构。②它们的序列通常包含低复杂度区域（low complexity region），这些区域中氨基酸种类较为有限，通常富含某几种特定氨基酸（如丝氨酸、脯氨酸、谷氨酰胺、谷氨

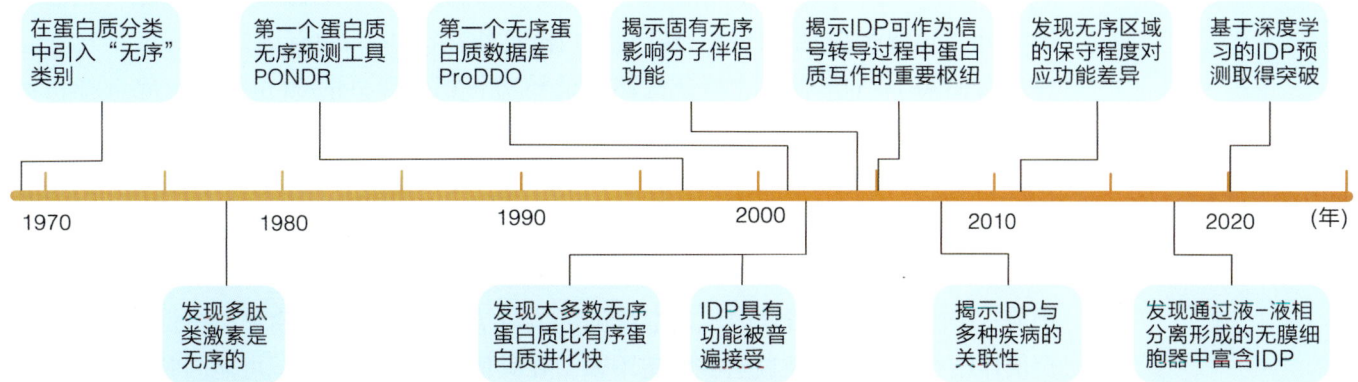

图 7-3 无序蛋白质研究的发展历程

酸、天冬氨酸、赖氨酸等），某些氨基酸会频繁出现甚至连续重复，这有助于维持无序状态。例如，脯氨酸侧链的环状结构形成规则的 α 螺旋和 β 片层结构的能力较弱，在蛋白质折叠中通常能够引入结构的畸变，从而促使蛋白质无序或呈现局部的无序结构。极性和带电氨基酸在水溶液中则能够形成大量氢键和离子键，使得固有无序蛋白质容易受到环境影响而发生构象变化，从而呈现出灵活多变的构象。③ IDP 的序列通常在不同物种或同一物种的不同亚型之间表现出较高的变异性。这种变异性可能涉及整个序列或者特定的功能区域。部分 IDP 相关的数据库及预测工具如表 7-1 所示。

表 7-1 固有无序蛋白质相关数据库

数据库名称	收录信息
DisProt	实验验证的固有无序蛋白质及其无序区域，包含无序功能的注释
IDEAL	基于实验数据的固有无序蛋白质及无序区域注释，包含结构与生物学功能信息
MobiDB	综合多个来源的无序蛋白质注释，包括实验数据和预测数据
FuzDB	记录无序区域在蛋白质–蛋白质相互作用中的功能，特别是动态复合物
DisEnrichDB	基于预测数据的人类蛋白质组中富含特定氨基酸的固有无序区域
ANCHOR	预测无序区域中可能在结合时发生无序到有序转变的结合位点
AIUPred	结合能量计算与人工智能方法预测蛋白质中的无序区域，预测无序区域在参与蛋白质相互作用后的结构变化
D^2P^2	基于多种预测工具的无序蛋白质预测，涵盖完整的蛋白质组

从蛋白质折叠的能量变化角度来看，特定的氨基酸序列可以编码稳定的二级和三级结构。这些结构由于其高度有序性，具有较低的构象熵，因为它们的自由度相对较小。相反，蛋白质的无序区域因其具有较大的构象自由度，展现出更高的构象熵。除促进无序的脯氨酸外，甘氨酸等小型氨基酸也赋予了蛋白质更多的结构变化空间，促进无序或灵活的构象生成。由于 IDP 在溶液状态中是多种构象共存的体系，我们通常描述无序蛋白质的结构时采用"系综"（ensemble）的概念，指代它们在某一时间段内可能存在的所有不同构象的集合。

与结构化蛋白质相比，IDP 由于其高度的构象灵活性，能够更容易地与其它生物大分子（如蛋白质、DNA、RNA 等）相互作用。由于没有固定的三维结构，这些蛋白质可以适应不同的结合伙伴。诱导契合机制（induced fit）和构象选择机制（conformational selection）是描述 IDP 与其它生物大分子相互作用的两种重要机制（图 7-4）。在诱导契合机制中，IDP 在与结合伙伴接触后，其构象发生改变。具体来说，IDP 在未结合时可能处于一种无序或部分有序的状态，通过与结合伙伴的相互作用，IDP 的结构逐渐折叠成有序状态。构象选择机制则认为，在未与结合伙伴相互作用前，IDP 在溶液中的众多构象中就包含了与结合伙伴适配的构象。一旦该构象与结合伙伴结合，这一构象就会被稳定下来。在具体的相互作用中，可能同时存在着这两

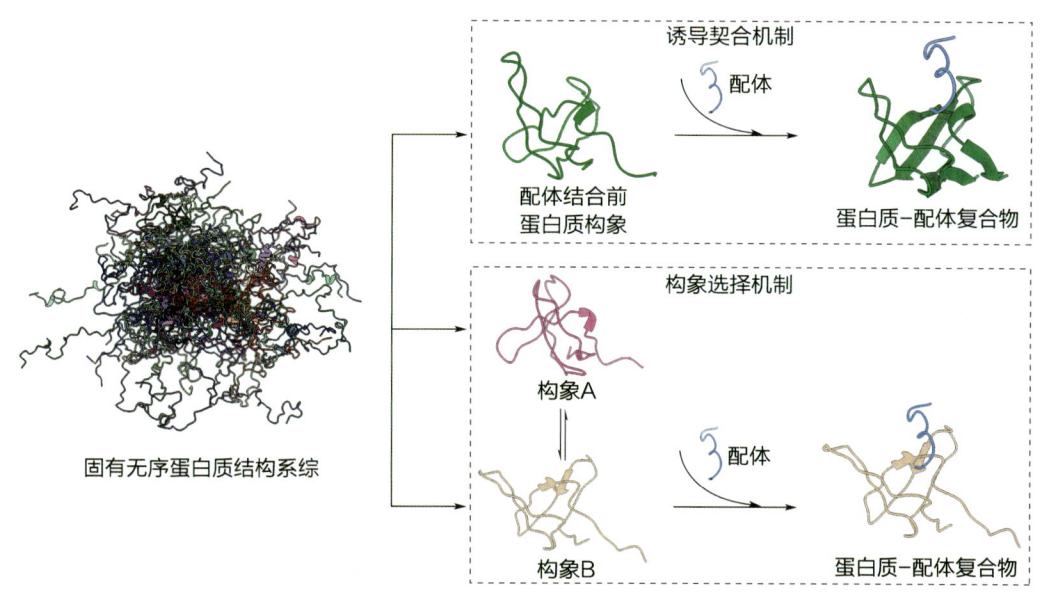

图 7-4 固有无序蛋白质的结构系综及其结合配体的两种机制模型

种机制。此外，IDP 可以通过多个独立的结合位点（也称为短线性基序）与同一结合伙伴相互作用。这种多点结合增强了结合的稳定性，甚至在一个结合位点脱离时，其它位点仍然可以维持相互作用。除了丰富的结合机制，相同的 IDP 还可以采用不同的折叠状态与不同的结合伙伴结合。此外，许多 IDP 还可以通过磷酸化、乙酰化、甲基化等翻译后修饰发生构象转变，从而调控其功能和相互作用模式。这赋予了 IDP 巨大的功能多样性，允许它们在不同环境下行使不同的功能。

IDP 参与的细胞过程包括：基因表达调控、细胞信号转导以及液-液相分离中无膜细胞结构的形成等。例如，许多转录因子通过 IDP 介导的相互作用，与 DNA 或其它蛋白质（如调节因子）结合，控制基因表达。而在细胞信号传导中，IDP 常作为枢纽蛋白，通过快速、可逆的相互作用调控多条通路。在无膜亚细胞结构（如应激颗粒、核仁、P 颗粒等）的形成与解聚过程中也离不开 IDP 的参与（详细过程可参见知识窗 10-3）。通过 IDP 及其相互作用伙伴的自发聚集，在细胞质或细胞核内形成类似液体的高浓度相分离区域，这对于调控细胞内的分子浓度、空间隔离生物分子以及响应细胞信号至关重要。IDP 的低复杂度区域和短线性基序介导的弱相互作用为相分离的发生提供了基础，同时 IDP 介导的相分离也具有高度的可逆性，这种可逆性对于细胞维持稳态至关重要。当相分离失调时，IDP 可能形成不可逆的凝胶或聚集体，导致细胞功能紊乱。例如，TDP-43 和 FUS 的异常相分离与神经退行性疾病（如肌萎缩侧索硬化症和额颞叶痴呆）密切相关。这些蛋白质由于突变或环境变化，无法维持液态相分离，反而形成固态聚集体，导致细胞死亡。

因此，固有无序蛋白质的结构灵活性和可塑性赋予了其独特的功能，并且其结构与功能之间的关联对于理解细胞内的生物过程和调控机制具有重要意义。

7.1.4 蛋白质折叠的研究技术

蛋白质折叠研究技术涵盖了对蛋白质稳定性、结构、折叠过程和动力学的表征，我们将对代表性技术进行介绍。

（1）蛋白质热力学稳定性测量

表征蛋白质的热力学稳定性是指在通常条件下（例如在室温且没有变性剂存在时）测定 $\Delta G_{折叠}$ 值。对于稳定性比较高的蛋白质来说，去折叠态的相对比例比较低，直接测量不敏感不准确，所以传统测量蛋白质稳定性的实验会借用化学变性剂或者物理因素，改变蛋白质的稳定性，逐步增加去折叠状态的比例。因此，从实际操作角度而言，测量蛋白质去折叠过程中的自由能变化更加简单方便，即获取不同变性剂浓度下的 $\Delta G_{去折叠}$ 值（注意 $\Delta G_{去折叠} = -\Delta G_{折叠}$）。蛋白质的化学变性剂包括有机溶剂、脲（尿素）、盐酸胍、酸和碱等；温度变化、紫外线照射、高压和表面张力则是常见的物理变性因素。在传统蛋白质稳定性测定实验中，多采用不同浓度的尿素、盐酸胍处理蛋白质，或采用逐渐升温的方式以使蛋白质发生变性。

在变性转变区，$\Delta G_{去折叠}$ 可以被测量得到。根据式（7-4）可以计算 $\Delta G_{去折叠}$，其中折叠态与去折叠态的丰度比值可以由式（7-5）得出：

$$\Delta G_{去折叠} = -RT\ln\frac{f_U}{f_N} = RT\ln\frac{f_N}{f_U}, \tag{7-4}$$

$$\frac{f_N}{f_U} = \frac{y - y_U}{y_N - y}。\tag{7-5}$$

其中，y 为在不同变性剂浓度下检测到的信号值（见下文），y_U 为蛋白质完全处于去折叠态时的信号值，y_N 为蛋白质完全处于折叠态时的信号值。

以化学变性为例，因为 $\Delta G_{去折叠}$ 同变性剂的浓度或者强度一般成线性关系，因此可以通过线性外推法获得在变性剂浓度（[变性剂]）为零的条件下的 $\Delta G_{去折叠}$ 值（即 $\Delta G_{去折叠}(H_2O)$ 值）：

$$\Delta G_{去折叠} = \Delta G_{去折叠}(H_2O) - m \times [变性剂]。$$

同时可知，使蛋白质的变性程度达到50%，所需要的变性剂浓度为：

$$[变性剂]_{1/2} = \frac{\Delta G_{去折叠}(H_2O)}{m}$$

热变性获得的曲线的处理方法与化学变性法类似，在变性转变区，根据式（7-1）可以拟合得到 T_m、ΔH_m 和 ΔS_m 的信息，其中 T_m（melting temperature）为蛋白质热变性的熔解温度（即蛋白质解折叠50%时对应的温度），ΔH_m 和 ΔS_m 为该温度下对应的焓变和熵变。但需要注意的是，一些蛋白质在变性过程中可能焓变随温度变化而变化，这会导致 $\Delta G_{去折叠}$ 与温度 T 并非呈简单的线性关系，因此不能简单进行线性外推获取室温条件下蛋白质的 $\Delta G_{去折叠}$ 值。此外，一些蛋白质在热变性过程中会逐渐发生聚集沉淀，也就不适宜利用热变性技术进行稳定性表征。

检测去折叠过程的方法有很多。例如，去折叠会导致蛋白质二级结构的减少，可以用依赖二级结构的圆二色谱检测这一变化。折叠和去折叠状态下蛋白质内残基所处环境不同，可以用色氨酸残基荧光强度的改变来检测去折叠过程。随着去折叠的进行，疏水残基的暴露程度增加，这可以通过倾向于结合疏水残基的分子探针的结合程度来检测。

利用常用变性剂测量蛋白质的去折叠过程在图 7-5 中展示。

（2）解析淀粉样蛋白的结构

淀粉样蛋白是指在某些病理条件下，由蛋白质发生错误折叠和异常聚集形成的不溶性纤维结构。相关的蛋白质在正常情况下是可溶的、具有功能的分子，但由于错误折叠，它们形成高度有序的 β 片层结构，并进一步自我组装，产生淀粉样纤维。这些淀粉样纤维聚集在组织和器官中，导致细胞功能障碍并引发一系列淀粉样变性疾病。

虽然 X 射线晶体学研究能够揭示一些淀粉样蛋白中的部分核心 β 片层结构，但其并不适合直接用于解析淀粉样纤维的完整结构。这主要是因为淀粉样纤维具有不可溶和异质性等特征，使得其难以形成传统蛋白质 X 射线晶体学研究所需的三维晶体。在淀粉样纤维的高分辨率结构表征上，固态核磁共振（ssNMR）和冷冻电镜技术（cryo-EM）可以提供原子分辨率或者近原子分辨率的结构信息，是研究淀粉样纤维的重要工具。近年来冷冻电镜已经成功解析了多种关键淀粉样蛋白纤维的高分辨率结构，如阿尔茨海默病相关的 β- 淀粉样蛋白的纤维结构，揭示了淀粉样蛋白在疾病中的聚集模式。固态核磁共振是另一种研究淀粉样蛋白纤维和其它难溶性蛋白质聚集体的有力工具，能提供关于纤维的堆积方式、侧链相互作用和局部结构细节的信息。这两种方法在淀粉样纤维等蛋白质聚集体的结构解析方面常起着互补的作用。

（3）表征分子伴侣与客户蛋白的相互作用

分子伴侣与客户蛋白的相互作用除了遵循一般的蛋白质互作规律之外，还具有高度动态性的特点，这种动态性表现在客户蛋白的沉淀倾向、折叠与去折叠倾向，以及分子伴侣在互作过程中的构象变化。除了使用 9.6.1 节和 9.6.2 节中提到的一些生物物理手段获得分子伴侣与客户蛋白之间的亲和力常数、结合及解离速率常数之外，还可以利用液态核磁共振技术（NMR）捕捉二者之间瞬时、微弱的动态相互作用，尤其是

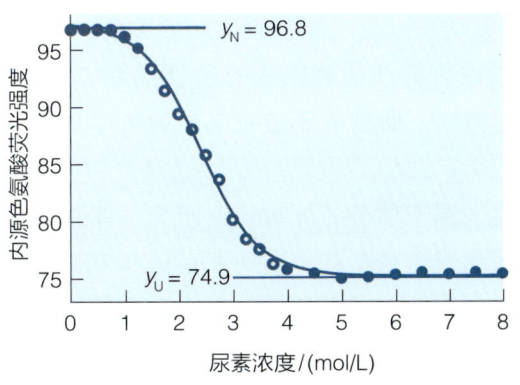
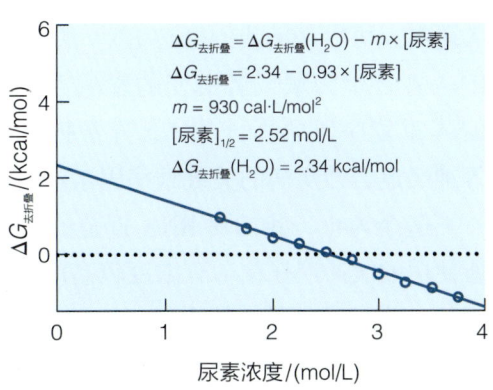

图 7-5　基于尿素变性的蛋白质去折叠平衡测量

监测蛋白质在折叠过程中如何与分子伴侣结合，并提供结合位点的具体信息。NMR 化学位移扰动（参见 5.3.4 节）实验可以用于检测分子伴侣与客户蛋白的具体结合位点。当客户蛋白与分子伴侣相互作用时，结合位点的氨基酸残基会在 NMR 谱图上发生化学位移的变化。通过比较结合前后谱图的变化，可以精确定位分子伴侣与客户蛋白的相互作用界面。NMR 还特别适合研究固有无序蛋白质与分子伴侣之间的相互作用，由于 IDP 没有固定的三维结构，它们在 NMR 实验中展示出高度动态的化学位移特征，NMR 可以检测这些无序区域在结合分子伴侣时的构象转变。

（4）表征蛋白质折叠过程

近二十年来，核磁共振领域开发了高敏感的技术手段，可以在通常条件下测量低丰度的构象变化，包括折叠和去折叠过程。例如 25.1.3 节介绍的核磁共振的弛豫技术对微秒到毫秒级别的天然条件下折叠和去折叠过程非常适用。具体应用请参考该章节及其中引用的文献。单分子荧光共振能量转移技术通过将两个不同颜色的荧光染料分别标记在蛋白质的不同位置，监测它们之间的距离变化，这种距离变化可以反映蛋白质在折叠或去折叠过程中构象的变化。光镊技术也在研究蛋白质折叠过程中展现了强大的应用潜力，通过精确控制单分子水平的力学张力，可以直接测量蛋白质在折叠和去折叠过程中的能量变化与构象转换。这种技术在研究蛋白质折叠路径、稳定性和不同构象状态之间的能量势垒方面，提供了前所未有的细节信息，补充了传统生物物理技术难以触及的动力学过程。类似的单分子技术还包括磁镊技术和原子力显微镜等。这些技术弥补了传统研究手段在分辨单个分子动态变化时的局限，为理解蛋白质的折叠机制提供了强有力的工具。

7.2 RNA 的折叠

为了实现复杂多样的功能，RNA 分子需要折叠成正确的二级结构，而部分 RNA 分子还必须精确折叠成具有生物活性的三级结构，例如执行催化功能的核酶，以及特异性结合配体并通过构象变化来调控基因表达的核糖开关。RNA 有时候还与蛋白质共同折叠，形成特定的三级结构来发挥功能，例如核糖体和剪接体。

RNA 在执行功能时往往伴随着结构的变化。因此，对 RNA 折叠过程和机制的深入研究，可以帮助我们理解 RNA 的结构、构象动态以及功能三者之间的关系。此外，RNA 在环境因素或者突变的影响下发生的错误折叠往往和疾病有密切关系。例如，RNA 重复序列导致的 mRNA 异常折叠是亨廷顿病、肌营养不良症、X 染色体易裂症等神经退行性疾病的关键致病因素。

迄今为止，我们对 RNA 折叠的认识主要来源于体外（*in vitro*）研究。体外研究所使用的缓冲液往往含有浓度较高的单价金属离子（浓度有时达到 1 mol/L）和一定浓度的二价金属离子，其浓度与种类都与胞内环境区别较大。同时，体外研究体系中缺乏细胞内那样拥挤黏稠的环境，以及大量与 RNA 特异性或非特异性相互作用的蛋白

表 7-2　体外环境和细胞内环境在离子浓度和拥挤度上的区别

所处环境	体外	细胞内
分子拥挤程度	0%	20% ~ 40%（质量分数）
单价离子	0 ~ 1 mol/L	140 mmol/L K^+
二价离子（游离）	0 ~ 100 mmol/L	0.5 ~ 1.0 mmol/L Mg^{2+}（真核）
		1.5 ~ 3.0 mmol/L Mg^{2+}（原核）
二价离子（总体）	0 ~ 100 mmol/L	20 mmol/L
离子强度	0 ~ 1 mol/L（单价）	0.142 ~ 0.143 mol/L（真核）
	0 ~ 0.3 mol/L（二价）	0.145 ~ 0.149 mol/L（原核）

质和其它分子（表 7-2）。因此，体外研究的结论难免与体内的情况存在相当程度的偏差。但另一方面，体外研究中实验条件容易控制，实验手段丰富，使得我们能够获取关于折叠的动力学路径和热力学性质的定量信息。更重要的是，从体外实验得到的关于 RNA 折叠的基本知识，大多数对于体内情况也是适用的，或者至少是有重要的借鉴意义。综上所述，尽管 RNA 在体内环境的折叠逐渐成为 RNA 折叠研究的前沿，但是体外环境下 RNA 的折叠研究仍将发挥不可替代的作用。

本节第一部分（7.2.1 节）主要讨论从体外实验中获得的关于 RNA 折叠的基本原理，第二部分（7.2.2 节）主要探讨影响 RNA 折叠的各种因素，包括胞内环境因素对折叠的影响。

7.2.1　RNA 折叠的基本原理

虽然 RNA 和蛋白质一样都能折叠成特定的三维结构，但 RNA 的折叠在很多方面迥异于蛋白质。

从一级序列看，蛋白质由 20 种大小、形状和物理化学性质各异的氨基酸构成，特别是氨基酸侧链带正电荷、负电荷或者中性三种情况都有。而 RNA 仅由四种核苷酸构成，其中腺嘌呤和鸟嘌呤形状相似，胞嘧啶和尿嘧啶形状相似，每个核苷酸残基均带有一个单位负电荷。

从二级结构看，蛋白质分子的二级结构单元（α 螺旋、β 折叠、转角、无规卷曲等）的形成依赖于周边的结构，难以独立地稳定存在。而 RNA 分子的二级结构单元（双螺旋、顶环、内环、凸环、多分支环等）可以独立形成，并且能够以最小基序的形式稳定存在。比如一段由 6 个碱基对组成的 RNA 双螺旋可以稳定存在数天，但相近长度的 α 螺旋多肽的寿命则在微秒尺度。

从三级结构看，蛋白质折叠所涉及的三级相互作用（即二级结构单元之间的相互作用）数量比较多，分布较为均匀。而参与 RNA 折叠的三级相互作用数量相对较少，且分布比较离散。

从折叠的驱动力看，蛋白质的折叠主要由亲水和疏水相互作用来驱动：疏水侧链倾向于聚集在一起，形成一个致密的疏水核心；而亲水侧链则倾向于分布在蛋白质的表面。RNA 的折叠起始于碱基之间的配对，导致顶环的形成，然后相邻碱基对之间的堆积作用驱动着双螺旋茎区以及整个二级结构渐次形成，最后远程相互作用将不同的二级结构单元拉在一起形成三级结构。由于双螺旋组分在 RNA 分子中占比较大，所以碱基堆积作用对折叠的贡献是最主要的。

对蛋白质来说，二级结构所涉及的相互作用与三级相互作用的大小在同一个量级，所以二级结构的形成和三级结构的形成是耦合在一起的，两部分互相影响、互相依赖。对 RNA 来说情况完全不同。在热力学层面上，RNA 二级结构对整体能量的贡献远大于三级相互作用，所以二级结构基本上可以脱离三级相互作用而独立存在。在动力学层面上，RNA 二级结构首先形成，随后才是三级结构的形成。这就是 RNA 的层次性折叠（hierarchical folding），也是 RNA 和蛋白质在折叠方面的最大不同。RNA 折叠的这一特点实际上也为 RNA 结构建模提供了基本的研究范式，即先通过预测或实验得到 RNA 的二级结构，然后将二级结构作为条件约束再计算三级结构。

必须指出的是，RNA 的层次性折叠应视为一种"一阶"近似。在有些情况下，RNA 三级结构的形成会在一定程度上重塑其二级结构。一个典型的例子是四膜虫 I 型内含子核酶的 P5abc 子结构域：在没有 Mg^{2+} 存在时，P5abc 无法形成三级互作，其二级结构相较于 Mg^{2+} 存在时形成的折叠结构有三处不同，涉及 16 个核苷酸（图 7-6A）。另一个例子是核糖开关，这类 RNA 在结合配体后形成结合态的三级结构，并诱导下游序列发生二级结构的重排，从而调控基因表达（图 7-6B）。

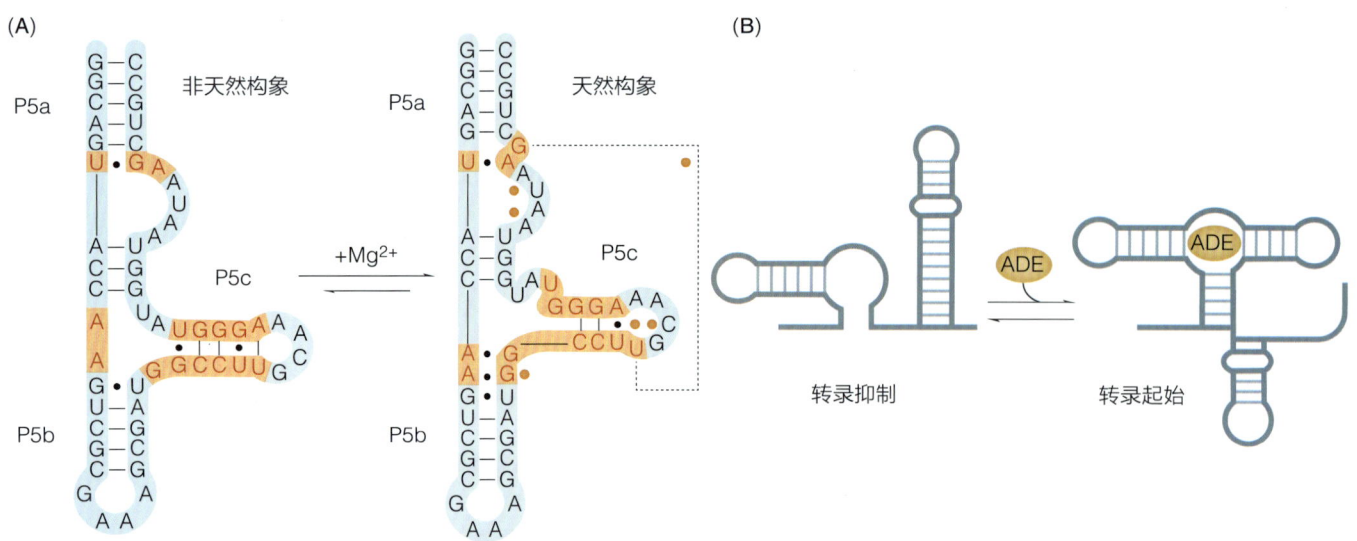

图 7-6　RNA 三级结构的形成在少数情况下会影响到二级结构（A）Mg^{2+} 的存在使 I 型内含子核酶的 P5abc 子结构域发生二级结构的局部变化：(1) P5a 上 UG 配对的 G 变成单碱基凸环，而 U 与邻近的 A 形成反向胡斯坦配对；(2) P5b 上两个未配对的 A 形成两个连续的 AG 非经典配对；(3) P5c 上的茎区发生滑移，其顶环由四元环变成五元环。图中橙色小球代表镁离子。（B）腺嘌呤核糖开关在结合腺嘌呤前后二级结构的变化。结合发生后适配体结构域下游原先潜藏在茎区的 Shine-Dalgarno 序列被重新暴露出来，从而启动转录过程。

RNA 折叠相对于蛋白质折叠的另一个重要差别是其自由能曲面更加崎岖（ruggedness）。一方面，RNA 一级结构单元缺乏多样性且三级相互作用数量较少，导致其"信息含量"比较低，难以找到一个与其它折叠态相比能量低很多的最稳定构象，因此 RNA 自由能曲面上往往分布着能量相近的很多构象，且这些构象通常具有不同的二级结构。由于大量存在的碱基堆积作用，这些二级结构十分稳定。这意味着从一种二级结构构象转换到另一种二级结构构象需要经历许多碱基对的重排，从而在两种结构之间形成了较高的能垒。在这样的自由能曲面上发生的折叠是非协同折叠（non-cooperative folding）（图 7-7A），大多数 RNA，尤其是比较复杂的 RNA（例如 I 型内含子和 RNase P 等）的折叠都属于此类。相比之下，蛋白质分子在折叠过程中二级结构和三级互作之间高度依赖，相互协作，属于协同折叠（cooperative folding）（图 7-7B）。值得注意的是，少数较为复杂的 RNA 在体外的折叠也是协同式的，比如 tRNA、RNase P 核酶的催化结构域以及 I 型内含子核酶的 b15 催化结构域，这些 RNA 在 Mg^{2+} 存在时能够直接折叠到天然构象。

RNA 折叠还有一个鲜明的特点是高度依赖于金属离子的存在。单价金属离子可以中和 RNA 磷酸骨架上负电荷之间的静电斥力，推动 RNA 二级结构的折叠。二价金属离子可以非特异性或特异性地结合到 RNA 中负电荷富集的区域，促进三级结构的形成。图 7-8 展示的是 II 型内含子核酶的晶体结构和与其共结晶的 Mg^{2+} 和 K^+，图 7-9 展示了复杂 RNA 折叠过程的示意图。

下面我们通过几个例子来介绍 RNA 折叠的特点。

（1）发夹 RNA 的折叠

发夹 RNA 提供了最简单的研究 RNA 折叠的模型（图 7-10A）。当发夹 RNA 以未折叠的单链形式被置于有利于折叠的溶液中时，碱基以随机碰撞的方式来寻找各自的配对。由于在一级序列上靠近的碱基在空间上距离也更近，其碰撞的概率也就更高，因此最先形成的二级结构单元是比较小的顶环。顶

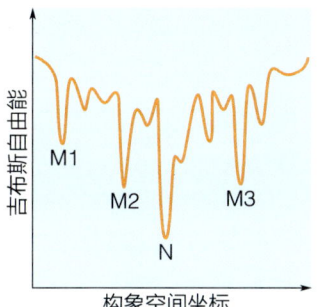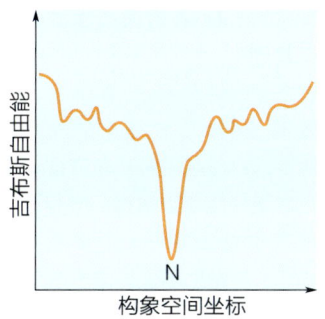

图 7-7 非协同折叠和协同折叠

（A）在非协同折叠中，除了能量最低的天然构象 N 外，还存在多个能量次低的错误折叠构象 M1、M2、M3 等。这种情形下，生物大分子在折叠过程中很容易陷入错误折叠构象。（B）在协同折叠中，生物大分子的二级结构元件和三级互作存在耦合现象，导致折叠的自由能曲面比较光滑，形成一个大体上的漏斗形状。这种情形下，分子不会陷入中间态而是直接折叠为天然构象。

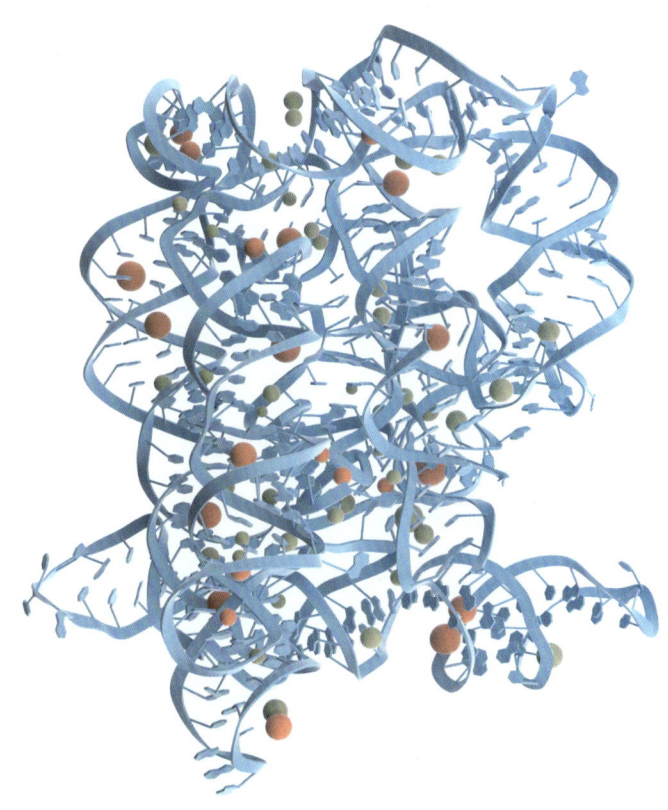

图 7-8 RNA 的折叠高度依赖金属离子

II 型内含子核酶的晶体结构（PDB 编号：3IGI）。黄色小球代表 K^+，红色小球代表 Mg^{2+}。

图 7-9 RNA 折叠过程的示意图

首先，RNA 单链在单价金属离子（Na^+、K^+ 等）的帮助下通过碱基配对和碱基堆积作用形成二级结构；然后在二价金属离子（主要是 Mg^{2+}）的帮助下，经由多条路径折叠成三维的天然构象。在第二步中经常会出现错误折叠构象的积累。

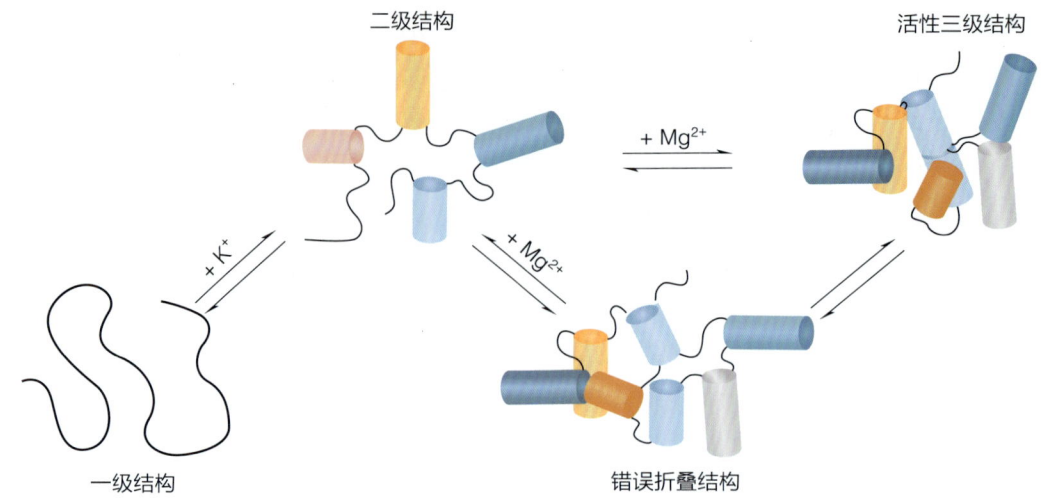

环的形成会造成较大的熵减（对四元环大约是 4.5 kcal/mol），而单个碱基对形成配对只能贡献大约 1 kcal/mol 的自由能来抗衡熵的损失，因此发夹的稳定形成需要在紧邻顶环的碱基对之下连续形成多对碱基，这些碱基对堆积在一起后才足以稳定发夹结构。在顶环形成后，茎区从顶环闭合处向下逐渐生长，在此过程中同时也可能形成凸环和内环。由于发夹 RNA 茎区底端的两个碱基在一级序列上相距很远，因而通常是最后形成的。当一条链上连续形成三个或者更多的发夹结构，多分支环也就自然形成了。

（2）tRNA 的折叠

借助 X 射线晶体衍射技术，tRNA 是第一个解析出三维结构的具有高级结构的 RNA。该结构揭示了关于 RNA 折叠的一些迥异于蛋白质的重要特征：首先，多数核苷酸都位于双螺旋茎区的碱基配对中，后续的 NMR 实验证实这些双螺旋区可以脱离 tRNA 而独立存在。其次，三叶草形状的二级结构（图 7-10B，左）通过共轴堆积（coaxial stacking）和远程碱基配对（包括非经典配对）折叠为倒 L 形的三级结构，提示了先形成二级结构后形成三级结构的层次性折叠次序。最后，由双螺旋区在二级结构中的普遍性可以推测，当错误的二级结构形成后，重新形成正确的二级结构需要跨越很高的能量壁垒。这些结果支持了 RNA 先二级结构再三级结构的折叠路径。

图 7-10 发夹 RNA 和 tRNA 的折叠

（A）发夹 RNA 的折叠通常由顶环开始，然后顶环下方的碱基对渐次形成，最后形成的是最末端的碱基对。（B）tRNA^{Glu} 的天然构象（左）和错误折叠构象（右），其中 Ψ 代表假尿苷。

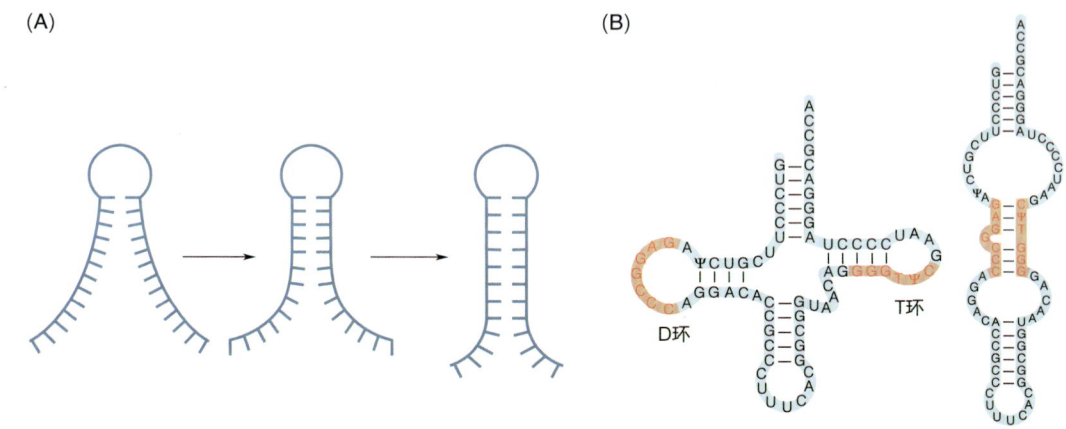

早在 tRNA 晶体结构被解析之前，对其折叠的研究就已经开展了。20 世纪 60 年代中期，通过检查 tRNA 对氨基酸的"挂载"能力，研究人员发现 tRNA 在溶液中同时存在有功能的天然态和没有功能的错误折叠态。后续对部分折叠中间体的研究发现，这些错误折叠的中间体形成了一种无分支环的伸展结构（图 7-10B，右）。此外，人们利用 NMR 温度滴定实验测量了 tRNA 的折叠和去折叠过程，检测到的五个转变阶段可以依次对应到 tRNA 的四个茎区以及一个三级结构互作区的形成或破坏。实验结果显示，在存在单价金属离子的溶液中，tRNA 的二级结构（四个茎区）在微秒到毫秒的时间尺度内很快形成，而 D 环与 T 环的三级互作则需要毫秒到秒的时间才能完成。当溶液中存在 Mg^{2+} 时，多步的结构转变会随着 Mg^{2+} 浓度的升高逐渐合并为一个大的结构转变，说明 Mg^{2+} 的存在促进了 tRNA 折叠的协同性。这些研究表明，RNA 在不同的环境条件下有不同的折叠路径。

（3）复杂 RNA 的折叠

核酶和核糖开关都是研究复杂 RNA 折叠的理想对象，因为这两种 RNA 都可以通过利用其功能特性（催化底物或者结合小分子），来简便地定量监测其折叠产物中天然构象的含量。在体外环境中，大多数 RNA 的天然构象就是其最低自由能的构象，也是其充分平衡后的优势构象。但是如前所述，复杂 RNA 折叠过程的一个标志性特性就是存在多个非天然构象的折叠中间体。在折叠过程中，RNA 所采取的路径并不一定是朝向其最低自由能构象前进的，因此常常会陷入非天然的中间体构象，在体外条件下要耗费数分钟甚至数小时才能最终达到具有功能的天然构象。因此，为了在体外实验中获得更多的正确折叠的构象，通常会采用缓慢降温的策略。这是因为慢速的降温有利于 RNA 有更充分的时间来折叠为自由能最低的天然构象，而快速降温则使 RNA 更容易陷入非天然的折叠中间体。下面我们以研究最为广泛的四膜虫 I 型内含子（图 7-11）为例来展示复杂 RNA 折叠的特点。

在体外环境下，I 型内含子核酶有超过 90% 的比例都会陷在非天然中间体构象，并需要数小时才能最终转变为具有催化活性的天然构象。而有少数（<10%）的分子能够以大约 $1\ s^{-1}$ 的速率直接正确折叠到天然构象（图 7-11B）。

P4-P6 结构域是四膜虫 I 型内含子中能独立折叠的结构域，其天然折叠态的高分辨率晶体结构早在 1996 年就被解析出来。P4-P6 由两组共轴堆积的螺旋并排放置，连接两组螺旋的铰链区形成尖锐的转角。两组螺旋的并置由两处三级相互作用来稳定：四元环 – 四元环受体（tetraloop/tetraloop receptor，TL/TLR）和金属离子核心 – 金属离子核心受体（metal core/metal core receptor，MC/MCR）（图 7-12）。在 P4-P6 的折叠过程中，P5abc 子结构域最早完成折叠并保持在天然构象，两个关键的 Mg^{2+} 迅速结合到 P5abc，随后 MC/MCR 先形成，然后很快地形成 TL/TLR。

7.2.2 RNA 折叠的影响因素

与体外环境相比，RNA 在细胞内所处的温度、pH、离子浓度、拥挤度、与蛋白

图7-11 四膜虫Ⅰ型内含子核酶的折叠
（A）Ⅰ型内含子核酶的二级结构。（B）Ⅰ型内含子核酶折叠路径的示意图。

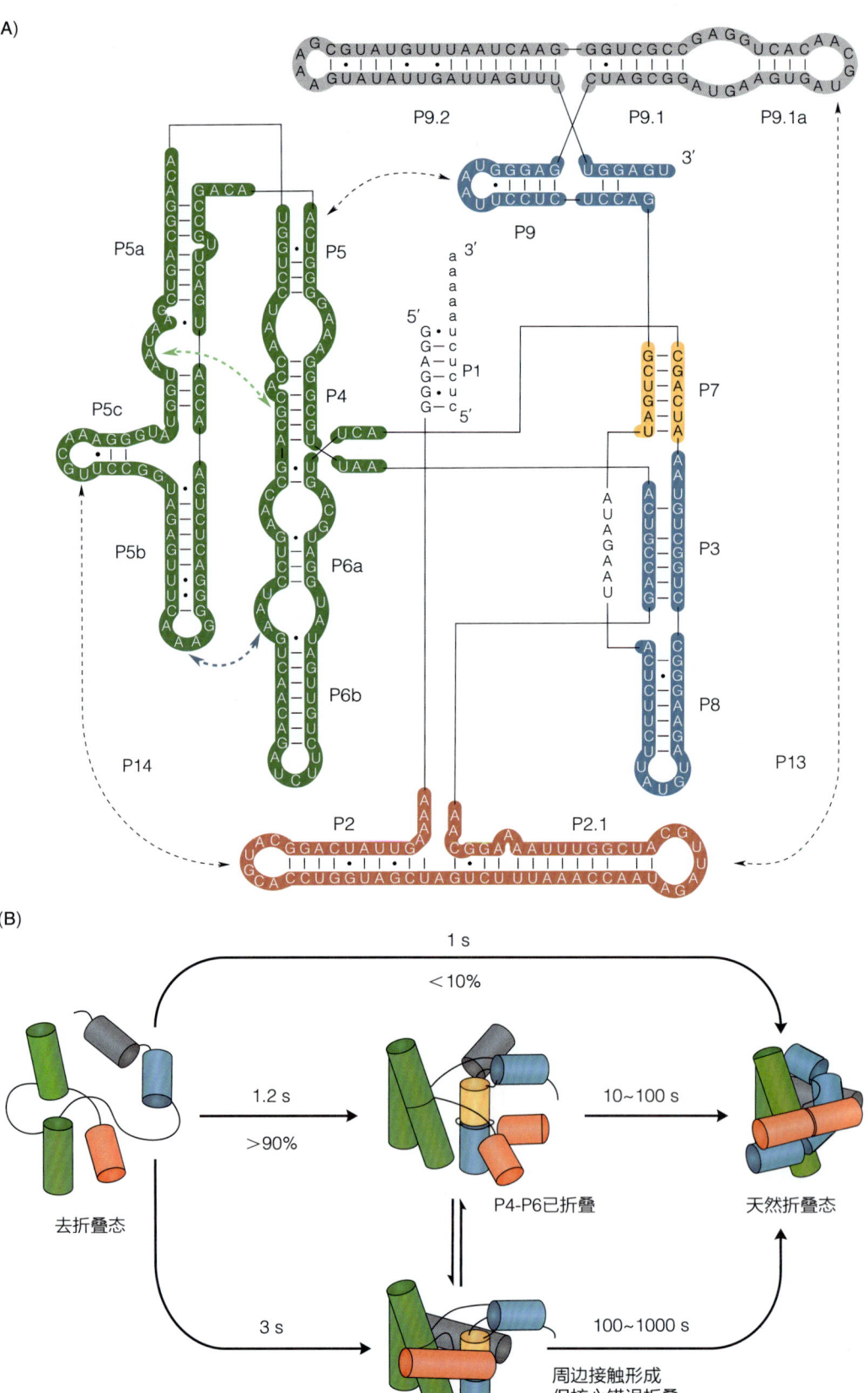

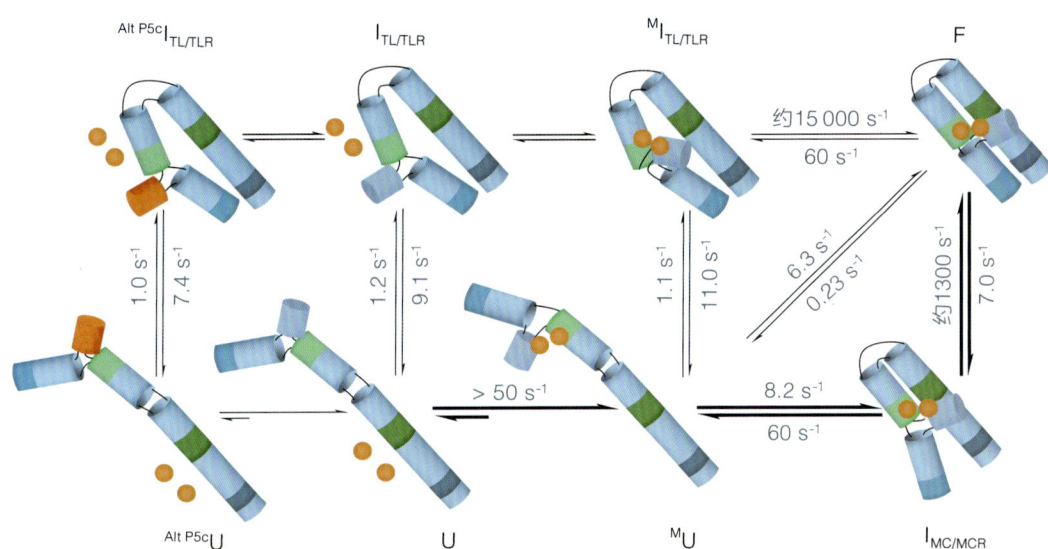

图 7-12　Ⅰ型内含子核酶 P4-P6 结构域的折叠动力学路径

字母 U 和 F 分别代表去折叠态和折叠态，橙色小球代表 Mg^{2+}。RNA 中红色的茎环区代表结合 Mg^{2+} 后能够发生碱基配对滑移的 P5c；两个绿色区域代表能够发生 TL/TLR 互作的元件；两个蓝色区域代表能够发生 MC/MCR 互作的元件。

质分子的互作等都有明显的不同。由于 RNA 具有崎岖不平的自由能曲面以及众多的折叠中间态和错误折叠态，所以 RNA 的自由能曲面很容易受到外界环境的重塑，从而导致其在不同环境下具有不同的能量最稳态。此外，RNA 在胞内是边转录边折叠，而且存在 RNA 分子伴侣来帮助其折叠为正确构象。在这些因素中，温度升高可导致 RNA 的去折叠，从折叠到去折叠的转变温度称为 RNA 的熔解温度（melting temperature），可以用于表征 RNA 结构的热力学稳定性；pH 的变化主要是通过 H^+ 和 OH^- 浓度的改变来影响 RNA 的折叠。下面我们主要讨论其它几种常见因素的影响。

（1）金属离子

不同金属离子由于各自独特的性质（例如离子半径、电荷数、轨道构型），在与 RNA 相互作用中发挥的作用也不一样。最常见的单价金属离子包括 K^+、Na^+ 和 Li^+，主要通过与 RNA 分子的非特异性结合，中和 RNA 磷酸骨架的负电荷，使得有潜在配对能力的碱基有机会彼此接近，促进二级结构的形成。其中 K^+ 对于部分 RNA 的折叠具有特殊的重要性，这主要是因为 K^+ 特定的离子半径对于稳定这些 RNA 的天然构象起着关键作用。例如 RNA G-四联体对 K^+ 存在明显的偏好性，K^+ 能够稳定其存在，而 Li^+ 能够显著降低其稳定性，Na^+ 则介于两者之间。此外，在Ⅱ型内含子核酶中，K^+ 对于活性位点的形成是至关重要的，如果用 Na^+ 或其它离子替换将导致酶活的丧失。通常情况下，提高单价金属离子的浓度有利于 RNA 结构的稳定，例如，图 7-13 展示了 UUCG 发夹 RNA 的熔解温度与 Na^+ 浓度的对数值呈线性依赖关系。

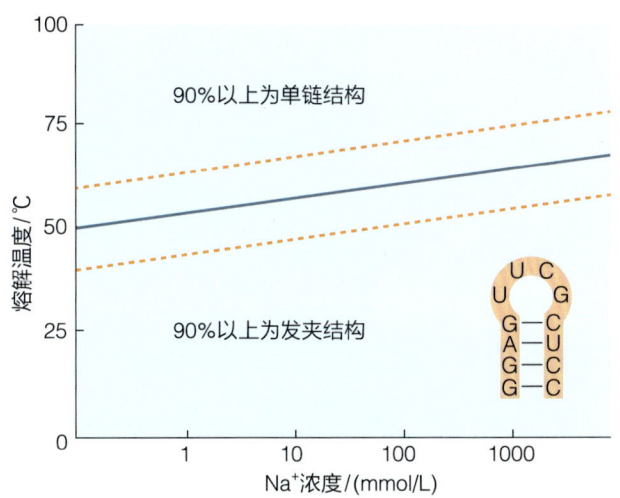

图 7-13　发夹 RNA 的熔解温度与 Na^+ 浓度的关系曲线
图中右下方展示了 RNA 的二级结构。

二价金属离子在 RNA 三级结构形成中起着非常重要的作用。RNA 中最常见的二价金属离子是 Mg^{2+}。尽管在某些例子中，Ca^{2+}、Mn^{2+} 甚至 Cd^{2+} 能够替代 Mg^{2+}，但这三种离子在生理状态下的 RNA 中很少被发现。二价金属离子结合 RNA 既可以是非特异性的，也可以是特异性的。RNA 的二级结构形成后，某些位点存在特异性结合 Mg^{2+} 的倾向。例如 GU 配对，尤其是连续的 GU，有结合水合镁离子 $Mg(H_2O)_6^{2+}$ 的能力。这些位点经常分布在 RNA 三级相互作用位点的附近，其招募的 Mg^{2+} 可以中和三级相互作用所导致的磷酸基团负电荷的过度集中。有的 Mg^{2+} 特异性结合位点在三级互作单元形成时或者形成后才出现，例如吻环（kissing loop）上的 Mg^{2+} 结合位点。

RNA 与金属离子的结合有两种方式：扩散结合（diffuse binding）和位点结合（site binding）。扩散结合是非特异性的，该方式下金属离子以完全水合的形式散布于 RNA 上负电荷较为集中的区域，具有很高的动态性，通过屏蔽 RNA 各部分之间的静电斥力使得折叠能够发生。位点结合是特异性的，主要发生于 Mg^{2+}，该方式下金属离子以部分去水合的方式结合在 RNA 上负电荷高度集中的结合口袋中。位点结合又可以分为球外（outer sphere）位点结合和球内（inner sphere）位点结合两种类型（图 7-14）。核酶的催化位点通常需要 Mg^{2+} 以球内方式与 RNA 结合。

（2）共转录折叠

在细胞中，新生 RNA 的折叠与其转录是同步发生的。由于 RNA 双螺旋区的形成速率大约比其转录速率高 2~3 个数量级，新生核苷酸链在延伸过程中有充分的时间发生折叠，因此可能会折叠成非全长状态下的最稳定构象；而这种构象要转变为全长状态下的最稳定构象，有时候需要克服很大的能垒。所以，体外折叠和共转录折叠有可能会产生不同的 RNA 构象。例如，HDV 核酶在共转录条件下得到的样品比体外变复性方法得到的样品有更高的催化效率，表明其折叠产物是不同的。

共转录折叠带来的直接影响是 RNA 构象的自由能景观图不再是固定的，而是随着 RNA 链的延伸而不断变化。有些情况下，全长 RNA 的自由能景观图上难于逾越的能垒，在随时间不断变化的景观图上就变得可以克服了。

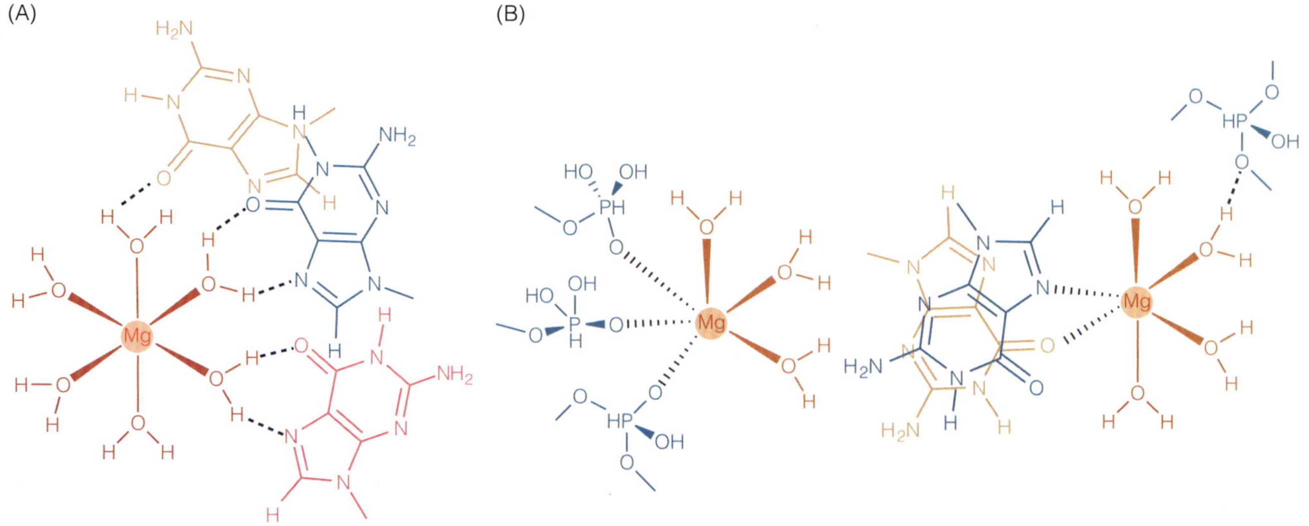

图 7-14 RNA 与 Mg^{2+} 发生位点结合的两种类型

（**A**）球外位点结合：Mg^{2+} 与 RNA 的基团之间没有直接接触，而是通过其水合分子为介导与 RNA 互作。（**B**）球内位点结合：Mg^{2+} 与 RNA 的磷酸基团（左）或者碱基基团（右）之间存在直接接触。

（3）RNA分子伴侣蛋白

在细胞内，蛋白质的折叠经常需要分子伴侣蛋白的帮助，那么RNA在胞内的折叠也有分子伴侣蛋白的帮助吗？早在上世纪70年代中期，人们就发现在实验体系中加入非特异结合RNA的蛋白质片段可以促进错误折叠的tRNA转变为正确构象。此后随着RNA折叠理论的发展，人们发现比较复杂的RNA在折叠中经常会陷入错误折叠中间体的势阱中。从这些中间体到正确的三维结构需要某些双螺旋区域的解开和新螺旋的形成，花费的时间从毫秒到小时不等，严重影响了RNA正常执行其功能。尽管有时候RNA可以采取一种称为"链置换"（strand displacement/strand exchange）的策略来加快结构的重排，即双螺旋的一条链被RNA其它部分的一条单链直接取代，但这种现象只在部分RNA的折叠中被观察到，并非一种普遍机制。从RNA折叠的基本原理出发，结合早期的实验发现，RNA分子伴侣蛋白的假说在90年代中期被提出，并在之后十多年里随着越来越多具有RNA分子伴侣活性的蛋白质被发现而得以证实。

RNA分子伴侣蛋白可以分为两大类，即不依赖ATP的类型和依赖ATP的类型。作为辅助RNA折叠的普遍机制，这两类分子伴侣蛋白大多通过与RNA的非特异性相互作用发挥功能，能够大幅降低从错误折叠构象转变为正确构象需要克服的能垒，并且不出现在最终的RNA结构中（图7-15）。不依赖ATP的RNA分子伴侣蛋白的表面普遍富集正电荷，通过与RNA磷酸骨架的静电相互作用来促进RNA原有二级结构的破坏，从而大大加快二级结构的重组和新结构的生成。依赖ATP的RNA分子伴侣蛋白具有解旋酶活性，是核酸解旋酶超家族2的成员。这类蛋白质通过水解ATP供能，在RNA链上定向移动，从而解开折叠中间体的螺旋结构。DEAD框（DEAD-box）蛋白质家族是最常见的依赖ATP的RNA分子伴侣蛋白。

近年来，随着适用于细胞内检测的小分子探针的开发，化学探测方法（chemical probing）在研究RNA体内折叠中得到越来越广泛的应用。初步研究结果表明，RNA在体内和体外经常会折叠成不同的结构。目前体内RNA折叠的研究还处于起步阶段，但未来必将为RNA结构和功能的研究带来全新的认识。需要强调的是，体外研究方法和体内研究方法有各自的优缺点，互为补充。同时这两种方法之间仍然存在一定的空白区域。类体外环境（*in vivo*-like）可以为复杂环境中RNA的折叠研究提供定量且可控的手段，有望弥补这一空白。

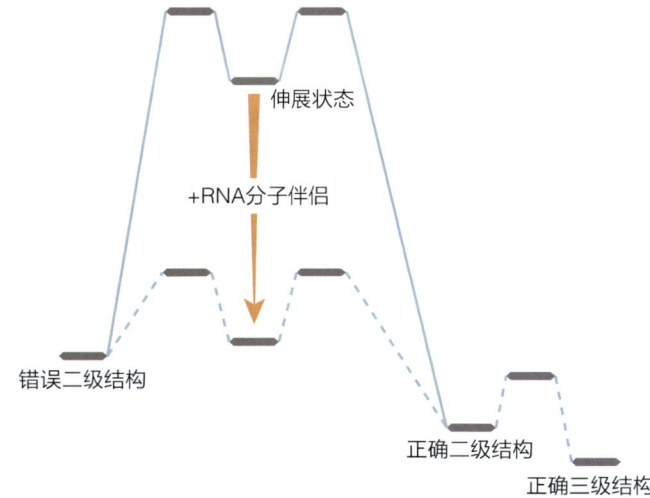

图7-15 RNA分子伴侣不存在（实线）和存在（虚线）时RNA折叠的自由能曲线

这里仅展示一种简化情况，即RNA折叠过程只包含四种状态：错误的二级结构、去折叠态、正确的二级结构和正确的三级结构。RNA分子伴侣大大降低了去折叠态的自由能，以及从错误的二级结构到去折叠态的能垒和从去折叠态到正确的二级结构的能垒。

※ 本章小结

蛋白质存在完全折叠态和完全去折叠态之间的平衡。完全折叠态具有稳定的三维结构，而完全去折叠态则导致蛋白质失去生物活性并改变其物理化学性质。蛋白质的变性是由次级键的破坏引起的，不涉及除二硫键以外的共价键断裂。简单蛋白质的折叠和去折叠反应是可逆的，可以用两态模型进行定量描述。然而，对于多结构域蛋白质，其折叠和去折叠过程可能更为复杂。

蛋白质的稳定性由折叠态和去折叠态的自由能共同决定，其中疏水作用在稳定性中起主导作用。天然蛋白质的稳定性范围很大，从无序序列到微稳定、相对稳定和超级稳定的蛋白质都存在。

蛋白质折叠不仅是一个由热力学驱动的过程，同时也是受动力学影响的动态过程。在体内，蛋白质的折叠受到细胞微环境的多重调控。例如，蛋白质可能在核糖体上边翻译边折叠，这种协同过程使得局部结构在多肽链完全合成之前开始形成。分子伴侣能够帮助新生肽链避免动力学陷阱并正确折叠，防止错误折叠和聚集。

蛋白质折叠与 RNA 折叠有很大的区别：RNA 的折叠是分层次的，大体上是二级结构首先形成，随后才是三级结构的形成；蛋白质的折叠则不具有这样明显的层次，其二级结构和三级结构的形成是耦合在一起的，两部分互相影响、互相依赖。

RNA 由于普遍存在带负电的磷酸基团，其折叠非常依赖金属离子的存在，而且不同的金属离子在 RNA 的折叠和功能执行中发挥的作用也不一样。

在蛋白质和 RNA 的折叠研究中，体外实验和体内实验各有优势，互为补充。

※ 思考题

1. 蛋白质的折叠和去折叠过程对于细胞内的生物过程具有重要意义。请举例说明蛋白质折叠状态如何影响其功能和命运。

2. 疏水相互作用在蛋白质的稳定性中起主导作用。为什么疏水相互作用能够稳定蛋白质的折叠态？

3. 大蛋白质的折叠和去折叠过程可能更为复杂。请探讨大蛋白质相对于简单蛋白质在折叠和去折叠过程中可能面临的挑战，并提出可能的解决方案。

4. 请简述金属离子如何影响 RNA 的折叠和功能。

5. 体内环境中 RNA 的折叠经常有 RNA 结合蛋白的参与。请问 RNA 结合蛋白对 RNA 折叠的自由能曲面有何影响？

6. 蛋白质和 RNA 的折叠都会受到突变的影响。以单点突变为例，请问突变对于折叠的影响在蛋白质上和 RNA 上有什么不同，为什么？

※ 扩展阅读

研究论文

胡昕炜，王志珍，王磊. "后AlphaFold时代"的蛋白质折叠问题[J]. 科学通报, 2023, 68(22): 2943-2950.

阮青云，黄莘，孟子钧，等. 蛋白质稳定性计算设计与定向进化前沿工具[J]. 合成生物学, 2023, 4(1): 5-29.

唐宇琦，叶松涛，刘嘉，等. 分子伴侣作用下的蛋白质稳定与进化[J]. 合成生物学, 2022, 3(3): 445-464.

Dill K A, Ozkan S B, Shell M S, et al. The protein folding problem[J]. Annu Rev Biophys, 2008, 37:289-316.

Hartl F U, Bracher A, Hayer-Hartl M. Molecular chaperones in protein folding and proteostasis[J]. Nature, 2011, 475(7356):324-332.

Herschlag D. RNA chaperones and the RNA folding problem[J]. J Biol Chem, 1995, 270(36):20871-20874.

Nassar R, Dignon G L, Razban R M, et al. The protein folding problem: the role of theory[J]. J Mol Biol, 2021, 433(20):167126.

Pace C N, Scholtz J M. Measuring the conformational stability of a protein[J]. Protein Struct Pract Approach, 1997, 2:299-321.

Pyle A M. Metal ions in the structure and function of RNA[J]. J Biol Inorg Chem, 2002, 7(7):679-690.

Sclavi B, Sullivan M, Chance M R, et al. RNA folding at millisecond intervals by synchrotron hydroxyl radical footprinting[J]. Science, 1998, 279(5358):1940-1943.

8

生物大分子的结构预测和模拟

生物大分子的结构决定其功能。研究者发展了一系列实验技术来解析生物大分子的结构（第 4 章），但目前用实验手段解析的结构仅占已知生物大分子的极小部分；另一方面，高通量测序技术的发展积累了海量生物大分子的序列。因此，发展计算的方法，根据序列来预测生物大分子的结构具有重大意义。本章中，8.1 节和 8.2 节将分别介绍蛋白质与 RNA 的结构预测。

作为生命活动的主要承担者，蛋白质在细胞中不是孤立存在的，蛋白质与其它生物分子的相互作用是沟通蛋白质结构与其功能的桥梁。8.3 节将介绍得到蛋白质结构之后，如何分析其与小分子或大分子（DNA、RNA、其它蛋白质）的相互作用。

在天然存在的生物大分子功能之外，通过生物大分子设计可以得到具有更符合人类需求的功能、甚至是全新功能的生物大分子。其关键是从给定的功能或结构，推导出相应的氨基酸序列，8.4 节将展开介绍。

多肽链通过折叠形成三维结构以及与其它生物分子结合形成复合物都离不开物理化学原理，8.5 节将介绍如何用计算的方法进行模拟。

8.1 蛋白质结构预测

我们知道，相当多的蛋白质通过形成特定的三维结构来行使功能。知道了蛋白质的三维结构，人们就能更好地理解它工作的分子机理。不幸的是，使用实验手段解析蛋白质结构（比如蛋白质晶体学、冷冻电镜、核磁共振等）非常耗时耗力。截止到 2023 年，蛋白质数据库（Protein Data Bank，PDB）中仅仅有不到 20 万个实验解析的蛋白质分子结构。与之相对的是蛋白质的序列被确定的速度很快，同一时间点，蛋白质序列库中已经有数十亿已知的序列。实验测量无法弥补结构和序列数据的差距，因此唯一的解决途径是发展算法根据序列预测结构。

如图 8-1 所示，蛋白质结构预测的通用方式是开发一种计算机算法，能够实现从蛋白质序列到三维结构间的映射。这种算法可以根据物理原理、统计方法或机器学习模型建立，其中含有一些待定的参数。这些参数可以通过对已知序列和结构的蛋白质（如 PDB 中的结构）进行计算和模拟，与实验结果拟合来优化。充分优化后，算法就可以用于预测了。给算法输入一条蛋白质序列，算法可以迅速输出与序列对应的三维结构。优秀的结构预测算法能够准确地拟合蛋白质序列和结构间的映射关系，帮助人们理解蛋白质折叠的机理，同时也能推动蛋白质设计领域的发展。

8.1.1 理论基础——安芬森法则

为什么能根据氨基酸序列预测蛋白质的三维结构呢？生物化学家克里斯蒂安·安芬森（Christian B. Anfinsen，1916—1995）结合蛋白质变性和复性实验结果，提出蛋白质的氨基酸序列决定其三维结构，即著名的安芬森法则（Anfinsen's dogma）：至少对小的球状蛋白质，蛋白质的天然态结构是由其氨基酸序列决定的。

在理解安芬森法则前，我们先要明确什么是自由能曲面（free energy landscape）。如图 8-2 所示，曲平面上的每一个点代表蛋白质的一个构象，高度则表示每个构象的自由能。通过这种表示，所有可能的蛋白质构象构成了空间中的一个曲面［数学定义为流形（manifold）］，即自由能曲面。

安芬森法则强调了三点：首先，天然态构象是曲面上的自由能最低点，这样就保证了折叠过程是自由能下降的过程，符合热力学第二定律；其次，天然态

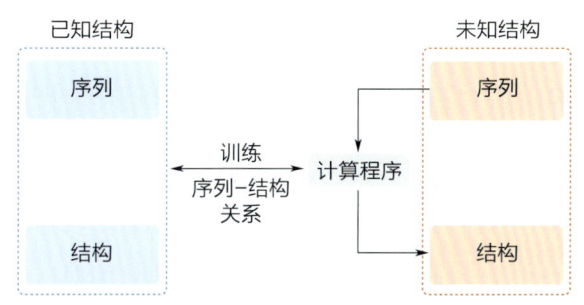

图 8-1 蛋白质结构预测算法示意图
使用计算机算法根据已知序列和结构信息的蛋白质数据进行拟合，以定量描述序列和结构间的映射关系；应用于未知结构蛋白质时，可以直接根据序列预测结构。

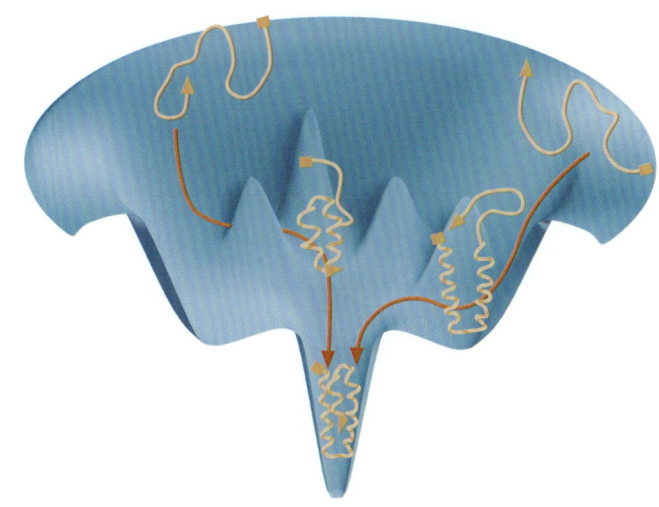

图 8-2 自由能曲面示意图
天然态构象对应自由能最低点，带箭头的曲线则描述蛋白质可能的折叠路径。

构象是曲面上唯一的稳定点，没有其它构象能达到与天然态近似的自由能；最后，从曲面上任一点出发到天然态都可以找到一条动力学可及的路径，沿路径的能垒可以被热运动克服（折叠路径往往需要跨越较小的局部能垒，能垒高度往往在 k_BT 量级，其中 k_B 为玻尔兹曼常量，T 为温度）。后两条要求保证了新生肽链能够在有限的时间内折叠，形成唯一的天然态构象。在实际情况中，自由能面上也可能有被高能垒包围的"孤立"区域，这时就需要分子伴侣来辅助蛋白质折叠。

8.1.2 基于物理的结构预测方法

根据安芬森法则，蛋白质的天然态构象对应于自由能曲面上的全局最小值点。但是通过确定自由能最低点来预测蛋白质结构有很大的难度，主要原因是自由能计算需要考虑结构动态涨落（由此产生了构象熵）的贡献，因此准确计算往往需要复杂而且长时间的模拟。在实际应用中，常用计算相对简单的势能评判天然态构象，即假定天然态构象的势能应小于任何一种非天然态构象。

如图 8-3，我们可以用势能曲面来描述折叠过程。曲面上的每个点都对应一种构象，而纵坐标则为系统的势能（把上图自由能曲面中的纵轴替换为势能）。因此蛋白质结构预测或折叠问题，实际等价于在能量曲面上找到势能最低的点（构象）。由于蛋白质通常含有较多原子（$N > 500$），这造成势能曲面所在空间的维度很高。虽然结构预测可以简化为对一个高维空间的势能函数的全局最小值搜索问题，但在空间维度很大时，这样的数学问题仍然是很难解决的。

要通过优化势能实际解决结构预测问题，需要两个必要条件，即有效的空间搜索算法和合理准确的势能计算方法。由于需要搜索的变量空间维度很高，如果不能使用有效的搜索算法，那么很难在可行的时间尺度内访问到天然态结构附近的构象。分子生物学家赛勒斯·利文索尔（Cyrus Levinthal，1922—1990）曾提出著名的利文索尔佯谬（Levinthal's paradox）：如果蛋白质以随机方式搜索各种可能构象的方式进行折叠，那么找到天然态构象平均需要花费天文数字的时间（知识窗 8-1）。而实际上自然界的蛋白质折叠过程通常发生在毫秒至秒量级的时间内。显然，蛋白质在折叠过程中不是采取随机搜索构象的方式。同样，有效的搜索算法应该和实际折叠过程一样，即在尽量短的时间内到达天然态构象。除有效的搜索算法外，合理准确的势能计算也是结构预测必不可少的条件。首先，依据现有的势能计算方法，天然态构象的势能必须是能量曲面的全局最低点。其次，合理的势能计算方法应该保证构象距离天然态越近则能量越低，这样即使搜索算

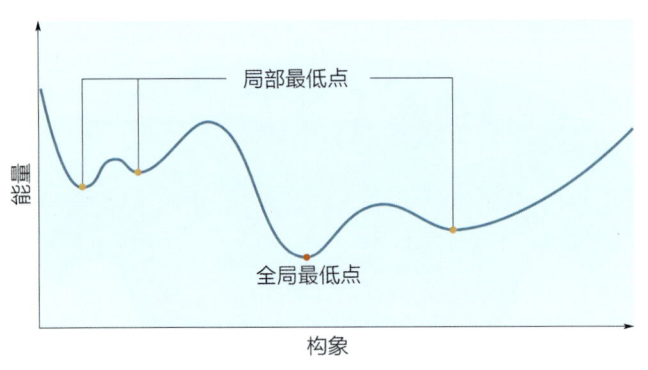

图 8-3 蛋白质结构预测的数学表示

横坐标表示不同的构象状态，纵坐标对应每个构象的势能。由于天然态对应全局能量最低点。蛋白质结构预测可以简化为在高维构象空间中搜索全局能量最低点的过程。由于构象空间维度很高，存在多个局部能量最低点。因此合理的结构预测算法需要尽量避免陷入局部最低点，尽可能在有限时间内访问到全局能量最低点对应的势阱附近。同时需要建立准确的势能函数，可以正确评估各个构象状态间的势能高低关系。

> **知识窗 8-1**
>
> ### 利文索尔的估算
>
> 假设一条多肽链含有 102 个氨基酸残基。由于多肽链在折叠过程中保持化学键的键长和键角不变,因此蛋白质在折叠过程中实际改变的是每个非末端氨基酸残基的二面角 φ 和 ψ(共 100 对)。从拉氏图(Ramachandran plot)上看,每一对 φ 和 ψ 的取值可能落在三个区域(α 区、β 区和左手螺旋 α 区)之一。据此我们可以保守地估计,假设每个残基有三个可能构象状态,那么整个构象空间至少含有 $3^{100} \approx 5 \times 10^{47}$ 个可能构象状态。假设蛋白质每秒能访问 10^{13} 个构象状态,那么蛋白质访问所有构象状态的时间为 5×10^{34} 秒,即 10^{27} 年。

法只能偶然到达天然态附近,由于这里能量较低,系统会倾向于停留在附近,并进一步向天然态构象靠近。换言之,合理的势能计算方法会使能量曲面的表面产生一定的梯度,从而自然诱导蛋白质折叠到天然态构象。

(1)搜索算法

目前常用的搜索算法包括分子动力学模拟和蒙特卡罗模拟。分子动力学模拟把蛋白质折叠过程视为一个确定性过程,基于牛顿定律驱使蛋白质的动能和势能间相互转化。蒙特卡罗模拟则是一种利用马尔可夫随机过程和概率模型模拟确定性事件的计算方法。这两种搜索算法的具体描述见 8.5 节"生物大分子的化学计算与模拟"。分子动力学模拟法用物理模型处理结构随时间的连续变化,模拟事件与真实事件的时间关联度更高,但是对计算资源的需求量更大。蒙特卡罗模拟的演化轨迹不需要符合真实物理过程,方案比较灵活,可以模拟目标分子在不同构象态之间的不连续跃迁,因此,在需要快速搜索构象空间,并到达天然态构象附近时经常使用蒙特卡罗模拟法。当到达天然态构象附近后,再进一步搜索天然态构象时,可以采用分子动力学模拟或者步幅较小的蒙特卡罗模拟。这两种模拟方法都被广泛应用于实际结构预测中。

(2)势能计算

依据玻恩-奥本海默近似(Born-Oppenheimer approximation),在对电子的量子力学波函数进行平均后,大分子体系的能量可以表示为所有原子核空间位置的函数。通常用力场(force field)来表示这种函数关系。力场通常可以分为物理力场和统计力场。分子动力学模拟多采用物理力场,而蒙特卡罗模拟多采用统计力场,这里我们主要介绍后者。以往的研究表明,通过系统分析已有的蛋白质结构(如 PDB 中的结构)而得到的统计力场可以较好地辅助蛋白质结构预测。因为这种力场起源于对数据库的统计分析,所以称为统计力场。

建立统计力场的基本原则是假设蛋白质的进化过程非常缓慢,接近热力学平衡,经历进化产生的蛋白质遵从玻尔兹曼分布,即某种蛋白质结构发生的概率

$$P \propto \exp\left(-\frac{E}{k_\mathrm{B}T}\right).$$

> **知识窗 8-2**
>
> ### 统计力场的修正
>
> 在统计力场中,由于在 3D 空间中任意一对原子间的距离原本就不是均匀分布的,而这种背景分布显然与蛋白质构象的选择或蛋白质折叠无关,因此需要引入参考态对统计势能进行修正,以去除背景分布的影响。简单的统计力场可以通过如下公式计算:
>
> $$E = -\sum_{i<j} RT \log \frac{P(r_{ij})}{P_{\text{ref}}(r_{ij})}。$$
>
> 其中,R 为普适气体常量,T 为温度,r_{ij} 表示两个原子(i 和 j)间的距离,而 P 则表示这两个原子在 PDB 中保持当前距离时的概率,ref 表示参考态。以统计势能 DFIRE 为例,参考态的概率分布 P_{ref} 采用了理想气体模型来描述任意一对原子间距离间的背景分布。

这里,E 是该结构的势能,k_B 为玻尔兹曼常量,T 为温度。基于这一假设,如果我们能统计出一种结构在自然界中发生的概率(通常用 PDB 中的概率来近似),就可以反向计算出其对应的势能(知识窗 8-2)。在最简单的统计力场中,系统的总能量由每个原子对间的作用能加和得到。而每对原子间的作用能与该对原子在 PDB 中以当前距离出现的概率的负对数成正比。

早期的结构预测算法多采用物理模型。不幸的是,纯粹基于物理模型的结构预测算法无法达到令人满意的预测精度。随着越来越多的蛋白质结构被解析出来,人们开始在预测模型中融入基于数据的统计信息以提升预测精度。实际上,物理模型中广泛使用的统计力场中已经采用了数据库的统计信息。接下来我们将介绍更多使用统计信息进行蛋白质结构预测的方式。

8.1.3 统计信息的运用

结合 PDB 中现有蛋白质结构的统计信息,人们发展出了多种较为经典的蛋白质结构预测方法。这些方法主要分为基于模板的方法和不依赖模板的方法。

(1)基于模板的方法

基于模板的方法,其主要思路是针对需要预测结构的目标蛋白,在 PDB 中搜索到一个与之序列相似或折叠类型相似的蛋白质结构(称为模板),然后依据模板蛋白的结构建立目标蛋白的结构模型。主要包括比较建模法[comparative modeling,或称同源建模法(homology modeling)]和穿线法(threading)。

比较建模法的基本依据是:当两个蛋白质的氨基酸序列具有较高相似度时,二者有很高概率具有相似的结构。比较建模法通常要求在蛋白质结构数据库中存在一个已知结构的蛋白质,其氨基酸序列与目标蛋白的相似度大于 30%。对大多数情况,只要能找到序列相似度较高的模板,则预测的结构与实际结构往往非常相似。

如图 8-4 所示，结构预测的第一步是选定合适的模板结构，即与目标蛋白序列同源的已知结构，并对二者进行序列比对（sequence alignment）。由于二者的序列高度相似，因此，如果在模板蛋白中两个氨基酸残基的空间距离较近，则这两个氨基酸残基在目标蛋白中的对应残基有很高概率距离较近。通过这样的对应关系，应该能找到许多对残基间的空间限制。如果有足够的空间限制，则可以使用分子动力学模拟程序，找出所有满足以上空间限制的可能构象。这种方法与核磁共振实验中的结构解析非常相似。在核磁共振实验中（见第 5 章），通过 NOESY 谱，可以找到空间距离较近的原子对（二者具有 NOE 效应）。在建立好所有的几何约束后，核磁共振实验也采用分子动力学模拟程序试图找到所有满足这些几何约束的构象。

穿线法的理论依据是：自然界只含有一定数目的蛋白质拓扑结构（或者叫折叠类型）。比如，目前已知的所有蛋白质结构域在拓扑结构层面上大约有 2000 个（知识窗 8-3）。在假定目标蛋白会采取一种已知的蛋白质拓扑结构的前提下，可以把目标蛋白与已知的拓扑结构一一比较，并依据序列比对，把目标蛋白的序列编织到已知的拓扑结构（模板）上。

穿线法的命名非常形象，我们可以把蛋白质序列想象成一串念珠，把模板的主链结构想象成三维空间中的一条复杂曲线（图 8-5）。穿线法的思路就是把念珠一颗一颗穿入代表模板结构的曲线中。在这个过程中需要序列比对的打分（通常要求目标蛋白与模板的序列相似度大于 15%）指导穿线过程，即每一颗念珠大致上落在曲线的哪个区域。使用穿线法通常会建立多个结构模型，最后必须依据已有的知识，构建打分函数，对这些模型打分。以前通常使用由统计力场计算所得的模型势能函数进行打分。随着技术的发展，也逐渐出现基于机器学习和深度学习的打分函数，包括从序列预测的二级结构与真实二级结构的相似性等，它们往往能大幅度提升穿线法的预测精度。

（2）不依赖模板的方法

当 PDB 中不存在任何模板结构与目标蛋白有 15% 以上的序列相似度时，无法使用比较建模或者穿线法。这时只能退而求其次，使用从头开始法（*ab initio*）进行结构预测。从头开始法，顾名思义，是假

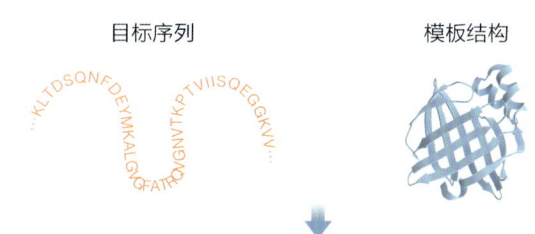

目标…KLTDSQNFDEYMKALGVGFATRQVGNV TKPT V IISQEGGKV…
模板…KLVS SE NFDDYMKEVGVGFATRK VAGMAKPNMIIS VNGDLVT…

序列比对

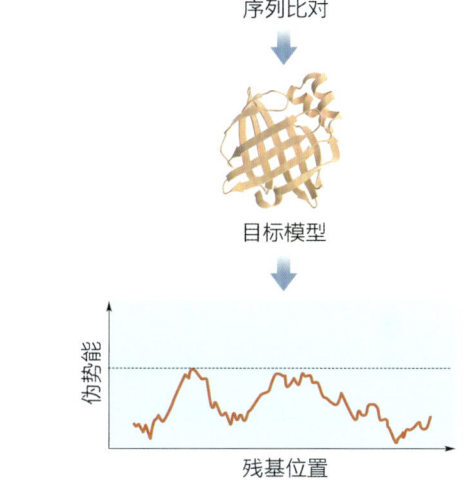

目标模型

图 8-4　比较建模法流程示意图
首先对目标序列和模板蛋白进行序列比对，然后根据模板结构和序列比对结果确定目标蛋白内部残基间的空间约束，最后使用分子模拟技术找到符合约束的结构模型。

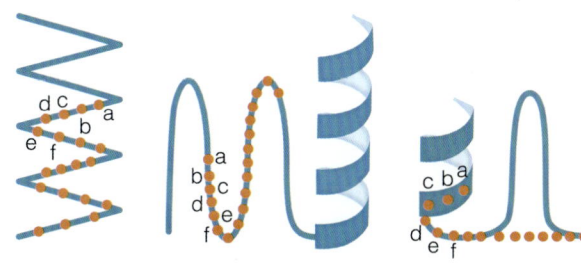

图 8-5　穿线法示意图
蛋白质主链结构用抽象的曲线表示。建模过程中，把表示目标序列的一系列念珠（abcdef……）穿入表示主链的曲线中。

> **知识窗 8-3**
>
> ## 蛋白质结构域的拓扑结构种类
>
> 多年来，人们对蛋白质结构进行分类研究时发现，在结构域层面上，现有蛋白质只展现出有限的拓扑结构类别。主流的结构域分类数据库包括 SCOP 和 CATH。我们以 SCOP 为例展示。该数据库以熟悉蛋白质结构的专家识别为主，将现有结构域按照类（class）、折叠类型（fold）、超家族（superfamily）和家族（family）四个层次逐层分类。最新版的 SCOPe v2.08 数据库（SCOP extended，2022 年 9 月）在折叠类型、超家族和家族这三个类别中的计数分别为 1257、2067 和 5084。反之，目前 PDB 中已经积累了接近 20 万个分子结构。因此，在漫长的进化过程中，自然界只保留了几千种较为稳定的结构域拓扑结构用于行使功能。蛋白质设计方面的研究表明，通过人工设计可以找到自然界未使用的稳定结构。那么现存的数千种天然态结构是如何通过进化筛选出来的？这个问题目前还是未解之谜。

定蛋白质的折叠完全可以由自然界的物理化学规律引导完成。在这种方法中，通常使用任意起始构象，然后用分子动力学或蒙特卡罗模拟引导蛋白质的构象向势能更低的方向变化，模拟过程中出现的最低能量构象被认为是描述天然态结构的较好模型。

理论上，从头开始算法中不应该使用任何数据库的统计信息。但是研究发现，适度加入统计信息能有效地提高预测的准确度。其中一个著名的从头开始算法是 ROSETTA 算法，由美国华盛顿大学戴维·贝克（David Baker）实验室开发。该算法使用片段组装法（fragment assembly）预测结构。其基本思路如下：虽然在 PDB 中找不到在整体结构域层面上与目标蛋白序列相似的模板结构，但是可以退而求其次，在更短的片段层面上搜索这些片段的模板结构。

目标序列的每 9 个残基组成一个片段，比如：残基 1—9 组成的片段，按照其氨基酸序列可以在数据库中搜索到很多可能的片段结构。类似的，残基 2—10、3—11 等片段都可以找到多个可能的模板结构。把这些片段拼接起来应该可以得到目标蛋白的可能结构模型。拼接的过程通过蒙特卡罗模拟完成，在每一步尝试改变构象后通过统计力场衡量当前结构的势能，并按照 Metropolis 算法完成构象更新。经过长时间的模拟，最终找到的最低能量构象作为可以接受的预测结构。

尽管这些基于已知蛋白质结构的统计信息提高了蛋白质结构预测的表现，但正如前文提到过的，已知蛋白质结构的数量远远少于已知蛋白质序列的数量。能否从海量的蛋白质序列中提取统计信息，来指导蛋白质结构预测呢？

8.1.4　共进化信息的引入

我们可以从蛋白质序列数据库中找到与目标蛋白质有同源关系的多条蛋白质，然后推导出多重序列比对（multiple sequence alignment，MSA）。MSA 反映了该蛋白质的进化历史，其中包括氨基酸残基间的互作信息，称为共进化信息（coevolutionary information）。

如图 8-6 所示，如果两个氨基酸残基在空间中形成重要的物理相互作用，能够有效地稳定蛋白质的三维结构，那么这对残基在进化上应该有保守关系。在上例中，可以看到这对残基在 MSA 中形成类似 R-D 和 K-E 的静电相互作用（精氨酸 R 和赖氨酸 K 为正电残基，天冬氨酸 D 和谷氨酸 E 为负电残基）或类似 W-V 的疏水相互作用（色氨酸 W 和缬氨酸 V 为疏水残基）。因此，反过来说，如果在 MSA 中能观测到两个残基间的关联突变，则可以推断出二者可能在三维空间中形成物理接触。从 MSA 中得到的大量类似信息可以建立目标蛋白残基对间的几何约束，然后通过基于能量函数的折叠程序建立符合这些几何约束的蛋白质三维结构模型。除了残基对之间的距离，后来的方法还能从 MSA 中挖掘出更多信息，大幅提升了对于二级结构和主链二面角的预测准确性。实际上，我们可以把 MSA 看作自然界在漫长进化过程中所做的生物学实验。由于这些实验数据与结构数据库中的信息互补，因此只要序列比对的深度足够（即 MSA 中的序列数目足够多），那么使用共进化信息在理论上可以大幅度提升结构预测的精度。

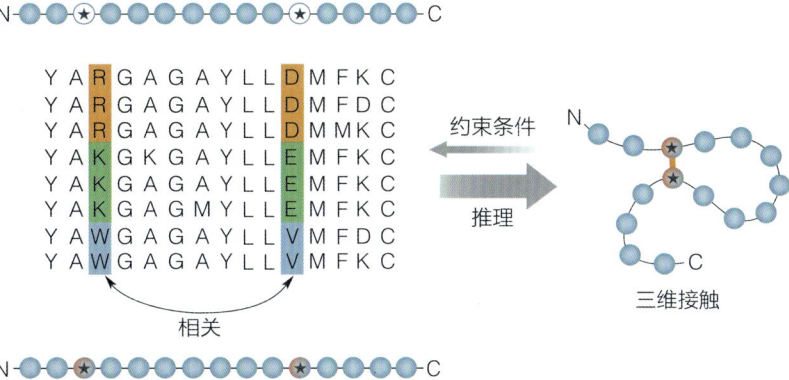

图 8-6 从关联突变推断出的残基间物理接触
根据多重序列比对中残基间的关联突变，可以推断两个残基在蛋白质结构中是否形成物理接触。

事实上，基于共进化信息的方法早在上世纪 90 年代已有人提出。比如可以使用诸如互信息（mutual information）等信息学指标从 MSA 中寻找有用的信息。但是一方面早期的序列数据不足，另一方面互信息等方法仅仅考虑了一对残基间的作用而忽略了蛋白质序列的整体信息，因而这些方法不太成功。进入 21 世纪后，随着测序技术的发展，已知蛋白质序列的数目大大超过了结构的数目，为共进化类方法的发展提供了充足的保障。2011 年起，有人开始使用基于概率图的马尔科夫随机场（Markov random field）模型，提出了一种名为直接关联分析（direct coupling analysis，DCA）的方法。该方法把蛋白质结构简化为一个无向图（图 8-7），其中每个氨基酸残基为一个节点，用节点间的边表示两个残基间的直接相互作用。使用 MSA 数据训练这种概率模型，可以有效消除互信息中的噪声，提取出残基间的接触信息。从这种方法预测出的残基接触信息中，人们可以抽取出高质量的结果，制作成伪势能（pseudo energy）函数加入诸如 ROSETTA 等程序中，并改善结构预测的精度。

基于 DCA 的方法的主要缺陷在于模型中待学习的参数过多，因此严重依赖于 MSA 的质量。当 MSA 质量较高时，预测的残基接触很准确。但是当 MSA 中序列数量小于 $5L$（L 为序列长度）时，预测结果的噪声就非常高，很难获得有用的信息。

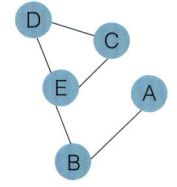

图 8-7 马尔科夫随机场中使用无向图描述残基间相互作用
每个残基用一个节点（node）表示，节点间的边（edge）则表示残基间的相互作用。模型中，系统的总能量是节点（代表单体能量）和边（代表二体能量）的线性组合，权重系数为待优化参数。假设系统状态的概率分布符合玻尔兹曼分布，可以推断出节点间的关联矩阵（依赖于待优化参数）。通过比较理论计算的关联矩阵和 MSA 中实际观测的残基间关联矩阵，可以逐步优化模型参数。

8.1.5 深度学习算法

从蛋白质结构预测领域的历史发展中，人们可以清晰地看到从物理模型到统计模型再到机器学习模型的进程。近年来，主流的深度学习模型以人工神经网络为基础，通过对基本模块的深度堆积能更有效地提取数据中的信息。

如前所述，基于 DCA 的统计类方法虽然做出了很大的创新，但是仍不能把蛋白质结构预测的精度提高到令人满意的程度。2017 年起，逐渐有人把深度神经网络（deep neural network）引入到蛋白质结构预测领域，发展出了基于共进化信息的残基接触预测算法，其中代表性方法为 RaptorX-Contact。如图 8-8 所示，该方法把 DCA 类模型输出的残基互作信息当作二维图像处理，再结合一维序列信息后使用深度神经网络预测残基接触图谱（contact map）。RaptorX-Contact 显著提高了残基接触预测的精度，在 CASP12 竞赛中首次应用，就把预测结果中打分最高的 top $L/5$（L 为序列长度）对残基接触的预测准确率从 20% 提升到 50%，在两年后的 CASP13 竞赛中又提升到了 70%。根据 CASP 官方评估，以预测的残基间接触为约束进行结构预测时，对很多蛋白质可以达到精准建模。

其后，RaptorX-Contact 又进行了进一步拓展，直接预测残基间的距离，而非残基间接触（此前，残基间接触定义为一对残基间距离小于 8 Å）。显然，直接预测距离可以更有效地辅助结构建模。谷歌（Google）公司旗下的 DeepMind 团队开发的 AlphaFold1 就采用了这种设计，使用一个超深的神经网络预测残基间距离。AlphaFold1 把这些预测结果制作成伪势能函数，通过能量优化确定最优构象。在 CASP13 竞赛中，

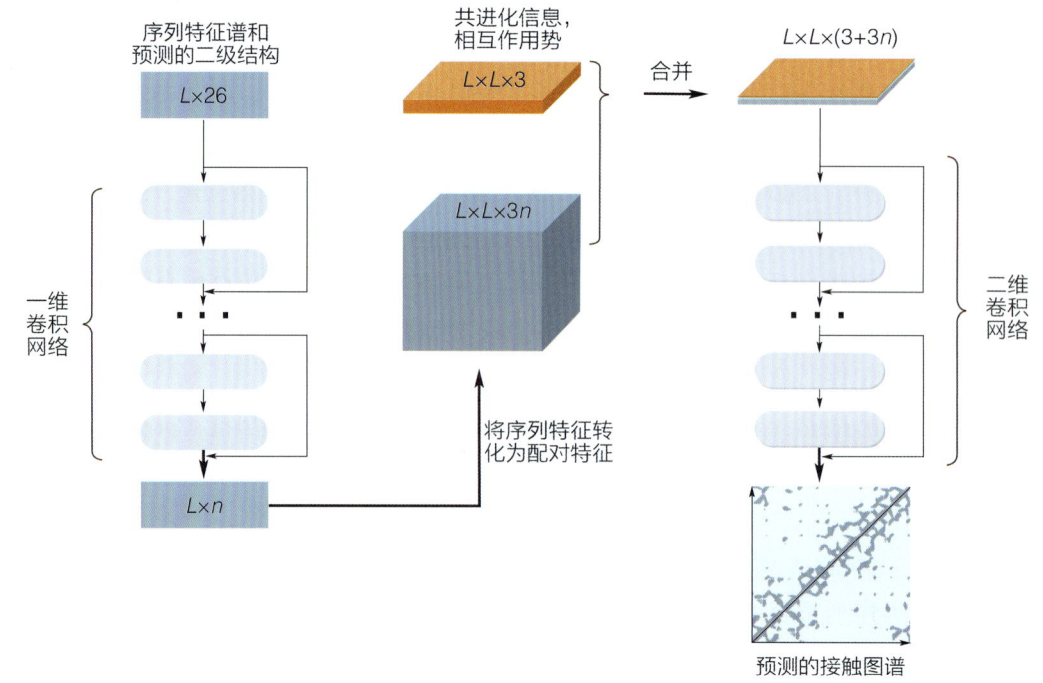

图 8-8　RaptorX-Contact 示意图

RaptorX-Contact 使用图像识别领域中发展较为成熟的残差卷积神经网络（residual convolutional neural network, ResNet）进行残基接触预测。卷积（convolution）操作通过加权平均（权重为待优化参数），把图片中目标像素的邻居信息整合进来。跨过两个 2D 卷积层的直连箭头代表残差（residual）操作，可以保证卷积网络的学习能力不会随网络深度而饱和。最终预测的图像为残基接触图谱，每一个点的灰度值代表该点对应的行和列所处的氨基酸残基之间形成物理接触的概率。

> **知识窗 8-4**
>
> ### 蛋白质结构预测算法的评估：CASP 竞赛
>
> 过去几十年来发展出了花样繁多的结构预测算法，如何评估它们的性能呢？为解决这一问题，约翰·莫尔特（John Moult）等人在 1994 年发起了 CASP 竞赛，全称为蛋白质结构预测的关键评估（Critical Assessment of Structural Prediction of proteins，CASP）。该竞赛每两年举办一次，截至 2022 年已经举办至第 15 届。每次竞赛前，组织者预先收集一些尚未发表的实验结构数据，在网站上公布这些蛋白质的氨基酸序列。世界上任何组织或个人都可以参加比赛，但是参赛者不知道结构信息。在评估预测结果时，评估者也不知道参赛者的身份。通过这样的双盲测试，CASP 竞赛可以尽量公平地比较各种预测算法的优劣，对蛋白质结构预测领域的发展起到了重要的推动作用。

AlphaFold1 一举夺魁，蛋白质结构预测领域也进入了全新的时代（知识窗 8-4）。

8.1.6　划时代的方法：AlphaFold2

2020 年的 CASP14 竞赛中，绝大部分参赛团队仍沿用了之前的思路，即先用超深神经网络预测残基间距离或其它几何关系，然后再使用 ROSETTA 等从头开始方法搜索符合预测几何关系的蛋白质构象。DeepMind 团队开发的 AlphaFold2 再次取得新的突破，它通过采用一个端到端预测的神经网络，直接从氨基酸序列预测结构。AlphaFold2 的模型经过充足的训练后，对大部分单结构域的蛋白质可以做到精准预测，预测精度与实验解析的精度持平，彻底改变了蛋白质科学领域的研究现状。

相比于 AlphaFold1，AlphaFold2 最大的创新是采用了端到端预测的架构。以前的模型采用两步法，先预测几何约束，再根据预测结果建立三维结构模型，但这种方式会导致第一步预测的误差累积到第二步。端到端的预测架构把两步统一到一个神经网络架构中，通过统一训练可以有效地消除误差积累问题。如图 8-9 所示，该模型中的 Evoformer 和结构模块（structure module）可以分别对应于以前两步法预测的两个步骤。

此外，AlphaFold2 的模型采用了自然语言处理领域发展起来的 Transformer 架构，能够更好地处理序列信息。如图 8-9 所示，模型含有两个分支：一维信息从 MSA 获取，二维信息从结构模板获取。二者通过 Evoformer 这一 Transformer 架构频繁地进行信息交互。这种模式可以更全面地利用 MSA 和结构模板中的信息。从这个角度看，AlphaFold2 实际上采用了一种全新的模式把共进化方法和基于模板的建模方法整合到一起，并使它们优势互补。从另一个角度看，一维信息可以近似认为是每个氨基酸残基的局部化学环境，二维信息则可以认为是氨基酸残基间的相互作用。残基的局部化学环境决定了残基间的相互作用，同时残基间互作也会改变残基的局部化学环境。因此，Evoformer 的架构设计能充分反映蛋白质主链折叠过程中的这种物理特性。

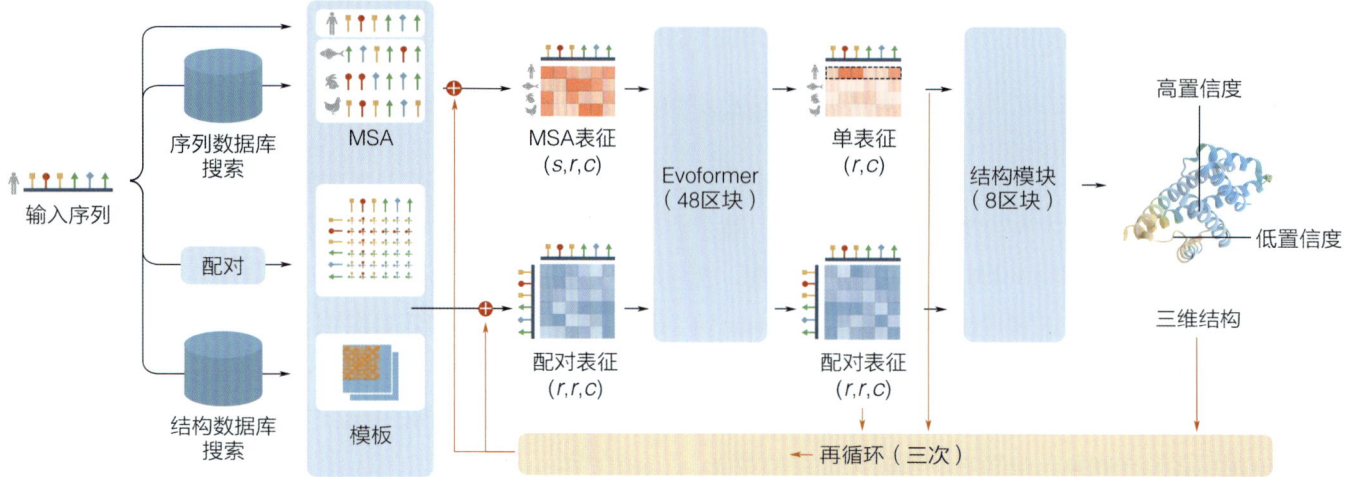

图 8-9　AlphaFold2 模型架构示意图
模型的输入为 MSA 和模板信息，输出为预测的三维结构。Evoformer 类似以前的深度卷积模型（见图 8-8），通过整合 MSA 和模板信息提取残基间互作信息。结构模块则采用神经网络架构代替了以前根据预测的几何约束进行三维建模的步骤。Evoformer 采用了 Transformer 架构。Transformer 是自然语言处理领域中发展起来的新型神经网络架构。传统的卷积神经网络和循环神经网络等架构需要通过深度堆叠才能允许时序上距离较远的单元间发生信息交互。Transformer 则在每一步都允许这种信息交互，因此在处理语言以及类似于语言的氨基酸序列时更有优势。

  AlphaFold2 的结构模块也采用了创新性的设计（图 8-10）。首先它针对每个氨基酸残基建立了局部坐标系，在网络中预测每个局部坐标系的平移和旋转。根据坐标系的平移和旋转可以计算出原子的三维坐标，最终又可以通过注意力机制与一维信息进行交互，也就是说，氨基酸残基的三维坐标与每个残基的化学微环境之间可以相互影响。此外，AlphaFold2 还采用了多种人工智能工程化技术，使预测精度有进一步改善，最后实现了蛋白质结构的精确预测。

  总体而言，AlphaFold2 的成功建立于生物物理学对蛋白质折叠机理的认识以及蛋白质结构预测领域大量前期积累的基础上，更反映了数据驱动的人工智能方法（包括合理的人工智能模型和强大的人工智能实践）作为一个革命性新工具的强大能力。不过具体到蛋白质结构预测来说，AlphaFold2 并没有解决该领域的所有问题，比如动态结构、蛋白质复合物结构等，还有无法搜索到高质量 MSA 的蛋白质结构等。即使仅考虑单链蛋白质的静态结构，AlphaFold2 对于人类全蛋白质组的结构预测只有约 36% 的区域是高置信度的。生物物理学在蛋白质结构预测和蛋白质折叠领域的探索步伐不应该停止，未来可以在更接近生理功能的状态下进行蛋白质结构预测。

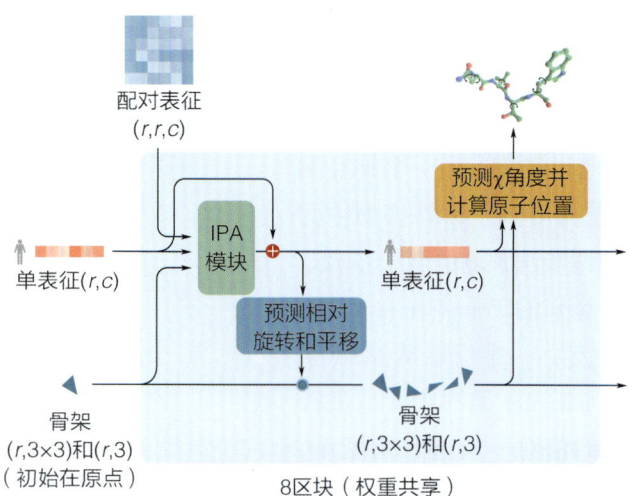

图 8-10　AlphaFold2 中结构模块的示意图
在结构模型中，针对每个氨基酸残基都建立了一个局部坐标系（图中的三角形），神经网络预测这些局部坐标系在每一步的平移和旋转，经过转化为全局坐标系的坐标后更新每个原子的位置，这些三维空间中的位置信息可以通过注意力机制与一维信息进行信息交互。

8.2 RNA 结构预测

蛋白质是生命活动的主要承担者，而核糖核酸（RNA）作为中心法则中承上启下的分子，我们也需要获取其结构才能更好地理解其功能。RNA 分子结构易变，在不同细胞环境中可能形成不同的构象；传统的结构解析方法（如 X 射线晶体学、核磁共振和冷冻电镜技术等）很难解析复杂的 RNA 结构，更无法解析细胞内的 RNA 结构。随着二代测序技术的发展，出现了使用酶或小分子探针高通量地解析 RNA 结构的方法，包括核糖核酸酶酶切、小分子修饰，以及近端 RNA 交联等。这些方法可以用来获取体内复杂多变的 RNA 结构信息，但它们目前仅能得到部分 RNA 结构信息（主要是部分二级结构信息），无法获得完整的 RNA 二级和三级结构。

在用实验方法对 RNA 结构进行研究的同时，从 20 世纪 70 年代以来，研究人员还发展了一系列 RNA 结构的计算预测方法，这是本节的主要内容。

8.2.1 RNA 结构基础

前面 3.3 节已经介绍过 RNA 结构的层次，这里简单回顾一下（图 8-11）：

一级结构：碱基（A、C、G、U）的排列顺序。

二级结构：RNA 分子中不同碱基之间通过氢键形成的互补配对。

三级结构：RNA 的完整三维结构，涉及 RNA 链在空间中的弯曲、扭转和远程互作等形态。

理想情况下，我们希望能够预测 RNA 的三级结构，因为它代表了 RNA 的最终功能状态。然而，计算 RNA 的三级结构具有高度挑战性，目前相关方法还不够成熟。另一方面，RNA 分子的结构稳定性主要体现在其二级结构上，而且功能性二级结构在

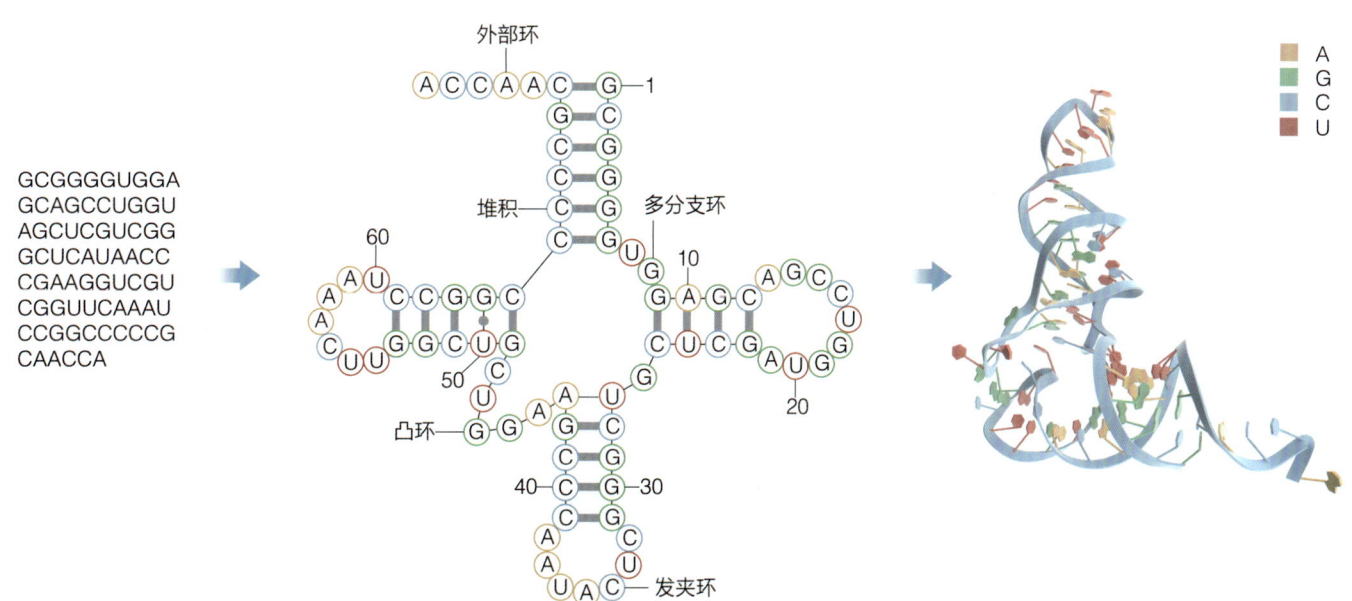

图 8-11 RNA 一级、二级和三级结构

进化过程中通常是保守的。了解 RNA 二级结构，能够提供许多关于其功能的有用信息，并有助于鉴定非编码 RNA。

接下来我们着重介绍 RNA 二级结构预测，然后介绍 RNA 三级结构预测。

8.2.2 RNA 二级结构预测

根据 RNA 二级结构预测方法的原理和发展历程，可以将它们大致划分为基于物理能量的方法、基于进化信息的方法和基于机器学习的方法。

（1）基于物理能量的方法

基于物理能量的方法的基本原理是：生物分子在自由折叠过程中形成的最稳定结构对应其最低自由能状态。在 RNA 分子中，形成稳定二级结构的主要驱动力是碱基配对（包括沃森–克里克配对和 GU 配对），其形成的氢键会释放能量，从而降低分子的自由能。此外，相邻的碱基对在空间上会形成堆积（stacking），进一步释放能量。这种由多个连续碱基对形成的双链螺旋结构是 RNA 二级结构稳定的关键。因此，可以通过搜索不同的折叠方式，找到释放最大能量的 RNA 结构。

早期的计算模型相对简单粗糙，主要通过最大化氢键数目来预测最小自由能对应的结构。随后的研究不断优化和改进计算 RNA 分子自由能的公式和参数，包括考虑最近邻碱基配对堆积效应所释放的能量等。这些参数可以从实验测定的热力学数据中推导得出，一组被广泛使用的热力学模型参数是在 2004 年发布的 Turner 2004。

为了找到具有最小自由能的结构，我们可以通过穷举 RNA 的所有折叠方式，并使用上述模型计算每种折叠方式的自由能。然而，穷举法的时间效率非常低，对于较长的 RNA 分子来说，无法在合理的时间内完成折叠方式的列举和计算。在 20 世纪 70 年代，以色列籍计算生物学家 Ruth Nussinov 提出一种可以快速计算最小 RNA 折叠自由能的算法。

我们用一个简单的玩具模型来描述 Nussinov 算法。在这个模型中，我们寻找具有最大碱基配对数的 RNA 结构。假设 x_i, x_{i+1}, x_{i+2}, $\cdots$, x_j 是我们要折叠的核苷酸序列，并将其记为 $x_{[i;j]}$。我们已经计算了所有更短子序列 $x_{[m;l]}$（其中 $i<m<l<j$）的最大碱基配对数，对于更长的序列有四种情况：①②位置 i（或 j）上的碱基未形成任何配对，此时 $x_{[i;j]}$ 的结构就是 $x_{[i+1;j]}$（或 $x_{[i;j-1]}$）的结构加上一个未配对的位置 i（或 j）的核苷酸；③位置 i 和 j 上的核苷酸 x_i 和 x_j 可以形成一对配对碱基，此时 $x_{[i;j]}$ 的结构就是 $x_{[i+1;j-1]}$ 的结构加上一个配对的 i–j 核苷酸对；④如果 x_i 和 x_j 都形成碱基配对，但不是互相配对，则我们的结构必须由两个子结构组成，换句话说，存在一个位置 k（其中 $i<k<j$），使得我们的结构可以分解为一个 $x_{[i;k]}$ 上的子结构和另一个 $x_{[k+1;j]}$ 上的子结构。

对于每个子结构，我们可以再次进行上述操作；通过不断重复这些步骤，最终可以找到具有最大碱基配对数的 RNA 结构。可以看出，上面描述过程事实上是一个递归，其分解如图 8-12A 或者下面的递归式所示：

$$E(i,j) = \max \begin{cases} E(i, j-1), \\ E(i+1, j), \\ E(i+1, j-1) + s(i, j), \\ \max_{i<k<j-1}\{E(i, k) + E(k+1, j)\}. \end{cases}$$

我们使用动态规划算法来计算这个递归关系所定义的最大碱基配对数目。如图 8-12B、C 所示，动态规划表格的每个单元格（对角线上方）表示对应子序列可能形成的最大碱基配对数，其中图 8-12B 对应于图 8-12A 的前三种情况，而图 8-12C 对应于第四种情况（请注意，为符合 RNA 结构的基本限制，所有长度小于或等于四的子序列的最大碱基配对数被初始化为零）。类似于双序列比对的动态规划算法，这个动态规划表格每个单元格的分数，可以通过按行列逐步填充得到；同样，表格中最大碱基配对数所对应的 RNA 结构也可以通过回溯表格来获得（即跟踪每个单元格中的数值是如何计算获得的）。

图 8-12D 显示了图 8-12B 中的序列完成打分之后的表格。该结构的得分（碱基

图 8-12 Nussinov 算法
（**A**）递归分解图形描述。
（**B-D**）工作矩阵：首先，对角线被初始化为 0；然后，根据递归关系，从下到上、从左到右填充表格。在这个例子中，碱基互补配对得分为 1，非互补配对得分为 0。

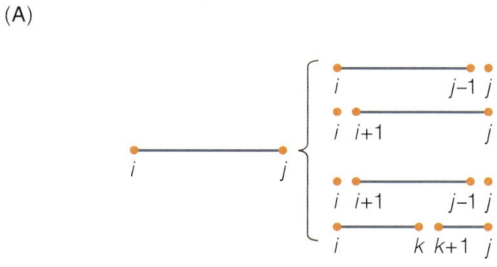

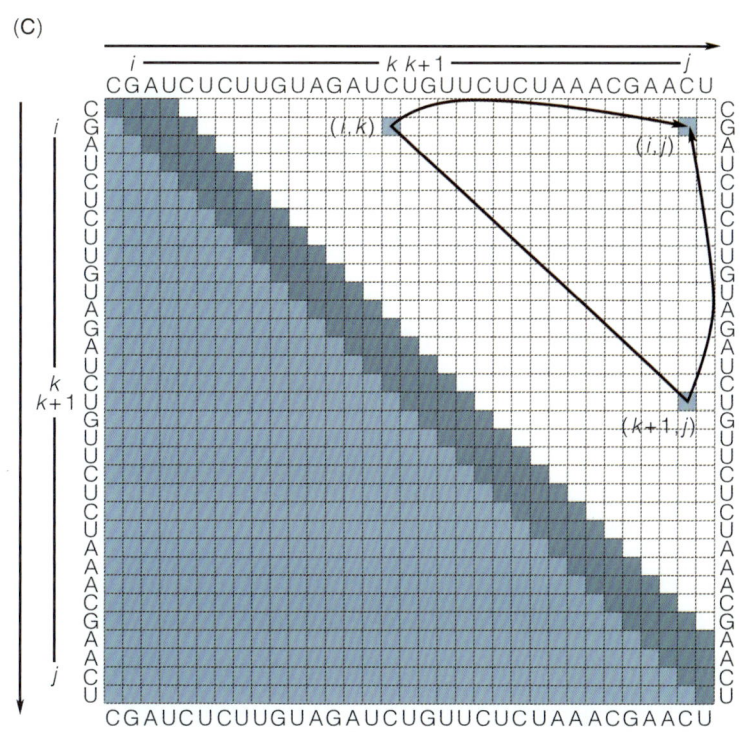

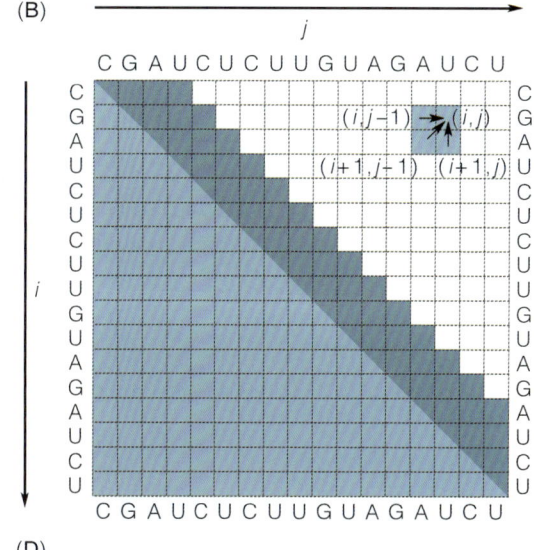

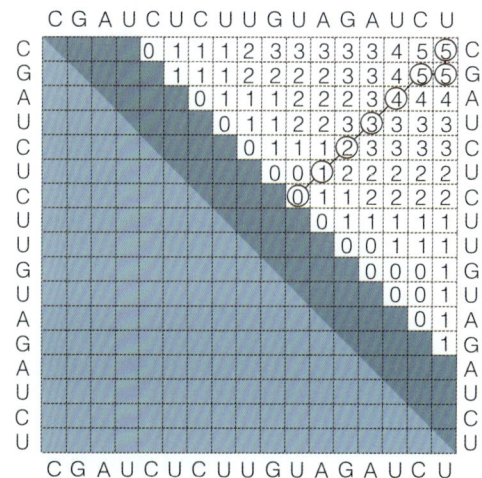

对数）为 5，对应右上角单元格［即位置（1，N）］中的数字。在回溯过程中，我们检查每个单元格是如何计算到达的，并沿着左下方向一步一步得到对应的未配对或者配对碱基。从连接线连接的圆圈起点开始，可以得到 CGAUCUCUUGUAGAUCU 的结构 .(((((.....)))))。请注意，在这个例子中我们可以选择另一条路径，得到另一个结构。两个结构都具有五个碱基对，这也形象说明了 RNA 结构很容易得到不同构象。

上述例子只是 Nussinov 算法的简化描述，实际应用中，我们会采用更复杂的算法和技术来进行 RNA 结构预测。比如，我们可以使用上文提到的热力学模型参数（如 Turner 2004）等对不同 RNA 结构元件打分，再使用 Nussinov 算法找到拥有最小自由能的 RNA 结构。

目前，基于物理能量的 RNA 结构预测方法已经取得了长足进展。科学家们开发了多个软件，如 Mfold、RNAstructure 和 RNAfold 等，这些软件对于常见的 RNA 结构可以提供相当准确的预测结果。然而，随着 RNA 序列长度的增加，这些软件的计算时间也会增加，并且由于能量函数本身的问题，以及无法处理假结，预测准确性会显著降低。

（2）基于进化信息的方法

在上一节，我们介绍了利用共进化信息进行蛋白质结构预测，类似的原理也可以用于 RNA 的二级结构预测。具体来说，RNA 分子在进化过程中，核苷酸一直在发生突变，造成原来配对的碱基不再配对了。然而，对于那些有重要功能的 RNA 来说，结构改变意味着功能丢失，所以那些突变的结构元件倾向于发生恢复原来结构的补偿性突变。例如，一个 A–U 碱基对可能发生 A 到 C 的突变，变为一个 C–U 碱基对（无法配对），但接下来发生的 U 到 G 的突变，会恢复成碱基配对的状态，只不过配对方式变成了 C–G。这种补偿性突变又称为共进化，也就是两个不同位置的核苷酸突变是相互关联，即共同进化的，可以使用互信息来量化。

互信息的计算可以通过给定 MSA 中每个位点的碱基组成，比较实际观察到的特定碱基对与通过概率模型计算出的碱基对期望得到。假定在 MSA 第 i 列中碱基 a 的频率（第 i 列出现碱基 a 的序列数除以全部序列数）为 $p_{a,i}$，第 j 列中碱基 b 的频率为 $p_{b,j}$，而且列与列之间相互独立，那么我们期望观察到第 i 列和第 j 列出现 a、b 碱基对频率为 $p_{a,i} \cdot p_{b,j}$。这可以与我们实际观察到的频率（即第 i 列出现碱基 a 并且第 j 列出现碱基 b 的序列数除以全部序列数，记为 $p_{ab,ij}$）进行比较，并对 i 和 j 位置上的所有碱基对类型进行计算，整合后即可得到互信息

$$M_{ij} = \sum_{a,b \in B} p_{ab,ij} \log \frac{p_{ab,ij}}{p_{a,i} \cdot p_{b,j}},$$

其中 $B = \{A, C, G, U\}$ 是碱基集合。

上文介绍的 Nussinov 动态规划算法同样可以用来最大化互信息的总和，只需要简单地把能量项替换成互信息，其它步骤保持不变，这展现出 RNA 结构预测中能量方法和互信息方法的优美对称性。

早在20世纪六七十年代，科学家们就成功运用这种思想预测了tRNA的二级结构。尽管不同tRNA分子的序列存在一定的差异，但它们的二级结构都呈现出标准的三叶草形状。这种三叶草形状的结构对于tRNA的功能非常重要，即使发生微小的破坏也可能影响生物个体的蛋白质翻译效率。因此这种结构是高度保守的。科学家们对不同物种中的tRNA分子序列构建MSA，发现了补偿性突变等共进化信息，从而准确推导出tRNA的二级结构（如图8-13所示）。

目前，使用进化信息进行RNA结构预测的代表性方法有RNAalifold、Dynalign和R-scape等。基于进化信息的方法可以避免能量计算的不准确性，并且能够预测具有功能相关性的RNA结构，因而受到大量关注。然而，这类方法往往受限于同源序列的数量，或者MSA的误差（构建MSA是一个计算上困难的问题），难以检测出明显的碱基共进化信号，因而在使用中受到限制。为了获得可靠的预测结果，一种常见解决方案是将基于进化信息的方法与基于物理能量的方法结合起来。例如，当存在补偿性突变时，可以添加结构稳定"能量项"；当存在单个核苷酸突变时，可以添加不稳定"能量项"（这些能量项不是真正的物理能量，因而更准确说是"伪能量项"）。将这些能量项结合到基于物理能量的预测中，可以提高预测的准确性和可靠性。而且，这种综合方法可以充分利用不完整的进化信息，同时结合基于物理能量的优势，更好地预测RNA结构。

（3）基于机器学习的方法

随着RNA结构数据的增加和人工智能的快速发展，基于机器学习的方法在RNA结构预测方面取得了显著进展。这类方法从实际存在的RNA结构中学习RNA结构形成的规律，不断地优化计算模型，进行RNA结构的预测。

应用机器学习进行RNA结构预测的一个早期范例是使用语言学中的随机上下文

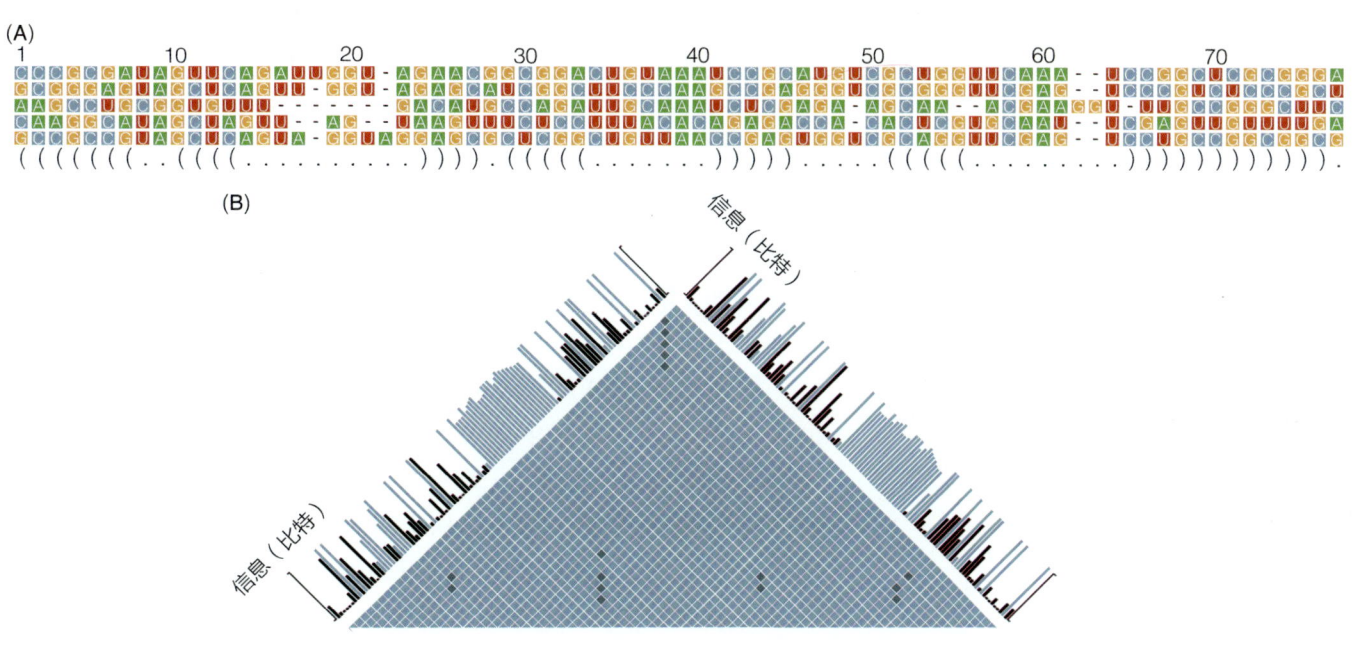

图8-13 使用MSA互信息预测tRNA的二级结构
（A）MSA，即多序列比对。
（B）从MSA计算得到中不同位置在进化上的关联关系（互信息）。

无关文法（stochastic context free grammar，SCFG）作为模型表示 RNA 二级结构。文法由字母表（构成语言单词的终结符号）、变量（充当"占位符"的非终结符号）和文法规则（产生式）组成。文法规则规定变量在不同情况下如何实体化为字母表中的符号，从而生成不同的字符串。文法规则的形式为 α → β，其中 α 和 β 可以是任意字符串，但 α 必须至少包含一个变量。上下文无关文法是一种特殊类型的文法，其中所有文法规则的左侧仅有一个变量，这意味着一个字符串的含义不受到其前面（上文）和后面（下文）字符串的影响。随机文法也是一种特殊类型的文法，在该文法中为每个文法规则关联一个概率值，并以此指导生成字符串时不同文法规则的选择。

语言学中的 SCFG 能应用于 RNA 二级结构预测的基础是，RNA 二级结构和自然语言之间存在许多共同之处。在这两种情况下，我们关注的都是从特定字母表中生成一个字符串。在自然语言中，字母表由语言的词汇组成；在 RNA 二级结构中，我们有配对或不配对的核苷酸。在这两种情况下，符号需要按照一定的规则进行选择和连接，这些形式化的规则描述了字符串（句子）的远距离部分之间的连接关系。例如，在自然语言中，动词要与主语相连；在 RNA 二级结构中，成对的核苷酸必须在某个位置有其配对伙伴。

这里以 Knudsen-Hein 文法为例介绍如何用 SCFG 生成 RNA 二级结构。Knudsen-Hein 文法包含：三个变量 {S, L, F}（其中 S 是起始符号），字母表 {s, d}，以及六个文法规则（图 8-14A）。这里的 s 代表不配对的核苷酸，而 d 代表配对的核苷酸。文法规定拥有相同左侧的可替代文法规则使用竖线（|，表示"或"）进行分隔。应用 Knudsen-Hein 文法生成一个小的茎环结构的过程如图 8-14B 所示。对于由文法生成的每个字符串，人们发明了解析树来直观表示生成最终字符串所使用的文法规则及其顺序（图 8-14C）。

在实践应用中，文法规则是从大量 RNA 结构数据中学习出来的。我们需要使用 Cocke-Younger-Kasami（CYK）算法，其可以确定一个字符串如何由上下文无关文法生成（或者不能生成），具体实现也是基于递归（与 Nussinov 算法类似），这里不再展开。在 SCFG 中，我们在 CYK 算法的每个迭代步骤都选择概率最高的解析方式，最后得到给定文法规则下概率最高的 RNA 二级结构。对于已知的 RNA 二级结构，我们用 CYK 算法逆向推导每个文法规则对应的选择概率，使该二级结构概率最大。学习的实例越多，我们为文法规则赋予的选择概率就越准确。然后，对于一个新的 RNA 序列，我们可以应用学习好的文法生成 RNA 结构，并计算生成概率。

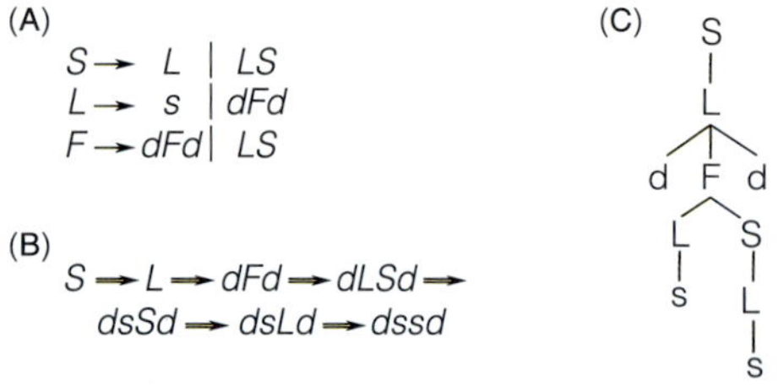

随着已知 RNA 结构数目的增多，基于机器学习的 RNA 结构预测方法受到越来越多的关注。科学家们开发了大量算法，其典型过程包括：①设计一个可以表示 RNA 结构的概率模型，如 SCFG；②通过已知的 RNA 结构实例来训练该模型，也就是确定模型参数；③输入 RNA 序列，应用该模型生成最有可能的 RNA 结构。一般来说，模型越复杂、参数越多，就越能准确表示复杂的

(A)
S → L | LS
L → s | dFd
F → dFd | LS

(B)
S → L → dFd → dLSd → dsSd → dsLd → dssd

(C) 解析树

图 8-14 Knudsen-Hein 文法
（A）Knudsen-Hein 文法的规则。（B、C）使用 Knudsen-Hein 文法生成一个小的茎环结构的推导过程与相应的解析树。

RNA 结构，例如 ContextFold 包含约 7 万个参数。近年来深度学习技术也被引入 RNA 二级结构预测，例如 DMfold 和 UFold 分别使用循环神经网络和卷积神经网络来预测 RNA 结构。

比起传统方法，机器学习方法尤其是深度学习方法，能更准确地建立复杂的 RNA 序列-RNA 结构映射关系，并且其预测所需的计算时间往往很短。然而，机器学习得到的模型往往泛化能力较弱。研究者发展出一些方法来克服这个局限性，如 MXfold2 将 Turner 2004 的热力学模型参数整合进深度学习模型，通过约束模型输出的分数和热力学计算的自由能尽可能接近，从而减轻过拟合、提高泛化能力；SPOT-RNA 和 SPOT-RNA2 都使用迁移学习，先在较大的 RNA 结构数据集上预训练，再在一个数据量少、质量高的数据集上微调，从而提高模型的泛化能力。

8.2.3 RNA 三级结构预测

如上文所述，由于 RNA 分子结构易变且不稳定，相对于已解析出的蛋白质三级结构，已解析出的 RNA 三级结构很少，因此 RNA 三级结构的预测方法发展得较为缓慢。现有的 RNA 三级结构预测方法大致可以划分为基于物理能量的方法和基于深度学习的方法。

（1）基于物理能量的方法

基于物理能量的 RNA 三级结构预测方法也是建立在"生物分子自由折叠形成的最稳定结构对应其最低自由能状态"的假设之上（图 8-15）。与上一节中蛋白质结构预测类似，基于物理能量的 RNA 三级结构预测也需满足两个必要条件：高效的搜索算法和合理的能量函数。搜索算法从 RNA 构象空间中搜索可能的 RNA 结构，能量函数则计算 RNA 结构对应的自由能。

上一节介绍过分子动力学模拟可用于搜索蛋白质构象空间，同样也可用于搜索 RNA 构象空间，代表工作有 iFoldRNA 等。为了克服分子动力学模拟搜索空间巨大（随着 RNA 长度呈指数级扩张）的问题，人们发明了片段组装方法来加速搜索构象空间的效率，代表工作有 FARFAR2、3dRNA 等。这类方法首先收集已知 RNA 结构，并将其分解为较小的 RNA 片段，构建一个片段构象库。然后将需要预测结构的 RNA 序列同样切割成短的片段，在片段构象库中采样这些片段可能形成的三维结构，并将这些片段三维结构像拼积木一样重新拼接起来，得到候选构象。

目前常见的 RNA 能量函数可以分为两类：全原子力场和粗粒度统计能量函数。全原子力场考虑 RNA 分子内每个原子间的相互作用，从而能够对体系的能量提供非常精准的描述，但需要开展大量的计算。粗粒度能量函数将 RNA 中的每个核苷酸抽象为以个别重原子为代表的粗粒度模型，并使用相应的统计能量函数描述，

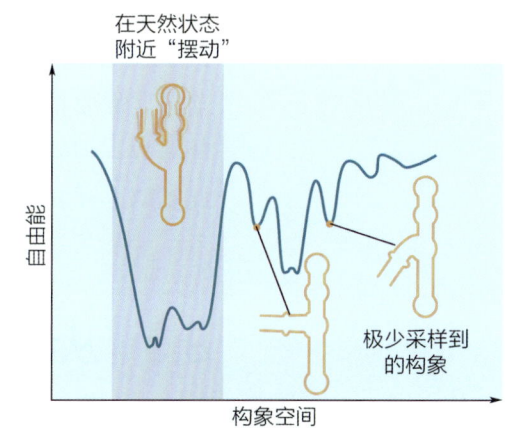

图 8-15 RNA 构象空间与能量空间映射关系
RNA 构象空间中的每个 RNA 分子都可以计算出相应的自由能值，自由能值低的区域通常对应 RNA 在天然状态下的结构。

代表工作有 SimRNA、3dRNA 等。粗粒度统计能量函数在牺牲精度的同时能够大大提升运算速度，通常用于评估大范围构象空间搜索的结果。

（2）基于深度学习的方法

基于物理能量的方法中的搜索算法和能量函数都会面临计算复杂度随着 RNA 长度呈指数级扩张的问题，而 AlphaFold2 的成功让人们认识到深度学习方法在生物大分子结构预测领域的强大威力。通过从数据中学习序列到结构的映射关系，该类方法能够快速准确地得到生物大分子的三级结构。目前已经有一些研究尝试利用深度学习模型预测 RNA 三级结构。虽然深度学习方法也有序列长度的限制（GPU 显存有限），但其支持的最长序列远远超过基于物理能量的方法（如 AlphaFold2 能支持长达 2700 个氨基酸的蛋白质），相比而言长 RNA 已知结构的匮乏才是最主要的问题。

现有的 RNA 三级结构预测方法可以分为两类：间接预测和直接预测。间接预测方法利用深度学习模型预测 RNA 结构的几何特征，并以预测的几何特征为约束，折叠得到能量最低的 RNA 三级结构。例如 trRosettaRNA 利用 Transformer 模型预测输入 RNA 的一维方位角和二维接触图谱、距离图谱、方位角等特征，然后将这些特征纳入到能量函数中，通过 pyRosetta 程序折叠得到 RNA 三级结构。

直接预测方法利用深度学习模型预测 RNA 中各个原子的三维坐标。RNA 结构可以用全原子模型表示，也可以用粗粒化模型表示。以 DRfold 为例，该方法将 RNA 中的每个核苷酸抽象为 C4′、N、P 三个原子构成的三角形，用深度学习模型预测这三个原子的坐标，得到初始的 RNA 三级结构。DRfold 还训练了一个类似 trRosettaRNA 的几何特征预测网络，将预测的几何特征和初始 RNA 三级结构转换为势能项加入到能量函数中，用 L-BFGS 算法对初始 RNA 三级结构进行优化。

除预测 RNA 三级结构外，深度学习模型也可以替代能量函数来评估 RNA 结构。近期科学家开发了一个基于几何深度学习模型的打分函数 ARES。ARES 以 RNA 三级结构作为输入（即所有原子的三维坐标），能替代 FARFAR2 的能量函数，挑选出最优的 RNA 三级结构。尽管 ARES 不能直接用于预测 RNA 三级结构，但它给 FARFAR2 的性能带来了巨大提升，揭示了深度学习在 RNA 三级结构预测领域的广阔前景。需要指出的是，也有人发现 ARES 在后续应用中泛用性较差，可能是过度训练的缘故；但其提供的新思路很值得借鉴，相信随着 RNA 实验数据的增加，会有人在此基础上开发出更通用的方法。

8.3　从结构到功能：蛋白质与生物分子相互作用预测

蛋白质作为生命活动的主要承担者，通过与小分子、核酸（DNA 和 RNA）以及其它蛋白质等相互作用，参与基因表达调控、蛋白质合成以及细胞信号转导等重要的生物学过程，进而影响生物体的生理功能。目前已有大量实验手段可以研究蛋白质与各种生物分子的相互作用，但这些方法受到时间成本、实验复杂性等的限制，往往不能大规模开展。近年来，随着数据和知识的积累，通过计算手段探究蛋白质与生物分子的相互作用正逐渐成为可能。这些方法不仅有助于我们更深入地理解这些相互作用的机制和动力学特性，还为疾病治疗、药物设计等领域提供了理论支持和参考。

8.3.1 蛋白质与小分子相互作用预测

蛋白质与小分子之间的相互作用是调控蛋白质功能的重要环节。一般来说，蛋白质与小分子的结合主要依赖于二者几何形状和电荷上的互补性。相关研究表明蛋白质结合小分子的位点多为口袋等凹陷区域；另外，疏水相互作用和氢键都对蛋白质与小分子结合的亲和力和特异性有重要影响。

目前，研究人员对蛋白质与小分子相互作用机制的认知已经从强调精准匹配的"锁与钥匙"模型，逐渐发展成基于诱导契合机制的"手和手套"模型。这是因为蛋白质和小分子的柔性使它们在相互结合时会灵活地调整结构，以达成最吻合、能量最低的构象。

从蛋白质结构出发，目前预测蛋白质与小分子之间的相互作用的计算方法主要有三种：分子对接，分子动力学模拟，基于人工智能的预测模型。

（1）分子对接方法

分子对接是一种通过计算机模拟将配体（这里是小分子）放置于受体（这里是蛋白质）的活性区域，并通过计算各项物理化学参数预测两者的结合方式和结合力，以找到配体与受体在其活性区域相结合的能量最低构象的方法（知识窗 8-5）。随着计算机科学技术的飞速发展，分子对接技术已经成为基于结构的小分子药物筛选与设计最常用的方法之一。

分子对接方法主要分为三类：刚性对接、半柔性对接和柔性对接（图 8-16）。刚性对接指在对接过程中，不改变受体和配体的构象，仅对分子进行平移和旋转操作使得配体和受体相结合。由于其计算量相对较小，因此通常用于研究生物大分子之间的相互作用（相关内容会在后文介绍）。半柔性对接兼顾模型的预测表现与计算量，常用于蛋白质和小分子的分子对接，在对接过程中通常会固定蛋白质的构象，但允许小分子的构象发生变化。不过一般来说，小分子构象的调整也会受到一定程度的限制，如固定某些键长、键角等。柔性对接允许蛋白质和小分子的构象均可自由发生变化，理论上能够得到最为精确的对接结果。由于变量会随着原子数的增多呈几何级数增长，因此柔性对接方法的计算量非常大。目前，常用的分子对接工具包括 AutoDock、Glide、GOLD 等。

（2）基于分子动力学模拟的方法

分子动力学模拟常用于对蛋白质和小分子复合物进行更精准的能量或动态行为分析（图 8-17）。在大多数情况下，通过分子对接得到的复合物准确度有限，此时借助分子动力学模拟计算结合能并优化构象，可以进一步检验蛋白质与筛选出的候选小分子结合的稳定性（知识窗 8-6）。此外，分子动力学模拟也常用于研究蛋白质与小分

知识窗 8-5

蛋白质和小分子的分子对接流程

（1）蛋白质预处理：蛋白质的结构可以从 PDB 中获取，或者使用 AlphaFold2 等软件来预测。获取到的蛋白质结构需要进行一些处理：一方面，去除金属离子、水分子等额外成分，避免其竞争小分子的结合位点；另一方面，通过加氢、加电荷等方式修复晶体结构中氢原子或电荷信息的缺失，并进行能量优化。

（2）小分子预处理：小分子结构可以从 PubChem、Zinc 等数据库获取，或者使用 ChemDraw 手动绘制其化学结构式，最终得到标准格式的小分子文件。与蛋白质类似，小分子也需要进行加氢、加电荷、能量优化等预处理操作。

（3）选择潜在的活性位点（口袋）：潜在活性位点指蛋白质上可能与小分子结合并产生生物学活性的区域。指定的对接区域需要包含潜在活性位点才能得到更精准的对接结果。潜在活性位点的选择可以基于文献、数据库调研结果，也可以使用分子对接程序内置的工具，基于蛋白质的序列、结构、亲疏水性、电荷分布等信息预测潜在活性位点。

（4）参数设置与分子对接：分子对接工具往往提供多种搜索算法和打分函数，需要研究人员根据具体研究问题和计算资源进行权衡。对于蛋白质与单个小分子的对接，一般可以直接使用精度最高的搜索算法和打分函数；而对于蛋白质与小分子数据库的筛选，通常需要先通过几何形状互补去除绝大部分完全不可能的小分子，之后再选择适用于特定配体和受体的打分函数，对剩下的小分子进行精确筛选。

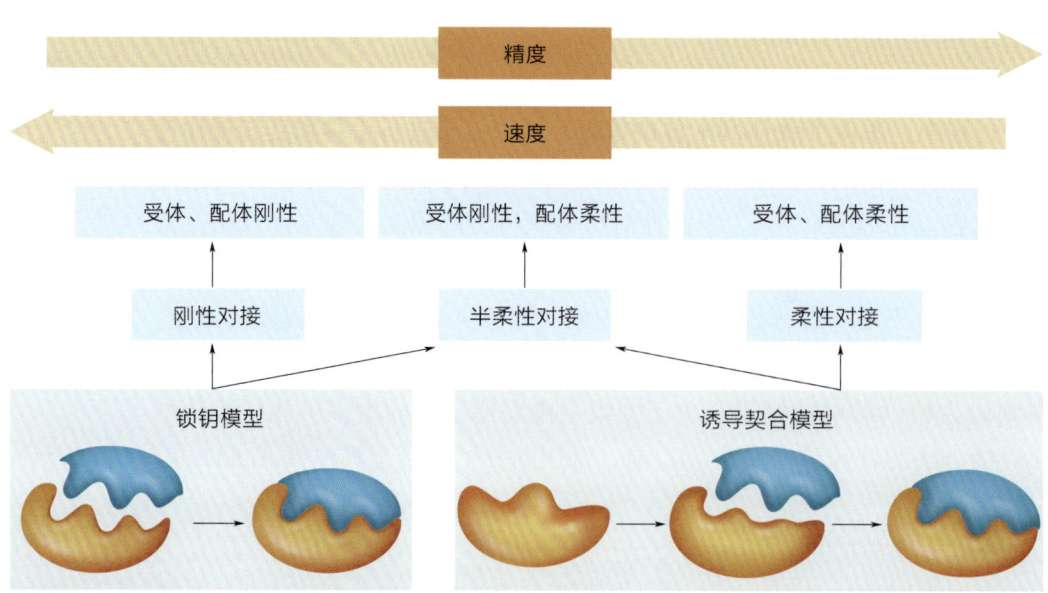

图 8-16　分子对接策略示意图

分子对接常采用三种策略：刚性对接、半柔性对接、柔性对接。刚性对接策略基于锁钥模型的假设，蛋白质、小分子均为刚性；柔性对接策略基于诱导契合模型的假设，蛋白质、小分子构象均可自由变化；半柔性对接策略介于二者中间，蛋白质结构固定，小分子构象可以自由变化。一般而言，柔性对接策略精度更高，但速度较慢；刚性对接策略速度更快，但精度相对较低。

子复合物体系对变化的响应，例如对蛋白质结合口袋中的关键氨基酸位点进行突变，或将结合口袋中的小分子替换为其它结构相似的分子等。通过分析结合能量以及蛋白质构象的动态变化，研究人员可以对影响配体结合的基本动态事件有更全面的认知。分子动力学模拟也可用于直接模拟蛋白质和小分子的结合或去结合过程，但由于这一过程的时间尺度较长，相关的研究相对有限。目前常用的分子动力学模拟工具包括 Amber、GROMACS、CHARMM、Mind-SPORE SPONGE 等。

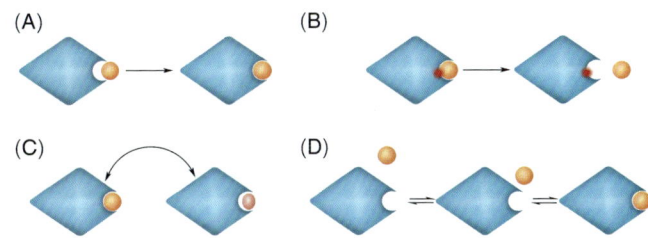

图 8-17　分子动力学模拟在蛋白质和小分子相互作用研究中的应用
（A）优化分子对接得到的初始结构。（B）分析关键氨基酸突变对结合稳定性的影响。（C）分析替换小分子后蛋白质结构和能量的变化。（D）模拟蛋白质-小分子复合物的结合或去结合过程。

（3）基于人工智能的方法

分子对接和分子动力学模拟等技术极大推动了人们对蛋白质和小分子结合的理解，然而计算量大等问题限制了其在大规模药物筛选等场景下的应用。近年来，随着实验测得的蛋白质与小分子结合的数据迅速增长，越来越多的生物研究者开始关注数据驱动的人工智能方法。

早期的人工智能方法主要依赖传统机器学习理论，需要根据专家知识来提炼蛋白

知识窗 8-6

蛋白质和小分子复合物的分子动力学模拟流程

（1）确定起始构型：蛋白质-小分子复合物的起始构型通常来自实验解析的复合物结构。对于未知相互作用的蛋白质与小分子，可以通过前面介绍的分子对接方法得到初始复合物结构。

（2）选用合适的力场参数：全原子力场考虑分子中每个原子和它们之间的相互作用，准确但计算成本较高。将非极性氢原子等合并为"联合原子"，可以在一定程度上简化运算；对于大尺度、长时间的生物学过程，可以进一步将氨基酸简化成三个原子组成的三角形，牺牲原子级别精度换取运算速度。在蛋白质-小分子复合物体系的研究中，经常使用的力场组合包括 AMBER（蛋白质）+GAFF（小分子）、CHARMM（蛋白质）+CGenFF（小分子）等。更多关于力场的介绍请见 8.5 节。

（3）构建模拟体系：分子动力学模拟将研究对象置于一个模拟盒子中，溶剂分子、盐离子等会被加入到模拟体系中，以模拟研究对象所处的溶液环境。为了防止分子在模拟过程中"碰壁"，通常会引入周期性边界条件的假设，即分子运动到模拟盒子的一侧边界时，它会穿越边界，从对侧边界回到体系中，从而模拟无限大的真实系统。

（4）平衡过程：在正式模拟前，通常需要经过平衡过程使模拟体系稳定在合适的温度和压强下，以减少正式模拟时不必要的计算。体系构建好后需要赋予原子初始运动速度。为了维持体系的稳定，通常会在低温下生成初始速度，逐渐升温、调整体系压强和密度，直至体系达到平衡。

（5）数据采样：体系达到平衡之后可以进行长时间的模拟，进行数据采样和分析。采样的对象包括体系中粒子的坐标、速度、能量等。采样的频率可以根据所研究的化学反应的时间尺度来选择。

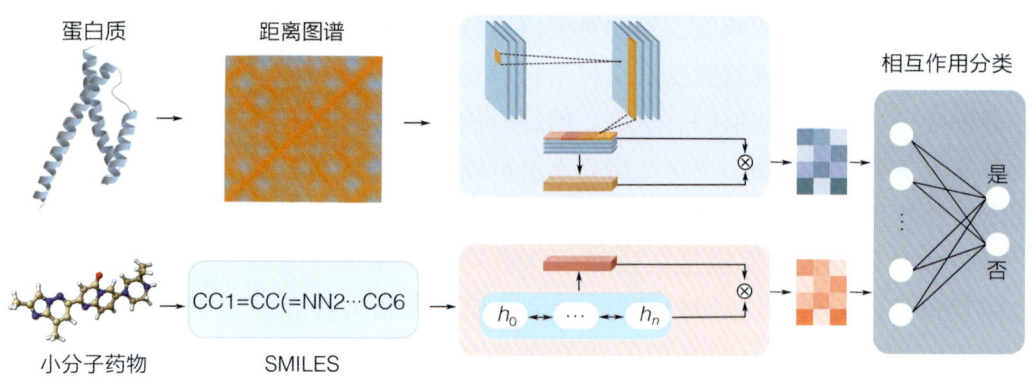

图 8-18 基于深度学习的蛋白质与小分子的互作预测示意图

蛋白质以残基间距离矩阵的方式输入，小分子以图（节点为原子，边为化学键）的方式输入，各自经过特征提取网络处理后输入到分类器网络。

质和小分子的物理化学属性（如亲疏水性、电荷分布、氢键供受体分布），进而产生输入特征，最终由机器学习模型预测结果。随着技术和理论的发展，基于复杂多层神经网络的深度学习框架逐渐成为了人工智能方法的主流，这类方法将提取蛋白质和小分子特征的模块包含进了框架内部，由大量非线性函数组成的复杂网络来完成。图 8-18 展示了一个判断蛋白质和小分子是否发生互作关系的深度学习模型，其分别对蛋白质和小分子进行特征提取，并将提取的特征向量进行整合，最后将融合后的特征输入下游网络进行预测。这类模型往往适用于大规模药物筛选，能够高通量地鉴别海量小分子对海量蛋白质的互作关系。

8.3.2 蛋白质与 DNA/RNA 相互作用预测

蛋白质广泛参与 DNA/RNA 相关的生物过程，在基因表达调控、DNA 复制和修复、染色质结构组装，以及协调不同类型 RNA 的成熟、运输和稳定等过程中扮演关键角色。20 世纪 60 年代，在大肠杆菌中发现的乳糖操纵子揭示了细菌如何在不同环境条件下调节基因表达，成为研究蛋白质 –DNA 相互作用的经典案例。在过去的六十年里，人们探索了蛋白质 –DNA/RNA 相互作用的序列特征、结构基础和物理化学性质，不仅深入理解了蛋白质 –DNA/RNA 相互作用的分子机制，而且为开发计算方法预测蛋白质 –DNA/RNA 相互作用提供了理论基础。

能够与 DNA 发生相互作用的蛋白质称为 DNA 结合蛋白（DNA binding protein，DBP），其底物特异性主要由两个因素决定：DNA 序列和 DNA 结构。前者主要体现在各种转录因子上：每种转录因子都会与特定的 DNA 序列结合，激活或者抑制相关基因的转录。后者则主要依靠蛋白质与 DNA 之间复杂且精确的三维结构匹配机制实现，两者的特异性识别主要发生在 DNA 的大、小沟和特定的蛋白质结构域之间，包括锌指、螺旋 – 转角 – 螺旋、亮氨酸拉链、螺旋 – 环 – 螺旋等。

相应地，能够与 RNA 发生相互作用的蛋白质称为 RNA 结合蛋白（RNA binding protein，RBP），RBP 在基因的转录后调控中起着关键作用。RBP 主要是通过 RNA 结合结构域（RNA-binding domain，RBD）识别并且结合 RNA。RBD 中的氨基酸残基可以通过氢键、范德瓦耳斯力以及 π 键相互作用等特异性识别 RNA 的核苷酸序列。与通常呈现双螺旋结构的 DNA 相比，RNA 结构更加灵活多变，会对 RBD 的结合造成很大影响。例如，RNA 识别基序结构域（RNA-recognition motif，RRM）与 K 同源结构域（K homology domain，KH）都偏向于结合单链的 RNA 结构，而双链 RNA 结合结构域（double-stranded RNA-binding domain，dsRBD）则偏向于结合双链的 RNA 结构。

人们开发出大量实验技术用于检测蛋白质 –DNA/RNA 相互作用，尤其是 ChIP-seq 技术能检测蛋白质在全基因组 / 转录组范围内与 DNA/RNA 的相互作用。这些实验数据被收集在 ENCODE 等数据库中，为开发计算方法预测蛋白质 –DNA/RNA 相互作用提供了宝贵的数据基础。此外，随着结构生物学技术（尤其是冷冻电镜）的发展，大量蛋白质 –DNA/RNA 复合物的结构得到解析，在原子分辨率层面提供了两者相互作用的详细信息。

目前，大部分预测蛋白质与 DNA/RNA 相互作用的方法都是针对 DNA/RNA 序列的（图 8-19），而且每个蛋白质都要训练单独的模型。这里我们仅以 PrismNet 为例进行简要介绍，具体请参考生物信息学相关教材。对于一个 RNA 结合蛋白，PrismNet 能够基于已知的 RNA 结合位点（通常为 ChIP-seq 等高通量实验获得），构建 RNA 序列与结合概率之间的关系。值得注意的是，PrismNet 还能接受 RNA 二级结构信息作为输入，而且相比于只输入序列、或输入序列加计算预测的二级结构，输入序列加体内测得的 RNA 二级结构信息能显著提升预测准确度。这凸显了 DNA/RNA 的结构对于预测蛋白质 –DNA/RNA 相互作用的重要性，也强调了发展基于结构的预测方法的重要性。

上一小节提到的分子对接和分子动力学模拟，也能用于基于结构的蛋白质 –DNA/RNA 相互作用预测。分子对接的主要步骤与上文类似，需要注意的是，由于 DNA/RNA 的原子数目远远多于小分子，这里往往采用刚性对接策略，要求蛋白质和 DNA/RNA 分子的构象在对接过程中保持固定。常用的蛋白质 –DNA/RNA 分子对接工具包括 HDOCK、HADDOCK 等。分子动力学模拟的主要步骤也与上文类似，这里不展开讨论。由于已知的 DNA/RNA 结构远少于蛋白质，基于数据的机器学习方法尤其是深

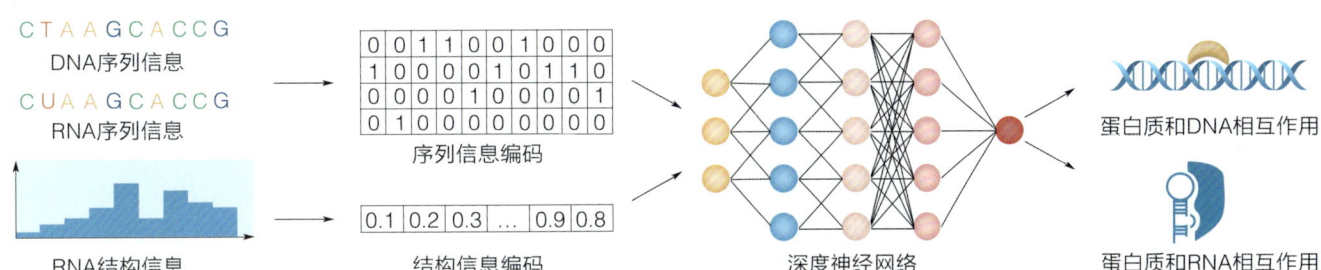

图 8-19　使用深度神经网络进行蛋白质 –DNA/RNA 结合预测模型首先对于 DNA 序列或者 RNA 序列信息进行 one-hot 编码，比如将碱基 A 编码为 [1, 0, 0, 0]，然后使用深度神经网络为每个序列预测蛋白质结合分数。PrismNet 方法在输入序列的基础上整合了 RNA 结构信息，从而更准确地表征 RBP 的结合模式。这里的 RNA 二级结构信息主要通过结构特异性的化学小分子修饰结合高通量测序的方法（例如 icSHAPE）测得。当测得的结构是 RNA 在细胞内的结构的时候，PrismNet 方法可以更准确预测在细胞内的蛋白和 RNA 结合。

度学习模型发展缓慢，而且大都停留在预测是否发生相互作用的层面，所以无法给出蛋白质–DNA/RNA复合物的结构。

虽然基于序列的方法适用场景更广，但正如上文提到的，DNA/RNA的结构在蛋白质与其相互作用中发挥着重要作用。而且基于序列的方法几乎都要为每个蛋白质训练单独的模型，无法应用到新的蛋白质上，但基于结构的方法就没有这些限制。随着DNA/RNA结构数量的不断增长，以及迁移学习等先进机器学习技术的引入，我们期待基于结构的蛋白质–DNA/RNA相互作用预测方法能取得更大进步。

8.3.3　蛋白质与蛋白质相互作用预测

蛋白质与蛋白质相互作用，也称蛋白质互作，是细胞内众多生命活动的基础。蛋白质互作极其重要，参与了细胞内的多种重要生理活动，如代谢途径中的酶促反应、基因表达调控、信号转导等。蛋白质互作主要以氢键、范德瓦耳斯力、疏水作用等非共价相互作用的形式实现，详见3.1.4节。这些作用力虽然比共价键弱，但当蛋白质接触面积足够大，且表面的氨基酸残基几何匹配良好时，多个非共价作用力共同作用，就能产生足够强的结合力，使得两个蛋白质紧密且特异性地结合。这种特异性结合保证了生物体内错综复杂的信号网络和代谢路径的精确调控。

目前，科学家们已经开发出一系列实验方法来高效地识别蛋白质互作，包括：免疫共沉淀（co-immunoprecipitation，CoIP）、酵母双杂交筛选（yeast two-hybrid，Y2H）、亲和纯化串联质谱分析（affinity purification-mass spectrometry，AP-MS）等。这些实验方法积累了大量蛋白质互作数据，使计算预测成为可能。

前文提到的分子对接方法也能用于预测蛋白质互作，代表性方法如ZDOCK3。ZDOCK3采用刚性对接策略，利用快速傅里叶变换算法高效地进行六维搜索，对所有可能的旋转和平移空间进行采样，然后使用一个基于能量的经验打分函数，对每一种可能的姿势进行打分。有些蛋白质在相互作用时会发生构象变化，柔性对接策略能更好地处理这种情形。RosettaDock有两种方式实现柔性对接：一是通过集成对接模式间接实现，即预先产生许多柔性的构象，然后进行分子对接；二是loop-refine模式，其模拟了诱导契合机制，允许蛋白质发生一定的局部柔性变化。

另一类预测蛋白质互作的方法基于人工智能，从已有的蛋白质互作数据出发，分析和统计互作和非互作的成对蛋白质的序列（主要是同源性）、理化性质、进化和结构等特征信息，挖掘和学习其中的规律和模式。这里以PrePPI为例进行介绍（图8-20）。PrePPI用户输入两个蛋白质（QA和QB），该模型首先从结构数据库中搜索得到其结构或同源模型MA和MB，再使用结构比对找到MA的相似结构NA_1、NA_2、NA_3等，以及MB的相似结构NB_1、NB_2、NB_3等。如果某对相似结构正好能够形成蛋白质复合物（例如NA_1与NB_3），就可以把该复合物结构作为模板，将MA和MB叠放在模板上，得一种可能的相互作用模型，并进行结构评估得到结构打分。最后用朴素贝叶斯分类器，整合所有相互作用模型的结构打分与其它非结构线索，来判

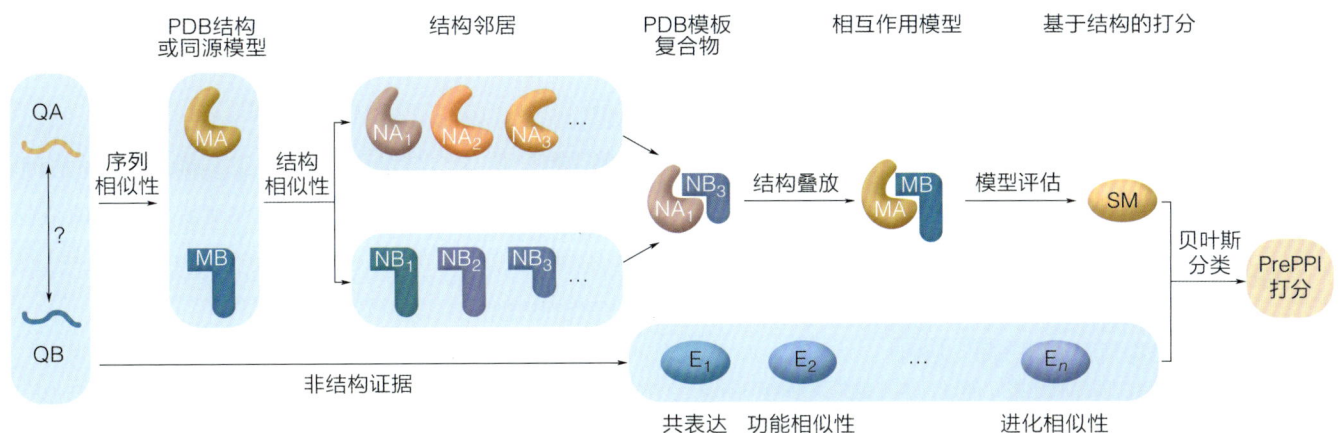

图 8-20 PrePPI 基于蛋白质结构信息和非结构信息来预测蛋白质互作
PrePPI 使用的结构数据库包括实验得到的结构数据库如 PDB，和预测得到的结构模型数据库如 Swiss-model。PrePPI 会为每个相互作用模型进行结构评估，得到五个经验打分，并训练一个贝叶斯网络得到综合后的结构打分。

断 QA 与 QB 是否发生相互作用。

相比于基于结构的蛋白质互作预测，基于序列的预测更加困难。深度学习的迅速发展为这一领域注入了新的活力，尤其是 AlphaFold2 实现了接近于实验精度的蛋白质结构预测。虽然 AlphaFold2 还只能预测蛋白质单体的结构，但经过拓展之后的 AlphaFold-Multimer 可以预测蛋白质复合物的结构，并且取得了良好效果。AlphaFold-Multimer 对于输入的两个蛋白质的氨基酸序列，首先进行序列搜索和构建 MSA，识别序列的进化模式，并搜索可能的同源模板结构。然后，AlphaFold-Multimer 对 MSA 和模板特征进行编码，并将编码后的特征输入一个专门设计的 Evoformer 模块，处理后的特征随后输入结构模块来预测蛋白质复合物的结构（具体请参见 8.1.6 节）。AlphaFold-Multimer 的预测效果在很大程度上依赖于同源蛋白质的信息，如果搜索到的同源序列较少，模型的预测效果往往会大幅度降低。

结合蛋白质的序列、功能、结构、进化、表达以及系统发育谱系等多种特征，能提供更全面的蛋白质互作预测。

8.4 蛋白质与 RNA 设计

生物大分子序列、结构与功能的关系，可以指导我们从序列出发，预测其结构和功能；反之，也可以启发我们从需要的功能和结构出发，推导出相适应的序列，这就是生物大分子的设计。目前生物大分子的设计主要指的是蛋白质设计，但随着对 RNA 丰富多彩的功能和调控的深入理解，RNA 设计也成为一个研究的主题。本节主要介绍蛋白质的设计，在结尾我们会简单介绍 RNA 设计。

8.4.1 蛋白质设计的基本概念

蛋白质设计常常被认为是蛋白质结构预测的逆问题，也就是：对一个指定的三维

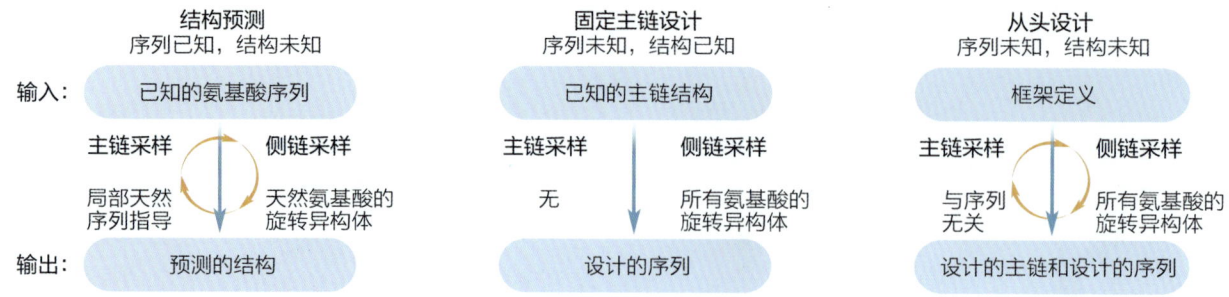

图 8-21　蛋白质结构预测和蛋白质从头设计

蛋白质结构预测是从蛋白质序列出发，通过预测主链骨架结构和侧链空间排布来预测蛋白质结构。蛋白质从头设计则相反，是针对预先设定的目标结构（通常不完全确定），搜索符合目标结构的主链骨架，然后再搜索满足主链骨架的序列组合和侧链空间排布。在结构预测任务中，主链骨架结构的预测是从天然序列出发的，侧链空间排布也只用搜索天然序列的可能构象；而蛋白质从头设计任务则不同，其主链骨架结构的预测是序列无关的，侧链空间排布也需要搜索所有可能的氨基酸的构象。

结构和特定的功能，推导出能够折叠成该三维结构并具有特定功能的蛋白质一级序列（图 8-21）。蛋白质设计可以完全不依赖任何已知蛋白质结构从零开始进行（这被称为全新设计或者从头设计），也可以通过对已知蛋白质的结构和序列进行改造来获得新的蛋白质（称为基于模板的设计）。在实际应用中，我们常常是有一个已知结构的天然蛋白质，因此可以使用基于模板的设计方法，获得有更优越或者新的性质与功能（如稳定性、催化反应、与配体结合等）的蛋白质。但基于模板的设计更多被称为蛋白质的定向进化或者说是蛋白质工程（知识窗 8-7），因而很多时候不被认为是蛋白质设计。我们在下面着重介绍从头设计新的蛋白质，这也是很多科学家追求的梦想（知识窗 8-8）。

知识窗 8-7

蛋白质的定向进化 / 蛋白质工程

蛋白质的定向进化是在过去几十年中逐步发展起来的领域。科学家们利用随机突变或 DNA 重组的方法，生成蛋白质变异库，并通过筛选从库中提取具有所需性质的蛋白质变体。在 1993 年，阿诺德（见知识窗 8-8）开创性地提出了通过定向进化改造酶的方法。她的方法通过模拟自然选择的过程改变酶的性质和功能。首先，通过引入随机突变或合成多样性基因库，创造出大量具有不同变异的酶变体。接下来，将酶变体置于需要目标功能的场景下，通过高通量筛选技术或其它筛选方法，选择出具有所需性能的变体。最后将筛选出的酶变体扩增，并进行多轮的突变和选择循环，逐步改变酶的性质和功能，最终获得具有所需性能的酶。

定向进化能够优化酶的催化效率、选择性、稳定性和耐受性，使得这些酶能够在有机合成、生物燃料生产和制药等领域应用中发挥更出色的性能。近年来随着基因合成和 DNA 测序技术的不断发展，蛋白质的定向进化和蛋白质工程变得更加精确和高效。通过计算机模拟和合成生物学的方法，科学家们能够更好地预测蛋白质结构与功能之间的关系，并进行有针对性的工程改造。

知识窗 8-8

弗朗西丝·阿诺德小传

弗朗西丝·阿诺德（Frances Arnold）于1956年出生于美国宾夕法尼亚州。1974年从Taylor Allderdice高中毕业；曾搭陌生人的顺风车到华盛顿特区抗议越南战争，并通过当酒吧服务员及出租车司机维生。

1979年，阿诺德从普林斯顿大学毕业，主修机械工程学及航空太空工程学；1985年，从加利福尼亚大学伯克利分校博士毕业，主修化学工程；其后继续在伯克利进行生物物理化学的博士后研究。在攻读化学工程博士学位之前，阿诺德没有化学背景。1986年，她加入加州理工学院，工作至今。

阿诺德是率先使用定向进化来创造酶的科学家之一。她也因此与美国科学家乔治·史密斯以及英国科学家格雷戈里·温特共同获得2018年诺贝尔化学奖。

科学家追求从头设计蛋白质的部分原因，是对自然进化尚未探索过的蛋白质空间很感兴趣（图 8-22）。理论存在的蛋白质总空间巨大，然而现存生物体产生的不同天然蛋白质总数，也就是自然进化探索过的区域相对非常小。比如一条长为 200 个氨基酸的普通蛋白质序列有 20^{200} 种不同的组合方式，而所有天然蛋白质的数量总共才只有区区 10^{12} 种！但这些天然蛋白质已经可以发挥极其神奇而精巧的功能，如视紫红质可以捕获光子，嗅觉受体可以感受气味分子，ATP 合酶可以利用 pH 梯度合成化学键，肌动蛋白和肌球蛋白可以利用化学能进行运动。尽管过去一百年来人类技术取得了很大进步，但在制造微型分子机器方面，人们还远远无法和自然进化的精巧相媲美。然而，天然蛋白质本质上仅仅是自然进化产生的偶然事件。广阔的自然进化尚未探索过的蛋白质空间还存在哪些神奇的分子机器？如果能够不受限于大自然进化筛选的约束，它会展现出来什么特别的性质和新的功能？这个问题想想就让人激动！

蛋白质设计需要面对几个共同的问题：设计的目标结构是什么？如何搜索相应的序列空间？如何评估序列和结构的一致性？蛋白质设计领域的发展按照主要方法的不同大致可以分成三个阶段，但都需要回答这三个问题。在下面的章节中，我们按发展的过程介绍整个蛋白质设计领域及其取得的成果，在讲述的过

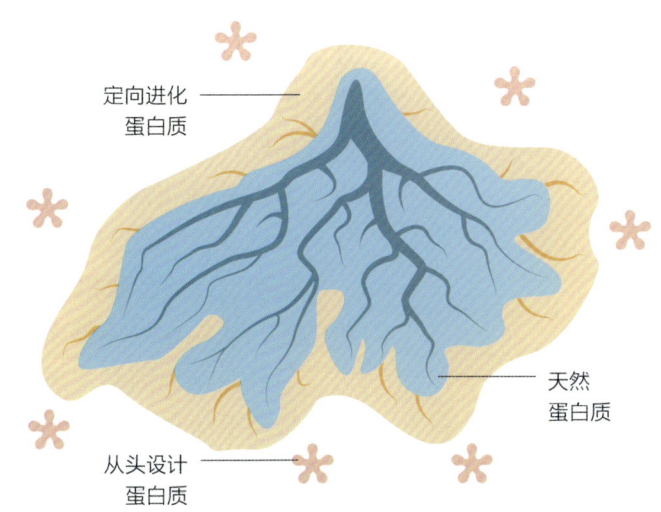

图 8-22 蛋白质空间示意图
理论存在的蛋白质构成了一个大到无法想象的空间。在该空间中，自然进化只探索了很小一部分，就获得了各种不同结构和功能的天然蛋白质。定向进化从天然蛋白质出发，通过引入随机突变或合成生物学等人工进化手段，创造出大量新的蛋白质。这些新的蛋白质扩展了天然蛋白质空间，但是依然只是在附近进行搜索。从头设计的蛋白质则没有这个限制，通过计算的手段，结合最新的人工智能方法，可以去搜索理论存在的蛋白质的巨大空间。

程中，我们会不时讨论这些问题。

8.4.2 蛋白质设计的第一发展阶段：理性设计

蛋白质设计的最初概念可以追溯到 20 世纪 70 年代。当然这个时期的所谓蛋白质设计其实很原始，主要依靠科学家对蛋白质序列组成、物理化学性质和结构空间形态的理解，进行手动优化，这就是蛋白质设计的理性设计阶段。

最早的蛋白质设计依赖固相多肽合成（solid phase peptide synthesis）技术的发展，其实现了 30~50 个氨基酸的多肽链的常规合成。伯恩德·盖特（Bernd Gutte）于 1979 年手动设计了 35 个氨基酸的 RNA 结合蛋白，随后于 1983 年设计了结合二氯二苯基三氯乙烷（DDT）的 25 个氨基酸的小蛋白。尽管这些蛋白质能被检测到与 RNA 部分结合，但可溶性问题使其无法被解析结构。

随着基因合成技术日益成熟，研究者得以设计更长的蛋白质，但反对者认为长蛋白质的构象空间大到天文数字级别，无法进行蛋白质设计。作为回应，威廉·德格拉多（William DeGrado）假设最早的天然蛋白质是双亲性的多肽，由疏水性和极性残基在 α 螺旋或 β 折叠链的对侧交替排列形成，这样疏水面的组装会驱动该多肽在水溶液中的折叠。为了验证这一假设，他们设计了由亮氨酸（L）和赖氨酸（K）组成的多肽，以代表疏水性和极性残基。当多肽中的极性和疏水性残基交替排列以匹配 β 折叠链的几何重复时，多肽（LKLKLKL）在水溶液中组装成 β 构象；而当极性和疏水性残基与 α 螺旋的几何重复相匹配时，多肽（LKKLLKL）自组装成由 α 螺旋构成的四聚体束。根据这个理论，德格拉多和其他科学家设计了模拟具有 D2 对称性的 α 四螺旋束（$α_4$）蛋白质，并最终成功获得长度为 74 个残基的 $α_4$ 蛋白质。$α_4$ 蛋白质在细菌中表达良好，高度稳定，并且其整体折叠方式得到了核磁共振实验的确认，这是从头设计蛋白质在水溶液中具有协同折叠的球状构象的首个实例。这项研究标志着蛋白质从头设计领域的里程碑。

早期设计的多肽相对较短，结构较简单。这可能有两个原因：其一是当时已经解析的蛋白质结构还不够多，科学家对蛋白质序列、结构和功能关系的了解还不够深入；另外一个原因是，当时的蛋白质设计主要基于科学家总结的比较简单的结构规则，依赖手动和一定的计算机辅助，难以搜索比较复杂的序列和结构空间，也难以准确预测蛋白质结构。

在设计过程中，物理化学原理指导了残基和构象的选择。早期的研究表明，蛋白质内部的侧链采用了一种能量较低的构象，称为旋转异构体（rotamer），它们紧密堆积，效率堪比小分子晶体网格。随后的研究显示，这些侧链旋转异构体的具体分布还受到蛋白质二级结构的影响。基于上述发现，科学家们提出了一个模型：在蛋白质内部，侧链应该像三维拼图一样互相紧密堆积。这个模型提出了两条要求：一是侧链应该形成稳定的旋转异构体，二是侧链应该在蛋白质内部高效地、无空隙地堆积在一起。这两条要求为我们提供了强有力的限制条件，帮助我们定义球状蛋白质内部的氨基酸残基该如何排列。

上文介绍的 α_4 就是在该原则的指导下，采用一组最小化的残基（亮氨酸作为疏水性残基、谷氨酸和赖氨酸作为极性残基）设计而成的。后来计算程序的辅助使得研究者能够使用更多类型的残基进行设计，蛋白质设计也逐渐迈入下一阶段。

8.4.3 蛋白质设计的第二发展阶段：计算设计

到了 20 世纪 90 年代，晶体学、核磁共振等技术的突破不仅大规模增加了已解析蛋白质结构的数量，而且加深了我们对蛋白质序列、结构以及它们如何决定蛋白质功能的理解。另一方面，计算能力的显著增强允许研究者们开发复杂的计算模型，来进行基于结构的蛋白质设计。这些因素使得蛋白质设计进入了计算设计的新时代。

大致来说，蛋白质计算设计可以分为两步（图 8-23）：首先，基于特定的功能需求，构想出蛋白质的大体框架，包括其主链（蛋白质的骨架）结构。其次，根据已设定的主链骨架结构，精心挑选和优化氨基酸侧链的组合（包括序列和旋转异构体），以确保蛋白质能够正确折叠，并展现出预期的功能特性。这一过程需要运用高级计算方法，搜索大量可能序列和构象的组合，以找到最佳的设计方案。设计完成后，通常会用计算方法来预测所设计的蛋白质的三维结构，以验证设计序列的准确性。这一步骤至关重要，因为只有当预测的结构与设计的结构高度吻合时，我们才有信心将其付诸实验验证。

早期设计方法使用固定或天然骨架，后来人们发现蛋白质的骨架存在与序列无关的几何约束，并揭示了一些与序列无关的设计原则。这些几何约束包括多肽链的连接性、极性原子的氢键形成以及与溶剂接触的环（loop），它们限制了允许的二级结构长度和环的长度。通过对蛋白质骨架的模拟和分析，人们发展出使用少量几何参数的模型来描述相似的拓扑类型，如螺旋 – 螺旋结构、重复螺旋结构和螺旋线结构等。人们用这些模型系统地探索了多种三级和四级结构，摆脱了只能使用天然骨架的限制，并取得成功的设计结果。

主链骨架结构确定后，下一步就是找到一条能够折叠成目标结构的蛋白质序列。为了避免天文数字级别的构象空间，蛋白质设计算法将能量函数分解为旋转异构体和氨基酸类型之间的成对项，从而将问题转化为组合优化问题。研究人员开发了多种侧链重排算法，搜寻大量能够相互适应、以稳定折叠的侧链，来寻找能量最低的序列和

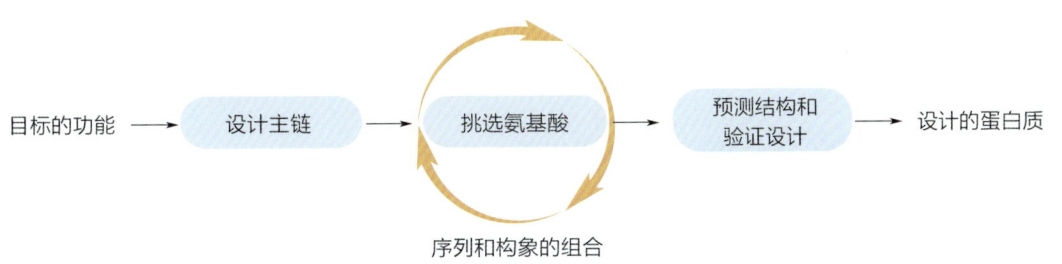

图 8-23 蛋白质计算设计的流程图

首先根据目标功能，确定一个大致的蛋白质主链。然后，通过计算方法对每个位置的氨基酸类型及其侧链构象进行大量的搜索，从而得到一个最优的组合。最终，比较从设计的序列预测的结构与设计的结构之间的吻合情况，从而得到吻合度较高的蛋白质，并进行实验验证。

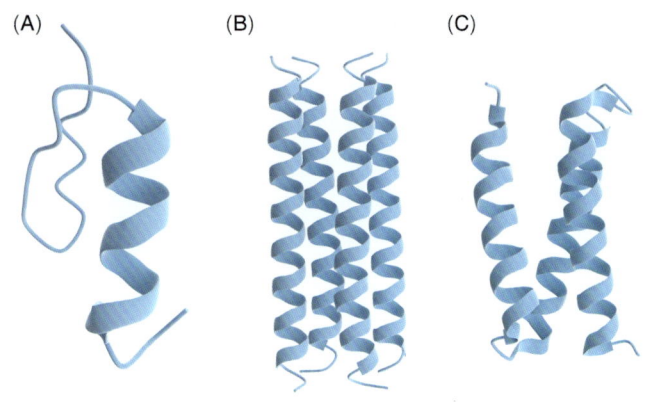

图 8-24 计算设计的全新蛋白质
(A) 设计的全新蛋白质 FSD-1，呈现 ββα 基序（PDB 编号：1FSV）。
(B) 设计的 α 螺旋四聚体（PDB 编号：1RH4）。(C) 能够螯合有毒重金属离子的人工设计蛋白质（PDB 编号：2MTQ）。

构象。这些方法既有确定性的，如对侧链旋转进行优化的终端清除（dead-end elimination）算法，对序列进行设计优化的均值场优化（mean field optimization）算法等；也有随机性的，如遗传算法和模拟退火等。由于最优的氨基酸序列对蛋白质的三维结构非常敏感，既依赖于准确的主链骨架结构，也有方法同时对侧链的旋转异构体及主链骨架的扭转角进行优化。

在这些计算方法的帮助下，蛋白质从头设计取得了大量突破（图 8-24）。1997 年，史蒂芬·梅奥（Stephen Mayo）团队成功地设计了一个全新蛋白质 FSD-1。他们的设计目标是采用锌指结构域的 ββα 骨架的结构。为了实现这个目标，他们使用计算方法设计并筛选了一个包含 1.9×10^{27} 个可能的氨基酸序列的组合库，以找到与设计目标兼容的序列。他们设计的新蛋白与任何已知蛋白质序列的相似性非常低，但其结构与设计的目标结构非常吻合。在 1999 年，彼得·金（Peter Kim）和同事设计了在自然界中从未见过的、右旋 α 超螺旋扭曲的蛋白质家族，并成功得到 α 螺旋二聚体、三聚体和四聚体，尤其是四聚体的晶体结构与设计的结构在原子细节上一致。

α 螺旋束的蛋白质结构可以用一组代数方程使之参数化，其设计已经取得了显著的成功；然而大部分蛋白质折叠方式复杂，无法使用简化参数模型来描述。尤其是富含 β 折叠链的大型协同折叠蛋白质，为蛋白质从头设计带来了巨大的挑战。2003 年，戴维·贝克（David Baker）设计的 Top7 引起了人们极大的关注（图 8-25），这是一个富含 β 折叠链的蛋白质，且具有自然界中从未见过的折叠方式。最令人振奋的是，Top7 的晶体结构与设计的结构非常吻合，其成功设计为具有多种折叠方式的蛋白质开辟了新的可能性。

Top7 来源于一个全新的设计方法，其目标是设计一个"可设计"的主链结构，即可以通过包含 20 种常见氨基酸的序列来稳定的结构。此前，研究者通常需要测试大约 10^3 到 10^5 个主链来确定哪些是可设计的，贝克团队提出的新方法规避了这个问题。他们首先定义包含二级结构和残基间联系的粗粒化蓝图，然后在满足设计约束的情况下组合和拼接从 PDB 导出的主链片段，接下来基于得到的主链初步草图来设计序列。在设计过程中，他们还预测了设计序列对应的蛋白质结构，以指导主链的搜索。经过多次循环的序列设计和结构预测，算法逐渐收敛到一个高度可设计的结构 – 主链组合上，最终得到了一个高度稳定且具有天然蛋白质特征的 Top7 蛋白质。

8.4.4 蛋白质设计的第三发展阶段：人工智能设计

常规的计算方法在设计复杂的具有全新功能或结构的蛋白质时往往力不从心。随

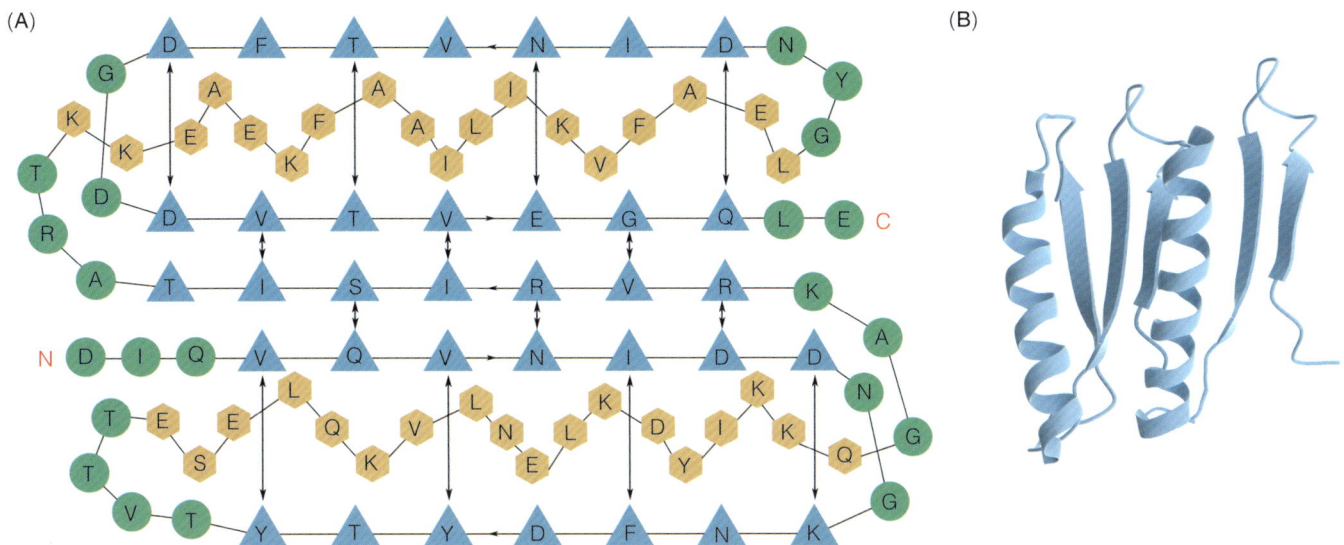

图 8-25 通过片段组装设计全新结构的蛋白质 Top7

（A）展示了 Top7 的序列和二级结构。N 和 C 分别表示蛋白质的 N 端和 C 端；蓝色、黄色、绿色分别代表 α 螺旋、β 折叠链、环区。（B）Top7 的三维结构。

着人工智能方法在蛋白质结构预测领域取得突破，蛋白质设计也进入了一个全新的发展阶段。这一阶段的核心在于，通过先进的机器学习模型，特别是深度学习算法，来学习蛋白质的复杂规则，从而实现结构和功能的精准设计，并能够生成与自然蛋白质序列无关的全新折叠蛋白质。

2021 年，贝克实验室利用人工智能技术取得了蛋白质设计方面的重要进展，他们实现了从头开始构建合理的蛋白质结构，而无须预先指定目标支架的属性（如整体拓扑或二级结构元素的长度和位置）。他们结合基于序列预测结构的深度神经网络 trRosetta 和马尔可夫链蒙特卡罗（Markov chain Monte Carlo，MCMC）方法开发了一种蛋白质幻想（hallucination）算法（图 8-26）。该算法将一组随机生成的氨基酸序列输入到 trRosetta 中，然后用蒙特卡罗采样方法引入随机突变，要求增强预测的氨基酸距离分布与背景网络的距离分布之间的区别（用 Kullback-Leibler 散度量化），其中背景网络是在不提供氨基酸类型的前提下、用 trRosetta 相同方式训练得到的。通过从多个不同的随机起点开始优化，他们最终成功设计出了一系列新蛋白质，覆盖了广泛的序列和结构空间。研究人员将其中 129 个设计的蛋白质在大肠杆菌中表达和纯化，用尺寸排阻色谱、圆二色谱、蛋白质结构解析等实验手段，验证了这些蛋白质的设计效果。

蛋白质设计的终极目标，就是开发一种通用算法，对于用户想要的任何功能都能设计出相应的蛋白质。2022 年的 ProGen 让我们看到了实现这一目标的曙光。ProGen 能够根据指定的功能（如免疫球蛋白、噬菌体溶菌酶等）设计出新的蛋白质，这些蛋白质在功能上与天然蛋白质相媲美，但氨基酸序列却大不相同。研究团队首先构建了一个包含 2.81 亿条蛋白质序列的数据库，并从 UniParc、UniProtKB、Pfam 和 NCBI 等数据库中收集了详细的分类标签，包括物种信息、功能信息等，用作"控制标签"。然后训练了一个基于 Transformer 架构的神经网络模型 ProGen，使用自回归生成技术，要求模型在输入的一至多个控制标签的提示下，从序列的左侧开始、逐步向右侧生成

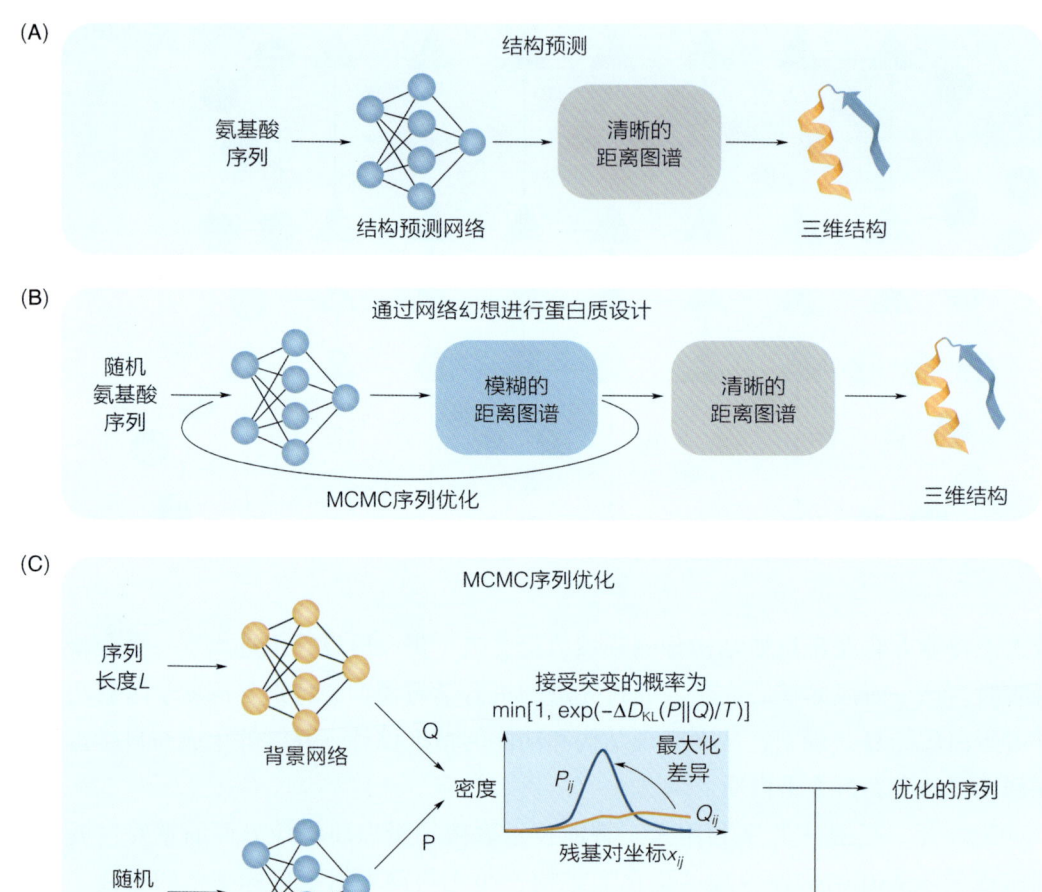

图 8-26 贝克实验室开发的蛋白质幻想算法

(A) 首先,将随机蛋白质序列输入到 trRosetta 网络中,得到模糊的残基距离图。(B) 接下来,采用马尔可夫链蒙特卡罗 (MCMC) 算法对序列进行随机位点突变,从而优化出锐利的残基距离图。(C) 优化时在序列空间中进行了蒙特卡罗模拟退火,每一步将随机选择的位置突变为随机选择的氨基酸类型,并用 trRosetta 预测残基距离图。然后,根据该残基距离图分布与相应背景网络的距离图分布的 Kullback-Leibler 散度来接受或拒绝该突变,最终得到优化后的蛋白质序列。

氨基酸序列(图 8-27)。经过训练,只需要给定控制标签来描述预期的功能,ProGen 就能生成符合该功能的蛋白质序列。研究团队对这些人工设计的蛋白质进行了实验测试,大部分表达情况良好,而且能展现出预期功能的蛋白质比例与天然蛋白质相当。这项突破性的研究不仅展示了人工智能在蛋白质设计领域的巨大潜力,也为未来的药物开发和生物工程提供了新的工具。

8.4.5 RNA 设计

RNA 分子容易通过自身相互作用形成二级和三级结构,这些结构会影响 RNA 分子的生理功能,如翻译效率、稳定性、免疫原性。深入理解 RNA 序列、结构与功能的关系,对于设计有效的 RNA 序列至关重要。

RNA 分子包括蛋白质编码 RNA (mRNA) 和非蛋白质编码 RNA (ncRNA)。RNA 设计的目标是定制 RNA 序列以符合目标应用场景的需求。对于 mRNA 而言,这个需

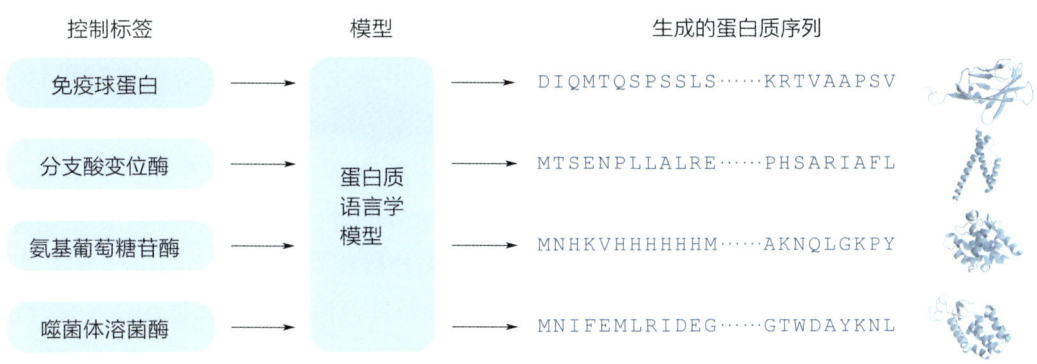

图 8-27　ProGen 算法
首先，准备待设计的蛋白质家族或功能的控制标签，如免疫球蛋白、分支酸变位酶、氨基葡萄糖苷酶、噬菌体溶菌酶。然后，将标签名输入到 Transformer 网络中，Transformer 网络迭代地进行下一个位置的氨基酸类型预测，最终生成该标签相应的蛋白质序列。ProGen 的训练目标是最小化模型生成的序列在训练集上的负对数似然值。测试结果显示，有 72% 的人工设计蛋白质表达情况良好，其中 73% 的蛋白质展现出预期的生物学功能，在相同表达体系下 59% 的天然蛋白质展现出了功能。

求常常是最大化其编码的蛋白质的表达量，这取决于 mRNA 分子在细胞内的翻译效率和稳定性。早期，对于 mRNA 的设计和优化主要集中在密码子上。由于密码子编码氨基酸的冗余性，对于给定的氨基酸序列，其对应的可能 mRNA 序列数目十分庞大，mRNA 设计就是要用合适的策略来选择最高效的密码子组合。人们发现，生物体对密码子的选择具有偏好性，使用更常见的密码子往往能增加 mRNA 的翻译效率。

随着 mRNA 疫苗与 mRNA 药物研究的发展，RNA 展现出越来越强的治疗潜力，RNA 设计也不再仅限于对密码子的优化，而是包括优化其序列和结构，以系统地提高 mRNA 的稳定性和翻译效率。已有研究在 mRNA 设计方面做了一些探索，特别是对其 5′ 端帽、3′ 端尾的非翻译区域（UTR），以及蛋白质编码区域（CDS）的优化。

以 UTR 为例，5′-UTR 是核糖体在翻译过程中的入口，具有复杂的二级和三级结构，以依赖或不依赖 5′ 端帽的方式调节翻译起始。识别功能性的 5′-UTR 结构元件，是 5′-UTR 设计的关键问题之一（图 8-28）。3′-UTR 也包含控制 mRNA 亚细胞定位、翻译效率和稳定性的调节元件。此外，一些非经典的翻译相关元件在治疗性 RNA 的设计中展现巨大潜力。例如，核糖体进入位点（IRES）元件可以促进缺乏 5′ 端帽的环状 RNA 翻译起始，而环状 RNA 由于缺乏 5′ 端和 3′ 端，可以免受核酸外切酶降解，从而提高其存活时间，进而提高编码蛋白质的表达量。不同 IRES 的结构迥异，对内源性启动因子的依赖性各不相同。对 IRES 元件的筛选和优化无疑能帮助我们设计更

图 8-28　真核生物 5′-UTR 中影响 mRNA 翻译的顺式调控元件

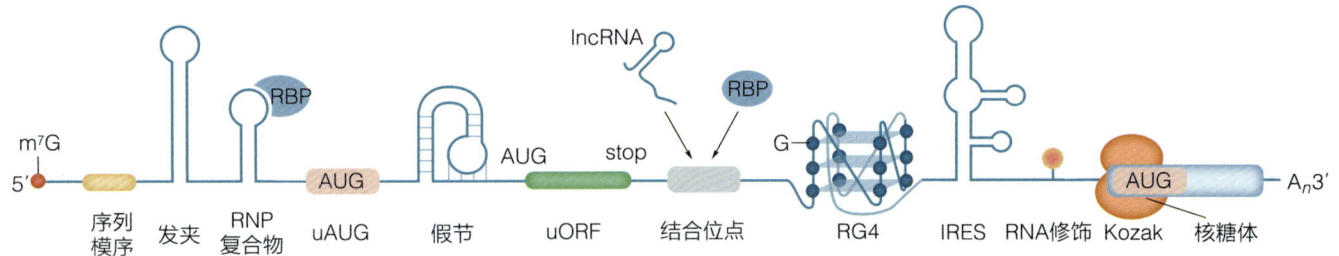

高效的 RNA 分子。

对于非编码 RNA 元件的设计，很多都是基于二级结构进行设计，尤其是设计 Riboswitch。Riboswitch 是一类在序列不变的情况下，结构会发生变化（比如结合某个小分子前后）的 RNA 分子，在原核生物的转录后调控中发挥重要作用。

为了实现更合理的设计，mRNA 所处的分子与细胞环境也是需要考虑的因素。例如，当 mRNA 由聚合酶合成时，mRNA 片段按照产生的先后顺序发生共转录折叠，最终形成的折叠状态高度依赖于细胞环境条件，包括离子浓度、RNA 结合蛋白的作用等。另外，RNA 双链区域被发现能以细胞类型特异的方式激活 RIG-I、MDA5、TLR7/8 等蛋白质介导的天然免疫反应，在设计 mRNA 疫苗与 mRNA 药物时需要注意避免。因此，在设计 RNA 序列时考虑具体细胞环境，有助于设计出更符合应用场景的分子。

随着 RNA 设计领域的发展，尤其是组织与细胞类型特异的 RNA 序列、结构、转录与翻译效率的综合数据集的产生，以及高通量筛选与机器学习方法的应用，人工设计 RNA 将具有更广泛的医疗应用前景。

8.5 生物大分子的化学计算与模拟

至此我们已经介绍了生物大分子的结构预测和设计相关内容，接下来我们对其中涉及的物理化学知识进行详细介绍。

8.5.1 理论基础

20 世纪下半叶，量子力学经历了迅猛发展。随之发展的是基于量子力学的各种计算方法。目前，通过理论计算，人们已经能够对大量的分子性质进行高精度计算，并准确地描述分子的微观行为。比如，对氦原子的电离能和极化率等性质的超高精度计算结果与实验值吻合度极高，在第六位有效数字上才出现差异。而对于多原子分子，在牺牲一定精度的情况下，可以使用薛定谔方程（Schrödinger equation）较为准确地计算含数十个原子的小分子的各种性质。显然，这些基于量子力学理论建立的化学定量计算方法能有效地辅助人们进一步认识生物大分子。

在处理生物分子时，我们遇到的原子主要为元素周期表前三个周期的轻元素原子。其原子核附近运动最快的内层电子，其速度也远低于光速，因此可以忽略相对论效应。根据薛定谔方程，分子体系的波函数 ψ 应是所有粒子（包括电子和原子核）空间坐标和自旋的高维函数。

相比于快速运动的电子，原子核的运动极其缓慢，当分子中的原子核缓慢形成某一种几何构型时，电子分布可以迅速达到平衡。因此电子和原子核的运动间仅有非常弱的偶联，可以采用玻恩-奥本海默近似（Born-Oppenheimer approximation），通过分离变量法把总薛定谔方程分解为电子的薛定谔方程和原子核的薛定谔方程。电子的薛定谔方程可以在给定原子核坐标的前提下，较为容易地使用量子化学工具（比如 Gaussian 软件）求数值解。在变量分离的过程中，电子态的能量以势能的形式进入原子核的薛定谔方程中，可以认为原子核时刻处于电子云所形成的平均势场中。由于电子波函数具有一定的离域特性，原则上，原子核间相互作用的势能是所有原子核坐标的联合函数。

由于原子核之间通过电子云相互作用，一个原子位置的改变会导致电子云的重新分布，从而改变整个原子核体系的势能。这表明，原子核的势能不能分解为单体项和二体项，而是还包含更高阶的多体相互作用。因此原子核体系的薛定谔方程难以通过平均场（mean field）拆解为单粒子的方程，其数值求解的难度很大。对于生物分子，原子核间距离显著高于德布罗意热波长 λ_D（例如氢原子 $\lambda_D \approx 1$ Å，小于通常化学键的长度），可以忽略原子核的波动性。此时，可以把原子核想象成硬球，这些硬球在电子形成的平均势场中缓慢运动，且描述这些硬球间相互作用的势能函数是所有硬球位置的联合函数。

8.5.2 力场模型

在量子化学计算中，往往通过在原子核坐标空间中寻找势能最低点来进行分子的几何构型优化。实际计算中，需要计算势能函数的梯度，从而通过梯度下降法搜索势能极小值。然而这样的计算代价非常大。即便是对一个仅含有 $N=10$ 个原子的小分子而言，原子核的势能至少具有 $3N-6 = 24$ 个维度（每个原子有 3 个自由度，再减去对应整体平动和转动的 6 个自由度）。计算梯度时需要沿每个维度对势能求微分，因此需要在多个格点上计算体系的势能。而每一次计算势能，由于原子核的位置轻微改变会影响电子分布，又需要返回电子的薛定谔方程进行数值求解。可以想象，当分子的体系扩大时，薛定谔方程的求解次数以指数方式增加，因此这样的精确计算无法扩展到生物分子。

为解决这一问题，人们提出了力场（force field）模型，使用一套带参数的分析型函数（analytical function）来描述原子核的总势能。由于分析型函数具有明确的数学表示，其微分计算非常便捷。如果能够通过拟合参数使得分析型函数描述的势能与量子化学计算所得的势能近似，那么就可以又快又好地解决分子构型优化问题。因此，力场就是指通过一套具有明确数学表示的分析型函数拟合原子核在电子云中感受到的势能。

理论上，力场函数应是所有原子坐标的高维函数。但是在实际应用中，为简化计算，往往把总势能简化为多项局域势能的叠加，其中每一项局域势能都描述距离相邻的几个原子核间的相互作用。如图 8-29 所示，以 CHARMM 力场为例，分子的总势能可以分解为键连相互作用（bonded energy）和非键连相互作用（non-bonded energy）。

（1）键连相互作用

由于分子，特别是生物大分子，在发生构象变化时，化学键不会断裂，键长变化

图 8-29 CHARMM 力场中键连相互作用示意
其中主要包括键的伸缩振动、弯曲振动、绕单键的旋转和限制双键旋转的平面特性。

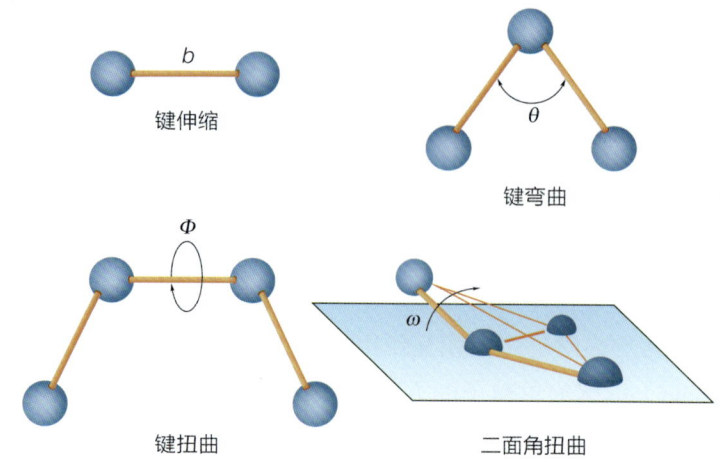

幅度很小，因此可以用二次函数（即胡克定律）描述键的伸缩振动（bond stretching）：

$$E_{\text{键}} = \sum k_b (r - r_0)^2,$$

其中，k_b 和 r_0 分别为弹性系数和平衡距离，属于待优化的参数。

同理，化学键之间的键角也较为稳定，可以用二次函数描述键的弯曲振动（angle bending）：

$$E_\theta = \sum k_\theta (\theta - \theta_0)^2,$$

其中，k_θ 和 θ_0 为待优化参数。

原子间的单键（σ 键），由于其波函数具有轴对称性，因而可以自由旋转（称为合适的二面角扭曲）。根据有机化学的知识，绕单键的旋转并非完全自由，仅当成键的两个原子上的取代基团形成错位时，由于空间位阻较低，势能才相应较低。而且考虑到旋转角具有周期特性，因此使用周期性的余弦函数描述这种运动：

$$E_\phi = \sum k_\phi [1 + \cos(n\phi - \delta)],$$

其中，k_ϕ 为幅值，n 为周期参数，δ 为初相位。

原子间的双键（π 键）或某些具有部分双键特性的化学键（如蛋白质中的肽键），由于其波函数对含键平面具有反对称性，因而无法自由旋转（称为不合适的二面角扭曲）。绕这些化学键的旋转应予以抑制，也可以采用二次函数来描述：

$$E_\omega = \sum k_\omega (\omega - \omega_0)^2,$$

其中，k_ω 和 ω_0 为待优化参数。

（2）非键连相互作用

除键连相互作用外，原子之间还可以形成非键连的较弱相互作用，包括静电相互作用和范德瓦耳斯相互作用。其中静电相互作用可以通过库仑定律描述：

$$E_{\text{电}} = \sum_{i<j} \frac{q_i q_j}{4\pi\varepsilon_0 r_{ij}},$$

其中，ε_0 为真空介电常数，q 为点电荷电量，r 为距离。这里每个原子简化为点电荷，其携带的部分电荷 q 也是待优化的参数。

范德瓦耳斯相互作用则综合性地描述了中性原子间通过瞬时极化形成相互吸引以

及由于自旋方向相同的电子间的泡利不相容（Pauli exclusion）形成的相互排斥，通常使用 Lennard-Jones 势能描述：

$$E_{\text{VDW}} = \sum_{i<j} \varepsilon_{ij}\left[\left(\frac{\sigma_{ij}}{r_{ij}}\right)^{12} - 2\left(\frac{\sigma_{ij}}{r_{ij}}\right)^{6}\right],$$

其中，ε 和 σ 分别为势阱深度和平衡距离，也是待优化的参数。

氢键相互作用已经隐含在静电能和 Lennard-Jones 势能的计算中。疏水相互作用不是由特定的力形成的，而是熵驱动的，所体现的是疏水物质在水溶液中自发聚集以降低体系自由能的倾向。目前往往在模拟体系中显式加入水分子［称为显式溶剂模型（explicit solvent model）］来描述溶质和溶剂间的作用倾向。

由以上例子可见，在 CHARMM 等力场中，用一系列的分析型函数的总和来拟合系统的总势能。力场中通常把原子分为很多类别，每几种原子类型间相互作用的参数都不同，因此待优化的参数通常成千上万。这些参数可以通过两种途径优化。首先可以通过对模型分子（如氨基酸或核苷酸）的实验数据（如水合能、极化率、光谱数据）进行拟合得到。如果实验数据不足，则可以针对薛定谔方程的数值计算结果进行拟合。需要注意的是，在实验条件下小分子处于电子基态，而且常规的薛定谔方程数值计算也往往针对电子基态，因此拟合所得的力场一般仅适用于电子基态的描述，不能反映激发态的分子特性。

通过前面的讲述，我们看到力场用相对简单的物理模型取代了复杂的量子化学计算，极大降低了计算复杂度。不过，这种简化的局限性包括：①无法描述真实分子中发生的化学键断裂；②无法处理极化效应较强的相互作用，如阴离子-π相互作用和阳离子-π相互作用。

8.5.3　分子力学

使用力场计算分子势能的计算方法称为分子力学（molecular mechanics，MM）。如上所述，力场采用了带参数的分析性函数描述势能，因此可以快速对势能求取微分。因此分子力学可以通过梯度下降法对分子构型进行快速优化。

如图 8-30 所示，横坐标描述分子的几何构型，即原子核的坐标，而纵坐标表示分子的势能，通过分子力学法计算。从一个初始构型出发，计算势能的梯度，然后沿梯度方向对原子核的坐标进行一小步的延伸（图中箭头所示），会产生一个新的分子构型。在此处重新计算势能和梯度，重复以上步骤直到收敛。这就是使用分子力学法对分子构型进行优化的基本流程。显然，该流程只能把分子优化到局部极小值点（图 8-30 中 B 点），因为沿梯度方向行进只可能持续降低势能，无法跨越能垒。

虽然有上述缺陷，但使用分子力学法优化结构已经被广泛应用于实验结构解析。在蛋白质晶体学和冷冻电镜结构解析中，根

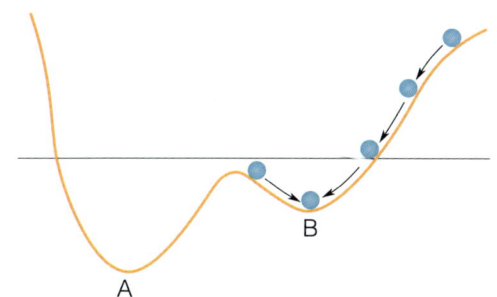

图 8-30　通过梯度下降法进行几何构型优化
通常从一点出发，每次计算梯度后，沿当前梯度方向行进一小步。经过多次迭代，可以到达局部能量最低点。

据实验数据建立的结构模型往往在局部细节处有缺陷，比如键长或键角偏离理论上的平衡值。因此实验结构解析的最后一步往往是使用分子力学法对结构模型的势能进行优化。此外，分子力学法也可以应用于模型质量评估，因为合理的结构通常势能也更低。也就是说，分子力学法计算的势能可以作为模型质量的打分函数。

如前文所述，力场方法计算势能具有很大的局限性，特别是在研究能量较高的过渡态或某些中间态结构时，由于电子分布与基态有较大差别，计算的结果有很大的误差。研究这类问题时，使用量子力学（quantum mechanics，QM）是最合理的解决办法。但是很不幸，即使是计算复杂度较低的量子力学方法（比如密度泛函理论），当分子体系扩大10倍后，其计算代价增大1000倍，因此无法处理生物大分子。为了兼顾量子力学的计算精度和分子力学的计算速度，人们提出了QM/MM法。在处理生物大分子时，首先确定量子效应较强的部分（比如酶反应的活性中心）作为反应中心，通常仅含有数十个原子，对这部分原子的势能计算使用量子力学法；距离反应中心较远的大量原子，电子分布几乎不受影响，量子效应很弱，对这些原子的势能计算使用分子力学法；对中间过渡区域的原子，在静电势能计算时要考虑反应中心处电子云的平均作用。

此外，分子力学使用的力场函数形式简单，在很多场景下无法对量子力学计算的势能提供很好的拟合。基于人工智能技术的发展，近年来，人们逐渐开始发展方法训练深度学习模型解决这一问题。深度学习模型具有强大的非线性拟合能力，在数据充足的前提下，理论上可以较好地对量子力学计算所得的势能进行拟合。同时基于人工神经网络的模型都允许微分计算，因此，依据这种方法即AIMM（artificial intelligence based molecular mechanics）得到的模型能更好地满足人们对计算精度和速度的需求。

8.5.4 分子动力学模拟

分子动力学模拟（molecular dynamics simulation）是分子力学的进一步延伸。在分子力学体系中，每一个原子核被简化为一个硬球，根据这些硬球间的几何位置关系可以计算出分子的势能。而且如8.5.1节所述，相对于电子来说，原子核的运动非常缓慢，原子核的波动性可以忽略。根据这样的近似处理，原子核的运动符合经典力学的描述，可以用牛顿定律求解。

具体来说，每一个原子核处在统一的势场 V（由分子力学计算）中，那么它受到的力等于势能对当前原子核位置 r 的负梯度。根据牛顿第二定律，可以计算出该原子核的加速度，其中原子核质量与原子质量近似相等。如果当前时刻 t 的位置 r 和速度 v 已知，就可以根据加速度更新下一时刻 $t+\Delta t$ 的位置和速度。随后，在下一时刻，根据更新后的位置，可以通过力场更新势能，再计算下一时刻每个原子核所受的力和加速度。这样迭代更新后，就可以看到每个原子核的坐标和速度随时间的演化规律。也就是说，原则上，从一个初始结构出发，只要知道每个原子核的初始速度，就可以观测到分子随时间的连续运动行为，包括分子整体的平动和转动，以及分子内部的振动（即分子构象变化）。因此，分子动力学模拟也被称为虚拟显微镜，因为它可以在计算机中模拟原子分辨率的分子结构随时间的演化过程。

分子动力学模拟方法可以对分子的构象空间进行采样。不同于结合分子力学的梯度下降法，分子动力学模拟系统中含有动能项，因此允许分子通过热运动克服能垒，探索全局最优构象。实际应用中，在分子模拟体系中往往要加入热耦（thermostat）以模仿体外实验的等温条件。模拟系统的温度是分子热运动的表征，也可以用系统的平均动能表示。当分子进行动能和势能间转化时，往往会造成温度的波动。而热耦可以迅速抑制分子动能的波动，在探索构象空间时也能进一步促进分子克服能垒（因为分子在越过能垒时动能减少，从热耦中吸热后可以恢复动能）。

在分子动力学模拟流程中，模拟可以一步一步进行下去，而每一步的步长主要采用 1 fs（femtosecond，飞秒，即 10^{-15} s）。因为振动周期 T 最小的化学键（含有氢原子的化学键）$T \approx 10$ fs，而观测一个振动周期至少需要十步；另外海森堡不确定性原理（Heisenberg uncertainty principle）决定了观测到较为显著的变化至少需要 0.8 fs。如果要连续观测目标分子在 1 μs（microsecond，微秒，即 10^{-6} s）后的行为，需要进行 10^9 步的计算，因此绝大部分分子动力学模拟的使用者通常只能在纳秒（nanosecond，ns，即 10^{-9} s）到微秒的时间尺度上观测分子运动。目前最长的分子动力学模拟是由美国研究机构 D. E. Shaw Research 开展的，首次模拟蛋白质折叠过程的全部细节。

然而，许多生物大分子的微观行为要远远慢于当前分子模拟可及的时间尺度，比如大部分蛋白质的折叠过程在秒的量级上。为解决这一问题，人们提出了粗粒化模拟（coarse-grained simulation），即把多个原子组合起来作为一个颗粒处理；相应的，前文介绍的对每一个原子核都单独处理的分子动力学模拟算法也称为全原子模拟（all-atom simulation）。粗粒化模拟可以有效缩减模拟系统的尺寸，加快势能计算。但是，获得模拟时间优势的同时，粗粒化模拟也牺牲了计算精度，特别是研究某些细节特征（比如单个残基结合质子）对结构动态的影响时，粗粒化模拟完全失效。考虑到全原子模拟和粗粒化模拟各有优劣，人们提出了多尺度模拟（multiscale simulation）的框架，对这两种方案进行了整合。在观测长时间尺度的分子慢运动行为时，可以先采用粗粒化模拟在有限时间内对分子的粗粒化构象进行采样。然后针对主要的粗粒化构象，可以通过细粒化过程建立其可能的全原子坐标，最后再采用全原子模拟研究结构的精细变化。

8.5.5 蒙特卡罗模拟

除了分子动力学模拟，蒙特卡罗模拟（Monte Carlo simulation）也可以应用于研究蛋白质折叠过程。蒙特卡罗模拟属于随机过程中马尔可夫链（Markov chain）的一种，离散马尔可夫链一般研究具有可数状态数的系统在各状态间的分布随时间变化的过程，状态间的跳转概率用跃迁矩阵（transition matrix）描述。将马尔可夫链应用于蛋白质折叠研究时，蛋白质所有较为稳定的构象成为系统的状态集合，而蛋白质结构可以在各个构象状态间跳转。这样，蛋白质在各个构象间的概率分布会随时间变化。如果马尔可夫链能产生收敛的解，那么这个解一定对应于天然态构象占绝对优势的概率分布。

蒙特卡罗模拟是研究马尔可夫链收敛解的一种计算方法。在实际计算中，蒙特卡罗模拟从某一个状态出发，根据状态间的跃迁矩阵所给出的跃迁概率来实施状态间的跃迁。理论上，如果马尔可夫链有收敛的解，那么运行蒙特卡罗模拟足够长时间后应能达到收敛的状态点。可以说，马尔可夫链包含了所有随时间变化的状态间的转化，蒙特卡罗模拟实际上模拟的是马尔可夫链中一条实际可能发生的路径。

当应用于蛋白质折叠研究或蛋白质结构预测时，蒙特卡罗模拟一般从某个初始结构（通常为伸展的β折叠链结构或计算机产生的随机结构）出发，经过一系列的构象变化过程，试图达到距离天然态构象较近的结构。以 ROSETTA 为例，每一次构象变化按照如下方式进行：①随机选择一个连续的氨基酸片段（3~9个残基）；②获得该片段的氨基酸序列和预测的二级结构序列；③在 PDB 中搜索，找到与该片段在一级序列和二级结构方面吻合的所有片段结构；④随机选择其中的一个片段结构，计算其中每个残基的主链二面角；⑤迫使目标片段的二面角采用计算所得值。可见，每次发生构象改变实际上相当于完成了两个构象状态间的跃迁。评估这次跃迁是否合理，需要计算此次跃迁的概率。

跃迁概率与跃迁前后两个构象状态（A 和 B）的势能有关。系统在两个状态上的存在概率应满足玻尔兹曼分布，即在某一状态的概率与 e^{-E/k_BT} 成正比：

$$\frac{P(\mathrm{A})}{P(\mathrm{B})} = \frac{e^{-E_\mathrm{A}/k_BT}}{e^{-E_\mathrm{B}/k_BT}} = e^{\Delta E/k_BT} \text{。} \tag{8-1}$$

其中，$\Delta E = E_\mathrm{B} - E_\mathrm{A}$，描述两个状态的势能差。通常假设马尔可夫链是微观可逆的［称为细致平衡（detailed balance）］，即从状态 A 到 B 的整体跃迁应与 B 到 A 的整体跃迁持平：

$$P(\mathrm{A})P(\mathrm{A}\rightarrow\mathrm{B}) = P(\mathrm{B})P(\mathrm{B}\rightarrow\mathrm{A}) \text{。} \tag{8-2}$$

其中，$P(\mathrm{A}\rightarrow\mathrm{B})$ 和 $P(\mathrm{B}\rightarrow\mathrm{A})$ 为跃迁的接受概率。结合式（8-1）与（8-2）可得

$$\frac{P(\mathrm{A}\rightarrow\mathrm{B})}{P(\mathrm{B}\rightarrow\mathrm{A})} = \frac{P(\mathrm{B})}{P(\mathrm{A})} = e^{-\Delta E/k_BT} \text{。} \tag{8-3}$$

考虑到跃迁概率是［0，1］间的实数，可以应用 Metropolis 条件求解满足式（8-3）的一组解：

$$P(\mathrm{A}\rightarrow\mathrm{B}) = \begin{cases} 1, & \Delta E \leq 0 & (8\text{-}4\mathrm{a}) \\ e^{-\Delta E/k_BT}, & \Delta E > 0 & (8\text{-}4\mathrm{b}) \end{cases}$$

具体而言，跃迁概率与跃迁前后状态系统的能量差（ΔE）有关。如果跃迁后系统能量降低，那么跃迁概率为 100%。而如果跃迁后系统能量升高，那么跃迁概率由玻尔兹曼因子 $e^{-\Delta E/k_BT}$ 决定，而且能量升高越多，概率越小，如图 8-31 所示。该算法允许系统能量的暂时升高，系统不会陷入局部能量最小点（局部稳定的构象）；相反，

经过足够长的时间，至少在理论上，系统应能自发地向天然态构象（全局能量最小点）靠近。

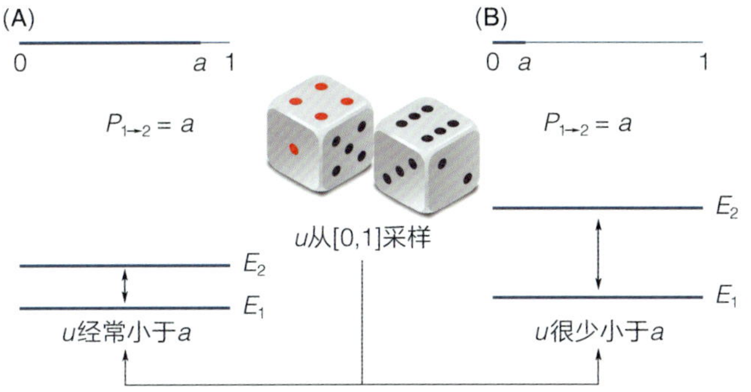

8.5.6 模拟退火

生物大分子的构象空间通常有很高的维度，而对生物大分子的全局能量优化相当于在这个高维空间中搜索全局最优解。如前文所述，分子动力学模拟和蒙特卡罗模拟都可以在一定程度上允许模拟体系跨过能垒，从而有可能探索到全局最优解。但是，当遇到较高的能垒时，以上两种方法都会遇到严重问题。

在分子动力学模拟中，分子通过牺牲动能转化为势能来跨越能垒。当能垒较高时，分子热运动的动能不足，因此显然无法克服能垒。是否能提高分子的平均动能呢？我们知道，温度是描述分子热运动的指标。根据能量均分定理（equipartition theorem），在理想气体模型中，分子在每一个运动维度上的平均动能等于 $k_BT/2$，也就是说，分子的动能与温度成正比。因此提高温度显然可以帮助分子在模拟体系中跨过能垒。

在蒙特卡罗模拟中，没有动能的概念。但是我们知道，在进行构象改变时，如果系统能量升高（$\Delta E > 0$，相当于跨越能垒），跃迁概率 $e^{-\Delta E/k_BT}$ 随温度升高而增大。也就是说，在蒙特卡罗模拟中，升高温度也可以辅助分子克服能垒。

因此在高维构象空间中探索全局最优构象时，无论使用分子动力学模拟还是蒙特卡罗模拟，都可以先升高温度，帮助分子克服局域能垒，摆脱局部最优构象所对应势阱的束缚，从而更好地探索构象空间。当分子幸运地落入全局最优构象所对应的能量势阱后，再降低温度，这样分子构象就会迅速收敛到全局最优解。

模拟退火（simulated annealing）就是这种思路下诞生的产物。之所以称为模拟退火，是因为这种方法与冶金学中铸造金属的退火非常相似。在冶金铸造时，也需要先升温，并在高温下改变金属的形态，然后再降温，从而使金属迅速稳定在新的形态上。这种退火的思路也应用于分子生物学中的聚合酶链反应（polymerase chain reaction，PCR）技术中。

具体使用时，需要预先设置一个温度梯度，其中最低温度为室温或生理温度，而最高温度则需要设置得足够高，以保证分子能有效克服局部能垒。如图 8-32 所示，模拟过程中，每过一定模拟步数后，温度就沿预设的梯度下降一次。伴随温度下降，在分子动力学模拟体系中需要根据温度变化，按照前后温

图 8-31 蒙特卡罗模拟应用于生物分子时的计算流程图
当系统由状态 1 向状态 2 跃迁时，首先依据势能计算结果得到玻尔兹曼因子 $a = e^{-\Delta E/k_BT}$，即式（8-4b）。如果该因子大于 1，则接受此次跃迁，否则以玻尔兹曼因子 a 为概率实施跃迁。A 图和 B 图分别描述了在势能升高（$\Delta E > 0$）的过程中，ΔE 较小和 ΔE 较大时跃迁概率的区别。显然，能垒越大则跃迁概率越低。

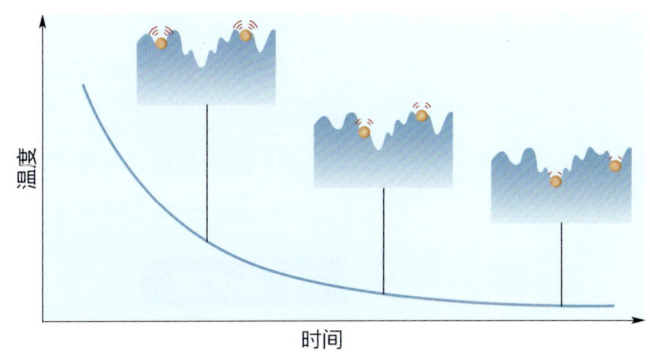

图 8-32 模拟退火示意图
退火过程中温度随时间下降。在高温时，分子能更好地探索势能相对较高的构象；随温度下降，分子开始逐渐陷入到能量较低的势阱中；最后，在室温时，分子能到达能量最低的几个构象。

度比例的平方根来更新原子速度（能量均分定理）；在蒙特卡罗模拟中则不需任何改变。随着模拟进行，系统温度会逐渐降低到室温。一般来说，分子仅仅通过一次单一的模拟退火过程往往不能探索到全局最优构象，因此可以把模拟退火过程以串行或并行的方式多次进行，这样可以提高构象搜索的效率。

※ 本章小结

我们首先介绍了如何从蛋白质的序列出发预测其三维结构，从物理模型到结构数据库统计信息，再到共进化信息，最后到带来革命性突破的深度学习。这些成功离不开数据的积累，也离不开对蛋白质折叠机理的认识。RNA 分子结构灵活，且实验解析的结构远少于蛋白质，故其结构预测落后于蛋白质领域，这里我们对二级结构预测和三级结构预测都进行了介绍。在得到蛋白质结构之后，我们介绍了如何预测其与小分子或大分子（DNA、RNA、其它蛋白质）的相互作用，这对揭示蛋白质在细胞内的功能至关重要。我们还介绍了结构预测的逆过程，即生物大分子的设计，极大扩展了人类可利用的结构空间。深度学习也为该领域带来了重大突破，尤其是从头设计。最后，我们介绍了生物大分子的化学计算与模拟。

※ 思考题

1. 蛋白质结构预测有哪些评估指标？这些指标各自的优缺点是什么？
2. AlphaFold2 是如何将结构预测领域积累的知识引入到神经网络中的？
3. 对于图 8-13 中的第一条序列，用 Nussinov 算法预测其二级结构，并与图 8-13 中的二级结构进行比较。
4. 与蛋白质相比，RNA 的结构预测有哪些困难之处？
5. 识别蛋白质的结构域主要有哪些？这些结构域与识别 DNA/RNA 的结构域有哪些异同？
6. 分子对接与分子动力学模拟有哪些异同？
7. 蛋白质设计需要根据给定的三维结构设计相应的序列，这里的三维结构有哪些获取途径？
8. 查阅资料，列举几个从头设计的蛋白质投入实际生产的例子。
9. 在分子动力学模拟中，原子的初始速度是如何设定的？

※ 扩展阅读

图书

Donald B R. Algorithms in structural molecular biology[M]. Cambridge: MIT Press, 2023.

Liljas A, Liljas L, Lindblom G, et al. Textbook of structural biology[M]. Singapore: World

Scientific, 2016.

Piela L. Ideas of quantum chemistry[M]. Amsterdam: Elsevier, 2013.

研究论文

Anishchenko I, Pellock S J, Chidyausiku T M, et al. De novo protein design by deep network hallucination[J]. Nature, 2021, 600(7889):547-552.

Forli S, Huey R, Pique M E, et al. Computational protein-ligand docking and virtual drug screening with the AutoDock suite[J]. Nat Protoc, 2016, 11(5):905-919.

Jumper J, Evans R, Pritzel A, et al. Highly accurate protein structure prediction with AlphaFold[J]. Nature, 2021, 596(7873):583-589.

Karplus M, Petsko G A. Molecular dynamics simulations in biology[J]. Nature, 1990, 347(6294):631-639.

Knudsen B, Hein J. Pfold: RNA secondary structure prediction using stochastic context-free grammars[J]. Nucleic Acids Res, 2003, 31(13):3423-3428.

Korendovych I V, DeGrado W F. *De novo* protein design, a retrospective[J]. Q Rev Biophys, 2020, 53:e3.

Krishna R, Wang J, Ahern W, et al. Generalized biomolecular modeling and design with RoseTTAFold All-Atom[J]. Science, 2024, 384(6693):eadl2528.

Madani A, Krause B, Greene E R, et al. Large language models generate functional protein sequences across diverse families[J]. Nat Biotechnol, 2023, 41(8):1099-1106.

Mathews D H, Sabina J, Zuker M, et al. Expanded sequence dependence of thermodynamic parameters improves prediction of RNA secondary structure[J]. J Mol Biol, 1999, 288(5):911-940.

Rohl C A, Strauss C E M, Misura K M S, et al. Protein structure prediction using Rosetta[J]. Methods Enzymol, 2004, 383:66-93.

Sun L, Xu K, Huang W Z, et al. Predicting dynamic cellular protein-RNA interactions by deep learning using in vivo RNA structures[J]. Cell Res, 2021, 31(5):495-516.

Townshend R J L, Eismann S, Watkins A M, et al. Geometric deep learning of RNA structure[J]. Science, 2021, 373(6558):1047-1051.

Vanommeslaeghe K, Hatcher E, Acharya C, et al. CHARMM general force field: a force field for drug-like molecules compatible with the CHARMM all-atom additive biological force fields[J]. J Comput Chem, 2010, 31(4):671-690.

Wang T, He X H, Li M Y, et al. Ab initio characterization of protein molecular dynamics with AI^{2}BMD[J]. Nature, 2024, 635(8040):1019-1027.

Webb B, Sali A. Comparative protein structure modeling using MODELLER[J]. Curr Protoc Bioinformatics, 2016, 54:5.6.1-5.6.37.

Zhang J S, Fei Y H, Sun L, et al. Advances and opportunities in RNA structure experimental determination and computational modeling[J]. Nat Methods, 2022,

19(10):1193-1207.

Zhang Q C, Petrey D, Deng L, et al. Structure-based prediction of protein-protein interactions on a genome-wide scale[J]. Nature, 2012, 490(7421):556-560.

Zwanzig R, Szabo A, Bagchi B. Levinthal's paradox[J]. Proc Natl Acad Sci USA, 1992, 89(1):20-22.

9 生物大分子互作与识别

对于错综复杂的生命过程而言，其在分子层面上的体现就是生物分子之间的相互作用（简称"互作"）与识别，生命过程就是基于各种生物分子之间的互作和识别才得以正常进行的。而参与到相互作用的生物分子包括了所有生物分子类型——蛋白质、核酸、糖类、脂质以及各种小分子，它们是生命体所需的关键过程的复杂分子支撑，这些生物分子相互识别并精确互作是生命调控复杂性的基石。在本章中，我们将深入探讨生物分子之间的互作与识别，探究生物大分子识别和互作的分子机制、结构基础、类别模式及其对细胞功能和生命过程的复杂动态调控。

9.1 蛋白质互作与识别的基本概念

DNA 是生物遗传信息的载体，经过 DNA 的转录和 mRNA 的翻译最终形成蛋白质，而蛋白质则是绝大多数生命活动的直接执行者。因此要了解生命活动以及生物分子之间的互作与识别，最核心的部分就是蛋白质和其它生物分子之间的互作与识别。前面的章节已经讲述了我们现在可以如何通过各种不同的手段对于蛋白质的氨基酸序列、二级结构、三级结构、四级结构以及其生化性质和功能进行研究。但是，在大多数情况下，仅依靠蛋白质本身是无法发挥其功能的。在生理条件下的蛋白质是高度动态的，其功能的发挥几乎都要依靠与不同的其它分子之间相互作用来实现。

我们把这些可以与蛋白质结合的各类分子称为配体（ligand）。配体可以是任何类型的分子，包括蛋白质、核酸、脂质、糖类以及小分子甚至是水分子和氧气。通常情况下蛋白质和配体的相互作用是可逆的，而蛋白质与配体的识别和可逆互作对于生命体而言至关重要，这决定了生命如何快速且可逆地对环境的变化作出响应，进而又会影响到一系列复杂的生命过程，如抗原－抗体识别、信号转导、DNA 损伤修复和基因表达调控。

配体在蛋白质上结合的位置被称为结合位点（binding site），通常情况下蛋白质的结合位点与配体在大小、形状、电荷上是互补的，在亲、疏水性上是匹配的。蛋白质和配体之间的识别是特异且可逆的，这两个特性使得一个蛋白质可以在包含了成千上万个配体的复杂环境中只结合一种或少数几种配体。蛋白质与配体的特异性分子互作是维持生命系统高度有序运行的关键。

蛋白质和配体的相互作用通常都是通过多对不同的非共价相互作用组合在一起介导的，如氢键、离子相互作用（又称为静电互作、盐桥）、疏水相互作用和范德瓦耳斯力等。对于这些作用力的具体解释请详见本书第 3 章。值得注意的是，支撑生物分子识别事件的相互作用通常都不只是一对相互作用，而是多对相互作用之间组合实现的，这样一方面增强了相互作用的强度，另一方面也增强了生物分子识别的特异性。

当蛋白质与配体之间发生相互作用时，配体的结合往往会对蛋白质的构象造成轻微或明显的改变，这些改变使得蛋白质可以与配体进行更互补、更强的结合，这种通过调整构象使得结合更加紧密的过程称为诱导契合（induced fit）（图 9-1）。而对于一个多亚基的蛋白质复合物而言，配体结合导致某个亚基的构象改变通常会对其它亚基的构象也产生影响。也经常会出现由于一个配体的结合导致蛋白质的构象发生改变，从而变得可以结合另一个配体的现象。

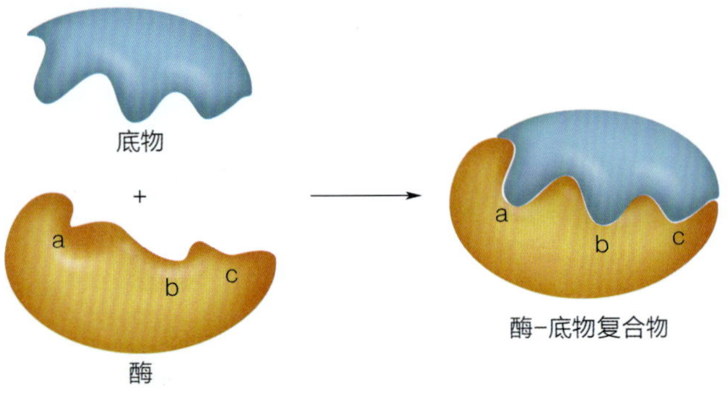

图 9-1　蛋白质构象的诱导契合模型

9.2 蛋白质 – 蛋白质互作与识别

对于大多数的生命活动而言，单个蛋白质往往并不足以完成复杂的生命活动，通常都需要多个蛋白质组合在一起形成功能性复合物完成其功能。此外，由于细胞环境的变化，蛋白质在行使其功能时必须要及时地感知到外界环境的改变，从而对其做出响应，改变其工作状态。人体内许多生物学事件，如免疫应答和细胞信号转导等都离不开蛋白质 – 蛋白质之间的相互作用。

免疫系统在捍卫机体免受病原体侵害方面扮演着至关重要的角色。它是一个复杂而高度协调的生物防御系统，旨在保护我们的身体免受各种微生物（如细菌、病毒、真菌等）的入侵。其中抗体与抗原的特异性识别对于免疫应答的产生至关重要。抗原（antigen）是指能够激发免疫系统产生免疫应答的物质或分子。环境中存在各种抗原，而抗原的特定结构通常位于其分子表面，也被称为表位（epitope）。B 细胞接受抗原激活后，可通过亲和力成熟和类别转换，逐步分化发育为浆细胞。浆细胞可以产生分泌型免疫球蛋白（secreted immunoglobulin，sIg，又称为分泌型抗体），也就是我们通常提到的抗体。分泌型抗体一般由四条多肽链组成，包括两条轻链（L）和两条重链（H）。其中，一条轻链和一条重链结合在一起，两条重链被它们中间的半胱氨酸形成的二硫键进一步固定（图 9-2A）。抗体包含恒定区与可变区，其对于抗原的识别依赖于可变区的残基与抗原间的静电力、氢键、疏水效应、范德瓦耳斯力等互作实现。虽然这些单一的相互作用力远不及共价键强，但众多相互作用力的组合可以使抗体对抗原的结合能力达到纳摩尔（nmol）级别甚至更高。

以新冠病毒（SARS-CoV-2）的抗体识别为例，新冠病毒通过其病毒刺突糖蛋白的受体结合区（receptor-binding domain，RBD）与人体的受体蛋白 ACE2 结合。中和抗体可以结合病毒的 RBD 并阻碍其与 ACE2 的结合。RBD 与抗体 P2B-2F6 的复合物结构显示，抗体通过大量疏水相互作用和极性相互作用实现了对病毒 RBD 的特异性识别（图 9-2B），其结合能力可以达到 nmol 级别。相对应地，新冠病毒也会通过抗

图 9-2 抗体结构及其对新冠病毒 RBD 的识别
（A）抗体的结构示意图。
（B）抗体 Fab 段与新冠病毒刺突糖蛋白的受体结合区的复合物结构图（PDB 编号：7BWJ）。

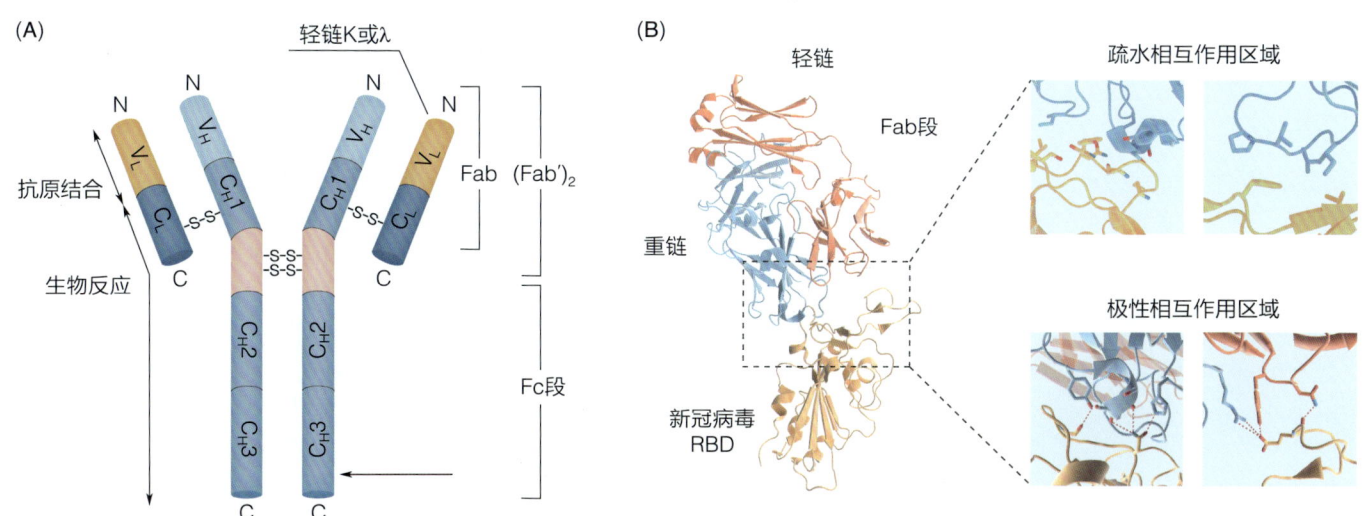

体互作关键残基的突变来逃逸抗体的识别，例如新冠病毒的奥密克戎变异株就通过突变逃逸了多类抗体的识别。因此，理解蛋白质-蛋白质相互作用并进行相应的设计，从而增强或打破结合，对于调控免疫识别十分关键。

在免疫反应中，有些受体蛋白还需要与共受体蛋白相互作用才能发挥其功能。以T细胞受体（T-cell receptor，TCR）和共受体CD3为例，TCR首先识别抗原呈递细胞上结合了抗原多肽的主要组织相容性复合物（major histocompatibility complex，MHC），然后通过其结合的共受体CD3将抗原信号传递到CD3的ζ亚基的胞内区域，从而激活T细胞的级联信号通路，发挥其杀伤功能。TCR包括α和β两个亚基，其含有胞外域（用以识别抗原）和跨膜域，但却不包含胞内域。TCR完成信号转导的过程依赖于与CD3形成复合物。CD3是由CD3ε/γ、CD3ε/δ和CD3ζ/ζ组成的六元复合物，在其跟TCRα/β形成的八元复合物中，跨膜区由来自8个亚基的8个α螺旋形成的α螺旋束构成，疏水相互作用和盐桥贡献了该α螺旋束形成的主要作用力（图9-3）。共受体的互作模式还广泛存在于其它通路中，例如植物的富含亮氨酸重复胞外域的膜受体激酶（LRR-RK）可以感知小分子和多肽等配体，而很多LRR-RK需要SERK家族共受体激酶进行高亲和力配体结合与受体激活。

通过上述的介绍我们可以看出，免疫系统能够特异性识别不同的抗原表位，并将其精确地呈递到不同的下游细胞中，从而激活下游细胞的各种响应过程。而实现这种特异性免疫反应的分子基础就是蛋白质-蛋白质相互作用。

蛋白质-蛋白质相互作用不仅对于免疫系统的调控有直接影响，其对于细胞信号的感知转导也至关重要，其中典型的一类家族就是G蛋白耦联受体（GPCR）。人体中约有近千种GPCR，在视觉、嗅觉、味觉等诸多信号感知通路中发挥了重要作用。GPCR本身是7次跨膜受体蛋白，可以结合对应的激动剂（agonist），而其功能的发挥依赖于异源三聚体鸟嘌呤核苷酸结合蛋白（G蛋白）。异源三聚体G蛋白由α、β和γ

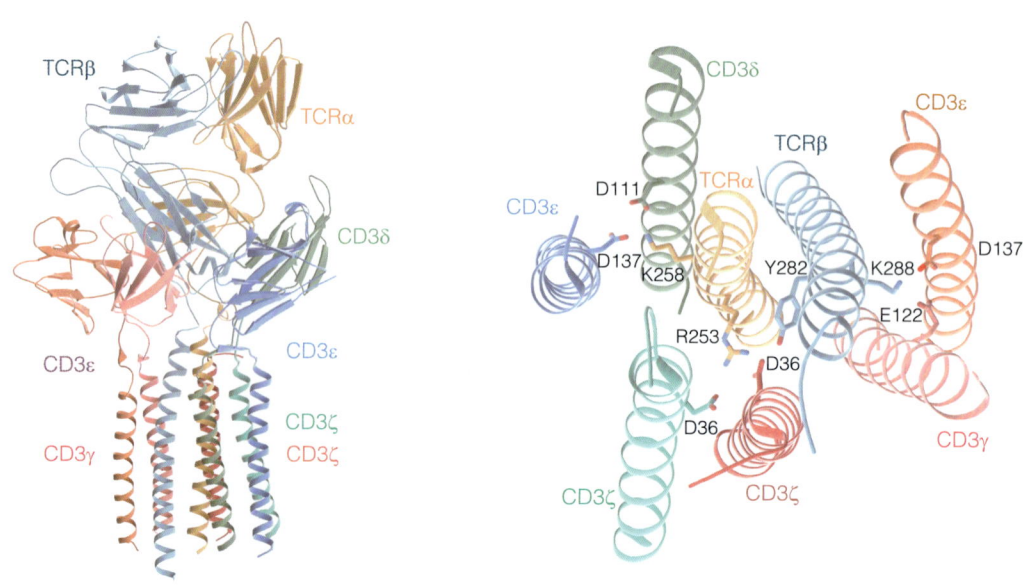

图9-3 T细胞受体（TCR）与共受体CD3的八元复合物结构图（PDB编号：6JXR）

三个亚基组成，其 α 亚基具有 GTP 的结合和水解能力。α 亚基在结合 GDP 时可以同 β 和 γ 亚基形成异源三聚体；而其在结合 GTP 时则会与 β 和 γ 亚基分离而结合下游的效应蛋白。在 GPCR 结合激动剂时会造成 GPCR 的构象发生改变，并使其可以结合处于 GDP 结合状态的 G 蛋白异源三聚体。G 蛋白异源三聚体在 GPCR 结合后其 Gα 亚基会发生构象改变，释放所结合的 GDP 并与周围环境中的 GTP 结合，结合了 GTP 的 α 亚基会和 Gβγ 亚基复合物分离，分离后的 Gα 蛋白可以激活下游的效应分子如腺苷酸环化酶等介导信号的转导（图 9-4A）。由于 Gα 蛋白还具有 GTP 的水解酶活性，在 GTP 水解后 Gα 失活并重新同 Gβγ 蛋白形成 G 蛋白异源三聚体。

β2 肾上腺素能受体（β2AR）和异源三聚体 G 蛋白的复合物结构解释了这一过程的分子机理（图 9-4B）。激活态的 β2AR 与 Gα 形成广泛的互作并被其稳定，其与 Gβ 和 Gγ 亚基则无直接互作，但 Gβ 对于稳定 Gα 的 N 端 α 螺旋具有重要作用。在复合物结构中，G 蛋白的 N 端和 C 端的 α 螺旋介导了其构象的改变，其中 α 螺旋 5 移动了 6 Å 并插入 β2AR，从而导致 GαsAH 亚基旋转造成其核酸结合口袋打开。这一例子展现了蛋白质和蛋白质之间如何通过相互作用导致构象改变并介导下游的生物学信号转导。

除 GPCR 外，细胞因子配体和受体间的相互作用也对细胞信号转导至关重要。例如表皮生长因子受体（epidermal growth factor receptor，EGFR）可以识别表皮生长因子 EGF 和转化生长因子 α（TGFα）等配体，从而调控细胞的增殖、分化和迁移等。EGFR 的突变和过表达与人体多种癌症的发生密切相关。EGFR 属于受体酪氨酸激酶（receptor tyrosine kinase，RTK）家族，在结合配体时 EGFR 单体会发生二聚化从而激活其胞内酪氨酸激酶的活性，并导致自身的酪氨酸残基磷酸化。下游的信号蛋白可以通过 SH2 等结构域识别磷酸化修饰并激活相关的通路，引起信号的级联放大反应。

EGFR 包含胞外区、跨膜区和酪氨酸激酶域几个部分，其胞外区包含 I—IV 四个结构域并可以结合配体并被诱导二聚化，这直接调控了其功能的发挥。通过 EGFR 与配体 EGF 或 TGFα 的复合物结构发现，其结构域 I—III 形成了 C 型结构，而配体则结合在 I 和 III 之间，其结合位点对于二聚化没有直接贡献（图 9-5）。EGFR 的二聚化是通过结构域中的一个 β 发夹结构介导的。在抑制态的结构中，这一介导二聚化的聚合臂会跟结构域 IV 互作而被包埋，配体结合后结构域 I 的构象变化使聚合臂暴露从而激活了 EGFR 的二聚化。

图 9-4　GPCR 信号转导原理及结构图
（A）GPCR 介导细胞信号转导的原理图。（B）GPCR 蛋白 β2AR 与 G 蛋白异源三聚体的复合物结构图（PDB 编号：3SN6）。

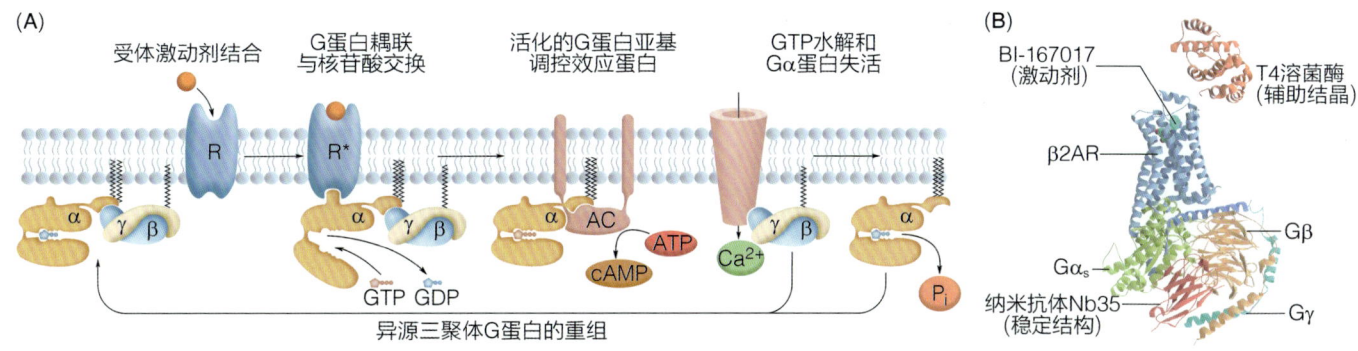

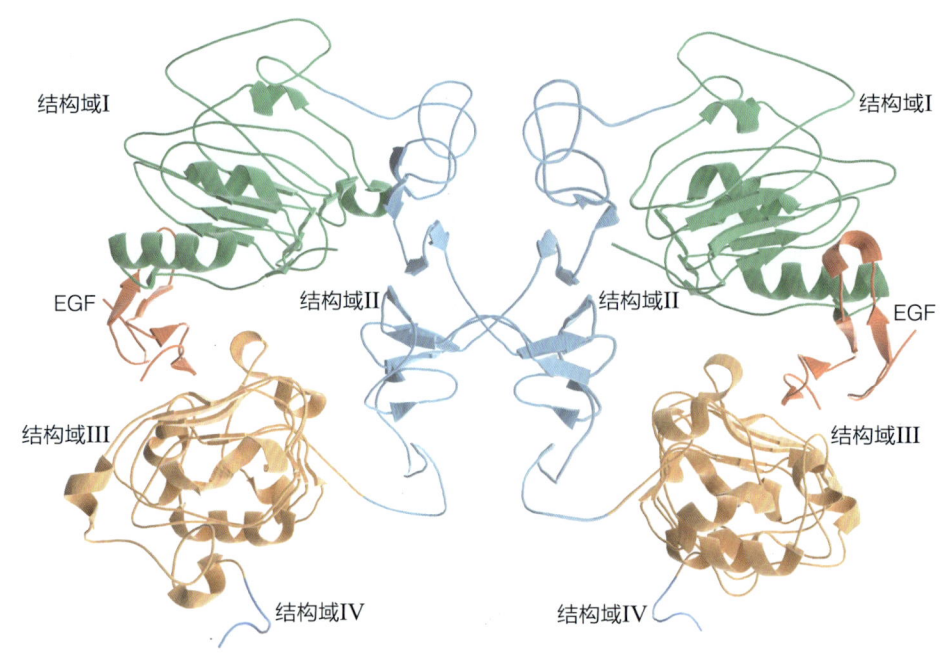

图 9-5 EGFR 与配体 EGF 的复合物结构图（PDB 编号：1IVO）

9.3 蛋白质 - 核酸互作与识别

核酸分子是遗传信息的载体和传递者，同时也是很多生命活动的直接参与者。为了使遗传信息可以得到正确的传递和表达，就需要大量的蛋白质与不同的核酸分子之间相互作用以保证许多复杂的生命过程得以正常运行，包括基因表达调控、DNA 复制、RNA 转录和 mRNA 翻译等。根据所参与的生命过程和发挥的作用的不同，与核酸相互作用的蛋白质被分为很多种不同的类型。比如转录因子（transcription factor）就是指通过与特定的 DNA 序列结合从而调控转录过程速率的一类 DNA 结合蛋白质。DNA 聚合酶（DNA polymerase）和 RNA 聚合酶（RNA polymerase）分别负责了将 DNA 上携带的遗传信息进行复制以及转录。核糖体（ribosome）本身就是一个由许多 RNA 和 RNA 结合蛋白质组合在一起的复合物。而染色质的基本组成单元核小体（nucleosome）也是由 DNA 缠绕在被称为组蛋白（histone）的蛋白质八聚体上所组成的。此外还有大量的蛋白酶和效应蛋白通过识别和结合在 DNA、RNA 或 DNA/RNA 杂交链（知识窗 9-1）上发挥它们各自的功能。

9.3.1 蛋白质与 DNA 识别

DNA 和蛋白质相互作用决定了遗传信息的稳定性和正常传递，它涵盖了 DNA 的组成、复制、转录、重组、突变和修饰等所有与 DNA 相关的生命过程。具有 DNA 结合结构域（DNA-binding domain，DBD）的蛋白质可以完成对 DNA 的结合和识别。最常提到的含有 DBD 的一类蛋白质就是转录因子，它们负责调控基因的转录水平。转

> **知识窗 9-1**
>
> ### 蛋白质与 DNA/RNA 杂交链识别
>
> DNA/RNA 杂交链（DNA/RNA hybrid）是指 DNA 链和 RNA 链在某些生物学过程中互补配对形成的分子结构。蛋白质与 DNA/RNA 杂交链的识别常常发生在 R 环参与的生物学过程中。例如，DNA/RNA 杂交链的存在可以招募核糖核酸酶 H（RNAse H）在 DNA/RNA 杂交位点上切割 RNA 链，导致 RNA 的降解，解除 R 环，进而维护细胞内基因组的稳定性。DNA/RNA 杂交链的识别对于免疫系统也非常重要。例如，蛋白质 IFI16 可以识别 DNA/RNA 杂交链，触发免疫应答，引发干扰素的产生，从而启动抗病毒免疫反应。这有助于检测和应对细胞内的病原体感染或其它异常情况。一些蛋白质可以与 DNA/RNA 杂交分子相互作用，招募其它调控因子，改变染色质的开放性和紧密度，从而影响基因的可及性和表达水平。这种相互作用还可以调节与转录和翻译相关的生物学过程，促进或抑制 RNA 聚合酶的活性，影响转录的启动和终止，或者调节 mRNA 的翻译效率。例如，FUS 可以与 DNA/RNA 杂交分子相互作用，影响基因的转录起始和 RNA 运输，从而调控基因表达。
>
> 总的来说，DNA/RNA 杂交链结合蛋白通过调控 RNA 聚合酶活性、招募特定的 RNA 酶以及在 RNA 编辑中起媒介作用等方式，精准调控 DNA/RNA 杂交链的形成、解除及稳定性。这种结合模式在多种生物学过程中都发挥了关键作用，包括维护基因组的稳定性、免疫应答、基因表达调控等，对于生物体正常运行和应对外部环境变化具有重要意义。

录因子的功能发挥在生命过程中极其关键，因为它直接决定了哪些基因会被激活或抑制。DBD 对于 DNA 的识别可以分为两种类型：特异性结合和非特异性结合。非特异性结合主要是利用蛋白质带正电荷的氨基酸如赖氨酸和精氨酸与 DNA 带负电的磷酸骨架形成离子相互作用。由于所有的 DNA 都带有负电荷，因此非特异性结合不依赖于 DNA 的碱基序列或者构象。当然值得注意的是即使是特异性的蛋白质–DNA 相互作用中，由离子互作介导的非特异性互作也是至关重要的。在 DNA 复制时，拓扑异构酶（topoisomerase）、解旋酶（helicase）都是非特异性地结合 DNA 的。非特异性蛋白质–DNA 互作还存在于同源重组、DNA 损伤修复等过程中。同源重组时，RecA 蛋白可以帮助单链 DNA 与另一分子 DNA 上的同源序列进行互补配对，并由 DNA 双链断裂的修复蛋白——DNA 连接酶（DNA ligase）在断裂 DNA 的 5′ 端和 3′ 端组成磷酸二酯键进行重新连接，这些相互作用都是不依赖于 DNA 序列的非特异性结合。

与之相对的是特异性结合，特异性结合就是指某一 DNA 结合蛋白与某些特定序列或构象的 DNA 的结合能力要比其它序列或构象高得多。在序列特异性地结合时，蛋白质上的 DBD 通常都会包含有独特的结构基序（motif）来负责特异性识别特殊的 DNA 序列和构象。多数蛋白质和 DNA 的特异性相互作用都集中在对于 DNA 的大沟的相互作用中，而对于 DNA 序列的特异性识别的驱动力主要是源于蛋白质中的氨基酸与不同碱基形成氢键的能力以及范德瓦耳斯力的不同。常见的可以与 DNA 的碱基形成氢键的氨基酸有天冬酰胺、谷氨酰胺、赖氨酸和精氨酸。此外，疏水互作和范德瓦耳斯力也是驱动序列特异性识别的关键因素，因为 DBD 中疏水性的氨基酸如苯丙氨酸、酪氨酸和色氨酸等可以组成疏水口袋与具有一定疏水性的碱基进行结合，而不同碱基的嘌呤环和嘧啶环本身的分子体积和疏水性差别较大，因此这些疏水口袋对于不同碱基序列的结合能力也具有很大差别。此外，由于嘌呤和嘧啶环是 π 环结构，因此它们会被同样具有 π 环结构的氨基酸，如酪氨酸、苯丙氨酸和色氨酸，进行 π 环之间的 π-π 堆积（π-π stacking）相互作用所识别。我们在这里简单介绍几种常见的 DNA 结合结构域。

（1）螺旋-转角-螺旋（helix-turn-helix，HTH）

HTH 基序在转录调控元件中很常见，它通常由 20~25 个氨基酸组成。从结构上而言，HTH 基序由两个 α 螺旋组成，每个 α 螺旋有 7~9 个氨基酸，中间被一个 β 转角连接。其中的一个 α 螺旋被称为"识别螺旋"，这个识别螺旋上面的氨基酸可以与 DNA 的大沟发生相互作用，并且识别特定的 DNA 序列。通常 HTH 基序不是单独存在的，而是一个大的蛋白质上负责结合 DNA 的一小部分。通常 HTH 的识别螺旋位于蛋白质的表面，并且通过蛋白质的其它位点与 DNA 非特异性互作或者通过与蛋白质之间的特异性互作使其靠近 DNA 的大沟以完成识别。λ 噬菌体的阻遏物（repressor）识别操纵序列（operator）是一个 HTH 基序识别 DNA 的典型例子。阻遏物蛋白以二聚体的形式结合了 DNA 序列，其中每个单体包含了 5 个 α 螺旋。其中 α 螺旋 2 和 α 螺旋 3 形成的 HTH 结构结合了 DNA 大沟，α 螺旋 3 直接插入了 DNA 大沟并贡献了主要的相互作用力（图 9-6）。该结构由大量氨基酸与五碳糖磷酸骨架间的氢键网络所介导，疏水相互作用也贡献了结合的特异性。α 螺旋 3 的 Q44 和 S45 残基形成了大量的氢键相互作用。

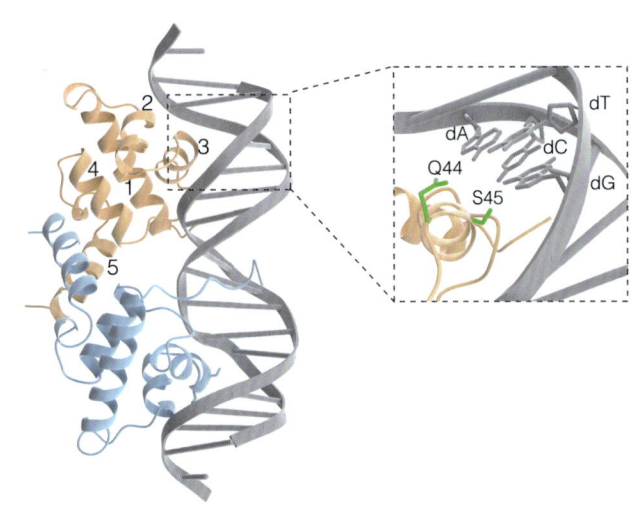

图 9-6　λ 噬菌体的阻遏物与操纵序列的复合物结构图（PDB 编号：1LMB）

（2）同源域（homeodomain）

同源域得名于同源异形基因（homeotic gene），由约 60 个氨基酸组成且序列高度保守，在大量真核生物的转录调控因子中存在。同源域的整体结构特征类似于 HTH 基序，两个 α 螺旋由一个 β 转角连接。例如，在果蝇 engrailed 蛋白的同源域与 DNA 的复合物结构中，两个拷贝的同源域结合在了 21 bp 的 DNA 双螺旋上，其中一个结合在双螺旋中间位置，另一个则结合在末端。该同源域包含了三个 α 螺旋和一个延伸的 N 端臂，α 螺旋 1 和 2 反平行堆叠在一起，α 螺旋 3 则几乎与前两个 α 螺旋垂直并且其直接插入 DNA 大沟形成广泛的互作（图 9-7）。同 HTH 相比，同源

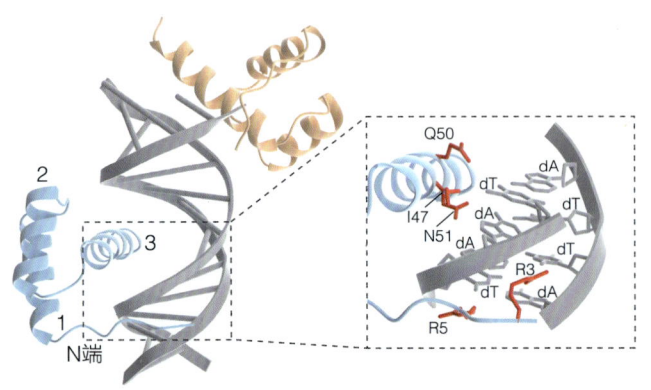

图 9-7　同源域与 DNA 的复合物结构图（PDB 编号：1HDD）

域的 α 螺旋更长，其 α 螺旋 3 中的 I47、Q50 和 N51 残基结合了 DNA 的 TAAT 基序。N51 残基还同碱基及磷酸骨架形成了氢键相互作用。I47、Q50 与胸腺嘧啶甲基基团的疏水互作则对序列特异性的识别作出了贡献。蛋白质的 N 端臂则结合了 DNA 小沟，R3 和 R5 残基的侧链结合了附近 TAAT 核心基序的 5′ 端。

（3）锌指结构域（zinc finger domain）

锌指结构域由 25 ~ 30 个氨基酸组成，通常是围绕一个锌离子形成的环形结构，一般由四个氨基酸直接结合锌原子，最常见的组合是四个半胱氨酸（CCCC）、三个半胱氨酸和一个组氨酸（CCCH）或两个半胱氨酸和两个组氨酸（CCHH）。锌原子本身不直接结合 DNA，但是可以帮助稳定锌指结构域的特定结构。单个锌指结构域对于 DNA 的结合能力较弱，所以一个 DNA 结合蛋白中通常有多个串联锌指结构域来对一段较长的 DNA 链的大沟进行特异性识别。

多个锌指结构域对 DNA 序列特异性识别的一个经典例子是 Zif268 蛋白与 DNA 序列的识别。在 Zif268-DNA 的复合物结构中，三个锌指结构域以 C 形缠绕 DNA 双螺旋并结合在了 B 型 DNA 螺旋的大沟处。一个锌指结构域可以结合 3 个碱基，接下来的另一个锌指结构域旋转 96° 后继续结合下面的 3 个碱基。其中锌指结构域的一个 α 螺旋直接插入大沟介导识别，其结合 DNA 时主要以和碱基的氢键相互作用为主（图 9-8）。该识别模式中非常重要的一点是，氨基酸残基以反平行的模式序列特异性地识别了这 3 个碱基序列。其中，α 螺旋中 –1 位的残基参与了第三个碱基的识别、3 位的残基参与了第二个碱基的识别、6 位的残基参与了第一个碱基的识别。由于人体中许多蛋白质存在串联的锌指结构域，因此多个串联锌指结构域可以实现对更长的 DNA 序列的特异性识别。

正是由于锌指结构域的这一特性，锌指结构域与限制性内切酶的融合蛋白曾被用作第一代的基因组编辑工具。通过发现每一种三联碱基所对应的强结合力的锌指结构域，可以实现对 64 种密码子的模块化识别。虽然现在基因组编辑已经被更加方便快捷的 CRISPR/Cas9 技术替代，但锌指结构域所代表的基于蛋白质-DNA 相互作用来设计的基因组编辑工具展现出理解序列特异性互作的重要意义。

（4）亮氨酸拉链（leucine zipper）

亮氨酸拉链是由两条含有 60 ~ 80 个氨基酸的长 α 螺旋构成的。亮氨酸拉链通常是两亲性的，其中疏水的氨基酸集中在一侧，而两个 α 螺旋可以依靠各自疏水面之间的疏水互作形成二聚体。亮氨酸拉链在序列上每 7 个氨基酸就有一个亮氨酸，并且亮氨酸沿着疏水面直线排列如同拉链形状，因此得名。亮氨酸依次排列，并且驱动两条 α 螺旋形成卷曲螺旋（coiled coil）。亮氨酸拉链通常依靠一侧大量带正电的赖氨酸或精氨酸完成对于 DNA 磷酸骨架的结合，而二聚化的亮氨酸拉链中两个螺旋分别结合在 DNA 的不同

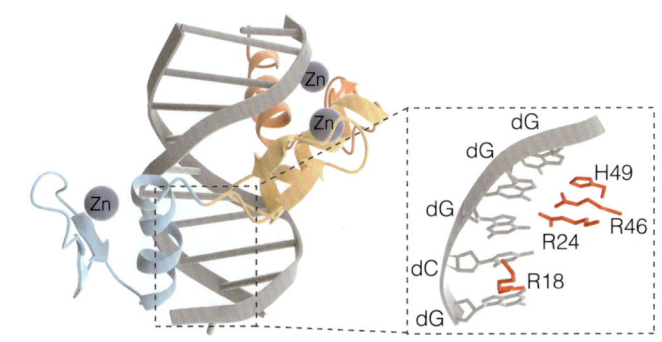

图 9-8　锌指蛋白 Zif268 与 DNA 的复合物结构图（PDB 编号：1ZAA）

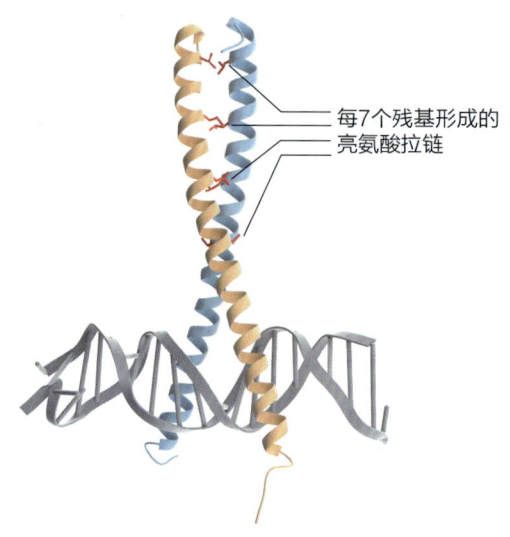

图9-9 GCN4的亮氨酸拉链识别DNA复合物结构图（PDB编号：1YSA）

每7个残基形成的亮氨酸拉链

大沟中，通过共同识别提高了对于DNA的结合能力。例如，在GCN4的亮氨酸拉链识别DNA结构中，两条α螺旋以笔直的构象形成二聚体，每7个氨基酸有一对亮氨酸残基，二聚体的α螺旋结合了DNA的两个大沟（图9-9）。

（5）TATA结合蛋白（TATA-binding protein，TBP）

与上面多数B型DNA的大沟识别不同，TBP结合TATA框序列引起了DNA构象的大幅变化并有大量的DNA小沟识别。TBP是RNA聚合酶Ⅱ复合物的一个亚基，可以结合启动子处的TATA框DNA序列。在TBP与TATA框的复合物结构中，TBP的反平行β折叠片形成了马鞍状结构识别DNA，而α螺旋则形成"马鞍"顶部用以结合其它蛋白质（图9-10）。TBP的凹陷的表面以弯曲的形式识别了TATA框中8对碱基构成的大沟，这一结合造成DNA产生了一个更宽更平的小沟，从而与TBP的马鞍状表面形成了大量的疏水互作和范德瓦耳斯力。"脚蹬"处的苯丙氨酸侧链插入了部分解链的两对碱基中间形成π-π相互作用稳定了整体结构。TBP结合造成的DNA部分解链也被认为有利于促进转录的起始。

由于许多蛋白质与DNA之间的识别直接调控了转录过程并影响基因表达，因此蛋白质与DNA的互作跟许多疾病有直接关系。例如，*p53*是研究最为深入的抑癌基因之一，在多种癌症中检测到了p53蛋白的突变，其中部分残基的突变频率明显高于其它残基。这些致癌突变多位于DNA结合结构域，p53的DNA结合结构域和DNA的复合物结构直观地展现出这些突变位于该结构域与DNA的互作表面。在该复合物结构中，p53通过螺旋-折叠片-螺旋的基序和一段环区结合DNA，DNA的大沟和小沟均参与了识别。之前报道的频发致癌突变位点，如R175、R248、R249、R273、R282

图9-10 TBP结合TATA框DNA序列的复合物结构图（PDB编号：1YTB）

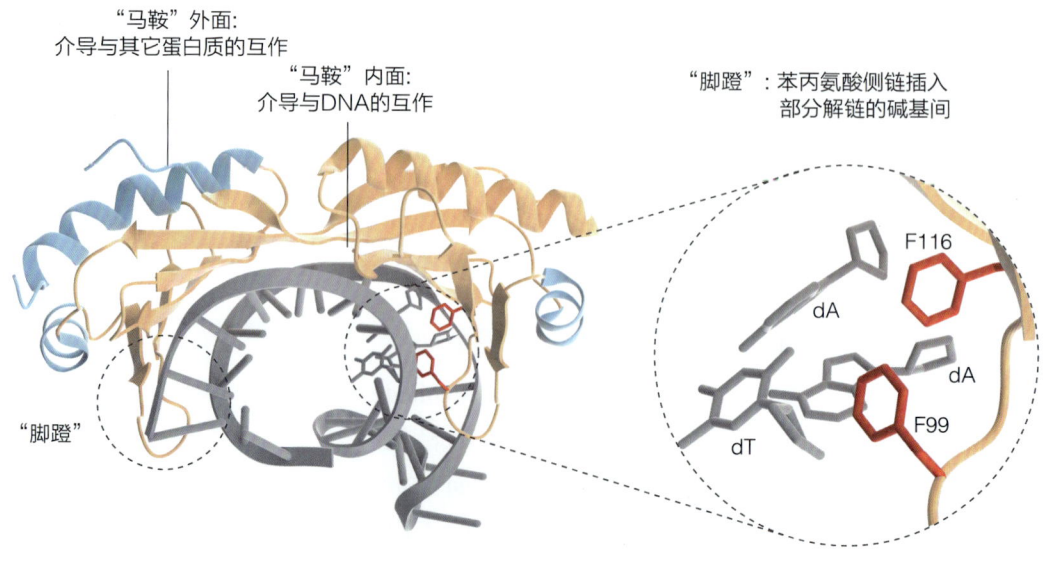

等均位于 p53 结合 DNA 的互作表面（图 9-11），因此互作的关键残基直接影响到 p53 在癌症中的功能发挥。

9.3.2 蛋白质与 RNA 识别

RNA 是生物体内另一种非常重要的核酸。对于 RNA 而言，除了 A–U 和 G–C 配对外，A–A、A–C、A–G、G–G、U–U、U–C 等 RNA 的碱基之间都可以发生不同程度的碱基配对。

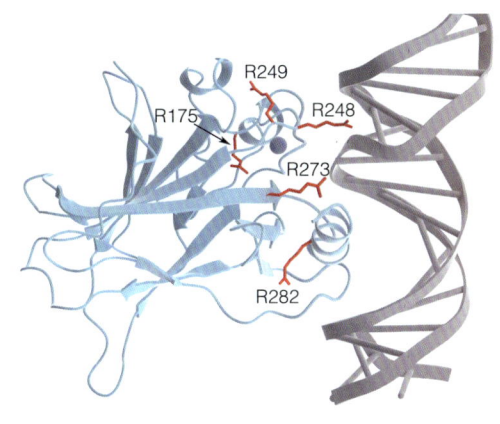

图 9-11　p53 的 DNA 结合结构域与 DNA 的复合物结构（PDB 编号：1TUP）

由于 DNA 是遗传信息的储存和携带者，因此基因组 DNA 需要保持自身的稳定性。DNA 本身通常不是生命活动的直接功能性分子并且其序列和构象相对稳定，而 RNA 作为遗传信息的中间传递者和部分生命活动的直接承担者，在蛋白质和其它分子的帮助下，将遗传信息从 DNA 传递到蛋白质。为了能够正常地将遗传信息从 DNA 传递到蛋白质，RNA 需要经过多步加工过程，包括转录、5′端加帽、3′端加尾、剪接、修饰、转运出核和翻译等，最终才能将其携带的遗传信息正确表达，而这些过程都离不开 RNA 和蛋白质的相互作用。

蛋白质的 RNA 结合结构域（RNA-binding domain，RBD）是具有高度 RNA 识别特异性的一类结构域。这些结构域通过带正电的氨基酸与负电核磷酸骨架的离子互作、与碱基和五碳糖的特异性氢键互作以及疏水氨基酸与碱基的疏水互作和 π-π 堆积，从而与 RNA 上的特定序列或结构相互作用，使得蛋白质能够选择性地与 RNA 结合，进而实现对 RNA 分子的调控。

DBD 和 RBD 对于核酸的识别从相互作用力上讲十分相似，但是由于 RNA 和 DNA 性质的区别，两者与蛋白质的相互作用也存在一些差异。比如 RNA-蛋白质之间的相互作用中约有 20% 存在于 RNA 核糖的 2 号位羟基上，这一互作在 DNA 上不存在。此外，RNA 中的碱基与蛋白质之间的相互作用也更多，而相比之下，DNA 中磷酸骨架和蛋白质之间相互作用会更多，因为大多数情况下 DNA 的碱基需要形成沃森-克里克配对。同时，由于尿嘧啶和胸腺嘧啶的区别以及 RNA 上面携带着数百种修饰，这些差异也影响了蛋白质与 DNA 和 RNA 的相互作用模式。此外，RNA 为了在更多的生物学过程中发挥功能，其二级结构相对于 DNA 而言也更加复杂，比如一段 RNA 序列会通过回文区域等形成带有多个茎环结构（stem loop）、凸起（bulge）以及其它结构的复杂构象。这些特殊的二级结构也会影响到蛋白质与 RNA 的识别和相互作用。尽管 RNA 和 DNA 与蛋白质结合的方式存在诸多不同，但仍存在很多蛋白质既可以结合 DNA 又可以结合 RNA，比如 TFⅡA，既可以结合 5S rRNA，又可以结合 5S rRNA 的编码基因；而 ADAR1 蛋白既可以结合双链 RNA，又可以结合 Z 型的双链 DNA。

RNA 结合蛋白通常也是由多个 RBD 共同组成，每个 RNA 结合基序通过包括氢键、离子相互作用、疏水相互作用和 π-π 堆积在内的多种组合完成对于一小段 RNA

的特异性结合，而整个RNA结合蛋白上的多个RNA结合基序共同完成了对于RNA的整体特异性结合。真核生物具有非常多的RBD，我们在这里简单介绍几种最为常见的RBD以及它们的特征。

（1）RNA识别结构域（RNA recognition motif，RRM）

RRM是最常见的RNA结合结构域，长度为75~90个氨基酸，包括两个α螺旋和一个四链β片层。RRM具有两个保守的RNA结合基序：RNP1和RNP2基序，通常可以和2~8个碱基长度的单链RNA相互结合，并且通过两个基序的结合达到nmol级别的强结合能力。不同的RRM对于RNA的序列倾向性不同，而很多RRM对于含较多GU的RNA序列结合能力更强。除了可以结合RNA外，RRM有时候还可以与蛋白质结构域相互作用。RRM在RNA相关的很多生命活动中都发挥作用，比如mRNA/rRNA加工、剪接、翻译调控、RNA转运和RNA稳定性维持等。

（2）K同源结构域（K homology domain，KH结构域）

KH结构域得名于最初被发现的异质核糖核蛋白K（hnRNPK）。KH结构域含有约70个氨基酸，通常识别4个碱基长度的单链RNA或单链DNA。KH结构域由三个α螺旋和三个β片层组成，且在两个α螺旋之间具有一个保守的GXXG基序用于结合RNA。KH结构域对于RNA的结合主要通过疏水口袋与碱基的疏水相互作用以及GXXG基序提供的氢键相互作用完成。与RRM相比，KH结构域由于缺少多组RNA结合基序共同完成RNA识别，所以KH结构域和RNA结合的能力相对较弱，通常在μmol级别。在RNA结合蛋白中，如果存在多个KH结构域，也会增加其结合RNA的能力和特异性。

（3）双链RNA结合结构域（double-strand RNA binding domain，dsRBD）

双链RNA结合结构域包含65~70个氨基酸，可以特异性地识别双链RNA，其结构由两个α螺旋包裹着三个β片层形成的反平行β折叠所组成。dsRBD可以特异性地识别A型RNA双螺旋，并且其识别的RNA长度可以高达16个碱基对，对于RNA的结合主要是通过与磷酸骨架的离子互作和与核糖的2号位羟基形成的氢键完成。有些情况下，dsRBD也具有一定的RNA序列选择性，它通常存在于病毒防御和RNA干扰等过程中发挥作用的蛋白质中。

（4）YTH结构域（YT521-B homology domain）

YTH结构域最早被发现于YT521-B蛋白中，与其它RBD不同的是，YTH结构域的特征是其可以特异性地识别带有N^6-甲基腺嘌呤（N^6-methyladenine，m^6A）修饰的RNA序列。m^6A修饰是RNA腺嘌呤6号位N上额外添加了一个甲基基团，是RNA中最为常见的化学修饰之一。YTH结构域与带有m^6A修饰的RNA的结合能力要远高于非修饰的腺嘌呤，甚至有些YTH家族蛋白如YTHDC1对于未甲基化的腺嘌呤没有结合能力。YTH结构域长度为100~150个氨基酸，整体由6个β片层和环绕的4~5个α螺旋组成。对于m^6A的识别是通过β片层的疏水核心中的三个芳香族氨基酸形成"芳香笼"（aromatic cage），将N6上的甲基基团通过疏水作用固定在口袋中，再通过氢键以及酪氨酸的π-π堆积完成对腺嘌呤环的识别。例如，YTHDF1在识别带有 m⁶A 修饰的 RNA 复合物结构中，m⁶A 碱基插入蛋白质的"芳香笼"中，蛋白质中其它一些残基则通过与碱基的堆积或者氢键相互作用稳定整体结构（图 9-12）。值得一提的是，对组蛋白甲基化赖氨酸残基的识别也是通过蛋白质的"芳香笼"实现的。这种识别的相似性体现了生物大分子化学修饰识别机制在分子层面上的共性。

除了上面提到的几种之外，还有很多其它的 RNA 结合结构域，如锌指结构域、THUMP 结构域、PUM 结构域等。根据它们各自独特的蛋白质序列和结构，可以对不同序列、长度和构象的 RNA 进行选择性的结合。而在 RNA 结合蛋白中，一个或多个 RNA 结合结构域组合在一起，通过多对蛋白质 –RNA 相互作用实现了对于 RNA 的特异性识别以及 RNA 功能的发挥。

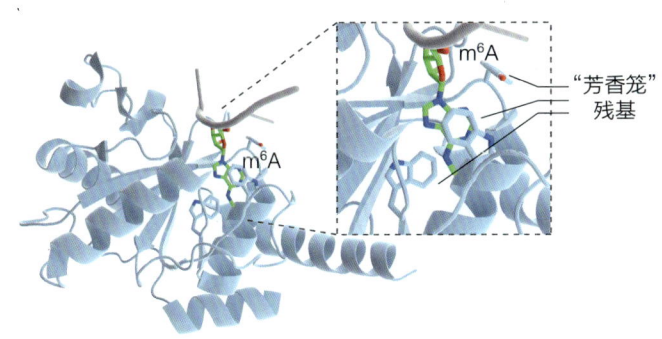

图 9-12　YTHDF1 的 YTH 结构域识别含 m⁶A 修饰的 RNA 的复合物结构图（PDB 编号：4RCJ）

9.4　蛋白质 – 多肽 / 小分子互作与识别

9.4.1　蛋白质与肽互作识别

肽与蛋白质一样都是氨基酸聚合物，二者的区别主要体现在氨基酸聚合的长度上。一般超过 50 个氨基酸的多肽称为蛋白质，含有 50 个或更少氨基酸的则称为肽。根据序列和结构特征的不同，常见的肽可分为线性肽、富半胱氨酸肽和环肽三种基本类型。线性肽单独一般不具有稳定的构象，需要与靶受体蛋白结合来形成特定的形状；富半胱氨酸肽通过形成分子内或分子间的二硫键具有特定的构象；而环肽由于首尾形成共价键也具有相对稳定的构象（图 9-13）。尽管不同类型的肽都可以在细胞内外发挥多样的生物学效应，但是目前人们认识较多的主要是作为细胞间信息交流的信号分子。多肽类信号分子可以像蛋白质一样通过氨基酸的不同组合而携带不同的信息，有时一个氨基酸的差别就可以引起不同的生物学效应。

作为信号分子的肽通常是由较大的前体蛋白经过内质网 / 高尔基体的修饰和加工成熟后释放到细胞外，通过与细胞膜上的受体蛋白 / 靶蛋白结合来完成信号向胞内的传递过程：许多动植物的多肽信号通过诱导细胞膜上的受体激酶的同源或异源二聚化来活化下游的信号通路；动物中涉及细胞内 Ca^{2+} 的稳态和血糖调节的肽类激素（如胰高血糖素、胰高血糖素样肽、甲状旁腺激素和降钙素等）通过诱导 GPCR 受体 7 次跨膜结构域的变构效应来传递信号进入细胞内；参与免疫调控的抗原肽通过与 MHC 分子结合被呈递给 T 细胞。MHC 蛋白顶部通常具有一个参与抗原结合的凹槽结构，被呈递的肽通过少量相对保守的氨基酸以伸展构象锚定在凹槽中，结合在 MHC 顶部的抗原肽被不同的 T 细胞受体识别并激活。蛋白质还可以通过对多肽不同方向的结合产

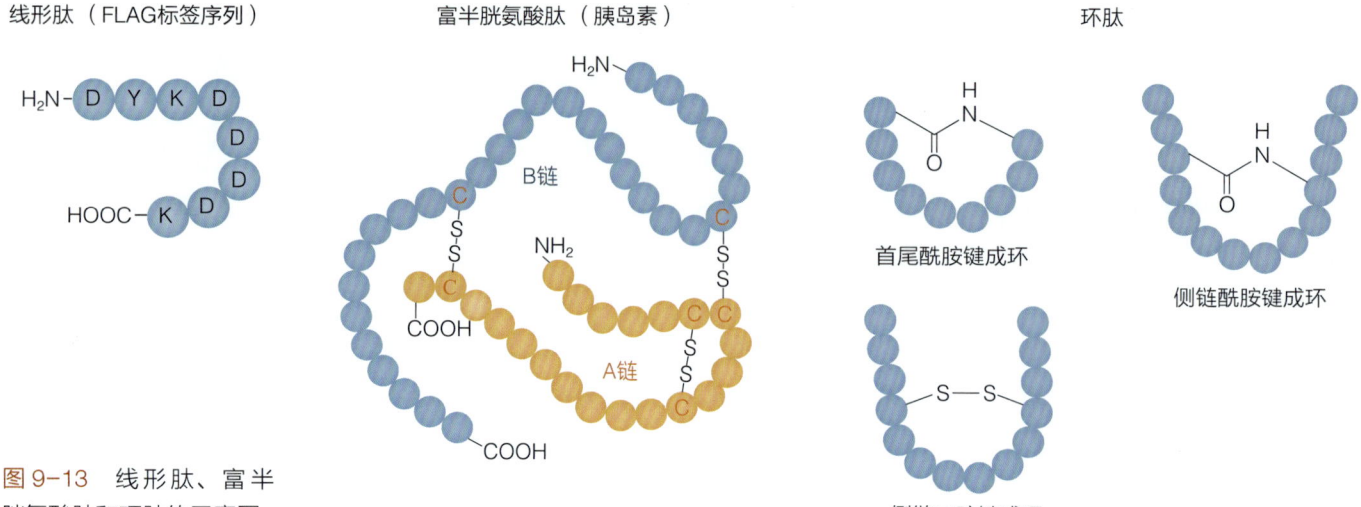

图 9-13 线形肽、富半胱氨酸肽和环肽的示意图

生识别的特异性。例如 SH3（Src-homology-3）结构域识别脯氨酸富集的多肽序列就体现了多肽的方向性识别。SH3 结构域在许多涉及信号转导的蛋白质中都存在，例如 Src 酪氨酸激酶。在 SH3 同脯氨酸富集多肽序列的复合物结构中可以发现，多肽在结合蛋白质时被诱导形成了一个左手螺旋的 II 型多脯氨酸螺旋，其中脯氨酸残基结合在了 SH3 结构域表面一个浅而疏水的口袋之中。有意思的是，不同 SH3 结构域识别多肽时，由于环区和非核心区域的残基不同，可以导致多肽识别方向的不同，这一差异有助于区分不同信号通路所需识别的多肽序列。

9.4.2 蛋白质与信号分子识别

生物细胞经常会接收到大量的胞内和胞外信号，并对于这些复杂的信号进行及时的传递和响应，这一过程被称为细胞信号转导（cell signal transduction）。细胞可以感知许多信号，比如物理信号（如光、温度、机械力、电压等）以及化学信号（如小分子、多肽等）。而细胞中负责接收信号的蛋白质被称为受体。在受体蛋白质与信号分子结合后，会导致受体蛋白质发生构象改变进而激活其功能，从而将信号通过信号通路（signaling pathway）中的多个效应蛋白质进行级联传递（cascade），最终将信号传递给被调节的蛋白质，使得细胞对于特定的信号做出适当的响应。

小分子信号由分子量相对较小的化合物产生，通常与受体蛋白形成特异性的互作，进而影响下游的信号转导。当特定的信号小分子与相应的受体结合时，可以激活或抑制特定的受体蛋白的活性，从而启动或阻止细胞内的信号通路。这些信号转导通路可以涉及多种生物分子，如酶、第二信使和转录因子，导致一系列生物学响应，如基因表达、代谢调控、细胞增殖和凋亡等。信号受体通常是位于细胞表面或细胞内部的酶或通道蛋白，它们能够检测化学信号或物理刺激，在细胞信号转导中发挥关键作用。位于细胞表面的受体通常与细胞外信号结合，发生构象变化，从而启动酶活性或打开/关闭离子通道。一些细胞内受体，如细胞核受体，则具有不同的分子机制，例如改变自身的 DNA 结合特性和细胞核定位。

典型的小分子信号包括参与动物性别特征发育和参与神经递质及内分泌信号传递的小分子激素，如性激素、肾上腺素等。GPCR 是最大的一类信号分子受体，许多小分子信号特异地结合在 GPCR 的跨膜螺旋结构域形成的天然底物结合位点，即正构底物结合位点，诱导跨膜螺旋结构域的构象变化（尤其是第五与第六跨膜螺旋的变构），促使胞内结合的 G 蛋白发生 GDP/GTP 交换，从而激活相应的信号通路，例如 GPCR 与扩散性配体卡拉洛尔（carazolol）和异丙肾上腺素（isoprenaline）的复合物构象对比（图 9-14）。一些脂溶性较强的小分子信号可以直接穿过生物膜与胞内受体结合，激活下游信号。例如雄激素和雌激素进入细胞核内结合对应的受体并引起受体二聚化，活化 DNA 结合结构域，调控相应基因的转录。一些小分子信号则通过与受体结合间接激活信号转导，如细胞内第二信使 cAMP 与蛋白激酶 A 的调节亚基结合，通过改变调节亚基构象，解除对蛋白激酶 A 的催化亚基的抑制，使细胞内某些蛋白质的丝氨酸或苏氨酸残基磷酸化，进而影响相关基因的表达。

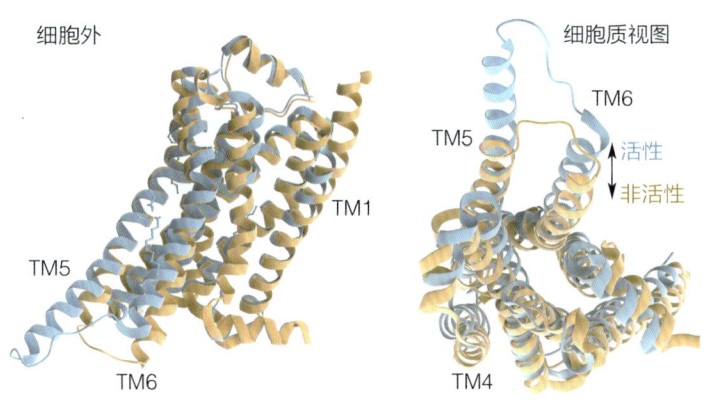

图 9-14　小分子信号结合 GPCR 诱导构象改变
图中蓝色表示 β1AR 与异丙肾上腺素结合后的活性构象，黄色表示 β1AR 与卡拉洛尔结合后的非活性构象（PDB 编号：6H7J，7BVQ）。

除了诱导靶蛋白变构来激活信号转导外，一些信号分子可以像"分子胶"一样加强两个目标蛋白的互作。植物中的许多激素就采取这种机制发挥作用：生长素、茉莉酸等植物激素的结合增强了对应受体与转录抑制蛋白的互作，从而启动泛素化修饰降解体系降解这些抑制蛋白，启动相关基因的表达，调控发育或抗病过程；而植物油菜素内酯主要通过形状互补结合和"分子胶"机制来分别完成激素的特异性识别及共受体的招募过程。

蛋白质和小分子信号的识别与蛋白质和肽类激素的识别是通过较大表面的相互作用不同，这些信号小分子一般结合在受体蛋白或互作蛋白形成的一些明显的深坑或口袋中，这些特征也为开发药物干预相关生物学过程提供了基础。

9.4.3　蛋白质与糖类和脂质识别

蛋白质对糖链的识别也与众多生物学过程息息相关。例如我们所熟知的血型决定就是通过凝集素（lectin）对凝集原（agglutinogen）的特异性识别实现的。凝集素是一种糖结合蛋白，包含多个同种糖类的结合位点，因此可以识别多个细胞并促进细胞之间的黏着。在 ABO 血型系统中，凝集原是红细胞上富含 Ser 和 Thr 残基的糖蛋白。凝集素则在血浆中，与血型相反。凝集素中包含的糖类结合结构域（carbohydrate-binding module，CBM）是其识别糖类的结构基础。CBM 有超过 80 种类型，可以识别如纤维素、几丁质、葡聚糖等诸多糖类。单个 CBM 有 50~100 个氨基酸，同一蛋白质可以含有多个 CBM 来实现对于糖或糖蛋白的特异性识别。除血型外，血液检测中的 CRP 指标也是基于糖结合蛋白 C 反应蛋白（C-reactive protein，CRP），该蛋白质由于可以和肺炎球菌的 C 多糖结合而得名。人体在发生急性感染和炎症反应时会释放 CRP。CRP 属于穿透素家族蛋白质，可以形成环状五聚体。CRP 能识别如浆细胞脂蛋白等自身配体或细菌多聚糖等外来配体，并被血清补体 C1q 识别从而激活补体活化。

脂质也是生物体内一类重要的分子，不仅可以作为细胞膜的结构组成成分，还可以作为信号分子、能量储存分子等发挥功能。脂质结合结构域（lipid binding domain）广泛存在于人体的蛋白质中，目前已发现十余类脂质结合结构域，如 C1、C2、PH、FYVE、PX、ENTH、ANTH、BAR、FERM 和 PDZ 结构域等。C1 结构域是最早被发现的脂质结构域，存在于超过 30 种蛋白质之中，包括蛋白激酶 C（protein kinase C，PKC）。C1 结合域是由约 50 个氨基酸残基构成的、富含半胱氨酸的结构域，其结构包含 5 个短 β 片层、1 个短 α 螺旋和 2 个锌原子。C1 结构域有一个极性口袋可以识别甘油二酯和巴豆酯。除了 C1 结构域外，PKC 还包含另一个脂质结合结构域 C2 结构域。C2 结构域由约 130 个氨基酸残基构成，以钙离子依赖的形式结合在膜上，其核心包含一个由 8 条反平行 β 片层组成的 β 三明治结构。PH 结构域是目前发现的家族成员最多的一类脂质结合结构域，有超过 200 种蛋白质含有 PH 结构域。在哺乳动物细胞的 7 种磷酸肌醇分子中，PH 结构域可以特异性地结合 PIP_3、$PI(4,5)P_2$ 和 $PI(3,4)P_2$。关于更多细胞膜脂质的结构功能和识别请详见本书第 15 章。

9.4.4 靶点与小分子药物识别

如前文所述，在有机生命体中蛋白质犹如多功能工程师，蛋白质之间通过信号传递和物质转换来维持机体正常的生理机能，而蛋白质功能异常往往是诱发疾病产生的重要因素。参与信号分子、配体识别的蛋白质（如 GPCR 受体、受体型离子通道及酶等）介导的信号转导参与人体重要生理功能调节，在结构上具有适宜配体结合的位点，因此这三类蛋白质成为了小分子药物的重要靶点。小分子药物通常是指分子量小于 900 的有机化合物，在人类疾病诊断、防治及生理机能调节中发挥重要作用。与对应的靶蛋白产生特异性或非特异性结合继而引起生理化学变化，是小分子化合物发挥功能的本质。

根据靶点类型和结合位点的不同，小分子药物也发挥着不同的调节作用。GPCR 是第一大类药物作用靶点，该类蛋白质具有保守的 7 次跨膜螺旋结构，螺旋簇中间具有底物结合位点，靶向 GPCR 的小分子药物通常作为激动剂或拮抗剂。有些药物结合在蛋白质正构位点直接发挥作用；有些则作用于正构位点外的其它部位，致使正构位点的空间构象发生变化，进而增强或减弱内源化学信号的转导，充当间接激动剂或拮抗剂（图 9-15）。尽管结合作用模式有所不同，靶向 GPCR 的药物大多是通过调节

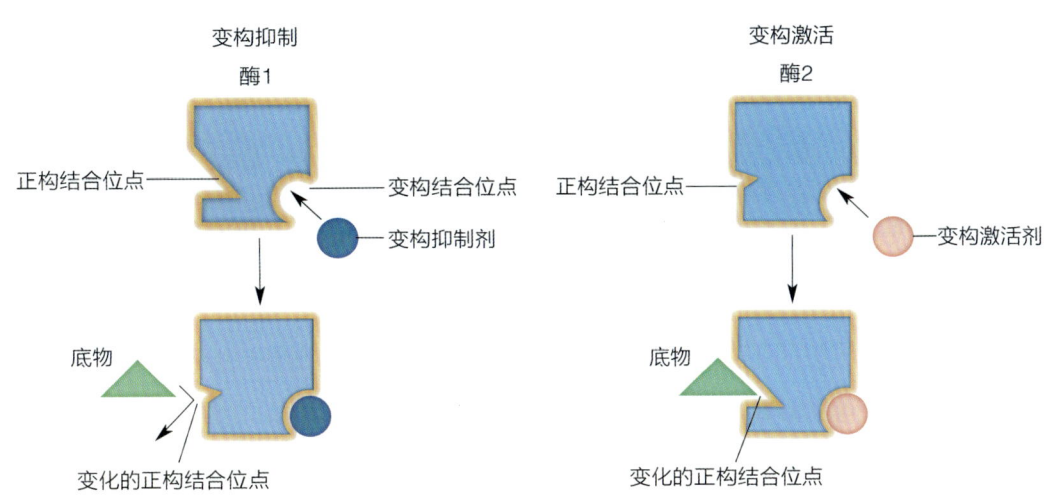

图 9-15 别构位点调控

GPCR 蛋白的第六个跨膜螺旋，使 GPCR 稳定在活化或静息状态，如 β1AR 肾上腺素受体激动剂异丙肾上腺素及拮抗剂卡拉洛尔。离子通道是继 GPCR 之后的第二类药物靶点，作用于离子通道的小分子药物通常结合在离子通道中心空腔位置作为阻滞剂直接影响离子流动，或结合在非孔道位置诱发离子通道变构，使之处于关闭状态，进而阻断离子流通。部分药物则作为离子通道激动剂，该类药物一般结合在非孔位置，通过加强通道的离子通透性发挥作用。

另一类重要的药物靶点是酶类，很多组织病变往往伴随着一些酶的过度活化，如受体酪氨酸激酶在很多肿瘤细胞中过度活化；环氧化酶过度活化导致炎症、肿胀等症状。此外，一些病原体的酶也是药物的重要作用靶标，如病毒蛋白水解酶、核酸聚合酶是广谱抗病毒药物的靶点。针对酶这类靶点的药物主要作为抑制剂而发挥作用，根据结合方式不同，可分为可逆性抑制剂和不可逆性抑制剂。不可逆性抑制剂一般具有反应活性较强的官能团，能够与酶底物结合位点的赖氨酸、丝氨酸或半胱氨酸等残基反应产生共价结合，导致酶结构或功能发生不可逆变化，如阿法替尼与 EGFR 的 797 位半胱氨酸通过迈克尔加成反应偶联。可逆性抑制剂主要通过非共价键与酶结合，根据两者的互作关系不同，可逆抑制剂可分为以下三种作用类型：①竞争性抑制剂通过与酶天然底物竞争结合位点而起作用。例如磺胺类抗菌药物，磺胺药与对氨基苯甲酸（PABA）结构相似，与 PABA 竞争二氢叶酸合成酶，抑制四氢叶酸合成，从而抑制细菌繁殖；抗肿瘤靶向治疗药物吉非替尼，通过与 ATP 竞争结合表皮生长因子受体激酶，达到抑制癌细胞增殖等。②非竞争性抑制剂结合在酶的别构位置，不影响天然底物的结合，但形成的中间体复合物不能生成产物，从而降低酶的活性。③反竞争性抑制剂只有在酶与底物结合后才能与酶结合，且形成的复合物不能生成产物（图 9-16）。

蛋白质靶点对小分子药物的识别模式可参考酶与底物结合的"诱导契合学说"。药物中能被靶点识别的药效特征元素及其三维空间排布称为药效团。蛋白质靶点识别药物小分子实际上是与其药效团匹配的过程。药物分子进入机体后，与靶标蛋白的活

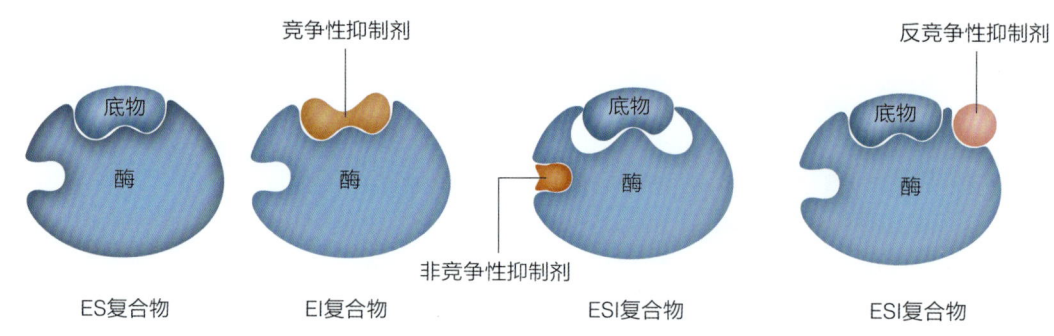

图 9-16 可逆性抑制剂的类型
E，酶；S，底物；I，可逆性抑制剂。

性口袋在立体空间上形成几何形状互补及表面电性互补，通过其药效特征元素与周围氨基酸以盐桥、氢键、范德瓦耳斯力、π-π 堆积或共价键的形式结合形成复合物，结合后的小分子药物可进一步引起靶蛋白活性部位空间构象的改变，达到形状和性质上的高度契合，进而诱发机体产生与药效有关的一系列生物化学反应，达到治疗疾病的效果。

9.5　生物大分子的动态修饰与识别

除了通过与配体之间的非共价结合可以影响到生物大分子的功能发挥外，生物大分子的一些特定位点也可以共价地添加化学基团，改变生物大分子的性质和功能，这种共价的化学基团添加被称为修饰（modification）。修饰可以发生在几乎所有类型的生物分子上，包括蛋白质、DNA、RNA、脂质和代谢小分子等。根据化学基团的不同可以将化学修饰分为很多种类，包括甲基化（methylation）、磷酸化（phosphorylation）、泛素化（ubiquitination）、乙酰化（acetylation）、SUMO 化（sumoylation）等。不同的化学基团可以修饰的位点是不同的，这既指可以发生不同修饰的组成生物大分子单体是不同的，也指其在整个生物大分子中所处的序列和空间位置决定了它能否被添加上特定的修饰，这也就导致了修饰的特异性，修饰的特异性决定了它对于蛋白质功能影响的特异性。

修饰虽然是以共价键的形式结合的，但是大多数化学修饰仍然是可逆的。修饰的添加和去除可以是被内源或外源因子诱发，但是大多数情况下需要蛋白质的催化才得以进行。我们将添加修饰的蛋白质称为写入子（writer），将去除修饰的蛋白质称为擦除子（eraser），而把可以特异性与修饰结合、完成修饰识别从而影响下游功能的蛋白质称为读取子（reader）。它们通过与修饰位点及其周围序列进行特异性识别，对修饰位点进行区分，从而发挥特定的功能。

在本节中，根据修饰发生的类型，我们将其分为组蛋白修饰、核酸修饰和非组蛋白修饰，并且分别描述不同的化学修饰是如何通过被不同的效应蛋白识别，从而影响下游功能的。

9.5.1 组蛋白修饰与识别

真核生物中，遗传信息的载体是染色质，而作为染色质基本组成单位的则是核小体（nucleosome）。核小体是由组蛋白和缠绕其上的 DNA 组成。其中一个核小体单元由两分子 H2A/H2B 以及两分子 H3/H4 结合在一起组成八聚体。它们的作用是利用其表面的大量带正电的碱性氨基酸通过静电互作缠绕带负电的基因组 DNA，从而稳定基因组结构并且帮助染色质折叠。

染色质的压缩状态限制了转录相关的蛋白质对基因信息的识别。细胞需要根据不同的环境在特定的情况下调节染色质折叠状态，从而使特定基因的表达被激活或抑制。而实现染色质状态调控的方式主要有三种：①组蛋白和 DNA 的化学修饰，如乙酰化、甲基化和泛素化。可以通过在特定位点上添加特定的化学基团，调整染色质状态，影响基因的表达。组蛋白上发生的这些化学修饰属于蛋白质翻译后修饰（post-translational modification）（图 9-17）。②不同的组蛋白变体，例如 H2A 的变体 H2A.Z 的存在通常与基因表达调控、染色质稳定性以及 DNA 损伤修复相关。③染色质重塑，染色质重塑复合物可以通过影响不同核小体之间的排布方式来影响 DNA 的可及性，从而对基因的表达产生影响，如 SWI/SNF 染色质重塑复合物。这里我们重点讨论化学修饰是如何通过被蛋白质识别来完成对下游基因表达影响的。

甲基化修饰发生在组蛋白的赖氨酸（K）和精氨酸（R）上。通过组蛋白甲基转移酶催化，将甲基供体如 S- 腺苷甲硫氨酸（S-adenosyl methionine，SAM）上的活性甲基基团转移到赖氨酸或精氨酸的侧链氨基上。赖氨酸可以发生甲基化的位置是侧链 ε- 氨基，根据甲基基团添加的数量分为单甲基化、二甲基化和三甲基化。而精氨酸的两个氨基均可以被甲基化，根据甲基化的状态不同，分为单甲基化、对称二甲基化和非对称二甲基化（图 9-17）。甲基基团的添加通常会使组蛋白的分子体积和疏水性增加，影响到特定读取子对组蛋白的结合，从而影响转录过程。根据甲基基团的位置和甲基化状态的不同，组蛋白赖氨酸甲基化对于转录的影响可能完全相反。一般来说，H3K4、H3K36 和 H3K79 甲基化被认为是活跃转录的标志，而 H3K9、H3K27 和 H4K20 甲基化被认为与染色质的沉默状态相关。

组蛋白乙酰化修饰也主要发生在赖氨酸上。乙酰化的产生是通过组蛋白乙酰转移酶将乙酰辅酶 A（acetyl coenzyme A）上的乙酰基团转移到特定位点上，而其去除则依赖于组蛋白去乙酰化酶。乙酰化修饰会使得组蛋白上的正电荷被抵消，导致 DNA 上带负电的磷酸基团与组蛋白的结合能力减弱，使得染色质结构更为松散，DNA 更加暴露，转录得到激活。

可以特异性识别组蛋白甲基化或乙酰化的结构域包括 ADD、BAH、bromo、chromo、PHD、PWWP、tudor、WD40 和 YEATS 结构域等。下面对两种特异性识别组蛋白修饰的结构域进行简单介绍。

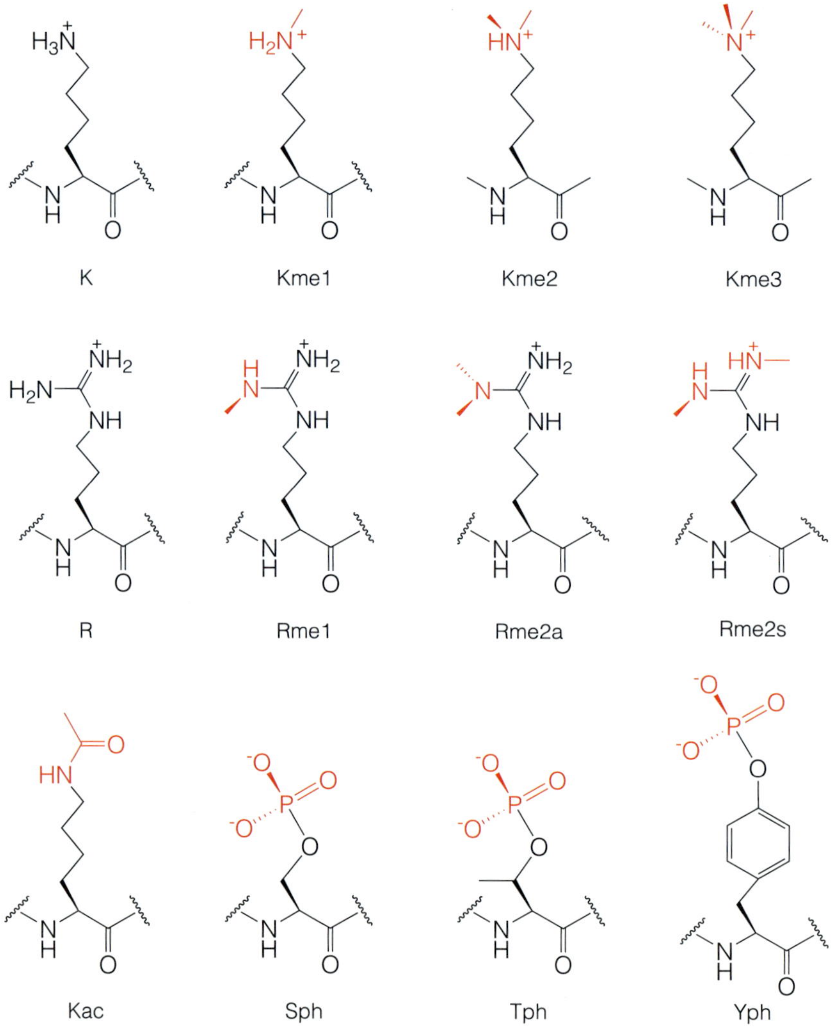

图9-17 常见的组蛋白修饰类型

Kme1，赖氨酸单甲基化修饰；Kme2，赖氨酸二甲基化修饰；Kme3，赖氨酸三甲基化修饰；Rme1，精氨酸单甲基化修饰；Rme2a，精氨酸非对称二甲基化修饰；Rme2s，精氨酸对称二甲基化修饰；Kac，赖氨酸乙酰化修饰；Sph，丝氨酸磷酸化修饰；Tph，苏氨酸磷酸化修饰；Yph，酪氨酸磷酸化修饰。

（1）PHD（plant homeodomain）

PHD 是一个由 50~80 个氨基酸残基组成的结构域，其中包含出现在许多染色质相关蛋白质中的锌原子结合基序。典型的 PHD 包括一个由两个反平行 β 片层组成的结构和一个由两个锌原子锚定的 C 端 α 螺旋，两个锌原子由 Cys4-His-Cys3 基序以交叉架构拓扑结构固定。PHD 经常以两个或三个的集群形式出现，同时还可以与其它结构域一起出现，如 bromo 结构域。PHD 可以识别如组蛋白 H3K4、H3R2、H3K14 和 H3K36 的甲基化。PHD 还可以识别组蛋白乙酰化修饰，例如 DPF3b 的串联 PHD 可以识别组蛋白 H3K14 乙酰化，其中第一个 PHD 识别 H3K14 乙酰化，第二个 PHD 识别非修饰的 H3K4 和 H3R2。

PHD 对于组蛋白 H3K4 三甲基化修饰（H3K4me3）的识别模式解释了组蛋白修饰的位点特异性识别的分子机制。以 BPTF（bromodomain PHD finger transcription factor）蛋白的 PHD 为例，H3K4 位点的甲基化赖氨酸残基是通过一个芳香笼识别的。PHD 的芳香笼通常由 2~4 个芳香族氨基酸残基组成。在芳香笼中，赖氨酸带着三甲基的 ε-氨基与芳香族残基通过范德瓦耳斯力和阳离子-π 相互作用稳定了识别。有意思的是，组蛋白 H3R2 和 H3K4me3 的侧链分别插入到由保守的色氨酸残基分隔的两个相邻结合口袋中（图 9-18）。H3R2 的胍基通过与天冬酰胺、谷氨酸和谷氨酰胺残基形成盐桥和氢键完成特异性识别。而这个色氨酸残基形成的"挡板"就决定了 R2 和 K4me3 之间需要一个额外的残基作为连接，而不能直接相邻。组蛋白 H3 的 N 端序列前十个残基为 ARTKQTARKS，K4 和 R2 是由 T3 连接的，而 R8 和 K9 则是直接相连。因此，BPTF 的 PHD 可以识别 H3K4me3 而不能识别 H3K9me3。在组蛋白修饰的功能上，H3K4me3 是转录激活的

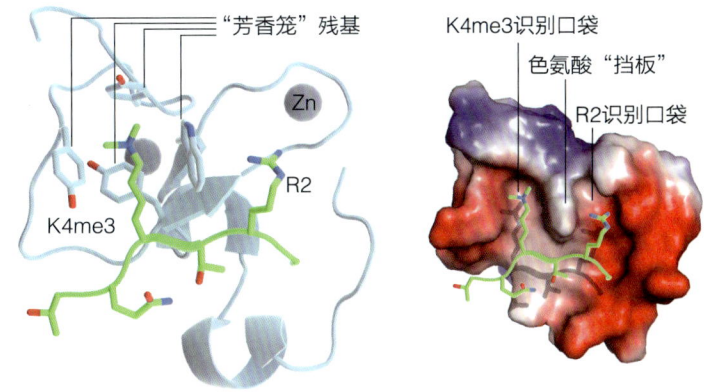

图 9-18　BPTF 的 PHD 识别组蛋白 H3K4me3 修饰多肽的复合物结构图（PDB 编号：2F6J）

标志，而 H3K9me3 则是组成型异染色质的标志，组蛋白修饰识别结构域的识别位点特异性保证了染色质功能的正确发挥。

（2）bromo 结构域（bromodomain，BRD）

BRD 是研究最详细的赖氨酸乙酰化修饰识别结构域，尽管 BRD 之间存在序列变化，它们共享一个在演化上保守的折叠四螺旋束结构，形成疏水的空腔，使得乙酰化的赖氨酸插入其中。含有 BRD 的蛋白质包括赖氨酸乙酰转移酶、ATP 依赖的染色质重塑复合物的亚基、甲基转移酶、转录共激活因子以及核支架蛋白等。由于 BRD 识别单乙酰化修饰的能力较弱，因此之前基于多肽牵拉沉淀（pull-down）实验的结果并不理想。由于许多组蛋白乙酰转移酶含有 BRD，这与许多激酶含有识别磷酸化修饰的 SH2 结构域的模式非常相似，这种基于假说猜想的验证使得 BRD 被鉴定为首个乙酰化修饰识别结构域。SH2 结构域和 BRD 在蛋白质中与催化结构域共存的相似性也体现了修饰产生和识别模式的共性。单个的 BRD 与乙酰化组蛋白结合能力较弱，并且其对于修饰位点周围氨基酸的选择性相对较差。而单个或串联的 BRD 如果能同时对多乙酰化的组蛋白序列进行识别，则可以显著增强结合。例如，TAF1 具有双 BRD，其对 H4K5K12 和 H4K8K16 双乙酰化修饰多肽的亲和力相对于单乙酰化修饰的多肽要强很多。

9.5.2　核酸修饰与识别

DNA 和 RNA 上的甲基化修饰在种类、分布、丰度和调控作用等方面都存在差异。DNA 主要是依靠 5mC 参与表观调控，在转录调控、基因印迹、X 染色体失活等生命活动中起关键作用。RNA 甲基化有近百种，其广泛分布在 mRNA 和非编码 RNA 上，影响 RNA 的剪接、稳定性和翻译等过程。

5mC 修饰是 DNA 中最常见的表观遗传修饰，特指在胞嘧啶碱基的 5 位增加甲基，这种修饰通常发生在 CpG 邻对位核苷酸上。DNA 甲基化的从头建立主要由 DNA 甲基转移酶 DNMT3A 和 DNMT3B 催化，而 DNA 复制期间其甲基化的维持主要由 DNMT1

完成。多个蛋白质家族成员可以识别 5mC，包括 MBD、SRA 和锌指结构域。MBD 结合在双链 DNA 大沟处，其通过 Val、Arg、Ser 和 Tyr 等残基与 5mC 碱基互作，其特异性识别 DNA 甲基化的关键残基是 Tyr。Tyr 侧链苯环的羟基可以和 5mC 碱基的 N 原子形成两对氢键。SRA 结构域识别半甲基化的 DNA 模式比较独特，该结构域同时与 DNA 的大沟和小沟发生相互作用，而 5mC 碱基会被翻转出来插入 SRA 结构域的疏水口袋中。碱基翻转（base flipping）的模式在一些 DNA 甲基化酶中也会出现。在 UHRF1 的 SRA 结构域中，蛋白质环区的 V446 残基侧链插入 DNA 并占据了之前 5mC 所在的位置。而互补链中非甲基化的 C 则被极性相互作用所稳定，如果该碱基被甲基化，会影响极性互作，这也保证了 SRA 结构域对于半甲基化 DNA 的特异性识别（图 9-19）。蛋白质对于不同 DNA 甲基化状态的精准识别保证了基因沉默、遗传信息代系继承等过程的准确性。

目前已经有超过 100 种 RNA 修饰被鉴定出来，甲基化修饰最为广泛，约占 RNA 总修饰类型的 80%。其中，m^6A 是 mRNA 中丰度最高的修饰，并且其参与了多种生命过程调控，因此得到了研究者的广泛关注。m^6A 修饰的甲基转移酶主要是由 METTL3 和 METTL14 形成的异源二聚体。RNA m^6A 可以与 YTH 结构域家族的蛋白质互作，包括五个成员：YTHDF1、YTHDF2、YTHDF3、YTHDC1 和 YTHDC2。它们的细胞定位和功能有所差异：在细胞质中，YTHDF1 协助带有 m^6A 的 mRNA 翻译，而 YTHDF2 可以加快带有 m^6A 修饰的 mRNA 降解，YTHDF3 与 YTHDF1 协同促进蛋白质合成并促进 YTHDF2 介导的甲基化 mRNA 的回收；核内的 YTHDC1 调节 mRNA 剪接过程，而 YTHDC2 结合到某些非编码 RNA 上发挥其功能。

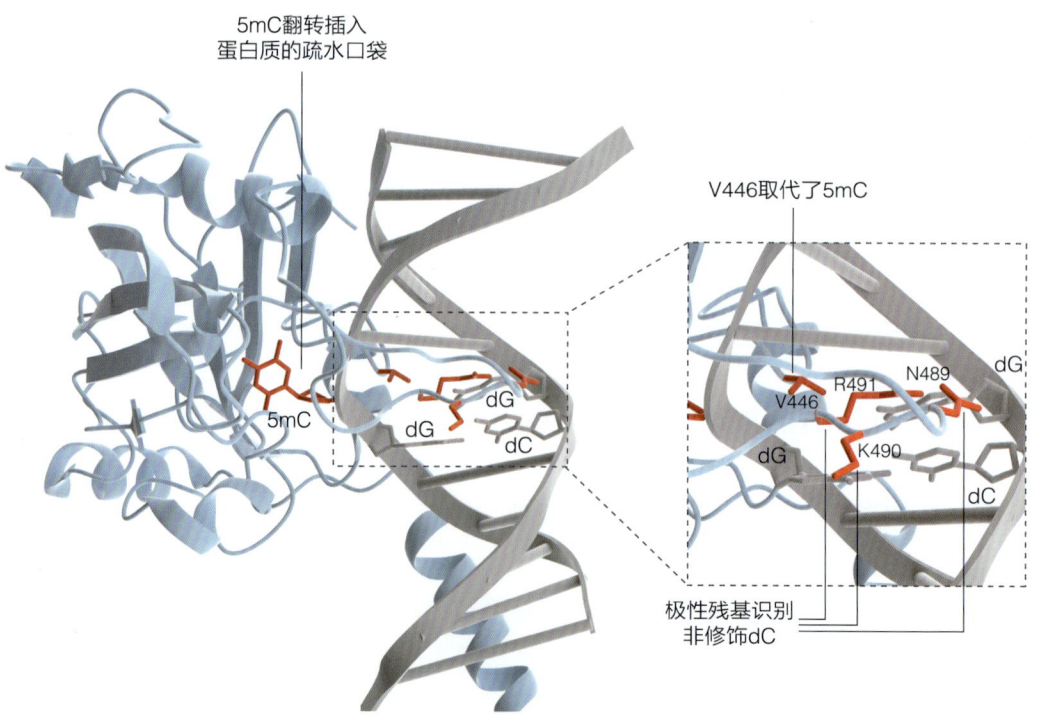

图 9-19　UHRF1 的 SRA 结构域识别半甲基化状态 DNA 的复合物结构图（PDB 编号：3CLZ）

9.5.3 非组蛋白修饰与识别

除了组蛋白外，非组蛋白也可以发生甲基化、乙酰化、泛素化等修饰。对于非组蛋白而言，研究得最为清楚的是磷酸化修饰，磷酸化修饰广泛存在于蛋白质组中，大约有 13 000 个人源蛋白质可以发生磷酸化。蛋白质的磷酸化修饰也是可逆的，磷酸化修饰是由激酶（kinase）催化产生的，而磷酸基团的去除是由磷酸酶（phosphatase）催化的。常见的可以发生磷酸化的氨基酸包括丝氨酸、苏氨酸和酪氨酸。磷酸基团的添加会导致蛋白质带上更强的负电，提升蛋白质亲水性，同时磷酸基团本身的体积较大，会影响蛋白质的构象和蛋白质与其它分子之间的相互作用。磷酸化修饰对于许多生命活动都至关重要，包括信号转导、细胞周期调控、代谢调节、细胞黏附、蛋白质活性的调控等。许多酶的功能发挥受到磷酸化的调控，比如糖原磷酸化酶本身会被磷酸化激活，而糖原合酶则会被磷酸化抑制。Akt 催化的 GSK-3 的磷酸化会影响到 GSK-3 的酶活性，而 GSK-3 本身的酶活性就是催化磷酸化。Src 会被 C 末端 Src 酪氨酸激酶（CSK）催化磷酸化，导致其激酶结构域被磷酸基团引起的构象改变而封闭，从而使 Src 失活。而这些激酶或磷酸酶本身就作为信号通路的一环，通过被上游的激酶/磷酸酶催化其自身磷酸化/去磷酸化，影响其本身的激酶/磷酸酶活性，并且通过这种方式，将接收到的信号级联放大传递到下游，从而通过上下游多个蛋白质的磷酸化/去磷酸化完成信号的传递。

v-Src 蛋白的 SH2（Src homology-2）结构域识别磷酸化酪氨酸（Yph）多肽是一个经典的例子。在此复合物结构中，蛋白质核心的反平行 β 片层被夹在两个 α 螺旋之间，修饰多肽的识别被 β 片层、环和其中一个 α 螺旋所介导，Yph 残基识别的特异性由氢键网络和"氨基-芳香基团"互作所介导。R155、R175、S177、E178 和 T179 等残基都贡献了对磷酸基团特异性识别的氢键网络。R155 的末端 N 原子在 Yph 的芳香环上方 3.1 Å 处形成了"氨基-芳香基"互作；K203 残基则位于芳香环的下方，其侧链 C 原子与芳香环形成的疏水平台稳定了整体结构（图 9-20）。另外，β 片层区域和环区的部分残基也参与稳定了整体的识别。v-Src 蛋白的 SH2 结构域与 Yph 修饰多肽的复合物结构展示出多残基多种相互作用所介导的修饰特异性的识别模式。

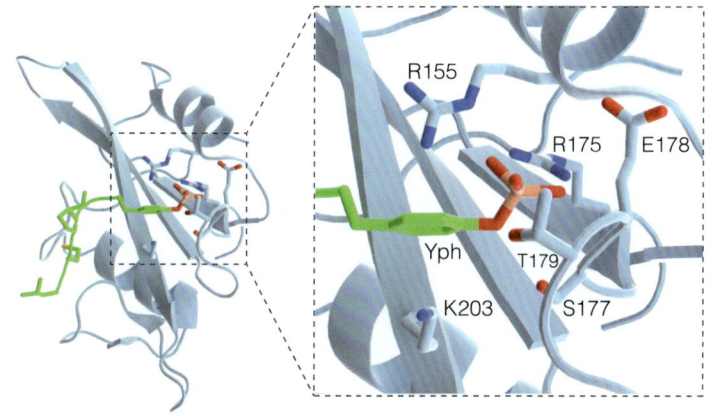

图 9-20　SH2 结构域与 Yph 修饰多肽的复合物结构图（PDB 编号：1SHA）

9.6 生物大分子互作检测技术

在生物学研究中，为了能够更深入地了解和阐述细胞和生物体内的基本生物学过程，就必须对生物大分子与配体之间的相互作用进行检测和分析。同时在药物研发领域，只有对靶点蛋白质和配体药物之间的相互作用和机制具有足够多的了解才能进一步地设计和开发出更有效、副作用更小的靶向药物。在临床医学领域，通过对蛋白质和配体相互作用的研究也有助于我们深入了解疾病机制和开发新的治疗方法或干预手段。

蛋白质和配体的相互作用检测目前主要分为体内（in vivo）、体外（in vitro）和计算机模拟（in silico）检测三部分。体内研究通常是指通过各种方法检测在细胞内或者生物个体内的生理条件下蛋白质是如何与其它蛋白质、核酸和小分子相互作用的，而体外检测则是将分离纯化得到的目标蛋白质在溶液环境下检测其与配体之间的相互作用。总体而言，体内检测由于是在生理条件下进行的，所以相对更符合真实的生理环境下蛋白质发挥功能时的状态。但是其问题在于体内的环境体系极其复杂，很难精确地对于目标蛋白质和目标配体之间的相互作用进行定量检测和比较，甚至很多方法无法检测出目标蛋白质是直接与目标配体相互作用的还是在其它生物分子的帮助下间接相互作用的。而体外检测则可以解决这一问题，因为体外的检测体系是非常明确的，通常情况下体外检测使用的都是经过分离纯化的目标蛋白质，且进行相互作用检测的配体也是经过一定方法合成或纯化得到的，所以可以精确定量地检测到目标蛋白质和配体之间是否存在直接相互作用以及相互作用的强弱。但是体外检测的问题在于，其不一定能够反映生理状态下蛋白质与配体的结合状态。而计算机模拟检测则是基于已有的生物分子之间相互作用的研究数据以及分子的物理化学特性，通过计算和模拟的手段对分子之间的相互作用进行预测。其优点在于高通量且速度极快，并且避免了实验检测所消耗的大量时间和经费，但是问题在于目前计算机模拟检测的结果可信度相对较低，必须要经过后续体内体外实验验证。各种技术存在各自的利弊，因此需要研究人员在研究过程中根据具体的问题和需求选择合适的技术。综合使用体内和体外的多种技术，才能有助于深入了解生物大分子在细胞内的功能，以及它们与其它生物分子间的相互作用。

9.6.1 体内检测蛋白质与配体的互作

体内检测蛋白质与配体相互作用的基本原则就是如何能够在复杂的细胞或生物体环境下表征到目标蛋白和目标配体之间的相互作用，为此研究者们会采用各种人为的手段和方法，使得目标蛋白可以被检测或分离出来，从而将与其在细胞内相互作用的其它生物分子一起检测并且进行鉴定。基于这一想法，标记和分离目标蛋白质的基本方法一般有如下几种：

（1）酵母双杂交系统（yeast two-hybrid system，Y2H）

酵母双杂交系统是早期在质谱、多组学测序和荧光检测技术还不太发达时，基于对基因转录系统的理解开发出来的一个经典的蛋白质-蛋白质相互作用检测系统。其基本原理就是利用反式转录激活元件，如酵母的 GAL4 的模块化功能结构域，即两个独立的 DNA 结合结构域（binding domain，BD）和 DNA 转录激活结构域（activation domain，AD），BD 可以结合上游激活序列（upstream activating sequence，UAS），而 AD 则可以与转录机器中的其它组分相互作用，以启动 UAS 下游的基因转录。两个结构域在分开时具有各自的功能，但是只有结合在一起才能发挥激活基因转录的功能。

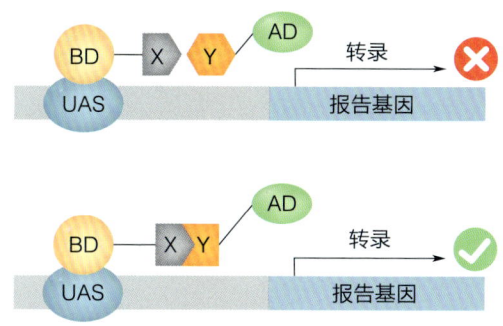

图 9-21　酵母双杂交原理图

在酵母双杂交系统中，为了检测两个蛋白质之间是否存在相互作用，将"诱饵"（bait）蛋白的基因 X 构建到 BD 载体中，待检测的"猎物"（prey）蛋白的基因 Y 构建到 AD 载体中，将两个载体在报告基因启动子缺乏的酵母体内表达，得到 BD/X 融合蛋白和 AD/Y 融合蛋白。如果"诱饵"蛋白和"猎物"蛋白之间存在相互作用，则两个融合蛋白在空间上的距离会足够近，从而使得 BD 和 AD 之间可以共同发挥作用，并且使报告基因表达，通过不同的手段就可以检测到报告基因的表达（如抗生素抗性筛选、蓝白斑筛选或营养缺陷筛选等），即可以确定两个蛋白质之间存在相互作用（图 9-21）。

（2）基于亲和纯化的互作检测

利用蛋白质（或核酸）标签与特定配体之间的特异性相互作用，在磁珠或其它材料上连接特定配体，如 FLAG-tag、GST-tag、biotin、protein A/G 等，从复杂的生物体系中特异性地结合并且纯化出带有标签的目标蛋白或核酸。由于整个亲和结合过程是在细胞或细胞裂解物中进行的，所以在牵拉目标蛋白质的同时也会牵拉在生理条件和目标蛋白结合的其它蛋白质、核酸和小分子。经过分离纯化后，再通过其它的检测手段，如 Western 印迹法、液相色谱-质谱联用（LC-MS）或者测序等手段，对各类被共同牵拉下来的与目标蛋白相互作用的配体进行检测。

基于亲和纯化的基本原理设计出来的相互作用检测手段有很多，如免疫沉淀（immunoprecipitation，IP）是指利用抗体与抗原特异性结合的特性，将靶蛋白作为抗原从细胞裂解液的混合体系中牵拉沉淀下来，从而初步分离靶蛋白的一种方法；以及基于免疫沉淀原理延伸出来的检测与靶蛋白相互作用的蛋白质的免疫共沉淀（co-immunoprecipitation，CoIP），即如果两个蛋白质分子间存在特异性相互作用，则用靶蛋白的抗体对靶蛋白进行免疫沉淀时，与其结合的另一个蛋白质也会被同时沉淀下来，随后通过 Western 印迹法等技术进行检测，即可确定与靶蛋白相互作用的目标蛋白（图 9-22）。如果要检测体内 RNA 与目标蛋白的相互作用，则可以使用 RNA 免疫沉淀（RNA immunoprecipitation，RIP），利用针对目标蛋白的抗体把相应的 RNA-蛋白质复合物沉淀下来，通过分离纯化，对结合在复合物上的 RNA 进行 RT-PCR 验证或测序分析。还有研究体内 DNA 与蛋白质相互作用的染色质免疫沉淀（chromatin immunoprecipitation，ChIP），即在生理状态下，把细胞内的 DNA 与蛋白质交联在一起，通过超声波或酶处理将染色质切为小片段后，利用抗原抗体的特异性识别反应，

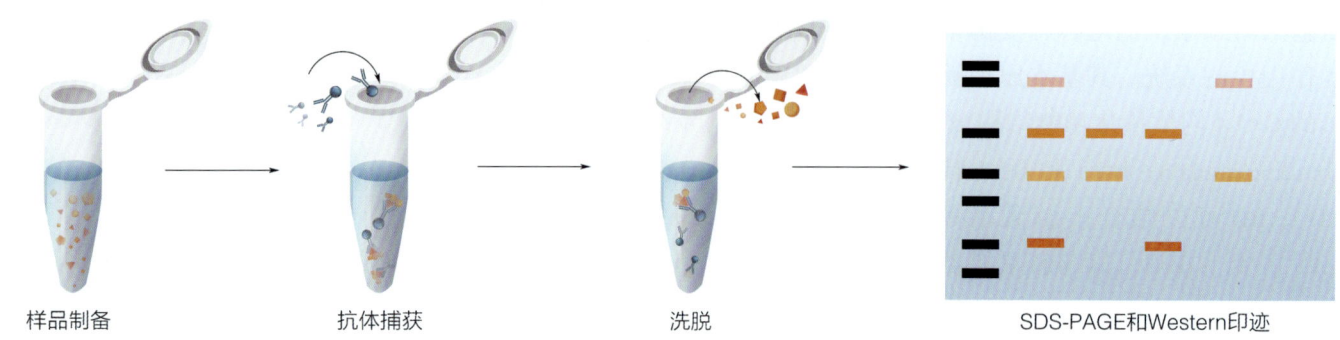

图9-22 免疫共沉淀原理图

将与目标蛋白相结合的DNA片段沉淀下来,再通过多种下游检测技术(定量PCR、基因芯片、测序等)来检测此富集片段的DNA序列。

这里只是简单介绍了几种常见的基于亲和纯化和后续检测手段联用来检测体内蛋白质与不同配体相互作用的方法。目前领域内基于这些基本原理和方法对检测手段很多方面进行了优化,如样品如何处理可以引入更少的扰动从而更接近生理状态下的相互作用,选用何种标签或者何种手段可以更为准确地区分特异性结合和非特异性结合并且尽可能全面地搜索到所有的相互作用配体,包括下游更加多样的检测手段如多组学测序等,从而开发出了很多更为先进和准确的检测方法。

(3)基于荧光的互作检测

在细胞内检测生物大分子之间相互作用的另一种常用方法是基于荧光的检测。在生物体系中使用荧光的优点主要有两个:①快速,荧光团对光的吸收和发射发生在纳秒级;②精确,发射波长小于许多细胞结构,是用来成像的优秀工具。

当目标蛋白被荧光标记后,就可以通过各种荧光检测手段来检测目标蛋白的定位及其相互作用的信息。如荧光显微镜可以用于追踪检测目标蛋白在细胞中的定位和复合物形成状况。又如双分子荧光互补(bimolecular fluorescence complementation,BiFC),其原理就是将荧光蛋白从中间的特定位点分成两个片段,分开后的两个片段单独都没有荧光活性。将这两个片段分别和待检测的两个目标蛋白融合在一起,如果两个目标蛋白之间存在相互作用,则两个荧光蛋白片段会因为两个目标蛋白的相互作用而靠近,当在空间上足够近时,这两个荧光蛋白片段会发生互补,从而重新组合形成具有活性的荧光蛋白,随后利用荧光显微镜就可以直接观察到荧光。而如果观察不到荧光,则证明两个目标蛋白可能没有相互作用(图9-23)。目前已经开发了基于多个荧光蛋白的BiFC系统,如YFP、GFP和BFP等。BiFC的优点是在荧光显微镜下就能直接观察到两个目标蛋白是否具有相互作用,并且在最接近活细胞生理状态的条件下观察到其相互作用发生的时间、位置、强弱、所形成蛋白质复合物的稳定性,以及细胞信号分子对其相互作用的影响等,这些信息对研究蛋白质相互作用有重要意义。

但是受限于光的波长,光学显微镜的分辨率目前无法达到纳米级别甚至更高,因此荧光显微镜无法对于分子之间相互作用的细节进行直接检测。为此研究者开发了更多基于荧光的纳米级别分辨率的相互作用检测技术,如荧光共振能量转移

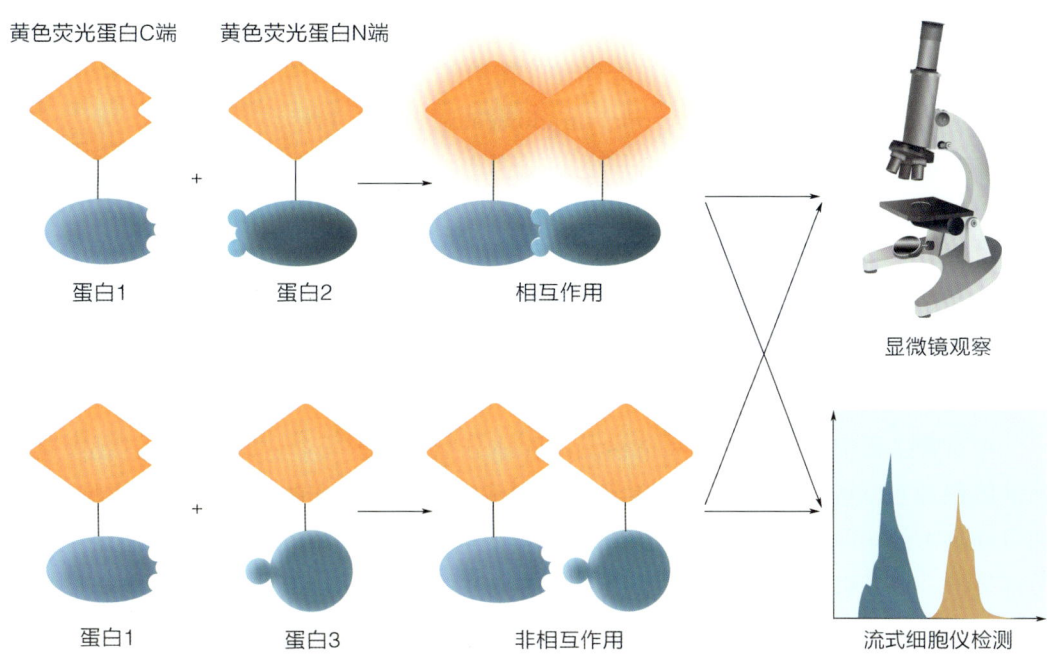

图9-23 双分子荧光互补原理图

（fluorescence resonance energy transfer，FRET）就是利用两个带有不同荧光基团的分子，如果一个荧光基团（供体）的发射光谱与另一个基团（受体）的吸收光谱有一定的重叠，那么当这两个荧光基团之间的距离合适时（一般为 1～10 nm），就可以观察到荧光能量由供体向受体转移的现象，即用前一种基团的激发波长激发时，可观察到后一个基团发射的荧光。通过这种方法就可以在纳米尺度上检测活细胞中两个分子之间的动态相互作用。此外，基于 FRET 开发的单分子荧光共振能量转移（single-molecule FRET）技术可以以更高分辨率对单个生物分子的相互作用情况进行更精确标定。

9.6.2 体外检测蛋白质与配体的互作

如之前所述，多样化的体内检测手段可以在接近生理的条件下检测到蛋白质与其它生物分子的相互作用。但是由于复杂的体内环境，体内检测得到的结果存在不够直接以及难以定量的问题。比如利用 CoIP 技术检测到的蛋白质与蛋白质之间存在相互作用，但是无法确定两者是直接相互作用还是间接的有其它蛋白质介导的相互作用，同时绝大多数在体内的检测手段很难精确且定量地确定蛋白质与配体的结合能力，这些问题使得体内检测手段存在很多局限性。而体外检测手段则可以很好地解决这些问题，在体外条件下，反应体系（溶液条件）是完全人为可控的；待检测的两种或多种分子都是纯化得到的，比如通过过表达和纯化得到的蛋白质，人工合成并且经过高效液相层析（HPLC）纯化的核酸、多肽以及小分子等；包括一些辅助因子的添加与否都是完全可以人为控制的，因此体外检测体系可以帮助我们非常直观地确定到底哪些因素影响了生物分子之间的相互作用。同时，由于是相对纯度很高的分子，且浓度都是可以测定的，因此大多数的体外检测手段都可以对多个结合解离相关的常数进行测定，从而全面定量地评估不同生物分子之间的结合能力。下面介绍几种常见的体外检测生物大分子（以蛋白质为主）与配体相互作用的方法。

（1）等温滴定量热法（isothermal titration calorimetry，ITC）

等温滴定量热法是一种基于分子之间结合产生的热量变化来精确测定不同生物分子之间结合能力的技术。该方法的原理是通过检测分子之间相互作用释放或吸收的微小热量变化，根据热力学原理推导出的结合等温线方程来计算结合反应的吉布斯自由能变化（ΔG）、焓变（ΔH）、熵变（ΔS）以及生物分子之间的结合解离常数（K_D）。该方法的优点在于无须使用任何标签标记或对样品进行额外处理，检测结果精确且可以检测到多个结合能力相关参数。

在实验过程中，目标分子和待检测的配体分别放置于两个仓室中。通过缓慢地将确定体积和浓度的配体分子溶液逐滴滴定到确定体积和浓度的样品所在的样品池中，如果样品中的生物大分子与滴定的配体发生了结合，就会导致分子间作用力的改变，包括氢键、离子键、疏水作用和范德瓦耳斯力等，这些分子间作用力的改变会释放或吸收微小的热量。为了使整个系统的温度保持恒定，机器会通过外部做功的手段来抵消由于滴定中吸放热所导致的样品池与作为对照的参比池中的温度差异，而通过对机器外部做功的功率进行积分，就可以计算出由于配体结合所带来的热量变化。由于整个滴定反应是多滴进行的，所以样品池中的配体会经历从不饱和结合到饱和结合直到过饱和的过程，当达到蛋白质和配体的饱和结合后，更多配体的进入无法继续带来热量变化，结合反应达到平衡状态。随后，由于蛋白质和配体的浓度以及体积是固定的，因此可以对每一滴滴定带来的热量变化进行积分，并计算随着配体/样品物质的量比变化的结合吸放热变化。通过分析随着滴定过程的吸放热曲线变化，我们可以得到生物大分子-配体结合反应的焓变（ΔH）、化学计量数（n）以及结合常数的倒数（$1/K_D$）。随后根据测得的这些数值，我们可以利用 $\Delta G = -RT\ln K$ 和 $\Delta G = \Delta H - T\Delta S$ 的公式计算吉布斯自由能变化（ΔG）以及熵变（ΔS）（图9-24）。

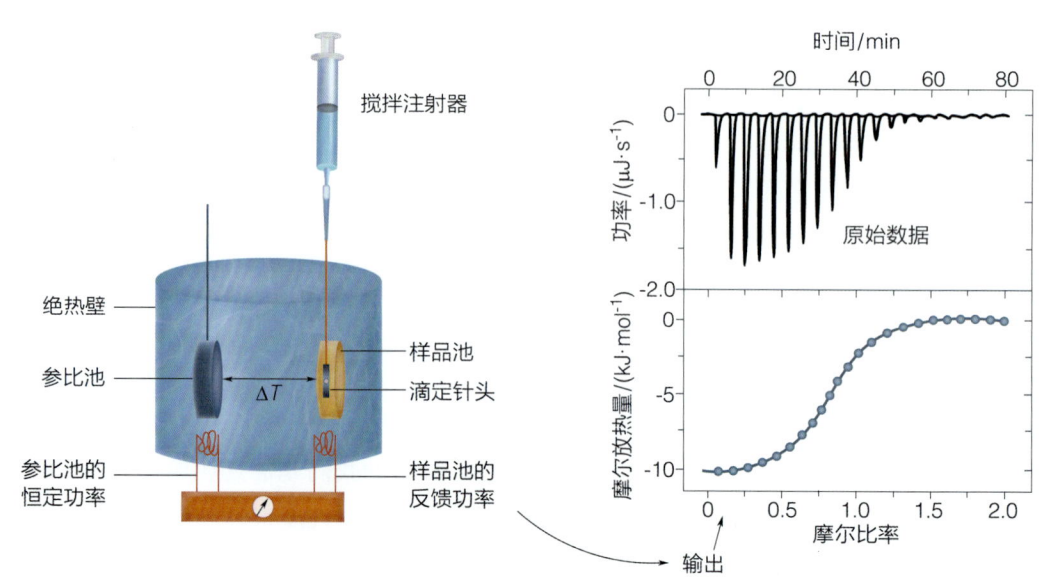

图9-24 等温滴定量热原理图

每次滴定会产生一个热量脉冲（右上图），通过对每一滴热量的积分并对浓度进行归一化处理后生成摩尔放热量对摩尔比率作图（右下图），再选择拟合合适的结合模型即可获取结合相关的亲和力（K_D）、化学结合计量比（N）、焓变（ΔH）和熵变（ΔS）。

可以看出，等温滴定量热法是一个非常精确定量且可以测定多个结合参数的结合实验，因此经常被称为检测体外结合的"金标准"以形容其准确性。当然，等温滴定量热法也存在一些问题，比如该方法相对于其它方法的样品需求量较多，且由于实验时间较长，一次只能做一对一的结合实验，因此很难进行高通量检测。

（2）**热漂移检测**（thermal shift assay，TSA）

热漂移检测，又被称为差示扫描荧光法（differential scanning fluorimetry，DSF）或热荧光法（thermofluor），是一种高通量、简单且经济的筛选方法，可用于识别和测定蛋白质与小分子配体之间的相互作用。该方法的原理是，蛋白质的热稳定性会因不同配体结合与否，或因处理条件不同而发生改变，表现在蛋白质多肽链的折叠和三级结构对温度的耐受性不同，即去折叠（unfolding）的最低温度或熔化温度（melting temperature，T_m）不同。测量时，蛋白质溶液中添加一些可以特异性地与疏水氨基酸（如苯丙氨酸和色氨酸等）相互作用的小分子疏水荧光染料。温度较低时，荧光染料均匀分布在溶液中，此时荧光信号很弱。而随着温度的逐渐上升，维持蛋白质三级结构的分子间作用力逐渐被打破，进而蛋白质结构发生不同程度的去折叠，这一过程即蛋白质的变性（denaturation）。而随着变性的进行，原本被包裹在蛋白质内部的芳香族氨基酸残基逐渐暴露，小分子疏水荧光染料随之结合到暴露的芳香族氨基酸残基而造成溶液中的荧光强度激增。通过测量荧光强度的变化及数据拟合，就可以计算出不同的配体条件下蛋白质的熔化温度（T_m）差异，通过熔化温度的差异来表征蛋白质与配体的结合能力强弱（图9-25）。由于TSA方法可以直接使用实时定量PCR仪器进行测定，所以可以在几小时内对数百对目标蛋白与配体之间的相互作用能力进行检测。

TSA方法的优点是可以高通量地测定蛋白质与配体的相互作用，并且结果是相对定量的（熔化温度的变化多少），且对于蛋白质和配体的消耗量很少。但是其缺点在于，由于检测的实际上是蛋白质熔化温度的变化，所以测定的结果并不能直接定量表征蛋白质与配体的结合解离常数。同时该方法的假阳性和假阴性的概率较大，检测结果不够准确且容易产生较大的实验误差。另一个问题在于TSA并不适用于所有配体与蛋白质结合的检测，因为如果配体本身是一个蛋白质或者多肽，或其本身具有疏水基团从而具有可以与荧光小分子相互作用的能力时，配体本身会对荧光信号造成干扰，导致测定结果出现问题。因此该方法经常被用于初步筛选，当需要检测数千个甚至更多的小分子与靶蛋白的结合能力时，可以先使用TSA技术缩小筛选范围。筛选出来若干个会导致靶蛋白熔化温度发生改变的小分子，随后采用其它的方法对这些小分子和蛋白质的结合能力进行精确定量测定。值得注意的是，基于TSA方法目前开发出了很多可以测定细胞内蛋白质与小分子配体相互作用的手段，如细胞热移位测定（cellular thermal shift assay，CETSA）、快速并行蛋白酶解（fast parallel proteolysis，

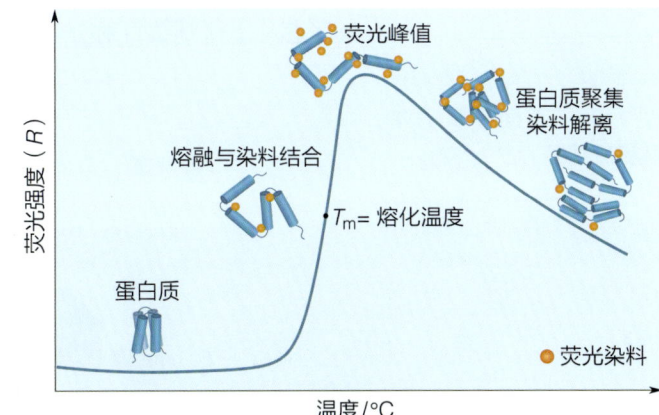

图9-25 热漂移检测原理图

FastPP）和热蛋白质组学分析（thermal proteome profiling，TPP）。

（3）表面等离子体共振（surface plasmon resonance，SPR）

SPR现象本身是一个物理学现象，其简单的描述就是光与金属界面发生的特殊相互作用。当一束光从光密介质（如水、透明聚合物、玻璃等）入射到光疏介质（如空气）中时，当入射角增大到特定值（临界角）时，光会从折射现象变成全反射现象，反射光的强度与入射光的强度相当。但当光的反射所处界面上存在一层薄薄的金属层时，在某一入射角的条件下，反射光的强度会大大减弱，甚至完全消失。基于这一原理，设计了应用于生物分子与配体相互作用的检测技术。

在实际操作过程中，制作一个交联了特定基团（如葡聚糖）的薄层金属表面覆盖在检测用的SPR芯片上。先将靶蛋白固定在芯片上（利用靶蛋白的氨基端与葡聚糖结合），随后将待检测的分析物溶液流过芯片表面，之后采用不含有分析物的溶液流过芯片，使分析物从靶蛋白上解离［需要注意，在SPR检测中，被固定的靶蛋白被称为配体（ligand），而溶液中待检测的结合蛋白被称为分析物（analyte）］。整个SPR检测步骤分为基线—分析物进入—结合—解离—重生—基线几步。在检测过程中，几乎所有入射的光线都会发生反射，除了一个入射角，在该角度下入射的光子会被转化成表面等离子体波而导致该角度的光无法被反射，从而可以被检测器所检测到，该角度称为共振角。由于等离子体波会在金属表面传播，所以如果在检测过程中发生了配体与分析物的结合-解离事件，则会导致共振角发生改变，而共振角的变化与配体-分析物复合物的形成数量成正比（图9-26）。SPR技术可以用于测量和计算结合常数K_a、解离常数K_d以及结合速率常数K_{on}和解离速率常数K_{off}等（需要注意的是，在SPR实验中，会把K_{on}写成K_a，K_{off}写成K_d，而把我们常说的K_d和K_a写成K_D和K_A，一定要注意区分）。

SPR的优点包括精确定量、无须标记、可以分析不同种类的生物分子之间的相互作用以及可以基于时间动态检测多个结合解离参数等。其缺点在于通量不够高，对蛋白质消耗量较大且对蛋白质性质要求较高，只能对有限数量的配体-分析物相互作用进行检测，另外还包括靶蛋白的固定效率不高、无法保证分析物高效完整地结合和解离等。目前还开发了SPR成像技术（SPR imaging，SPRi），将SPR与成像技术相结合，采用CCD相机对芯片表面各配体位点的光强变化进行拍摄，随后进行计算分析，即在一张芯片上得到数百对分子相互作用的信息，实现高通量的筛选，大大提高了检测效率。

图9-26　表面等离子体共振原理图

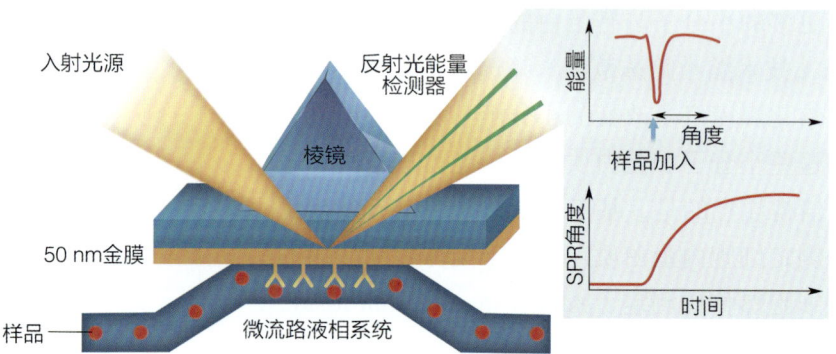

上面简单介绍了几种常见的体外检测手段的原理、检测方式及其优缺点。可以看到，大多数的体外检测都具有体系完全已知且可控、绝对或相对定量等优点。同时这些检测手段本身也存在很多共有的技术性问题，比如大多数体外检测手段都只能测定单个分子与单个分子之间的相互作用，而无法对一个体系中的多个识别事件同时进行表征。且由于计算各个参数的时候需要引入目标分子与配体的浓度、体积或者分子量，因此如果由于某种原因导致目标分子或配体的浓度发生偏差，则计算得到的结果也会偏离真实情况。另外有些情况下，目标分子和配体之间的结合对于检测指标的影响极小以至于低于阈值，则很难通过该种方法精确判断相互作用。

综上所述，我们简单介绍了如何在体内（细胞内）和体外通过各种方法检测生物大分子与配体之间的相互作用（表9-1）。其实除了我们介绍的技术之外，现在还开

表9-1 不同检测方法的比较

比较项	基于酵母双杂交的检测系统	基于亲和的检测系统	基于荧光的检测系统	等温滴定量热法（ITC）	热漂移检测（TSA）	表面等离子体共振（SPR）
检测位置	体内	体内/体外	体内/体外	体外	体内/体外	体外
是否定量	否	不能或相对定量	不能或相对定量	是	相对定量	是
基本原理	转录激活元件的AD与BD相互作用激活报告基因表达	利用抗原-抗体的特异性互作富集纯化出目标配体	荧光基团接受特定波长光子照射进入激发态，从激发态弛豫后发射出波长更长的光子，该光子可以激发邻近的其它荧光基团，从而发生能量转移	配体与目标分子之间结合解离时会产生分子间作用力的变化和吸放热改变。通过测量热量变化和曲线拟合来计算解离常数、自由能变化、熵变和焓变等热力学参数	蛋白质随温度上升逐渐变性，造成疏水氨基酸暴露，荧光染料随之结合因变性而暴露的芳香族氨基酸，进而造成蛋白质溶液荧光强度激增。通过测定荧光强度间接评价蛋白质与配体的结合能力	靶蛋白结合配体与否会导致入射光共振角发生改变。共振角改变的角度与结合形成的复合物的比例呈正相关
优点	在缺少质谱、荧光和多组学手段的时代的经典互作检测手段	抗原-抗体识别有高亲和力和高特异性，可以对亲和标签、结合体系、配体类型和后续检测手段等进行非常多样的技术开发	可以在接近生理条件下进行，响应速度极快，具有定位和成像能力	检测结果精确定量，无须标记分子，假阳性率低	样品需求量少，通量高，可在细胞内检测	检测结果精确定量，无须标记分子，假阳性率较低，实时动态检测
缺点	假阳性率高，非定量，通量较低	实验结果依赖高质量的抗体，结合条件对最终结果的影响非常大，抗体识别抗原表位的空间位阻一定程度上限制了多元复合物亚基互作的分析鉴定	荧光蛋白分子可能对蛋白质本身性质造成干扰，荧光难以定量检测相互作用	通量低，样品消耗量大，存在假阴性结果	结果相对定量且为间接结果，无法准确计算结合能力	通量不够高，样品消耗量较大，对于靶蛋白的固定芯片和检测过程中样品处理的要求较高
代表技术	酵母双杂交、反向双杂交、酵母三杂交等	牵拉沉淀、CoIP、ChIP-seq等	BiFC、FRET等	ITC	TSA、CETSA、FsatPP、TPP	SPR、SPRi

发了许多基于这些技术原理或者其它原理的更多的检测手段。这些检测方法都有各自的优点和局限性，因此在实验过程中，需要考虑实验的需求和条件，比如需要检测的生物分子的种类、需要检测在什么环境下的相互作用、是否需要定量检测、是否可以标记、需要检测的配体和蛋白质的数量等，综合选择合适的方法或者多个方法结合使用，才能够更加精确有效地确定生物分子之间的相互作用，从而进一步指导后续的功能验证、药物筛选和分子机制的阐述。

※ 本章小结

作为生命活动的直接执行者，对于大多数的生命活动而言，单个蛋白质往往并不足以完成复杂的生命活动，通常都需要多个蛋白质组合在一起形成功能性复合物完成其功能。此外，由于细胞环境的变化，蛋白质在行使功能时必须要及时地感知外界环境的改变，从而对其做出响应，改变其工作状态。这些功能的发挥都离不开蛋白质与蛋白质或其它分子之间的相互作用。本章介绍了生物大分子互作的基本原理，并以蛋白质与核酸、多肽、小分子、修饰大分子间的互作为例介绍了相互作用的结构基础和生物学功能。对于生物大分子间互作的调控也是药物发现和疾病治疗的重要基础，目前日益发展的互作检测技术为更加高通量和更加精确地测量生物大分子互作提供了技术支持。

※ 思考题

1. 介导生物大分子相互作用的作用力主要有哪些？这些作用力分别有什么特征？
2. 常见的 DNA 结合结构域与 RNA 结合结构域有哪些？其对于 DNA 和 RNA 的特异性识别和非特异性识别分别是如何实现的？
3. 常见的小分子药物靶点蛋白有哪些类型？其靶向的相互作用位点有哪些特征？
4. 常见的组蛋白修饰和非组蛋白修饰有哪些？修饰识别蛋白是如何实现对修饰和非修饰特异性识别的？
5. 请列举主要的生物大分子互作检测技术并简述其优势及劣势。

※ 扩展阅读

图书

Allis C D, Caparros M, Jenuwein T, et al. Epigenetics[M]. 2nd ed. Cold Spring Harbor: Cold Spring Harbor Laboratory Press, 2015.

Canzar S, Ringeling F R. Methods and protocols: Protein-protein interaction networks[M]. New York: Springer, 2020.

Dömling A S, Mannhold R, Kubinyi H, et al. Protein-protein interactions in drug discovery[M]. Hoboken: Wiley-VCH, 2013.

Gohlke V, Mannhold R, Kubinyi H, et al. Protein-ligand interactions[M]. Hoboken: Wiley, 2013.

Helms V, Kalinina O V. Protein interactions: the molecular basis of interactomics[M]. Hoboken: Wiley-VCH, 2022.

Kangueane P, Nilofer C. Protein-protein and domain-domain interactions[M]. New York: Springer, 2018.

Krebs J, Goldstein E, Kilpatrick S. Lewin's GENES XII[M]. 12th ed. Burlington: Jones & Bartlett Learning, 2017.

Meyerkord C, Fu H. Protein-protein interactions: methods and applications[M]. 2nd ed. New York: Springer, 2015.

Nelson D, Cox M. Lehninger principles of biochemistry[M]. 8th ed. New York: W.H. Freeman, 2021.

Poluri K M, Gulati K, Sarkar S. Protein-protein interactions: principles and techniques[M]. New York: Springer, 2021.

10 生物大分子自组装与相分离

先秦哲学家老子曾讲到"道生一,一生二,二生三,三生万物",这不仅是中国传统朴素的宇宙生成理论,同样也适用于生物大分子机器由简单到复杂的组装逻辑。生物大分子自组装是指生物大分子(如蛋白质、DNA、RNA等)在无外力作用情况下,通过分子间相互作用自发形成具有特定结构和功能的复杂体系的过程。自组装侧重于分子层面通过非共价键相互作用(如氢键、静电作用、范德瓦耳斯力、疏水相互作用等,详见第3章),按照特定的规则和序列进行排列组合,从而形成稳定结构。

此前章节阐述了单个生物大分子的折叠原理,也详细介绍了单个分子结构与功能之间的关系。在了解单个分子性质的基础上,本章将进一步拓展,探讨多个生物大分子如何发生相互作用,通过逐步亲和互作形成复合物并协同发挥更多功能。同时,还将介绍一种新型的分子"团战"模式,即众多大分子之间通过多价互作发生相分离,在溶液中形成新相的过程。相分离现象不仅赋予了一群分子新的物理化学特性,还使其具备了单分子所不具备的新型生物学功能。相分离是一种普遍现象,可发生在从无机到有机的不同层次和系统中。本章将重点从生物大分子的自组装和相分离角度,介绍构建细胞内复杂结构和功能的基础。

10.1 生物结构的不同组装方式

生物结构的形成是一个复杂过程，涉及蛋白质、核酸等多种生物大分子的相互作用和组装（知识窗10-1）。其中，自组装（self-assembly）在生物结构形成过程中起着关键作用，它使得生物大分子能够凭借自身的化学和物理特性，在没有外部协助的情况下形成复杂结构。这个过程通常是相对局部且基础的，例如，蛋白质的折叠和复合物的形成就是一种自组装现象，肽链通过氢键、疏水作用等非共价相互作用，自发折叠形成特定的三维结构并进一步组装成具备相应生物学功能的复合物。

相较而言，自组织（self-organization）作为另外一种分子组织形式，其涉及范围更广，涵盖了从分子到细胞乃至更高层次的组织构建，是一种系统性的、从无序到有序的动态过程。它不仅依赖分子间的相互作用，同时还涉及系统整体的反馈调节等多种机制。

生物系统中的自组织过程不仅在细胞内部持续进行（例如细胞分裂时纺锤体形成：微管组装受染色体信号反馈调控，动态调整以形成有序结构），在细胞外的自然环境中同样广泛存在，像微生物群落的组织过程就是典型例子。在自然环境中，不同种类的微生物通过自组织形成具有特定结构和功能的群落，其内部组分相互协作，共同应对环境变化，完成物质循环和能量转换等多个生态过程。大尺度自组织的更多例子在本书第21章也会提及。

对生物大分子自组装和自组织的研究有助于我们理解生命起源和演化的基本原理，并对维持生命活动和开发新型生物技术应用具有重要意义。

10.1.1 生物大分子有序自组装

蛋白质通过内部相互作用力使其线性氨基酸序列在空间中折叠成特定的三维结构。而生物大分子的有序组装则涉及多个分子间的有序结合，按照一定的顺序和结构组装形成高度聚合的结构。

这种有序组装在细胞结构形成中发挥着至关重要的作用。本书的其它章节详细讲述了一些有序组装的例子。例如，细胞骨架的组装涉及骨架蛋白质（微丝、中间丝和微管）通过相互作用组装形成细胞骨架网络。这种组装为细胞提供了结构支持，维持细胞形态，并参与细胞运动、细胞分裂和细胞内物质运输等重要生物过程（参见14.2节）。膜蛋白的组装同样是生物大分子有序自组装的经典范例，多种蛋白质嵌入到细胞膜中，通过相互作用和结构域的组装形成功能完整的膜蛋白复合物。这些膜蛋白可以形成通道、受体、信号转导复合物等，实现细胞与外界环境的相互作用和信号转导（参见第15章）。此外，烟草花叶病毒（TMV）的组装也是生物大分子有序组装的典型例子。TMV由一个蛋白质外壳和一条单链RNA组成。在病毒的组装过程中，蛋白质亚基会首先自发地聚集形成螺旋状的结构，然后单链RNA会精确地嵌入到这个螺旋状的蛋白质外壳中，最终组装形成完整的烟草花叶病毒颗粒。这种有序组装过程

知识窗 10-1

多级生物结构的形成

生物结构的形成是指生物大分子借助自身的力量或分子伴侣的介导,自行装配成高级结构的过程。它揭示了生命体系中分子如何按照一定的顺序和规则,自动组合成复杂的结构。

其中,细胞结构的形成过程可以粗略地分为四级,每一级都代表了生命体系构建过程中的一个重要阶段。

前两个阶段是生物大分子的构建过程。第一级是构成细胞的小分子有机物的形成。在这一级过程中,生命体系的基本构建块——小分子有机物被合成出来。这些小分子包括碱基(如腺嘌呤、鸟嘌呤、胞嘧啶、胸腺嘧啶和尿嘧啶,它们是 DNA 和 RNA 的基本组成单元)、氨基酸(构成蛋白质的基本单元)、葡萄糖(重要的单糖,是糖类的基本单位)以及脂类化合物。这些小分子有机物通过一系列的生物合成途径在细胞内合成,它们是构成更复杂生物大分子的基石。

第二级是由这些基石组装成生物大分子。在这一级过程中,小分子有机物进一步组装成生物大分子。这些生物大分子包括 DNA、RNA、蛋白质和多糖等。DNA 和 RNA 是由核苷酸通过磷酸二酯键连接而成的核酸链,它们负责储存和传递遗传信息。蛋白质则是由氨基酸通过肽键连接而成的多肽链,经过折叠和修饰后形成具有特定结构和功能的大分子。多糖则是由单糖分子通过糖苷键连接而成的高分子化合物,如淀粉、纤维素和糖原等。这些生物大分子在细胞内扮演着重要角色,如遗传信息的存储与表达、酶催化反应、细胞结构的支撑等。

第三级就是本章所讲的由生物大分子进一步组装成具有更高级结构的分子机器。这些结构包括核糖体、剪接体、微管、微丝等。核糖体由 RNA 和蛋白质组成,是细胞内合成蛋白质的机器。剪接体负责加工前体 mRNA,确保正确的遗传信息被转化为蛋白质。微管和微丝则是细胞骨架的组成部分,它们为细胞提供形态支持和运动能力。这些高级结构共同维持着细胞的形态和功能。

最后,第四级就是如何由生物大分子组装成具有空间结构和生物功能的细胞器。这些细胞器包括线粒体、叶绿体、内质网、高尔基体、溶酶体、微体等。线粒体是细胞的"动力工厂",它通过氧化磷酸化过程为细胞提供能量。叶绿体则存在于植物细胞中,是光合作用的主要场所。内质网和高尔基复合体则参与蛋白质的加工和转运等过程。溶酶体则负责分解衰老、损伤的细胞器以及吞噬进入细胞的病原体和异物。微体则是一种小型细胞器,与脂肪代谢和过氧化氢的分解有关。这些细胞器通过协同作用,共同维持着细胞的正常生理功能。近年来的研究发现,许多生物分子能够通过相分离这一自发组织过程形成无膜细胞器,它们与有膜细胞器一起,共同参与众多复杂的生物过程。这将在本章重点阐释。

细胞结构的形成机制复杂且精细,它涉及分子间的多种相互作用和动态平衡,通过非共价键自组装(如疏水作用、静电作用)、共价键自组装(如亲核-电子机制和自由基聚合)以及分子伴侣的介导。多级细胞结构的形成是一个从简单到复杂、从低级到高级的逐步构建过程。四级过程逐步将小分子有机物组装成具有特定结构和功能的细胞,从而构成了生命体系的基本单元。

高度精确,使得病毒能够保持其特定的结构和功能,从而实现感染宿主细胞等生命活动。这些例子仅展示了生物大分子有序组装的冰山一角,生物体内存在并同时进行大量的分子自组装过程,从而实现复杂的生物学功能。这些自组装过程形成特异的组织结构,通常需要精确组装以确保功能的正确表达。

10.1.2 生物大分子无序自组装

生物大分子的无序自组装，是指生物分子在缺乏长程有序结构的情况下，凭借非共价键的相互作用自发构建起能够执行特定生物学功能的生物结构的过程。而且，由于其独特的群体特征，它拥有单个分子组装所不具备的物理特性，这使得无序自组装在生物体内发挥着至关重要的作用。

在细胞中，存在着诸多无序自组装的实例。例如，细胞内的一些无膜细胞器，像应激颗粒和转录工厂，便是借助液-液相分离（liquid-liquid phase separation，LLPS）形成的无序自组装结构（详见第 16 章）。此外，细胞内的蛋白质的非晶态聚集体、纤维状聚集等液-固相变(liquid-solid phase transition)现象，同样属于无序自组装的范畴。

那么，究竟什么是相分离呢？在多组分体系里，当其中的成分处于热力学不稳定状态时，由于各组分之间的相互作用存在差异，体系会分离为具有不同物理化学性质的两个或多个相，这种现象就被称作相分离。液-液相分离是生物体系中较为常见的一种相分离现象。通过液-液相分离所形成的凝聚体或液滴，一般不具备长程有序性，而且具有可逆性，能够通过改变诸如温度、pH、离子强度等条件，来调控凝聚体的形成与消散过程。总的来说，生物大分子可以通过相分离现象，在细胞内构建起无膜细胞器。

再看蛋白质聚集这一现象。蛋白质分子原本具有特定的三维空间结构。然而，蛋白质聚集的过程与有序组装截然不同，它没有清晰明确的起始、中间和结束阶段，也不存在严格受控的构建路径。在聚集过程中，蛋白质的天然构象部分或完全丧失，导致分子间以非特异方式结合，形成高度异质性的聚集体。这些聚集体通常不具备像正常折叠蛋白质那样明确、稳定且规则的空间排列，缺乏长程有序性。关于有序和无序组装的一些例子，详见知识窗 10-2。

10.2 相分离和相变的机制

10.2.1 物理和生物中的"相"

要理解相分离发生的过程及机制，需要先学习一下生物学中存在的各种"相"（phase）。物理学家约西亚·吉布斯（Josiah Willard Gibbs，1839—1903）在他 1875—1878 年的开创性论文《异质物质平衡》中定义"相"为物质所处的一种状态，同一相内，空间各处化学成分与物理状态相同，并推导出相律，即 $F = C - P + n$，其中 F 表示系统的自由度，C 代表系统的独立组分数，P 代表相态数目，n 为外界因素，如压力和温度等。可将物质存在的状态分为典型的三类：气态、液态和固态。相变（phase

知识窗 10-2

无膜细胞器和生物分子复合物的异同

无膜细胞器（membraneless organelle）和生物分子复合物（biomolecular complex）在细胞内的组织和功能上有一些相似之处，例如二者均由多个生物分子组成，且其都在细胞内发挥重要的生物学功能，如基因表达调控、信号传导、细胞骨架的组装等。

然而二者也有显著区别。

无膜细胞器是一种无膜的亚细胞结构，通常具有液滴样的相分离特性，也可以是胶状或固相聚集体。它们可以动态地组装和解聚，响应细胞内外的信号调控。而生物分子复合物通过特定的相互作用方式结合而成，需要特定的结合位点和互作结构域之间的匹配，以确保稳定的结合和功能的实现。

与有序组装形成的生物大分子复合物相比，多价互作形成的相分离具有以下特性。首先，多价互作可以通过增强蛋白质之间的非共价键相互作用（如氢键、疏水作用、离子键等）来提高无膜细胞器内部分子的结构和成分的稳定性，尤其是在面对环境变化或机械应力时。其次，相分离可以起到信号放大的作用。例如，通过串联重复的信号接收域，可以增强对信号分子的响应，从而在细胞内产生更强烈的生物学效应。相分离有助于局部浓缩特定分子，调控特定生物学过程的发生。同时，相分离产生的无膜细胞器通常具有动态的组装和解聚特性。它们可以根据细胞内外的信号和调控机制迅速聚集或解散。这种动态性质使得无膜细胞器能够快速响应细胞内环境的变化，并参与相关的生物过程。相比之下，生物分子复合物在形成后往往比较稳定，并且在其功能发挥过程中不容易发生大的结构变化。

因此，无膜细胞器具有提供稳定结构、放大信号、聚集生物分子以及增加动态性的作用，与生物分子复合物在组织结构、形成方式和发生机制及行使的功能上均有差异。

---

transition）则是物质在不同物理状态之间的转换。物质在这三者之间的转换是自然界中的普遍现象，比如气态向液态的转变被称为液化（气-液相变），液相向固相的转变被称为凝固（液-固相变）。而仅在液相中，对于由多种化学分子组成的占据一定空间的复杂物质，当其组分都均匀分散在同一空间中时，我们称它们是"混溶"（mixed）的，即形成了单一的"相"。有时候，复杂物质的组分并不均一分布，而是占据不同的空间，比如由某种油性分子和水分子形成的液体，油性分子和水分子将形成有明显界限的分层的"相"，也即"液-液相分离"。这里的"相"，不是简单地套用"气-液-固"的范畴，而是更多地指涉及分子层面上具有复杂物理化学性质的液态微环境。

由于针对生物大分子气相的研究相对较少，故这里着重讨论生物体中的液相和固相，以及复杂液体的一些特性。

如何在微观上理解液体和固体？液体是一种物质状态，其中的成分可以很容易在空间上重新排列。换句话说，液体和固体的区别在于，固体中的成分不容易重新排列和表现出不同程度的有序性。更准确地说，在固体中，粒子会长期固定在特定的邻域。在液体中，颗粒的空间位置可以迅速发生变化。我们可以用水来说明这种差异。

当水是固体时，它不容易发生形变，而一块冰会保持其形状。当水是液体时，很容易变形且均匀流动。在没有容器的情况下，一定体积的液态水不会保持给定的形状。但在液态水的情况下，分子移动得很快，很容易和相邻分子发生位置交换。而在冰中，分子倾向于保持固定的相邻关系；换句话说，它们被关在固定的"笼子"里。由于液体中分子的快速运动，不同的成分可以轻松混合，化学反应可以通过随机的方式在液体内发生。这就是生物学中的化学反应往往在液体中发生的原因。

图 10-1 展示了液体和固体在性质上的差异。这些差异可以归纳为以下几个方面：

① 有序性　液体具有短程位置有序性，这意味着无法画出一条直线（虚红线），

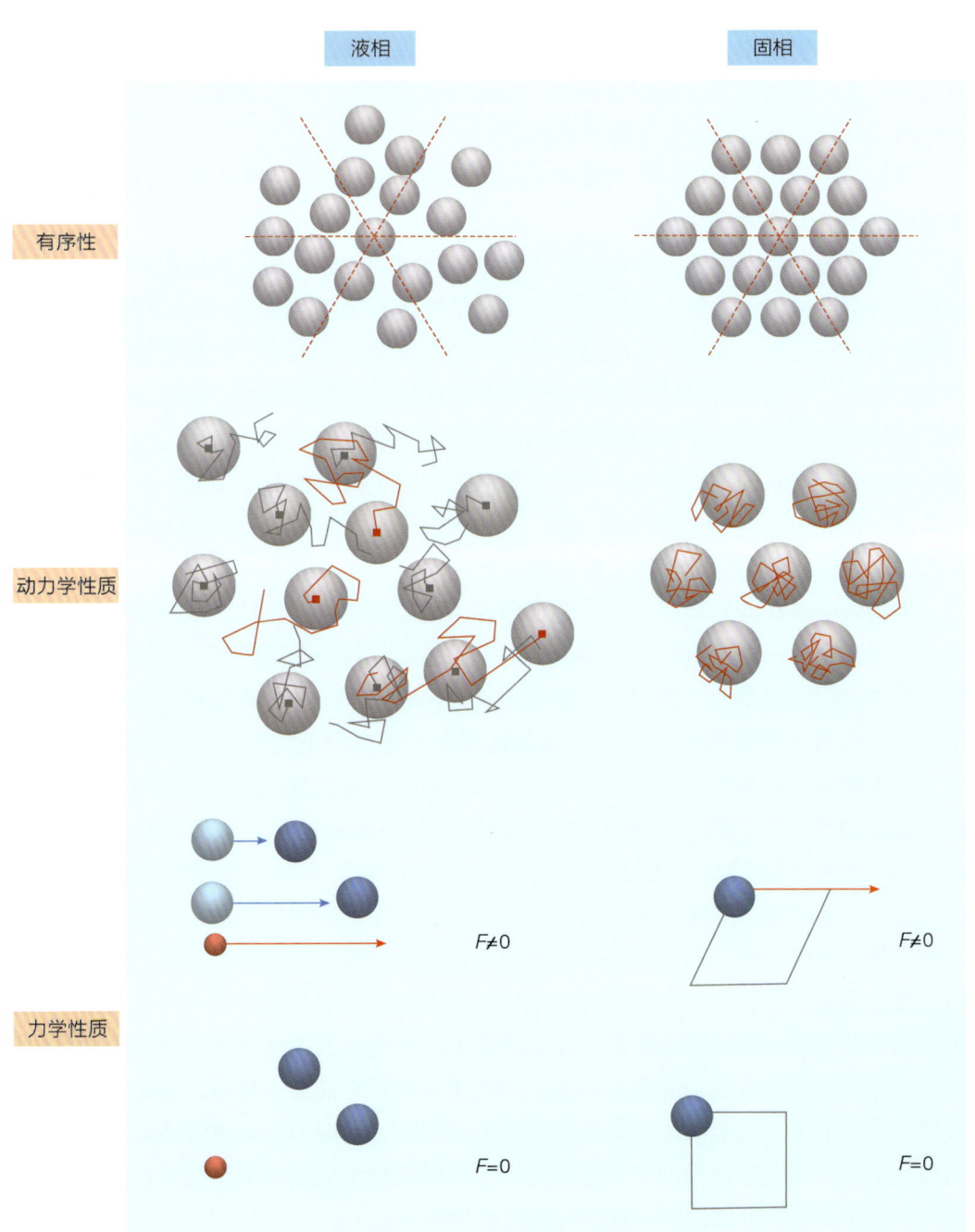

图 10-1　理想液体（左）和理想固体（右）重要特性的示意图
详见正文。

让粒子（灰色球体表示）沿着直线以相等的距离排列。而在晶体固体中，位置有序性是长程的，可以画出直线，使得粒子等距排列。

② 动力学性质　液体中的粒子会快速重新排列并进行扩散，能够移动到很远的距离（粒子轨迹用红线和灰线表示）。而在固体中，粒子通常被周围粒子限制在一个"笼子"中，笼子的重新排列非常罕见。

③ 力学性质　在液体上局部施加力（红点表示）会导致粒子相互远离。相应的流动（蓝箭头）可以在施加力的时间内带动小物体（浅蓝和深蓝球体分别对应于力开启/关闭的时间）。在液体中，流速与力成正比，当力消失后，粒子运动迅速停止，且不会留下任何"记忆"。这是因为液体分子间的相互作用是瞬时的，不会累积形变或应力。而在固体中，施加力会导致形变累积，直到被弹性应力平衡。粒子通常保持其邻域关系，系统对初始构型有记忆。当施加在固体上的力被移除后，由于固体的弹性性质，系统会恢复到初始未形变的状态。

需要注意的是，上述讨论的是理想液体和固体的性质。在实际中，真实液体也可能表现出类似固体的弹性响应。

下面将焦点转回细胞。我们习惯于将细胞质视为液体。如果细胞膜破裂，液态细胞质一般都会流出。然而，我们倾向于认为细胞内利用膜结构进行空间区隔，将均质的细胞质区分开来。那么除了膜结构之外，是否有其它分隔方式？如果细胞内多种结构都是液态，它们如何保持彼此分离？毕竟在我们熟知的体系中，液体是混合物。如果将两种可混溶的液体（例如咖啡和牛奶）混合，两者就会融合，因为混合状态比非混合状态具有更高的熵，并且热力学系统倾向于向更高熵的状态演化。然而，液体也会分层。例如，当油和水混合在一起，油和水由于不互溶而分成两个不同的相：油相和水相。这样由不同的几个相（液-液、液-固）共存的混合体系是一类复杂液体。

生物体中存在的复杂液体形式有很多种，例如聚合物、胶体、液晶等。上述材料的共同点是它们都由比原子大得多的结构单元组成，具有介观尺度上的组织性和流动性。其中，聚合物是由一系列化学单元构成的长链分子。一个典型聚合物分子可由数千甚至上百万个单位构成，其链长和柔性决定了其在溶液中的构象和流变性。聚合物也是生物分子的基本结构形式之一。生命的分子机器以蛋白质为核心组件，蛋白质是由氨基酸形成的天然聚合物。生命的遗传信息则被铭刻在另一类重要的生物聚合物——DNA和RNA中。因此这些多聚体的物理特性对于细胞活动起到重要作用。

综上，复杂液体结构单元非常大。由于其中大分子的聚集特性，导致其具有单分子不具备的物理特性。首先，复杂液体通常是非均匀的，其密度、黏度、组分等在空间上存在变化。其次，复杂液体对于外界作用力的响应呈非线性特征，其结构和性质可受到外部条件（如温度、压力、化学环境）的影响而发生变化，表现出高度可塑性和可变性，而这些反应不能用力与力之间的线性关系来描述。最后，复杂液体中的反应缓慢且不平衡。复杂液体的集合体减慢了它们的运动能力。简单液体的响应时间为纳秒数量级，而在聚合物的复杂溶液中，它可以长至十亿倍或更多倍（$1 \sim 10^4$ s）。因此动态非平衡态，也是细胞中复杂液体的重要性质之一。

10.2.2 相分离和相变的热力学机制

在理解复杂液体以及相分离相关概念之后，我们进一步探讨相分离的热力学机制。

在多组分复杂液体中，为什么会出现多相分离的状态？为什么熵不能始终驱动系统保持混合状态？

相变意味着物质某方面的性质（如密度、组分分布、对称性等）发生了突然的改变。在相变过程中，物质处于热力学势（thermodynamic potential）最小的状态时最为稳定。例如，在油水混合体系中，油分子彼此相邻时的系统能量，低于油分子与水分子相邻时的能量。这种能量差异促使系统倾向于分层，而不是通过熵驱动实现均匀混合。不过需要注意的是，在这个例子中，油和水这两个分层相都由多种不同成分组成，在每个相内部，熵依然确保了各成分能够充分混合。

为了更深入地理解这些现象，我们需要从大分子溶液热力学入手。溶液在混合过程中的熵变、焓变以及化学势的变化，都是物理化学中的基本概念。这里我们讨论的非均匀溶液，也就是相分离现象，是指溶液中的组分在特定条件下，形成两个或更多互不混溶的相。这一现象的背后涉及诸多热力学因素，尤其是液-液相分离时的自由能变化。

在热力学框架下，体系的稳定性由自由能〔通常是吉布斯自由能（Gibbs free energy）〕决定。对于一个两相体系，其总的吉布斯自由能（G_t）可以表示为两个相各自的吉布斯自由能（G_1 和 G_2）之和，即 $G_t = G_1 + G_2$。我们这里暂且忽略界面能。当相分离发生时，体系的总自由能会降低，这表明相分离状态在自由能方面更有利。相分离的热力学平衡可以通过吉布斯自由能最小化来描述。在热力学平衡时，各组分在两相中的化学势相等。这一平衡组分分数可以通过求解吉布斯自由能对组分分数的导数来确定。相分离的热力学性质还可以通过绘制相平衡曲线来直观呈现。相平衡曲线显示了不同条件下的各分离相的组成（图 10-2）。

假设存在一个体积为 V、浓度为 Φ 的均相溶液，它分离成两个溶液，一个体积为 V_A、浓度为 Φ_A，另一个体积为 V_B、浓度为 Φ_B。根据溶液体积守恒（$V = V_A + V_B$）和溶质质量守恒（$\Phi V = \Phi_A V_A + \Phi_B V_B$），可以得出

$$V_A = \frac{\Phi_B - \Phi}{\Phi_B - \Phi_A} V,$$

$$V_B = \frac{\Phi - \Phi_A}{\Phi_B - \Phi_A} V。$$

因此，相分离状态的自由能变化如下：

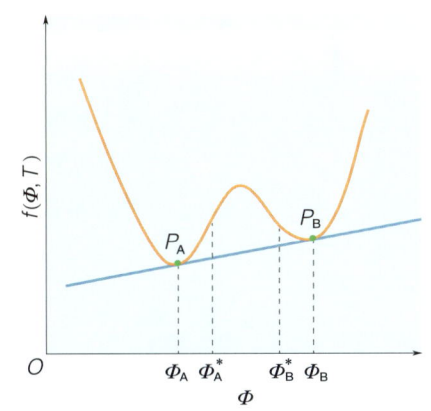

图 10-2 相平衡曲线

图中 Φ 代表浓度，描述某相的组分比例。$f(\Phi, T)$ 代表体系的自由能，是温度 T 和浓度 Φ 的函数，反映系统热力学稳定性。P_A、P_B 代表自由能极小值点。每个极小值点（P_A 对应 Φ_A，P_B 对应 Φ_B），代表浓度取该值时，系统自由能最低，是热力学平衡下的稳定相。Φ_A^* 和 Φ_B^* 代表自由能曲线的"拐点"（二阶导数为零的点），对应相分离理论中旋节分解（spinodal decomposition）的临界浓度。

$$F = V_A f(\Phi_A) + V_B f(\Phi_B) = V\left[\frac{\Phi_B - \Phi}{\Phi_B - \Phi_A}f(\Phi_A) + \frac{\Phi - \Phi_A}{\Phi_B - \Phi_A}f(\Phi_B)\right]。$$

为了使自由能达到最小,我们将 Φ_a 和 Φ_b 定义为切点处的浓度。在 $\Phi_a < \Phi < \Phi_b$ 的浓度区间内,具有浓度 Φ 的均相溶液如果分离成浓度为 Φ_a 和 Φ_b 的两种溶液,将达到最稳定状态,此时自由能最小。

进一步看来 $\Phi_a < \Phi < \Phi_b$ 的浓度区域还可以进一步细分为两个子区域。设 Φ_a^*、Φ_b^* 为 $\partial^2 f/\partial \Phi^2 = 0$ 的浓度,它们对应于 $f(\Phi)$ 图中曲率为零的点,也即系统从稳定状态转变为不稳定(或反之)的转折点,即

$$f''(\Phi_a^*)=0,\ f''(\Phi_b^*) = 0。$$

当 $\partial^2 f/\partial \Phi^2 > 0$ 时,即在 $\Phi_a < \Phi < \Phi_a^*$ 和 $\Phi_b^* < \Phi < \Phi_b$ 区域内,系统倾向于维持当前状态,但这种稳定性是局部的。这意味着在受到小的扰动时,系统能够保持均质状态,但较大的扰动则可能引发相分离,所以这种状态被称为局部稳态或亚稳态。相反,当 $\partial^2 f/\partial \Phi^2 < 0$,即在 $\Phi_a^* < \Phi < \Phi_b^*$ 区域内,导致溶液处于不稳定状态,此时即使是微小的扰动也会促使溶液分离成两个不同的相。

在此基础上,由于 Φ_a、Φ_b、Φ_a^*、Φ_b^* 是温度的函数,它们可以在 $\Phi - T$ 平面上绘制(图 10-3),图中曲线 AC 和 BC 表示 $\Phi_a(T)$ 和 $\Phi_b(T)$ 的线,曲线 DC 和 EC 表示 $\Phi_a^*(T)$ 和 $\Phi_b^*(T)$ 的线。

连接 A、C 和 B 的曲线称为双节线(binodal curve,也称共存曲线)。这条线分隔了单相和双相区域。当浓度低于临界饱和浓度时,系统处于单相状态。系统在临界点之外不会发生相分离。位于这条曲线下方状态的溶液可以相分离成两个具有浓度 $\Phi_a(T)$ 和 $\Phi_b(T)$ 的相。这条曲线受环境条件如温度、pH 等的影响。

另一方面,连接 D、C 和 E 的曲线代表亚稳态和不稳定态之间的边界,称为旋节线(spinodal curve,也称失稳曲线)。旋节线的顶部称为临界点。在临界点外,由于满足 $\partial^3 f/\partial \Phi^3 = 0$ 的两个点 $\Phi_a^*(T)$ 和 $\Phi_b^*(T)$ 合并,因此在临界点 $\partial^3 f/\partial \Phi^3$ 必须等于零。也就是说,在临界点 C,f 的二阶导和三阶导均为 0,双节线和旋节线在临界点重合,即具有相同的切线。

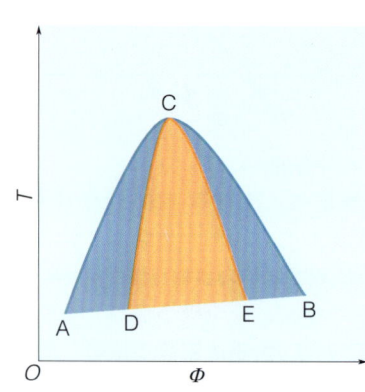

图 10-3 相分离相图
显示两相双节线(ACB)与旋节线(DCE)之间的关系

双节线和旋节线是相分离研究中的关键概念,它们有助于我们理解和预测多组分体系在不同条件下的相行为。在实际应用中,无论是在材料科学、化学工程还是生物物理学领域,对双节线和旋节线的理解都至关重要。通过调整温度、压力或组成,可以控制相分离过程,从而获得所需的相态和性质,以及相分离是否能在生理相关环境中发生。值得注意的是相图中所呈现的简化的密度转变情况可能并不完全代表细胞复杂环境中实际发生的情况。在细胞内,由于大分子浓度较高,分子的密度可能不会发生变化,而只是其空间分布发生变化。

综上所述,相分离的临界条件通常涉及系统自由能的不稳定性。至此我们讲到了两种判定相分离的方法。一是在相分离系统中自由能的二阶导数 $f''(\Phi)$,二是相图中的双节线和旋节线。这两种方法共同界定了不稳定和亚

稳态区域，从而决定了溶液的稳定性。旋节线表示系统在微小扰动下会发生相分离的浓度范围。双节线和旋节线之间的区域为亚稳态区域，在该区域内，系统在小扰动下可以保持均质状态，但在大扰动下会发生相分离。因此这些概念对于理解相分离的热力学基础至关重要。

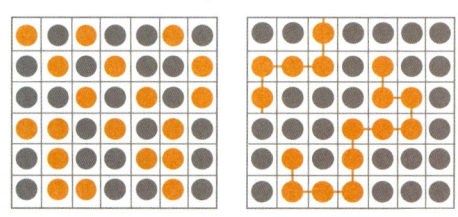

图 10-4　溶液及多聚体溶液中的格点模型
每一个黄色球代表高分子链的一个链段，每个灰色球代表一个溶剂分子。

下面我们讲相分离的理论模型。1941—1942 年，保罗·弗洛里（Paul John Flory，1910—1985）和莫里斯·哈金斯（Maurice Loyal Huggins，1897—1981）针对两相均具有流动性的溶液混合后的自由能变化，分别提出了一个简单的计算聚合物溶液体系自由能的理论模型，即弗洛里–哈金斯溶液理论（Flory–Huggins solution theory）。

在简单理想的溶液体系，我们将大分子溶液体系考虑为"类晶格"体系（图 10-4）。在这个体系中，溶液中分子的排列如图中晶体一样，呈现规整的晶格排列，每个溶剂分子占据一个格子，每个高分子则占 x 个相连的格子，此处的 x 是高分子链所具有的链段数，并且每个链段和溶剂分子体积近似相等，但 x 不一定等于聚合度。此外，该模型还假设高分子链完全柔顺，所有构象具有相同的能量，同时溶液中的高分子链段是均匀分布的，链段占据任一格子的概率相等。在这种模型下，系统被离散化为一个二维或三维的格点网络，每个格点可以处于两种不同的状态，如 A 和 B。通过在相邻格点之间引入相互作用能量和熵效应，就可以模拟出相分离的自组装行为。

从热力学角度分析，相分离的形成有助于降低系统的总自由能。系统的自由能可以分解为焓变（ΔH）和熵变（ΔS）两部分的贡献，即 $\Delta G_{mix} = \Delta H_{mix} - T\Delta S_{mix}$。其中，焓变包含了生物分子与溶剂之间、生物分子之间以及溶剂分子之间的相互作用能变化；熵变则反映了系统自由度的变化，是衡量系统混乱程度的指标。

当大分子溶解于溶液中，原本纯物质分子之间的相互接触被打破，溶剂与大分子之间建立起新的相互作用（例如分子间的范德瓦耳斯力和氢键）。我们假设物质 A 和物质 B 混合，混合后所占体积分别为 V_A 和 V_B，溶液总体积为 V_T。混合后溶液中存在三种相互作用界面，即 A–A、B–B 和 A–B。其中，A–B 接触面是新产生的，因此我们假设对于一个 A 物质的接触面，其相邻面为 B 物质的概率等于 B 物质的体积分数 $\varPhi_B$。令 N_A 和 N_B 是聚合物中单元的个数，n_A 和 n_B 分别为 A 和 B 的单体数目，那么晶格中可接触面满足

$$n_A N_A \varPhi_B Z = n_B N_B \varPhi_A Z,$$

焓变则为所有溶质和溶剂相互作用能量变化之和：

$$\Delta H_{mix} = n_B N_B \varPhi_A Z \Delta \varepsilon,$$

其中，Z 为格子的配位数，ε 为溶质分子和溶剂分子相互作用能。

另一方面，微观状态数和熵变的关系符合统计热力学里的玻尔兹曼熵公式：

$$\Delta S = k_B \ln W,$$

其中，k_B 是玻尔兹曼常量，W 是体系可能的微观状态数目。如果在 N 个格点中放 A 或 B，则有：

$$W_{\text{mix}} = \frac{N!}{N_A! \, N_B!},$$

将之代入上述玻尔兹曼熵公式，并通过近似公式 $\ln N! \approx N \ln N - N$ 代换，可得 A 和 B 两相的混合熵为

$$\Delta S_{\text{mix}} = \Delta S_A + \Delta S_B,$$

即

$$\Delta S_{\text{mix}} = -k_B \left(\frac{\Phi_A}{N_A} \ln \Phi_A + \frac{\Phi_B}{N_B} \ln \Phi_B \right).$$

在生物体系中，由于我们通常只考虑生物大分子与溶剂相溶的情况，因此定义溶质分子的体积分数为 Φ，溶剂的体积分数为 $1-\Phi$，那么混合熵变可以表示为

$$\Delta S_{\text{mix}} = -k_B \left[\frac{\Phi}{N} \ln \Phi + (1-\Phi) \ln(1-\Phi) \right].$$

我们设定物质 A 和 B 的相互作用参数为 χ，它可以理解为将溶剂分子与溶质分子每形成一个新的接触对时能量的改变量，即

$$\chi = \frac{Z \Delta \varepsilon}{k_B T},$$

因此得到弗洛里 – 哈金斯公式

$$\Delta G = k_B T \left[\frac{\Phi}{N} \ln \Phi + (1-\Phi) \ln(1-\Phi) + \chi \Phi(1-\Phi) \right].$$

弗洛里 – 哈金斯模型描述了混合吉布斯自由能的变化。公式中的前两项来自熵变，后一项来自焓变。该理论解释了包含蛋白质分子在内的高分子相分离过程的热力学机制，抓住了液体的近程有序及大分子结构单元间的连接性等主要特征，为构建实际分子的热力学模型奠定了基本理论框架。

然而，我们无法忽视弗洛里 – 哈金斯模型的局限性。首先，由于大分子溶解过程远比模型假设的复杂，该模型无法严格定量讨论实际大分子溶液形成过程中的热力学变化。在处理过程中，模型使用了大量的假设和近似，这在某些情况下可能导致结果与实际情况存在偏差。特别是在生物分子的相分离液滴内部，分子的实际分布并非均匀一致，例如应激颗粒中不同蛋白质的分布存在差异，其构成的内在结构具有异质性。

此外，弗洛里 – 哈金斯模型没有考虑大分子链折叠所带来的熵，而这些分子构象变化所引起的熵和能量的变化往往无法忽略。因此，需要更新更接近实际的理论框架来描述这一过程。近年来，研究者们已经开发了多种改进的模型和理论，以更准确地描述聚合物溶液的热力学行为。

例如，一些改进的理论考虑了聚合物链的半柔性特性、混合过程中的体积变化，以及聚合物 – 溶剂相互作用参数随浓度变化的情况。还有一些理论通过引入分子几何结构的考虑，如晶格簇理论，来提升模型的准确性。这些新理论为理解聚合物溶液的相行为提供了更深入的视角，有助于解释实验中观察到的复杂现象。

综上所述，尽管弗洛里 – 哈金斯模型在描述聚合物溶液热力学方面取得了一定的

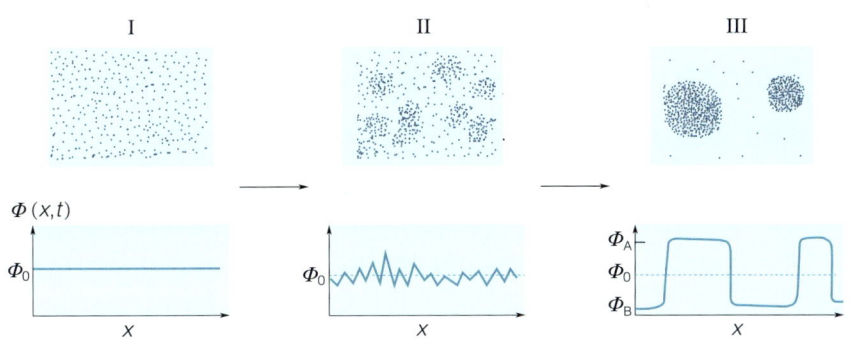

图 10-5 相分离过程的动力学过程描述

阶段Ⅰ：体系初始为均匀混合态，组分（蓝色点）均匀分散。阶段Ⅱ：体系进入相分离初期，浓度曲线出现微小、无序的波动，偏离初始值 Φ_0 但未形成稳定相区；局部区域组分浓度偏离 Φ_0，形成微小的团簇。阶段Ⅲ：相分离持续进行，团簇长大、合并，形成宏观上可区分的相区（浓相及稀相的区分）。此时相区有清晰界面，浓度在相区内趋于稳定（图中浓相浓度为 Φ_A、稀相浓度为 Φ_B），后续还会通过"奥斯特瓦尔德熟化"等机制进一步粗化（浓相吞并稀相）。

成功，但其局限性也促使科学家们发展了更精确的理论模型，以更好地预测和解释实际体系中的相分离和相行为。

最后我们简单探讨一下相分离颗粒的生长过程。在相分离早期成核后，如果考虑表面能，后期随时间变化的过程可以用奥斯特瓦尔德熟化（Ostwald ripening）过程来描述。威廉·奥斯特瓦尔德（Wilhelm Ostwald）首次于 1896 年对上面提到的这种变化进行了描述。

奥斯特瓦尔德熟化的驱动力来源于界面能。在这一过程中，小颗粒由于其较高的曲率使其界面能更大，更容易溶解；而大颗粒界面能较低，相对更稳定，不易溶解。随着时间的推移，溶剂中的自由原子浓度增加，当达到过饱和状态时，这些原子会在大型结晶体表面凝结，导致小颗粒萎缩，大颗粒不断增大。这样一来，系统就呈现出自发的"大鱼吞并小鱼"的趋势，从而使得单位质量的比界面能减小，系统总的自由能降低（图 10-5）。

奥斯特瓦尔德熟化在生物物理学、材料化学中均具有重要意义，它影响着颗粒的尺寸分布和演化规律。通过控制这一过程，可以制备具有特定性能的材料。在相分离系统中，奥斯特瓦尔德熟化可以导致液滴或颗粒的粗化。

然而，根据奥斯特瓦尔德熟化理论，虽然在理论上预测，经过足够长的时间后，所有溶质将趋向于形成一个巨大的球形颗粒，以最小化表面积并达到能量最低的状态，但这种极端情况在生物体系中并不会出现。实际上，生物体系具备多种独特的调控机制，能够控制生物分子相分离凝聚体的大小，并赋予相分离体系特异性。这些机制涉及分子本身的性质、翻译后修饰等多种因素。目前，关于这些具体调控机制的功能和运作方式，仍有待深入研究。

10.2.3 生物大分子相分离的分子机制

如上所述，相分离是在物理和化学领域中广泛存在且热力学机制相对明确的现象。其中，最简单的一种液-液相分离现象是水分子与油性分子之间形成的液相分层。然而，由于溶质与溶剂的多样性，现实世界中的液-液相分离体系往往复杂多变。在接下来的内容中，我们将深入探讨以水为溶剂的复杂生命体中，生物大分子所驱动的液-液相分离如何促进细胞内无膜细胞器的形成，以及这些细胞器如何组装生

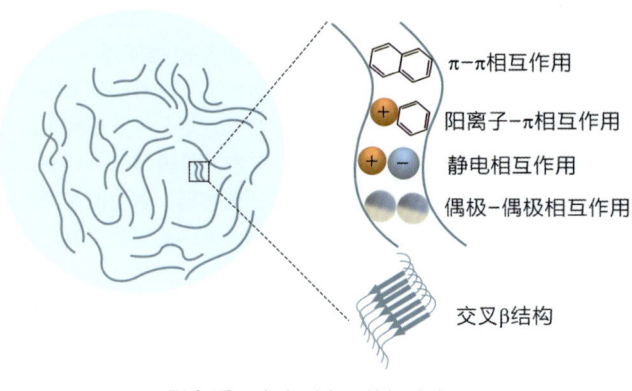

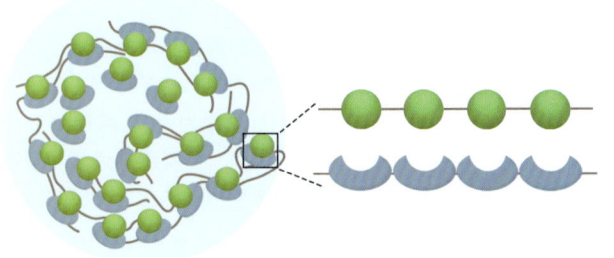

图 10-6　两种典型的相分离驱动方式

物分子并进行生化反应。为了深入理解这一现象，我们需要从生物大分子的特性出发，探讨其发生相分离时的独特性。

目前认为，生物大分子的相分离过程由多价相互作用（multi-valent interaction）介导。生物大分子的多价模块，指的是同一分子上参与分子间相互作用的多个独立位点。这些多价模块之间形成的多价相互作用是生物大分子相分离形成的关键。对于能够发生多价互作的生物大分子来说，由于分子中存在多个相互作用位点，它们可以通过相互吸引的力量在溶液中形成相对稳定的聚集体。当这些多价互作的大分子在溶液中达到一定浓度时，它们之间的相互作用力会超过热运动的能量，从而引发相分离。这种相分离行为降低系统的自由能，可以自发发生。因此，寻找具有多价模块的组分及其相互作用体系，是阐明相分离分子机制的关键。

两种典型的多价互作模式来自含串联重复结构域的蛋白质，以及含固有无序区的蛋白质（图 10-6）。其中，含串联重复结构域的蛋白质通常由多个相同类型的结构域组成，这些分子内重复的结构域产生多价性并使得它能够同时与多个结合蛋白进行动态互作，进而促使动态相互作用网络的形成，驱动相分离发生。

另一方面，某些蛋白质的固有无序区域（intrinsically disordered region，IDR）也可以介导相分离过程。IDR 往往富集某一类或某几类特定性质的氨基酸，基于此特性，IDR 也称为低复杂度序列（low complexity sequence，LCS）。关于无序蛋白质的详细特性，请参阅 7.1 节。无序结构在蛋白质的功能和相互作用中发挥着重要作用，能够介导重要的生物学功能，如调控生化反应速率、参与信号转导以及介导复杂的蛋白质互作等。

简单地说，固有无序蛋白质（intrinsically disordered protein，IDP）可以提供多价互作从而驱动相分离，这是由于它们具有以下几个特性。首先，无序蛋白质缺乏固定的三维结构，这使得它们能够以多种构象存在，从而可以与多个不同的分子或分子区域同时发生相互作用。其次，无序蛋白质通常包含富含某些氨基酸的序列，如精氨酸、赖氨酸、谷氨酸等，这些带电氨基酸可以与多种分子进行静电相互作用。无序区域内的线性结合基序（linear motif，LM）可以与特定的目标分子进行特异性结合，提供精确的调控。而且无序蛋白质的多价性结合位点可以增加与目标分子的亲和力，并且这种结合是动态的，可以根据需要进行快速组装和解聚。这种动态的多价相互作用网络不仅促进了分子间的连接与聚集，进而促进相分离，还能通过自身强度的变化（如受翻译后修饰调控），调节相分离的动态过程，包括凝聚体的形成、维持和解散。

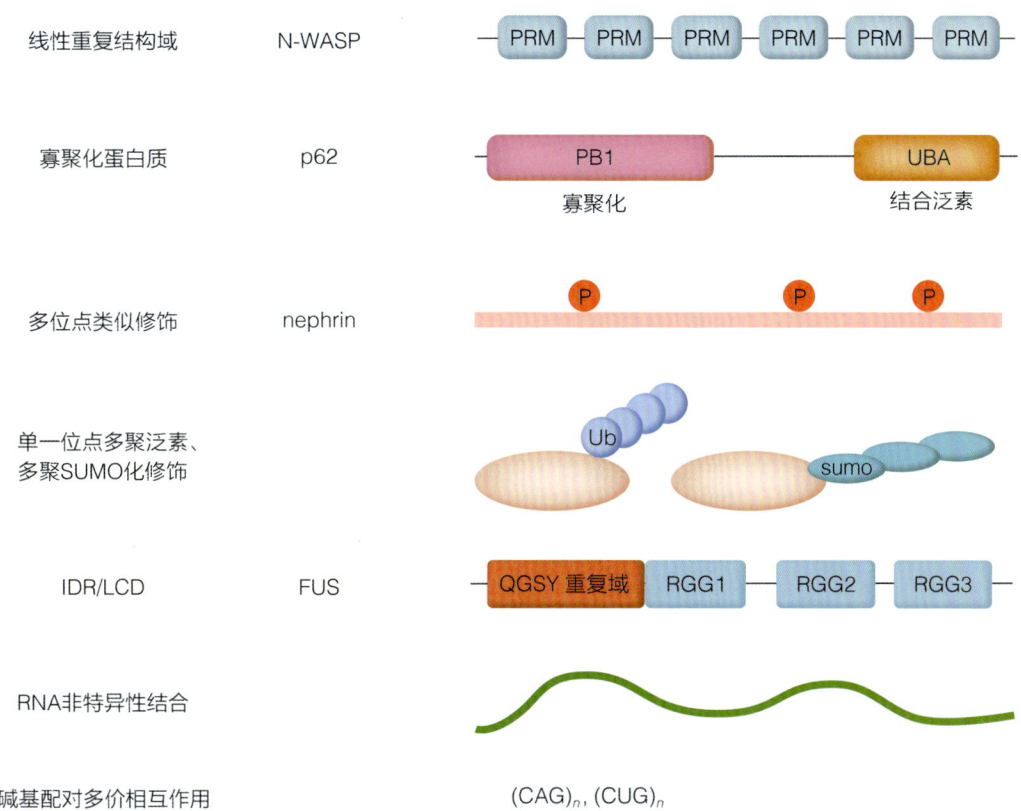

图 10-7 生物大分子可通过多种方式形成多价模块

关于无序蛋白质相分离机制的研究概况详见知识窗 10-3。

我们可以通过不同类别的相分离蛋白质来具体举例说明多价互作的来源（图 10-7）。首先，多个具有相似功能的蛋白质结构域或基序的线性排列可以形成多价互作，例如天然蛋白质 N-WASP 含 6 个串联 PRM 序列。此外，蛋白质也可以通过寡聚化结构域形成多聚体，从而具备多价结合模块。例如，异染色质蛋白 HP1（heterochromatin protein 1）和自噬受体 p62/SQSTM1 都是以多聚状态存在的。

蛋白质的翻译后修饰也是多价模块的重要来源之一。在同一生物大分子上，多个位点的相似修饰非常普遍，如酪氨酸的磷酸化修饰、赖氨酸的甲基化修饰和乙酰化修饰等。这些相似的修饰位点经常能够被特异性识别它们的蛋白区域识别，从而形成多价相互作用。例如，蛋白质的多聚 SUMO 化修饰和多聚泛素化修饰（polyubiquination）可以作为多价模块，分别与多个 SUMO 识别结构域和泛素识别结构域结合。

在 IDR 分子互作产生的相分离中，也存在各种多价互作机制。以 RNA 结合蛋白 FUS 为例，它的 IDR 含有 QGSY 重复和 RGG 重复区域，其中富含的精氨酸等碱性氨基酸和谷氨酸等酸性氨基酸可以分别形成多价正电区域和多价负电区域，彼此形成正负电多价相互作用。另外，富含酪氨酸、苯丙氨酸等芳香族氨基酸的蛋白质区域可以自身形成 π-π 多价相互作用，也可以与带电区域形成 π-带电氨基酸的多价相互作用。另外 IDR 中形成的动态交叉 β（cross-β）结构也是相分离重要驱动力之一。

除了蛋白质外，RNA 也能形成多价模块。一是 RNA 自身带负电，可以与蛋白

> **知识窗 10-3**
>
> ## 无序蛋白质相分离机制研究概述
>
> 长期以来，科学界普遍认为无序蛋白质缺乏稳定的三维结构，是以多种动态构象存在。尽管如此，对无序蛋白质的功能及其细胞内作用机制的探索从未间断。
>
> 2009 年，安东尼·海曼（Anthony A. Hyman）团队发现线虫的 P 颗粒表现出液态特性，其定位由快速的溶解和凝聚过程调控，这标志着液-液相分离（LLPS）可能在多种无膜细胞器的组织中发挥作用。2012 年，迈克尔·罗森（Michael K. Rosen）实验室观察到多价蛋白质相互作用时，能够迅速从小复合物转变为高浓度的大型聚合物，伴随宏观的 LLPS 现象。同年，史蒂文·麦克奈特（Steven L. McKnight）实验室展示了 RNA 颗粒可以通过相分离在体外形成。这些发现表明，简单的生物化学体系能够在试管中实现相分离，为 LLPS 现象的研究提供了便利，并揭示了无序蛋白质在相分离中的关键作用。然而，无序蛋白质介导相分离的具体机制仍是该领域的一个关键难题。
>
> 生物学家对无序序列的关注始于转录调控的研究。许多转录因子除了具有结构明确的 DNA 结合结构域外，还具有激活结构域，这些激活结构域似乎不依赖于特定的分子结构。与需要特定三维结构的 DNA 结合结构域不同，激活结构域通常具有较低的序列复杂性。20 世纪 80 年代起，钱泽南（Robert Tjian）对 SP1 转录因子的研究显示，激活结构域主要由谷氨酰胺残基组成。马克·塔什尼（Mark Ptashne）对酵母 Gal4 蛋白的研究也发现其激活结构域富含酸性氨基酸残基。伦纳德·瓜伦特（Leonard P. Guarente）对 Hap4 的研究中也观察到了类似的酸性氨基酸富集现象。
>
> 尽管无序序列在真核细胞中的普遍性和重要性已被广泛认识，但对其作用机制的理解仍然有限。核心问题在于，无序蛋白质在相分离过程中是否形成灵活动态的结构，以及这些结构是否对生物大分子的自组装过程至关重要。
>
> 科学家们一直利用核磁共振和分子模拟等技术来研究无序蛋白质在相分离前后的构象变化，并从热力学角度提出了多种理论。例如，一些富含芳香族残基的无序蛋白质通过这些残基的特异性分布模式形成多价性，从而介导相分离，而不依赖于二级结构的形成。
>
> 2006 年，德克·格利希（Dirk Görlich）实验室报道了某些核孔蛋白的低复杂度结构域能够形成半透明的水凝胶，其中苯丙氨酸-甘氨酸（FG）重复序列的相关结构域对凝胶形成至关重要。后续的固态核磁共振研究清楚地证明了 FG 结构域形成网状结构，苯丙氨酸残基位于多肽接触点的交汇处。麦克奈特实验室也一直致力于研究多价蛋白质相互作用机制，他们发现无序蛋白质在相分离过程中起着关键的驱动作用，并且涉及无序蛋白质在细胞内的构象和作用方式。他们利用一系列生化和细胞实验，探索了无序蛋白质在相分离前后的构象变化，并提出了一系列理论，如富含芳香族残基的无序蛋白质通过这些氨基酸的特异分布模式从而产生瞬时可逆的二级结构并介导相分离的发生。
>
> 随后，其它实验室通过固态核磁共振和冷冻电镜等技术揭示了多个低复杂度结构域聚合物的组织方式，并证明了这些结构在介导相分离中的重要性。但由于技术手段的限制，目前还无法获得这些蛋白质在细胞内原子分辨率的结构。因此，无序蛋白质在细胞质内的构象和作用方式仍需进一步探索。

质的正电区域产生非特异性的相互作用；二是 RNA 的 m^6A 等修饰与蛋白质的多价识别结构域之间协同互作提供多价互作；三是 RNA 的 CAG、CUG、GGGGCC 等重复序列的异常扩展可以发生碱基配对自身相互作用。这种情况在基因变异导致的一些神经系统和肌肉疾病中尤为常见，例如引发 FTD/ALS（frontotemporal dementia and/or amyotrophic lateral sclerosis）的 *C9orf72* 基因的 GGGGCC 拷贝数扩增。

综上所述，生物大分子中广泛存在的多价模块可以形成复杂的多价相互作用体系，这些体系可能存在于不同的无膜细胞器中，也可能同时存在于各种聚集体中，使得相分离体系复杂多样。基于蛋白质 IDR 或 LCD 的生物信息学分析有助于判别蛋白质的自身相分离倾向，而基于不同生物大分子之间多价模块的相互作用的识别则有助于鉴别无膜细胞器的关键组分和构建体外相分离体系。

这些机制展示了多价互作在调控生物大分子功能活性方面的多样性和复杂性。通过深入研究这些相互作用，我们可以更好地理解生物分子机器的工作原理，并为有关疾病的治疗提供新的策略。而相分离产生的细胞区室化的具体生物功能，将在第16章详细讲述。

10.3　相分离液滴的物理力学性质

由蛋白质、核酸等生物大分子通过液-液相分离自发形成凝聚物作为一种动态且可调控的生物物理现象，在细胞生理过程中起着关键作用。这些凝聚物不仅为细胞内的生化反应提供了局部化的环境，还能够通过动态调节自身结构来响应细胞内外环境的变化。不同相分离凝聚物由不同的生物大分子组成，存在一定的分子选择性和不同的生物物理特性，从而也展现出不同的功能。

这些凝聚物的物理性质不仅决定了凝聚物的形态和稳定性，还直接影响了凝聚物内部的分子动力学和化学反应速率，例如，扩散性、黏度、弹性和表面张力等物理性质对于凝聚物的形成、维持和分解过程至关重要。这些性质不仅能够影响凝聚物内部分子的运动，还能够影响凝聚物与周围环境的相互作用，包括自身的分裂以及与其它凝聚物的融合过程。

液滴的物理力学特性也决定了它们如何响应细胞内的各种物理刺激，如机械应力。例如，在细胞收缩或扩张时，液滴需要有足够的弹性并通过形变作为缓冲以便在收缩或扩张结束后恢复原状，同时也需要分子间的吸附力所产生的黏性从而维持完整性、避免分裂。有些液滴成为信号分子的储存库，它们的流动性可以影响信号分子的分布和传递效率。例如，较高黏性的液滴可能会减缓信号分子的扩散，从而影响信号传递的速度和范围。细胞可以通过改变液滴的力学特性来调控其功能。例如，通过改变液滴内组分的浓度或种类，可以调节液滴的黏性和弹性，进而影响其生物学功能，如转录调控或代谢活动。

10.3.1　相分离液滴的力学性质

相分离凝聚物的物理力学性质，包括扩散性、黏度、弹性和流体力学特性，与它们在细胞内的行为和功能之间存在密切的关联。根据物理性质的差异，也可以把凝聚物归类为液体和固体。对于固相凝聚物，其内部分子扩散行为非常慢或几乎不发生扩散现象，也不会体现黏性和流体的特征。因此，在下面相分离凝聚物的讨论中，将主要针对表现为液体特性的凝聚物。

（1）扩散性

扩散（diffusion）来源于分子无规则热运动。相分离是大分子浓度高的凝聚相与大分子浓度低的稀释相共存的状态。构成相分离凝聚相的分子可以在聚集物内、外扩散运动，凝聚相外的分子可以穿过液滴界面进入到液滴内部，凝聚相内的分子也可以通过液滴界面扩散到凝聚相之外。在稀释相，分子运动速度快；而在凝聚相，由于分子之间的相互作用，运动速度会减慢。分子在不同部位的运动速度可以用扩散系数 D 来描述，扩散系数的大小反映了分子运动的自由度，也就是分子在不同相的动态性质，其单位是 m^2/s。相分离聚集物内部和外部分子的扩散系数可以存在较大差异，而对于由多个组分形成的聚集物，不同组分分子的扩散系数一般也会体现出不同的特性。此外，如果凝聚物内部不均一，同一种分子在不同位置的扩散系数也会不同。因此，扩散系数是表征凝聚物性质和行为的一个重要指标。很多方法，如荧光漂白恢复技术（fluorescence recovery after photobleaching，FRAP）、荧光相关光谱以及单分子（颗粒）追踪等都可以用来测定扩散系数。

FRAP 是一种广泛使用的实验技术，它通过高强度激光照射使凝聚物中的一部分荧光标记猝灭，然后通过观察荧光的恢复来计算扩散系数。在实验中，用高强度激光照射荧光标记的分子聚集的区域，使其荧光猝灭。随着分子的扩散，猝灭区域的荧光逐渐恢复。通过记录荧光恢复的时间和程度，可以计算出扩散系数。

而单分子追踪方法可以获得扩散分子的位置随时间的变化（图10-8），并计算出分子在扩散过程中的均方位移（mean square displacement，MSD），均方位移与分子扩散系数 D 之间的关系为

$$MSD(t) = 2dDt^\alpha,$$

其中，d 为凝聚体的维度，对三维液滴 $d=3$，而二维凝聚物 $d=2$。在正常扩散时

图10-8 单分子追踪技术测量分子在液滴中的扩散系数
（A）分子或者探针颗粒在液滴内部的扩散运动，图中红色圆点表示运动的起始位置。
（B）单颗粒/分子追踪获得分子或探针颗粒的运动轨迹。
（C）不同形式的扩散过程中，均方位移随时间的变化关系。

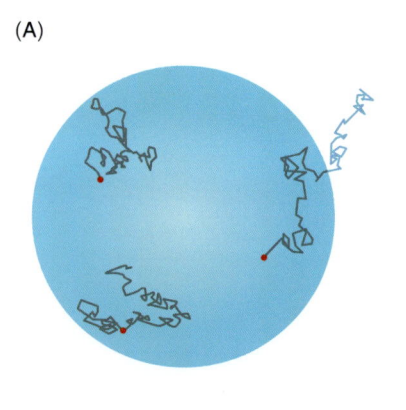
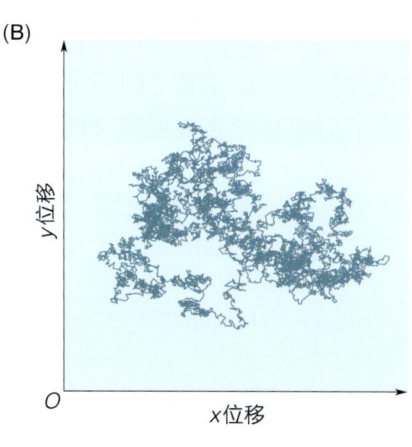
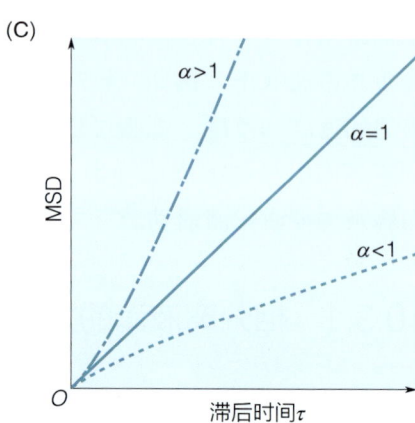

$\alpha=1$，即均方位移随时间呈线性变化。非正常扩散时 $\alpha\neq 1$，其中 $\alpha>1$ 时为超扩散，表明分子的移动速度超过正常扩散的速度；$\alpha<1$ 时为亚扩散，分子的移动速度弱于正常扩散的速度。

（2）黏度

黏度（viscosity，η）一般是指液体抵抗流动的能力，它表征的是流体摩擦或颗粒（如液滴）在流体中移动的难易程度，可以作为凝聚物宏观性质的量度。对于相分离液滴而言，黏度与其内部组分的流动性密切相关。高黏度的液滴更难以流动，而低黏度的液滴则更加易于变形和流动。黏度的大小直接影响着凝聚物的流动性，还影响着物质的交换效率以及液滴与细胞内其它结构之间的相互作用。黏度与扩散系数的关系可以由斯托克斯 - 爱因斯坦关系来表述：

$$D = \frac{k_\text{B}T}{6\pi\eta R},$$

其中，R 是液滴（或液滴中的微球）的流体力学半径，k_B 是玻尔兹曼常量。物体的流体力学半径 R 由其尺度和形状决定；对球形液滴或微球，R 等于液滴或微球的半径。因此通过测量液滴在稀释相中的扩散系数，可以计算出稀释相的黏度系数；而如果在液滴内部置入一个微球并测量微球在液滴内的扩散系数，则可以计算出凝聚相液滴中的黏度系数。

液滴黏度也可以通过流变学实验测定。通过施加剪切力并测量液滴响应，可以获得液滴的黏度特征。微吸管技术是一种测量黏度的有效方法（见图10-10）。在这种技术中，一个凝聚物被吸入到一个细长的微吸管中，通过施加压力迫使凝聚物流动。根据凝聚物在微吸管中的流动行为，可以计算出黏度。

不同的相分离液滴黏度性质存在很大的差异。例如，有些液滴接近表面的区域与远离表面的内部黏度一致，而有一些液滴，如一种控制自噬 - 溶酶体通路基因表达的转录因子 TFEB 所形成的液滴，其接近表面的区域与其内部的黏度性质就存在较大的差异。

（3）弹性

弹性（elasticity）是指物质在外力作用下发生形变后恢复原状的能力。对于相分离液滴而言，弹性主要来源于两个方面：一是液滴内部组分之间的相互作用力，二是液滴与周围介质之间的界面张力。弹性模量（elastic modulus）是衡量弹性的一个重要参数，它描述了物质抵抗形变的能力。很多液滴的弹性模量低于我们日常生活中常见的胶体，这意味着它们能够较容易地发生形变。这种柔软性使得液滴能够适应细胞内的各种机械力，如细胞运动或细胞分裂期间的挤压。用来描述材料在拉伸状态下弹性形变的弹性模量也称为杨氏模量（Young's modulus）。

单分子力谱学方法是测量液滴弹性的重要工具。例如，通过原子力显微镜（atomic force microscope，AFM）探针接触液滴表面并施加压力，通过所获得的压力和形变关系曲线，可以测量出液滴的形变程度，进而计算出其弹性模量（图10-9）。有很多不同的理论模型也可以利用形变曲线计算弹性模量，其中比较常用的是赫兹

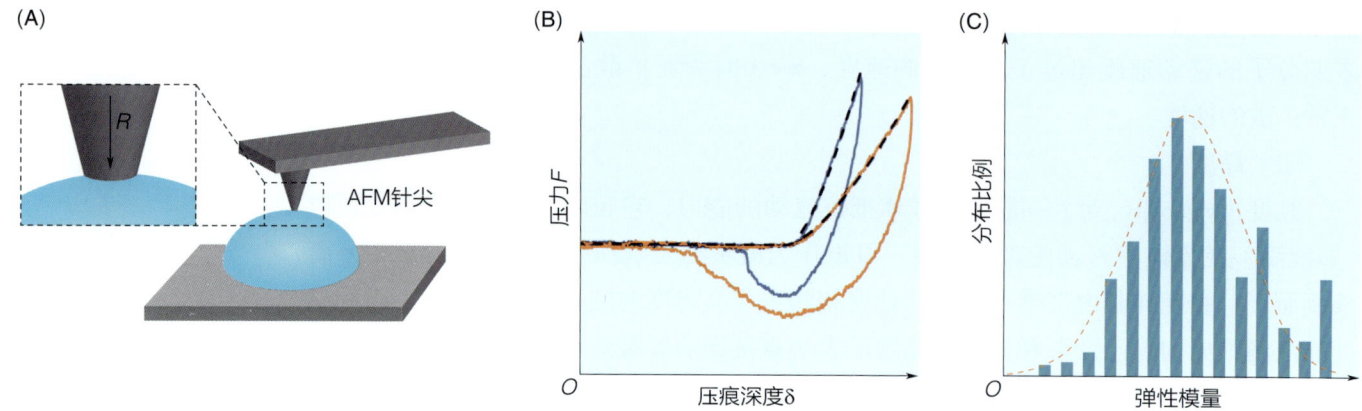

图 10-9 使用原子力显微镜测量液滴弹性模量 (A) 实验架构。(B) 压力曲线及使用赫兹模型的拟合。(C) 多次测量可以得到弹性模量的分布曲线,而对分布曲线的拟合可以得到弹性模量值。

(Hertz)模型。该模型适用于连续介质较小形变的情况。对于 AFM,如果其探测针尖部分接近球形,则压力 F 与压痕深度(indentation depth,即形变)δ 之间关系的赫兹模型为

$$F = \frac{4}{3} \cdot \frac{E}{1-v^2} \sqrt{R} \, \delta^{\frac{3}{2}},$$

式中,E 为聚集物的弹性模量;R 是 AFM 针尖最顶端的半径;v 是泊松比率,对于生物材料,一般为 0.5。

黏度和弹性是聚集物的基本属性,因此大多数液-液相分离液滴是黏弹性液体。黏度和弹性共同决定了它们能否通过细胞内的狭小通道。低黏度有助于液滴更快地穿过这些通道,而适当的弹性则可以帮助液滴在遇到障碍时保持完整性。

(4)流体力学特性

在细胞环境中,液滴以流体的形式流动,与其它细胞结构相互作用可以利用其流体力学特性进行分析。相分离液滴的流体力学特性主要由其内部组分的流动性和外部环境的影响共同决定。这些特性决定了液滴如何响应外部刺激,例如细胞内的机械力或化学信号。通过荧光标记技术和实时成像技术,可以观察液滴随时间的形态和尺度变化情况。此外,使用微流控技术可以在受控条件下研究液滴的流动行为。

10.3.2 表面张力与液滴融合分裂

相分离液滴处于稀释相环境中,液滴表面也是两种相的界面边界。在界面两侧,分子浓度存在较大的差异,在液滴上产生表面张力。液滴的表面张力是其力学性质中的一个重要方面,它对液滴的形态稳定性、融合以及分裂等行为有着直接的影响。

表面张力是液滴表面分子间相互吸引的结果,其作用是使液滴的表面积最小化,以减少表面自由能。在细胞内,液滴的表面张力是由液滴内组分之间的相互作用力以及液滴与周围介质之间的界面张力共同决定的。液滴表面张力的大小直接影响着液滴的形状和稳定性。凝聚物的形态变化,都是由表面张力驱动的。

表面张力可以通过多种方法测量,包括但不限于滴重法、最大气泡压力法和表面

张力仪法。对于相分离液滴，表面张力的测量可以通过光学陷阱诱导的凝聚物融合实验来完成。实验中，两个凝聚物被置于光学陷阱中并被拉近直至融合。通过记录融合过程中的形状变化，可以计算出表面张力。微吸管技术是一种测量表面张力的简单方法。该实验中（图 10-10），使用一个顶端开口半径为 R_p 的微吸管，在微管内施加负压使其能够吸住液滴并将部分液滴物质吸入管内，当吸入部分的半径与吸管半径相同时，所施加的负压 Δp 与液滴表面张力 γ 的关系可以用拉普拉斯（Laplace）公式描述：

$$\gamma = \frac{\Delta p}{\frac{1}{R_p} + \frac{1}{R_D}},$$

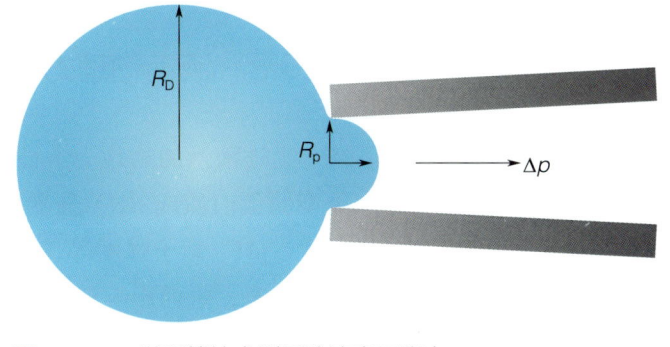

图 10-10 微吸管技术测量液滴表面张力

式中 R_D 是液滴的半径。

当两个液滴接触时，它们之间的表面张力会导致液滴融合成一个更大的液滴。这是因为两个液滴合并后总的表面积减小，从而降低了系统的总表面自由能。液滴融合的程度取决于液滴的表面张力、液滴的大小、黏度以及液滴间的相互作用力，两个液滴接触后融合的可能性与其表面张力和黏度的比值 γ/η 密切相关。在细胞内，相分离形成的生物聚集物一般尺度都比较小，而且分散在细胞中，液滴间的碰撞融合事件不会经常发生。不过对于蛋白质过表达的相分离体系，液滴的融合是比较常见的，并可以通过荧光标记和实时成像技术来观察。通过荧光蛋白标记液滴内的组分，可以清晰地看到液滴融合的过程。此外，使用微流控技术可以在受控条件下研究液滴的融合行为。

相反，液滴也可能经历分裂过程。在一些情况下，液滴会在内部或外部的作用力下分裂成两个或多个较小的液滴。液滴分裂通常发生在液滴内部组分浓度发生变化、外部机械力作用或液滴内存在不稳定的局部区域时。液滴分裂的主要机制之一是由于表面张力的不平衡分布，导致液滴表面产生局部的曲率差异。当液滴表面某处的曲率增加时，该处的表面张力也会增加，从而导致液滴在此处变薄直至最终分裂。另一种机制是液滴内部的组分浓度变化，这可以导致液滴内部压力的变化，进一步影响液滴的稳定性。

液滴的融合和分裂有助于组织细胞内的生化过程。例如，液滴融合可以集中某些生化反应所需的组分，而液滴分裂则可以帮助分散产物或调节反应速率。液滴的融合和分裂对于细胞内物质的运输也非常重要。通过液滴的动态变化，细胞可以有效地管理生物大分子的分布和运输。液滴的融合和分裂还参与基因表达的调控。例如，液滴内的转录因子可以聚集在一起形成转录激活中心，通过液滴的融合和分裂来调节基因的表达水平。液滴融合和分裂的异常可能会导致疾病。例如，在某些神经退行性疾病中，液滴融合和分裂的失衡可能导致有毒蛋白质的积累，从而影响细胞功能。

10.3.3 液滴物理力学性质的调控

上述液滴的物理力学性质可以通过改变液滴内部组分的浓度或种类来调节，不同类型的蛋白质或 RNA 分子也可以影响液滴的黏弹性和表面张力。外部环境因素，如温度、pH、离子强度等，也会影响这些性质。例如，酸碱度的变化可以改变蛋白质的电荷状态，进而影响液滴的弹性。

不同分子组分形成的聚集物执行不同的生物功能，其物理力学性质也需要与其功能需求相匹配。如在早期卵母细胞中，Xvelo 蛋白自组装形成的聚集物主要功能是储存 RNA 以及线粒体等细胞器并使细胞维持在休眠状态，不需要其中组分的快速扩散运动，因此该聚集物更接近固态特性。而在 T 细胞抗原识别后的信号转导中，CD3ε 子链与 Lck 激酶所形成的相分离，则表现出高度的动态性，从而增强信号转导及其调控的敏感性。

分子组分本身也是影响材料性质的重要因素。如线虫 PGL 颗粒中，各种组分在支架蛋白 PGL-1/-3 形成的聚集物中扩散速度非常快，但在 PGL 颗粒招募 EPG-2 蛋白进入后，各种组分的扩散速度将显著下降。在 PGL-3 聚集物中加入 MEG-3，将会降低聚集物的表面张力，同时黏度性质并不会发生大的变化。

在神经突触中，突触后致密区（PSD）是由多种 PSD 支架蛋白形成的聚集物。体外实验发现，多种支架蛋白的不同组合都会产生相分离。而在相分离液滴中，不同组分的扩散系数存在一定的差异。同时，仅有两种支架蛋白（SynGAP 和 PSD-95）形成的聚集物的弹性模量为 2.5 kPa，而包含 6 种支架蛋白（PSD-95、GKAP、Shank3、Homer3、NRB、SynGAP）聚集物的弹性模量为 3.5 kPa。即在这一相分离体系中，组分的增加同时也使聚集物具有更大的弹性。

点突变、表观遗传修饰等因素也同样影响着相分离液滴的材料性质。如核酸结合蛋白 TDP-43 通过相分离聚集物调控着基因表达和 RNA 翻译，其上带正电的赖氨酸对相分离起着关键作用。通过对这些赖氨酸位点进行突变或者乙酰化，消除其电性，将改变 TDP-43 分子在聚集物中的运动特征和扩散行为。异染色质蛋白 1a（HP1a）通过与组蛋白 H3 尾部的特定标记结合而定位到异染色质区，它与 DNA 相分离而介导染色质的聚集。而 H3 组蛋白第 9 位赖氨酸的三甲基化（H3K9me3）以浓度依赖的方式影响着 HP1a 聚集物的动力学和黏弹性特性，并调控异染色质的动态行为。

有些凝聚物在老化过程中，其材料性质也会发生显著变化。如上述由 6 种支架蛋白形成的 PSD 聚集物，在形成 5~8 h 后，其内分子扩散的能力较形成 2 h 时显著下降，硬度进一步增加。对多种相分离聚集物老化性质研究发现，这些聚集物展现出黏弹性麦克斯韦流体的特性，伴随着老化过程，黏度显著增加但弹性模量并未显著变化。

综上所述，相分离液滴的物理力学性质，包括弹性、黏度和流体力学特性，对于它们在细胞内的行为至关重要。这些性质不仅影响液滴自身的稳定性，还影响它们与其它细胞结构之间的相互作用。通过调节液滴的力学特性，细胞可以有效地控制液滴的功能，这对于细胞内生化过程的组织和调控至关重要。深入理解这些力学特性的调控机制，有助于揭示液滴如何参与细胞内的重要生物学过程，为未来开发基于液滴的生物技术应用提供了基础。

※ 本章小结

在本章中，我们深入探讨了生物大分子自组装与相分离的复杂世界，这是细胞生物学和分子生物学领域中一个非常活跃的研究前沿。自组装是指生物大分子如蛋白质、核酸等在没有外部指导的情况下，通过分子间的相互作用自发地形成具有特定结构和功能的复杂体系的过程。这一过程对于理解生命的起源、细胞的功能以及疾病的发生至关重要。

我们首先介绍了自组装的基本原理，包括分子间的非共价键相互作用，如氢键、静电作用、范德瓦耳斯力和疏水相互作用。这些相互作用是生物大分子自组装的基础，它们使得分子能够按照一定的规则和序列进行排列和组合，从而形成稳定的结构。

接着，我们讨论了生物大分子有序组装的过程，包括细胞骨架的组装、膜蛋白的组装以及无膜细胞器的形成。这些组装过程在细胞内构建了复杂的结构网络，对于维持细胞形态、进行物质运输和信号转导等生命活动至关重要。

此外，我们还探讨了相分离的热力学机制，特别是弗洛里－哈金斯模型，它提供了一个理论框架来理解生物大分子在溶液中如何通过热力学驱动发生相分离。我们还了解了奥斯特瓦尔德熟化过程，这是一种在固溶体或液溶胶中观察到的现象，描述了非均匀结构随时间流逝所发生的变化。

本章还特别关注了无序蛋白质在相分离中的作用。无序蛋白质是细胞内一类特殊的蛋白质，它们缺乏稳定的三维结构，但在细胞内发挥着重要的调控作用。我们讨论了无序蛋白质如何通过多价互作参与相分离，以及它们在细胞内如何形成动态的、可逆的凝聚物。

最后，我们讨论了相分离液滴的物理力学性质，包括扩散性、黏度、弹性和表面张力。这些性质对于液滴的形成、维持和分解过程至关重要。我们还探讨了如何通过改变液滴内部组分的浓度或种类来调节这些性质，以及外部环境因素如温度、pH、离子强度等如何影响液滴的物理力学特性。

※ 思考题

1. 描述生物大分子自组装和自组织的过程，并解释为什么这些过程对生物功能至关重要。

2. 详述液－液相分离的机制，并讨论它如何影响细胞内无膜细胞器的形成。

3. 解释弗洛里－哈金斯模型，并讨论其在预测实际大分子溶液相分离行为时的局限性。

4. 奥斯特瓦尔德熟化是如何影响相分离液滴的大小分布的？请描述其过程。

5. 在生物大分子相分离的背景下，如何理解"多价互作"？请给出一个具体的例子。

6. 无序蛋白质在相分离中扮演什么角色？它们如何影响细胞的生理功能？

7. 描述相分离液滴的物理力学性质，包括扩散性、黏度和弹性，并讨论这些性质如何影响液滴的稳定性和功能。

8. 为什么说相分离液滴的表面张力对其形态和稳定性至关重要？

9. 讨论相分离在细胞信号转导中的作用，特别是在 T 细胞受体信号转导中的作用。

10. 考虑到相分离液滴的物理力学性质，如何设计实验来调节液滴的黏弹性？

※ 扩展阅读

图书

Doi M. Soft matter physics[M]. Oxford: Oxford University Press, 2013.

Zhou H, Banerjee P R, Spille J. Phase-separated biomolecular condensates: Methods and Protocols[M]. New York: Springer, 2022.

综述

Hyman A A, Weber C A, Jülicher F. Liquid-liquid phase separation in biology[J]. Annu Rev Cell Dev Biol, 2014, 30:39-58.

Jülicher F, Weber C A. Droplet physics and intracellular phase separation[J]. Annu Rev Condens Matter Phys, 2024, 15:237-261.

Zhou H X, Kota D, Qin S, et al. Fundamental aspects of phase-separated biomolecular condensates[J]. Chem Rev, 2024, 124(13):8550-8595.

研究论文

张长胜，来鲁华．生物分子液-液相分离的物理化学机制[J]．物理化学学报，2020，36 (1)：1907053.

Alberti S, Gladfelter A, Mittag T. Considerations and challenges in studying liquid-liquid phase separation and biomolecular condensates[J]. Cell, 2019, 176(3):419-434.

Jawerth L, Fischer-Friedrich E, Saha S, et al. Protein condensates as aging Maxwell fluids[J]. Science, 2020, 370(6522):1317-1323.

Wang Z, Chen D, Guan D S, et al. Material properties of phase-separated TFEB condensates regulate the autophagy-lysosome pathway[J]. J Cell Biol, 2022, 221(5):e202112024.

Wang Z, Lou J, Zhang H. Essence determines phenomenon: assaying the material properties of biological condensates[J]. J Biol Chem, 2022, 298(4):101782.

Zeng M L, Chen X D, Guan D S, et al. Reconstituted postsynaptic density as a molecular platform for understanding synapse formation and plasticity[J]. Cell, 2018, 174(5):1172-1187.

11 生物大分子的力学

力是在生物体不同层次（分子、细胞、组织、器官）都起着重要作用的物理量。各种生命过程，如物质输运、细胞分裂、细胞迁移等，都伴随着力并受其影响。生物体内，力可以通过拉伸、挤压、扭转、流动等不同方式体现，不同的生物大分子在各自生理环境中可以产生、感知或响应这些力的作用。一方面，细胞内存在多种马达分子，可以水解ATP并把其储存的化学能转化为机械能，从而产生力。如肌肉收缩是由分子马达肌球蛋白产生的力所介导的。另一方面，细胞内也存在形形色色的感受力的分子，这些分子可以在力的作用下改变其构象状态，从而行使其生物学功能。如机械门控离子通道，可以在外部压力或者膜张力的作用下转换到开放状态，打开通道使离子能够通过，传递信号或者调节细胞内外离子浓度的平衡。在本章的四个小节中，我们将讨论细胞中力的产生、力对生物大分子以及分子间相互作用的影响，以及感应力的力学受体。

11.1 生物体中产生力的大分子及其生物学过程

细胞中存在多种分子马达,这些分子马达是负责细胞运动或者细胞中物质运输的蛋白质分子,生物个体以及体内各种组织、器官的宏观运动都是微观尺度上分子马达等蛋白质运动的体现。分子马达主要包括细胞骨架相关的分子马达、转动分子马达以及核酸相关的分子马达等,其主要作用是将化学能转化为机械能,通过分子的构象变化产生运动。不同分子马达可能通过不同的机制产生力,如肌球蛋白(myosin)、驱动蛋白(kinesin)和动力蛋白(dynein)等细胞骨架分子马达通过水解 ATP 释放能量而产生运动所需的驱动力。这些分子马达通过保守的结合位点结合 ATP,在 ATP 水解过程中,结合位点附近发生构象变化并传递到负责运动的区域,从而在细胞骨架上行走。而跨膜的分子马达 ATP 酶(ATPase)在膜上的转动则是利用细胞膜或线粒体膜内外的电化学梯度。

除分子马达外,有些其它分子在聚合或者彼此结合时也会在细胞内产生力的作用。如肌动蛋白(actin)和微管蛋白(tubulin)聚合成微丝和微管的过程,会水解 ATP 或 GTP 并产生力引起细胞的迁移或爬行运动。

细胞骨架(主要包括微丝、微管、中间丝)以及细胞骨架分子马达是细胞各种生命活动最重要的驱动力来源之一,其结构及功能特性将在第 14 章中详述。本节将主要讨论细胞内其它类型的力产生分子:转动分子马达以及几种典型的核酸相关 ATP 酶。

11.1.1 转动分子马达

由细胞骨架分子马达产生的力是牵拉力,具有确定的方向(见第 14 章)。在细胞中,也存在产生旋转力的分子马达。旋转力将引起扭矩(知识窗 11-1),在一些生物学过程中起着重要作用。

F_o/F_1 ATP 合酶就是一种转动分子马达,它位于细胞膜、线粒体内膜等膜上,利用电化学质子的梯度合成 ATP。这一分子马达包含两个可逆的旋转马达 F_o 和 F_1,二者由中心轴连接在一起(图 11-1)。F_1 马达上的三个 β 亚基是直接参与 ATP 结合的主要位点,每个 β 亚基可以处于不同的催化状态:开放(空)、半开放(与 ADP 和 P_i 结合)和封闭(与 ATP 结合)。这三个 β 亚基在任何给定的时间点都处于这三种状态之一。F_1 马达可以利用 ATP 的水解产生旋转扭矩,而 F_o 马达利用质子梯度驱动的跨膜力产生相反方向的旋转扭矩。大肠杆菌 F_o/F_1 ATP 合酶的平均扭矩约为

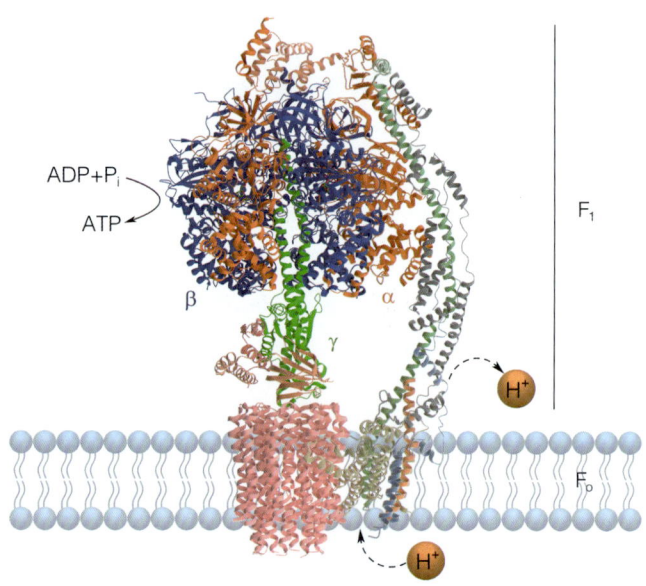

图 11-1 F_o/F_1 ATP 合酶结构示意图
所显示的是由冷冻电镜方法解析的酵母菌 ATP 合酶单体结构(PDB 编号:6CP6)。不同颜色表示构成该 ATP 合酶的不同亚基,其中 F_1 部分的 α、β 和 γ 亚基作了标示。

> **知识窗 11-1**
>
> ## 扭 矩
>
> 扭矩（torque）是使物体围绕一个轴进行旋转运动的力所产生的效应的量度，它是一个矢量，能够使物体获得角加速度（即单位时间内转动角度的增加速度）。
>
> 如右图所示：
>
> $$M = F \times L$$
>
> 其中 M 为扭矩，F 为作用力，L 为力作用位点与旋转轴之间的距离矢量。扭矩的单位是 $N \cdot m$。

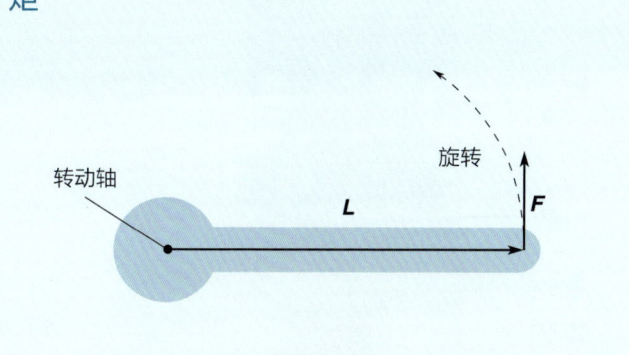

56 pN·nm。当 F_o 马达占优势时，可以反向驱动 F_1 马达，从而促进 ATP 合成。而当 F_1 马达占优势时，则反向驱动 F_o 马达，在膜两侧泵送质子从而建立电化学梯度。在每个完整的 ATP 水解或合成周期内，会有三个 ATP 分子被处理，每个 ATP 分子对应 F_1 马达 γ 亚基大约 120° 的旋转，因此每个周期 γ 亚基大约旋转 360°。研究表明，在高浓度 ATP 条件下，F_1 马达可以产生 30 r/s 的旋转速度。

细菌鞭毛是细菌的运动装置，赋予了细菌超强的游动能力，最快能够每秒游动自身身长 100 倍以上的距离。细菌鞭毛在细菌致病、环境生存以及生物被膜形成等过程中发挥了关键的作用，大约 70% 的细菌具有一根或者多根鞭毛。鞭毛由鞭毛马达、接头装置和鞭毛丝三部分组成，其中鞭毛马达是其最复杂的组成成分，由 20 多个蛋白质组成，是个巨大的蛋白质纳米机器，分子量可达 10^7 Da 以上。细菌鞭毛马达可以进行双方向的旋转，包括逆时针方向和顺时针方向的旋转，旋转速度可达 200～2000 r/s。与 F_o/F_1 ATP 合酶类似，鞭毛马达利用定子的质子泵 MotAB，将化学能转化为机械能，然后高效传递扭矩给接头，进而传递给鞭毛丝，促使鞭毛丝像螺旋桨一样推动细菌向前游动。已解析的鞭毛马达结构显示（图 11-2），鞭毛马达的胞质环（C ring）结合质子泵，将扭矩传输给内膜环（MS ring），并负责调节旋转方向的转变。内膜环与鞭毛马达的联动杆相互作用，通过共 11 个来自不同 FliF 亚基的肽段结构（L1、L2 和 L3）结合到联动杆表面，联动杆的 FlgB 和 FliE 的 N 端区域结合到内膜环的桶状结构区域，从而实现扭矩从内膜环传输到联动杆。鞭毛马达利用外膜-周质环的静电吸引和排斥作用以及氢键网络的特殊结构，保证高速转动的联动杆稳定性，并实现低能量损耗，使扭矩高效传输给鞭毛丝。当鞭毛马达逆时针旋转时，推动细菌向前游动，但胞质环结合磷酸化的信号分子 CheY 后，使得鞭毛马达从逆时针转变为顺时针旋转，改变细菌游动方向，从而实现转弯过程。

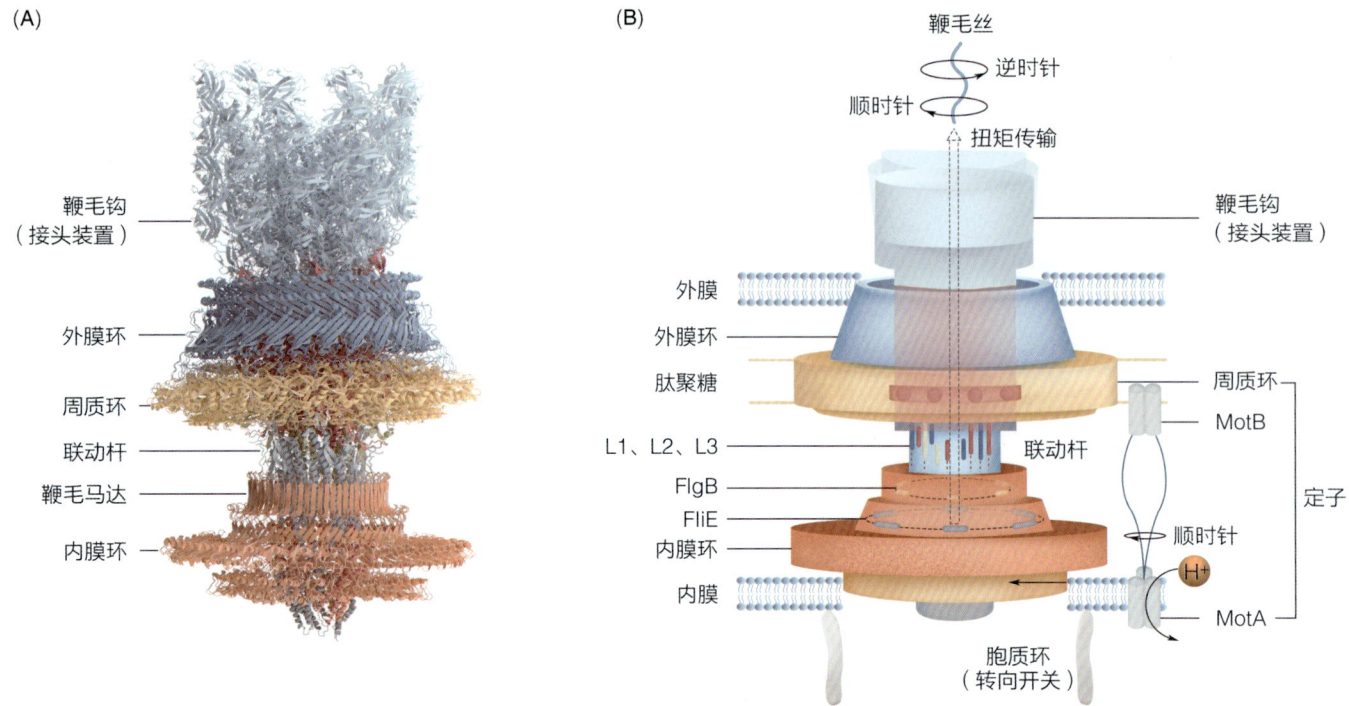

图 11-2　细菌鞭毛马达的结构与扭矩传输机制

（A）细菌鞭毛马达（不含胞质环）的冷冻电镜结构（PDB 编号：7CG0）。（B）细菌鞭毛马达扭矩传输机制模式图。鞭毛马达定子部分的质子泵 MotAB 负责产生扭矩，MotAB 能与胞质环结合，将扭矩沿水平方向传给内膜环。内膜环通过结合在联动杆上的 L1、L2 和 L3 肽段结构以及结合在内膜环上的联动杆 FliE 和 FlgB 亚基 的 N 端区域，将扭矩传给联动杆。联动杆随后通过与接头装置的紧密管状连接方式，将扭矩沿竖直方向传输给接头装置，进而传输给鞭毛丝，驱动鞭毛丝高速转动。L1、L2 和 L3 肽段结构分别标记为蓝、红和黄色。结合在内膜环上的 FliE 和 FlgB 分别标记为虚线连接的环。（本图及相关文字由朱永群提供）

11.1.2　其它类型的 ATP 酶

除上述介绍的 ATP 合酶外，细胞内还含有形形色色的核苷酶。这些核苷酶通过将高能量的 NTP 水解成 NDP 和无机磷酸（P_i），释放所储存的能量，这些能量可以被细胞用于执行各种需要能量的生物化学反应和生理活动，其中部分 ATP 酶可以将这些能量转化为机械能，帮助各种核酸或蛋白质完成其功能。

核酸是生命体的重要组成分子，在细胞的生命周期中，存在多种多样的核酸参与的过程，包括复制、转录、包装等。细胞中也存在多种分子马达来协助实现这些过程。

细胞内基因组 DNA 双链以双螺旋形式存在，在 DNA 转录、复制过程中需要先进行双链的解旋。解旋酶是负责解旋双链（包括 DNA 双链、RNA 双链以及 DNA-RNA 杂合双链）的分子马达，其解旋运动是由水解 ATP 的能量所驱动的，ATP 水解所释放的能量用于破坏氢键以及碱基堆积等作用从而分离核酸双链碱基配对，并用于维持解旋酶在核酸底物上的单向运动（图 11-3）。自然界中，解旋酶可以被划分为 6 个超家族，其中超家族1（SF1）和超家族2（SF2）存在广泛并且大多数以单体形式行使功能；其它解旋酶家族则形成六聚体。大部分解旋酶的移动方向是 5′→3′，也存在少数 3′→5′ 方向移动的解旋酶。在解旋酶将双链 DNA 解旋成单链后，DNA 聚合酶能够以单链为模板完成 DNA 的复制，RNA 聚合酶能够以单链为模板转录生成 RNA。DNA 聚合酶和 RNA 聚合酶在 DNA 上的定向运动也是依靠水解 ATP 的能量来驱动的。

自然界也需要能够对双链 DNA 进行移位操作的分子机器。病毒 DNA 包装马达就具有这样的功能，这种分子马达可以把病毒基因组双链 DNA 包装到病毒颗粒中，从而协助完成病毒的复制周期。在这类分子马达中，噬菌体 φ29 的 DNA 包装马达被广泛研究。该分子马达属于 ATP 酶，形成同源五聚体结构（图 11-4A、B），在将 DNA 包装进入噬菌体衣壳的过程中，能够实现平均约 40 nm/s 的包装速度。研究表明，病毒包装可以用一个尺蠖（inchworm）运动模型来描述（图 11-4C）在每一次循环中，包装马达的 5 个亚基并不是等价的；每次循环中，包装马达会有一个随机选择的特殊亚基作为本次循环的控制和指挥者，该

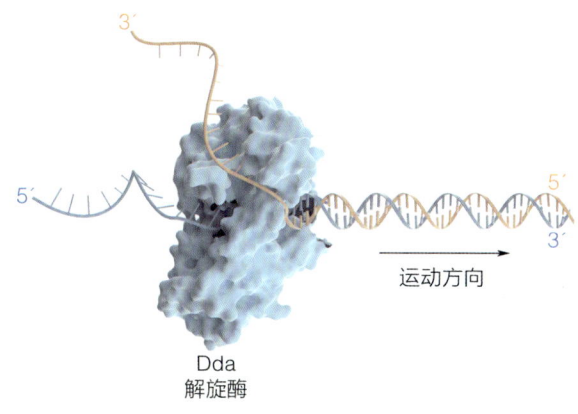

图 11-3　解旋酶解旋双链 DNA 示意图
浅蓝色显示的是 SF1 家族解旋酶 Dda（PDB 编号：3UPU），该解旋酶沿浅蓝色 DNA 链的 5′→3′ 方向进行解旋，黄色表示 DNA 互补链。

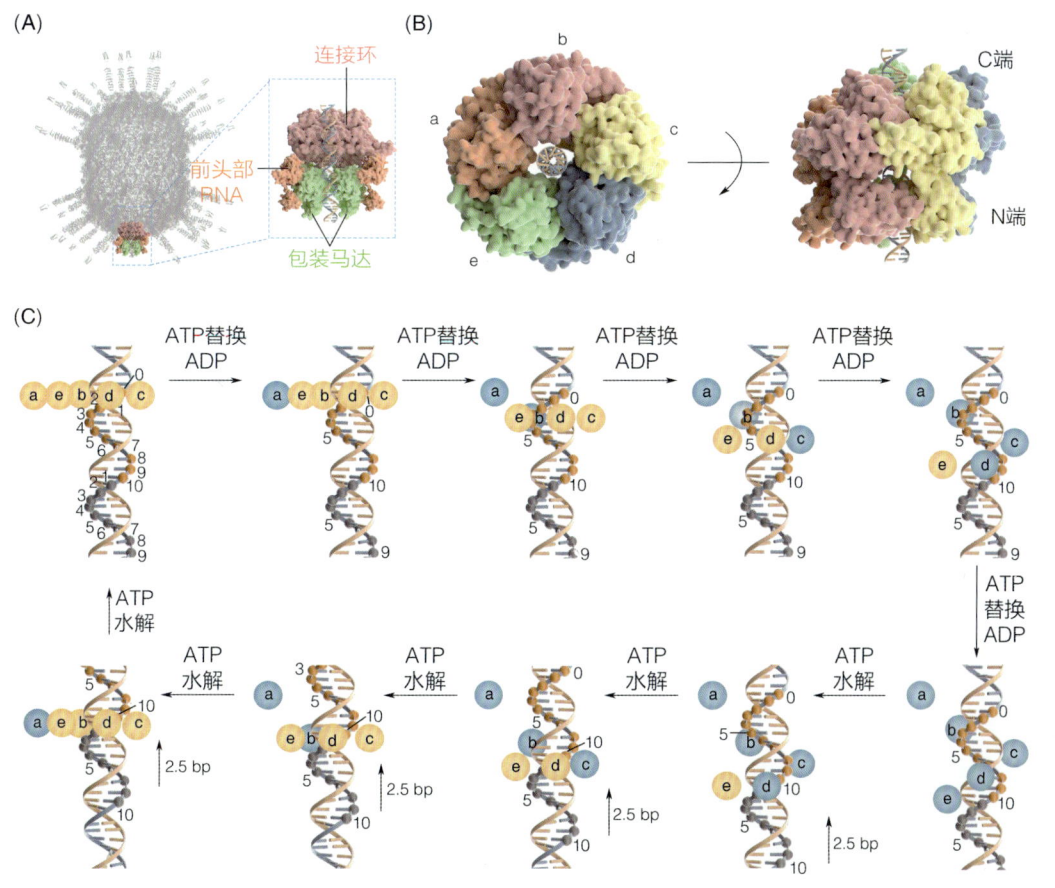

图 11-4　噬菌体 φ29 的 DNA 包装马达工作模型
（A）噬菌体 φ29 衣壳及 DNA 包装复合物示意图（PDB 编号：6QZ0，6QYM，7JQQ）。（B）包装马达的结构，包装马达为五聚体，分别用不同颜色显示（PDB 编号：7JQQ）。（C）DNA 包装的尺蠖运动模型。双链 DNA 分别用蓝色和橙色带状表示，橙色 DNA 链上分别标记了碱基顺序；由 a、b、c、d、e 标记的大球表示包装分子马达，黄色表示 ADP 结合状态，而蓝色表示 ATP 结合状态。

亚基上结合的 ATP 水解并不会提供包装 DNA 的拉力，而另外 4 个亚基是机械元件，负责提供包装 DNA 的力。特殊亚基上 ATP 的水解引起另外 4 个亚基依次进行 ATP 水解，当衣壳内 DNA 填充较少时，每个 ATP 水解的能量能够实现 2.5 bp（约 0.85 nm）的双链 DNA 被包装进入衣壳。因此，每个水解周期中，共 10 bp 的 DNA 被包装进衣壳，与 DNA 双螺旋的周期长度 10.4 bp 接近；而当衣壳内 DNA 填充较满时，负电性增强，排斥作用增大，需要更多的能量才能继续填充，此时，每个水解周期被包装进衣壳的 DNA 长度将减少。

噬菌体 φ29 的 DNA 包装马达属于 ASCE（additional strand conserved E）家族蛋白，该类蛋白质在结构上与 AAA ATP 酶家族蛋白具有一定的相似性。AAA 家族蛋白（ATPases associated with various activities）是一个广泛分布于所有生物域（细菌、古菌和真核生物）的蛋白质超家族。这些蛋白质共享一个保守的 AAA 结构域，该结构域包含 200~300 个氨基酸残基，负责 ATP 的结合和水解。AAA 蛋白通过其 ATP 酶活性参与到多种基本的细胞过程中，如参与蛋白质质量控制，识别错误折叠蛋白，将其解聚并靶向至蛋白酶体进行降解或修复 26S 蛋白酶体的 Rpt 亚基和 ClpXP 复合物等，以及在囊泡形成、融合和分裂过程中分解 SNARE 复合物的 NSF 复合物等。

正如上面介绍的 DNA 包装马达，AAA 蛋白通常以多聚体形式存在，形成环状结构，围绕其底物工作，利用 ATP 水解释放的能量产生机械运动。AAA 家族蛋白的多聚体状态不是固定的，而是根据其执行的具体生物功能而改变。大多数 AAA 蛋白以六聚体形式发挥作用，也存在其它可能聚集状态，如噬菌体 φ29 的 DNA 包装马达的五聚体。

11.2 生物大分子的力学特性

分子马达或其它能够产生力的分子介导了生命体的各种宏观或微观运动行为。微观层次上，这些生命体内部产生的力以及其它各种外部施加的力影响着生命体内各种大分子和大分子间的相互作用。

蛋白质、核酸和多糖等生物大分子在本质上都属于高聚物，核酸链和蛋白质链都呈线性，多糖可以具有线性或分支状结构。在细胞行使正常功能的过程中，这些生物大分子承受着各种各样力的作用，因此它们的力学性质与行为对于理解生物体的结构、功能和生理过程至关重要。本节将探讨生物大分子的力学性质，包括弹性、塑性和断裂等，以及其在生物力学领域的应用。

由于力的基本属性，受力作用的生物大分子也会把力传递给与之相互作用的其它分子或分子复合物。在这一角度上，力可以作为一个信号在分子之间进行传导，这种力传导具有非常高的传递速度，远高于需要发生化学反应的信号转导过程。

力可以诱导分子发生构象变化，使其从一种状态转变为另一种状态。例如，力可以使蛋白质从折叠状态转变为部分折叠或完全展开的状态，或者使核酸的双螺旋结构变为单链结构。即使在不改变结构状态的情况下，力也对生物大分子的可能构象产生限制，从而影响该分子和溶液环境中其它分子的相互作用。力也可以作为一种信号，通过影响分子的构象和相互作用来调控细胞的信号转导。例如，力可以触发细胞黏着斑（focal adhesion）的形成，引发细胞内的信号通路。在整合素介导的力学转导通路中，力可以使整合素胞外结构域保持在配体的高亲和力状态，也可以使细胞黏附蛋白踝蛋白（talin）暴露出与黏着斑蛋白（vinculin）结合的位点。此外，由于力可以引起生物大分子发生构象变化，可以将本来包埋在结构内部的反应位点或者结合位点暴露出来，使相应的反应能够进行或者可以结合其它的生物大分子。Notch 分子也可以在受力时暴露酶切位点，从而被细胞表面的蛋白酶剪切。力也可以使血管性血友病因子（von Willebrand factor）暴露出被 ADAMTS13 酶切割的位点。在细胞内产生力的很多过程中，力随时间的变化速率大约在皮牛每秒（pN/s）量级。在这个力变化速率范围内，在很多情况下，力诱导的分子构象变化和相互作用变化对应的力范围大约在数皮牛（pN）到数十皮牛范围。在单个分子传力通道上，力传递的时间尺度在很多情况下，一般在秒到分钟范围。

生物大分子的力学性质与行为在多个领域中具有重要应用价值。首先，它们对于理解生物体的结构与功能提供了关键信息。通过研究生物大分子的弹性性质，可以揭示其在生物体内的作用和相互作用。其次，生物大分子的力学性质对于生物材料设计和仿生工程具有重要意义。通过了解生物大分子的弹性和断裂行为，可以设计出具有特定力学性能的生物材料，如生物支架、人工关节等。此外，生物大分子的力学行为还在药物设计、基因调控和蛋白质工程等领域中得到广泛应用。

11.2.1 线性高聚物分子的力学拉伸理论

不同的生物高聚物可以具有非常不同的分子结构，因此在热力学的影响下这些高聚物将具有非常不同的弯曲和卷曲趋势。考虑一条长度约为 10 μm 的微管，如果抓住它的两端将其拉直，然后在室温下将其释放到溶液中，可以看到微管仍会维持线性的杆状结构。但如果对长度为 10 μm 的双链 DNA 链进行同样的处理，则会看到 DNA 链将不会维持力作用下的杆状结构，而是将呈现复杂的结构，链上形成许多起伏。而如果对长度仅为 10 nm 的双链 DNA 进行同样处理，则会看到杆状结构会得到维持。因此，对于较长的线性高聚物分子，需要用两个参量进行表述：轮廓长度（contour length）L 和持续长度（persistence length）ξ_p。其中轮廓长度是指线性分子链处于直线伸展状态时的长度，而持续长度是线性链在链长方向关联函数的量度，可以近似地认为是在自然状态下线性分子能够维持直线伸展状态的长度。在实际分析中，可以采用不同的近似模型来描述线性链并分析其在力作用下的性质，如自由连接链模型和蠕虫状链模型等，这两种模型也是分析生物大分子及其力学性质中最常采用的模型。在分析高聚物的力学行为时，模型的适当选择在很大程度上取决于该力学行为是由能量变化引起的还是由熵变化所引起的。

（1）自由连接链模型

自由连接链模型（freely-jointed chain model）是一种基本且非常有用的模型，它以其简洁和直观的方式描述了聚合物链的主要特性。在自由连接链模型中，聚合物链被看作是由一系列等长的线段（也称为"键"）构成的链，这些线段或键在各自的连接点上可以自由旋转，不存在任何限制。因此，这种模型中的聚合物链可以在三维空间中自由地变化形状，形成各种各样的构象。

如图 11-5 所示，自由连接链模型的关键参数有两个，即键的数量（N）和每个键的长度（b），b 也被称为库恩（Kuhn）长度。键的数量相当于聚合物链中的单体数量，每个键的长度则代表了相邻单体之间的平均距离。在自由连接链模型中，聚合物链的总长度（L）可以被看作是键的数量（N）和每个键的长度（b）的乘积，即 $L = N \times b$。自由连接链模型可以预测聚合物链的一些基本性质，如端到端距离和链的柔性。端到端距离 X 指的是聚合物链两个端点之间的距离。

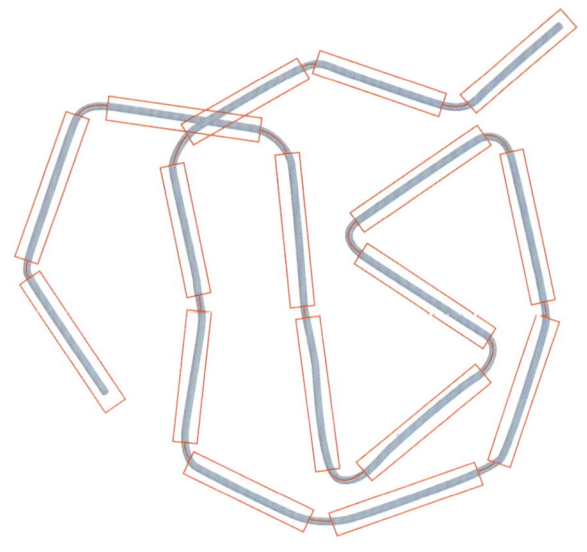

图 11-5　自由连接链模型
线性高分子（浅蓝色）在自由状态下呈现卷曲的构型。在自由连接链模型中，可以把高分子分割成多个长度为 b 的片段（橙色），相邻片段之间可以自由转动。

由于聚合物形态的无规则性，自由连接链模型中 X 的值是随机的，其分布可以由高斯分布描述：

$$\rho(X) = \left(\frac{3}{2\pi N b^2}\right)^{\frac{3}{2}} e^{-\frac{3X^2}{2Nb^2}}, \tag{11-1}$$

因此，在自由连接链模型中，自由状态下一个聚合物链端到端距离在 $X = 0$ 处概率最大，而方均距离 $\langle X^2 \rangle = N \times b^2 = Lb$。

当一个自由连接链受到拉伸力 F 时，链的端到端距离 X 会增加，X 的平均值 $\langle X \rangle$ 随力 F 的变化关系符合公式：

$$\langle X \rangle = L \left(\coth \frac{Fb}{k_B T} - \frac{k_B T}{Fb}\right), \tag{11-2}$$

其中，k_B 是玻尔兹曼常量，T 是温度。因此，在小的拉伸力下，有

$$F = \frac{3 k_B T}{Lb} \langle X \rangle, \tag{11-3}$$

即聚合物链的端点距离 $\langle X \rangle$ 与施加的力成线性关系，遵循胡克定律，聚合物链表现为弹簧的行为。而在非常大的拉伸力下，链端点距离 $\langle X \rangle$ 将趋近于链轮廓长度 L，此时聚合物链将接近完全拉直状态，难以被进一步延伸。自由连接链模型中，链的弹性行为主要由熵驱动，这是因为当链被拉伸时，其可能的构象数量（也就是熵）会减少，而链会倾向于回到具有更高熵的未拉伸状态。这种由熵驱动的弹性行为被称为熵弹性。

（2）持续长度

自由连接链模型可以被应用于理解和描述聚合物链的物理性质。然而，它也存在

一定的局限性，主要体现在它忽略了聚合物链中的体积排斥效应以及键间的相互作用，而这些在实际情况中往往是不能被忽视的。

平衡状态下相同长度的双链DNA和微管呈现不同构型状态，表明主导两者状态的因素不同。相对于微管，双链DNA柔性更强，在弯曲过程中弹性势能增加较少，熵的影响起着主要作用。而对于微管，刚性更强，弯曲时弹性势能快速增加，能量的影响更为明显。而持续性长度就是一个描述高聚物在热力学条件下柔韧性质的指标。持续长度是一个在高聚物物理中广泛使用的概念，用来描述链状高聚物自由度的尺度。在核酸和蛋白质等生物大分子的研究中，持续长度是一个重要的参数。持续长度可以理解为链在空间中自由弯曲的尺度，对于柔性聚合物，持续长度很短，对于刚性聚合物，持续长度则很长。

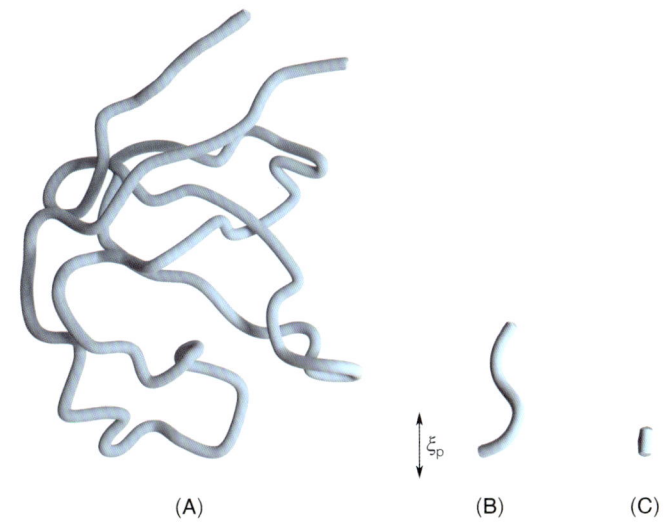

图 11-6 持续长度是高聚物分子保持线性状态的最大长度
（**A**）当线性分子的轮廓长度 L 远超其持续长度 ξ_p 时，将呈现卷曲的状态。（**B**）当 L 与持续长度接近时，将接近线性状态。（**C**）当 L 小于持续长度时，则将呈现较好的线性状态。

在数学上，持续长度 ξ_p 是指从高聚物链的任何一个点出发，沿链方向的切线不发生变化时的长度。因此，持续长度是高聚物链切线的关联长度。如图 11-6 所示，如果切线函数为 $t(x)$，则关联函数的形式为：

$$G(\tau) = \langle t(0)t(\tau) \rangle = e^{-\frac{\tau}{\xi_p}}。 \quad (11-4)$$

而高聚物链两个端点间距离 X 可以写成切线函数从一个端点沿高聚物链的积分，即

$$X = \int_0^L t(\tau)\,d\tau。 \quad (11-5)$$

对于较长的高聚物链，$L \gg \xi_p$，此时有

$$\langle X^2 \rangle = 2L\xi_p。 \quad (11-6)$$

相比于自由连接链的情况，可以得到库恩长度 $b = 2\xi_p$。

持续长度受多种因素影响，包括环境条件（如温度、溶剂类型、离子强度等）、分子结构（如链长、链段刚性、侧链大小等）以及外部力等。例如，溶剂中的离子种类和浓度能显著影响DNA的持续长度，而外部力（如剪切力或拉伸力）可以改变高聚物链的构象，从而影响其持续长度。

持续长度的计算通常基于高聚物的构象统计，包括内部坐标模型、自由连接链模型等。持续长度是一个统计物理参数，它的计算通常需要大量的实验数据和理论模型。在许多情况下，持续长度可以通过光谱技术（如圆二色光谱）、小角散射技术（如小角X射线散射或小角中子散射）或者显微技术（如原子力显微镜）等获取的实验数据计算得出。

（3）蠕虫状链模型

蠕虫状链模型（worm-like chain model）是描述聚合物或高分子链特性的另一种理

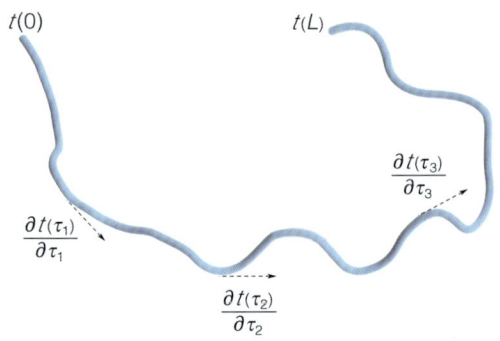

图 11-7 蠕虫状链模型

论模型，这种模型尤其适用于刚性或半刚性的高分子。在蠕虫状链模型中，聚合物被视为一条刚性或半刚性的"蠕虫"，在没有外力作用时，这条"蠕虫"可以在空间中随机弯曲，形成各种构象（图 11-7）。持续长度是蠕虫状链模型的关键参数。

在力 F 作用下，蠕虫状链模型端点距离 X 可以表示成：

$$\frac{F\xi_p}{k_BT} = \frac{\langle X \rangle}{L} + \frac{1}{4\left(1-\frac{\langle X \rangle}{L}\right)^2} - \frac{1}{4}. \tag{11-7}$$

在较小的力时，$\langle X \rangle/L \ll 1$，力与拉伸长度的关系可简化为

$$F = \left(\frac{3k_BT}{2L\xi_p}\right)\langle X \rangle, \tag{11-8}$$

即与自由连接链模型一样也遵循胡克定律。

蠕虫状链模型广泛应用于生物物理学，尤其是 DNA、RNA 和蛋白质等生物大分子的研究中。然而，该模型的局限性在于它只能描述高分子的一维弯曲行为，并且假设高分子链内部的相互作用可以被忽略。对于某些特定的高分子，比如具有特殊链结构或者在高浓度溶液中的高分子，可能需要采用其它更复杂的模型。

11.2.2 核酸分子的力学特性

双链核酸（DNA 和 RNA）的柔性对其生物学功能有重要影响，而它们的柔性状况也受到受力方式（如拉伸或扭转）的影响。目前单分子力谱（参见 27.4 节）、分子动力学模拟（参见 8.5.5 节）或者二者的结合已经使我们对核酸分子的柔性有了较为深入的认识。

核酸分子力学拉伸研究的历史可以追溯到 20 世纪 90 年代，当时科学家们开始使用单分子力学技术研究 DNA 和 RNA 的力学性质。1992—1994 年间，美国科学家史蒂文·史密斯（Steven B. Smith）等人使用水流、磁力以及光镊来拉伸和操作单条的 DNA 分子，这些工作开启了核酸分子力学拉伸研究的先河。

在这之后，研究者们使用光镊、磁镊和原子力显微镜等工具来研究 DNA 和 RNA 在拉伸力作用下的行为。他们发现 DNA 和 RNA 的拉伸曲线有多个特定的平台，这些平台对应于不同的核酸构象（如 B 型 DNA、S 型 DNA 和 Z 型 DNA）。此外，科学家们还观察到 DNA 在一定的拉伸力下会发生过拉伸（overstretching）转变，这一现象引起了广泛的关注和研究。

在 21 世纪初，研究者们开始深入研究 DNA 的过拉伸转变。他们发现 DNA 的过拉伸转变可能涉及 DNA 的解旋和形成单链 DNA。这些研究还导致确认了一种新型的力诱导的低熵稳定的双链结构——超螺旋 DNA（S 型 DNA）。此外，他们还发现 DNA 的过拉伸转变可以被特定的离子（如 K^+）和化学物质（如水合胍）调控，这些发现揭示了 DNA 过拉伸转变的复杂性和多样性。

在最近的研究中，科学家们利用高精度的单分子力学技术和先进的计算模拟方法，对核酸的力学拉伸行为进行了更深入的研究。他们发现 DNA 和 RNA 的力学性质不仅受到拉伸力的影响，还受到环境条件（如温度和离子浓度）和核酸序列的影响。这些研究为理解核酸的生物功能，以及设计新的生物材料和药物，提供了重要的基础。

总的来说，核酸分子力学拉伸研究是一个快速发展的领域，这个领域的研究为我们理解生命的基本过程，如 DNA 的复制、转录和修复，提供了新的视角和工具。

（1）核酸（DNA 和 RNA）的力学性质

双链 DNA 是一个相对刚性的螺旋型高分子链，在其上施加作用力存在两种不同的模式：拉伸模式（stretching mode）和解链模式（unzipping mode）。拉伸模式是分别在两条链的 5′ 端（或 3′ 端）施加力的作用（图 11-8，左），双链之间所有配对碱基都会同时受到力的作用。解链模式是在 DNA 双螺旋的同一侧，即一条链的 5′ 端和另一条链的 3′ 端施加力的作用（图 11-8，右），仅有最邻近的少数几个配对碱基受到拉力。

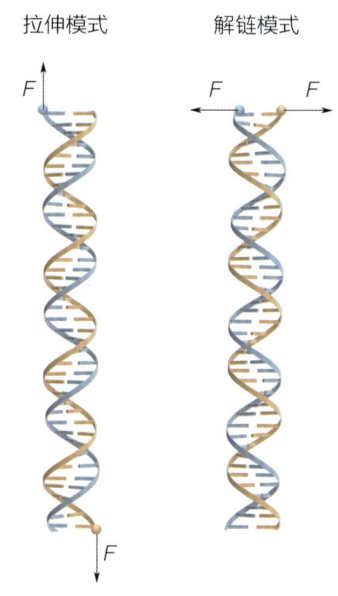

图 11-8 双链 DNA 施加力的方式

双链 DNA 是一个非常稳定的分子，它能够抵抗大的力和扭矩。对于长的双链 DNA，在拉伸模式下，当外力作用在双链 DNA 上时，DNA 会被拉伸并延长。在比较小的拉伸力（小于 1 pN）下，DNA 的延长量与施加的力近似线性（图 11-9）。而当拉力继续增大时，则表现出明显的非线性行为，此时拉伸曲线可以用蠕虫状链模型比较好地进行拟合。给出双链 DNA 的持续长度 $\xi_p \approx 50$ nm，即在该长度也就是约 150 bp 时双链 DNA 将呈伸直状态。只有双链 DNA 尺度远大于持续长度时，才会显示出柔性的行为，可以在空间中自由地弯曲和旋转。而当力进一步增加并超过 60 pN 时，在力曲线上会出现平台，DNA 会突然显著延长，延伸长度甚至达到自由状态轮廓长度的 70% 以上，这个现象被称为 DNA 的过拉伸（图 11-9）。在过拉伸状态下，DNA 的构象会发生显著变化，从 B 型 DNA 转变为 S 型 DNA。如果力进一步增加，DNA 的两条链可能会分离，导致 DNA 的解链。对于较短的双链 DNA（长度小于其持续长度），拉伸模式可以引起 DNA 解旋，解旋所需的力依赖于 DNA 的长度。

双链 DNA 是一个右手螺旋结构。当施加与螺旋方向相同或者相反的扭转力时，DNA 可以形成超螺旋或者解旋。测定 DNA 解旋所需要的扭转力可以帮助理解解旋酶分子马达及其它 DNA 结合蛋白的工作机制。在扭转角度比较小时，双链 DNA 正向和负向扭转刚度系数都为 410～450 pN·nm^2。正向扭转过程中，当扭矩达到约 34 pN·nm 时会达到一个平台，继续增加扭转并不会增加扭矩，表明此时 DNA 发生了构象改变。当施加负向的扭转

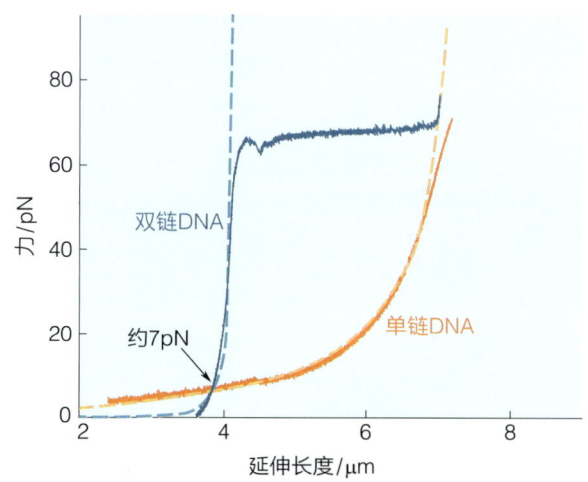

图 11-9 DNA 的拉伸曲线

单链 DNA 和双链 DNA 在力作用下都会发生伸展，其延伸长度曲线可以用蠕虫状链模型较好拟合（虚线）。

力时，则在扭矩约为 -10 pN·nm 时达到平台，此时发生了双链 DNA 的解旋。

与拉伸模式不同，在解链模式下，施加力作用后 DNA 会直接发生解螺旋，此时解旋所需要的力依赖于附近的 DNA 序列，富含 G-C 配对的序列需要的力较大，约为 12 pN；而对于富含 A-T 配对的序列，最小仅需约 4.7 pN 的力即可实现解旋。

单链 DNA 相对于双链 DNA 要柔软许多，其持续长度比较小，约为 0.75 nm，表明其在空间中可以很容易地弯曲和旋转，收缩性更强。这些性质使单链 DNA 在受到较小力时，比双链 DNA 更难于延伸，需要更大的力才能达到与双链 DNA 相同的延长量。但由于在链上碱基数目相同时，单链 DNA 的轮廓长度更大，其力曲线增加比双链 DNA 要慢，二者的力曲线会在 7 pN 左右时发生交叉（图 11-9）。

RNA 大多以单链形式存在，但比较容易形成发夹结构，某些 RNA 序列甚至可以形成稳定的三维结构并行使特殊的功能，如 tRNA、核糖开关、核酶等。当拉伸 RNA 发夹结构时，能够看到在力作用下，初期分子长度发生伸展，此时力曲线可以由蠕虫状链模型很好地拟合。当力达到临界值（约 15 pN）时，分子长度快速增加，相应地，力会突然下降，表明 RNA 发夹结构发生了解折叠（图 11-10A）。而继续拉伸时，力曲线又开始上升，并可以用蠕虫状链模型拟合，但轮廓长度增大，显示 RNA 处于解折叠态。在临界恒力作用下，也经常伴随着 RNA 发夹结构重新形成的现象，伴随着力的突然增加和长度的快速减小。在同一拉伸实验中，RNA 发夹解折叠及重新折叠现象可以发生多次（图 11-10B）。

（2）基于 DNA 的力探针（DNA-based tension sensor）

基于 DNA 拉伸时所施加的力破坏碱基配对的方式和特性，可以开发 DNA 力探针。这种 DNA 探针是将不同形式的 DNA 结构上连接相应的荧光基团，DNA 结构受力时所产生的形变会引起荧光信号的差异。根据不同的检测需求，存在不同的探针设计，如使用双链 DNA 的栓系张力系绳（tension gauge tether），以及使用 DNA 发夹结构的分子张力探针（molecular tension probe）。

一种常用的 DNA 探针是基于很短的双链 DNA 结构。当施加力到该 DNA 两条互补链时，会导致 DNA 失稳，当所施加的力足够大时，DNA 的双链结构被破坏，两条

图 11-10 RNA 发夹结构在力作用下的解折叠与重新折叠

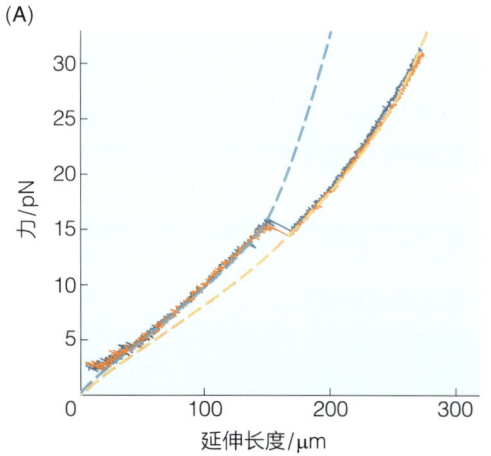

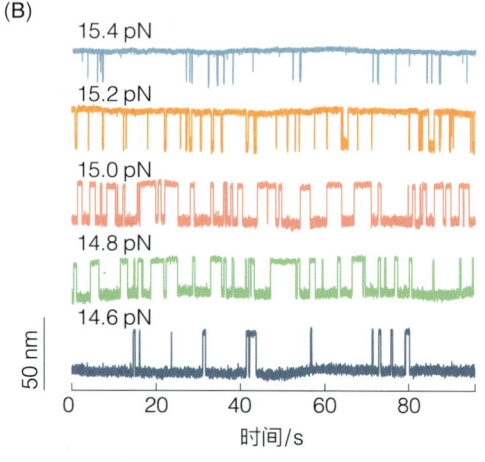

链分离开。短双链 DNA 的寿命依赖于施加力的大小，以及施加力的位点。一个施力位点一般是在一条链的末端，而另外一个施力位点是在互补链的某个位置。DNA 的力学稳定性敏感依赖于互补链上的施力位点。两个施力位点在同一端时距离最近，力的施加方式是解链模式，力学稳定性最低。两个施力位点在不同端时距离最远，力的施加方式是两端拉伸模式，力学稳定性最高。因此可以根据这种特征设计具有不同断裂力的 DNA 张力系绳（图 11-11），同时也可以改变 DNA 双链上的 G/C 含量，进一步改变断裂力。这类探针本质上测量的是特定拉伸过程中的力传递时间尺度。在通常的力变化速率（pN/s）条件下，常用的这类探针传力时间通常在数秒到数十秒范围。断裂时对应的力通常在数 pN 到数十 pN 范围。

当细胞表面分子与张力系绳上连接的配体分子结合时，如果结合所产生的力小于所使用张力系绳的固有断裂力，则张力系绳维持双链 DNA 状态；而如果结合所产生的力大于所使用张力系绳的固有断裂力，则张力系绳的双链断裂。因此，对同一个体系（如整合素与配体的相互作用，以及 Notch1 与配体的相互作用），可以使用一系列具有不同断裂力的 DNA 张力系绳来检测结合时能够产生的力的幅度。

在实际应用中，DNA 张力系绳有两个可能的缺陷需要在数据分析中予以考虑。其一，不同断裂力的张力系绳的两个固定断点的距离不同，这使得待检测的受体配体对与底面之间的距离也会不同，如果受体配体对的结合力与距离有关，那么 DNA 张力系绳方法会存在问题，这种问题可以通过在低断裂力张力系绳的一端增加附加长度的方式解决。其二，尽管张力系绳的双链断裂后会分开，但存在重新结合的可能性，即分离的 DNA 链重新杂交成双螺旋并恢复成完整的张力系绳。

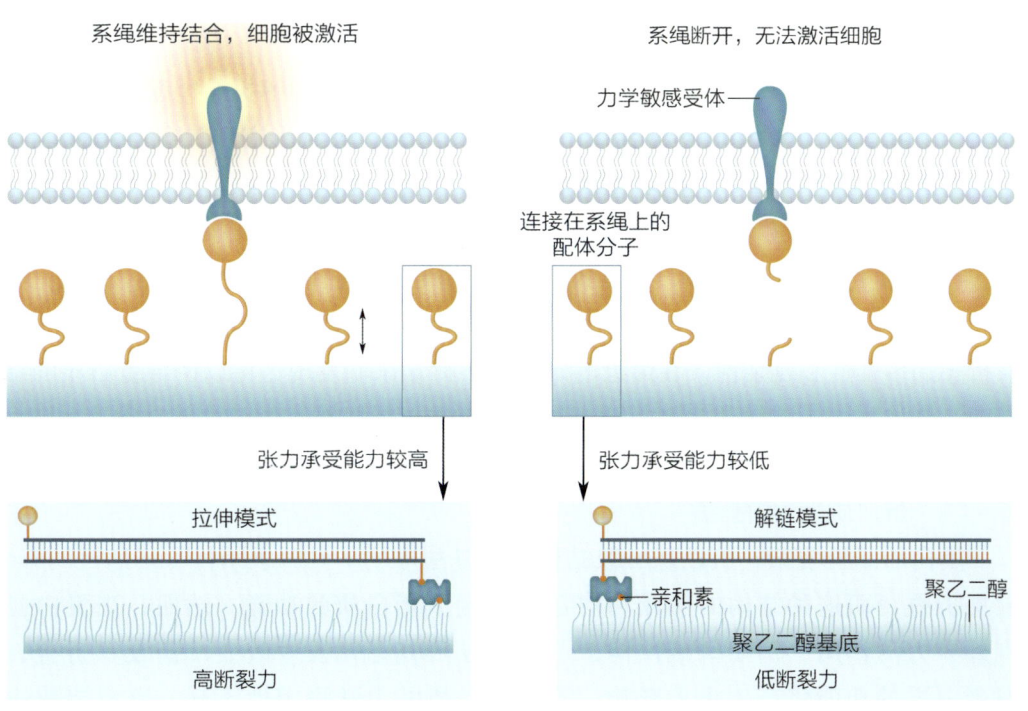

图 11-11 DNA 张力系绳 在张力系绳两端施加作用力，当力小于张力系绳的固有断裂力时，张力系绳维持结合状态（左）；而当力增加到大于张力系绳的固有断裂力时，张力系绳的两条链会被力拉开从而断裂，使待测分子与表面之间的连接丧失（右）。

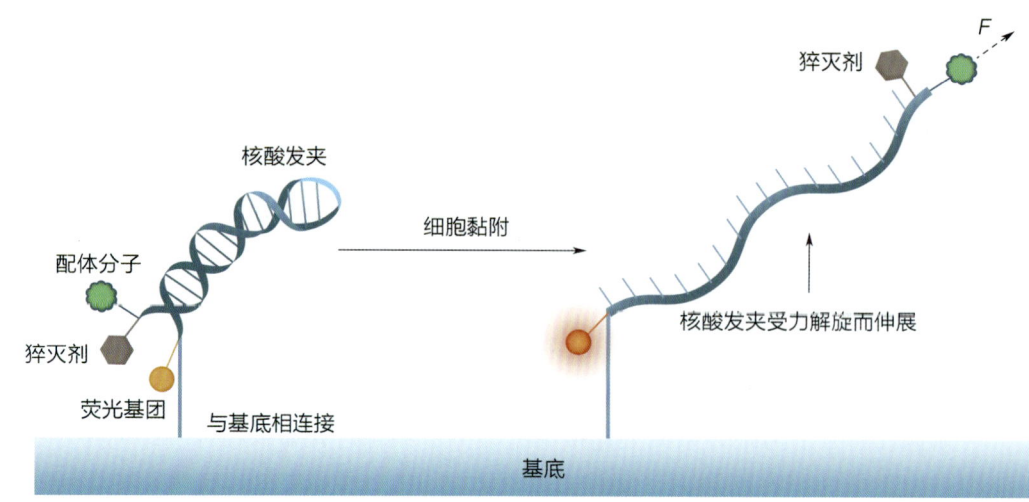

图 11-12 DNA 张力探针示意图

没有力时，荧光基团与猝灭剂距离近，其荧光被猝灭；而当受力足够大时，发夹结构解聚，荧光基团与猝灭剂距离增加，可以观测到荧光的产生。

DNA 张力探针由一个可以形成发夹结构的 DNA 链，以及其上螯合的荧光基团 – 猝灭剂对构成（图 11-12），DNA 链的两端分别连接到基底或者配体分子上。当没有外力施加时，DNA 维持其发夹结构；荧光基团与猝灭剂彼此接近，不会有荧光发出。而当配体分子与其受体分子结合并产生足够大的力时，发夹结构两端受到力的拉伸而解开，荧光基团与猝灭剂之间的距离增加，从而会有荧光发出来。

11.2.3 蛋白质分子的力学特性

蛋白质受力解折叠的研究在过去几十年中得到了显著的发展，特别是随着单分子操纵技术的出现和发展，科学家们得以直接观察和研究单个蛋白质分子在力作用下的行为。

在 20 世纪 80 年代，科学家们开始研究蛋白质的折叠和解折叠过程，但这些早期的研究主要依赖于传统的宏观实验，如圆二色光谱、荧光光谱和 X 射线晶体学等技术。到了 20 世纪 90 年代，随着光镊和原子力显微镜等单分子操纵技术的引入，科学家们得以直接操纵和测量单个蛋白质分子在力作用下的行为。

在 21 世纪初，科学家们开始广泛研究力诱导的蛋白质折叠和解折叠过程。他们发现，力不仅能引起蛋白质的解折叠，还能诱导蛋白质的折叠。这些研究揭示了蛋白质折叠的多样性和复杂性。在最近的研究中，科学家们发现力可以诱导蛋白质的结构转变，例如从 α 螺旋转变为 β 折叠。这些研究进一步拓展了我们对蛋白质受力行为的理解。

（1）蛋白质受力解折叠

蛋白质结构复杂，可以从一级结构（氨基酸序列）到四级结构（多肽链的集合）层层折叠，而这种结构的形成和稳定性决定了蛋白质的功能。然而，当蛋白质受到外界力的作用，例如机械拉伸，可能会导致其结构发生改变，甚至解折叠，这对蛋白质的功能将产生重大影响。不同蛋白质的力学稳定性不同，这主要取决于它们的氨基酸序列和结构。例如，含有更多二硫键的蛋白质通常具有更高的力学稳定性。

当施加外力拉伸蛋白质两端时，蛋白质的端点距离会在力的作用下增大，延伸曲线也可以通过自由连接链或蠕虫状链模型拟合。而当外力增大到一定程度时，蛋白质会开始解折叠（图 11-13）。如果该蛋白质结构域中没有二硫键，蛋白质可能会完全解折叠，变成一个线性的多肽链，其轮廓长度由该蛋白质的氨基酸数目决定。二硫键的存在会抑制完全解折叠，构成二硫键的两个半胱氨酸之间的序列受力的影响较弱；此时，如果用二硫苏糖醇（DTT）或二硫键异构酶等破坏二硫键，受力解折叠将会继续进行。

蛋白质在力作用下的解折叠行为不仅依赖于它们的氨基酸序列，而且受环境因素（例如溶剂条件和温度）的影响。当去除外力后，许多蛋白质可以重新自发地折叠回其初始结构，这显示了这些蛋白质受力解折叠过程的可逆性。

（2）受力解折叠后暴露相互作用位点

力可以对蛋白质的结构产生重大影响，导致蛋白质的一部分区域从折叠状态转变为暴露状态，从而暴露出原本隐藏在蛋白质内部的相互作用位点（图 11-14）。这种机制在很多生物过程中都发挥着关键作用，特别是在细胞黏附和信号转导等过程中。

整合素（integrin）是一类细胞黏附蛋白，负责连接细胞与细胞外基质或其它细胞。在力的作用下，整合素可以从弯曲的低活性状态转变为伸展的高活性状态，暴露

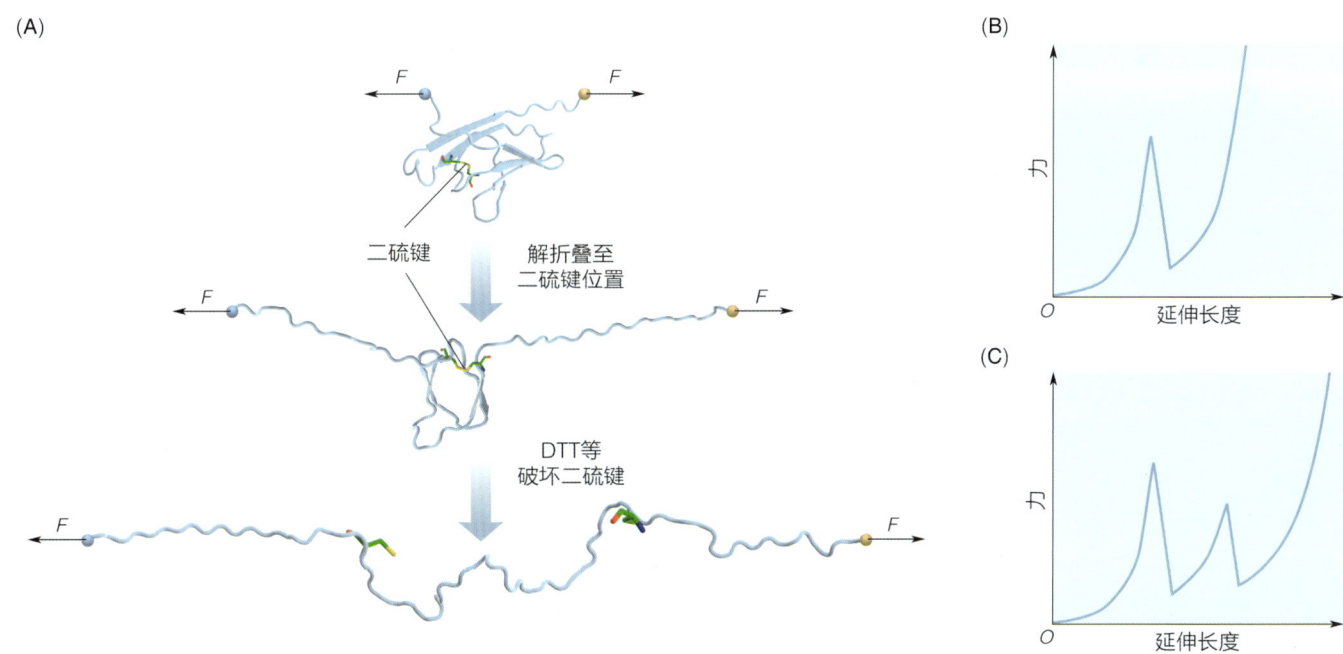

图 11-13 蛋白质在外力作用下的解折叠
（A）蛋白质两端施加力（F）的作用，随着力的增大，蛋白质将开始解折叠；二硫键具有抵抗受力解折叠的作用，被破坏后才能继续解折叠过程。（B）不存在二硫键或者二硫键稳定存在时的拉伸曲线可能的形式，单个锯齿峰对应着蛋白质的解折叠或部分解折叠。（C）如果系统中存在 DTT 等，二硫键被破坏时，将产生第二个锯齿峰。（B）和（C）中最后的力持续增加过程对应着多肽链的拉伸。

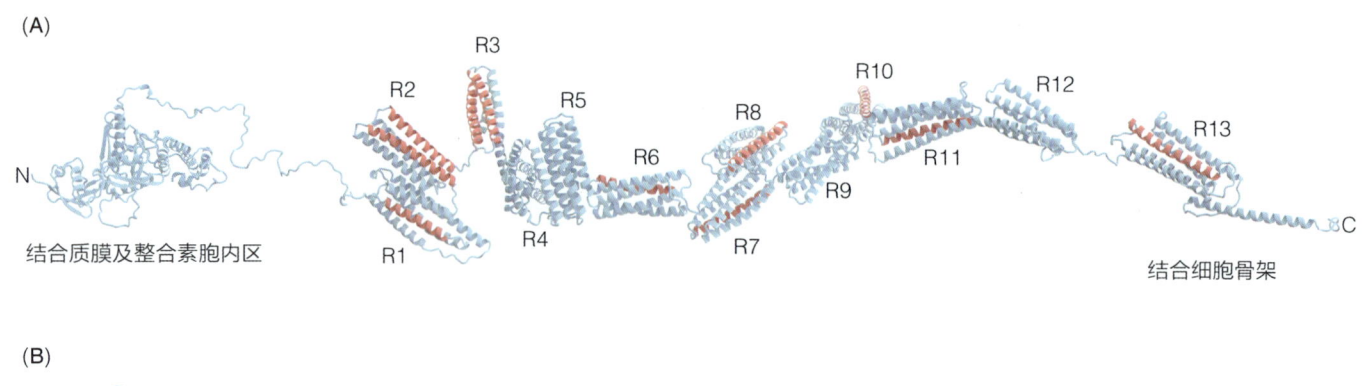

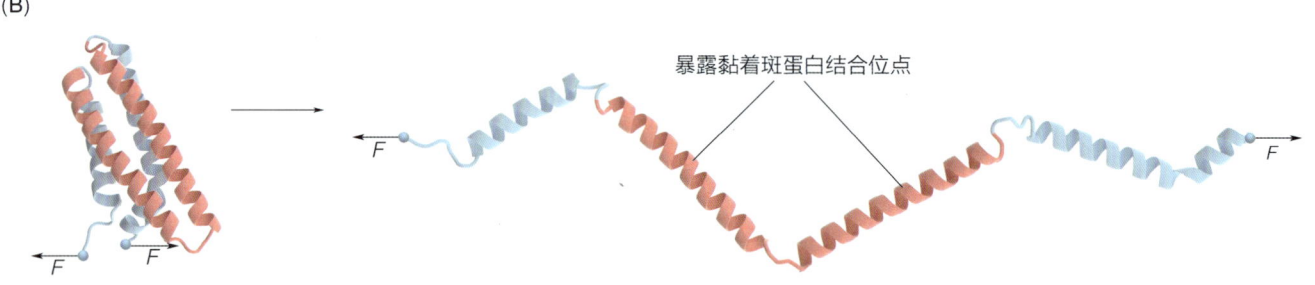

图 11-14 踝蛋白受力后暴露下游蛋白质结合位点

（**A**）全长踝蛋白的结构模型，踝蛋白包括头部和杆状尾部区。其中杆状区包括 13 个螺旋束结构域（R1-R13），这些结构域中含有共 11 个黏着斑蛋白结合位点（红色显示），这些位点被包埋在结构域内部。踝蛋白头部可以结合质膜和整合素的胞内区。踝蛋白上也有多个细胞骨架结合位点，其中包括 C 端骨架结合区。当头部和尾部分别结合整合素与细胞骨架后，踝蛋白上会产生力的作用。（**B**）以 R3 结构域为例，受到力（F）的作用后，螺旋束被解聚，使黏着斑蛋白结合位点暴露出来。

出与细胞外基质的结合位点。

踝蛋白（talin）和黏着斑蛋白（vinculin）是整合素介导的黏着斑的重要组成蛋白，在细胞黏附和力传导中起关键作用，二者之间的相互作用是细胞与细胞外基质进行力学交流的重要环节。在没有受力的情况下，踝蛋白的黏着斑蛋白结合位点通常被其自身的结构域隐藏，因此黏着斑蛋白不能与其结合。然而，当细胞黏附到细胞外基质，或者当细胞受到拉力时，踝蛋白会被拉伸，使得黏着斑蛋白结合位点暴露出来。这时，黏着斑蛋白就能够结合到踝蛋白的黏着斑蛋白结合位点上，形成踝蛋白-黏着斑蛋白复合物。踝蛋白-黏着斑蛋白复合物的形成有助于细胞黏着斑的稳定和力传导。在这个过程中，黏着斑蛋白不仅与踝蛋白结合，还与细胞骨架中的微丝结合，从而形成了一个从细胞外基质到细胞内部的力传导通路。这种力传导通路使得细胞能够感知和响应外界的力，对细胞迁移、形状改变和信号转导等多种生物过程都有重要作用。

（3）受力解折叠后暴露酶切位点

有些蛋白质在受力作用下的解折叠行为可能会暴露出隐藏在蛋白质内部的酶切位点。这些位点在未受力作用时是隐藏的，因此受保护不会被酶切割。但是在受到力的作用下，这些位点可能会暴露出来，从而被酶识别和切割。这种现象在一些生物过程中发挥着重要作用。

一些细胞黏附蛋白如纤连蛋白（fibronectin）和蛋白聚糖（proteoglycan）就有这种特性。这些蛋白质在正常条件下是稳定的，不会被降解酶（如蛋白酶）切割。但是，当它们承受力学拉伸时，其结构会发生变化，导致原本隐藏的酶切位点暴露出来，从而被降解酶切割。

血管性血友病因子（von Willebrand factor，vWF）是一种在血液凝固和止血过程中起重要作用的血浆蛋白。vWF 的 A2 结构域包含一个在生理环境下能被金属蛋白酶 ADAMTS13 切割的位点。然而，这个酶切位点在静态条件下是隐藏在 A2 结构域内部的，无法与 ADAMTS13 接触。只有在 vWF 受到特定的剪切力（例如在血液流动中）时，A2 结构域才会发生构象改变，使得酶切位点暴露出来，从而能被 ADAMTS13 切割。当 vWF 受到剪切力时，A2 结构域中的一个特定的氨基酸会作为一个"力学开关"发挥作用，它在受力后会被拉伸，导致 A2 结构域的稳定结构破裂，进而使得酶切位点暴露出来。这种受力诱导的酶切机制在血液凝固和止血过程中是至关重要的。在血管受伤后，vWF 会形成多聚体并附着在伤口处，吸引血小板来形成血栓。然而，过大的 vWF 多聚体可能导致血栓过大，进而引起血管阻塞。这时，剪切力诱导的 vWF A2 结构域酶切位点暴露就发挥了关键作用，ADAMTS13 能切割这个位点，使得 vWF 多聚体得以裂解，从而防止过大血栓的形成。这种由力学诱导的酶切机制对于理解血液凝固和止血过程，以及相关疾病如血栓性疾病和血管性血友病（von Willebrand disease，vWD）具有重要意义。

Notch 是一种跨膜受体蛋白，在多种生物过程中起关键作用，包括细胞命运决定、细胞增殖和细胞死亡等。Notch 的信号转导依赖于它的裂解，这一过程由 γ 分泌酶复合体催化。Notch 受体的裂解过程被严格控制。在其外部区域，即 N 端，存在一个称为负性调控区（negative regulatory region）的结构域，该域包含两个子结构：线形重复（LIN12/Notch repeats）和异源二聚化结构域（heterodimerization domain）。在未受信号刺激的情况下，负性调控区通过稳定的结构保持 Notch 处于关闭状态，即隐藏了 γ 分泌酶的酶切位点。当 Notch 的配体（例如 Delta 或 Jagged）与 Notch 结合时，会在 Notch 受体上产生拉力。这种拉力可以导致负性调控区结构域的构象改变，使得原本被负性调控区隐藏的酶切位点暴露出来，从而允许 γ 分泌酶切割 Notch 受体。被切割的 Notch 胞内域随后被转运至细胞核内，启动 Notch 信号通路。

这种受力诱导的酶切机制对许多生理过程具有重要影响，例如组织重塑和疾病发展。例如，在炎症和肿瘤微环境中，细胞和细胞外基质经常会遭受到压力或拉伸，这可能导致细胞黏附蛋白被酶切割，进一步影响细胞行为和组织功能。

11.3 生物大分子相互作用的力学调控

在生物体内，许多大分子间的相互作用，包括蛋白质 – 蛋白质、蛋白质 – 核酸、蛋白质 – 糖等，都可以被力调控。力可以直接影响这些大分子的结构，从而影响其相互作用。在一些蛋白质的相互作用中，力可以影响其结合和解离的动态平衡。例如，在肌肉收缩中，肌动蛋白和肌球蛋白会在力的作用下进行循环的结合和解离。

11.3.1 Bell 模型与动态力谱理论

（1）Bell 模型

Bell 模型是一种描述相互作用分子在力作用下解离的动力学模型，由生物物理学家乔治·贝尔（George Bell）于 1978 年提出。这个模型基于一个简单但深远的观点：作用在两个互相结合的分子上的力可以降低二者解离的活化能，从而加速解离过程。

Bell 模型的基本公式如下：

$$k = k_0 e^{\frac{F\Delta x}{k_B T}}, \tag{11-9}$$

其中，k 是在力 F 作用下的解离速率，k_0 是无外部力作用时的解离速率，Δx 是活化能垒的宽度，T 是温度，k_B 是玻尔兹曼常量。这个公式描述了解离速率 k 随着力 F 的增加而呈指数级增加。

Bell 模型提供了一种量化力对分子相互作用影响的方法，对于理解和研究蛋白质的机械性质和力学行为有重要意义。尽管这个模型是基于一些简化的假设，如忽略力对活化能垒形状的影响，但在许多实际情况下，它都能给出合理的预测。此外，这个模型还启发了许多后来的理论模型和实验研究，对生物物理学和力学生物学的发展产生了深远影响。

Dembo 模型，也被称为 Bell-Evans 或 Evans-Ritchie 模型，是一种描述分子间相互作用在外部力作用下的破裂行为的模型。在 Dembo 模型中，两个分子的解离被视为一个活化过程，解离的速率可以用阿伦尼乌斯方程（Arrhenius equation）来描述。外部力可以降低解离的活化能，从而加速解离过程。Dembo 模型的基本方程是：

$$k = k_0 e^{\frac{F\Delta x - \Delta G^{\ddagger}}{k_B T}}, \tag{11-10}$$

其中，k 是在力 F 作用下的解离速率，k_0 是无外部力作用时的解离速率，$\Delta G^{\ddagger}$ 是无外部力作用时的活化自由能，Δx 是活化能垒的宽度，T 是温度，k_B 是玻尔兹曼常量。这个公式描述了解离速率 k 随着力 F 的增加而呈指数级增加。

Dembo 模型是一个非常实用的工具，它可以用来解析实验数据，例如由原子力显微镜（AFM）或光镊等工具获得的力-扩展曲线。它还可以帮助我们理解力对分子间相互作用的影响，例如力如何影响抗体-抗原或配体-受体之间的结合。

（2）Kramers 理论

Kramers 理论是关于化学反应速率的一个重要理论，特别是涉及在一个势能垒中的粒子热活化跃迁的过程。这一理论是由亨德里克·克拉默斯（Hendrik Kramers）在 20 世纪 30 年代提出的，它将古典力学与量子力学结合，用来描述在给定温度下的反应速率。它建立了反应速率、温度、势垒和环境阻尼之间的关系，并已经成为理论化学和实验化学中的基石。

考虑一个粒子在势能曲线上移动，其中有一个势垒阻止其自由移动。在某些情况下，即使粒子的能量低于势垒的高度，它仍然有可能穿越势垒。这种现象在古典力学中是不可能的，但在量子力学中是可能的，并被称为"隧道效应"。

然而，Kramers 理论主要关注的是另一种机制：当粒子受到热激发时，它获得足够的能量来越过势垒。这一过程通常被称为"活化过程"。Kramers 为反应速率提出了以下的近似公式：

$$k = k_0 e^{-\frac{\Delta E}{k_B T}}, \tag{11-11}$$

其中，k 是反应速率常数，k_B 是玻尔兹曼常量，T 是温度，ΔE 是从反应物到过渡状态的势能差。因此，Kramers 理论主要考虑了粒子在势垒中的热活化运动、粒子在势垒顶部的随机运动以及粒子从势垒顶部向下的跃迁，描述了反应速率如何依赖于温度、势垒高度以及周围环境的阻尼。这一公式与 Bell 模型在本质上是相同的。

（3）动态力谱理论

动态力谱学（dynamic force sprectroscopy，DFS）是一种研究分子间相互作用在外部力作用下的破裂行为的方法。DFS 不仅可以测量分子间的相互作用强度，还可以获取有关分子解离的动力学信息。DFS 的基本思想是通过操控分子对，逐渐增加作用在其上的外部力，直到分子对破裂。通过测量分子对破裂所需的力，可以计算出分子间的相互作用能。通过改变外部力增加的速率，可以获取分子解离的动力学信息（图 11-15）。

动态力谱学的理论基础主要由 Bell 模型和 Kramers 理论构成。Bell 模型描述了分子解离速率与外部力的关系。在 Bell 模型中，分子解离的活化能被视为一个固定的能垒，外部力可以降低这个能垒，从而加速分子的解离。而 Kramers 理论是 DFS 的一个重要扩展，用于描述外部力增加的速率对分子解离的影响。在 Kramers 理论中，分子解离的过程被视为一个过阻振子在势阱中的运动，外部力和温度会影响这个振子逃逸出势阱的速率。

DFS 已经被广泛应用于研究各种分子间的相互作用，包括蛋白质-蛋白质、蛋白质-核酸、抗原-抗体等。通过 DFS，科学家们可以直接测量这些相互作用的强度和特性，获取宝贵的信息以理解生命过程中的各种机制。

11.3.2 力对相互作用寿命的影响

Bell 模型所描述的生物大分子相互作用力学依赖性也被称为滑移键（slip bond）。滑移键是一种分子间的相互作用，其特性是当施加的力增加时，分子间的结合寿命缩短。也就是说，施加更大的力会使得分子间的结合更易于解除。这种特性与另一种分子间的相互作用形式——逆锁键（catch bond）相反。在逆锁键中，施加的力增加反而会延长分子间的结合寿命（图 11-16）。

滑移键是许多生物分子相互作用的基本特性，例如许多酶-底物相互作用和抗体-抗原相互作用就是滑移键。这种特性使得分子可以在完成其功能后，如催化反应或信号转导后，很容易地解除结合，从而进行下一轮的反应或信号转导。

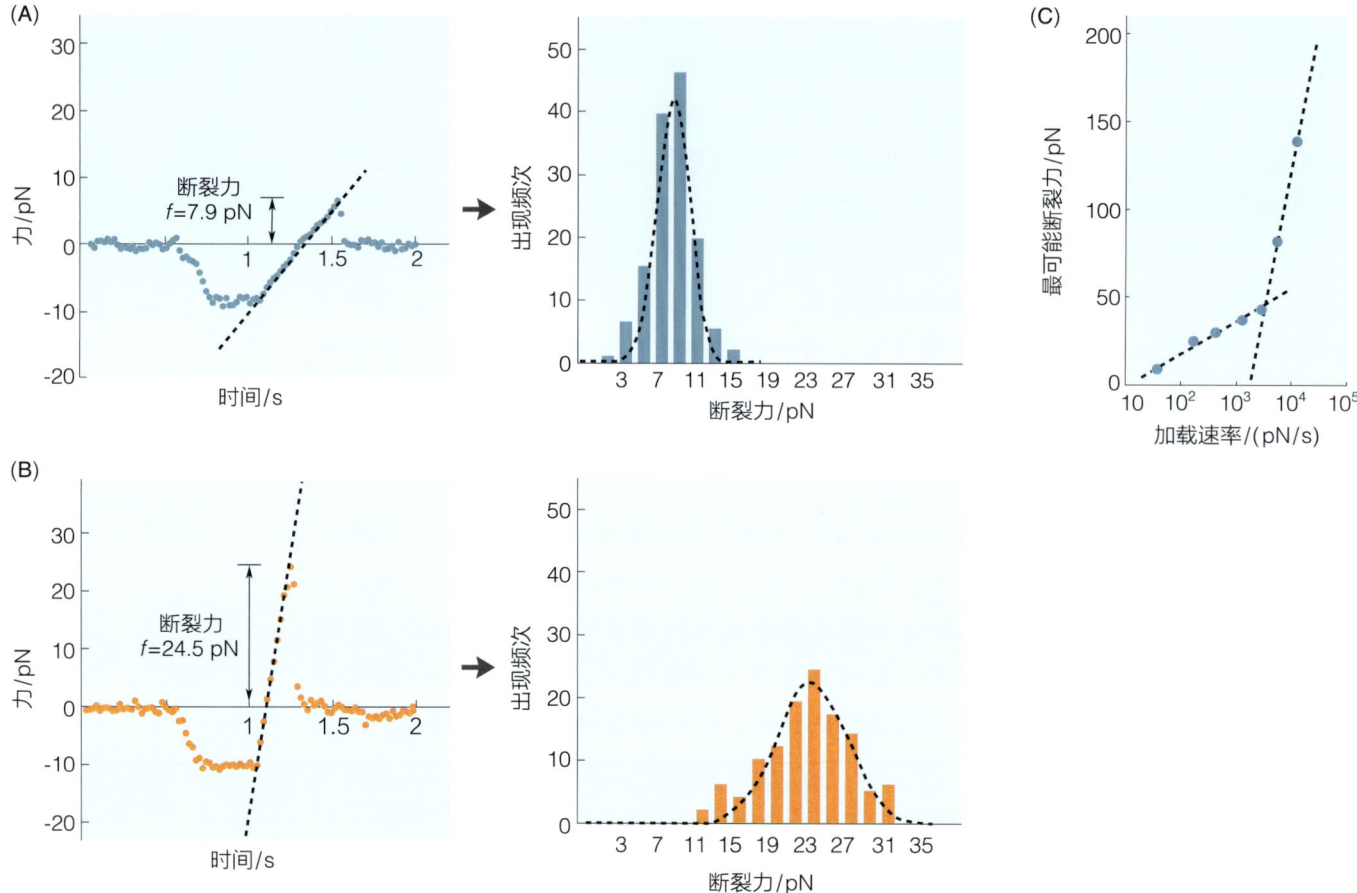

图 11-15　动态力谱分析方法

动态力谱表示力加载速率与断裂力之间的关系，一般可以通过单分子力谱学技术测量。（A、B）通过单分子力学工具在相互作用分子间施加力的作用，在力足够大时分子键发生断裂。在同一加载速率下多次测量可以获得断裂力分布的柱状图（A、B 右侧），经正态分布拟合（虚线）后获得该加载速率下的最可能的断裂力。加载速率小时，断裂力也较小（A）；加载速率大时，断裂力也相应增大（B）。（C）在多个加载速率下测量，会得到最可能断裂力随加载速率的变化关系。在一定区间内，最可能断裂力与加载速率成对数依赖关系，通过拟合可以获得相互作用参数。如果加载速率变化区间较大，可能会出现不同的线性变化行为。

而逆锁键是一种特殊类型的分子相互作用，它的特性是当施加的力增加时，分子间的结合寿命反而增加。逆锁键最初是在细菌黏附和血小板聚集这类生物过程中被观察到的，这些过程涉及分子间在力作用下的相互作用。例如，P 选择素与 PSGL-1 的相互作用（一种白细胞与血小板之间的相互作用）就被发现表现出逆锁键特性。此外，一些细菌如大肠杆菌和粘连性链球菌表面的黏附蛋白也表现出逆锁键行为，这有助于它们在高剪切力的环境（如血流）中黏附到宿主细胞上。

目前已发现在多种分子相互作用中都存在逆锁键行为，如选择素与其糖蛋白配体、整合素与其配体，以及 T 细胞受体（T cell receptor，TCR）对抗原的识别等。逆锁键现象的机制还不完全清楚，可能涉及分子在力作用下的构象变化，使得结合态由一个低亲和力状态转变到一个高亲和力状态。研究这种特殊的力学行为对于理解许多生物过程，如细胞黏附、免疫应答以及病原体感染等有重要意义。

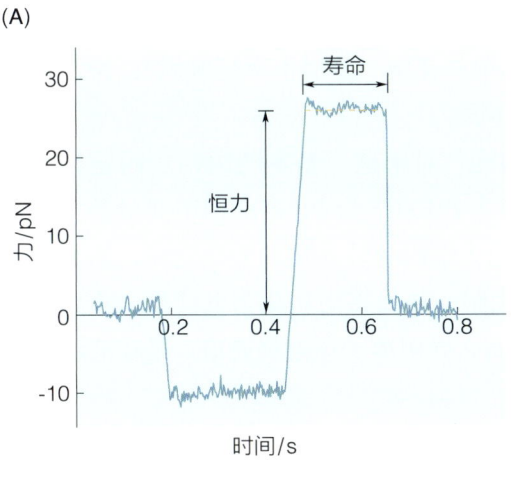
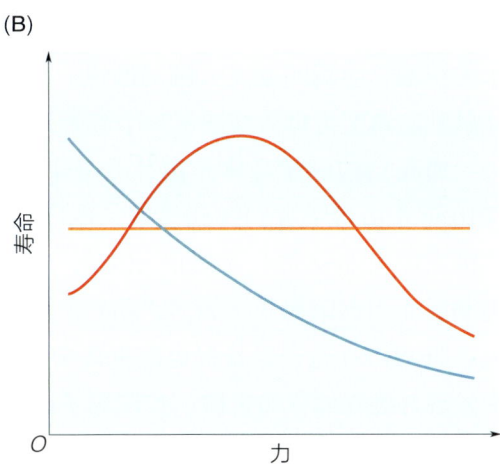

图 11-16 不同分子间相互作用的寿命与所受外力之间的关系
（A）用单分子力谱工具测定分子间相互作用寿命，相互作用分子在恒力作用下发生断裂，断裂之前恒力作用时间即为本次测量中分子键的寿命。（B）在给定力时多次测量可获得该力下分子间寿命的平均值。在不同力下的测量将得到分子相互作用寿命随力的变化关系，这种关系可以呈现为如 Bell 模型描述的滑移键（蓝色）；随外力增大而寿命增长的逆锁键（红色的小力部分），一般来说，逆锁键行为在较大力作用下也会转变为滑移键（红色的大力部分）；也存在相互作用寿命不随外力变化的理想键模式（橙色）。

11.4 力敏感受体

响应力学刺激对生命活动的正常进行至关重要。在多种生命活动过程中，例如血液流动、心脏跳动，以及对触觉、机械痛觉、身体平衡（本体觉）和声波（听觉）的感知，力都是不可或缺的关键物理刺激信号。力敏感受体能感知力学刺激并转换成生物电化学信号，从而引发动作电位或启动下游信号通路，由此赋予生命感知和响应力的能力。

目前已知能参与感知力的蛋白质包括离子通道、G 蛋白耦联受体（G protein-coupled receptor，GPCR）、细胞骨架蛋白、黏附分子。其中，机械门控离子通道通常存在于细胞质膜上，可以直接被力激活而打开，从而介导离子通透来行使其生理功能，譬如触觉、痛觉与听觉，因此是备受关注的一类力学受体。

当前有两种模型用于描述机械门控离子通道的机械门控机制。一类是脂膜张力门控模型，即力直接作用在细胞质膜脂质上产生张力，机械门控离子通道的特殊结构域能感知脂膜的张力，从而使离子通道打开（图 11-17，左）。另一类是拴绳拉力模型，这类离子通道能将特殊结构域或者辅助蛋白作为拴绳，并和细胞骨架或细胞外基质相连接（图 11-17，右），这些力学感知结构受到力扰动后就能由拴绳传递力而打开离子通道。

11.4.1 触觉受体

触觉作为人类的五感之一，体现在日常生活诸多方面。例如，当我们与朋友久违握手，双手的触压可

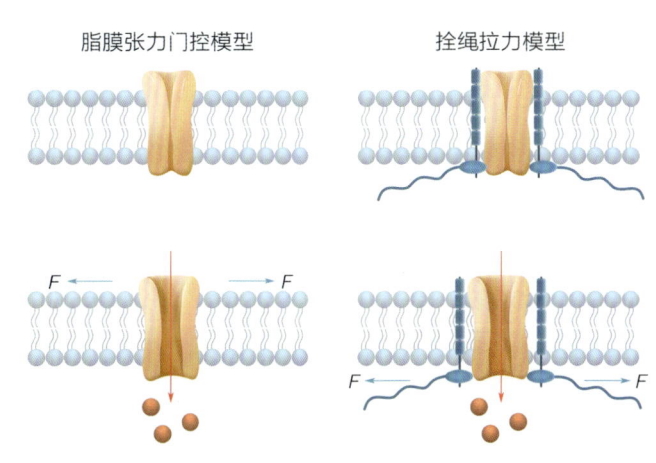

图 11-17 机械门控离子通道模型

以增进彼此的信任。当我们赤脚漫步在沙滩上，清凉的海水时而漫过脚面，皮肤与海水的相触，会瞬间点亮大脑的愉悦。"沾衣欲湿杏花雨，吹面不寒杨柳风"，诗人正是从触觉的角度为世人描述了一个春天来了的喜悦。

那我们的触觉受体是由什么分子组成的呢？对于这一基本的生物学问题，直到 2010 年才由科学家们找到答案。他们发现包含 PIEZO1 与 PIEZO2 两个成员的 PIEZO 基因家族（Piezo 源自希腊语 πίεση，意为压力）编码哺乳动物的力学受体，能响应外力刺激而引起阳离子（如 Na^+ 和 Ca^{2+}）流入细胞，从而将力转化为电信号。随后的研究证明 PIEZO 蛋白自身形成能直接响应外力而介导阳离子穿过的通道，是在哺乳动物中发现并确立的首类机械门控阳离子通道（图 11-18）。

PIEZO 家族中的 PIEZO2 在躯体感觉神经元以及与触觉感知相关的默克细胞中表达，介导触觉、本体觉（自身躯体部位的感知）、触诱发痛（如触摸发炎伤口所致的疼痛）、内脏机械感觉（肺的收缩扩张、血压波动、膀胱充盈、胃肠道蠕动等）以及性愉悦感知。*Piezo2* 基因的功能缺陷导致人体轻触觉、本体觉、内脏觉以及性愉悦感知异常，PIEZO2 是哺乳动物躯体感觉神经元中的主要触觉受体。PIEZO2 缺失的患者丧失病理性触诱发痛，因此 PIEZO2 可以作为新型镇痛药物的靶点。

PIEZO1 则在多种细胞组织中广泛表达，参与多种生理功能，如调控血管及淋巴管发育、心脏功能稳态维持、骨生成与重塑、红细胞体积调控乃至大脑的结构以及学习记忆。非常有趣的是，*Piezo1* 突变引起的功能改变可导致红细胞脱水变形，淋巴管水肿，严重者导致胚胎发育不良而流产。

阿尔迪姆·帕塔波蒂安（Ardem Patapoutian）因发现触觉受体 PIEZO2，与发现温度受体的戴维·朱利叶斯（David Julius）一起获得了 2021 年诺贝尔生理学或医学奖。

图 11-18 力学受体 PIEZO1 与 PIEZO2 的鉴定发现、生理功能以及结构机制示意图
（A）无机械力刺激时，静息状态下，PIEZO 呈弯曲状态，离子通道关闭（上）；存在外界机械力刺激时，PIEZO 受力被展平，离子通道打开（下）。（B）PIEZO 的基因筛选原理示意图。当沉默非机械力相关蛋白的基因时，对细胞施加机械力刺激，仍可记录到机械敏感电流（上）；当沉默 PIEZO 的基因时，细胞在机械力刺激下，机械敏感电流消失，表明 PIEZO 为机械敏感离子通道（下）。

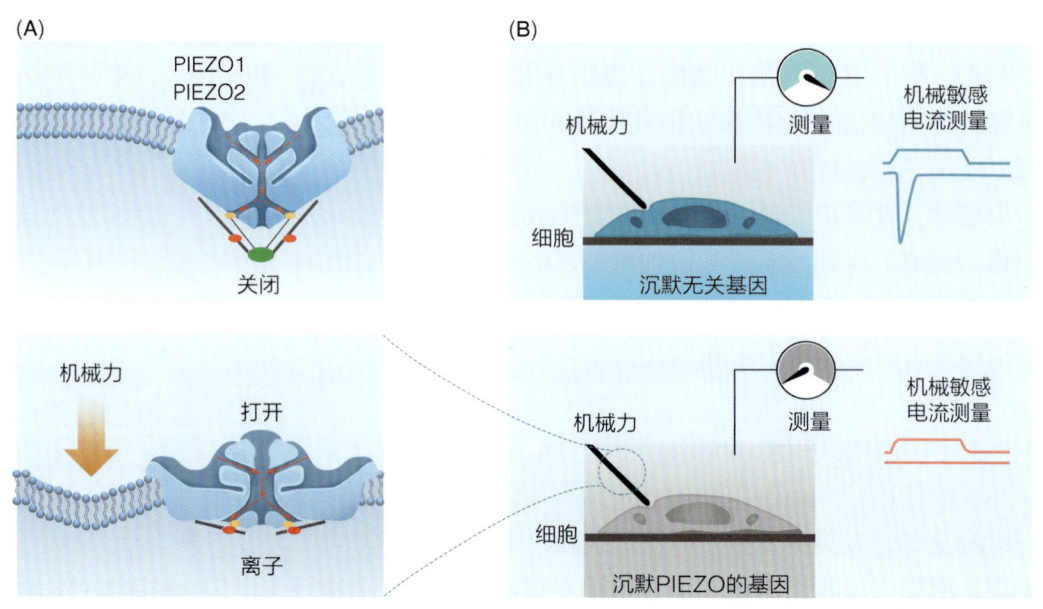

PIEZO2 是包含 38 次跨膜螺旋、2800 多个氨基酸的大型膜蛋白（图 11-19A），由 3 个单体、共 114 次跨膜螺旋组成三叶螺旋桨状结构，包含外周感受力的桨叶（blade）以及中央负责离子通透的孔道结构域（图 11-19A、B），分子量约 1 MDa。螺旋桨中央顶部的帽子区（cap）以及包含横梁区（beam）的桨叶是决定 PIEZO 机械传导的关键结构域。PIEZO 通道的一个标志性结构特征是其每个单体 38 次跨膜螺旋区形成一个向胞外侧高度扭曲的非细胞膜平面的跨膜区结构，三个桨叶围合成直径约 24 nm、深度约 9 nm 的往细胞内侧凹陷的"纳米碗"状结构（图 11-18，图 11-19A、B）。

原子力显微镜探测和重组脂质体中受力状态下的 PIEZO1 的结构数据表明，PIEZO 通道在受力作用下从弯曲状变为平展状，伴随结构重排和曲率改变（图 11-19C）。PIEZO1-膜系统在展平的过程中，将其存储在碗面的面积全部平铺，致使膜投影面积扩展约 300 nm^2（图 11-19C）。基于所测量的 PIEZO1-膜系统的线性弹性方程与弹性系数，可以计算出从弯曲状态到平展状态 10 nm 形变需要施加约 90 pN 的力以及做 570 pN·nm 的功。基于 W（功）$=\lambda$（张力）$\times \Delta A$（膜面积变化）这一公式，可求得半激活张力 λ 为 1.9 pN/nm（实验测量值约 1.4 pN/nm）。

感受曲率变化的桨叶末端，虽然有剧烈的形变，但通过 PIEZO 内侧的横梁区作为纳米杠杆传递装置和顶部帽子的旋转运动，使其转化为侧向门塞和跨膜门的适度打开（图 11-19D），保证了其同时具有高机械灵敏度和阳离子选择性，体现了杠杆原理这一基本力学原理。PIEZO 由此实现其非凡的机械力敏感性和对通透离子的选择性。

11.4.2 听觉受体

哺乳动物的听觉器官耳蜗（cochlea）中排列着数量从几千到上万的毛细胞。耳蜗毛细胞是听觉的感受器细胞，其主要细胞功能是将声波的机械振动转换为电信号，这一过程被称之为力-电转导（mechano-electrical transduction，MET）。每个毛细胞顶部生长着由三排高度错落的静纤毛（stereocilium）组成的毛束，相邻的高低静纤毛之间有顶链（tip link）相连，声音振动带来的力造成静纤毛摆动，经由顶链打开位于其底端的 MET 通道（图 11-20）。

MET 复合体这种由顶链驱动的通道门控模式，是机械门控离子通道拴绳拉力模型的经典范例。顶链由顶侧的 CDH23 和底侧的 PCDH15 组成，这两个钙黏蛋白各自形成顺式二聚体再以反式互相结合，而 PCDH15 的近膜端与 MET 通道结合，但是是以直接还是间接的方式结合目前还未知。另外，MET 通道的胞质侧是否也存在类似的栓绳结构也尚未可知。

MET 通道是一个精密的蛋白质复合体，已经鉴定到 TMC1、TMC2、TMIE、TMHS/LHFPL5、CIB2 等多个蛋白质可能参与 MET 通道的组装与调控（图 11-20A）。然而，该通道完整的结构组成和精确的力学门控方式仍有待彻底揭示。*TMC1*（transmembrane channel-like 1）和 *TMC2* 作为重要的耳聋基因在 2002 年被鉴定，目前被认为最有

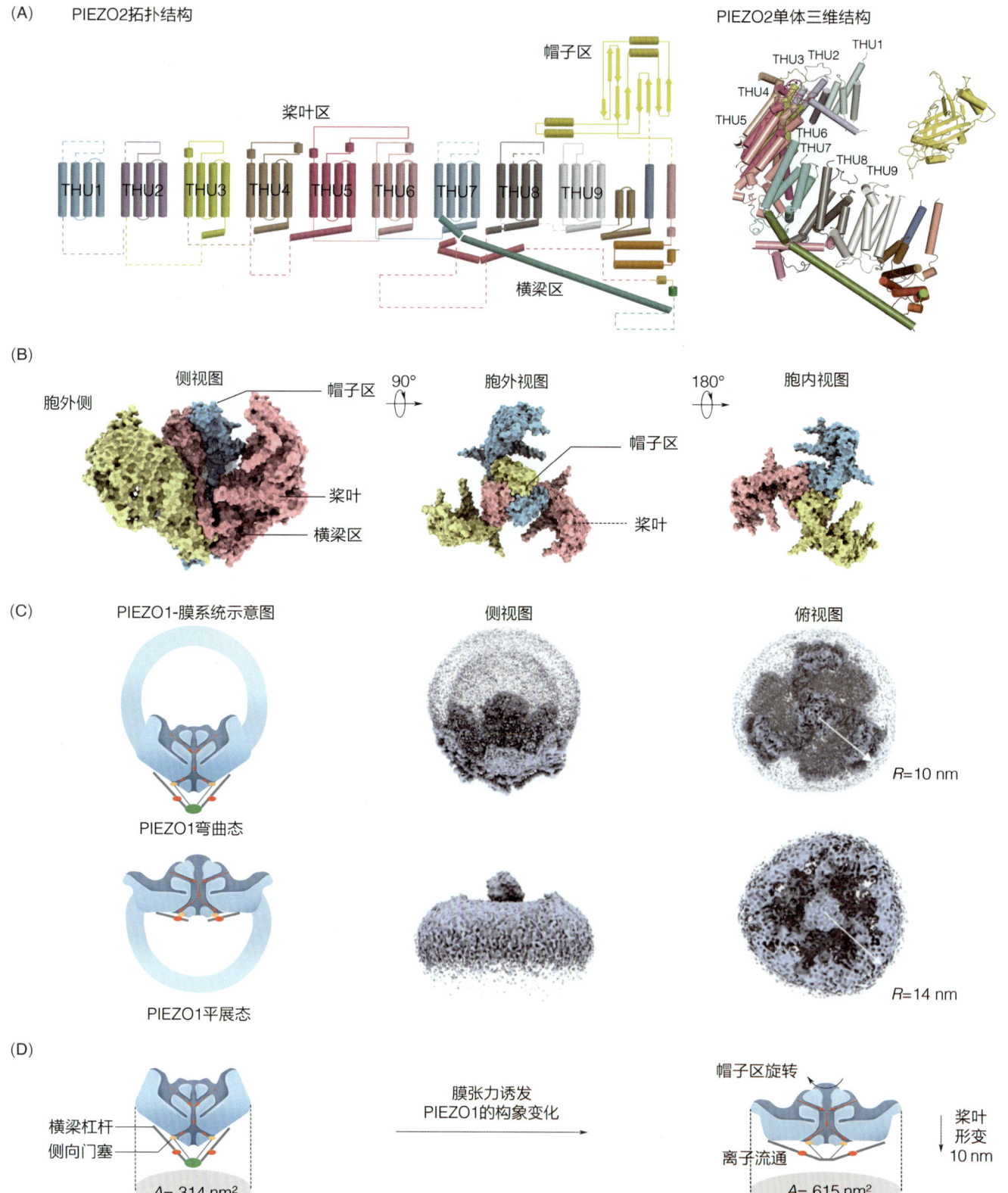

图 11-19 PIEZO 通道感知力的结构基础和动态变化模型
（A）PIEZO2 单体的 38 次跨膜螺旋拓扑模型与三维结构（PDB 编号：6KG7）。（B）PIEZO2 三聚体三维结构（PDB 编号：6KG7）。（C）PIEZO 在脂质体中的弯曲态与平展态结构。（D）膜张力诱发 PIEZO1 的构象变化及平面投影面积变化示意图。

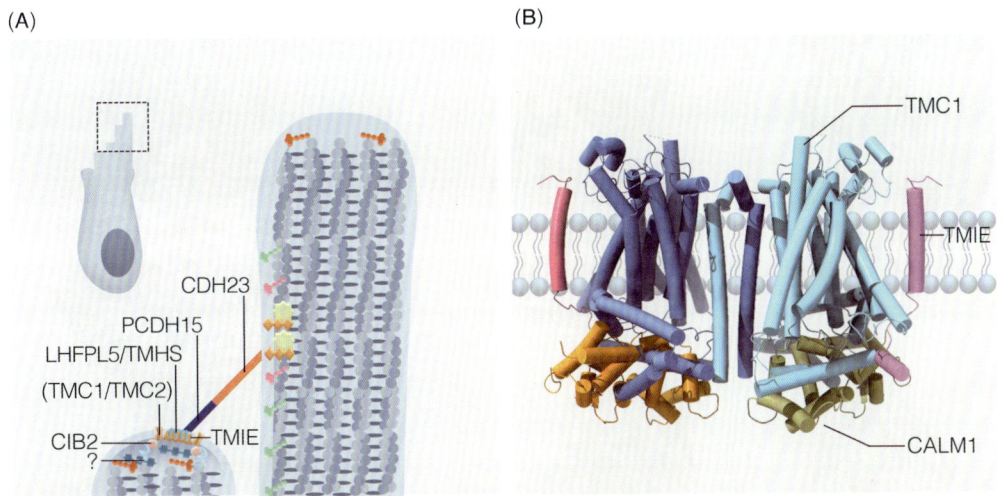

图 11-20 听觉产生机制与听觉受体
（A）静纤毛尖端机械电传感通道结构模式图。（B）秀丽隐杆线虫 TMC1-TMIE-CALM1 复合体三维结构（PDB 编号：7USW）。（A，改编自 Liu Q L, et al. *Cell Mol Life Sci*, 2021, 78(21/22): 6823-6850）

可能是 MET 通道的孔道蛋白基因。迄今，已经解析了来自线虫的 TMC1、TMIE 和 CAM1 复合体的结构（图 11-20B）：TMC1 为 760 个氨基酸组成的 10 次跨膜蛋白，TMIE 是一个含有 153 个氨基酸的两次跨膜蛋白，CIB2 是一个含 187 个氨基酸、有 3 个结合钙离子的 EF 手结构（EF hand）的可溶蛋白。但 TMC1 的孔道区以带正电的氨基酸居多，不能解释 MET 通道为非选择性阳离子通道这一功能特性。另外，TMIE 和 TMC1 结合区富集磷脂分子，说明磷脂信号分子参与调控 MET 通道。结构生物学实验发现 PCDH15 和 LHFPL5 形成复合体，PCDH15 是一个 290 kDa 的单次跨膜蛋白，LHFPL5 是一个含 214 个氨基酸的 4 次跨膜蛋白，它们可能调控顶链的力学稳定性，但是两个复合体如何结合和行使功能还尚未可知。

11.4.3　其它类型的力学受体

细菌中的机械门控通道 MscL 和 MscS 是最早被鉴定到的机械门控离子通道家族（图 11-21A、B），能够保护细菌避免因渗透压改变而导致膨胀破裂。研究发现，把纯化的 MscL 蛋白重组到脂双层中，能影响负压刺激而引起离子通透，揭示了 MscL 能直接感受膜张力的变化而开放，基于此，研究人员提出了该类通道感知外力的脂膜张力门控模型。

果蝇的瞬时受体电位（transient receptor potential，TRP）通道家族成员 NOMPC 参与介导果蝇触觉感知。该通道的胞质区存在 4 个含 29 个锚蛋白的锚蛋白重复结构域（ankyrin repeat domain）（图 11-21C）。该结构形成螺旋束并与微管连接，以类似弹簧的方式将微管的力传递给孔道区。因此，NOMPC 通道符合拴绳拉力模型。此外，线虫的退化蛋白（degenerin）或上皮钠通道（DEG/ENaC）家族成员 MEC-4 可以参与线虫的触觉感知，其力学感知需要依赖其它的细胞骨架成分。

双孔钾通道（two-pore domain potassium channel，K2P）是在哺乳动物中鉴定到的

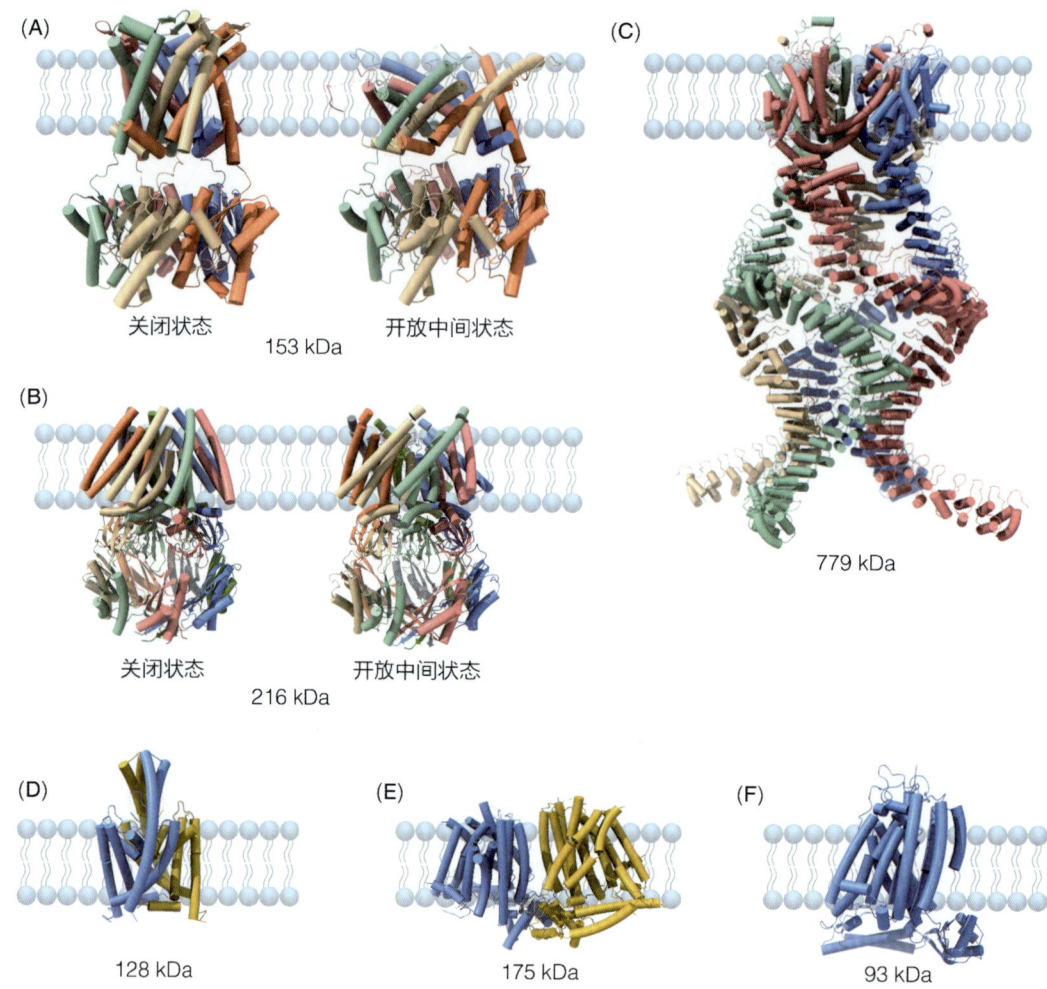

图 11-21 多种类型力学受体的三维结构
（A）甲烷藻 MscL 关闭状态（4Y7K）与开放中间状态（4Y7J）结构。（B）大肠杆菌 MscS 关闭状态（2OAU）与开放中间状态（2VV5）结构。（C）黑腹果蝇 NOMPC 三维结构（5VKQ）。（D）人源 K2P1 钾通道三维结构（3UKM）。（E）拟南芥 OSCA1.1 三维结构（6JPF）。（F）人源 TMEM63A 三维结构（8EHW）。括号内字母和数字组合指 PDB 编号。

机械门控钾通道（图 11-21D）。但不同于 PIEZO 通道，K2P 的作用是介导钾离子流到胞外而使细胞膜超极化，抑制神经元兴奋。K2P 的门控过程符合脂膜张力门控模型。

TMEM63/OSCA 家族是新近鉴定发现的一类机械门控离子通道家族，能直接被脂膜张力的改变而激活，但其激活所需要的力要高于 PIEZO1/2，属于高阈值机械门控离子通道。植物中表达的 OSCA 形成二聚体（图 11-21E），每个亚基有离子通透孔区。而哺乳动物 TMEM63 被发现以单体形式存在（图 11-21F），且需更大的力才能被激活。TMEM63/OSCA 在生物体或细胞中的力学感知功能还有待深入研究。

※ 本章小结

从微小的原核生物到复杂的哺乳动物如人类，生命体系巧妙地运用丰富多样的分子马达作为能量转换的媒介，通过高效地水解 ATP 等储能分子或是依靠质子浓度梯度，实现化学能向机械能的转变。这一能量转换过程不仅支撑着细胞内的物质运输、肌肉收缩等基本活动，还参与构建从细胞分裂到器官运动的各种复杂动态过程。在这一系列精密的生命活动中，力的感知扮演着不可或缺的角色，而多种力敏感蛋白/受体作为传感器，能够捕捉到极微弱的皮牛级别的力变化。在无须额外能量输入的情况下，力敏感蛋白仅凭结构的变化便能实现信号的转换与传递，使得细胞能够精确地响应外界压力、剪切力以及扭转力等，保证了生物体对环境的精细感知和恰当响应，展现了生命体系对物理环境的高度适应性，体现出生命过程与物理原理的交汇之美！

※ 思考题

1. 细胞内各种分子马达产生的力大多在几皮牛到几十皮牛的范围，请思考其原因。
2. 在细胞内，有的蛋白质力学稳定性很高，需要几百皮牛的力才能解折叠；有些蛋白质力学稳定性较低，只需要几皮牛就能解折叠。力学稳定性和生物功能之间是否存在内在关联？
3. 力能够直接影响基因表达吗？
4. 力敏感受体感受力有多少种不同的方式？为什么不同受体会采用不同的机制感受力？
5. 是否还存在尚未被鉴定发现的力学受体？如何去鉴定发现？

※ 扩展阅读

图书

菲利普斯，康德夫，塞里奥特. 细胞的物理生物学 [M]. 涂展春，王伯林，译. 北京：科学出版社，2012.

张凯. 膜蛋白结构动力学 [M]. 2 版. 北京：科学出版社，2024.

Doi M. Introduction to polymer physics[M]. Oxford: Clarendon Press, 1996.

Jacobs C R, Huang H, Kwon R Y. Introduction to cell mechanics and mechanobiology[M]. New York: Garland Science, 2013.

Park S, Chen Y. Mechanics of biological systems: introduction to mechanobiology and experimental techniques[M]. San Rafael: Morgan & Claypool Publishers, 2019.

综述

Evans E. Probing the relation between force—lifetime—and chemistry in single molecular bonds[J]. Annu Rev Biophys Biomol Struct, 2001, 30:105-128.

Guo Y Y, Yan J, Goult B T. Mechanotransduction through protein stretching[J]. Curr Opin Cell Biol, 2024, 87:102327.

Huang Y H, Chen T, Chen X D, et al. Decoding biomechanical cues based on DNA sensors[J]. Small, 2024, 20(21):e2310330.

Jin P, Jan L Y, Jan Y N. Mechanosensitive ion channels: structural features relevant to mechanotransduction mechanisms[J]. Annu Rev Neurosci, 2020, 43:207-229.

Liu B Y, Chen W, Zhu C. Molecular force spectroscopy on cells[J]. Annu Rev Phys Chem, 2015, 66:427-451.

Murthy S E, Dubin A E, Patapoutian A. Piezos thrive under pressure: mechanically activated ion channels in health and disease[J]. Nat Rev Mol Cell Biol, 2017, 18(12):771-783.

Wang Y N, Yan J, Goult B T. Force-dependent binding constants[J]. Biochemistry, 2019, 58(47):4696-4709.

Xiao B. Mechanisms of mechanotransduction and physiological roles of PIEZO channels[J]. Nat Rev Mol Cell Biol, 2024, 25(11):886-903.

Zhu C, Chen W, Lou J Z, et al. Mechanosensing through immunoreceptors[J]. Nat Immunol, 2019, 20(10):1269-1278.

研究论文

Bustamante C, Marko J F, Siggia E D, et al. Entropic elasticity of λ-phage DNA[J]. Science, 1994, 265(5178):1599-1600.

Hu Y R, Li H Y, Zhang C, et al. DNA-based ForceChrono probes for deciphering single-molecule force dynamics in living cells[J]. Cell, 2024, 187(13):3445-3459.

Jo M H, Meneses P, Yang O, et al. Determination of single-molecule loading rate during mechanotransduction in cell adhesion[J]. Science, 2024, 383(6689):1374-1379.

Liu B Y, Chen W, Evavold B D, et al. Accumulation of dynamic catch bonds between TCR and agonist peptide-MHC triggers T cell signaling[J]. Cell, 2014, 157(2):357-368.

Marshall B T, Long M, Piper J W, et al. Direct observation of catch bonds involving cell-adhesion molecules[J]. Nature, 2003, 423(6936):190-193.

Smith S B, Cui Y, Bustamante C. Overstretching B-DNA: the elastic response of individual double-stranded and single-stranded DNA molecules[J]. Science, 1996, 271(5250):795-799.

Smith S B, Finzi L, Bustamante C. Direct mechanical measurements of the elasticity of single DNA molecules by using magnetic beads[J]. Science, 1992, 258(5085):1122-1126.

Yang X, Lin C, Chen X, et al. Structure deformation and curvature sensing of PIEZO1 in lipid membranes[J].Nature, 2022, 604(7905):377-383.

Zhang X H, Chen H, Le S M, et al. Revealing the competition between peeled ssDNA, melting bubbles, and S-DNA during DNA overstretching by single-molecule calorimetry[J]. Proc Natl Acad Sci USA, 2013, 110(10):3865-3870.

生物大分子的电磁学

电磁相互作用力是自然界四大基本作用力之一。从本书之前的章节中我们已经认识到，电磁作用力支配了绝大部分生物系统在微观尺度的运作。例如，蛋白质结构的形成主要取决于蛋白质分子内部及环境中电荷的相互作用。那么在宏观尺度上，生物分子如何产生并响应电磁场？这将是本章的主要议题。从物理学中我们知道，电场与磁场可以相互激发。麦克斯韦（James C. Maxwell, 1831—1879）在法拉第（Michael Faraday, 1791—1867）、安培（André-Marie Ampère, 1775—1836）等人的实验基础上总结出了麦克斯韦方程，以一组偏微分方程描述了电磁场的动力学性质。从麦克斯韦方程出发，人们认识到变化的电场、磁场可以形成在空间中传播的电磁波。例如，光就是一种特殊的电磁波。在本章中我们将分别从电场、磁场和光三个角度探讨生物大分子与它们的关系。

细胞可以产生并响应电压。这是本章 12.1 节和 12.2 节探讨的内容。对生物电的研究从一开始就与物理领域对电现象的研究密不可分。例如，意大利物理学家伏打（Alessandro Volta, 1745—1827，电化学电池的发明人）长期投入对生物电的研究中，德国物理学家亥姆霍兹（Hermann von Helmholtz, 1821—1894）是世界上最早测量出神经动作电位传导速度的人。细胞产生电的核心分子元件是离子通道——一种能够允许特定离子跨细胞膜流动的膜蛋白。而细胞响应外界电场变化则主要是通过一类特殊的离子通道——电压门控离子通道。离子通道是动物神经系统进行计算的基本元件之一，介导了几乎一切复杂的人类认知活动。本章将系统性介绍离子通道的动力学特性以及实现这些特性的蛋白质结构基础。

相比于生物电而言，人们对生物分子与磁场相互作用的研究还比较初步。12.3 节将主要介绍生物分子的磁性及其对强度为特斯拉（T）数量级强磁场的响应。一些生物分子的磁学特性已在医学领域得到应用，例如核磁共振成像可以利用不同状态下血红蛋白分子的磁性差异来对出血状况进行诊断。生物对相对较弱的磁场（如地磁场，10^{-5} T 数量级）如何响应？大量的实验证实地磁场对生物导航有重要意义，但其分子机制目前尚不明确。12.3 节介绍了目前比较流行的几种生物分子感应弱磁场的假说。

光从本质上来讲是一种电磁波，而太阳光是整个地球生态系统的能量源泉，因此研究生物对光的响应至关重要。12.4 节将介绍植物、微生物和动物分别通过何种分子机制来响应光。虽然植物、微生物、动物在演化上差异巨大，但它们响应光的分子机制有一个共同点，即通过与蛋白质结合的小分子物质（如叶绿素、视黄醛）来吸收光。在不同生物体中，这些小分子吸收光后会使得与它们结合的蛋白质复合物产生一系列不同的变化。在植物中，光能主要通过光合作用过程被转化为化学能，诱导水的裂解并激发电子传递，在微生物和动物中则主要是通过直接或间接的方式产生离子流动。12.4 节将系统性介绍这些小分子如何吸收光以及如何激发下游的生物反应。

12.1 生物大分子产生电

12.1.1 离子浓度梯度与细胞膜的膜电位

如何高效地进行计算？什么样的信号能够快速、精准地在大量的运算单元之间进行传递？生物演化和人类工程师都选择了电。依赖于电信号的神经系统，使得生物能够快速响应瞬息万变的环境，最终产生了我们人类丰富多彩的认知活动。值得一提的是，在非常早的演化时期，生物可能就开始利用电信号。在约 5 亿年前的寒武纪，包括节肢动物在内的各种新的生物类群大量涌现。当时有很多节肢动物的软体部分在合适的地质条件下形成了化石，它们的神经系统结构与现今存活的节肢动物极其相似。虽然我们现在已经不可能去研究 5 亿年前生物的生理学，但是基于结构的相似性，我们有理由推测那时的动物已经开始采用电信号作为运算的基础。

在人类发明的计算设备中，电信号的主要载体是金属和半导体中的电子。但是生物主要是由有机物构成的，细胞质和细胞间质本质上都是溶液。因此，生物电信号的载体是溶液中的离子。细胞膜是疏水的脂双分子层，带电的离子不能自由穿过。如果细胞膜两侧的离子浓度不平衡，比如细胞内阳离子浓度比细胞外低，那么在细胞膜内、外就会产生电位差，这种电位差称为膜电位。细胞膜两侧的离子浓度之所以不平衡，是因为细胞膜上有一些蛋白质，能够逆浓度梯度跨膜转运离子。这种转运是与离子自然流动的趋势相反的，所以需要消耗能量。这些消耗能量转运离子的膜蛋白叫作离子泵。动物细胞表达很多种离子泵，其中最重要的一类就是钠钾 ATP 酶（Na⁺/K⁺ ATPase）。20 世纪 50 年代初，电生理领域的先驱——英国神经科学家艾伦·霍奇金（Alan Hodgkin，1914—1998）和安德鲁·赫胥黎（Andrew Huxley，1917—2012）发现枪乌贼神经细胞内钾离子浓度较高，而细胞外钠离子浓度较高。霍奇金进一步发现，如果用氰化物阻断了呼吸作用，耗尽了细胞里的作为主要能量载体的 ATP，这种浓度梯度就会消失。他推测，细胞膜上有一种依赖 ATP 的酶，能够转运钠离子和钾离子。这种酶后来在 1957 年被丹麦生物学家延斯·斯科（Jens Christian Skou，1918—2018）从螃蟹的外周神经中成功分离出来，即钠钾 ATP 酶。钠钾 ATP 酶利用水解 ATP 的能量产生一系列构象变化，向胞外转运钠离子，向胞内转运钾离子（图 12-1A）。

钠钾 ATP 酶不仅建立了钠离子和钾离子在细胞膜两侧的浓度梯度，对其它离子的浓度梯度也至关重要，这主要依赖于一类叫作协同转运蛋白（cotransporter）的膜蛋白。协同转运蛋白允许一种离子顺浓度梯度自然流动，然后借助这一过程中产生的构象变化将另一种离子逆浓度梯度运输。例如，钠/钙交换蛋白（Na⁺/Ca²⁺ exchanger）允许钠离子由细胞外流至细胞内，同时利用这个过程中的能量，将钙离子由细胞内运输至细胞外，维持细胞内的低钙离子浓度。钾/氯同向转运蛋白（K⁺/Cl⁻ symporter）则允许钾离子由细胞内流至细胞外，同时利用这个过程中的能量，将氯离子也由细胞内运输至细胞外，维持细胞内的低氯离子浓度。可见，细胞膜内外钙离子、氯离子浓度梯度的建立，都是间接地利用了钠钾 ATP 酶水解 ATP 的能量。

钠钾 ATP 酶对钠离子、钾离子的转运数量并不是均等的，它每水解 1 个 ATP 分子，会将 3 个钠离子从细胞内运输至细胞外，将 2 个钾离子从细胞外运输至细胞内（图 12-1A）。这样，每个周期当中，细胞外就会比细胞内多 1 个阳离子，这样细胞内就会逐渐积累负电荷，使得细胞内电位低于细胞外电位。这一特性被称为钠钾 ATP 酶的"生电性"。动物细胞的确在静息状态下有负的膜电位，例如，哺乳动物神经元的静息电位通常在 –70 mV 左右。但是，如果只考虑钠钾 ATP 酶本身，不能解释为什么膜电位会稳定在 –70 mV。钠钾 ATP 酶为什么不会源源不断地扩大细胞膜两侧的钠、钾离子浓度差，同时依靠生电性产生越来越大的膜电位呢？这是因为细胞膜上除了像钠钾 ATP 酶这样的离子泵，还有一类膜蛋白叫做离子通道。离子通道相当于在细胞

图 12-1 钠钾 ATP 酶与离子浓度梯度的建立
（A）钠钾 ATP 酶水解 ATP，跨膜转运钠离子、钾离子。（B）钠钾 ATP 酶与离子通道一起形成离子在细胞膜内外浓度梯度的平衡态。

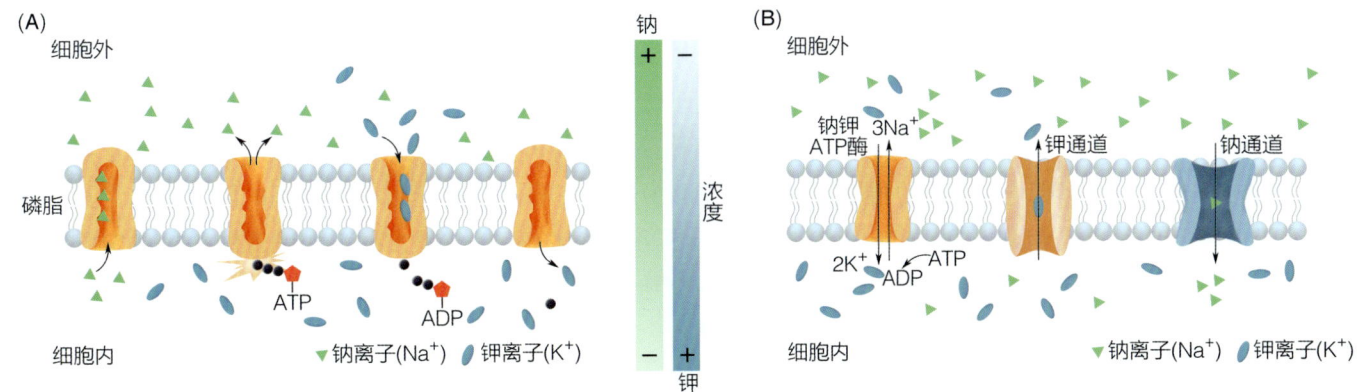

膜上开了一个孔，允许离子跨过细胞膜流动。离子通道通常具有离子选择性，即只允许特定的一种或几种离子从其中流过。离子通道不消耗能量，离子的流动完全是顺应其热力学趋势的。例如，如果细胞膜上有一些开放的钾通道，因为钾离子在细胞内浓度高，钾离子会顺着浓度梯度向细胞外扩散。但是钾离子会不会一直扩散直至内外浓度相等呢？不会的。因为除了浓度差导致的扩散之外，钾离子的运动还受到电场的影响。负的膜电位意味着从膜外指向膜内的电场，钾离子本身带正电荷，在这一电场的作用下有向细胞内运动的趋势。当钾离子内外浓度差减小到一个特定的值时，其浓度差产生的向外流动的趋势恰好抵消了电场使它向内流动的趋势，这样钾离子就不再有净流动，实现了动态平衡。在细胞膜上不仅存在钾通道，也存在钠通道等其它离子通道。细胞的静息电位是各种离子泵（也包括协同转运蛋白）和离子通道综合产生的平衡态（图 12-1B）。哺乳动物细胞的静息电位通常是负的，即细胞内电位低于细胞外电位，这称为细胞膜的极化，膜电位升高称为"去极化"（depolarization），降低称为"超极化"（hyperpolarization）。

离子在电解质中运动是生物细胞产生电信号的最本质的物理过程。上面我们已经定性地分析了影响离子运动的两个最主要的因素：①浓度梯度产生的扩散趋势；②电场作用下离子的定向漂移。只有定量描述离子在电解质中的运动规律，我们才有可能对相关的一系列生物问题，比如离子通道的特性，产生深入的理解。德国物理学家瓦尔特·能斯特（Walther Nernst，1864—1941）和马克斯·普朗克（Max Planck，1858—1947）最早对这一问题提供了数学描述：

$$J = J_{\text{diffusive}} + J_{\text{electric}} = -D \cdot \nabla c + D \cdot \frac{ze}{k_B T} \cdot c \cdot \boldsymbol{E} \cdot \boldsymbol{n} \text{。} \quad (12\text{-}1)$$

其中，J 为通量，即单位时间内流过单位面积的离子数量；$J_{\text{diffusive}}$ 为扩散通量；J_{electric} 为定向漂移通量；D 为扩散系数；c 为浓度；∇c 为浓度梯度，在一维条件下，$\nabla c = \dfrac{dc}{dx}$，$x$ 是空间距离；z 为离子所带的电荷数；e 为电子电量；k_B 为玻尔兹曼常量；T 为温度；$\boldsymbol{E}$ 为电场强度；$\boldsymbol{n}$ 为曲面法向量。（注：遵从电磁学一般习惯，本书中通量统一定义为标量，离子流过特定曲面的方向由预先定义的该曲面的法向量方向和通量的正负符号共同决定。）

式（12-1）称为能斯特-普朗克方程。该方程的第一项描述的就是扩散，即扩散通量 $J_{\text{diffusive}}$ 正比于浓度梯度的相反数（菲克定律）。对于扩散的这一特性，2.4.2 节已有详细阐释［参见式（2-32）］，这里不再赘述。能斯特-普朗克方程的第二项描述的是离子在电场作用下的定向漂移，这项告诉我们：定向漂移通量 J_{electric} 正比于电场强度。从宏观的角度，这可以理解为离子在溶液中的定向漂移遇到的阻力正比于其漂移速度（drift velocity），相关的分析参见 2.4.3 节。这里，我们从微观的角度对定向漂移速度与电场的关系做出另一种推导（知识窗 12-1）。能斯特-普朗克方程是电场作用下离子在溶液中运动的基本规律。我们在下一小节将具体探讨如何利用能斯特-普朗克方程推导出离子通道的动力学性质。

知识窗 12-1

离子在电场作用下的定向漂移速度

我们研究的离子是在溶液中而不是真空中移动，它不可能在电场的作用下无休止地加速，而是会不断地与溶液中的其它分子发生碰撞，每次碰撞之后，速度都会改变。通量 J 衡量的是离子在经历了无数次碰撞过程中的平均速度。电场强度 E 正比于离子在电场中受到的力。事实上，$z \cdot e \cdot E = q \cdot E$（$q$ 为电量），就是离子受到的电场力。按照牛顿定律，力正比于加速度。离子漂移的平均速度为什么会与电场力使离子产生的加速度成正比呢？我们下面就来计算这个平均速度（图 12-2）：

$$\langle v \rangle = \langle u_i + a \cdot \tilde{t} \rangle = \langle u_i \rangle + a \cdot \langle \tilde{t} \rangle = \langle u_i \rangle + a \cdot \tau,$$
（12-2）

这里 ⟨ ⟩ 表示计算平均值。其中，$\langle v \rangle$ 为漂移速度；u_i 为每次碰撞后的速度；a 为加速度，根据电场力的计算公式以及牛顿第二定律，可知 $a = \dfrac{qE}{m}$；$\tilde{t}$ 为任意取一个时间点，距离上一次碰撞之间的时间间隔。特别需要注意的是，$\tilde{t}$ 和图 12-2 中的 t_i 含义不同。t_i 的含义是：每次碰撞发生时，距离上一次碰撞的时间。基于碰撞的独立性，$\tilde{t}$ 和 t_i 拥有完全相同的概率分布，也就有同样的均值，即

$$\tau = \langle \tilde{t} \rangle = \langle t_i \rangle = \dfrac{\sum\limits_{i=1}^{N} t_i}{N}。$$

τ 是两次碰撞之间的平均间隔时间，称作弛豫时间（relaxation time）。τ 的具体计算超出了本教材的范围，有兴趣的读者请参考统计物理学的教科书。但是 τ 有两点性质是容易理解的：① τ 与离子在溶液中扩散的能力是呈正相关的。离子扩散越容易，就表明离子受到其它分子的阻碍越小，也就是与其它分子碰撞的频率越低，即 τ 越大。这就是为什么在式（12-1）中第二项里有扩散

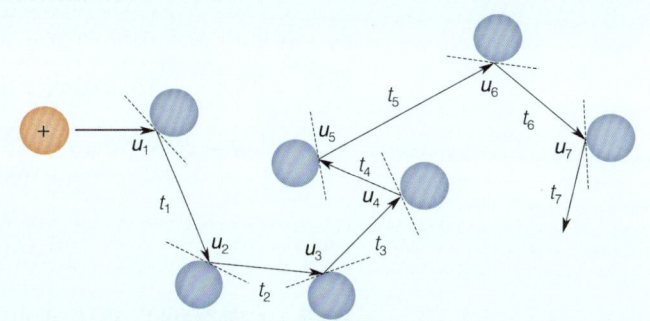

图 12-2 离子在电场作用下定向漂移，同时与溶液中的其它分子不断碰撞

系数 D。② τ 与溶液中各种粒子的布朗运动速度负相关。这是因为布朗运动速度越快，粒子就更容易撞在一起，τ 也就越小。温度是布朗运动平均动能的度量。这就是为什么在式（12-1）中第二项的分母里有温度 T。

当离子的质量远小于溶剂分子时，式（12-2）最右边的第一项等于 0。这是因为此时碰撞时离子会被溶剂分子完全"反射"，反射角在各个角度分布概率相等。当碰撞次数很大时，不同方向的 u_i 就会相互抵消。

综合以上分析，即可推出：$\langle v \rangle = a \cdot \tau = \dfrac{qE}{m} \cdot \tau$。

当离子的质量较大时，进一步分析可以发现上面的公式仍然成立，只是需要对 τ 作相应的修正。此时，τ 的含义不再是两次碰撞的平均间隔时间，而是比这个平均间隔时间更长。在这种情况下，决定 τ 的是离子多次碰撞后，原有初速度衰减为 0 的时间。

离子在电场作用下的平均漂移速度与电场力产生的加速度成正比，这看似有些反直觉，这一现象的本质原因是和溶液中其它分子的碰撞会不停地"重置"一个离子的速度。

12.1.2 离子通道的动力学性质

离子通道可以被想象成一个细胞膜上的孔道，离子通过这个孔道，跨越细胞膜流动。我们可以采用能斯特－普朗克方程描述离子在离子通道内的运动。这时我们把能斯特－普朗克方程简化成一维的形式：

$$J = -D \cdot \nabla c + D \cdot \frac{ze}{k_B T} \cdot c \cdot \boldsymbol{E} \cdot \boldsymbol{n} = -D \cdot \frac{dc(x)}{dx} + D \cdot \frac{ze}{k_B T} \cdot c(x) \cdot \frac{V_m}{\Delta L}$$

$$= -D \cdot \frac{dc(x)}{dx} + D \cdot \frac{zF}{RT} \cdot c(x) \cdot \frac{V_m}{\Delta L}。 \quad (12-3)$$

其中，x 为空间位置（垂直于细胞膜的方向），我们这里定义细胞内 $x = 0$，细胞外 $x = \Delta L$，ΔL 是细胞膜的厚度；$c(x)$ 为沿 x 方向上的离子浓度；V_m 为膜内外电位差，即膜电位。由于我们研究的是宏观的电学特性，出于习惯，我们将第二项里的参数转化为比较宏观的参数：我们在第二项分子分母同时乘以阿伏伽德罗常量（N_A），即 1 mol 粒子的数量，这样就将 e 转化为 F（法拉第常数，即 1 mol 电子的电量，$F = e \cdot N_A$），将 k_B 转化为 R（普适气体常量，$R = k_B \cdot N_A$）。重新排列式（12-3）得到：

$$\frac{dc(x)}{dx} - \frac{zF}{RT} \cdot \frac{V_m}{\Delta L} \cdot c(x) + \frac{J}{D} = 0。 \quad (12-4)$$

式（12-4）是一个关于 $c(x)$ 的一阶常微分方程，遵循常微分方程的标准解法（知识窗 12-2），可以得到该方程在特定边界条件下的解析解 [见式（12-9）]。

因为我们研究的是离子通道的电学性质，所以相比于通量，我们更关心流过离子通道的电流密度（current density）。因为电流密度的定义是单位时间内流过单位面积的电量，我们只需要将通量 J 乘以 1 mol 离子所携带的电量，即可得到电流密度 $J_{current}$：

$$J_{current} = zFJ = \frac{Dz^2F^2V_m}{RT\Delta L} \cdot \frac{c_{in} - \exp\left(-\frac{zF}{RT} \cdot V_m\right) \cdot c_{out}}{1 - \exp\left(-\frac{zF}{RT} \cdot V_m\right)}。 \quad (12-10)$$

式（12-10）是描述离子通道中电流密度与膜电位、离子浓度之间关系的基本方程。最早得出这个方程的是美国神经科学家戴维·戈德曼（David Goldman, 1910—1998）和英国神经科学家艾伦·霍奇金、伯纳德·卡茨（Bernard Katz, 1911—2003），因此这个方程被称作 GHK 电流密度方程。从 GHK 电流密度方程出发，可以推出关于离子通道的一系列重要性质。例如我们之前提到，当离子通道开放时，如果时间足够长，离子浓度和膜电位最终会达到稳态，即离子的净流动等于 0。那么稳态时的离子浓度梯度与膜电位有什么关系呢？我们只需要在 GHK 电流密度方程里，加入 $J_{current} = 0$ 这个条件，即可得到：

$$c_{in} - \exp\left(-\frac{zF}{RT} \cdot V_E\right) \cdot c_{out} = 0 \Rightarrow V_E = \frac{RT}{zF} \cdot \ln\frac{c_{out}}{c_{in}} \quad (12-11)$$

> **知识窗 12-2**
>
> ### 能斯特 - 普朗克方程一维形式的解析解
>
> 式（12-4）具有 $\dfrac{dy}{dx} + ay + b = 0$ 这样的形式。回顾基本的微积分方法，我们知道可以将这个方程重构为：
>
> $$\frac{1}{a} \cdot \frac{d\left(y + \dfrac{b}{a}\right)}{dx} + \left(y + \frac{b}{a}\right) = 0,$$
>
> 因此该方程的通解具有以下形式：
>
> $$y + \frac{b}{a} = e^{-a(x+m)}。$$
>
> 将这个解代入式（12-4）得到：
>
> $$c(x) = \exp\left[\frac{zF}{RT} \cdot \frac{V_m}{\Delta L} \cdot (x+m)\right] + \frac{RT\Delta L}{zFV_m} \cdot \frac{J}{D}。 \quad (12\text{-}5)$$
>
> 为了确定参数 m，我们代入边界条件：
>
> $$c_{in} = c(0) = \exp\left(\frac{zF}{RT} \cdot \frac{V_m}{\Delta L} \cdot m\right) + \frac{RT\Delta L}{zFV_m} \cdot \frac{J}{D}, \quad (12\text{-}6)$$
>
> $$c_{out} = c(\Delta L) = \exp\left[\frac{zF}{RT} \cdot \frac{V_m}{\Delta L} \cdot (\Delta L + m)\right] + \frac{RT\Delta L}{zFV_m} \cdot \frac{J}{D}, \quad (12\text{-}7)$$
>
> 其中，c_{in} 和 c_{out} 分别是细胞膜内、外的离子浓度。
>
> 式（12-6）与式（12-7）相减，再代入式（12-6），得到：
>
> $$c_{in} = c(0) = \frac{c_{in} - c_{out}}{1 - \exp\left(\dfrac{zF}{RT} \cdot V_m\right)} + \frac{RT\Delta L}{zFV_m} \cdot \frac{J}{D}。 \quad (12\text{-}8)$$
>
> 重新排列式（12-8），我们即可将 J 解出，即
>
> $$J = \frac{DzFV_m}{RT\Delta L} \cdot \frac{c_{in} - \exp\left(\dfrac{zF}{RT} \cdot V_m\right) \cdot c_{out}}{1 - \exp\left(\dfrac{zF}{RT} \cdot V_m\right)}。 \quad (12\text{-}9)$$

式（12-11）叫作能斯特方程（Nernst equation），它描述了离子平衡电位（V_E）与浓度梯度的关系。选择性通透某种离子的通道开放之后，膜电位就向该离子的平衡电位趋近。当膜电位达到平衡电位时，离子将不再有净流动。从能斯特方程中可以看出，当一种阳离子的细胞外浓度高于细胞内浓度时，平衡电位是正值，反之为负值。由于钠钾 ATP 酶的存在，细胞外的钠离子浓度高，而细胞内的钾离子浓度高。因此，哺乳动物神经细胞中钠离子的平衡电位约为 +55 mV，钾离子的平衡电位约为 −90 mV。

能斯特方程所描述的平衡电位是只有一种离子时的情况。细胞膜上有很多不同的离子通道，当它们同时开放时，最终达到的平衡电位是各种离子综合作用的结果，即

$$\sum_s J_{current,s} = \sum_s \left[\frac{D_s z_s^2 F^2 V_m}{RT\Delta L} \cdot \frac{c_{in,s} - \exp\left(-\dfrac{z_s F}{RT} \cdot V_m\right) \cdot c_{out,s}}{1 - \exp\left(-\dfrac{z_s F}{RT} \cdot V_m\right)}\right] = 0, \quad (12\text{-}12)$$

其中，s 指不同的离子，D_s 是不同离子的扩散系数。当不同离子携带电荷相同时，从式（12-12）中可以推出：

$$\Delta V_E = \frac{RT}{zF} \cdot \ln \frac{\sum_s \frac{D_s}{\Delta L} c_{\text{out},s}}{\sum_s \frac{D_s}{\Delta L} c_{\text{in},s}} = \frac{RT}{zF} \cdot \ln \frac{\sum_s P_s c_{\text{out},s}}{\sum_s P_s c_{\text{in},s}}, \qquad (12\text{-}13)$$

其中，一种离子的扩散系数除以细胞膜厚度定义为渗透性 $P_s = \frac{D_s}{\Delta L}$。

式（12-13）叫做 GHK 电压方程，它描述了多种离子通道并存时的平衡电位。从式（12-13）中可以看出一种离子的渗透性越大，细胞的膜电位就越接近这种离子的平衡电位。哺乳动物的神经元在静息状态下，钾离子的渗透性远大于钠离子的渗透性（$P_{K^+} : P_{Na^+} \approx 1 : 0.04$），因此神经元的静息电位更接近钾离子的平衡电位，约为 -70 mV。

GHK 电流密度方程所描绘的离子通道电流 - 电压关系还是非常复杂的。在很多时候，为了方便研究生物学问题，我们希望能以一种相对简单的形式对 GHK 电流密度方程进行近似，用一些我们熟悉的简单电路元件模拟离子通道的特性。离子通道的主要作用是使得膜电位趋近于平衡电位，因此我们可以把离子通道想象成一个电压为平衡电位（V_E）的电池。同时，离子通道允许离子跨膜流动，并对离子流动产生一定的阻力，因此可以把离子通道想象为一个遵循欧姆定律的电阻。综合起来看，我们希望能把离子通道简化成一个串联的电池和电阻（图 12-3），即

$$I = g(V_m - V_E), \qquad (12\text{-}14)$$

其中，I 为电流，g 为电导，V_m 为膜电位，V_E 为平衡电位。式（12-14）本质上是 GHK 电流密度方程［式（12-10）］的一阶近似。在大多数情况下，研究细胞中的离子通道时，使用这个近似的方程就足以满足需求。式（12-14）相当于把 GHK 电流密度方程在平衡电位附近做泰勒展开。泰勒展开里一阶项的系数等于电流在平衡电位处对电压的导数。对式（12-10）求导数，同时把式（12-11）代入，得到：

$$g = \frac{dI}{dV_m}\bigg|_{V_m = V_E} = PS \cdot \frac{z^2 F^2}{RT} \cdot \frac{c_{\text{out}} \cdot c_{\text{in}}}{c_{\text{out}} - c_{\text{in}}} \cdot \ln \frac{c_{\text{out}}}{c_{\text{in}}}, \qquad (12\text{-}15)$$

其中，S 为细胞膜面积。根据式（12-15），离子通道的电导并不仅仅与离子以及离子

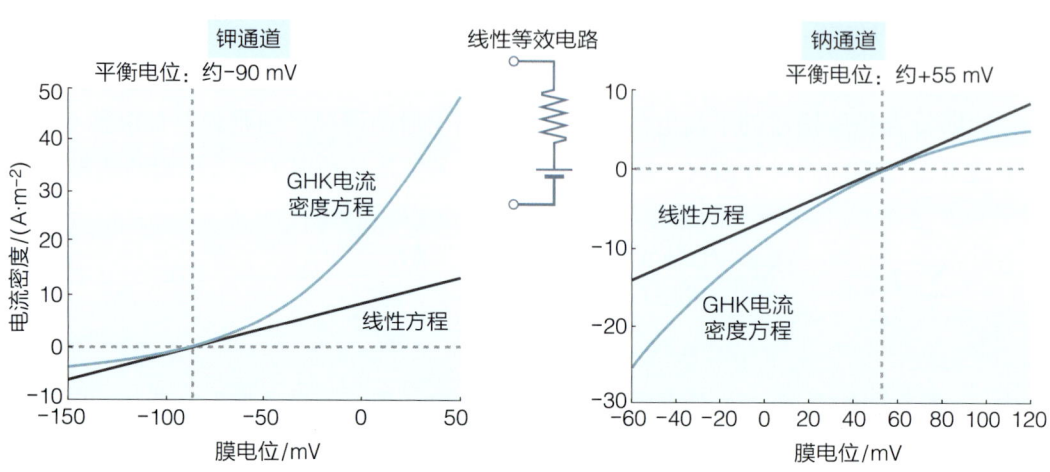

图 12-3 钾、钠通道的电流 - 电压关系
GHK 电流密度方程是对离子通道的精确描述。串联电池、电阻的简化模型是 GHK 电流密度方程的一阶近似。

通道自身的属性相关，也受到细胞内外离子浓度的影响（渗透性 $P = \dfrac{D}{\Delta L}$ 才是离子以及离子通道自身的物理属性）。当然，在细胞内外离子浓度变化不大情况下，我们经常把一个离子通道的电导近似认为是一个固定的值。

从图 12-3 中可以看出，当膜电位与平衡电位相差较远时，GHK 电流密度方程会显著偏离式（12-14）所描述的线性方程。如果平衡电位为负（如钾通道），则膜电位高时（去极化），电流比线性方程所预测的电流更大；膜电位低时（超极化），电流比线性方程所预测的电流更小。反之，如果平衡电位为正（如钠通道），则膜电位高时（去极化），电流比线性方程所预测的电流更小；膜电位低时（超极化），电流比线性方程所预测的电流更大。离子通道的这种非线性性质称为戈德曼整流（Goldman rectification）。

12.1.3 离子通道离子选择性的结构基础

离子通道只允许特定的一种或几种离子通过，这称为离子选择性。离子选择性对离子通道的功能有重要意义。如果没有离子选择性，就不可能利用不同离子的平衡电位实现膜电位向特定的方向变化。离子通道如何做到只允许特定的离子通过呢？离子的大小并不能够完全解释离子通道的离子选择性。比如钾通道只允许钾离子通过，钠离子却不能通过，但是钠离子比钾离子要小。是什么样的通道结构可以实现特异性地通过较大的钾离子而不是更小的钠离子呢？这长久以来是一个谜团。有趣的是，解答这个科学谜题的最初线索并不来源于对钾通道的结构解析，而是来自一个意想不到的领域——毒理学。

季铵盐，例如四乙基胺（TEA）离子，是一类常见的神经毒剂。对季铵盐毒性的认识远远早于离子通道的发现。早在 1868 年，英国毒理学家克伦·布朗（Crum Brown，1838—1922）和托马斯·弗雷泽（Thomas Fraser，1841—1920）就发现很多种季铵盐都能够导致动物神经麻痹。当 1952 年霍奇金和赫胥黎报道了动作电位的离子通道基础之后（见 12.2.1 节），很多科学家利用霍奇金和赫胥黎的实验方法，投身到了探索神经毒剂作用机制的研究之中。在美国国立卫生研究院工作的两位日本科学家田崎一二（Ichiji Tasaki，1910—2009）和萩原生长（Susumu Hagiwara，1922—1989）在 1957 年最早认识到 TEA 是钾通道的特异性阻断剂。离子通道的阻断剂有两种类型：竞争性抑制剂和非竞争性抑制剂。竞争性抑制剂是指该抑制剂和离子本身竞争通道的孔道（pore），从而阻挡离子流通。非竞争性抑制剂是指该抑制剂与离子通道非孔道的位置结合，通过改变蛋白质的构象，影响孔道形态，阻断离子流通。可以看出，竞争性抑制剂通常是离子本身的类似物，只有这样才能与孔道结合，与离子形成竞争。例如，铯离子（Cs^+）就是钾通道的竞争性抑制剂。TEA 作为一种有机物，其分子结构与钾离子大不相同，其分子大小远远大于钾离子（图 12-4），难以看出和钾离子有任何相似性。从这点上说，TEA 不太可能是竞争性抑制剂。但令人惊讶的是，美国神经科

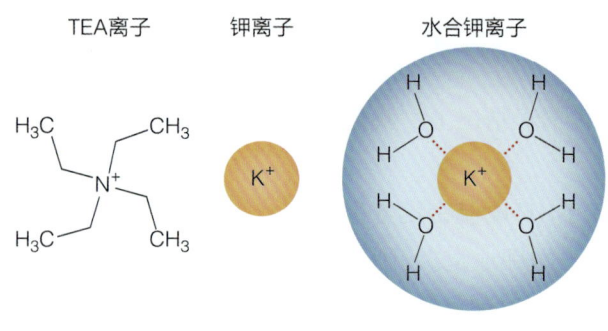

图 12-4　四乙基胺（TEA）离子与钾离子

学家克雷·阿姆斯特朗（Clay Armstrong）等人通过一系列动力学实验清晰地证明了，TEA 恰恰是钾通道的竞争性抑制剂。这是为什么呢？

阿姆斯特朗等人提出了一个精妙的想法：进入钾通道的并不是孤立的钾离子，而是通过配位键和周围的水分子结合的水合钾离子（图 12-4）。水合钾离子会被离子通道中的氨基酸残基脱水，然后流过离子通道。TEA 中的氮和乙基靠共价键结合。TEA 之所以能竞争性阻断钾通道，是因为它是一个永远无法被"脱水"的水合钾离子类似物。

阿姆斯特朗进一步合成了一系列 TEA 衍生物，在 TEA 之后接上了长短不一的碳链"尾巴"。碳链是疏水的，可以与蛋白质中疏水的部分结合。在 1971 年的一篇论文中，阿姆斯特朗将这些 TEA 衍生物注射入细胞内部，观察哪一种衍生物与钾通道的结合能力最强。依靠碳链作为"尺子"，阿姆斯特朗提出：钾通道孔道靠近细胞内侧的部分，有一长度约为 9~12 个烃基的疏水区域（或更长，因为阿姆斯特朗当时并未测试更长的碳链）。

阿姆斯特朗对钾通道结构的推测是否正确呢？这些结构特性又和离子选择性有什么关系呢？这要等近 30 年之后才见分晓。

1987 年，美国神经科学家叶公杼（Lily Jan）与其研究团队在果蝇中克隆了一个名为 *Shaker* 的基因，这是一个钾通道蛋白质的基因，也是被测序的首个钾通道。*Shaker* 基因的发现不仅开启了离子通道的功能和结构研究，也推动了神经科学和心脏生物学等领域的发展。其对于离子通道的研究，具有深远的生理学和医学意义。后来基于膜片钳技术的发明，人们对钾通道有了进一步的认识。但是由于缺乏结构信息，针对其工作机理的理解仍然不清楚。直到 1998 年罗德里克·麦金农（Roderick MacKinnon）通过 X 射线晶体学解析了首个钾通道的结构。阿姆斯特朗为麦金农实验室 1998 年发表在 *Science* 杂志上的文章撰写了新闻评述，称"生物物理学家的梦想终于实现"。

钾通道能够特异性地选择钾离子通过，甚至能够排除比钾离子更小的钠离子。那么，它的离子选择性是如何实现的呢？钾通道的三维结构给出了答案。如图 12-5 所示，钾通道的结构呈现同源四聚体，四个亚基围绕中心轴对称排列（参见图 3-66），形成一个中心孔道，即钾离子通过路径。孔道的两端呈现负电性，帮助吸引钾离子；孔道的中段呈现疏水性，可以使钾离子快速通过。钾离子在通过钾通道前被 8 个水分子包围，呈水合形式。这 8 个水分子分布在钾离子两侧各 4 个，TEA 恰好是模仿了钾离子和其一侧的 4 个水分子。钾通道的入口处，存在一个被称为选择性过滤器（selectivity filter）的结构。钾通道的选择性过滤器包含一个高度保守的特定序列（GYG 基序），位于选择性过滤器的内腔，形成一个狭窄的通道，对于钾通道的离子选择性至关重要。选择性过滤器的主链羰基氧原子形成了 4 个钾离子结合位点。由于

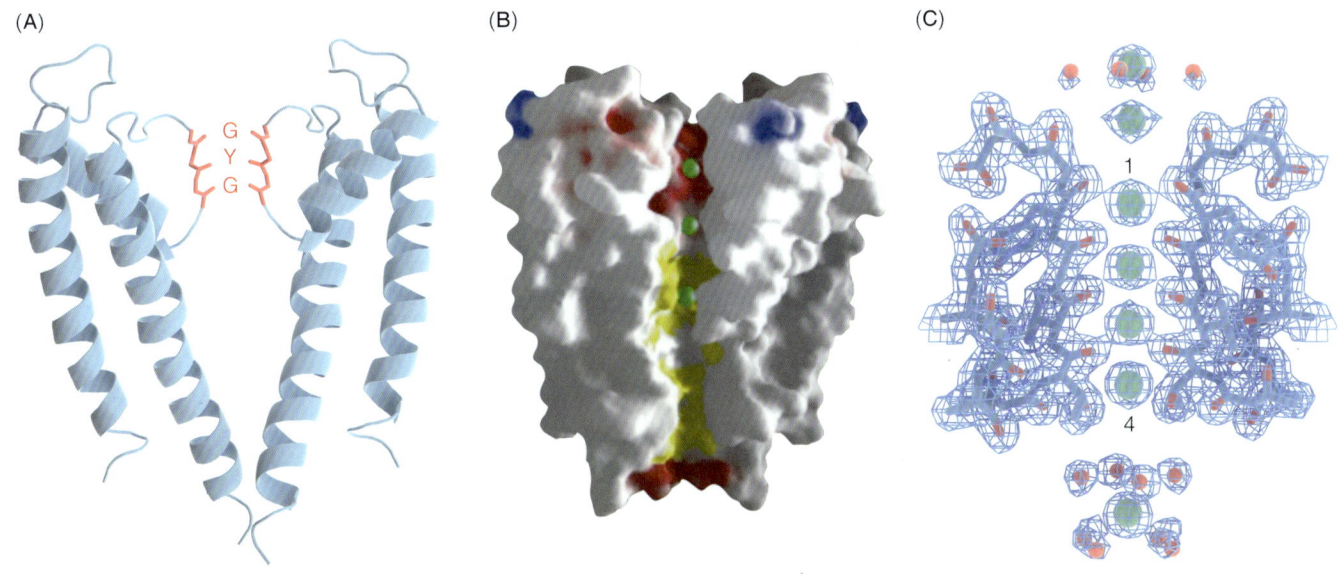

图 12-5 钾通道的结构和离子选择性过滤器（A）钾通道的选择性过滤器（GYG 基序）（PDB 编号：1BL8）。（B）钾通道孔道处氨基酸残基的电性（蓝色：正电；红色：负电；黄色：疏水）。（C）钾离子（绿色小球）在选择性过滤器内部的位置（PDB 编号：1K4C）。（B，引自 Doyle, et al. Science, 1998, 280(5360): 69-77）

钾通道是四聚体，每个羧基在孔道中排列成 4 个一组的平面结构。当钾离子位于两组羧基中间时，上下两组羧基刚好模拟了水合钾离子周围的 8 个水分子，在三维空间上与钾离子完美匹配，而其它离子无法匹配通过该选择性过滤器，从而实现了离子选择性。虽然比钾离子尺寸小的钠离子不会被选择性过滤器卡在外面，但是由于固定的选择性过滤器无法收缩到足以正确结合较小的钠离子，钠离子无法与选择性过滤器完美匹配，使得去水合的能量消耗更高，因此不适合通过钾通道。钾通道的选择性过滤器只有 12 Å 的长度，孔道的其余部分则更宽。在离子选择性过滤器下方是一个疏水的腔，可以减少钾离子与通道的紧密相互作用，有利于提高钾离子通量。因此，钾通道中央的疏水区域在保证离子通道的选择性和电导率之间的平衡中起到了关键的作用。钾通道孔道区域的这些结构特征，与阿姆斯特朗之前通过生理学、药理学实验做出的推测是非常契合的。

麦金农的这一工作为钾离子传导和选择性提供了结构基础，极大地推进了我们对钾通道的理解。他们的发现不仅解释了这些通道如何允许钾离子通过，而且还揭示了这些通道如何阻止其它离子通过。这些发现为进一步研究离子通道的功能以及开发新的药物提供了基础。麦金农因此获得了 2003 年诺贝尔化学奖。

后来，除了钾通道，其它离子通道的结构也被解析，如电压门控钙通道 Ca_V 等，进一步推进了人们对离子通道机制的理解。钙通道和钾通道的底物不同，特异性的离子选择性是由不同的选择性过滤器来实现的。与钾通道不同，钙通道的选择性过滤器内腔中心包含四个高度保守的氨基酸残基（EEEE 或者 EEDD）（图 12-6）。这些带负电的氨基酸残基与二价的钙离子发生更稳定的电荷相互作用，从而选择性地允许钙离子通过。

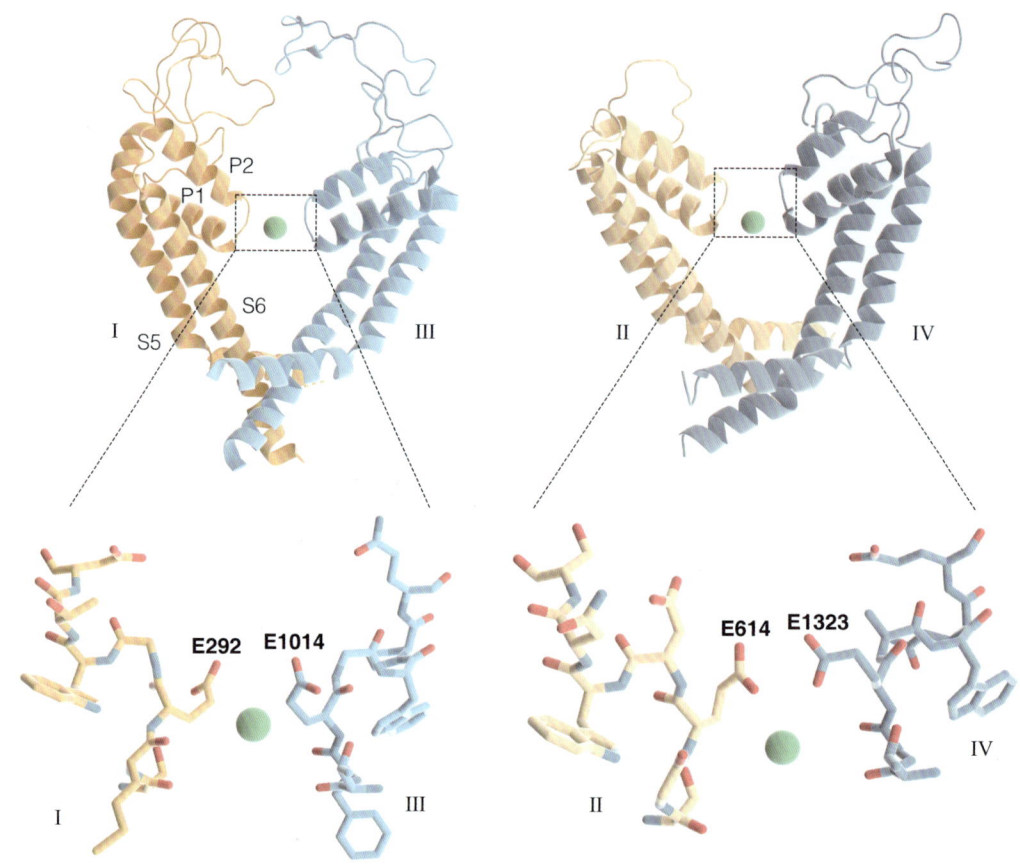

图 12-6 电压门控钙通道 Ca$_v$1.1 的选择性过滤器

P1、P2 为形成孔道口选择性过滤器的两段结构域，S5、S6 为组成孔道的跨膜结构域。Ⅰ、Ⅱ、Ⅲ、Ⅳ 分别标记电压门控钙通道中的 4 个同源结构域。图中绿色小球代表钙离子（PDB 编号：3JBR）。

12.2 生物大分子感应电

12.2.1 电压门控离子通道的动力学

12.1 节主要讨论了生物细胞如何利用离子浓度梯度产生电压。那么细胞能否响应膜电位的变化呢？18 世纪意大利著名生理学家路易吉·加尔瓦尼（Luigi Galvani，1737—1798）注意到，当带静电的解剖刀触碰到青蛙的神经时，会引发该神经所支配的肌肉产生震颤。加尔瓦尼猜想：动物神经可以传导电压的变化，最终引发肌肉收缩。加尔瓦尼后来通过一系列实验证实了这一猜想。加尔瓦尼是研究生物电现象的先驱，被认为是电生理学之父。他的工作不仅极大地推动了科学的发展，在文化史上也有重要地位。现在英语里的常用词 galvanize（激发、振奋）就来自他的名字。受加尔瓦尼启发，很多欧洲的生理学家进一步深入研究了神经系统响应电的机理。德国生理学家埃米尔·杜布瓦-雷蒙（Emil du Bois-Reymond，1818—1896）发现，当外界的刺激达到一定程度时，会激发神经细胞自发产生电位变化，这称为动作电位（action potential）。动作电位可以沿着神经传导。但是，动作电位是怎么产生的？什么样的生物分子能响应电压的变化？这些基本的问题长时间没有得到解答。

1952年，划时代的突破出现了。英国神经科学家霍奇金和赫胥黎在 *Journal of Physiology* 杂志四月份的那一期上，连续发表5篇论文，系统地揭示了动作电位产生的生物物理机制。通过一系列精妙的生理学实验，他们利用数学方法推测了产生动作电位的离子通道的各种性质。这一年，距离第一个离子通道的基因被测序还有35年，距离人类第一次解析钾通道的结构还有46年，距离人类第一次解析钠通道的结构还有59年。一切科学研究的终极追求都是揭示自然现象背后的统一原理。例如，物理学家进行了长期的天文学观测，最终由牛顿根据前人积累的大量行星轨道数据，提出了万有引力定律。生物学的大部分领域目前还处在较为初期的发展阶段，很多研究主要侧重数据的积累。霍奇金和赫胥黎的工作是生物学领域里为数不多的从实验现象向数学理论的升华，不仅为后来离子通道的研究奠定了基础，也激励了一代又一代的科学家投身到以数学、物理的方法研究生物体系的事业中。

霍奇金和赫胥黎以枪乌贼的巨大轴突为研究对象。枪乌贼巨大轴突的直径约600 μm，如此粗的轴突使得霍奇金和赫胥黎可以将两根银电极缠绕在玻璃毛细管上（毛细管直径约70 μm），插入轴突的内部（图12-7）。利用这两根银电极，霍奇金和赫胥黎在巨大轴突中开展了一系列电压钳（voltage clamp）实验。霍奇金和赫胥黎所使用的电压钳这一实验技术最早由美国神经科学家霍华德·柯蒂斯（Howard Curtis，1906—1972）和肯尼斯·科尔（Kenneth Cole，1900—1984）发明。在电压钳实验中，一根电极用于测量膜电位，另一根用于注射电流。反馈放大器是一个运算放大器（operational amplifier），运算放大器的基本性质使得膜电位和指令电压时时保持一致，如果不一致，放大器的输出端会产生反馈电流，改变膜电位至指令电压。这一装置可以实现快速将膜电位钳制在实验者任意设定的电压值。如果离子通道的电导率发生变化，钳制膜电位所需要的反馈电流也就会随之发生变化。因此，将膜电位钳制在不同电压上，测量反馈电流的大小，就可以确定离子通道的电流 - 电压关系。通过改变细胞外溶液的钾离子、钠离子浓度，能够区分出钾通道、钠通道的电流。霍奇金和赫胥黎发现：神经轴突上的钾通道、钠通道的电导都会随膜电位的变化而发生变化。这些离子通道能响应膜电位，称为电压门控离子通道（voltage-gated ion channel）。电压门

图 12-7 枪乌贼巨大轴突中的电压钳实验
（A，改编自 Hodgkin et al. *Journal of Physiology*, 1952, 116(4): 424-448）

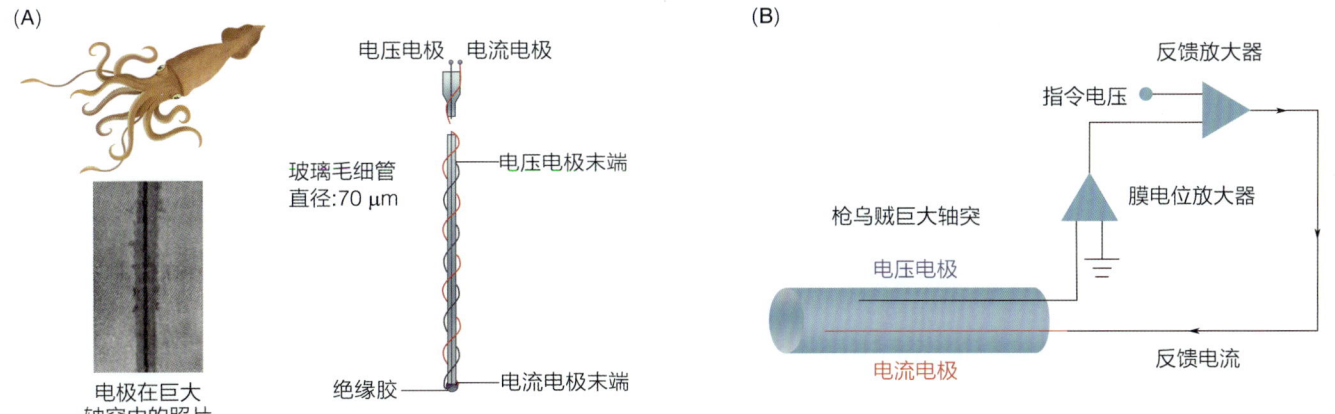

控离子通道是神经细胞产生动作电位的核心。

霍奇金和赫胥黎用一系列数学方程描述了电压门控离子通道的特性。我们先来看霍奇金和赫胥黎对电压门控钾通道的描述：

$$I_K = \overline{g}_K \cdot n^4 \cdot (V_m - V_K), \tag{12-16}$$

$$\frac{dn}{dt} = \alpha_n(V_m) \cdot (1-n) - \beta_n(V_m) \cdot n, \tag{12-17}$$

$$\alpha_n(V_m) = \frac{0.01(10-\Delta V)}{e^{\frac{10-\Delta V}{10}} - 1}, \tag{12-18}$$

$$\beta_n(V_m) = 0.125 \cdot e^{-\frac{\Delta V}{80}}。 \tag{12-19}$$

其中，I_K 为钾离子电流；$\overline{g}_K$ 为钾通道最大电导（即细胞中全部钾通道开放时的电导）；n 为决定钾通道开放概率的门控参数；V_m 为膜电位；V_K 为钾离子平衡电位；α_n、β_n 为门控参数 n 随时间变化的动力学参数，它们本身是膜电位 V_m 的函数；ΔV 为膜电位去极化值，$\Delta V = V_m - V_{rest}$（$V_{rest}$ 是细胞膜静息电位）。

式（12-16）是对离子通道基本性质的一阶近似描述，我们在上一节已经讨论过[见式（12-14）]。其中 $\overline{g}_K \cdot n^4$ 是开放的钾通道的电导。这个公式里的 n 是一个随时间变化的参数，n^4 是钾通道开放的概率。值得注意的是，这里的指数 4 是霍奇金和赫胥黎根据实验数据拟合的结果，他们根据这个结果推测：电压门控钾通道有 4 个能感受膜电位的"激活门"，每个门有"开放"、"关闭"两种状态。这 4 个激活门是独立的，只有当它们全都处于"开放"状态时，整个离子通道才是开放的。

式（12-17）是对每个激活门在两种状态之间切换的动力学描述，遵循基本的质量反应定律，α_n、β_n 是这个可逆过程的反应速率。α_n、β_n 都与膜电位有关，这是离子通道"电压门控"的基础。式（12-18）和式（12-19）具体描述了 α_n、β_n 与膜电位的关系。这两个公式的形式是经验方程，霍奇金和赫胥黎在他们的论文中写道，采用这两个公式首先是为了拟合实验数据，其次是因为这样的方程形式与 GHK 电流密度方程有一定相似性[见式（12-10）]。为什么霍奇金和赫胥黎会期待电压门控参数的动力学特性会类似于用于描述电荷在恒场中运动的 GHK 电流密度方程呢？这是因为在那个时代，有一种流行的"载流子"（carrier）假说，即认为离子能够跨越细胞膜运动是因为膜上有一些本身带电荷的生物大分子（如蛋白质），这些大分子自身能够在电场作用下从细胞膜的一侧运动到另一侧，并在细胞膜两侧与特定离子发生结合或分离，从而实现将离子跨膜运输。基于此种理论，霍奇金和赫胥黎猜测载流子的动力学会遵循 GHK 电流密度方程。当然，他们自己的实验结果表明了 α_n 与 β_n 并不遵循 GHK 电流密度方程。同时结合其它结果，霍奇金和赫胥黎逐渐形成了后来被证明正确的离子通道理论。之后人们发现，如果假定电压门控离子通道需要在电场作用下越过特定能垒实现构象变化，可以从自由能的角度推导出相似的形式。从式（12-18）和式（12-19）中可以看出，膜电位越高（去极化），α_n 越大，β_n 越小，n 也就向增大的方向移动。这意味着电压门控钾通道会被膜电位的去极化所激活。

我们接下来再来看霍奇金和赫胥黎对电压门控钠通道的描述：

$$I_{Na} = \bar{g}_{Na} m^3 h (V_m - V_{Na}) \qquad (12-20)$$

$$\frac{dm}{dt} = \alpha_m(V_m) \cdot (1-m) - \beta_m(V_m) \cdot m \qquad (12-21)$$

$$\frac{dh}{dt} = \alpha_h(V_m) \cdot (1-h) - \beta_h(V_m) \cdot h \qquad (12-22)$$

$$\alpha_m(V_m) = \frac{0.1(25-\Delta V)}{e^{\frac{25-\Delta V}{10}} - 1} \qquad (12-23)$$

$$\beta_m(V_m) = 4e^{-\frac{\Delta V}{18}} \qquad (12-24)$$

$$\alpha_h(V_m) = 0.07 e^{-\frac{\Delta V}{20}} \qquad (12-25)$$

$$\beta_h(V_m) = \frac{1}{e^{\frac{30-\Delta V}{10}} + 1} \qquad (12-26)$$

式（12-20）至式（12-26）中的大部分参数与式（12-16）至式（12-19）中类似，这里就不再重复解释了。从这两组公式中，可以看出电压门控钠通道和电压门控钾通道相比，有以下两点显著不同：①式（12-20）中，根据实验数据拟合的结果，m的指数是 3 而不是 4（m是钠通道激活门开放的概率）。霍奇金和赫胥黎据此推测，电压门控钠通道有 3 个独立的"激活门"，当这 3 个门都打开时，钠通道就开放了。与钾通道一样，电压门控钠通道也会被膜电位的去极化激活。②和钾通道相比，影响电压门控钠通道开放的因素多了一个参数 h。霍奇金和赫胥黎在实验中观察到，膜电位去极化引发的钠电流只能持续很短的时间，随即快速消失。也就是说，钠通道在激活后会很快失活。从式（12-25）和式（12-26）中看出，与m相反，膜电位越高（去极化），h越向减小的方向移动。参数h描述了钠通道的"失活门"。

式（12-16）至式（12-26）称作霍奇金-赫胥黎方程（Hodgkin-Huxley equation），它们系统描述了电压门控离子通道的动力学。通过对实验数据的拟合，霍奇金和赫胥黎推测，电压门控钾通道有 4 个能感受电压的激活门，电压门控钠通道则有 3 个激活门和 1 个失活门。霍奇金和赫胥黎的所有这些推测，与几十年以后分子生物学、结构生物学的发现惊人地一致（参见 12.2.2 节）。

需要说明的是，霍奇金和赫胥黎只是研究了枪乌贼巨大轴突上的电压门控钾、钠通道。并不是所有的电压门控钾、钠通道都具有完全相同的性质。例如，第一个被测序的钾通道 Shaker 就是有一个失活门的通道，会在膜电位较高时快速失活。

从霍奇金-赫胥黎方程出发，可以通过数学建模复现神经元的动作电位。当细胞膜在外界输入的刺激下发生去极化时，钠通道开放得会越来越多，钠离子流入细胞内。当膜电位去极化达到一个阈值时，被激活的电压门控钠通道产生的流向细胞内的电流会超过所有通道产生的流向细胞外的电流，进入"正反馈"状态。这时即使没有外界输入，细胞膜也会自我去极化，导致膜电位快速升高（图 12-8）。这种由

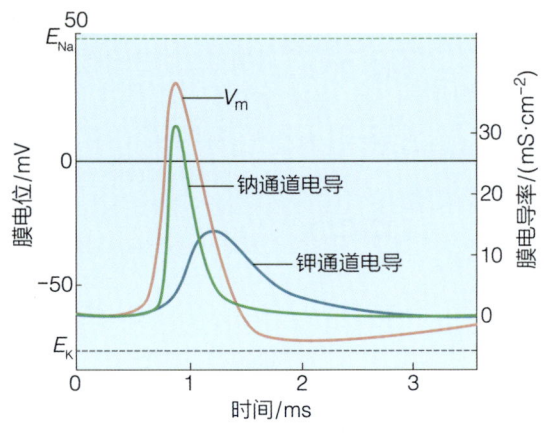

图 12-8 动作电位的离子基础

膜电位去极化引发的膜电位的进一步去极化，称为再生性电活动（regenerative activity）。随着膜电位的升高，越来越多的电压门控钠通道会失活，同时电压门控钾通道会开放。最终，钾离子外流会超过钠离子内流，动作电位达到顶峰，膜电位开始复极化，直至恢复到静息电位，一个动作电位完成，整个过程需 1~2 ms。这时，大部分电压门控钠通道都已经失活，即使有外界的输入，细胞也不会再产生动作电位，这称为不应期（refractory period）。钠通道会逐渐从失活状态恢复到关闭但可以被激活的状态，这时如果外界刺激仍旧能够使膜电位超过阈值，细胞将产生下一个动作电位。钠通道的失活特性对于动作电位的产生和传导意义重大。如果钠通道不能快速失活，膜电位就会长时间维持在去极化水平上，或者由于和钾通道的相互作用形成平滑的振荡，而不能产生动作电位那样离散的、快速的脉冲。

动作电位是神经元传导信息的基础。动作电位沿轴突传导时，具有"全或无"的性质，每个动作电位的波形几乎都是完全一样的。这相当于一个数字信号，保证了神经信号传递的可靠性。

12.2.2　电压门控的结构基础

上一节提到，电压门控离子通道响应膜电位变化而改变构象，从而调节其打开或关闭，将膜电位转变为下一步的电流变化，产生再生性电活动，从而促成电信号的传递。在这个过程中，某些流入细胞的离子（如钙离子）同时发挥着第二信使的作用，进一步调控下游生化信号通路。电压门控离子通道的这一特性使得其在神经元和肌肉组织等的兴奋性细胞中起着至关重要的作用。那么，电压门控是如何实现的？下面以经典的电压门控钾通道和钠通道为例介绍电压门控的结构基础。

电压门控离子通道具有感受电压的独特结构域称为电压感受器（voltage sensing domain, VSD）。电压感受器对膜电位的依赖性几乎可以像开关一样，仅在几十毫伏的电压下就能从"关"状态变为"开"状态。这种对电压的严格依赖性是因为当电压感受器从关闭状态切换到开启状态时，电压感受器上的电荷［称为门控电荷（gating charge）］会发生跨膜运动。在经典的电压门控离子通道中，4 个电压感受器总共具有 12 到 14 个门控电荷。这些电荷来自电压感受器的第四个跨膜螺旋（S4）上带有正电荷的氨基酸——主要是精氨酸，偶尔是赖氨酸。

经典的电压门控钾通道（K_V 通道）由同源四聚体组成，每个单体包含 6 个跨膜螺旋，称为 S1-S6。K_V 通道由一个中心的离子传导孔道和外周四个电压感受器组成。其中，S1 至 S4 组成了电压感受结构域，4 个 S5 和 S6 共同形成了离子通过的孔道结构域（pore domain）（图 12-9）。在静息状态，通道的 4 个 S6 螺旋的胞内侧通过疏水氨基酸侧链相互作用形成胞内门控，使通道处于关闭状态。在电压感受器的 S4 螺旋

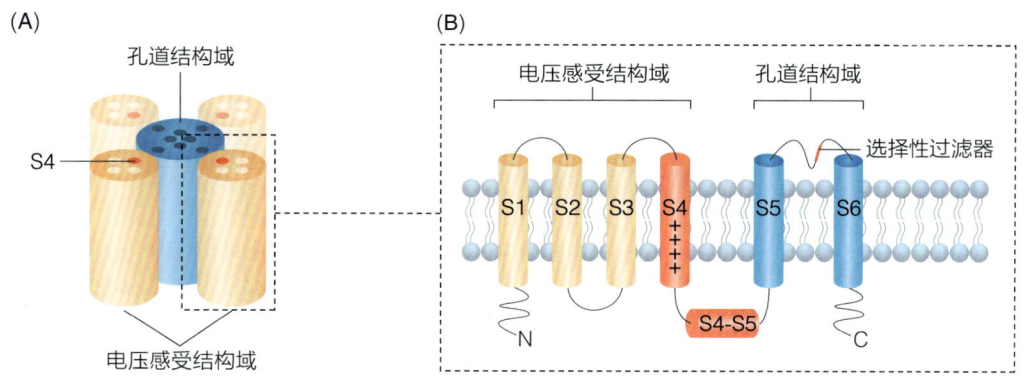

图 12-9 电压门控离子通道电压门控结构域及单个亚基的拓扑结构
（A）每个亚基中的跨膜螺旋 S1-S4 组成电压感受结构域，来自 4 个亚基的 S5 和 S6 共同组成孔道结构域。（B）每个亚基包含 6 个跨膜螺旋 S1-S6，其中 S4 富含带正电的氨基酸残基，在电压门控中起重要作用。

上，每三个残基位置上有一个带正电荷的精氨酸或赖氨酸残基，作为门控电荷。每个电压感受器又通过细胞内表面横向的 S4-S5 连接螺旋与孔道结构域连接。膜电位的变化作用在 S4 上的带正电荷的残基上，引发 S4 及和其相邻的结构发生构象变化。当膜电位去极化时，膜内电势升高，图 12-10 中电压感应器中红色的 S4 螺旋上的带正电氨基酸响应膜电势变化可以相对其它部分（S1-S3）发生向胞外侧的移动，这会对 S4-S5 连接处施加力，带动其横向运动，进一步使得孔道结构域的 S5 和 S6 发生向外扩张的构象变化。当胞内门控区域的疏水氨基酸互相远离，孔道半径超过离子半径的时候，中心孔道结构域打开，使得离子能够顺利通过，进而通道处于开放状态。K_V 通道 4 个亚基的 VSD 的运动是独立的。只有当 4 个亚基的 VSD 全部在膜电位去极化的作用下移动到"开放"位置时，整个通道的孔道才开放。这是霍奇金-赫胥黎方程中钾通道有 4 个"门"的结构基础。

电压门控钠通道（Na_V 通道）和电压门控钙通道（Ca_V 通道）与 K_V 通道的结构特征相似，但在真核生物中它们的通道亚基由一条多肽链组成，包含 4 个同源结构域（Ⅰ-Ⅳ），每个结构域包含 6 个跨膜螺旋 S1-S6。这相当于是把四聚体 K_V 通道的 4 个亚基编码在了同一段基因里。与 K_V 通道类似，每个同源结构域里的 S1 至 S4 为电压感受结构域，4 组 S5 和 S6 共同形成了离子孔道。4 组 S4 螺旋上同样包含门控电荷，形成独特的 3_{10} 螺旋，使得其带正电氨基酸残基基本朝向电压感受结构域内侧。门控电荷的电压依赖性运动由电压感受器上的一些保守残基协助，包括 S2 上的两个极性残基和一个芳香族残基，以及 S3 上的一个天冬氨酸残基。这些残基在功能上被定义为电荷转移中心（charge transfer center），能够与 S4 上的带正电氨基酸残基形成动态

图 12-10 K_V 通道电压门控的结构基础
为便于理解，图中仅显示四聚体通道两个对角线上的亚基。

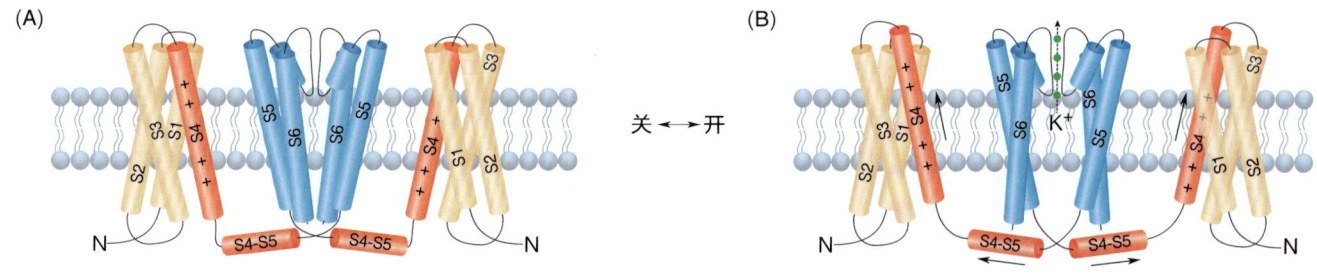

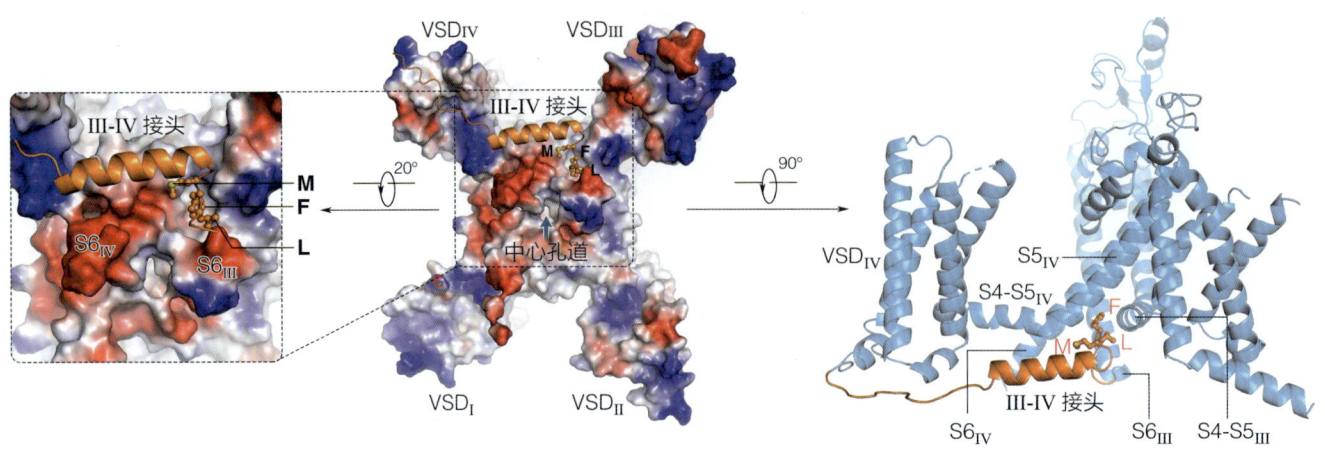

图 12-11　$Na_V1.4$ 通道快速失活机制

图中标注了电鳗钠通道 $EeNa_V1.4$ 四个同源结构域中的电压感受器（VSD）。第 3、4 个同源结构域之间的 III-IV 接头的 LFM 基序插入中心孔道附近区域，引起钠通道的失活。该结构是通道处于失活状态下获得的，但通道的中心孔道区域由于去垢剂分子（图中未显示）的堵塞作用仍处于开放状态，因此该结构实际更接近通道预失活的状态（PDB 编号：5XSY）。

相互作用网络，从而稳定电压感受器在不同状态下的构象。

此外，Na_V 通道有一个独特的快速失活机制，即在通道打开后不久（1～2 ms 内），无论膜电位如何，通道都会因失活而自动关闭，从而防止钠离子持续流入，帮助维持细胞膜稳态。来自电鳗的钠通道结构首次揭示了钠通道的失活机制（图 12-11）。在该结构中，位于通道同源结构域Ⅲ和Ⅳ之间的连接区域Ⅲ-Ⅳ接头（Ⅲ-Ⅳ linker）的快速失活基序 LFM（由 Leu-Phe-Met 三个疏水残基组成，对应人源钠通道中的 IFM 基序）嵌入同源结构域Ⅲ和Ⅳ的 S6 和 S4-S5 之间的疏水区域。LFM 基序并不直接阻塞孔道，而是通过挤入 $S6_Ⅲ$ 和 $S6_Ⅳ$ 附近的凹槽，推动孔道关闭，从而实现钠通道的快速失活。在膜复极化时，Ⅲ-Ⅳ接头发生构象变化离开嵌入区域，通道从失活状态恢复，为下一次去极化做好准备。

钠通道的 4 个同源结构域里的 VSD 的功能不是完全相同的。通过特异性的突变每个结构域的 VSD，科学家们发现钠通道前 3 个结构域的 VSD 与通道孔道的开放/关闭相关性较大，而第 4 个结构域的 VSD 的运动与通道的失活密切相关。第 4 个结构域的 VSD 移动到"开放"状态，是钠通道失活的限速步骤。这解释了为什么霍奇金-赫胥黎方程中钠通道有 3 个"激活门"和 1 个"失活门"。从蛋白质结构的角度看，钠通道 4 个结构域的 VSD 为什么会有不一样的作用目前还缺乏完善的解释，有待进一步研究。

12.2.3　电压依赖的配体门控离子通道

除了 12.2.1 节和 12.2.2 节介绍的电压门控离子通道以外，神经元中还有一类配体门控离子通道（ligand-gated ion channel）也受到膜电位的调控，这类离子通道在学习记忆等多种认知活动中发挥着重要作用。为了理解这类离子通道的特性，我们首先需要了解什么是配体门控离子通道。

配体门控离子通道是参与神经元之间信号传递的重要分子。神经元主要依靠电信号计算信息，但是不同神经元之间的信号传递，主要不是通过直接的电场的传导，而

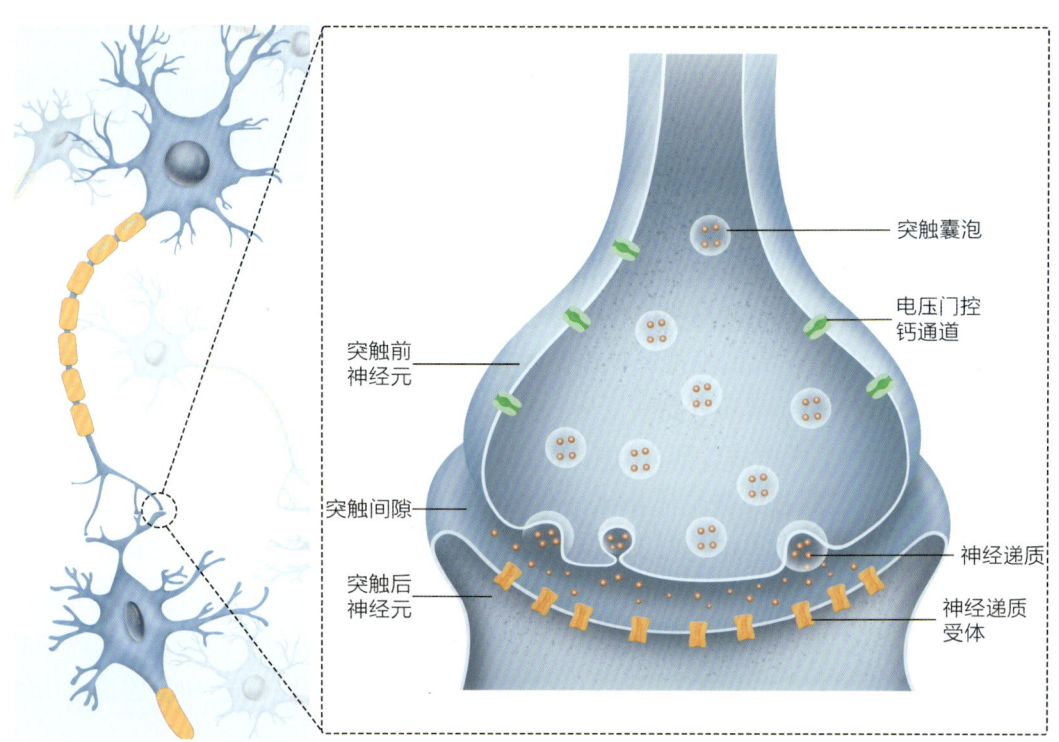

图 12-12 突触的结构与功能

是借助化学信号。英国神经科学家卡茨和澳大利亚神经科学家约翰·埃克尔斯（John Eccles, 1903—1997）等最早深入揭示了这一过程的机制（图 12-12）。神经元之间的连接结构称为突触（synapse）。哺乳动物神经系统中，大多数突触在突触前神经元的轴突（axon）与突触后神经元的树突（dendrite）或胞体（soma）之间形成。突触前神经元的轴突在形成突触的位置会形成膨大的结构，称为突触结（synaptic bouton）。突触结内聚集着很多脂膜包裹的囊泡（vesicle）。囊泡内含有特定的小分子化合物，称为神经递质（neurotransmitter），是神经细胞之间传递信息的载体。动作电位传导至突触结时，会激活电压门控钙通道。在静息状态下，细胞内的钙离子浓度是很低的。钙通道的开放会引发钙离子大量流入细胞内。钙离子通过一系列生化信号通路，最终导致突触囊泡与细胞膜融合，将神经递质释放到细胞外。突触后神经元的细胞膜上分布着大量能够结合这些神经递质的离子通道，即配体门控离子通道。配体门控离子通道与它们的配体（即神经递质）结合后开放，产生电流，从而改变突触后神经元的膜电位。这样，神经元之间就完成了从电信号到化学信号再到电信号的转换。

不同的突触前神经元能释放不同类型的神经递质。这些神经递质和配体门控离子通道结合后，可以特异性地使不同离子流过细胞膜。由于不同离子有不同的平衡电位，神经递质有的能使突触后神经元的膜电位去极化，称为兴奋性的神经递质，有的能使突触后神经元的膜电位超极化，称为抑制性的神经递质。在哺乳动物的神经系统中，分布最广泛的兴奋性神经递质就是谷氨酸。结合谷氨酸的配体门控离子通道，称为谷氨酸受体（glutamate receptor）。谷氨酸受体由 4 个亚基构成，每个亚基有 7 个跨膜结构域，4 个亚基中间形成一个离子可以流过的孔道。谷氨酸受体的细胞外侧有一个庞大的结构域,用以和谷氨酸结合。谷氨酸与这个结构域结合后,会引发构象变化,打开谷氨酸受体中间的孔道。谷氨酸受体是阳离子通道,它允许钠离子、钾离子流过(有些类型的谷氨酸受体还允许钙离子流过),但不允许阴离子如氯离子流过。从 12.1 节中我们已经知道:神经元膜静息电位约为 –70 mV;钠离子平衡电位约为 +55 mV,钠离子内流导致细胞膜去极化;钾离子平衡电位约为 –90 mV,钾离子外流导致细胞膜超极化。谷氨酸受体同时允许这两种离子流过,其综合的平衡电位约为 0 mV,与静息电位比,仍然起去极化的作用。

通过药理学研究,人们发现谷氨酸受体有多种类型,不同的人工合成的药物,能够特异性地激活不同类型的谷氨酸受体。其中有一类谷氨酸受体,能被 N- 甲基 -D- 天冬氨酸(NMDA)所激活,称为 NMDA 受体。NMDA 受体被发现后不久,人们就意识到它与其它类型的谷氨酸受体相比,有两个奇怪的性质:① NMDA 受体会被细胞外的镁离子所阻断;② NMDA 受体有很强的电压依赖性,当膜电位较低时(细胞膜超极化),即使与谷氨酸结合,NMDA 受体也不产生电流。人们一开始对这两个性质背后的机制并不清楚,提出了各种假说,比如:镁离子可能与谷氨酸螯合,从而抑制 NMDA 受体结合谷氨酸;NMDA 受体可能与电压门控离子通道一样,包含感应电压的结构域,因此可以响应膜电位的变化。

1984 年,英国神经科学家马克·迈耶(Mark Mayer)、美国神经科学家加里·韦斯特布鲁克(Gary Westbrook)和彼得·格思里(Peter Guthrie)一起对 NMDA 受体的这两个特性提出了正确的解释。他们发现,NMDA 受体的这两个特性其实是相互联系的。如果去除了细胞外的镁离子,NMDA 受体就不再有电压依赖性了(图 12-13)。回顾 12.1.2 节中的式(12-14),我们可以把一个离子通道的电流 – 电压关系近似描述成线性:$I = g \cdot (V - V_E)$。从图 12-13 中可以看出,当细胞外有 1 mmol/L 镁离子时,NMDA 受体的电流 – 电压关系显著偏离线性,呈 J 形,即膜电位较低时,电流减小。当细胞外镁离子浓度为 0 时,NMDA 受体的电流 – 电压关系接近线性,仍然剩余的一些非线性是由于细胞内一些阴离子(如有机酸类离子)对孔道的阻断效应。迈耶、韦

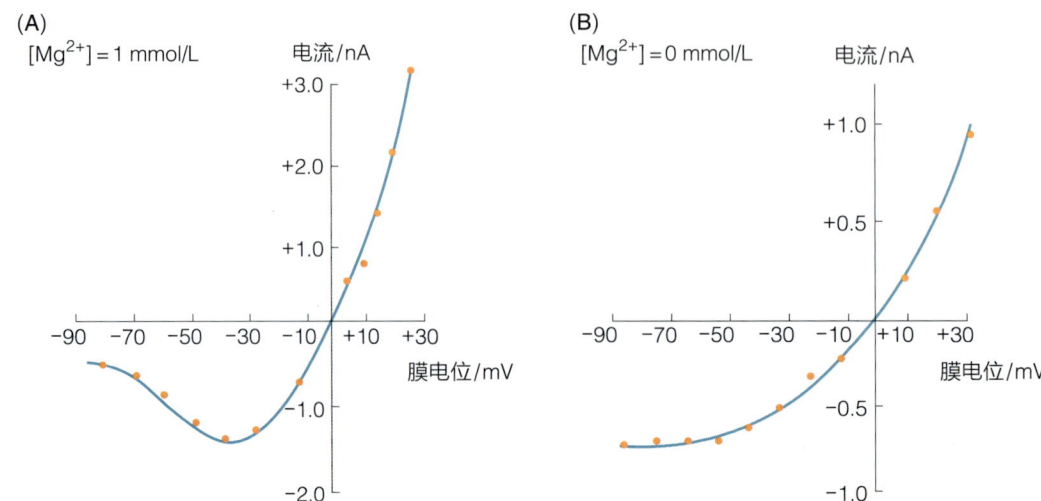

图 12-13 NMDA 受体的电压依赖性与胞外镁离子浓度的关系
(数据自 Mayer M L, et al. *Nature*, 1984, 309(5965): 261-263)

斯特布鲁克和格思里根据这一结果提出：镁离子能够"堵住"NMDA 受体的孔道，阻断电流；当膜电位升高时，电场能使镁离子向细胞外迁移，镁离子被移出 NMDA 受体的孔道，NMDA 受体开放。NMDA 受体响应膜电位的方式与电压门控离子通道完全不同，电压变化并不会导致 NMDA 受体的蛋白质构象变化，而是通过影响镁离子的阻断效应来控制 NMDA 受体的电导。

NMDA 受体的开放既需要配体（谷氨酸）又需要膜电位去极化。突触前神经元需要产生动作电位，释放谷氨酸；突触后神经元的膜电位也需要升高，去除镁离子的阻断。只有突触前、突触后神经元同时有电活动，NMDA 受体才能显著开放。这表明 NMDA 受体是一个同时性检测器（coincidence detector）。这一性质使得 NMDA 受体在动物学习记忆等认知活动中发挥重要作用。学习记忆的一个重要物质基础是神经元之间的突触强度产生变化，这称为突触可塑性（synaptic plasticity）。突触强度是如何受到神经元活动影响的呢？1949 年，加拿大心理学家唐纳德·赫布（Donald Hebb，1904—1985）在《行为的组织》（The Organization of Behavior）一书中提出：突触强度的改变应该与突触前后神经元活动的相关性有关；在一定时间窗口内，如果突触前后的神经元都具有较强活动，突触的强度就会增强（fire together, wire together）。这一类型的突触可塑性后来被称为赫布型可塑性（Hebbian plasticity）。NMDA 受体作为一个同时性检测器，为赫布型可塑性提供了分子基础。当突触前后的神经元都具有较强活动时，NMDA 受体开放，钙离子流入细胞内（NMDA 受体对钙离子通透）。钙离子会和细胞内的钙调蛋白（calmodulin）结合，激活 Ca^{2+}/钙调蛋白依赖性蛋白激酶 II（Ca^{2+}/calmodulin-dependent kinase II，CaMK II）。CaMK II 会激活下游一系列生化信号通路，最终增加突触后神经元细胞膜上的谷氨酸受体的电导及数量，提高突触强度。

12.3　生物大分子对磁场的响应

迄今为止，已有大量磁场诱导的生物效应被相继报道，例如知更鸟和信鸽等生物对地磁场的感应，以及各种类型磁场对人体产生的潜在危害性和有益作用。然而，想要解释引起这些生物学效应的原因却十分困难，这需要人们更好地了解其潜在的物理、化学和生物学机制。所有的物质都会响应外加磁场，有的响应很强，有的却可以忽略不计，这一方面取决于外加磁场的强度和类型等，另一方面则取决于物质本身的磁性。

外加磁场可以分为稳态磁场和时变磁场两大类。稳态磁场也称稳恒磁场或静磁场，指的是强度和方向等参数不随时间变化的磁场，例如稀土永磁铁和超导磁体等产生的磁场；时变磁场指的是强度和/或方向等参数随时间而变化的磁场，其中根据其变化频率可分为低频磁场和射频磁场等。例如，输电线中工频磁场为低频磁场，而手机和微波炉所产生的磁场为射频磁场。根据强度和方向等参数是否随空间变化，磁场可以分为均匀磁场和非均匀磁场。从磁感应强度角度，人们可以将磁场大致分为

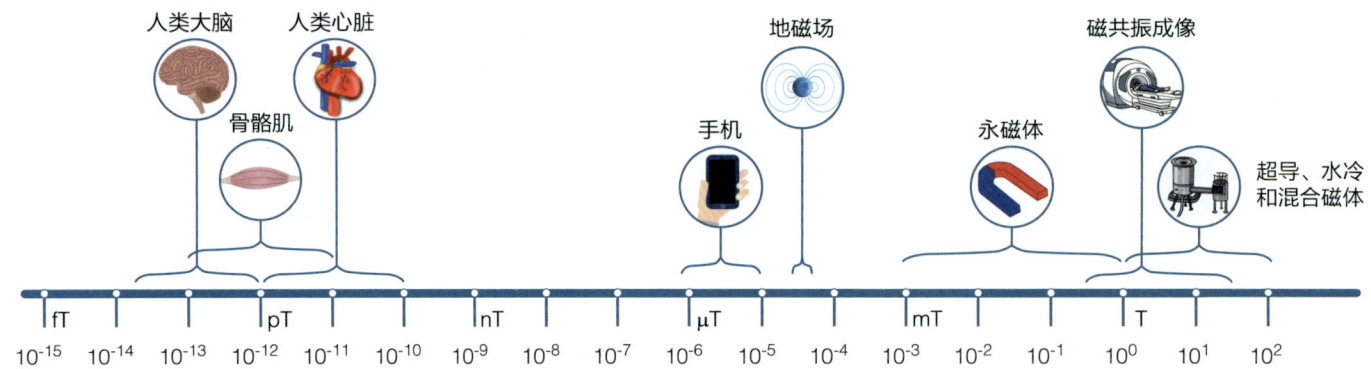

图 12-14 与生物相关的不同类型磁场及其强度示例

1 mT（1 T = 10^4 G）以下的弱磁场，1 mT 至 1 T 的中等磁场，以及 1 T 以上的强磁场。图 12-14 列举了一些常见磁场的磁感应强度。例如，目前地球磁场大约为 25 ~ 65 μT（根据所处位置会有所不同）。事实上，地磁场属于亚稳态场，因为其强度会随着太阳风等因素而产生变化。而人体用磁共振成像（MRI）设备包含了稳态均匀磁场（一般在 0.2 ~ 7 T）、梯度磁场以及射频脉冲磁场。

12.3.1 生物大分子磁性变化及其在医疗中的应用

生物样品与其它物质一样，根据其磁性不同，可以大致分为抗磁、顺磁和铁磁性物质等（图 12-15）。抗磁性物质具有负的磁化率（χ），其内部磁场与外加磁场方向相反。事实上，抗磁性是所有物质都具有的基本属性，是由于物质中运动的电子在外磁场作用下，受磁感应而表现出的特性。所有抗磁性物质都不存在不成对的电子自旋，其自旋磁矩因相互抵消而对磁矩无贡献，所以其磁性只由电子的轨道运动所决定。当暴露于外部磁场时，电子轨道运动发生进动，会产生与外部磁场相反的净磁矩，因此磁化率为负值。生物体内大多数成分都为弱抗磁性，包括水、脂质和大多数蛋白质。

顺磁性材料具有较小的正磁化率，可以沿外加磁场方向被磁化。顺磁性材料包括一些具有自由电子的金属以及具有未配对电子的分子，例如氧分子 O_2 和一氧化氮 NO 等。铁磁性材料具有较大的磁化率，并且在无外加磁场时即存在自发磁化（原子磁矩按照一定规律呈有序排列）和磁畴（铁磁性物质内部磁化方向一致的小区域）。在外

图 12-15 不同磁性物质在有无外加磁场时的原子自旋示意图
黑色箭头显示原子磁矩，红色箭头显示外加磁场方向。H，磁场强度。

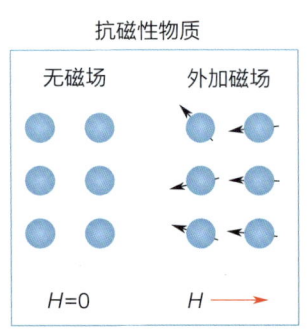
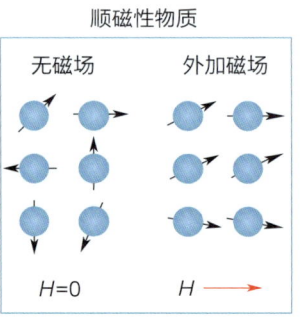
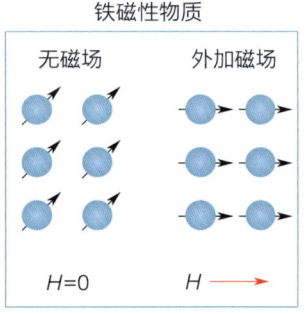

部磁场被移除后，铁磁性材料仍可保持不同程度的磁化状态。值得注意的是，金属离子在生理状态下并非铁磁性。例如，人体中的铁大多以二价或三价铁离子的形式与血液中的血红蛋白结合，以及存在于肝、脾和大脑等器官的铁蛋白中。骨骼肌的肌红蛋白中也有少量的铁，这些铁离子具有顺磁性而非铁磁性。目前除了趋磁细菌中的磁小体和某些细胞中的铁氧化物外，生物体内是否还有其它内源性铁磁性物质并不明确，仍需进一步探究。

表 12-1 列出了生物系统中一些具有代表性的抗磁、顺磁和铁磁性物质，这是理解不同生物学效应以及磁场相关技术应用的基础。我们可以看出，对于同一生物样品而言，伴随其生理状态的变化会发生磁性的转变。例如，含氧红细胞具有抗磁性，而脱氧红细胞抗磁性减弱，这主要是由于它们的血红蛋白处于不同状态所致。氧合血红蛋白和碳氧血红蛋白具有抗磁性，因为它们缺乏未配对电子，而脱氧血红蛋白（亚铁血红蛋白）每个铁原子含有四个未配对电子，因此具有顺磁性。事实上，这种血氧水平依赖的效应已被临床磁共振成像用于脑功能成像，以及新鲜或陈旧性出血相关的诊断。此外，疟原虫消化血红蛋白的产物为顺磁性的高自旋氧化血红素，但正常的低自旋氧合血红蛋白为抗磁性。因此，被寄生的红细胞与正常的含氧红细胞能够被分离开来，这将选择性地分离出具有高自旋血红蛋白形式的细胞，并可以利用磁场从感染患者的血液中富集。

表 12-1 生物系统中具有代表性的抗磁、顺磁或铁磁性物质

磁性	生物样品和相关物质
抗磁性	水、碳氧血红蛋白、氧合血红蛋白、正常组织和大多数细胞
顺磁性	氧气、亚铁血红蛋白、脱氧血红蛋白、铁蛋白、包括超氧化物和羟基自由基在内的一些活性氧（ROS）
铁磁性	磁小体，包括磁铁矿在内的氧化铁

12.3.2 生物大分子对强磁场的响应

目前发现的生物体内的分子大多为较弱的抗磁或顺磁性，只有在外加磁场的情况下才能表现出来，并且随着外加磁场的增大而增强。除特定金属离子外，蛋白质分子的磁性与其结构同样密切相关。其中研究较多的是细胞骨架微管。微管是由微管蛋白二聚体连接形成的纤维状细长原丝组成的大分子复合物，存在于所有真核细胞并对细胞分裂等基本过程起着至关重要的作用。研究显示，微管的有序排列组装结构使其具有较强的抗磁各向异性，为强磁场下细胞纺锤体的取向和细胞分裂的变化提供理论基础。早在1936年，鲍林就提出了芳香环诱导的环状电流可以引起芳香分子的抗磁各向异性。而非芳香族分子尽管没有局部环形电流，其抗磁各向异性可由原子之间建立的局部各向异性之和所形成。当氨基酸被组装成 α 螺旋时，所有的肽键都位于与螺旋轴平行的平面内，因此其总磁化强度是由沿主轴的单个磁化强度加和而成。微管蛋

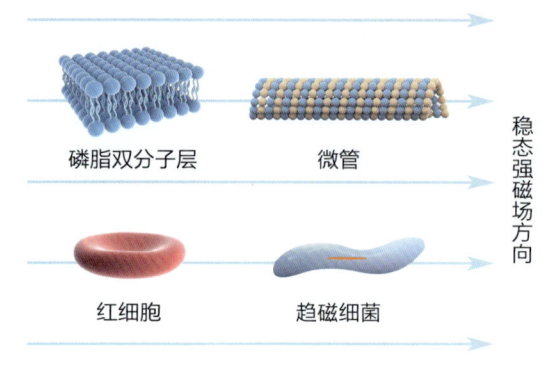

图 12-16　生物结构在稳态强磁场中的取向

白二聚体具有相对较高比例并沿长轴方向排列的 α 螺旋结构，且进一步沿长轴形成纤维状的具有较强抗磁各向异性的微管细胞骨架。而微管在磁场中的各向异性导致了爪蟾卵裂在 16.7 T 稳态强磁场下发生了取向变化，以及人类细胞纺锤体的形态和取向也在 27 T 稳态强磁场下发生变化。这些强磁场对微管和细胞分裂影响的研究，提示了强磁场暴露可能会对胚胎发育有一定的潜在危害。目前可以确定的是，微管、脂质双分子层、红细胞、趋磁细菌等都可以在不同强度的磁场下发生磁各向异性导致的取向改变（图 12-16）。

大多数生物体整体而言磁性较弱，且其内部组成非常复杂。我们在这里简要介绍了几种已知的生物样品磁性，表明了不同状态的生物样品可以显示出不同的磁学特性。然而，目前此方面的研究还在起始阶段，尤其是生理条件下活体生物的磁学特性。此外，由生物电产生的微弱磁场也催生了心磁图、脑磁图和经颅磁刺激等现代医学技术的发展，为癫痫、抑郁和心脏功能异常等的诊断和治疗提供了新模式。因此，系统研究生物体的磁学特性，不仅可以为磁场诱导的生物效应提供机理解释，而且对开发基于生物磁场的相关医学技术至关重要。

相比于生物大分子对强磁场的响应，对生物大分子响应弱磁场（如地磁场）的机制研究目前还很初步，相关的一些假说见知识窗 12-3。

12.4　生物大分子对光的吸收与感应

12.4.1　光合作用过程中的光能吸收、传递和转换

太阳光是一种电磁辐射，它所提供的能量对于地球表面大多数有机体的生存至关重要。地球表面所接收到太阳光的分光照度（spectral irradiance；指辐射到单位表面积上的单位波长光的照度，单位为 $W \cdot m^{-2} \cdot nm^{-1}$）随着波长的不同而有所差异，其中可见光区的分光照度最高，在 $0.8 \sim 1.4\ W \cdot m^{-2} \cdot nm^{-1}$ 之间。地球表面生态系统中以植物、藻类和蓝细菌为代表的初级生产者（primary producer）能够捕获光能并将其转化为化学能，用于驱动将二氧化碳（CO_2）和水（H_2O）转化为葡萄糖等生物可利用分子的生物化学反应过程。据估计，全球海洋和陆地的初级生产者每年总共产出的有机物净生产量为 1049 亿吨碳，其中陆地和海洋大约各贡献一半。

地球上可以进行光合作用的生物广泛分布在细菌、古菌和真核生物三个域（domain）。绿硫细菌（如 *Chlorobium*）是一类古老的光合生物，可以利用叶绿素来捕获光能并进行一种简单的不产生氧气的光合作用，属于非放氧型的光合生物。蓝细菌（如 *Synechococcus*）是一类含有叶绿素和藻胆素（phycobilin）的放氧型光合生物，也是海洋和其它水体中最常见的原核微生物。衣藻（*Chlamydomonas*）是一类真核单细胞绿

知识窗 12-3

生物磁感应的几种假说

生物系统如何感知微弱的地磁场并将这一信息转变成生理反应,在过去的几十年中已有大量研究。总体而言,虽然人们对此还有诸多争议,但目前主要有四种不同的假说,包括基于隐花色素(CRY)的自由基对机制假说、磁铁矿假说、电磁感应假说以及潜在的磁受体(MagR)假说(图 12-17)。有证据表明,很多物种的磁感应可能是以自由基对为主,但不排除同时也使用其它机制,或者不同物种可能采用了不同磁感应机制。并且在漫长的复杂生物系统与地磁场的相互作用历史中,也可能存在着其它尚未被发现的机制,还有待人们进行不断地探索。

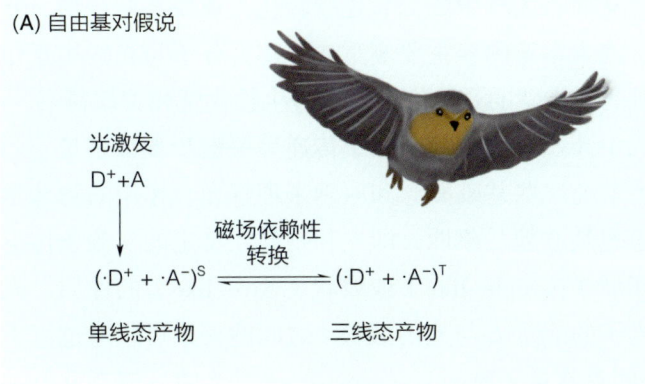

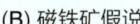

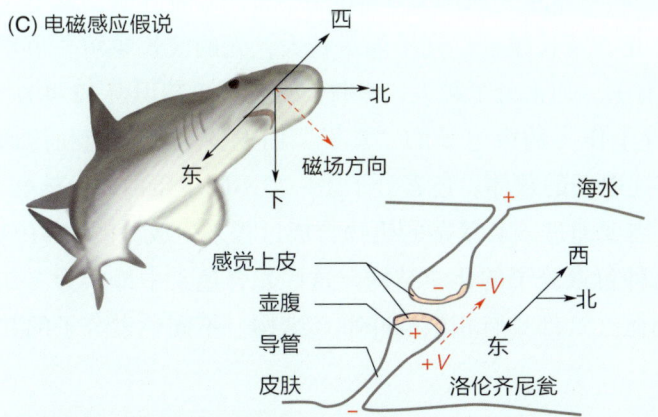

图 12-17 生物磁感应的几种假说
(A)基于隐花色素(CRY)的自由基对机制假说。鸟类视网膜中的 CRY 蛋白保守的色氨酸残基与发色团黄素腺嘌呤二核苷酸(FAD),形成一对供体(donor, D)与受体(acceptor, A)。供体与受体间形成自由基对。外部磁场会影响自由基对的单线态(S)和三线态(T)之间相互转换,从而影响鸟的视觉信号。该假说在欧洲知更鸟中研究较多。(B)磁铁矿假说认为生物体内通过生物矿化产生的磁性颗粒赋予了动物感知磁场的能力,例如趋磁细菌中由结晶的氧化铁(磁铁矿)组成的链状磁小体结构。(C)电磁感应假说可能是某些海洋生物磁感应的一个选择。由于海水十分有利于传输电流,所以当导电材料在不平行于磁场的任何方向移动时,就会导致带正电荷和负电荷的粒子迁移到物体的相对两侧而产生一个电压,称为"霍尔效应"。而鲨鱼等的特殊电感受器官洛伦齐尼瓮能够检测并响应生物体通过方向偏离的稳态磁场时导致的电荷电位异常。(D)磁受体假说认为,CRY 和磁受体(MagR,即 ISCA1 铁硫蛋白)两者形成的复合物共同构成生物指南针。该假说在信鸽中研究较多。注:虽然 CRY 和 MagR 蛋白都是广谱表达,但有研究认为其在鸟类视网膜细胞中的表达与磁感应相关。

藻，也是放氧型的光合生物，在水体和土壤中广泛存在。以拟南芥（*Arabidopsis*）为代表的陆地维管植物是多细胞真核生物，可以通过叶肉等组织细胞内的叶绿体进行放氧型的光合作用。分子演化研究结果提示，植物和绿藻可能起源于 12 亿前的一个共同绿色系祖先，而绿色系生物（绿藻和陆生植物）、红藻（*Rhodophytes*）和灰胞藻（*Glaucophytes*）的共同祖先可能是 16 亿年前蓝细菌与一种真核细胞发生内共生后演化出来的真核光合生物。

光合作用是由一系列的光物理、光化学和生物化学步骤耦联起来的复杂过程，可以分为四个主要步骤（图 12-18）：①色素分子吸收光子能量并产生一种激发电子态；②色素分子的激发态能量逐级传递并被反应中心俘获，用于驱动电荷分离和电子跨膜转运，并最终形成跨膜的电化学梯度和还原型能量物质以储存后续生物合成所需的能量；③放氧复合物催化水分子裂解，放出氧气和质子；④光合作用前期产生的高能电子和化学能被用于碳固定过程，从而将大气中的二氧化碳转化为还原态的产物，并进一步用于合成有机化合物分子。因为本章内容主要侧重在生物大分子与光的相互作用，因此侧重介绍前两个步骤。后两个步骤的具体细节请参考生物化学相关教科书。

从本质上来说，光合作用过程中涉及光子吸收和电子传递等关键步骤都是量子力学事件，因而我们需要应用量子力学的一些基础概念和原理来理解光合作用的物理学基础。量子理论早期的一个主导思想是波粒二象性，即光和物质在特定的实验条件下会显示出根据宏观经验描述的粒子状（particle-like）或波状（wave-like）的性质。光可以被认为是光子的集合，其中光子的能量 E 与光的波长 λ 之间的关系可以通过以下公式描述：$\lambda = hc/E$，其中 h 为普朗克常量（Planck constant），c 是光速。根据这个关系式，我们知道光子能量越小，光的波长越长；光子能量越大，光的波长越短。色素分子吸收光波的波长与分子尺寸有关，通常分子越大，吸收波长越长（知识窗 12-4）。

在光合作用过程中，色素分子作为约束电子的"盒子"而发挥吸收光能和传递激发能的作用，并且可以作为传递电子的载体。色素分子是一类不同于蛋白质、核酸、糖类或脂质的有机化合物分子，需要通过一套复杂的生物合成过程来生成。图 12-19A 显示光合作用过程中最重要的几种色素分子的化学结构。这些光合色素中最广为人知的是叶绿素，它与血红蛋白中的血红素都具有相似的卟啉环结构。不同色素分子的共

图 12-18 光合作用过程中的四个主要步骤

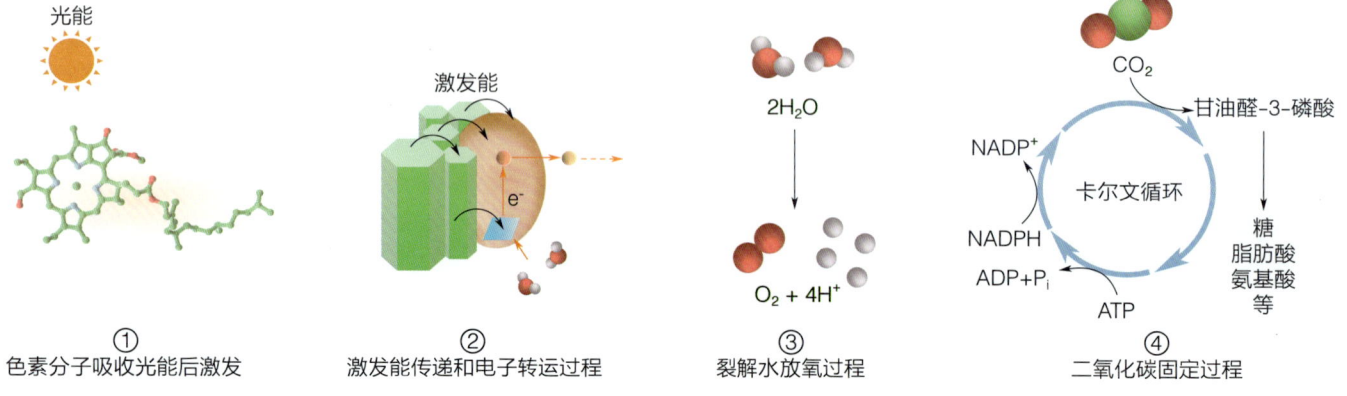

① 色素分子吸收光能后激发　② 激发能传递和电子转运过程　③ 裂解水放氧过程　④ 二氧化碳固定过程

知识窗 12-4

分子尺寸与吸收波长的关系

为了理解分子尺寸与吸收波长（或能量）之间的关系，我们可以试着将分子简化为约束电子的盒子模型。根据海森堡不确定性关系式：$\Delta p \Delta x \approx \hbar$（$\hbar = \dfrac{h}{2\pi}$，$p$为动量，$x$为位置），一个粒子的位置和动量无法同时被确定。如果电子被约束在一个尺寸$\Delta x = a$的区域，将$p \approx \hbar/a$代入$E = \dfrac{p^2}{2m}$（$p = mv$，$E = \dfrac{1}{2}mv^2 = \dfrac{p^2}{2m}$，其中$p$是电子的动量，$m$是质量，$v$是电子的速度，$E$是电子的能量），得到$E \approx \dfrac{\hbar^2}{2ma^2}$。从这个关系式中，我们可以了解到分子尺寸与约束能（或该分子吸收光的波长）有关：分子尺寸越大，约束能就越小，所吸收的光的波长也就越长。

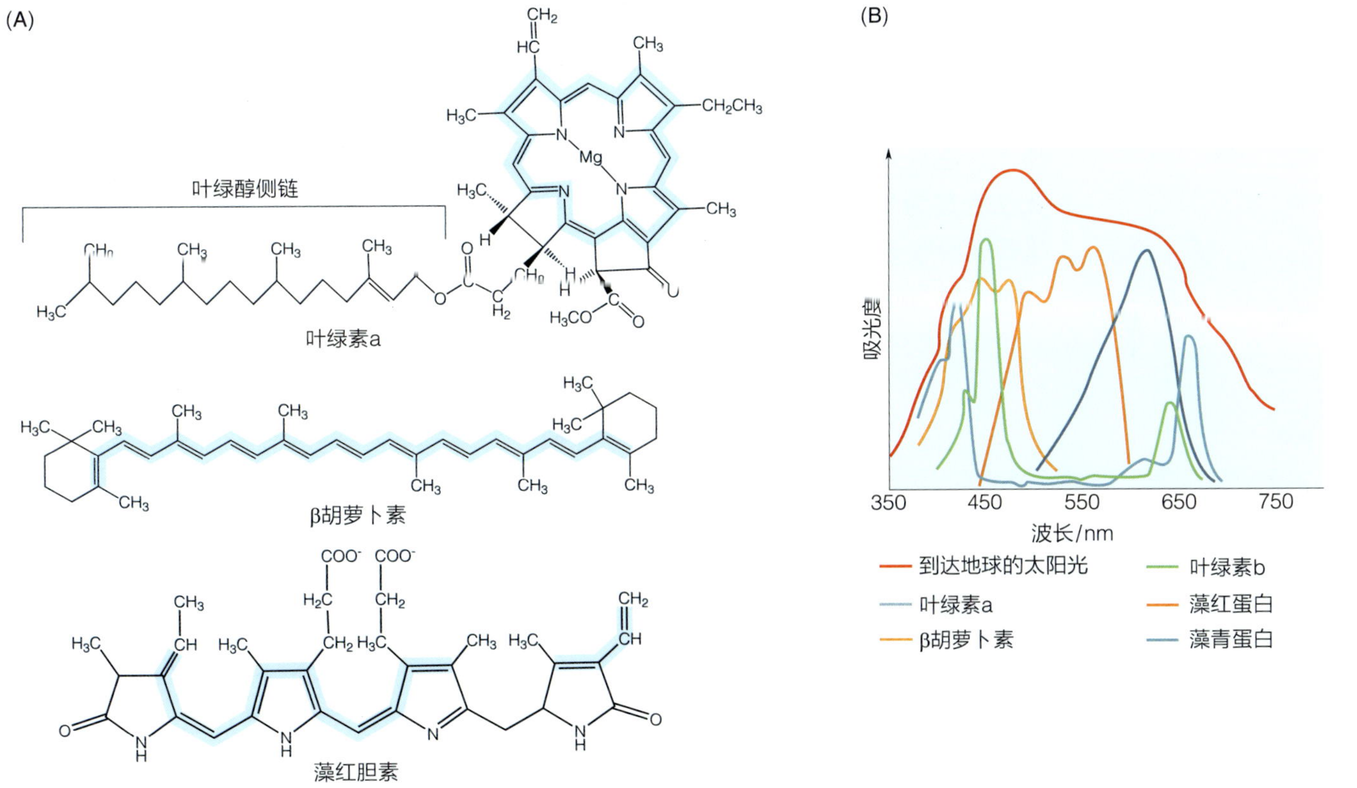

图 12-19 光合作用中吸收光能的色素分子（**A**）叶绿素a、β胡萝卜素和藻红胆素（phycoerythrobilin）的化学结构。浅蓝色阴影覆盖区为各个分子中的共轭π体系。（**B**）不同色素分子的吸收光谱。对于叶绿素a来说，其吸收峰为660 nm（红区）和430 nm（蓝区），而在绿色区段（495～570 nm）的吸收很低，因而呈现为绿色。

同特征是它们都含有一个相对较大的共轭双键体系。这些分子波函数中结合的电子能够在共轭体系π轨道中自由移动。

色素分子共轭体系的大小决定了其中结合的π电子的能级。不同色素分子会显示出具有各自特征的吸收光谱（图12-19B）。色素分子吸收光的波长与分子能级态之间的能量差值有关，其关系可通过以下方程描述：

$$hc/\lambda = E_2 - E_1 \qquad (12\text{-}27)$$

将色素分子中的电子从较低能级的HOMO分子轨道激发到下一个更高能级的LUMO分子轨道所需的最小激发能经常被称为HOMO-LUMO差值，其中HOMO指最高已占据的分子轨道（highest occupied molecular orbital），LUMO指最低未占据的分子轨道（lowest unoccupied molecular orbital）。通常色素分子中共轭原子数越多，HOMO-LUMO差值越小，将电子从最高已占据的能态激发到最低未占据的能态所需要吸收光的波长越长（图12-20）。这个经过简化的用于描述共轭原子数目与吸收光波长之间关系的模型，是为了方便大家理解色素分子盒对可激发电子的约束如何决定其能级和吸收光的波长。只有更细致地考虑色素分子的多种量子力学特征，才能更好地与实际数据吻合。

色素分子中的电子吸收光子的能量被激发后，激发能需要逐级传递给反应中心，诱导电荷分离的发生和驱动电子转运过程，进而形成跨膜的质子电化学梯度，从而将能量以充了电的"生物电池"形式储存。跨膜的质子电化学梯度可以驱动ATP合酶合成ATP，另外电子传递过程还会产生还原型的能量物质，如NADPH。如图12-21所示，色素分子中激发态电子的能量可能以四种不同的方式被转换（其中前两种方式无法直接为光合作用过程中的生物合成贡献有用的能量）：①以热能的形式耗散掉；②以比吸收光波长更长的光子形式放出荧光；③电子激发态能量的传递，通常指发生在捕光复合物中色素分子之间的激发能传递，以及捕光复合物的激发能向反应中心色素分子传递的过程；④在光合反应中心发生的电荷分离以及电子从供体侧分子向受体侧分子逐步传递。

激发能在色素分子之间传递的过程是光合作用捕光过程中的重要步骤。一个单独的色素分子1 s所能吸收的光子只有数十个［详细的计算和推导过程见罗布·菲利普斯（Rob Phillips）等编写的《细胞的物理生物学》（Physical Biology of the Cell, 2nd ed, 2012: 736-737）。注：一个叶绿素分子的截面边长约1 nm，截面积约为1 nm²，在1000 W/m²的光照下约有2500个光子能够撞击到单个叶绿素分子，其中只有1%的光子能够被色素分子吸收］。如果反应中心特殊对叶绿素分子只能通过光子的直接撞击而激发的话，那么整个光合作用体系在大部分时间里是空闲的，效率会很低。然而，实际情况是光合生物通过利用一个被

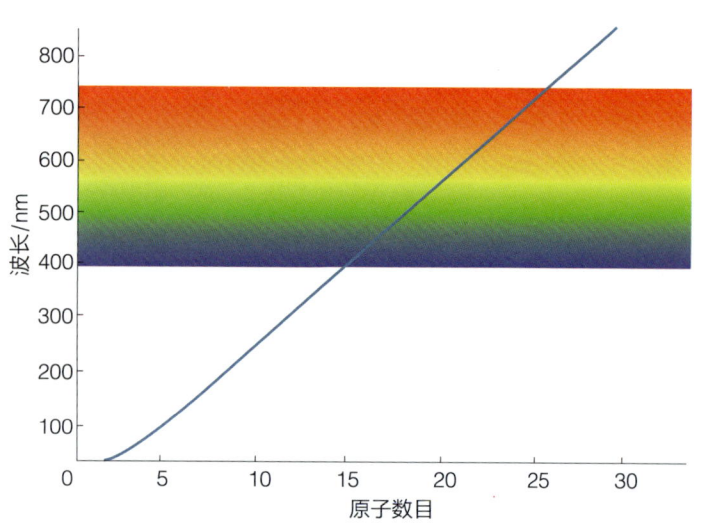

图12-20 色素分子原子数与吸收光波长之间的关系图
该图显示将一个色素分子简化为一个线性的原子链模型（原子间距设定为0.1 nm），用于计算HOMO-LUMO差值，进而使用该能级差值来计算相应的波长。

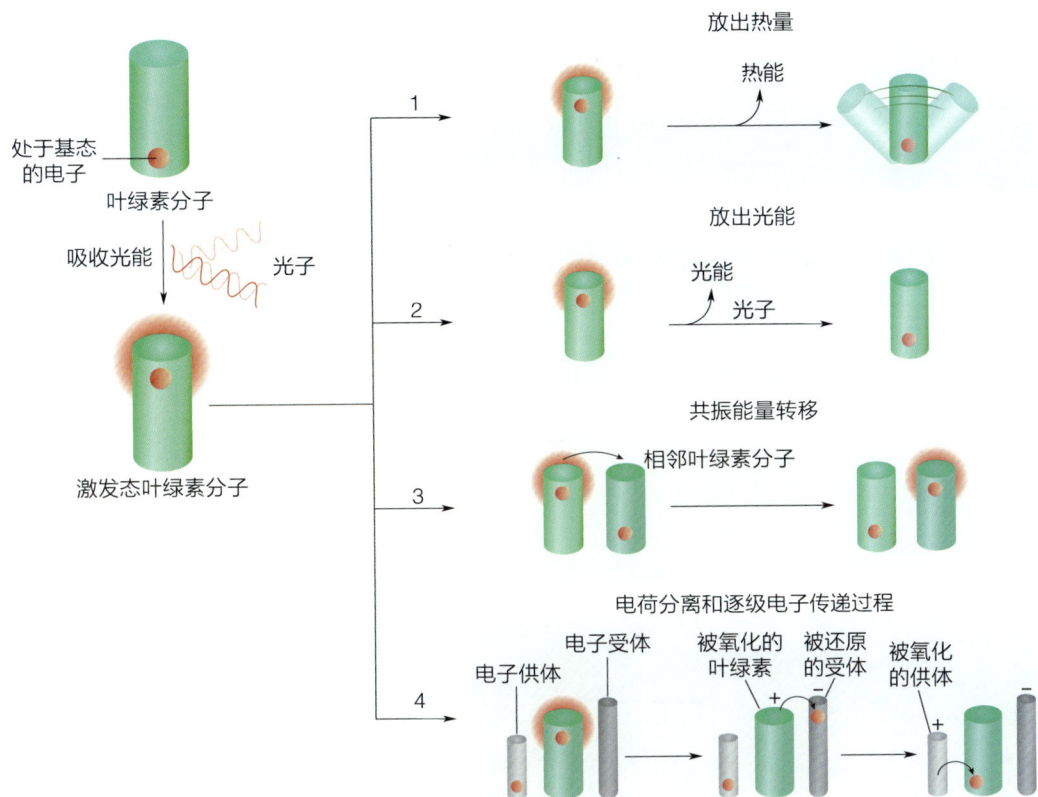

图 12-21 叶绿素分子吸收光子后被激发,其激发态电子能量有四种不同的衰竭方式

途径 1 和 2 分别是通过放热和发光来耗散能量;途径 3 是在天线复合物内部的叶绿素分子之间,或从天线复合物向反应中心传递能量;途径 4 是在反应中心进行的电荷分离及电子传递过程。

称为共振能量传递的量子过程来显著提高激发能传递给反应中心的效率,从而使得反应中心特殊对叶绿素能够获得外周天线复合物传递的激发能,增加其被激发的频率。

早期的一个经典定量分析实验结果表明,一种绿藻 Chlorella 每产生一个氧气分子(O_2)需要约 300 个叶绿素分子。图 12-22 显示与 Chlorella 近缘的莱茵衣藻(Chlamydomonas reinhardtii)叶绿体中的光系统Ⅱ(photosystemⅡ,PSⅡ)与捕光复合物Ⅱ(light-harvesting complexⅡ,LHCⅡ)形成的 PSⅡ-LHCⅡ 超复合物、PSⅠ与 LHCⅠ和 LHCⅡ形成的 PSⅠ-LHCⅠ-LHCⅡ 超复合物的三维结构。从中可以看到,大多数的叶绿素分子是分布在反应中心的外周,由捕光天线复合物结合。天线复合物中的数百个叶绿素分子中的每一个都可以吸收撞击到的光子能量并将激发能传递给相邻的色素分子(最终传给反应中心特殊对叶绿素),这样就可以大大增加反应中心的有效吸收截面积。虽然紫细菌、蓝细菌、藻类和植物通过相似的原理捕获光能和传递激发能,但其天线复合物存在较大的差异,其色素组成也各有不同,使得它们能够吸收不同波长的光,以适应不同的生存环境。

对于一对给定的激发能供体和受体色素分子,如果其距离和朝向已知,我们可以通过经典的 Förster 共振能量传递公式来估计其能量传递速率:

$$W_{DA} = \frac{C_{DA}}{n^4} \cdot \frac{k^2}{R^6} \text{。} \tag{12-28}$$

其中,W_{DA} 为从供体分子向受体分子传递激发能的速率(为激发态寿命时间常数 τ 的

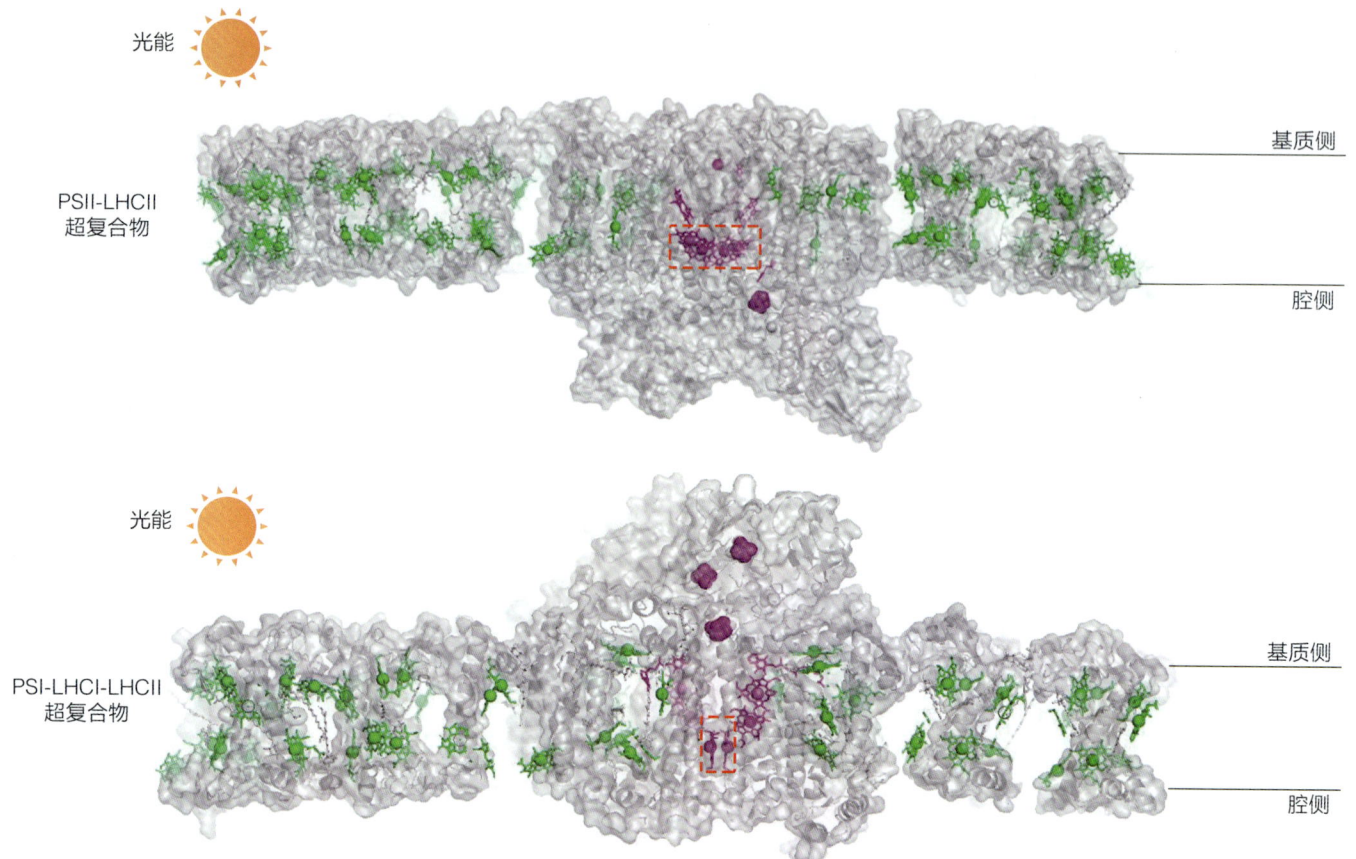

图 12-22 绿藻 PSⅡ-LHCⅡ 和 PSⅠ-LHCⅠ-LHCⅡ 超复合物中大量的叶绿素分子发挥捕获光能和为反应中心提供激发能的作用

PSⅡ-LHCⅡ 和 PSⅠ-LHCⅠ-LHCⅡ 结构图是基于蛋白质数据库（PDB）中的数据制作的（PDB 编号：6KAD，7DZ7）。PSⅡ-LHCⅡ 和 PSⅠ-LHCⅠ-LHC 复合物的实际大小分别约为 32 nm × 25 nm ×（5~11）nm 和 26 nm × 17 nm ×（5~9）nm。绿色，天线叶绿素分子；紫色，反应中心中的电子传递链（其中特殊对叶绿素位于红色虚线方框中）；PSⅡ-LHCⅡ 超复合物中位于腔侧的成簇球状模型为参与裂解水分子放出氧气的锰簇（Mn_4CaO_5），基质侧的单个球状模型为非血红素铁；PSⅠ-LHCⅠ-LHCⅡ 超复合物中位于基质侧的三个成簇球状模型为铁硫簇（Fe_4S_4）；银色，蛋白质和类胡萝卜素。

倒数），C_{DA} 是包含了供体发射谱和受体吸收谱重叠函数的系数，k 为朝向因子（与供体和受体之间的相对朝向有关），n 为介质的折射率（refractive index），R 为供体与受体分子之间的距离。值得注意的是，当供体与受体色素分子之间的距离接近色素分子本身尺寸的情况下，通过 Förster 共振能量传递公式计算得到的能量传递速率很可能不准确，需要发展和应用其它方法才能得到更准确的计算结果。

光合作用反应中心的特殊对叶绿素分子直接接收光子激发，或者在从天线叶绿素接收到能量激发后会发生电荷分离，释放出的高能电子沿着电子传递链中的载体分子逐级传递，最终将受体侧的醌分子或 $NADP^+$ 等还原。植物、藻类和蓝细菌这些放氧型的光合生物中含有 PSⅡ 和 PSⅠ 两个光系统，它们的反应中心都可以在光能的激发下发生电荷分离并进行电子传递，二者之间由细胞色素 b_6f 联系起来，形成一个被称为 Z 式的线性电子传递过程，可以实现从水分子到 $NADP^+$ 的电子传递过程（图 12-23）。

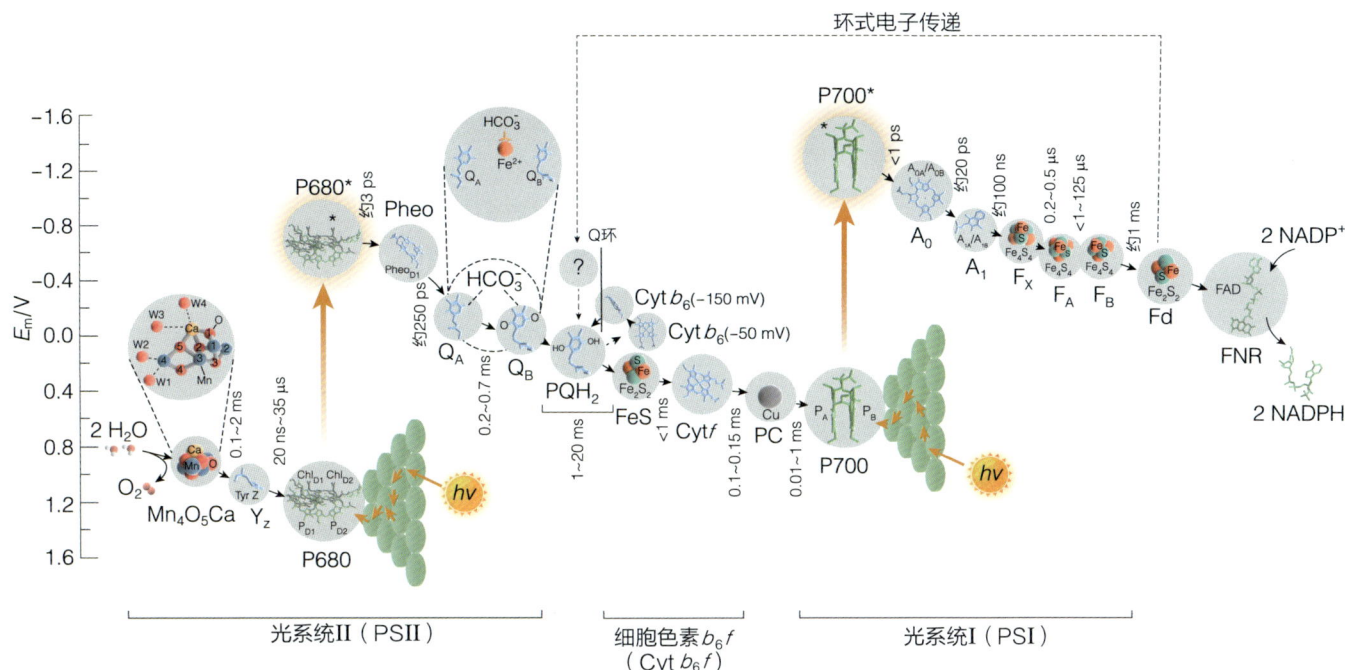

图 12-23 放氧型光合生物中发生的从水分子到 NADP⁺ 的 Z 式电子传递过程

该过程由两个光系统（PS Ⅱ 和 PS Ⅰ）以及细胞色素 b_6f 中的电子传递体共同参与。纵轴显示电子传递体的平衡中点氧化还原电位（pH 7 条件下的 E_m）。图中箭头附近标注大致的各步骤电子传递过程的时间常数。缩略词：Mn_4O_5Ca，锰簇复合物；Y_Z，有氧化还原活性的酪氨酸残基（Tyr Z）；P680，PS Ⅱ 中的原初电子供体，包含四个叶绿素 a 分子，即 P_{D1}、P_{D2}、Chl_{D1} 和 Chl_{D2}；P700，PS Ⅰ 中的原初电子供体，由两个叶绿素 a 分子 P_A 和 P_B 组成；P680* 和 P700*，P680 和 P700 的第一个单线激发态；Pheo，脱镁叶绿素，PS Ⅱ 的原初电子受体是 $PheoD_1$；Q_A 和 Q_B，初级和次级质体醌电子受体；PQ 和 PQH_2，可移动的质体醌和质体醌醇分子；FeS，Rieske 铁硫蛋白；Cyt f，细胞色素 f；PC，质体蓝素；A_0，PS Ⅰ 的原初电子受体；A_1，叶绿醌（维生素 K）分子；F_X、F_A 和 F_B，PS Ⅰ 中结合的铁硫簇；Fd，铁氧还蛋白；FNR，铁氧还蛋白 -NADP⁺ 还原酶。（改编自 Shevela D, et al. eLS, 2021, 2: 1-20）

在光合反应中心或细胞色素 b_6f 内部发生的电子传递过程中，激发态电子从一个载体分子传递到相邻的载体分子，而相邻载体分子之间距离最近的也有 5 Å，有些相邻电子载体分子间的距离甚至可达 10~26 Å。这意味着在载体分子之间没有发生物理接触的情况下也可以进行电子传递。这一现象可以通过量子隧穿效应（quantum tunneling effect）理论来解释（知识窗 12-5）。

对于处在基态的电子，其能量接近于 0，隧穿长度可估计为 $\xi \approx 0.2/\sqrt{V_0}$（单位：nm），其中 V_0 是以电子伏特（eV）为单位的势阱深度。因而，隧穿长度依赖于约束能的大小，约束能越大，隧穿长度越小。

接下来我们以一个理想化的一维分子盒子模型为例，解释隧穿过程如何在分子中发生。如图 12-24 所示，在这个一维模型中，分子势能是通过两个相邻的方形阱状势能来描述。这个模型与一些简单的双原子分子特征相符，比如 H_2 及其它更普遍的异核分子。当考虑到隧穿在一个分子的两个不同部分发生时，我们需要将受体和供体当作两个具有不同深度的阱来处理。如此，隧穿可以解释为如果一个电子开始是受限于其中一个阱中，随时间变化它会以有限的概率定位于另一个阱中。

知识窗 12-5

隧穿效应

隧穿是量子力学预测的最违反直觉的效应之一。就宏观经验而言,隧穿就像是一个人高速冲向一堵墙并穿过墙到达墙的另一面,没有发生与墙的碰撞而受伤。基于量子设置条件,这个效应可以理解为一个处于有限约束力的势阱盒子中的粒子具有一定的概率(非零)出现在盒子的外面。对于经典物理学而言,这是不可能发生的,因为根据能量守恒原则,粒子要离开无限约束的势阱需要具有比势阱深度大的能量。如果违背这个原则,会导致离开势阱的粒子具有负的动能。

为了更好地理解隧穿效应,我们需要利用海森堡不确定性原理。如果粒子在盒子内被发现,其位置的不确定性由隧穿的长度 ξ 设定,而其动量的不确定性可通过海森堡不确定性原理公式给出:$\Delta p \approx \hbar/\xi$。对于从盒子中逃离的粒子,其所具有的动量能够补偿势阱深度 V_0 与它本身能量 E 之间的差值,那么:

$$\frac{p^2}{2m} \approx \frac{1}{2m}\left(\frac{\hbar}{\xi}\right)^2 \approx V_0 - E, \quad (12\text{-}29)$$

在这个公式中,动量 p 是根据其不确定性 Δp 来估计的。基于这个公式,可以得到以下式子:

$$\xi \approx \frac{\hbar}{\sqrt{2m(V_0-E)}}。 \quad (12\text{-}30)$$

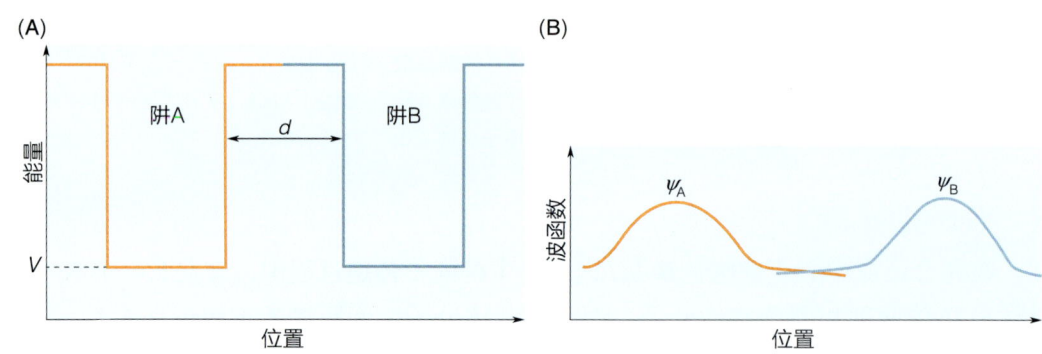

图 12-24 一维的分子盒子模型
(**A**)含有两个间距为 d 的势阱的分子。(**B**)该分子的总分子波函数是两个"原子"波函数(与上述单独的势阱相对应)的线性组合。Ψ_A 和 Ψ_B 分别是指代两个"原子"的波函数。量子颗粒的波函数 $\Psi(x) = A\cos kx + B\sin kx$,其中 A、B 和 k(波数,wavenumber)为常数。

图 12-24B 中的分子总波函数可以近似为两个不同"原子"波函数的加和,即 $\Psi_{tot} = \alpha_A \Psi_A + \alpha_B \Psi_B$,其中 α_A 和 α_B 分别为与两个波函数对应的未知权重系数。就隧穿而言,两个波函数的重叠度决定两个势阱之间发生隧穿的程度,其积分变量可以描述如下:

$$H = -V\int_0^a \mathrm{d}x \Psi_A^*(x)\Psi_B(x), \quad (12\text{-}31)$$

其中,V 是势阱的深度(如图 12-24A 所示)。隧穿速率(k)与该积分变量的平方成正比:$k \propto H^2$。进一步展开我们可以得到以下公式:

$$k = \frac{2\pi}{\hbar} H^2 F^2 \rho e^{-2\kappa d}, \quad (12\text{-}32)$$

其中，F 是一个依赖于距离的参数因子，ρ 是可及能态的密度，d 是供体与受体之间的距离，κ 为衰减长度常数。通过这个公式可以定量估计电子隧穿的速率和时间常数。

供体和受体之间的电子传递速率会受到环境波动的影响。上述一维模型描述的是供体和受体势阱对齐的理想情况下发生的电子隧穿。在实际的分子中，供体和受体的能级会有所不同，电子载体周围溶剂的热起伏会导致势阱的改变。环境起伏的时间尺度通常比隧穿的时间短（更快）。因而，电子传递的净速率 $k_{et} = kp_T$，其中 p_T 指供体受体对处于势阱对齐的过渡态的概率，k 是指在过渡态中从供体到受体的隧穿速率。

植物和绿藻、红藻、蓝细菌等主要通过光合作用合成有机物（固定二氧化碳），作为自身和其它异养生物可利用的能量。一些原始的古菌则进行非放氧型的光合作用（见 12.4.2 节和其它相关资料）。

光合生物需要从环境中易于获得的供体分子中获取电子。水分子（H_2O）与硫化氢（H_2S）或其它常见的电子供体相比具有明显的优势，这是因为它在环境中含量更丰富且浓度非常高。但水分子很稳定，可见光的光子所携带的能量小于水裂解所需要的能量。为了应对这个问题，自然界演化出的蓝细菌（以及藻类和植物）中的 PS II 可以将 4 个可见光光子的能量合起来用于催化水的裂解。从水中获得的电子最终被传递给 NADPH，作为固碳所需要的还原剂。同时，光合作用前期的电子传递过程产生质子浓度梯度，ATP 合酶在跨膜质子电化学梯度能量的驱动下合成 ATP。NADPH 和 ATP 合起来提供能量用于驱动将二氧化碳转化为有机物的生物化学反应（见图 12-18）。

12.4.2 微生物对光的吸收与感应

太阳光是地球能量的源泉，在上节中我们介绍了植物，尤其是维管植物和真核藻类，如何通过光合作用吸收太阳光，并将之转化为化学能。事实上，在演化的早期阶段，地球上很多原始的生命类型就能够吸收太阳光。很多微生物，例如古菌（archaea）和细菌（bacteria），都可以进行光合作用，但它们中的很多物种进行光合作用的方式与维管植物、藻类有很大的不同。本小节将首先介绍微生物的一种特殊的光合作用模式。

一些自然的盐湖或人工晒盐场，常常呈现出鲜艳的粉红色（图 12-25A）。这种颜色来自一类嗜盐古菌——盐杆菌属（*Halobacterium*）。这个属的古菌有着特殊的细胞膜结构，可以在高盐浓度的水体中存活。盐杆菌是一类自养古菌，它们能够通过光合作用产生自身所需的能量。而盐杆菌呈现出的粉红色，正是来自它用来吸收太阳光的色素蛋白——细菌视紫红质（bacteriorhodopsin）。细菌视紫红质中的蛋白质称为细菌视蛋白（bacterio-opsin）。细菌视蛋白是

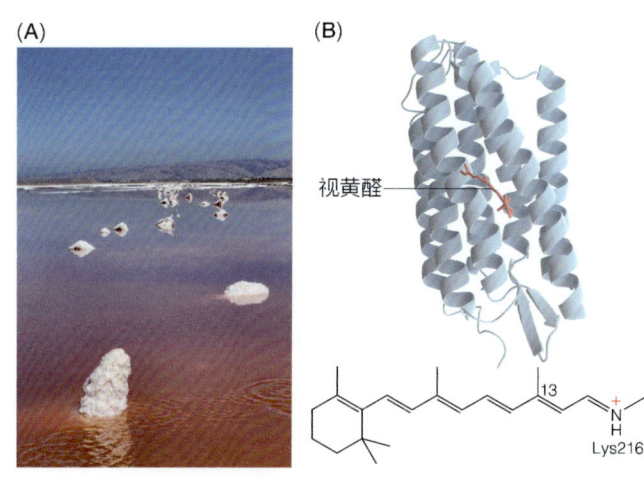

图 12-25 盐杆菌与细菌视紫红质
（A）美国加州 Alviso Marina 公园的盐湖。（B）细菌视紫红质（PDB 编号：1R2N）。细菌视蛋白与全反式视黄醛形成席夫碱。（A，尤然惠赠）

一种7次跨膜的膜蛋白，它本身并没有颜色。细菌视蛋白需要与一种小分子色素——视黄醛（retinal）共价结合形成细菌视紫红质，才能高效地吸收可见光（图12-25B）。上节介绍了植物光合作用依赖的主要色素虽然是叶绿素，但也有其它很多色素参与，如β胡萝卜素。β胡萝卜素经过β胡萝卜素-15,15'-单加氧酶（β-carotene-15, 15'-monooxygenese）从中间对称裂解，即形成2分子的视黄醛。与叶绿素、胡萝卜素等植物中常见的色素分子类似，视黄醛也是一种包含多个共轭双键的化合物。在12.4.3节中我们会看到，动物视觉系统中的感光色素也是视黄醛。生物体感知环境中的信号，大多直接通过蛋白质本身，例如响应机械力的机械力敏感离子通道（见第11章）、响应电位的电压门控离子通道（见12.2节）、响应温度的温度敏感型离子通道（以TRP通道为代表）、响应化学物质的嗅觉受体和味觉受体等。但是为什么生物感光需要依赖于小分子化合物而不是蛋白质自身呢？这是因为蛋白质的吸收峰主要集中在近紫外波段（峰值约在280 nm），而太阳光最高的照度位于可见光区。共轭双键体系能够在可见光区产生较强的吸收，因此在生物演化中不同物种都采用了包含大量共轭双键的小分子化合物作为感光色素。

与细菌视蛋白结合的视黄醛为全反式视黄醛（all-trans retinal），即所有双键两侧的碳均处在反式位置上。在细菌视紫红质中，细菌视蛋白第216位的赖氨酸残基中的胺基与全反式视黄醛中的碳氧双键反应形成碳氮双键，称为席夫碱（Schiff base）（图12-25B）。细菌视紫红质的席夫碱的酸离解常数（pK_a）约为13，在接近中性的生物细胞体系中，席夫碱上的氮原子是质子化的（带1个H^+），这也是为什么这一结构被称为"碱"的原因。利用瞬时吸收光谱技术，人们对细菌视紫红质的光循环（photocycle）机制进行了深入研究，发现细菌视紫红质吸收光子后经历了如下状态改

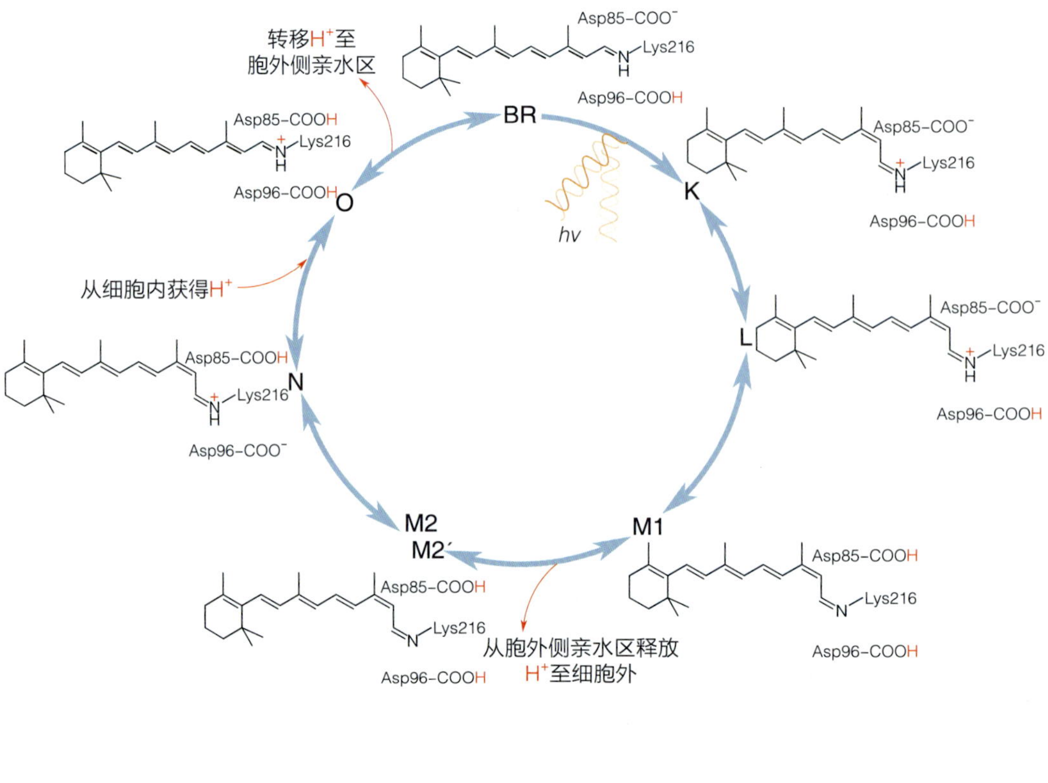

图 12-26 细菌视紫红质的光循环
图中BR为细菌视紫红质的基态，其余中间态详见正文描述。

变（图 12-26）：①视黄醛发生异构化（isomerization），其第 13 位由反式变为顺式，即 13-顺视黄醛。这种状态称为细菌视紫红质的 K 态。细菌视紫红质由基态（BR）向 K 态转变是小分子化合物的光异构反应，速度极快，所需时间在 ps（10^{-12} s）数量级。② K 态中的 13-顺视黄醛处在一种高能量的扭曲状态，引发细菌视蛋白的构象变化（同时 13-顺视黄醛自身的化学键角度也会发生一定改变），使细菌视紫红质进入 L 态。从 K 态向 L 态的转变涉及蛋白质构象变化，速度比光异构反应慢，所需时间在 μs（10^{-6} s）数量级。③这种构象变化会改变邻近视黄醛结合位点的一个保守的天冬氨酸残基 Asp85 中羧基的 pK_a。Asp85 位于靠近细胞膜外侧，在基态时，Asp85 的羧基 pK_a 较低，不结合质子，带负电荷。细菌视紫红质进入 L 态之后，Asp85 的 pK_a 升高，从形成席夫碱的 Lys216 上夺去一个质子。此时，Lys216 和 Asp85 均不再携带电荷，细菌视紫红质进入 M1 态。④失去质子的 Lys216 会发生旋转，使其氮原子朝向细胞内侧，准备重新接受质子，此时细菌视紫红质进入 M2 态。⑤细菌视紫红质靠近细胞膜外侧有一个亲水的区域。这个区域附近有若干酸性的氨基酸残基（如谷氨酸），因此 pH 较低。Asp85 与这个酸性的亲水区域有耦联作用，Asp85 的质子化会促使这个区域中的 1 个质子被释放进细胞外液，细菌视紫红质进入 M2′ 态。⑥ Lys216 靠近细胞膜内侧有一个天冬氨酸 Asp96，基态时 Asp96 的羧基上结合有质子，这个质子距离 Lys216 较远，难以转移到 Lys216 上。细菌视紫红质发生构象变化后，水分子进入 Lys216 和 Asp96 之间的空间，Asp96 的羧基与水分子结合后，pK_a 降低，质子更容易解离。同时通过这些水分子的传递，Asp96 的质子转移到 Lys216 上，此时 Asp96 与 Lys216 分别带负电荷、正电荷，细菌视紫红质进入 N 态。⑦ 13-顺视黄醛重新异构化，变回全反式视黄醛，这种异构化有两个作用：第一，Asp96 附近的水分子被驱离，Asp96 羧基的 pK_a 重新升高，结合质子能力增强；第二，Lys216 旋转，远离 Asp96，Asp96 无法从 Lys216 上取回质子。因此，几乎在视黄醛异构化发生的同时，Asp96 从细胞内获得一个质子，重新质子化。此时细菌视紫红质进入 O 态。⑧进入 O 态后，Asp85 的 pK_a 重新降低，因此释放一个质子到靠近细胞膜外侧的酸性亲水区域，细菌视紫红质回到基态，一个光循环完成。步骤③至⑧涉及蛋白质构象较大幅度的变化以及质子的传递，速度较慢，在 10 μs 至 10 ms 数量级。

可以看出，细菌视紫红质每完成一个光循环，就将一个质子由细胞膜内转移到细胞膜外。因此，细菌视紫红质本质上是一个光激活的质子泵。在光照下，盐杆菌的细胞膜两侧将产生质子浓度梯度。盐杆菌的细胞膜上分布有 F 型 ATP 酶。质子通过 F 型 ATP 酶流入细胞内，提供能量，驱动 F 型 ATP 酶的"分子马达"转动，合成 ATP。可以看出，盐杆菌的光合作用与植物不同，并不裂解水释放氧气，这称为非放氧型的光合作用。盐杆菌光合作用的机制，与线粒体内膜的呼吸作用类似，都是先产生质子浓度梯度，再利用质子浓度梯度合成 ATP，暗示了地球产生生命初始，自养、异养的能量代谢途径的同源性。

盐杆菌的色素蛋白的生理功能是吸收太阳光的能量，进行光合作用。还有一些微生物，比如衣藻，可以通过特殊的色素蛋白完成其它生理功能。衣藻是一类真核藻

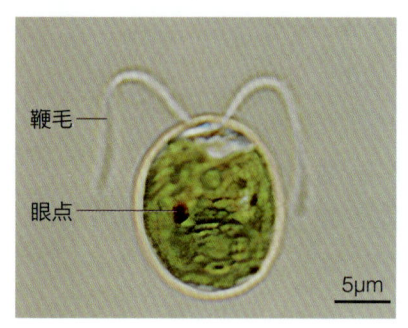

图 12-27 衣藻的眼点与鞭毛
(陶慧和潘俊敏惠赠)

类,其细胞内有叶绿体,通过上节介绍的经典方式完成光合作用。但光除了作为衣藻的能量来源之外,还可以影响衣藻的运动。衣藻是一种运动能力很强的微生物,它长有两根鞭毛,通过鞭毛的摆动快速"游泳"。光照可以调控鞭毛的摆动,使衣藻产生趋光性(或负趋光性),从而寻找适应自身光合作用的最佳光强,提高能量吸收的效率。衣藻中感受光照强度的结构是"眼点"(图 12-27)。眼点的膜上分布着大量的光敏感通道蛋白——通道视紫红质(channel rhodopsin)。顾名思义,光敏感通道蛋白本身是一种离子通道。研究表明,它是一种非选择性阳离子通道,H^+、Na^+、K^+、Ca^{2+} 都可以流过光敏感通道蛋白的孔道。其中,H^+ 的渗透性远超过其它阳离子。根据之前介绍的 GHK 电压方程(见 12.1.2 节)我们可以推测,光敏感通道蛋白的平衡电位受 H^+ 浓度影响很大。实验表明,在接近自然条件的弱碱性环境中(pH = 7.6),光敏感通道蛋白的平衡电位约为 −20 mV,因此光敏感通道开放会使得膜电位去极化。但如果将环境的 pH 升高到 9.0,光敏感通道蛋白的平衡电位就接近 −120 mV。与细菌视紫红质相同,光敏感通道中的感光色素也是全反式视黄醛,全反式视黄醛也是通过席夫碱结构与赖氨酸残基共价结合,光照同样会使全反式视黄醛异构化为 13-顺视黄醛。视黄醛的光异构化会引发蛋白质构象变化,打开光敏感通道的孔道,产生光电流。光电流影响衣藻运动,主要是通过钙离子。光敏感通道开放以后,钙离子流入细胞内。钙离子可以通过调控微管动力蛋白(dynein)的活性,影响鞭毛的运动。不同的光照条件如何改变衣藻两根鞭毛附近的钙离子浓度,从而精细地调控衣藻的向光性,目前还不完全清楚,仍有待研究。

对微生物感光的研究不仅对微生物学有重要意义,也推动了神经科学的发展,详细内容参见知识窗 12-6。

12.4.3 动物视觉系统中的光转导

动物需要实时收集环境信息,做出快速的响应。在各种模态中,视觉图像包含的信息量较为丰富,是重要的感觉信息。例如人类,大部分日常生活中的行为都依赖于视觉信息。即使是对于一些传统上认为视觉并不十分发达的动物,例如小鼠,视觉信息也是非常重要的。研究表明,小鼠社交、导航、觅食、逃避天敌等对生存至关重要的行为,都有视觉的参与。小鼠大脑中,视皮层面积约占全部皮层面积的 12%,与嗅皮层面积大致相当,远大于听皮层的面积。不同动物类群感受光的分子机制类似,因此本节主要以脊椎动物为例,介绍动物感受光的分子机制。

在脊椎动物的视觉系统中,直接感受光的细胞主要是视网膜上的感光细胞(photoreceptor cell)。感光细胞有视锥细胞(cone)与视杆细胞(rod)两种。视杆细胞中的色素蛋白复合物是视紫红质(rhodopsin)。动物中的视紫红质和 12.4.2 节介绍的古菌中参与光合作用的细菌视紫红质高度同源。从它们的命名中就可以看出,视紫红质是先被发现的。19 世纪德国生理学家弗朗茨·博尔(Franz Boll, 1849—1879)注

知识窗 12-6

微生物感光研究对神经科学的意义

对微生物视紫红质、光敏感通道的研究，不仅加深了我们对微生物如何吸收、感应光的理解，也给科学界带来了一次意外的"惊喜"。德国生物物理学家格奥尔格·纳格尔（Georg Nagel）在研究衣藻时，将光敏感通道蛋白表达在体外培养的动物细胞中，发现也可以产生光电流。他意识到或许可以将光敏感通道表达在动物的神经系统中，用以操纵特定神经元的活性。美国神经科学家卡尔·迪赛罗斯（Karl Deisseroth）最早在动物神经系统中实现了这个想法。迪赛罗斯实验室筛选了一系列源自微生物的光控离子泵、离子通道，发现嗜盐菌视紫红质（halorhodopsin，一种氯离子泵，与细菌视紫红质类似）和 2 型通道视紫红质（channel rhodopsin-2）在动物神经细胞中应用效果最好。被光激活后，嗜盐菌视紫红质可以超极化细胞的膜电位，而 2 型通道视紫红质可以去极化细胞的膜电位，因此实现了对神经活性的双向控制。这种技术，现在称为光遗传学（optogenetics）。光遗传学技术的发明，使得人们可以灵活地操纵特定脑区、特定类型的神经元，极大地推动了神经科学的发展。之前人们可能从来没有想到，对微生物的研究会对理解大脑的认知功能有重要意义。光遗传学的价值不仅限于基础研究领域。将微生物的光敏通道表达在因感光细胞损伤而失明的患者的视网膜神经节细胞中，可以使原本不能直接感光的视网膜神经节细胞具备感光能力，从而让这些失明患者恢复一定的视力。这一疗法目前已经获得临床批准。30 多亿年的生物演化为科学技术的发展提供了一个巨大的宝库，常常在意想不到的地方显示出它们的价值，这再次提醒我们保护生物资源多样性的重要性。

意到，青蛙的视网膜中有一层粉红色的色素在持续光照下会被漂白，在暗处又会逐渐恢复，他据此推测这种色素就是视网膜上的感光色素。之后大量的研究证实了他的推测。与细菌视紫红质相同，视紫红质也是蛋白质（即视蛋白，opsin）与视黄醛通过席夫碱结构共价结合的产物。但是与细菌视紫红质不同的是，在暗光下与视蛋白结合的视黄醛是 11-顺视黄醛（11-*cis* retinal），而不是细菌视紫红质中的全反式视黄醛。在光照下，11-顺视黄醛发生光诱导的异构反应，转变为全反式视黄醛，同时引发蛋白质构象变化。经过一系列中间体，视紫红质最终会进入变视紫红质 II 的状态（metarhodopsin II），变视紫红质 II 会激发下游的生化反应，产生电信号。变视紫红质 II 是一种不稳定状态，视黄醛与视蛋白形成的席夫碱会发生水解，视黄醛从视蛋白上脱离，此时视蛋白不再能够感光。这就是为什么持续光照下视紫红质会被漂白。游离的全反式视黄醛会被紧贴感光细胞的视网膜色素上皮细胞（retinal pigment epithelial cell）回收，通过一系列酶促反应，重新转化为 11-顺视黄醛，然后与视蛋白结合，形成视紫红质，开始新的光循环。

视紫红质在光照下产生信号的方式与微生物中的感光色素有很大不同，它既不是细菌视紫红质那样的离子泵，也不是光敏通道蛋白那样的离子通道。视紫红质并不能直接产生电荷的移动，而是通过激活下游的生化信号通路产生电流（图 12-28）。在真核生物中，大部分 7 次跨膜蛋白都是 G 蛋白耦联受体（G-protein coupled receptor，

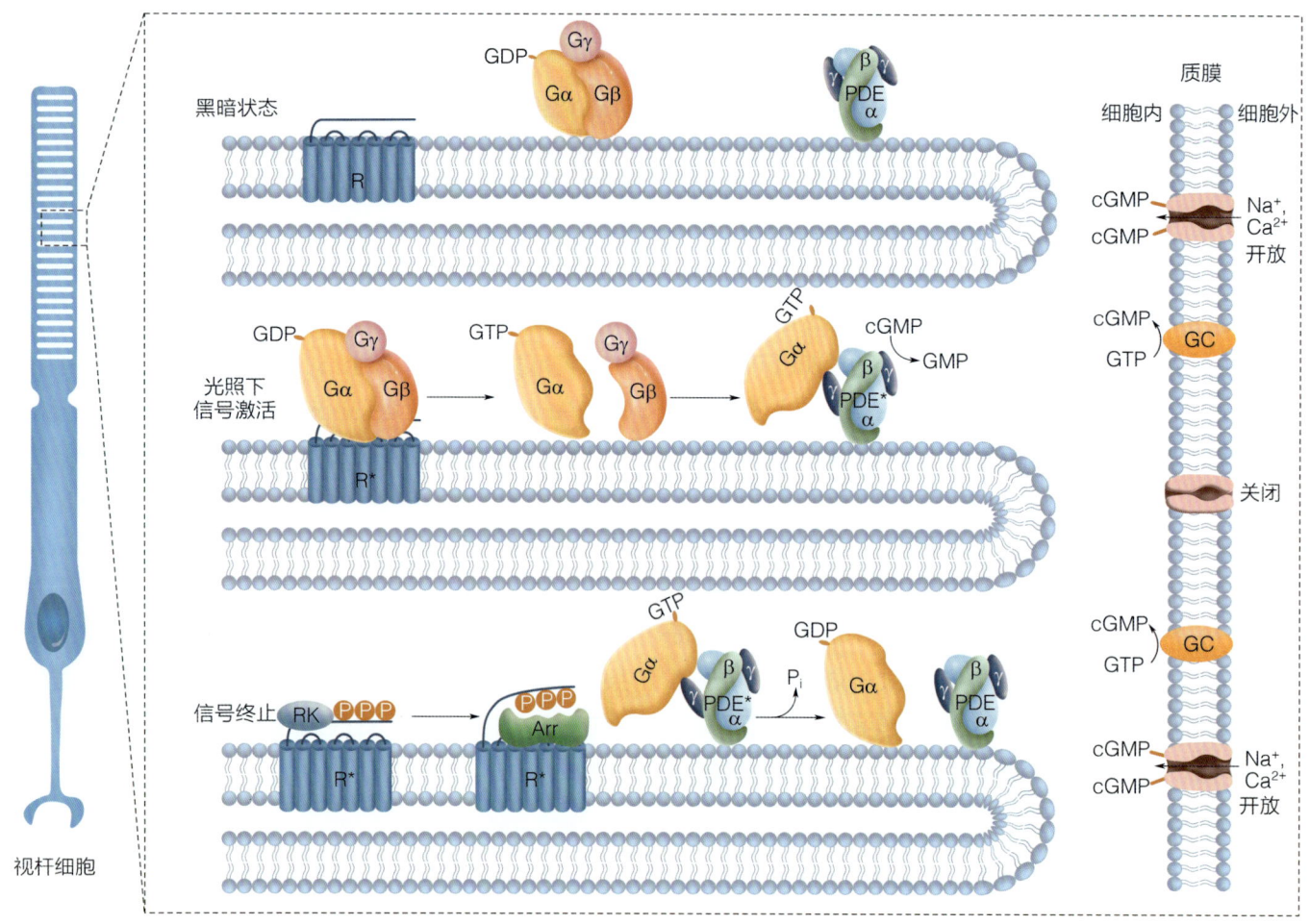

图 12-28 脊椎动物视觉中光转导机制示意图

R，视紫红质；RK，视紫红质激酶；Arr，制动蛋白；PDE，磷酸二酯酶；GC，鸟苷酸环化酶。

GPCR），视紫红质就属于这一类受体。与视紫红质相结合的 G 蛋白是转导蛋白（transducin）。转导蛋白是一种三聚体 G 蛋白。视紫红质中的视黄醛在光的诱导下发生异构反应之后，会激活转导蛋白，释放出其 α 亚基。转导蛋白的 α 亚基会激活环鸟苷酸磷酸二酯酶（cGMP phosphodiesterase，cGMP PDE），降解环鸟苷酸（cGMP）。暗光状态下，视杆细胞中的鸟苷环化酶（guanylyl cyclase）催化合成 cGMP，cGMP 会开启细胞膜上的环核苷酸门控离子通道（cyclic nucleotide-gated ion channel，CNG channel）。视杆细胞中的环核苷酸门控离子通道是钠通道和钙通道，因此在暗处，视杆细胞会有一个持续地流入细胞内的电流，称为暗电流（dark current），细胞膜维持在较为去极化的状态（约 –40 mV）。光照下 cGMP 被 cGMP PDE 降解，一部分环核苷酸门控离子通道关闭，暗电流减小，细胞膜超极化。至此，光信号被转化为电信号，这一过程称为光转导（phototransduction）。

动物的视紫红质的光循环与细菌视紫红质的光循环有一点显著不同，即在视紫红质中，由激发状态（变视紫红质 II）向基态的转变依赖于视黄醛从视蛋白中水解脱离，而不是像细菌视紫红质中那样，视黄醛可以直接在视蛋白中异构化成基态时的形式。变视紫红质 II 的水解是一个非常缓慢的过程，通常需要几秒至几分钟，这将使下游信号通路在光照消失后长时间内仍处于被激活状态，显然不能满足快速响应视觉信息的需要。视杆细胞中有额外的机制确保变视紫红质Ⅱ产生的信号是瞬时的。变视紫红质Ⅱ激活转导蛋白后，转导蛋白会激活视紫红质激酶（rhodopsin kinase）。视紫红质激酶会磷酸化变视紫红质Ⅱ的特定位点，这些位点的磷酸化会使变视紫红质Ⅱ与制动蛋白（arrestin）结合。与制动蛋白结合后，变视紫红质Ⅱ就不再能继续激活转导蛋白，从而实现了视觉光转导的快速终止。

除了视杆细胞之外，另一类感光细胞是视锥细胞。视锥细胞中表达与视杆视蛋白属于同一家族的视锥视蛋白。不同视锥视蛋白与视黄醛结合后，吸收峰值不同。例如，人类视网膜中有3种视锥视蛋白，和视黄醛结合后所形成的色素的吸收峰分别位于蓝色（约 420 nm）、绿色（约 530 nm）、橙色（约 560 nm）区段，每个视锥细胞表达其中一种视蛋白。视锥细胞是动物产生色觉的基础。人因为具有三种视锥细胞，拥有三色视觉。很多鸟类和爬行类动物除了有吸收峰为蓝色、绿色、红色的视锥细胞之外，还有吸收峰位于紫外波段的视锥细胞，因此具有四色视觉。除一部分灵长类动物（如人）之外，大部分哺乳动物都只有两种视锥细胞，因此拥有二色视觉。例如小鼠有紫外和绿色两种视锥细胞，狗有蓝色和橙色两种视锥细胞。视锥细胞的感光色素灵敏度比视杆细胞低，主要在光线充足的白天发挥作用，在弱光条件下（如夜晚），动物依靠视杆细胞获得视觉。因此动物在夜晚是看不到颜色的。

光信号在感光细胞中转化为电信号，通过突触向下游的双极细胞（bipolar cell）传导。双极细胞进一步将信号传导至视网膜神经节细胞（retinal ganglion cell，RGC）。RGC 的轴突最终进入大脑，将信号传递至大脑内的视觉中枢。人们发现，有一类 RGC，不需要感光细胞输入，自身就能对光产生响应，称为内在光敏视网膜神经节细胞（intrinsically photosensitive RGC，ipRGC）。ipRGC 表达黑视蛋白（melanopsin）。黑视蛋白与视蛋白同源，也是与 11-顺视黄醛结合，通过视黄醛的光异构反应产生信号。但是黑视蛋白激活的下游信号通路与视蛋白不同，它是结合 Gq 蛋白，从而激活经典的磷酸酯酶 C（phospholipase C，PLC）信号通路，最终开放细胞膜上的 TRPC 离子通道并释放内质网里的钙离子。有趣的是，ipRGC 采用的这条信号通路与无脊椎动物（如昆虫）视觉系统的信号转导方式相同。ipRGC 主要投射到视交叉上核。经典的工作认为，ipRGC 不参与形成图像的视觉，而是在生物节律的调控中发挥至关重要的作用。最近的研究揭示，ipRGC 不仅参与生物节律的调控，在其它生理过程中很可能也有功能，具体机制有待进一步研究。

※ 本章小结

本章探讨了生物大分子与电、磁、光三个重要物理因素的相互作用。

生物细胞产生和感应电场，主要依靠离子通道。12.1 节和 12.2 节对离子通道的动力学及其结构基础进行了详细分析。其中，理解离子通道动力学的核心是 GHK 电流密度方程和霍奇金-赫胥黎方程。在神经科学的实际应用中，经常将离子通道的电流、电压关系近似成线性方程，但是读者需要知道的是，非线性的 GHK 电流密度方程才是对离子通道动力学的准确描述。对于离子通道的结构，需要重点理解离子选择性和电压门控的结构基础。其中结构生物学所发现的离子通道的电压门控机制，与根据霍奇金－赫胥黎方程做出的预测十分吻合，体现了定量生物物理学的强大力量。

生物体内的分子大多具有较弱的抗磁或顺磁性，通常只有在外加强磁场（大于 1 T）的情况下才能表现出来。虽然在生物生存的自然界中并不存在这样的强磁场，但是人类早已开始利用生物大分子的磁性实现很多医学上的应用。其中最经典的一个例子就是利用血红蛋白在结合氧气之后由抗磁性变为顺磁性，通过磁共振技术检测不同组织的血氧水平。在弱磁场方面，和生物最为相关的就是地磁场。有很多行为学证据表明，生物有能力感受地磁场，但其机制尚无定论。12.3 节的知识窗中列举了流行的四种生物感受地磁场的假说。这四种假说目前都有很大争议，是未来生物磁学研究的重要方向。

光作为一种电磁波，是地球生物依赖的最重要的能量源泉，也为生物的生存提供了丰富的环境信息。12.4 节系统介绍了植物光合作用中光能的吸收以及之后产生的电子传递过程。读者需要重点理解这一复杂生物物理过程中的多种量子力学效应，如量子隧穿效应对电子传递的影响等。本节还介绍了微生物与脊椎动物的感光机制，两者具有高度的同源性。读者需要侧重理解光能被色素分子吸收后，如何在色素分子－蛋白质复合物中产生光循环，从而将光能转化为生物化学信号。

※ 思考题

1. 相对于钾通道和钠通道，钙通道产生的电流相对更加偏离线性方程，需要用 GHK 电流密度方程才能得到合理的解释，为什么？

2. 离子通道孔道中的疏水氨基酸残基有什么作用？如果孔道中大部分区域都是选择性过滤器，可以对离子有更强的选择性，但这样会对离子通道的功能有什么负面的影响？

3. 决定电压门控离子通道动力学的关键，是霍奇金－赫胥黎方程组中速率常数 α、β 随膜电位变化的方程［式（12-16）至式（12-26）］。如何利用电压钳实验确定这些方程中的参数？

4. 动作电位作为变化的电流，由于电磁感应，会产生磁场。一个神经元发放动作电位时产生的磁场强度是什么数量级？和地磁场相比如何？

5. 光子的能量与波长的关系可通过 $E = hc/\lambda$ 方程来描述，其中普朗克常量 $h = 6.626 \times 10^{-34}$ J·s，真空中的光速 $c = 3 \times 10^8$ m·s^{-1}。①对于一个叶绿素分子来说，其截面积约为 1 nm^2，如果入射光的波长 $\lambda = 500$ nm，能量通量（energy flux）为 1000 W·m^{-2}，那么每秒照射到一个叶绿素分子表面的光子数是多少？②实际情况下，每 100 个光子中只有 1 个能被叶绿素分子吸收并将其激发，那么在上述条件下每秒叶绿素分子能够被光子激发多少次？③请基于计算结果展开讨论：光合作用体系如何通过外周捕光天线复合物的作用来提高反应中心特殊对叶绿素激发的频率？

6. 脊椎动物视锥细胞中的视蛋白有不同突变，因此具有不同的吸收光谱，从而产生色觉。不同动物的视锥细胞种类数量不同，通常为 2~4。与此相比，动物用于感受化学物质的嗅觉受体通常有几百至一千多种（人有约 400 个嗅觉受体）。这是否意味着动物分辨气味的能力一定强于分辨颜色的能力？你认为为什么两种感觉系统的受体数量会有这么大的差别？

※ 扩展阅读

图书
Shevela D, Kern J F, Govindjee G, et al. Photosystem II[Z]. eLS, 2021, 2(7):1-16.

综述
Fain G L, Hardie R, Laughlin S B. Phototransduction and the evolution of photoreceptors[J]. Curr Biol, 2010, 20(3):R114-R124.

研究论文
Armstrong C M. Interaction of tetraethylammonium ion derivatives with the potassium channels of giant axons[J]. J Gen Physiol, 1971, 58(4):413-437.

Bi G Q, Poo M M. Synaptic modifications in cultured hippocampal neurons: dependence on spike timing, synaptic strength, and postsynaptic cell type[J]. J Neurosci, 1998, 18(24):10464-10472.

Bowman J L, Kohchi T, Yamato K T, et al. Insights into land plant evolution garnered from the *Marchantia polymorpha* genome[J]. Cell, 2017, 171(2):287-304.

Boyden E S, Zhang F, Bamberg E, et al. Millisecond-timescale, genetically targeted optical control of neural activity[J]. Nat Neurosci, 2005, 8(9):1263-1268.

Doyle D A, Cabral J M, Pfuetzner R A, et al. The structure of the potassium channel: molecular basis of K^+ conduction and selectivity[J]. Science, 1998, 280(5360):69-77.

Hodgkin A L, Huxley A F. Currents carried by sodium and potassium ions through the membrane of the giant axon of *Loligo*[J]. J Physiol, 1952, 116(4):449-472.

Hodgkin A L, Huxley A F. The components of membrane conductance in the giant axon of *Loligo*[J]. J Physiol, 1952, 116(4):473-496.

Hodgkin A L, Huxley A F. The dual effect of membrane potential on sodium conductance in the giant axon of *Loligo*[J]. J Physiol, 1952, 116(4):497-506.

Hodgkin A L, Huxley A F. A quantitative description of membrane current and its application to conduction and excitation in nerve[J]. J Physiol, 1952, 117(4):500-544.

Hodgkin A L, Huxley A F, Katz B. Measurement of current-voltage relations in the membrane of the giant axon of *Loligo*[J]. J Physiol, 1952, 116(4):424-448.

Long S B, Campbell E B, Mackinnon R. Crystal structure of a mammalian voltage-dependent Shaker family K^+ channel[J]. Science, 2005, 309(5736):897-903.

Pan X, Li Z, Zhou Q, et al. Structure of the human voltage-gated sodium channel

Na$_v$1.4 in complex with β1[J]. Science, 2018, 362(6412):eaau2486.

Toro-Nahuelpan M, Giacomelli G, Raschdorf O, et al. MamY is a membrane-bound protein that aligns magnetosomes and the motility axis of helical magnetotactic bacteria[J]. Nat Microbiol, 2019, 4(11):1978-1989.

Wiltschko R, Wiltschko W. Magnetoreception in birds[J]. J R Soc Interface, 2019, 16(158):20190295.

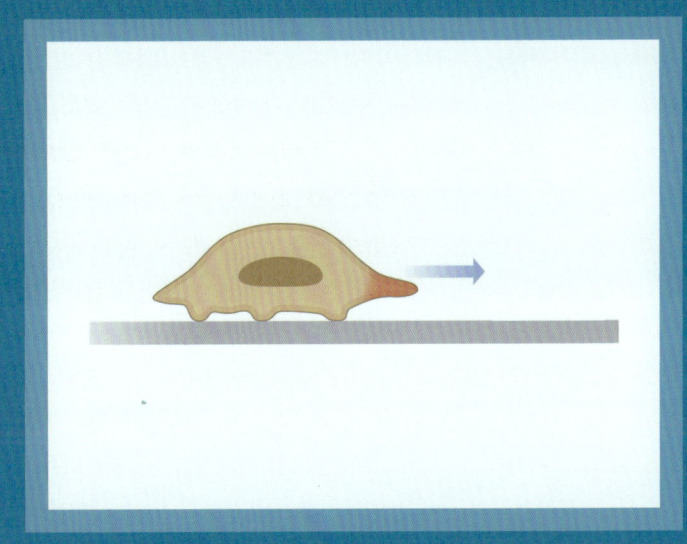

第三部分
细胞生物物理

　　生物学领域的蓬勃进展无疑深化了我们对生命奥秘的洞悉，也对人类社会产生了深远影响。然而，知识的加速增长，亦伴随着人类认知的迷茫与挑战。在生物学课堂上，学生们时常被浩如烟海的专业术语与错综复杂的生理过程所包围。不少学生将此种体验喻为探索之旅中的困惑：究竟掌握多少细节，才是真正理解了某一生物系统？我们又该如何界定探索的生物系统边界？首先，我们必须认识到生物学知识的内在价值，它们往往在研究工作和应用实践中起到决定性的作用（例如药物研发中的靶点识别）。然而，正如仅凭记忆复杂的飞机构造图并不能等同于真正掌握空气动力学的精髓，对生命现象的理解也应超越表面知识的堆砌，深入到规律与理论的探索之中。教科书的核心使命之一，便是引导学生突破细分领域与知识碎片堆砌而成的"困境"，通过构建系统而连贯的概念框架，厘清生物学过程的基本法则，从而触及生命本质的真谛。作为本书"细胞生物物理"部分的编纂者，我们以一些重要细胞生物学过程为范例，着重介绍其背后的物理生物学规律，这与经典的细胞生物学教材是显著不同的。

本部分包括四章内容。第13章"细胞迁移与组织形态发生",从物理力学的独特视角深入剖析细胞迁移的规律。细胞迁移是细胞整体的行为,其中的物理和力学过程主要体现在细胞骨架和细胞质膜等细胞结构的动态变化中。因此,第14章和第15章将分别介绍细胞骨架和生物膜的生物物理性质和动态变化的基本规律,揭示细胞内部结构支撑与边界调控的基本原理。第16章"细胞区室化",聚焦于各种有膜和无膜细胞器的功能和性质,并对其发生过程和功能的生物物理基础进行介绍和讨论。每章的内容均分为两大核心部分:首先,引入生物学中的关键现象、过程或结构;随后,引入简明而有力的数理模型,对前述内容进行精准描述与预测,彰显数学模型在生命科学研究中的巨大作用。我们希望,这些章节不仅能够让具有生物学背景的读者受益,或至少觉得有趣,增添其研究视角的广度与深度,同时也能激发来自数学、物理或力学等领域的读者发现自己在生物学探索中的用武之地,共同推动科学边界的拓展与融合。

13

细胞迁移与组织形态发生

在发育、免疫应答和伤口愈合等重要的生理过程中，多种类型的细胞会进行迁移。细胞迁移也是疾病研究的关注重点，例如肿瘤转移就与肿瘤细胞的迁移密不可分。细胞迁移由物理或化学信号触发。细胞在接收这些信号后，细胞骨架（详见第 14 章）等产生响应，从而完成细胞的整体位移。细胞是构成复杂组织的基本单元，细胞迁移与变形是组织形态发生的微观机制。本章将分别介绍单细胞和群体细胞的迁移模式，并从力学角度分析细胞迁移和组织形态发生的调控机理。

13.1 单细胞迁移

单个细胞通过协调细胞骨架并与周围环境相互作用，获得驱动力并最终发生位移的过程叫作单细胞迁移。单细胞迁移的类型主要有以成纤维细胞为代表的间充质样迁移（mesenchymal migration）和以白细胞为代表的阿米巴样迁移（amoeboid migration）（图13-1）。前者在发育过程和肿瘤转移的上皮－间充质样转变中发挥作用，后者与免疫应答、伤口愈合等重要的生理病理过程密切相关。本章将分别介绍这两类迁移的过程和分子机制，并给出相应的物理模型。

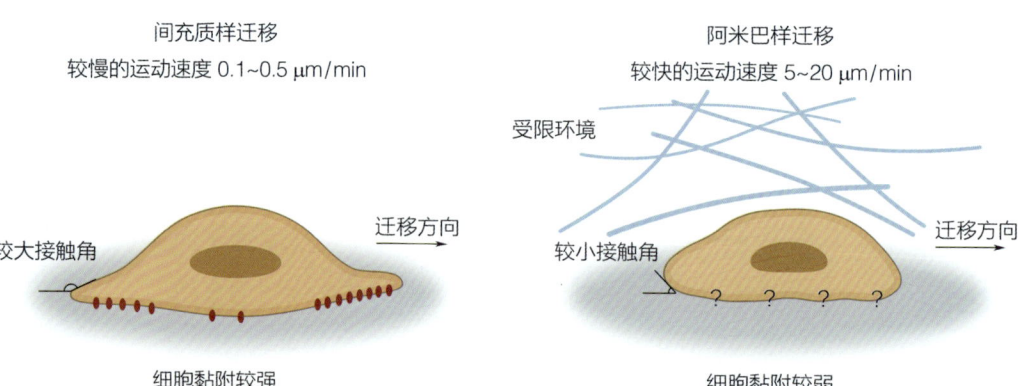

图13-1 间充质样迁移和阿米巴样迁移

间充质样迁移具有细胞与外基质黏附较强、细胞迁移较慢、细胞表面与基底接触角较大等特点。而阿米巴样迁移具有细胞和基底黏附较弱、细胞迁移较快、细胞表面与基底接触角小等特点。某些肿瘤细胞在受限环境中会转变为阿米巴样迁移。

13.1.1 间充质样迁移

多种类型的结缔组织细胞，如成纤维细胞、成骨细胞、成软骨细胞和脂肪前体细胞等，呈现间充质样细胞的形态，细胞较为铺展，与外基质形成较强的黏附。间充质样迁移包含多个步骤（图13-2）：首先细胞发生极化形成迁移前缘，前缘伸出富含微丝细胞骨架的突起（例如板状伪足和丝状伪足）；在细胞前缘处，新的细胞-细胞外基质黏附结构形成；而在细胞尾部的黏附结构发生解聚，使得细胞后部得以向前回缩，进而实现整个细胞体往前缘方向的位移。复杂的细胞信号转导影响细胞的极化，细胞的前缘和尾部分别经历不同的生化过程，细胞骨架、囊泡和一些细胞器的分布产生改变，参与调控细胞迁移的方向。

细胞板状伪足（lamellipodia）（图13-3A）是一种呈薄片状、平行于细胞底面的细胞突起，常见于迁移活跃的间充质样细胞。板状伪足内含有近似二维排列的微丝骨架网络，这一网络由Arp2/3复合物在细胞膜

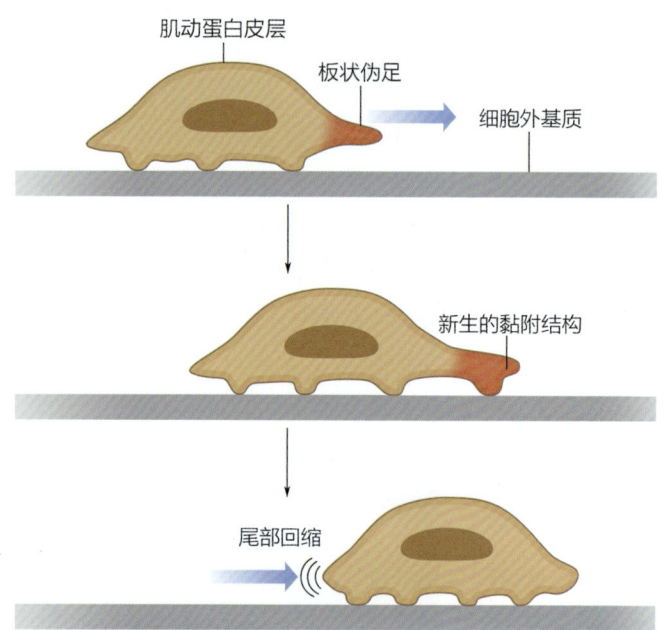

图13-2 间充质样细胞的迁移步骤分解

细胞向迁移前部伸出突起；在细胞前缘形成新的细胞-细胞外基质黏附结构；而在细胞后部的黏附结构发生解聚，细胞后部进而缩回，以实现整个细胞体往前缘方向的迁移。

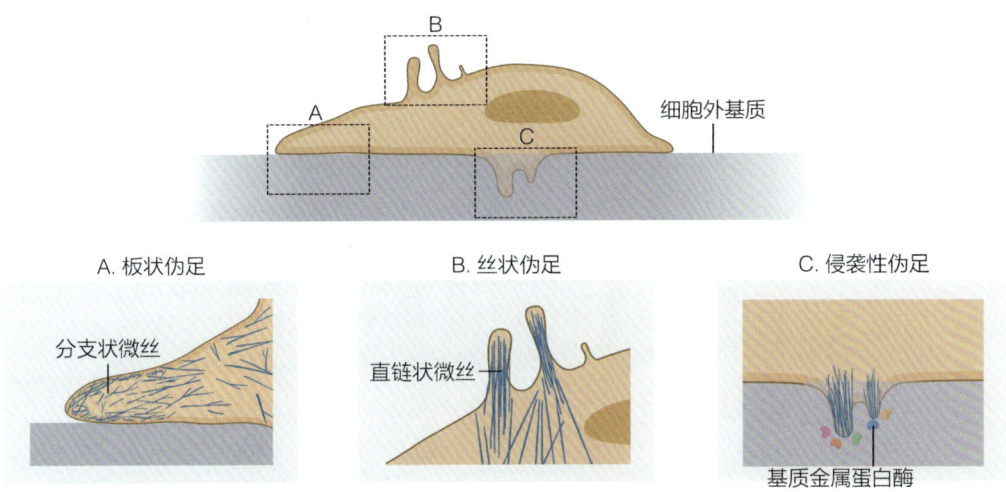

图 13-3 板状伪足、丝状伪足和侵袭性伪足示意图

附近启动分支状微丝的成核与聚合而形成。研究者将板状伪足与细胞体分离后，发现脱离了细胞核和大部分细胞器的板状伪足可以自由爬行，这一现象体现出执行迁移的细胞组分具有高度的自组装特性。细胞丝状伪足（filopodium）（图 13-3B）呈现手指样或丝状形态，也富含微丝骨架，但其形成可不依赖 Arp2/3 复合物和分支状微丝，而由直链状微丝形成。一些侵袭性癌细胞还能产生侵袭性伪足（invadopodium）（图 13-3C），这也是一种富含微丝骨架的细胞突起结构，主要功能是通过分泌基质金属蛋白酶使细胞外基质局部降解，以利于细胞穿过基底膜等细胞外屏障。

间充质样细胞的前缘突起与细胞外基质之间可以形成黏着斑等黏附结构，这些黏附结构能够传递机械力和化学信号。整合素是介导细胞–外基质黏附结构形成的重要蛋白质，它们通过形成跨膜的异二聚体，介导细胞与细胞外基质之间的机械连接。细胞外基质中的配体与细胞膜上的整合素受体结合，改变整合素的构象并使其激活。激活的整合素暴露出踝蛋白（talin）等衔接蛋白的结合位点。踝蛋白等蛋白质结合整合素，并连接微丝骨架和肌球蛋白，实现从细胞外到细胞内的机械力传递。细胞–外基质连接具有高度的动态性，能响应外基质的刚度和密度，进行机械力转导，其机制可用分子离合器模型（molecular-clutch model）进行解释。在这一模型中，微丝的聚合推向细胞膜，并在细胞膜抵抗和肌球蛋白收缩的双重作用下形成朝向细胞内部的肌动蛋白回流，微丝–衔接蛋白–整合素–细胞外基质被看成是一种分子离合器，细胞–外基质连接处的机械力转导被类比为发动机不同轴之间的动态连接（图 13-4）。当分子离合器的各组件产生接合时，传递到细胞外基质的力会抵抗肌球蛋白的收缩力，减缓肌动蛋白朝向细胞中心的回流，并促进肌动蛋白向细胞边缘聚合，支撑细胞突起。

13.1.2 阿米巴样迁移

阿米巴样迁移是一种快速的细胞运动模式，由富含肌动蛋白的伪足、静水压产生的胞泡（bleb）和高度收缩的尾足（uropod）驱动，其特征是对基底的黏附较弱，很

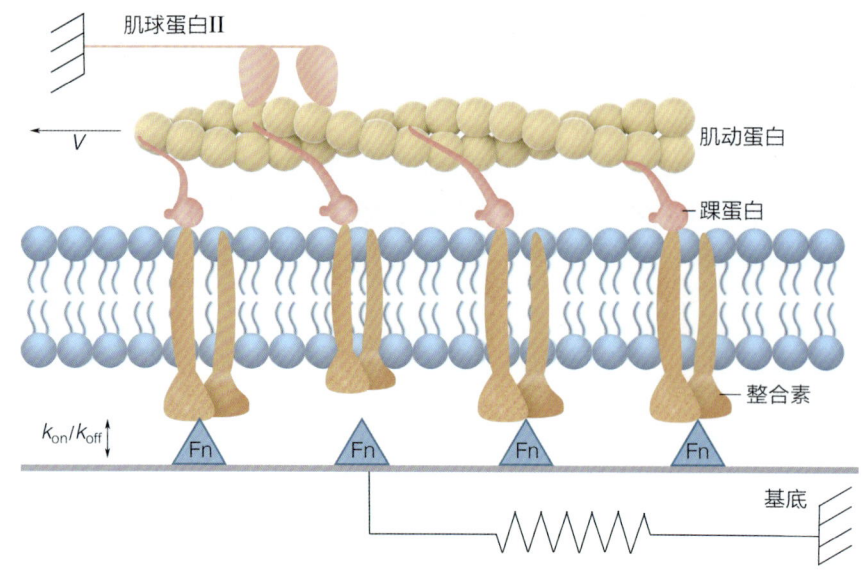

图 13-4 分子离合器模型
在分子离合器模型中，肌球蛋白收缩牵引肌动蛋白以速率 v 移动。收缩力通过踝蛋白、整合素等分子传导到基底。基底硬度的不同以及分子结合/解离（k_{on}/k_{off}）的差异会导致细胞-外基质黏附呈现动态的断开/连接变化，类似于离合器的工作模式，因此得名。Fn，细胞外基质蛋白。

少或没有细胞外基质降解。变形虫和淋巴细胞、白细胞、树突状细胞和部分癌细胞表现出阿米巴样迁移。

胞泡也是一种细胞膜的突起。皮质肌动蛋白收缩或破裂导致其与细胞膜短暂分离，形成突出于细胞体的鼓泡。然后细胞质从细胞体流向新形成的胞泡并使其膨胀。胞泡在扩张过程中不含肌动蛋白，其表面积的增加通过细胞膜从肌动蛋白皮质剥离和脂质对流共同实现。一旦扩张减慢，肌动蛋白皮质就会重建，并为胞泡的回缩过程提供动力（图 13-5）。胞泡是细胞运动、分裂和凋亡过程中细胞形态学的共同特征。

通过对变形虫和淋巴细胞的形态学研究，提出了阿米巴样迁移的"溶胶-凝胶动力学"假说。在这种机制中，液化的细胞质通过物理肿胀等可能机制驱动细胞前部的伸出，而细胞质凝固和相关的收缩机制造成细胞后部的收缩。在这种类型的细胞运动中，牵引力可能由细胞进行阿米巴样迁移时的剧烈形变所介导。细胞形变造成其与三维环境中的纤维网络产生物理接触，从而可以为细胞运动提供支撑。

许多迁移细胞类型可以在间充质和阿米巴样迁移模式之间切换。体外实验结果表明，细胞内在因素（如黏附分子水平低和细胞收缩性高）和外在因素（如受限环境和不利于细胞黏附的底物）等都可以促进细胞从间充质样迁移转变为阿米巴样迁移。

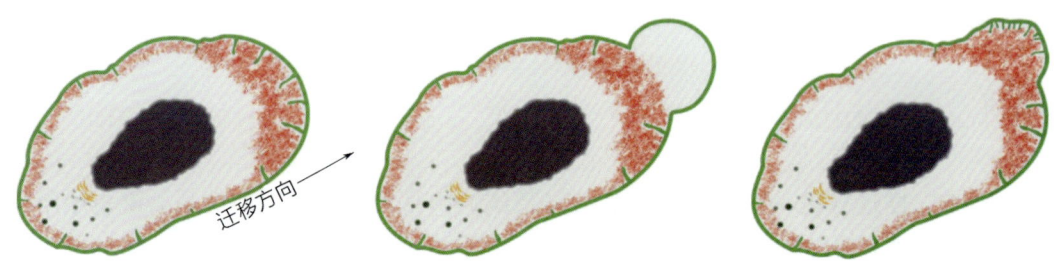

图 13-5 阿米巴样迁移中的胞泡动态示意图

许多生物化学因素参与调控细胞迁移。例如，在伤口部位出现的表皮生长因子（epidermal growth factor，EGF）和血小板衍生生长因子（platelet derived growth factor，PDGF）等许多生长因子，能作为形态发生素或趋化因子显著提高单个成纤维细胞的迁移速度。细胞依据环境中某些化学物质的浓度方向而进行的定向迁移被称为趋化性迁移（图 13-6，上），正趋化性指趋向较高化学物质浓度的运动，而负趋化性则相反。细胞在更高黏附性或更硬基底上通常施加更大的牵引力，因此基底黏附性或刚度的梯度会促使细胞产生极化。细胞向黏附性更强或刚度更高的区域进行的定向迁移分别称为趋触性迁移和趋硬性迁移（图 13-6，中、下）。细胞迁移响应的生物物理信号并不仅限于基质刚度，外基质的形貌、黏弹性和应力松弛等均可对细胞的迁移产生影响。

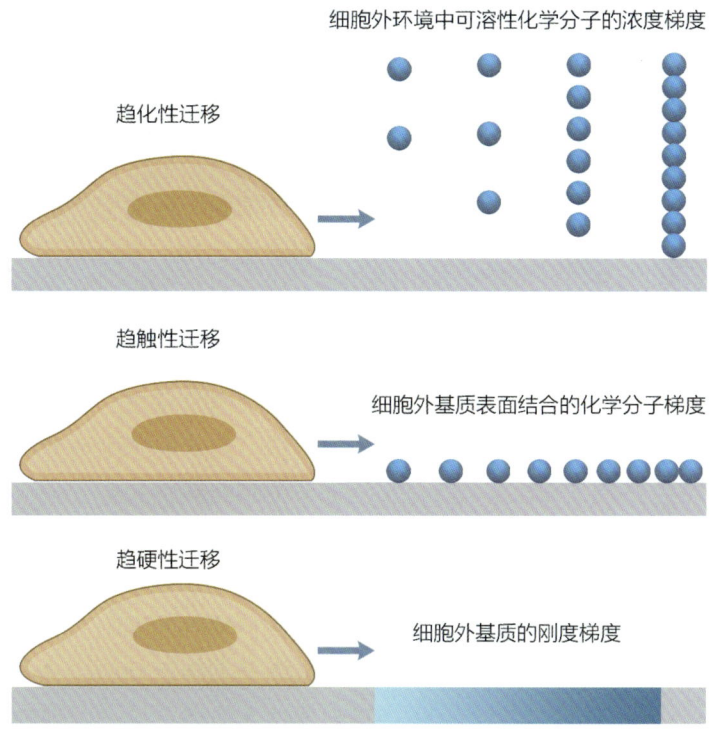

图 13-6　趋化性迁移、趋触性迁移和趋硬性迁移

13.2　群体细胞迁移

群体细胞迁移指的是多个细胞以整体性方式进行迁移，迁移的细胞间往往保持着密切的连接和相互作用。群体细胞迁移往往比单细胞迁移更为高效，在形态发生和伤口愈合等过程中发挥着关键作用，也与癌症转移有着密切关系。细胞间直接的物理相互作用以及细胞在群体层次上的行为特点都影响着细胞的群体迁移。基于延时成像和荧光显微镜的粒子成像测速等技术，能够得到群体细胞中速度场和应变张量的详细图谱。同时，活性物质理论的发展为理解细胞的集体运动提供了框架。"物理学应该用于阐明生物功能"的传统观点正在转变为"生物系统激发了新的物理理论，并允许我们对其进行测试"。"生物中的物理学"的概念现在与"物理中的生物学"的概念并行。

13.2.1　多细胞迁移的模式

尽管单细胞可能具有更高的瞬时速度，但它们的迁移定向性较差，会经常改变方向。而在群体细胞迁移中，一群细胞能以相近的速度朝向同一方向进行运动，且迁移的定向性较强，因此更为高效。对于群体细胞系统，细胞之间存在复杂的相互作用，包括细胞间黏附等力学作用、生化通信以及接触抑制等。这些细胞之间的相互作用会影响群体中细胞个体的动力学行为。

上皮细胞的一个特征是它们之间建立了稳定的细胞间黏附，而间充质细胞之间倾向于形成短暂和较弱的黏附。细胞－细胞连接由特定的跨膜蛋白质复合物介导，这些复合物又连接细胞内的骨架系统，从而实现细胞之间的力传递。细胞－细胞连接赋予群体细胞抵抗组织尺度拉伸的能力，而细胞骨架弹性可为群体细胞提供抵抗压缩的能力。在上皮细胞的运动中，细胞－细胞连接不仅维持了组织的整体性，也通过力传递调控相邻细胞的协同动态行为，还会在细胞相对滑动时导致彼此之间的摩擦。此外，细胞的收缩也对维持群体细胞迁移的协调性和高效性起着重要作用。再者，细胞运动还受到所处微环境（如基底刚度、电磁场、化学因子、几何约束和其它非运动细胞）的影响。这些因素使得群体细胞能够自发形成丰富多彩的动态迁移模式，如群体定向运动、旋涡运动和剪切流动等。

单个细胞的前缘突起等形态学特征在群体组织内的细胞中通常不明显（虽然有部分细胞产生延伸到邻近细胞下方的隐秘板状伪足）。因此，判断某一时刻群体细胞迁移的极性，通常通过测定其牵引力，而非依据其瞬时的形态学特征。在细胞力学中，牵引力通常被理解为细胞对其底层外基质施加的应力。细胞－基底牵引力是两个来源的总和：驱动细胞运动的主动牵引以及细胞和基底之间的被动摩擦。牵引力显微术等一系列新技术能够直接绘制细胞在迁移时对周围环境施加的力。

13.2.2 多细胞系统的拥堵转变

"无限大"的二维单层多细胞系统会自发产生旋涡运动模式，即介观尺度湍流。这种旋涡运动模式可以保持一定时间。随着细胞密度逐渐变大，细胞运动变得越来越慢，且相邻细胞之间的交换逐渐减少直至完全消失，致使细胞呈现"冻结"的状态。从介观尺度来看，整个单层多细胞系统从细胞密度低时的"流态"逐渐转变为最终高细胞密度时的"固态"。人们将这个过程称为多细胞系统的拥堵或者拥堵转变。牵引力显微术和细胞单层应力显微术可用于研究细胞的拥堵转变。研究表明，在某些情形下拥堵转变具有与传统意义上的相变一致的性质，因此在某种程度上可以将拥堵转变视为相变过程。从力学角度看，拥堵的发生往往伴随着屈服应力的出现，即系统变得具有一定抵抗剪切流动的能力，从而表现出类似固体的性质。细胞－细胞连接蛋白的更新造成细胞间黏附的重塑，这可以作为应力松弛的耗散源，调控组织的长期黏性响应。

拥堵的概念可拓展到伤口愈合过程中。伤口（自由空间）的出现可以降低细胞的拥堵程度，从而加快群体细胞运动。在伤口愈合初期，细胞运动较快，这被视为一个解拥堵过程；伤口愈合之后，组织恢复完整性，细胞逐渐再次变得拥堵，并逐步停止运动，这被视为一个拥堵过程。此外，细胞单层内的各细胞可以按照一定的规律排列，形成类似于晶体材料的拓扑缺陷。研究表明，细胞单层内的细胞取向和拓扑缺陷的演化与生物组织的生理状态密切相关。例如，在拓扑缺陷处细胞会发生从单层的挤出，这一过程可以降低拥堵程度，维持组织内稳态。

13.2.3 多细胞迁移的模型

对多细胞迁移的研究可从亚细胞结构到细胞整体的多个尺度展开，常见的模型有细胞波茨模型、顶点模型、相场模型、活性网络模型、粒子模型和连续介质模型等。本节简要介绍二维多细胞迁移的几个常用模型及其适用场景。

（1）细胞波茨模型

细胞波茨模型（cellular Potts model，CPM）将单个细胞视为网格中的多个格子区域，通过格子区域的变化来模拟细胞迁移和形态的演变（图 13-7）。在这个模型中，每一个格子 $i = 1, \cdots, N$ 被赋予了状态 $\sigma_i = 1, \cdots, m$，并与其余 $m-1$ 个细胞中的一个相互关联，该模型考虑了细胞之间或细胞与界面之间的张力，并结合细胞自身的极性来模拟群体细胞的运动模式。

最初这种可以自驱动的细胞波茨模型主要用于研究细胞单层中复杂流动的速度相关性，但后来它还被用于研究细胞单层中的流体-固体转变和玻璃态动力学、集体旋转、间隙闭合和组织延伸，例如发育过程中部分组织前部形成的指状不稳定突起。

（2）细胞顶点模型

细胞顶点模型能较好地反映细胞形态（尤其对于上皮组织）（图 13-8），且相对简单，因而应用十分广泛。上皮细胞之间连接紧密，细胞呈现多边形。基于这种形貌特点，可以将单层上皮组织简化为二维多边形网络系统。在此多边形网络系统中，每个多边形代表一个细胞，且每 3 个细胞共享 1 个顶点，每两个相邻细胞共用一条边。对各顶点建立随机动力学方程，则可模拟上皮组织的演化。面积弹性能，源于细胞骨架系统的弹性；细胞收缩能，源于细胞微丝骨架系统的收缩；细胞之间的界面能，源于细胞皮质张力和细胞间黏附之间的竞争。若所研究系统只有一种细胞且忽略由细胞生长或生化因子引起的细胞性质改变，则可忽略细胞个体力学性质的差异性。

细胞所处环境多为液体环境，在迁移过程中受到周围流体的黏性阻力以及基底摩擦阻力作用，运动缓慢（速度 $v \approx 30$ μm/h），对应的细胞运动雷诺数很小（$Re = 10^{-5}$），因而多细胞系统可视为过阻尼系统，可忽略细胞运动的惯性效应。考虑各个顶点的力平衡，细胞各顶点位置 $r_i(t)$ 满足如下朗之万方程：

$$\gamma \frac{\mathrm{d} r_i}{\mathrm{d} t} = -\frac{\partial U}{\partial r_i} + F_i^{(\text{other})} 。 \quad (13-1)$$

其中，γ 为细胞与基底（外环境）之间的等效摩擦系数；$F_i^{(\text{other})}$ 为非保守力，包括细胞伪足的主动迁移力、细胞主动收缩力和随机力等。

除了细胞空间位置的改变，上皮组织的形貌演化还常常伴随着细胞重排，即细胞之间拓扑关系的改变，包括细胞嵌插、细胞

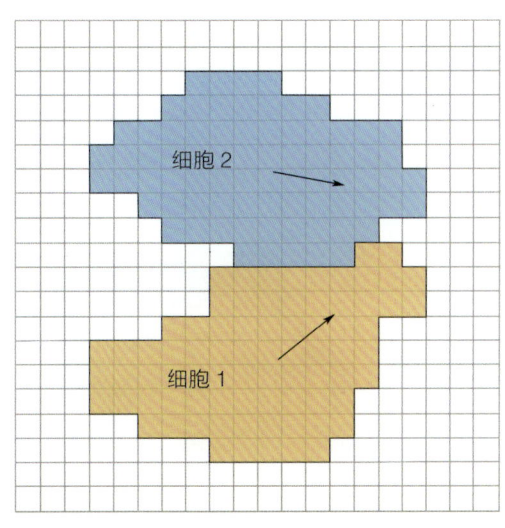

图 13-7　细胞波茨模型
两个不同细胞的网格通过不同颜色展示在图中。

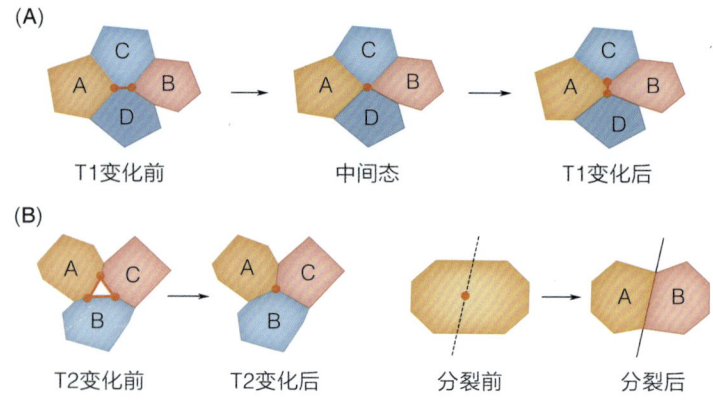

图 13-8 顶点模型的拓扑变换
(A) T1 变换，A、B 细胞不断接近，破坏了 C、D 细胞之间的界面，重新建立了 A、B 之间的界面。(B) T2 变换，左，A、B、C 细胞包围面积到达阈值下的细胞，将其从多边形网格中去除，于是仅剩 A、B、C 三细胞之间的界面。右，当一个细胞的面积超过了阈值，便分裂为 A、B 两个不同细胞。

挤出和凋亡、细胞分裂等。为更准确地描述上皮形貌演化，在顶点模型中，各个顶点除需满足式（13-1）所示演化方程之外，还应允许细胞-细胞之间旧的黏附的破坏和新的黏附的形成。细胞重排可通过多边形网络系统的拓扑变换实现。细胞嵌插，即细胞-细胞邻居交换，又被称为 T1 变换（图 13-8A）。当两个原本相互隔离的细胞 A、B 相互靠近至足够近的距离，它们可将阻挡在其间的邻居细胞 C、D 挤开，破坏原有的细胞-细胞界面 ij，继续靠近直至黏附形成新的细胞-细胞界面 $i'j'$。

上皮组织的过度拥挤会导致细胞挤出和凋亡，称为 T2 变换。其过程如下：首先，细胞逐渐缩小；随后，细胞黏附断裂；最后，细胞与周围其他细胞分离并从上皮组织中脱落。在顶点模型中，T2 变换可按照如下准则和方法实现（图 13-8B）：若某一细胞退化为三角形或四边形，且其面积小于某一阈值，则被从多边形网络中移除。此外，为研究上皮组织的生长过程，还需考虑细胞分裂。当细胞的面积超过某一阈值时，将分裂为两个子细胞 A、B。一般而言，细胞分裂面的方向垂直于其长轴方向。

（3）相场模型

基于界面动力学的相场模型也能够在亚细胞精度上描述细胞迁移和形貌。然而与波茨模型不同的是，相场模型不依赖于网格，每个细胞 $i=1,\cdots,N$ 都由一个相场 $\Phi_i(r,t)$ 来描述，相场在细胞内为 1，在细胞外为 0（图 13-9）。类似描述细胞形貌的方法还有轮廓函数等。一些模型还会使用额外的相场来描述细胞内的细胞核等结构。

细胞间相互作用被纳入了相场的自由能泛函中。

相场模型主要用于研究细胞间相互作用导致的细胞群体迁移。已有研究表明，当细胞极性与细胞形状的不对称性相耦合时，可变形细胞之间的碰撞导致了细胞-细胞速度的对齐和集体运动。相场模型在上皮单层中再现了实验中所观察到的群体振荡现象。

（4）连续介质模型

群体细胞的连续介质模型不讨论单个细胞，而是在粗粒度水平上研究多细胞尺度的迁移和组织形貌。在该方法中，细胞群体由速度、极性和细胞密度等场描述。可以根据流体动力学原理，并遵守对称性和守恒定律写出场的通用动力学方程。

关键的建模步骤是建立将偏应力张量 σ^s 和牵引力 T 与速度、极性和密度场相关联的本构方程，从而在现象学上反映粗粒度水

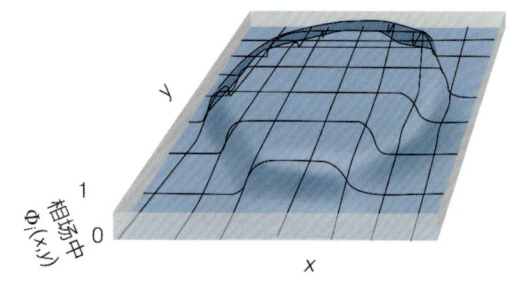

图 13-9 相场模型
一个细胞的相场示意。

平的细胞相互作用。

胚胎发育、组织再生和癌症转移等多种生理病理过程通常会出现不同细胞间的相互作用。针对此类现象，连续介质模型也被用于研究不同细胞单层之间的界面动力学。该理论可以捕捉界面形貌、拓扑缺陷动力学、界面流场特征等演化行为，发现拓扑缺陷是导致界面演化的重要因素，这一结果也得到了细胞单层界面互作实验的验证。

13.3　组织形成的生物力学基础

细胞迁移是多细胞复杂组织建立和维持的基础。从原肠胚形成过程中上皮的大规模迁移到运动神经系统发育过程中单个细胞的运动，形态发生可以看作是细胞迁移和变形的结果。一系列组织重排塑造了人体的不同部位和各种器官。为实现这种重塑，细胞机械力通过压缩、拉长或弯曲，转化为组织的形变。细胞和组织产生机械力的核心装置是细胞骨架和马达蛋白。它们可以稳定细胞－外基质和细胞－细胞黏附，也可以形成跨细胞尺度的收缩结构。细胞的形状和组织的拓扑结构也影响组织的形态发生。细胞的分裂和细胞层之间的相对运动等能改变细胞－细胞相互作用，影响组织拓扑结构和延展特性。迁移的细胞能感知并响应组织力学，诱导瞬时或长久性的组织改变，包括细胞外基质刚度增加、外基质形变和组织的拥堵转变等。

13.3.1　多细胞系统的细胞形状和取向

细胞迁移的动力源自细胞内化学能向机械能的转化，而迁移的方向受细胞极化的控制。当细胞发生极化时，细胞沿前进的方向伸出伪足，致使细胞变得细长而取向性明显增强。在群体细胞系统中，不同细胞的运动变形相互耦合，而形状和取向亦相互约束，需要满足一定的物理规律。

在多细胞系统中，细胞的取向受到周边细胞的相互约束和影响。在 C2C12 小鼠成肌细胞单层中观察到两种拓扑缺陷，即 +1/2 缺陷和 -1/2 缺陷（图 13-10）。大量实验表明，单层多细胞系统的拓扑缺陷通常只有这两种。鉴于细胞单层在大尺度上呈现出类似液晶的结构图案，并考虑到细胞的主动收缩能力，单层多细胞系统也常被视为活性液晶系统。

13.3.2　群体细胞振荡

周期性振荡动力学行为在生命系统内广泛存在。从生物钟、体节发育和神经冲动，到细胞周期、免疫调控和信号转导，生物系统中各组分的周期性变化帮

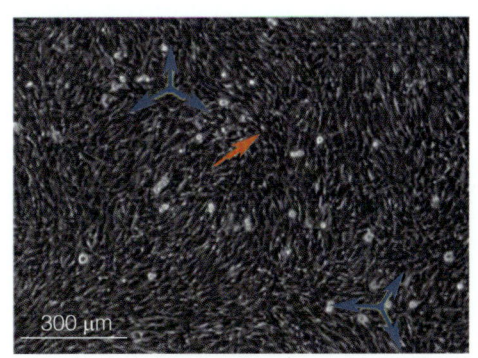

图 13-10　+1/2 和 -1/2 拓扑缺陷

助生命体维持稳定的节律、产生正确的发育结构、对外界信息做出精准而定量的响应。在这些过程中，往往会涉及多种振荡信号之间的相互作用。对于不同的系统和生物过程，振荡周期跨度很大，从几秒到几十个小时不等。这些动力学行为源于一些生物功能所要求的主动程序性调节，如昼夜节律，或者对环境的被动响应。生物振荡通常由霍普夫分岔引发，并且当系统演化至越过其分岔点时，系统将由平衡状态失去稳定性而进入一个极限环。因此，细胞振荡可看作生物系统的一种非平衡自组织机制。

细胞形状或者面积振荡存在于动物体轴分割、组织延伸、胚胎内陷和组织闭合等各种形貌发生过程中，且对演化调控和信息传递起着关键作用。例如，在果蝇胚胎发育过程中，中胚层内陷和背部闭合时细胞会发生群体振荡。

群体细胞振荡的发生涉及生物学、化学和力学机制在分子尺度、亚细胞尺度和超细胞尺度的耦合协调。大量实验研究表明，细胞振荡现象源于细胞内微丝骨架–肌球蛋白的主动收缩，且通常和其它细胞内的生化信号通路耦合。对振荡现象的观测推动了相关理论模型的建立，主要可归为两类：一类是基于力–化学耦合的模型，这类模型通过将细胞膜张力与肌动蛋白调控通路耦合来阐明单细胞或者多细胞振荡现象；另一类是棘轮模型，该模型将皮质微丝骨架–肌球蛋白或者超细胞微丝环视作一个利用收缩–松弛循环来驱动细胞或组织振荡的程序化装置。

13.3.3　管腔形成

柱状管腔结构存在于生物体内的许多器官中，在生理过程中发挥着至关重要的作用。例如动物体内的气管承担着气体输运的任务，血管负责血液的运输等。上皮组织的管腔化过程很大程度上依赖细胞的集体迁移。该过程往往发生在复杂的三维生理环境中，细胞面临高曲率曲面和空间限域的微观环境。管腔的内表面存在多种不同的几何形貌，如人的空肠内壁存在轴对称形貌，食道具有环向褶皱。这些形貌的形成不仅与生物体的基因调控相关，也与物理因素密不可分。生物软组织通常呈现非均匀的生长特征，并由此产生应力，进而影响软组织的形态。当应力足够大时，可导致结构失稳或形貌转变，例如产生裂纹等。生物系统内管腔组织的黏膜层发生病变时，可能导致黏膜层厚度的变化，进而导致表面失稳形貌发生变化，产生与正常组织不同的形貌。探讨黏膜层厚度变化对失稳形貌的影响，对软组织病变具有临床参考意义。

管腔模型构建如图 13-11 所示，图中的双层圆柱管腔结构，内层为较硬的膜，外层为软基底。该模型可以模拟血管、肠道等在不同环境下的生长与失稳。肠道的黏膜由内部的黏膜层、黏膜下层及外部的肌肉层组成，外部的肌肉层提供约束和力学支撑，故可以将其处理成固定约束。建立如图 13-11 所示的柱坐标系，初始构型 $x(R,\theta,Z)$ 中的内径为 A，界面半径为 B，外径为 C；在生长后，分别变形到当前构型 $x(R,\theta,Z)$ 中的 a、b 和 c。假设圆柱的长度 L 在变形前后保持不变，从初始构型到当前构型的变形可用变形梯度张量 $F = dx/dX$ 描述。基于不同管腔软组织所处的体内环境，可以考虑两种类型的圆柱外表面边界条件，其一是外表面自由，其二是外表面固定。

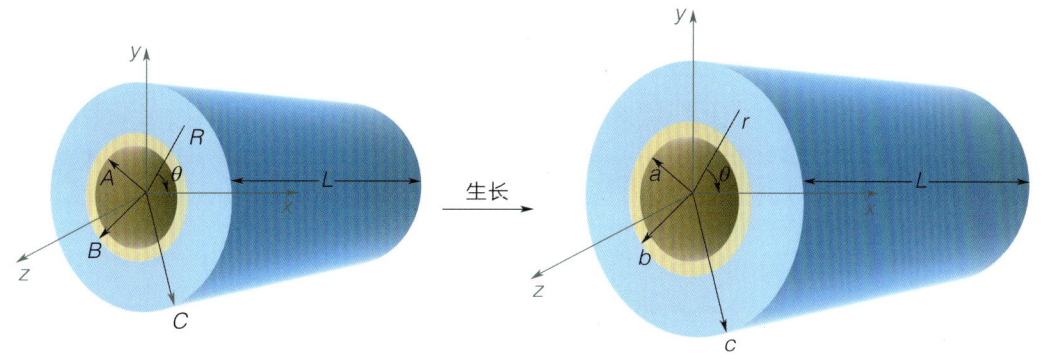

图 13-11 圆柱管腔结构示意图

血管通常由内膜、中膜、外膜三层结构组成，血管壁也具有黏弹性，与其它软组织一样具有蠕变、应力松弛等力学特性。动脉具有明显的屈服强度。研究者测量了动脉的应力-应变曲线，验证了动脉的非线性、各向异性，为相关模型构建及移植物的选择提供了参考（图 13-12）。与动脉相比，静脉的应力-应变曲线相似，但弹性模量较小。近年来各种人造血管或脱细胞血管支架逐渐被用于血管移植，而正是这些移植材料的力学特性和生物相容性决定了其适用性。

对动脉粥样硬化患者的下肢动脉进行力学测试和组织学观察，发现在二维拉伸时，所有动脉的周向强度大于轴向强度，但与正常血管相比，患病动脉的周向顺应性增加而轴向顺应性减少，这种各向异性的下降可能由胶原排列方向改变、弹性蛋白降解、平滑肌细胞变性等因素造成，在血管疾病诊断和外科操作中应当结合患者病史考虑该力学性能的改变。

13.3.4　骨骼肌、肌腱和韧带的生物力学特性

器官水平的肌肉应力-应变曲线具有典型的软组织特性，具有黏弹性，是一种非线性、各向异性的软组织。肌肉的主动收缩功能依赖于其特殊的微观结构（详见生理学教材）。这种特殊的微观结构和各级结构之间的细胞外基质也是肌肉的被动力学特性产生的基础。

"触变性"形容肌肉受外力作用或主动收缩后力学特性发生改变的特性，不同于弹性和黏性。触变性是动作调节和肌肉控制的生理基础，是横纹肌的基本性质。横桥在每个肌节中联结肌动蛋白和肌球蛋白，在肌肉收缩中起重要作用。当肌肉放松后，横桥通常自动解离，但有约 1% 的横桥在解离后会自发形成新的联结，赋予肌肉新的力学特性。

胶原纤维约占肌腱干重的 80%，是肌腱多层次精致结构的基础，其平行排列使组织具有刚度和弹性。与多数黏弹性材料一样，肌腱和韧带亦具有非线性、滞后的应力-应变曲线，同

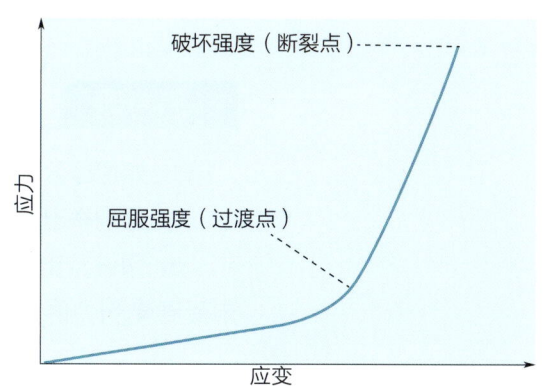

图 13-12　动脉应力-应变曲线
一维拉伸初期，应力-应变曲线低平，此时平滑肌和屈曲状态的胶原纤维受力，血管的刚度和弹性模量较小。当拉伸逐渐增大时，动脉的刚度和弹性模量随着胶原纤维承载数目的增加而增大，曲线呈过渡型。之后，胶原纤维主要承受载荷，刚度较大，弹性模量增加缓慢，故曲线接近直线，直至断裂点。

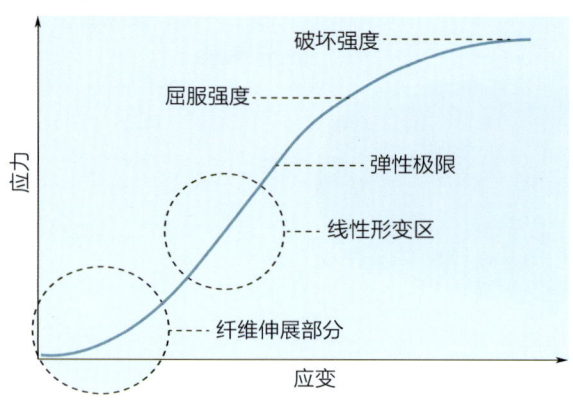

图 13-13 肌腱轴向拉伸的应力-应变曲线

拉伸最初阶段，肌腱内卷曲的纤维逐渐被拉直。此后拉直的胶原纤维表现出弹性，该段应力-应变关系呈线性关系，斜率即为弹性模量。弹性范围外，肌腱纤维开始产生微观撕裂，应力在屈服阶段导致宏观的破坏愈发明显，并最终在受力达到强度极限时产生断裂。

时体现出各向异性、蠕变及应力松弛等特点。与肌肉不同，肌腱只有在肌肉收缩过程中才承受载荷而无法主动收缩，且肌腱承受的应力主要受肌肉收缩量和肌肉与肌腱体积比的影响。另外，肌腱可通过有无腱鞘划分为有鞘肌腱和无鞘肌腱，其中有鞘肌腱承受的摩擦力较大且表现出精确的力的方向性，可以完成各种精细动作。相比之下，韧带受力更加复杂，如脊柱韧带在受拉伸和压缩的同时还受扭转和剪切作用，而环状韧带作为腱鞘的一部分可改变力的传导方向。了解不同部位肌腱和韧带的特性和功能，有利于软组织损伤的诊断和对预后的判断（图 13-13）。

软组织生物力学的研究和发展对骨科临床实践具有重要意义，研究的不断深入促进了新的有效治疗手段的开发，有利于假体和移植物的改进。建立更加可靠的软组织力学模型，开展更深层次的生物力学研究，将进一步推动临床应用。

※ 本章小结

本章探讨了细胞迁移的种类，并分别从单细胞迁移和群体细胞迁移的特征、驱动力和生理病理意义等方面展开了阐述。通过从亚细胞到群体细胞尺度的不同模型，可以刻画和模拟细胞迁移行为，从中提取重要的规律并预测实验现象。总的来说，细胞迁移依赖细胞骨架的自组装装置，协同调节细胞极性和细胞黏附，从而实现细胞的整体位移。其方向性的选择与细胞生化信号和力学信号的转导密切相关。细胞骨架是如何为细胞实现复杂的形态和力学功能提供支撑和动力的？我们将在下一章进行深入学习。

※ 思考题

1. 如何区分阿米巴样细胞迁移和间充质样细胞迁移？
2. 分别举出趋化性迁移、趋触性迁移和趋硬性迁移的两个例子。
3. 假设分别有软、硬两种基底，对应的弹性系数分别是 0.01 pN/nm 和 100 pN/nm，未受到牵引力时肌动蛋白的移动速率 $v_0 = 120$ nm/s，当受到牵引力 F 时，其移动速率 $v_u = v_0 \left(1 - \dfrac{F}{F_{stall}}\right)$，其中 $F_{stall} = 150$ pN。分子离合器连接肌动蛋白和基底，它的弹性系数是 5 pN/nm。不考虑分子离合器与肌动蛋白或基底的解离，绘制出基底形变量和肌动蛋白移动速率随时间变化的曲线，描述在不同基底硬度上曲线的特征，思考其生理含义。如果考虑分子离合器与肌动蛋白的解离，曲线会发生什么变化？
4. 通过将细胞铺种在超低黏附的 U 型底孔板，可以使得细胞聚集成为球形细胞团块。这种三维细胞培养技术可以更好地反映细胞面对的真实环境。尝试设计实验研究细胞球中的多细胞迁移行为，思考二维和三维的迁移行为有何不同。

※ 扩展阅读

综述

Alert R, Trepat X. Physical models of collective cell migration[J]. Annu Rev Condens Matter Phys, 2020, 11:77-101.

Lin S Z, Chen P C, Li B, et al. Advances in collective cell dynamics[J]. Sci Bull, 2020, 65:3100-3110.

SenGupta S, Parent C A, Bear J E. The principles of directed cell migration[J]. Nat Rev Mol Cell Biol, 2021, 22(8):529-547.

Trepat X, Chen Z Z, Jacobson K. Cell migration[J]. Compr Physiol, 2012, 2(4):2369-2392.

Zhang D Q, Chen P C, Li Z Y, et al. Topological defect-mediated morphodynamics of active-active interfaces[J]. Proc Natl Acad Sci USA, 2022, 119(50):e2122494119.

14

细胞骨架

　　细胞骨架存在于大多数真核细胞内，它的机械性能和组织在很大程度上决定了细胞的形态、机械性能，并驱动了细胞的运动（第13章）。相对于植物细胞来说，动物细胞没有细胞壁，其流体样的质膜本身无法支持复杂的细胞形态，细胞骨架的结构支撑作用就显得尤为重要。除了整体结构外，细胞骨架对细胞的内部组织也至关重要。例如，分子马达能够利用微丝和微管纤维作为轨道将囊泡和细胞器从细胞的一个区域定向运输到另一个区域，这正是细胞极性建立的关键分子机制。细胞骨架组装的动力学及其调控是细胞生物学的中心问题之一。尤其有趣的是，组成细胞骨架纤维的蛋白质单体的尺寸大约为 10 nm，由细胞骨架纤维构成的复杂结构的尺寸为 1～1000 μm（10^3～10^6 nm），且具有不同的性质（例如动态性、机械性质、极性和结合蛋白质的选择性）。这些骨架蛋白如何感知它们在细胞内的位置，控制自身的长度、结构和性质？组装特定的细胞骨架结构需要什么信息？这些信息存储在哪里，是如何传递的？在不同的生物学过程中（例如早期胚胎发育或神经细胞形态建成），实现上述过程的具体细胞和分子生物学机制又如何？由此可见，细胞骨架系统中不仅有很多有趣的问题，它也是研究生物系统基本规律的重要研究模式体系。本章将对细胞骨架的结构、组装机制、力学特性以及骨架相关的分子马达进行讨论。

14.1 细胞骨架的结构

14.1.1 细胞骨架的种类

真核细胞包含三大类细胞骨架纤维，即微丝 [microfilament，又称肌动蛋白丝（actin filament）]、中间丝（intermediate filament）和微管（microtuble），它们在细胞质中形成具有独特结构的网络。如图 14-1 所示，在细胞分裂间期的人骨肉瘤细胞（U2OS）中，可见位于细胞边缘的微丝网络、核周的中间丝网络和遍布细胞质的微管网络。当细胞处于不同状态（例如细胞周期的不同阶段），或是在不同类型的细胞中（例如神经元、上皮细胞等），细胞骨架及大量的辅助蛋白共同形成尺度和性质都不同的复合结构（例如纺锤体、纤毛等），从而驱动和支持众多的生理、结构和力学过程（例如有丝分裂、细胞运动等；有关细胞运动中骨架的作用，请见第 13 章）。

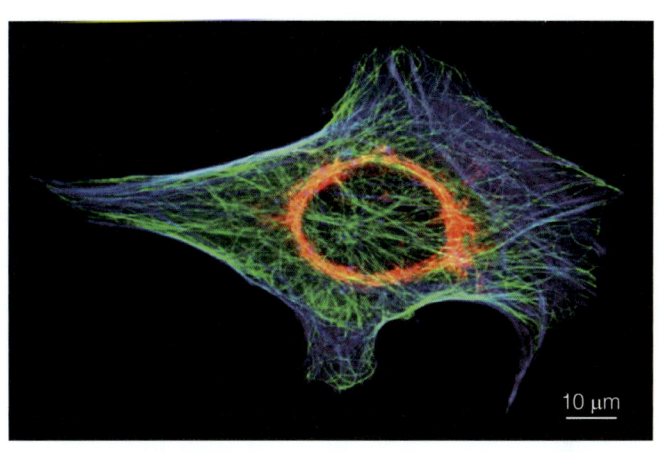

图 14-1 人骨肉瘤细胞（U2OS）中微丝（蓝色）、中间丝（红色）和微管（绿色）网络的空间分布（酒亚明惠赠）

细胞骨架纤维的组成蛋白（即微丝蛋白、中间丝蛋白和微管蛋白）能够被纯化，并可以在体外聚合为与细胞内纤维非常类似的丝状结构。其中，微丝具有直径约 6 nm 的纤维结构；中间丝由几条相互缠绕的蛋白质链组成，具有直径约为 10 nm 的绳状结构；微管具有管状结构，外径约为 25 nm，内径约为 15 nm。这些纤维的大小和形态直接决定了它们的力学性质。细胞骨架及其组成蛋白质的性质见表 14-1，在后面的节中，我们将介绍组装这些纤维结构的生化过程。

表 14-1 细胞骨架蛋白单体和纤维的基本性质

种类	单体分子量 /kDa	原丝数量	直径 /nm
微丝	约 45	2	6
微管	约 50	9 ~ 17（主要是 13）	25
中间丝	约 40 ~ 180	6 ~ 10	约 10

尽管微丝蛋白、微管蛋白和中间丝蛋白是人们经常称呼细胞骨架蛋白的常用名称，但它们都不是单一基因编码的产物，而是代表了各自相应的蛋白家族，这些家族的成员在序列上都具有较高的相似性。

微丝蛋白家族包含多种蛋白质，包括几类微丝相关蛋白（actin-related protein, Arp），它们的氨基酸序列与常规微丝蛋白具有较高的相似性。其中，Arp1 在动力蛋白复合物的核心形成了 35 nm 的短纤维，将动力蛋白与膜和微管连接起来；Arp2 和 Arp3 促进了分叉状微丝纤维网络的形成，这种网络进而驱动了细胞的定向迁移。通常，不同物种中同一类微丝蛋白的成员具有高度保守的氨基酸序列，例如黏菌的微丝蛋白与人的微丝蛋白在氨基酸序列上仅有不到 5% 的差别。

微管蛋白家族包含五类微管蛋白（tubulin）。除了形成微管的 α 微管蛋白和 β 微管蛋白外，还有另外三种微管蛋白：γ 微管蛋白、δ 微管蛋白和 ε 微管蛋白。γ 微管蛋白定位于中心体，以它为核心组分的复合物具有微管成核活性；δ 微管蛋白定位于基体和中心粒；ε 微管蛋白定位于中心粒外周物质。在大多数情况下，不同物种中同一类型微管蛋白的氨基酸序列相似度较高。例如，酿酒酵母的 β 微管蛋白与人的 β 微管蛋白具有约 70% 的序列同源性。需要注意的是，酵母和人类的 γ 微管蛋白只有约 40% 的序列相似性，但基于相似的定位和功能，它们被归为同类蛋白质。事实上，在同一物种中，即使是最常见的 α 微管蛋白和 β 微管蛋白，也常具有多个亚型，它们由位于基因组上不同位置的多个基因单独编码，具有高度的组织和细胞表达特异性，是细胞中微管性质异质化的重要机制之一。

中间丝蛋白家族在结构上比微丝或微管蛋白家族更加多样化。它包括头发、指甲、上皮细胞中的角蛋白（keratin），成纤维细胞中的波形蛋白（vimentin），肌细胞中的结蛋白（desmin），神经胶质细胞中的胶质纤维酸性蛋白（glial fibrillary acidic protein），神经元中的神经丝蛋白（neurofilament protein），以及构成真核细胞核膜的核纤层蛋白（lamin）。中间丝蛋白具有大约 340 个氨基酸的共同结构，其中约 90% 具有 α 螺旋，该结构的氨基端和羧基端是尺寸和序列多样的球形"头"或"尾"结构域。

14.1.2　细胞骨架单体和纤维的结构

三种细胞骨架聚合物的亚基分别是肌动蛋白（actin）、微管蛋白异二聚体（tubulin heterodimer）和中间丝蛋白（例如 keratin），它们具有不同的结构。肌动蛋白单体有扁平的结构，ATP 结合位点位于分子中部的沟部（图 14-2A）。微管蛋白单体是由同源的 α 亚基和 β 亚基组成的异二聚体（图 14-2B）。α 亚基和 β 亚基的一端都有各自的 GTP 结合位点。其中，位于两个亚基之间的结合位点较为稳定，其上的 GTP 不发生交换（图 14-2）。β 亚基一端的位点可以结合 GTP 或 GDP，其上的 GTP 在微管组装时发生水解变为 GDP，当微管解聚时 GDP 又能够与细胞质交换为 GTP。中间丝蛋白中的角蛋白是一个长棒状的 α 卷曲螺旋结构，其头尾两侧的结构域在不同的异构体中具有不同的尺寸和序列，其中没有核苷酸结合位点。

微丝的纤维结构主要来自电镜成像和数据分析。微丝纤维是由肌动蛋白单体组成的双起点螺旋，由两股右旋螺旋原丝（protofilament）以

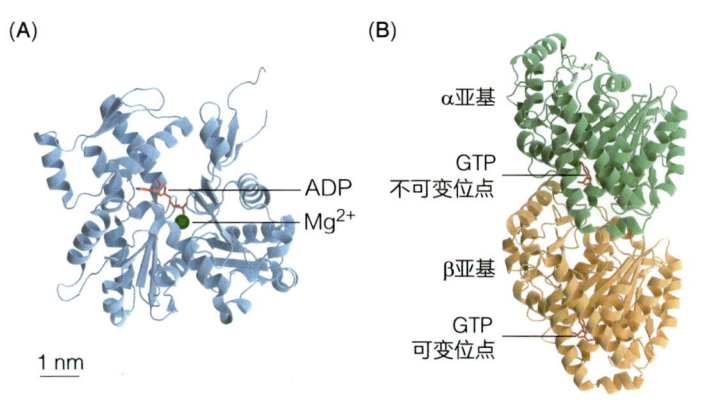

图 14-2　微丝和微管蛋白单体的结构
（A）肌动蛋白（PDB 编号：8A2T）。（B）微管蛋白异二聚体（PDB 编号：3J6F）。

72 nm 的周期缠绕在一起（图 14-3）。一个完整的周期包含 26 个亚基，因此每个亚基占据的长度约为 2.77 nm。有趣的是，微丝纤维也可以被看做单起点的左旋螺旋。在这个视角下，纤维在一个完整的 72 nm 周期中需要缠绕 12 圈。在纤维中，肌动蛋白单体都是单一朝向的排列，因此纤维具有极性。纤维的两端分别被称为正端和负端，它们具有动态性（可以生长或回缩），主要区别在于正端生长较快，同时大多数肌球蛋白向正端运动。

微管纤维的晶格结构也来自电镜成像和数据分析。微管的组装元件是 α 亚基和 β 亚基组成的异二聚体。异二聚体首尾相连形成原丝，相邻原丝通过侧向相互作用形成片层，再闭合形成圆柱形微管（图 14-3）。相邻原丝的异二聚体之间沿着原丝长轴方向存在约 0.92 nm 的位移，经过 13 根原丝后累积的偏移量约为 12 nm，大致相当于三个亚基的尺寸（每个亚基长度 4 nm，每个异二聚体长度 8 nm）。因此，单根原丝与微管的轴线是平行的，而整根微管呈现三起点的螺旋结构（即从形态上，微管可以被认为是由三个单体螺旋组合的复合结构）。微管蛋白异二聚体的不对称性赋予了微管纤维极性的特性，微管蛋白 β 亚基位于正端的最末端，α 亚基位于负端的最末端。微管的结构具有高度的异质性，细胞中大多数微管具有 13 根原丝，但在体内和体外均观察到含有较少或者较多原丝的微管。

中间丝的亚单位是四聚体，每个亚单位由两个二聚体分子形成。在这个四聚体亚单位中，两个二聚体的杆状结构域以相反的极性排列。正是由于这种排列方式，成熟的中间丝缺乏类似肌动蛋白丝和微管结构中的极性。由于中间丝结构的异质性较大，目前它的纤维结构尚不清楚。

图 14-3 两种细胞骨架纤维的结构示意图

14.2 细胞骨架的组装

细胞骨架纤维的长度、机械强度和极性等性质均由亚基在聚合物中组装的方式和相互作用的强度决定。其中，骨架纤维最显著的特征是它们的长度。在细胞皮层（细胞质膜内侧的结构）中，每根微丝纤维的长度只有大约几十纳米（微丝亚基单体长度约 3 nm）；在小肠上皮细胞的微绒毛中，微丝纤维的长度可达数十微米。微管的长度范围很广，果蝇机械力感受神经元树突末梢中的微管长度约为 200 nm（对应约 25 个异二聚体亚基），酵母的有丝分裂纺锤体中微管的长度约为 1 μm，神经元轴突中的微管长度约为 100 μm，昆虫精子鞭毛中的微管可达 1 mm。因此，细胞骨架纤维的长度范围跨越了从分子（几纳米）到细胞的尺度（数百微米），它们组装（或称之为聚合）的过程是本节所要讨论的主要问题。

以微管和微丝为例，纤维组装的一个显著特征是它们的聚合和解聚主要通过在末端发生亚基的增减来完成。在细胞内或者利用体外重组的生化系统中，都可以看到肌动蛋白单体或者微管异二聚体从提供的模板末端发生延伸。这些结果表明，末端聚合是微丝和微管的主要生长机制（相对的可能机制是由较短纤维拼接为较长的纤维）。

相比之下，微丝和微管纤维在体外发生断裂和短片段连接的速率非常慢，只有在一些调控蛋白的作用下才有可能会加速发生，例如能够剪切微丝的凝溶胶蛋白（gelsolin）和剪切微管的剑蛋白（katanin）。末端聚合和解聚的特征与细胞骨架纤维具有多股原丝的结构相关。在本节中，我们也将讨论骨架纤维的结构特征对组装规律的影响。由于目前对微管和微丝组装规律的研究较为广泛和深入，因此本节主要以这两种骨架为模式系统进行讨论。

14.2.1 被动组装模型

为了理解细胞骨架纤维组装的规律，我们首先考虑一个最简单的模型——单股纤维的被动组装（passive assembly；即不消耗代谢能量，例如 ATP 或 GTP）。请特别注意这是一个简化的模型，它没有考虑肌动蛋白是 ATP 酶以及微管蛋白是 GTP 酶。需要特别指出的是，微丝和微管蛋白能够通过水解 ATP 或者 GTP 获得自由能，这种需要能量的主动组装（active assembly）机制赋予了细胞骨架纤维聚合过程一些特殊的性质，它们是被动组装模型所不能涵盖的（见 14.2.2 节）。然而，为了首先理解聚合过程中存在的一些物理约束，这里将被动组装模型作为理解骨架聚合基本规律的第一步。

（1）单股纤维模型

在被动组装模型中，最简单的聚合物是单股纤维。生化模型可以帮助理解平衡态聚合物的一些特点。在单股聚合模型中，若干个亚基聚合成线性的纤维（A_1 表示单体，A_n 表示 n 聚体）(图 14-4)。这里的亚基代表骨架纤维的聚合单元，例如肌动蛋白单体或微管蛋白异二聚体。

$$A_n + A_1 \xrightleftharpoons{K_d} A_{n+1}, \quad K_d = \frac{[A_n] \cdot [A_1]}{[A_{n+1}]}, \quad n \geq 1 \tag{14-1}$$

假设所有单个亚基增减的反应具有相同的解离常数 K_d。需要指出的是，这个假设是一种简化。在现实中，解离常数 K_d 与聚合物的长度是有关的。这种相关性在聚合物较短时影响不大，但随着聚合物的增长将变得越发显著。这种长度依赖性的本质可以通过考虑解离常数的物理意义来理解，K_d 与在标准条件下反应发生的自由能变化 ΔG 有关：

$$K_d = \frac{1}{\mu} e^{\frac{\Delta G}{k_B T}}, \tag{14-2}$$

其中，$1/\mu$ 为标准浓度。这里，我们可以将 ΔG 具体理解为与蛋白质之间相互作用键形成有关的势能和熵能的总和，其中包含与聚合物的长度有关的分量，由此建立了 K_d 与聚合物长度的相关性。

根据上述模型，单股平衡态纤维具有一个显著的特性，即纤维的长度呈指数分布：

$$[A_n] = K_d \cdot e^{-\frac{n}{n_0}} \tag{14-3}$$

其中，n_0 为单体浓度 $[A_1]$ 与解离常数 K_d 之间比例的系数，无量纲；

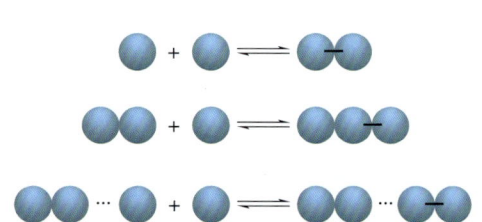

图 14-4 单股纤维模型示意图

A_{n+1}聚合物总是比A_n聚合物少。同时,随着亚基总浓度的增加,聚合物的平均长度n_{av}也增加:

$$n_{av} \approx \sqrt{\frac{[A]}{K_d}} \text{。} \tag{14-4}$$

这里,请注意亚基浓度([A])和聚合物的平均长度之间是非线性关系,因此当亚基浓度远大于K_d时,单链纤维的平均长度仍然较小,例如当总亚基浓度是K_d的100倍时,聚合物平均也只有大约10个亚基。我们在前文中提到,细胞中骨架纤维长度的范围很宽(几百纳米到几百微米),可能包含有数千个亚基。基于式(14-4),这就意味着亚基总浓度需要是K_d的数百万倍,这个推测与实际情况并不吻合。事实上,对于肌动蛋白来说,细胞中的总浓度约为几十 μmol/L,只是K_d(约 0.1 μmol/L)的 100~1000 倍;对于微管蛋白来说则差异更大,总浓度(约 20 μmol/L)只是单体浓度(约 10 μmol/L)的两倍,这些实际浓度差异与理论推测是非常不同的。同时,从能量的角度来看,单链聚合物的末端在聚合反应中并不具有优势,也就是说单体与聚合物末端反应相较于单体与单体之间的反应是类似的。因此,聚合物的末端并非一个更为有利的结合位点,这与前面提到细胞骨架倾向于末端延长的特点也不一致。由此可以看出,单链模型的预测与实验观察存在明显的差别,这提示它在理解细胞骨架纤维组装机制具有明显的不足。

(2)多股纤维模型

如何使得聚合物的末端成为在能量上优于单个亚基的结合位点?一个简单的策略是构建多股纤维,即多股原丝通过侧向相互作用形成复合纤维。事实上,微丝和微管纤维都是多股纤维,微丝是双股纤维,而微管则包含 13 根原丝。以最简单的双股模型为例,它与单股模型的不同之处在于有两种不同的化学键,一种在原丝之内(径向),一种在原丝之间(侧向)(图 14-5)。这样的结构形式中有两个不同的结合位点,以及三个不同的解离常数——K、K_1和K_2。像单股模型一样,双股纤维的长度依然呈指数分布,但它们的平均长度要大得多:

$$n_{av} \approx \sqrt{\frac{[A]}{K}} \cdot \sqrt{\frac{K_1}{K_2}} \text{。} \tag{14-5}$$

例如,肌动蛋白的解离常数K大约是 1 μmol/L,K_1和K_2都约为 0.1 mol/L。在这个模型中,假设亚基总浓度[A]是 10 μmol/L,那么纤维的平均长度就是 1000 个亚基,对应的肌动蛋白纤维为 2.75 μm,相较于单股纤维长了很多。究其原因,双股纤维变长的原因是双股纤维的末端在能量上是不利的,所以在平衡状态下这样的末端只能具有较低的数量(浓度)。

(3)多股纤维末端的聚合和解聚

单股和多股纤维聚合模型的第二个关键区别是,多股纤维的延长和缩短几乎完全由末端的单体增减引起。事实上,末端生长和缩短这个看似显而易见的现象,是调控细胞内微丝和微

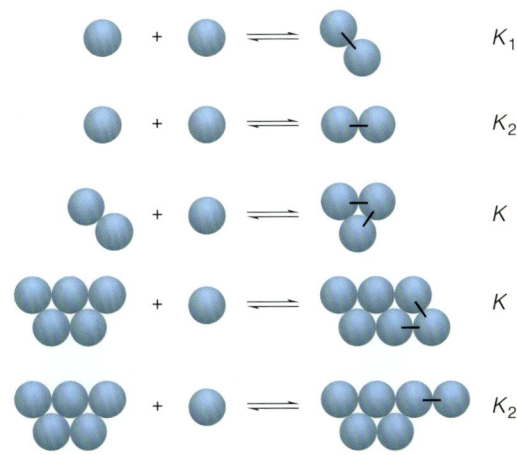

图 14-5 双股纤维模型示意图
K_1、K_2和K分别表征图中对应相互作用的亲和力。

管聚合时空特征的关键机制。细胞通过提供特定的聚合模板（例如中心体或其它细胞骨架组织中心），可以控制骨架纤维聚合的时机、位置和数量。此外，细胞也可以较为简单地通过调控末端来改变骨架纤维的稳定性，相较于在纤维上布满稳定蛋白，头部调控机制显然有效很多。多股纤维的延长速率（以每秒增减的亚单位数量计算）为

$$\frac{dn}{dt} = k_{on}[A] - k_{off}, \qquad (14-6)$$

其中，k_{on} 和 k_{off} 是亚基结合和解离的动力学速率，[A] 是亚基单体浓度。微丝和微管是具有极性的纤维，纤维两端的结合和解离速率会有所不同。为了简化，我们现在考虑在其中一端发生的单体增减（在细胞内，骨架纤维通常只有一端增减，另一端常处于封闭状态）。首先，考虑导致 n 聚体长度增加的连接反应

$$\frac{dn}{dt} = k_{on}[A_1] + 2k_{on,2}[A_2] + \cdots + mk_{on,m}[A_m] + \cdots, \qquad (14-7)$$

其中，右边第一项对应于增加单体，第二项对应于增加二聚体，以此类推。如果所有的结合速率常数（$k_{on,m}$）都相等，那么总的生长速率为

$$\frac{dn}{dt} = k_{on}\sum_{m=1}^{\infty} m[A_m] = k_{on}[A_t], \qquad (14-8)$$

其中，$[A_t]$ 是亚基的总浓度。因为一般来说 $[A_t] > [A_1]$，所以通过比较式（14-7）和式（14-8）可以发现，延伸不一定仅仅局限于末端的特性。然而，当 m 很大时，m 聚体的扩散将变得非常缓慢。因此，对于较大的 m 聚体，其扩散常数将远远低于单体结合速率，扩散将成为限制连接反应速率的关键步骤。事实上，由于单体的结合速率已经接近于扩散限制速率，因此即使是较短的多聚体（例如十聚体）也将显著低于单体的结合速率。可以理解为除了最短的聚合物外，较长片段都处于相对静止状态，只有单体和很短的聚合物对生长速率有显著贡献。因此，片段连接对生长的贡献不大，换句话说，单体的增加才是延伸的主要形式。

对于纤维断裂来说，由于断裂而导致的长度变化如下：

$$\frac{dn}{dt} = -k_{off} - 2k_{off,2} - \cdots - mk_{off,m} - \cdots, \qquad (14-9)$$

其中，$k_{off,m}$ 是 m 聚体断裂的速率常数。与前文中讨论的连接过程类似，断裂的长片段也将会趋于相对静止。也就是说即使断裂发生，因为长聚合物片段相互扩散得太慢，以至于它们在逃逸之前有很高的机会重新连接（同时考虑到多股纤维可能不同时断裂）。因此，纤维缩短的主要贡献来自单体或较小片段的解离（断裂发生后可以较快地扩散离开）。同时，相较单体解离而言，小片段的断裂需要破坏更多的化学键。因此，缩短主要是通过单体解离实现的，这与单股纤维的特点是不同的。

（4）多股纤维组装的其它特征

多股纤维还有一个有趣的特点。多股纤维模型预测，在临界浓度附近，纤维的平均长度会快速增加［见式（14-5）］。因此，控制单体的浓度将会是调控纤维长度的有效策略。这一特性不仅可以从多股纤维模型中推论得到，也与实际对细胞骨架纤维的

观察一致。在细胞中，人们也发现了与肌动蛋白结合的胸腺素 β4（thymosin-β4），以及与微管蛋白异二聚体结合的抑微管装配蛋白（stathmin），它们与单体的结合抑制了聚合反应，从而改变了可供聚合的单体的有效浓度，是细胞内调控骨架纤维性质的有效手段。这种一致性说明尽管多股纤维模型依然是平衡态模型（真实的细胞骨架组装是非平衡态过程），但它能够帮助我们理解细胞骨架的一些重要特性。

14.2.2 主动组装模型

根据平衡态模型，如果骨架纤维处于平衡状态，那么纤维末端亚基的增减就会呈现出随机的模式。在这种情况下，假设聚合物的长度以扩散方式波动（单体短暂的结合和解离的动态行为造成长度的波动），扩散系数 D 为

$$D = k_{on}[A_1]d^2, \qquad (14-10)$$

其中，k_{on} 是结合速率，$[A_1]$ 是单体浓度，d 是由于单体的合并而增加的长度（对于具有 13 根原丝的微管来说是 8 nm/13 ≈ 0.6 nm）。在这种方式下，骨架纤维的长度比较短。例如，对于微管来说（$k_{on} = 5 \times 10^6$ mol$^{-1} \cdot$ s^{-1}，$[A_1]$ = 10 μmol/L，d = 0.6 nm），长度在 1 min 内的标准差是 46 nm，这与细胞中观察到纤维快速生长的现象是不吻合的。又如，荧光标记的微管蛋白异二聚体在几十分钟内可以标记整根微管纤维，细胞中组成微丝的肌动蛋白的半衰期也只有几分钟。这样快速周转的特性是平衡态模型所不能解释的。

细胞骨架非平衡态的组装将赋予细胞形态建立上极大的灵活性，在需要的地方组装，通过给纤维末端加"帽"来稳定，通过去除"帽"来解聚（"帽"：结合到纤维末端抑制聚合和解聚的蛋白质分子）。最重要的是，这些组装和解聚的过程都是蛋白质水平的事件，不需要合成新的蛋白质或降解已经存在的蛋白质（例如骨架蛋白单体）。这些观察与骨架纤维具有的"动态不稳定性"一致。这种特性非常有趣，例如微管可以在生长（速率约为 1 μm/min）和缩短（速率约为 10 μm/min）过程之间以近乎随机的方式实现快速切换。本章将展示在非平衡态模型中，核苷酸水解产生的能量使聚合从平衡态模型所施加的约束中解脱出来。这种"主动"聚合物比被动平衡聚合物具有更丰富的行为：核苷酸水解解释了动力学不稳定性和踏车现象，并为纤维在聚合或解聚时所做的机械功提供了能量。

（1）微丝和微管在组装中的核苷酸水解周期

非平衡态过程需要能量来源。对于肌动蛋白和微管蛋白来说，能量来自核苷酸的水解。肌动蛋白是一种 ATP 酶，其酶活与聚合过程耦联：单体肌动蛋白与 ATP 结合，组装形成聚合物之后，单体肌动蛋白为 ADP 状态（由 ATP 水解而成），但微丝解聚的过程不会再可逆地合成 ATP。微管蛋白在组装时水解 GTP 的过程也与此类似。这些研究表明骨架纤维的解聚并不是聚合的逆向化学反应（非平衡态）。在生长阶段，带有核苷酸三磷酸（NTP）的单体首先附着在纤维的末端，在与相邻单体建立相互作用后逐渐进入纤维内部，同时水解 NTP。在这个模型中，由于水解和聚合之间存在一定

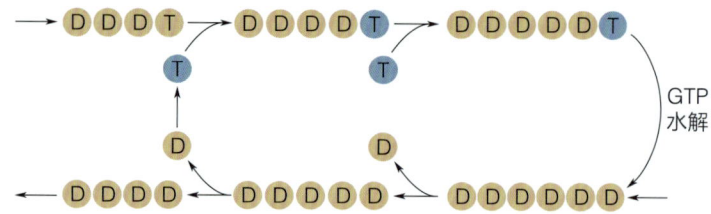

图 14-6 细胞骨架组装过程中的核苷酸水解周期
D，GDP 状态下的微管二聚体；T，GTP 状态下的微管二聚体。

的时间滞后，纤维的末端就会形成一个动态的、富集 NTP 状态亚基特殊结构域。直观上来说，由于这个结构好似给纤维戴了一顶帽子，因此也称为"帽"结构，它的存在对纤维起到稳定作用。当帽结构中亚基处于未水解的状态时，纤维处于生长状态，当帽中核苷酸水解时，纤维将转换为缩短状态，即处于 NDP 状态的亚基会从末端解离。在整个周期的末尾，游离的骨架蛋白单体上的 NDP 将被置换为 NTP，细胞内的代谢过程再将游离的 NDP 转化回 NTP（图 14-6）。

在整个组装周期中，两个关键的过程确保了聚合和核苷酸水解是紧密耦联的。第一，NTP 的水解由聚合催化（ATP 和 GTP 在溶液中自由或与单体结合时水解很慢）。如此考虑，可以认为纤维末端是单体蛋白的 NTP 酶活性的激活因子。第二，因为 NTP 与 NDP 的交换不能在聚合物中发生，可以认为这个交换过程是由解聚过程催化。这个交换是一个可以调控的环节，例如组装抑制蛋白（profilin）加速了肌动蛋白单体上 ATP 与 ADP 的交换，而胸腺素抑制了这个过程。

（2）骨架纤维的极性、踏车行为和成核

核苷酸水解产生的能量消除了平衡聚合物模型固有的几个限制，具体体现在极性建立、踏车行为和成核等现象中。

① 纤维极性和踏车行为　平衡态聚合物的一个重要特征是纤维两端的临界浓度相同。这是因为在平衡态组装约束下，将单体添加到 n 聚体时，无论单体从哪端加入，最终 $n+1$ 聚体的结构总是一样的。因此，这两个过程的平衡常数是相同的。对细胞骨架来说，纤维两端的组装动力学并不相同，聚合较快的一端称为正端，而另一端称为负端，整个纤维具有极性。同时，核苷酸水解是骨架纤维组装反应中的一个不可逆步骤，这消除了平衡模型的两端临界浓度相同的限制。对于微丝和微管蛋白来说，正端的临界浓度较低，负端的邻界浓度较高。当单体浓度处于两端临界浓度之间时，预期正端会延伸，而负端会收缩，而出现纤维整体"平移"的现象，被称为踏车现象（图 14-7）。人们在细胞内和体外重组的系统中，都已经观察到踏车行为，这也为非平衡态模型的合理性提供了证据。

② 成核　平衡态聚合物的另一个特点是成核的临界浓度与生长的临界浓度相同。这意味着当单体达到纤维生长的浓度时，它们也能够自发成核。在细胞内，细胞骨架很少出现自发成核的现象，这与平衡态聚合物的特点不一致。非平衡聚合物不受这个限制，在一定范围内单体浓度高到足以允许从现有聚合物（聚合模板）上生长，但不足以自发形成新聚合物。这种情况发生的一种可能的解释是，

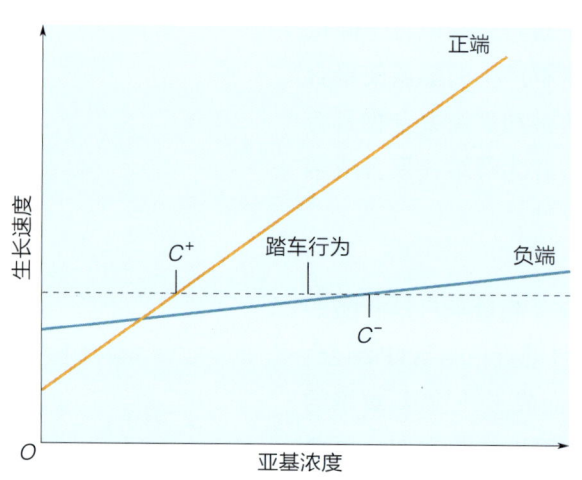

图 14-7　骨架纤维的动态生长在一定浓度范围内表现出踏车行为
C^+，正端聚合的临界浓度；C^-，负端聚合的临界浓度。

如果 NTP 水解速率大大超过成核的速率，那么即使有一些核的前体（中间态聚集物）形成，但在形成稳定的核结构前，快速的 NTP 水解也将导致无法自发形成稳定的核结构（注意：NDP 状态的单体聚合的临界浓度很高）。从这个角度来说，成核的临界浓度将等于处于 NDP 状态的单体聚合的临界浓度（K_D）。因此，只要 NTP-单体的浓度大于在现有聚合物上生长的临界浓度（K_T），但 NDP-单体的浓度小于 K_D，纤维就只会从现存的模板上延伸，同时自发成核将被抑制。微管聚合时水解 GMPCPP（一种 GTP 类似物）的速度很慢，因此 GMPCPP 可以促进微管自发成核。这个现象一定程度上支持了 NTP 快速水解抑制成核的观点。

（3）动态不稳定性

对于处于平衡态的聚合物来说，它要么生长，要么缩短，或者处于动态平衡状态（净生长为零）。然而，细胞骨架纤维却不总是这样。以微管为例，它们能够在生长和收缩阶段之间随机地切换（单体浓度恒定的情况下），这种现象被称为动态不稳定性。微管聚合的动态不稳定性具有细胞生物学功能。例如，在有丝分裂前期对动粒的"捕获"过程中，微管从纺锤体的极点（即微管组织中心）向任意方向生长，如果其中某一根的正极与动粒接触，那么动粒上的微管稳定因子就可以稳定这个微管，并建立连接。如果错过了动粒，那么微管就会发生崩塌，收缩回到极点，而另一个微管则在另一个方向生长出来，继续这个搜索和捕获的过程。因此，微管的动态不稳定性被认为是一种可以通过调节细胞骨架朝向，从而控制细胞或亚细胞结构取向的普遍性机制。我们以微管为例，介绍动态不稳定性的两个显著特点。

① 在生长和缩短之间切换　如图 14-8 所示，从现象上来说，动态不稳定性可以由一个包含 4 个参数的模型描述，参数包括生长阶段的延伸速率（v_+）、缩短阶段的回缩速率（v_-）、从生长转为缩短的频率（崩塌频率，f_{+-}）以及从缩短转为生长的频率（补救频率，f_{-+}）。根据这个模型，微管由于动态不稳定性所表现出来的在有界和无界延伸之间的转换取决于 $v_- f_{+-} - v_+ f_{-+}$ 的最终取值是大于或是小于零。一方面，当补救频率变得足够高时，微管处于生长阶段中的长度增加将超过处于收缩阶段的长度减少，此时有界延伸将变为无界延伸。另一方面，在有界生长的条件下，微管的长度呈指数分布，平均长度为

$$n_{av} \approx \frac{v_- v_+}{v_- f_{+-} - v_+ f_{-+}} \quad (14-11)$$

如果进一步简化，不考虑补救频率的话（较为少见），那么微管的平均长度就等于延伸速率（v_+）乘以生长阶段的平均持续时间（f_{+-}^{-1}）。

微管的长度是塑造细胞内骨架结构过程中关键的可控参数之一。上述描述微管动力学的参数可以通过在体外和细胞内实验中利用显微成像测量得到，由此可以预测微管的平均长度在微米范围内，这与细胞内微管长度

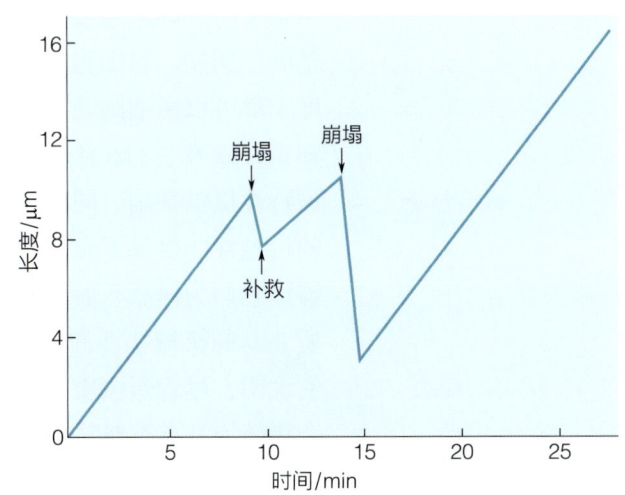

图 14-8　微管的生长具有动态不稳定性

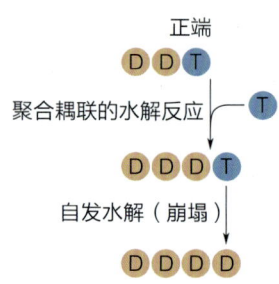

图 14-9 微管生长端的 GTP 帽结构

一致。研究表明，当不考虑补救的情况下，微管的平均长度大致接近于纺锤体极点和染色质之间的距离。这说明在有丝分裂过程中，动态不稳定性是一种寻找动粒的优化策略，即微管必须足够长，从而才能够达到动粒，但同时不应大大超过纺锤体和极点之间的距离，否则将降低搜索的效率。因此，通过增加崩塌频率，平均微管长度被调制到更接近于极点-动粒的平均距离，使得整个过程更加高效。

② GTP 帽模型　GTP 帽模型可以帮助理解动态不稳定性，其中的关键结构是一段富集 GTP 状态单体的特殊区域（即 GTP 帽）。动态不稳定性中崩塌和补救之间的转变与这个 GTP 帽的丢失和重建有关。这个帽结构的大小是不确定的，但是在微管末端添加少量的荧光标记的 GMPCPP 状态的微管蛋白就足以稳定微管，这说明这个帽结构不需要很长。帽的长度随着微管生长速率增加而增加（生长速度越快，帽结构越不容易随机消失），在微管发生崩塌前消失。这说明 GTP 帽的结构特征由微管动力学控制，同时对微管生长具有稳定作用。这些现象说明，微管的聚合和 GTP 的水解紧密耦联，即刚加入微管最末端的异二聚体中 β 亚基中的 GTP 水解非常缓慢，但随着下一个异二聚体的整合，GTP 水解也随之加速。水解和聚合之间仅存在很短的时间延迟，这就产生了一个具备有限长度、稳定作用的 GTP 帽结构（图 14-9）。

14.3　细胞骨架力学

由于动物细胞没有细胞壁，流体状的质膜本身无法支持复杂的细胞形态，因此细胞骨架的机械特性在很大程度上决定了细胞及多种亚细胞结构的形态和机械特性。这个结论是基于一系列的实验证据得到的。研究者们通过药理学或遗传学手段破坏细胞骨架纤维后观察细胞的变化。例如，当用细胞松弛素诱导微丝解聚时，处于分裂状态的细胞分裂沟会发生回缩；同样的处理会使生长中的神经元的轴突停止延伸，引导轴突的生长锥形态变圆。类似的，当血小板边缘区域的微管被秋水仙碱解聚时，这些原本扁平盘状的细胞会变成球形。在许多情况下，细胞骨架结构是细胞机械特性的重要基础。例如，肌细胞、内耳中的听觉毛细胞和精子细胞的机械性质和运动性在很大程度上都可以用细胞骨架纤维的机械性能定量地解释。因此，有关细胞骨架自身的力学知识，以及它们在细胞中的结构和形态信息（位置和几何形貌），将为理解细胞的机械特性提供基础。同时，对细胞骨架机械性能的研究也为在更普遍意义上了解蛋白质的机械性能提供了重要的信息。由于细胞骨架纤维具有规则的结构和较大的尺寸，能够以它们为样品开展单分子机械操作和测量，通过分析可以进一步提供有关单个蛋白质亚基的机械特性的信息（这些信息很难从纯化的、较小的蛋白质中获得）。这些研究说明，尽管蛋白质的尺寸很小，也具有复杂的结构，但可以认为它们组装而成的复合物结构具有类似其它材料的属性（例如弹性）。

14.3.1 细胞骨架纤维的刚度

在生理学课上，我们学到过一些特殊类型的细胞，例如肌细胞和精子，它们的细胞结构主要由同一种类型的骨架纤维支撑，因此是测量和估算细胞内骨架纤维刚度的理想模型。以下，将通过几个例子讨论对细胞内骨架纤维机械力学性质的估算。

（1）肌细胞中微丝的纵向刚度

骨骼肌细胞内部的细肌丝的结构是高度有序的，这使我们能够估算微丝纤维和蛋白单体的机械性质。骨骼肌纤维在光学显微镜下呈条纹状，条纹反映了肌节中具有规律性和重复性的内部结构，包括以微丝为主要组分的细肌丝和以肌球蛋白为主要组分的粗肌丝（参见生理学教科书）。当肌纤维中的 ATP 耗尽时，肌肉会变得僵硬，但即使在这种情况下，肌肉仍表现出顺应性（compliance）。基于人们对肌细胞内精细结构的了解，这种顺应性可能是由多种结构引起的，包括将肌节固定在一起的 Z 盘结构、横桥与微丝在重叠区域形成的复合结构，以及仅仅包含细肌丝或粗肌丝的区域。在一个精妙的实验中，人们发现肌细胞的顺应性大约有一半来自细肌丝。在这个工作中，研究人员比较了肌节长度为 1.8 μm 和 2.4 μm 的肌纤维的硬度。选择这些肌节长度的重要原因是二者之间的唯一差别仅在于含有微丝的区域长度增加了 0.6 μm，而其它区域的长度没有变化（所以它们对顺应性无显著贡献）。比较发现，较短的肌肉比较长的肌肉具有较小的顺应性，由此估计得到 1 μm 长的细肌丝的纵向刚度为 53 pN/nm。考虑到细肌丝的主要成分肌动蛋白和原肌球蛋白的横截面积，可计算得到这种刚度类似于杨氏模量为 2.4 GPa 的材料（例如塑料，见表 14-2）。

（2）毛细胞静纤毛中微丝的弯曲刚度

静纤毛（束）是脊椎动物内耳中听觉毛细胞的机械感受细胞器，静纤毛内包含成束排列的微丝纤维，这样规则的结构使我们能够估算微丝的弯曲刚度。对于毛细胞来说，大约几十根静纤毛组成一束，每根静纤毛都包含一个微丝束，外侧包裹着近似圆柱形状的质膜（图 14-10）。通过显微镜观察发现，当力作用于静纤毛束的尖端时，具有一定刚性的静纤毛能以其基部在毛细胞顶端的插入点为支点发生偏折，而相邻的静纤毛之间则形成相互滑动。静纤毛束的硬度与作用力的高度的平方成反比，与静纤毛的数量成正比。当在高度（L）约为 7 μm 处施加力时，静纤毛束的刚度 κ 约为 600 μN/m。由于静纤毛中的肌动蛋白丝之间具有高度的侧向交联，研究人员计算得到静纤毛束的刚度为：

$$\kappa = N \frac{nEI}{lL^2} \cdot \frac{a^2}{r^2} \text{。} \quad (14-12)$$

其中，N 是静纤毛的数量（50），n 是每个静纤毛的基

表 14-2 各种材料（包括一些骨架蛋白）的杨氏模量

材料名称	杨氏模量（E）/GPa
钻石	1 200
木材	16
塑料	2.4
丝绸	5～10
角蛋白	2.4
微丝	2.3
胶原蛋白	2
微管蛋白	1.9
弹性蛋白	0.002

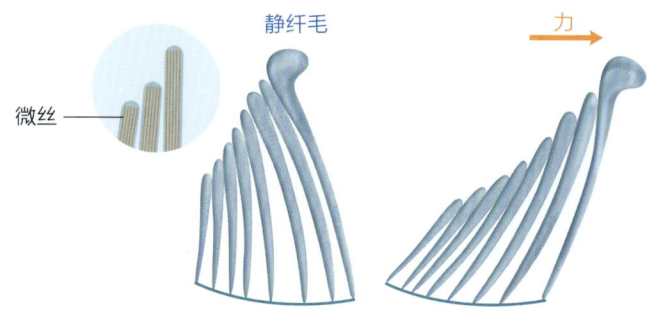

图 14-10　毛细胞静纤毛中微丝束结构及其机械性质的估测

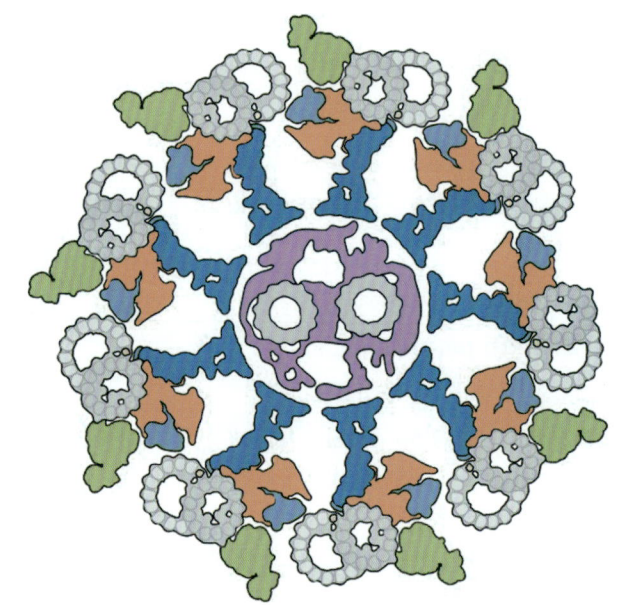

图 14-11　精子鞭毛中轴丝微管横截面示意图
图中灰色为微管结构，其余为分子马达等构成的相关结构。（数据由桂淼惠赠）

底区域中微丝纤维的数量（30），a 和 l 分别是基部区域的半径（50 nm）和长度（1 μm），I 是与单根微丝形态有关的系数（$I = \dfrac{A^2}{4\pi}$，式中 $A = \pi r^2 = 28 \text{ nm}^2$，是微丝纤维的横截面积，见表 14-1）。依据式（14-12）可以预测微丝纤维的杨氏模量 E 为 1.6 GPa。

（3）精子中微管的弯曲刚度

微管的弯曲刚度可以从精子鞭毛的弯曲刚度推断出来。精子鞭毛的主要力学结构是由微管组成的轴丝结构，如图 14-11 所示。精子鞭毛的硬度取决于精子细胞的生理状态。当它处于 ATP 结合状态时，硬度要远高于 ADP 结合状态。根据目前的研究和理论，精子在僵直状态下（ATP 结合）的较高刚性是由于动力蛋白在轴丝中双联体微管之间交联。在最松弛的精子中，假设相邻微管双联体之间没有交联，那么单个微管的弯曲刚度为 $(20 \sim 30) \times 10^{-12} \text{ pN} \cdot \text{m}^2$，杨氏模量为 2.7 GPa。

（4）含角蛋白的材料的机械刚性

许多由中间丝蛋白组成的材料具有商业价值（例如毛发和羊毛），因此中间丝的机械性质已被广泛研究。毛发和羊毛、指甲和蹄子、羽毛、鳞片、羽毛刺和角质层（皮肤的外层）主要由嵌在蛋白质基质网络中的角蛋白组成。它们的弹性模量在 1~10 GPa 范围内。值得注意的是，这类材料的机械性质可以随着水化（蛋白质分子形成水合分子的过程）的程度发生变化。

（5）体外重组条件下骨架纤维的刚度

在体外研究系统中测得的重组纯化的细胞骨架纤维的机械性质与体内的估算结果非常一致，以下是一些具体说明。

① 微丝　研究人员通过几种不同的方法测量了微丝纤维的机械性质。例如，可以通过测量微丝纤维弯曲程度的热力学波动来计算微丝的弯曲刚度，测得微丝的持久长度（persistent length）为 12 μm，对应的杨氏模量是 1.7 GPa。也通过使用玻璃纤维对单个细肌丝进行显微操作，测量到长度为 1 μm 的微丝的纵向刚度为 44 pN/nm，杨氏模量为 2.3 GPa。这些都接近于从肌细胞或者毛细胞静纤毛中估算的微丝纤维的刚度数值。

② 微管　在体外实验中，可以聚合得到较长的微管，通过测量这些微管曲率在热力学波动下发生的微小变化，进而计算得到重组的微管在 37℃时的抗弯刚度为 $(26 \pm 2) \times 10^{-12} \text{ pN} \cdot \text{m}^2$，对应的杨氏模量为 1.9 GPa。单纯从生物力学角度来说，这个

刚度足以解释精子鞭毛中微管的硬度，也与从精子鞭毛测量中估算的刚度较为一致。基于体内和体外的实验结果，目前已经知道细胞内存在的多种调控机制都可能改变微管的机械力学性质。例如，微管结合蛋白可以不同程度地增加微管的刚度，处于不同核苷酸状态的微管也具有不同的刚度，翻译后修饰（例如乙酰化）也能够改变微管的韧性等。

③ 中间丝　比较纯的、处于水合状态的中间丝的弯曲刚度非常低，提示它是非常柔软的纤维。电子显微镜和光学显微镜的成像结果提示，中间丝的持久长度至多在 1~3 μm，比微丝还要柔软。这个结果提示组成中间丝的卷曲螺旋结构之间很可能没有任何交联，它们之间可能存在的相互滑动支持了中间丝所展现的柔性。从这个意义上讲，中间丝与常见的细绳很像，即具有很高的抗拉伸刚度，但在压力和弯曲条件下却表现得非常柔软。不过，当材料干燥时有可能产生刚性交联，这样的交联阻碍了相对滑动，因此其刚度会有所增加。

14.3.2　骨架组装产生的主动力

在骨架纤维组装时，如果单体浓度超过临界浓度，则会有单体进入聚合物中。理论上，如果单体流入的通量可以与某种外部负载耦联，是有可能产生力并驱动物质运动的。事实上，在体外重组的研究系统中有充分的证据表明，细胞骨架蛋白的聚合和解聚在细胞中可以做机械功。下面的例子可以说明骨架纤维的聚合能够产生足够的力来驱动细胞内的一些过程。

肌动蛋白的聚合过程能够在细胞中产生力，例如驱动病毒、细菌或细胞器等颗粒状结构在细胞内的运动。在这些颗粒状结构的后面通常形成有核的肌动蛋白网络，在显微镜下看似好像"彗星尾"结构，该结构推动微生物在细胞质中运动（图 14-12）。在体外可以通过组合几种微丝相关蛋白来重建这样的运动模式，充分说明了这种基于聚合反应的运动机制是可行的。从理论上考虑，微丝纤维的聚合能够驱动上述颗粒状结构产生足够快的运动吗？对于类似病毒或者细菌这般大小的颗粒，它们运动所需要克服的力主要是黏滞阻力。如果假设细胞质与水的黏度类似，细菌颗粒的运动速度大致为 1 μm/s，那么驱动这个运动的力非常小，小于 1 pN。但我们预计细胞质的黏度远大于水，因此所需要的力会大很多，大致在 pN 量级。在稍后的计算中，我们将看到骨架纤维聚合产生的力是足够驱动这个运动过程的。

微管的聚合也能在细胞中产生力。在有丝分裂的后期阶段，纺锤体微管的伸长伴随着两极的分离。有时候可以观察到纺锤体微管发生弯曲，根据弯曲程度可以推算出存在大于 pN 级的力。这些力其中的一部分来自细胞骨架的聚合（延伸时碰到某些物理障碍），其余由基于微管的分子马达［例如驱动蛋白（kinesin）］提

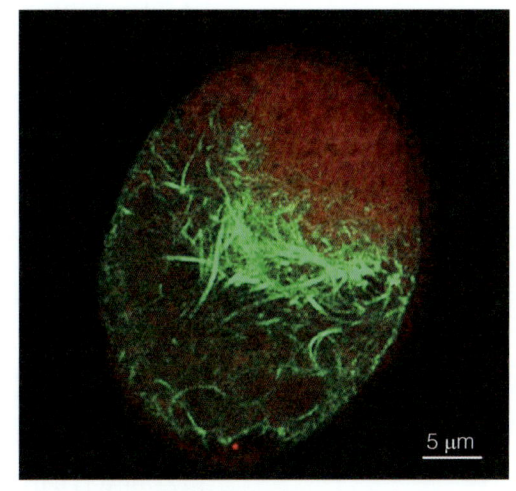

图 14-12　动态聚合中的微丝驱动囊泡运动
体外培养的拟南芥花粉粒单细胞中的微丝骨架（绿色）推动囊泡在花粉中进行旋转样运动，微丝成核因子（红色）富集在囊泡后端。（任海云惠赠）

供。微管解聚也可能在有丝分裂中产生力。在细胞分裂后期，姐妹染色单体需要从赤道面移动到两极，这种运动与连在动粒上的微管的缩短（解聚）有关。有丝分裂中有多少部分的力由微管聚合和解聚产生，又有多少由驱动蛋白或者动力蛋白等分子马达产生，这一点目前并不完全确定。但微管的生长和缩短的能力是有丝分裂运动所必需的，而且有丝分裂过程的力学过程也能够反馈影响微管聚合和解聚的动力学。

（1）聚合过程所产生的力（平衡力）

为了理解骨架纤维聚合所产生的力，我们首先关注聚合或解聚反应可产生多大的力。如果以简单的平衡态聚合模型来讨论这个问题，假设聚合反应产生的力与一个大小为 F 的反向对抗力相平衡，那么 $(n+1)$ 聚体与 n 聚体之间机械能的差别为 $F\delta$（δ 是增加一个单体造成的长度变化）。对于肌动蛋白而言，两个单体可以增加约 5.5 nm，而对于微管而言，每 13 个单体可以增加 8 nm。因此，当阻力和聚合平衡的情况下，应用玻尔兹曼定律可得出解离常数 $K(F)$ 为

$$K(F) = K_c \mathrm{e}^{\frac{F\delta}{k_B T}}, \tag{14-13}$$

其中，K_c 为无外力时的临界浓度，$K(F)$ 是纤维没有净伸长时的浓度（平衡时）。在这个模型里，如果力是正的（压缩力，与聚合方向相反），解离常数将增加。但即使如此，只要单体浓度超过 $K(F)$，聚合仍将继续进行并将对抗压缩力做功。反之，如果力为负（张力，与聚合同向），解离常数减小。类似地，即使如此，只要单体浓度足够低，解离常数将减小，解聚仍将发生。

我们可以把式（14-13）调整一下，假设纤维在单体浓度 $[A_1]$ 下没有净延伸，则平衡力为

$$F_{eq} = \frac{k_B T}{\delta} \ln \frac{[A_1]}{K_c}。 \tag{14-14}$$

对于给定的 $[A_1]$，当 $F = F_{eq}$ 时，系统处于平衡状态。此时，对应于浓度梯度的化学势 $[k_B T \ln([A_1]/K_c)]$ 与机械势 $F_{eq}\delta$ 完全平衡。因此，式（14-14）是一个化学势方程，它与电化学中的能斯特方程类似。当单体浓度超过或者低于临界浓度时，每添加或者减少一个单体，就会做功 $F_{eq}\delta = k_B T \ln([A_1]/K_c)$。由此，我们可以计算与聚合相关的力的大小。例如，当单体浓度是临界浓度的 100 倍时，聚合中的微丝产生的力约为 7 pN，大于一个肌球蛋白分子在肌细胞收缩中所施加的力（在分子尺度，这是一个不容忽视的力）。微管聚合产生的力更大，约为 30 pN，这个计算结果事实上超过了体外测量的聚合力。在人们的印象中，骨架纤维很细，那它们是否能够承受这样的力呢？对于微丝来说，尽管它的弯曲刚度很低，但只要每根纤维都足够短（长度小于 300 nm），它就可以承受几皮牛的压力。对于微管来说，它的硬度是微丝的几百倍，因此即使有几微米的长度（纺锤体微管的长度），它依然能够承受几皮牛的压力。因此，在细胞内，微丝和微管的刚度都能够支持其所产生的力（即其承受压力的反作用力）。

（2）聚合驱动的运动过程的模型

理论上来说，细胞骨架聚合产生的力足够解释多种体内和体外过程。很多体内的过程具有较快的速度，那骨架聚合机制驱动的运动是否具有这样的速度呢？为了回答

这个问题，我们需要考虑由聚合反应与力产生耦联的特定动力学机制。假设骨架纤维末端连接着一个颗粒，此时如果考虑聚合，直观的感觉可能是末端的颗粒会造成堵塞，从而阻止聚合，也就很难想象会有"推动"的效果。如果考虑解聚，也同样很难理解正在解聚的聚合物如何与颗粒保持持续的接触，从而产生"牵拉"的效果。为了理解这样的过程，人们考虑一种有趣的想法，即当生长的聚合物在抵抗相反的力的情况下，被推动的颗粒表现出相当大的热运动，以打开与相邻纤维末端之间的

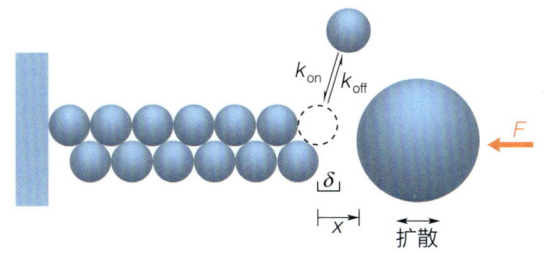

图 14-13 骨架纤维聚合过程能够产生力

间隙，从而允许新亚基的加入，这种机制被称为布朗棘轮模型。该模型如图 14-13 所示，长度为 n 个单体的纤维的一端紧靠颗粒，假设颗粒表现出扩散性的行为，聚合物末端和颗粒表面之间的距离的波动为 x。如果间隙超过掺入另一单体所需的距离 δ，可以认为间隙是"开放的"。此时，单体有可能结合到末端（结合常数 k_{on}）来创建 $(n+1)$ 聚体。相反地，也可能是一个亚基解离（解离常数 k_{off}），产生一个 $(n-1)$ 聚体。应用这个模型来理解聚合驱动的运动速度，具体的结果取决于粒子的扩散运动速率与聚合反应速率的比较。如果扩散非常快，我们就说这个过程是反应受限的：在这种情况下，经常会产生足够大的间隙，但是因为单个亚基连接到末端的结合常数 k_{on} 很低，因此间隙被填补的可能性很低。相反，如果扩散很慢，我们就说这个过程是扩散受限的：在这种情况下，间隙的实际产生是速率的限制步骤，亚基的结合常数较高，所以一旦间隙出现，亚基大概率会结合到末端。

在反应受限的情况下，扩散系数大，骨架纤维末端和颗粒间距等于 x 的概率 $p(x)$ 满足玻尔兹曼定律：

$$p(x) = \frac{F}{k_B T} e^{-\frac{Fx}{k_B T}},$$

其中 $F > 0$，是方向和延伸相反的压缩力。我们可以假设颗粒是处于平衡状态，以扩散的形式探索所有可能的位置，但只有极少数情况下会有单体加入到末端。单体才会掉落。在这种情况下，延伸速率为

$$v = \delta(k_{on}[A_1]e^{-\frac{F\delta}{k_B T}} - k_{off}), \tag{14-15}$$

从该表达式可见，结合速率的系数等于间隙大于 δ 的概率。在平衡状态下，因为 $K_c = k_{off}/k_{on}$，纤维没有净生长，式（14-15）将简化为平衡力方程［式（14-14）］。从中可见，聚合驱动的运动的速度与颗粒所受的外力 F 直接相关，呈现指数相关性。

在扩散受限的情况下，我们假设单体加入纤维末端的结合常数非常快，极端情况是几乎在间隙一打开，亚基就会加入。因此，聚合速率约等于间隙生成速率，也就是末端所连的颗粒克服力扩散一段距离 δ 所需的时间。在这种情况下，延伸速率为

$$v = \frac{2D}{\delta} \frac{\frac{1}{2}\left(\frac{F\delta}{k_B T}\right)^2}{\delta e^{\frac{F\delta}{k_B T}} - 1 - \frac{F\delta}{T}}, \tag{14-16}$$

其中，D 是颗粒的扩散系数。当外力较小时，$F\delta \ll k_BT$，此时的延伸速率接近 $2D/\delta$。随着反作用力的增加，该速率会呈现指数下降。如果在外力为零的情况下，则聚合所对抗的黏滞力为

$$F_{\text{drag}} = \frac{2k_BT}{\delta}。 \quad (14-17)$$

对于肌动蛋白细肌丝来说，这个作用力约为 3 pN，对于微管来说，这个作用力约为 13 pN。这些力的大小与前面所提到的"平衡力"处于同一个数量级。

14.4 分子马达的结构和运动

马达蛋白是一种酶，它将 ATP 水解产生的化学能转化为机械功，产生的力能够驱动细胞运动。以肌球蛋白（即肌细胞中的横桥结构）为例，它的发现为理解肌肉收缩的机制做出了重要的贡献。横桥（肌球蛋白）的弯曲或旋转使含有微丝的细肌丝相对于含有肌球蛋白的粗肌丝滑动，从而驱动了肌细胞的变短过程。自最初的发现以来，以肌球蛋白为代表的这种横桥弯曲或者旋转机制被证明是驱动细胞运动的一种普遍机制（图 14-14），它参与了纤毛和鞭毛的摆动、细胞器的运动和染色体的分离。为了理解这种机制，本章将从分子马达的结构和运动两个方面来理解这种化学机械转导过程。

14.4.1 分子马达的结构

目前的理论认为，马达蛋白沿着轨道的移动是由马达蛋白与骨架纤维形成的横桥内的定向构象变化驱动的。因此，一个关键的目标是利用结构技术来观察这种构象变化，并了解水解反应是如何驱动这种变化的。特别令人感兴趣的是，ATP 水解引起的非常小的结构变化（几埃）如何能够引起蛋白质整体构象的变化（几纳米）。我们需要应用生理、生物物理和生化实验方法来观察并分析这种构象变化。对于肌球蛋白的认识最初来自对横跨肌细胞粗、细肌丝之间的横桥连接结构特征的分析（图 14-15）。体外重组纯化的肌球蛋白得到的纤维与肌细胞中观察到的粗肌丝具有类似的大小和形状，并且具有与肌细胞内观察到的横桥对应的突起结构。随后，精子微管双联体之间以及神经元中细胞器和微管之间也发现了类似的横桥结构。高盐条件可以选择性提取动力蛋白，通过这种样品制

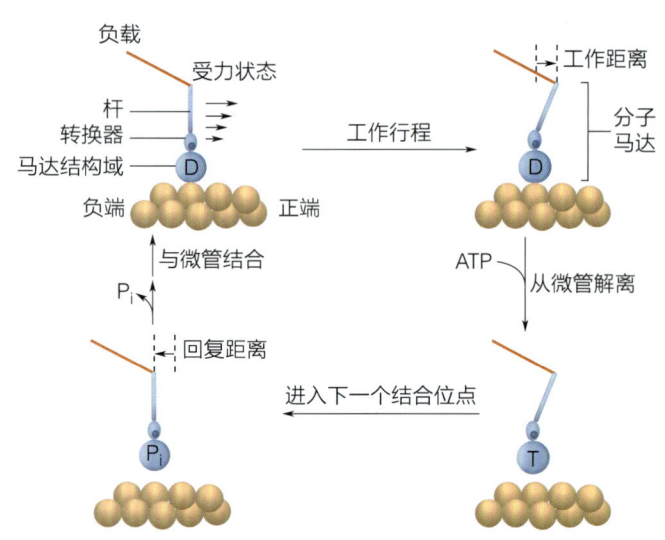

图 14-14　分子马达工作机制的概念模型
T，ATP 状态的马达结构域；D，ADP 状态的马达结构域；P_i，ADP·P_i 状态的马达结构域。

备方法，人们使用电子显微镜发现，微管双联体之间的横桥在高盐处理后的确消失了。这说明，动力蛋白在精子中双联体微管之间形成了横桥。随后的研究说明，肌球蛋白、驱动蛋白和动力蛋白这三类分子马达都具有三个结构域：一个区域产生构象变化，一个区域将构象变化转化为定向运动，还有一个区域将构象变化放大。

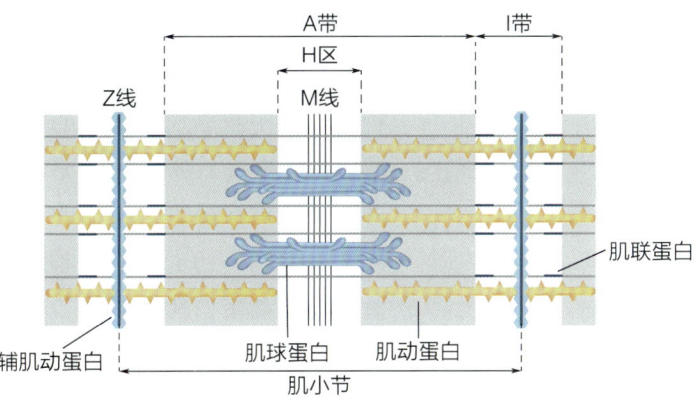

图 14-15　骨架纤维和横桥结构

肌细胞中的横桥是由球状的马达结构域形成的。这个结构域可以水解 ATP，它与微丝的结合能够大大提高 ATP 水解的速率，也能够在体外重建的系统中驱动微丝纤维的运动。这些观察都和肌丝滑行理论是一致的。驱动蛋白也具有球状形态的马达结构域。这个结构域能够水解 ATP，与微管的结合能够促进水解 ATP 的酶活，在体外也能够驱动微管定向运动。动力蛋白的马达结构域也具有类似的性质。肌细胞中的肌球蛋白、驱动蛋白 1 和轴丝动力蛋白都是细长形态的分子。它们具有类似的结构域组织方式，一端是头部，另一端是尾部。总体来说，分子马达的尾部负责介导与其它分子或结构的相互作用。例如，骨骼肌的肌球蛋白通过尾部结构域的寡聚化形成粗肌丝（长度可达几微米）；轴丝动力蛋白的尾部与微管双联体中的 A 管结合，而头部区域则与 B 管结合；驱动蛋白的尾部则与它所运输的货物结合，不过在没有货物的情况下驱动蛋白的尾部也与头部结合，抑制其马达活性，从而保证在不携带货物时马达处于关闭的状态（即自抑制）。

这样的结构引发了许多关于分子马达功能的有趣的问题。例如，最初发现的肌球蛋白和驱动蛋白家族的成员有两个头部（二聚体），是否可以有不同数目的头部结构？多头部的结构对运动性是必需的吗？分子马达的速度由什么决定？肌球蛋白的运动速率范围为 200 ~ 60 000 nm/s，驱动蛋白的运动速率范围为 18 ~ 2000 nm/s（见表 14-3），这种差异的关键结构基础是什么？什么决定了马达的方向性？驱动蛋白 14 和动力蛋白都是向微管负端运动的蛋白质，这种方向性的结构基础是什么？是否也有向微管正端运动的动力蛋白质？这些有趣的问题是驱动分子马达领域生物物理学研究的动力。

14.4.2　分子马达的运动

尽管不同家族的马达蛋白在结构上有相似性，但它们在功能上却有着显著的差异。不同的马达运动的速度和方向不同，有些总以群体形式工作，有些则单独工作。应用一些特定的概念，可以理解这些差异的生化本质。直观地说，某些分子马达可以保持与骨架纤维的连续相互作用，而另一些分子马达则需要通过群体的方式来产生连续的运动。下面，我们将介绍一些相关的知识和概念。

(1) 体内分子马达的速度

马达蛋白在细胞内移动速度的范围很大（表 14-3）。例如，在大鼠伸肌（脊椎动物骨骼肌中收缩速度最快的肌肉之一）的收缩过程中，组织的长度在 10 ms 内缩短了 20%。这相当于肌球蛋白以 25 000 nm/s 的速度沿微丝移动。另一面，在有丝分裂的后期，染色体在微管中移动的速度只有 5～10 nm/s。即使是同一家族的分子马达，其运动速度差别可达上百倍。同样，最快的驱动蛋白，负责细胞器运输，移动速度比有丝分裂的驱动蛋白快数十倍。分子马达的速度也可能随生理条件而变化。例如，对肌肉施加足够大的负荷，会使肌球蛋白停止运动。

表 14-3　体内和体外测得的分子马达运动速度

蛋白质	分子马达	速度/(nm/s)	功能
肌球蛋白	肌球蛋白 II	6 000	肌肉收缩
	肌球蛋白 V	200	胞内运输
	肌球蛋白 XI	60 000	胞质环流
动力蛋白	轴丝动力蛋白	7 000	鞭毛摆动
	胞质动力蛋白	1 100	鞭毛内运输，轴突内运输等
驱动蛋白	驱动蛋白 1	1 800	轴突内运输等
	驱动蛋白 2	2 000	鞭毛内运输
	驱动蛋白 5	18	调控纺锤体结构
	驱动蛋白 14	—	调控纺锤体结构

(2) 协同和独立的分子马达

有些分子马达，如肌肉肌球蛋白和轴丝动力蛋白，以巨大的阵列运转。例如，肌肉纤维中可能含有多达 10 亿个肌球蛋白分子。即使在单个肌节内（横纹肌的结构单元），也有成千上万的肌球蛋白平行排列，这些肌球蛋白好似龙舟的桨手一样，齐心协力驱动粗肌丝和细肌丝之间的滑动。相对而言，驱动蛋白 1 常常独自发挥作用，电子显微镜照片显示囊泡和微管之间至多有几个交叉桥，类似于一辆辆独立工作的搬运工程车。

(3) 持续性或非持续性分子马达

驱动蛋白家族中很多成员都具有持续的运动性（例如驱动蛋白 1），而另一些不是（例如驱动蛋白 13）。体外条件下的运动实验表明，驱动蛋白 1 是一种持续性马达，即单个驱动蛋白 1 分子可沿着微管表面连续运动达数微米，相当于跨越了数百个微管异二聚体。生物化学实验也证实了这一点，因为它在与微管结合时，平均每次能够水解约 125 个 ATP 分子［假设它每次步进都消耗 1 个 ATP 分子，这与马达一次持续运动的距离（大于 1 μm）基本一致］。在滑动实验中（知识窗 14-1），在驱动蛋白 1 的密度很低（低于每平方微米 1 个分子）时，微管就可以表现出持续运动，这提示了单个驱动蛋白 1 分子具有持续运动性。同时，微管的运动速度与表面上的驱动蛋白密度没有显著的相关性，提示了驱动蛋白之间（高密度条件下）存在一定的协同，否则当表

知识窗 14-1

滑 动 实 验

滑动实验是一种在体外研究马达蛋白功能的实验方法，它的基本材料包括纯化的分子马达（例如驱动蛋白）和体外组装的微管或微丝（如使用荧光显微镜观察，这里的微管和微丝纤维需要荧光标记）。如图 14-16 所示，实验中，马达蛋白首先通过非特异性吸附作用固定于玻片的表面，然后加入含有微管或微丝和 ATP 的溶液。当位于玻片表面的马达蛋白与微管或微丝结合时，能够驱动骨架纤维的滑动（由此得名"滑动实验"）。通过记录骨架纤维的运动，我们测量滑动的方向和速度，进而得到有关马达蛋白运动特性和机制的信息。例如，滑动实验可以揭示马达蛋白是正端导向还是负端导向，若骨架纤维朝着负端方向运动，则该马达蛋白是向着正端运动的。同时，改变实验中的 ATP 浓度、马达蛋白浓度、溶液盐浓度等都会对实验结果带来相应的影响，这些变化能够提示马达蛋白的特征。例如，通过测量骨架纤维滑动速度随马达蛋白浓度梯度的变化，可以提示马达蛋白运动的持续性，如果其表现出高度的一致性（与表面上马达的密度无关），这就表明马达蛋白具有较高的连续运动能力。综上，滑动实验对于理解马达蛋白的运动性以及细胞内物质运输的分子机制具有重要意义。

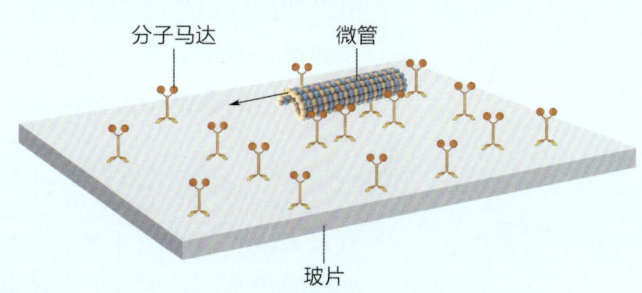

图 14-16　以微管马达蛋白和微管为例的滑动实验

面蛋白密度增加时，应当看到微管速度的变化。

在滑动实验中，肌肉中的肌球蛋白Ⅱ在表面的临界密度需要达到一定阈值来驱动微丝纤维的运动。当密度在阈值以下时，微丝没有明显的运动性，说明这种肌球蛋白不是一种持续性分子马达，当只有单个或少数肌球蛋白结合微丝纤维时，纤维与表面结合的时间太短，不能产生可以观察到的运动。

动力蛋白家族中有些成员是持续性的，有些是非持续性的。轴丝外臂动力蛋白需要在较高密度的条件下才能驱动微管的连续滑动，提示其也需要多个分子共同作用来实现连续的运动。相反地，细胞质中的动力蛋白具有持续性，当与其它蛋白［例如动力蛋白激活蛋白（dynactin）］结合形成动力蛋白复合物时，它的持续性还会增强。

（4）占空比

不同分子马达在持续性方面的差异可以通过占空比的概念来理解，占空比是指每个分子马达中马达结构域结合在骨架纤维上的时间在其工作周期中的比例。在早期工作中，人们已经发现，肌肉收缩时粗肌丝（肌球蛋白）可以沿着细肌丝（主要是微丝）滑动 0.7 μm，微管在滑动实验中可以沿表面运动数微米。这些尺度都远远大于单个分子马达自身的尺度，因此人们推测马达的工作机制应该包括周期反应。在这个过程中，马达反复地与骨架纤维结合和分离，其中每个周期同时包含力学周期和化学周期。

在马达工作的每个周期中,我们设想马达结构域在纤维上结合的平均时间为t_{on},在此期间它在纤维上工作(移动、做功)。同时假设马达不与骨架纤维结合的平均时间为t_{off},在此期间它恢复到初始构象(但位移不恢复),从而开始新的循环。我们将占空比r定义为每个马达结构域与骨架纤维相互作用的时间在整个周期中的百分比:

$$r = \frac{t_{on}}{t_{on} + t_{off}} = \frac{t_{on}}{t_{total}} 。 \quad (14\text{-}18)$$

如果分子马达大部分时间都与骨架连接,则其占空比可能较大;反之,则较小。不同分子马达与骨架纤维结合动力学的差别导致了它们之间占空比的差异,这种差异可以帮助我们理解为什么有些马达的运动是持续性的,有些则不是。对于单一运动单元来说(单个分子马达或由若干分子马达组成的阵列),实现连续运动所需的最小马达结构域的数量与占空比是相关的:

$$r \approx \frac{1}{N_{min}} 。 \quad (14\text{-}19)$$

直观来说,这个简单的定量关系保证了通常至少有一个马达结构域能够保持与纤维连接的状态。对于单个驱动蛋白 1 来说,它是二聚体,所以每个马达结构域的占空比必须至少为 0.5;如果占空比小于 0.5,就会存在两个结构域都解离的状态,这样马达就会从微管彻底解离,无法形成连续运动。不过,在由骨骼肌肌球蛋白或外臂动力蛋白组成的大型马达阵列中,如果有 50~100 个分子马达存在,它们的占空比就可以很小,只要 0.01~0.02 即可保持持续性的运动。通过以上两个例子,可以看出占空比这个概念可以帮助我们直观地理解持续性或非持续性马达运动的特征。

14.4.3 分子马达的力学

分子马达蛋白的机械性能可以应用光镊和原子力显微术等技术来测量。它们具备测定位移和力这两个参数的能力,是理解分子马达机械特性所必需的。这些技术在测量位移方面的灵敏度约为 1 nm,足以分辨驱动蛋白 1 沿微管的步进位移和骨骼肌中肌球蛋白的工作行程;它们的压力灵敏度为 1~10 pN,也具有足够的分辨率来测量单个分子马达产生的力。以下,我们以驱动蛋白 1 和肌球蛋白 II 为例进行介绍。

以上提到的单分子技术证实了驱动蛋白 1 是一种能够持续性运动的分子马达。通过光镊技术测定和适当的数据处理可以看出,驱动蛋白的运动是步进式的,单步的步长为 8 nm。这个精确的测量表明驱动蛋白在运动中是沿着原丝从一个微管蛋白异二聚体移动到下一个异二聚体(单个异二聚体的长度为 8 nm)。研究人员也观察到,这种沿着原丝持续性运动的行为与驱动蛋白形成二聚体的能力有关,仅仅具有单个马达结构域的突变体分子马达表现出随机运动的模式,表明驱动蛋白的两个马达结构域是互相协调的。另一方面,从力学角度来说,光镊等精细力学实验的结果说明,驱动蛋白可以平衡的最大力大约为 6 pN，而且马达的速度随着负载的增加而逐渐降低直至停止。根据测量的步长（8 nm）和最大力（6 pN），我们就可以计算出驱动蛋白 1 每步所做的功为 48 pN·nm。这意味着，如果驱动蛋白的负载是 6 pN，它每走一步就会做 48 pN·nm。如果负载较低，每走一步做的功将较小。细胞条件下 ATP 水解产生的自由能大约为 100 pN·nm，根据驱动蛋白能做到的最大功推测，它的最大效率接近 50%。

在单分子实验中，肌球蛋白 Ⅱ 与驱动蛋白 1 的表现很不一样，肌球蛋白 Ⅱ 与微丝只发生短暂的相互作用，其中展现出很短的位移。例如，如果两端分别锚定的肌动蛋白细肌丝被呈递给一个表面上的肌球蛋白，则可以观察到若干个独立的结合事件。这种现象与驱动蛋白 1 截然不同，但与肌球蛋白 Ⅱ 不具备连续性的运动特征是一致的。同时，人们估算出肌球蛋白 Ⅱ 与微丝结合时带来的构象变化大约是 5 nm，也就是它在无负载条件下的工作距离。单个肌球蛋白所能施加的力也可以应用光镊技术测量得到，为 1 ~ 10 pN。

最后，我们用一个简单的模型来讨论分子马达的形变如何产生力，该模型被称为动力冲程模型（power stroke model）（图 14-17）。在这个模型中，分子马达的结构中有一个弹性元件，类似于机械装置中的弹簧，它

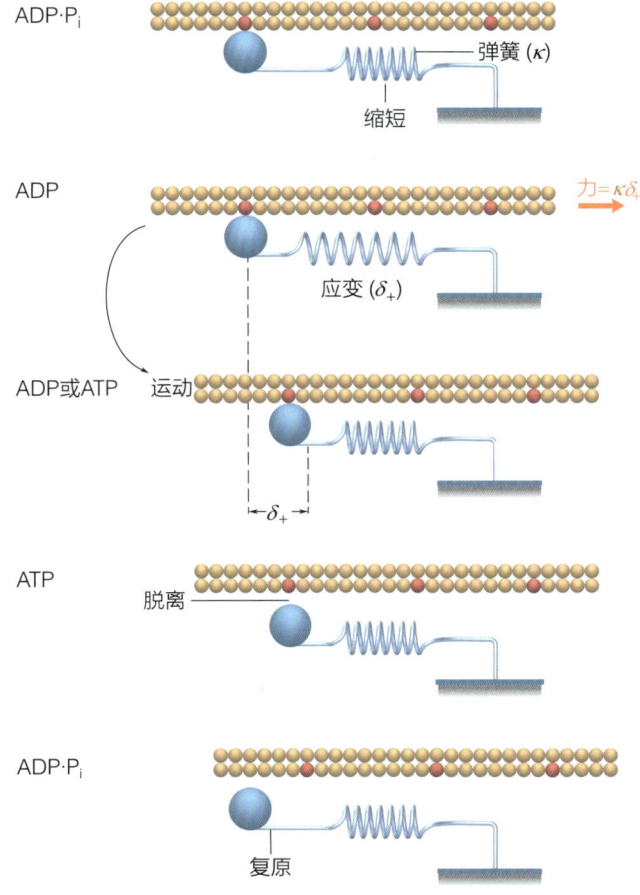

图 14-17 动力冲程模型

能够产生形变，也就可以储存机械能。核苷酸状态变化引起分子马达中这个弹性元件的构象变化，该应变会使得分子尺度延伸，并超过其静止长度。这个结构变化的同时伴随着张力的产生，最大力是与应变相关的距离（δ_+）乘以弹性系数（κ）：

$$F_{\max} = \kappa \cdot \delta_+ \text{。} \tag{14-20}$$

如果在形变为零时分子马达发生解离，则每个分子马达运作周期中的平均力为

$$\langle F \rangle = \frac{\kappa \cdot \delta_+}{2}, \tag{14-21}$$

这个张力的释放正是驱动运动发生的动力。这个模型直观地呈现了分子马达形变和驱动分子运动的关系，但它的分子基础还有待进一步的明确（例如弹性元件的分子和结构基础是什么）。

※ 本章小结

本章介绍了一些基本模型，探讨了细胞骨架的结构、组装和力学性质，以及分子马达。不难看出，尽管细胞骨架参与了众多纷繁复杂的细胞生物学过程，但从原理上来说，

它无非发挥了结构（例如细胞形态）和力学（例如细胞运动）两种功能。更进一步，这两种功能归根到底又取决于骨架纤维聚合和解聚的动力学及其调控，例如组装的速度调节了骨架纤维的长度，也决定了聚合力的大小。这就把细胞骨架相关的信息统一在一个完整的理论框架中，这里面跨越了多个时空的尺度，也初步回答了本章导言中的问题：尽管骨架蛋白自身很小，它如何通过组装来储存和传递细胞中的时空信息？细胞骨架系统中有趣的问题还有很多，也一定能够为了解生物系统的普遍原理提供新的见解，希望本章的讨论能为这些未来的工作打下基础。需要指出的是，细胞骨架仅仅是众多有趣的细胞生物学系统之一，它们都具有很高的研究价值，可以为理解不同时空尺度的生物学原理提供借鉴。其中之一还有细胞膜，我们将在下一章对它进行讨论。

※ 思考题

1. 细胞骨架纤维组装的被动和主动聚合两种模型的关键差别是什么？这些差别对细胞骨架纤维的动力学带来了什么影响？

2. 微管动态组装时末端形成 GTP 帽结构的原因是什么？基于此，分析调控帽结构的机制可能有哪些。

3. 假设一个大小为 1 μm 的颗粒进入到细胞质内，显微镜观察到它的移动速度是 1 μm/s，请通过计算推断驱动该运动发生的细胞生物学机制可能有哪些。

4. 如何测量单个分子马达的占空比？

5. 已知神经元轴突中充满了由平行排列的微管组成的复合微管束，这些微管由特殊的微管蛋白组成，也具有特定的翻译后修饰，推测可能具有特定的性质。结合细胞力学、显微结构和力学模型等方法，是否可以测量该神经元轴突中特殊类型微管的刚度？

※ 扩展阅读

图书

Alberts B, Heald R, Johnson A, et al. Molecular biology of the cell[M]. 7th ed. New York: W. W. Norton & Company, 2022.

Bagshaw C R. Muscle contraction[M]. 2nd ed. London: Chapman & Hall, 1993.

Berg H C. Random walks in biology[M]. Princeton: Princeton University Press, 1983.

Boron W F, Boulpaep E L. Medical physiology: a cellular and molecular approach[M]. 2nd ed. Philadelphia: Saunders/Elsevier, 2012.

Bray D. Cell movements: from molecules to motility[M]. 2nd ed. New York: Garland Science, 2000.

Howard J. Mechanics of motor proteins and the cytoskeleton[M]. Sunderland: Sinauer Associates Inc, 2001.

Phillips R, Kondev J, Theriot J. Physical biology of the cell[M]. New York: Garland Science, 2009.

Pollard T D, Goldman R D. The cytoskeleton[M]. Cold Spring Harbor: Cold Spring Harbor Laboratory Press, 2017.

15

生物膜

生物膜（biomembrane）是一个复杂的多组分动态系统，充当细胞与外界以及细胞内各细胞器间的隔离屏障，为细胞和细胞器提供相对独立的微环境，使它们可以在其中发挥功能并保持独特性。这种屏障是一种选择性渗透结构，在调控不同物质的进出、信号的传递、对外界刺激的响应等方面具有很高的选择性和精确度。生物膜是磷脂双分子层，在其上还镶嵌有蛋白质以及糖分子。磷脂双分子层具有流动性，因此膜中的蛋白质可以旋转、扩散，从而利于蛋白质构象的转变以及蛋白质之间的相互作用，而这些都是蛋白质发挥功能所必需的。从只有细胞质膜的原核生物到具有复杂内膜系统的真核生物，生物膜发挥着许多重要的功能。在本章中，我们将从生物膜的组成、结构和动态变化三个方面探讨生物膜的物理性质对其功能的影响。

15.1 生物膜的组成

生物膜的主要成分是脂质、蛋白质和少量糖类（图 15-1）。脂质构成膜双分子层的结构骨架，而蛋白质则是膜的主要功能成分。糖类主要以糖蛋白或糖脂的形式与蛋白质或脂质共价连接，存在于真核生物膜中；而原核生物膜中几乎不存在糖蛋白，糖脂以脂多糖的形式存在。蛋白质、脂质和糖类以不同比例存在于不同的生物膜中。从数量上看，脂质是所有膜的主要成分，其数量大约是蛋白质的 40~200 倍，构成基本的膜结构和膜环境。膜中蛋白质的含量范围很广，具体含量取决于所在膜的不同生物功能。从质量上看，大多数真核细胞的质膜含有相同比例的脂质和蛋白质（质量百分数都为 30%~40%）。髓鞘是一个低蛋白质含量的极端，其主要功能是为其包裹的神经轴突提供电绝缘，因此髓鞘富含脂质，其蛋白质质量百分数仅约为 20%。而线粒体和叶绿体的内膜以及许多细菌的质膜则具有较高比例的蛋白质，质量百分数超过 70%，这是因为线粒体和叶绿体的内膜含有参与电子传递、氧化磷酸化的超大蛋白质复合物和许多跨膜传输系统，细菌的细胞质膜也是呼吸作用的场所，因此膜中蛋白质含量也较高。膜蛋白的功能多样性远远超过膜脂，造就了不同类型膜的不同功能，但这些膜都具有相似的基本物理化学特性。

15.1.1 膜脂

（1）膜脂的种类和结构

构成生物膜的最重要成分是各种类型的脂质，这些脂质都是两亲性分子，既包含疏水部分，也包含亲水部分。生物膜主要包含三类脂质：磷脂（phospholipid）、糖脂（glycolipid）和甾醇（sterol）（图 15-2）。磷脂是生物膜的主要成分，包含极性的头部基团和磷酸基团，其中磷酸基团通过甘油或鞘氨醇与疏水的碳氢链（又称烃链）共价连接形成甘油磷脂或鞘磷脂。碳氢链的长度（碳的个数）和不饱和程度（双键数）各不相同，这些是决定主链相变温度和不同种类脂质特性的主要因素。常见的头部基团有胆碱、丝氨酸和乙醇胺。糖脂和磷脂类似，只是极性的头部基团是糖基（例如葡萄糖）。在磷脂和糖脂构成的生物膜中，两层分子尾部的疏水碳氢链彼此靠近而与周围的水环境隔绝，头部的亲水基团则暴露在水环境中，负责与蛋白质间特异的相互作

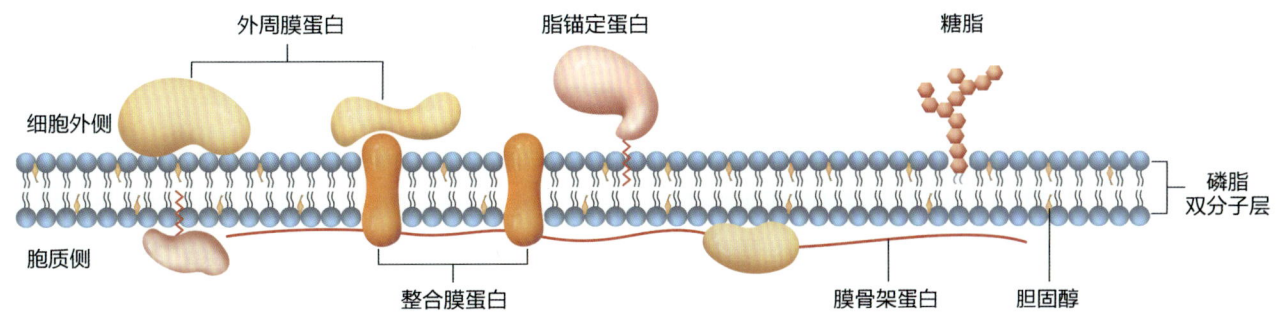

图 15-1 生物膜的组成示意图

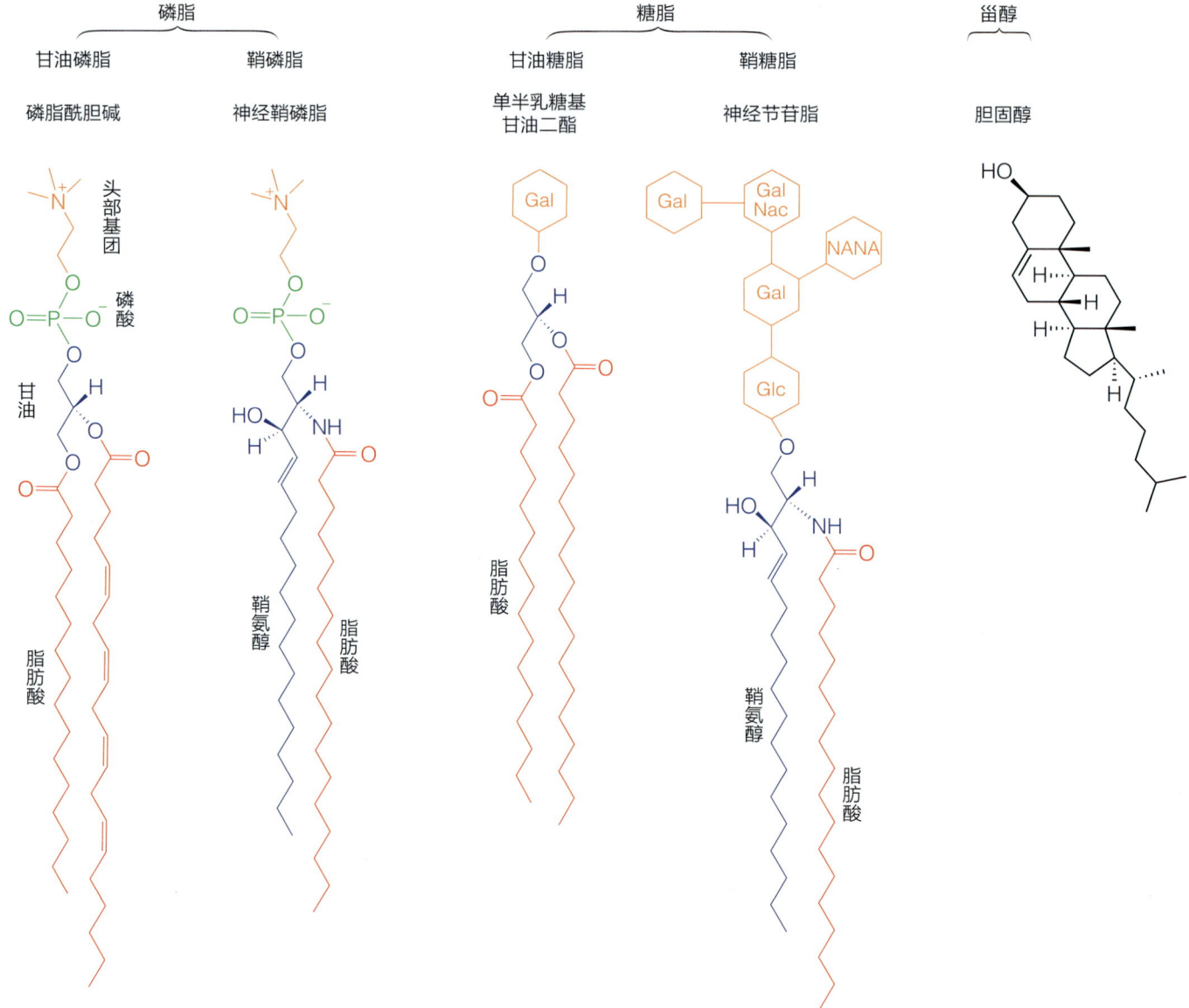

图 15-2 三类膜脂质（磷脂、糖脂和甾醇）的结构示意图

Glc，D-葡萄糖；Gal，D-半乳糖；NANA，N-乙酰神经氨酸；GalNac，N-乙酰-D-半乳糖胺。

用，形成所谓的双分子层结构。甾醇存在于植物和动物细胞中，而在大多数原核生物中不存在。甾醇也是强两亲性分子，具有非常小的亲水性区域（—OH）。胆固醇是一种典型的甾醇，其疏水区域由一个刚性的平面环状结构和一条以两个甲基为末端的短碳氢链组成。真核生物膜中的胆固醇含量变化很大，从合成脂质的内质网开始，通过"分泌途径"直至质膜，浓度不断增加。甾醇通常存在于磷脂双分子层的疏水区域，改变其物理性质，可形成物理上不同的相，并在某些情况下引发相分离。

（2）不同生物膜具有不同的膜脂组分

由于头部基团和碳氢链的不同，任何真核细胞中都存在超过1000种不同的脂质。图 15-3 显示了在哺乳动物细胞的主要细胞器中的磷脂和胆固醇的不均匀分布，这种分布也是决定不同细胞器独特性的重要因素。与明确的蛋白质和核酸的组成成分不同，脂质组成成分会因不同生物体、同一生物体的不同组织、同一细胞内的不同细胞

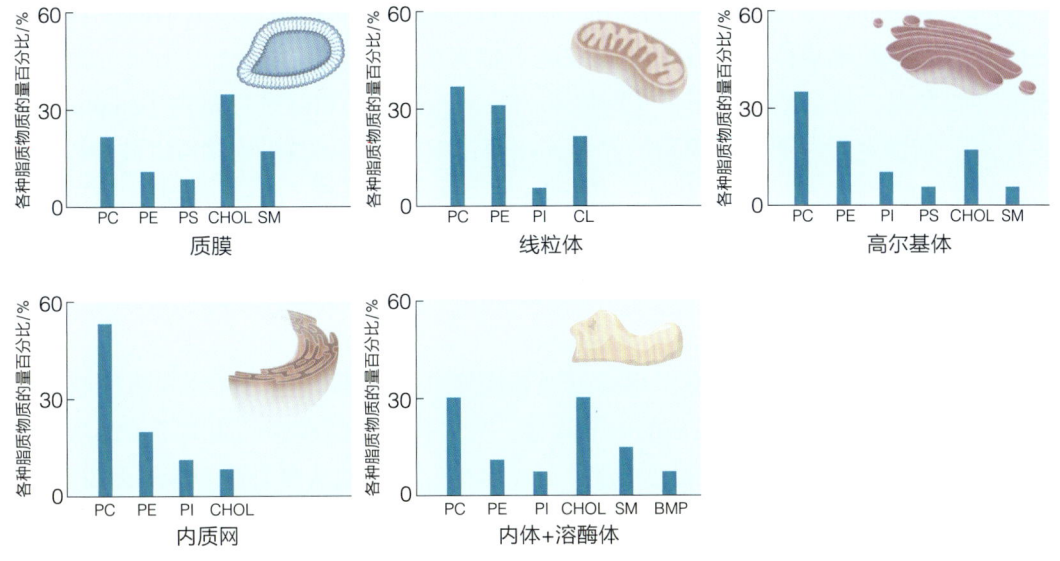

图 15-3 真核细胞中生物膜的脂质组成

真核细胞中的质膜和不同细胞器（线粒体、高尔基体、内质网、内体和溶酶体）的膜中的不同脂质占总脂质的物质的量百分比。PC，磷脂酰胆碱；PE，磷脂酰乙醇胺；PI，磷脂酰肌醇；PS，磷脂酰丝氨酸；CL，心磷脂；SM，鞘磷脂；BMP，双（单酰基甘油）磷酸；CHOL，胆固醇。

器、同一膜内的不同膜域，甚至同一细胞内的不同磷脂分子种类而有很大差异。脂质成分会随着饮食、环境条件和生物体年龄的变化而变化。

不过，哺乳动物细胞通常都有一些普遍的规律：

① 主要的结构脂类是磷脂酰胆碱（PC）和磷脂酰乙醇胺（PE），其中 PC 占比更多。

② PC 是真正的两性离子，因此不带净电荷；而 PE 几乎是两性离子，带有轻微的净负电荷。没有阳离子脂质。阴离子脂质磷脂酸（PA）、磷脂酰丝氨酸（PS）、磷脂酰肌醇（PI）、磷脂酰甘油（PG）和心磷脂（CL）的含量均低于结构脂质 PC 和 PE。

③ 在不同的生物膜中，胆固醇的含量从微量（线粒体内膜）到成为主要极性脂质（在质膜中的物质的量百分比超过 50%）不等。

④ 心磷脂几乎只存在于线粒体内膜中。

⑤ 脂肪酸在两条磷脂酰基链之间分布不均。Sn-1 链主要是饱和脂肪酸，通常含有 16 或 18 个碳原子；而 Sn-2 链主要是不饱和脂肪酸，通常含有 18、20 或 22 个碳原子。

⑥ 大量的不饱和酰基链意味着在生理温度下大部分生物膜处于流体状态。

⑦ 膜脂具有不均匀分布的特征，质膜上的糖脂都朝外，而带负电的脂质一般都朝向细胞内部。

15.1.2 膜蛋白

（1）膜蛋白的种类

最初的分类方法是将与膜相互作用的蛋白质分为外周（外在）和整合（内在）两类。外周膜蛋白（peripheral protein）基本上是附着在膜表面的水溶性球状蛋白质，它们不会明显渗透到膜的疏水内部，因此，一般高盐溶液可以通过破坏亲水性相互作用将外周膜蛋白从膜上洗脱下来。整合膜蛋白（integral protein）会在不同程度上渗透到膜的疏水内部，通常只能通过使用去垢剂破坏膜来提取，并且提取出的整合膜蛋白以不溶于水的聚集体形式存在。后来越来越多的与上述两类膜蛋白不完全相同的膜蛋白被发现，包括脂锚定蛋白（lipid-anchored protein）和两亲性蛋白（amphitropic protein）。脂锚定蛋白通过与膜脂的共价连接而锚定在膜上，这种连接可以被酶解，从而在不破坏膜的情况下将蛋白释放，因此将它们单独归为一类。另外，那些弱而可逆地与膜结合并且其构象受该结合调控的外周膜蛋白称为两亲性蛋白，它们参与许多重要的生物学功能。

（2）外周膜蛋白

外周膜蛋白主要通过静电作用或氢键被固定在膜表面。它们可分为两种基本类型：一种是通过整合膜蛋白表面的电荷连接，另一种是通过磷脂的阴离子头部基团连接。通过改变pH或培养基中的盐浓度，可以轻松、干净地从膜表面去除外周膜蛋白。顾名思义，真正的外周膜蛋白与膜内部的疏水碳氢部分很少或没有相互作用，并且从膜上剥离时没有脂质附着。外周膜蛋白的典型例子包括细胞色素 c（cytochrome c；与整合膜蛋白结合）和髓鞘碱性蛋白（myelin basic protein；与膜磷脂结合）。

（3）整合膜蛋白

据估计，20%~30%的细胞蛋白质是整合膜蛋白，它们与膜紧密、永久地结合在一起。因为整合膜蛋白有一部分完全嵌入到脂质双层的结构中，因此这一部分必须具有热力学上与膜疏水内部相容的表面。构成蛋白的氨基酸特性可与膜的疏水内部相适应，因此较多的疏水氨基酸占据了整合膜蛋白的跨膜区域。通常这段氨基酸形成α螺旋构象。每个氨基酸在α螺旋中上升的高度约为1.5 Å，因此大约需要20个氨基酸才能穿过双层膜的疏水内部（约30 Å）。α螺旋可以单次或多次穿过膜，这些螺旋可以伸直、弯曲甚至断裂，但其内部的氢键模式必须保持不变，以便极性肽键可以在膜的疏水内部维持。还有一种主要的跨膜结构是β桶。β桶结构在革兰氏阴性细菌的外膜中非常常见，但也存在于叶绿体和线粒体的外膜中。β桶由20个或更多的β片层组成，这些片层排成一个横跨膜的圆柱体。各种极性溶质正是通过这个圆柱体的中间通道进行扩散。在β桶中，疏水氨基酸位于圆柱体的外表面，面向膜疏水内部的酰基链，而亲水（大部分带电）氨基酸则位于圆柱体的内侧，面向中间通道。线粒体外膜上有大量β桶结构的膜蛋白，而内膜上的膜蛋白主要依赖α螺旋，这一现象也被作为内共生学说的证据之一。

（4）脂锚定蛋白

脂锚定蛋白与膜双分子层中的脂质共价连接。脂质将蛋白质拴在细胞膜上，促进蛋白质与膜和其它膜相关蛋白质的相互作用。例如，G蛋白通过脂锚定结合在膜上，与膜整合蛋白GPCR的C端尾部发生相互作用，激活下游信号通路。脂锚定蛋白与脂质共价连接的方式主要有以下四种：脂锚定蛋白中半胱氨酸的巯基与异戊二烯（C15:3，C20:4）结合；脂锚定蛋白中半胱氨酸的巯基与棕榈酸（PA，16:0）结合；脂锚定蛋白中酰胺键（—NH—）与豆蔻酸（MA，14:0）结合；脂锚定蛋白的C端与糖磷脂酰肌醇结合，形成糖基磷脂酰肌醇结合蛋白（glycosylphosphatidylinositolanchored protein)。

(5)两亲性蛋白

两亲性蛋白是一类特殊的外周膜蛋白。这类蛋白质可以通过静电相互作用、疏水相互作用或它们的组合在水溶性构象和与膜表面弱结合的构象之间转换。由于与膜的相互作用是可逆的,因此两亲性蛋白既是游离的可溶性蛋白质,又是与膜结合的蛋白质。在由磷酸化、酰化或配体结合引起的构象变化之后,水溶性形式转变为膜结合形式,从而暴露出蛋白质上以前无法接触到的膜结合部位。

两亲性蛋白与膜之间的可逆结合是通过多种机制单独或共同完成的(图15-4)。第一种机制是蛋白质具有与特定脂质结合的位点,这种脂质通常具有特异的头部基团。在这种情况下,蛋白质与膜的结合取决于其对脂质的亲和力以及脂质的浓度。在蛋白质的可

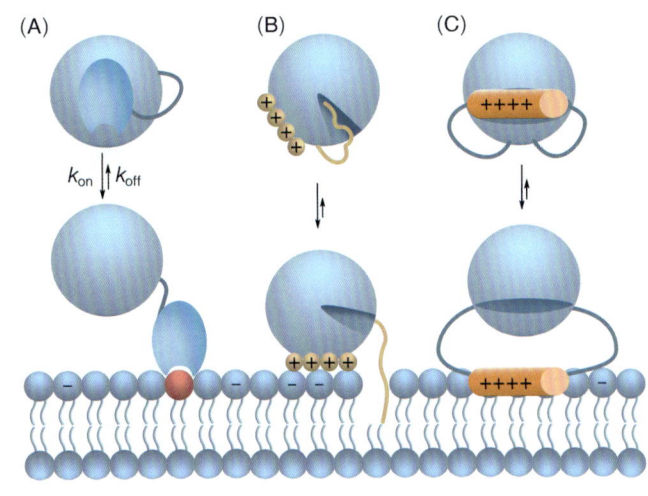

图15-4 两亲性蛋白与膜相互作用的不同方式
(A)蛋白质具有与特定脂质结合的位点,这种脂质通常具有特异的头部基团。(B)蛋白质上带正电荷的基序与膜上阴离子脂质之间的静电相互作用。(C)蛋白质的两亲性螺旋插入磷脂双分子层中。

溶性形式中,与脂质结合的位点被覆盖,从而起到抑制的作用。第二种机制是蛋白质上带正电荷的基序与膜上阴离子脂质之间的静电相互作用,同时蛋白质上共价连接的脂质插入膜中。当蛋白质和与其共价结合的酰基链在水溶性构象和膜结合构象中的位置发生明显变化时,就会出现这种情况。在水溶性形式中,酰基链被包裹在蛋白质内部;而在膜结合形式中,酰基链从蛋白质中伸出,嵌入膜的近端区域。基序的电荷(可通过磷酸化或质子化改变)是影响平衡的关键因素,如多磷酸化通过电荷中和来拮抗膜结合。第三种机制是蛋白质的两亲性α螺旋插入磷脂双分子层中,这需要蛋白质发生很大的构象变化。膜表面电荷是促使平衡向膜结合形式转变的关键因素之一。

有许多重要的两亲性蛋白与细胞信号转导事件密切相关,例如Src激酶、蛋白激酶C和磷脂酶C。当与适当的底物结合后,两亲性蛋白的构象发生改变,暴露出蛋白质上的疏水片段,该疏水片段插入膜中,从而与膜靶标紧密结合。例如,在大肠杆菌中,球状丙酮酸氧化酶(globular pyruvate oxidase)与底物丙酮酸和辅因子焦磷酸硫胺素(thiamine pyrophosphate)结合,暴露出蛋白质中的疏水螺旋。经过修饰的酶随后与膜结合,将电子从细胞质转移到膜中的电子传递链上。两亲性蛋白类还包括一些形成水溶性通道的多肽毒素(如大肠杆菌毒素A和α溶血素)。

15.1.3 膜糖

除了脂质和蛋白质,糖类是膜上的第三种主要成分,主要存在于细胞质膜的外表面,它们与蛋白质或脂分子共价结合形成糖蛋白或糖脂。糖类没有疏水片段,而是具有很强的水溶性,因此不会出现在膜的疏水性内部。它们的主要功能是与细胞外部环境相互作用,例如参与细胞识别、细胞黏附、提供免疫特性(它们是抗原)以及作

为受体等。按质量计算，膜蛋白上的糖类含量从 0% 到超过 85% 不等。基本糖类有九种：α-D- 葡萄糖、α-D- 半乳糖、α-D- 甘露糖、α-L- 岩藻糖、α-L- 阿拉伯糖、α-D- 木糖、N- 乙酰葡糖胺、N- 乙酰半乳糖胺和 N- 乙酰神经氨酸（唾液酸），它们通常以单糖或短的寡糖链的形式附着在膜上。

15.2 生物膜的结构

15.2.1 脂质聚集的热力学基础

如前所述，膜脂是两亲分子，既含有疏水部分，也含有亲水部分。水合时，脂质自我组装形成各种聚集体（aggregate）或相（phase），使非极性碳氢化合物部分远离水而向内部移动，极性部分则与周围的水相互作用。

不同水合脂质聚集体的形成都是疏水相互作用的结果，这种作用力促使非极性分子远离极性水分子，并与其它非极性分子相互作用。稳定这些聚合体结构的其它因素包括相邻疏水酰基链之间的范德瓦耳斯力，以及脂质极性基团和水分子之间的氢键和静电相互作用。与疏水相互作用相比，这些作用力在稳定聚合体结构方面的贡献较小。

脂质在水中的组织结构受其浓度和相反作用力平衡的制约，即驱动聚集的疏水相互作用与反对聚集的离子和氢键相互作用以及极性部分的空间排斥力。当两亲分子加入到水溶液中时，部分两亲分子以单体形式存在，还有部分两亲分子在气液界面形成单层膜。随着加入的两亲分子浓度的增加，当疏水作用力强于与水的极性相互作用时，两亲分子开始形成聚集体（图 15-5A）。临界胶束浓度（critical micelle concentration, CMC）是两亲分子的一个特定浓度，当两亲分子的浓度超过该浓度时，任何进一步的浓度增加都会导致聚集体浓度的增加，而游离单体浓度保持不变（图 15-5B）。

在实验中，测量两亲分子的临界胶束浓度通常利用测量水的表面张力随其分子浓度的变化来获得。在临界胶束浓度以下，水的表面张力随分子浓度的增加而降低。在临界胶束浓度以上，由于开始形成聚集体，水的表面张力不再随分子浓度的增加而变化。

图 15-5 两亲分子的性质（A）在水溶液中，两亲分子表面活性剂存在游离单体、单层膜和聚集体胶束三种形式。c，两亲分子浓度。（B）不同浓度下不同形式的两亲分子浓度。

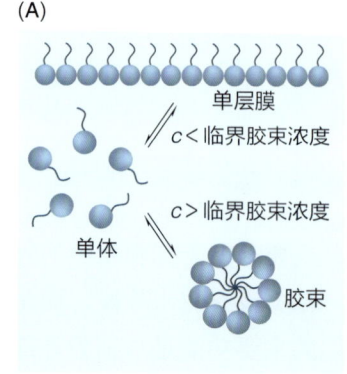
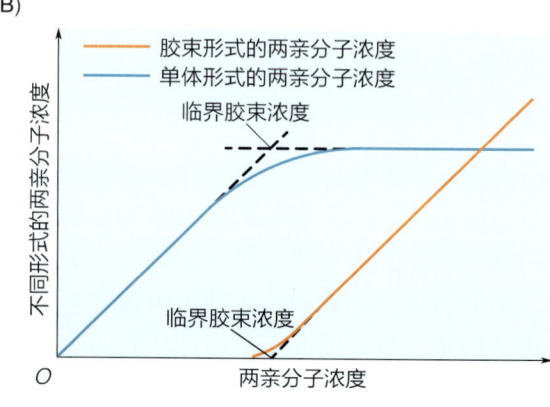

胶束的形成是由于疏水相互作用稳定了聚集结构。疏水相互作用促使两亲分子的疏水区域远离水，并与胶束内其它两亲分子的疏水区域发生有利的相互作用。高疏水性分子在更低的浓度下就会形成聚集体。临界胶束浓度随酰基链长度的增加而降低，每个分子包含两条 $C_{16} \sim C_{20}$ 长烷基链的磷脂的临界胶束浓度（低于 10^{-10} mol/L）很低，因此水溶液中单体磷脂的浓度几乎可以忽略不计。磷脂与水溶液接触时会自发形成双分子层。相比之下，在 25℃ 和 1 个标准大气压下，有一条 C_{12} 烷基链的十二烷基硫酸钠（SDS）的临界胶束浓度为 8×10^{-3} mol/L，低于此浓度时，SDS 在水溶液中以单体形式存在。

15.2.2 脂质聚集体/相的多态性

脂质在水合过程中会自我组装，形成具有不同几何形状的聚集体/相，如片层相（lamellar phase）、球形胶束（spherical micelle）、圆柱形胶束（cylindrical micelle）、六方相（hexagonal phase）、立方相（cubic phase）等（图 15-6）。这些不同类型的聚集体/相的形成由多种因素决定，包括内部因素，如脂质的结构、形状和成分，以及外部变量，如温度、压力、水相的 pH 和离子强度以及水合程度。

维托里奥·卢扎蒂（Vittorio Luzzati, 1923—2016）提出的命名法被广泛用于命名脂质相。大写拉丁字母表示晶格类型，例如，L 代表片层相，H 代表六方相，Q 代表立方相，M 代表胶束。下标 I 和 II 分别表示正相（水包油）和反相（油包水）。字母下标表示相的类型或疏水链构象，例如，c 表示结晶，β 表示有序凝胶状区域，α 表示液态区域，αβ 表示凝胶状区域和液态区域共存，δ 表示螺旋链构象。

（1）脂质聚集体/相的种类

① 片层结晶相　大多数磷脂在水合过程中会形成片层相，其中脂质双分子层层叠在一起，中间由一层水溶液隔开。片层结晶相 L_c 在低温下形成，其中的酰基链以有序的方式排列。这种相所表现出的三维有序性可与结晶状态相媲美。

② 片层凝胶相　在较低的温度下，脂质分子会形成一种类似固体的相，称为片层凝胶相 L_β。酰基链完全伸展并紧密排列成高度有序的形式，酰基链之间存在很强的范德瓦耳斯相互作用。

在 L_β 凝胶相中，碳氢链垂直于膜双分子层排列。L_β' 相是另一种凝胶相，与 L_β 相类似，但分子呈倾斜排列。倾斜的原因是头部区域的堆积要求大于（两倍）二酰链的堆积要求，而倾斜排列可以适应这种堆积失配。

③ 片层液晶相　在较高温度下，凝胶相的脂质链转变为液态、流动的片层液晶相 L_α。这种形态也被称为液态无序相，是生物膜中脂质相的主体。它的特点是酰基链紊乱无序，这是因为顺式构象中的不饱和双键导致酰基链中存在扭结。

④ 二维流体相　当脂质聚集体形成无限长的圆柱体而不是双分子层时，就会形成二维非胶束流体相。水中的圆柱体排列成六边形，研究最多的二维流体相是正六方相 H_I 和倒六方相 H_{II}。在 H_I 相中，脂质聚集形成圆柱形胶束，这些胶束排列成六边形

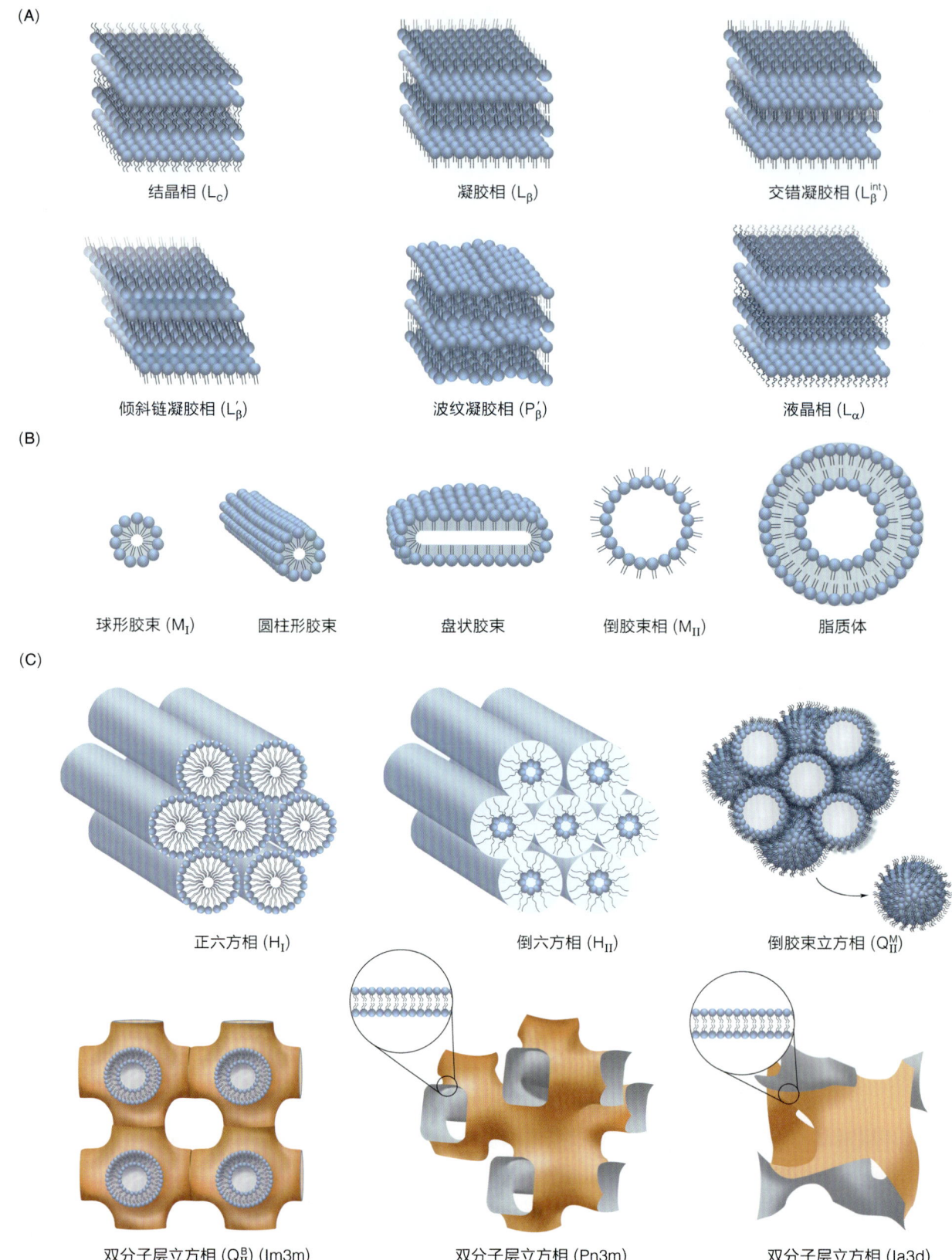

图 15-6 脂质聚集体/相的结构
（A）片层相。（B）胶束聚集体。（C）非片层液晶相。

晶格，圆柱之间的空间充满了连续的极性水区。在 H_{II} 相中，脂质的排列正好相反，极性头部朝向圆柱内侧，碳氢链朝向圆柱外侧。极性头部包围着水，形成圆柱体的中心核心。

H_I 相在简单的表面活性剂体系和溶血磷脂中非常常见，而构成膜脂主体的二酰基磷脂则不存在于 H_I 相中。许多具有重要生物意义的脂质，如甘油二酯（DAG）或磷脂酰乙醇胺（PE），会形成更稳定的 H_{II} 排列，而不是平坦的双分子层。小的极性头部和强的头部－头部相互作用优先稳定了 H_{II} 相。

⑤ 三维流体相　立方相是迄今为止探测到的特征最明显的三维流体相。立方相主要有两种类型，一种是三维弯曲的双连续脂质双分子层，它包围着水通道网络（Ia3d、Pn3m 和 Im3m）；另一种是基于离散胶束聚集体的复杂堆积（Pm3n）。据报道，在一些低水合度的脂质体系中还存在其它三维结构，如斜方体和四方体。

（2）脂质相多态性的决定因素：形状、临界堆积参数

脂质的临界堆积参数（critical packing parameter，CPP）决定了最稳定的聚集体形状。临界堆积参数 $\left(\dfrac{v}{lS_0}\right)$ 是疏水尾部区域面积（由 v/l 表示，其中 v 是碳氢链占据的体积，l 是碳氢链的长度）与极性头部基团表面积（S_0）之比。根据脂质的疏水酰基链和极性头部基团这两个区域的相对堆积要求，脂质在结构上可分为圆柱形、圆锥形或倒锥形。临界堆积参数决定了不同形状的两亲脂类形成的聚集体的结构（图 15-7）。

① 球形胶束　临界堆积参数小于 1/3 的锥形脂质形成球形胶束。例如，在水或低离子强度溶液中，具有类似 SDS 的单一小碳氢链的两亲分子会形成球形胶束。

② 圆柱形胶束　临界堆积参数在 1/3～1/2 之间的锥形脂质形成圆柱形胶束。高离子强度溶液中的 SDS 和溶血磷脂形成圆柱形胶束。高离子强度降低了极性部分的表面积，从而增加了体积表面积比。

③ 双分子层　具有较大疏水体积的脂质，如具有两条烷基链的脂质形如圆柱，它们的临界堆积参数在 1/2～1 之间，会形成稳定的双分子层。大多数具有圆柱形的膜磷脂都能形成稳定的双分子层结构，包括脂质体和片层相。

④ 六方相（H_{II}）聚集体　极性头部基团相对较小、呈倒锥形、临界堆积参数大于 1 的脂类会形成倒六方相（H_{II}）聚集体。pH＜4 的溶液中的磷脂酰丝氨酸（PS）和 Ca^{2+} 存在下的心磷脂会形成这种结构。

（3）影响脂质相变的外部因素

在温度、压力、水合程度和脂质成分等条件变化的驱动下，脂质聚集体可以从一种相转变为另一种相。温度和

图 15-7　脂质的形状、临界堆积参数和脂质相多态性的关系

水合程度是导致脂质相变的主要外部因素。膜脂的热相变遵循以下顺序：片层结晶相（L_c）→片层凝胶相（L_β）→片层液晶相（L_α）→双分子层立方相（Q_{II}^B）→倒六方相（H_{II}）→倒胶束立方相（Q_{II}^M）→倒胶束相（M_{II}）。

随着温度的升高，更有序的片层结晶相 L_c 转变为片层凝胶相 L_β。温度进一步升高会导致片层凝胶相 L_β 转变为无序的片层液晶相 L_α。这种片层凝胶相到片层液晶相的转变（$L_\beta \rightarrow L_\alpha$）类似于固液转变，它导致碳氢链的无序度、头部基团水合度和分子间动能增加。头部基团水合作用的增加导致脂质表面积（约25%）和体积（约4%）的大幅增加。温度进一步升高时，还会发生一系列相变。某些脂质可形成两个或多个中间相，例如倾斜链和波纹状片层凝胶相（图15-6A）。

在恒温条件下，水合程度的变化也会导致相变。在恒温条件下，随着水合度的增加，脂质的相变顺序如下：倒相（M_{II}，Q_{II}^M，H_{II}，Q_{II}^B）→ 片层液晶相（L_α）→正相（Q_I^B，H_I，Q_I^M）→ 胶束溶液→单体。

（4）影响脂质相变的内部因素

脂质的相变跟脂质本身的性质也息息相关。

① 酰基链的长度　相比于较短的酰基链，较长的酰基链具有更大的表面积，从而使长脂链之间的范德瓦耳斯相互作用更强。因此，相变温度（诱导脂质从有序凝胶相转变为无序液晶相所需的温度；transition temperature，T_m）随脂质中酰基链长度的增加而增加（表15-1）。

表15-1　一些脂质的相变温度

脂质名称	缩写	酰基链	相变温度/℃
二月桂酰磷脂酰胆碱	DLPC	12:0	−1
二肉豆蔻酰磷脂酰胆碱	DMPC	14:0	23
二棕榈酰磷脂酰胆碱	DPPC	16:0	41
二硬脂酰磷脂酰胆碱	DSPC	18:0	55
二油酰磷脂酰胆碱	DOPC	18:1	−20
二肉豆蔻酰磷脂酰乙醇胺	DMPE	14:0	50
二棕榈酰磷脂酰乙醇胺	DPPE	16:0	63

② 酰基链中的不饱和度　酰基链中的不饱和双键会使酰基链发生弯曲，从而阻碍相邻酰基链的紧密堆积。这导致相邻链之间的范德瓦耳斯相互作用减弱，从而降低了脂质的 T_m。顺式构象双键的引入比反式构象双键的引入影响更大。由于大多数生物膜脂质都具有顺式双键，因此酰基链中的不饱和双键会大大降低 T_m。双键在链中的位置也会有影响，靠近链中间的顺式双键能更大幅度地降低 T_m。

③ 极性头部基团　极性头部基团的大小对相变温度也有影响。大的头部基团会降低磷脂的相变温度，因为它们的稳定性较差，会阻碍磷脂的紧密堆积。而小的极性头部基团则有利于紧密堆积。因此，极性头部基团更小的二棕榈酰磷脂酰乙醇胺

（DPPE）的相变温度高于极性头部基团更大的二棕榈酰磷脂酰胆碱（DPPC），它们的相变温度分别为63℃和41℃。可见，饱和磷脂酰乙醇胺通过氢键进一步稳定，其相变温度比同等磷脂酰胆碱高约20℃。

④ 甾醇含量　胆固醇等甾醇对脂质膜的相变行为有显著的影响。与磷脂相比，胆固醇是一种小而刚性的分子，除了一个羟基外，大部分都是疏水的。当添加到凝胶相（L_β）的脂质中时，胆固醇会破坏碳氢链高度有序的堆积结构，从而使膜结构液化。相反，当添加到液态无序相（L_α）的脂质中时，胆固醇和酰基链之间的疏水作用使得酰基尾部更紧密的堆积，从而使脂质凝固。在这两种情况下，高浓度的胆固醇都会使脂质形成一个中间相，即液态有序相（L_o）。在L_o相中，磷脂尾部具有与L_β相类似的有序性，但保持着类似于L_α相的侧向流动性（图15-8）。

生物膜是由不同成分的脂质组成的异质混合物，其酰基长度、不饱和程度和极性头部各不相同。因此，与单脂研究中看到的尖锐的相变温度峰相比，膜脂质相变发生的温度范围要宽得多。

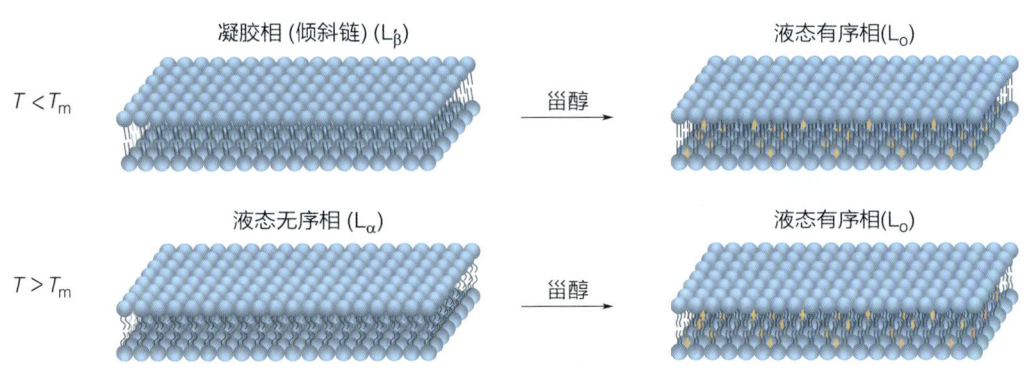

图15-8　甾醇诱导的脂质相变

15.2.3　脂质相多态性的生物学意义

生物膜是由丰富多样的脂质组成的，这些脂质形成不同相的能力在调节膜相关细胞活动中发挥重要的作用，比如特殊膜结构的形成、膜蛋白功能的调节、膜融合等。

生物膜主要以双分子层的形式存在，但非双分子层也越来越多地被观察到。在显微镜下，视网膜色素上皮细胞的内质网和膀胱上皮细胞的质膜中都观察到了H_{II}相形态。在表皮角质细胞的内质网和黄化质体的原片层体中也发现了立方相结构。此外，高度弯曲的膜，如内质网网络的小管、线粒体内膜或类囊体基粒边缘等，被认为富含有利于H_{II}相形成的脂质。相变发生在多种细胞过程中。例如，在叶绿体的形成过程中，上文提到的黑暗生长的幼苗根细胞中的黄化质体，它们的原片层体为立方相，在光照诱导下立方相会转变为片层相，即叶绿体的类囊体膜。

膜融合（membrane fusion）是细胞内囊泡运输的一个重要过程。大量研究表明，Ca^{2+}是启动膜融合的必要条件。在细胞内高Ca^{2+}浓度条件下，PS和PA等酸性（带负

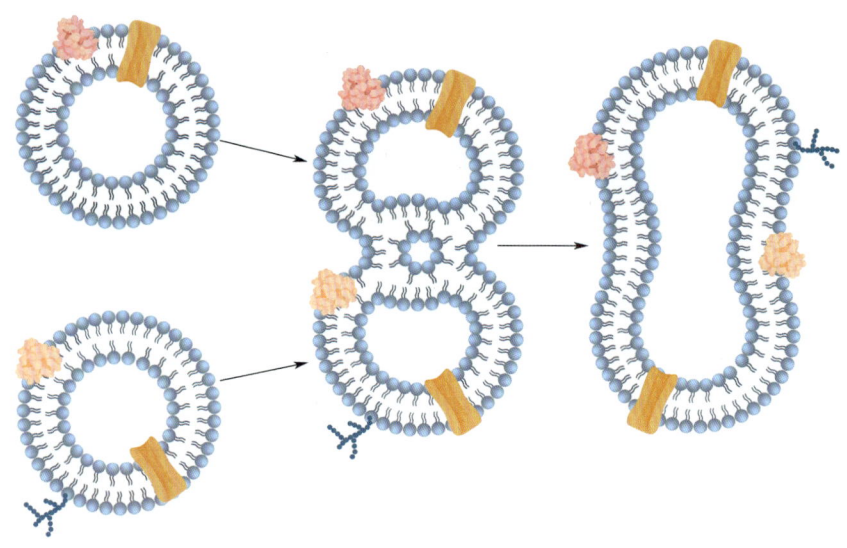

图 15-9 倒胶束或倒六方相介导的膜融合过程模型

电荷）磷脂更倾向于形成倒六方相 H_{II} 结构。Ca^{2+} 诱导的膜内倒胶束或倒六方相（H_{II}）构象的形成会导致膜的形态发生变化，并进一步介导膜融合的发生（图 15-9）。

15.3 生物膜的动态变化

15.3.1 脂质对膜形态的影响

膜中脂质的不对称组成促使脂质双分子层发生许多形态变化。PC 和 PS 等圆柱形脂质可形成平坦的平面单层。而 PE、PA、DAG、神经酰胺或心磷脂等倒锥形脂质具有较小的极性头部，为了使头部基团靠得更近，富含这些倒锥形脂质的单层会产生负弯曲。相反，像溶血磷脂酰胆碱（LPC）和磷酸磷脂酰肌醇（PIns）这种头部基团较大的锥形脂质则会使单层向远离头部基团的方向弯曲，从而产生正曲率（图 15-10）。因此，引入锥形或倒锥形脂质可在膜中引入正曲率或负曲率。大的正曲率膜可稳定正六方相 H_I，而大的负曲率膜可稳定倒六方相 H_{II}。膜曲率的形成对许多细胞过程的调节是必不可少的，如内质网、高尔基体、分泌囊泡等细胞器的形成。

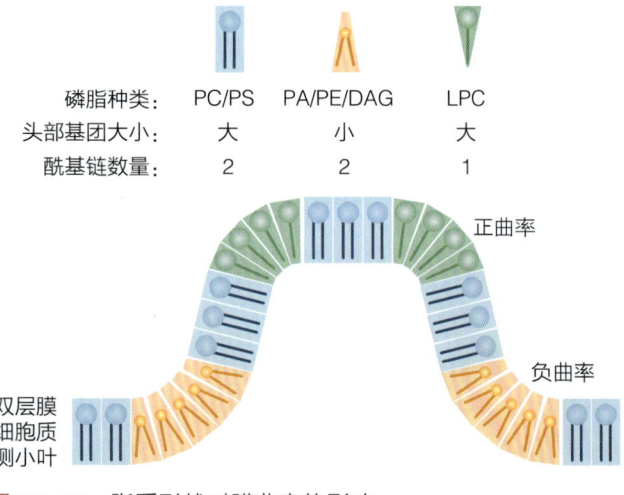

图 15-10 脂质形状对膜曲率的影响

15.3.2 蛋白质对膜形态的影响

尽管脂类可以影响膜的形状，但细胞中膜曲率形成的主要作用还是来自对特殊蛋白质的招募。这些蛋

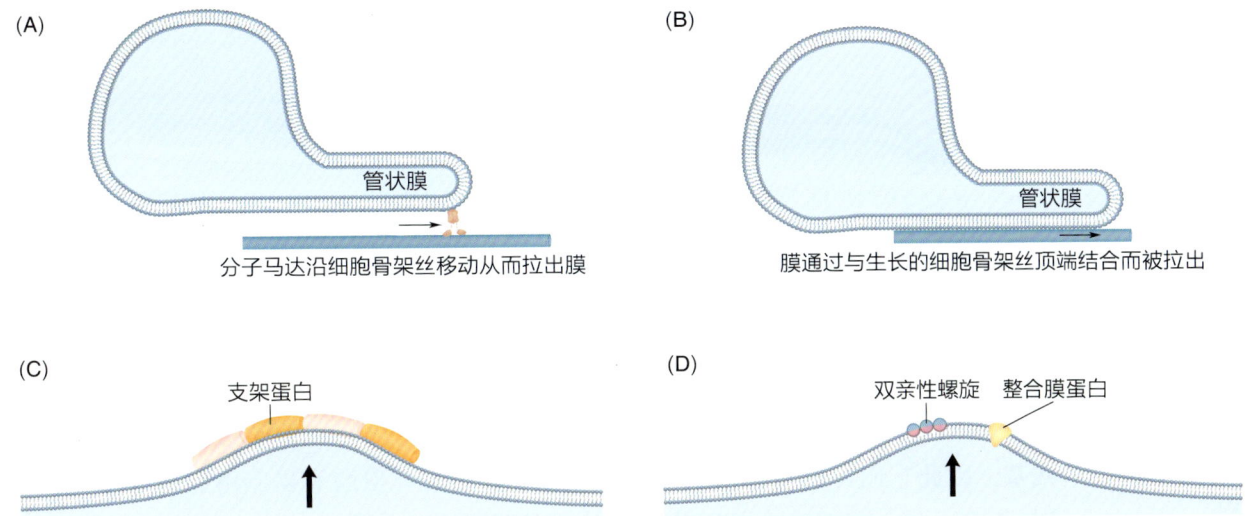

图 15-11 蛋白质重塑膜形态的三种主要机制
(A、B) 蛋白质施加机械力使膜变形。(C) 支架蛋白与膜结合从而迫使膜弯曲。(D) 蛋白质插入到膜中引起膜曲率的改变。

白质含有能够产生、感知或稳定膜曲率的基序。目前已知的膜重塑机制主要有三种（图 15-11）。

第一种机制是蛋白质施加机械力使膜变形。驱动蛋白和肌球蛋白等分子马达可以附着在膜上，当它们沿着细胞骨架移动时可以将膜拉出（图 15-11A）。或者，当膜附着在聚合的微管或肌动蛋白丝上时，也会被拉出（图 15-11B）。根据理论估算，拉出半径为 30 nm 的管状膜需要 20 pN 的力，这可以由大约 10 个分子马达产生。丝状伪足（filopodium）、伪足（pseudopodium）和轴突生长锥（axonal growth cone）等是通过这种机制形成的。

第二种机制是支架蛋白与膜结合从而迫使膜弯曲（图 15-11C）。这类蛋白包括网状蛋白外壳、COPⅠ、COPⅡ等。支架蛋白形成高度弯曲的表面，其凹面与脂质极性头部具有很强的亲和力。因此，支架蛋白通过弯曲表面与脂膜相互作用，从而迫使双分子层采用相同的曲率。这种情况下，蛋白质支架的刚性比膜的弯曲刚性高，而且膜与蛋白质附着的能量超过膜弯曲所需的能量。

第三种机制是蛋白质插入到膜中引起膜曲率的改变（图 15-11D）。具有锥形或倒锥形形状的整合膜蛋白可以围绕其形状塑造相关的膜，例如电压门控钾通道、烟碱型乙酰胆碱受体等。此外，蛋白质也可以将它们的疏水结构域插入到双层膜的一侧，从而扩大一侧小叶的表面，导致曲率的变化。这些结构域通常是具有双亲螺旋，例如载脂蛋白（apolipoprotein）、爱普辛蛋白（epsin）、BAR 超家族蛋白［Bin/amphiphysin/Rvs（BAR）protein］等。

最后，让我们简要关注一下 BAR 结构域，其名称来源于最早发现该结构域的一些蛋白质 Bin、amphiphysin、Rvs（图 15-12）。含有 BAR 结构域的蛋白质是细胞膜曲率的关键调节因子，参与了许多重要的细胞任务，从产生膜曲率和维持复杂的膜几何形状，从内吞、膜转运到丝状伪足的形成、线粒体和自噬体的成形等。香蕉状的 BAR 结构域二聚化形成具有内在曲率的模块。BAR 结构域上成簇排列着带正电荷的碱性

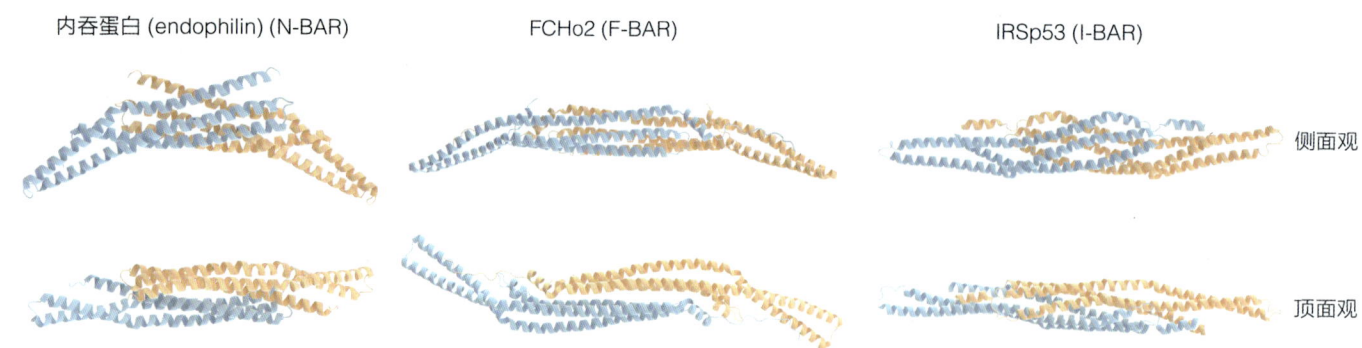

图 15-12 不同 BAR 蛋白二聚体的结构

残基,因此它们可以与带负电荷的磷脂,如磷脂酰丝氨酸和磷脂酰肌醇 -4,5- 二磷酸(PIP_2)等,形成静电相互作用,从而与膜结合。大多数 BAR 结构域还含有一个 N 端双亲螺旋,因此被称为 N-BAR,这增强了它们的曲率感知和曲率生成能力。此外,F-BAR(FCH-BAR)含有一个外周卷曲螺旋(coiled coil),它可以识别浅的正曲率膜,而近乎扁平但具有反向曲率的 I-BAR(inverse-BAR)则与浅的负弯曲的膜相互作用。BAR 蛋白与膜相互作用的方式包括 BAR 结构域的静电吸引、双亲螺旋的浅插入以及在某些条件下 BAR 寡聚体的支架作用。在 BAR 蛋白浓度较低的条件下,它倾向于结合到膜上曲率和自身曲率接近的位置,因此可以感知膜曲率的存在。当 BAR 浓度较高时,它可以结合到膜上并将膜塑造成与自身曲率接近的形状。

15.3.3 膜的流动性

生物膜模型在经历了几十年的发展后于 1972 年提出的流体镶嵌模型中体现了膜的流动性(知识窗 15-1)。流体镶嵌模型指出,膜是由脂质和蛋白质组成的二维流体组件。流体状态是指黏度较低、刚性较弱、分子可在流体介质中自由运动的状态。与液体相比,在流体膜中,膜组分的分子运动在方向和速度上受到相对限制。膜流动性是功能膜的基本要求。膜的渗透性、吞噬作用、内吞作用、信号转导等过程都需要膜的流动性。功能性整合膜蛋白也需要足够的膜流动性,以实现细胞功能(包括运输、分裂和分化)所需的多种转化。膜中的分子可以在膜平面上横向扩散、绕自身轴线旋转、横穿双分子层或发生构象变化。大部分膜以片层液晶 L_α 相存在。膜会调节其脂质成分,以保持最适的膜流动性,从而发挥其功能并保持其完整性。

尽管识别膜脂质、蛋白质和糖类的巨大多样性本身就是一项艰巨的任务,但膜动力学才是最大的挑战,这涉及各种膜组分之间如何相互作用。20 世纪 60 年代后,技术的巨大进步极大地推进了膜动力学的研究。核磁共振、电子自旋共振等技术以及共聚焦显微术、荧光漂白恢复、荧光共振能量转移、荧光相关光谱和单颗粒示踪等基于荧光的技术都有助于可视化和监测膜动态。

知识窗 15-1

生物膜模型的演变历史

1925年，埃弗特·霍尔特（Evert Gorter, 1881—1954）和弗朗索瓦·格伦德尔（François Grendel, 1897—1969）发现从红细胞膜中提取出的脂质所形成的单分子层面积大致相当于原来红细胞总表面积的两倍，因此他们提出细胞膜是由双层脂类分子组成。10年后，詹姆斯·达尼埃利（James F. Danielli, 1911—1984）和休·达夫森（Hugh Davson, 1909—1996）以脂质双分子层作为膜模型的基础提出了 Davson-Danielli 模型（又称为 Paucimolecular 模型）。他们发现细胞膜除了有脂分子外还吸附有蛋白质，因此将膜描述为由蛋白质-磷脂-蛋白质形成的"三明治"式结构，即夹在两层球蛋白之间的脂质双分子层。1957年，詹姆斯·罗伯特森（James D. Robertson, 1922—1995）提出了单位膜（unit membrane）模型。罗伯特森是一位电镜学家，他通过电镜首次直接观察到了膜的结构，其图像类似于三夹层结构的"铁轨"。因此，罗伯特森将单位膜定义为"宽度约75Å，两条平行的宽25Å的深色带被一条宽约25Å的浅色带分隔开"，中央的浅色带是双层脂质分子，两侧的深色带是单层蛋白质分子，并且蛋白质分子是展开的，而不像 Paucimolecular 模型提出的蛋白分子呈球型。20世纪60年代，研究光合作用的植物学家安德鲁·本森（Andrew A. Benson, 1917—2015）和研究线粒体氧化磷酸化的领军人物戴维·格林（David E. Green, 1910—1983）提出了无脂双层膜模型，称为脂蛋白亚基模型（lipoprotein subunit model）。发生光合作用的类囊体膜和进行氧化磷酸化的线粒体内膜都是蛋白质高度富集的特殊膜，因此脂蛋白亚基模型认为膜是没有脂质双分子层的脂蛋白单分子层。前面提到的这些早期的膜模型都存在一些问题，尤其是没有考虑到膜的不对称性或动态性。1972年，西摩·辛格（Seymour J. Singer, 1924—2017）和加思·尼克森（Garth L. Nicolson）提出了流体镶嵌模型（fluid mosaic model）。该模型首次认识到生物膜是动态的、流动的和不断变化的。根据这一模型，脂质双分子层形成一个液体基质，球状蛋白质在其中漂浮。蛋白质或附着在膜表面，或穿过膜，在脂质基质中呈镶嵌状。即使在今天，这一模型仍然适用，能够解释大多数生物过程和现象。

（1）膜组分的运动方式

膜组分分子在膜上有多种不同类型的运动方式，包括旋转异构运动（gauche-trans transition）、旋转运动（rotational motion）、侧向扩散（lateral diffusion）、翻转运动（transverse motion）等（图15-13）。

① 旋转异构运动　在膜脂质成分的聚亚甲基链中，亚甲基残基围绕 C—C 键的自由旋转频率很高（图15-14）。在低温条件下，磷脂双分子层的结晶相和凝胶相中，反式构象更受青睐。在反式构象中，聚亚甲基链是笔直的圆柱形，导致聚亚甲基链紧密堆积。插入一个或多个邻位交叉构象会使链的形状和尺寸发生严重变形，导致表面积增大和长度缩短。因此，在较高温度下，出现邻位交叉构象的概率会增加。

② 旋转运动　膜中的脂质和蛋白质分子都沿着垂直于膜平面的轴线做旋转运动。脂质酰基链的长轴与相邻链之间存在范德瓦耳斯相

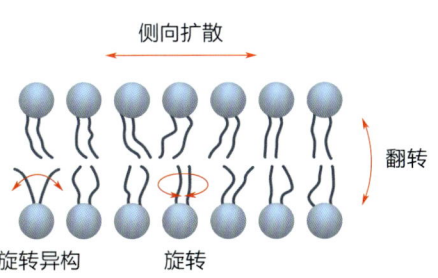

图 15-13　膜脂质的运动方式

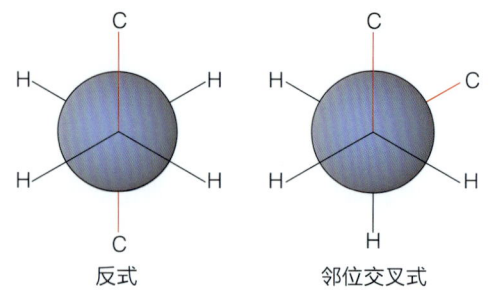

图 15-14 旋转异构运动

互作用。相反，极性头基通过静电作用与水和其它邻近的极性分子相互作用。同样，膜蛋白的跨膜结构域与非极性脂质相互作用，而暴露在膜表面的结构域则通过静电作用与脂质极性头基和水环境相互作用。因此，分子在双分子层中的旋转受到的限制要比在大体积水或大体积碳氢化合物中的限制大得多。计算得出的旋转运动发生的频率为：对于脂质体中的磷脂（分子量约为 700）来说约为 $10^9\ s^{-1}$，而对于分子量约为 100 000 的蛋白质来说则小于 $10^6\ s^{-1}$。

③ 侧向扩散　扩散是分子在动能驱动下的随机运动。脂质和蛋白质可在膜平面上侧向扩散。分子在双分子层平面上的运动或扩散由侧向扩散系数 D_T 描述，D_T 由时间间隔 Δt 内的均方侧向位移给出：

$$r^2 = 4D_T\Delta t 。 \tag{15-1}$$

侧向扩散可通过荧光漂白恢复技术进行可视化。在脂质体中，膜组分的侧向扩散系数范围为 $10^{-8} \sim 10^{-13}\ cm^2/s$，这为脂质体提供了不受限制的均质二维基质。蛋白质和脂质在生物膜中的侧向流动性比在合成膜中要慢得多，这是由于高度的分子关联、膜结构域的分离、与细胞骨架成分的相互作用等限制了分子的运动。

膜组分的侧向扩散会产生许多功能性后果。仅举几例：在激素、神经递质或抗原触发的信号转导级联过程中，侧向扩散促进了蛋白质与蛋白质之间的相互作用；配体结合的受体在包被的凹坑中扩散，导致其内吞；介导膜融合；在线粒体和叶绿体中分别通过细胞色素 c 和质体色素等移动载体进行电子传递；在细胞分裂和细胞发育过程中提供方向性。

④ 翻转运动　脂质分子从双分子层的一个界面到另一个界面的翻转运动是一个相当缓慢的过程，尤其是极性分子，它们必须穿过不利的疏水内部。胆固醇和磷脂的翻转时间超过 6 天。

（2）影响膜流动性的因素

① 脂质组成　不饱和程度、脂肪酰基链长度以及胆固醇和鞘脂的比例都会影响膜的流动性。在脂肪酰基链中引入顺式双键的不饱和度会在链中产生扭结，使磷脂间无法太紧密堆叠而留有一定空间，从而增加无序性和膜流动性，而饱和或反式不饱和脂肪酰基链的增加则会降低膜流动性。通过疏水相互作用稳定的酰基链长度增加会导致更有序的堆积，从而降低膜流动性。胆固醇/磷脂或鞘脂/磷脂比率的增加也会导致膜流动性下降。

胆固醇是膜流动性的重要调节剂。胆固醇是由一系列融合环组成的刚性平面结构，一端连接碳氢链，另一端连接羟基（见图 15-2）。因此，胆固醇和其它膜脂一样，具有亲水和疏水两极，可以在脂质双分子层中定位。羟基与磷脂酰羰基相互作用，而胆固醇的刚性体则与邻近磷脂的酰基链尾部并列，通过疏水相互作用增加膜中的有序性。在高温条件下，由于胆固醇填充了相邻酰基链之间的间隙，因此增加了膜的刚性，降低了膜的流动性。而在低温条件下，由于胆固醇具有坚硬的环状结构，它可以阻止任何高阶堆积，降低从液相到凝胶相的相变温度，从而阻止膜从液相向凝胶相的转变。一些等离子体膜（如神经髓鞘膜）含有高浓度的脂质，可在凝胶相中形成双层膜，胆固醇的存在可使这些膜保持液相。

如前所述，在液态无序相（L_α）和片层凝胶相（L_β）中加入胆固醇，都会形成新的相——液态有序相（L_o）（见图 15-8）。在液态有序相中，旋转和侧向扩散速率与液态无序相类似，但酰基链主要处于全反式构象，因此，堆积参数与片层凝胶相（L_β）类似。在细胞中，富含胆固醇的 L_o 相与脂筏密切相关。

② 温度　温度变化对膜流动性的影响已在细菌和蓝藻中得到证实。膜流动性会随着温度的降低而降低，而高温则会使膜流动。

③ 渗透压　在加入聚乙二醇、甘油、蔗糖或氯化钠的高渗透胁迫下对磷脂囊泡进行的研究表明，高渗透胁迫导致膜流动性降低，与低温胁迫相似。盐胁迫是抑制植物和微生物生长和存活的主要环境因素之一，会导致膜流动性降低。因此，能在高渗透压条件下生存的生物，如能在高盐培养基中生长的酵母菌株 *Zygosaccharomyces rouxii*，或在盐胁迫条件下生长的植物，都会产生适应膜流动性降低的机制。流动性较高的精子膜能够在冷冻保存期间承受高渗透压条件。

④ Ca^{2+} 和其它二价阳离子　据观察，细胞内 Ca^{2+} 浓度随信号通路或神经传导而波动，可调节膜细胞质一侧的膜流动性。细胞内 Ca^{2+} 的增加会增加膜的有序性并降低膜的流动性。Ca^{2+} 通过与细胞质一侧带负电荷的膜脂结合而降低膜的流动性。

15.3.4　膜融合与膜分裂

生物膜通过膜融合和膜分裂（membrane fission）这两个相反的过程不断重塑，它们分别导致两膜合二为一和一膜一分为二（图 15-15）。膜融合和膜分裂对细胞生理功能至关重要，并协调着许多基本过程，如细胞通信、细胞器生成和包膜病毒感染。膜包裹的细胞内区室通过含有货物的运输囊泡相互通信，运输囊泡从供体区室通过出芽和分裂产生，移动到受体区室，并与受体膜融合以运送货物。在细胞内，线粒体不断进行着膜融合和膜分裂的循环，从而调控其整体形态并维持其正常功能。包膜病毒感染细胞时，病毒膜与细胞质膜融合，将病毒基因组直接送入细胞质，或者，病毒首先被内吞（通过细胞质膜分裂产生的内体），然后膜与内体膜融合，将病毒基因组释放到胞质中。

膜融合和膜分裂都涉及融合/分裂部位的膜弯曲，这需要对膜结构进行显著扰动。所有生物膜的核心结构元素都是稳定的脂质双分子层，其结构完整性主要由脂质

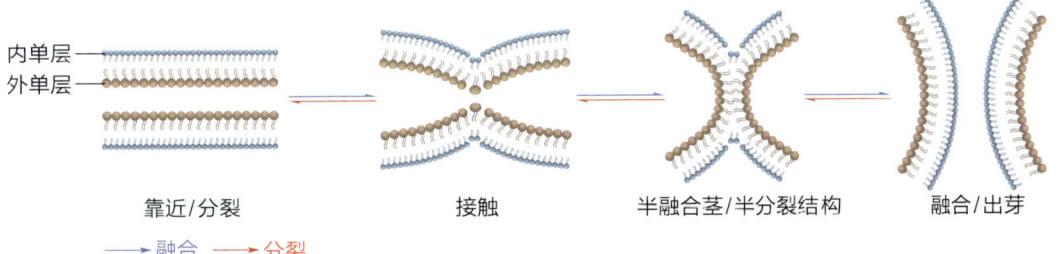

图 15-15　膜融合和膜分裂是相反的膜重塑过程

分子脂肪链之间强大的疏水相互作用来维持。这些强大的疏水作用力会对任何弯曲和重塑膜事件产生阻力。因此，必须为膜提供足够的能量才能使其变形和融合/分裂。膜的融合和分裂过程由专门的蛋白质介导，它们有能力操纵脂质双分子层结构，并帮助膜克服融合/分裂途径中的若干能量障碍。这些核心融合/分裂蛋白经常与脂质或其它调节蛋白合作，促进膜重塑事件，使融合/分裂在正确的时间和地点发生。

（1）膜融合的中间态

膜融合经过一系列连续的阶段，包括膜的靠近和接触、膜的破坏和合并，最终形成和扩大融合孔（fusion pore），使最初由两层膜界定的水相之间得以沟通。对无蛋白质和蛋白质驱动的膜融合反应的理论预测以及体外和体内观察结果都一致认为，膜融合经历了中间沙漏状半融合茎（hemifusion stalk）结构的形成，在这种结构中，双层膜的外单层混合在一起，而内单层保持分离。然后，茎结构的径向扩展使内单层膜接触，最终会导致融合孔的打开（图 15-15）。

对聚乙二醇介导的小型脂质体融合的动力学分析提供了与导致膜融合的中间阶段相关的特征时间和能量。一旦通过聚乙二醇建立了脂质体对接，外单层的混合就会在 10 s 的时间尺度上发生，随后是内单层的混合，同时还有水内容物的混合，两者发生的特征时间都是 150 s，但脂质混合在内容物混合之前就结束了。据估计，聚乙二醇介导的外单层混合（相当于颈环的形成）的活化能约为 60 k_BT，而内容物混合（相当于融合孔的形成）的活化能约为 40 k_BT。在用表面力仪器（surface forces apparatus，SFA）监测聚乙二醇介导的支撑脂质双分子层融合的实验中，在双分子层接触 3 min 后就观察到了茎结构。

半融合和融合孔结构取决于融合膜外单层和内单层中存在的脂质的几何特性。具有倒锥形几何形状的脂质（如 PE）有利于膜的负弯曲（向疏水链一侧弯曲），因此当它们存在于外单层时会促进半融合。相反，具有锥形几何形状的脂质，如溶血磷脂酰胆碱（LPC），会引起膜正弯曲（向头基方向弯曲），因此当它们存在于内单层时，会促进融合孔的形成（见图 15-10）。膜张力也在驱动膜融合方面发挥作用。例如，巨脂质体的渗透膨胀被证明可诱导其与平面膜的融合并促进融合孔的打开。

（2）SNARE 复合物介导的膜融合

除了涉及线粒体或内质网膜的同型融合事件外，所有细胞内融合反应都是由可溶性 N- 乙基马来酰亚胺敏感因子附着蛋白受体（soluble N-ethylmaleimide-sensitive factor attachment protein receptor，SNARE）家族的蛋白质介导的。目前有关 SNARE 蛋白功能的分子机制的知识来自大量有关参与突触囊泡融合的 SNARE 蛋白的遗传和生化数据。神经元的通信依赖于突触前质膜与突触囊泡融合所释放的神经递质和激素。突触囊泡融合涉及囊泡 SNARE 蛋白（vesicular SNARE，v-SNARE）VAMP2（存在于突触囊泡膜上）与靶 SNARE 蛋白（target SNARE，t-SNARE）syntaxin1 和 SNAP25（存在于突触前质膜上）的配对，以形成桥状的反式 SNARE 复合物（或 SNAREpin），使突触囊泡与其靶膜对接并进一步发生融合（图 15-16）。在线虫、蝇和小鼠等多种模式生物中，单个 SNARE 的缺失会严重影响神经传导。在体外，当 v-SNARE 蛋白

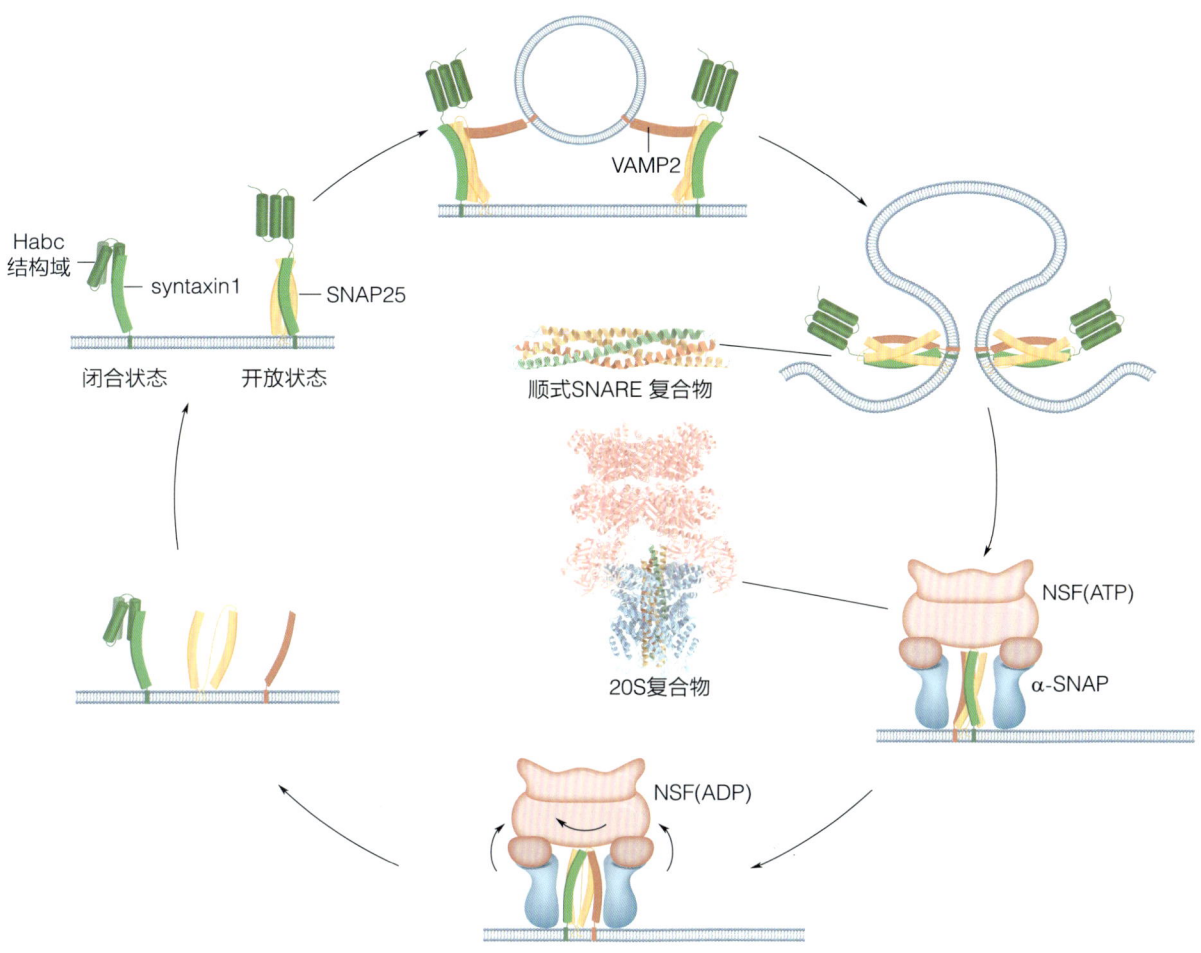

图 15-16 SNARE 复合物的组装和解聚过程详解见正文。

VAMP2 和 t-SNARE 二聚体 syntaxin1/SNAP25 被重组到两个不同的人工囊泡（脂质体）中时，它们也会通过形成 SNARE 复合物诱导脂质体对接和融合。突触 SNARE 蛋白还能介导两个同源细胞群之间的融合，这两个细胞群表面分别表达有 v-SNARE 蛋白 VAMP2 和 t-SNARE 蛋白 syntaxin1 和 SNAP25。这些数据清楚地表明，SNARE 复合物是细胞内膜融合的核心机器。

  SNARE 蛋白的分子结构相对简单。它们的特征是都含有一个由 60~70 个残基组成的在演化上非常保守的区域，称为 SNARE 基序。VAMP2 和 syntaxin1 都含有一个 SNARE 基序和一个 C 端跨膜结构域（TMD），两者之间通过一段富含正电荷残基的序列相连。SNAP25 包含两个 SNARE 基序，中间由一个灵活的环结构连接，它通过棕榈酰化作用锚定在膜上。许多 SNARE 蛋白（如 syntaxin1）还包含一个自主折叠的 N 端结构域 Habc 结构域，具有重要的调控功能。突触 SNARE 复合物的 X 射线晶体结构显示，v-SNARE 蛋白和 t-SNARE 蛋白可以组装形成高度稳定的四螺旋束（four-helix bundle）结构，其中 VAMP2 和 syntaxin1 的 SNARE 基序各贡献一个螺旋，而 SNAP25 的两个 SNARE 基序则贡献两个螺旋。在这种结构中，SNARE 基序平行排列，即其 N 端位于螺旋束的一端，C 端位于螺旋束的另一端（图 15-16）。体外和体内的研究表明，膜的融合起始于分别位于囊泡膜和目标膜上的 v-SNARE 蛋白和 t-SNARE 蛋白的配对结合，它们首先形成反式 SNARE 复合物（SNARE 蛋白的跨膜区位于两个独立的膜上），并继续以类似拉链的方式从 SNARE 基序的 N 端（膜远端）向 C 端（膜近端）进一步组装，最终形成完整的四螺旋束的顺式 SNARE 复合物（SNARE 蛋白的跨膜区位于同一个膜上）。SNARE 的组装过程可以产生足够的能量以克服脂双层的能量障碍，从而将它们所在的膜拉近、紧密结合并最终完成膜融合。对包含跨膜结构域（TMD）的突触 SNARE 复合物的 X 射线结构分析进一步表明，SNARE 拉链一直延伸到膜内，这表明 v-SNARE 和 t-SNARE 蛋白的 C 端组装与膜融合在功能上是耦合的。膜融合后形成的顺式 SNARE 复合物高度稳定，可耐受高达 90℃ 的温度，并且可以抵抗去垢剂的破坏作用。因此，顺式 SNARE 复合物的解聚需要非常高的能量，在细胞内这种能量由六聚体 ATP 酶 NSF（N-ethylmaleimide-sensitive factor，N-乙基马来酰亚胺敏感性融合蛋白）提供。NSF 通过适配蛋白 α-SNAP 与 SNARE 结合形成 20S 复合体，随后利用水解 ATP 产生的能量解聚 SNARE 螺旋束，从而使单个 SNARE 在膜融合反应中可以循环使用。

研究者利用表面力仪器测量重组有 t-SNARE 或 v-SNARE 蛋白的两个双层膜，阐明了拉链 SNARE 蛋白的能量与距离的关系。当双层膜相距 10 nm 时，SNARE 基序开始相互作用，最终形成一个高能量、部分组装、膜桥接的 SNARE 复合物，释放出 35 $k_B T$ 的能量，而在其膜近端仍然有 30% 是非结构化的。单分子原子力显微镜（atomic force microscope，AFM）对固定在固体支撑物上的 SNARE 蛋白之间的测量也预测 SNARE 的结合能量约为 30 $k_B T$。使用光镊或磁镊在单分子水平上进行的力学测量证实了部分组装的 SNARE 复合物的存在，并进一步观察到膜近端组装在所施加的拉力减小时的情况，这种拉力模仿了膜融合过程中两个接近的双层膜之间的排斥力。在先 N 端组装再 C 端组装的两步 SNARE 复合物拉链过程中释放的总能量估计为 65 $k_B T$。而据预测，两层脂质双分子层融合所需的能量为 100~150 $k_B T$。这些结果表明，少数 SNARE 复合物的组装就能为膜融合提供足够的能量。然而，关于膜融合所需的 SNARE 复合物的最小数量仍存在激烈的争论。体外脂质体融合实验表明，一个 SNARE 复合物就足够了，而体内囊泡外排实验估计需要 2~8 个复合物。脂质体与脂质双分子层纳米盘（nanodisc）之间的新型体外融合系统可能会调和这些看似矛盾的结果，因为该系统显示，1 个 SNARE 复合物就足以引发脂质双分子层的混合，而至少需要 3 个 SNARE 复合物才能介导有效的内容物混合。

SNARE 介导的膜融合在各种实验体系中都被证明包含中间半融合状态，这些实验体系包括体外脂质体和脂质体-平面双分子层融合实验，以及对突触活动区的突触囊泡的原位电子断层成像和附着在质膜上的海胆皮质颗粒的体内荧光成像。与这些实验观察结果相一致，分子动力学模拟也确定了半融合中间态，并且它的形成只需要单个 SNARE 复合物。在这些模拟中，至少 2 个 SNARE 复合物的协同作用促进了从半融合到融合孔打开的过渡。此外，在模拟结束时，SNARE 蛋白一直被拉链拉入其跨膜区，这与 SNARE 复合物的晶体结构非常吻合。

（3）膜分裂

和膜融合相比，人们对模型系统中膜分裂的研究要少得多，主要是因为人们认为膜分裂和膜融合的途径是相互对称的，因此膜分裂可以按照与膜融合相同的理论框架来描述：必须克服能量障碍才能达到一个被称为半分裂的中间体。不过，融合与分裂之间有一个本质区别：连接两个待分离区室的膜必须收缩才能进行分裂。由于这一收缩步骤，人们推测膜的机械特性会极大地影响分裂的能量障碍，从而调控膜分裂的动力学。膜分裂要求脂质双分子层发生局部变形和重塑，以便在不损害母体双分子层完整性的情况下形成一个独立的膜包裹区。事实上，新生囊泡的分裂必须在不允许囊泡内腔与外界环境直接接触的情况下进行，因为即使形成一个小孔也会导致囊泡内容物的泄漏。

与膜融合事件类似，膜分裂也被认为是通过类似半分裂的途径进行的。经由半分裂状态完成的膜分裂途径可归纳如下（见图 15-15）：①出芽，形成一个收缩的颈部，裂变颈部的膜层相互靠近。据理论估计，这种膜间距在网格蛋白包被的芽（clathrin-coated bud）中小于 3 nm；②半分裂状态的形成，接触的单层膜合并形成半分裂结构，类似于半融合茎；③半分裂结构衰变，分裂反应完成。

膜分裂需要脂质双分子层发生局部变形。双分子层是弹性薄片，会受到不同类型应力（stress）的影响，包括拉伸/压缩、弯曲和脂质尾部的倾斜。张力调节整个膜横向的拉伸/压缩，在细胞中可通过肌动蛋白细胞骨架等进行调节。曲率在形成高度弯曲的囊泡和小管结构中起着关键作用。脂质倾斜或脂质碳氢链变形以适应膜核心的填充缺陷，对于导致膜融合或分裂的事件发生至关重要。每种形变都与不同的能量变化有关，并以弹性系数为特征，这些系数取决于形成双层的脂类的物理化学性质。

招募到膜出芽部位的蛋白质和脂质如何使膜分裂成为能量和力学上可行的过程？如上所述，导致膜形变的因素会产生弹性应力，因此，弹性能量会储存在双分子层中。要压缩或膨胀一层膜，也需要靠外力做功来帮助膜形变。同样的道理也适用于双分子层弯曲和脂质倾斜。发生膜分裂，系统的总自由能（储存在膜中的弹性能量加上外力做的功）会减少，因此，分裂完成后系统的总自由能总是低于分裂开始前的能量。

另外，虽然分裂后状态相对于分裂前状态在能量上是有利的，但有时候巨大的能量障碍会使系统停留在芽/管状态。从物理角度来看，很难预测分裂过程中双层膜转变的能量分布。不过，可以计算半分裂中间体的能量，这是膜的热涨落必须跨越的能量障碍。通过计算可以估算出一个典型的过渡时间，即热涨落为膜提供足够能量以克服能量障碍并产生半分裂中间体的时间尺度。虽然没有直接测量，但根据实验间接测量和理论论证，人们认为高达 40 k_BT 量级的能垒将导致动力学上可行的分裂状态。由于最终条件的能量低于半分裂能量，一旦形成半分裂状态，分裂过程的完成应该是自发的。

与驱动膜融合反应的蛋白质相比，那些参与膜分裂的蛋白质被发现得更晚，而且它们的鉴定花费了更长的时间。这一定程度上是因为没有通用的膜分裂机制，而且膜分裂蛋白位于膜分裂颈部的外部还是内部涉及不同的机制，这与细胞内膜融合反应大多数都由 SNARE 蛋白所介导非常不同。科学家们已经分离出两种膜分裂机器，并试图解读膜分裂反应的共同机制：发动蛋白（dynamin）和转运必需内体分选复合物Ⅲ（endosomal sorting complex required for transport-Ⅲ，ESCRT-Ⅲ）。这两种机器都在膜的狭窄颈部工作以使膜变形，但发动蛋白位于颈部之外，而 ESCRT-Ⅲ位于颈部内部。发动蛋白是典型的参与膜分裂的蛋白家族，但它特定于质膜上的内吞途径，并可能在高尔基体反面网状结构中发挥作用。ESCRT-Ⅲ主要在膜远离细胞质方向的形变和分裂中发挥作用，如多囊体（multivesicular body，MVB）的形成、胞质分裂、病毒出芽等过程。然而对于细胞内（特别是在高尔基体、内质网或内体）发生的许多膜分裂反应，我们仍然不清楚其中有哪些蛋白质参与，这些膜分裂反应的发生机制有待我们进一步探索。

15.3.5　膜出芽的数学模型

当膜分裂发生时，首先要形成一个狭窄的颈部使膜层相互靠近，原本扁平的膜上因此形成一个囊泡，并最终从细胞膜表面脱落，类似于母代通过分裂的方式产生一个小的子代，所以称为出芽。许多重要的生物学现象如网格蛋白介导的内吞作用、病毒对细胞的入侵都需要经历此过程。

为描述膜的形变，德国物理学家沃尔夫冈·黑尔弗里希（Wolfgang Helfrich）于 1973 年从液晶的弹性理论出发，提出膜的弹性理论。由于构成膜的磷脂分子在层内的流动性，它们的行为类似于液晶，即分子在空间的位置排列上表现为无序，但是在取向上保持有序。当膜发生弯曲时，邻近的磷脂分子的取向发生变化，由此可以引发类似于液晶理论中分子取向发生变化所产生的弹性能。如果忽略膜的厚度而将膜视为一个二维曲面，那么该弹性能可以表示为曲面上一点的主曲率 $1/R_1$ 和 $1/R_2$ 的函数，如图 15-17A 所示。平衡态下膜的形状是使得包括弹性能在内的系统总的自由能达到最小的状态。在本节中，我们将利用膜的弹性理论介绍相分离、自发曲率、吸附三种作用介导的出芽机制。为简单起见，我们假设膜在出芽过程中保持球冠形状，如图 15-17B 所示。该理论的数学基础见知识窗 15-2，下面着重于应用该理论解释不同的出芽现象背后统一的物理学思想，即出芽能否自发发生取决于系统总的自由能作为球冠张角 θ 的函数是否单调递减。

（1）相分离介导的出芽

当两种不同的物质混合后，如果不同组分的分子之间存在排斥相互作用，两种物质会发生相分离，例如油和水。在两相的接触面上会产生表

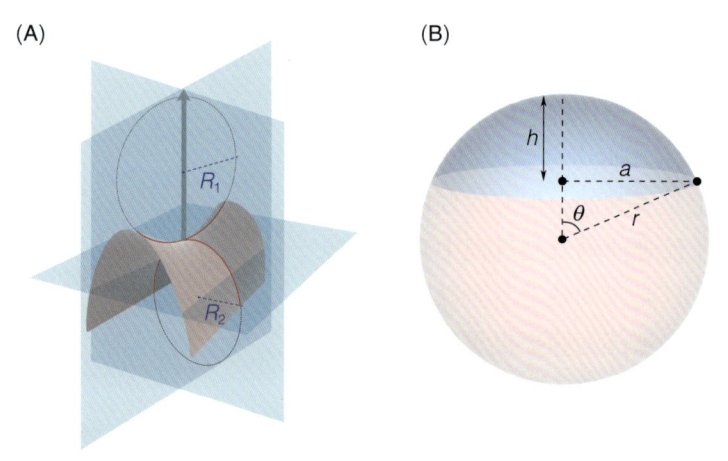

图 15-17　膜的弹性理论

（A）描述膜形变的黑尔弗里希理论。在这一理论中，细胞膜被近似成没有厚度的二维曲面，其弯曲能可以表示成曲面的平均曲率 $H = (c_1 + c_2)/2$ 和高斯曲率 $K = c_1 c_2$ 的函数，其中 $c_1 = 1/R_1$ 和 $c_2 = 1/R_2$ 为曲面上一点的两个主曲率。（B）球冠示意图。图中浅蓝色部分表示球冠，r 表示球冠所在球体的半径，θ 表示球冠的张角，h 表示球冠的高度，a 表示球冠底面半径。

知识窗 15-2

膜弹性理论

膜弹性理论的基本思想是：当膜产生的曲率相比于膜厚度的倒数（约 1/5 nm^{-1}）非常小时，可以将膜视为二维曲面而忽略其厚度，其单位面积的弯曲能 f_b 可以表示为曲面的平均曲率 H 和高斯曲率 K 的函数：

$$f_b = \frac{\kappa}{2}(2H - c_0)^2 + \bar{\kappa} K,$$

其中，平均曲率 $H = (1/R_1 + 1/R_2)/2$ 是两个主曲率 $1/R_1$ 和 $1/R_2$ 的平均值，高斯曲率 $K = 1/(R_1 R_2)$ 是它们的乘积，如图 15-17A 所示。这里 κ 和 $\bar{\kappa}$ 是用来衡量膜硬度的性质参数，分别称为弯曲模量和高斯曲率弯曲模量，而 c_0 称为膜的自发曲率，它来自组成膜的磷脂双分子层两层分子之间的不对称性，从而使膜倾向于发生弯曲。这一不对称性可以是磷脂的组成成分不同、磷脂成分比例不同或附着蛋白不同等多种因素。总的弹性能是弯曲能密度 f_b 在曲面上的积分

$$E_b = \int_A f_b \, dA.$$

其中 dA 表示曲面 A 的面积微元。对于如图 15-17B 所示的半径为 r 的球冠形状的膜，其两个主曲率 $1/R_1$ 和 $1/R_2$ 都是 $1/r$，因此其弯曲能

$$E_b = \left[\frac{1}{2}\kappa \left(\frac{2}{r} - c_0 \right)^2 + \bar{\kappa} \frac{1}{r^2} \right] A,$$

其中，$A = 2\pi r^2 (1-\cos\theta)$ 为球冠的面积。注意到若 $c_0 = 0$，则 $E_b = (4\pi\kappa + 2\pi\bar{\kappa})(1-\cos\theta)$，即球冠的弯曲能只和张角 θ 有关，而与半径 r 无关。在正文中为简化计算，高斯曲率所贡献的自由能被忽略不计。

面张力，倾向于缩小两相的接触面积。类似的，当我们将膜视为一个二维的几何曲面时，膜上的某个区域的组分与其它区域不同，在相的边界线上也存在线张力，倾向于缩短两相的接触线的长度。如果这个线张力足够大，那么边界线会不断缩短，从而将该区域挤成一个小囊泡，完成出芽（图 15-18A）。

为将上述物理原理定量化，考虑如图 15-18A 所示的膜，其中黄色区域的组分不同于蓝色区域，在两组分的交界线（红色曲线）上产生的线张力 γ 倾向于缩短接触线的长度 $L = 2\pi a$，这里 a 为球冠的底面半径。其所对应的线张力能正比于接触线的长度 L，即 $E_\gamma = \gamma L$。黄色区域的膜的弯曲能可以表示为 $E_b = 4\pi\kappa(1-\cos\theta)$。总能量为线张力能与弯曲能之和：

$$E_{tot} = E_\gamma + E_b = 4\pi\kappa \left(1-\cos\theta + \lambda\cos\frac{\theta}{2} \right), \tag{15-2}$$

其中 $\lambda = \dfrac{\sqrt{A/\pi}}{2\kappa/\gamma}$ 为一个无量纲数，A 表示黄色区域所占据的膜的面积。图 15-18A 展示了总能量作为球冠张角 θ 的函数。当 λ 较小时，E_{tot} 作为 θ 的函数是单调递增的，这意味着出芽状态（$\theta = \pi$）所对应的自由能是最高的，因此无法自发地发生出芽。当 λ 逐渐增加时，出芽状态所对应的能量开始降低，但在平坦的状态（$\theta = 0$）和出芽状态（$\theta = \pi$）之间仍然存在一个能垒。当这个能垒的能量远大于热运动的能量 $k_B T$ 时，出

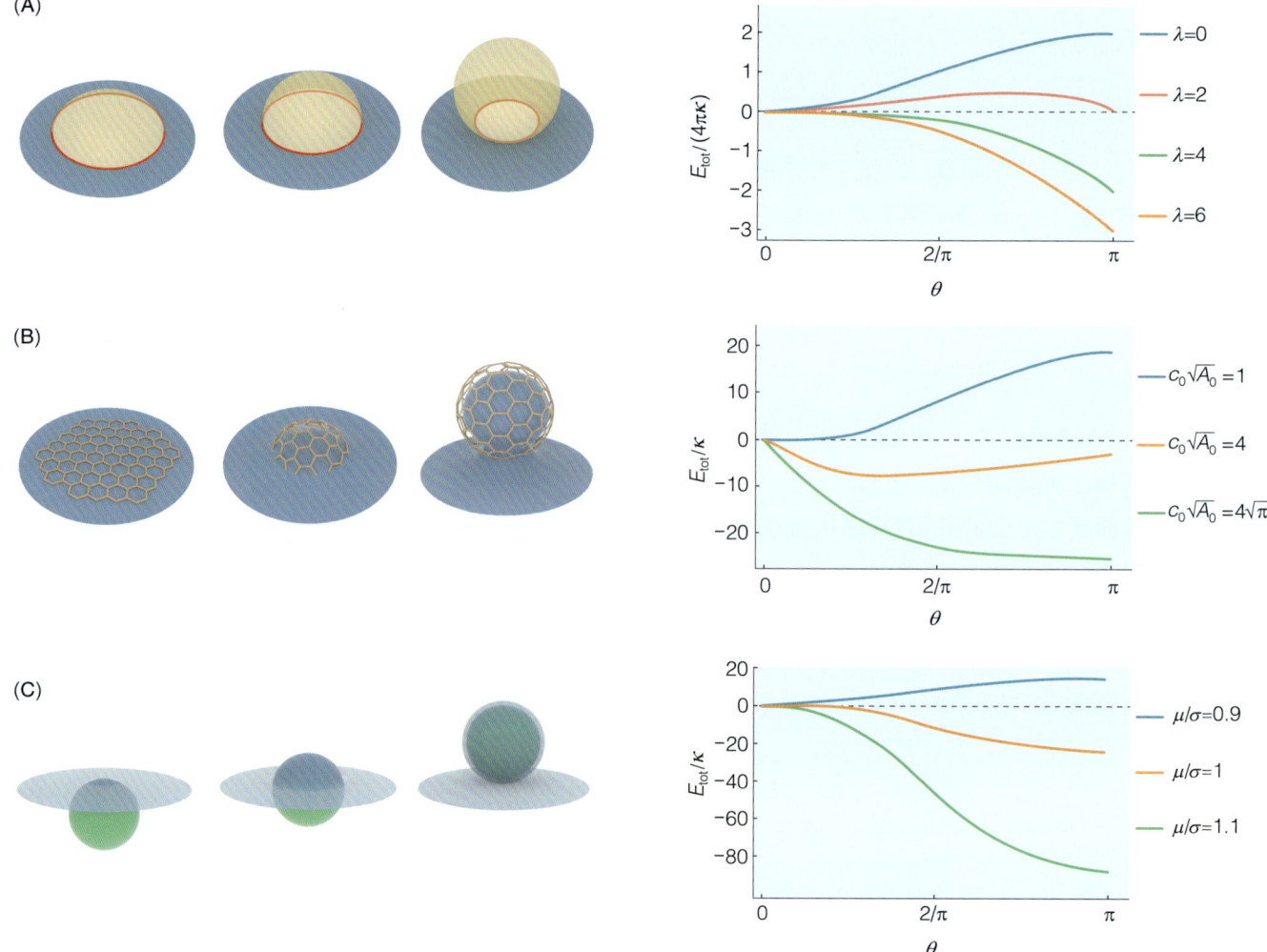

图 15-18　三种不同的出芽机制
（A）相分离介导的膜出芽。膜的黄色部分和蓝色部分由于组分不同，在两相的接触线（左图红色曲线）上产生线张力，倾向于缩短接触线的长度。若线张力相对于膜的弯曲刚度（即参数 λ）足够大，系统的总能量 E_{tot} 作为球冠张角 θ 的函数单调下降（右图绿色和橙色曲线），出芽可以发生。（B）自发曲率介导的膜出芽。膜的部分区域因为有网格蛋白覆盖从而存在自发曲率，倾向于使膜发生弯曲。当蛋白质产生的自发曲率 c_0 足够大时，系统的能量随球冠张角单调递减，从而发生出芽。（C）吸附介导的膜出芽。球形颗粒如病毒因为表面附着有受体，倾向于吸附在膜上。当吸附强度 μ 足够强时，膜可以将球形颗粒完全包裹，完成出芽过程。由于出芽能否自发发生取决于能量在不同 θ 下的相对变化而非绝对大小，能量曲线被上下平移以保证 $\theta = 0$ 处的总能量为 0。

芽无法发生。直到当 $\lambda > \lambda_c = 4$ 时，即当线张力 $\gamma > \dfrac{8\kappa}{\sqrt{A/\pi}}$ 时，E_{tot} 作为 θ 的函数单调递减，出芽可以自发发生。从该条件可以看出，面积越大的膜，发生出芽所需要的线张力反而越小。

（2）自发曲率介导的出芽

当网格蛋白介导的胞吞作用发生时，网格蛋白在膜的局部区域上富集，并形成球状的笼形结构（图 15-18B）。网格蛋白的这种作用可以用膜弹性理论中的自发曲率 c_0

表示。当自发曲率 c_0 足够大时，即网格蛋白所产生的膜曲率足够大时，出芽可以自发发生。假设出芽过程中，膜上网格蛋白覆盖的区域面积 A 保持不变，其表面张力能 $E_\sigma = \sigma A$ 正比于膜的表面积。总能量是弯曲能和表面张力能之和：

$$E_{\text{tot}}(\theta) = E_b + E_\sigma = \frac{1}{2}\kappa A\left[\left(\frac{2}{r} - c_0\right)^2 + \frac{2\sigma}{\kappa}\right]。 \qquad (15\text{-}3)$$

总能量作为张角 θ 的函数如图 15-18B 所示。对于不同的自发曲率，总能量的最小值所对应的 θ 并不相同。从式（15-3）可知，当自发曲率为 c_0 时，若 $2/r = c_0$，$E_{\text{tot}}(\theta)$ 达到最小值。据此，由球冠的半径 r 与面积 A 之间的关系 $A = 2\pi r^2(1 - \cos\theta)$，我们可以得到球冠的张角 θ 与自发曲率的关系 $c_0\sqrt{A} = 4\sqrt{\pi}\sin\frac{\theta}{2}$。特别地，当自发曲率 $c_0\sqrt{A} = 4\sqrt{\pi}$ 时，总能量最小值对应的球冠张角 $\theta = \pi$，出芽完成。

（3）吸附调控的出芽

当病毒颗粒入侵细胞时，由于表面附着有与细胞质膜具有很强吸附作用的蛋白质，可以通过内吞作用将自身包裹在囊泡内，从而进入细胞内部。为描述这一出芽过程，假设病毒颗粒呈半径为 r 的球形。当该球形颗粒吸附到细胞质膜上后，质膜可以将其包裹，从而呈球冠形状（图 15-18C）。此时，质膜的总能量除了含有膜的弯曲能 E_b 与表面能 E_σ 之外，还包含了与颗粒之间相互作用的吸附能 $E_a = -\mu A$。这里 μ 表示质膜与颗粒之间单位面积的吸附能，称为吸附强度。质膜的总能量 $E_{\text{tot}} = E_b + E_\sigma + E_a$ 作为球冠张角的函数如图 15-18C 所示。当吸附强度 μ 较小时，能量最低点对应的张角 $\theta = 0$，即质膜保持平坦。当吸附强度 $\mu > \frac{1}{2}\kappa\left(\frac{2}{r}\right)^2 + \sigma$ 时，$E_{\text{tot}}(\theta)$ 的能量最小值从 $\theta = 0$ 变为 $\theta = \pi$，且之间没有能垒阻碍，出芽可以自发发生。由此可以看出，越大的球形颗粒反而只要越低的吸附能就能被包裹。

※ 本章小结

在寻找将细胞与环境分离以及将真核细胞分隔成具有不同性质的区域的过程中，演化选择了一种似乎具有普遍性的设计：由脂质分子构成的双分子层。这种设计具有一些物理特性，这些特性对于一个与环境不断进行交换的高度动态的系统来说尤其有利。由于脂质的两亲性，脂质双分子层能自发地自我组装；在生理温度下，脂质双分子层具有流动性和可变形性，允许发生较大的形状变化，并且能够发生融合和分裂。本章从生物膜的组成入手，介绍了脂质自发组装成膜的机制、脂质相的多态性，并详细描述了膜的动态性及其影响因素，以及膜出芽的三种力学机制。这些膜的生物物理特性对于膜结构的维持和功能的行使至关重要。然而，由于生物系统的复杂性，至今仍有很多问题没有得到解决，例如对于膜融合过程仍然缺乏完善的模型。实验和计算技术的不断发展将提供对膜生物物理更准确和深入的定性和定量理解。

※ 思考题

1. 生物膜上的脂质如何维持膜的结构和功能？
2. 与生物膜相互作用的蛋白质有哪些特性？
3. 如何理解生物膜的流动性及其对膜功能的影响？
4. 脂质形状对脂质相的形态和生物膜的形态的影响有哪些？
5. 蛋白质如何介导生物膜形态的改变？
6. 高斯曲率弯曲模量对于膜出芽过程有什么影响？
7. 影响膜融合的因素有哪些？这些因素在膜融合过程中发挥怎样的作用？

※ 扩展阅读

图书

Bassereau P, Sens P. Physics of biological membranes[M]. Cham: Springer, 2018.

综述

Akimov S A, Molotkovsky R J, Kuzmin P I, et al. Continuum models of membrane fusion: evolution of the theory[J]. Int J Mol Sci, 2020, 21(11):3875.

Campelo F, Malhotra V. Membrane fission: the biogenesis of transport carriers[J]. Annu Rev Biochem, 2012, 81:407-427.

Deserno M. Fluid lipid membranes: from differential geometry to curvature stresses[J]. Chem Phys Lipids, 2015, 185:11-45.

Harayama T, Riezman H. Understanding the diversity of membrane lipid composition[J]. Nat Rev Mol Cell Biol, 2018, 19(5):281-296.

Koynova R, Tenchov B. Transitions between lamellar and nonlamellar phases in membrane lipids and their physiological roles[J]. OA Biochem, 2013, 1(1):1-12.

Seifert U, Berndl K, Lipowsky R. Shape transformations of vesicles: phase diagram for spontaneous-curvature and bilayer-coupling models[J]. Phys Rev A, 1991, 44(2):1182-1202.

Shibata Y, Hu J J, Kozlov M M, et al. Mechanisms shaping the membranes of cellular organelles[J]. Annu Rev Cell Dev Biol, 2009, 25:329-354.

研究论文

Helfrich W. Elastic properties of lipid bilayers—theory and possible experiments[J]. Z Naturforsch C, 1973, 28(11):693-703.

Ouyang Z C, Helfrich W. Instability and deformation of a spherical vesicle by pressure[J]. Phys Rev Lett, 1987, 59(22):2486-2488.

16 细胞区室化

　　细胞是生命结构与功能的基本单元。为了实现高效的生物化学反应并维持复杂的生物学过程，细胞通过特定的结构将不同的生物化学反应和功能隔离到特定的区域中，即细胞区室化（cellular compartmentalization）。通过区室化，细胞可以在不同区域中进行特定的生物化学活动，避免互相干扰，提高效率和特异性。在广义的层面上，细胞区室化可被理解为细胞内部空间成分性质的分布不均一性。具体而言，以胞质为例，细胞质膜、内膜系统、细胞骨架表面层或远端，其胞质成分性质各异。核质也同样如此，核内膜、染色质表面以及核内其它区域的核质成分也表现出不同的性质。这种空间上的异质性，可以被视为一种近似二维的区室化现象。值得注意的是，这种广义的区室化并没有明确的物理边界，而是通过物质浓度的梯度来实现。本章着重讨论通过三维的细胞器而实现的区室化。作为区室的三维细胞器的一个显著特点是其和周边环境即胞质、核质和/或所附着的细胞亚结构之间有明显的边界，这些边界一起完全包围所界定的区室。例如，真核细胞内的细胞器（如线粒体、内质网、细胞核*等）就是典型的细胞三维区室，这些细胞器由磷脂膜包被，因此被称为有膜细胞器（membrane-bound organelle）。真核细胞内还存在着诸多没有磷脂膜包裹的区室，被称为无膜细胞器（membrane-less organelle），如核仁、应激颗粒和卡哈尔小体（Cajal body）等。

　　本章首先介绍细胞器的研究历史，接着以动物细胞为例，从组成、结构以及功能等角度对经典的有膜细胞器和无膜细胞器进行介绍。本章旨在系统地阐述细胞内部空间的细胞器结构，将按照由细胞中心向外扩展的顺序，逐一展示细胞内的各个细胞器：细胞核、内质网、高尔基

---

* 从广义上讲，细胞核也是一种细胞器。

体、线粒体、溶酶体、过氧化物酶体和囊泡。在本章的最后部分，笔者将简要概述细胞内普遍存在的几种无膜细胞器的特征。值得注意的是，有膜细胞器和无膜细胞器内部还可能有进一步的区室化，例如细胞核里的就有大量类似无膜细胞器的区室，而高等动物细胞的核仁也由多层结构组成。

本章涉及的细胞器是细胞生物学的主要研究对象，然而本章的宗旨绝非仅对细胞生物学教材内容的简单复述或改写编纂。相反，笔者旨在通过本章的讲述，引导读者在探讨任何微观层面的生物学问题时，能够将问题置于细胞这一复杂且具有非均一性的结构中进行深入思考，以期达到更为全面和深入的理解。例如第 9 章"生物大分子互作与识别"中十分注重"特异性"，强调了 70 多次，然而在试管里均匀溶液条件下的特异性和在细胞里因为时间和空间的非均一性而产生的特异性往往迥异，区室化便是细胞层面时空调控的重要手段之一。再如第 18 章"基本生物过程的数学模型"介绍了一系列重要的基本生物学过程的定量模型，例如酶促反应动力学的米氏方程等，这些模型也大多假设发生条件是均匀溶液，但是当这些反应在细胞里发生时，其实际动力学可能因细胞区室化的时空调节而偏离经典模型。当然，细胞区室化概念的意义不是在细胞背景下推翻诸多经典模型，而是把区室化作为一个近似非连续的空间，叠加到经典模型中。尽管这种叠加可能导致严格的定量分析存在困难，但是定性思维对于深入理解相关问题以及推进相关科研项目仍极有裨益。

16.1 细胞器的研究历史

细胞器的研究历史可以追溯到 19 世纪初。1831 年，英国植物学家罗伯特·布朗（Robert Brown，1773—1858）首次在植物细胞中观察并描述了细胞核。细胞核是第一个被发现的有膜细胞器，这一发现标志着对细胞内部结构的研究迈出了重要的一步。随后，显微镜学家们在对细胞核的研究中发现了细胞核内存在一个较为明显的、致密的、近似球形的结构，并将其命名为核仁。核仁是第一个被发现的无膜细胞器。

19 世纪末至 20 世纪初，显微镜技术的进一步发展使得细胞学家能够更精细地观察细胞内的结构。1890 年，德国生物学家理查德·阿尔特曼（Richard Altmann，1852—1900）在光学显微镜下观察到动物细胞内存在一种颗粒状结构，取名为生命小体。其实该结构最早于 1857 年被鲁道夫·克利克（Rudolph Kölliker，1817—1905）发现，但未命名。后来由卡尔·本达（Carle Benda，1857—1932）于 1898 年将之命名为线粒体。随后，弗里德里希·梅韦斯（Friedrich Meves，1868—1923）于 1904 年首次在植物细胞中发现了线粒体，从而确认线粒体是普遍存在于真核细胞内的细胞器。

有意思的是，1906 年诺贝尔生理学或医学奖获得者卡米洛·高尔基（Camillo Golgi，1843—1926）和圣地亚哥·卡哈尔（Santiago Ramón y Cajal，1852—1934）分别发现了一个有膜细胞器（高尔基体）和一个无膜细胞器（卡哈尔小体）。这两个细胞器后来被分别以这两位科学家的名字命名（知识窗 16–1）。

20 世纪尤其 20 世纪后半叶，细胞分子生物学的兴起推动了对细胞器更深入的研究。通过生物化学和分子生物学技术，科学家开始解析细胞器的分子组成和功能。随着电子显微镜和高分辨率光学显微镜技术的发展，细胞学家得以更细致地观察细胞器的结构，甚至在分子层面上进行研究。现代生物学的发展将细胞器研究纳入了更广阔的细胞生物学和分子生物学领域。随着基因工程、蛋白质研究和生物成像技术的不断进步，我们对细胞器的理解和研究也越来越深入。

细胞器研究的历史是一个随着技术进步而不断深入的过程，在细胞生物学和生命

知识窗 16-1

高尔基体和卡哈尔小体的发现

1898 年，当意大利医生兼科学家高尔基使用他发明的染色技术——镀银法研究神经元时，观察到一个由互相连接的膜结构组成的类似网状的图案。最初，高尔基将这个结构称为"内部网状器官"。他的发现一开始引起了科学界的争议。一些科学家质疑这个网状图案是由染色技术产生的假象，而不是一个真实的细胞结构。随着更多的研究人员改进染色技术复现了高尔基的发现，尤其是在 20 世纪 50 年代以后，随着电子显微镜的应用和超薄切片技术的发展，这个网状器官的存在逐渐被科学界广泛接受。最终，这一结构被命名为"高尔基体"，以纪念高尔基的开创性工作。随着显微镜技术的进一步发展，科学家们对高尔基体的结构和功能有了更深入的认识。他们发现高尔基体由一系列叠加的膜囊（也称为囊泡）组成，主要负责细胞内运输、蛋白质修饰和分拣（详见 16.4 节）。

19 世纪，包括西班牙神经生物学家卡哈尔在内的多位科学家注意到细胞核内存在着小而圆的结构。然而，当时对这些结构的重要性尚欠理解。1903 年，卡哈尔对神经细胞核内的这些小结构进行了详细观察和描述，并称其为"核小器官"。直到 20 世纪 80 年代，这些结构才正式被命名为"卡哈尔小体"，以纪念卡哈尔的贡献。随后，研究人员逐渐认识到卡哈尔小体在各种细胞类型中的广泛存在以及其在小核糖核蛋白（snRNP）、小核糖核酸（snoRNA）和其它 RNA 相关过程的处理和修饰中的重要性。

因为他们在神经科学领域的贡献，高尔基与卡哈尔共享了 1906 年的诺贝尔生理学或医学奖（图 16-1）。对高尔基体和卡哈尔小体的研究仅仅是他们诸多重要研究成果中的一部分。两人分别在神经元结构、神经系统功能以及细胞生物学的多个方面做出了开创性的贡献，为现代神经科学的发展奠定了基础。

卡米洛·高尔基 (Camillo Golgi)　　圣地亚哥·卡哈尔 (Santiago Ramón y Cajal)

图 16-1　高尔基和卡哈尔（左图经 Science Photo Library 授权使用；右图引自诺贝尔奖官方网站）

科学的发展中扮演着重要角色。在无膜细胞器的研究中，理论的突破同样至关重要。自 21 世纪初，液 – 液相分离（相分离）概念（详见第 10 章）的引入，为解释无膜细胞器的形成机制提供了新的视角（见 16.8 节）。体外相分离和相变生化实验的成功，极大地推动了无膜细胞器研究。许多此前已知的无膜细胞器被证实是通过相分离形成的，且新的无膜细胞器正以前所未有的速度被发现和研究。

16.2　细胞核

大多数动植物细胞的直径为几十微米，在这些细胞的细胞质中有一个由双层磷脂

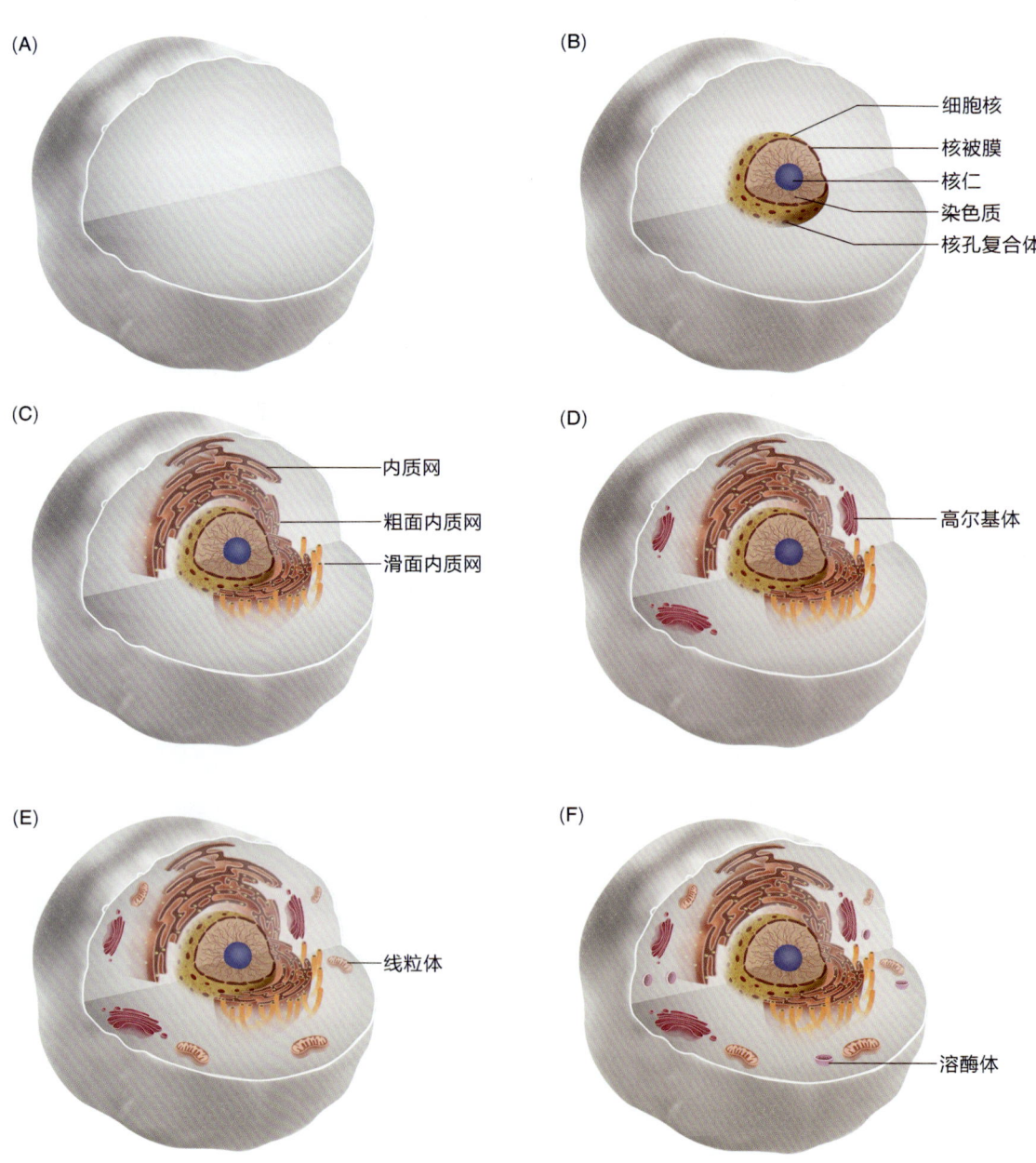

膜包裹形成的细胞器——细胞核。细胞核通常是细胞中最大的细胞器。除高等植物韧皮部成熟的筛管和哺乳动物成熟的红细胞等极少数外，所有的真核细胞都含有细胞核。细胞核大多呈球形或卵圆形，但其形态随物种和细胞类型不同而有所变化。细胞核的大小也随物种不同和细胞类型不同而存在差异。一般而言，高等动物细胞核直径为 5~10 μm，高等植物细胞核直径为 5~20 μm，低等植物细胞核直径为 1~4 μm。细胞核的体积通常约占细胞总体积的 10%。细胞核是遗传信息的储存场所，也是细胞遗传与代谢的调控中心，与细胞遗传及代谢活动密切相关的基因复制、转录和转录初产物的加工过程均在此进行。

在大多数细胞中，细胞核位于细胞的中央，相对于细胞的其余部分，它一般处于一个相对固定的位置（图 16-2）。然而，细胞核的位置也可能因细胞类型和功能的不

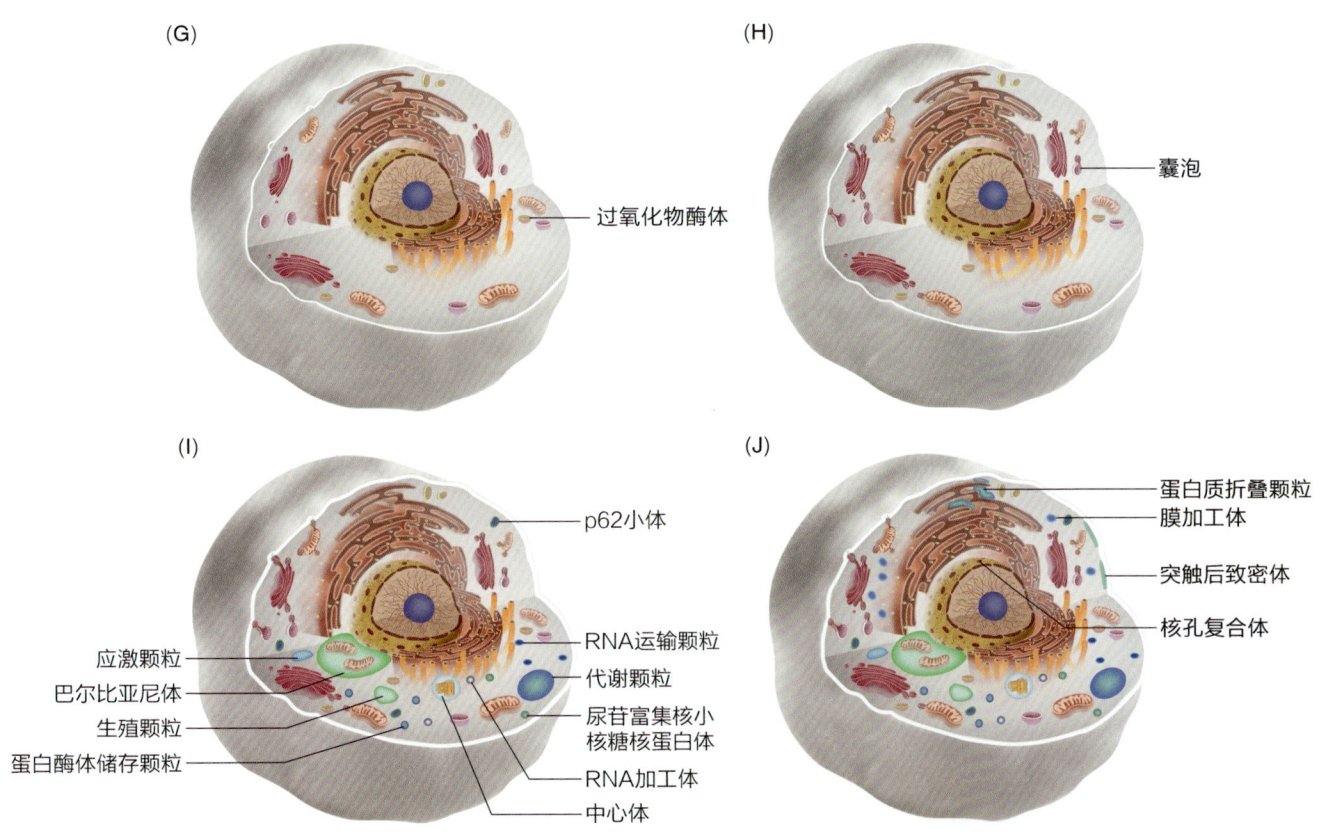

图 16-2　真核（动物）细胞细胞器逐步填充模式图

在立体细胞切面图上，在细胞空间中逐步引入典型有膜细胞器和典型无膜细胞器。（A）三维的细胞轮廓和空白内部空间。（B）在空白细胞内部空间中引入细胞核，包括细胞核周围的核被膜和核孔复合物，以及细胞核内部的核仁和染色质。（C）内质网被进一步引入，同时粗面内质网和滑面内质网被标示。（D）引入高尔基体。（E）引入线粒体。（F）引入溶酶体。（G）引入过氧化物酶体。（H）引入囊泡。（I）在有膜细胞器的基础上，引入典型的胞质定位的无膜细胞器，包括应急颗粒、中心体、蛋白酶体储存颗粒、生殖颗粒、巴尔比亚尼体、p62 小体、RNA 运输颗粒、代谢颗粒、尿苷富集核小核糖核蛋白体和 RNA 加工体被展示和标注。（J）基于（I），引入膜上定位的典型无膜细胞器，包括膜加工体、核孔复合体、蛋白质折叠颗粒和突触后致密体被展示和标注。

同而发生变化。例如,在一些特化细胞中,如神经元,细胞核可能会偏离细胞的中心,但仍位于细胞质中心附近。

细胞核主要由核被膜、核纤层、染色质、核仁及核体(详见16.8.2节)组成(图16-2B)。细胞间期染色质的局部也有不同类型的类似无膜细胞器的凝聚体(详见16.8.2节)。这些相对独立的结构或区域,分别行使不同的功能,是细胞核内各项生命活动有序进行的重要保证。核被膜(简称核膜)位于细胞核的最外层,是细胞核与细胞质之间的界膜。核被膜主要有两种结构组分:双层核膜(被称为外核膜和内核膜)与核孔复合体。核被膜构成了细胞核和细胞质之间的天然选择性屏障,将细胞分成核与质两大结构与功能区域,使得DNA复制、RNA转录与加工在核内进行,而蛋白质翻译则在细胞质中进行。内核膜与外核膜之间的空间称为核周隙(又称核腔)。核腔和内质网腔相通(图16-2C,图16-3),这种拓扑结构保证核膜蛋白能够从其合成场所——内质网高效运输到核膜,确保核膜蛋白的正确定位与功能执行。此外,核被膜通过核孔复合体调控细胞核内外的物质交换和信息交流。核纤层主要由核纤层蛋白构成。核纤层蛋白形成支撑结构,位于核被膜的内侧,提供骨架功能,帮助维持细胞核的正常形状与大小,在维持细胞核的稳定性和功能上发挥重要作用。

16.3 内质网

内质网是一种有膜细胞器,呈现出由折叠的膜形成扩展的、分支状的连续网络。内质网分布广泛,其表面积通常占据细胞膜系统的50%,其体积则超过细胞总体积的10%(图16-2C)。内质网膜与细胞核的核被膜直接相连(图16-3),这两个有膜细胞器共同占据了细胞总体积的20%以上。

内质网在细胞内执行多种功能,包括蛋白质合成及初步糖基化、脂质合成、钙离子储存与释放,以及为新合成的蛋白质提供正确折叠的环境,并参与细胞内的信号传递。内质网在细胞内的广泛分布能够满足不同区域对蛋白质和膜的需求。此外,内质网与高尔基体(图16-2D)之间也存在密切的联系。蛋白质和脂质在内质网合成后,通过囊泡运输系统被运送到高尔基体进行进一步的修饰。

从物理特性角度,内质网可被分为两个主要部分:粗面内质网和滑面内质网(图16-2C,图16-3)。粗面内质网多呈扁囊状,排列整齐,其表面动态结合着许多核糖体,这些核糖体负责合成分泌性蛋白和多种膜蛋白。因此,粗面内质网在分泌细胞(如胰腺腺泡细胞)和产生抗体的浆细胞中特别发达。滑面内质网表面则不附着核糖体,通常形成复杂的分支管状结构。它们在脂质的合成与代谢中扮演核心角色,负责磷脂和甘油三酯的生成,同时也参与某

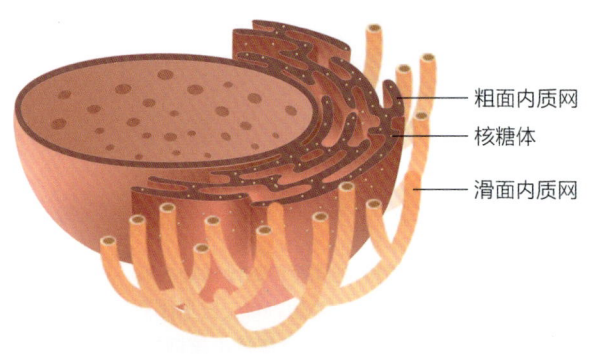

图16-3 核膜和内质网模式图
内质网膜与细胞核的核膜直接相连,从而核腔和内质网腔相通。内质网包括粗面内质网和滑面内质网。

些脂质的分解。此外，滑面内质网还负责将合成的蛋白质或脂质转运至高尔基体。滑面内质网还能储存大量钙离子，这些钙离子在细胞信号转导和肌肉收缩等生物过程中至关重要。在细胞分裂期间，滑面内质网还参与核膜的破裂和重建。事实上，内质网的结构非常复杂，例如，在某些特定情况下，内质网可以展现成一个螺旋面结构（知识窗 16-2）。

知识窗 16-2

数学生物学视角的内质网

20世纪50年代，美国细胞生物学家基思·波特（Keith Porter）开创性地使用电子显微镜观察细胞和组织。随后，他的同事乔治·帕拉德（George Palade）以及其他科学家纷纷观察到了内质网（尤其是粗面内质网）的形态，即堆叠且延续分布的扁囊状（帕拉德等人也因对胞内细胞器的结构和功能的描述而获1974年诺贝尔生理学或医学奖）。但是这种片状堆叠的形成机制究竟如何？研究证明，一些内质网膜上的蛋白质通过改变膜曲率来塑造和稳定内质网形态；也有一些内质网腔中的蛋白质以类似于"支架"的形式使其保持固定的宽度。

近期有研究者使用新的连续切片扫描电镜技术，发现内质网形成了螺旋面（helicoid）结构（图 16-4）。在探究这种结构的成因时，研究者建立了一个简单的物理模型，通过同时求解片状结构的表面弹性能和边缘能量的最小化，推导出在物理上能使系统总能量最低的结构正是螺旋面。

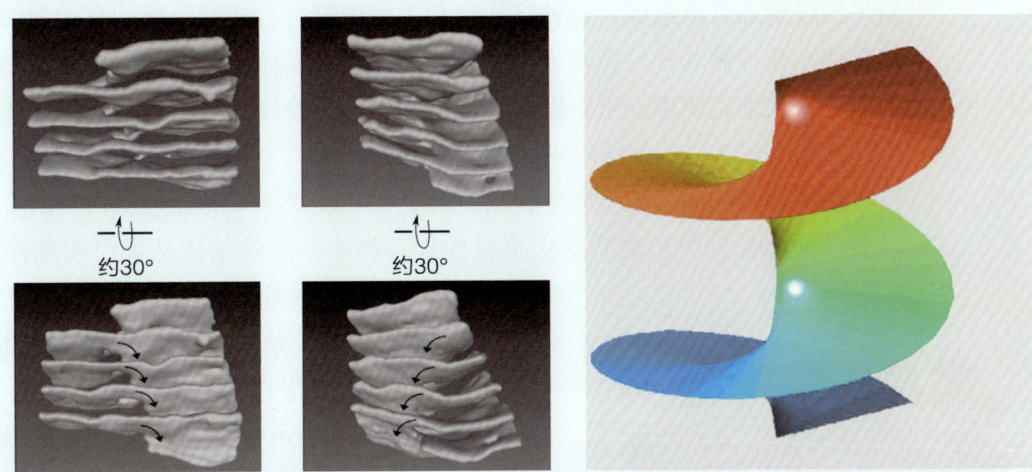

图 16-4 内质网的螺旋面结构
使用连续切片扫描电镜观察到的内质网结构，几何学上是一个螺旋面。

16.4 高尔基体

高尔基体是一种尺寸相对较大、结构独特的有膜细胞器。早在 1898 年，高尔基在研究神经细胞时就发现了这种网状结构（见知识窗 16-1）。在大多数细胞中，高尔基体位于细胞质的中心部位，与其它细胞器如内质网、线粒体（详见 16.5 节）和溶酶体（详见 16.6 节）等共同存在。这一位置使高尔基体能够与这些细胞器进行有效的物质交换，并协调细胞的功能。高尔基体也常位于朝向细胞膜的一侧，这有助于它在蛋白质的分选和分布过程中发挥重要作用，特别是在将蛋白质运输至细胞膜的过程中（图 16-2D）。此外，高尔基体与细胞骨架关系密切。在哺乳动物中，单个高尔基体通常靠近细胞核，其定位和管状连接依赖于微管的支持。当微管解聚时，高尔基体失去相互连接，并在细胞质中分散成单独的单元。在细胞分裂过程中，高尔基体分裂成更小的部分，并在新形成的细胞中重新组装。这一过程确保了新细胞能够继承功能完整的高尔基体，维持正常的细胞运作。

高尔基体由一系列融合的、排列整齐的扁平膜囊堆叠组成，通常由 4~8 个这样的扁平囊膜构成一个高尔基堆栈（Golgi stack）（图 16-5）。高尔基体堆栈是高尔基体的基本结构单元，在哺乳动物细胞中通常包含 40~100 个高尔基体堆栈。高尔基体堆栈靠近细胞核的一侧通常称为形成面或顺面，面向细胞膜的一侧称为成熟面或反面，形成面和成熟面各具独特的形态学和生化特征。位于高尔基体顺面最外侧的膜囊称为顺面高尔基体网状结构，其结构中间多孔且具有连续的分支。通常认为，内质网新合成的物质经顺面高尔基体网状结构进入高尔基体，在此处进行初步分类。蛋白质和脂质会转移至高尔基体的中间膜囊，少部分则会被送回内质网。高尔基体中间膜囊是由扁平的膜囊和管道组成，这种结构有利于增加糖类合成和修饰的有效表面积，使得高尔基体在处理糖基化反应时更加高效。反面高尔基体网状结构位于高尔基体反面的最外侧，深入细胞质中，呈管网状。晚期的蛋白质修饰（如糖基化的最终步骤）通常发生在反面高尔基体网状结构中。

高尔基体被称为细胞的中转站，其主要功能是加工和处理从内质网合成的各种蛋白质，并将其分类包装后运送至目的地。例如，高尔基体是蛋白质翻译后修饰的重要场所，尤其是糖基化修饰——将糖分子附加到蛋白质上形成糖蛋白。这些修饰会影响蛋白质的功能和定位。高尔基体将蛋白质包装成囊泡（详见 16.7 节），并通过胞吞或胞吐作用负责将合成的蛋白质分选到它们的最终目的地，如细胞质膜、溶酶体、细胞外分泌或其它细胞器。除了蛋白质加工，高尔基体还在脂质的合成与转运、糖类合成以及溶酶体的形成过程中发挥着重要作用。

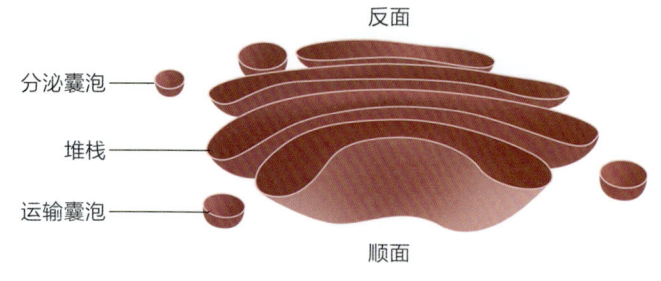

图 16-5　高尔基体模式图

16.5 线粒体

除细胞核、内质网、高尔基体外，真核细胞还普遍存在一种散在分布的有膜细胞器，称为线粒体（图 16-2E）。线粒体存在于几乎所有真核生物中。在大多数细胞中，线粒体形成一个高度动态的网络，不断进行分裂和融合（详见知识窗 16-3）。线粒体的数量因细胞类型而异。单细胞生物中通常只有一个线粒体，而在人肝细胞中，每个细胞有 1000～2000 个线粒体，占细胞体积的 20%。

不同细胞中，线粒体的大小和结构变化较大，通常其横截面积在 0.75～3 μm^2 之间。此外，线粒体的定位也因细胞类型和功能的不同而有所差异，通常散布于整个细胞质中。这种散在分布使线粒体能够在细胞内需要能量的各个区域执行其功能。在某些细胞类型中，线粒体可能会聚集在特定的细胞结构附近，以支持该结构的能量需求。例如，在肝细胞中，线粒体可能聚集在细胞核周围。在肌细胞中，线粒体通常在肌原纤维附近聚集，以便提供肌肉收缩所需的能量。这种定位与功能的密切配合确保了细胞在不同活动中的能量供应，支持了细胞的正常运作与生理功能。

线粒体呈椭圆形或棒状，其结构复杂而精细，可以分为五个主要部分：外膜、膜间隙、内膜、嵴和基质（图 16-6）。线粒体外膜的厚度为 60～75 Å，其蛋白质与磷脂的比例约为 1∶1。外膜上分布有大量的孔蛋白，其中最重要的是电压依赖性阴离子通道，负责运输核苷酸、离子和代谢物，是细胞质和膜间隙之间的主要通道。外膜还包含多种酶，负责执行如脂肪酸延长、肾上腺素氧化和色氨酸降解等生化过程。膜间隙是外膜和内膜之间的空间，通常称为围线粒体空间。由于外膜对小分子具有较高的通透性，膜间隙中的小分子浓度通常与细胞质相同。然而，大分子蛋白质要进入膜间隙，必须具备特定的信号序列才能通过外膜的选择性运输机制被正确定位至膜间隙。线粒体内膜包含三种主要的蛋白质：进行氧化还原反应的电子传递链蛋白、产生 ATP 的 ATP 合酶和调节物质进出线粒体基质的运输蛋白。内膜不含有孔蛋白，对所有分子都高度不可渗透，几乎所有的离子和分子都需要特殊的膜转运蛋白才能进入或离开基质，这有助于维持基质内环境的稳定性。嵴是由内膜向内折叠形成的空间，这些折叠增加了内膜的表面积，从而提高了线粒体产生 ATP 的能力。基质是内膜包被的空间，含有线粒体总蛋白质的约 2/3，是 ATP 生成的主要场所。基质中富含多种酶，此外还包含特殊的线粒体核糖体、tRNA 以及多份线粒体 DNA 基因组的拷贝，这些成分确保线粒体能够高效地进行能量转换。

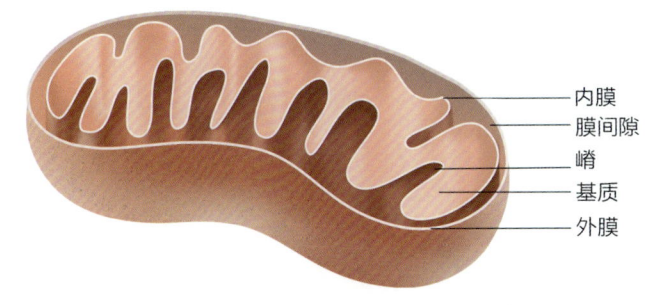

图 16-6　线粒体模式图

知识窗 16-3

线粒体的分裂和融合

线粒体是细胞内重要的能量工厂，其结构与功能的密切关联性是细胞生物学的核心问题。线粒体的形态结构并非静态不变，而是会根据细胞的特定需求和环境变化进行动态调整。其中，最典型的形态变化包括线粒体的分裂与融合（图 16-7）。

线粒体的形态变化对其功能至关重要。例如，在能量需求较高的状态下，线粒体可能通过融合来增加其大小和内部膜的表面积，从而提高能量产生效率。相反，在需要清除损伤或老化的线粒体时，线粒体的分裂有助于其更新和质量控制。因此，在不同环境或不同细胞中，线粒体的形态不仅限于经典的棒状结构，而是在移动、分裂和融合等因素的影响下持续变化，可能呈现颗粒状、细长或甚至形成网状结构。

线粒体分裂是一个由多种蛋白质和分子机制精细调控的过程。在这个过程中，线粒体膜的收缩和分割依赖于大型 GTP 酶——发动蛋白相关蛋白 1（dynamin-related protein 1，DRP1）及其相关的受体蛋白（图 16-7B）。DRP1 在线粒体膜上形成环状结构，促使膜向内凹陷，最

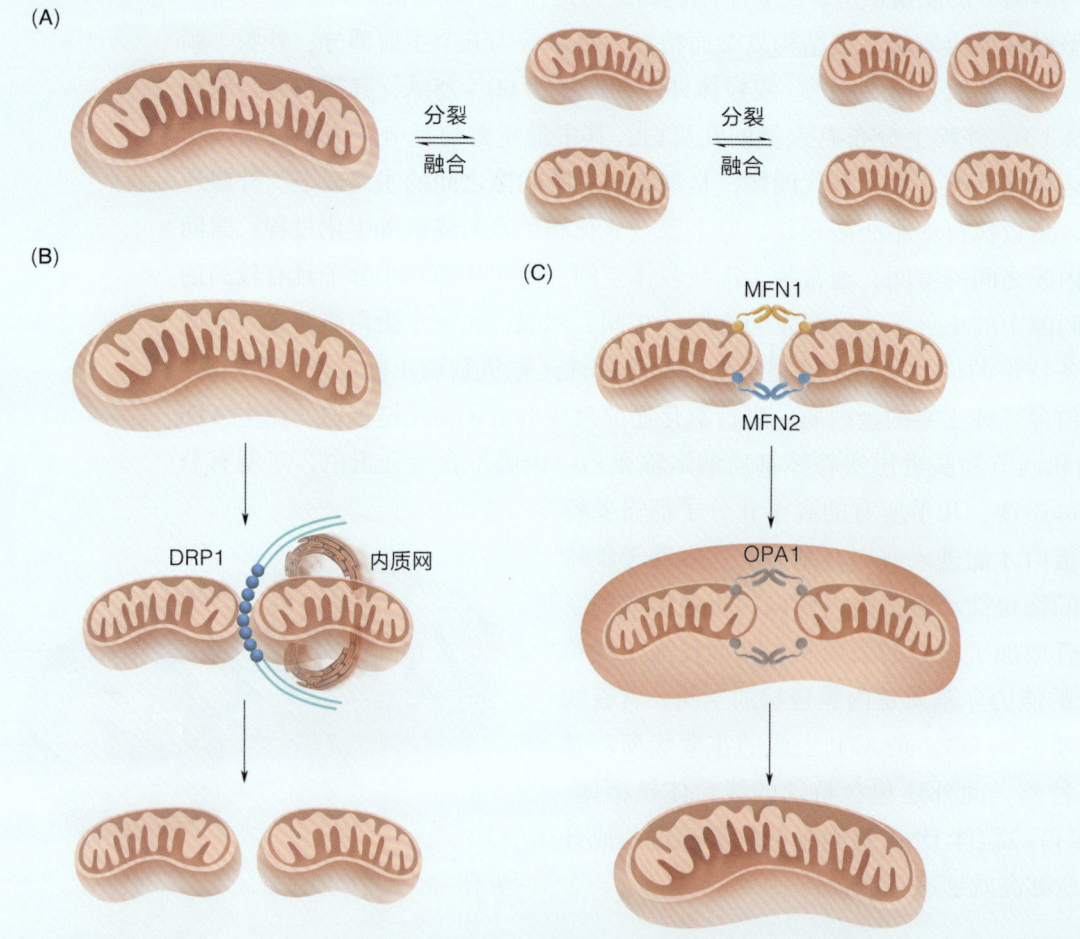

图 16-7　线粒体分裂和融合
（A）线粒体通过分裂和融合维持自身形态平衡。（B）线粒体分裂：DRP1 在与内质网和肌动蛋白接触的线粒体外膜位点与其受体结合，驱动线粒体的分裂。（C）线粒体融合：首先由 MFN1 与 MFN2 介导线粒体外膜的融合，随后由 OPA1 介导线粒体内膜的融合。

终导致线粒体分裂。同时，内质网与线粒体的接触位点（ER-mitochondria contact site）也参与调控分裂过程，提供必要的信号和物质支持。

与分裂相对，线粒体融合是一个合并过程，涉及外膜和内膜上的蛋白质，如线粒体融合蛋白 1/2（mitofusin 1/2，MFN 1/2）和视神经萎缩蛋白 1（optic atrophy 1，OPA1）（图 16-7C）。这些蛋白质通过 GTP 依赖的方式促进线粒体膜的融合，增加线粒体的连续性和功能协同。融合不仅有助于线粒体网络的形成和维持，还对线粒体 DNA 的分布和遗传至关重要。

尽管线粒体的分裂和融合受到多方面因素的影响，并具有高度的动态性，许多具体的机制和生物学意义仍在研究之中。但可以确定的是，线粒体的分裂与融合是细胞适应环境变化、调节能量代谢和应对应激状态的重要机制。深入理解这些过程的分子机制，不仅有助于揭示细胞生命活动的基本原理，也为相关疾病的预防和治疗提供了新的视角和策略。

16.6 溶酶体和过氧化物酶体

细胞中还有几类参与代谢分解小分子、大分子乃至破损细胞器和内吞的病原体等异物的有膜细胞器，例如溶酶体和过氧化物酶体。

16.6.1 溶酶体

溶酶体分布在细胞质中，遍布整个细胞以执行其降解功能（图 16-2F）。有时，溶酶体位于其它细胞器（如高尔基体、内质网、线粒体等）附近，这种邻近性有助于溶酶体与这些细胞器之间进行物质交换和协调。一些溶酶体也可能位于细胞膜附近，便于执行吞噬作用（phagocytosis）和胞吐作用（exocytosis），通过这些过程，细胞能够吞噬外界微生物或颗粒并将其引入溶酶体进行分解。

溶酶体内呈酸性环境，包含能够降解蛋白质、核酸、脂质和多糖等多种生物分子的水解酶。溶酶体的形成需要内质网和高尔基体的参与。水解酶和其它溶酶体组分在内质网中合成，然后通过高尔基体进行修饰和包装，最终形成成熟的溶酶体。

溶酶体是细胞内的"垃圾处理站"，它们通过水解酶将各种废物、受损细胞器和细胞内的无用分子分解成小片段，然后将这些分子重新循环利用或排出细胞外。溶酶体参与细胞自噬过程，即消化自身细胞中受损或不需要的细胞器或分子，这是细胞维持健康和平衡的重要机制之一。溶酶体也参与细胞免疫过程，通过降解被吞噬的细菌和病原体来保护细胞免受感染。

16.6.2 过氧化物酶体

过氧化物酶体广泛存在于所有的真核细胞中，由单层膜包裹，直径为 0.1~1 μm，是一种参与氧化反应的细胞器（图 16-2G）。1954 年，瑞典博士生罗丁（Johannes Rhodin）首次描述了过氧化物酶体。在早期研究中，过氧化物酶体的功能尚不明确，加之其大小和形态与溶酶体相似，因此在许多文献中被称为微体（microbody）。1967 年，比利时细胞生物学家克里斯蒂安·德·迪夫（Christian René de Duve，1917—2013）等发现微体中含有几种氧化酶，这些酶在氧化过程中产生过氧化氢。此外，微体中还含有过氧化氢酶，能够分解有毒的过氧化氢。鉴于这些酶在过氧化物代谢中的重要作用，德·迪夫将这一结构命名为过氧化物酶体。

在动物细胞中，过氧化物酶体主要参与长链脂肪酸的 β 氧化，将长链脂肪酸转化为中链脂肪酸后送入线粒体进行进一步分解。过氧化物酶体中的氧化酶利用氧气剥夺底物分子上的氢原子，形成过氧化氢这一副产物。过氧化氢则由过氧化氢酶迅速分解，同时分解部分底物（包括酚、甲酸、甲醛和乙醇）。因此，过氧化物酶体中氧化酶和过氧化氢酶形成了一个简单的电子传递链。然而，这个传递链的能量利用率较低，所释放的能量主要以热能形式逸散。

16.7　囊泡

在细胞内，不同细胞器之间的物质运输和交换通常通过囊泡运输系统来实现，这涉及细胞内的膜包围结构——囊泡（图 16-2H）。细胞对外界物质的摄取和分解由一类特殊的囊泡——内体协助完成。而细胞向外界释放物质、传递信号的过程则由外泌体等分泌型囊泡结构完成。近年来，还陆续发现了有别于外泌体的分泌型囊泡，例如迁移体。尽管这些囊泡作为区室在细胞中占据的空间有限，或者是分泌到细胞外，但它们在细胞内外物质和信息传递中起到了至关重要的作用。通过这些囊泡结构，细胞能够有效地调控细胞器之间的物质交换，以及与外部环境的相互作用。

16.7.1　胞内囊泡运输

囊泡在细胞内负责运输物质，调节细胞内环境，并参与细胞膜的动态变化。内质网和高尔基体之间存在大量囊泡运输系统，负责把内质网合成和折叠的蛋白质运输到高尔基体进行修饰和分类。高尔基体通过囊泡运输系统将蛋白质包装成囊泡，其中包裹经过修饰的成熟分泌蛋白的囊泡会和细胞膜融合，释放内容物到细胞外；而其余囊泡则会融入溶酶体中，使其内容物被降解。

16.7.2　内体

细胞通过一种特殊的囊泡结构——内体（endosome），将细胞外的物质摄入细胞。内体是一种由膜包囊组成的小型细胞器，具有与细胞质膜相似的磷脂双层结构，其大小和形状根据其功能和位置而有所不同。内体主要负责吸收、转运和处理细胞外来的物质，如蛋白质、小分子等，可以分为早期内体（early endosome）和晚期内体（late endosome）。早期内体主要参与细胞摄取物质的初步处理和分解，晚期内体则负责进一步分解和分配物质，将部分物质运送至溶酶体进行降解。

16.7.3 外泌体

上述所讨论的有膜细胞器都是位于细胞质膜内部。然而，近年来的研究发现，细胞会产生一些由脂膜包裹的囊泡状结构，这些囊泡可以脱离母细胞，在远端执行特定功能，例如外泌体以及近几年发现的迁移体（知识窗16-4）。

外泌体是被广泛研究的一种胞外囊泡，平均直径约100 nm。外泌体中一般含有核酸、脂类、蛋白质、代谢物等生物活性物质。外泌体的形成过程起始于细胞质膜的内陷，产生早期内体。随后，胞质蛋白、核酸等物质通过膜的进一步内陷作用进入晚期内体，并形成多泡体（multivesicular body）。部分多泡体与质膜融合，其中的小囊泡被释放到胞外，这些小囊泡即为外泌体。该过程需要多个蛋白质网络的协同作用，确保外泌体的正确形成和释放。在生物学功能上，外泌体通过与受体细胞膜融合，将其内容物转移到受体细胞中，从而介导细胞间通信。这种细胞间信息传递方式在免疫调

知识窗 16-4

迁 移 体

迁移体（migrasome）是近年来发现和命名的一种新型细胞器，其研究起始于2012年。当研究者在透射电子显微镜下观察细胞时，发现细胞外存在着一些膜包被的囊泡，形似开口的石榴，内部充满了很多更小的囊泡（图16-8）。这些"石榴体"通过收缩丝与细胞胞体相连接。研究显示，"石榴体"的形成与细胞迁移密切相关。当细胞迁移时，收缩丝被拉出，"石榴体"开始在收缩丝的末端或交接处生长，最终膨大形成直径为0.5～3 μm的膜泡。随着细胞的不断迁移，收缩丝断裂，石榴体从细胞上脱离。因此，研究者将"石榴体"正式命名为迁移体，并提出迁移体胞吐（migracytosis）的概念。近年的研究发现迁移体广泛存在于多细胞生物中。尽管目前迁移体的研究尚处于初级阶段，越来越多的证据表明迁移体参与介导细胞间通信。

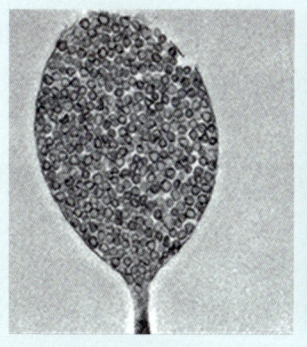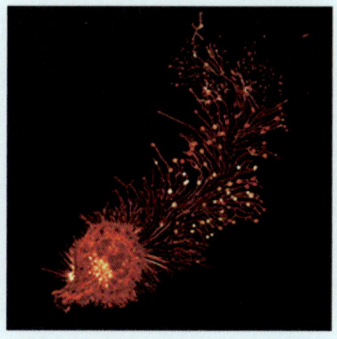

图 16-8　迁移体

迁移体是细胞迁移过程中从尾部收缩丝末端或者交接处膨大形成的膜包被的囊泡状结构，内部含有数量不等的微小囊泡。左图展示迁移体的透射电子显微镜照片；右图展示迁移细胞的尾部产生的亮泡状结构的迁移体，其中红色信号来自mCherry荧光蛋白标记的迁移体的标记物——四跨膜蛋白4（tetraspanin 4）。

节、神经系统交流等生理过程中发挥着重要作用。

16.8 无膜细胞器

除了有膜细胞器，复杂生物的细胞中还存在大量没有磷脂膜包裹的无膜细胞器。2010年前后，科学家发现生物分子"相分离"是无膜细胞器组装的核心机制，并解析了多价态互作在相分离中的作用，多领域的科学家对无膜细胞器的兴趣迅速增加，无膜细胞器的研究进入了快速增长期。近十几年的研究发现，无膜细胞器在真核细胞中分布广泛。它们不仅存在于细胞质中，还存在于细胞核内，甚至附着在膜结构上或者位于其它有膜细胞器内。

16.8.1 无膜细胞器的形成机制

各种无膜细胞器在组成、位置和功能上存在差异，但在形状、物理化学特性和动力学组装方式上有相似之处。越来越多的证据表明，"液 - 液相分离"是一种普遍机制，驱动无膜细胞器的形成及其功能的发挥（详见第10章）。

对无膜细胞器的形成与物理性质的研究要追溯到2009年，科学家以秀丽隐杆线虫中的P颗粒为研究对象，揭示了这种无膜细胞器是具有流动性的液滴。P颗粒是由多种蛋白质和RNA组成的核周无脂膜的区室，形态呈近球形，直径 $2 \sim 4\ \mu m$。研究发现，P颗粒具有一定的表面张力，彼此之间可以发生融合，具有高度流动性，颗粒内部以及内外之间的物质交换迅速，这些特性共同证明了P颗粒的液态属性。该项研究首次明确提出细胞中的无膜细胞器是由生物大分子相分离产生的。此后，进一步的研究证实了相分离是众多无膜细胞器形成的关键机制之一。这些研究开创了无膜细胞器研究的全新视角，进一步推动了后续关于无膜细胞器的深入探索。

16.8.2 细胞核里的无膜细胞器

细胞核内部没有膜包裹的亚区室，但包含许多无膜的区室。以人源细胞为例，每个细胞核内，线性DNA分子首尾相接，长约 2 m，在细胞周期的大部分时间里与蛋白质结合形成称为染色质的复合物中。不转录的染色质往往被组织成更紧凑的区室，称为异染色质区室。同时，细胞核内还存在包含核仁在内的许多核体，它们由独特的蛋白质、RNA 分子和染色体的特定部分组成。

（1）核仁

核仁是真核细胞间期细胞核中最显著的结构，直径 $1 \sim 5\ \mu m$。尽管没有膜包裹，核仁仍呈现出明确的、通常是大致球形的形状，是典型的无膜细胞器。核仁的大小、形状和数量因生物种类、细胞类型和细胞代谢状态不同而异。

间期细胞中的核仁呈现复杂的内部结构，包括组成和功能不同的核仁亚区室（图 16-9A）。大多数真核生物（包括芽殖酵母）有两个核仁亚区室，随着演化，高等生物细胞核仁中出现了三个核仁亚区室。以人类细胞中的核仁为例，其由内而外三个内部亚区室分别为：纤维中心（fibrillar center），致密纤维组分（dense fibrillar component）和颗粒组分（granular component）。纤维中心和致密纤维组分常以多拷贝形式存在于单个颗粒组分中（图 16-9A）。

在电镜下核仁比周围的核质更为密集。纤维中心呈现为浅染的低电子密度的圆形结构，主要由 rDNA 簇组成；致密纤维组分是核仁超微结构中电子密度最高的部分，呈环形或半月形包围纤维中心，由致密纤维构成，通常不含颗粒。致密纤维组分负责 rRNA 的初步加工。颗粒组分位于纤维中心外周，占据核仁绝大部分体积。颗粒组分主要由负责 rRNA 修饰和转运等功能的蛋白质组成，并在核糖体亚单位的组装中发挥作用。核仁没有被膜包裹，它通常被浓缩染色质环（核仁相随染色质）所包围。这种染色质有时深入到核仁内部，称为核仁内染色质，而环绕核仁外部的染色质则被称为核仁周边染色质。这种染色质结构与核仁的功能和动态行为密切相关，帮助调控核仁的 rRNA 合成及核糖体生成。

核仁是一类高度动态的结构，其结构和生物大分子的动态变化贯穿整个细胞周期。这种核仁周期表现为核仁的形成、消失和再形成，体现了核仁的非平衡状态。在间期，核仁蛋白不断地进出核仁，与周围的核质进行快速的物质交换。例如，在核糖体亚基加工的过程中，相关的组装因子可以不断进出核仁；组装好的核糖体亚基则可

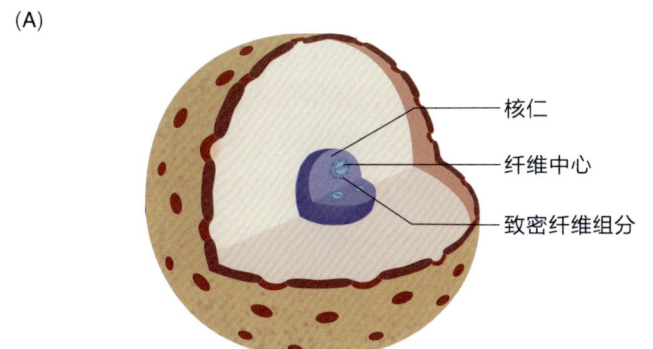

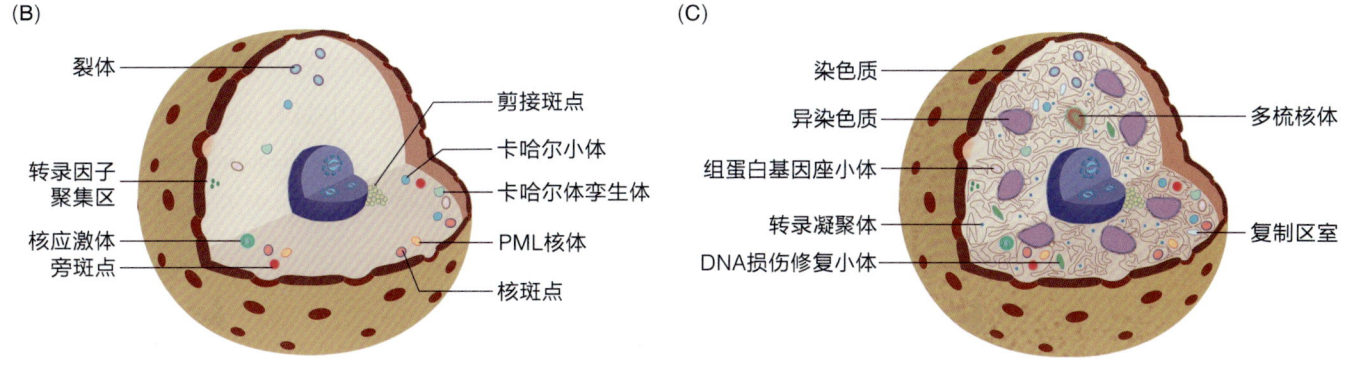

图 16-9 细胞核内的核体
（A）细胞核中展示一个分层的核仁的示意图，其中纤维中心（浅蓝绿色）和致密纤维组分（深蓝绿色）被蓝色的颗粒组分包裹；（B）进一步展示和标注了旁斑点、核应激体、转录因子聚集区、裂体、剪接斑点、卡哈尔小体、卡哈尔体孪生体、PML 核体和核斑点。（C）染色质参与的核体，进一步展示和标注了 DNA 损伤修复小体、组蛋白基因座小体、转录凝聚体、异染色质、染色质、多梳核体、复制区室。

以不断地离开核仁。核仁的非平衡稳态在细胞有丝分裂过程中表现得尤为明显。当细胞进入有丝分裂时，核仁首先变形并缩小，随后随着染色质凝聚，核仁逐渐消失。在有丝分裂的中期和后期，核仁完全崩解，核仁的各组分分别定位于不同的无膜凝聚体中，这些凝聚体在有丝分裂的过程中不断地消解和重组。

（2）其它核体

细胞核中除了核仁之外，还包含许多其它核体（图16-9B），它们在基因表达调控中发挥重要作用。卡哈尔小体是存在于真核细胞中的独特结构，主要由核内小RNA（snRNA）和蛋白质组成，通常与核仁相关。卡哈尔小体孪生体（gemini of Cajal body）是神经元中发现的一种特殊结构，由两个相邻的卡哈尔小体组成，其功能尚不完全清楚，但可能与神经元发育、学习和记忆有关。核应激体（nuclear stress body）由核仁、核质和胞质中的蛋白质和RNA组成，在细胞应激条件下形成。早幼粒细胞白血病蛋白（PML）核体由PML蛋白和其它蛋白质组成，与卡哈尔小体相关，在细胞周期调控、基因表达和DNA修复中发挥重要作用。剪接斑点或核斑点（nuclear speckle），也称为染色质间颗粒簇，富含前信使RNA（pre-mRNA）剪接因子，位于核质的染色质之间的区域，其中蛋白质和RNA-蛋白质复合物都可以在剪接斑点和其它核位置（包括活性转录位点）之间连续循环。旁斑点是细胞核染色质间空间中形状不规则的区室，由长非编码RNA（lncRNA）和40余种蛋白质组装而成。旁斑点起到分子海绵的作用，通过保留含有腺苷至肌苷编辑的双链RNA区域的RNA，调控基因表达。裂体（cleavage body）由RNA聚合酶Ⅱ、RNA剪接因子、蛋白质合成相关蛋白质等组成，主要参与mRNA的剪接和加工，以及蛋白质的合成和调控。

（3）染色质参与的区室

染色质参与的细胞区室是细胞核内的重要结构，主要涉及基因的调控、DNA的复制与修复，以及染色质的重塑等功能（图16-9C）。其中，异染色质区（heterochromatin compartment）由高度浓缩的染色质组成，主要分布于细胞核的边缘地带，包括着丝粒、端粒和去活化的X染色体等。异染色质区参与细胞分裂、染色体稳定性和表观遗传调控等重要功能。转录凝聚体（transcription condensate）由转录因子、染色质、RNA等生物大分子组成，具有调控基因转录、染色质重塑、细胞分化等重要功能。多梳核小体（PcG body）由多梳复合物、染色质重塑因子和RNA结合蛋白等多种蛋白质组成，在染色质修复、基因表达调控和细胞分裂中发挥重要作用。DNA损伤修复小体（DNA damage foci）由在DNA损伤部位聚集的组蛋白H2AX的磷酸化产物γH2AX形成，可招募DNA修复因子，启动DNA损伤修复。组蛋白基因座小体（histone locus body）由组蛋白和其它蛋白质组成，在染色质结构和功能中起着重要作用，参与染色质的组装、组蛋白的转录调控和DNA的修复。复制区室（replication compartment）由DNA复制所需的蛋白质和酶聚集而成，为DNA复制提供了一个专门的环境，促进DNA的复制和修复。

16.8.3 细胞质中的无膜细胞器

细胞质中由有膜细胞器占据了大量的空间，除此之外，还有诸多无膜细胞器占据部分剩余空间。这些无膜细胞器包括应激颗粒、生殖颗粒、P 颗粒、巴尔比亚尼体以及 RNA 运输颗粒等（图 16-2I）。

（1）应激颗粒

应激颗粒分布于细胞质中，是一类无膜包被的液态凝聚体，像核仁一样具有多相结构，至少包含一个稳定的核心结构和动态的外壳结构，其颗粒直径为 0.1~2 μm。在细胞暴露于不利的环境应激条件时（例如热激、氧化应激、病毒感染、渗透压应激、紫外线照射等），应激颗粒会快速形成。应激颗粒的组装主要是由液-液相分离驱动的。

应激颗粒的形成与翻译抑制的信号通路密切相关。首先，在应激条件下，翻译起始被抑制，随后多核糖体分解，暴露的 RNA 优先与 RNA 结合蛋白结合，由于这些 RNA 结合蛋白通常含有固有无序区域，具有较强的参与液-液相分离能力，因此可以通过液-液相分离驱动应激颗粒的组装，生成应激颗粒的核心结构。接下来，其它蛋白质和 RNA 可以通过蛋白质-蛋白质、蛋白质-RNA 和 RNA-RNA 相互作用进一步招募到应激颗粒中。

（2）细胞质中其它无膜细胞器

除了应激颗粒之外，细胞质中还有很多其它无膜细胞器。生殖颗粒是存在于几乎所有动物生殖细胞中的无膜细胞器，对于生殖细胞的发育至关重要。在秀丽隐杆线虫中，胚芽颗粒由至少四个毗邻的无膜细胞器组成，包括 P 颗粒、变异中心（mutator foci）、SIMR 小体（SIMR foci）和先天免疫颗粒（Z granule）。其中，P 颗粒是最重要的一个，含有大量的 RNA，包括转录因子、微 RNA（microRNA）和蛋白质编码 RNA 等，可能参与生殖细胞分化、染色质重组和基因表达等过程。RNA 加工体（P-body）由多种蛋白质和 RNA 组成，在 RNA 加工、翻译调控、细胞应激反应等方面发挥重要作用。巴尔比亚尼体（Balbiani body）是卵细胞中的一种无膜细胞器，由大量线粒体、蛋白质和 RNA 组成，它在卵细胞发育中起重要作用，例如参与卵细胞的营养、生长和分化。RNA 运输颗粒（RNA transport granule）由 RNA、蛋白质和 RNA 结合蛋白组成，是细胞内 RNA 运输和调控的重要参与者，参与将 mRNA 从细胞核运输到细胞质中或定位到特定细胞区室，从而调控 mRNA 的翻译和降解过程。尿苷富集核小核糖核蛋白体（uridine-rich snRNP body）由蛋白质和 RNA 组成，可能参与蛋白质折叠、RNA 加工和细胞凋亡。中心体（centrosome）由两个微体和几个中心粒（centriole）组成，是细胞有丝分裂的重要结构，参与纺锤体的形成，负责将复制后的染色体均匀地分配到两个子细胞中。蛋白酶体储存颗粒（proteasome storage granule）由蛋白酶体、蛋白酶体底物和蛋白酶体辅因子组成，是细胞内蛋白质降解的重要场所，参与细胞内蛋白质的降解，维持蛋白稳态。代谢颗粒（metabolic granule）由多种代谢酶和底物组成，是细胞内代谢的重要场所，参与细胞内代谢反应，为细胞提供能量和物质。p62 小体（p62 body）由 p62 蛋白和被泛素化修饰的蛋白质组成，参与自噬过程和调节细胞应激反应。

16.8.4 生物膜附着的无膜细胞器

无膜细胞器可以通过其组分与跨膜蛋白或脂膜的相互作用，在细胞质膜或内膜表面形成，呈现为膜簇（membrane cluster）状（图 16-2J）。例如，肾小球足细胞足突之间的肾小球足突蛋白聚集，与肾小球滤过功能有关。T 细胞表面的 T 细胞受体聚集由多个 TCR 分子及其互作蛋白组成，可增强 T 细胞对抗原的识别和反应，在 T 细胞激活和功能中起重要作用。突触后致密区（post-synaptic density）由无膜细胞器构成，包括突触前小体、突触前膜囊泡、突触后致密体等，是神经信号传递的关键区域。微丝斑块（actin patch）由微丝和聚合蛋白组成，通常位于细胞质膜附近，参与细胞的运动、信号传导和细胞极性维持。蛋白质折叠颗粒（TIS granule）位于内质网腔内，富含参与蛋白质折叠、修饰和分泌的蛋白质，参与调控蛋白质折叠。膜加工体（Sec body）是由内质网出口位点合并形成的无膜应激诱导组装体，参与蛋白质折叠、修饰

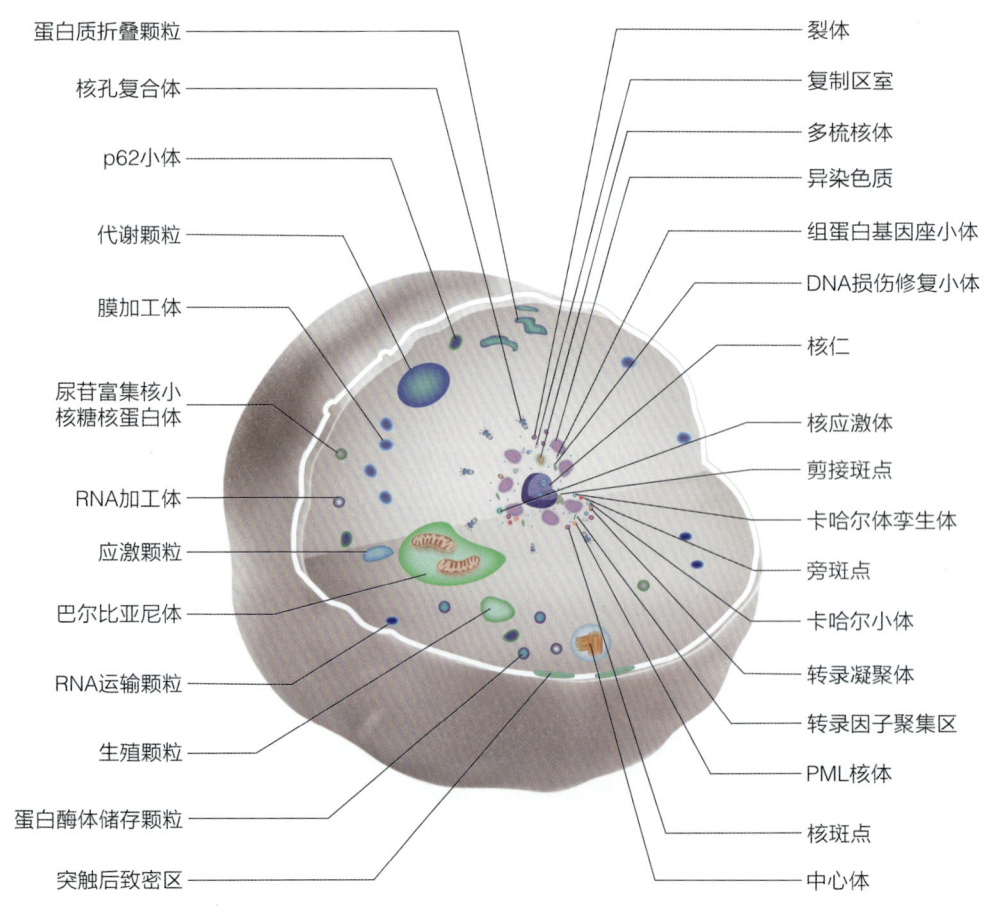

图 16-10　细胞中代表性的无膜细胞器

和运输。核孔复合体位于核膜中，是细胞核与细胞质之间物质交流的唯一通道。信号斑点由受体、激酶、转录因子等各种蛋白质组成，主要位于细胞质、细胞质膜或有膜细胞器表面，参与信号传导。黏着斑（focal adhesion）是由细胞质膜上的受体蛋白、细胞内信号蛋白和细胞骨架蛋白组成的细胞与细胞外基质之间的连接结构，参与调控细胞迁移、细胞增殖和细胞分化等多种细胞活动。

现将本章提到的无膜细胞器总结在图 16-10 中。

※ 本章小结

本章展示了细胞内主要的有膜细胞器和多种代表性的无膜细胞器（图 16-2 和图 16-10），并对经典的细胞器进行了具体描述。然而，这些细胞器在细胞中不是孤立存在的，而是将整个细胞空间划分成多个功能各异的物理实体。

作为物理实体，这些区室化的结构和细胞骨架（详见第 14 章）一起为细胞提供了力学的支撑，从而为细胞形态的多样性提供了物理基础。另一方面，细胞空间区室化为细胞内多种生物化学反应的发生提供了独立的空间，通过富集或隔离反应所需底物、酶等分子，精准地调控生物化学反应的发生与否及其速率。对于多步的生物化学过程，不同区室之间的直接、高效、有序的物质和信息交流，使得细胞内不同生化过程可以搭建出满足于生物生长发育所需的复杂性网络，确保细胞的正常运行和适应性反应。

需要指出的是，这种区室化的存在导致细胞里产生了区域内物理、化学性质上的不连续性，使得发生的物理化学过程偏离经典均匀溶液条件下的线性模型，而产生诸多非线性过程（具体例子见 19.3、19.4 和 19.5 节）。引入数学上微分的概念，将细胞所包含的三维空间分为一个个的小组分，区室化的结果则是区室边界上发生了特定物理化学性质的突变，如特定分子的浓度、生化反应速率、流动性、黏稠度等，从而满足生物生长发育所需的复杂性。通过对本章的学习，笔者希望读者在了解细胞区室化的概念之后，在研究特定生物学问题的过程中能够从非线性、非均匀的角度给出自己的思考。

※ 思考题

1. 请搜集典型的细胞透射电镜照片，分别粗略估算各种细胞器占整个细胞的体积比。
2. 请搜集典型的细胞核透射电镜照片，粗略估算核仁占整个细胞核的体积比。
3. 请搜集典型的细胞透射电镜照片，估算内质网膜面积与细胞膜面积的大致比例。
4. 请举例一种无膜细胞器并讨论其物理状态。

※ 扩展阅读

书籍

Alberts B, Johnson A, Lewis J, et al. Molecular biology of the cell[M]. 6th ed. New

York: Garland Science, 2014.

综述

Banani S F, Lee H O, Hyman A A, et al. Biomolecular condensates: organizers of cellular biochemistry[J]. Nat Rev Mol Cell Biol, 2017, 18(5):285-298.

Shin Y, Brangwynne C P. Liquid phase condensation in cell physiology and disease[J]. Science, 2017, 357(6357):eaaf4382.

研究论文

Alberti S, Gladfelter A, Mittag T. Considerations and challenges in studying liquid-liquid phase separation and biomolecular condensates[J]. Cell, 2019, 176(3):419-434.

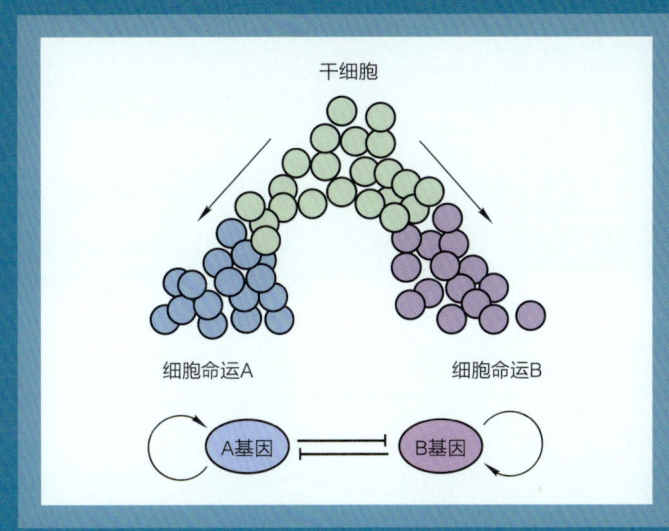

第四部分
定量生物学导论

　　定量生物学导论部分的特点在于用物理的思维和数学的语言来描述、刻画和理解生命活动，在不失严谨性的同时力求让同学们开阔眼界，领略学科交叉的魅力。在这一部分，我们并不要求同学们全面掌握生命科学各领域中所使用的数理知识，而是希望大家体会到它们在现代生物学研究中可以为我们做些什么（第17章）。我们主要关注数学如何帮助我们建立基本生物过程的数学模型（第18章），以及简单网络与复杂网络的动力学模型（第19和20章），并最终总结对出生命系统特征的定量理解（第21章）。细心的读者会发现，本书第二部分"分子生物物理"和第三部分"细胞生物物理"中的很多内容都应用了这一部分的知识，这也说明定量模型已经被广泛地应用到了分子与细胞生物学等多个领域的前沿研究中。任何一门自然科学的成熟过程都有一个共同的特点，那就是找到其中的数学语言。生命科学的定量化，以及与其它定量科学的交叉融合是当前生命科学革命的主要动力。这一部分非常值得生命科学方向的本科生们关注并仔细研读，从而为今后的研究打下良好基础。

17 定量模型

几个世纪以前，伽利略、开普勒、牛顿等众多伟大的科学家把天文实验数据与数学模型相结合，开启了现代科学的大门，并在物理学的世界里大放异彩，使得很多人类的美好梦想得以成为现实。21世纪以来，随着生物技术的迅速发展和生物知识的不断积累，生物学实验数据与数学模型的结合变得愈发紧密，定量生物学的大门也就此开启。

数学可以视为从命题中推导逻辑结果的工具。它坚持严谨、准确的逻辑以及对数量信息的精确处理，与普通的直观判断不同。如果初始命题是正确的，那么数学推导出的结论将是真实的。为了让数学发挥作用，我们需要先将分析的重点放在较为简单的系统上，从中挑选出关键的变量并提出明确的假设。这种方法在物理学中已经成功应用了几个世纪，但在传统生物学研究中却较为少见。不过，时代正在改变，数学模型正被越来越多的生命科学的前沿研究所使用，在解读复杂生命体系的运作机制等方面发挥着不可估量的作用。本章中，我们将先回顾科学史，从孟德尔的豌豆杂交实验到现今的生物大数据研究，在生物学的发展历程中不断体会定量模型对探索生物规律的必要性；再具体学习定量模型在简单估算、卢里亚-德尔布吕克实验和二态系统中的妙用，进而深化对定量生物学的理解。

17.1 定量模型的必要性

17.1.1 生物学历史上的定量模型

历史上，从孟德尔遗传实验到分子生物学诞生，再到生物技术革命，生物学的发展历程中常常能看到定量模型（知识窗 17-1）的影子。下面，让我们一起来看几个有趣而重要的例子。

首先，是孟德尔的豌豆杂交实验（图 17-1）。为了推翻已有的"融合遗传"理论，证明遗传因子是颗粒性的遗传单位，孟德尔将纯种高茎豌豆和纯种矮茎豌豆作为亲本，杂交两代，得到了子一代全部高茎、子二代高矮之比为 3∶1 的数据，通过定量的结果雄辩地证实了自己的假设。此后，他又同时研究两对相对性状的遗传，得到纯合亲本杂交，子二代 9∶3∶3∶1 的数据，这可以由遗传因子的颗粒性得到完美的解释。由以上两个具有定量思想的实验，孟德尔两大定律——分离定律、自由组合定律被发现，遗传学大门就此敞开。

第二，是描述种间关系的猎物-捕食者模型（Lotka–Volterra model）（图 17-2）。对于捕食者与被捕食者（如草原上的猞猁和兔子）的数量变化，可以使用一组简单的微分方程描述：

$$\frac{\mathrm{d}x}{\mathrm{d}t} = ax - \beta xy, \quad \frac{\mathrm{d}y}{\mathrm{d}t} = -\delta y + \gamma xy。$$

其中 x、y 分别代表兔子和猞猁的数目，ax、$-\delta y$ 分别为它们的自然增长率（猞猁没有了猎物就会因为缺少食物资源而饿死，因此自然增长率为负），$-\beta xy$、γxy 则描述被捕食和捕食对它们数目的影响。这个模型不仅可以阐明捕食者和被捕食者的数量变化机制，还可以通过一些修正考虑生态系统中密度制约、时滞等复杂因素，从而运用到生态学的各个领域。这些方程组中蕴含的吸引子、混沌等数学现象代表的生物学规律，至今仍被积极探索。

第三，是 DNA 双螺旋结构的发现。1953 年克里克和沃森发现 DNA 双螺旋结构是生命科学乃至整个自然科学史上最重要的里程碑之一，而这一发现同样是生物学中定量实验的结果（虽然对于分子结构的研究可以认为是"生物学在微观层面还原为了物理或化学"）。通过对 X 射线透过晶体形成的衍射图样进行数学上的分析，可以推断

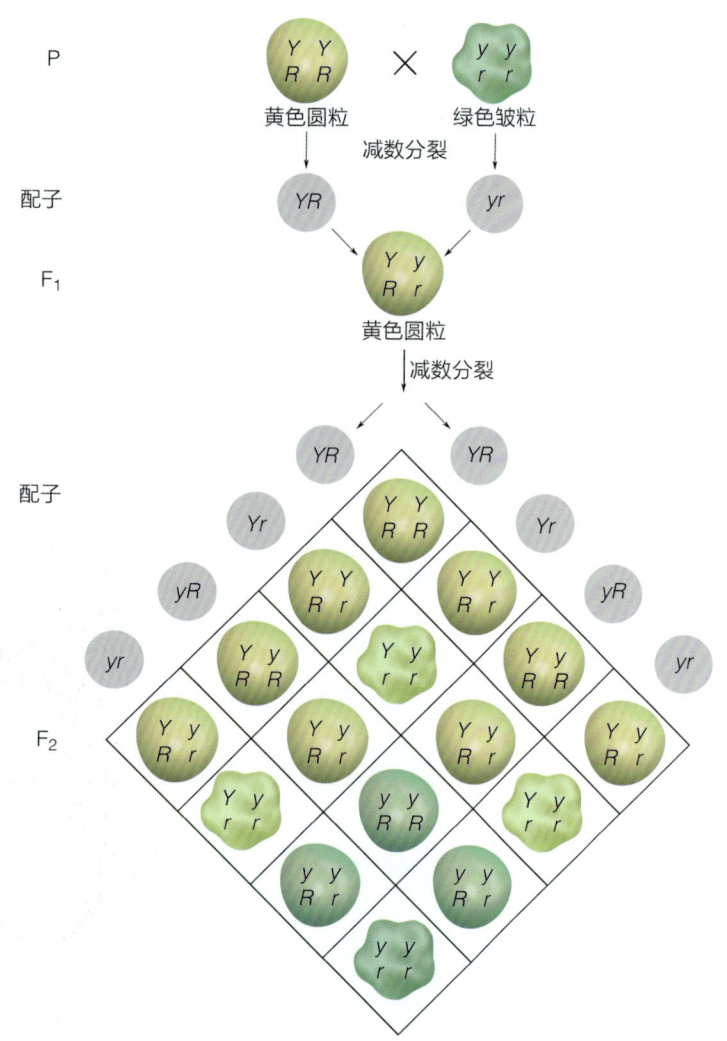

图 17-1　两对相对性状的遗传

知识窗 17-1

生物学定量模型

生物学定量模型可以分为描述性模型和机制性模型。前者用统计学算法处理大量数据，通过进行拟合、聚类等分析，重点在于发掘出数据背后的关联，将其归纳总结为函数、网络等模型。后者根据对现象的认识来解释它的逻辑因果，并据此写出方程描述其动力学变化。作为真实情况的简化，所有模型都有其适用范围，但对无论哪一种模型，我们都希望它能在尽可能大的范围内指导我们理解现象、预测规律。作为最成功的描述性模型之一，上世纪提出的中心法则总结了迄今发现的几乎所有生物的遗传信息流动规律；流行病学的 SIR 机制模型及诸多变体，在历次疫情中都是最有力的武器。正文中介绍的猎物 - 捕食者模型，则是生态学领域中经典的机制性模型。

出晶体中的原子排布、分子结构，物理学家出身的克里克由此提出了螺旋形分子衍射的通用数学理论。而在看到 DNA 分子的衍射图片后，他和生物学家沃森通力合作，依据自己先前的理论，很快就得到了正确的 DNA 双螺旋模型，由此开启了现代分子生物学的时代。

第四，是膜电导模型和霍奇金 - 赫胥黎模型（图 17-3；另见 12.2.1 节）。在沃森和克里克研究 DNA 的同期，霍奇金和他的学生赫胥黎在 1952 年发表了他们开创性的神经电信号研究。神经系统中，电脉冲信号被不断地激发、传播，使生物能够响应外界刺激。霍奇金和赫胥黎使用玻璃微电极在枪乌贼的巨大轴突（有人类神经的千倍粗）上首次测量到了神经内外的电位差和变化的电信号。而他们意识到，为了解读这些定量、连续的电信号数据，定量的数学模型是必不可少的。分析数据建立模型的过程中，他们预言了"离子通道"的存在，并构建了膜电导模型，其要素如图 17-3 所示：细胞膜的磷脂双分子层提供电容 C_m；同时存在着离子泵等主动转运离子的蛋白质提供恒流源 I_p，门控离子通道提供非线性的电导 $g_\mathrm{n}(t,v)$ 和常开的泄漏离子通道提供线性的电导 g_L，以及相应离子的膜内外电化学梯度带来的等效电动势 E_n 和 E_L。基于这些组件写出电学微分方程而构建的数学模型被称为霍奇金 - 赫胥黎模型，能够成功解释和描述动作电位

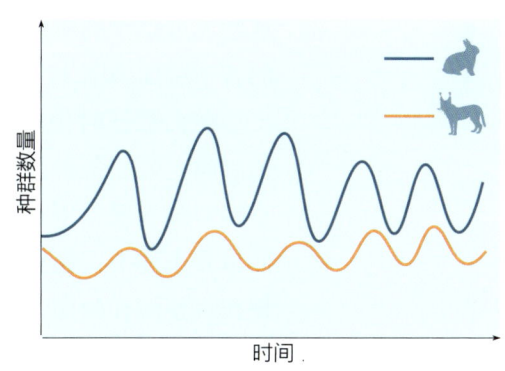

图 17-2 兔子和猞猁数量变化的示意图

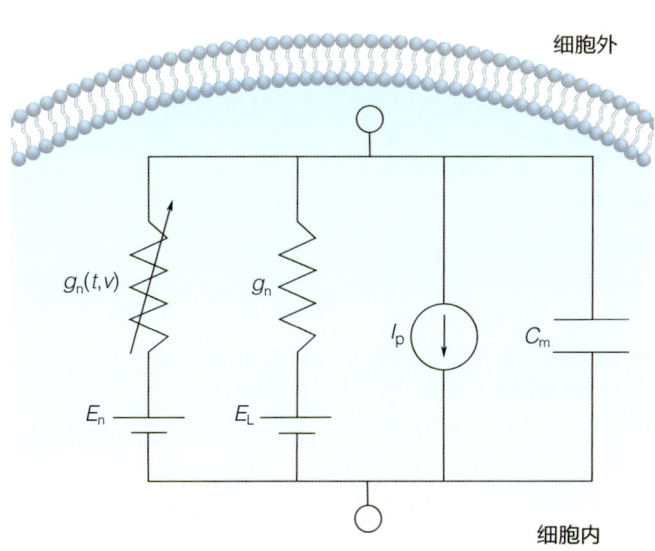

图 17-3 膜电导模型

的产生和恢复以及信号在神经纤维上的传播。随着技术的进步，"离子通道"假说也随着由玻璃微电极改进而成的、小到可以对单个离子通道检测的"膜片钳"的发明而得到证实。霍奇金和赫胥黎最初的实验仅涉及钠离子和钾离子，但霍奇金－赫胥黎模型的普适性使之能够扩展到其它各类离子通道，时至今日依然是神经电生理学中的基本模型。

由此可见，在生物学研究的历史上，定量模型虽然较为少见，但也曾在描述生命规律、理解生命机制等方面发挥过非常重要的作用。

17.1.2 大数据时代

21 世纪开端，生物数据在各领域的爆发式积累为定量生物学带来了新的机遇与挑战。现代生命科学的进步很大程度上是技术驱动的，新的观测工具和高通量技术的引入极大地丰富了研究者的数据来源。从基因组学到蛋白质组学，从脑科学到生态学，这些先进技术的应用使我们能够从切实的数据中窥探生命的奥秘，深入研究生物系统的各个层面（图 17-4）。

在大数据时代之前，生命科学中的理论很大程度上还停留在"思辨"和"定性"的层面。而在各种高通量组学和影像技术被引入后，实验的初步结果不再能被简单地直接勾画于纸，于是对数据的定量分析开始成为研究者们的基本技能。例如，两种不同培养条件下，癌细胞中哪些基因具有差异性的表达，又富集在哪些通路？人和黑猩猩在观察同样画面时哪些脑区的神经元活动存在显著的差异，而这些差异又可能和哪些基因序列相关？特别是，生物系统中普遍存在着噪声和随机性，如何排除干扰，得出可靠的结论？要回答这些问题，我们可以运用统计学的思维和方法对数据进行建模，挖掘其背后的生物学规律。

这些海量的数据不仅仅对研究者们的统计技能提出要求，也将生物的复杂性更具体地呈现出来。例如，尽管中心法则告诉我们蛋白质由 DNA 转录、翻译而来，但并不足以回答转录、翻译和降解这三个过程哪个对蛋白质丰度起主导作用——而高通量

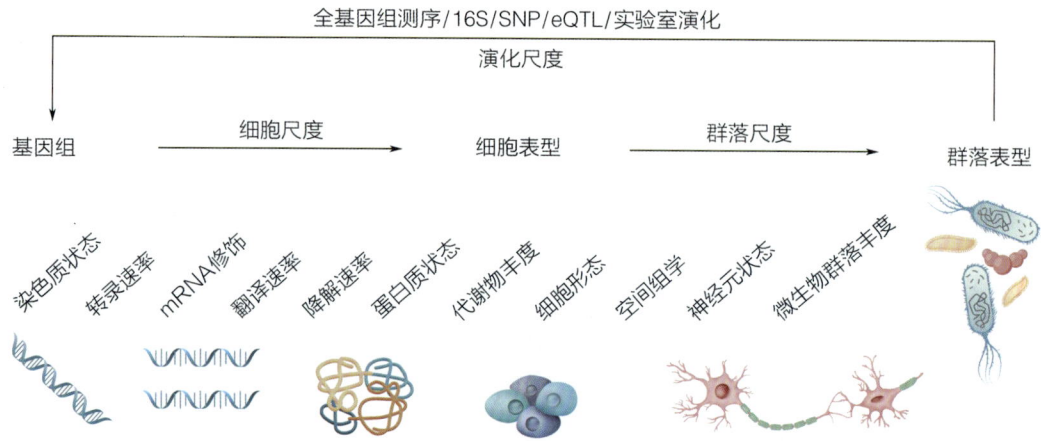

图 17-4 生物中信息传递的回路

生物中，信息从基因组传递至细胞表型和群体表型，最终又经由演化塑造基因组。这个信息传递的过程在各尺度上产生着海量的数据，为研究者们深入探索中心法则的细节、生态系统的动态和生物多样性的起源提供了丰富的资源和机会。

的转录物、核糖体足迹、蛋白质组测序数据能对这个问题给出定量回答。又例如，研究者们曾经认为微生物难以产生如有性繁殖的生物那样的基因多样性，然而，随着测序技术特别是环境宏基因组测序的飞速发展，人们开始意识到大量跨物种的水平基因迁移塑造了微生物群落惊人的多样性。生物学是一门实践科学，而大数据本身往往揭露出让人意想不到的复杂性和多样性。

大数据不仅仅能带给我们之前未能描绘到的有趣现象，更有潜力在结合现代信息科技后揭示复杂生物现象背后的机制。近年来，人工智能的蓬勃发展为此提供了新的可能性。一方面，人工智能中重要的门类——神经网络的基本构架是受脑科学研究启发而来；另一方面，机器学习的一些领域注重"因果推断"，在数据量足够的前提下，可以发现隐藏在庞大数据集中的模式和关联，推断可能的因果性网络。例如，一些研究利用单细胞测序数据从细胞分化发育中推断基因调控网络，从而预测对细胞命运进行重编程的新方法。又如，一些研究从微生物的宏基因组数据出发，利用机器学习方法推断微生物之间的互作关系，并设计具有治疗效果的人工菌群。这些数据驱动的机制性模型方法为分子生物学、微生物学和医学等领域提供了新的研究途径和应用前景。

17.1.3 定量模型对于解释、预测和规律发现的帮助

如果回想所有的生物学课本，你会发现里面可以被称为定律的要远少于数学和物理学，而且发现时间也往往更晚——牛顿等人早在17世纪便为数理大厦奠基，而经典遗传学定律要等到19世纪才开始被陆续发现。这当然不是因为历史上的生物学家不如他们的数理同行刻苦。生物系统由多个层次组成，从分子、细胞到整个种群，每一层都是由复杂调控机制构成的巨大网络，温度、pH等理化条件甚至内禀的随机性造成的影响都会被放大。因此比起数学与物理学研究的非生命系统，生物系统的复杂度更高，对外部环境更敏感，有着更大的不确定度。这些纷繁错杂的噪声让背后的规律扑朔迷离，因此历史上对许多生物现象的研究长期局限于"一事一议"的经验描述。

数学模型以数字、符号和函数来代表真实世界的某个系统。从孟德尔时代一直到当下的大数据时代，定量模型一直都在科学研究领域发挥着重要的作用，它们对于解释、预测和规律发现都提供了极大的帮助。

首先，定量模型可以更加精确地解释生物现象。定量模型是从纷乱的现象与数据中抽丝剥茧，让规律"吹尽黄沙始到金"的利器。既然生物学实验数据往往随机性更强、涨落更大，那么用合适的统计学方法分析数据消弭噪声尤为必要。"纯合高茎矮茎杂交，子二代9∶3∶3∶1"、"菌落数目为长尾分布，方差远高于均值"显然比"纯合高茎矮茎杂交，子二代有的高有的矮"、"菌落数目差别很大"更接近现象蕴含的规律。对如今的生物大数据时代来说，数据处理更为重要。一组DNA序列，处理前它们只是长短不一的ATCG的无序排列，但经过恰当的打分比对，就可以重现这些基因的演化脉络。

其次，定量模型能够揭示生物系统的普遍规律，从而预测生物系统在不同条件下

的行为。生物规律不仅隐匿在单个系统的复杂性中，还隐匿在这些系统浩如烟海的数量中。孟德尔总结了豌豆的遗传规律，那么果蝇的遗传也是如此吗？枪乌贼的神经元放电规律被霍奇金和赫胥黎解释了，那么人的细胞也满足吗？如果这些科学家的工作只是对自己观察到的现象进行经验的描述，那么这些问题的答案就无法预言。而正是他们对现象机制的定量解释大大延拓了规律的适用范围，使之超脱实验对象的限制。孟德尔等科学家首先对现象背后的核心要素建模，如独立的遗传因子，并根据已有的实验现象，用数学或物理的语言描述它的性质，演绎出造成现象的机制与过程。通过如此假说－演绎法得到的规律，它的数学物理推导对任一系统都是普适的，那么对于其它实验外的生命体系，只要规律的核心假说仍适用，就可以断言这个新系统里仍满足该规律。定量模型抓住了一类现象的主要矛盾，把这类现象在不同场景间的具象差异抽象简化为便于修改的参数，揭示出不同实例背后的一般性规律。

最后，定量模型可以很好地进行跨尺度理解。生物学涉及多个尺度，从分子到细胞、组织，甚至生态系统。定量模型可以帮助建立不同尺度之间的联系，促进对整体系统行为的理解。这种综合性的视角有助于发现在不同尺度间的相互作用和影响。

总之，定量模型在解释、预测和规律发现方面都扮演着关键角色。它们不仅可以帮助我们更好地理解现实世界，还可以指导决策和创新，从而推动科学和社会的进步。然而，需要注意的是，模型的意义在于以简代繁，定量模型一定是从最简化的参数设置开始建立，并在与实验数据的亲密互动中不断发展和完善。因此在使用已有的定量模型时需要谨慎分析和评估。

17.2 定量模型的简单案例

17.2.1 简单估算

热力学的奠基人之一——威廉·汤姆孙（William Thomson，1824—1907，又称开尔文勋爵），在1883年的一次演讲中说：“只有当你能够测量你所谈论的事物，并用数字来表达它时，你才对它有所了解；要是你无法进行测量，也无法用数字来表达时，你对事物的了解是贫乏和不令人满意的：因为这只是知识的起点，但你的思维还没有进入科学的状态，无论涉及的是什么领域。"

就如开尔文所述，"数字"给人带来理解。在生命科学领域，研究者们常谈论"生物学直觉"——这种敏锐的洞察力能够帮助研究者快速形成假设、对现象提出合理的解释、并指导实验设计和数据分析，却也让人感觉它仿佛是一种类似于音乐或数学天赋一样难以捉摸的存在。事实上，尽管这种"感觉"无法被直接学到，但生物学直觉仍然是建立在扎实的科学知识和长期训练的经验基础上的。

生物学直觉的基础之一，就是对生命科学中"数字"和"数字之间关系"的领会。对于领域中常见的数字的了解，是构建基于数字的直觉的第一步。这些数字并不需要非常精确，只要有一个大致的数量级和范围就足够。例如，如果你经常使用大肠杆菌作为实验模式生物，你可能需要知道一个典型的细菌细胞（如大肠杆菌）的大小以微米为数量级，在良好的营养条件下，大肠杆菌处于对数生长期。这意味着它们大约每 20 min 分裂一次；在 OD_{600}（600 nm 波长处的吸光度）为 1 的培养液中，每毫升大约有 10^9 个细胞；在富营养的对数生长期，一个大肠杆菌细胞中大约有 10^5 个核糖体。对这些常见数量级的了解，可以帮助实验者快速估算自己获取的数据是否存在较大误差。

而对数字之间关系的计算，则能够为研究者提供对生物过程之间关联性的理解，帮助研究人员迅速而直观地设计实验，并理解生物系统的运作方式。就以上一段中的数字为例——对于培养细菌来说，若最开始每毫升培养液中有 1 个大肠杆菌细胞，那么 t h 后，这个浓度则为 2^{3t} 个 /mL。若要培养大肠杆菌至较适合实验的浓度（$OD_{600} \approx 1$），大概需要 $\dfrac{\ln 10^9}{3\ln 2} \approx 10$ h——若是要第二天一早 8 点做实验，前一天晚上 9—10 点左右开始养菌可能是比较合适的。

可要是一直养下去养个两三天，那么 2^{3t} 个 /mL 这个估算还能用吗？若认为大肠杆菌的体积处于 $1\ \mu m^3$ 这个量级，且密度和水相当，则一个大肠杆菌的质量约为 10^{-12} g。若是这么计算，两天共计 48 h 后，这一毫升培养液中的大肠杆菌将达到 $10^{-3} \times 10^{-12} \times 2^{3 \times 48} \approx 2 \times 10^{28}$ kg，是地球质量的 3000 多倍，这显然是荒谬的。于是，在这个数量级估算之后，即使是完全不了解微生物生长的人，也能得出这么一个推断：指数生长是不会持续下去的。那么，是什么在大约 10 h 后开始限制细菌生长，又可以用什么数学方程对这个过程进行抽象描述呢？当读者开始思考这个问题时，就会进入理论生态学中最基础的逻辑斯蒂增长的领域了。

细胞的生长本质上是其生物量的增加。蛋白质占了大肠杆菌细胞干重（约为 3×10^{-13} g）的一半左右，胞内蛋白质浓度在不同生长条件下保持恒定（这又是一些值得记住的数字），于是，蛋白质总质量 M 的增长速率可以近似地代表细胞的生长速率。若需要 20 min 将蛋白质总质量翻倍，并设氨基酸平均质量为 $m = 1.8 \times 10^{-22}$ g，那么，这段时间内细胞需要增加数量级为 $\dfrac{M}{m} = \dfrac{1.5 \times 10^{-13}}{1.8 \times 10^{-22}} \approx 10^9$ 个氨基酸，即蛋白质总质量的增长速率 v 的数量级为：每秒 10^6 个氨基酸。

若细胞中共有 R 个核糖体，以平均 k 个氨基酸每秒的速率在 mRNA 上进行翻译，那么有：

$$v = R \cdot k \text{。} \qquad (17-1)$$

从中可得 $k = v/R$，而研究表明富营养条件下的 R 处于 10^5 这个数量级。由此，我们竟然可以从细菌的生长速率、细胞干重、总核糖体数量这些较为宏观并易于测量的量中，估计出了中心法则中一个重要的微观时间尺度——翻译的速率约为 10 个氨基酸每秒。实际测量中，大肠杆菌翻译的速率确实落在 10~20 个氨基酸每秒的区间。这个粗略的数量级估计，是有效且高效的。

事实上，式（17-1）还提示了另一个重要的数字关系——细胞中的核糖体越多，生长速率越快，且这个关系可能近似线性。这个线性正相关在实验中被确认，是细菌的"生长率"（growth rate）中的重要基石。

17.2.2 卢里亚-德尔布吕克实验和理论

噬菌体（phage）是侵袭细菌的病毒，它们将自己的遗传物质注入细菌，从而在细菌体内迅速产生新的噬菌体。马克斯·德尔布吕克（Max Delbrück，1906—1981）、萨尔瓦多·卢里亚（Salvador Luria，1912—1991）和阿尔弗雷德·赫尔希（Alfred Hershey，1908—1997）在对噬菌体的研究中应用了遗传学概念并结合了概率统计的方法，从而为遗传学中的一系列未解之谜带来了新的启示，并因此获得了1969年的诺贝尔生理学或医学奖。例如，1943年，卢里亚和德尔布吕克结合实验和概率统计分析证明，在细菌中，遗传突变是在缺乏选择压力的情况下产生的，而不是对选择压力的响应。要知道在那时候，虽然遗传和突变的观念已经得到普遍接受，但是连DNA的结构还未曾被揭示，而卢里亚和德尔布吕克利用巧妙的实验设计，结合定量模型的构建，以及对实际数据的分析，就已经可以发现遗传突变的诸多重要性质。

卢里亚和德尔布吕克的这项工作主要关心的问题是，细菌具有遗传性的突变是在环境变化之前就存在的，还是在环境变化后适应发展出的。在实验中，他们将少量大肠杆菌接种到不同的培养管，在经过一段时间的生长后，每个培养管中取等体积的液体分别接种到含有噬菌体的平板上，并测量每个平板上抗性菌落的数量，即最终可以抵抗噬菌体侵染的菌落个数（图17-5）。可是该怎么来分析这些数据呢？

如果细菌对病毒的抗性是在接触噬菌体的时候被诱导激活的，而不是在接触之前就已经由可遗传的突变引起的，那么每个平板上应该包含大致相同数量的抗性菌落，因为每个培养皿上的细菌接受噬菌体处理时间较短，并且条件一致（图17-5）。这只是一种直观，但是由于随机性的存在，即使这个假设是成立的，各个平板上包含的抗性菌落数目也不可能是完全相同的，那么当这种"不完全相同"达到怎样的程度，我们就可以否定这个假设呢？又或者说如果该假设成立，这种"不完全相同"又该是在什么幅度内呢？这就需要定量的模型和分析了。

假设转移到含有噬菌体的平板上的每个培养液里都含有N个大肠杆菌细胞，且每个细胞有概率p被激活成具有抗性，于是概率论告诉我们，这N个大肠杆菌细胞中具有抗性的细胞数量服从二项分布（知识窗17-2）。对于二项分布，其平均值可以计算出来，等于Np，其方差也可以计算出来，等于$Np(1-p)$。由于每个细菌具有抗性的概率p非常小，且在0和1之间，所以方差会几乎等于平均值。因此如果实验数据上计算出的方差远大于平均值，就说明这种环境诱导激活的抗性理论是错误的。

其实，从实验数据中不仅仅可以得到均值和方差的关系，还可以得到近似的分布。二项分布当N很大时是很难计算的，也无法真正拟合实验上测得的分布，因此数学家证明了当N很大、p很小的时候，二项分布可以近似为泊松分布，即这N个大肠

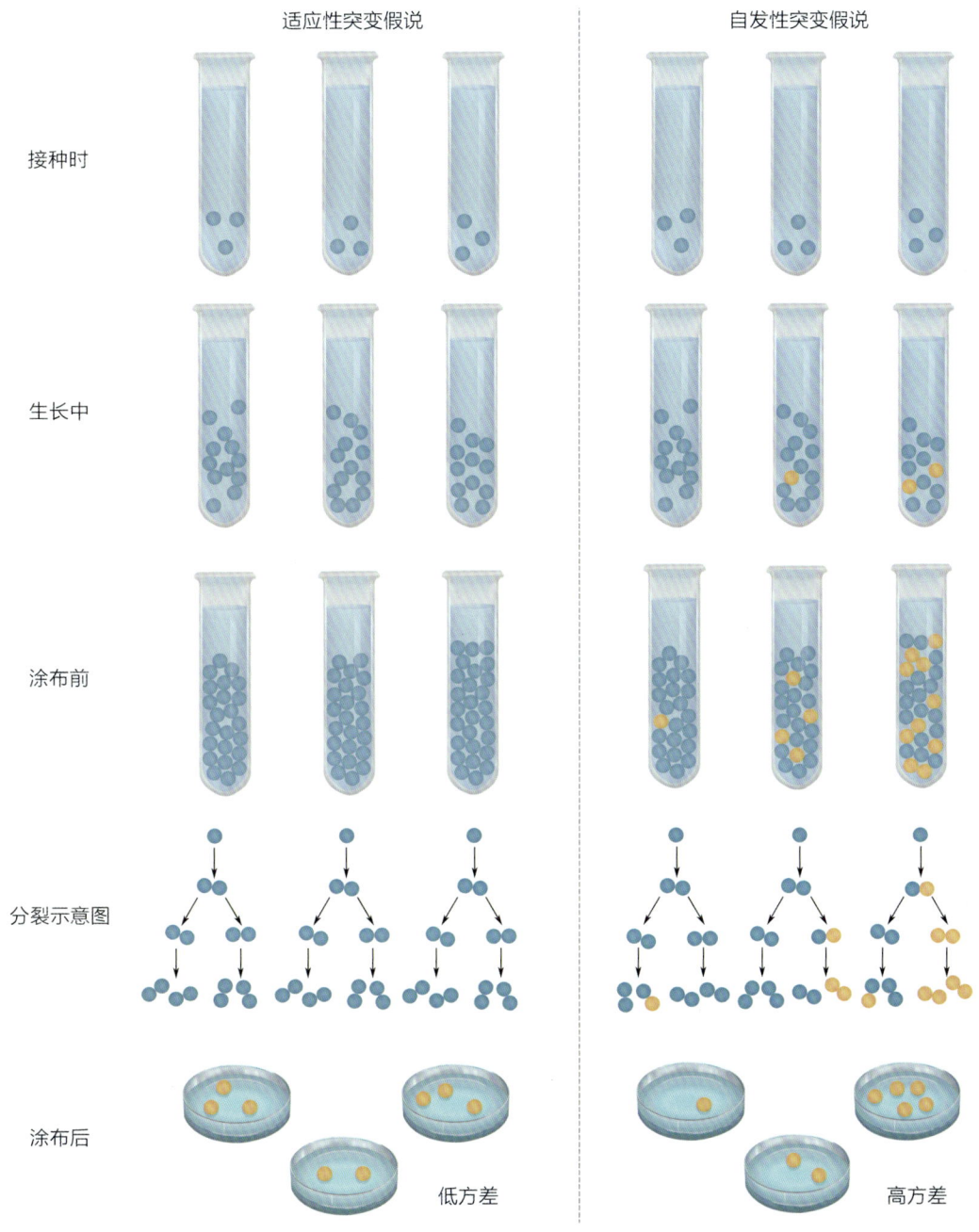

图 17-5 卢里亚-德尔布吕克实验的流程和原理 在实验中，都是从少量细菌细胞开始培养，待细胞生长一段时间后进行涂布操作，也就是接触噬菌体。左图是适应性突变假说，即在涂布前各个细菌细胞间是没有区别的，涂布后所产生的对病毒具有抗性的突变是在接触噬菌体后随机发生的，因此不同培养皿之间的涂布效果差异不大，方差较小。右图是自发突变假说，即在涂布前有些细菌细胞就发生了自发突变，产生了对病毒的抗性，且这种突变是可以遗传的，因此最终不同培养皿之间的涂布效果差异很大，产生了较高的方差。黄色表示抗性个体。

杆菌细胞中有 k 个细胞具有抗性的概率为 $\dfrac{\lambda^k}{k!}e^{-\lambda}$，其中 $\lambda = Np$（知识窗 17-2）。泊松分布的重要特点就是平均值等于方差。

卢里亚和德尔布吕克在实验中发现的情况就是：每个平板上的抗性菌落数量差异很大，方差远大于均值，而且看起来也不是泊松分布（图 17-6）。因此他们得到结论，遗传突变是在接触噬菌体之前就存在的。

为了进一步分析遗传突变到底是怎么遗传的，突变率到底是多少，卢里亚和德尔布吕克进一步建立了较为复杂的含时间演变的遗传突变模型，并推导出了根据实验数

知识窗 17-2

二项分布与泊松分布

二项分布我们并不陌生，抛多次硬币，正面朝上的次数就服从二项分布。普遍来说，进行每次只有 2 种可能结果（比如某细菌是否具有抗性）的随机试验，在单次试验中某一结果有概率 p 发生，那么独立地重复 N 次时，该结果发生的次数 X 便服从二项分布：

$$P(X=k) = \frac{N!}{k!(N-k)!} p^k (1-p)^{N-k},$$

对任意 $k = 0, 1, \cdots, N$。

由这个表达式，我们很容易得出二项分布的均值为 Np，方差为 $Np(1-p)$。从这个表达式出发，如果我们记 $\lambda = Np$，可以发现在 N 很大、p 很小时，表达式近似为：

$$P(X=k) \approx \frac{(Np)^k}{k!} (1-p)^N \approx \frac{\lambda^k}{k!} e^{-\lambda}.$$

这便是泊松分布的表达式，其中用到了自然对数的极限 $\lim\limits_{n\to\infty}(1-\frac{1}{n})^{an} = e^{-a}$。这里只展示了一种直观的近似，但实际上，我们可以严格证明二项分布的上述极限是泊松分布，如果读者感兴趣，不妨参考概率论教材。泊松分布只有 λ 这一个参数，其平均值和方差均为 λ。泊松分布也是生活中常见的分布，例如产品的瑕疵数、每天接到的电话数都近似服从泊松分布。如正文所述，在德尔布吕克和卢里亚的理论分析中，就是用泊松分布来建模适应性突变假设下涂布后培养皿中抗药细菌数的分布。

据计算突变率的方法，当年他们得到的突变率在后来被证实和真实的 DNA 分子突变率很接近。这一数学模型比较复杂，直到近些年还有数学家、统计学家和遗传学家在研究和发展它，这里就不作过多介绍了。

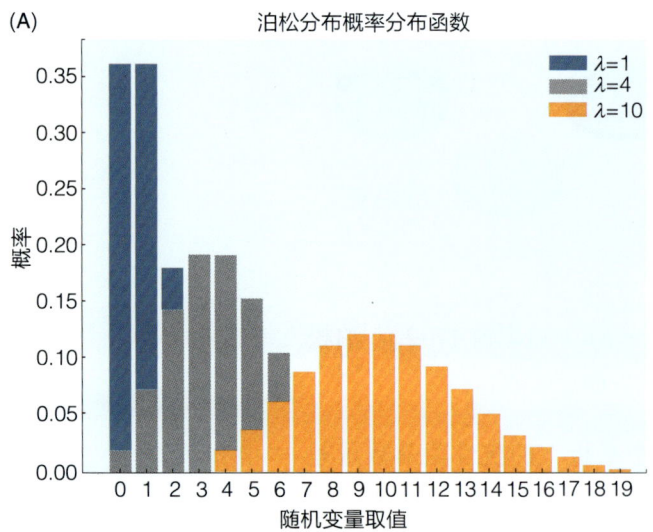
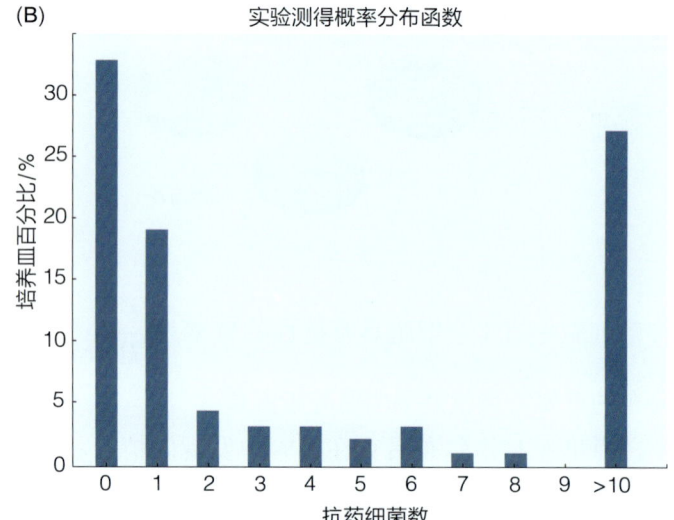

图 17-6　泊松分布和实验测得的概率分布函数图
（A）参数分别为 1、4、10 的泊松分布概率分布函数图，可见都是单峰的分布，且随着参数的增大，分布的峰值也在向右移动。（B）图中数据来自卢里亚和德尔布吕克最早的文献（参见章末扩展阅读），是他们实验中测到的真实数据，与 A 图对比，可见并非泊松分布，且方差很大。

17.2.3 二态系统

生物大分子表现出来的某些行为，具有明显的可区分状态，通常可以粗略地用一个二态变量来描述，记作 σ。例如：离子通道处于关闭（记为 $\sigma=0$）或开启（$\sigma=1$）状态；蛋白质处于失活态（记为 $\sigma=0$）或活性态（$\sigma=1$）；配体结合位点处于空闲（记为 $\sigma=0$）或者被受体占据（$\sigma=1$）状态。实际上，这一想法已经在物理学中被广泛采用，如用于研究相变行为的伊辛模型（参见统计物理学教材）。

离子通道是一种介导离子进出细胞的跨膜蛋白。我们将离子通道简化成只有开和关两种构象的二态模型。图 17-7 展示了钠通道电流变化的实验曲线。图 17-7A 表明离子通道处于关闭状态时，电流基本为零；离子通道处于开启状态时，电流约为 –2 pA。由于热涨落的影响，离子通道不会一直处于关闭态（$\sigma=0$）或者开启态（$\sigma=1$），而是在关闭态和开启态之间不停地切换。电流曲线可以用方波来近似。通道的动态轨迹 $\sigma(t)$ 实际上是一串随时间变化的 0 和 1 的字符串。从该曲线可以统计出离子通道处于开启的时间在总时间中的占比，这在统计上被称为开启概率。图 17-7B 表明，膜电位会影响离子通道的开关。当膜电位为 –95 mV 时，离子通道处于开启和关闭的概率相当；当膜电位小于 –95 mV 时，离子通道更倾向于关闭状态；当膜电位大于 –95 mV 时，更倾向于开启状态。

除了膜电位可调控离子通道的开关外，还存在一类由膜张力控制的离子通道，被称为力感应通道。当细菌遭受渗透压剧变时，膜张力会改变，力感应通道便开启以响应膜张力，防止膜在渗透压失衡时被撕裂。下面将以力感应通道为例，探讨如何计算通道的开启概率 p_o。这里要用到第 2 章介绍过的玻尔兹曼分布，它告诉我们一个能量为 E 的状态所占的相对权重（w_B）与能量之间满足如下指数关系：

$$w_B = \exp(-\beta E)。 \quad (17\text{-}2)$$

其中 $\beta = 1/k_B T$（这里 k_B 是玻尔兹曼常量，T 是热力学温度）。需要指出的是，因不影响定量计算结果，上式中没有写出归一化常数（该常数在统计物理中被称为配分函数）。

假定离子通道处于关闭和开启时的裸能量分别为 ε_c 和 ε_o。通常关闭状态能量更低，即 $\varepsilon_c < \varepsilon_o$。考虑膜张力的影响，其能量贡献为膜张力 τ 乘以膜的面积。因此通道处于关闭时的能量为 $\varepsilon_c + \tau A_c$，这里 A_c 表示离子通道关闭时离子通道周围膜的面积；而处于开启时

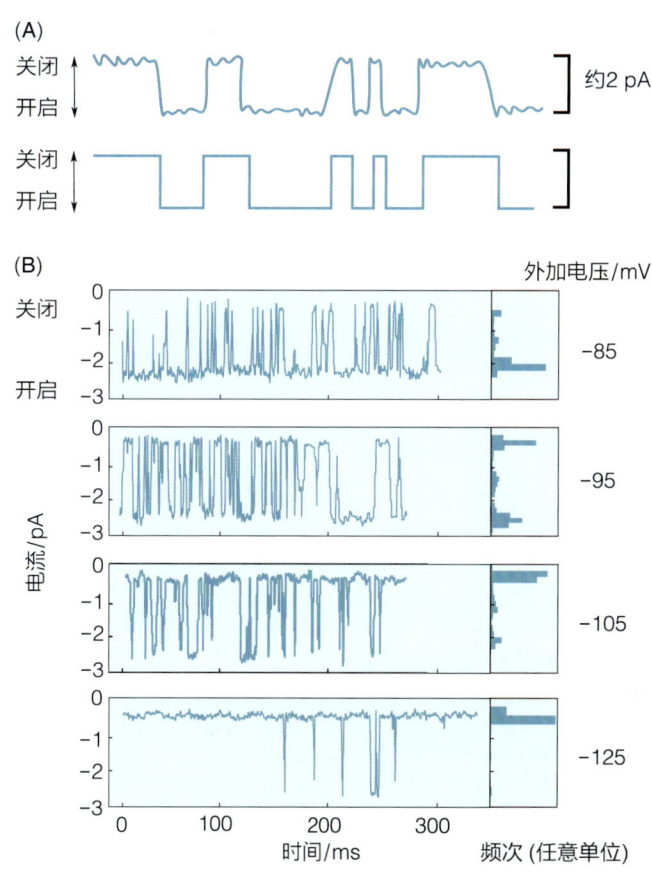

图 17-7 钠通道的电流变化曲线

（数据自 Keller B U, et al. *J Gen Physiol*, 1986, 88(1): 1-23）

的能量为 $\varepsilon_o + \tau A_o$，这里 A_o 表示离子通道开启时离子通道周围膜的面积。由于离子通道开启，蛋白质对外挤压了膜，因此开启状态，膜的面积减小了，即 $A_o < A_c$。物理学家喜欢用二态变量 σ 将能量写成一个统一的表达式：

$$E(\sigma) = \sigma(\varepsilon_o + \tau A_o) + (1-\sigma)(\varepsilon_c + \tau A_c)。 \tag{17-3}$$

这个表达式看似复杂，但其含义非常清晰：关闭状态（$\sigma = 0$）时的能量为 $E(0) = \varepsilon_c + \tau A_c$；而开启状态（$\sigma = 1$）时的能量为 $E(1) = \varepsilon_o + \tau A_o$。后续计算并不需要读者会写式（17-3），而只需要会画状态 – 能量 – 权重图，然后根据图写出计算结果。

作为例子，图 17-8 展示了力感应通道的状态 – 能量 – 权重图。其中，第一列是离子通道的两种状态，第二列是两种状态分别对应的能量，第三列是根据式（17-2）写出的相应权重。这样离子通道的开启概率可以表示为

$$p_o = \frac{开启权重}{关闭权重 + 开启权重} = \frac{\exp[-\beta(\varepsilon_o + \tau A_o)]}{\exp[-\beta(\varepsilon_c + \tau A_c)] + \exp[-\beta(\varepsilon_o + \tau A_o)]}。$$

上式看似复杂，如果将分子除到分母上，并且令 $\Delta\varepsilon = \beta(\varepsilon_o - \varepsilon_c)$ 和 $\Delta A = \beta(A_c - A_o)$，上式可以简化为

$$p_o = \frac{1}{1 + \exp(\Delta\varepsilon - \tau\Delta A)}。 \tag{17-4}$$

可以通过实验来检验上述表达式。在实验中，可以通过调整渗透压来改变膜张力。杨 – 拉普拉斯方程表明膜张力 τ 与渗透压 Π 成正比。因此可以将式（17-4）中的 $\tau\Delta A$ 换成常量 α 乘以渗透压 Π，从而得到

$$p_o = \frac{1}{1 + \exp(\Delta\varepsilon - \alpha\Pi)}。 \tag{17-5}$$

图 17-9 给出了开启概率与渗透压的实验数据以及拟合曲线，拟合参数为 $\Delta\varepsilon = 9.0$，$\alpha = 0.29$。

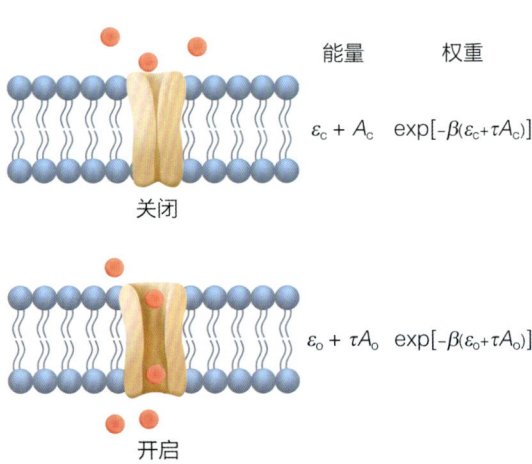

图 17-8　力感应通道的状态 – 能量 – 权重图

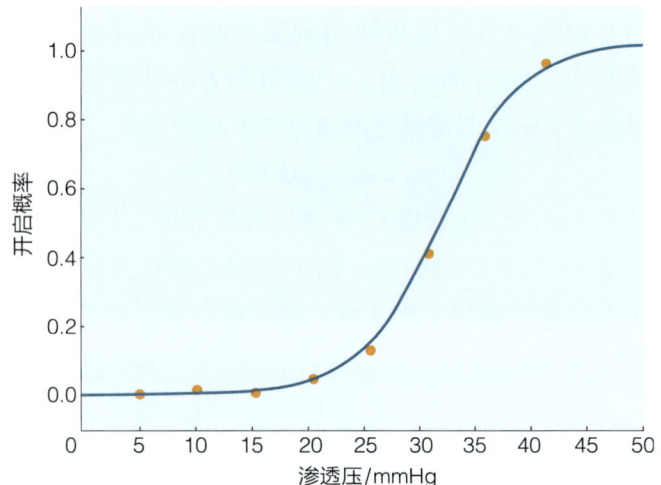

图 17-9　开启概率与渗透压的关系
曲线由式（17-5）拟合数据得到。（数据自 Perozo E, et al. *Nat Strut Mol Biol*, 2002, 9(9): 696-703）

在本节中，我们介绍了用二态模型来处理一些生物学问题的基本思想，并以力感应通道作为案例，计算了离子通道的开启概率。读者只要掌握了上述案例的基本精神，学会画状态 – 能量 – 权重图，就可以自己着手利用二态模型去研究其它一些生物学问题，例如血红蛋白的氧结合曲线、DNA 链的碱基配对、酶的磷酸化、RNA 或蛋白质的折叠和去折叠，等等。

※ 本章小结

随着定量模型的不断发展，曾经扑朔迷离的生命现象脱去了神秘的面纱，让我们知道它们是分子、细胞到个体、种群的不同层次下数学物理规律的体现。一切科学的目标都是对现象的描述与解释，生物学也不例外。描述与解释，即把具体事物抽象为概念模型，需要用合适的语言表述。既然生物学的大书由数理规律写就，那定量模型——以数字、符号和函数来代表真实世界的某个系统，自然是理解生物学最有力的武器。读者首先在第 18 章学习如何建立基本生物过程的数学模型，然后在第 19 和 20 章了解简单网络与复杂网络的动力学模型。最后我们在第 21 章总结对生命系统特征的定量理解。让我们一起开启定量生物学愉快的学习之旅吧！

※ 思考题

1. 请思考和讨论：对翻译速率的数量级估计中，我们做了什么简化？这些简化可能会对估算造成什么样的偏差？

2. 建立最简单的细胞分裂模型，即每过一个单位时间，每个细胞分裂成两个。请利用随机模拟探讨突变率（每一个还未突变的细菌的突变可能）对于最终具有抗性的细菌个数所满足的分布有什么样的影响。

3. 考虑酶的简化模型。假定酶可以处于失活态（$\sigma_a = 0$）或激活态（$\sigma_a = 1$）。酶也可以被磷酸化。以 $\sigma_p = 0$ 表示酶处于去磷酸化状态，$\sigma_p = 1$ 表示酶处于磷酸化状态。假定能量可以表示为

$$E(\sigma_a, \sigma_p) = \varepsilon \sigma_a + \gamma \sigma_p + \delta \sigma_a \sigma_p,$$

其中 ε、γ、δ 是具有能量量纲的常量。请计算：（1）去磷酸化状态时，酶被激活的概率 P_1；（2）磷酸化状态时，酶被激活的概率 P_2；（3）P_2 和 P_1 的比值。由此证明，当 $\delta < 0$ 时，$P_2 > P_1$，亦即此情形下，磷酸化提高了酶的活性。

※ 扩展阅读

图书

Milo B, Phillips R. Cell biology by the numbers[M]. New York: Garland Science, 2015.

Phillips R, Kondev J, Theriot J, et al. Physical biology of the cell[M]. 2nd ed. New York: Garland Science, 2012.

研究论文

Luria S E, Delbrück M. Mutations of bacteria from virus sensitivity to virus resistance[J]. Genetics, 1943, 28(6):491-511.

18 基本生物过程的数学模型

上一章介绍了定量模型在理解复杂生命现象中的必要性，本章将介绍描述基本生物过程，如酶促反应、基因表达的定量数学模型，它们是第 19、20 章中理解更复杂的生物网络的动力学和功能的基础。在对细胞中的基本生物过程进行数学建模时，我们的中心目标是建立一个描述所关心的生物量（变量）随时间演化的方程。根据它们变化的性质，模型通常可以分为确定性模型和随机模型。这是由于不同细胞组分的丰度差异巨大。例如，在一个典型的大肠杆菌细胞中，含量最多的代谢物谷氨酸有 10^8 个，大多数其它代谢物的数量从几百到 10^7 数量级。因而，确定性模型如常微分方程对于代谢反应是一个不错的描述。

相比之下，大肠杆菌细胞中生物大分子的拷贝数则要少得多：只有 1 个 DNA 拷贝；每种正在表达的基因的 mRNA 拷贝数平均不到 10 个；通常转录因子的拷贝数范围从 1 到 1000 不等，如调控乳糖操纵子的 lac 抑制子大约只有 10 个。由于生化反应始于不同反应物的碰撞，组分拷贝数非常低的生物过程本质上是随机的。许多细胞群体间的异质性可以归因于这种随机性，如基因表达的异质性。这种随机性在细胞信号传导、表型转换、多细胞发育，以及演化中也起着重要作用。这些系统最适合用随机过程来描述。

本章的前两节将介绍酶促反应和基因表达过程的确定性数学模型，即常微分方程，并探讨这些简单模型的稳态和瞬态性质。第三节介绍基因表达过程中的噪声和随机模型。

18.1 酶促反应动力学

细胞中几乎所有的代谢过程都需要酶的参与。通过酶的作用，生化反应速率可以加速 5~17 个数量级。另一方面，酶对所催化的底物也具有很强的选择性。酶催化的基本原理可以用过渡态理论来描述，简单来讲，酶有助于降低反应所需的活化能，如图 18-1 所示。这种活化能的降低源于酶与其底物形成的许多弱的相互作用。本节介绍基本的酶促反应动力学的建模过程，并以磷酸化和去磷酸化环为例介绍其在研究信号转导过程中的应用。

18.1.1 米氏反应动力学

实验上很早就发现酶促反应中产物生成速率 v 和底物浓度 $[S]$（方括号是化学中表示浓度的符号）之间遵循一个简单的非线性关系。具体来讲，$1/v$ 与 $1/[S]$ 成正比，即双倒数（对易）关系。1913 年，利奥诺·米夏埃利斯（Leonor Michaelis, 1875—1949）和莫德·门滕（Maud Menten, 1879—1960）提出了一个用于解释酶催化反应动力学的机制，现在被称为 M–M 动力学或米氏反应动力学。该模型的关键假设是酶 E 首先与底物 S 可逆结合形成复合物 ES，然后在较慢的第二步中分解为产物 P 和游离酶 E。这个机制可以用下面的方式简要表示：

$$E + S \underset{k_{off}}{\overset{k_{on}}{\rightleftharpoons}} ES \overset{k_{cat}}{\longrightarrow} P + E_\circ$$

其反应速率 v（或产物生成速率）可以用自由底物浓度 $[S]$ 的一个简单函数来描述：

$$v = \frac{d[P]}{dt} = \frac{V_{max}[S]}{K_m + [S]} \tag{18-1}$$

其中，V_{max} 是反应可达到的最大速率，它取决于酶的活性和浓度；K_m 是表征酶和底物之间相互作用的常数。下面，我们简要介绍如何从基本化学反应速率推导出式（18-1）。我们将考虑空间均匀的生化反应体系，在这种情况下反应方程依赖于原子守恒和质量作用定律。

19 世纪中期，卡托·古尔德贝格（Cato Maximilian Guldberg, 1836—1902）与彼得·沃格（Peter Waage, 1833—1900）提出在一个充分混合的稀溶液中，基元反应的反应速率与反应物浓度的幂的乘积成正比，这便是质量作用定律（参见第 2 章）。这里浓度的幂是指基元反应方程式中的化学计量数（反应方程式中参与反应的物质前面的系数）。因此，根据质量作用定律，对于酶促反应的米氏模型，我们有

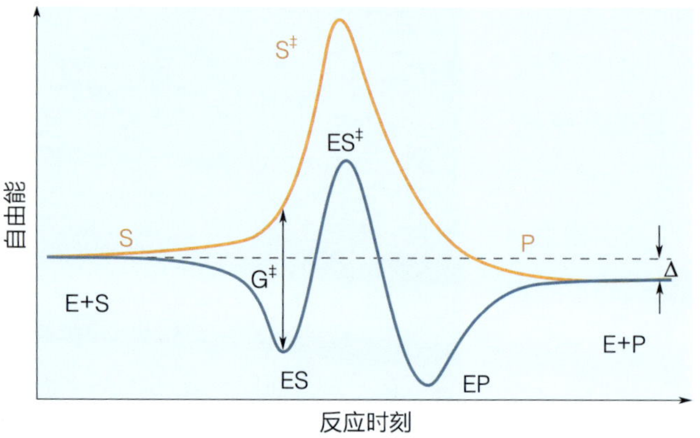

图 18-1 有酶催化和无酶催化的反应能量示意图
无酶催化情况下的自由能垒（橙线）远高于有酶催化的反应（蓝线）。酶首先与底物结合形成一个复合物 ES，然后是稳定过渡态 ES‡，最后释放产物。Δ 表示终态自由能与初态自由能的差值。

$$\frac{d[ES]}{dt} = k_{on}[E][S] - k_{off}[ES] - k_{cat}[ES]。$$

在反应达到平衡后，中间复合物浓度为

$$[ES] = \frac{k_{on}}{k_{cat}+k_{off}}[E][S]。 \qquad (18-2)$$

如果考虑底物是足量的（[S] 随时间的变化可忽略），由酶的质量守恒条件

$$[E]+[ES]=[E]_{tot}$$

和式（18-2），我们得到产物的生成速率为

$$v = k_{cat}[ES] = \frac{V_{max}[S]}{K_m+[S]},$$

这正是式（18-1）。在上面的推导中，我们定义了最大反应速率为 $V_{max}=k_{cat}[E]_{tot}$，底物和酶的解离常数为 $K_m = \frac{k_{cat}+k_{off}}{k_{on}}$。

米氏动力学表明：当底物浓度 $[S] \ll K_m$ 时，$v \approx \frac{V_{max}}{K_m}[S]$，即速率与底物浓度成正比，这是酶工作的线性区间；而当 $[S] \gg K_m$ 时，$v \approx V_{max}$，在这个范围内反应速率恒定且与底物浓度无关，是酶工作的饱和区间（图 18-2）。

米氏动力学是最简单的酶动力学之一，在这里我们只简要介绍一些米氏动力学的变种，即酶活性的调节和别构效应（allostery）。

（1）酶活性的调节

在细胞中，许多分子可以与酶相互作用并调节其活性。那些减慢催化反应的分子被称为酶抑制剂。酶活性的抑制是细胞中调控生化反应速率的主要方式之一。这种抑制又可以分为两个类别：竞争性抑制和非竞争性抑制（图 18-3）。当底物和抑制剂结

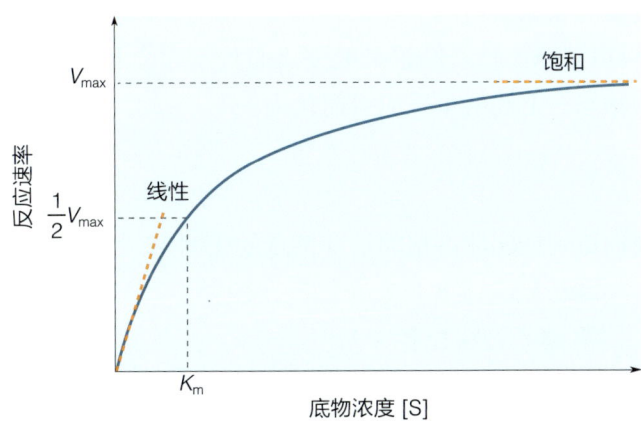

图 18-2 米氏反应动力学中反应速率与底物浓度之间的关系
当 $[S] \ll K_m$ 时，反应速率 v 正比于浓度，即线性区域；而当 $[S] \gg K_m$ 时，反应速率基本恒定，即酶工作在饱和区域。

图 18-3 酶活性的两类抑制调节

合在酶的同一位点时，称为竞争性抑制；当底物和抑制剂结合在酶的不同位点时，则称为非竞争性抑制。在竞争性抑制条件下，考虑酶和抑制剂之间的解离常数 $K_i = \dfrac{k_{-1i}}{k_{1i}} = \dfrac{[E][I]}{[EI]}$，类比上述米氏动力学的推导，可以得到产物生成速率：

$$v = \frac{V_{\max}[S]}{\left(1 + \dfrac{[I]}{K_i}\right)K_m + [S]}\text{。} \tag{18-3}$$

将上式和式（18-1）对比可以发现，竞争性抑制剂通过因子 $1 + \dfrac{[I]}{K_i}$ 有效地降低了底物和酶之间的亲和力。

而对于简单的非竞争性抑制的催化反应，底物和抑制剂与酶的结合能力互不影响，但同时与它们结合的酶（EIS）不能生成产物，可推导出产物的生成速率为

$$v = \frac{1}{1 + \dfrac{[I]}{K_i}} \cdot \frac{V_{\max}[S]}{K_m + [S]}\text{。}$$

因此，非竞争性抑制剂通过因子 $1 + \dfrac{[I]}{K_i}$ 降低了酶的催化速率。

（2）多结合位点和别构效应

许多蛋白质或酶是由不同的亚基或单体组成的寡聚体，每个亚基或单体都带有一个结合或催化位点。一个位点与配体的结合往往会影响其它位点与配体的亲和力，这种效应称为别构效应。考虑一个具有两个相同结合位点的二聚体蛋白质，且第一个位点与配体的结合有助于第二个位点的结合。反应为

$$E + S \underset{k_{1-}}{\overset{k_{1+}}{\rightleftharpoons}} ES, \quad ES + S \underset{k_{2-}}{\overset{k_{2+}}{\rightleftharpoons}} ES_2,$$

其中 E 是二聚体蛋白质，S 是底物。在完全协同作用的情况下，即第二个反应比第一个反应快得多，因此 ES 的浓度可以忽略不计。结果是 E 要么是处于完全非结合状态，要么处于与两个配体同时结合的状态，上述两个反应可简化为

$$E + 2S \underset{k_-}{\overset{k_+}{\rightleftharpoons}} ES_2\text{。}$$

由质量作用定律和平衡条件，我们得到被配体占据的结合位点的比例为

$$r = \frac{[ES_2]}{[E]_{\text{total}}} = \frac{[S]^2}{K_m^2 + [S]^2},$$

其中 $K_m = \left(\dfrac{k_-}{k_+}\right)^{\frac{1}{2}}$ 是有效解离常数。通常，对于具有 n 个亚基结合位点或的蛋白质，我们有

$$r = \frac{[S]^n}{K_m^n + [S]^n}\text{。}$$

这种反应速率随浓度 [S] 变化的形式被称为希尔函数,其中 n 被称为希尔系数。当 n 非常大时,该函数变成阶梯函数或开关。在 20 世纪初,阿奇博尔德·希尔（Archibald Hill,1886—1977）首先用上述函数来拟合血红蛋白与氧气结合/解离的实验数据,得到的希尔系数为 2.7。我们现在知道每个血红蛋白有四个结合位点,这表明氧与血红蛋白之间的相互作用并不是完全的协同作用。这种不完全的协同作用,可以用莫诺－怀曼－尚热（MWC）模型描述（知识窗 18-1）。

知识窗 18-1

莫诺-怀曼-尚热（MWC）模型

雅克·莫诺（Jacque Monod,1910—1976）、杰弗里斯·怀曼（Jeffries Wyman,1901—1995）、让－皮埃尔·尚热（Jean-Pierre Changeux）在 1965 年提出了解释上述不完全协同作用的机制,该机制现在被称为 MWC 模型。MWC 模型假设配体介导的不同特异性结合位点之间的间接相互作用是协同作用产生的原因,这是细胞中一类重要的蛋白质活性调控机制。该模型具体的假设如下：①酶具有 n 个相同的亚基；②每个亚基可以处于两种状态 R 和 T,它们与配体有着不同的解离常数 K_R 和 K_T；③在没有配体时,R 和 T 之间的平衡常数（或异构常数）为 $L = \frac{[T]_0}{[R]_0}$。定义 $\alpha = \frac{[S]}{K_R}$ 和 $c = \frac{K_R}{K_T}$。在平衡状态下,处于 R 状态的亚基所占的比例为

$$\bar{R} = \frac{(1+\alpha)^n}{L(1+c\alpha)^n + (1+\alpha)^n}, \quad (18\text{-}4)$$

实际结合配体的位点比例为

$$\bar{Y} = \frac{Lc\alpha(1+c\alpha)^{n-1} + \alpha(1+\alpha)^{n-1}}{L(1+c\alpha)^n + (1+\alpha)^n}。 \quad (18\text{-}5)$$

注意到 $c = 1$（活化和非活化状态下蛋白质与配体结合常数相同）,且 L 很小时,"饱和函数"[式（18-4）]退化为米氏反应的形式：

$$Y = \frac{\alpha}{1+\alpha} = \frac{[S]}{[S]+K_R};$$

当 $c \ll 1$ 时,式（18-5）简化为

$$\bar{Y} = \frac{\alpha(1+\alpha)^{n-1}}{L+(1+\alpha)^n}。$$

图 18-4 展示了不同 L、c 值下的 $\bar{Y}$ 与 α 的关系。可以看到,L 越大,或者 c 很小时,协同效应越明显。MWC 模型已成为解释各种生物现象的有益概念框架,例如配体－受体结合、配体门控离子通道、趋化性、染色质结构和基因调控等。

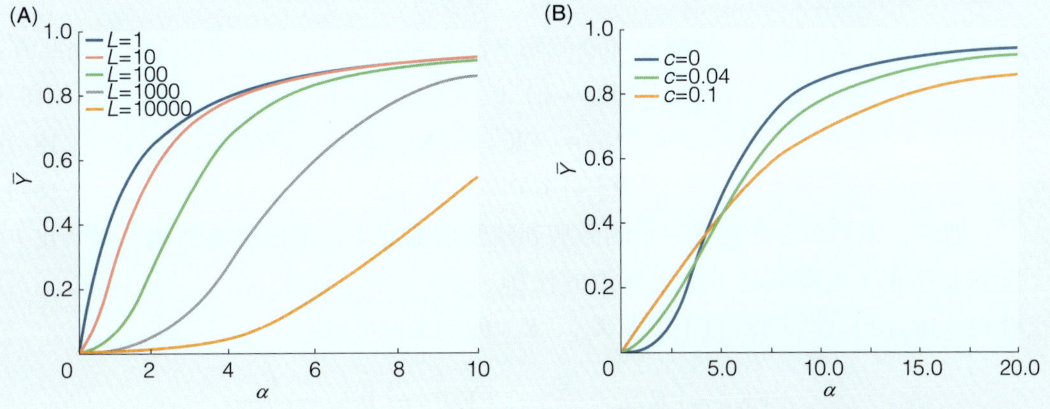

图 18-4 具有不同常数 L、c 的饱和函数理论曲线（希尔系数 $n=4$）
(A) L 可变,$c=0$。
(B) c 可变,$L=1\,000$。

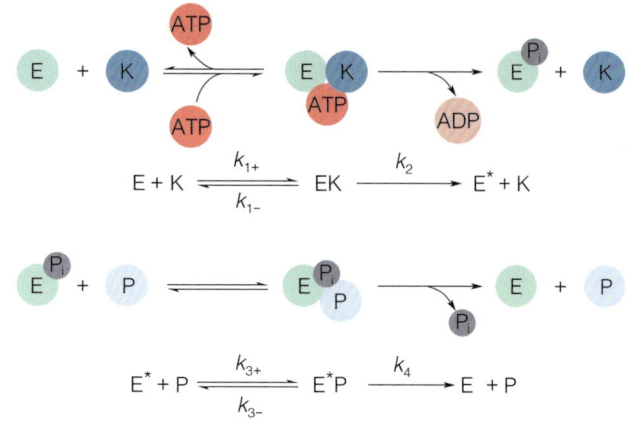

图 18-5　蛋白质的磷酸化和去磷酸化的反应方程

18.1.2　信号转导的建模

在细胞的信号转导过程中，酶蛋白的主要作用是使下游反应产生和传输信号。作为信号分子的酶通常有"活化"和"非活化"两种状态，酶处于活化状态的比例即代表了信号分子的活性。同时，磷酸化和去磷酸化是细胞中广泛存在的信号转导调控机制。一般来说，一个蛋白质的全部生化活性都会在磷酸化之后的状态 E^* 展现。

蛋白质的磷酸化和去磷酸化分别由激酶（kinase，K）和磷酸酶（phosphatase，P）催化，该过程如图 18-5 所示，其中 ATP、ADP、P_i 分别是腺苷三磷酸、腺苷二磷酸和磷酸。在细胞中，它们的浓度通常是恒定的。

根据质量作用定律，我们可以列出所有反应物浓度随时间演化的动力学方程。和前面的分析方法类似，我们假设中间体 EK 和 E^*P 处于稳态，即其生成速率等于消耗速率，于是有：

$$k_{1+}[E][K] - (k_{1-} + k_2)[EK] = 0,$$
$$k_{3+}[E^*][P] - (k_{3-} + k_4)[E^*P] = 0。 \tag{18-6}$$

由此可以定义两个常数：

$$K_{mK} = \frac{k_2 + k_{1-}}{k_{1+}[E]_{tot}} = \frac{[E][K]}{[EK][E]_{tot}}, \quad K_{mP} = \frac{k_4 + k_{3-}}{k_{3+}[E]_{tot}} = \frac{[E^*][P]}{[E^*P][E]_{tot}}。$$

K_{mK} 和 K_{mP} 是归一化的激酶和磷酸酶与底物的解离常数，即米氏方程中的 K_m 除以 $[E]_{tot}$。

当上述反应体系达到稳态时，磷酸化的蛋白质 E^* 的浓度也保持不变，即

$$k_2[EK] - k_{3+}[E^*][P] + k_{3-}[E^*P] = 0。 \tag{18-7}$$

由式（18-6）和式（18-7）可以得到 $k_2[EK] = k_4[E^*P]$，由此定义常数 θ：

$$\theta = \frac{k_2}{k_4} = \frac{[E^*P]}{[EK]}。 \tag{18-8}$$

同时，体系中蛋白质 E、激酶 K 和磷酸酶 P 的各种存在形式的总浓度守恒，因此有：

$$[E] + [EK] + [E^*P] + [E^*] = [E]_{tot}, \tag{18-9}$$
$$[K] + [EK] = [K]_{tot}, \tag{18-10}$$
$$[P] + [E^*P] = [P]_{tot}。 \tag{18-11}$$

通常，人们关心的是在一定的激酶和磷酸酶浓度下，蛋白质 E 活化（磷酸化）状态和非活化（去磷酸化）状态所占的比例。令 $f = [E^*]/[E]_{tot}$，$g = [E]/[E]_{tot}$，结合式（18-10）、式（18-11）以及 K_{mK}、K_{mP} 的定义，可得：

$$[EK] = [K]_{tot}\frac{g}{g + K_{mK}}, \quad [E^*P] = [P]_{tot}\frac{f}{f + K_{mP}}。$$

代入式（18-8）和式（18-9），分别可以得到：

$$\theta = \frac{[P]_{tot} f(g + K_{mK})}{[K]_{tot} g(f + K_{mP})},$$

$$f + g + \frac{[K]_{tot}}{[E]_{tot}} \frac{g}{g + K_{mK}} + \frac{[P]_{tot}}{[E]_{tot}} \frac{f}{f + K_{mP}} = 1。 \quad (18-12)$$

由上述两个方程可以解出 f、g，作为 θ、K_{mK}、K_{mP} 以及 $[P]_{tot}/[E]_{tot}$ 和 $[K]_{tot}/[E]_{tot}$ 的函数。当底物酶相对于激酶和磷酸酶过量时，即 $[K]_{tot}/[E]_{tot} \ll 1$，$[P]_{tot}/[E]_{tot} \ll 1$，式（18-12）简化为：

$$f + g = 1。$$

从而，把 g 用 $1-f$ 替换，我们可以得到 E^* 和 E 的最大产生速率（米氏方程中的 V_{max}）之比：

$$\frac{v_1}{v_2} = \frac{k_2 [K]_{tot}}{k_4 [P]_{tot}} = \theta \frac{[K]_{tot}}{[P]_{tot}} = \frac{f(1 - f + K_{mK})}{(1 - f)(f + K_{mP})}。 \quad (18-13)$$

这正是著名的 Goldbeter-Koshland（G-K）函数。它反映的是输出（E^* 或 E）对输入（$[K]_{tot}/[E]_{tot}$ 或 v_1/v_2）的灵敏度。如图 18-6 所示，当激酶 K 和磷酸酶 P 工作在饱和区间（零阶，即 K_{mK}、$K_{mP} \ll 1$）时，该系统的响应表现为开关行为（超敏性），即输入信号的少量变化会导致底物酶在活化和非活化状态下的迅速切换。

响应曲线的敏感性可以通过曲线在转变区域的陡峭程度反映。通常，敏感性系数可以定义为曲线到达饱和响应的 90% 和 10% 时底物浓度比值：

$$R_S = \frac{[S]_{0.9}}{[S]_{0.1}}。$$

R_S 越小，系统越敏感。对于 G-K 响应函数 [式（18-13）]，这里的"底物"为 v_1/v_2（图 18-6A）。从而，敏感性系数为：

$$R_S = \frac{81 \times (0.1 + K_{mK})(0.1 + K_{mP})}{(0.9 + K_{mP})(0.9 + K_{mK})}。 \quad (18-14)$$

当 K_{mK}、$K_{mP} \gg 1$ 时（酶的线性区间），由式（18-14）可以得到 $R_S \approx 81$，这与经典的米氏反应动力学底物产生速率曲线一致 [请读者推导式（18-1）对应的敏感性系数]。而当 K_{mK}、$K_{mP} \ll 1$ 时（酶的饱和区间），R_S 趋于 1，这意味着无穷大的敏感度，

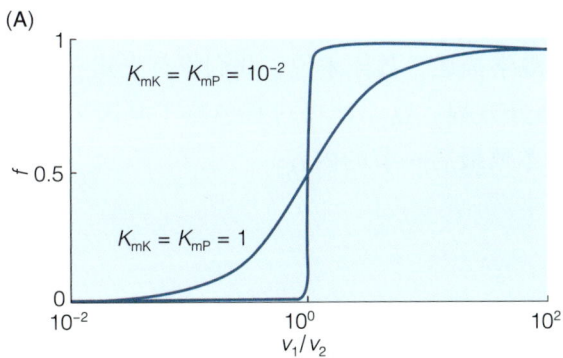
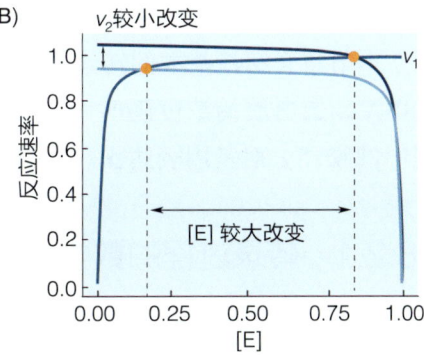

图 18-6 磷酸化 - 去磷酸化的零阶超敏性

（A）稳态下 E^* 的占比（f）作为修饰速率比（v_1/v_2）的函数。（B）式（18-15）右边两项速率作为未修饰底物酶浓度 [E] 的函数。当去磷酸化速率 v_2 增加一小部分时，平稳状态下 [E]（或 [E^*]）的巨大变化（橙色点对应的 x 轴位置）。

或者对应的希尔系数 $n \to \infty$。

在上述推导过程中我们看到，可逆酶促反应（如蛋白质的磷酸化和去磷酸化）产生开关样超敏响应需要同时满足如下条件：①底物蛋白对催化酶是饱和的，即 $[K]_{tot}/[E]_{tot} \ll 1$，$[P]_{tot}/[E]_{tot} \ll 1$；② K_{mK}、$K_{mP} \ll 1$；③系统到达平稳状态。

事实上，如果有上述假设，我们可以用更简单的方式推导出 G-K 函数。直接用米氏动力学描述 E^*（或 E）的产生速率：

$$\frac{d[E^*]}{dt} = \frac{k_2 [K]_{tot} [E]}{\tilde{K}_{mK} + [E]} - \frac{k_4 [P]_{tot} [E^*]}{[E^*] + \tilde{K}_{mP}}。 \quad (18-15)$$

这里 $\tilde{K}_{mK} = K_{mk}[E]_{tot}$、$\tilde{K}_{mP} = K_{mp}[E]_{tot}$ 是相应的米氏常数。上述演化方程到达稳态时，可以很容易推导出式（18-13）。

如果将式（18-15）右边的第一项和第二项分别记录为速率 v_1 和 v_2，则超敏性可以更直观地用图示的方式来理解。在零阶区域，$[P]_{tot}$（或者 v_2）的微小改变会引起稳态 f 的巨大改变（图 18-6B）。

在细胞的信号转导网络中，可逆的酶促反应往往与下游的可逆酶促反应耦合在一起，形成信号转导级联（cascade）。那么，这种级联是否可以进一步增强信号的敏感性呢？答案是肯定的。

以图 18-7 所示的两个循环级联为例：酶 E_1 可以被诱导分子 S 激活，其动力学遵从米氏方程形式。可以看到，第二级酶的活化状态 Z^* 所占的比例对诱导分子浓度（系统的输入）浓度的响应曲线比第一级酶 W^* 的响应更陡峭。

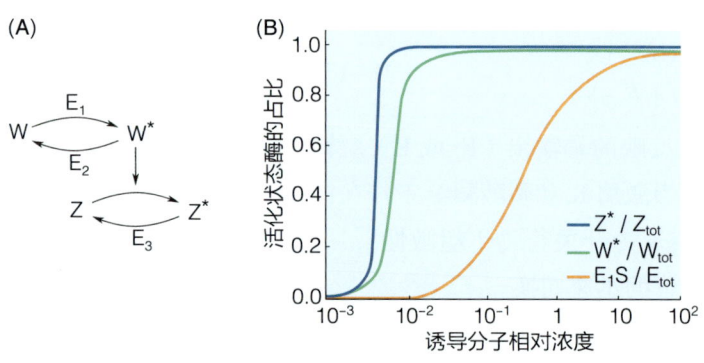

图 18-7　信号转导级联形成的超敏性

（A）具有两层级联的可逆酶促反应示意图。第一级活化状态的酶 W^* 催化第二级酶的激活反应。（B）在平稳状态下，第一级和第二级活化状态酶 W^*、Z^* 所占的比例对输入的响应。这里输入是诱导分子 S，它激活酶 E_1，其动力学满足米氏方程的形式。(B，改编自 Goldbeter A, et al. *Proc Natl Acad Sci USA*, 1981, 78(11): 6840-6844)

18.2　转录翻译过程的数学描述

细胞中的基因表达是被高度调控的过程，对这一过程进行定量的数学描述是理解许多生物功能的基础。我们知道，基因表达可分为两步，首先编码基因的 DNA 序列被 RNA 聚合酶复制成 mRNA，这一过程称为转录。随后核糖体将 mRNA 翻译成蛋白质。本节将介绍最基本的转录翻译过程的数学描述，具体来说，我们将首先建立描述 mRNA 和蛋白质的浓度随时间演化的常微分方程。这一建模过程忽略了基因表达过程中的噪声，对基因表达噪声的描述将是本章最后一节的内容。

18.2.1　转录过程的数学描述

转录的速率是由位于基因前面的一段调控 DNA 序列决定的，该区域被称为启动子。RNA 聚合酶与启动子区域的特定位点结合，该位点的碱基序列决定了 RNA 聚合酶与 DNA 的化学亲和力，从而决定了转录起始的快慢。另一方面，被称为转录因子的调控蛋白也可以结合到启动子区域的特定位点从而调控转录的速率。具体来讲，当转录因子结合到启动子后，它会影响 RNA 聚合酶结合到启动子的概率，从而影响转录的起始速率。转录因子可以分为两种，促进转录的称为激活子（activator），而抑制转录起始的称为抑制子（inhibitor）。下面我们分别考察有激活子和抑制子结合情况下 RNA 聚合酶结合到启动子区域的概率。

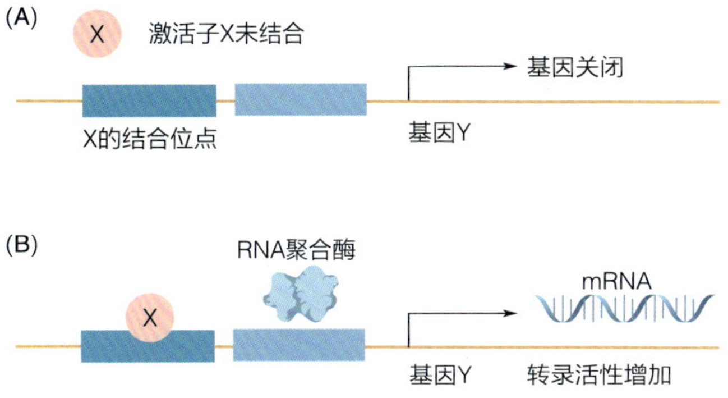

对于需要激活子的转录过程，当激活子 X 与 DNA 特定位点 D 结合后形成复合体 XD（图 18-8），有如下守恒关系：

$$[D]+[XD]=[D]_{tot}。 \quad (18-16)$$

这里 $[D]_{tot}$ 是总的 DNA 激活子结合位点的浓度。以大肠杆菌 *E. coli* 为例，细胞中的单个位点 D 对应的浓度为 1 nmol/L。复合物浓度 [XD] 浓度随时间的演化可用质量作用定律写出：

$$\frac{d[XD]}{dt}=k_{on}[X][D]-k_{off}[XD]。 \quad (18-17)$$

上述公式中的第一项表示激活子与 DNA 位点 D 的结合速率，第二项代表激活子从该位点脱落的速率。由式（18-16）和式（18-17），我们得到平衡状态下（也就是 [XD] 不再变化时），位点 D 被激活子占据的比例为

$$\frac{[XD]}{[D]_{tot}}=\frac{[X]}{[X]+K_d},$$

其中 $K_d=k_{off}/k_{on}$ 是解离常数。如果 RNA 聚合酶的最大转录速率为 v_{max}，则 mRNA 的产生速率可以描述为：

$$v=v_{max}\frac{[XD]}{[D]_{tot}}=\frac{v_{max}[X]}{[X]+K_d}。$$

其形式正如上一节中酶促反应动力学中的米氏方程 [式（18-1）]。

类似的，对于抑制子调控的转录过程，只有当启动子区域未被抑制子占据的情况下转录才能被激活（图 18-9）。按照上述方法，推导出平衡状态下位点 D 未被占据的概率为

$$\frac{[D]}{[D]_{tot}}=\frac{K_d}{[X]+K_d},$$

因而，mRNA 的产生速率为

图 18-8 激活子 X 调控基因 Y 的转录示意图
（A）当 X 未结合到 DNA 上的结合位点时，基因 Y 处于关闭状态。
（B）当 X 结合到 DNA 上的结合位点后，促进 RNA 聚合酶的结合，从而促进基因 Y 的转录。

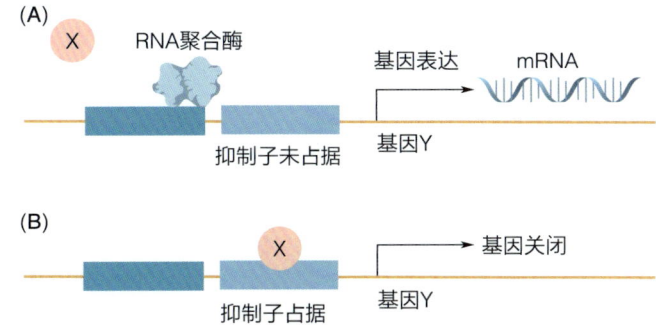

图 18-9 抑制子 X 调控基因 Y 转录示意图
（A）当 X 未结合到 DNA 上的结合位点时，RNA 聚合酶正常转录基因 Y。（B）当 X 结合到 DNA 上的结合位点后，抑制 RNA 聚合酶的结合，从而关闭基因 Y 的转录。

$$v = v_{max}\frac{[D]}{[D]_{tot}} = \frac{v_{max}K_d}{[X]+K_d}。$$

更一般地，考虑到转录因子之间的协同作用，比如启动子区域存在多个转录因子的结合位点，转录速率随转录因子的浓度的关系可以近似地用希尔函数来描述。因此，激活子控制的转录速率为

$$v = \frac{v_{max}[X]^n}{K_d^n+[X]^n}, \tag{18-18}$$

而对于抑制子则为

$$v = \frac{v_{max}K_d^n}{K_d^n+[X]^n}, \tag{18-19}$$

其中的 n 是希尔系数（图 18-10）。实验发现，典型的希尔系数的范围在 1~4 之间。

接下来，我们讨论多个转录因子激活基因表达的情形。许多基因的表达都会受到多个转录因子的调控，即基因的启动子区域会有多个不同转录因子的结合位点。在这种情况下，输入－输出函数又会是怎样的呢？研究发现，取决于不同转录因子之间的相互作用本质，即不同的逻辑关系，输入－输出函数会呈现不同的形式。例如，被一个激活子 X 和抑制子 Y 共同调控的基因 Z，其 mRNA 浓度随时间的演化可以描述为

$$\frac{d[Z]}{dt} = \alpha \cdot \frac{[X]^{n_1}}{K_1^{n_1}+[X]^{n_1}} \cdot \frac{K_2^{n_2}}{[Y]^{n_2}+K_2^{n_2}} - \beta[Z],$$

其中，n_1 和 n_2 分别是 X 和 Y 的希尔系数，α 和 β 分别是转录和降解的速率常数。这个表达式不过是把上一小节推导出的速率系数相乘，并考虑降解项而已。

上述转录因子调控下的希尔函数通常用于比较细节的数学模型。在很多情形下，我们可以用更加简化的逻辑输入函数来近似这种调控关系，从而使得对转录调控有更直观的理解。比如，对于激活子 X 调控的情形，可以认为当激活子浓度大于一个阈值 K 后，基因以最大速率 α 表达，而低于该阈值时，基因处于关的状态。这个简化的"输入函数"可以表示为

$$f(X) = \alpha\Theta([X]-K),$$

其中 Θ 是 Heaviside 阶跃函数，即当因变量为正时函数值为 1、否则为 0 的函数。（事

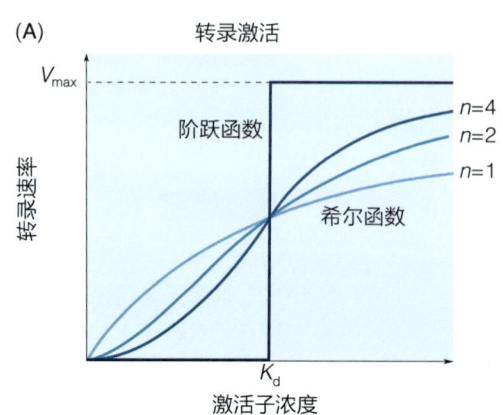 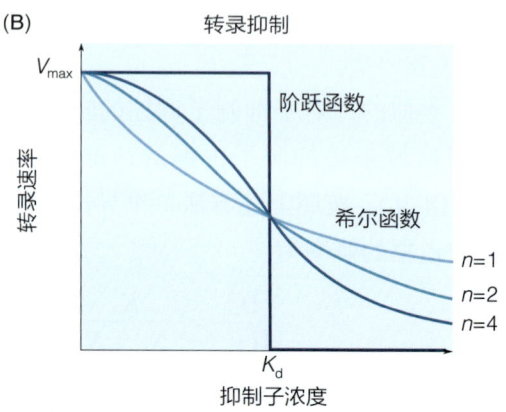

图 18-10 转录速率与转录因子浓度关系的示意图 （A）转录激活调控。转录速率与激活子浓度之间关系由希尔函数描述。（B）转录抑制调控。转录速率与抑制子浓度之间关系由希尔函数描述。

实上，当希尔系数较大时，函数的曲线形状很接近阶跃函数，见图18-10。）类似地，对于抑制子，其输入函数可以简化为

$$f(X) = \alpha\Theta(K-[X])。$$

对于多个转录因子调控的基因，其简化的输入函数大致上可以分为如下几种：逻辑"或"（OR，简单叠加）；逻辑"与"（AND，相乘）；混合模式。下面以两个转录因子同时调控一个基因表达为例来说明。考虑一个基因被两个激活子 X 和 Y 共同调控的情形，如果任何一个转录因子与启动子结合就足以起始转录，那么其输入函数表现为逻辑"或"：

$$f(X,Y) = \alpha\Theta([X]-K_X) \text{ OR } \Theta([Y]-K_Y)。$$

其中 K_X、K_Y 分别为转录因子与 DNA 结合位点的解离常数。如果两个激活子同时结合后才能起始转录过程，那么该系统的输入函数表现为逻辑"与"：

$$f(X,Y) = \alpha\Theta([X]-K_X) \text{ AND } \Theta([Y]-K_Y)。$$

当然，不是所有的基因的输入函数是明显的"与门"或者"或门"，有些基因的输入函数表现为"相加"的形式，即

$$f(X,Y) = \alpha_X\Theta([X]-K_X) + \alpha_Y\Theta([Y]-K_Y)。$$

上述简化的布尔逻辑函数往往可以作为粗粒化的基因调控模型，例如第 21 章中细胞周期调控网络的研究。

18.2.2 蛋白质浓度的动态响应

在 18.2.1 节中，我们通过平稳态条件得到了转录速率与转录因子浓度之间的关系，即输入函数，本节将介绍基因表达动力学。以简单的转录激活调控为例，$X \to Y$，它表示转录因子 X 促进基因 Y 的表达。首先忽略转录过程的动力学，直接考虑蛋白质的动态（即翻译过程）。假定细胞产生 Y 蛋白质的速率为 α（表示单位时间内的浓度变化），这一过程被另外两个过程所平衡——蛋白质的降解（速率为 β_{deg}）和细胞生长所引起的稀释（速率为 β_{dil}），其整体速率记为

$$\beta = \beta_{\text{deg}} + \beta_{\text{dil}}, \tag{18-20}$$

那么，蛋白质浓度变化速率即为两项的差值

$$\frac{dy}{dt} = \alpha - \beta y。 \tag{18-21}$$

假设蛋白质起始浓度为 y_{st}，则上述方程的解可显式地写出：

$$y(t) = y_{\text{st}}e^{-\beta t} + \frac{\alpha}{\beta}(1-e^{-\beta t})。 \tag{18-22}$$

如果翻译停止，其浓度会如何变化？可以看到，此时式（18-21）只剩降解项，降解正比于当前的浓度。因而，蛋白质浓度表现为指数衰减。这个衰减的时间尺度通常定义为浓度下降到初始值一半所需时间，即 $t_{1/2} = \dfrac{\ln 2}{\beta}$（图 18-11A）。

图 18-11 简单转录激活情形下蛋白质浓度的动态响应
（A）当停止蛋白质的合成，细胞中蛋白浓度指数衰减。
（B）简单的基因表达随时间的关系，即式（18-22）。

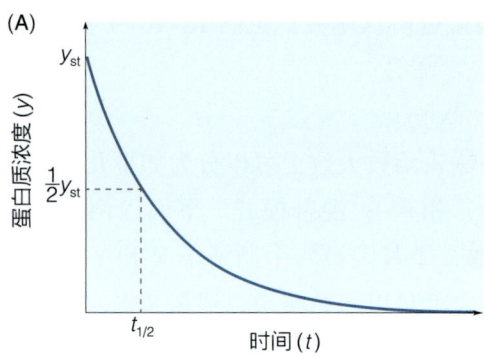
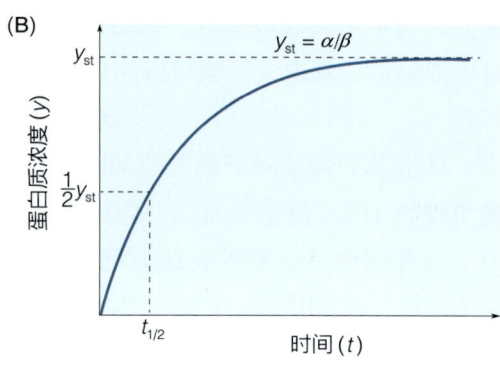

而如果考虑翻译，为方便起见，令起始浓度为 $y_{st}=0$，则浓度变化如图 18-11B 所示。当 t 很小时，y 随时间的增加是近似线性的，斜率为 α。当 t 很大时，蛋白质的浓度趋向于稳态解 α/β（图 18-11B）。同样地，系统的响应时间可以定义为 y 的浓度增加到饱和状态浓度一半时所需的时间，因而有 $t_{1/2}=\dfrac{\ln 2}{\beta}$。由此可见，基因表达响应时间尺度反比于降解速率 β。

上述分析忽略了转录，即 mRNA 的动力学。那么这种简化是否合理？在细胞中，mRNA 的产生直接受转录因子的调控，而它也会被酶降解。其浓度随时间的变化也可以用微分方程的形式来描述，类似于式（18-21），即

$$\frac{dy_m}{dt}=\alpha_m-\beta_m y_m,$$

而蛋白质的生产速率方程为

$$\frac{dy}{dt}=v y_m-\beta y。 \tag{18-23}$$

通常，细胞中 mRNA 的降解速率要远远快于蛋白质的降解速率：$\beta_m \gg \beta$。因而，我们可以使用时间尺度分离这一技巧，即认为 y_m 处于"拟稳态"。从而得到 $y_m=\alpha_m/\beta_m$，代入式（18-23），我们得到了蛋白质生产的等效微分方程：

$$\frac{dy}{dt}=\frac{v\alpha_m}{\beta_m}-\beta y。$$

如果定义 $\alpha=v\alpha_m/\beta_m$，就能得到式（18-21）。由此可见，若转录过程明显比翻译过程快的话，式（18-21）是对蛋白质表达动力学的一个不错的近似（图 18-12）。

18.3　单细胞中随机性的定量刻画

在上一节开始提到，确定性的转录模型忽略了生物体系中的噪声。实际上，当进入更加微观的尺度，比如单个细胞中的单个或数个分子，噪声的影响就会凸显出来。这是因为单个细胞内部的化学反应所处的时间尺度大约在毫秒到微秒之间，而空间尺

度大约就在微米到纳米之间,在这样的时空尺度下,反应受到溶液中分子无规则热运动的显著影响,随机规律将发挥重要的作用。借助概率与统计的思想方法,可以定量地刻画这种随机规律,探索其背后的生物学机制。

历史上最早的随机定量生物物理学大概可以追溯到 20 世纪初,由阿尔伯特·爱因斯坦(Albert Einstein, 1879—1955)推导出定量刻画布朗运动的数学规律,并被法国物理学家让·皮兰(Jean Baptiste Perrin, 1870—1942)首次在实验上证实,最终确认了分子和原子的存在。到了 21 世纪,随着单分子和单细胞实验技术的突飞猛进,人们已经可以定量追踪到单个细胞内部精细的随机现象了,特别是荧光标记实验,可以高分辨率地记录下单个细胞内部一种或若干种分子的数目随时间的变化。在本节中,我们将看到科学家们如何把实验手段和定量模型结合起来,带来新的生物学发现。

单细胞的表达调控是有随机性的。实验生物学家在 2002 年设计了两段一模一样的基因启动子序列,并通过质粒把它们分别整合在大肠杆菌环状 DNA 复制起点两侧等距的位置,但是其中一段启动子转录翻译出的是能发出绿色荧光的蛋白质,而另一段转录翻译出的则是能发出红色荧光的蛋白质(图 18-13A)。如果单细胞内是没有随机性的,那么每个单细胞中两种蛋白质的表达量应当相等,它们发出同样强度的绿色

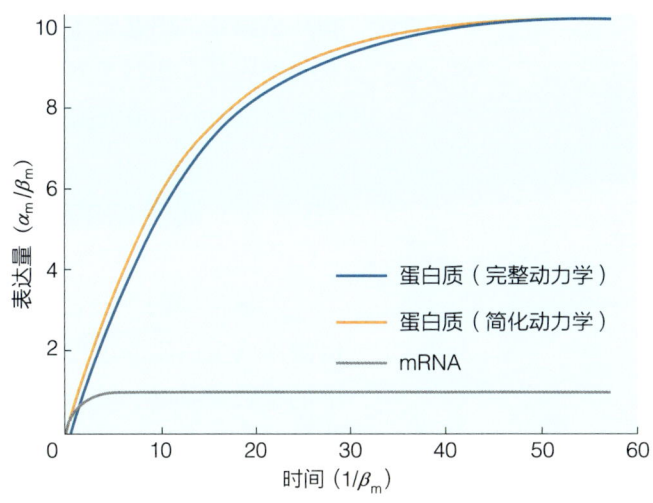

图 18-12 蛋白质表达的动力学

蓝色曲线是考虑 mRNA 的动力学(灰线)后,蛋白质浓度随时间变化。橙色曲线是假设 mRNA 处于稳态后,求解方程(18-21)所得。可以看到它与蓝线几乎重合。模拟所用的参数:$\alpha_m = v = 1$,$\beta_m = 1$,$\beta = 0.1$。

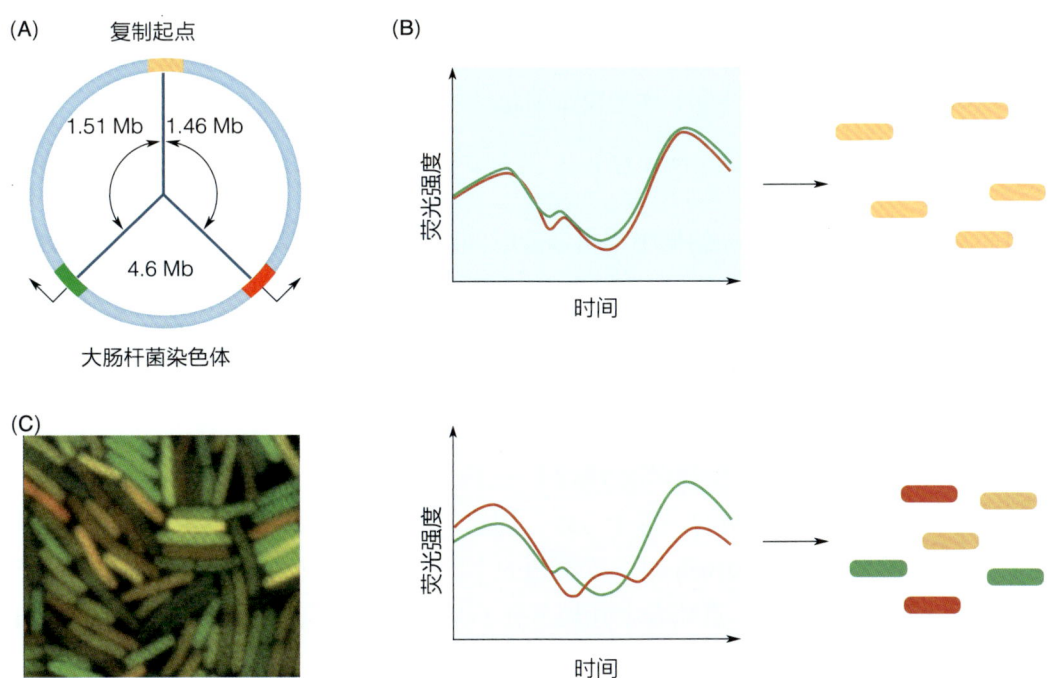

图 18-13 实验验证单细胞中的随机性

(A)大肠杆菌染色体示意图。编码发红色和绿色荧光的蛋白的基因分别被整合在复制起点两侧等距的位置。图中 Mb 指的是 100 万个碱基对,以此作为基因组上的长度单位。(B)单细胞中转录是否存在随机性会带来不同观测结果。假设不存在随机性,则如上图所示,所有大肠杆菌都呈现黄色;相反地,若存在随机性,则如下图所示,大肠杆菌会呈现出绿和红之间的多种颜色。(C)实际观察到大肠杆菌呈现多种颜色,证实了单细胞中转录随机性的存在。(C,引自 Elowitz M B, et al. Science, 2002, 297(5584): 1183-1186)

和红色荧光，因此整个细胞显现黄色荧光；而如果单细胞内随机性显著，则可以看到有些细胞是发出绿色荧光，有些是发出黄光，而有些则是发出红光（图18-13B）。最终在显微镜下，单细胞发出了五彩斑斓的光芒，证实了其随机性的存在（图18-13C）。

18.3.1 最简单的基因转录模型

生物学中的中心法则，即 DNA 会自我复制，也可以转录成 mRNA，mRNA 又可以翻译成蛋白质的过程。这是一个由多种分子参与的化学过程，其状态可以由这些分子的个数来描述。在最简单的中心法则模型里，DNA 只有一个分子，细胞状态就由 mRNA 分子个数 m 和蛋白质分子个数 n 来描述。而由于随机性，无法用一个确定的 m 和 n 来描述，取而代之的是用单细胞处于状态 (m, n) 的概率来描述，而模型描述的正是这个概率随时间的演变规律。这样的模型被称为化学主方程模型，其中主方程就是细胞状态的概率随时间的演变方程，通常为常微分方程组。

先来讲一个最简单的基因转录模型（图18-14）。那就是一个 DNA 分子会生成 mRNA 分子，而这个 mRNA 分子又会降解，且不考虑转录因子等造成的反馈等因素。可以假设这两步都可以用一阶化学反应来刻画（图18-14，上）。此时这个模型里面的变量只有一个，即 mRNA 的分子数，于是就可以建立该单细胞内此 mRNA 分子个数为 m 的概率 $P(m)$ 随时间的变化方程（图18-14，下）。状态从 m 状态只可能转移到 $m-1$ 状态或者 $m+1$ 状态：从 m 状态跳转到 $m-1$ 状态就意味着这 m 个 mRNA 分子里有 1 个分子发生了降解，每一个分子的降解速率为 γ，那么 m 个分子的降解速率就为 $m\gamma$，这其实是质量作用定律的随机版本；从 m 状态跳转到 $m+1$ 状态，是因为 DNA 发生了一次转录，产生了一个新的 mRNA 分子，其速率为 k，与现在细胞里的 mRNA 分子数 m 无关。同样地，能够跳转到 m 状态的也只有 $m-1$ 和 $m+1$ 这两种状态。因此可以写下这个模型的化学主方程：

$$\frac{dP(m)}{dt} = kP(m-1) - kP(m) + (m+1)\gamma P(m+1) - m\gamma P(m) 。 \quad (18-24)$$

图 18-14 单基因无反馈转录模型
上图为一种最简单的基因转录模型的反应图。DNA 生成 mRNA，而每个 mRNA 分子都会被降解。下图是相应的状态跃迁图，这里状态指的是系统中的 mRNA 分子数。

当时间足够长之后，状态 m 的概率不再随着时间改变，可以计算得到单细胞内 mRNA 分子数目的分布为

$$P(m) = \frac{\left(\frac{k}{\gamma}\right)^m}{m!} e^{-\frac{k}{\gamma}},$$

恰是参数为 k/γ 的泊松分布（知识窗18-2）。

泊松分布最大的特点是均值等于方差，即法诺因子（Fano factor，均值除以方差）等于 1。但是有趣的是，2010 年科学家测到的大肠杆菌内 mRNA 数量分布的法诺因子明显大于 1（图18-15A），意味着上述模型并不是非常符合真实的情况。这就要引出来下面一个有关转录爆发现象的故事。

知识窗 18-2

最简单基因转录模型中单细胞内 mRNA 分子数目的分布

在最简单基因转录模型（图18-14）中，单细胞内mRNA分子数的概率随时间的变化规律被式（18-24）刻画。因此当时间足够长之后，状态 m 的概率不再随着时间改变，也就意味着该方程右端等于0，即

$$kP(m)-(m+1)\gamma P(m+1)=kP(m-1)-m\gamma P(m)。$$

需要注意到，这个等式对于 $m=1,2,3,\cdots$ 都成立。特别地，对于 $m=0$ 的情况，因为 mRNA 的数量只可能从 0 跳转到 1，或从 1 跳转到 0，不会出现 $m=-1$ 的状态，所以这个等式最终化为

$$kP(m)-(m+1)\gamma P(m+1)=kP(m-1)-m\gamma P(m)$$
$$=\cdots=kP(0)-\gamma P(1)=0,$$

因此有

$$kP(m)=(m+1)\gamma P(m+1)。$$

据此递推可以得到

$$P(m)=\frac{\left(\dfrac{k}{\gamma}\right)^m}{m!}P(0),$$

最后 $P(0)$ 可由所有 $P(m)$ 求和必须等于 1 来求得。

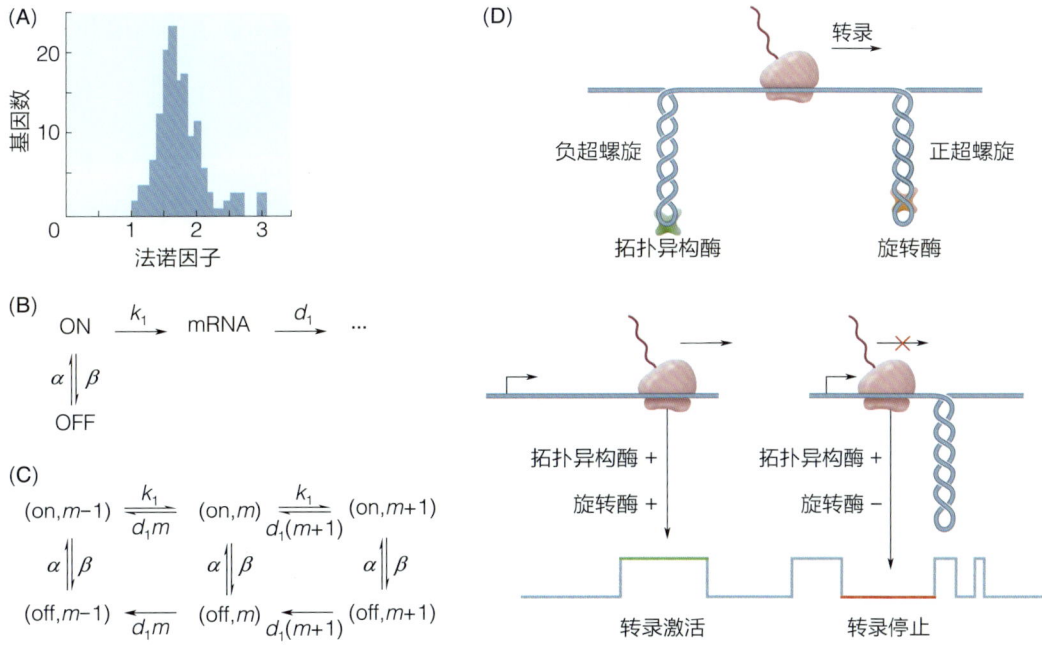

图 18-15 两状态无反馈转录模型和转录爆发机制 （**A**）大肠杆菌中 137 个高表达基因对应 mRNA 数量的法诺因子的分布，即每一个基因都可以计算其对应的单细胞 mRNA 数量分布的法诺因子值。（**B**）两状态基因开关模型的化学反应图，基因可以处于 ON 和 OFF 两个状态，当处于 ON 状态时可以转录出 mRNA，且每个 mRNA 分子可以降解。（**C**）两状态基因开关随机模型的状态跃迁图，这里的状态可以用基因的状态和 mRNA 分子数来共同刻画。（**D**）拓扑异构酶和旋转酶结合情况对转录的影响示意图。拓扑异构酶能够消除 DNA 负超螺旋。旋转酶结合 DNA 时，正超螺旋也得以释放，转录激活；旋转酶不结合时，正超螺旋无法消除，转录停止。（A，数据自 Taniguchi Y, et al. *Science*, 2010, 329(5991): 533-538；D，改编自 Levens D, et al. *Cell*, 2014, 158(2): 241-242）

18.3.2 转录爆发现象与定量模型

2005 年，世界上首次观测到了单个细胞中的单个 mRNA 分子的生成和降解现象，并且发现了一种名为转录爆发的现象。转录爆发，顾名思义，说的是 DNA 似乎存在着某种神奇的机制，它会使得即使在完全不存在抑制蛋白结合的情况下，DNA 也会时不时地偷懒不工作，即停止转录，过一段时间后再重新开启。而这种 DNA 自身具有多种不同的转录状态的现象并未包括在前面所述的最简单的模型里。

早在 20 世纪 90 年代，就有学者提出了具有两个不同的 DNA 转录状态的随机模型，即俗称的二态模型（图 18-15B、C）。

从数学上来看，这个模型可以用其状态概率 $p_{on}(m;t)$ 和 $p_{off}(m;t)$ 来刻画，它们分别表示 t 时刻细胞内恰好有 m 个 mRNA 分子且 DNA 正好处于 ON 或者 OFF 状态的概率，其随时间的演化方程，即化学主方程为：

$$\frac{dp_{on}(m;t)}{dt} = k_1 p_{on}(m-1;t) + d_1(m+1)p_{on}(m+1;t) + a p_{off}(m;t)$$
$$- (k_1 + d_1 m + \beta) p_{on}(m;t),$$
$$\frac{dp_{off}(m;t)}{dt} = d_1(m+1)p_{off}(m+1;t) + \beta p_{on}(m;t) - (d_1 m + \alpha) p_{off}(m;t)。$$

令上面两式右端等于零，可以算出平稳状态下 mRNA 数量的均值和方差，特别是法诺因子的表达式 $F = 1 + \frac{\alpha \beta k_1}{\beta(\alpha+\beta)(\alpha+\beta+d_1)}$，显然是大于 1 的。

因此，二态模型可以很好地解释实验里观测到的法诺因子大于 1 的现象。但是具体到转录爆发这件事情上，在没有抑制蛋白结合的前提下，DNA 产生 ON 和 OFF 这两个状态的分子机制又是什么呢？这里的模型没有考虑转录因子等形成的反馈等机制，这是因为转录爆发现象，本来就是在几乎排除了所有调控蛋白的实验情况下看到的，这也是为什么这个现象背后的机制很长时间没有得到揭示的原因。

在 2011 年左右，人们发现即使是在细菌中，DNA 分子也不是自由的，它们会被一段一段地锚定在一些大的蛋白质分子上。早在 20 世纪 80 年代，人们就发现在 DNA 转录的过程中，处于 RNA 聚合酶前方的 DNA 链将聚集正超螺旋（positive supercoil），通俗来讲 DNA 双螺旋结构原本是每 10.5 个碱基对转一圈（360°）的，而现在被转得越来越紧，每转一圈的碱基对数目越来越少，DNA 形变越来越厉害了；与此相对应的，处于 RNA 聚合酶后方的 DNA 链将产生负超螺旋（negative supercoil），即完成一圈的碱基对数目越来越多。这两种 DNA 形变由于 DNA 被锚定在一些大分子上而无法相互抵消，从而影响对应基因转录的能力。因此细胞内需要有两种酶，拓扑异构酶 IA（topoisomerase IA）专门负责在 RNA 聚合酶的后方释放负超螺旋，而旋转酶（gyrase）则专门负责在 RNA 聚合酶的前方释放正超螺旋。研究表明，拓扑异构酶的活性是很高的，然而旋转酶的活性是不高的，而且旋转酶在活细胞内的分子数也并不十分多，

知识窗 18-3

转录爆发模型中的零膨胀泊松分布及其应用

在二态模型（图 18-15B、C）中，如果不同基因状态间的转换速率，即 α 和 β，远小于 k_1 和 d_1，则先可以简单认为基因不同状态间是断开的。于是，当基因处于 ON 态的时候，就等同于图 18-14 里的最简单模型，因此 mRNA 分子数的平稳分布为参数 $\dfrac{k_1}{d_1}$ 的泊松分布；而当基因处于 OFF 态时，由于只能降解不能生成，所以最后 mRNA 分子数就只能都为 0。最后，因为两个基因状态间的转换速率 α 和 β 并不依赖于 mRNA 的分子数，所以基因处于 ON 态的概率为 $\dfrac{\alpha}{\alpha+\beta}$，处于 OFF 态的概率为 $\dfrac{\beta}{\alpha+\beta}$。把以上这些分析结合到一起，就可以得到该二态模型中 mRNA 分子数的分布可以近似为

$$P(m) = \frac{\alpha}{\alpha+\beta} \frac{\left(\dfrac{k_1}{d_1}\right)^m}{m!} e^{-\frac{k_1}{d_1}}, \quad m>0 \text{ 时;}$$

$$P(0) = \frac{\alpha}{\alpha+\beta} e^{-\frac{k_1}{d_1}} + \frac{\beta}{\alpha+\beta}, \quad m=0 \text{ 时.}$$

这就叫零膨胀的泊松分布。

在活细胞里，平稳分布是可以测量到的，且符合零膨胀泊松分布成立的条件，因此就可以通过数据拟合而得到 $\dfrac{k_1}{d_1}$ 和 $\dfrac{\alpha}{\beta}$。另一方面，实验里 α 是可以通过增加旋转酶的浓度或者改变旋转酶结合位点的结合强度等方式来调节的。于是就可以利用实验和数学模型的结合来验证转录爆发的机制是不是由于旋转酶与 DNA 的结合和解离造成的，即控制 α，看是否和实验数据拟合得到的 $\dfrac{\alpha}{\beta}$ 的趋势相一致。

平均到每一段被铆定的 DNA 片段只有大约一个旋转酶分子。

有鉴于此，2014 年，把高通量的体外单分子荧光技术和两状态模型相结合，人们最终发现，细菌里的转录爆发机制，来源于旋转酶分子与 DNA 分子的不断随机结合与解离，从而导致该 DNA 片段的超螺旋情况发生改变。当旋转酶结合 DNA 时，DNA 前方的正超螺旋释放，相应基因得以被转录；当旋转酶与 DNA 解离时，无法释放的正超螺旋带来的 DNA 形变将阻碍转录的进行（图 18-15D；知识窗 18-3）。这是二态模型能够解释法诺因子大于 1 这一现象的生物学基础。

※ 本章小结

在本章我们看到，生命活动中的基础过程——酶促反应、基因表达，都可以用简单的数学语言进行定量的描述。从酶与底物的结合，到蛋白质的修饰，再到基因的转录与 mRNA 的翻译，我们将生物大分子之间的相互作用抽象为一个个基本的结合 – 解离过程的组合，用一组组常微分方程准确地刻画它们稳态和瞬态的性质。当然，常微分方程并不适用于所有的生物过程：当我们考虑的体系较小、分子数较少时，系统的随机性较大，此时就需要加入对概率的考虑。利用化学主方程等工具，我们既可以看到生命过程的"平均

结果",也能考察噪声会为系统带来怎样的波动。

这些基于质量作用定律的数学模型,既向我们展示了中心法则背后的数学关系,也为我们提供了推断微观生物过程的有力武器。无论是希尔方程中的希尔系数,还是 mRNA 数量分布的法诺因子,都体现着实验手段与定量数据结合的重要意义。在下一章中,我们将以这些简单的数学模型作为基石,分析更为复杂的生物网络,进一步体会定量描述为生命科学研究所注入的强大活力。

※ 思考题

1. 试估算一个典型的大肠杆菌细胞中总的蛋白质数量。(提示:大肠杆菌中蛋白质的体积密度为 0.2 g/mL,典型的蛋白质长度为 300 个氨基酸,而平均每个氨基酸的分子量为 100 Da。)

2. 试推导竞争性抑制情形下酶促反应速率公式(18-3)。

3. 如果在模型图 18-14 中加入 mRNA 生成蛋白质的过程,以及蛋白质的降解过程,在没有任何反馈机制的情况下,请计算出单细胞中蛋白质分子数目的均值和方差,以及单细胞中 mRNA 数目和蛋白质分子数目的相关系数。

※ 扩展阅读

图书

Alon U. An introduction to systems biology: design principles of biological circuits[M]. 2nd ed. Boca Raton: CRC Press, 2019.

Segel I H. Enzyme kinetics: behavior and analysis of rapid equilibrium and steady state enzyme systems[M]. New York: Wiley, 1975.

研究论文

Chong S S, Chen C Y, Ge H, et al. Mechanism of transcriptional bursting in bacteria[J]. Cell, 2014, 158(2):314-326.

Elowitz M B, Levine A J, Siggia E D, et al. Stochastic gene expression in a single cell[J]. Science, 2002, 297(5584):1183-1186.

Goldbeter A, Koshland D E Jr. An amplified sensitivity arising from covalent modification in biological systems[J]. Proc Natl Acad Sci USA, 1981, 78(11):6840-6844.

Monod J, Changeux J P, Jacob F. Allosteric proteins and cellular control systems[J]. J Mol Biol, 1963, 6(4):306-329.

Monod J, Wyman J, Changeux J P. On the nature of allosteric transitions: a plausible model[J]. J Mol Biol, 1965, 12(1):88-118.

Taniguchi Y, Choi P J, Li G W, et al. Quantifying *E. coli* proteome and transcriptome with single-molecule sensitivity in single cells[J]. Science, 2010, 329(5991):533-538.

生物网络的动力学模型

当我们深入探索生物系统的奥秘时，生物网络的动力学模型成为解读复杂生命互动的关键工具。生物体内的各种分子、基因、蛋白质以及它们之间错综复杂的关系形成了一张庞大的网络，维系着生命的正常运转。

从代谢反应到基因调控，这些相互关联的元素在空间和时间上交织着，创造出生物网络的复杂拓扑结构。

在本章中，我们将探讨生物网络的动力学模型的基础，包括网络的基本知识和矩阵表征、前馈和反馈网络的定义、生物网络的拓扑结构与其功能之间的密切关联。通过对生物网络的动力学探索，我们将展示数学模型如何帮助我们更全面直观地理解生物系统的运作原理。

19.1 网络的基本知识和矩阵表征

生物的复杂性很大程度上源于无处不在的相互关联。例如，在三羧酸循环中，乙酰辅酶 A 与草酰乙酸结合，由柠檬酸合酶催化生成柠檬酸，当柠檬酸合酶被抑制时，会导致柠檬酸的产率降低，底物的浓度升高；又如，转录因子 p53 蛋白的入核或出核直接影响其下游靶基因如 *Bax*、*p21* 等的表达水平，进而调控细胞周期和凋亡；再如，肠道中乳酸菌通过分泌乳酸抑制大肠杆菌等竞争者的生长，同时也影响宿主的肠道环境。

这些关联在生物系统中相互交织，形成了一张张密集复杂的大网，维持着生命系统的正常运行，也为研究者们带来挑战。

生物网络是对这些关联性的建模。在基于图论的抽象中，网络由节点（node）和边（edge）构成。其中，节点可以是系统中任何参与了关联的实体，例如基因、蛋白质、细胞和物种；边则连接起相互关联着的节点。研究中常见的生物网络中，边所代表的关联性可以有多种类别，例如：

① 直接物理交互：蛋白质-蛋白质相互作用网络（protein-protein interaction network）是生物网络的典型代表，其中无向的边连接着彼此接触的蛋白质（图 19-1A）。

② 相关性：从繁杂数据中计算相关性是寻找因果性的前置步骤，网络可以用来刻画这类并不反映直接相互作用的关联。例如，基因间表达的相关性体现为共表达网络（co-expression network），微生物在群落中的体现为共现性网络（co-occurrence network）。这些网络中，无向的边连接了丰度变化显著偶联着的基因或微生物（图 19-1B）。

③ 流入和流出：代谢网络（metabolic network）中，代谢产物可以用节点表示，而边从底物出发指向产物，代表了相关的化学反应（图 19-1C）。

④ 调控：在代谢网络中，酶指向代表了其催化的反应的边；在基因调控网络（gene regulatory network）中，边从转录因子指向下游靶基因，代表激活或抑制的转录调控（图 19-1D）。

邻接矩阵（adjacency matrix）是网络最直观的数学表征之一。对于一个由 N 个节

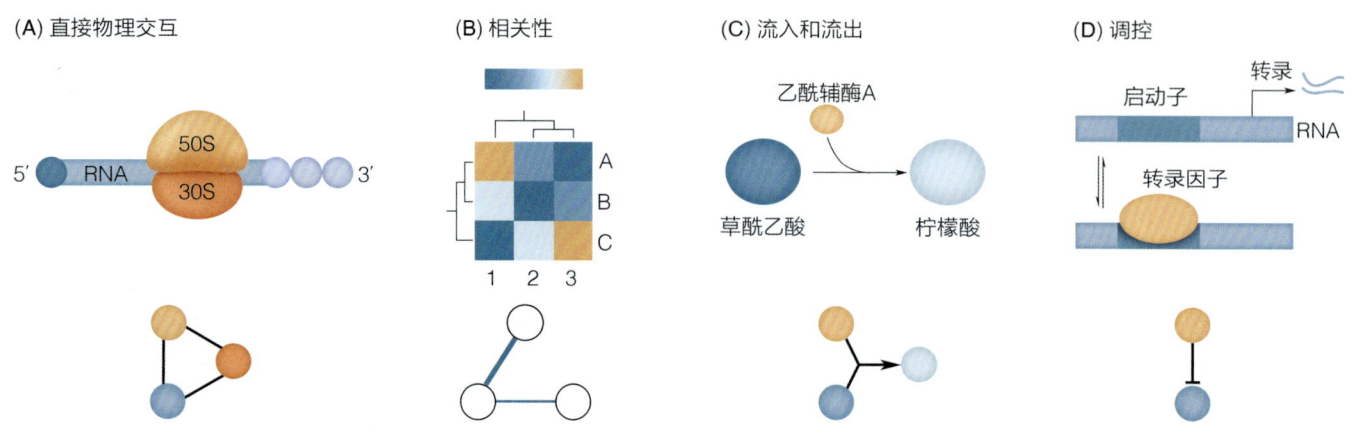

图 19-1 生物网络的不同例子
第一行表征生物实体，第二行表示相应的网络简化。

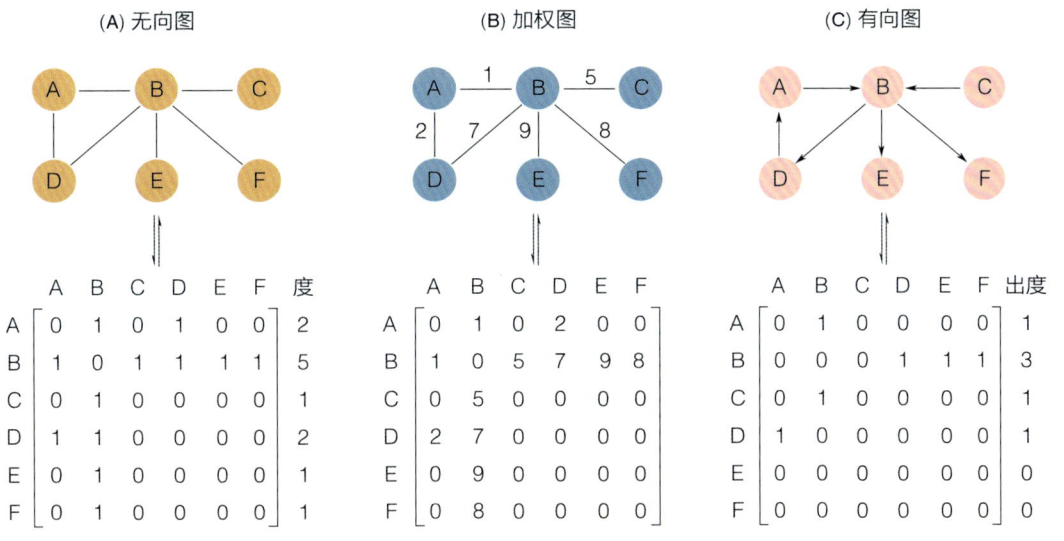

图 19-2 生物网络的矩阵表征

（A）一个不考虑作用强度的蛋白质-蛋白质相互作用网络可以用一个二进制对称矩阵表示。其中，$M_{ij} = M_{ji}$，其值 1 和 0 分别表示蛋白质 i 和 j 之间作用的存在和不存在。（B）一个侧重于丰度偶联的微生物共现性网络可以用一个有权重的对称矩阵表示。其中 $M_{ij} = M_{ji}$，其值表征了微生物 i 和 j 丰度的相关系数。相关系数低于阈值的边已被移除。（C）一个不考虑调控强度的基因调控网络可以用一个非对称的矩阵表示。其中，M_{ij} 的 1、-1、0 分别代表了基因 i 对基因 j 的激活、抑制、不存在相互作用。

点构成的网络，其邻接矩阵 M 的大小为 $N \times N$。其中，第 i 行第 j 列的元素 M_{ij} 可以用来表示第 i 个节点指向第 j 个节点的边，其值可以用来表示相互作用的种类和权重。

上文关联类别 1（直接物理交互）和类别 2（相关性）的网络中，节点 i 和节点 j 之间的关联并不具有方向性。表征这类无向网络的邻接矩阵是对称的（图 19-2A、B）。而表征上文关联类别 3（流入和流出）和类别 4（调控）的网络中，具有方向性的箭头从节点 i 指向节点 j，带来非对称的邻接矩阵（图 19-2C）。

生物网络的拓扑（topology）与其功能紧密相连。拓扑是节点和边在网络中的排列方式，是网络最基本的属性。

对于生物网络，一些最常用的拓扑性质和概念包括：

（1）度（degree）是连接到一个节点的边的数量。有向网络中，节点的度有两个值：出度（outdegree）表示从节点出发的边的数量，入度（indegree）表示进入节点的边的数量。基因调控网络中，诸如 p53 之类的"主控调节因子"（master regulator）往往具有很高的出度。

（2）路径（path）是指通过边连接的一系列节点。例如图 19-2C 中，就存在一条从 A 指向 E 的，经过了节点 B、C、D 的路径。

19.2 基因调控

生物体对环境的合理响应是生命的典型特征之一。对于单细胞生物而言，精准而合理的适时响应尤为重要，因为它们需要根据外界信号来调节自身基因表达及行为功能，以确保生存、促进生长。这种信号影响细胞中基因表达的过程，我们称之为基因调控。

在基因调控中，细胞可被看作一个"输入-计算-输出"的计算机。输入信号可

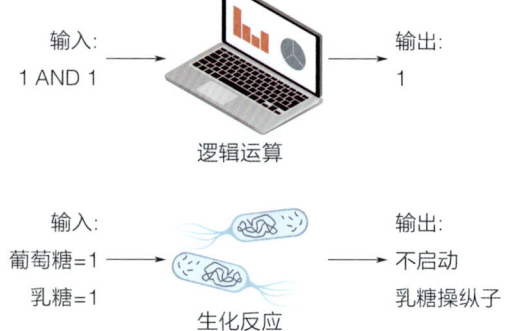

图 19-3 以计算机类比细胞的基因调控

以来自环境中的化学物质、温度、光照等因素。在细胞接收到这些信号后，它会通过一系列复杂的生物化学作用进行"计算"，最终"输出"为特定基因的活化或抑制，从而影响细胞的行为和功能（图 19-3）。

19.2.1 布尔逻辑简介

布尔逻辑是现代计算科学的基石。当谈到布尔逻辑时，我们在讨论一种逻辑系统，它只有两个基本值（也叫作布尔值）——真（TRUE）和假（FALSE），可以被简单地记为 1 和 0。这种简单的二进制状态可以用来描述各种情况和关系，类似于生物体中常见的 ON（开启）和 OFF（关闭）状态。事实上，生命系统中二态系统的普遍性（参见 14.2.3 节），也是生物体系可以和计算机类比的重要原因。

布尔逻辑形成了一组基本的逻辑运算规则，用于组合和操作这些 TRUE 和 FALSE 的值，从而产生多样的逻辑结果。

以下是布尔逻辑的基本运算规则：

① "与"运算（AND）：如果两个条件都为真，则结果为真；否则为假。在生物体中，可以将这种与运算类比为：两个分子必须同时处于激活状态，才能触发特定的生理响应。

② "或"运算（OR）：如果至少一个条件为真，则结果为真；否则为假。这可以类比为生物体中作用于同一靶点的多个转录因子中的任何一个处于激活状态，都足以启动靶点基因的转录。

③ "非"运算（NOT）：若输入为真，结果为假；若输入为假，则结果为真。在生物体中，这可以理解为某个抑制子的状态由激活变为失活，才能启动其下游基因的转录。

这些基本的规则可以通过逻辑门（logic gate）——与门（AND gate）、或门（OR gate）、非门（NOT gate）来实现。逻辑门将一个或多个输入值转换为一个输出值，从而执行特定的逻辑运算。在生物体内，分子的状态转变和相互作用可以类比为逻辑门的操作，这些操作使复杂的基因调控和生物反应得以实现。

布尔逻辑的运作可以通过真值表来清晰地表示。真值表列出了不同输入组合下的逻辑运算结果，它有助于我们理解布尔逻辑在不同条件下的行为。在生物体内可以类比为不同的分子状态（如活跃和不活跃）作为输入，通过生物化学作用进行逻辑运算，最终影响细胞的功能和行为（也就是输出）。

以与门为例，假设我们有两个输入，称为 A 和 B，它们可以是真（TRUE, 1）或假（FALSE, 0）。下面是与门的真值表：

输入 A	输入 B	输出
1	1	1
1	0	0
0	1	0
0	0	0

通过使用布尔逻辑描述生物体内分子状态的变化，我们可以更好地理解细胞如何对环境信号作出合理的响应。生物体内的"计算"为细胞在不断变化的环境中做出准确的决策提供了基础。

19.2.2 乳糖操纵子简介

大肠杆菌中对乳糖的响应就是一个"细胞根据环境信号计算基因表达的输出"的典型例子。乳糖操纵子的调控是第一个被清楚理解的基因调控机制，它的发现者弗朗索瓦·雅各布（François Jacob，1920—2013）和雅克·莫诺（Jacques Lucien Monod，1910—1976）于 1965 年被授予诺贝尔生理学或医学奖。这也是基因调控领域的首个诺贝尔奖。

对碳源的有效利用是大肠杆菌等肠杆菌科细菌的重要特征，帮助其在诸多不同的环境中生存。为了利用环境碳源中常见的乳糖（lactose），大肠杆菌基因组中三个与乳糖分解、转运和代谢相关的基因共用一个启动子并共同表达，它们与相关的调控序列一起构成乳糖操纵子（lac operon）（图 19-4）。然而，尽管能够利用乳糖，但大肠杆菌更喜欢用葡萄糖作为碳源，因为葡萄糖代谢比乳糖代谢所需要的步骤和能量更少。为了优化细胞内有限资源的分配，乳糖操纵子仅在环境中缺乏葡萄糖但存在乳糖时才会被激活。如果继续将细胞类比于一个小小的计算机，这个过程中，它是如何进行以葡萄糖和乳糖的浓度为输入信号，以乳糖操纵子的活性为输出结果，用胞内的化学反应网络进行合理"计算"的呢？

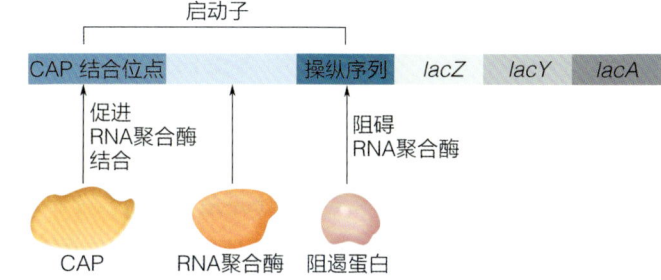

图 19-4 乳糖操纵子的图示
其中，启动子为转录所必需的 RNA 聚合酶提供结合位点，而乳糖阻遏蛋白在操纵序列上的结合则会阻碍 RNA 聚合酶的结合。

19.2.3 乳糖阻遏蛋白介导的负性调控

让我们进入这个基因调控领域首个诺贝尔奖成果的具体细节。首先，乳糖阻遏蛋白由 *lacI* 基因转录，它不属于乳糖操纵子的一部分，因而可以独立于乳糖操纵子而被单独持续地表达。当环境中不存在乳糖时，乳糖阻遏蛋白紧紧地结合在乳糖操纵子的启动子区域下方的操纵序列（operator）上，阻止 RNA 聚合酶与乳糖操纵子的启动子

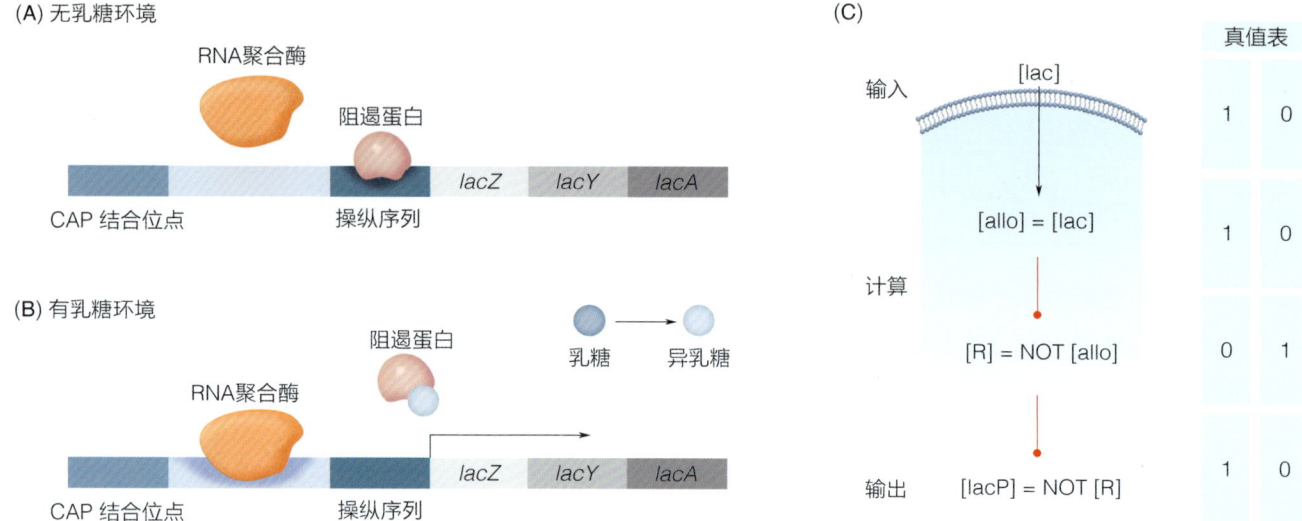

图 19-5 乳糖阻遏蛋白介导的负性调控（A、B）和这个过程的逻辑描述（C）
黑色箭头代表激活，逻辑运算中为"等同"。红色圆头线代表抑制，逻辑运算中为"非门"。

结合，从而抑制整个操纵子的转录（图 19-5A）。当环境中存在乳糖时，一部分乳糖进入细胞并被转化为异乳糖（allolactose）。异乳糖和阻遏蛋白结合，改变其构象使之不再能结合 DNA，从而停止了其对乳糖操纵子的抑制（图 19-5B）。由此，以阻遏蛋白的构象变化为媒介，细胞实现了乳糖操纵子基因表达活性随外界乳糖浓度的变化。

这个过程如何用布尔逻辑来简洁地描述呢？在最简单的模型中，我们可以把胞外乳糖的浓度（[lac]）用布尔值（1 和 0）表示，[lac]=1 对应高浓度状态，[lac]=0 对应低浓度状态。胞外乳糖浓度直接影响细胞内异乳糖的布尔值：[allo]=[lac]。这是一个最简单的布尔函数：[lac]=1，则 [allo]=1；[lac]=0，则 [allo]=0。

而阻遏蛋白的活性（活性的布尔值记为 [R]）则是对异乳糖浓度的非门计算：[R]=NOT（[allo]）。这意味着，[allo]=1，则 [R]=0；[allo]=0，则 [R]=1。

再接下来，在环境中葡萄糖浓度不高时，乳糖操纵子的启动子活性（[lacP]）又是对阻遏蛋白活性的非门：[lacP]=NOT（[R]）。依次代入刚才得到的 [R] 和 [allo]、[allo]、[lac] 之间的关系，我们可以得到乳糖操纵子启动子活性作为胞外乳糖浓度的逻辑函数：

[lacP]=NOT（NOT（[lac]））

根据布尔逻辑，两个非门会在叠加后消失，让这个函数的输入直接等于输出，即

[lacP] = [lac]

这形象地表示了为什么阻遏蛋白是一个转录抑制子（对基因转录有负性调控作用），而乳糖对乳糖操纵子起激活作用——两个非门相互抵消。生物调控网络中，这个规律也是普遍的：两个串联的抑制等同于激活。

19.2.4 分解代谢物基因激活蛋白介导的正向调控

然而，大肠杆菌还需要进行另一个计算：环境中是否存在葡萄糖？如前所述，葡

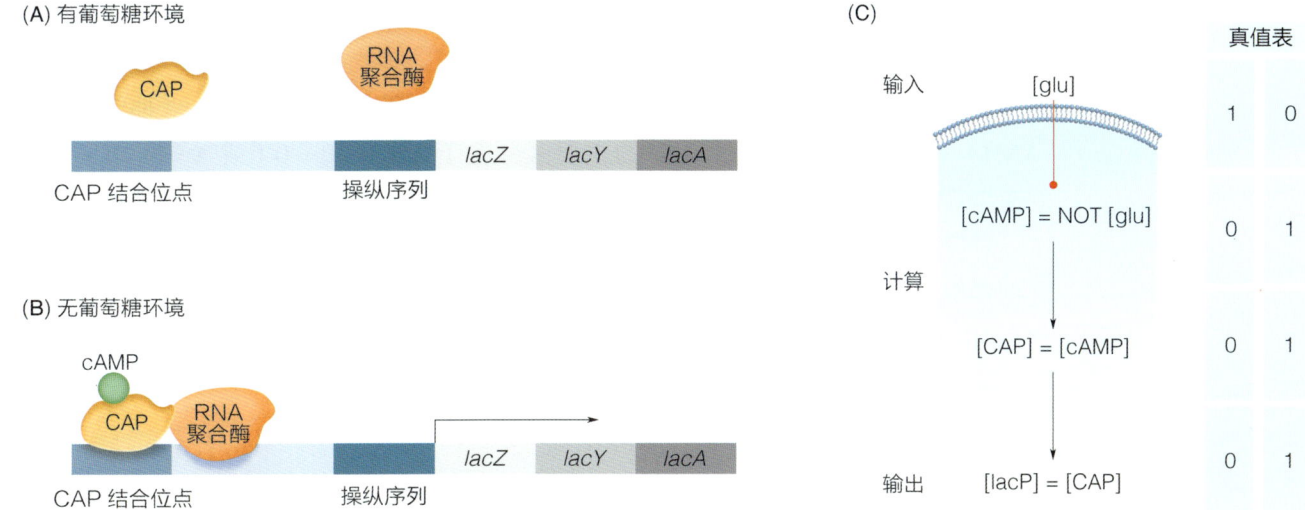

图 19-6 CAP 介导的正向调控和这个过程的逻辑描述
黑色箭头代表激活，逻辑运算中为"等同"。红色圆头线代表抑制，逻辑运算中为"非门"。

萄糖是大肠杆菌所偏爱的碳源，当它与其它糖类同在环境中时，细胞会优先表达和葡萄糖转运代谢有关的基因，而暂不启动对包括乳糖在内的其它碳源的利用程序。

这一对于葡萄糖浓度的计算由分解代谢物基因激活蛋白（catabolite gene activator protein，CAP）介导。CAP 是一个常量表达的转录调控蛋白质，当其与 DNA 结合时，能协助 RNA 聚合酶与启动子的结合。CAP 调控了包括了乳糖操纵子在内的上百个和能量代谢相关的基因簇，但它仅在与小分子环腺苷酸（cyclic adenosine monophosphate，cAMP）结合时才具有 DNA 结合活性。小分子 cAMP 则是细胞对饥饿的响应信号，随葡萄糖浓度的降低而升高。于是，仅有当葡萄糖浓度足够低时，升高的 cAMP 才会激活大量的 CAP 结合乳糖操纵子前端的调控序列，协助其转录（图 19-6A、B）。

这个过程用布尔逻辑描述，就是：cAMP 的浓度 [cAMP] 是细胞外葡萄糖浓度 [glu] 的非门，即 [cAMP] = NOT ([glu])；从这里开始，逻辑计算就都是直接赋值的"等同"了，也就是 CAP 活性 [CAP] = [cAMP]，乳糖操纵子启动子活性 [lacP] = [CAP]（在乳糖充分的情况下）。

代入上述结果，我们可以得到乳糖操纵子启动子活性关于胞外葡萄糖浓度的逻辑函数（图 19-6C，在存在乳糖的情况下）：

$$[lacP] = NOT ([glu])$$

这是对葡萄糖浓度的取"非"，也体现了生物调控网络中的另一个普遍规律：一条路径上若存在单数个抑制箭头，则该路径起抑制效果。

19.2.5 大肠杆菌乳糖代谢的组合逻辑

综合之前两个小节的内容，我们已经知道了阻遏蛋白介导的乳糖浓度对乳糖操纵子的激活的逻辑 [lacP] = NOT ([R])（在缺乏葡萄糖的情况下），和通过 CAP 介导的葡萄糖对乳糖操纵子的抑制 [lacP] = [CAP]（在存在乳糖的情况下）。而细胞的糖代谢策略既然受到葡萄糖和乳糖的共同影响，那么，在将乳糖和葡萄糖都作为输入时，乳糖操纵子的活性应该是一个什么样的布尔函数？

19.2.1 节中已介绍过，由两个输入 A 和 B 得到的输出 C，有两种逻辑：与（AND）和或（OR）。这两个逻辑的主要区分在于 A = 1、B = 0（或 A = 0、B = 1）时的输出：对与门，C = A AND B，输出为 0；对或门，C = A OR B，输出为 1。

对应到以"阻遏蛋白不结合"（NOT（[R]））和"CAP 激活"（[CAP]）为输入的乳糖操纵子，决定组合逻辑的关键就是：当阻遏蛋白结合（[R] = 1）且 CAP 也激活结合时（[CAP] = 1），时，[lacP] 究竟是 1 还是 0？

如果是 1，则组合逻辑为"或"：

$$[lacP] = [CAP]\ OR\ (NOT([R])) = (NOT([glu]))\ OR\ [lac]$$

这意味着，"没有葡萄糖"和"存在乳糖"，这两个条件只需满足其一，则乳糖操纵子开始可以启动。如果环境中同时存在乳糖和葡萄糖，则乳糖操纵子会被表达；如果环境中没有葡萄糖也没有乳糖，乳糖操纵子也会被表达。这种情况不符合前人实验的观察——即使没有阻遏蛋白的抑制，RNA 聚合酶仅是较弱地结合乳糖操纵子的启动区，难以将操纵子彻底激活。为了使糖类代谢效率最高，大肠杆菌仅在"没有葡萄糖"并且"存在乳糖"这两个条件同时满足的情况下，才启动乳糖操纵子的转录。

由此可知，野生型大肠杆菌乳糖操纵子在整合信号时采用的是"与"的组合逻辑：

$$[lacP] = [CAP]\ AND\ (NOT([R])) = (NOT([glu]))\ AND\ [lac]$$

如图 19-7 所示，"与"的逻辑保证了，细胞仅在"葡萄糖浓度低"并且"乳糖浓度高"时启动乳糖代谢的途径。

逻辑计算可以用真值表来表示，这个系统输入—计算—输出的真值表如下表所示：

葡萄糖	乳糖	CAP	阻遏蛋白	转录活性
1	0	0	1	无活性
1	1	0	0	低活性
0	0	1	1	无活性
0	1	1	0	高活性

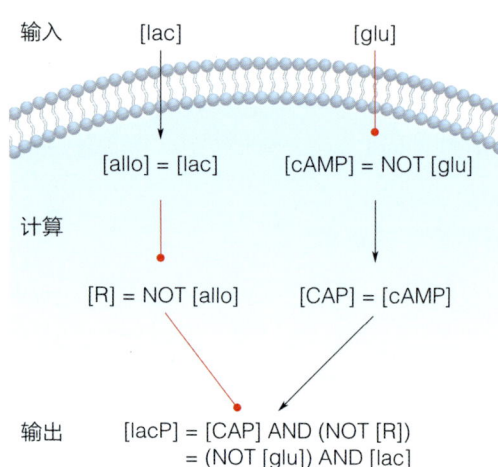

图 19-7　大肠杆菌乳糖操纵子的布尔计算逻辑
绿色箭头代表激活，逻辑运算中为"等同"。红色圆头线代表抑制，逻辑运算中为"非门"。

然而，所有的模型都是对实际的近似。布尔模型仅是生物调控网络的最简化形式，它将物质浓度或蛋白质活性二进制化（表达为布尔值 0 和 1），有助于我们直观地理解细胞的"运算逻辑"。我们如果希望对这个系统进行更细致的定量和预测，则需要进入连续动力学甚至随机动力学的领域。

19.2.6 连续方程下的乳糖操纵子活性

不同复杂程度的数学模型可以用来研究不同的生物学问题。布尔代数模型适用于高度简化的模型，只考虑蛋白质的活化和未活化（1 和 0 态），以及简单的相互作用关系。而当我们需要考虑更复杂的情况时，例如时间和表达的连续性，则往往使用常微分方程一类的连续动力学模型，它可以描述单位时间内生物分子浓度的变化。连续动力学模型以 t 时刻生物分子等的浓度为变量，描述它们随时间变化的动力学性质，所以需要更多的动力学参数来描述生物分子的合成、相互结合以及降解等关系。进一步地，如果还要考虑细胞内转录翻译 mRNA 和蛋白质的随机涨落，则需要采用随机动力学描述，并考虑反应体系的体积。此外，对于细胞内的代谢调控过程，由于反应产物过多，构建连续动力学模型过于复杂，人们则发展了流平衡分析方法，本书在 20.3 节做了介绍（图 19-8）。

在一个简化的连续动力学模型中，乳糖操纵子的启动子活性可以被量化为单位时间内生成的 mRNA 拷贝数（用 g_{lac} 来代表），而它受到细胞内 cAMP 浓度（[cAMP]）以及异乳糖浓度（[allo]）的正影响。

由 18.2 节"转录过程的数学描述"已知，希尔函数可以直观地用于刻画基因转录的激活 [式（18-18）] 和抑制 [式（18-19）]。那么，对于我们已知比较接近与门组合调控的乳糖操纵子中，单位时间生成的 mRNA 拷贝数可以写为 cAMP 和异乳糖相关

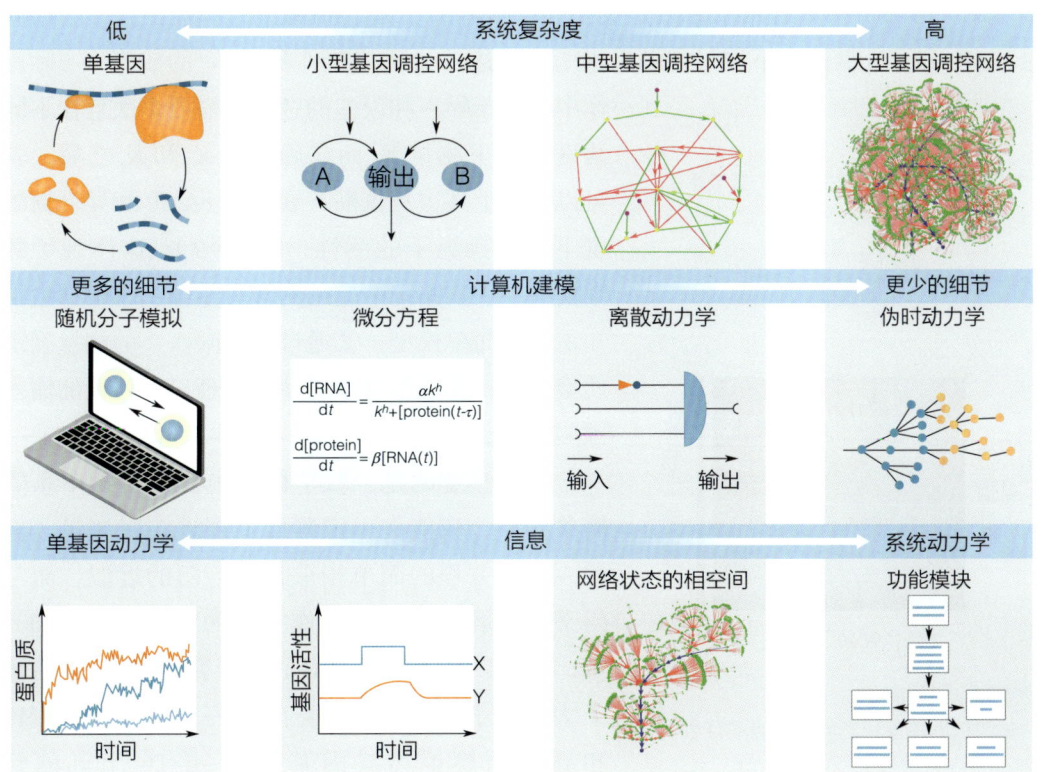

图 19-8 适应不同系统尺度和复杂性的不同建模方法

从单基因和小规模的基因回路，到中至大型的基因网络，系统复杂度逐步提升（第一行）；考虑到算力的有限性，建模的细节程度则需要逐渐降低（第二行），所关注的生物学信息也有不同的侧重（第三行）。随机分子模拟和连续动力学模型需要较多的动力学参数，用于精确描述系统的变化；而布尔网络模型简化了相互作用关系，方便得到包括吸引子性质和功能模块在内的全局性质。

的希尔方程的各自相乘（希尔系数为 1）：

$$g_{\text{lac}}([\text{cAMP}],[\text{allo}])=V\cdot\frac{[\text{cAMP}]}{K_c+[\text{cAMP}]}\cdot\frac{[\text{allo}]}{K_a+[\text{allo}]}。 \quad (19\text{-}1)$$

乘法可以比较好地近似布尔逻辑中的与门，因为相乘的两项只要有一项接近于 0，乘积就比较接近于 0。

而当采取"mRNA 有恒定降解速率 d"的简单假设后，相关 mRNA（例如 LacZ 的 mRNA）的数量 [lac] 随时间变化的速率由如下常微分方程描述：

$$\frac{\text{d}[\text{lac}]}{\text{d}t}=g_{\text{lac}}([\text{cAMP}],[\text{allo}])-d\cdot[\text{lac}]。 \quad (19\text{-}2)$$

当系统接近于稳态（即 mRNA 的量不随时间变动，生成与降解达到平衡）时，$\frac{\text{d}[\text{lac}]^*}{\text{d}t}=0$，由此可得出乳糖操纵子在稳态时的 mRNA 量：

$$\begin{aligned}[\text{lac}]^* &= g_{\text{lac}}([\text{cAMP}],[\text{allo}])/d \\ &= \frac{V}{d}\cdot\frac{[\text{cAMP}]}{K_c+[\text{cAMP}]}\cdot\frac{[\text{allo}]}{K_a+[\text{allo}]}\end{aligned} \quad (19\text{-}3)$$

这个方程的未知参数有 4 个：V、d、K_c 和 K_a。对于大部分生物实验而言，真正有意义的测量是"变化"——cAMP 和异乳糖的浓度是比较易于被测量或控制的，我们关心当它们的浓度增加或降低了某个倍数时，乳糖操纵子启动子的表达量会怎样的变化。

如果仅关心变化的倍数并认为上述方程能够合理地描述乳糖操纵子的活性，那么，式（19-3）中只有两个参数是重要的：K_c 和 K_a。理想情况下，只需要在 3 个不同的 cAMP 和异乳糖浓度下测量乳糖操纵子的表达，就可以得到 K_c 和 K_a 的数值（实际操作中，由于噪声和误差的存在，需要多次且在不同浓度梯度下测量）。而在确定了 K_c 和 K_a 之后，就可以根据上述方程推断，在任何 cAMP 和异乳糖浓度下乳糖操纵子的活性（图 19-9）。这体现了数学模型在生物系统中应用的常见步骤：①根据生物知识建立简单模型；②通过"有限次"的测量确定模型参数；③根据这个模型，对理论上任意的输入预测输出。

需要注意的是，数学模型是复杂生物体系的简单抽象，只能在一定程度上逼近实际测量。例如，希尔方程的简单相乘是对与门的近似，而与门又是对乳糖操纵子工作方式的简单概括。2003 年，乌里·阿隆（Uri Alon）研究组详细地测量了大肠杆菌乳糖操纵子在约一百种不同 cAMP 和异乳糖模拟物异丙基硫代 -β-D- 半乳糖苷

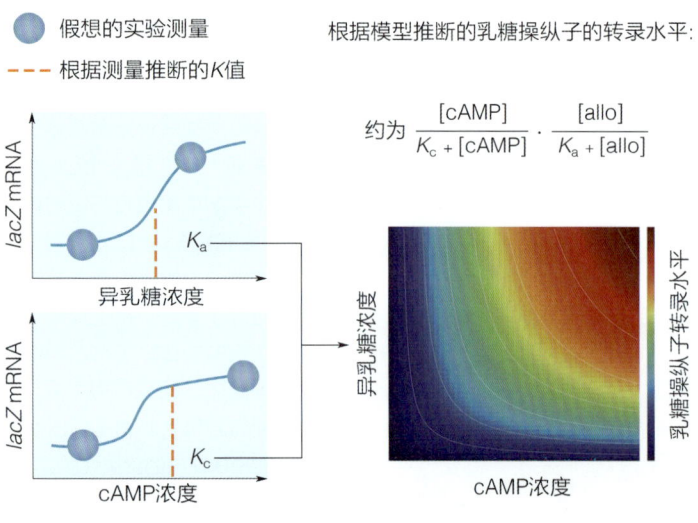

图 19-9 乳糖操纵子活性的假想实验和预测
假想的用于确定 K_c 和 K_a 的实验测量和根据模型预测乳糖操纵子活性与 cAMP 浓度和异乳糖浓度之间的关系。

（isopropylthio-β-D-galactoside，IPTG）组合下的输入函数。他们发现，乳糖操纵子整合 cAMP 和 IPTG 输入信号的方式虽然确实接近于与门逻辑，但比与门更加复杂。更有趣的是，他们通过对转录的数学模型的分析，提出只用少许几个突变，就可以让这个系统的运算逻辑更接近于纯粹的与门，或者转换为或门。这个模型预测在他们随后的实验中被证实。

总而言之，在多年的研究后，乳糖操纵子模型成为了生物领域中研究者们理解得最透彻的定量模型之一。通过研究乳糖操纵子等基因调控系统，科学家们逐渐揭示了基因调控的复杂性和多样性。这些研究不仅增进了我们对生命中"计算"和"优化"的理解，也为应用生物技术和医学研究提供了重要的基础。

也许有读者已经注意到，图 19-9 和式（19-1）、式（19-2）、式（19-3）中的输入并非外界乳糖浓度，而是细胞内的异乳糖浓度——这就引出了乳糖操纵子研究中曾经的一个"维持效应谜题"，相关内容会在 19.4 节中的正反馈部分进行详解。

19.3 信号转导和前馈

正如 19.2 节所阐述的那样，如果我们将细胞比作微小的计算机，那么它就需要实时地对各种输入信号作出响应，从而调整其行为和输出。举例来说，这些输入信号可以是来自环境的葡萄糖和乳糖的浓度，进而调节大肠杆菌糖类代谢基因簇的表达；或者是生长信号，影响哺乳动物细胞周期的推进；又或者是细胞因子，引导免疫细胞的分化或凋亡过程。在这些复杂的过程中，细胞外微环境的变化最终引发细胞内部状态的改变。这一过程中，外部信号是如何传递到基因，最终影响细胞内部状态变化的呢？

19.3.1 信号转导：状态转变的传递

信号转导（signal transduction）是半个多世纪以来一直深深吸引着分子生物学研究者的焦点。无论是原核生物还是真核细胞，无论涉及哪一具体通路，信号转导的本质在数学模型的描述上都呈现相似之处——它通过"一个状态的转变导致下一个状态的变化"，从而构建起信息传递的链条。

我们仍以第 18 章中乳糖操纵子的信息传递为例，展示细胞如何通过一系列环环相扣的状态转变，从外界变化引发内部的级联响应和调整（图 19-10）。信号分子 cAMP 的状态是由其浓度所标识的，当外界环境中葡萄糖浓度下降时，cAMP 的浓度从"低浓度状态"转变至"高浓度状态"。转录调控蛋白 CAP 有两种状态：不能结合 DNA 的非活化状态和能结合 DNA 的活化状态。高浓度的

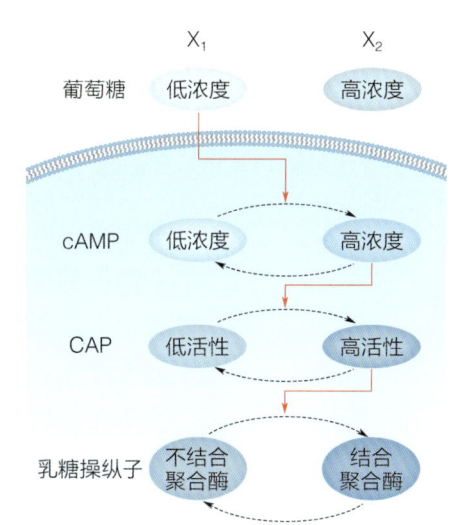

图 19-10 用"状态变化"来表征的 CAP 信号转导通路

每一行概括一个生物分子的两个状态，以不同颜色的椭圆表示。黑色虚线箭头代表分子在两个状态之间的变化。红色箭头代表了对状态转变的促进作用。

cAMP 促使 CAP 从前者转变为后者。乳糖操纵子同样有两种状态：未结合状态和结合 RNA 聚合酶的状态。CAP 的活化状态促进乳糖操纵子与 RNA 聚合酶结合，最终引发了细胞代谢行为的变化。这一过程生动地演示了信号转导的两个核心原则：

① 需要有特定生物分子（代称 X）出现某种状态（浓度、构象、活性等）的转变（例如，X1 → X2）。

② 其中的一个状态（例如 X2）能够诱发另一个分子（代称 Y）的状态转变，直至通路最后的表型输出。

19.3.2　状态改变的数学表示：以磷酸化 - 去磷酸化为例

让我们深入考量第一个核心原则：特定生物分子出现状态改变。蛋白质是生物体内最重要的大分子之一，担任着中心法则中"细胞各种任务的执行者"的关键角色。而蛋白质又可以在各种化学修饰下呈现出"激活"和"失活"等多种状态。在真核动物细胞中，信号转导通路通常以蛋白质的磷酸化 - 去磷酸化反应环（phosphorylation-dephosphorylation cycle）来呈现这个核心原则中的"状态变化"。

蛋白质的磷酸化是通过将磷酸基团连接到蛋白质的特定氨基酸残基上实现的。这个磷酸化过程可以改变蛋白质的构象、活性、互作对象及其在细胞内的定位。

回顾 18.1.2 节的内容，考虑一个蛋白质 X，它在未被磷酸化时可能处于一种"关闭"状态，无法参与特定的生物学过程。当细胞受到外界信号刺激时，某个特定的蛋白激酶（kinase）可能会被激活，这个激酶能够将磷酸基团添加到蛋白质 X 的某个氨基酸上。这个磷酸化事件可能会导致蛋白质 X 的构象发生变化，使其从"关闭"状态转变为"开启"状态，从而允许其参与特定的细胞信号传递或代谢途径。然而，磷酸化状态并不是永久的。在某些情况下，另一类酶——磷酸酶（phosphatase）会催化蛋白质 X 上的磷酸基团去除，恢复蛋白质的原始状态。

总之，蛋白质 X 可以在两种状态之间转变，各自由蛋白激酶和磷酸酶催化。一般而言，蛋白质磷酸化/去磷酸化的速率（以秒和分为时间单位）快于蛋白质生成和降解的速率（以分和小时为时间单位）。所以，我们可以近似地认为，在蛋白质磷酸化/去磷酸化的过程中，蛋白质 X 的总浓度 x_{tot} 不变，只是处于不同状态的比例发生改变。那么，对于这样一个磷酸化 - 去磷酸化的环路，若将处于活性状态的蛋白激酶和磷酸酶的总浓度 [K]、[P] 作为环路的输入，它们将如何影响蛋白质在去磷酸化状态和磷酸化状态下的比例变化？

设蛋白质在磷酸化状态下的浓度为 x_{pho}，去磷酸化状态下的浓度则为 x_{des}。根据式（18-15），酶促反应的速率可由米氏方程近似，所以，对于如图 19-11 所示的系统，蛋白质从去磷酸化状态转换为磷酸化状态的速率为

$$v_1 = V_1 \cdot [K] \cdot \frac{x_{des}}{x_{des} + K_1},$$

而从磷酸化状态转换为去磷酸化状态的速率为

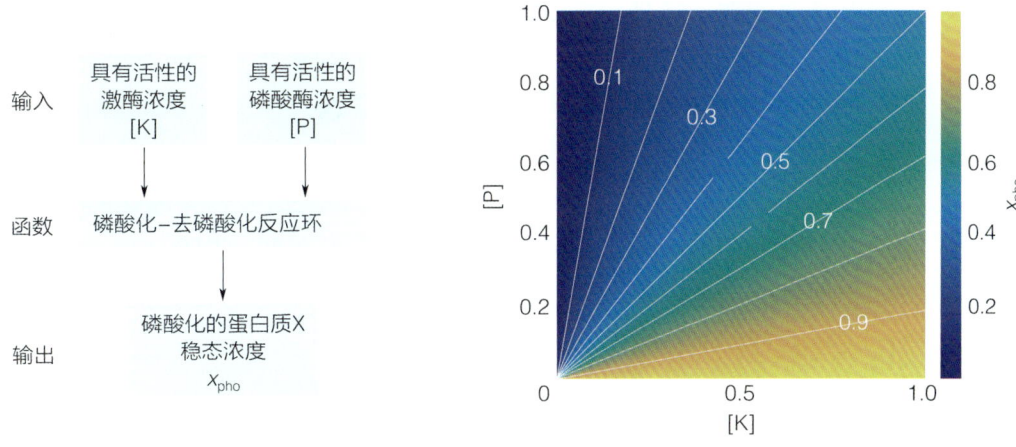

图 19-11 稳态下，磷酸化的蛋白质浓度（x_{pho}）作为蛋白激酶浓度 [K] 和磷酸酶浓度 [P] 的函数

$$v_2 = V_2 \cdot [P] \cdot \frac{x_{pho}}{x_{pho} + K_2}。$$

由于 $x_{pho} + x_{des} = x_{tot}$，故而该系统随时间的变化可仅由 x_{pho} 的常微分方程刻画：

$$\frac{dx_{pho}}{dt} = v_1 - v_2 = V_1 \cdot [K] \cdot \frac{x_{tot} - x_{pho}}{x_{tot} - x_{pho} + K_1} - V_2 \cdot [P] \cdot \frac{x_{pho}}{x_{pho} + K_2} \quad (19\text{-}4)$$

根据第 18 章中的 Goldbeter-Koshland 函数，式（19-4）的稳态（即令该速率等于 0）有唯一的解析解。将 [K] 和 [P] 作为输入，稳态的 x_{pho} 作为输出，其函数如图 19-11 所示。

如果蛋白质 X 的磷酸化状态本身也具有激酶或磷酸酶的酶活性，能够影响另一个蛋白质 Y 的磷酸化状态，x_{pho} 则成为另一个磷酸化–去磷酸化反应环的输入 [K] 或 [P]，变化将由此传递。

19.3.3 多个偶联的状态变化构成信号转导通路

如 19.3.1 节中所总结的，信号转导的第二个原则是一个改变诱发另一个改变。生长因子信号通路就是一个典型例子，它通过一系列依次催化的激酶来传递信息。

多细胞生物中细胞的增殖受到生长因子的严格调控。表皮生长因子（EGF）在细胞膜外与其受体结合会诱发受体的构象变化，受体会二聚化并作为激酶，将磷酸基团附着到彼此的胞内尾部，促进活化。活化的受体触发了一系列事件，最终激活了激酶 Raf。活化的 Raf 磷酸化并激活 MEK，而 MEK 则磷酸化并激活 ERK。ERK 磷酸化并激活各种目标分子，包括转录因子 c-Myc，从而促进细胞的生长和分裂。总体而言，作为生长因子受体激活的下游，Raf、MEK 和 ERK 构成了一个三层级的激酶信号转导通路，称为有丝分裂原激活蛋白激酶（MAPK）级联。由于它们在促进细胞分裂方面起着核心作用，编码生长因子受体、Raf 和 c-Myc 的基因都是原癌基因，当它们出现突变或异常激活时，可能引发不受控制的细胞生长从而促使癌细胞的形成。

很多信号转导通路都有和 EGF 通路相似的特征，包括但不限于 PI3K/Akt 通路、

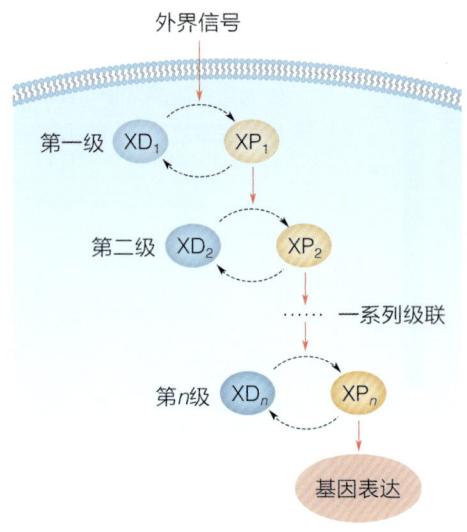

图 19-12　信号转导通路的简单抽象

NF-κB 通路，通过一系列主要由蛋白激酶的磷酸化/去磷酸化主导的相互偶联的变化，将上一级的状态变化环路的"输出"作为下一级的状态变化环路的"输入"，最终将外界信号传递给细胞核内的基因表达。

可以用图 19-12 所示的模型抽象出多级信号转导通路的一个简单构架。其中，每一级 i 都有一种分子 X_i 在两种构象 XD_i 和 XP_i 之间变化，而其中 XP_i 具有催化下一级 $i+1$ 的状态转化的能力。

这样的通路的普遍性动力学模型为

$$\frac{d[XP_i]}{dt} = V_{i1}\frac{1-[XP_i]}{K_{i1}+1-[XP_i]} - V_{i2}\frac{[XP_i]}{K_{i2}+[XP_i]},$$

其中 $V_{i1} = \begin{cases} k_1 S & (i=1) \\ k_i[XP_{i-1}] & (i=2,\cdots,n) \end{cases}$，$V_{i2}$ 暂设定为常数。

XD_i 和 XP_i 常常是蛋白激酶的非活化和活化状态，但并不仅限于此，任何由生物分子状态转换所介导的信号通路都可由此方程的变体来表征。

19.3.4　信号转导的复杂性

在信号转导领域，研究者们对系统的动态和稳态都有浓厚兴趣。

动态：从系统的起始时刻 $t=0$ 开始，一旦输入信号 S 发生从无到有的变化后，整个信号转导通路中每一级的状态（以 $[XP_i(t)]$ 表征）会如何变化？例如，随着时间的推移，$[XP_i(t)]$ 的曲线形状是否呈现单调的变化？高值的出现或消失有多迅速？

稳态：在给定信号强度 S 作为一个恒定输入的情况下，若假设每一级的状态都稳定于动态平衡（即 $d[XP_i(t)]/dt=0$），那么稳态值 XP_i^* 是输入信号强度 S 的怎样的一个函数？

（1）随层级增加的信号敏感性

在图 19-12 所显示的简单信号通路的模型中，稳态是比较容易被计算的——由于每一级的磷酸化/去磷酸化的稳态都有解析解，所以，我们可以一步步将图 19-12 中的输出代入下一级的输入，得到在系统近似为平衡状态时，XP_i^* 作为输入信号强度的函数（图 19-12）。对于一层的系统，我们得到一个 XP_1^* 随着输入信号强度 S 变化的 S 形响应曲线（图 19-13）。

有趣的是，当层级数 i 增加，XP_i^* 随输入信号强度 S 的变化曲线变得越来越"陡峭"——在这个陡峭的函数的边缘，输入信号强度的微小变化将被放大为输出的稳态 XP_i^* 值的巨大变化，也就是说，信号通路的"敏感性"随着 i 增加了。事实上，研究者们通过数学计算指出，当 $i=4$ 时，整个级联通路的放大效应（响应函数的斜率）可以增加至原本（$i=1$）的 1010 倍。

这个随着信号通路层数增加的"超敏性"，是生物中非线性效应的典型体现，也体现了数学模型带来的洞察力。它允许细胞将微小的刺激放大产生更大的响应，从而增强信号的效力，也为"为何信号转导通路往往是多层的构造"提供了一个解释。

然而，如图 19-12 所示的通路只是对信号转导通路的简化抽象模型，它是单线、无反馈的。而实际上，信号转导通路常常更为复杂，涵盖了不同信号和通路的交叉，以及同一通路内的反馈机制。而且，在这些信号转导的过程中，稳态之外，动态性质也显得十分重要。在接下来的部分，我们会简单讲述一下这些复杂度对信号转导的可能影响。

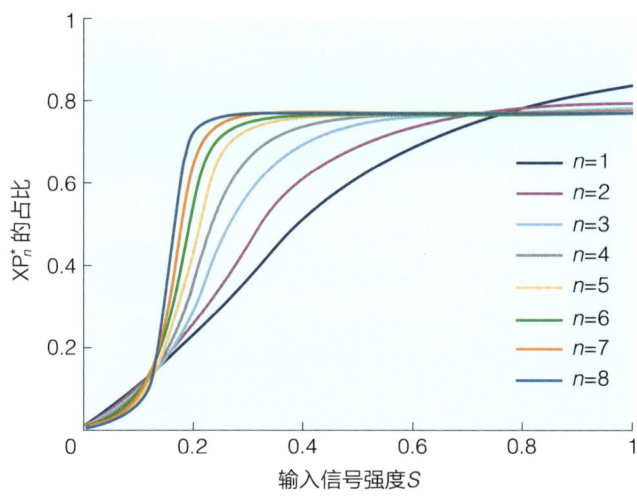

图 19-13　信号通路中，各层级 n 的稳态浓度作为输入信号强度的函数

（2）信号转导中的组合逻辑计算

信号转导通路的复杂性之一来源于"多个信号的输入"。细胞中不同的信号通路会交汇，共同作用于同一生物分子。当不同通路相互作用时，细胞常常需要执行"逻辑运算"，以得到对多种信息源的最佳响应。例如，对于 19.1 节中的乳糖操纵子，由 cAMP 介导的对葡萄糖浓度的感知，和由异乳糖介导的对乳糖浓度的感知，在乳糖操纵子的启动子区域交汇，形成类似于与门逻辑的运算，确保细胞对碳源变化的有效响应。

蛋白质的磷酸化可以发生于多个位点，同一位点的磷酸化也可以由多种激酶来催化进行——这方便了信号的整合。前文所述的 MAPK 级联只是一个对通路的高度简化。实际通路中，激酶往往需要被"双磷酸化"才具有活性，例如，MEK 需要对 MAPK 的两个位点进行磷酸化以激活 MAPK。

若要用数学方程对信号于同一分子 C 上的汇聚进行建模，那我们需要对具体机制进行具体分析。如果一个蛋白质需要两个磷酸位点的修饰才能被激活，那么给这两个位点进行修饰的通路就在此被整合为与门；而如果两个通路都可以修饰同一个位点以激活蛋白质，那么它们就被整合为或门。简单的布尔代数就可以粗略地描述这种情况（见 19.2.1 节）。

更复杂地，若不同的修饰位点之间也存在关联，例如有"2 号位点只有在 1 号位点被磷酸化后才能被修饰"，或"1 号位点的磷酸化阻止 2 号位点被修饰"之类的影响，那么系统的运算逻辑将会更复杂。或者，当我们需要用连续模型来更细节地描述这个系统的输出随输入的动态变化时，惯常的步骤是（图 19-14）：

① 抽象出"C 的多个状态"，并且绘制出表征这些状态之间转变的反应箭头。例如，若"2 号位点只有在 1 号位点被磷酸化后才能被磷酸化或去磷酸化"，那么 C_0 这个状态就不能指向 C_2 这个状态，而 C_2 也不能指向 C_0。

② 确定不同的"输入信号"如何影响状态之间的转变，例如，作为信号的激酶 A 促进位点 1 的磷酸化，使 C_0 向 C_1 转变，以及 C_2 向 C_{12} 转变；而激酶 B 促进位点 2 的磷酸化，促进 C_1 向 C_{12} 转变。

图 19-14 对同一生物分子在多种状态下转换的建模的基本流程

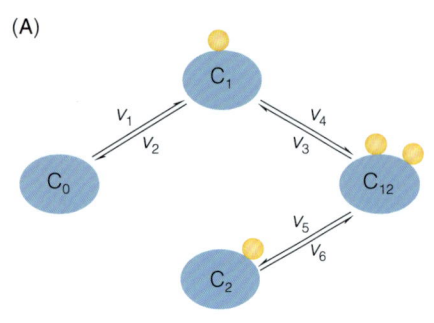

$$v_1 = V_1 \frac{[A][C_0]}{K_1 + [C_0]} \quad \frac{d[C_0]}{dt} = -v_1 + v_2$$

$$v_6 = V_6 \frac{[A][C_2]}{K_6 + [C_2]} \quad \frac{d[C_1]}{dt} = v_1 - v_2 + v_3 - v_4$$

$$v_4 = V_4 \frac{[B][C_1]}{K_4 + [C_1]} \quad \frac{d[C_2]}{dt} = v_5 - v_6$$

$$v_2 = k_2 [C_1]$$

$$v_3 = k_3 [C_{12}]$$

$$v_5 = k_5 [C_{12}]$$

③ 根据反应机制（例如，是酶促反应或基元反应），写出每一个反应箭头的速率。

④ 根据③中反应的速率，为每个状态的浓度写出常微分方程。

不同的组合逻辑使得细胞在复杂的环境中能够灵活地做出多种响应，增强了其适应性和功能多样性。很重要的一点是，多个信号在某个生物蛋白质上的汇聚，允许了通路中的前馈（feedforward），这是生物网络中一个重要的调控机制。

（3）前馈

在工程学的控制论中，前馈和反馈是两种最基本的控制策略。事实上，前馈这个概念最早于 20 世纪中叶在对神经线路的研究中被提出，这也是生物学对人类工程学的贡献之一。

如图 19-15A 所示，前馈的网络表示非常简单——当从 X 到 Y 的调控关系通过多条路径传递时，这就被称为 X 对 Y 的前馈。EGF 与受体结合的信号不仅激活了 MAPK 通路，还激活了 PI3K 信号转导通路，这两条通路最终都促进了细胞周期 G_1 到 S 的进展（图 19-15B）。另一个例子是在细胞应对 DNA 损伤中起核心作用的 p53 通路。该通路激活后，抑癌转录因子 p53 一方面促进介导细胞周期停滞的 Slug 蛋白的表达，而 Slug 抑制了凋亡蛋白 Puma；另一方面，p53 直接调高 Puma 的表达（图 19-15C）。前馈环路在信号转导中非常常见。事实上，在研究深入的模式生物如大肠杆菌和酵母等的感知-转录网络中，前馈出现的频次都远高于随机网络。前馈环路在生物系统中的普适性也许会引起读者的好奇——为什么一个输入信号需要分裂成两条路径后再汇聚？难道这不是比单一路径的信息转导更消耗细胞中有限的能量和蛋白质吗？特别是类似 p53 通路中对 Puma 的两条调控路径，一条激活一条抑制，这种彼此拮抗的效果是否会让细胞做无用功呢？

在演化的制约下，生物极少做"无用之功"。就如工程学中前馈是两种最基本的控制策略之一，信号转导中的前馈亦有其多种多样的生物学功能。前馈起作用的关键在于"时序"。前文中，我们主要关注于信号转导通路中输入-输出的稳态，即在固定的输入信号强度下，经过足够长的时间后，系统达到平衡时

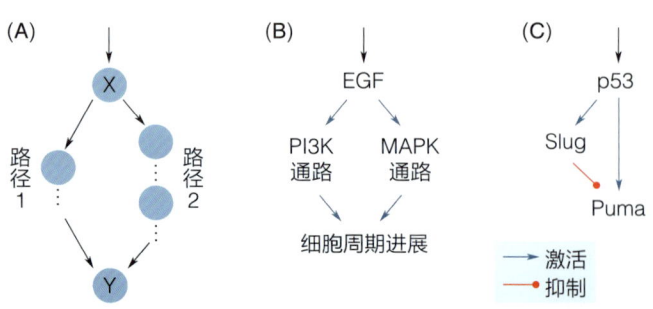

图 19-15 前馈的网络表示（A）和相关的生物学例子（B、C）

（B）中的例子是一致性前馈，而（C）是不一致性前馈。

的输出状态。然而，信号转导的过程中，系统随时间的动态变化同样重要。例如，当环境中葡萄糖浓度开始由高转低时，微生物糖代谢相关的表达是立即变化，还是稍后待微环境的变化方向确定后再作响应？由低转高时呢？同样地，当环境渗透压发生变化时，微生物是持续地响应渗透压，还是在响应一段时间后相关基因回归原值不再响应？

实现这些复杂生物学功能的关键，在于信号在前馈的两条路径上的传播所需的时间不同。图 19-15B 是一致性前馈（coherent feedforward）的例子：两条路径的调控"方向"是相同的，或是都激活，或是都抑制。在合适的组合逻辑下，这样的一致性前馈可以作为一种对变化方向敏感的延迟元件：在一个输入信号的变化方向上（例如，从高到低时）对刺激快速响应，并在相反的信号输入方向（从低到高）上对刺激延迟响应。

一致性前馈的这个功能并不难理解，可以用布尔代数简单地描述（图 19-16）。这个高度简化的网络中，信号自节点 1 输入、节点 3 输出，并由前馈分出两条通路。较长的通路经由节点 2 指向节点 3，而较短的通路直接由节点 1 指向节点 3。图 19-16A 中，这个简单的动力学系统每个时刻 t 的状态由其上一刻 $t-1$ 的状态决定，并遵循如下的方程：

$$x_2(t) = x_1(t-1),$$
$$x_3(t) = x_1(t-1) \text{ AND } x_2(t-1)。$$

在 $t=1$ 的时刻，输入信号 x_1 从 0 变为 1。这导致了下一时刻 $t=2$ 时，x_2 被上调为 1。然而，由于输出信号 x_3 的两条输入路径采用了与门逻辑，所以在 $t=2$ 时，尽管 x_3 已经受到了 x_1 的激活，但由于 $x_1(1)=1$ 和 $x_2(1)=0$，在与门下得到 $x_3(2)=0$，因此输出仍然保持在"未上调"的状态。直到 $t=3$ 时，$x_3(3)$ 满足激活条件，其值才从 0 变为 1。

有趣的是，当输入信号 x_1 的值从 1 下调为 0 时（$t=4$），同样由于与门逻辑的作用，输出信号 $x_3(5)$ 在下一时刻立即从 1 关闭至 0。因此，这个系统能够实现"对输入的增加延迟响应，对输入的减少立即响应"的不对称延迟功能。对于一些激活后代价高昂的代谢通路而言，通过延迟进行"确认"是更经济和节省资源的方式，而在信号消失时立即关闭通路，也能够避免物质和能量的浪费。

而如果仅将图 19-16A 中的组合逻辑从"与"改为"或"，这个简单前馈环路的不

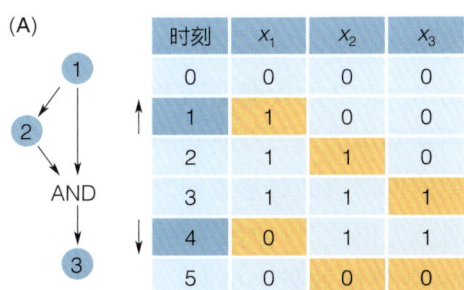 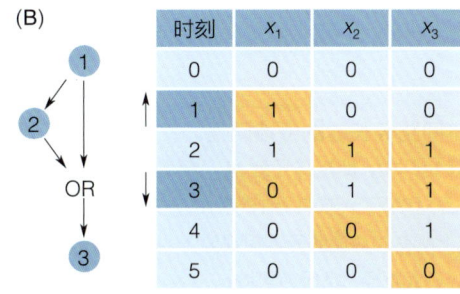

图 19-16　布尔代数所描述的一致性前馈对信号变化的响应时序
图中，输入信号为 1 号节点，输出信号为 3 号节点，信号变化的时刻和方向由深蓝底色和箭头标示。（A）与门逻辑。（B）或门逻辑。

对称性立刻调整了：在输入信号上调时，系统立即响应；而在输入信号下调时，系统则延迟响应（图19-16B）。对于一些若不及时应对就可能导致细胞死亡的胁迫响应通路来说，这样的前馈则设置更加明智。

另一种前馈环路是不一致性前馈（incoherent feedforward），以图19-15C为例。这种回路中，两条路径的调控方向相反，一条激活一条抑制。不一致性前馈使得系统能够根据不同的输入信号产生不同的响应。

图19-15C中的p53通路就是一个典型的"细胞需要做出不同选择"的例子。细胞DNA受到损伤时，通常会通过激活DNA修复基因来促进DNA修复，从而保持基因组的稳定性；然而，当DNA损伤严重到无法修复时，p53通路会转而激活细胞凋亡相关基因，引导细胞走向程序性死亡。在这种情况下，如果p53激活Slug的路径所需时间较短，而激活Puma的路径所需时间较长，那么只要DNA损伤持续的时间短于激活Puma所需的时间，细胞就会启动Slug主导的细胞周期暂停和DNA修复的"促进存活"基因程序，并同时抑制细胞凋亡。但是，一旦损伤持续的时间足够长以至于激活Puma，细胞凋亡就会启动。

读者可以思考：如果按照图19-16所示为p53信号转导通路建立布尔动力学模型，是否能呈现出这种"根据信号持续时间长短做出不同命运决定"的效果？如果可以，那么两条路径的长度和组合逻辑需要如何设置？

前馈在信号转导中可能的作用远比图19-15和图19-16中所显示的更加复杂：不同数量和长度的调控路径、不同的组合逻辑、不同的作用方式，都可以引向丰富多样的生物学功能。例如，仅涉及三节点的前馈就有8种拓扑，各自可以在相应参数下完成包括但不限于信号过滤、时间动态监测、信号幅度变化检测等功能。数学模型在前馈的功能和机制研究方面起着关键的作用，帮助我们更好地理解生物系统中信号转导的原理和调控机制。

19.4 正反馈

反馈是工程学控制论中的另一种基本策略——调控边从一个节点发出，经过或长或短的路径，最后再回到这个节点。图19-17显示了反馈的基本构架，以及具有路径长度为1、2、3的反馈的例子。正反馈和负反馈是反馈的两种基本类型，有明确的定义：如果回到节点的路径上的抑制边的数量总和为偶数，则整体效果为激活，回路为正反馈；如果回路的抑制边的数量总和为奇数，则整体效果为抑制，回路为负反

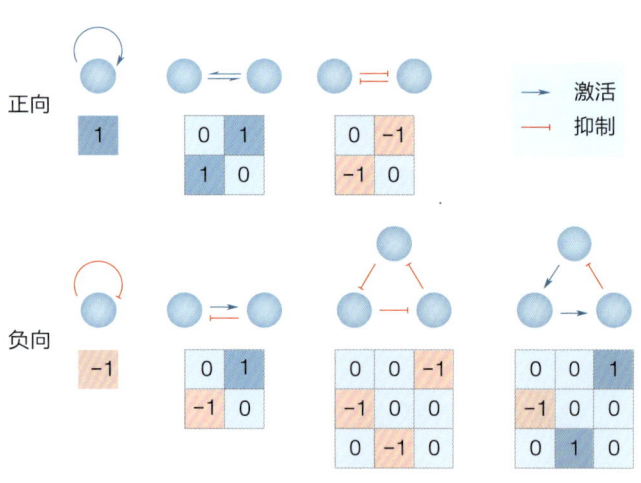

M_{ij}：节点i对节点j的作用（1: 激活；-1: 抑制；0: 不存在）
P_{ij}：节点i到节点j的路线，例：$P_{ij}(k)=M_{ik} \cdot M_{kj}$
反馈：正向 $P_{ij} = 1$；负向 $P_{ij} = -1$

图19-17 反馈的基本构架和不同路径长度的反馈网络
激活和抑制反映在每个图像下的邻接矩阵中，即矩阵元素$M_{ij}=1$代表激活，-1代表抑制，0代表无作用。P_{ij}代表了从节点i到节点j的一条路径。若一条指向自身的路径P_{ii}其上所有边对应的元素相乘为1，则此路径为正反馈回路；若相乘为-1，则此路径为负反馈回路。

馈。通过对邻接矩阵的分析，我们可以清晰简易地判断某个网络中是否存在正反馈或负反馈。

19.4.1 一维正反馈的动力学模型

当涉及任何数学或物理模型时，系统的"维度"都是至关重要的概念。在物理学中，我们通常将时间和三维空间合并为四维时空来描述事件和物体的演化。类似的，在生物物理的模型中，我们也经常使用"n 维"来描述某个动力学模型。这里的"n 维"并不是系统的时空属性，而是反映了模型简化的程度。当模型中涉及 n 个变量时，我们称其为 n 维模型。尽管真实的生物系统异常复杂，但为了更直观地理解生物学问题，我们常需要将注意力集中在特定的生物学参数和反馈机制上，并且尽可能地简化模型。

基因表达谱决定了细胞的性状，转录调控是生物中最基本的调控之一。若某个转录因子能够结合上自身基因的启动子，从而调控自身表达，这种转录自激活就构成了一个最直接的自反馈。例如，蓝藻在缺氮时会将一部分细胞会转变为负责固氮的异形胞，转录因子 HetR 在该过程中发挥着重要作用。在低氮条件下，HetR 被激活，由单体转为二聚体。二聚体的 HetR 激活一系列促进异形胞形成的基因，且其结合位点包括自身的启动区域，产生出更多的 HetR。HetR 只是一个自正反馈的典型例子，类似的自正反馈在生物网络中较为常见（图 19-18）。例如，一些酶在磷酸化后被活化，而后作为磷酸激酶催化自身的磷酸化，即自磷酸化（autophosphorylation）；又例如，微生物中负责合成和分泌群体感应分子的基因簇也被它所产生的群体感应分子所激活，而这些常见的介导正反馈的群体感应分子就被称为自感应物质（autoinducer）。

然而，即使对于"转录因子激活自身表达"这一最简单的正反馈回路，实际系统中的变量也不止一个：启动子有结合和不结合转录因子的状态；转录出的 mRNA 在真核生物中需要出核，mRNA 需要被翻译以制造蛋白质；蛋白质可能需要被修饰激活，多聚，入核行使功能，被泛素化酶修饰降解……然而，数学模型不可能也不需要详尽地描述所有生物学过程，而是需要用最简单的方程去近似这个过程的关键：当节点发

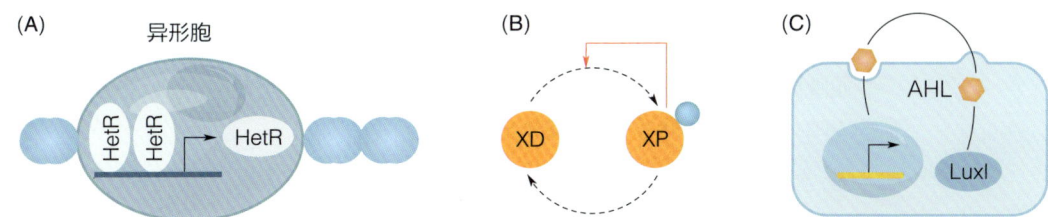

图 19-18 自正反馈的例子
（A）蓝藻异形胞中 HetR 的转录形成的正反馈。其中，转录因子 HetR 由白色椭圆表示。HetR 蛋白在二聚后具有转录活性，能激活自身的表达，使得蓝藻细胞由营养细胞（小圆）转换为异形胞（大圆）。
（B）蛋白质作为自身磷酸化的激酶。其中，磷酸激酶 X（橙圆）只有在其特定位点被磷酸化（以蓝色小圆表征）后才具有酶活性，而它自身可以对该位点进行磷酸化。（C）群感分子促进其合成基因簇的激活。其中，细胞以圆角矩形代表。细胞中蛋白 LuxI（蓝色椭圆）导致小分子 AHL（橙色六边形）的产生。AHL 被分泌至胞外，并可被微生物吸收。进入细胞的 AHL 激活 LuxI 的转录。

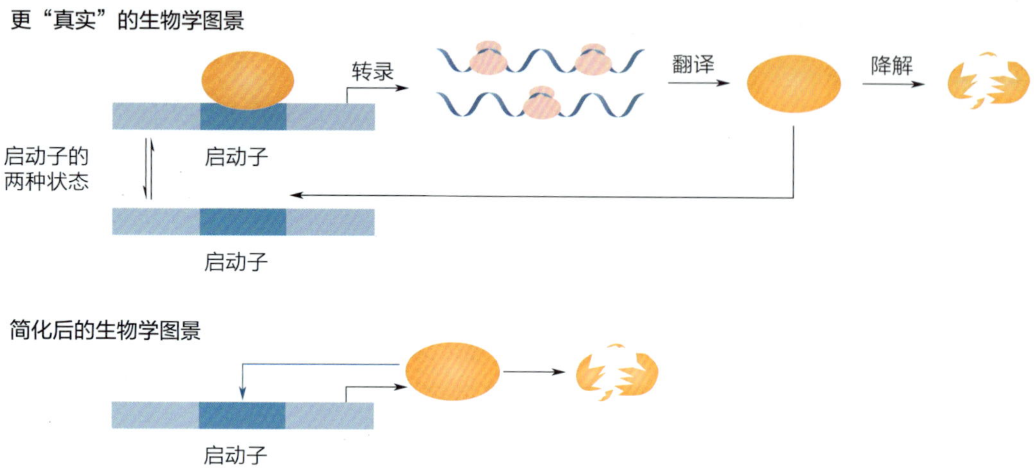

图 19-19 转录自正反馈的"更接近真实系统"的示意图和简化后用于建立一维模型的示意图

出一个代表"激活"的箭头指向自身时，系统会产生什么有趣的行为？

在合理的简化下，我们仅用一个变量 x 来描述这个动力学系统（图 19-19）。变量 x 可以表征 mRNA 的浓度，也可以代表能行使转录调控功能的蛋白质的浓度。我们假设，x 以二聚的形态进行转录调控。根据第 18 章的内容，x 的产生速率（production rate）x_{pro}，可以用系数为 2 的希尔方程来表示：

$$x_{\text{pro}} = V \cdot \frac{x^2}{x^2 + K^2}。 \tag{19-5}$$

同时，一个能达到稳定的系统也需要降解。最简单的假设下，单位时间内降解的转录因子的量 x_{deg} 也是 x 的函数，正比于其现有浓度（d 是代表降解速度的参数）：

$$x_{\text{deg}} = d \cdot x。 \tag{19-6}$$

式（19-5）代表的转录翻译是这个系统的"流入"，式（19-6）代表的降解是这个系统的"流出"，在这两个流的作用下，描述系统动力学行为的常微分方程如下：

$$\frac{dx}{dt} = x_{\text{pro}} - x_{\text{deg}} = V \cdot \frac{x^2}{x^2 + K^2} - dx。 \tag{19-7}$$

接下来，我们要对这个最简单的正反馈系统进行分析，以此逐步正式引入非线性分析中的一些在定量生物学中常见的概念。

（1）双稳态：不动点、稳定性、吸引域

面对一个动力学系统，人们首先希望了解的性质是：这个系统是否能达到某个或某些稳定状态？这些状态是什么样的？

概念 1：不动点

若一个动力学模型 $\frac{dx}{dt} = f(x)$ 存在某个状态 x^*，该状态下系统状态不再变动，则该点为系统的不动点（fixed point）。

对于式（19-7）中的一维系统，设 $\frac{dx^*}{dt}$ 为 0 后，可直接解出它有三个解，从小到

大排列为

$$x^* = \begin{bmatrix} 0 \\ \frac{1}{2}\left(\frac{V}{d} - \sqrt{\left(\frac{V}{d}\right)^2 - 4K^2}\right) \\ \frac{1}{2}\left(\frac{V}{d} + \sqrt{\left(\frac{V}{d}\right)^2 - 4K^2}\right) \end{bmatrix}。 \qquad (19-8)$$

这三个解都是稳定的吗？我们不妨使用图形的方法来打一打草稿——相比数学公式，图形更能让人迅速获得直觉上的理解。譬如，要让式（19-7）等于零，x 的生成需要等于降解。在图形上，这就是以 x 为变量的希尔函数 x_{pro} 和线性函数 x_{deg} 相交的地方。如图 19-20 所示，当 $\frac{V}{d}$ 不是太小时，这两条线可以在三个地方相交，代表了式（19-8）中的三个不动点，我们把这三个交点标记为 a，b，c。

然而，"不动"是指系统完全处于 x^* 时不动，就如刚好置于山顶或山谷的小球。若有风吹推了小球稍许，系统是动还是不动？

概念 2：稳定性

若一个动力学系统的状态处于不动点 x^*，当我们对其加以微小的扰动 Δx 时（即 x^* 变为 $x^* + \Delta x$）：若扰动 Δx 随时间流逝变得越来越小，则该不动点为稳定不动点，就如山谷的小球在被踢一脚后仍会晃动着回到原处；若扰动随时间放大，则该不动点为不稳定不动点，就如山顶的小球在轻轻一推下就滚下山坡（图 19-20）。

数学上应该如何推断扰动 Δx 是会被放大还是缩小呢？由于 x^* 是常数，所以 $\frac{d(\Delta x)}{dt} = \frac{d(x^* + \Delta x)}{dt} = f(x^* + \Delta x)$。而由于 Δx 很小，我们可以对 $f(x^* + \Delta x)$ 做一阶泰勒展开，由不动点的定义 $f(x^*) = 0$ 得到

$$\frac{d(\Delta x)}{dt} = f(x^*) + f'(x^*)\Delta x = f'(x^*)\Delta x,$$

解得

$$\Delta x(t) = \Delta x(0) e^{f'(x^*)t}。$$

所以，$f(x)$ 于点 x^* 处的一阶导数的正负决定了扰动 Δx 是随时间放大还是缩小：若 $f'(x^*)$ 大于 0，则扰动在 x^* 附近指数放大，x^* 为不稳定不动点；若 $f'(x^*)$ 小于 0，则扰动指数衰减，x^* 为稳定不动点。

式（19-7）所代表的动力学系统中，

$$f'(x) = \frac{2Vx}{K^2 + x^2} - d - \frac{2Vx^3}{(K^2 + x^2)^2}, \qquad (19-9)$$

将式（19-8）中的三个解代入式（19-9），得到这三个不动点处

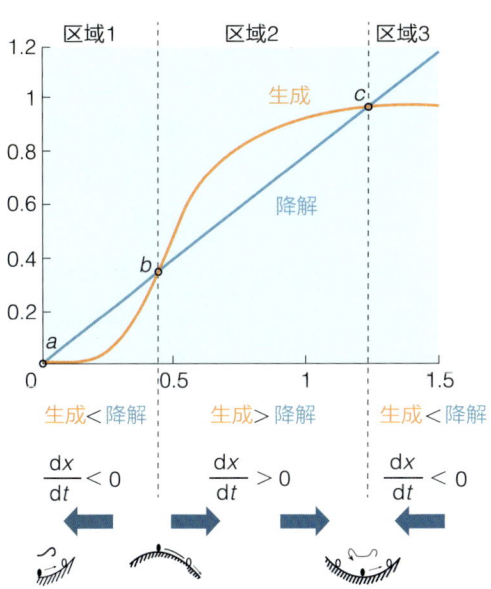

图 19-20 式（19-7）不动点及其稳定性的图形解释

圈出的黄线和蓝线的三个交点标示了式（19-8）中的三个解（$V/d > 2K$ 时）。

的导数为：

$$f'(x^*) = d \begin{bmatrix} -1 \\ \sqrt{1 - 4K^2 \left(\dfrac{d}{V}\right)^2} \\ -\sqrt{1 - 4K^2 \left(\dfrac{d}{V}\right)^2} \end{bmatrix}。$$

第一个解，$x^* = 0$，导数值为 -1，总是稳定。若后两个解在生物学可行的情况下（即 $V/d > 2K$），则：第二个解的导数值总是大于 0，说明此为不稳定不动点；第三个解的导数值总是小于 0，说明此为稳定不动点。

这个稳定性也可以用图形的方法来简单理解。图 19-20 中，当系统处于不动点 a 和 b 之间的区域 1 时，代表降解的蓝线在代表生成的红线之上，降解高于生成，x 的值有减小的趋势，而 0 是 x 的最小值，故而任何在区域 1 中的状态都流向不动点 a（黑色箭头），而不动点 a 是稳定不动点。红蓝两条线的交汇意味着它们上下关系的反向。在不动点 b 和 c 之间的区域 2，降解低于生成，根据式（19-7），这个区域里 x 的值有增加的趋势。类似的，最外侧的区域 3 里 x 的值将减小。由此来看，不动点 b 周围的状态，值低于点 b 的会向点 a 流动，值高于点 b 的会向点 c 流动。所以，这是个"山峰"上的点，它是不稳定的。类似地，点 c 周围的状态都会流向它，这是一个"山谷"的稳定不动点。

稳定不动点属于吸引子的一种。图 19-20 中，点 a 和点 c 都是吸引子。在动力系统中，吸引子是指系统在经过一段时间后趋向的稳定状态。除了稳定不动点，吸引子还可以是周期轨道、奇异吸引子和混沌吸引子等。

概念 3：吸引域

吸引域是指在动力系统中，最终会收敛到某个吸引子的所有状态的集合。简单来说，吸引域描述了系统在哪些初始条件下，会趋向于特定的稳定态或吸引子。图 19-20 中，区域 1 是稳定不动点 a 的吸引域，区域 2 和 3 是稳定不动点 c 的吸引域。

概念 4：双稳态

双稳态是生物体系中常见的一种有趣的非线性行为。上述转录自激活模型是双稳态的一个最简单的模型。顾名思义，它代表着系统存在两个可能的稳定状态（图 19-21A），而任意一个细胞可以稳定地待在其中的任何一个状态上。双稳态具有初值依赖性——细胞待在哪个稳态取决于它初始时的状态。不稳定不动点 b 起到了分隔不同初始状态的作用（图 19-21B）。这个模型中，基因表达值低于 b 的初始状态将最终演进到点 a 去，而高于点 b 的状态将演进到点 c 去（图 19-21C）。

由此，双稳态让细胞在基因 x 的表达量上，呈现出一种"全或无"（all-or-none）的两极分化的状态——或高（点 c）或低（点 a），没有中间状态。在真实的充满噪声的生物体系中，这往往表现为基因表达谱的双峰分布（bimodal distribution）（图 19-21D）。双稳态具有多种可能的生物学功能。在分化发育中，双稳态的"全或无"为细

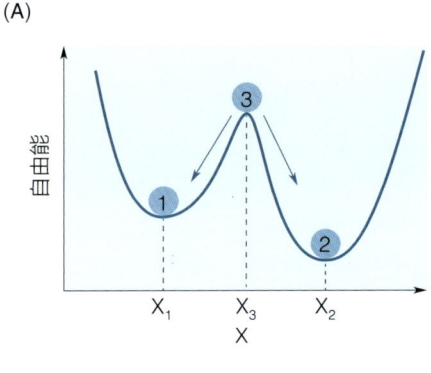
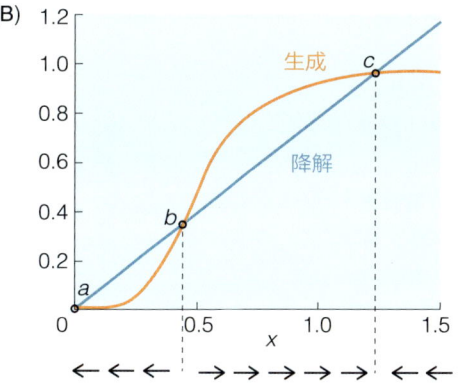
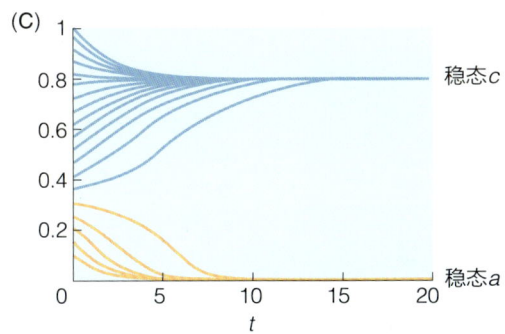
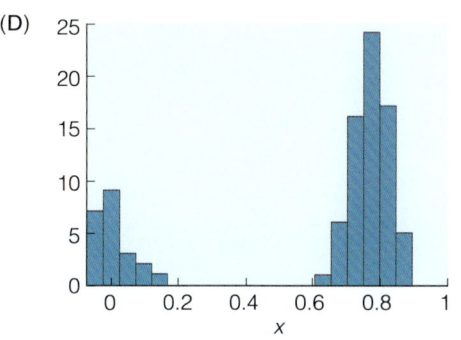

图 19-21 双稳态的相关展示
（**A**）双稳态的直观图像。蓝色地形图描绘了某个系统的"能量"高低。山峰上的 3 是不稳定的状态，它分隔了两个稳定的状态 1 和 2。例如，1 和 2 可以代表两种稳定的不同细胞分化状态，而状态 3 不会在实验中被观测到。（**B**）方程式（19-7）中，蛋白质生成（黄线）和降解（蓝线）如何随浓度 x 变化的曲线。曲线的交点（a、b、c）是方程的三个不动点。横轴下方的方向箭头指示了该动力学系统处在不同浓度值 x 时的变化趋势，由此可以分析出：b 为不稳定不动点，a 和 c 为稳定不动点。（**C**）从不同初始值 $x(0)$ 开始时，系统的动力学演化趋势。可以看出，略高于不动点 b 的初始值将演化至稳态 c，而略低的初始值则演化至稳态 a。（**D**）对方程式（19-7）的系统中加入随机噪声后，基因表达的双峰分布。

胞提供了命运选择（fate decision）的基础；在菌群应对环境上，双峰分布带来的"猜拳策略"（bet-hedging）使整个群体更有生存优势。此外，在神经系统中，双稳态可以用于存储和传递信息，促使神经元以离散的方式工作。总之，双稳态的存在为生物体系提供了一种多功能性的机制，使其能够适应不同的生态和生理需求。事实上，当多个正反馈叠加，系统往往还会出现大于二的多个稳态。

（2）分岔

若方程的参数变化，导致了系统中吸引子的数量和性质发生变化，即为分岔（bifurcation）。

对于前述的蓝藻固氮异形胞中 HetR 自激活的例子而言，降低的外界氮浓度对 HetR 的激活可以对应于方程中的参数 V 的增加：越多的 HetR 二聚化，HetR 的转录活性越强。如图 19-22 所示，V 很小时，解 b 和 c 在生物学上不可行，系统有且仅有一个处于低态时的稳定不动点 a。随着 K 的逐渐减小，生成和降解的曲线开始出现在不动点 b 和 c 处相交，系统产生了三个不动点。这就是一个典型的"鞍节点分岔"——一个新的、稳定的、让细胞能高表达 HetR 的状态 c 伴随着不稳定状态 b 出

图 19-22 正反馈下的分岔行为

（A）系统的稳定不动点（黄点）和不稳定不动点（蓝点）的位置随参数 V 变化的分岔图，V 增加（氮浓度降低）时，系统从单一低态稳定点 a 变为双稳态，出现高态稳定点 c 和不稳定点 b。（B-D）显示不同 V 值下 HetR 的生成/降解速率的曲线。

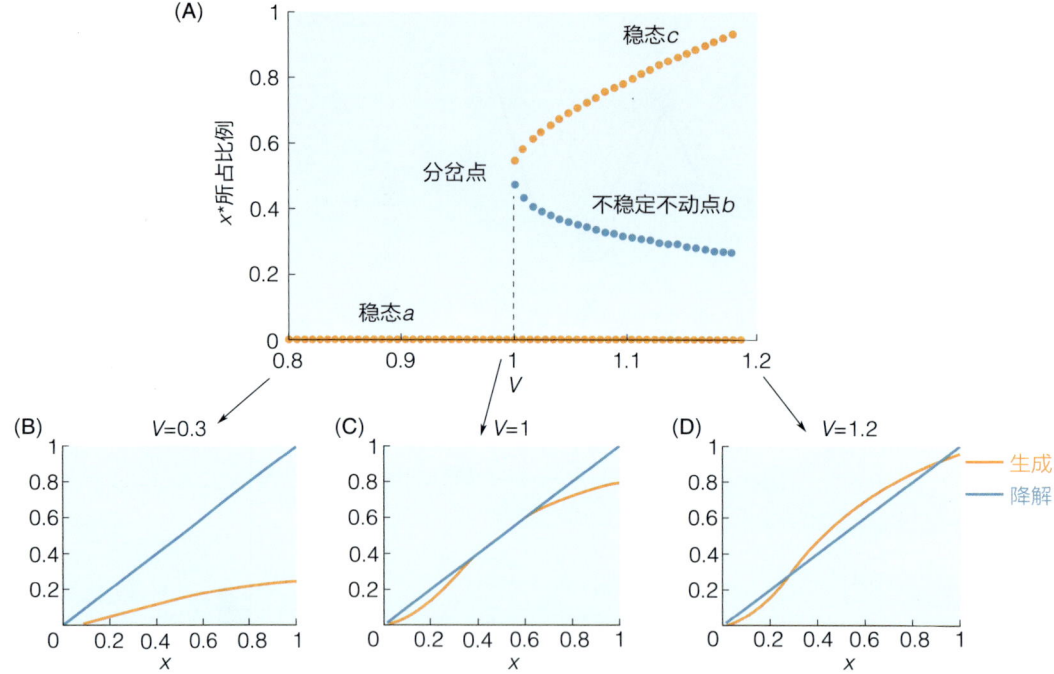

现了；它和 HetR 的低表达状态分庭抗礼，形成双稳态。类似地，若细胞已处于稳定点 c，当环境中氮浓度逐渐增加（对应 V 值降低），稳定点 c 和不稳定点 b 碰撞消失，分岔使得细胞中 HetR 浓度从高态掉落到低态。这种跃变是分岔的一个典型特征：在参数 K 仅出现微小的数值变化时，整个系统的"地形图"出现了定性的巨大变化。由此，正反馈可以起到对输入信号的放大作用。这种"量变引发质变"的效应，是非线性动力学的典型特征。

19.4.2　二维正反馈

上文所述的以一维模型表征的转录自激活只是正反馈中最简单的一类。真实的生物系统往往更加复杂，而各种不同类型的正反馈在其中发挥着多种重要功能。

（1）乳糖操纵子中的"维持效应"

早在 20 世纪 50 年代，乳糖操纵子中的维持效应（maintenance effect）就引起了研究者们的注意。实验发现，不仅仅大肠杆菌对乳糖的响应呈现出"全或无"的迥异状态，这两个状态还能具有维持自身的能力：高浓度的诱导物能够强烈启动乳糖操纵子的表达，而低浓度的诱导物则不足以启动表达。然而，有趣的是，当细胞被置于中等浓度的诱导物培养液中时，其表达状态会受到其历史状态的影响：如果细胞中的乳糖操纵子之前已被诱导至高表达状态，那么在中等浓度诱导物的培养基中，它将继续保持高表达。相反，如果细胞之前从未被诱导过，那么在中等浓度诱导物的培养基中，乳糖操纵子将保持关闭状态。

维持效应让学术界困惑了近十年，直到研究者们意识到这是一个典型的"正反馈

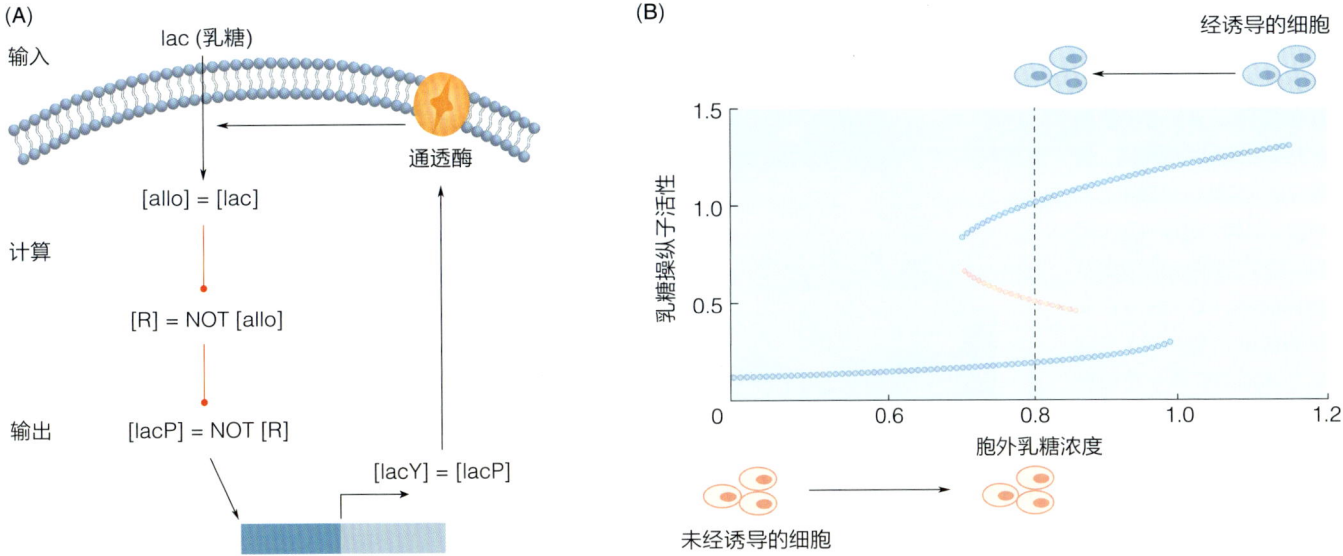

图 19-23　乳糖操纵子中维持效应所涉及的正反馈回路（A）和相应的非线性动力学模型中的双稳态解释（B）

在（B）中，初始状态为低浓度诱导的细胞在被转移到含中等浓度诱导剂的培养液时保持为低乳糖操纵子活性（黑色箭头指示），而初始状态为高浓度诱导的细胞在被转移到同样中等浓度诱导剂的培养液中后，保持其高乳糖操纵子活性。

导致双稳态"的现象。如前所述，细菌细胞通过异乳糖的浓度来感知周围环境中乳糖的浓度，细胞内的异乳糖越多，乳糖操纵子的表达越高。而乳糖操纵子的转录产物之一 *lacY* 合成了将乳糖转运入细胞的通透酶（lactose permease）（图 19-23A）。通透酶越多，细胞内乳糖浓度越高。这个相互促进的回路构成一个典型的正反馈，而它导致的双稳态为细胞赋予历史依赖性——在双稳态存在的参数区域，乳糖操纵子的表达是高还是低取决于它们在初始状态时落在哪个稳定点的吸引域。双稳提供了细胞对环境响应的"稳定性"。当外界信号变化不太大（例如，诱导物浓度从高变中）时，细胞依然保持原有表达状态能避免不必要的代谢调整，优化能量利用的效率。

乳糖操纵子中的维持效应不仅引发了科学家们的极大兴趣，而且为我们理解生物系统中的正反馈机制提供了一个典型的案例研究。

（2）细胞命运决定中的互抑制网络

历史依赖性对于多细胞生物尤为重要。在分化发育的过程中，从神经细胞到皮肤细胞和免疫细胞等，上百种迥异的细胞状态有序产生，构成复杂精致的机体，而这些细胞几乎都具有相同的基因组。只有当细胞具有对谱系分化的历史的记忆时，才能在共同的微环境中形成和保持各不相同的基因表达谱。

如经典的沃丁顿景观（Waddington landscape）所生动描绘的那样，从胚胎发育的早期阶段开始，具有多能性的干细胞沿不同的谱系路径一次次分化，最终到达了终末命运（图 19-24A）。这一过程中，谱系路径的每次"分岔"，往往意味着干细胞需要在两种不同的谱系中做出"命运决定"（fate decision），选择其一作为分化方向，关闭或激活相应的特定谱系基因。

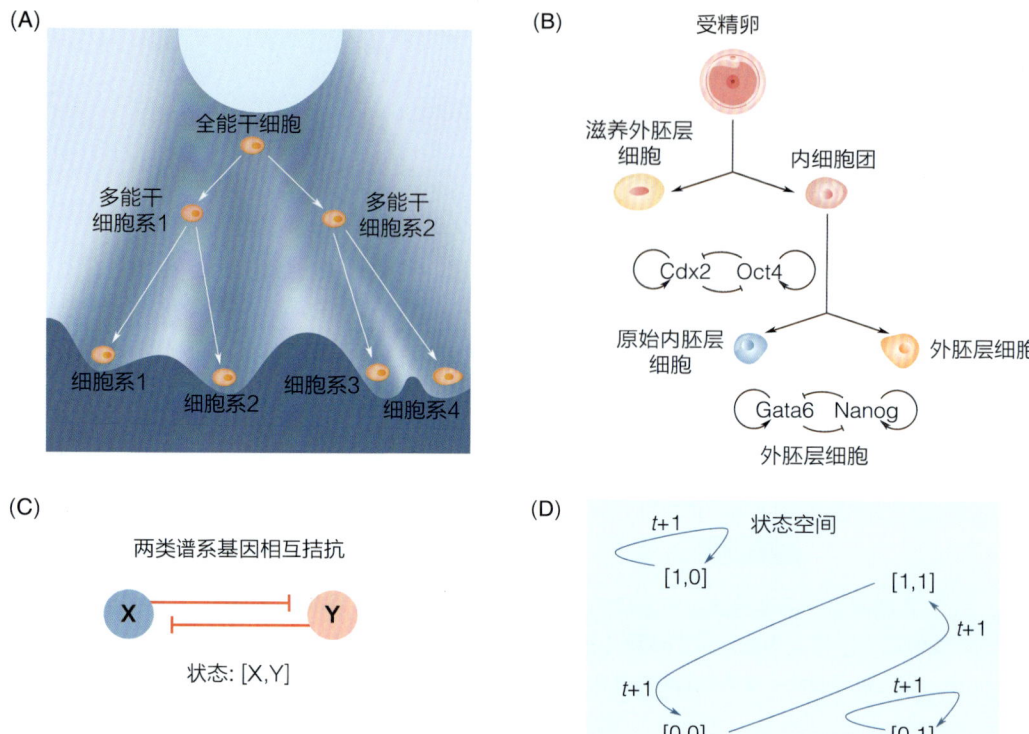

图 19-24 细胞命运决定中的互抑制网络

(A) 沃丁顿景观对细胞分化的抽象描绘。(B) 合子细胞分化为滋养层和内细胞团，后者再分化为原始内胚层和上皮细胞团，这两个过程中起主导作用的两个互抑制自激活的基因调控回路。(C) 对互抑制网络的抽象。(D)(C) 中的互抑制网络的在布尔逻辑模型中的动力学过程。箭头指向每个状态下一时刻的状态。

互抑制（mutual inhibition）拓扑主导着现已知的大部分细胞命运决定过程（图 19-24B）——为保证细胞能在不同的命运中做出清晰的决定，两类谱系基因相互抑制对方的活性。事实上，每种谱系的命运方向可能都不止于一个关键基因，而相互抑制也不一定是直接的转录调控；然而，为了建模的简化，我们总是把这种"两类谱系基因相互拮抗"的过程，抽象为谱系基因 X 和谱系基因 Y 的直接相互抑制，构成路径长度为 2 的正反馈（图 19-24C）。

这个正反馈的功能依然可以用布尔模型近似地理解。若设置谱系基因 X 和谱系基因 Y 各自启动不同的细胞命运，则系统的状态可以用这两类基因的开和闭来刻画：[X, Y]。由于命运决定是一个非此即彼的过程，X 和 Y 互相抑制对方，故而系统的动力学方程在布尔函数下可以近似为 [上横线代表"非（NOT）"计算]：

$$\begin{cases} X(t+1) = \overline{Y(t)} \\ Y(t+1) = \overline{X(t)} \end{cases}$$

这个高度简化的方程中，状态空间中仅有 4 个可能的状态（图 19-23D）。其中，X 高 Y 低的"X 分化状态"（刻画为 [1, 0]）和 X 低 Y 高的"Y 分化状态"（刻画为 [0, 1]）各自都相对稳定，在时间从 t 迭代到 $t+1$ 后依然维持当前状态——分化状态保持稳定，这是正反馈的一个重要功能。

然而，两个类似于"干细胞"的状态（[0, 0] 和 [1, 1]）在布尔模型下就较为令人费解：它们总是在下一个时刻切换为对方（图 19-24D）形成对谱系没有偏向的两个状态之间的循环。模型本身是对真实系统的高度抽象，当最简化的布尔网络出现令人费解的结果时，我们或需要切换到稍微更"细致"一些的模型上去。

如 19.2.6 节所述，连续的常微分方程模型能够更加细致地刻画基因调控网络。将抽象的互抑制网络用前文所述的希尔方程进行建模（图 19-24C），并以谱系基因 X 和 Y 的浓度 $[x, y]$ 来表征系统状态，我们得到

$$\begin{cases} \dfrac{\mathrm{d}x}{\mathrm{d}t} = V \cdot \dfrac{K_1^n}{K_1^n + y^n} - dx \\[2mm] \dfrac{\mathrm{d}y}{\mathrm{d}t} = V \cdot \dfrac{K_2^n}{K_2^n + x^n} - dy \end{cases} \quad 。 \tag{19-10}$$

对式（19-10）中的两个等式计算其零解曲线，它们都呈现为 x 对 y 或 y 对 x 的希尔形状的单调减函数（图 19-25A）。于合适的参数下，两条零解曲线在 $[x, y]$ 状态空间中相交于三点（图 19-25B，点 a、b 和 c）。根据上述方程，在 $\dfrac{\mathrm{d}x}{\mathrm{d}t} = 0$ 所限定的零解曲线的左方，$\dfrac{\mathrm{d}x}{\mathrm{d}t} > 0$，任何状态的 x 都有增加的趋势；而在曲线右方，任何状态的 x 都倾向于减少。同样地，在 $\dfrac{\mathrm{d}y}{\mathrm{d}t} = 0$ 所限定的零解曲线的上方和下方，y 分别倾向于减少和增加。将这些状态变化趋势的箭头画于状态空间中，我们可以直观地推出，a 和 c 是稳定不动点，b 是不稳定不动点。一条穿过点 b 的曲线分割了 a 和 c 的吸引域。不考虑噪声的情况下，起始于 a 的吸引域中的状态最终将演化到代表了 X 谱系分化状态的 a 点去，而其它状态则演化至代表了 Y 谱系分化状态的 c 点去。稳定不动点和吸引域的概念与细胞分化中的细胞命运和命运承诺（fate commitment）十分契合，使得非线性动力学成为研究多细胞系统分化发育的有力手段。

而模型在参数变化时发生的分岔，也微妙地和干细胞向谱系 X 或 Y 的分化联系

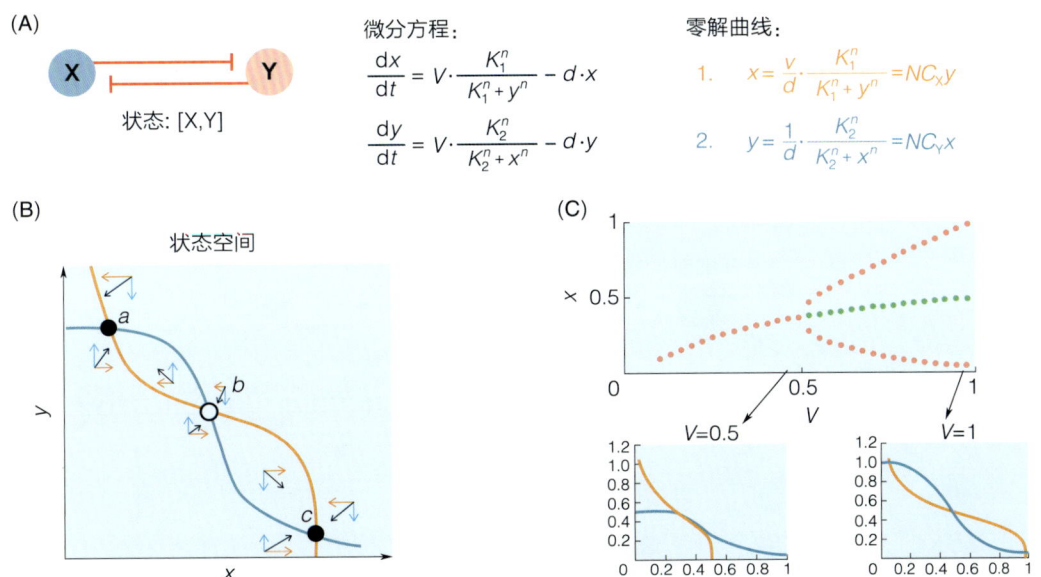

图 19-25 互抑制网络的常微分方程建模和分析
（A）互抑制网络的常微分方程建模，以及相应的零解曲线公式。（B）状态空间中两条零解曲线的三个交点（曲线颜色与 A 图中对应），以及交点附近 x 和 y 的变化趋势。（C）随最大合成速率 V 而变化的 x 稳态值的分岔图。不同 V 下不同的零解曲线由小图标示。

了起来。若有一个上游信号同时促进了谱系 X 和 Y 的转录，例如，TGF-β 信号通路可以通过增加特定染色质区域可及性的方式促进细胞分化，那么，细胞将从没有谱系倾向性的干细胞状态过渡到 X 或 Y 的分化状态。在模型中，这样的分化信号可以对应于参数 V 的增加。在图 19-25 中，我们看到，当 V 较小时（$V = 0.5$），两条零解曲线仅相交于一点，意味着系统有且仅有一个稳定不动点，而这个点的 x 和 y 表达量类似，可以代表一个稳定的干细胞状态。随着 V 逐渐增加，系统经由被称为叉形分岔（pitchfork bifurcation）的分岔产生出三个不动点，其中两个稳定不动点各自都展示出 x 和 y 此消彼长的不对称性。这意味着，在分化信号超过某个阈值后，系统由干细胞状态转为 X 或 Y 谱系分化状态，而具体跳转至哪个谱系要看噪声将细胞驱入哪个命运的吸引域。由此，非线性动力学中的"分岔"又和细胞命运决定联系了起来。

实际的生物体系总是更加复杂。例如，在以上的模型中，为了简化，模型中的参数是 X 和 Y 完全对称的，而这在充满噪声的生物系统中不太可能成立。事实上，当 X 和 Y 相关的参数不再完全对称，叉形分岔将转为鞍节点分岔，干细胞状态将展示出对某个谱系的倾向性（图 19-26A）。又例如，在谱系基因 X 和 Y 的互抑制之外，细胞命运决定中常见的拓扑往往还引入了 X 和 Y 的自激活，形成"互抑制-自激活"（cross-inhibition and self-activation, CIS）拓扑。这种叠加的正反馈拓扑中，若参数合

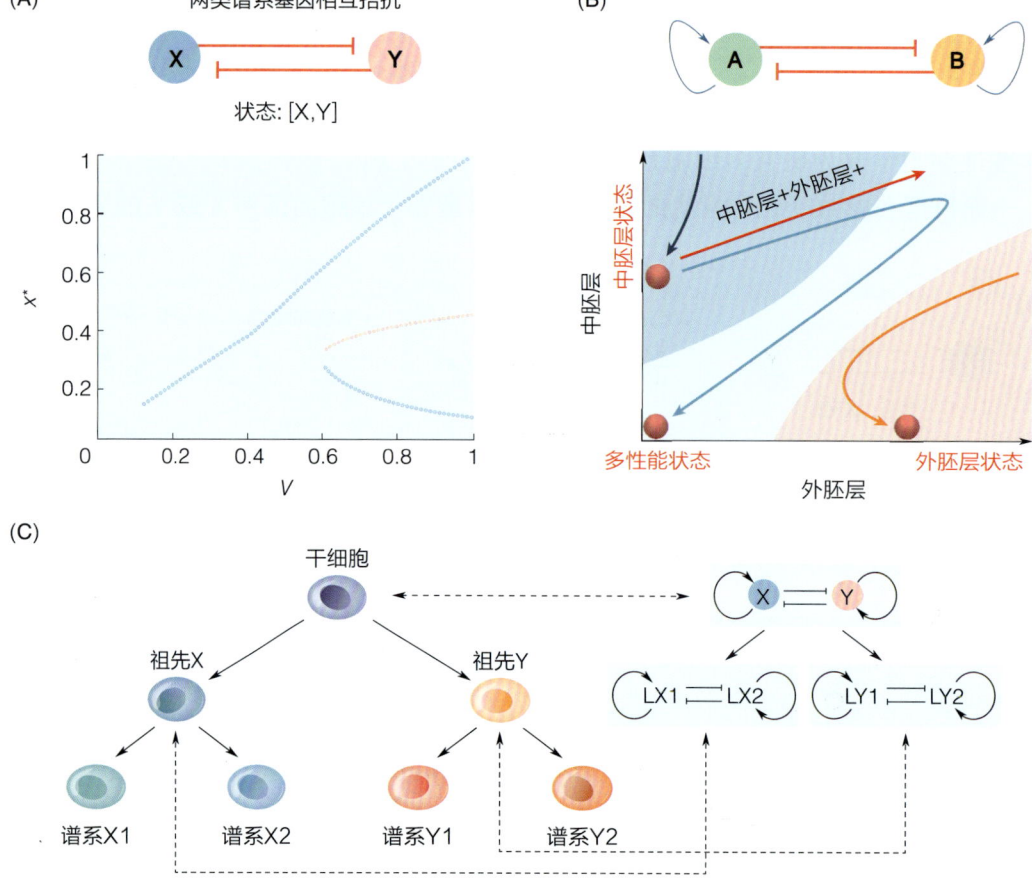

图 19-26 细胞命运决定网络中复杂情况的例子（A）参数不对称时，图 19-25 中的叉形分岔转为鞍节点分岔。图中，$K_1 > K_2$ 时，细胞更倾向于 X 谱系。（B）互抑制-自激活的网络中，干细胞态可以和两个分化态共存，且重塑分化态之间的平衡可以将分化细胞重编程为干细胞。（C）层级嵌套的互抑制网络可以用来模拟细胞的级联分化。

适，两个分化状态之外还可以存在一个代表了干细胞的吸引子（图 19-26B）。三个稳定不动点同时存在于状态空间，此时，同时增加或者减少谱系基因 X 和 Y 的表达，重塑 X 和 Y 之间的平衡，可以将分化状态重编程为干细胞状态。此外，从胚胎干细胞到终末分化，细胞往往需要经历一系列选择，而这些级联反应般的多个细胞命运决定过程是否由具有层级结构的正反馈网络主导，依然是领域中尚在探索的话题（图 19-26C）。细胞分化过程中的复杂性，激励理论和实验领域的研究者不断深入研究并探索这些复杂的网络，以更好地理解生物系统的精密调控机制。

19.5 负反馈

负反馈调控是指存在奇数条抑制边的反馈回路，它在系统的稳态维持和动态振荡中扮演了重要角色。

19.5.1 一维负反馈

将 19.4.1 节中的转录激活改为转录抑制（图 19-27A），我们得到一个极简单的负反馈网络——转录因子抑制自身的表达，形成自负反馈。研究人员在对大肠杆菌全基因组表达量进行测量时发现，自身具有负反馈调控的基因的拷贝数显著高于自身具有正反馈调控的基因。

这个系统的方程也只是将希尔方程的单调性进行调换：

$$\frac{dx}{dt} = V \cdot \frac{K^2}{x^2 + K^2} - d \cdot x 。 \qquad (19\text{-}11)$$

图 19-27 转录自负反馈的模型
（A）"更接近真实系统"的示意图（上）和简化后用于建立一维模型的示意图（下）。（B）系统的常微分方程模型。（C）方程式（19-11）不动点及其稳定性的图形解释，圈出的红线和蓝线的一个交点标示了方程式（19-11）中的唯一解。

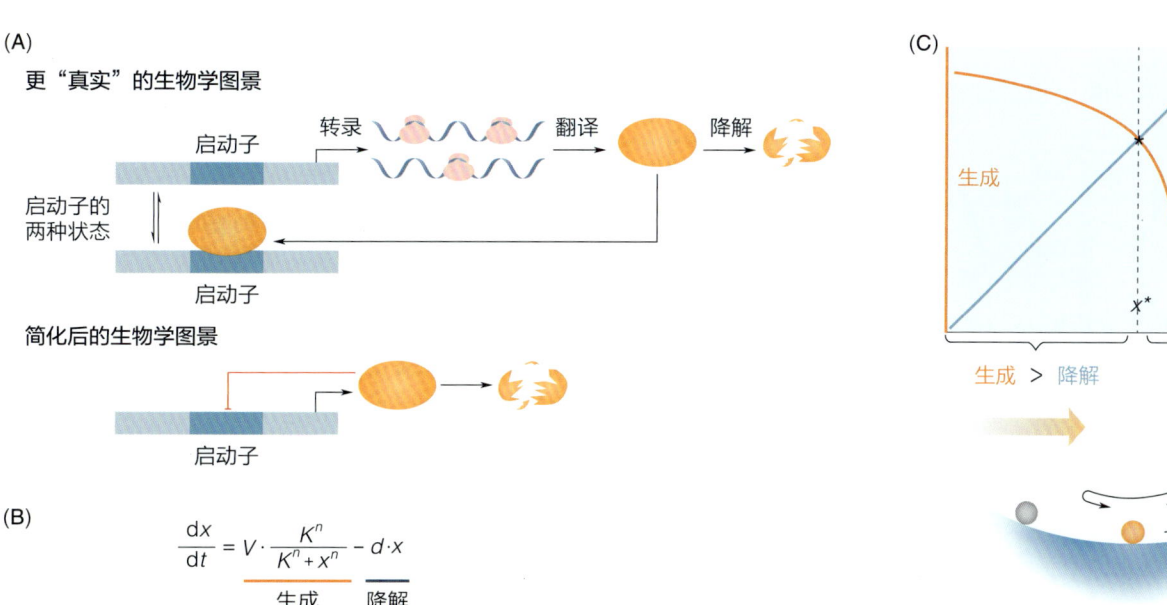

再次使用直观的图形方法（图 19-27C），可以看出，这个系统有且只有一个稳定不动点。

自负反馈的一个最典型功能就是增强系统的稳定性。在许多生物和工程系统中，需要保持某些重要参数或变量在一定范围内维持恒定，以确保正常的生物功能或系统性能。例如，在生物学中，维持关键基因的表达水平或哺乳动物的体温都是至关重要的。这时，自负反馈机制就发挥了关键作用。关于自负反馈如何维持稳定性和加速系统响应，第 20 章中会作详细叙述。

19.5.2　三维负反馈中的振荡行为

负反馈并不是简单地起到稳定作用。在系统的动态上，较长的负反馈回路往往会引入振荡等非稳定行为。

事实上，如果把自负反馈在布尔模型中进行建模，那么，负反馈本质上是系统对自己当前状态的"取反"：

$$X(t+1) = \overline{X(t)}。$$

这样一个简单的布尔方程，会让 X 在 0 和 1 之间不断跳转，形成 1—0—1—0—⋯的周期循环。这个周期振荡一定程度上是布尔模型不连续性的副作用，因为在回路长度为 1 的自负反馈的连续模型有且仅有一个稳定不动点。然而，我们可以直观地想象，若负反馈回路较长，系统对自身的"取反"将延迟一段时期之后才会发挥作用，那么，在这个作用发挥之前，系统将会持续朝着某个方向变化，直到负反馈的作用将它拽回来向反方向运行。若这个"延迟–反向"的作用一直循环下去，就可能形成振荡（图 19-28A）。

振荡现象在生物学中广泛出现，例如细胞周期、生物钟节律、脊椎动物发育中的振荡波乃至生态系统中种群数量对自身调制的虫口模型等。它们在生命系统中发挥着各自的作用。这些振荡行为往往需要更复杂的数学模型来描述，但核心原理仍然是负反馈（更复杂的情况见知识窗 19-1）。

（1）p53-Mdm2 系统的振荡

p53-Mdm2 系统在 DNA 损伤响应中的动态行为是一个负反馈功用的典型例子。p53 是一种重要的抑癌转录因子，也被称为"基因守卫者"。当细胞受到 DNA 损伤或其它压力时，p53 的活性会上调，促使细胞进行细胞周期暂停、DNA 修复、凋亡等一系列措施应对 DNA 损伤。所以，正常情况下细胞中 p53 是不能具有高活性的。p53 的负调控因子 Mdm2 蛋白通过泛素化修饰促进 p53 的分解，从而维持 p53 的低水平。当 DNA 受损时，

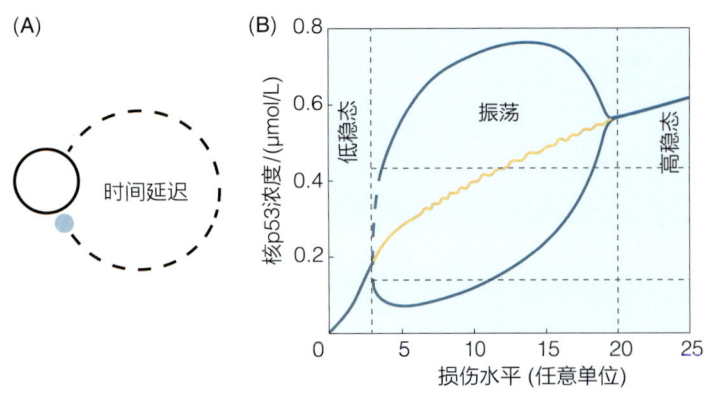

图 19-28　具有时间延迟的负反馈回路可以导致振荡
（A）一个具有时间延迟的负反馈的简单抽象。（B）数学模型中的 p53-Mdm2 回路的行为随 DNA 损伤增加所发生的分岔：蓝线表示稳定的不动点或极限环（振荡），黄线表示不稳定的不动点。

> **知识窗 19-1**
>
> ### 正负反馈的耦合
>
> 真实的生物系统错综复杂。当正负反馈以特定的方式耦合在一起时，即使是二维的系统也可以激发出振荡。例如，正反馈放大信号，推动系统向双稳态中的一个演化，直到超过某个临界点后，负反馈环路被触发，从而抑制该组分的活性，驱使系统向双稳态中的另一个发展，直到达到另一个临界点，周而复始。这种正负反馈耦合出的振荡具有振幅稳定、频率可调的特点，在许多生物现象中起着重要作用，例如细胞周期调控等。我们将在第 20 章中着重介绍正负反馈耦合在细胞周期调控中的作用。

一系列蛋白激酶的信号转导对 p53 进行修饰，使其降解率下降，在细胞中开始累积。然而，增加的 p53 促使了 Mdm2 的转录，而 Mdm2 在蛋白质形成后则促进 p53 的降解，使其浓度下降。这个负反馈中，p53 对 Mdm2 蛋白的促进作用需经由转录和翻译才能起效，相对于泛素化修饰降解更慢，故而满足了振荡中的"具有时间延迟"的要求。

研究者们确实发现，在一定的 DNA 损伤下，p53 浓度出现周期性的波动，而 p53-Mdm2 负反馈回路可能在这个振荡中起核心作用。若对这个简单的负反馈系统进行常微分方程的建模，一个有趣的发现是：数学上可以证明，若跟前面两个自正/负反馈一样简化 p53 对 Mdm2 的转录过程为一步的希尔方程，则这个二维的负反馈系统不可能出现振荡。只有将 Mdm2 的 mRNA 也作为一个变量时，这个三维的负反馈系统才具有足够的时间延迟来产生振荡行为。

随着 DNA 损伤强度的增加，p53-Mdm2 的三维模型也会发生分岔：在低损伤情况下，p53 的激活程度较低，系统稳定于 p53 较低的唯一不动点；随着损伤增加，p53 被大量激活，和 Mdm2 构成的负反馈开始起作用，系统经由霍普夫分岔（Hopf bifurcation）产生稳定极限环，进入振荡状态；损伤强度高时，Mdm2 难以抑制 p53，p53 维持为一个较高的稳态（图 19-28B）。

概念 5：极限环

在非线性动力学中，极限环是一个特殊且重要的概念。顾名思义，它是状态空间中的一个"环"。它独特之处在于，这个环带有孤立性质，也就是说，它周围任何的轨迹都无法形成完全的闭合环。如果周围的轨迹随着时间的推移越来越接近这个环，那么我们就说这个极限环是"稳定的"，是一种吸引子；反过来，如果周围轨迹越来越远离这个环，那么这个极限环就被认为是"不稳定的"。稳定的极限环为系统带来周期性的振荡，这一点对于理解许多自然和人工系统的动态行为非常重要。

研究者们推测，p53 的振荡，以及它在振荡态与稳态之间的转换，可能在细胞的 DNA 损伤响应中发挥重要功能。动态的响应可能能帮助 p53 有选择性地激活下游靶基因，根据 DNA 损伤的情况在"促进细胞生存"和"诱发细胞凋亡"中做出合理的选

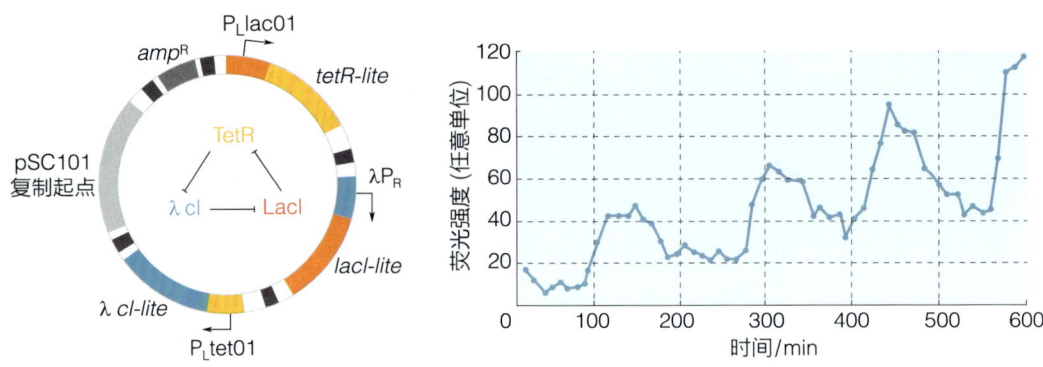

图 19-29　合成生物学中振荡的例子
(A) 抑制振荡子的调控回路。
(B) 实验观察到的振荡现象。

择。有趣的是，参与细胞增殖、分化、存活和凋亡的 NF-κB 通路也会在一定的输入信号范围内产生振荡行为，让人好奇这种多功能的信号通路中，振荡是否是一个普适性的信号响应策略。

（2）合成生物学中的抑制振荡子

另一个负反馈导致振荡的有趣例子来源于合成生物学。一些合成生物学领域的研究者们致力于以构造人工网络的方式理解生命系统的运行方式，而他们在 2000 年所构造的抑制振荡子（repressilator）就是这种理念的典型代表。抑制振荡子由三个转录抑制子组成，每个基因抑制下一个基因，并被前一个基因抑制，相互连接成一个路径长为 3 的负反馈回路。研究者将其转入大肠杆菌中并加以诱导后，可以观察到 GFP 报告基因的周期振荡（图 19-29）。这个纯人工构造的基因回路展示了生物体振荡的核心：具有延迟效应的负反馈。

※ 本章小结

生物中各层级中的关联构成错综庞杂的无数网络。当网络以具有因果性的变化作为箭头时，对网络的动力学的探究成为理解生物复杂性的基石。例如，网络中一个节点的变化如何导致另一个节点的相应变化？系统的状态是否会最终稳定于某个或几个动态平衡点？当变化的级联最终反馈于自身或交汇于其它级联时系统会出现什么有趣行为？在信号转导网络、基因调控网络、生态互作网络中，这些对动力学的分析都能带来生物现象的深入见解。囿于生物网络的复杂性，本章我们先从动力学网络的基本构成单元讲起——级联，一致性和不一致性前馈，以及正负反馈。在从乳糖操纵子到细胞命运决定的不同生物学过程中，这些基本构成单元都发挥着它们独特的功用。接下来，我们会进入更复杂的生物网络进行探索。

※ 思考题

1. 读者可以思考，如果按照图 19-16 所示为 p53 信号转导通路建立布尔动力学模型，是否能呈现出这种"根据信号持续时间长短做出不同命运决定"的效果？如果可以，那么两条路径的长度和组合逻辑需要如何设置？

2. 探索互抑制－自激活网络在布尔逻辑模型下的动力学。请模拟如下图的基于布尔逻辑的互抑制网络的轨迹。模型的逻辑为：A(t+1)=A AND(NOT B)；B(t+1)=B OR (NOT A)。要求：尝试系统所有 4 个初始状态，每个状态更迭至少 3 个时刻，并将系统轨迹和可能的细胞命运决定过程进行对应。

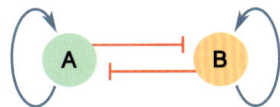

3. 磷酸激酶系统中也可以形成自正反馈。对于图 18-5 中的系统，若 K 就是 E 的磷酸化形态 E*，那么，系统是否会在特定参数条件下形成双稳态？这样的双稳态对于信号转导的可能生物学意义是什么？

※ 扩展阅读

图书

欧阳颀. 非线性科学与斑图动力学导论 [M]. 北京：北京大学出版社，2010.

Alon U. An introduction to systems biology: design principles of biological circuits[M]. 2nd ed. Boca Raton: CRC Press, 2019.

研究论文

Bar-Or R L, Maya R, Segel L A, et al. Generation of oscillations by the p53-Mdm2 feedback loop: a theoretical and experimental study[J]. Proc Natl Acad Sci USA, 2000, 97(21):11250-11255.

Bornholdt S. Less is more in modeling large genetic networks[J]. Science, 2005, 310(5747): 449-451.

Chock P B, Stadtman E R. Superiority of interconvertible enzyme cascades in metabolic regulation: analysis of multicyclic systems[J]. Proc Natl Acad Sci USA, 1977, 74(7):2761-2765.

Elowitz M B, Leibler S. A synthetic oscillatory network of transcriptional regulators[J]. Nature, 2000, 403(6767): 335-338.

Li G W, Burkhardt D, Gross C, et al. Quantifying absolute protein synthesis rates reveals principles underlying allocation of cellular resources[J]. Cell, 2014, 157(3): 624-635.

Mangan S, Alon U. Structure and function of the feed-forward loop network motif[J]. Proc Natl Acad Sci USA, 2003, 100(21):11980-11985.

Milo R, Shen-Orr S, Itzkovitz S, et al. Network motifs: simple building blocks of complex networks[J]. Science, 2002, 298(5594):824-827.

Novick A, Weiner M. Enzyme induction as an all-or-none phenomenon[J]. Proc Natl Acad Sci USA, 1957, 43(7):553-566.

Tsai T Y, Choi Y S, Ma W, et al. Robust, tunable biological oscillations from interlinked positive and negative feedback loops[J]. Science, 2008, 321(5885):126-129.

20 复杂生物网络

在生物系统中，从分子、细胞、个体到种群之间，存在着复杂的相互作用，这些相互作用跨越了不同的时间和空间尺度。本章将重点讨论生物分子之间的相互作用网络，例如基因调控网络、信号转导网络以及代谢网络等。在深入研究这些生物网络的动力学模型时，我们将特别关注那些更为庞大且复杂的网络体系。

本章将带领读者深入探索生物网络的复杂层次。我们将以大肠杆菌的基因调控网络、非洲爪蟾细胞周期调控网络、果蝇胚胎发育早期基因调控网络，以及代谢网络为例，介绍研究这些复杂相互作用网络的分析方法以及如何对复杂网络进行简化建模。对这些生物网络的深入探讨将帮助读者理解，网络的拓扑结构如何影响其动力学行为和生物学功能，并帮助读者更全面地理解生物系统如何精密运作，深入洞察其中的动态过程。

20.1 复杂生物网络的特征

生物的复杂性很大程度上源于无处不在的相互关联。第 19 章中，我们以高度简化的例子介绍了网络拓扑的基本概念，以及简单的拓扑性质如何影响网络的功能。然而，在真实的生物系统中，网络往往是高度复杂的，体现出如下几类特征：

① 非线性相互作用：复杂生物网络中的节点之间往往存在非线性相互作用，网络中的变化和调控是通过复杂的非线性关系产生的。这使得网络在响应外部刺激或内部变化时表现出更为丰富和多样的动态行为。

② 自组织性：复杂生物网络表现出自组织性，即系统倾向于形成自我调整的结构和模式。这种自组织性可以在多个层次上观察到，从分子水平的蛋白质相互作用到细胞间的信号传导网络，再到组织和器官水平的协调调节，以及生态和演化中的物种相互作用。自组织性使得生物网络具有适应环境变化的能力，并维持稳定的功能状态。

③ 异质性：迥异于随机网络，生物网络中的节点和连接通常表现出显著的差异性，这些例子包括小世界网络、无标度网络、层级网络等。异质性是演化的结果，它赋予了网络更大的灵活性和稳健性，使其能够应对复杂多变的生物环境。

④ 动态：复杂生物网络往往处于非平衡状态，通过动态的调节和调整来维持稳定性。远离平衡态体现在生物网络的各个层次上，从分子和细胞水平的代谢网络到整个生物体内的生理调控，使得生物网络能够迅速响应外部变化，实现功能的动态平衡。

⑤ 多尺度性：复杂生物网络在空间和时间上呈现出多尺度性。不同尺度上的相互作用和调控相互交织，形成了层次分明的结构。例如，分子水平的相互作用与细胞水平的信号传导、组织水平的结构与整个生物体的生理过程之间存在复杂的多尺度相互关系。

20.2 基因调控网络

细胞中的基因表达是一个被高度调控的过程，这种调控发生在中心法则的各个阶段，从转录到翻译，再到翻译后修饰。细胞生活在一个复杂的环境中，它们感知各种外部信号，比如温度、渗透压、营养物质和生物信号分子。细胞通过高度复杂的程序对此类外部信息作出响应，从而相应地控制基因表达。这种调控是通过 DNA、mRNA、蛋白质和其它分子之间的网络来实现的，被称为基因调控网络（gene regulatory network，GRN）。最重要的转录调控因子被称为转录因子（transcription factor，TF），它们通过结合到 DNA 的特定序列（通常位于基因上游的调控序列）来改变 RNA 聚合酶（RNA polymerase，RNAP）对启动子区域的占有率，进而调节转录起始速率。

在第 18 章中，我们了解了单个基因在转录因子调控下表达量与转录因子浓度之间的关系，即输入函数。一般而言，转录因子本身的表达可以被其它转录因子调控。因此，细胞内众多转录因子之间形成一个复杂的调控网络，其中包含各种反馈。尽管如此，对此类网络进行数学建模时，基本模块仍然是第 18 章中的输入函数，其具体形式取决于不同转录因子之间相互作用的"逻辑规则"。

在基因调控网络中，转因子之间的相互作用会导致复杂的动力学行为，包括产生振荡、双稳态和其它非线性行为。基于第 18 章中的基本转录过程的微分方程数学模型，我们可以对更为复杂的基因调控网络进行建模，并分析其稳态行为、对信号的动态响应等性质，从而理解复杂的生物过程和功能背后的机理。本节将简要介绍被广为研究的大肠杆菌的基因调控网络、细胞周期调控网络和果蝇胚胎发育早期的基因调控网络的特点。

20.2.1 大肠杆菌的基因调控网络

在第 18 章中，我们对简单的基因调控网络的特征及其动力学有了初步的认识。本节将以大肠杆菌 *E. Coli* 为例，来探讨复杂的基因调控网络的性质。该基因调控网络包含了大肠杆菌基因组中约 20% 的基因。我们的目标是用第 19 章中的"模体"（motif）概念来解构该网络，从而理解整个网络的组织原则。

如何寻找网络的模体呢？按照定义，我们可以比较真实生物网络和随机化网络的区别。那些在真实网络中出现的概率显著高于随机化网络的结构即为模体。这里的基本假设是，在真实网络中更为频繁出现的结构一定是在演化过程中被保留下来的，否则基因的随机突变会使得这些结构消失。想一想为什么会这样呢？我们可以做一个简单的估算来说明。在 10 mL 的液体培养基中放入一个大肠杆菌，在不到一天的时间里细菌会生长到饱和状态。此时，这一试管中的细菌数目将达到 10^{10} 个，这个过程中基因组复制的次数为 10^{10}，而基因复制过程中的错误率为 10^{-9} 每碱基每代。因此，在细菌数目达到饱和后的试管中，对于每个碱基位点，平均有 10 个细菌在该位点上有突变。由此可见，在没有演化选择压力的情况下，随机基因突变可以很快地改变基因调控网络。

下面我们简要介绍几类在大肠杆菌中发现的网络模体及其特性。

（1）自调控模体

在大肠杆菌的基因调控网络中，自调控模体，包括自抑制（negative autoregulation，NAR）和自激活（positive autoregulation，PAR）模体，相比随机网络出现得更加频繁。

（2）自抑制模体加快系统的时间响应

自抑制作为一种网络模体，它有什么样的功能呢？为回答这一问题，我们将比较它与简单调控情形下的基因表达的响应时间尺度（图 20-1）。对于简单调控（simple regulation）情形，在第 18 章中，我们已经知道它的响应时间尺度为 $t_{s,1/2} = \ln 2/\beta_s$，这里 β_s 是简单调控中的蛋白质降解速率。而对于自抑制情形，基因 X 的蛋白质产物会结合到基因的启动子区域，从而阻碍转录的进行，因而 X 蛋白质浓度随时间演化的常微分方程为

$$\frac{\mathrm{d}x}{\mathrm{d}t} = f(x) - \beta_{\mathrm{NAR}} x。$$

其中 $f(x)$ 表示蛋白质产生的速率，它是蛋白质浓度的单调递减函数，一个比较好的近似是第 18 章中介绍的希尔函数：

$$f(x) = \frac{\alpha_{\mathrm{NAR}} K^n}{K^n + x^n}。$$

在这种情况下，当 x 远低于解离常数 K 时，蛋白质产生速率为最大速率 α_{NAR}，而当 X 处于高浓度时，$f(x)$ 近似为 0。

为直观分析自抑制的时间尺度，我们可以将 $f(x)$ 近似为一个阶跃函数

$$f(x) \sim \Theta(K - x) = \begin{cases} \alpha_{\mathrm{NAR}} & (x < K) \\ 0 & (x > K) \end{cases}$$

（当 n 比较大时这是一个比较好的近似）。当 $\beta_{\mathrm{NAR}} < \frac{\alpha_{\mathrm{NAR}}}{K}$ 时，平稳状态下基因表达的浓度近似为 $x_{\mathrm{st}} = K$。因而，当 $x < K$ 且 $x \ll \frac{\alpha_{\mathrm{NAR}}}{\beta_{\mathrm{NAR}}}$ 时，降解速率可被忽略，即 x 以恒定的速率 α_{NAR} 增加。当 X 的浓度到达 K 左右时，生成速率变为 0。系统响应时间可以定义为 x 到达稳态浓度的一半所需要的时间，如图 20-1 所示，$t_{\mathrm{NAR}, 1/2} = \frac{K}{2\alpha_{\mathrm{NAR}}}$。为了公平比较，我们要让简单调控和自抑制两种情况下的蛋白质降解速率相同，稳态蛋白质浓度相同，这就要求 $\alpha_s/\beta_s = K$，且 $\alpha_{\mathrm{NAR}} > \alpha_s$，即自抑制调控需要使用很强的启动子。至此，我们得到了自抑制和简单调控情形下基因表达的响应时间尺度之比为

$$\frac{t_{\mathrm{NAR}, 1/2}}{t_{s, 1/2}} = \frac{K}{2\alpha_{\mathrm{NAR}}} \cdot \frac{\beta_s}{\ln 2} = \frac{1}{2\ln 2} \cdot \frac{\alpha_s}{\alpha_{\mathrm{NAR}}}。$$

从图 20-1B 可以直观地看出，自抑制情形的响应时间尺度远快于简单调控。

当然，上述分析是对 $f(x)$ 做了过度简化后得到的结果，对于一般的函数形式是否成立呢？事实上，我们可以用图解法直观地得出相同的结论。如图 20-1C 所示，稳态浓度由蛋白质生成速率和降解速率的交点决定。对于简单调控，生成速率是恒定的（水平线），而对于自调控情形是一个单调递减函数。由于要求两者的稳态蛋白质浓度相同，这就要求 $f(x)$ 曲线从高于 α_s 的地方开始，经过稳态浓度 x_{st}，下降到 α_s 的下方。如果考虑 X 的初始浓度为 0，则在到达稳态之前，蛋白质的净增加速率可表示为

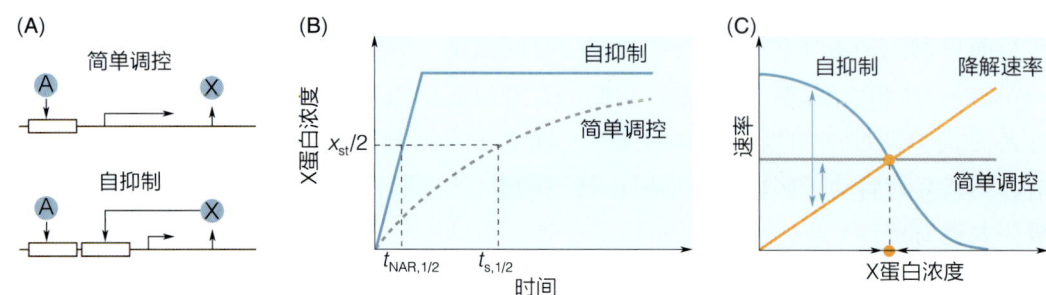

图 20-1 自抑制调控的基因表达时间响应性质
（A）基因转录的简单调控和自抑制示意图。（B）自抑制调控的基因表达响应时间快于简单调控。假定自抑制情形下的蛋白质生成速率可近似为阶跃函数。（C）图解法理解自抑制调控的响应时间快于简单调控情形。

生成速率曲线和降解速率曲线之间的距离。可以看到，自抑制情形下这一距离总是大于简单调控，由此可见，对于一般的 $f(x)$ 形式，自抑制的响应总是比简单调控要快。直观上，由于负反馈"损有余、补不足"的特性，在 X 较低时能给予其更高的生成速率，促进其迅速升至稳态值。

（3）自激活模体具有"降速"作用

自激活是一种正反馈，它可以产生双稳态（第 19 章）。利用上述图解法，也可以证明自激活情形的响应时间慢于简单调控。这一功能可能听起来有些违反直觉，因为正反馈可以使系统的输入 - 输出曲线更加陡峭，这似乎应该使得系统反应更快。究其原因，在于正反馈并不总是让 x 增加，只是让 x 的增长速率正比于自身。所以，在 x 较低时，x 的增加率相较于没有正反馈时更慢，使得系统在上升至稳态的过程中消耗更长的时间。

总结起来，正反馈由存在偶数条抑制边或者偶数条激活边的反馈回路构成，它可以起到的生物学功能包括但不限于：①使系统的输入 - 输出的稳态响应更陡峭；②形成多稳态，赋予系统"历史记忆"；③减缓系统的动力学响应速度。

（4）自抑制和自激活对噪声的敏感性不同

除了加快系统的响应速度之外，自抑制还有另外一个重要的功能，即它可以压制系统的噪声，使得基因表达水平在细胞中的涨落比简单调控要小。例如，当蛋白质的降解速率常数 β 发生波动时，自抑制情形下稳态的蛋白质浓度的变化明显要比简单调控要小，这可以通过图 20-2 所示的图解法直观地得到。类似地，可以得到自激活情形的噪声大于简单调控。

（5）前馈网络模体

有了上述对简单自调控分析的基础，现在介绍转录调控中更加复杂的网络模体，以三个节点的子网络为例来说明。大肠杆菌转录网络中出现得最多的三节点网络模体是前馈环（feedforward loop，FFL），它由转录因子 X 调控 Y，X 和 Y 同时调控转录因子 Z。前馈环中 X 到 Z 的调控有两条平行的通路：直接的和间接的。根据从 X 到 Z 的各个分支的总调控符号（抑制或激活），所有 8 种可能的前馈环可以根据调控关系进一步分为两类："一致性"（coherent）和"不一致性"（incoherent）前馈环（图 20-3）。例如，X 正向调控 Y 和 Z，而 Y 正向调控 Z，那么该网络是"一致的"。而如果 Y 对 Z 负向调节，那么网络就是"不一致的"。在大肠杆菌的转录网络中，绝大多数前馈环是第一类一致的（C1-FFL）或第一类非一致的（I1-FFL）（图 20-3 蓝色背景所示的两类网络）。

为了理解前馈环的功能，我们需要理解 X 和 Y 如何共同调控 Z。结合第 19 章所学，可以将从 X 和 Y 到 Z 常见的"输入函数"划分为两种：一

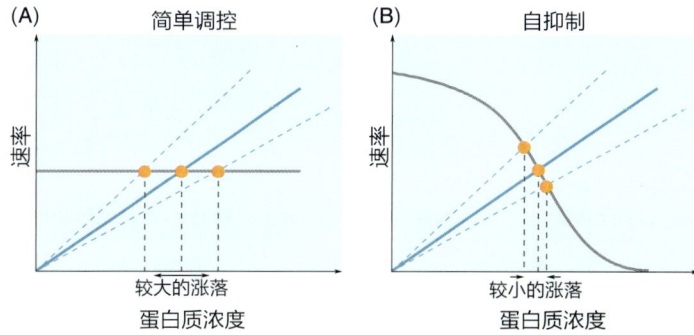

图 20-2 蛋白质降解速率常数波动时造成的稳态蛋白质浓度的变化

（A）简单调控情形下蛋白质浓度的涨落。（B）自抑制情形下蛋白质浓度的涨落。蓝线对应于蛋白质降解速率的波动。

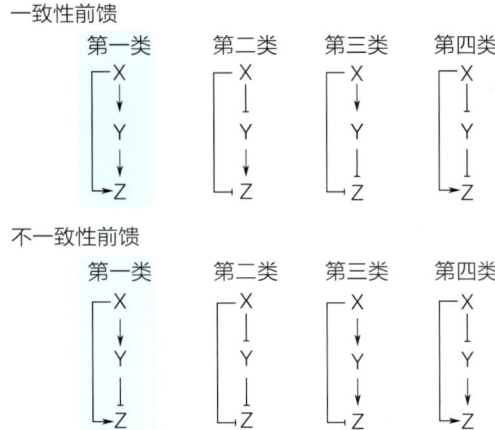

图 20-3 所有 8 种可能的前馈环网络结构
其中第一类一致性前馈和第一类不一致性前馈环在基因表达调控网络中出现频率很高。

种是与门，在该门中，需要 X 和 Y 同时激活 Z；另一种是或门，在该门中，X 和 Y 中的任一者足以激活 Z。以与门情形为例，由于 Y 对 X 的响应需要一段时间，Y 的表达量积累到一定程度之后才能激活 Z，因而短暂的输入信号不足以激活 Z 的表达。因此，C1-FFL 具有延时响应信号、滤除瞬态信号或噪声和仅对持续信号做出响应的特性。大肠杆菌的阿拉伯糖利用系统就采用这样的结构，使得大肠杆菌仅仅对环境中阿拉伯糖出现一定时间后才做出反应（知识窗 20-1）。

而在 I1-FFL 中，X 直接激活 Z，但还通过激活抑制子 Y 抑制 Z。因此，当信号触发 X 的激活时，它会迅速促进 Z 的表达，但从长远来看，随着 Y 的积累足够高，它反过来抑制了 Z 的表达，导致 Z 的响应表现为"脉冲"状动态。I1-FFL 的另一个特点是，它的响应速度比仅通过直接激活 Z 的情况要快。在大肠杆菌中，半乳糖利用系统具有 I1-FFL 的结构。葡萄糖是大肠杆菌更偏爱的碳源，当环境中存在葡萄糖时，大肠杆菌细胞中利用半乳糖的基因处于较低的表达水平。而当环境缺乏葡萄糖且同时存在半乳糖时，被 I1-FFL 结构调控的半乳糖利用基因可以迅速提高表达量，从而使细胞更快地利用半乳糖。

（6）单输入调控元件

在大肠杆菌的基因调控网络中负责感知环境并对环境做出响应的基因，往往形成被称为单输入调控模块（single input motif，SIM）的模体。它由一组被单个转录因子控制的操纵子组成（图 20-4A）。SIM 可以协调大量基因的时间表达程序，即哪些基因先表达，哪些基因后表达。这样，一个基因越早被需要，它的启动子就越早被激活。这种程序可以防止蛋白质在不被需要的时候产生。大肠杆菌中许多代谢通路的基因调控网络具有 SIM 结构，例如，精氨酸生物合成途径中，其编码精氨酸生物合成基因的五个操纵子均由转录因子 ArgR 控制（图 20-4B）。

（7）致密交叠调控子

另一类网络模体被称为"致密交叠调控子"（dense overlapping regulon，DOR），它由一组输入转录因子调控另外一组输出基因，且每个转录因子调控多个输出基因。我们可以将 DOR 看作一个组合决定元件：一组输出逻辑门整合多个输入信号，从而决定每个输出基因的表达。在大肠杆菌的基因调控网络中存在几个大的 DOR 结构，每个控制数十个到数百个基因的表达（图 20-4C）。

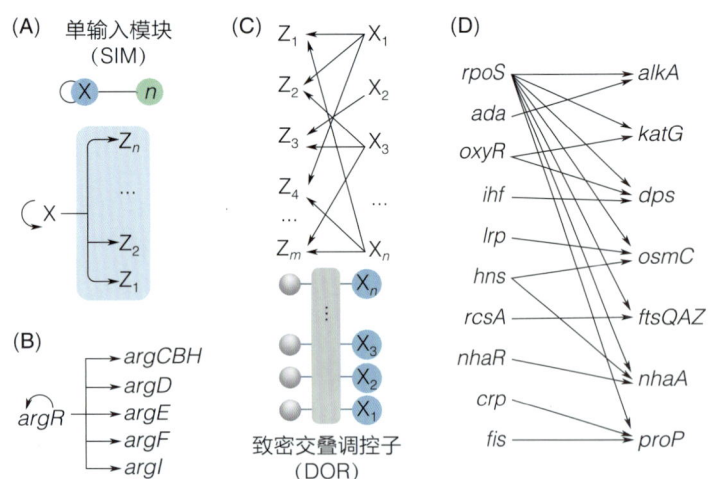

图 20-4 SIM 和 DOR 网络模体及其在大肠杆菌基因调控网络中的例子
（A）SIM 调控的示意图。（B）精氨酸生物合成基因的调控具有 SIM 结构。（C）DOR 调控结构示意图。（D）细胞进入稳定期被 RpoS 调控的多个操纵子具有 DOR 结构。(D，改编自 Shen-Orr SS, et al. Nat Genet, 2002, 31(1): 64-68)

DOR 中的基因通常具有相似的功能，例如压力响应、营养代谢和细胞主要组分的生物合成等（图 20-4D）。可以说，DOR 形成了大肠杆菌基因调控网络的主干。

至此，我们介绍了大肠杆菌基因调控网络中的四种主要的模体：自调控、前馈回路、单输入调控元件和致密交叠调控子。有了这些基本的调控模体，我们就可以对整个基因调控网络的全局结构和功能有更好的认识。例如，通过对大肠杆菌基因调控网络进行简化建模，可明显看出，与感觉调控相关的基因以多个 DOR 的形式组织起来。不同的前馈环、自调控和 SIM 模体镶嵌其中。

本节中介绍的转录调控模体涵盖了转录网络中大部分已知的相互作用。这些网络模体可以组合起来执行各种功能，比如在发育过程中生成顺序表达程序，形成多稳态

知识窗 20-1

大肠杆菌的阿拉伯糖利用系统

大肠杆菌可以在不同的碳源环境下生长，但其最偏爱的碳源是葡萄糖。例如，当环境中缺乏葡萄糖同时存在阿拉伯糖的情况下，大肠杆菌的阿拉伯糖利用系统才会被启动，环境中的阿拉伯糖会被转运细胞内并被代谢掉。那么，大肠杆菌是如何决定开启阿拉伯糖利用系统的呢？实验发现，这一抉择是由第一类一致性前馈（C1-FFL）网络实现的。大肠杆菌利用两类转录因子来感知环境中营养的变化，当环境中的葡萄糖缺乏时，细胞内 cAMP 浓度会增高，从而激活 CRP。而环境中的阿拉伯糖是被 AraC 探测的。编码代谢阿拉伯糖的基因只有在 CRP 和 AraC 同时高表达时才会被激活（图 20-5）。实验上，如果在存在阿拉伯糖的情形下，在培养基中突然增高 cAMP 的浓度，利用阿拉伯糖的基因大约延时 20 min 后才表达。而当环境中 cAMP 的浓度突然由高浓度切换到低浓度时，系统的响应是瞬时的。作为对比，简单调控，即没有 C1-FFL 的系统，如乳糖操纵子，应对相同的"开"或"关"输入时不会出现延时。

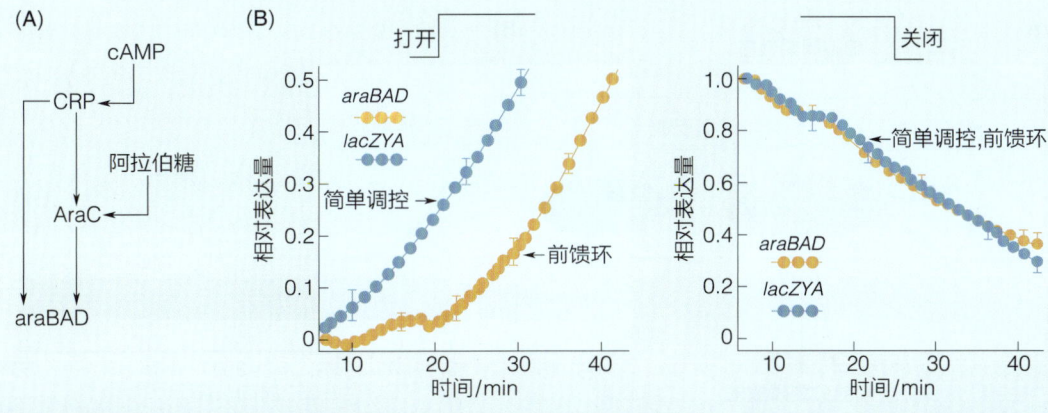

图 20-5 大肠杆菌阿拉伯糖利用系统的转录调控
（A）大肠杆菌阿拉伯糖利用系统的转录调控示意图。（B）前馈环具有延时响应特性。相比于简单调控，前馈环对于输入信号的"开"延时响应，而对于"关"信号，会做出瞬时的响应。（B，数据自 Mangan S, et al. *J Mol Biol*, 2003, 334(2): 197-204）

基因表达和振荡行为。接下来的两个小节将分别介绍调节细胞周期和发育过程的基因调控网络。

20.2.2 细胞周期调控网络

细胞周期这一基本的生命过程由一系列顺序发生的事件组成，通过这些事件，细胞生长并分裂成两个子细胞，这是一种在真核生物中高度保守的重要生物过程。细胞周期包含四个阶段：G_1期（细胞在生长并决定分裂）、S期（细胞完成DNA复制）、G_2期（S期和M期之间的间隔）和M期（有丝分裂发生，此阶段染色体分离，细胞分裂成两个子细胞）。这个过程高度有序且受严密调控。尽管在细胞周期过程中涉及数百到数千个基因，但其核心网络在真核生物中高度保守。在过去的几十年中，对酵母、非洲爪蟾、果蝇和人类细胞的细胞周期调控的研究揭示了这一过程中反复出现的调控模式：负反馈回路、正反馈回路和互补调节。

尽管典型的细胞周期事件以一种有序的方式组织——新生细胞必须在DNA合成之前生长到足够大，DNA合成、中期纺锤体的组装必须在有丝分裂完成之前完成；但是有些细胞周期有所不同，一个显著的例外是非洲爪蟾的胚胎细胞周期。在早期胚胎中，细胞周期每25 min发生一次，无论DNA复制和有丝分裂是否完成。因此，它表现得像一个自主的生化振荡器。由于它相对简单，它为研究细胞周期的设计原则提供了一个绝佳的例子。

非洲爪蟾胚胎细胞周期的核心调控环路由以细胞周期蛋白激酶CDK1和负责促进分裂的后期促进复合物（anaphase promoting complex，APC）为中心的蛋白质组成（图20-6A）。CDK1的激活将细胞推向有丝分裂，而APC的激活则将促进细胞退出有丝分裂（图20-6B）。细胞周期的这一核心调控模式可以进一步简化为正反馈与负反馈环路相结合。在19.5节中我们知道，虽然简单的负反馈环路可以产生振荡，但它并

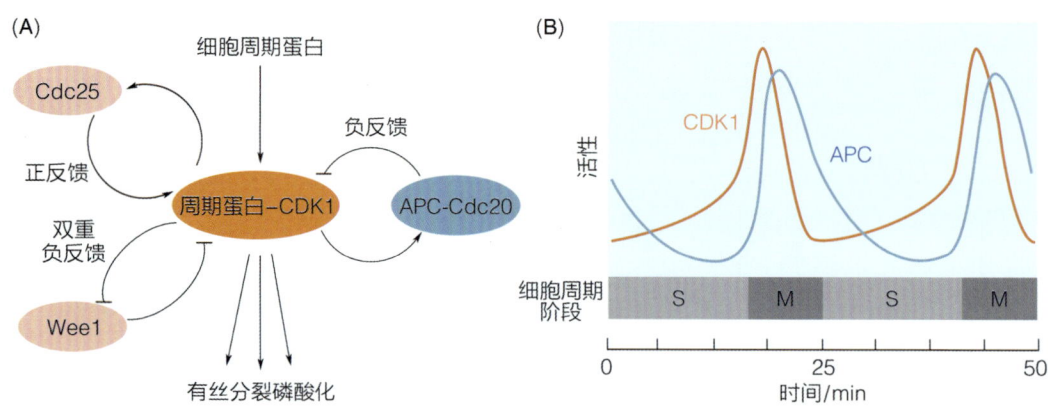

图20-6 非洲爪蟾胚胎细胞周期调控网络
（A）简化的周期调控网络示意图。周期蛋白-CDK1是主要的调节因子，APC-Cdc20是E3连接酶，它泛素化有丝分裂素并将其定向降解。Wee1是一种蛋白激酶，能够使周期蛋白-CDK1失活。（B）在非洲爪蟾胚胎中，周期蛋白-CDK1的激活将细胞推向有丝分裂，而APC的激活使细胞从有丝分裂中退出。（B，改编自 Ferrell J E Jr, et al. Cell, 2011, 144(6): 874-885）

不稳健。额外的正反馈环路不仅产生双稳态，使细胞周期转换类似开关，还引入了时间延迟，并有助于破坏整个系统的稳态，从而促进振荡的产生。

将 CDK 和 APC 的活性形式表示为 $CDK1^*$ 和 APC^*，它们的浓度随时间的演化可以由以下常微分方程组描述：

$$\frac{d[CDK1^*]}{dt} = \alpha_1 - \beta_1 [CDK1^*] \frac{[APC^*]^{n_1}}{K_1^{n_1} + [APC^*]^{n_1}} + \alpha_3 (1 - [CDK1^*]) \frac{[CDK1^*]^{n_3}}{K_3^{n_3} + [CDK1^*]^{n_3}},$$

(20-1a)

$$\frac{d[APC^*]}{dt} = \alpha_2 (1 - [APC^*]) \frac{[CDK1^*]^{n_2}}{K_2^{n_2} + [CDK1^*]^{n_2}} - \beta_2 [APC^*].$$

(20-1b)

这里，假设 CDK1 被恒定速率的周期蛋白合成激活 [式（20-1a）的第一项]，并将 APC 使 CDK1 失活的多个过程简化为希尔函数的形式 [式（20-1a）的第二项]。式（20-1a）的第三项代表正反馈环路（自激活），虽然实际上 APC 的正反馈是通过 Cdc25 和 Wee1 介导的（图 20-6A），这里进行了简化。我们还引入了对 APC 的线性降解。同时，不同形式的 CDK1 和 APC 的总量分别已被归一化为 1。

应用相平面分析法，我们首先可以检查 APC^* 的平稳态水平如何取决于 $CDK1^*$，这可以通过将式（20-1b）的右边设置为 0 来确定。这个零斜率线是单调的，呈 S 形（图 20-7B 中的蓝线），因此 APC^* 和 $CDK1^*$ 之间存在一对一的映射关系。然而，决定平稳态 $CDK1^*$ 如何随 APC^* 变化的 $CDK1^*$ 的零斜线（图 20-7B 中的橙线）存在一个区域，其中单一的 APC^* 浓度可以对应三个不同的 $CDK1^*$ 浓度（图 20-7B 中的蓝色阴影区域）。线性稳定性分析表明，$CDK1^*$ 的左、右平稳态是稳定的，而中间的平稳态是不稳定的。两个零斜线相交点的线性稳定性分析显示它是不稳定的，进一步分析（知识窗 20-2）表明，在这个不稳定的平衡点周围必然存在一个极限环（图 20-7B 中的灰线）。上述分析揭示了所选择的参数使 CDK1/APC 系统中的正反馈环路能够充当一个具有滞后的、双稳态的切换开关。切换开关与负反馈环路的耦合产生了持续的振荡。$CDK1^*$ 活性起初缓慢增加，然后跃升到高水平。紧随其后的是 APC^* 的迅速上升，这驱使 $CDK1^*$ 迅速下降。一旦 $CDK1^*$ 降到一定水平以关闭 APC^*，系统开始缓慢地升向下一个峰值（图 20-7C）。

目前，我们已经对过于简化的细胞周期网络进行了建模，添加更多的反馈环路，模型将变得更加真

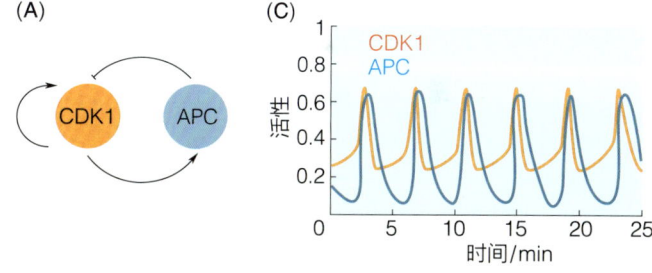

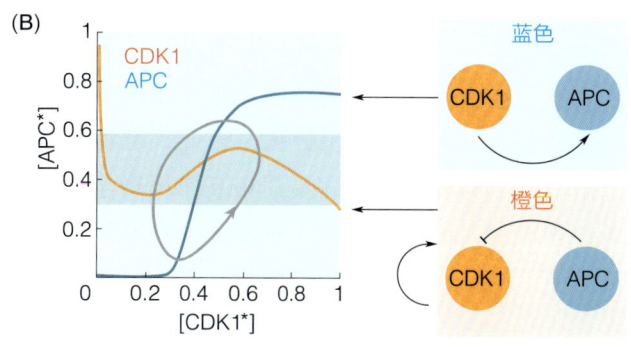

图 20-7　CDK1-APC 调控的正反馈与负反馈环路
（A）模型示意图，箭头表示激活，带钝端的线表示抑制。（B）模型的相平面和零斜线。橙线和蓝线是 CDK1 和 APC 的零斜线，它们的交点是不稳定的不动点。灰线是极限环。（C）系统随时间变化的特性，显示了持续的振荡。(C, 改编自 Ferrell J E Jr, et al. *Cell*, 2011, 144(6): 874-885)

> **知识窗 20-2**
>
> ### 相平面上极限环的存在性
>
> 我们怎么才能知道一个动力系统是否存在稳定的极限环呢？这是一个极其困难的问题，但是对于二维系统这一类情况，包括上文中简化的非洲爪蟾胚胎的细胞周期调控网络，实际上是可以判断的，这便是庞加莱-本迪克松（Poincaré-Bendixson）定理的内容。简单来讲，如果在相平面内一个连通、有界的区域（不妨记为 R）内没有不动点，并且 R 内的点代表的系统状态随时间变化将永远留在 R 内，则 R 中一定存在一个稳定极限环；满足条件的区域 R 典型的形状是环状的，其外边界上点都向内移动，而内边界上点都向外移动（比如，围绕一个不稳定的不动点）。定理的证明需要用到一些高阶的数学知识，在此不多作介绍，感兴趣的读者不妨参考相关的非线性动力学教材。

实，因而可以刻画细胞周期动力学的更多细节。但这会以模型的复杂度为代价：网络组件越多，解释模型的行为就越困难。在许多真核细胞中，细胞周期由 CDK1/APC 驱动，其行为更加具有序列性，而不是自主振荡，我们将在第 21 章中用芽殖酵母的细胞周期网络模型来说明。尽管如此，这里提出的简单的非洲爪蟾胚胎细胞周期模型为理解更复杂细胞周期环路的设计提供了借鉴。

周期性振荡普遍存在于生物体系中，它在细胞周期的调控，昼夜节律的日常维持，以及心脏跳动等各种生物功能中都发挥着重要作用。这些生物振荡不仅确保了生命活动的有序进行，也是维系生物体内环境平衡和功能协调的基础。

20.2.3 果蝇胚胎发育早期的基因调控网络

多细胞生物个体从受精卵开始，经过一系列的细胞分裂和分化过程，最终形成了具有特定结构的三维体系。在此过程中，每一个细胞如何根据所处的位置来选择特定的命运？研究发现，发育过程的一个普遍的原则是胚胎中的细胞在一系列步骤中逐步分化。首先，胚胎的大范围区域差异被建立起来，在这些区域内，特定基因的表达及其相互作用产生了更多的较小发育区域，每个区域有其独特的发育基因表达组合。通常，发育基因被按照严格的时间序列激活，它们形成了一个具有层级的基因调控网络，其中一组基因对下一组基因的激活至关重要，从而促使下一阶段的发育发生。果蝇早期胚胎发育过程清晰地展示了上述原则。这里，我们以果蝇的裂隙基因（gap gene）调控网络为例来说明，它在早期胚胎前后轴方向形态建成的过程中起重要作用。

果蝇的受精卵呈长椭球状，在精子和卵细胞核融合后，会发生快速的细胞核分裂，但核周围不形成细胞膜，从而使胚胎形成具有多个细胞核的合胞体。

在果蝇胚胎的合胞体阶段，首先发生的是一系列快速的核分裂。这些核分裂不伴随着细胞膜的形成，因此所有的细胞核都位于共享的胞浆中。这种快速的核分裂过程称为核分裂期（mitotic cycle）。这种结构允许果蝇胚胎在很短的时间内通过连续的核分裂来快速增加细胞核数量。直到第 9 次分裂后，细胞核开始移动到胚胎的边缘，形成合胞原胚（blastoderm）。这是一个关键的过程，因为它标志着细胞核开始在胚胎表面形成一个单层的排列。

在第 13 次核分裂后，细胞核的数量达到 6000 个左右，并且均匀覆盖在胚胎表面。此时，虽然细胞核已经定位到了胚胎的外围，但细胞膜尚未形成。这种结构的特点是允许基因表达产物（如蛋白质和 RNA）在胚胎中自由扩散，从而可以迅速影响整个胚胎。这种快速而广泛的信号传播对于胚胎早期发育过程的调控至关重要。

在后续的发育过程中，细胞膜最终会形成，细胞核将被包含在单独的细胞中，标志着果蝇胚胎从合胞体阶段转变为细胞化阶段。这个过程导致细胞的进一步分化和胚胎的形态发生明显变化。

胚胎发育过程中的一个核心问题是，单个细胞如何正确地选择自己的命运从而使得整个胚胎形成最终的身体规划？果蝇的前后轴方向的形态形成，即哪部分细胞最终会变成头部、胸部、腹部和尾部等，是由一系列基因表达程序逐步决定的，使得每一个细胞选取特定的命运。处于这一过程中的核心地位的是一组裂隙基因，它们在前后轴方向特定的范围内表达，提供了细胞分化所需要的"位置信息"，其下游的基因读取这些信息并将胚胎前后轴方向进一步标记为更小的区域，从而最终决定不同部位细胞的命运（知识窗 20–3）。

20.3 代谢网络

上一节介绍的基因调控网络主要涉及 DNA、RNA 和蛋白质之间的相互作用。实际上，除了中心法则支配的基因表达调控过程，生物体中还有包括各种糖、脂质等在内的成百上千种代谢物在时刻不停地发生着复杂的化学反应。代谢物之间能够通过一系列的化学反应构成的代谢通路相互转化，就像一个个"站点"被道路连接起来，例如糖酵解通路、三羧酸循环等（图 20–10）。在站点与站点之间的运输过程中，酶会帮助反应的发生（具体单步反应参阅 18.1 节），中间产物会被传递到下一个站点，直到形成最终产物或与其它代谢通路连接。不同的通路彼此连接、交错，就形成了代谢网络（metabolic network）。它就像生物体内一个庞大的交通系统，包括了代谢活动中的各种生化反应、通路及其调控关系。代谢网络有两个重要功能：一是将从外界摄取的物质（比如食物）转变成身体所需的构建材料和能量，二是参与物质的分解过程。这个网络非常复杂，涉及数百种生化反应和数千种代谢物之间的相互转化，其结构和调控机制对于维持生物体的生理功能至关重要。近年来，科学家们对代谢网络非常感兴趣，他们结合实验和计算模拟，对代谢网络进行建模和分析，揭示其结构和功能之间的关系。这有助于我们理解代谢疾病的发生原因，并为开发新的药物靶点和应用于

知识窗 20-3

果蝇胚胎发育

果蝇的胚胎发育极其迅速，其体轴的前后轴极性在精子进入卵子之前就已经由母源细胞质中的转录因子确定（图 20-8）。前后体轴由产生于母源营养细胞中并运输到卵母细胞中的 mRNA 确定，其蛋白质产物被称为母源形态生成素（morphogen）。最主要的有决定胚胎前部的 *bicoid*（*bcd*）和后部的 *nanos* mRNA。其中，*bicoid* mRNA 被锚定在头部，其表达的产物即 Bicoid 蛋白通过扩散形成前后方向的浓度梯度。相应的，*nanos* mRNA 翻译产生的 Nanos 蛋白建立了从后部到前部的浓度梯度（图 20-9A）。除此之外，另外两类重要的由母源提供的 mRNA 是 *hunchback*（*hb*）和 *caudal*（*cad*），它们对体轴前后方向的形态建成也是至关重要的。这样，胚胎前部的 Bicoid 蛋白作为转录因子激活 *hunchback* 基因而抑制 *caudal* 基因；胚胎后部的 Nanos 蛋白激活 *caudal* 基因而抑制 *hunchback* 基因。这些母源基因表达产物所形成的胚胎前后方向的浓度梯度是整个胚胎发育过程中基因调控网络的输入。

随后，合子基因开始表达。第一类被表达的这类合子基因被称为裂隙基因，因为它们的突变体会在分节模式中造成缺口。这些基因在特定的大范围区域内部重叠地表达。裂隙基因编码转录因子，它们的不同组合调节成对控制（pair-rule）基因的转录，而成对控制基因的表达将胚胎分割成更小的周期性的单位。不同成对控制基因的转录导致了与前后轴垂直的 7 个纵向条带的条纹状图案。成对控制基因编码的转录因子激活体节极性（segment-polarity）基因，这些基因的蛋白质产物将胚胎分割成 14 个节段的单位。与此同时，裂隙基因、成对控制基因和体节极性基因的蛋白质产物

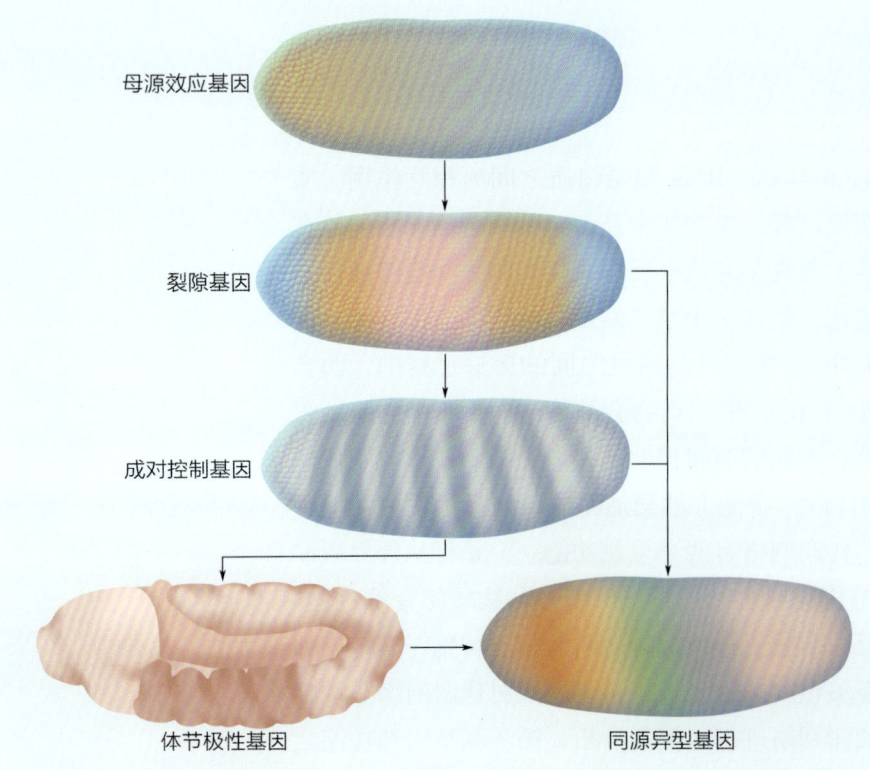

图 20-8 果蝇胚胎前后轴的形态建成
该模式是由母源效应基因建立的，这些基因形成形态发生素梯度和区域。这些蛋白质是激活裂隙基因的转录因子，裂隙基因在胚胎的大段区域表达，它们调控成对控制基因的表达。成对控制基因的表达成条带状。然后，体节极性基因将胚胎沿前后轴划分为大小适中的单元。这些基因的共同作用定义了确定每个节段的同源域基因的空间领域。通过这种方式，周期性从非周期性中产生，每个节段都被赋予独特的身份。

相互作用，调控同源异型基因（homeotic gene），从而决定了每个节段的发育命运，比如果蝇的胸部、腹部等。

决定果蝇躯干部分的裂隙基因有四个，它们分别是 hunchback(hb)、kruppel(kr)、knirps(kni)、giant(gt)。它们在胚胎进入第 14 次核分裂后的表达模式如图 20-9C 所示。那么这种空间表达模式是如何形成的呢？在胚胎的前部，高浓度的 bicoid 蛋白激活 hb 的表达，而 hb 会激活或抑制其它裂隙基因 kr、kni 和 gt，同时，裂隙基因之间又形成复杂的调控关系。尽管确切的调控网络尚不清楚，但多年的实验和建模

研究表明，裂隙基因之间的核心调控关系大致可以用图 20-9B 表示。例如，hb 对 kr 的调控依赖于 hb 蛋白浓度，当 hb 蛋白浓度高于某一阈值时，它将激活 kr，而其浓度过高时又会抑制 kr 的表达。作为一个粗略的近似，裂隙基因之间的相互作用可以拆分为三个开关样的模块：hb 和 kni 的互相抑制，kr 和 gt 之间的互相抑制，以及 hb 对 kr 产物浓度依赖的调控。值得注意的是，裂隙基因的这种空间表达模式提供了决定前后轴方向细胞命运的"位置信息"，即每个细胞可以根据所表达的裂隙基因水平的组合而推断出所处的前后位置，从而决定合适的细胞命运。

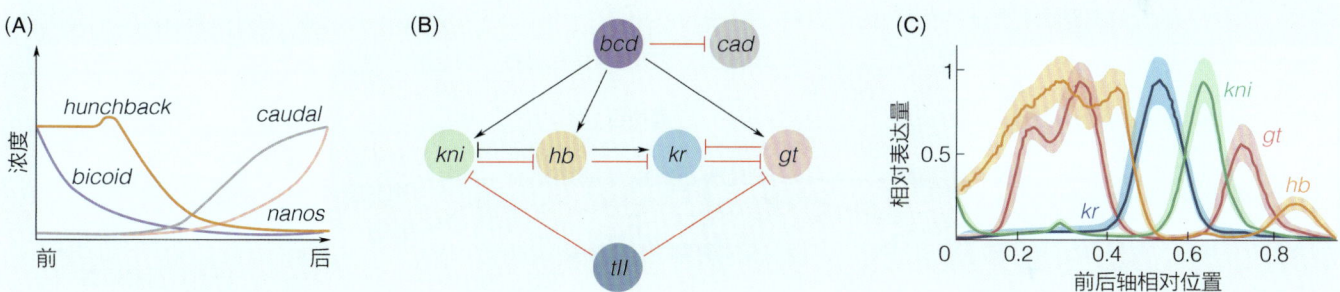

图 20-9　裂隙基因表达的调控
（A）受精卵中的母源效应基因沿胚胎前后轴方向的表达模式。（B）简化后的裂隙基因调控网络，这里也显示了在胚胎端部表达的裂隙基因 tll 对 kni 和 gt 的抑制。（C）实验测得的躯干部分四种裂隙基因在胚胎进入第 14 次核分裂后 40 分钟左右的相对表达量。阴影区是多个胚胎测量的标准误差。（B，改编自 Papatsenko D, et al. PLOS ONE, 2011, 6(7): e21145；C，改编自 Petkova M D, et al. Cell, 2019, 176(4): 844-855）

生物工程提供了契机。

在前面的章节中，我们应用米氏反应动力学、希尔函数等工具对单个或几个酶促反应进行建模，以底物和酶的浓度为变量写出微分方程，研究其动态和稳态性质。然而对于数百个反应、上千种代谢物组成的复杂代谢网络（图 20-10A），如果仍然采取这种建模方法，我们就不得不求解巨大的微分方程组，难度可想而知。因此，我们引入一种新的方法，它可以从更宏观的角度对整个代谢网络进行建模。

流平衡分析（flux balance analysis）是一种用于研究代谢网络的定量分析方法，就像我们用交通流分析来研究城市交通一样。它基于代谢网络的结构和物质转化的规律，通过建立数学模型来预测稳态下代谢通路中物质的流动和代谢产物的生成速率。流平衡分析本质上是一个线性规划问题。该问题的目标往往是最大化或最小化某个或某些代谢产物的产量，如最大化生物量（biomass）积累、最小化营养物质消

图 20-10 代谢网络 (A) 代谢网络总览。(B) 核心碳源代谢通路示例。(A, 引自 KEGG 网站; B, 改编自 Wang X, et al. *Nat Commun*, 2019, 10: 1279)

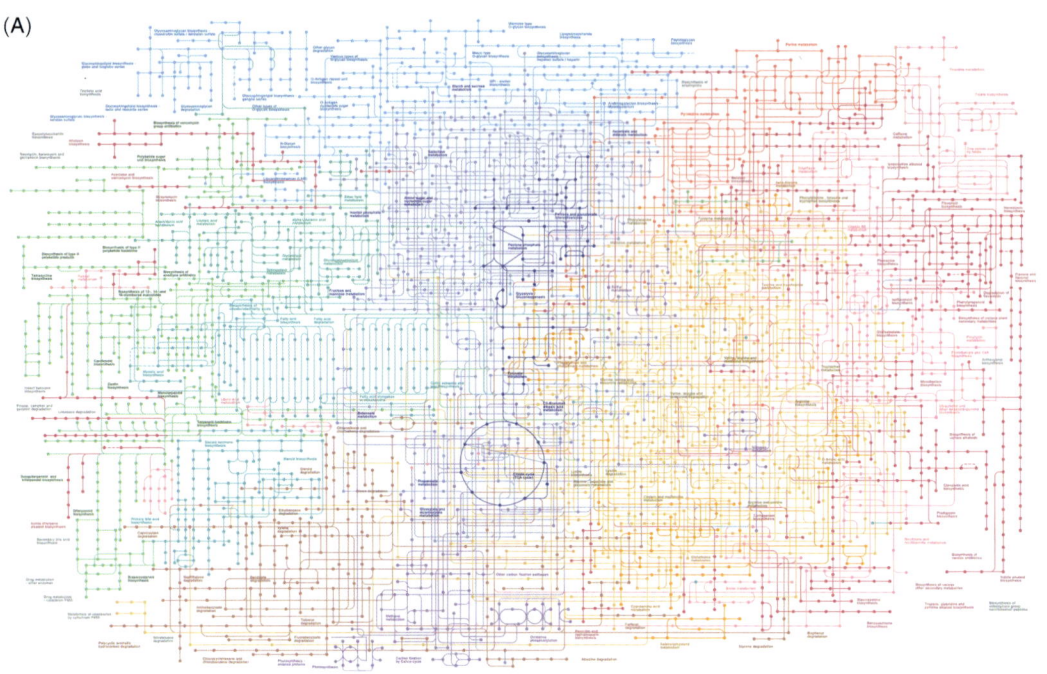

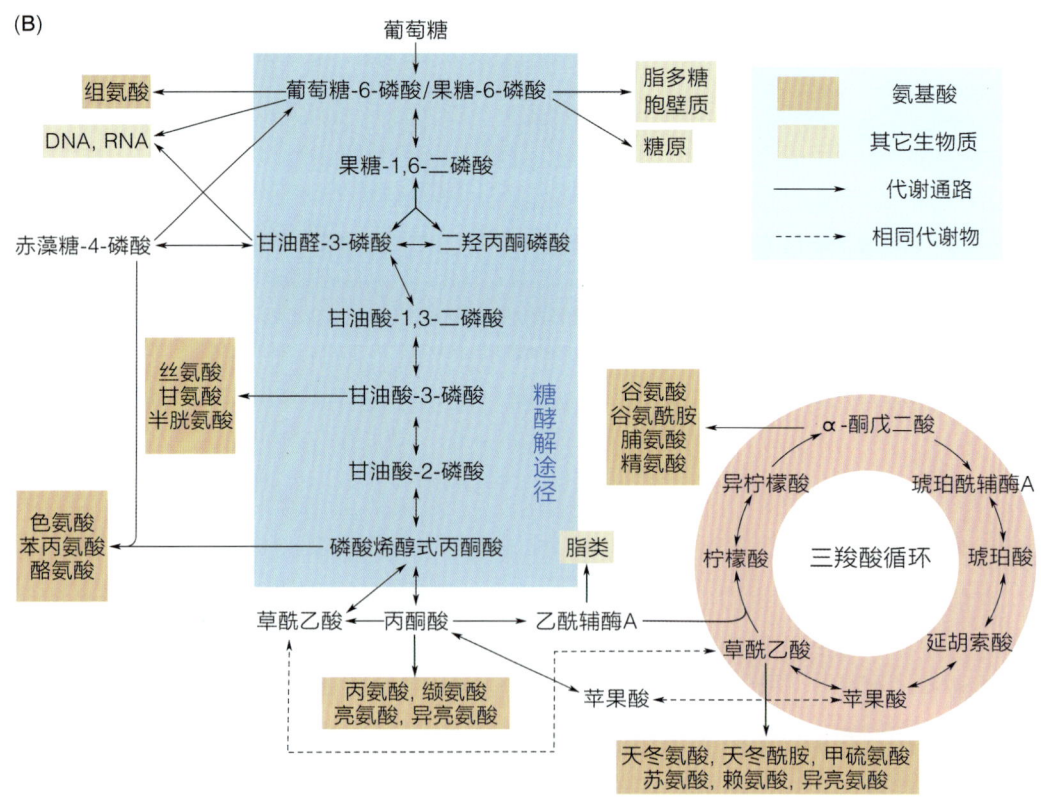

耗等。同时，体系还要满足一定的约束条件，如代谢网络中的质量守恒和能量守恒，某些化学反应的速率存在上下限等。在稳态下，物质在代谢网络中的流动要保持平衡，即各代谢物的含量和代谢通路中的反应速率需要保持稳定。通过设定代谢通路中的约束条件和需要优化的目标产物，我们可以找出在特定条件下代谢通路中物质

流动的最佳方案。

具体来说，流平衡分析可以分为几个步骤（图 20-11）：首先，根据想要研究的问题，明确体系中有哪些生化反应及每个反应的化学计量系数，构建一个代谢网络（图 20-11 ①）。其次，用数学的方式描述这个代谢网络，即写出这个代谢网络对应的化学计量矩阵（stoichiometric matrix）S 和代谢流向量 v。化学计量矩阵的每一行代表一种物质，每一列代表一个化学反应，矩阵中的每个值即为该行对应的物质在该列对应的反应式中的化学计量系数，其中反应物为负，生成物为正。例如，第二个化学反应为 B + 2C → D，那么矩阵第二列中，第一个数为 –1，第二个数为 –2，对应反应物 B 和 C；第三个数为 1，对应生成物 D；其余位置均为 0。除了真实发生的化学反应，细胞对代谢物的摄取和排出也可以被等效为化学反应，比如细胞从外部环境中摄取葡萄糖，就可以用反应式 Ø → 葡萄糖来表示。代谢流向量 v 是一个列向量，每个分量表示一个反应的速率，定义为单位时间内反应物浓度减少量或生成物增加量除以该物质

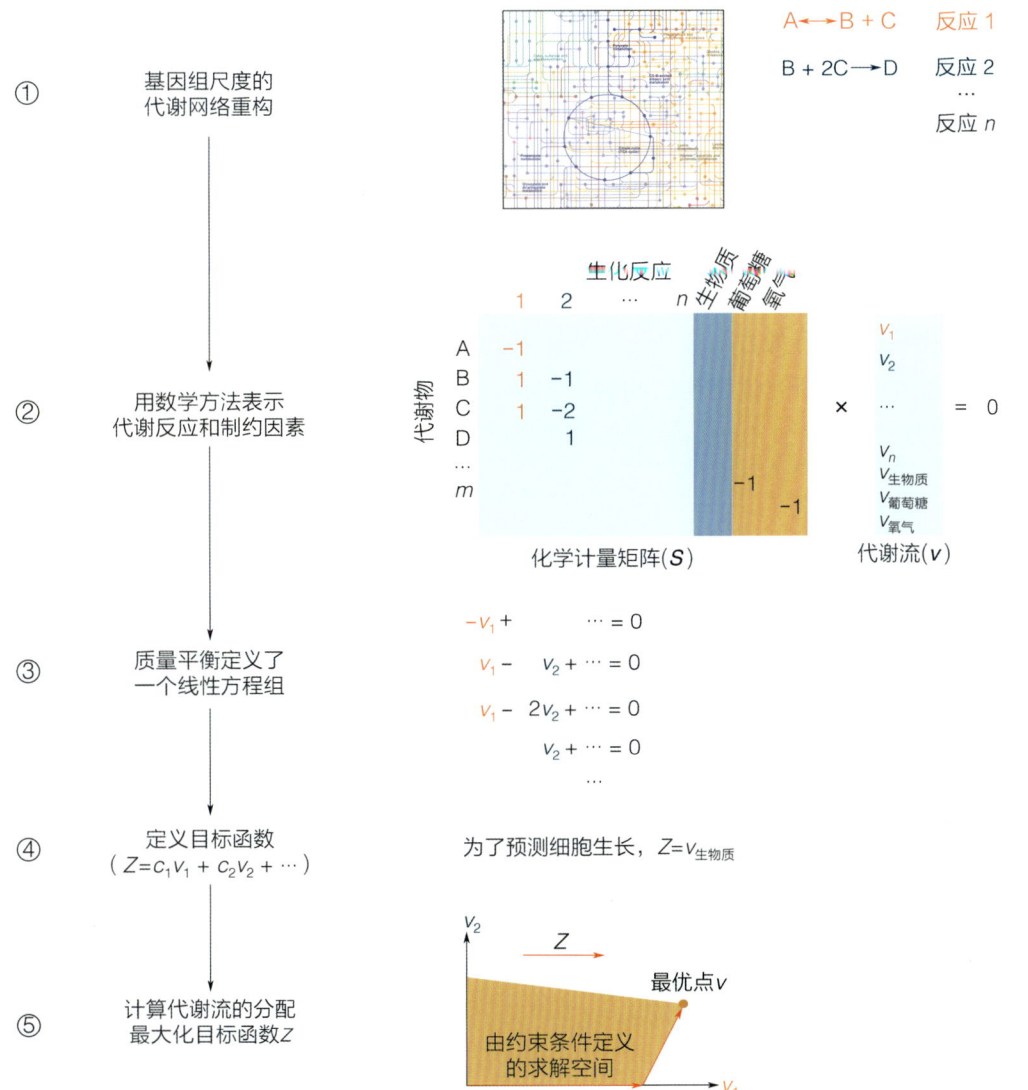

图 20-11 流平衡分析方法的研究流程
其中①–⑤是研究流程的各个步骤。（改编自 Orth J D, et al. *Nat Biotech*, 2010, 28(3): 245-248）

的化学计量系数。这样表示代谢网络的妙处在于，化学计量矩阵 S 和代谢流向量 v 相乘可以得到一个维度等于反应物数量的列向量，其每个分量代表一种物质的浓度随时间的变化率（图 20-11 ②）。然后，根据流平衡的原理，稳态下反应速率和各物质浓度保持不变，即

$$Sv = 0。 \quad (20\text{-}2)$$

根据式（20-2）得出反应流动满足的线性方程组（图 20-11 ③）；接着，定义一个想要优化的目标函数（图 20-11 ④），比如某种产物的产量，或者细胞的生长速率。最后，在一定的约束条件下利用线性规划的方法求解目标函数的最大值和此时自变量（v）满足的条件，得到最优化问题的解（图 20-11 ⑤）。

在上述五个步骤中，式（20-2）是流平衡原理的核心，其本质在于物质守恒。对于细胞内的每一种代谢物，其稳态浓度恒定，使得整个生命系统处于一种动态平衡状态。由于图 20-11 所示的方程式未包含流入系统的代谢流，为了更清晰地阐释流平衡分析的方法，图 20-12 展示了一个具体案例。其中，与外界交换物质的代谢流都被计入代谢流向量 v，同时只有细胞内的代谢物质需要满足流平衡（即物质守恒）。通过对目标函数进行优化计算，我们即可得到代谢流分布的最优解。

流平衡分析方法在定量生物学研究中具有广泛的应用，就像交通流分析可以帮助规划城市道路一样。它可以预测不同条件下代谢产物的生成速率、代谢通路的流量分布，从而预测细胞的生长速率、代谢物的积累和消耗，以及能量产生的效率等，还可以帮助确定关键酶的调控策略。此外，流平衡分析还可以应用于优化代谢工程和生物工业生产过程，从而增加特定产物的产量或提高底物的利用效率。尽管流平衡分析在预测代谢网络整体行为方面存在一些局限性，比如无法考虑动态变化和更复杂的调控机制，但它仍然是研究代谢网络的重要工具，为系统性的代谢研究提供了全局的视角和预测能力。

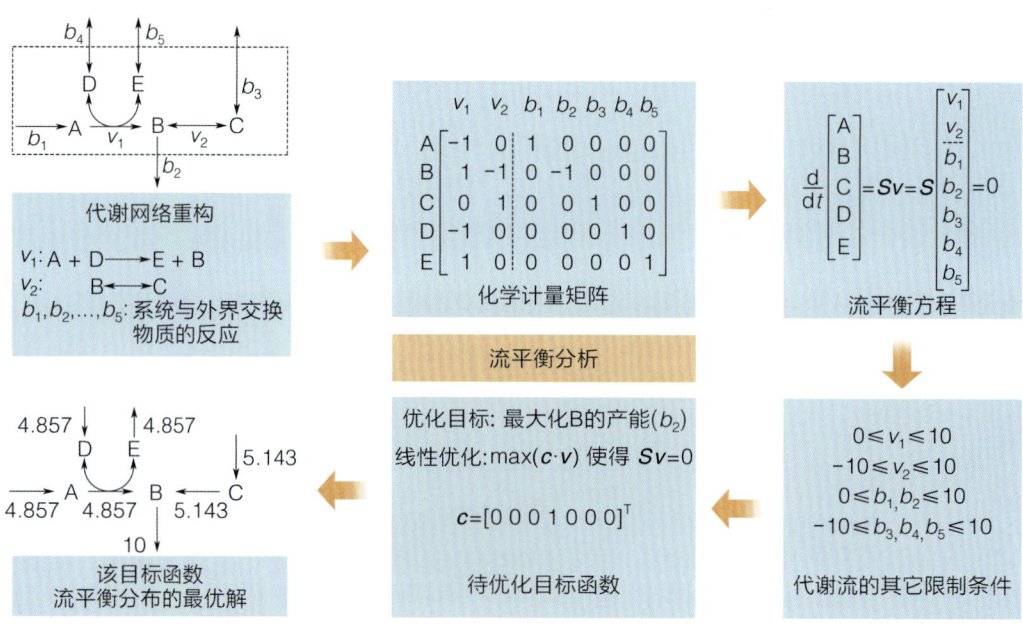

图 20-12 流平衡分析方法的一个具体案例
（改编自 Raman K, et al. Brief Bioinform, 2009, 10(4): 435-449）

※ 本章小结

本章主要讨论了生物网络中的复杂性，尤其是大肠杆菌的基因调控网络、细胞周期调控网络，以及多细胞生物的发育过程中的基因调控网络。我们依次领略了生物网络的基本特性，如非线性相互作用、自组织性、异质性、动态性和多尺度性，这些特性共同构成了生物网络的复杂性。

我们重点讨论了基因调控网络的动力学特性，如自抑制和自激活模体的功能，前馈环的类型与功能，以及单输入调控模块和致密交叠调控子的重要性。特别是通过对大肠杆菌和其它模型生物的研究，展示了基因调控网络在生物体适应环境和发展过程中的关键作用。

我们之后还介绍了细胞周期调控网络，特别是非洲爪蟾胚胎细胞周期的调控机制，强调了正反馈和负反馈环路在细胞周期调控中的重要性。此外，发育过程中的基因调控网络部分详述了多细胞生物从受精卵到成体的复杂分化过程中基因表达的调控机制，而果蝇胚胎发育的模型研究为理解这些调控机制提供了重要的视角。

本章最后还简要介绍了代谢网络的概念，包括通过流平衡分析方法来研究和预测生物体中各种化学反应的动态平衡和代谢产物的生成速率，相关内容我们将在第21章再次进行讨论。

※ 思考题

1. 在比较自抑制调控和简单调控的响应时间时，我们将希尔函数近似为一个阶跃函数。试推导不做这一近似时，输入函数由系数为 n 的希尔函数描述的自抑制调控的响应时间。讨论上述近似成立的条件。[提示：做变量替换 $u=[X]^{n+1}$，解出 u 的方程。]

2. 根据图 20-1 的图解法说明自激活模体响应时间慢于简单调控。

3. 在指数生长期，细菌群的质量和代谢物含量均呈指数增长。这种情况为什么适用于流平衡分析？

※ 扩展阅读

图书

Alon U. An introduction to systems biology: design principles of biological circuits[M]. 2nd ed. Boca Raton: CRC Press, 2019.

Barresi M, Gilbert S. Developmental biology[M]. New York: Oxford University Press, 2020.

Strogatz S H. Nonlinear dynamics and chaos: with applications to physics, biology, chemistry, and engineering[M]. 2nd ed. Boca Raton: CRC Press, 2018.

综述

Ferrell J E Jr, Tsai T Y-C, Yang Q. Modeling the cell cycle: why do certain circuits oscillate?[J]. Cell, 2011, 144(6):874-885.

Orth J D, Thiele I, Palsson B Ø. What is flux balance analysis?[J]. Nat Biotechnol, 2010, 28(3):245-248.

研究论文

Shen-Orr S S, Milo R, Mangan S, et al. Network motifs in the transcriptional regulation network of *Escherichia coli* [J]. Nat Genet, 2002, 31(1):64-68.

21 生命系统特征的定量理解

在前面的章节中，我们从单个酶促反应的动力学出发，对生命活动的基本过程建立定量模型，从中体会定量生物学的思维方式。以此为基础，我们逐步引入了形式更加复杂多样的模型，从而能够定量地描述更加丰富的生物学过程，直至复杂生物网络的调控。而随着研究对象越发复杂和庞大，一些微观尺度和还原论视角下不存在的新问题就会涌现出来。在本章中，我们将从更加宏观的层次上介绍生命系统所具有的一般性特征及其背后的原理，包括非平衡状态、稳健性、优化原理和自组织。这些特征保证了作为一个整体的生命系统能够稳定、有序、高效地完成极为复杂精妙的各项生命活动。我们将结合具体的例子，学习如何利用定量模型刻画和研究这些特征，从而深化对生命系统的理解。

21.1 远离平衡态的生命系统

物理学家薛定谔在他的名著《生命是什么？》中就指出，生命体和非生命体的一个本质区别就在于是否和周边环境在不断地交换着物质和能量，远离平衡态以克服自身熵的增大，并尽可能地保持在有序的状态。早在 20 世纪初，就开始有物理化学家在具体的远离平衡态系统中研究动力学和热力学，其中就包括简单的化学反应系统。而到了 20 世纪 40 年代，以普里戈金为代表的物理化学家们提出了"非平衡稳态"的概念（也称为非平衡定态），并给出了非平衡态热力学的一般框架。但是，非平衡态和平衡态的热力学理论是很不一样的，一直都无法脱离具体的动力学过程来进行定量刻画。这并不一定是一种缺陷或者遗憾，非平衡态现象理当如此的复杂，否则这个世界也太无趣了。

单个细胞是最简单的生命系统，但其内部也已经足够复杂，因此我们再次进行大幅度的简化，来寻找最简单的化学反应体系，这可以看作生命系统的一个最原始的雏形。而且时至今日，对于化学反应以及化学反应系统的非平衡态热力学，至少在稀溶液的情况下，理解得已经比较清晰。

所以在本节中，我们就基于最简单的单分子和双分子反应的质量作用定律和平衡态热力学里的一些基本概念，来研究非平衡态化学反应系统的基本动力学和热力学性质，主要是考虑非平衡稳态。

21.1.1 化学反应非平衡稳态热力学基础

非平衡稳态只有在含有环形结构的化学反应系统里才能体现出来，因此先来考虑一个最简单的环形三组分化学反应系统：

$$A \underset{k_{-1}}{\overset{k_1}{\rightleftharpoons}} B, \quad B \underset{k_{-2}}{\overset{k_2}{\rightleftharpoons}} C, \quad C \underset{k_{-3}}{\overset{k_3}{\rightleftharpoons}} A。$$

在 2.3 节中，我们已经知道：对于每个物质 A、B 和 C，都可以分别定义出它们的化学势，也就是单位浓度的自由能；而且在稀溶液的情况下，这个化学势 μ 又可以分解成两项，一项叫作内在化学势，是由分子结构、温度、压强、溶剂性质等决定的，与该物质的浓度是无关的，被记为 μ^0，另一项是浓度的对数乘以 $k_B T$，其中 k_B 是玻尔兹曼常量，T 是温度。

这里我们只考虑浓度变化而导致的非平衡态，不考虑比如温度、压强等的不均匀性等原因导致的非平衡系统。因此可以认为，在浓度变化时，μ^0 是不会变的，而每个物质的单位浓度自由能，也就是化学势，依然可以用平衡态热力学里的表达式来刻画。

具体来说，我们定义 A、B 和 C 的化学势为 $\mu_A = \mu_A^0 + k_B T \log c_A$，$\mu_B = \mu_B^0 + k_B T \log c_B$ 和 $\mu_C = \mu_C^0 + k_B T \log c_C$，其中 c_A、c_B、c_C 分别是化学物质 A、B 和 C 的浓度。在 2.3 节，我们已经知道了内在化学势和化学平衡常数之间的对数关系，而在这个具体的例

子里，化学平衡常数就等于正向和逆向一阶化学反应常数之比，因此可以得到

$$\frac{k_1}{k_{-1}} = \exp\left(\frac{\mu_A^0 - \mu_B^0}{k_B T}\right), \quad \frac{k_2}{k_{-2}} = \exp\left(\frac{\mu_B^0 - \mu_C^0}{k_B T}\right), \quad \frac{k_3}{k_{-3}} = \exp\left(\frac{\mu_C^0 - \mu_A^0}{k_B T}\right)。$$

把上面三个式子左右两边分别连乘，就有

$$\frac{k_1 k_2 k_3}{k_{-1} k_{-2} k_{-3}} = 1。 \tag{21-1}$$

这正是化学里细致平衡原理的表现形式之一，它刻画了无其它物质参与的环形单分子化学反应系统的各个化学反应常数之间所必须满足的约束。而非平衡态，特别是非平衡稳态，就是要打破这个约束。

但是这已经是物理化学定律了，还怎么打破呢？其实是打引号的"打破"，并不是要违反这条定律，而只是说在不符合该定律的前提条件时，这个约束条件是可以被违背的，而且这样的一种违背也是可以被定量刻画的。

生命体中最常见的破坏该约束的情形就是正逆两个方向的六个单分子一阶反应里有两个是拟一阶化学反应，也就是说本质上这些反应中有两个是双原子的二阶化学反应，比如生命体中常见的磷酸化和去磷酸化过程，就是物质 A、B 和 C 组成的环形结构耦合上 ATP 的水解过程。对该过程的定量刻画有助于我们理解生命体内部的能量转化，如图 21-1 所示。

以图 21-1B 的化学反应系统为例，其中 k_1^0 和 k_{-3}^0 是对应的二阶双分子化学反应的反应常数，因为前者是 T 加上 A 合成 B，后者是 D 加上 A 合成 C。于是当把它和最简单的环形三组分化学反应系统相比较时就会发现，当物质 D 和 T 的浓度固定不变时，只要定义拟一阶化学反应常数 $k_1 = k_1^0 c_T$ 和 $k_{-3} = k_{-3}^0 c_D$，则二者在数学模型上就变得完全一样，唯一的不同是此时这些一阶和拟一阶化学反应常数不必再遵守细致平衡原理式（21-1）。

使用和最简单环形三组分化学反应系统几乎一样的推导，可以得到整个环形结构总的化学势差，就等于物质 D 与物质 T 的化学势差（知识窗 21-1），即

$$\Delta \mu = \mu_D - \mu_T = \Delta \mu^0 + k_B T \ln \frac{c_D}{c_T}。$$

这个公式其实说的是一个很浅显的结论，那就是环形结构每顺时针转一圈，其效果无非就是把一个 T 分子转化成了 D 分子而已。

再次利用内在化学势与化学反应常数的关系，可以进一步得到

$$\begin{aligned}\Delta \mu &= -k_B T \ln \frac{k_1^0 k_2 k_3}{k_{-1} k_{-2} k_{-3}^0} + k_B T \ln \frac{c_D}{c_T} \\ &= -k_B T \ln \frac{k_1 k_2 k_3}{k_{-1} k_{-2} k_{-3}}。\end{aligned}$$

这个公式表明细致平衡原理[式（21-1）]正好对应于环形结构总的化学势差为零。这也是平

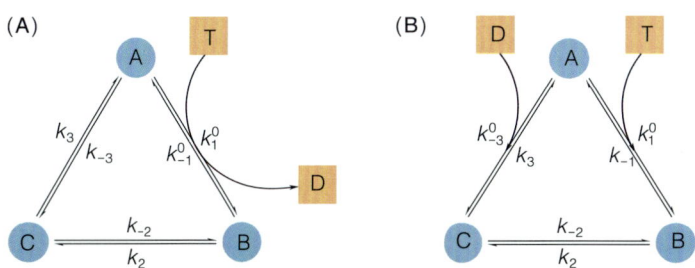

图 21-1 环形结构化学反应系统与外部物质转化过程相耦合
物质 A、B 和 C 组成的环形结构化学反应系统，与物质 T 和 D 之间的转化过程相耦合，耦合的方式有两种。

> **知识窗 21-1**
>
> ### 图 21-1B 的环形自由能变化分析
>
> 对于顺时针的三个化学反应，其反应物与生成物的化学势差分别为
>
> $$\Delta\mu_1 = \mu_B - \mu_A - \mu_T = \Delta\mu_1^0 + k_B T \ln \frac{c_B}{c_A c_T},$$
>
> $$\Delta\mu_2 = \mu_C - \mu_B = \Delta\mu_2^0 + k_B T \ln \frac{c_C}{c_B},$$
>
> $$\Delta\mu_3 = \mu_A + \mu_D - \mu_C = \Delta\mu_3^0 + k_B T \ln \frac{c_A c_D}{c_C}.$$
>
> 左右两边分别相加，从而整个环形结构的化学势差为
>
> $$\Delta\mu = \Delta\mu_1 + \Delta\mu_2 + \Delta\mu_3 = \mu_D - \mu_T = \Delta\mu^0 + k_B T \ln \frac{c_D}{c_T}.$$
>
> 再次利用 2.3 节中内在化学势与化学平衡常数的关系，我们知道
>
> $$\Delta\mu_1^0 = -k_B T \ln \frac{k_1^0}{k_{-1}}, \quad \Delta\mu_2^0 = -k_B T \ln \frac{k_2}{k_{-2}},$$
>
> $$\Delta\mu_3^0 = -k_B T \ln \frac{k_3}{k_{-3}^0},$$
>
> 因此把它们都加起来就可以得到
>
> $$\Delta\mu^0 = \Delta\mu_1^0 + \Delta\mu_2^0 + \Delta\mu_3^0 = -k_B T \ln \frac{k_1^0 k_2 k_3}{k_{-1} k_{-2} k_{-3}^0}.$$
>
> 因此
>
> $$\Delta\mu = -k_B T \ln \frac{k_1^0 k_2 k_3}{k_{-1} k_{-2} k_{-3}^0} + k_B T \ln \frac{c_D}{c_T} = k_B T \ln \frac{k_1 k_2 k_3}{k_{-1} k_{-2} k_{-3}},$$
>
> 其中 $k_1 = k_1^0 c_T$、$k_{-3} = k_{-3}^0 c_D$ 是拟一阶化学反应常数。

衡态的一个特征，即系统里不存在能量差。

另一方面，从动力学的角度，我们可以基于质量作用定律，给出该系统中物质 A、B 和 C 浓度随时间变化的常微分方程组，同时假设 T 和 D 的浓度保持不变——这恰恰是维系该系统的稳态偏离平衡态的原因所在。

列出的常微分方程组为

$$\frac{dc_A}{dt} = k_{-1} c_B + k_3 c_C - (k_1 + k_{-3}) c_A, \tag{21-2a}$$

$$\frac{dc_B}{dt} = k_1 c_A + k_{-2} c_C - (k_{-1} + k_2) c_B, \tag{21-2b}$$

$$\frac{dc_C}{dt} = k_2 c_B + k_{-3} c_A - (k_{-2} + k_3) c_C. \tag{21-2c}$$

令右端为零，可以计算出稳态时物质 A、B 和 C 的浓度 c_A^{ss}、c_B^{ss} 和 c_C^{ss}（知识窗 21-2）。

我们其实关心的是单位时间内有多少 A 转成 B，B 转化成 C，C 转化成 A，这就是这个环形结构的环流量，也是单位时间内物质 T 转化成物质 D 的量，为

$$J^{ss} = \frac{k_1 k_2 k_3 - k_{-1} k_{-2} k_{-3}}{k_2 k_3 + k_3 k_{-1} + k_{-1} k_{-2} + k_3 k_1 + k_1 k_{-2} + k_{-2} k_{-3} + k_1 k_2 + k_2 k_{-3} + k_{-3} k_{-1}} c_{tot}.$$

这里 c_{tot} 是物质 A、B 和 C 的浓度和，不随时间改变。

因此细致平衡条件式（21-1）也等价于这个流量为零。这是平衡态的另一个特

> **知识窗 21-2**
>
> ### 稳态物质浓度和环流量
>
> 令常微分方程组式（21-2）右端为零，可以计算出稳态时物质 A、B 和 C 的浓度如下：
>
> $$c_A^{ss} = \frac{k_2k_3 + k_3k_{-1} + k_{-1}k_{-2}}{k_2k_3 + k_3k_{-1} + k_{-1}k_{-2} + k_3k_1 + k_1k_{-2} + k_{-2}k_{-3} + k_1k_2 + k_2k_{-3} + k_{-3}k_{-1}} c_{\text{tot}},$$
>
> $$c_B^{ss} = \frac{k_3k_1 + k_1k_{-2} + k_{-2}k_{-3}}{k_2k_3 + k_3k_{-1} + k_{-1}k_{-2} + k_3k_1 + k_1k_{-2} + k_{-2}k_{-3} + k_1k_2 + k_2k_{-3} + k_{-3}k_{-1}} c_{\text{tot}},$$
>
> $$c_C^{ss} = \frac{k_1k_2 + k_2k_{-3} + k_{-3}k_{-1}}{k_2k_3 + k_3k_{-1} + k_{-1}k_{-2} + k_3k_1 + k_1k_{-2} + k_{-2}k_{-3} + k_1k_2 + k_2k_{-3} + k_{-3}k_{-1}} c_{\text{tot}}。$$
>
> 单位时间内物质 T 转化成物质 D 的量为
>
> $$J^{ss} = c_A^{ss}k_1 - c_B^{ss}k_{-1} = c_B^{ss}k_2 - c_C^{ss}k_{-2} = c_C^{ss}k_3 - c_A^{ss}k_{-3}$$
>
> $$= \frac{k_1k_2k_3 - k_{-1}k_{-2}k_{-3}}{k_2k_3 + k_3k_{-1} + k_{-1}k_{-2} + k_3k_1 + k_1k_{-2} + k_{-2}k_{-3} + k_1k_2 + k_2k_{-3} + k_{-3}k_{-1}} c_{\text{tot}}。$$

征，即系统里不存在定向的宏观流动。

对于违背细致平衡条件式（21-1）的系统，如果把总的化学势差乘以稳态的流量，即 $\Delta \mu \cdot J^{ss}$，我们可以发现这个量总是负的，而它的相反数恰恰就是单位时间内一共损失了多少能量。这是因为该环形结构每顺时针转一圈就损失了 $-\Delta \mu$ 这么多的能量，而 J^{ss} 恰恰表示的就是单位时间内转了多少圈。$-\Delta \mu \cdot J^{ss}$ 在非平衡态热力学里被称为稳态熵产生，即薛定谔指出的内部自发熵增，这是非平衡稳态理论里的核心物理量，它的非负性体现的正是热力学第二定律。

21.1.2 动力学校对

在 20 世纪 70 年代，人们发现，生命体内部的物质合成过程，比如转录翻译，准确度都非常高。以蛋白质分子在核糖体上的合成过程来说，识别转运核糖核酸（tRNA）的错误率可以低至 10^{-4}，也就是识别正确的可能性是识别错误的可能性的一万倍。如果我们简单地使用平衡态统计物理的知识，根据在 2.1 节学过的玻尔兹曼分布，正确的和错误的 tRNA 分子的内在化学势差就必须等于 $\ln 10^4$ 乘以 $k_B T$，可以算出是 3.776×10^{-20} J，则 1 mol 正确的和错误的 tRNA 分子的内在化学势差就应该等于 22.656 kJ。但这和实验上在平衡态条件下测量得到的 1 mol 正确的和错误的 tRNA 分子的内在化学势差相去甚远，几乎相差一倍，这也就意味着平衡态时正确的和错误的 tRNA 之比（即平衡常数）也就只能在 10^2 上下。这又是怎么回事呢？

后来人们意识到，生命体远离平衡态，其环形结构总的自由能差很可能就是这种高效率的来源，这种机制被称为动力学校对，是由约翰·霍普菲尔德（John Hopfield）和雅克·尼尼奥（Jacques Ninio）在1974年分别独立提出的。动力学校对在不同生命过程中的表现形式略有不同，这里就借用上一节介绍的环形结构化学反应系统的非平衡定态基础知识，以酶与两种不同配体的结合为例，来定量地加以介绍。

生命体中的蛋白质（酶）和配体的结合过程，很多都不是一个简单的可逆双分子化学反应，为了实现某些生物功能，或者就是为了本节所说的高特异性，即拉大与正确的或错误的配体结合的比例，都会和比如ATP水解这样的反应相耦合，使得系统得以远离平衡态，并且通过比如磷酸化等机制来激活复合体的功能。

在配体L的浓度以及物质T和物质D浓度固定的情况下，图21-2就是上一小节介绍的环形模型，其中R就是A，RL就是B，而RL*就是C，这里简单假设提供能量的T和D之间的反应是只和RL与RL*之间的反应相耦合的，即T + RL ⟷ D + RL*。这一假设非本质，并不影响本节的所有结论。

除了正确的配体L，我们进一步假设还有一个和L结构类似的错误配体L'，最典型的例子就是在翻译过程中的不同tRNA，其结构上差异很小，但是核糖体依照模板链却能非常精准高速地完成翻译过程，而这也正是动力学校对这一机制着重要解释的现象。

对于L和L'共存的系统，且我们假设L和L'的结构如此相似，它们所参与的化学反应也是相同的，于是一个环的化学反应系统就被扩增为了两个环（图21-3），其中k_1、k_{-3}、k'_1和k'_{-3}是拟一阶化学反应常数。这里我们假设L和L'的浓度相同，这样比较二者的结合比例才合理。

根据上一节最后所得到的热力学关系，由于L和L'的环形反应都是被同样的T和D之间的反应所驱动的，因此我们知道

$$\Delta\mu_{T \to D} = \mu_D - \mu_T = -k_B T \ln \frac{k_1 k_2 k_3}{k_{-1} k_{-2} k_{-3}} = -k_B T \ln \frac{k'_1 k'_2 k'_3}{k'_{-1} k'_{-2} k'_{-3}}。 \quad (21-3)$$

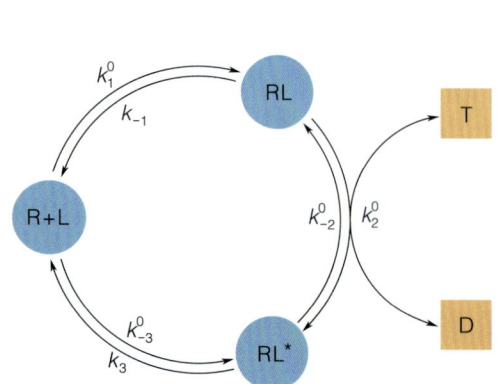

图21-2 蛋白质配体的结合过程，与外部物质的转化相耦合

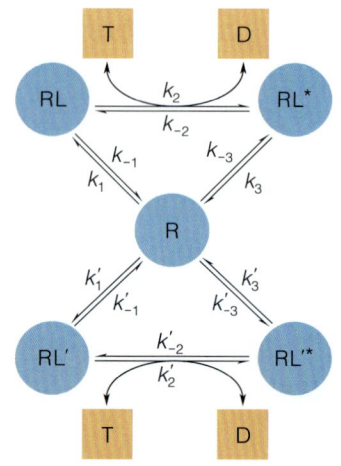

图21-3 蛋白质R和两种不同的配体结合的环形化学反应模型

如果该化学反应系统处于热力学平衡态，那么每个化学反应都处于平衡态，即没有定向的物质净流动，所以根据化学反应平衡的性质，在 R 与 RL*、R 与 RL'* 之间可以有

$$k_{-3}[R] = k_3[RL^*], \quad k'_{-3}[R] = k'_3[RL'^*]。$$

此时我们最关心的错误的配体和酶结合状态的浓度［RL'*］与正确的配体和酶结合状态的浓度［RL*］之间的比例，即错误率定义为

$$f = \frac{[RL'^*]}{[RL^*]}。$$

根据前文计算，热力学平衡状态下

$$\frac{[RL'^*]}{[RL^*]} = \frac{k'_{-3}k_3}{k'_3 k_{-3}}。$$

注意到这个量和物质 T 以及 D 的浓度无关，是酶与两个配体之间的平衡常数之比，把这个量 $\frac{k'_{-3}k_3}{k'_3 k_{-3}}$ 定义为 θ，它小于 1 因为我们假设配体 L 和 R 有更高的亲和性。以本小节一开始说的核糖体上的翻译过程为例，θ 就近似等于百分之一。下面就来探讨在非平衡稳态的时候，错误率 f 有没有可能做到比 θ 要小得多。

为了简单起见，我们假设涉及配体 L 和 L' 的所有化学反应常数中，除了 k_3 和 k'_3，k_{-1} 和 k'_{-1} 不相等之外，其它对应的化学反应常数都相等，即 $k_1 = k'_1$，$k_2 = k'_2$，$k_{-2} = k'_{-2}$，$k_{-3} = k'_{-3}$。在这样的假设下，可以得到错误率 f 的表达式如下（知识窗 21-3）：

$$f = \frac{k_1 k_2 + k_2 k_{-3} + \dfrac{k_{-1}k_{-3}}{\theta}}{k_2 k_{-3} + \dfrac{k_{-1}k_{-3}}{\theta} + \dfrac{k_1 k_2}{\gamma}} \cdot \frac{k_2 k_{-3} + k_{-1}k_{-3} + \dfrac{k_1 k_2}{\gamma}}{k_1 k_2 + k_2 k_{-3} + k_{-1}k_{-3}}。$$

计算可得，在 θ 和 γ 保持不变的情况下，f 的最小值可以无限接近 $\dfrac{\left(\sqrt{\theta} + \dfrac{1}{\sqrt{\gamma}}\right)^2}{\left(\dfrac{1}{\sqrt{\theta}} + \dfrac{1}{\sqrt{\gamma}}\right)^2}$（知识窗 21-4；图 21-4）。而当 γ 很大的时候，该最小值接近 θ 的平方，如果 θ 为百分之一，则 θ 的平方则为万分之一，错误率大大减小。

所以通过定量的方法，结合非平衡定态的基本规律，我们发现能量真的可以使得酶和配体的结合变得更加准确，这就是动力学校对机制的精髓所在。

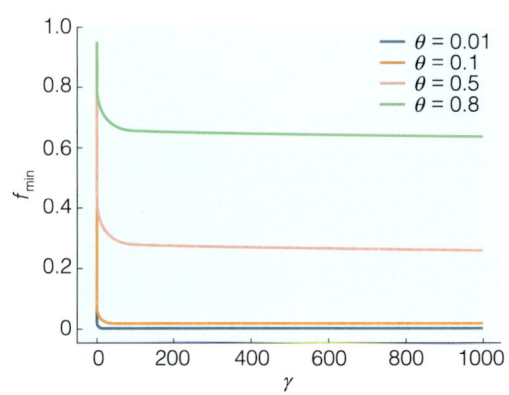

图 21-4 错误率在给定 θ 和 γ 下的最小值

> **知识窗 21-3**
>
> 非平衡稳态下错误率的表达式
>
> 在本节的假设下，由式（21-3），我们又令 $\dfrac{k_1 k_2 k_3}{k_{-1} k_{-2} k_{-3}} = \dfrac{k'_1 k'_2 k'_3}{k'_{-1} k'_{-2} k'_{-3}} = \gamma$，于是有
>
> $$\theta = \frac{k'_{-3} k_3}{k'_3 k_{-3}} = \frac{k_3}{k'_3} = \frac{k_{-1}}{k'_{-1}}。$$
>
> 在任何一个非平衡态，即 γ 不等于 1，我们可以仿照知识窗 21-2 的方法列出各物质浓度随时间变化的微分方程组，计算出各物质的稳态浓度，进而得到
>
> $$f = \frac{[\mathrm{RL}'^*]}{[\mathrm{RL}^*]} = \frac{k'_1 k'_2 + k'_2 k'_{-3} + k'_{-1} k'_{-3}}{k'_2 k'_3 + k'_{-1} k'_3 + k'_{-1} k'_{-2}} \cdot \frac{k_2 k_3 + k_{-1} k_3 + k_{-1} k_{-2}}{k_1 k_2 + k_2 k_{-3} + k_{-1} k_{-3}},$$
>
> 进一步通过计算可以得到
>
> $$f = \theta \frac{k_1 k_2 + k_2 k_{-3} + \dfrac{k_{-1}}{\theta} k_{-3}}{k_2 k_3 + k_{-1} \dfrac{k_3}{\theta} + k_{-1} k_{-2}} \cdot \frac{k_2 k_3 + k_{-1} k_3 + k_{-1} k_{-2}}{k_1 k_2 + k_2 k_{-3} + k_{-1} k_{-3}},$$
>
> 再把 $k_3 = \dfrac{\gamma k_{-1} k_{-2} k_{-3}}{k_1 k_2}$ 代入，最终得到
>
> $$f = \theta \frac{k_1 k_2 + k_2 k_{-3} + \dfrac{k_{-1} k_{-3}}{\theta}}{k_2 k_{-3} + \dfrac{k_{-1} k_{-3}}{\theta} + \dfrac{k_1 k_2}{\gamma}} \cdot \frac{k_2 k_{-3} + k_{-1} k_{-3} + \dfrac{k_1 k_2}{\gamma}}{k_1 k_2 + k_2 k_{-3} + k_{-2} k_{-3}}。$$

21.2 稳健性

为了适应周围的环境，生命系统在演化过程中需要不断优化其自身的代谢调控网络、信号转导通路和基因调控网络等控制系统。在计算机和移动通信设备的电子线路设计过程中，人类工程师先画出设计图，然后逐步实现电路功能的优化。不同于电子线路中的预先设计，生物系统中控制系统的优化，是通过对原有原件和网络不断修补的"修补匠"（进化）来完成的。那么生命系统有什么基本的设计原理吗？

在以下几个小节中，我们通过一些具体例子来讨论生物系统的稳定性、稳健性（robustness）以及生物网络拓扑与其功能的关系。

知识窗 21-4

错误率最小值推导

令 $a = k_1 k_2$，$b = k_2 k_{-3}$，$c = k_{-1} k_{-3}$，则

$$f = \theta \cdot \frac{a + b + \frac{c}{\theta}}{b + \frac{c}{\theta} + \frac{a}{\gamma}} \cdot \frac{b + c + \frac{a}{\gamma}}{a + b + c} = \theta \cdot \frac{ab\left(1 + \frac{1}{\gamma}\right) + ac\left(1 + \frac{1}{\gamma\theta}\right) + bc\left(1 + \frac{1}{\theta}\right) + \frac{a^2}{\gamma} + b^2 + \frac{c^2}{\theta}}{ab\left(1 + \frac{1}{\gamma}\right) + ac\left(\frac{1}{\theta} + \frac{1}{\gamma}\right) + bc\left(1 + \frac{1}{\theta}\right) + \frac{a^2}{\gamma} + b^2 + \frac{c^2}{\theta}}$$

$$= \theta \left(1 - \frac{ac\left(\frac{1}{\theta} - 1\right)\left(1 - \frac{1}{\gamma}\right)}{ab\left(1 + \frac{1}{\gamma}\right) + ac\left(\frac{1}{\theta} + \frac{1}{\gamma}\right) + bc\left(1 + \frac{1}{\theta}\right) + \frac{a^2}{\gamma} + b^2 + \frac{c^2}{\theta}} \right)。$$

不妨假设 $\gamma > 1$，要使得 f 最小，则在固定 a 和 c 的时候，b 要尽可能小，则可以令 $b = 0$，于是

$$f = \theta - (1 - \theta)\left(1 - \frac{1}{\gamma}\right) \frac{ac}{ac\left(\frac{1}{\theta} + \frac{1}{\gamma}\right) + \frac{a^2}{\gamma} + \frac{c^2}{\theta}}。$$

我们知道 $\frac{a^2}{\gamma} + \frac{c^2}{\theta} \geq 2ac/\sqrt{\gamma\theta}$，于是

$$\frac{ac}{ac\left(\frac{1}{\theta} + \frac{1}{\gamma}\right) + \frac{a^2}{\gamma} + \frac{c^2}{\theta}} \leq \frac{1}{\frac{1}{\theta} + \frac{1}{\gamma} + \frac{2}{\sqrt{\gamma\theta}}} = \frac{1}{\left(\frac{1}{\sqrt{\theta}} + \frac{1}{\sqrt{\gamma}}\right)^2},$$

所以

$$f \geq \theta - (1 - \theta)\left(1 - \frac{1}{\gamma}\right) \frac{1}{\left(\frac{1}{\sqrt{\theta}} + \frac{1}{\sqrt{\gamma}}\right)^2} = \frac{\left(\sqrt{\theta} + \frac{1}{\sqrt{\gamma}}\right)^2}{\left(\frac{1}{\sqrt{\theta}} + \frac{1}{\sqrt{\gamma}}\right)^2}。$$

21.2.1 信号转导过程的稳健性

 细胞使用复杂的网络来传递和处理信息，执行诸如信号转导、细胞周期调控等一系列生物功能。细胞内的生化网络是高度相连的，对某一个反应速率的扰动或者信号分子浓度的改变可能会影响诸多其它细胞过程。这自然引出了一个问题：生化反应网络是如何保持其功能的稳定性的？一种可能的方式是精确地设定网络的参数和各组分

分子的浓度。另一种可能性是，生化反应网络的功能实现对其参数相对不敏感，这一性质被称为稳健性。研究发现，稳健性是生物网络的一个重要特征。本节我们首先以大肠杆菌的趋化性网络的适应性为例来介绍信号转导网络的稳健性。

细菌的趋化性（chemotaxis）是细菌感知化学环境并朝向引诱物运动、远离排斥物的现象。这是生物学中研究得最深入的信号转导系统之一。大肠杆菌的运动类似于随机行走，平滑游动有时会被短暂的翻滚（tumbling）所打断，从而改变方向。细菌的趋化性是通过调节翻滚频率实现的。当细菌顺着引诱物梯度运动时，会遇到随时间增加的引诱物浓度。作为反应，它们翻滚的频率会降低，因此倾向于继续顺梯度移动。

这个过程由如图 21-5 所示的信号转导通路控制。简单来讲，环境中的趋化分子浓度信息由分布在细胞膜上的趋化受体传导到细胞内。趋化受体通过适配蛋白 CheW 与组氨酸激酶 CheA 形成复合物。引诱剂（趋散剂）与受体的结合会抑制（增强）CheA 的自磷酸化活性。激活的组氨酸激酶 CheA 通过自磷酸化获得磷酸基团，随后将其转移给反应调节蛋白 CheY 或去甲基化酶 CheB。磷酸化的 CheY 能够与鞭毛马达结合，增加马达的顺时针转动和细胞翻滚的概率。因此，系统的输出可以由处于活化状态的趋化受体浓度来近似描述。

与其它感觉系统类似，大肠杆菌趋化性也表现出适应性（adaptation），即在平稳状态下，细菌的翻滚频率对空间均一的趋化分子浓度不敏感。实验发现，当趋化物天冬酸浓度突然增加时，大肠杆菌细胞的翻滚频率首先降低，然后逐渐恢复，最终回到刺激前的水平。适应后的翻滚频率在一定范围的浓度下保持不变。适应性使得细菌能对更大范围内的化学浓度梯度保持敏感。在上述信号转导通路中，适应性是由趋化

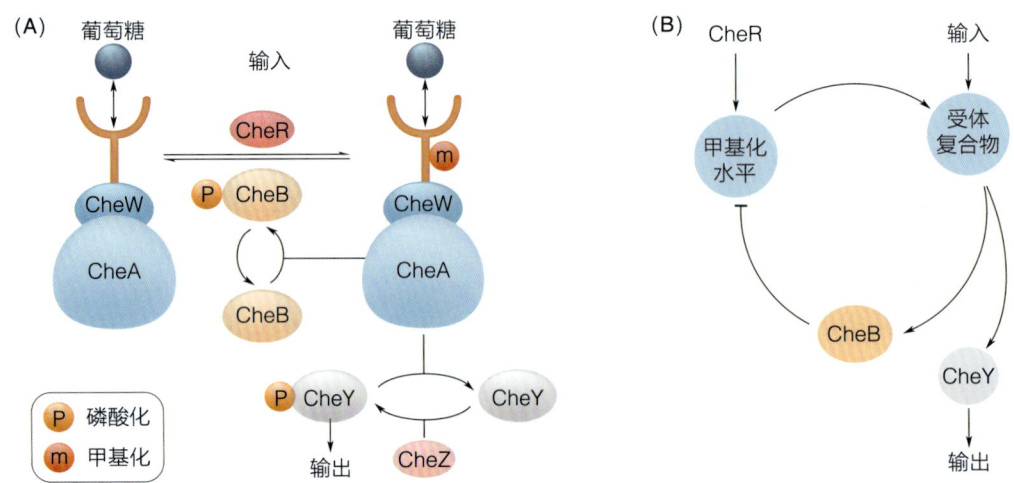

图 21-5 大肠杆菌趋化信号转导系统
（A）在该信号网络中，跨膜的趋化受体蛋白与适配蛋白 CheW 以及激酶 CheA 形成复合物。该复合物可以自磷酸化，以及磷酸化 CheY 和 CheB。磷酸化后的 CheY 会调节细菌的翻转频率。同时，CheZ 使 CheY 去磷酸化。趋化的适应性是由受体复合物的甲基化和去甲基化水平调控的，分别由 CheR 和磷酸化后的 CheB 催化。因此，受体复合物与 CheB 之间形成了一个负反馈。（B）简化后的信号转导网络可以看作一个具有缓冲节点的负反馈回路，其中缓冲节点为趋化受体复合物的甲基化水平。（A，改编自 Alon U, et al. Nature, 1999, 397(6715): 168-171）

受体的甲基化和去甲基化过程调控的，它们分别由 CheR 和磷酸化的 CheB（CheB-P）催化。CheA 对 CheB 的磷酸化增强了后者的去甲基化活性。

实验发现，不同的细菌个体均能表现出趋化的精确适应性，考虑到上述信号转导系统中各个组分可能存在较大的细胞间差异，一个很有意思的问题是：这样的生化网络是如何实现如此精确的适应性的？为了回答这个问题，我们可以对该系统进行定量建模。整个系统可以由三个变量描述：信号分子浓度 l，受体复合物的甲基化水平 m，以及受体活性 a（一般来说，未甲基化和甲基化的受体都有一定的概率具有催化活性，这个概率对于甲基化的受体更高）。在早期的模型中，实现精确的适应性需要特定的模型参数组合和信号分子的浓度。后来，研究者提出了一种不依赖于微调动力学参数和各种酶浓度以解释精确适应性的模型，其中引入了两个关键假设：

① 甲基化酶 CheR 以最大催化速度饱和运作；
② 去甲基化酶 CheB 仅对具有活性的趋化受体复合物起作用。

通过这两个简单假设，该模型就可以实现精确适应性，即使网络中各种关键组分的浓度（如 CheR 和 CheB）发生数量级的变化。

为了直观地理解该模型中的精确适应性，我们可以考察趋化受体的甲基水平的变化速率：

$$\frac{dm}{dt} \approx V_{max}^R - \frac{V_{max}^B \langle a \rangle}{K_b + \langle a \rangle}。 \tag{21-4}$$

其中 V_{max}^R、V_{max}^B 是 CheR 和 CheB 的最大催化速率，K_b 是米氏常数，$\langle a \rangle$ 是趋化受体的平均活性。当该系统适应后，它会达到一个平稳状态，即 $\frac{dm}{dt} = 0$。从式（21-4）可以得到适应后的趋化受体活性为：

$$\langle a \rangle = \frac{K_b V_{max}^R}{V_{max}^B - V_{max}^R}。$$

显然，它不依赖于环境中趋化分子的浓度。因此，大肠杆菌的化学趋向性网络的精确适应性不需要网络参数的精确调节和各组分分子浓度的精确调控。随后的实验研究发现，即便改变大肠杆菌趋化性关键基因（如 *cheR*、*cheB* 和 *cheZ*）的表达水平，大肠杆菌依然表现出精确的适应性，甚至在这些关键蛋白的表达水平变化了一个数量级后，适应的精确性仍然很高。

大肠杆菌趋化的精确适应性机制，是一种类似于工程中广泛使用的积分控制机制。积分反馈控制确保系统的输出能够稳健地跟踪所期望的值，而不受噪声或系统参数变化的影响。对应到趋化信号转导系统上，式（21-4）的右边可以看作系统的"误差"，其积分值也就是受体复合物的甲基化水平 m 被反馈到系统中，这是因为受体复合物的活性是其甲基化水平的函数。因而，趋化适应性网络可以简化为具有缓冲节点的负反馈回路（图 21-5B）。总的来讲，细胞的生化网络具有稳健性这一基本概念的形成肇始于对细菌趋化性的深入研究。

21.2.2 细胞周期过程的稳定性

对于不同的环境和信号，基因调控网络通过不同蛋白质的状态的不断变化产生反应，即通过动力学过程完成生物学功能。细胞生存在一个较强的环境噪声下，蛋白质网络的动力学稳定性将直接影响细胞的生物学功能和生理学稳定性。本节将简要介绍酵母细胞周期调控网络的动力学性质的研究，说明该动力学过程独特的稳定性（stability）和稳健性（robustness）。

在真核细胞的细胞周期（cell cycle）调控研究中，芽殖酵母（budding yeast）是重要的单细胞模式生物。环境信号和检查点信号，以及细胞周期蛋白（cyclin）和周期蛋白依赖性激酶（cyclin-dependent kinase，CDK）的表达和活性调控了细胞周期过程。细胞周期过程起始于激发 G_1 态，通过 DNA 复制期（S 期）、G_2 期和有丝分裂期（M 期），最后回到静息 G_1 态。分子生物学家经过几十年努力，逐步理解了芽殖酵母细胞周期过程和相应的分子调控机制。芽殖酵母细胞周期的基本调控过程见知识窗 21-5，相应的简化调控网络见图 21-6。自 1996 年开始，芽殖酵母的基因组和蛋白质相互作用的数据积累迅速增加，为全面系统地研究蛋白质网络的性质提供了可能。

那如何研究酵母细胞周期网络的动力学性质，尤其是全局的动力学性质呢？

知识窗 21-5

芽殖酵母细胞周期的基本调控过程

调控网络中的蛋白质可分为以下三大类：第一类为 Cyclin/Cdc28 复合物，Cdc28 是芽殖酵母细胞的 CDK，包括 Cln3/Cdc28 复合物（简写为 Cln3）、Cln1/Cdc28 与 Cln2/Cdc28 复合物（简写为 Cln1,2）、Clb5/Cdc28 与 Clb6/Cdc28 复合物（简写为 Clb5,6）、Clb1/Cdc28 与 Clb2/Cdc28 复合物（简写为 Clb1,2）；第二类为转录因子，包括 MBF、SBF、Mcm1/SFF 和 Swi5；第三类为 Cyclin/Cdc28 复合物的抑制蛋白与降解蛋白，包括 Sic1、Cdh1、Cdc20/APC。

芽殖酵母细胞周期的基本调控过程如下（图 21-6）：在营养丰富的条件下，当双倍体或单倍体的芽殖酵母细胞长得足够大时，Cln3/Cdc28 复合物将被活化，促使细胞进入"激发的" G_1 态，即激发 G_1 态，这时细胞的 Sic1 浓度较高，Cdh1 处于活化状态。活化的 Cln3/Cdc28 复合物将活化转录因子 MBF 和 SBF，活化的 MBF 和 SBF 与 DNA 结合后，转录相应的 mRNA，然后翻译形成 Cln1、Cln2、Clb5 和 Clb6 蛋白，上述蛋白质抑制了 Sic1 和 Cdh1 的作用，并控制着 G_1 后期基因的表达。在 S 期，细胞复制自己的 DNA。通过 G_2 期，Clb1 和 Clb2 活化，细胞进入 M 期。有丝分裂使得复制的 DNA 等量地分配到细胞的两极，然后一个细胞分裂产生两个子细胞，在这个过程中，Cdc20/APC 和 Swi5 被活化，导致 Sic1 浓度升高，Cdh1 活化，并对 Cyclin/Cdc28 复合物产生抑制作用。最后，细胞又回到细胞周期的静息 G_1 态，即 G_1 基态，等待下一次分裂信号。总的来说，细胞周期过程起始于激发 G_1 态（该状态 Cln3/Cdc28 复合物处于活化状态），通过一系列细胞周期过程，最后回到 Cln3/Cdc28 复合物未活化的静息 G_1 态。

我们选择简单的离散布尔动力学模型。定义在 t 时刻第 i 个蛋白质的状态为 $S_i(t)$，存在两种状态——0 与 1，分别表示该蛋白质处于活化与未活化状态。在 $t+1$ 时刻，$S_i(t+1)$ 是由 t 时刻的与其有相互作用的蛋白质的状态按照以下规则决定的：

$$S_i(t+1) = \begin{cases} 1, & \sum_j a_{ij} S_j(t) > 0; \\ 0, & \sum_j a_{ij} S_j(t) < 0; \\ S_i(t), & \sum_j a_{ij} S_j(t) = 0. \end{cases}$$

其中，a_{ij} 是第 j 类蛋白质对第 i 类蛋白质的作用系数，a_{ij} 取值为 1 与 –1，分别表示正相互作用（绿线）和负相互作用（红线）。自降解作用（黄线）具有时间延迟的性质：一个具有自降解作用的蛋白质，若在 t 时刻被活化（$S_i(t) = 1$），而且在 $t+1$ 到 $t+t_d$ 时间内一直没有其它的正负输入，那么它将在 $t+t_d$ 时刻降解（$S_i(t+t_d) = 0$）。在模型中 $t_d = 1$，为简化的选择；也可以选择负相互作用为负无穷，即很强的负作用。尽管我们选择 a_{ij} 与 t_d 不同的值，但下面的主要结论不会因此而改变。模型中的时间步长是逻辑步长，而非实际意义上的时间，因此利用这种方法得到的研究结果只是逻辑意义上的动力学。

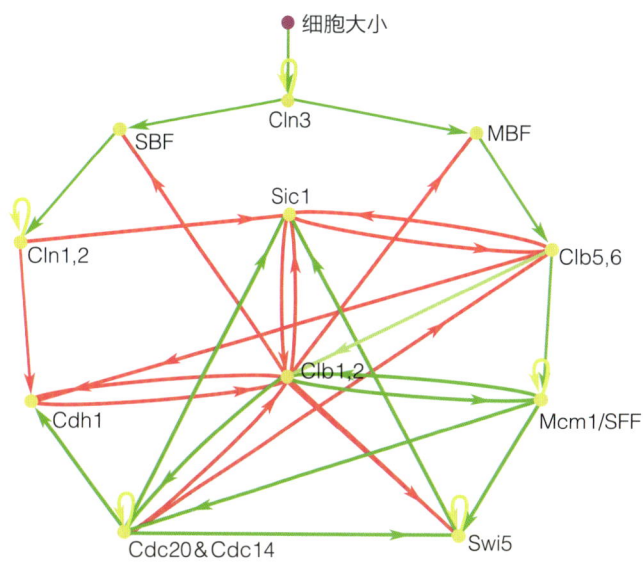

图 21-6　芽殖酵母细胞周期的简化调控网络

"细胞大小"信号为细胞周期过程的触发信号。图中绿线表示激活的正作用，红线表示抑制或者降解的负作用，黄线表示蛋白质的自降解作用。

图 21-6 中的酵母细胞周期简化调控网络，不考虑"细胞大小"信号，是 11 个节点的蛋白质相互作用网络。首先，遍历所有可能的 2^{11} (=2048) 个初始态，研究它们所有可能的动力学吸引状态，也就是所有的动力学吸引子。可以发现它们最后演化到 7 个稳定的状态，而其中 1764 个初始态（约 86%）都演化到静息 G_1 态（Sic1 和 Cdh1 的状态为 1，其余蛋白质的状态为 0），即细胞周期的生物学稳定态。这说明芽殖酵母细胞周期的静息 G_1 态是一个全局吸引状态，而且是唯一的全局吸引子。静息 G_1 态作为唯一的全局吸引子具有明显优势：保证了细胞状态的稳定性，在正常条件下，细胞将停留在静息 G_1 态，等待下一轮分裂信号。

其次，研究"细胞大小"信号启动的细胞周期过程。当芽殖酵母细胞长到足够大时，"细胞大小"信号启动，系统由静息 G_1 态转变为激发 G_1 态，G_1 期细胞周期因子 Cln3 被激活。这样，系统从激发 G_1 态（Cln3、Sic1 和 Cdh1 的状态为 1，其余蛋白质的状态为 0）经过 13 个逻辑步长，演化到并稳定在静息 G_1 态，并不再改变状态（表 21-1）。蛋白质状态的时间演化过程与芽殖酵母的 S 期、G_2 期和 M 期的实验观察相符合。这条从激发 G_1 态到静息 G_1 态的动力学路径正是细胞周期路径。

为了进一步研究上述细胞周期路径的动力学性质，在图 21-7 中，我们给出了最终演化到静息 G_1 态的 1764 个初始态的所有演化路径。其中每个点代表一个状态，状态之间的箭头表示从一个态到另一个态的演化路径，细胞周期路径用蓝箭头线表示，

表 21-1 利用布尔动力学模型模拟芽殖酵母细胞周期的演化过程

时刻	Cln3	MBF	SBF	Cln1,2	Cdh1	Swi5	Cdc14	Clb5,6	Sic1	Clb1,2	Mcm1/SFF	细胞周期阶段
1	1	0	0	0	1	0	0	0	1	0	0	激发 G_1 态
2	0	1	1	0	1	0	0	0	1	0	0	G_1
3	0	1	1	1	1	0	0	0	1	0	0	G_1
4	0	1	1	1	0	0	0	0	0	0	0	G_1
5	0	1	1	1	0	0	0	1	0	0	0	S
6	0	1	1	1	0	0	0	1	0	1	1	G_2
7	0	0	0	1	0	0	1	1	0	1	1	M
8	0	0	0	0	0	1	1	0	0	1	1	M
9	0	0	0	0	0	1	1	0	1	1	1	M
10	0	0	0	0	0	1	1	0	1	0	1	M
11	0	0	0	0	1	1	1	0	1	0	0	M
12	0	0	0	0	1	1	0	0	1	0	0	G_1
13	0	0	0	0	1	0	0	0	1	0	0	静息 G_1 态

点的大小和每条线的宽度正比于 $\ln(2+m)$，m 为蛋白质初态经过该点（边）的数目。不同的初始状态逐步演化、汇聚，并被吸引到细胞周期路径的不同状态，然后沿着细胞周期路径逐步演化到最终的稳定态——静息 G_1 态。所以，静息 G_1 态是一个全局性的稳定点和吸引子，而且从激发 G_1 态到静息 G_1 态的细胞周期演化路径是一个全局性的稳定的动力学路径。

接下来讨论的问题是：类似的全局吸引子和吸引路径的动力学性质是否是"特殊的"？或者说，是否任意的网络结构都具有类似的性质？实际上，在相同的布尔模型演化规则下，对于具有相同节点数目和连接数目的随机网络，会出现更多的吸引子，但是出现类似细胞周期静息 G_1 态的全局吸引子的概率很小，出现类似细胞周期过程的全局吸引路径的概率更小。因此，细胞周期网络的特殊结构保证了系统的全局动力学稳定性。由此推断，通过长期的演化，芽殖酵母细胞周期调控网络保证了其动力学性质具有以上双重稳定性。在裂殖酵母和蛙卵细胞的细胞周期网络中也存在类似的动力学性质。

以上分析所用的是布尔动力学分析方法，该方法

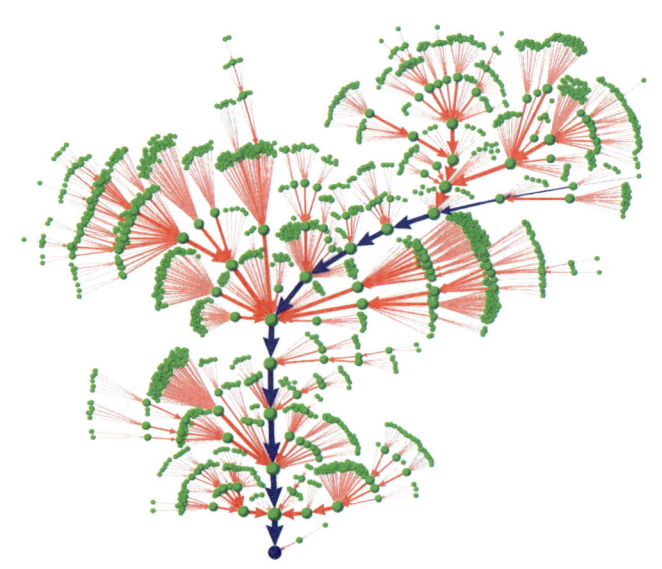

图 21-7 芽殖酵母细胞周期网络中不同状态的演化路径
图中展示了从 1764 个不同初始态（绿点）演化到静息 G_1 态（蓝点）的动力学路径集合。蓝箭头线表示从激发 G_1 态到静息 G_1 态的细胞周期演化路径。

的优点是相互作用关系简单，可以给出系统不同状态的全局动力学性质。但是，它无法给出生物系统在真实时间中蛋白质的具体浓度和随时间演化的动力学性质。为了研究酵母细胞周期的真实动力学过程，可以建立微分方程模型。微分方程模型能够反映酵母细胞周期过程更丰富的动力学行为，以及基因突变对动力学的影响；并能够进一步分析细胞周期过程保持动力学稳定性的原因，以及成为全局性吸引路径的动力学机理，尤其是图 21-6A 中细胞周期中 DNA 复制检查点和纺锤体检查点的作用。类似地，对哺乳动物细胞周期过程，也可以建立相应的动力学模型。读者如果有兴趣更深入了解细胞周期调控的动力学机理，可以参考本章扩展阅读材料。

21.2.3 果蝇体节发育的稳健性

尽管自然环境中卵或胚胎的大小总存在涨落，发育过程却总能使组织、器官和身体结构保持正确的比例。果蝇体节发育作为从分子调控的角度研究宏观发育的经典体系，许多研究者对其中可能存在的稳健性也有所讨论。

果蝇作为节肢动物中最经典的模式生物，对其体节发育模式的研究也是最透彻的。果蝇的体节由一系列层级表达的基因决定（图 21-8）。从母源效应基因编码的形态发生因子，到裂隙基因（gap gene），再到成对规则基因（pair-rule gene），再到体节极性基因（segment polarity gene），每一级所受到的最主要的调控几乎只来自前一级。这最终形成了近似等间距的表达条带，标记了未来体节位置。与此几乎同时，裂隙基因、成对规则基因和体节极性基因决定了 Hox 基因的表达，后者则最终决定每个体节接下来的分化方向。

如果我们只看母源形态生成素、裂隙基因、成对规则基因、体节极性基因这一条线，便是一个典型的"解码级联"，即前一层级的基因在空间维度上形成的表达图案，作为下一层级的输入。

研究者们通过构建基于微分方程的动力学模型，发现体节极性基因构成的调控系统是一个稳健的"发育模块"。首先，成对规则基因中的每一个最终都能在胚胎中后部形成包含 7 个条带的表达图案，而体节极性基因接受这样的输入，最终形成 14 个表达条带。不同基因所形成的条带并不完全重叠，宽度也不一定相等，但它们共同形成 14 个周期，对应着 14 个体节。其中，两个关键的基因 *engrailed* (*en*) 和 *wingless* (*wg*) 分别在相邻的两列细胞中稳定表达，它们之间便是原体节（parasegment）的边界（图 21-9）。

分割极性系统可以抽象为如图 21-10 所示的调控网络。这个相互作用网络是结合当时的生物学事实（实线）和推测（虚线）给出的一个最简模型，其中大量的中间节点已经被简化了。

在这个相互作用网络中，每个细胞内：*en* 激活 *hh* 但抑制 *cid*，*cid* 激活 *wg* 和 *ptc* 的转录，*wg* 自激活，而 *ptc* 能帮助 CID 蛋白切

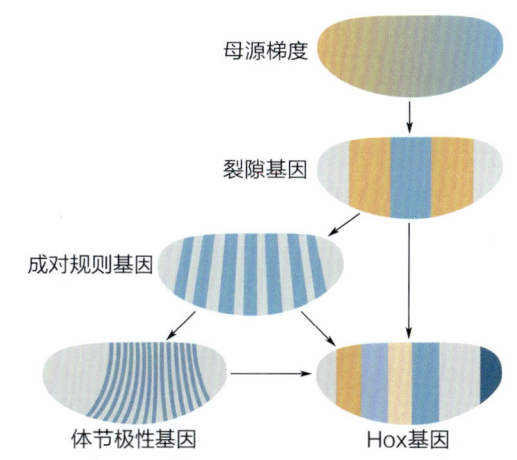

图 21-8　果蝇胚胎的发育调控示意图

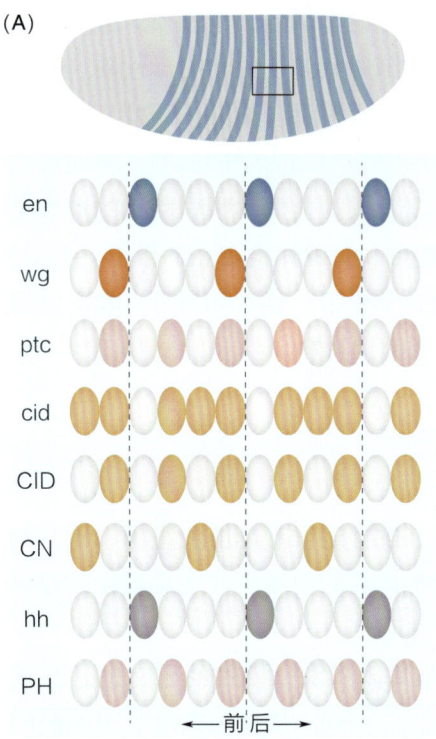

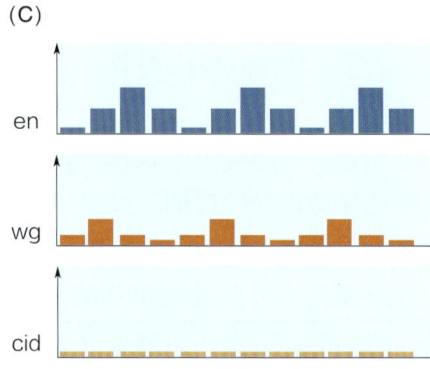

图 21-9 果蝇的体节极性基因表达示意图
（改编自 von Dassow G, et al. *Nature*, 2000, 406(6792): 188-192）

割，切割后的产物 CN 反过来又抑制 *wg*、*ptc*、*hh* 和 *en* 的翻译。而作为细胞间相互作用的机制，被分泌的 WG 蛋白会激活相邻细胞的 *en*，而 HH 又会与相邻细胞的 PTC 结合形成没有活性的复合体 PH。

我们可以将这样的转录、翻译、蛋白质-蛋白质相互作用网络写成一个包含 48 个参数的常微分方程模型，并在一维空间格点上运行这一模型（每个格点代表一个细胞）。如果模型从只有 *en* 和 *wg* 有条带状表达的初始状态（图 21-9B，或更有挑战性的情况图 21-9C）出发，演化到一个 *en* 和 *wg* 有相邻的稳定表达边界的状态（*en* 和 *wg* 如图 21-9A 所示），即如果 *en* 和 *wg* 在成对规则基因的激活下有了如图 21-9B、C 的初始表达，希望分割极性网络能一直"记住"这个空间位置作为体节边界。

那么这个系统对参数变化的稳健性如何？由于参数自由度非常大，研究者们使用随机采样的方法搜索了模型的参数，总共采样 240 000 套参数，运行模型，筛选出满足要求的参数组。这也是早期系统生物学模型常见的参数搜索方法。结果发现搜索的成功率很高：对于"简单任务"即初始化为图 21-9B，然后记住这个图案，成功率有约 1/200；而对于"困难任务"即初始化为图 21-9C，要求模型能先将 *wg* 和 *en* 的表达锐化成图 21-9B 的样子再保持，成功率也能达到约 1/5000。

图 21-10 分割极性系统的可能的调控网络
（改编自 von Dassow G, et al. *Nature*, 2000, 406(6792): 188-192）

进一步地，通过对稳健性的分析得出如下两个发现：

① 这些参数的分布范围特别宽，在搜索到的约2000个样本中，每个参数都跨越了好几个数量级。这被他们视为这个调控网络结构的"参数稳健性"的第一个体现。而对于多数搜到的参数组，单独改变其中的每一个参数，模型都能在很宽（10~100倍）的变化范围内保持其锁定 en 和 wg 的功能。这被视为参数稳健性的第二个体现。

② "困难任务"也有相当大的"命中率"，即从图21-9C那样的低对比度初始状态也能演化出满足要求的终态，表明这个调控网络对初始状态（在这里反映了成对规则基因提供的暂态输入）的细节并不敏感，也就是对输入的稳健性。

对于这两种稳健性，即参数稳健性和对输入的稳健性，或许可以从两个角度讨论其可能的生物学意义。首先，对动力学参数（也就是小突变）的稳健性，也许是分割极性网络在演化上十分保守的一个解释：不同物种间的动力学参数肯定会有差别，但因为网络的动力学稳健性，分割极性模块能一直保持相同的功能。其次，对输入的稳健性，则可能是为了应对实际胚胎中成对规则表达图案的噪声。

21.3 优化原理

21.3.1 网络功能与网络拓扑的关系

生物系统以超乎寻常的精度、可靠性和稳健性完成着各种各样复杂的功能。为了能够在不断变化的环境中生存，它们不断地进化。人们推测在如此繁杂的生物世界里一定暗藏着一些可以适用于多种组织水平的普适性的规律。事实上，越来越多的证据也表明可以将不同生物系统，不同层次网络结构统一起来的设计规律的确存在。例如，生物系统中有一些会反复出现的具有特定功能的小网络，比如可以控制时序表达，执行可靠的细胞决定，以及执行稳健并可调谐的生物振荡。这些研究结果暗示了一个有趣的假设：尽管生物网络表面上非常复杂，但对于特定的功能，也许仅存在有限个可以稳健执行该功能的网络结构，而其中某些拓扑结构可能因为存在较少的参数约束而更有优势。尽管在不同的生物系统中，由于生化细节和演化历史不同，具体的生物功能的执行过程细节可能非常不同，但真正实现该功能的核心网络结构则可能完全相同。但是，如何发现这些普适的设计规律，并了解其如何在不同的生物系统中执行特定的功能以及它在不同生物系统的差异性是系统生物学面临的一个巨大挑战。

为了揭示生物网络普适的设计原理，我们对拓扑与功能的关系以及拓扑结构与参数的关系进行研究。这里我们不关心在任何自然的或者合成的生物体系中一个给定功能的执行过程的细节。相反，我们会关心更广泛、更有趣的问题——功能和网络结构是如何一一对应的。一类常用的方法是穷举的粗粒化模型。根据合适的粗粒化计算方法，我们可以系统地去确定能够实现特定生物学功能的核心拓扑结构。粗粒化计算方法的重要部分是用少量数目的"节点"（代表基因或者蛋白质）和"边"（代表相互调控关系）去构建一个结构空间，这种方法不仅能够加速计算，还能用于去理解一个具有层次性的复杂系统。

这种方法的核心是选择合适的粗粒化近似，抓住生物网络中不同节点间的核心相互作用但不纠缠具体的机理细节，从而抓住问题本质的同时使穷举工作控制在可计算的范围。可以采用米氏方程或带希尔函数的非线性常微分方程来对很多生物化学反应建模。举个例子来说，为了给受 B 蛋白调控的 A 蛋白的量随时间变化的过程进行建模（其中 A 蛋白的启动子表达受到 B 蛋白的激活调控），我们可以用带希尔函数的微分方程描述 A 蛋白的浓度变化：

$$\frac{dA}{dt} = \frac{\alpha B^n}{B^n + K^n} - \beta A$$

其中，参数 α 代表 A 的最大生成速率，参数 β 代表 A 的降解速率。我们没有对 B 蛋白与启动子结合的过程、转录翻译的过程进行细致的描述，而是将这些中间步骤和其中的所有参数简化成了一个整体。这种做法是合理的，因为我们的目标是找到能稳健执行目标功能的核心拓扑，该拓扑对于各元部件和相互作用的具体实现细节应是不敏感的。

即使只有很少的几个节点，其可能形成网络的数目已经非常大。因此，我们面临的另一个挑战是设计合适的算法来穷举系统或有效地对各种可能形成的拓扑进行参数空间采样。这样来选取符合目标功能并能稳健执行网络拓扑。对于参数空间过大的情况，全局穷举已经不合适，可以采用以下几种策略进行处理：

第一种方法是，可以穷举一个子空间，例如固定一个调控关系的子集，穷举余下部分的参量。这种方法在已经知道网络部分信息时是十分适用的，例如我们已知部分网络数据的自然网络，或者在设计合成网络时仅有一部分网络需要设计、优化。

第二种方法是，可以对参数空间进行随机采样。在这一策略下，那些能实现特定功能的稳健拓扑网络并不孤立，而是周围聚集着一群具有相似功能的网络，它们之间的拓扑距离相当近。这种现象意味着，尽管这些网络在结构上各不相同，它们却能实现同样的生物学功能，并展现出相似的性能特征，例如稳健性。因此，在进行随机采样时，这些稳健的网络拓扑由于其聚集性，我们有较高的概率能够探索到它们，这大大提高了寻找有效网络拓扑的效率。这一方法的关键在于，它允许在广阔而复杂的参数空间中，有效率地识别出那些能够稳定执行特定功能的网络结构，即使这些结构在演化和设计上可能存在着微妙的差异。

第三种方法是，借鉴了自然界中的自然选择原理，通过采用进化算法来高效搜索和优化网络拓扑。在这个方法中，网络拓扑的设计和优化过程仿佛是一个演化过程，其中最适合实现特定功能的网络结构会被"选择"出来，而不够适应的则被淘汰。这一过程开始于一个初始种群，这个种群由多种随机生成的网络拓扑构成，每个网络拓扑都尝试着解决同一个生物学问题或实现特定的功能。

随着进化算法的运行，通过模拟自然选择、遗传变异和基因重组等生物演化机制，网络拓扑会逐代演化。具体来说，算法会根据每个网络拓扑执行预定功能的效率和稳健性等性能指标进行评分，选择表现最佳的网络进行复制和变异，以生成新一代网络拓扑。变异可能包括改变网络中的节点连接方式或调整调控关系的强度，而基因重组则允许两个优秀的网络拓扑"交换"它们的一部分结构特征，创造出可能表现更好的后代。

我们根据网络实现目标功能的稳健性情况对每一个被穷举或参数采样的拓扑结构利用 Q 值（在给定的随机参数套数下，能够实现特定功能的参数数目）予以打分。拓扑网络稳健性的 Q 值分数代表该拓扑网络参数空间中能完成目标功能的百分数，如果 Q 值高，意味着参数扰动时，该拓扑网络相比低 Q 值拓扑网络有更大概率能够执行目标功能。

以适应性功能的生物网络为例，研究学者对酶促反应的三节点生物网络进行了穷举并进行了 Q 值打分，从而找到可以执行完美适应的核心拓扑网络（图 21-11）。在所有可能的三节点网络中，我们要求输入节点和输出节点中至少有一条直接或间接的作用连线，由于连接边的数量以及调控关系的不同，三节点网络总共可以形成 16 038 个不同的拓扑结构（图 21-11B、C）。假设所有调控都是酶促反应，且使用米氏方程来建模。对于每个网络拓扑，抽样 10 000 套参数，分析拓扑对输入变化的敏感性和其适应性的精度。拓扑的 Q 值定义为该拓扑在这两方面表现都很好的抽样参数集数量。

通过大规模计算，我们识别了可以执行完美适应的两个核心拓扑（图 21-11E）：有缓冲节点的负反馈环（a negative feedback loop with a buffering node，NFBLB）和有比例调控节点的不一致性前馈环（an incoherent feedforward loop with a proportioner node，IFFLP）。两个拓扑中都存在关键控制节点（NFBLB 的缓冲节点和 IFFLP 的比例节点），其调控需满足一定的参数需求。同时，得分高的核心拓扑的变异的共同特征可以通过在同一类稳健拓扑内部的聚类来发现，例如正的自调控和额外的负反馈环。进一步，我们可以从数学上分析其方程组的雅可比矩阵（Jacobian matrix），给出两个核心网络拓扑实现适应性的理论基础。综合模拟计算与理论分析的结果，最终获得了具适应功能的三结点酶催化反应网络的"元素周期表"。

同样的思想和方法也可以用来研究其它功能的网络拓扑，例如细胞的极化网络、生物的振荡网络。另外，在真实的细胞环境中一个复杂性的来源是涨落和噪声。当生物网络的输入信号本身包含噪声时，我们可以将该方法拓展来寻找"适应－抗噪"双功能网络的设计原理。

21.3.2 模块化

模块化是生物网络的典型特征之一。其中，最为人所熟知的例子便是蛋白质－蛋白质相互作用网络（protein-protein interaction network，PPIN）——一种以蛋白质间物理相互作用为基础的生物网络。这种网络通过实验数据或计算预测构建而成，以节点

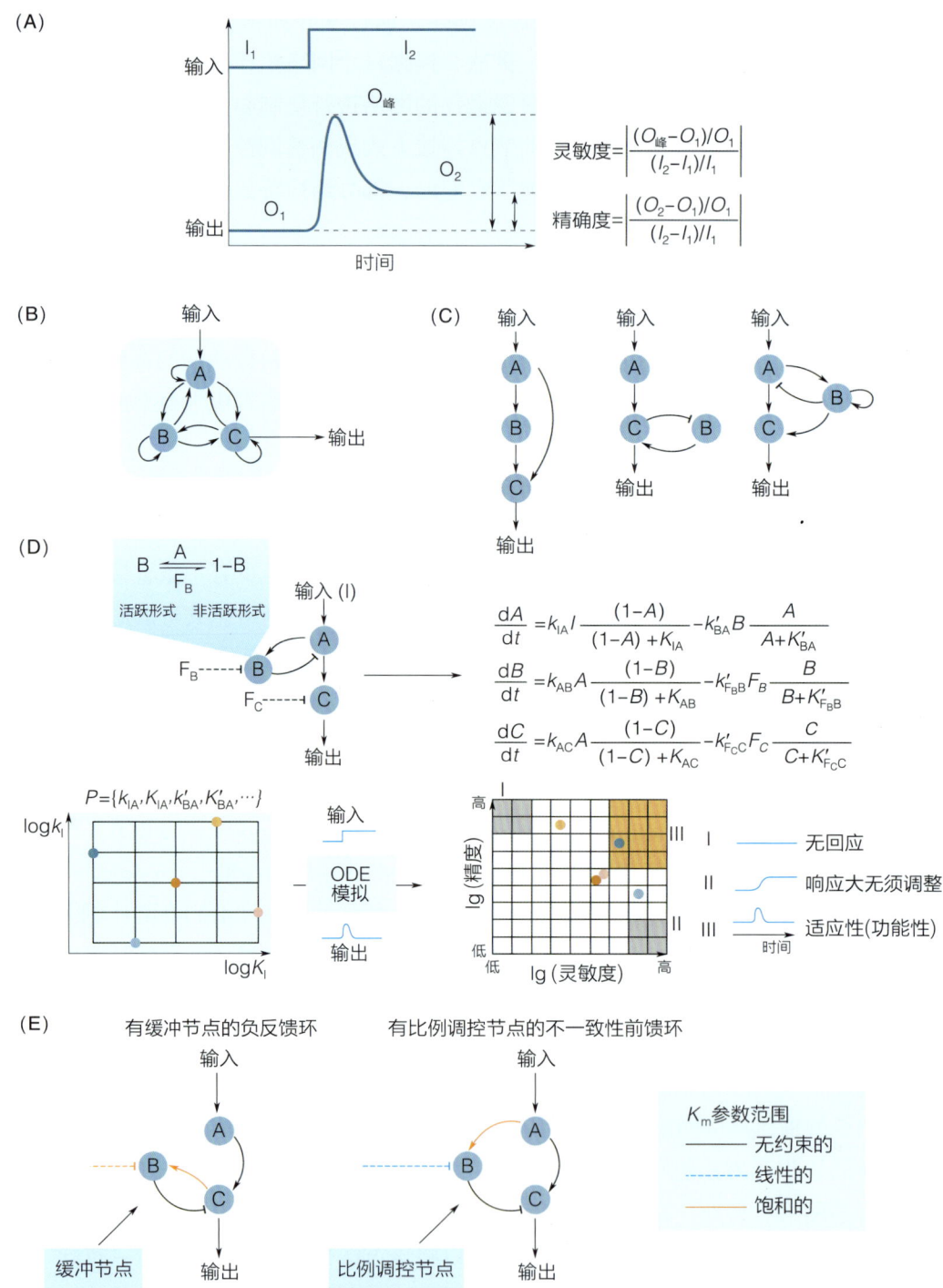

图 21-11 寻找适应性功能的网络拓扑空间

（A）定义适应性的输入-输出曲线。（B）三个节点之间可能的有向连接。（C）三节点网络拓扑的示例。（D）给定网络拓扑的建模分析过程的示意图。（E）有缓冲节点的负反馈环和有比例调控节点的不一致性前馈环。（引自 Ma W, et al. *Cell*, 2009, 138(4): 760-773）

表示蛋白质，边表示它们之间的相互作用。在这样的网络中，研究者们往往可以观察到许多明显的聚团结构，例如和 DNA 修复相关的蛋白质，以及和转运分泌相关的蛋白质。这些蛋白质在蛋白质-蛋白质相互作用网络上形成了内部链接紧密的集群，就如同一个个功能明确的小"社区"（图 21-12）。

那么，这些聚团行为应该如何量化呢？聚类系数（clustering coefficient）和模块度

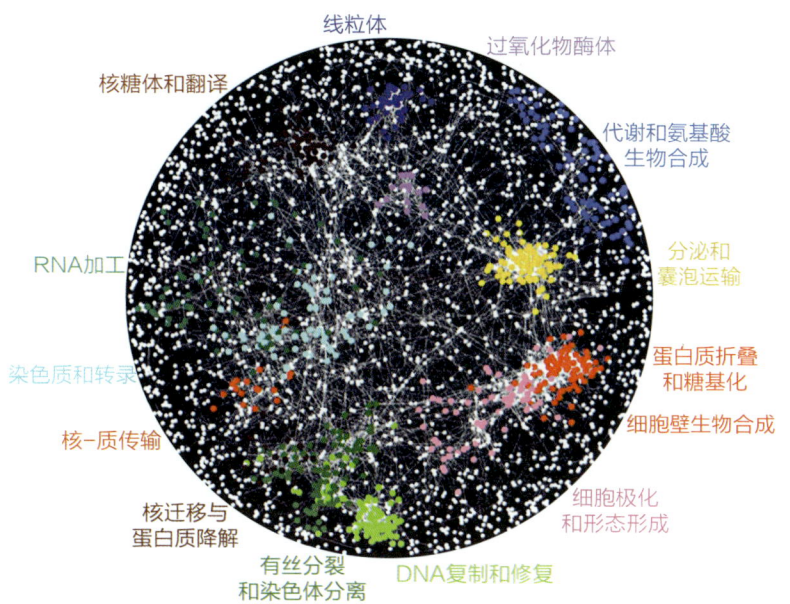

图 21-12 从 Cytoscape 上复制得到的 PPI 网络（引自 Costanzo M, et al. *Science*, 2010, 327(5964): 425-431）

（modularity）都是可用的衡量指标。聚类系数定义在节点上，指这个节点的邻居节点之间实际存在的连接数与可能存在的连接数之比，表示该节点附近的聚集程度。模块度定义在已经划分好"模块"后的网络上，反映了模块内部的连接边数与整个网络的连接边数之比。如果一个网络的模块度值较高，则该网络具有较强的模块化特性。

在这些衡量指标的帮助下，研究者们在很多其它类型的生物网络中也发现了较强的模块化特性。例如，在基因调控网络中，共同表达的基因模块往往共同参与某一生物过程（图 21-13A）；在微生物基因组中，相关代谢途径的基因也往往聚类成一个基因簇（图 21-13B）；在蛋白质结构中，不同的结构域也往往被视为功能独立、可被反复使用和组合的模块（图 21-13C）。

为什么生物网络呈现出如此强的模块性？从直观的角度来看，模块化具有许多优势。首先，模块化可以提高系统的稳定性和稳健性，因为每个模块都可以独立工作，即使某个模块出现问题，也不会影响到整个系统的运行。其次，模块化可以提高系统的可扩展性和适应性，因为新的模块可以被添加到系统中，以应对新的环境或任务。这些优势在人类的工程学中得到了广泛的应用，例如在电路设计、软件开发等领域，模块化的思想都起着关键的作用。

然而，尽管模块化的优势在工程学上已经被广泛认识，但是生物中模块化的成因

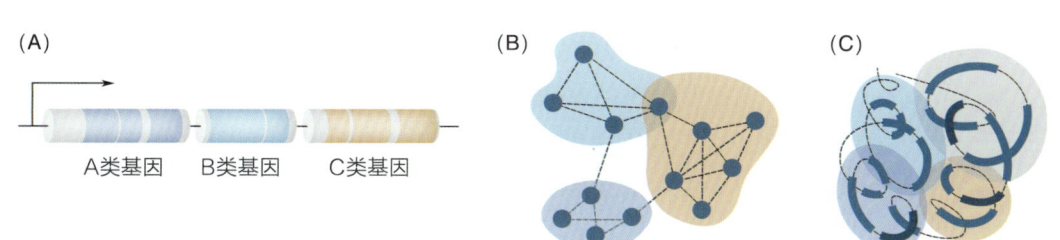

图 21-13 模块化的典型例子

和演化优势仍然是当前研究的重要课题。一些研究认为，模块化提高了生命系统的稳健性：由于每个模块和外界较少的链接，偶然出现的"错误"将被限制在模块内而非传播至整个系统。而另一些研究认为，模块化可能是生物系统在长期演化过程中对环境变化的适应结果：面对变化的环境，生物的优化目标时常发生变化，例如微生物在资源有限的环境中定植，优化目标会由初期营养丰富时的高速生长切换为后期营养匮乏时的耐受和竞争。迥异的目标需要启动不同的行为和功能，而将这些不同的基因按功能组织成团簇，有助于系统在不同目标之间有效切换。由此，模块化可以提高系统的适应性和进化速率。还有一些研究则认为，模块化并非有特定的适应优势，而是生物系统在自组织过程中的自然产物。这是因为生物的演化很大程度上是由"复制－分化"驱动的，而无论是蛋白质还是基因的复制，都会让原有的相互作用也随之原样复制一份，让模块化自然地产生。无论如何，对模块化的深入理解都将有助于我们更好地理解生物系统的稳健性和可进化性。

21.3.3 细菌的优化生长

细菌在培养液中的生长可以分为四个时期：开始时的延迟期（lag phase）、指数增长期（exponential phase）、稳定期（stationary phase）和衰亡期（death phase）。在指数增长期中，细菌快速增殖并呈几何级数增长。研究表明，由于长时间的自然选择作用，细菌在多数常见碳源培养基中会表现出最优生长（optimal growth）的模式，细菌调整其生理和代谢过程，以最高效地利用可用资源，实现最快的增殖速度。

伯恩哈德·帕尔森（Bernhard Palsson）研究小组通过结合实验研究和 20.3 节介绍的流平衡分析方法，发现大肠杆菌在葡萄糖培养液中接近最优生长状态（图 21-14）。类似的情况也在其它单细胞微生物（例如芽殖酵母等）以及不同碳源的情况下得到了证实。同时，代谢产物的生成速率也与最优生长状态的预期相符。然而，仅仅依靠流平衡分析，对于给定的细菌菌株和培养液中的碳源浓度，无法推断出碳源和氧气的吸收速率。它只能确定一个最优生长的范围（就像图 21-14 中的最优生长线一样）。只有通过实验测得所有摄入流量之后，才能够确定最优生长的确切状态（对应一个最优生长点）。

在 2005 年，乌里·阿隆（Uri Alon）研究团队取得的发现进一步推动了细菌优化生长领域的研究。他们进行了一项进化实验，使用甘油和不同浓度的乳糖来培养大肠杆菌（图 21-15A）。他们发现，一方面，大肠杆菌细胞内表达 LacZ 蛋白（一种消化乳糖的酶）时，会对细胞

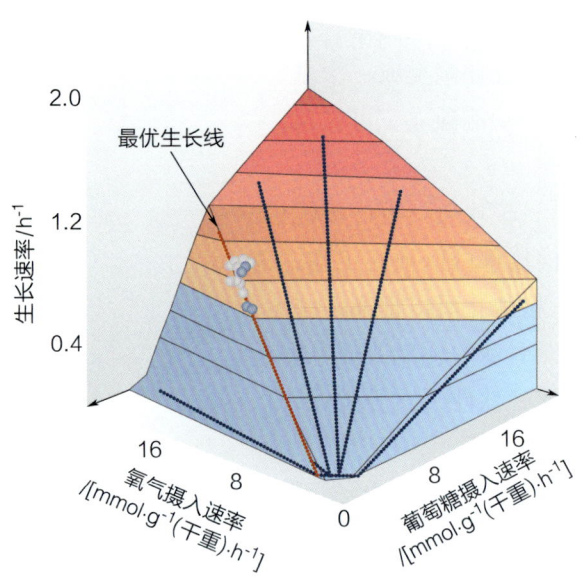

图 21-14 大肠杆菌进化实验与流平衡分析最优化生长结果的比对

图中橙色线为最优生长的解集（最优生长线）；演化开始时刻，细胞处于浅蓝色点位置，演化结束时，细胞处于浅灰色点位置，均处在最优生长线附近。（数据自 Ibarra R U, et al. Nature, 2002, 420(6912): 186-189）

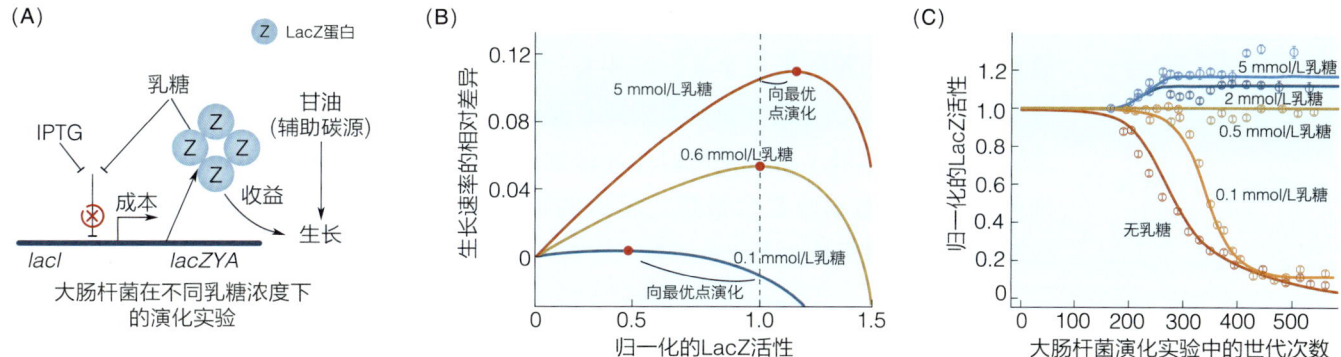

生长产生负担（cost）；而另一方面，由于培养液中存在乳糖，细胞表达 LacZ 蛋白可以让它们利用乳糖，在能源利用的角度上会带来好处（benefit）。阿隆研究团队发现，LacZ 蛋白的表达量在负担与好处之间存在权衡（trade-off），存在一个最佳的表达量（最优解），可以让大肠杆菌的生长速率最大化（图 21-15B）。他们在数百代细胞周期的长期实验中验证了细菌倾向于优化生长的趋势（图 21-15C），同时揭示了蛋白质表达对细胞生长的显著影响。然而，在这项研究中，蛋白质表达对于细胞生长的影响依然处于唯象描述的阶段，LacZ 蛋白的负担与好处均采用了实验数据拟合的唯象函数。

2010 年，华泰立（Terry Hwa）研究团队用数学模型和实验解释了细菌在单一碳源中如何实现最优生长的过程。他们发现，细菌通过调控蛋白资源分配来实现最优化生长（图 21-16A、B）。实际上，早在 1958 年，莫塞洛·舍希特（Moselio Schaechter）等科学家的研究已经揭示，改变营养条件时，细胞内各种大分子的含量、细胞质量与生长速率之间存在定量关系。华泰立团队的研究对舍希特等科学家的工作进行了扩展

图 21-15 大肠杆菌在恒定甘油、不同乳糖浓度培养基中生长的演化实验（A）演化实验过程中，培养基内添加了 IPTG 诱导物消除 *lacI* 基因的抑制作用。（B）不同乳糖浓度中预测的 LacZ 最优表达量。（C）演化实验结果与最优化生长的理论预测相符。（A-C，数据自 Dekel E, et al. *Nature*, 2005, 436(7050): 588-592）

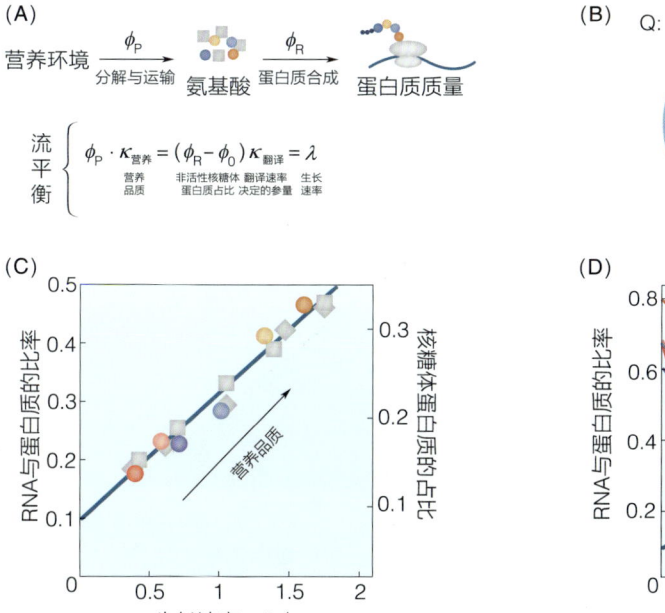

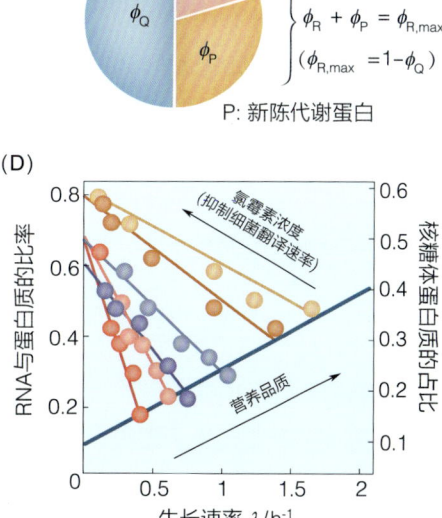

图 21-16 大肠杆菌优化蛋白质资源分配实现最优生长

（A）P 类蛋白质负责将营养物质运入细胞内的氨基酸库，核糖体利用这些氨基酸制造蛋白质，系统遵守流平衡限制。（B）细菌的蛋白质组分分为 Q、R 和 P 三类蛋白质，满足蛋白质分配的限制。（C、D）蛋白质资源分配的实验结果与最优化生长的理论预测相符。（A, B, 改编自 Scott M, et al. *Mol Syst Biol*, 2014, 10(8): 747；C、D, 数据自 Scott M, et al. *Science*, 2010, 330(6007): 1099-1102）

和深化。他们发现，在改变培养基中碳源营养条件时，细胞内 RNA 的含量与蛋白质总量的比率与细胞的生长速率呈正相关的线性关系（图 21-16C）；而通过抑制翻译改变生长速率时，RNA 的含量与蛋白质总量的比率与细胞生长速率呈负相关的线性关系（图 21-16D）。上述实验现象可以用一个优化蛋白质资源分配的理论模型定量解释，而细胞所处的状态刚好符合最优生长点的特征（知识窗 21-6），说明细菌通过优化蛋白质分配以实现最优生长。

知识窗 21-6

细胞生长中的标度率

华泰立团队将细菌内的蛋白质分成三类（图 21-16B）：R 类蛋白质与核糖体相关，Q 类蛋白质的含量不受生长速率影响，其它的蛋白质被归为 P 类蛋白质，主要包含代谢网络中的各种催化酶。每类蛋白质在蛋白质组中的占比分别用 ϕ_R、ϕ_Q、ϕ_P 表示。在指数增长期，对于平衡生长（balanced growth）的细胞群，三类蛋白质的占比即为核糖体合成三类蛋白质的分配比例，细胞群的生长速率由活性核糖体蛋白质的比例和翻译速率参数决定：

$$\lambda = (\phi_R - \phi_0) \cdot \kappa_{翻译}, \quad (21\text{-}5)$$

其中，ϕ_0 表示非活性核糖体蛋白的比例，$\kappa_{翻译}$ 是一个由翻译速率决定的参数。大肠杆菌内蛋白质的制造过程可以简化为两个步骤（图 21-16A）：① P 类蛋白质将营养物质运进细胞，转换为氨基酸；② 核糖体利用这些氨基酸制造蛋白质。在该模型中，运输碳源底物的酶记作 E_A，其蛋白质比例用 ϕ_A 表示；碳源底物的营养品质（nutrient quality）记作 κ_A（即图 21-16A 中的 $\kappa_{营养}$）。P 类蛋白质此时只包括 E_A，所以 $\phi_P = \alpha \cdot \phi_A$，其中 α 是一个比例系数。在这种情况下，细菌的生长将满足以下条件：

$$\begin{cases} \phi_R + \phi_P \leq \phi_{max}, \\ (\phi_R - \phi_0) \cdot \kappa_{翻译} \leq \phi_A \cdot \kappa_A, \end{cases} \quad (21\text{-}6)$$

上述公式中 $\phi_{max} = 1 - \phi_Q$ 表示 P 类蛋白质与 R 类蛋白质所能分配到的最大蛋白质比例。第一个表达式表示蛋白质资源分配的限制，即蛋白质的分配必须满足 ϕ_{max} 的限制；第二个表达式是流平衡条件的限制。

通过将式（21-6）中的限制条件绘制在以 ϕ_P、ϕ_R 为 x、y 坐标轴的二维平面上，我们得到了图 21-17 中蓝色标识的可行域。结合式（21-5），可以明显地观察到，如果细胞通过优化蛋白资源分配来实现最优化生长，其蛋白分配比例应处于图 21-17 中的 X_A 点（橙色点）。现在需要确定细胞是否处于最优生长点，这取决于细胞生长是否满足 X_A 点的特征。实验上，RNA 的主要成分为 rRNA（核糖体 RNA），其数量由核糖体的数目所决定，因此 R 类蛋白质的含量可以通过细胞内 RNA 的含量来反映。并且可以通过变更营养条件来改变营养品质 κ_A，

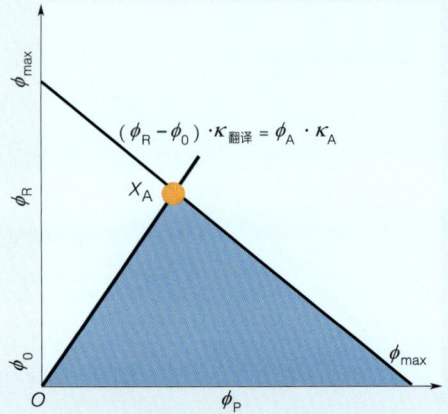

图 21-17　细胞在可行域中的最优生长
图中橙色点标示最优生长点。

又可以通过添加翻译抑制剂来改变蛋白质翻译速率（改变 $\kappa_{翻译}$）。为了测试这一点，可以简单地改变 κ_A 和 $\kappa_{翻译}$，并通过观察 ϕ_R（以 RNA/蛋白质反映）与生长速率 λ 之间的相互关系来检验模型。对于最优生长点，当 κ_A 变化时，ϕ_R 与 λ 之间满足斜率为正数的线性关系：

$$\phi_R = \phi_0 + \lambda/\kappa_{翻译},$$

而当 $\kappa_{翻译}$ 变化时，ϕ_R 与 λ 之间满足斜率为负数的线性关系：

$$\phi_R = \phi_{max} - \lambda \cdot \alpha/\kappa_A。$$

从图 21-16C、D 中可以看到，实验结果与最优生长点 X_A（图 21-17）的性质相符。

21.3.4　生物网络中的信息

无论是在专业研究还是日常生活中，"信息"都是一个频繁出现的词汇。例如，我们可能会赞叹："你这次文献汇报信息含量很高啊！"或者找工作时会思考："信息技术的发展前景如何？"再比如，在我们之前关于发育的讨论中，我们曾提过这样的问题："单个受精卵中的基因信息是如何转换成成体中万亿细胞的身份信息的？"实际上，生物信息学几乎是定量科学在生物领域中发展得最为成熟的一门学科，它在大数据时代为生命科学研究提供了从组学降维到基因注释和人工智能分析等各个方面的计算支持。那么，信息在这些不同场景中的应用，是否有着共通之处？信息的定义究竟是什么？更进一步地说，我们能否量化某个事物所包含的信息是多是少？

上世纪中叶，信息论的创始人克劳德·香农（Claude Elwood Shannon，1916—2001）提出了对"信息"的度量——不确定度的减少。为了量化信息，香农首先以信息熵（information entropy）对随机事件 X 的不确定度进行度量。当 X 有多种不同的"结果"，且第 i 种结果发生的可能性为 $p_i(x)$ 时，类比于热力学中表征了"混乱程度"的吉布斯熵，关于 X 的信息熵 $H(X)$ 被定义为：

$$H(X) = - \sum_i p_i(x) \cdot \log p_i(x)。$$

当 log 以 2 为底时，信息的单位是比特（bit）——也是我们电脑中文件大小的基本单位。香农信息熵是现代电子和通信的重要概念。

X 的不确定度越大，$H(X)$ 越高。例如，某个蛋白质 X 的表达量在多次实验中有低有高，若其在 50% 的实验中高表达，50% 的实验中低表达，那 $p_{高} = 0.5$，$p_{低} = 0.5$，$H(X) = -(0.5 \times \log_2 0.5 + 0.5 \times \log_2 0.5) = 1\,(\text{bit})$，它的不确定度是二态系统中的最大值——对于每次测量，我们完全不确定更可能观察到 X 的高表达态还是低表达态。如果 X 大部分情况下处于低态，例如 $p_{高} = 0.9$，$p_{低} = 0.1$，则我们可以"合理推断"每次测量更有可能获得 X 的高态，而此时 $H(X) = -(0.1 \times \log_2 0.1 + 0.9 \times \log_2 0.9) = 0.47\,(\text{bit})$，表征着更低的不确定度。

假如我们进一步发现，这些实验的培养条件不同，而在某些特定的培养条件下 X 的不确定度降低，那么，这个培养条件包含了 X 表达量的一部分"信息"。举例而言，

假如培养基的葡萄糖浓度有高有低，60%为高浓度培养条件，而该条件下 X 有 90% 的概率处于高态，则该条件下 X 的信息熵为 $H(X|高葡萄糖)$。而在其余 40% 的低葡萄糖浓度条件下 X 有 30% 的概率处于高态，则该条件下 X 的信息熵为 0.88 bit。于是，综合而言，在了解到葡萄糖浓度这一"条件"后，X 的平均不确定度降低至 $H(X|葡萄糖浓度) = 0.6 \times 0.47 + 0.4 \times 0.88 = 0.63 (bit)$，较之前不知葡萄糖浓度时的不确定度（1 bit）更低。由此，我们可以自然地认为葡萄糖浓度中携带着有关 X 的"信息"。这将自然地引向互信息（mutual information）的数学定义：当对事件 Y 的了解使得我们对 X 的不确定度降低，那么 X 和 Y 之间的互信息 $I(X, Y)$ 就是 X 的信息熵在知晓了 Y 的情况下的减少幅度：

$$I(X, Y) = H(X) - H(X|Y)。$$

在上述实验例子中，蛋白质 X 和葡萄糖浓度的互信息就是 $1 - 0.63 = 0.37$ (bit)。值得注意的是，互信息没有方向性，$H(X) - H(X|Y) = H(Y) - H(Y|X)$。

香农信息理论的定义使其特别适合于分析那些充满各种相互交织噪声的生命系统。在互信息中，"互"字暗示了信息并非独立存在，它代表着两个变量之间的交互关系。在生物信息学应用中，互信息通常用于探测皮尔森相关系数或线性拟合无法检测到的关联信号，例如非单调的调控关系。利用互信息从基因表达谱中推断基因调控关系已经成为基因调控网络推断的重要技术手段之一。此外，序列和功能之间的互信息在基因组分析中被广泛应用，我们所熟知的序列标识图（sequence logo）就是基于互信息生成的。更广泛地说，信息与熵常作为需要优化的目标函数在各种机器学习模型中使用，并通过信息的压缩和传输来理解机器学习中的"涌现性"机制。

从更深层次来看，许多研究人员将生物系统中常见的信号转导视为一个信息传输问题（图 21-18）。细胞内外环境充满了噪声，而它们需要根据不断变化的外部环境做出"有效"的反应。那么，如何衡量细胞响应的"有效性"呢？借鉴通信领域信道问题的思路，互信息为细胞响应提供了一个定量指标：如果将外部信号的强度记录为 Y，细胞内关键响应蛋白活性为 X，那么，X 和 Y 之间的互信息就可以描述这条信号转导通道的"效率"，并用于定量细胞能区分的不同强度信号的数量。有了这样一个定量指标，研究人员就可以开始探索信号通道的"设计规则"。例如，什么网络拓扑

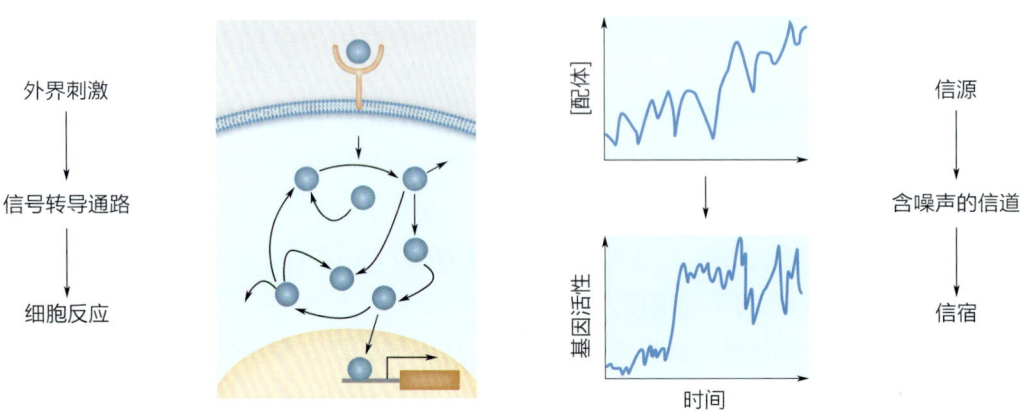

图 21-18 细胞中的信号转导网络和通信领域的信道传输问题的类比

结构可以最大化信息的传输？正常细胞和病理细胞在信息转导特性上是否存在差异？而在合成生物学中又如何设计"最优化信息传递"的通道？

例如，研究者们通过实验测量了在不同浓度的肿瘤坏死因子（TNF）信号刺激下，NF-κB通道的活性响应分布，从而计算了TNF通道的信息传递能力；进一步地，他们通过计算模拟测试了不同拓扑结构的转导通道对信息传递能力的影响，发现生物中实际的网络结构即使可以高效地传递信息，也仍然受到受体数量的限制。那么，除了"最大化生长速率"和"优化代谢效率"，生命系统是否将"优化信息传递效率"作为一种选择压力？又是什么因素制约着信号转导通道中信息传递量的上限？这些问题仍需要更多的测量和理论研究来解答。

除了经典的信号转导通路之外，胚胎发育也是信息论的用武之地。如前所述，基因相同的细胞通过分裂和分化形成空间上具有高度规律性的复杂体系，这种过程中的"可复制的复杂性"可以用位置信息（positional information）来衡量。在19世纪60年代，以果蝇胚胎发育为模型，位置信息被定义为细胞的空间位置与基因表达谱之间的互信息，由此带来了著名的"法国国旗模型"（图21-19）：发育相关的基因调控网络根据形态生成素Bicoid的浓度显示出不同的表达谱，从而将母体的Bicoid浓度梯度中的位置信息"翻译"为胚胎自身基因表达的空间信息。后续的研究者通过对位置信息进行详尽的实验测量和理论分析，揭示了果蝇胚胎模式在形成的早期阶段，从Bicoid浓度到下游基因表达的信息传递效率接近于物理极限。

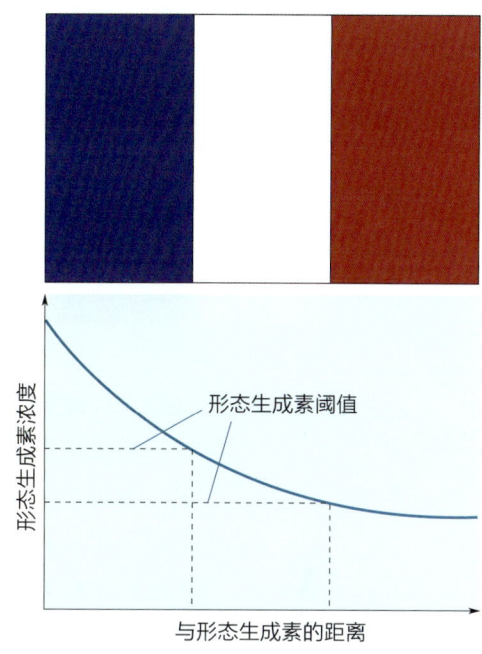

图21-19 发育中的"法国国旗"模型

有研究者认为，生命系统运行在一个"近乎最优"的边缘状态，而胚胎如何实现这种近乎最优的信息传递又是一个值得探索的问题。更进一步地，对于脊椎动物胚胎中自发的体节形成、秀丽线虫中不依赖于母源形态生成素的细胞命运级联，以及复杂系统中普遍存在的复杂度涌现，这些过程中的"信息"从何而来，又为何看似以某种神奇的方式自发"增长"？未来的研究中，信息论的定量框架或许能为理解复杂性的起源提供帮助。

21.4 自组织

21.4.1 图灵斑图

自组织斑图广泛存在于自然界的各个空间尺度，如晶体生长、贝壳条纹、动物皮肤、种群活动、干旱地区植被分布都是典型的空间斑图现象（图21-20）。不同于空间均匀分布，稳定的空间斑图自发形成并表现为物质浓度的区域性差异，更重要的是

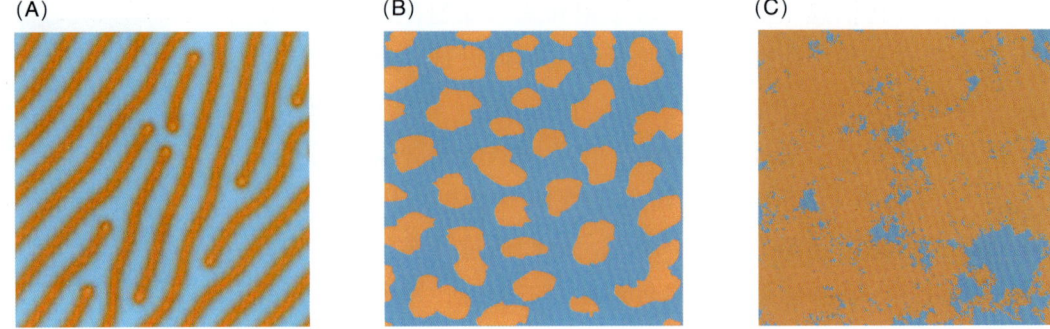

图 21-20 自然界中的图灵斑图

（A）铋原子在金属基板上生长时形成的条纹。（B）豹纹皮毛的斑纹。（C）稀疏草原林地上的植被分布。

其在大尺度集体结构中呈现有序性。

图灵斑图（Turing pattern）的名字来源于英国数学家兼计算机科学先驱艾伦·图灵（Alan Turing，1912—1954）。他在 1952 年发表的一篇论文中首次描述了这一现象，并提出了一种数学模型来解释生物体系中观察到的图案形成。他创造性地引入反应-扩散数学模型以及图灵失稳机制来描述斑图动力学。

反应-扩散模型在 2.3.2 节曾经介绍过，其一般形式可写作

$$\frac{\partial \boldsymbol{u}}{\partial t} = \boldsymbol{D}\Delta \boldsymbol{u} + f(\boldsymbol{u}),$$

右端两项分别代表扩散项和反应项。其中，$\boldsymbol{u} = (u_1, u_2, \cdots, u_n)$ 为 n 种参与反应的物质浓度；扩散矩阵 $\boldsymbol{D}$ 当不出现交叉扩散时为对角矩阵 $\boldsymbol{D} = \mathrm{diag}(D_1, D_2, \cdots, D_n)$，其对角元 D_i 代表第 i 种物质扩散速率；$\boldsymbol{f} = (f_1, f_2, \cdots, f_n)$ 为反应项；Δ 为拉普拉斯算子，在二维平面中 $\Delta u_i = \frac{\partial^2 u_i}{\partial x^2} + \frac{\partial^2 u_i}{\partial y^2}$，$i = 1, 2, \cdots, n$。

图灵失稳机制是指系统某个空间均匀的驻点解在无扩散时稳定，在加入扩散效应后失去稳定性，此时对失稳的均匀态施加空间的不均匀扰动得到的稳定斑图称为图灵斑图。通常要产生图灵失稳，体系参与反应的物质数 n 至少为 2，此外物质的反应和扩散也有严格的约束。以 $n = 2$ 为例，通过局部线性稳定性分析，我们可以发现图灵失稳需要高度非线性的反应以及两种物质扩散速率差异。

一般地，假设有如下二元反应：

$$\begin{cases} \dfrac{\partial u}{\partial t} = d_u \Delta u + f(u, v; \boldsymbol{\alpha}) \\ \dfrac{\partial v}{\partial t} = d_v \Delta v + g(u, v; \boldsymbol{\alpha}) \end{cases}$$

其中 u、v 代表两种反应物质浓度，d_u、d_v 分别为扩散系数，二元反应函数 f、g 对于基元反应可以由 u、v 的多项式给出，对复杂反应也常有其它形式，其中 $\boldsymbol{\alpha} = (\alpha_1, \cdots, \alpha_r)$ 为反应项系数。简要讨论如下：

① 当系统无扩散时（即 $d_u = d_v = 0$），系统存在一个平衡解 $(u, v) = (u_0, v_0)$，若雅可比矩阵 $\boldsymbol{J} = \begin{bmatrix} f_u & f_v \\ g_u & g_v \end{bmatrix}$ 的两个特征值实部均为负，则该平衡解 (u_0, v_0) 是稳定的。

② 当系统引入扩散（$d_u \neq d_v$）时，系统存在的空间均匀解（u_0, v_0）变得不稳定，在扰动下会形成空间上的非均匀解，即空间斑图。

对于给定的边界条件，我们可以推导发生图灵失稳时参数 d_u、d_v、α 满足的条件。假设模型的区域为二维正方形区域 $X = (0, L) \times (0, L)$，边界条件取为齐次 Neumann 边界条件，即 $\dfrac{\partial u}{\partial \boldsymbol{n}} = \dfrac{\partial v}{\partial \boldsymbol{n}} = 0$（$\boldsymbol{n}$ 为边界的法向量），令（u_0, v_0）发生微小偏离至（$u_0 + \delta u, v_0 + \delta v$），其中

$$(\delta u, \delta v) = \left(A \cos \frac{m\pi x}{L} \cos \frac{n\pi y}{L},\ B \cos \frac{m\pi x}{L} \cos \frac{n\pi y}{L} \right),$$

m，$n \in N$ 且 m，n 不都为 0。代入方程右端得到线性化后的方程：

$$\frac{\partial}{\partial t} \begin{bmatrix} u \\ v \end{bmatrix} = \tilde{\boldsymbol{J}}_{m,n} \begin{bmatrix} \delta u \\ \delta v \end{bmatrix} = \begin{bmatrix} -d_u \pi^2 (m^2 + n^2)/L^2 + f_u & f_v \\ g_u & -d_v \pi^2 (m^2 + n^2)/L^2 + g_v \end{bmatrix} \begin{bmatrix} \delta u \\ \delta v \end{bmatrix}。$$

其中 $f_u = \dfrac{\partial f}{\partial u}(u_0, v_0)$，$f_v$、$g_u$、$g_v$ 同理定义。模式（m, n）发生图灵失稳时，新的雅可比矩阵 $\tilde{\boldsymbol{J}}_{m,n} = \boldsymbol{J} - \dfrac{\pi^2(m^2 + n^2)}{L^2} \begin{bmatrix} d_u & 0 \\ 0 & d_v \end{bmatrix}$ 应存在实部非负的特征值。系统可被观测到的图灵斑图是指可能的图灵失稳模式扰动后偏离原均匀态，得到渐近稳定的解。另外，图灵斑图也可以是随时间周期振荡而非渐近稳定的，这种情况也被称为时空斑图（spatial-temporal pattern）。

可以看出，图灵失稳要求 $d_u \neq d_v$，因为若 $d_u = d_v$，则 $\boldsymbol{J}$ 的两个特征值比 $\tilde{\boldsymbol{J}}_{m,n}$ 对应的特征值要大 $\dfrac{\pi^2(m^2 + n^2)}{L^2} d_u$，无法做到①②讨论中对 $\boldsymbol{J}$ 和 $\tilde{\boldsymbol{J}}_{m,n}$ 特征值的要求。事实上对于二元反应，一般来说一者远大于另一者，不妨记 $d_u \ll d_v$。

在生物数学建模中，扩散能力弱的物质 u 常作为体系的激活子（activator），扩散能力较强的物质 v 作为抑制子（inhibitor）（图 21-21）。我们常常用短程激活，长程抑制来定性理解反应扩散体系图灵斑图的产生机制：当激活子产生后，其生成的抑制子传播速度快于自己，于是在较远处由于扩散效应，抑制子浓度高于激活子，故而有效抑制激活子产生及传播，形成空间斑图。

图 21-21　图灵系统的示意图

由①②讨论可知，是否出现图灵失稳和失稳采用的模式都依赖于参数及区域尺寸。事实上，对几乎所有的模型，图灵失稳模式对于参数非常敏感，在具体模型中差异也很大。图灵失稳模式很大程度上决定了系统从不稳定均匀态扰动后渐进解的性质，通常来说，区域尺寸对于失稳模式的影响易于刻画。在上述模型中，对于同样的参数，（m, n）对雅可比矩阵的影响仅依赖于 $\pi^2(m^2 + n^2)/L^2$。方形区域的尺寸 L 越大，可以使系统产生图灵失稳（使 $\tilde{\boldsymbol{J}}_{m,n}$ 存在实部非负的特征值）的（m, n）越多。当 L 较小时若能发生图灵失稳，系统只能形成（m, n）=（0, 1）或（1, 0）的"条带形扰动"；当 L 较大时，更可能形成 m、n 均非零的点状斑图。例如一些猫科动物的尾巴图案单一，甚至为规则的条带状，而身体却可以有复杂多样的斑点。

另外，自组织的斑图形成的模型并不局限于反应扩散模型。例如，在由浓度梯度或温度梯度引发的斑图形成中，除了扩散和非线性的反应，常常含有一阶导数的对流项，其存在也会非常大地影响斑图的性质。除此之外，有些体系会存在高阶导数来描述相互作用（如非菲克长程扩散），同时结合更强的非线性甚至使得单一物质可以自发产生斑图，如 Swift-Hohenberg 模型。然而，上述通过均匀态失稳的斑图产生机制普遍贯穿于各种模型，而局部线性化和分岔理论始终是研究斑图基本且重要的理论方法。

21.4.2　胚胎发育的理论模型

多细胞生物的诞生被称为演化史中的最重大事件之一，而它的存在依赖于胚胎发育——这是从单个受精卵，由大量的细胞分裂和分化最终塑造出成熟个体的一个"展开"。这个复杂过程中，第 19 章中所述的细胞命运决定固然至关重要——上百种不同的细胞类型，如上皮细胞、神经细胞、免疫细胞，都需从受精卵开始的一棵大树上逐步分化而来。然而，胚胎发育的奥秘远不止于此。不同类型的细胞必须在恰当的时间和地点出现，维持自身的正确发育路径，甚至还需为其它细胞的命运决定提供信号源，以确保机体最终能组织成结构有序、细胞类型丰富且高度可复制的多细胞形态。在这个被称为"模式形成"的精密过程中，哪怕一丝误差，也可能引发发育异常，甚至导致胚胎死亡。

面对这个精妙的过程，研究者们提出了无数的问题：细胞如何"知道"自己在什么时间、什么地点？如何判断自己应该分化为何种"身份"，以及是否该进行下一轮的细胞分裂？如果某些分化事件依赖于特定细胞的信号，那这些信号细胞又是如何获取自身所需的分化信号的呢？如果将这种"鸡生蛋，蛋生鸡"的问题反推回去，单个受精卵中的基因信息又是如何包含了最后成体中万亿细胞的"身份信息"的？科学家们尽管已经通过各种实验技术揭示了许多关于胚胎发育的分子生物学知识，但仍然未能了解这个过程的全貌。从上个世纪早期至今，这些问题不断激励着定量科学研究者进行相关领域的探索。

从"多种细胞命运如何组织成有序的机体"这个问题出发，不同的模式生物为研究者们提供了不同的视角，其中一个主要的模式生物仍然是 21.2.3 节中提到的果蝇。果蝇的早期胚胎发育是形态发生素指导（morphogen-directed）的模式形成的典型代表：首先，果蝇中形态发生素 Bicoid 的浓度梯度定义了胚胎的前后轴线，然后同源异形盒基因（homeobox gene，Hox）根据 Bicoid 的不同浓度在不同的体节中被激活，负责调控详细的身体结构规划（body-plan）。这个过程中，转录因子 Bicoid 浓度差异的形成对于胚胎"知道"何处为头尾最为关键。Bicoid 浓度梯度形成的分子机理已大体清楚：母源的 *bicoid* mRNA 仅定位于受精卵的最前极，而它翻译出的蛋白质向周围扩散并在此过程中被降解，形成前高后低的蛋白质浓度梯度。这个看似简单的梯度形成方式让生物物理学家们着迷，他们对于这个问题的研究带来了多个关于浓度梯度的经典数学模型。这些数学模型大多集中于 Bicoid 蛋白"合成—扩散—降解"过程，其动力学可以被简化为以下的方程形态：

$$\frac{\partial C(x, t)}{\partial t} = D \frac{\partial^2 C(x, t)}{\partial x^2} - \alpha C(x, t) + j(x, t)。$$

其中，C 是形态发生素的蛋白质浓度，x 代表胚胎中沿轴线从前向后的位置，t 代表时间，D 为扩散系数，α 为降解速率，而 $j(x, t)$ 可以代表包括但不限于噪声在内的对浓度梯度的其它干扰因素。可以证明，在将 mRNA 简化为位于头部的一个强度为 Q 的点源并假设没有其它干扰因素时，稳态（每个位置的浓度变化速率 $\frac{\partial C(x,t)}{\partial t} = 0$）时，浓度从头至尾呈指数下降：

$$C(x) = \frac{Q}{\alpha \lambda} e^{-\frac{x}{\lambda}}。$$

其中，λ 为 $\sqrt{D/\alpha}$，被定义为长度常数，它决定了浓度梯度变化的幅度。

在实验中，研究者们确实观察到了 Bicoid 浓度梯度沿着前后轴呈指数下降。然而，数学模型的价值不仅仅体现在能够复现某些实验结果，更重要的是，它可以指出哪些实验结果与模型存在偏差。这种基于定量的对比能够揭示我们在构建数学模型的生物学假设中可能存在的漏洞，从而引导我们进一步深入探索。例如，研究者们发现，当将真实系统中 Bicoid 蛋白的扩散和降解系数带入相关方程时，得到的浓度梯度长度明显小于实际果蝇胚胎的平均长度。另外，一个明显的偏差在于浓度梯度的"成比例缩放"问题：实际中，不同果蝇胚胎的长度有所差异，但无论胚胎大小如何，它们的最终发育形态都是相似的，大一些的果蝇胚胎不会比小一些的有更多的翅膀和腿。一般来说，不同大小的果蝇胚胎经过成比例缩放后，基因表达的模式几乎可以完全重合，这说明浓度梯度的尺度需要与胚胎的大小进行等比例缩放。然而，上述简单模型中，长度常数 λ 仅与扩散系数 D 和降解速率 α 相关。这就引出了一个问题：是降解速率 α 会根据胚胎尺寸变化，还是说胚胎需要依赖更多的调控机制来确保其"可缩放性"？浓度梯度问题看似简单，但关系于多细胞系统生成的初始非对称性，并在实验和理论上尚有不少未解之谜。正因如此，这个话题都一直备受关注，充满了研究者们对于解开生命奥秘的热情与执着。

胚胎发育的另一个模式生物则是秀丽隐杆线虫。与依赖形态发生素提供全局前后轴信息的果蝇胚胎不同，在秀丽线虫的发育中，尚未发现存在全局的可扩散信号。

有趣的是，秀丽线虫的发育过程仍然保持着高度的程序化，每个细胞的分裂顺序和命运决定的方向都被事先设定好。首先，受精卵会经历一连串的非对称细胞分裂，并由母体因子的非对称分配以及细胞极性的建立推动产生具有不同命运的子细胞。在随后的发育过程中，细胞间的信号传递开始发挥关键作用，指导每个细胞选择其预定的"命运"。这些复杂而精确的分裂和分化过程由多种因素共同调控，包括细胞谱系、细胞极性、细胞间接触的局部信号，以及胚胎的力学性质。由于全局可扩散信号的缺失，线虫的胚胎发育无法用类似果蝇的"反应-扩散"模型来描述。更多地，它可以被类比于一个规则复杂并能自我增长的元胞自动机（知识窗 21-7），通过一系列局域的信号级联来生成高度可重复的全局秩序。

研究者们尝试使用各种数学模型，从微观和宏观两个层面来理解线虫胚胎发育的精准程序。在微观层面，数学模型主要关注细胞内部的分子网络以及细胞间的信号传递机制的描述和剖析。例如，秀丽线虫的子宫颈细胞发育是一种典型的"信号级联下的细胞命运决定"过程。大量的模型研究致力于解读和预测这个系统如何仅通过一个外部信号输入，就能自发地产生出具有高度空间排布规律的三种不同细胞命运。相对应的，在宏观层面，研究者们试图采用连续介质理论和力学模型来描绘胚胎形态的变化以及细胞迁移的模式。鉴于细胞间信号在线虫发育中的核心作用，这类模型对于理解线虫胚胎自我组织的信号级联具有重要的意义。近年来，随着高通量和高分辨率测量手段的不断进步，线虫胚胎发育的数学模型显现出了巨大的潜力和广阔的发展空间。

相较于果蝇和线虫，脊椎动物的胚胎发育更为复杂，并展现出显著的稳定性和可

知识窗 21-7

元胞自动机

元胞自动机（cellular automaton，CA）是一种离散的动态系统模型，由数学家约翰·冯·诺伊曼（John von Neumann，1903—1957）在 20 世纪 40 年代提出。它的基本思想是将空间离散化成一系列的"元胞"，每个元胞可以处于有限状态集合中的某一个状态。元胞的状态根据一定的局部规则随时间演化，这个规则通常只依赖于元胞及其邻近元胞的当前状态。

一个著名的元胞自动机例子是约翰·康威（John Horton Conway，1937—2020）的"生命游戏"（Game of Life），这个游戏由无限大的二维正方形元胞网格组成，元胞（称为"细胞"）可以处于"存活"或"死亡"两种状态。细胞的状态根据周围存活细胞的数量进行更新，遵循三个简单规则（图 21-22）：

① 如果一个死亡的细胞有且只有 3 个存活的邻居，它在下一个时间步变为存活（即"繁殖"）。

② 如果一个存活的细胞有 2 或 3 个存活的邻居，它在下一个时间步仍然存活（即"稳定"）。

③ 在其它情况下，存活的细胞将死亡（即"过度拥挤"或"孤独"），死亡的细胞将保持死亡状态。

元胞自动机因其在模拟复杂系统方面的潜力而受到广泛关注，它们能够展现出从简单规则中涌现出的复杂性，对于理解自然界和社会现象中的自组织行为具有重要意义。

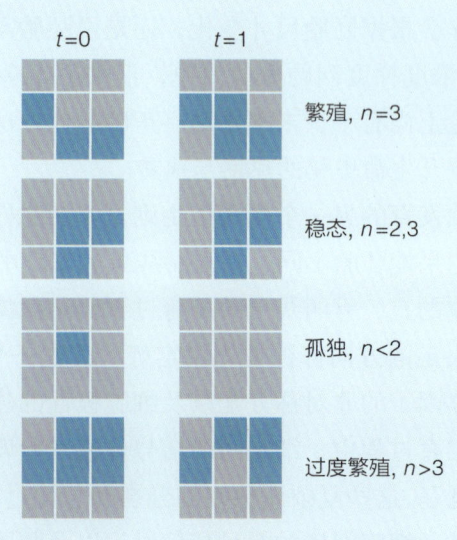

图 21-22 "生命游戏"的演化规则

塑性。在早期发育阶段，一旦某些细胞受损或移除，其余细胞能够调整自身的发育路径以补偿缺失部分。这种稳定性和可塑性通常涉及到细胞间的长时程相互作用和信号回路。例如，在四肢发育过程中，21.4.1 节中所介绍的图灵模型为手指图案（digit patterning）的形成提供了一种解释。与骨发育紧密相关的 Bmp、Sox9 和 Wnt 蛋白构建了一个"长时程抑制－短时程激活"的反馈回路，从而形成空间上具有稳定波长的图灵斑图，进而决定手指的位置。

此外，脊椎动物早期发育中的体节形成也引起了计算领域专家的广泛关注。体节形成是一个有节奏且顺序的过程：伴随着体轴的伸展，每对连续的双侧体节以固定时间间隔从前体节中胚层的前端出现，通过这种时空上多次重复的形态发生过程来协调组织模式形成和生长。体节发生的节律性提示了"振荡"在此过程中可能发挥重要作用。在上个世纪 70 年代，研究者们提出了"时钟和波前机制（Clock and Wavefront mechanism）"并得到了实验证据的支持。在这个机制中，单个细胞中的振荡器通过胞间信号整合成从前向后传递的波前，当波前穿过前体节中胚层时被"冻结"，振荡器的时间周期便转换为空间中的固定周期（参见 13.3.2 节）。无论是图灵机制，还是时钟和波前机制，这些由反应－扩散、细胞信号和力学等因素综合诱发的自下而上的自我组织过程，都带来了不依赖于外界干预或既定程序的稳健性和可塑性，为我们理解复杂生物的形态发生提供了重要线索，促进着一代代数理模型的产生和更迭。

21.4.3 集群行为

多位诺贝尔奖得主都与生物系统中的复杂行为结下不解之缘。乔治·帕里西（Giorgio Parisi）因在复杂系统理论方面的开创性贡献而荣获 2021 年诺贝尔物理学奖，尤其是"揭示了原子到行星尺度物理系统中无序和波动的相互作用"。而在这之外，帕里西还深入探讨了鸟群的集体运动。在他的科普读物《随椋鸟飞行——复杂系统的奇境》中，他描绘着一幅壮观的景象和其背后的原理：成千上万只椋鸟在天空中形成一个巨大的群体，不断变换形状却保持整体有序。特别是在面临捕食者袭击时，鸟群展现出灵活的飞散、转向和聚拢，仿佛整个群体是一个具有智慧的"超级生命体"。这种优雅的集群行为究竟源于何处？是否存在某个高明的指挥者能实时感知远处天敌的动态，掌控整个群体的行为？事实上，在鸟群、鱼群的游动，细菌的聚散，甚至胚胎发育的过程中，这种"无总指挥"却协调有序的集群运动屡见不鲜。

这种有趣的涌现性难以用"还原论"来解释。还原论要求通过不断分解系统的基本单元，理解这些单元内因果关系来掌握整个系统的性质。然而，在集群运动中，个体遵循相同的简单规则，甚至"短视"地不知道自己在整体中的位置。在鸟群中，每只椋鸟仅受到附近几个"邻居"的影响。在群体层面上，却涌现出富有韵律的复杂运动。这种无法从基本单元因果作用推导的系统层面涌现性，是复杂生物系统的典型特征之一。事实上，1977 年诺贝尔物理学奖得主、复杂性理论奠基人菲利普·安德森（Philip Warren Anderson，1923—2020）在他 1972 年的挑战性文章 "More Is Different"

中阐释了这一观点，认为系统组件的增加不仅仅是数量上的变化，更是质的变化，而物理学面临的主要概念问题是理解微观规律与宏观行为之间在不同系统中的关系。

根据对鸟群的观察，每只鸟基本上遵循以下三条简单的运动规则：

① 避撞规则：避免与附近的同伴相撞。
② 速度匹配规则：试图与附近同伴匹配速度。
③ 居中规则：试图保持与附近同伴的距离。

在计算机模拟中，这些个体层面的局部规则足以产生出复杂的全局运动，复现真实鸟群或鱼群中"动而不散"的美妙韵律。尤为引人注目的是，模拟能够复现群体对变化的集体响应。例如，当整个鸟群面对游隼的袭击时，椋鸟们会迅速聚拢，改变运动方向，使得捕食者无功而返。这种灵活有序的全局协调性与集群运动中的"临界性"密切相关。

系统是否达到临界状态可通过"关联"进行定量分析。当整个鸟群以平均速度 v 运动时，个体的运动速度会在方向或大小上与平均速度产生偏离。对于鸟群中距离为 r 的两只鸟 i 和 j，它们速度向量的内积 $C_{ij}(r)$ 反映了这一对鸟之间关系的强弱。对于所有距离约为 r 的鸟做平均，即得到随距离变化的关联函数 $C(r)$。一般而言，$C(r)$ 随着距离增加而减弱。将 $C(r)$ 降为 0 时 r 的取值 ξ 定义为"关联长度"（图 21-23）。如果鸟群未达到临界状态，不同大小的鸟群关联长度更像是一个常数，每只鸟的飞行只与距离小于一定值的邻居"彼此影响"。然而，若鸟群达到"临界"，则关联长度开始与鸟群尺寸成正比，即鸟群越大，每只鸟的影响范围越广。对于无限大的系统，关联长度甚至可能趋向于无穷。由于此时关联函数形状不随尺度变换改变，长程关联也被称为无标度的关联（scale-free correlation）。

这种长程关联对鸟群的适应性至关重要——尽管每只鸟只受到附近几个近邻的影响，但是如果群体中的任意一只鸟的速度由于障碍物或捕食者发生变化，这种变化都能够迅速传播到整个群体，为鸟群提供足够的灵活性。对于一个鸟群而言，过于有序的行为难以适应突发危险，而过于松散的行为则无法让它们作为一个群体防御天敌。在这种情况下，最理想的状态应该是一种"随机应变且统一行动"的状态。这种状态位于"有序"与"无序"之间，类似于气液连续相变的临界点，此时，群体既能保持整体性，又能确保个体所作的调整在整个群体中得以灵活传递，实现了一种自下而上的"集体智能"。

除此之外，长程关联还有更为深远的意义：它是复杂系统趋于临界状态（criticality）的指标，为微观到宏观的涌现性搭建起了桥梁。在自组织临界性的奠基性工作——Bak-Tang-Wiesenfeld（BTW）沙堆模型中，研究者通过模拟二维方格上的简单局部规则，即每个颗粒根据现有坡度向相邻的四个邻居传播多余颗粒，发现系统能够在无须微调或外部控制的情况下自我组织到临界状态。在系统达到

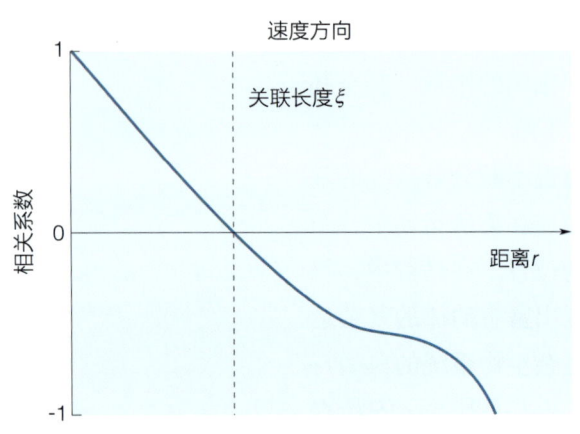

图 21-23　关联函数随距离的变化示意图

临界点时，长程关联显现，微小的扰动可以引发大规模的影响，导致沙堆于各种尺度上出现"崩塌"。这种在简单的局域规则下，自发组织向临界态所带来的"免费的秩序"，也许是生命得以出现和维持的关键。有研究者认为，生命似乎倾向于选择这个既能够保持秩序又能够适应变化的边缘状态，使自身能够以更灵活、适应性强的方式响应环境压力和变化，呈现出能让自然选择发挥作用的不断适应的特性。

※ 本章小结

本章首先介绍了生命系统具有的非平衡态特征，着重介绍非平衡稳态热力学和动力学的基本理论，并以转录、翻译等过程中的动力学校对机制为例，展示了这一特征对于生命活动精确进行的重要意义。第二节以大肠杆菌的趋化性、芽殖酵母的细胞周期调控和果蝇的体节发育为例，介绍了生命系统的稳健性，即对初始状态和参数不敏感的特性。第三节介绍生物网络的拓扑与功能间关系、模块化特性和优化原理，以及理解生命系统的信息论观点。最后讨论生命系统宏观尺度上涌现出的自组织特性及其数学基础，图灵斑图的形成、胚胎发育和生物群体的集群效应是这一特性的典型表现。

生命系统的建模是一项极其复杂而精细的工程，本章只是对该领域的重要问题和理论作了十分简要的探讨，希望能够引起读者的兴趣和思考。生命系统在宏观层面表现出的稳定性和高效性背后蕴含着深刻的数学和物理学原理，其中还有许多未解之谜等待着读者深入挖掘探索，这也是定量模型以及定量生物学研究的意义所在。

※ 思考题

1. 如果没有把物质 D 和物质 T 的浓度固定住，而是也让它们随着相关化学反应动力学演化的话，那么最后系统是会到达平衡态还是非平衡稳态？最后的状态能否违背细致平衡条件式（21-1）？

2. 在 21.1.2 节描述情形下，请说明，当 $\gamma = 1$ 的时候，错误率 f 会恒等于 θ。

3. 编码 CheY、CheZ、CheR 和 CheB 的基因位于同一个操作子下，因而它们的蛋白质产物由同一条长的 mRNA 翻译表达。解释相比于由各自的 mRNA 编码，这种结构为什么能减小它们蛋白质数的相对波动。

4. 1941 年，微生物学家雅克·莫诺发现，当给大肠杆菌提供两种碳源时出现两类生长现象：对于某些碳源组合（例如麦芽糖和苹果酸），细菌会同时利用两种碳源；而对于另一些碳源组合（例如葡萄糖和乳糖），细菌会先消耗其中一种（葡萄糖），再利用另一种碳源（乳糖）。请结合细菌优化生长解释上述细菌挑食现象。

※ 扩展阅读

图书

Hill T L. Free energy transduction and biochemical cycle kinetics[M]. New York: Springer, 1989.

Murray J D. Mathematical biology: II: Spatial models and biomedical applications[M]. 3rd ed. New York: Springer, 2003.

综述

Ferrell J E, Tsai T Y-C, Yang Q. Modeling the cell cycle: why do certain circuits oscillate?[J]. Cell, 2011, 144(6):874-885.

Lander A D. How cells know where they are[J]. Science, 2013, 339(6122):923-927.

Qian H. Phosphorylation energy hypothesis: open chemical systems and their biological functions[J]. Annu Rev Phys Chem, 2007, 58:113-142.

Tu Y H. Quantitative modeling of bacterial chemotaxis: signal amplification and accurate adaptation[J]. Annu Rev Biophys, 2013, 42:337-359.

研究论文

Bak P, Tang C, Wiesenfeld K. Self-organized criticality: an explanation of the 1/f noise[J]. Phys Rev Lett, 1987, 59(4):381-384.

Barkai N, Leibler S. Robustness in simple biochemical networks[J]. Nature, 1997, 387(6636):913-917.

Li F T, Long T, Lu Y, et al. The yeast cell-cycle network is robustly designed[J]. Proc Natl Acad Sci USA, 2004, 101(14):4781-4786.

Ma W Z, Trusina A, El-Samad H, et al. Defining network topologies that can achieve biochemical adaptation[J]. Cell, 2009, 138(4):760-773.

Reynolds C W. Flocks, herds and schools: a distributed behavioral model[J]. Comput Graph, 1987, 21(4):25-34.

Siteur K, Liu Q X, Rottschäfer V, et al. Phase-separation physics underlies new theory for the resilience of patchy ecosystems[J]. Proc Natl Acad Sci USA, 2023, 120(2):e2202683120.

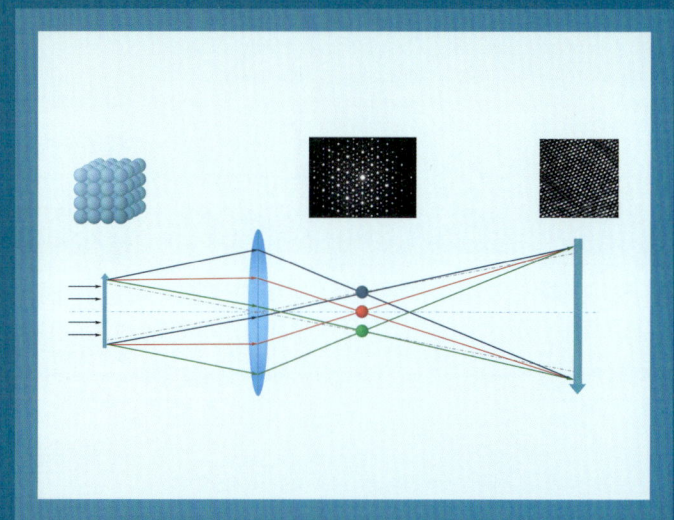

第五部分
生物物理研究的实验方法

生物学研究的历史表明，生物物理关键技术的出现或突破性进展往往带来新知识的爆炸性出现，并促使生物学研究进入新的黄金时期。例如，17 世纪以来，光学显微镜的广泛使用和技术进步带来了细胞生物学研究的持续繁荣；而 20 世纪 90 年代开始发展的超分辨率显微技术打破了光学衍射极限，实现了对细胞结构和动力学行为在纳米尺度上的实时成像。20 世纪以来，X 射线晶体衍射技术、核磁共振技术和冷冻电子显微学技术提供了生物大分子及其复合物的原子或近原子分辨率结构信息，为解析生物系统的物理化学本质提供了不可替代的手段。最近快速发展的光电关联显微成像技术将光学显微镜的高灵敏度、特异性标记和大视野与电子显微镜的高分辨率相结合，弥补了各自成像的局限，实现了对同一生物样品的多尺度、多模态的显微成像，为综合"从上而下"和"从下而上"的生物学研究提供了可能。生命科学各领域的研究都离不开生物物理技术的支持，生物物理研究方法的重大突破也不断促进生物学研究的精确化和定量化。

生物物理技术本质上是扩展了人的感官，主要通过物理学的方法检测生物系统中的光、电、力、热等物理参量或者生物系统对这些物理参量的响应，从而实现对生物系统的结构、性能、物理过程和物理化学过程的定量分析。为了实现精确的定量分析，大多数生物物理研究的实验手段都需要在理论上将复杂的生物系统简化为符合特定边界条件的"理想系统"，这也使得每一种生物物理技术都具有独特的技术特点、应用范围和局限性。因此，在对每一种生物物理技术的学习和使用中，都需要综合理解技术的基本原理、样品要求和所获得参量的物理学和生物学解释。同时，由于每一种技术给出的信息往往只反映复杂生物系统的一个侧面，因此在实践中经常需要多种技术的联合使用以及不同技术所获得信息之间的相互验证，才能够在科学研究中获得更全面、更准确的信息。

  生物物理研究的实验方法种类繁多，一种生物物理技术常常可以获得多个物理学参量，而一个物理学参量也往往可以通过多种技术获得。限于篇幅，本部分重点介绍目前常用的显微成像和谱学技术的基本原理、主要参量、在生物学研究中的应用举例和近期的主要技术突破。生物物理技术是生物、物理、化学、医学、计算机、工程等多学科交叉融合的技术领域，突破极限和挖掘新的可检测物理参量是重要的发展方向，实验仪器也不断朝着更灵敏、更快速、更综合、更智能的方向发展。对本部分内容的深入学习，将帮助生物学以及相关专业的学生和研究者更好地理解多种多样的生物物理衍生技术和新的技术发展。

22 光散射技术

光与物质的相互作用是众多物理、化学和生物学效应的核心，也构成了光谱学、显微成像技术、激光以及各种光电设备和产品的基础。在理想体系中，光和物质的相互作用主要包含光的散射和吸收；而在非理想体系中，还可能产生非线性相互作用。因此，现代光谱学技术对所检测的样品通常都具有一定的限制，以满足理想或近理想体系的要求，从而能够利用理论模型分析光与物质的相互作用所反映出的物质结构和分子动力学相关信息。光学现象既可以把光作为真空中以光速传播的平面波采用经典电磁学理论解释，也可以把光作为量子化的光子采用量子电动力学理论来进行解释。在现代光谱学中，无论是考虑光的波动性还是粒子性，都会给出类似的理论模型和计算公式。为了便于理解，本章对大多数利用光和物质宏观效应的光谱学技术采用经典电磁学理论解释其基本原理，而涉及微观粒子量子行为和量子计算的相关计算则采用量子力学理论进行解释。

根据样品分子的粒径选择不同波长的电磁波或微观粒子作为激发源，可以从不同侧面反映所测样品中分子的大小、结构、形状和分子运动等信息，由此发展出了采用不同激发源的众多散射技术，在化学和生物学中都被广泛应用。本章将主要介绍常见光散射技术的基本原理及其在生物学中的应用。

22.1 光的散射

光波在介质中传播时，大部分会沿入射光的方向透射穿过样品。与介质中的粒子相互作用的光中，除了一部分被吸收，还有一部分的传播方向被改变而发生散射。反射、折射和衍射等都是散射引起的，都可以用散射理论来解释。由于光与空气、水等粒子相互作用的普遍性，散射现象在生活中普遍存在。1871 年，英国科学家瑞利勋爵（Third Baron Rayleigh，本名 John William Strutt，1842—1919）在研究天空与夕阳的色彩时，在入射光波长远大于粒子直径的理想气体或液体系统中建立了瑞利散射定律，因此这种情况下的散射被称为瑞利散射（Rayleigh scattering）。1908 年，德国科学家古斯塔夫·米（Gustav Mie，1868—1957）等进一步通过求解麦克斯韦方程组，提出了不限制系统中颗粒大小的米氏散射理论，现在也将大颗粒的散射现象称为米氏散射（Mie scattering）。1928 年，印度科学家钱德拉塞卡拉·拉曼（Chandrasekhara Venkata Raman，1888—1970）在研究多种液体等对光的散射时，进一步发现散射光中除了瑞利散射光以外，还存在小部分散射光的频率与入射光不同，这种散射光与入射光频率不同的散射现象被称为拉曼散射（Raman scattering）。由于检测方便，瑞利散射在许多光谱技术中被广泛利用。最近几十年，随着激光技术的发展，拉曼散射在光谱技术和显微成像领域都得到了迅速的发展。

按照经典电磁学理论，光波进入介质后，将激起介质中的电子做受迫振动，从而发散出相干次波，次波相干叠加的结果取决于光的波长（λ）、粒径（d）和样品的状态。一般可以分为以下四种情形：

① 当 $\lambda \gg d$（一般指高一个数量级），且介质是由刚性粒子组成的完美晶体点阵时，对于非入射光方向的空间中任何一点，总可以从规则排列的晶体点阵中找到成对粒子的散射光互相抵消。因此除了入射光方向以外，其它方向观察不到散射光。

② 当 $\lambda \approx d$（一般指同一个数量级），且介质是由刚性粒子组成的完美晶体点阵时，将可能产生非常复杂的三维干涉图形即衍射图形。衍射图形可以提供有关晶格和组成晶格的分子的信息。

③ 当 $\lambda \gg d$，且介质是非刚性、非晶体的分子点阵（如气体、液体、玻璃等）时，在所有角度上都可以观察到散射。这时，散射光的强度和空间分布与分子浓度和粒子大小有关，对散射光的分析可以得到有关分子大小的信息。

④ 当 $\lambda < d$，且介质是非刚性、非晶体的分子点阵时，在非入射光的某些角度，次波相互抵消。由于分子运动，随着偏离入射光的角度增大，散射光强度会迅速降低，因此只能在一个小的角度内观测到散射。散射光强度随角度的分布可以提供散射粒子的大小和形状的信息。

类似于经典力学的碰撞概念，可以按散射光的频率是否与入射光频率相同，将光的散射分为弹性散射（elastic scattering）和非弹性散射（inelastic scattering）两大类。弹性散射是指光与粒子碰撞的过程中，光子的能量不发生改变，即散射光的波长与入射光相同。弹性散射主要包括光波长远大于粒径的理想体系中的瑞利散射和大颗粒体系中的米氏散射。非弹性散射是指散射前后光子的能量发生了改变，即散射光的波长大于或小于入射光的波长。非弹性散射主要包括拉曼散射、布里渊散射（Brillouin scattering）、康普顿散射（Compton scattering）等。在生物物理实验中，主要应用的是瑞利散射和拉曼散射。在生物大分子聚集或相分离过程的研究中，也可应用米氏散射。

22.1.1 从光的波动性分析弹性散射的发生

按照经典电磁学理论，电磁波的交变电场可以用下式表示：

$$E = E_0\cos\omega_0 t = E_0\cos 2\pi v_0 t, \tag{22-1}$$

其中，E 是任意时刻 t 的电场强度，E_0 为交变电场的振幅，ω_0 为角频率，v_0 为频率。考虑符合以下条件的理想系统或简化系统：①当电磁波波长远大于粒子直径时，可以不考虑粒子的大小和形状，而只考虑粒子的质量；②稀薄气体或稀溶液体系，粒子随机均匀分布，各向同性，不考虑粒子之间的相互作用和光与粒子的非线性现象，粒子的散射是独立的和可线性叠加的；③样品对入射光无特异性吸收。在此理想体系中，当电磁波作用于粒子时，粒子中的电子偏离原本的平衡位置，使得粒子的电荷分布在交变电场的作用下发生变形。粒子正电荷和负电荷的中心相对移动或发生分离，从而产生诱导偶极矩（induced dipole moment），记作 μ（图 22-1），

$$\mu = \alpha E = \alpha E_0\cos\omega_0 t, \tag{22-2}$$

其中，α 反映了样品中的粒子在电场作用下电荷分布发生改变的难易程度，即衡量单位电场强度诱导产生的偶极矩的大小，被称为分子极化率（polarizability）。在不考虑粒子大小与形状的理想系统中，α 与分子的质量 M 成正比。

根据瑞利散射理论，有

$$E_s = 4\pi^2 v_0^2 \alpha E/c^2 r, \tag{22-3}$$

$$I_s/I_0 = E_s^2/E_0^2 = 16\pi^4\alpha^2/\lambda_0^4 r^2, \tag{22-4}$$

其中，E_s 是任意时刻 t 的散射光电场强度，I_s 和 I_0 分别是散射光和入射光的光强度，λ_0 为入射光波长，c 为真空中光波传播的速度，r 为观测点与样品之间的距离。式（22-4）指出，瑞利散射与入射光波长的四次方成反比，因此对于常见的不同颜色的光散射能力差别巨大。当介质中颗粒的大小与入射光波长相当甚至大于入射光波长时，瑞利散射理论将不再适用。米氏散射区光散射能力对光波长的依赖性很小，各种波长的可见光的散射能力差别不大。

电磁波是横波，瑞利散射光强度的角度分布和偏振特性可以采用图 22-2 所示进行简单计算。自然光沿 x 轴的方向入射到介质中的粒子 e 上，使其做受迫振动。入射的自然光可分解为沿 y 方向和 z 方向的两个分量，两个分量的振幅相同，即 $A_y = A_z = A_0$。位于 xy 平面内的观察点 P 点，散射光方向

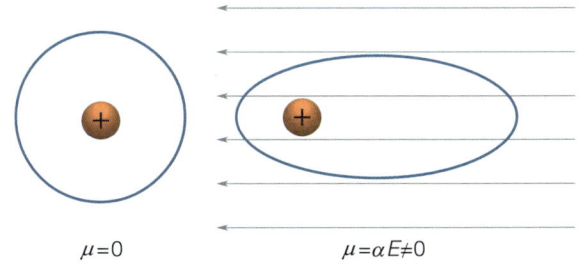

图 22-1　分子极化率与诱导偶极矩

当电磁波作用于粒子时，粒子中的电子偏离原本的平衡位置，使得粒子的电荷分布在交变电场的作用下发生变形，从而产生与分子极化率 α 成正比的诱导偶极矩 μ。

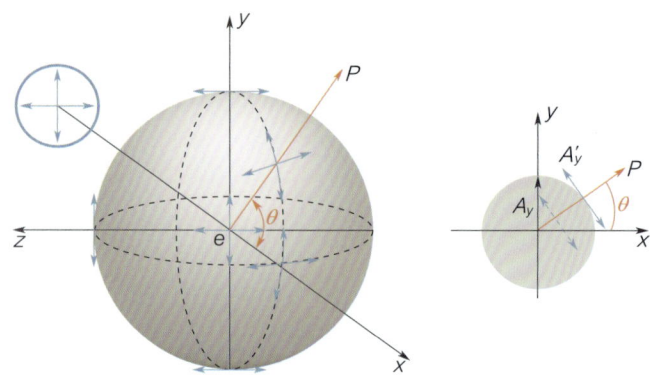

图 22-2 瑞利散射光强度的角度分布和偏振特性分析

自然光沿 x 轴的方向入射到介质中的粒子 e 上，使其作受迫振动。入射的自然光可分解为沿 y 方向和 z 方向的两个分量，两个分量的振幅相同。位于 xy 平面内的观察点 P 点，散射光方向与入射光方向成 θ 角。由于观察点散射光的两个振动分量的大小与方向有关，所以观察点散射光的散射光强度和偏振态随散射方向不同而异。沿着入射光方向或逆着入射光方向的 x 轴上进行观察，散射光为自然光且光强具有极大值；在垂直入射光方向的 y 轴和 z 轴上，散射光为线偏振光且光强具有极小值；而其余方向上的散射光均为部分偏振光。

与入射光方向成 θ 角。在 P 点的两个光振动分量的振幅分别为 $A_z' = A_z = A_0$ 和 $A_y' = A_y\cos\theta = A_0\cos\theta$，则散射光强度 $I_s(\theta)$ 为

$$I_s(\theta) = I_y' + I_z' = I_z'(1 + \cos^2\theta), \quad (22\text{-}5)$$

其中，I_z' 和 I_y' 分别为 z 轴和 y 轴方向的散射光强度。由于观察点散射光的两个振动分量的大小与方向有关，所以虽然入射光是各个方向振幅均等的自然光，观察点散射光的散射光强度和偏振态随散射方向不同而异。由式（22-5）容易得知，沿着入射光方向或逆着入射光方向的 x 轴上进行观察，散射光为自然光且光强具有极大值；在垂直入射光方向的 y 轴和 z 轴上，散射光为线偏振光且光强具有极小值；而其余方向上的散射光均为部分偏振光。虽然垂直于入射光方向的 y 轴的散射光强度最小，但可以最大程度避免入射光和透射光的干扰。因此，在实际的光谱学测量中，散射光观测点常常设置在垂直于入射光方向的 y 轴。

当考虑观察点角度时，综合式（22-4）和式（22-5）的结果，可以得到一个独立的粒子的散射光为

$$\frac{I_s(\theta)}{I_0} = \frac{8\pi^4\alpha^2}{\lambda_0^4 r^2} \cdot (1 + \cos^2\theta)。 \quad (22\text{-}6)$$

如果在符合理想系统条件的样品中有 N 个粒子，则样品总的散射为

$$\frac{I_s(\theta)}{I_0} = N \cdot \frac{8\pi^4\alpha^2}{\lambda_0^4 r^2} \cdot (1 + \cos^2\theta)。 \quad (22\text{-}7)$$

对式（22-7）进行变换后，得到瑞利比值（Rayleigh ratio）R_θ：

$$R_\theta = \frac{I_s(\theta)}{I_0} \cdot \frac{r^2}{V(1 + \cos^2\theta)} = \frac{8\pi^4\alpha^2 N'}{\lambda_0^4}, \quad (22\text{-}8)$$

其中

$$N' = N/V = CN_A/M。$$

其中，V 为样品体积，C 为粒子浓度，M 为粒子分子量，N_A 为阿伏伽德罗常量，而 R_θ 反映了瑞利散射光的相对强度值。在光谱学仪器测量时，观测点位置和入射光波长一般都是固定值，若 α 与分子量 M 成正比，则式（22-8）可简化为

$$R_\theta = KMC, \quad (22\text{-}9)$$

其中，K 为综合了式（22-8）中各项常量或固定值所给定的常数。对于符合瑞利散射条件的样品，瑞利散射与样品的分子量和浓度成正比，可以用来准确测定样品分子量。

式（22-9）是散射理论应用于散射技术中最重要和最实用的公式，除了直接应用瑞利散射的光谱技术，近理想体系的许多散射技术的理论基础大都来源于式（22-9）的变形和修正。

22.1.2　从光的波动性分析非弹性散射的发生

瑞利散射理论中，分子极化率 α 为常数。然而，分子振动会引起 α 的改变。简化起见，考虑最简单的双原子系统，类似于经典力学中的弹簧连接的两个球，如果分子以固有频率 ω_j 振动，对 α 进行傅里叶级数展开（Fourier expansion）时忽略高频项，则 α 也以 ω_j 为频率周期性变化：

$$\alpha = \alpha_0 + \alpha_j \cos\omega_j t, \tag{22-10}$$

则诱导偶极矩也产生周期性变化

$$\mu = \alpha E = [\alpha_0 + \alpha_j \cos\omega_j t] E_0 \cos\omega_0 t = \alpha_0 E_0 \cos\omega_0 t + \alpha_j E_0 \cos\omega_0 t \cos\omega_j t$$

$$= \alpha_0 E_0 \cos\omega_0 t + \frac{1}{2}[\alpha_j E_0 \cos(\omega_0 + \omega_j)t + \alpha_j E_0 \cos(\omega_0 - \omega_j)t]。 \tag{22-11}$$

上述公式中，第一项对应于分子散射的频率与入射光频率相同的情形，即瑞利散射；第二项反映的是分子极化率随分子振动而改变时，分子的散射频率与入射光频率不同，这就是拉曼散射。由此可见，对于大多数的生物和化学样品，瑞利散射和拉曼散射是同时发生的（图 22-3）。经典电磁学理论只能定性给出现象，但需要注意的是，式（22-11）并不能用来定量衡量瑞利散射和拉曼散射发生的概率，也就是不能用来定量处理三个频率散射光的理论光强度。一般而言，对于理想体系，瑞利散射光的强度大约是入射光的千分之一到十万分之一，而拉曼散射光的强度又比瑞利散射光低大约三到四个数量级。

拉曼散射中，散射光与入射光频率的差值即分子的振动频率，因此拉曼散射可以检测样品的振动能级信息。按照检测出的信息，光谱学中常常也把拉曼散射和红外吸收光谱等归为振动光谱。式（22-11）中，散射波长大于入射光波长的一项（$\omega_0 - \omega_j$）被称为斯托克斯散射或斯托克斯线（Stokes line），而散射波长小于入射光波长的一项（$\omega_0 + \omega_j$）被称为反斯托克斯散射或反斯托克斯线（anti-Stokes line）。式（22-11）不能反映斯托克斯散射和反斯托克斯散射发生的概率，反斯托克斯散射的概率通常要远小于斯托克斯散射（大约低三个数量级，见 22.1.3 节）。

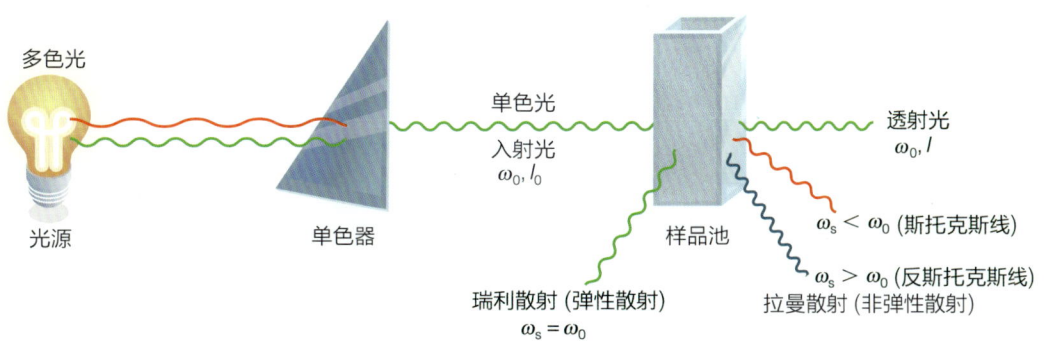

图 22-3　散射的发生
一般而言，对于理想体系，瑞利散射光的强度大约是入射光的千分之一到十万分之一，而拉曼散射光的强度又比瑞利散射光低大约三到四个数量级。在拉曼散射中，反斯托克斯散射的概率通常比斯托克斯散射的概率低约三个数量级。

22.1.3 从光的粒子性分析散射的发生

20 世纪 20 年代初，量子力学已经对光与电子的相互作用进行了很好的理论描述（可以参考电动力学等相关物理专业教材）。此处我们不进行定量的量子力学计算，而只利用能级对光子和样品分子之间的相互作用进行定性分析。在样品的平衡状态，样品分子处于电子能级和振动能级的基态。一般来说，入射光子的能量远大于振动能级跃迁所需要的能量，但又不足以将分子激发到电子能级激发态（激发到激发态的散射现象被称为共振光散射）。在此情形下，样品分子吸收光子后在极短时间内到达一种并非真实存在的准激发状态，称为虚能态（virtual energy state）。样品分子在虚能态时是不稳定的或亚稳定的（metastable），它将迅速回到稳定的电子能级基态（图 22-4）。因此光散射可以被简单看作是瞬时吸收后释放光子的过程，当入射光为可见光时，这个瞬时的时间尺度小于 10^{-16} s，通常小于光吸收的时间尺度。

如果样品分子回到电子能级基态中的振动能级基态，则光子的能量未发生改变，这时发生的是瑞利散射。如果样品分子回到电子能级基态中的较高振动能级即某些振动激发态，则散射光子能量小于入射光子的能量，其波长大于入射光。这时散射光谱的瑞利散射谱线较低频率侧将出现一根拉曼散射光的谱线，即斯托克斯线。如果样品分子在与入射光子作用前的瞬间不是处于电子能级基态的最低振动能级，而是处于电子能级基态中的某个振动能级激发态，则入射光光子作用使之跃迁到虚能态后，该分子退激回到电子能级基态的振动能级基态，这样散射光能量将大于入射光子能量，其谱线位于瑞利谱线的高频侧，即反斯托克斯线。斯托克斯线和反斯托克斯线位于瑞利谱线两侧，二者与瑞利线的频率间距相等。根据玻尔兹曼定律，在室温的平衡状态下，分子绝大多数都处于振动能级基态，所以斯托克斯线的强度远远强于反斯托克斯线，利用量子化学理论可以对简单分子在不同振动能级的分布进行计算，从而估算斯托克斯线和反斯托克斯线的相对强度。绝大多数商品化的拉曼光谱仪和成像仪检测的都是斯托克斯线。随着激光技术的发展，检测反斯托克斯线的技术也在不断发展之中。

22.1.4 非理想溶液体系的弹性散射

大多数生物和化学样品都会偏离 22.1.1 节中所描述的理想系统。此时，利用式（22-9）进行定量计算会出现明显的偏离。为了保证光谱技术测试的准确度和可靠性，一种策略是严格限制所测试样品的状态（如样品浓度、缓冲液、温湿度、样品杯材质等）；另一种策略是在考虑非理想条件的影响下，对式（22-9）进行适当的修正，以扩大样品测试范围或获得更多

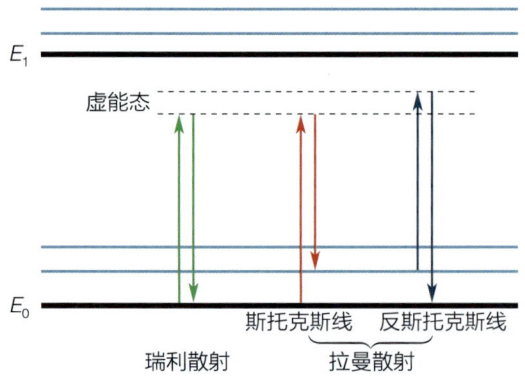

图 22-4　散射现象的能级图
样品分子吸收光子后在极短时间内到达虚能态。处于不稳定的虚能态的样品分子将迅速回到稳定的电子能级基态，若散射光子能量未发生改变，此时发生的是瑞利散射；若样品分子回到电子能级基态中的不同振动能级，则散射光子能量与入射光子能量不同，此时发生的是拉曼散射。

的样品相关参数。在样品测试中经常需要考虑的非理想条件包括：粒子之间的相互作用、粒子的不均一性或样品中含有不同分子量的分子、粒子的尺度偏离了理想系统而不得不考虑其大小或形状等（图22-5）。

（1）分子之间的相互作用

对于生物和化学测试中常见的溶液样品，样品分子、缓冲液中含有的各种分子以及水分子之间都存在着相互作用。对式（22-9）进行变换后，对浓度 C 进行幂级数（power series）展开。由于稀薄气体或稀溶液中，粒子对之间（二体）相互作用的贡献是主要的，因此忽略高阶项后得到

$$KC/R_\theta = 1/M + 2BC + \cdots, \quad (22\text{-}12)$$

其中，B 是第二维里系数（second virial coefficient），可以为正数也可以为负数（知识窗 22-1）。在稀溶液中，B 可以反映溶质与溶剂之间相互作用的性质。

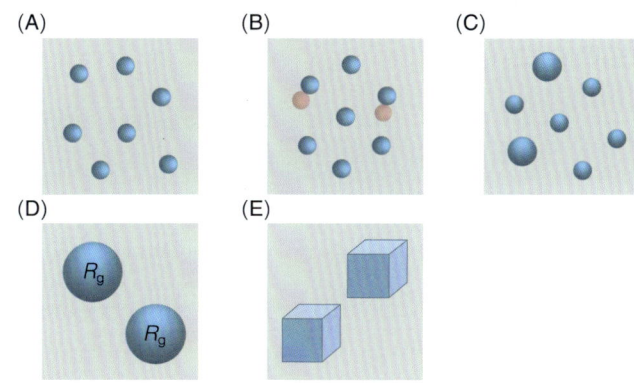

图 22-5 在散射技术中对式（22-9）进行修正的常见非理想条件
（A）理想体系。（B）粒子之间存在相互作用。（C）粒子尺度的不均一性。（D）粒子尺度偏离理想体系但可以简化为理想球体，此时仅需要考虑其大小（R_g）的影响。（E）粒子尺度偏离理想体系不能简化为理想球体，此时需要考虑其大小和形状的影响。

（2）多分子系统

如果一个样品溶液中含有 i 种不同分子量（M_i）的生物分子，各自的浓度为 C_i，若对所有的分子常数 K 值相同，则

$$R_\theta = R_{\theta i} = \sum KM_iC_i = KM_{app}C, \quad (22\text{-}13)$$

其中，M_{app} 为表观分子量。

（3）分子的大小

大多数生物样品的分子量很大，分子直径超出了瑞利散射的限制条件，但又没有大到需要考虑分子的具体形状时，可以将样品分子都简化为具有回转半径（radius of gyration）R_g 的球形分子。我们可以在式（22-9）中引入一个反映 R_g 的形状因子（particle form factor）$P(\theta)$ 来对式（22-9）进行修正：

$$R_\theta = KMCP(\theta) \cong KMC(1 - q^2R_g^2/3), \quad (22\text{-}14)$$

其中 q 被称为散射矢量或散射因子，其单位是长度的倒数，习惯上常以 Å^{-1} 或 nm^{-1} 为单位。散射矢量的定义是入射到样品上的波矢量 $\boldsymbol{k}$ 与在角度为 θ 所检测的散射波矢量 $\boldsymbol{k'}$ 之差，即 $\boldsymbol{q} = \boldsymbol{k} - \boldsymbol{k'}$。对于弹性散射，$|\boldsymbol{k}| = |\boldsymbol{k'}| = 2\pi/\lambda$，则容易得到

$$q = 4\pi\sin(\theta/2)/\lambda。 \quad (22\text{-}15)$$

（4）分子的形状或结构

当 $\lambda < d$ 时，分子的形状和内部结构将对散射光的空间分布产生重要的影响。由式（22-14）可知，当散射角 θ 或 q 为 0 时，散射光强度具有极大值。对于大颗粒分子的米氏散射，散射光强度远大于瑞利散射光强度。因此当 $\lambda < d$ 时，随着 θ 变大，散射光强度将急剧衰减，只有在一个很小的角度（5°~7°）范围内才能观察到散射光，这种情形下的散射技术被称为小角散射。由于小角散射中，$I_s(\theta)$ 随散射角的变化蕴含了样品分子的形状和结构信息，因此我们可以引入一个结构因子（structure

知识窗 22-1

散射技术数据处理的两种常用作图法

在静态光散射和小角散射等技术的数据处理中，有吉尼尔图（Guinier plot）和齐姆图（Zimm plot）两种常用的作图法。

当 x 很小时，$\ln(1-x) \approx -x$。对于常见生物分子的 $q^2 R_g^2/3$ 值一般远小于 1，由此有

$$\ln P(\theta) \cong -q^2 R_g^2/3 。 \quad (22\text{-}16)$$

$P(\theta)$ 与 $I_s(\theta)$ 成正比，因此以 $\ln I_s(\theta)$ 对 q^2 作图可得到吉尼尔图，由拟合直线的斜率可以获得 R_g（图 22-6）。

当 x 很小时，$1/(1-x) \approx 1+x$，将式（22-14）变换后可得

$$KC/R_\theta = 1/\left[M(1-q^2 R_g^2/3)\right]$$
$$\approx (1/M)(1+q^2 R_g^2/3) 。 \quad (22\text{-}17)$$

在以浓度 C 和散射角 θ 为变量，测得一系列 KC/R_θ 值以后，以 KC/R_θ 对 $q^2 + k'C$ 作图可得到齐姆图，其中 k' 为用于分散曲线的无量纲常数（图 22-6）。将 C 外推到 0，所获得拟合直线的斜率为 $R_g^2/3M$；将 θ 外推到 0，所获得拟合直线的斜率为 $2B$ [见式（22-12）]；将 C 和 θ 同时外推到 0 后，所获得拟合直线在 y 轴上的截距即 $1/M$。因此，由齐姆作图法可以同时获得 M、R_g 和 B 等重要信息。

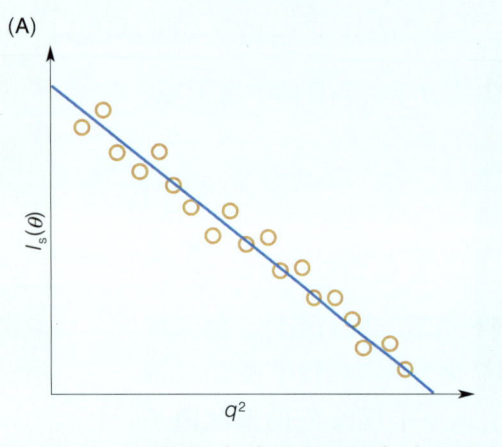
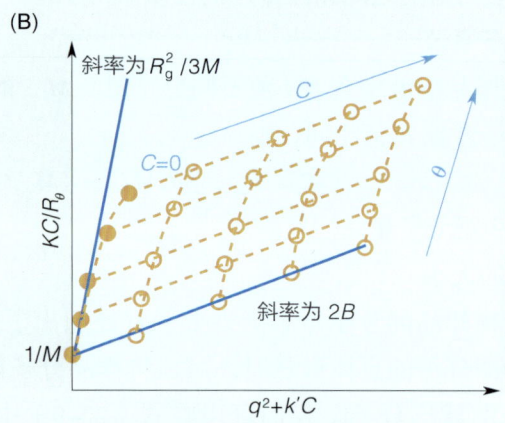

图 22-6 吉尼尔图（A）和齐姆图（B）示意图

factor）$S(\theta)$ 对式（22-14）进行修正：

$$R_\theta = KMCP(\theta)S(\theta) 。 \quad (22\text{-}18)$$

小角散射技术通过对所获得的散射强度随 θ 变化的曲线进行拟合，可以反推出样品分子的可能结构特征（详见 22.5 节）。

22.2 静态光散射

22.2.1 静态光散射的基本原理

当光进入样品以后，弹性散射和非弹性散射都会发生。由于散射光中最主要的分量是弹性散射光，只检测入射光波长的散射光强度也为测试带来了方便，因此在实践中利用瑞利散射原理发展的仪器应用最早也最为广泛。直接应用瑞利散射理论的技术被称为静态光散射（static light scattering，SLS）或经典光散射（classical light scattering）。现代静态光散射仪器通常采用激光作为光源，可以在多个角度进行测量，因此也被称为多角度激光光散射（multi-angle laser light scattering，MALLS 或 MALS）。

根据式（22-14）可知，在 θ 或 R_g 很小时，$P(\theta) \approx 1$，此时可以将系统看作是理想系统，从而可以根据式（22-9）得到体系中分子的准确分子量。对于利用静态光散射获得分子量的理论误差值，假设 $\lambda = 500$ nm，$R_G = 15$ nm（相当于约 40 nm 大小的球状蛋白质，此时 $\lambda/d > 10$），$\theta = 90°$，可以计算得到 $P(\theta) \approx 1 - 0.05 = 0.95$，因此实验所得分子量与理论分子量偏离度约为 5%。对于生物物理研究中常见的蛋白质，通过静态光散射来测定分子量或判断寡聚体大小具有很好的准确度，大多数情况下误差小于 3%。除了测定分子量，还可以通过多个角度和（或）多个浓度的测量，利用吉尼尔图或齐姆图等方法，获得样品分子的回转半径 R_g 和第二维里系数 B 等参量。

在推导式（22-9）时，只考虑了分子极化率 α 与分子量的关系，而忽略了折射率变化的影响。根据克劳修斯－莫索提方程（Clausius-Mossotti equation），有

$$\alpha = M(dn/dc)/(2\pi N_A), \qquad (22\text{-}19)$$

其中，折射率增量（refractive index increment）dn/dc 是折射率随浓度变化的物理量。因此在实际应用中，可以将式（22-9）变换为

$$M = [K_{LS} c M(dn/dc)^2] / [K_{RI} c(dn/dc)] = K \cdot LS/RI, \qquad (22\text{-}20)$$

其中，LS 是瑞利散射光的强度；折射率 RI 正比于浓度，可以通过紫外吸收（参见 21.2 节）等方法测定。

由式（22-13）可知，静态光散射技术并不能区分样品中不同大小的分子，而是通过所有分子加和后的散射情况推算出表观分子量。为了能够获得某个单独成分的分子量，可以在静态光散射检测之前对溶液样品中可能含有不同分子量、寡聚态或形状的分子进行分离。静态光散射通常与分子筛联用，也可以与离子交换柱、反相色谱柱等其它分离技术联用。

22.2.2 静态光散射测定的主要参量和样品要求

静态光散射技术所能获得的基本参量包括溶液中分子的分子量 M、回转半径 R_g、第二维里系数 B 以及折射率增量 dn/dc 等。由于这些参量反映了分子最基本的生物物理性质，从这些参量出发还可以进一步推测样品分子的构象状态、寡聚态、亚基组

成、生物大分子相互作用等重要信息，因此静态光散射技术在生物、化学、材料科学、食品和医药等领域都有着广泛应用。

常用的 18 角度静态光散射仪所能测定的分子量范围一般为 200～10^9 Da，所能测定的 R_g 范围一般为 10～500 nm，但实际范围可能会受到分子筛类型、样品分子的形状等因素影响。在实际应用中，还需要考虑以下样品要求和测试中的注意事项：

① 样品在激发光波长处没有特异性吸收，不产生荧光和磷光等光发射现象。可以通过改变激发光波长来避免光吸收或发射现象。

② 分子筛柱子工作正常，柱材不会脱落。值得注意的是，分子筛的分离范围决定了分子筛–静态光散射联用时的分子量检测范围。

③ 由于分子筛的稀释效应，需要选择合适的样品浓度（一般在 mg/mL 量级）以获得好的信噪比。

④ 样品是纯净的近理想体系，所有的散射技术都对样品中的大颗粒极为敏感。虽然分子筛上通常会安装滤膜，但样品含有杂质可能会影响分子筛柱子的正常工作和长期使用。在上样之前，需要离心去除大颗粒物质和沉淀，并使用 0.22 μm 或 0.1 μm 滤膜对流动相和样品进行过滤以去除可能的杂质。

22.2.3 静态光散射在生物学中的应用

静态光散射技术是为数不多的能测定分子回转半径 R_g 和第二维里系数 B 的技术，测定方法可参考图 22-6。在实践中，最常见的是利用静态光散射获得样品分子的分子量，并由此推测每个组分的状态。

能够获得表观分子量的生物物理技术很多，如超速离心法、各种电泳技术、分子筛以及质谱等，但这些技术所获得的表观分子量通常不是溶液中分子天然状态下的分子量，而是基于一系列假设的前提，通过标准蛋白质的标定曲线推算而来，通常会受到分子的大小、形状和（或）结构的影响。如与静态光散射联用的分子筛也常常被单独用于表观分子量计算，但需要同时满足以下假设的前提：①所测样品与标准样品具有相同的分子形状，比如均为球状蛋白；②所测样品与标准样品具有相同的密度；③样品与柱材的相互作用可以忽略；④样品的分离只与流体力学半径 R_h 线性相关。实际上，很多生物或化学分子是无法同时满足以上几个假设的。比如蛋白质的天然态和变性态的形状、结构和 R_h 都差别巨大，虽然是同一种蛋白质，其分子筛出峰位置会有极大差别，此时无法通过标定曲线来得到正确的分子量（图 22-7）。

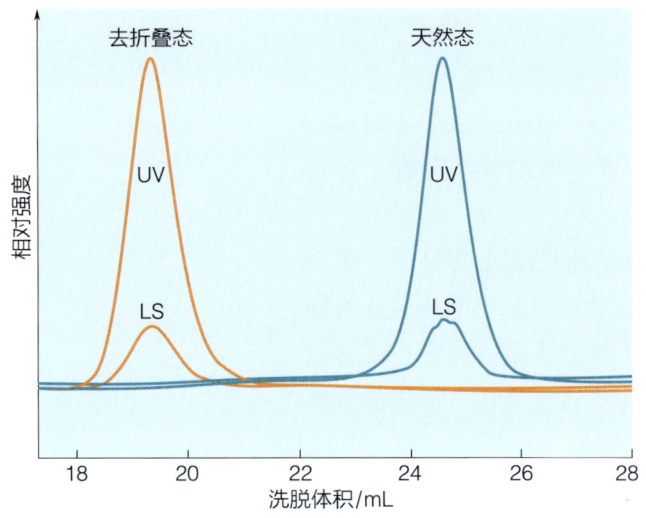

图 22-7 静态光散射测定不同构象状态的绝对分子量
分子筛的出峰位置与分子构象和形状有关，而静态光散射测定的是绝对分子量。图中处于天然态和去折叠态的蛋白质，由于分子形状不同，其分子筛出峰位置具有较大差异，但 LS/RI 的比值相同，表明具有相同的分子量。（数据自 Wen J, et al. *Anal Biochem*, 1996, 240(2): 155-166）

与其它技术相比，通过式（22-20）所获得的分子量与分子构象和形状无关，因此静态光散射所测定的分子量也被称为绝对分子量（absolute molar mass）。静态光散射在非球状分子的分子量准确测定上显示出了独有的优势，如天然无序蛋白质、具有线性糖基化或脂类分子修饰的蛋白质、表面活性剂所溶解的膜蛋白、线性或具有分支结构的高聚物等。一般来说，每一种类型的分离柱都具有分子量上限，而大多数分子筛的分子量上限都远小于静态光散射的上限。

在生物医药领域，分子筛-静态光散射联用的检测对象包括蛋白质、核酸、纳米颗粒、高聚物、小的病毒和病毒样颗粒等，可以用于分析溶液中样品分子的组分、纯度和稳定性、寡聚态分布和动态平衡、生物分子相互作用、复合物各亚基的化学计量比、蛋白质翻译后修饰状态和修饰蛋白质的均一度、高聚物的均一度和分子量分布等。

22.3 动态光散射

22.3.1 动态光散射的基本原理

动态光散射（dynamic light scattering，DLS），也被称为光子相关光谱（photon correlation spectroscopy）或准弹性光散射（quasi-elastic light scattering，QELS）。静态光散射测量的是不同角度下的散射光强度，而动态光散射测量的是一个小的视窗中散射光强度随时间的涨落变化（图22-8）。当时间为0时的动态光散射就是静态光散射，因此"动态"反映的是一个时间函数。动态光散射中，散射光强度随时间的涨落，来源于样品中粒子的布朗运动所造成的溶液局部粒子浓度的涨落，以及运动粒子的多普勒效应（Doppler effect）。因此在一个毫秒量级的时间内，光束与布朗运动的粒子相互作用，散射光强度随时间衰减的函数与粒子的扩散系数有关。相同的条件下，粒子越小，其布朗运动越快，这就造成观察视窗内散射光强度随时间的涨落，从而可以通过散射光的时间依赖曲线反推出粒子的扩散系数。

溶液中粒子的扩散系数与其形状、质量以及其与溶液中其它分子的相互作用有关。虽然溶液中的粒子具有特定的形状，其在溶液中的运动都可以等同于一个假想球体的运动（知识窗22-2），而这个假想球体的半径就被称为流体力学半径（hydrodynamic radius，R_h）或斯托克斯半径（Stokes radius）。R_h与平动扩散系数（translational diffusion coefficient）D_T之间的关系由斯托克斯-爱因斯坦方程（Stokes-Einstein equation）描述：

$$R_h = k_B T / 6\pi\eta D_T, \quad (22-21)$$

其中，k_B是玻尔兹曼常量，T是热力学温度，η是溶液的黏度。流

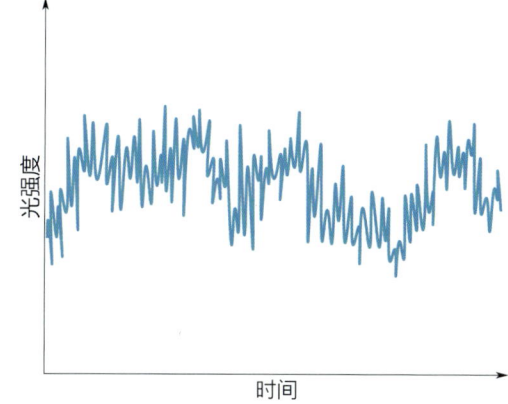

图22-8 粒子的布朗运动导致光散射强度随时间的涨落

知识窗 22-2

回转半径 R_g 与流体力学半径 R_h

分子量和形状特征是反映生物分子生物物理性质的两个基本参量，也是生物物理技术中最常见的两个参量。静态光散射等技术可以测定样品分子的回转半径 R_g，而动态光散射等技术可以获得样品分子的流体力学半径 R_h。R_g 和 R_h 都与分子量和分子形状有关，也都反映了溶液中分子的运动情况。对同一个样品分子而言，R_g 和 R_h 一般是不一样的，也是对分子运动不同行为进行考量的物理量。R_g 与分子在溶液中的转动有关，而 R_h 与分子的平动相关。因此在近理想体系中，R_g 不影响光散射，而 R_h 会通过溶液中分子浓度的涨落和多普勒位移影响光散射（图 22-9）。值得注意的是，虽然 R_g 和 R_h 都与分子量或分子体积有关，但对于大多数生物分子，无法由 R_g 和 R_h 计算出绝对分子量，而是通过标定曲线获得表观分子量。

在水溶液中，生物分子并非干燥的球体，生物分子表面的亲水基团会水化结合大量水分子，而分子内部或一些柔性区域也可能有结合的水分子，生物分子在水溶液中的运动其实是水化分子的运动，因此通过实验所获得的 R_g 和 R_h 通常都大于对非水化分子进行理论计算所获得的理论值。如果缓冲液中所含有的某些小分子，与生物分子的相互作用与水分子强度不同或具有不同的基团选择性，则可能会影响第二维里系数。

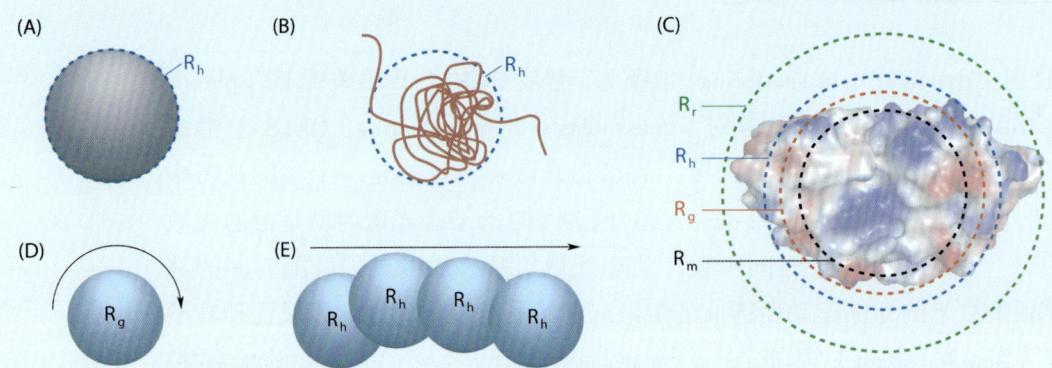

图 22-9　回转半径 R_g 与流体力学半径 R_h
（A）理想球体的 R_h 与其半径相同。（B）无规则形状物体在溶液中的运动情况可等同于一个假想球体的运动。（C）水溶性蛋白（γD- 晶状体蛋白，PDB 编号：1HK0）的回转半径 R_g、流体力学半径 R_h、分子质量半径（mass radius，R_m）和分子半径 R_r 之间关系的示意图。（D）分子转动与 R_g 有关。（E）分子平动与 R_h 有关。

体力学半径反映了粒子在溶液中的扩散行为，可以通过动态光散射、荧光相关光谱（参见 27.3.3 节）、分子筛、分析型超速离心等技术测定。

动态光散射直接测量的是散射光强度随时间的变化 $I_s(t)$，可以通过自相关函数获得 D_T。对于近理想体系的生物分子溶液，生物分子可以简化为一个刚性的单分散小球，在平动或者转动时形状没有变化。这时只需要考虑每个球体的质心运动，其自相关函数是一个单指数衰减函数：

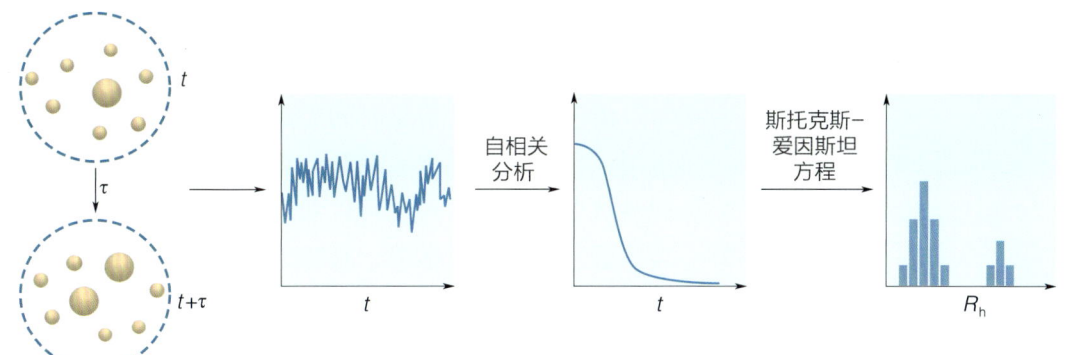

图 22-10 动态光散射数据分析示意图
通过自相关函数和斯托克斯-爱因斯坦方程对动态光散射随时间的涨落曲线进行分析，获得样品分子的扩散系数和多分散性。

$$G(\tau) = \lim_{T \to \infty} \left[\frac{1}{T} \int_0^T I_s(t) I_s(t+\tau) \mathrm{d}t \right], \quad (22\text{-}22)$$

$$g(\tau) = \frac{G(\tau)}{G(0)} = \mathrm{e}^{-\Gamma \tau}, \ \Gamma = q^2 D_{\mathrm{T}}, \quad (22\text{-}23)$$

其中，q 为 22.1.4 节提到的散射矢量，即 $q = \dfrac{4\pi \sin\dfrac{\theta}{2}}{\lambda}$。时间依赖的光散射强度实验数据由式（22-22）和式（22-23）计算或拟合得到 D_{T}，再通过式（22-21）就可以计算得到 R_{h}（图 22-10）。样品的多分散性可以表示为拉普拉斯变换（Laplace transform）：

$$g_1(\tau) = \int_0^\infty G(\Gamma) \mathrm{e}^{-\Gamma \tau} \mathrm{d}\Gamma, \quad (22\text{-}24)$$

其中，$G(\Gamma)$ 为特定分子相应的概率分布函数。根据以上公式对实验数据进行拟合获得 Γ，就可以得到粒径分布。式（22-24）可以很好地描述大多数生物分子的稀溶液。对于特殊形状（如杆状等）的大分子或分子聚合物以及偏离理想溶液的系统，其自相关函数的表达与上述公式会有所区别，可参考相关的文献。

22.3.2 动态光散射测定的主要参量和样品要求

动态光散射直接测定的物理量是样品分子的扩散系数 D_{T}。根据 D_{T} 可以计算得到的流体力学半径 R_{h} 和具有不同 R_{h} 粒子的粒径分布。此外，根据自相关函数与单分散小球之间的偏离程度，还可以获得分子的多分散性。动态光散射的最终结果一般用直方图表示，横坐标为 R_{h}，纵坐标为相对散射强度，可以直观显示样品的粒径分布和每个 R_{h} 的多分散性。虽然由 R_{h} 和标定曲线可以估算每个 R_{h} 的表观分子量，但 R_{h} 和分子量之间并没有确定的定量关系。当粒子的形状偏离球体时，该估算会有较大误差。同时需要注意的是，动态光散射的纵坐标给出的是每个 R_{h} 的相对散射强度，并不是每个组分的相对含量（图 22-11）。由于散射光强度与分子量成正比 [式（22-9）]，因

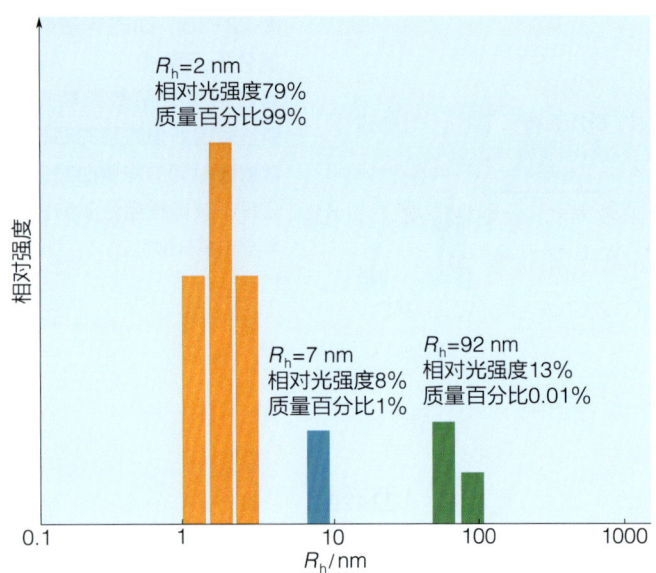

图 22-11　动态光散射研究样品粒径分布、均一度和多分散性

此不同 R_h 粒子的散射能力会具有很大差异，动态光散射纵坐标的相对强度不能简单等同于组分的相对含量。

由于静态光散射是时间为 0 或时间平均的动态光散射，在光散射基本原理和计算公式上是统一的，因此其仪器模块也有很多可以共用。现代光谱仪通常组合了静态和动态光散射，被称为动静态光散射仪。常见的动态光散射仪所能测定的 R_h 范围一般为 0.5 nm 到 1~2.5 μm。R_h 小于 0.5 nm 的粒子散射过于微弱，而 R_h 大于 2.5 μm 的粒子容易发生沉降。除此之外，动态光散射样品准备中需要考虑的事项包括：

① 样品在激发波长处没有特异性吸收，不产生荧光和磷光等光发射现象。

② 动态光散射所获得 R_h 的分辨率下限一般为 2 倍 R_h。由于多分散性的存在，分辨率也可能在 3~5 倍 R_h。因此动态光散射不适合分辨分子量接近的粒子，简单计算可知动态光散射能够分辨的分子量下限为 4~8 倍。

③ 合适的样品浓度（一般在 mg/mL 量级）以获得好的信噪比。

④ 样品是纯净的近理想体系。在上样之前，需要对样品所使用的缓冲液进行过滤，对样品离心以去除杂质和容易沉淀的大颗粒物质。

⑤ 动态光散射对温度和溶液黏度敏感［式（22-20）］，测量时需要保持恒温。

由于检测方便、快捷和无损，检测范围涵盖了纳米到微米尺度，动态光散射被广泛应用于生物学研究，以及纳米科学和医药的质量控制等领域。动态光散射的研究对象包括各种生物大分子、囊泡和外泌体、脂质体、纳米颗粒、高聚物等。在生物学研究中，动态光散射常常被用来检测样品的纯度和均一性、粒径分布、生物分子相互作用、结构生物学研究的样品初筛等。通过观测粒径分布随变性剂或热、压力等的变化，还可以研究蛋白质的稳定性、蛋白质聚集、相变等过程。

22.4　拉曼光谱

22.4.1　拉曼散射的基本原理

拉曼散射的发生已经在 22.1.2 节和 22.1.3 节介绍过。拉曼光谱和红外吸收光谱都可以用于检测分子振动能级相关的信息，因此拉曼光谱和红外吸收光谱（参见 24.4 节）也被统称为振动光谱。红外吸收光谱是直接测量分子振动能级共振吸收能量的技术，而拉曼光谱是通过拉曼散射中散射光频率与入射光频率之间的差异间接探测分子振动能级信息的技术。由于散射光谱和吸收光谱物理本质不同，使得拉曼光谱和红外吸收光谱各有所长、互为补充。

（1）振动能级

按照现代量子物理学理论，分子的运动包括了平动、转动、振动和电子运动等，其对应的能量都是量子化的，量子化的能量状态被称为能级。分子的总能量即不同形式运动的能量总和。不同运动形式能级之间的能量差具有显著差异。一般情况下，电子能级之间的能量差最大，振动和转动次之，而平动的能量近乎是连续的。

分子的振动来源于化学键所连接的原子在其平衡位置做简谐振动。简化起见，一个化学键连接的双原子系统可以看作是经典力学中的弹簧连接的 a 和 b 两个球体。假设化学键的键力常数为 k，两个原子的质量分别为 M_a 和 M_b，其折合质量为 $1/\mu = 1/M_a + 1/M_b$。根据牛顿力学容易得知该伸缩振动系统的固有振动频率 ω 为

$$\omega = \sqrt{k/\mu}, \quad (22\text{-}25)$$

因此，分子的振动频率直接取决于分子的化学组成和化学结构。分子结构不同，振动能级的分布也不同。不同的化学基团一般都具有自己的特征振动频率，振动光谱也就能反映分子的化学组成和结构信息。同位素替代虽然不改变化学键的性质，但折合质量不同也会使得振动频率有着较大改变。

（2）振动模式

双原子系统只有伸缩振动一种振动模式。多原子系统有多种振动模式（图 22-12）。多原子分子的运动可以分解为多个简正振动的线性叠加。简正振动（fundamental vibration）又称简正模式，是无阻尼系统的一种自由振动方式，也是最简单、最基本的振动模式，其频率称为简正频率。多原子分子最基本的振动形式是伸缩（stretching）振动和弯曲（bending）振动。伸缩振动过程中，分子之间的距离沿着两分子之间化学键的方向不停地变化，而弯曲振动的特点是键角的变化。伸缩振动包括对称伸缩（symmetric stretching）振动和反对称伸缩（asymmetric stretching）振动，弯曲振动包括面内摇摆（in-plane rocking）、面内剪切（in-plane scissoring）、面外摇摆（out-of-plane

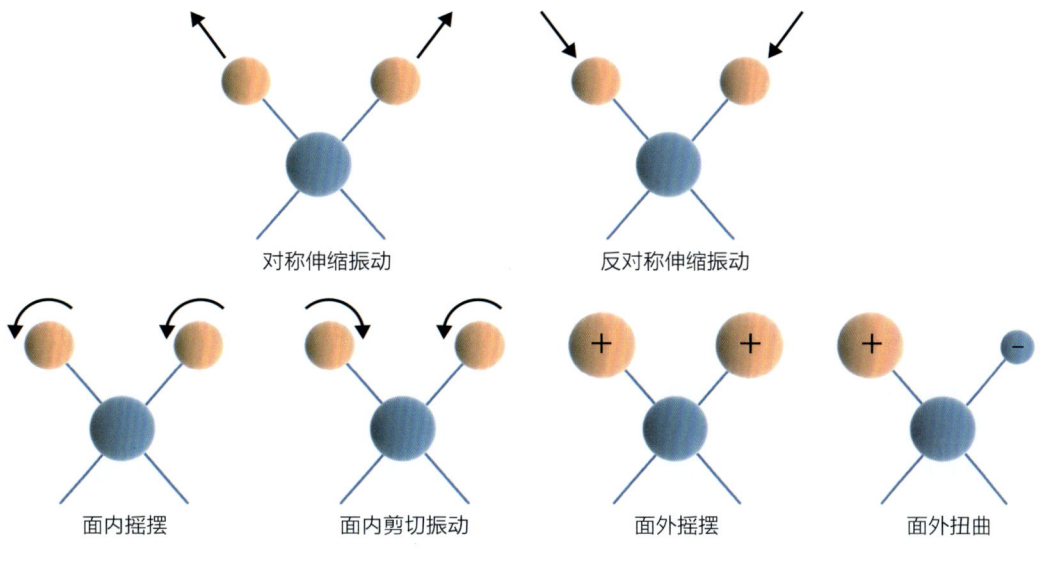

图 22-12 多原子分子的振动模式

对称伸缩振动　　反对称伸缩振动

面内摇摆　　面内剪切振动　　面外摇摆　　面外扭曲

wagging）和面外扭曲（out-of-plane twisting）振动。对于同一个基团来说，伸缩振动的频率一般高于弯曲振动，而反对称伸缩振动的频率高于对称振动的频率。

一个由 n 个原子组成的非线性分子有 $3n-6$ 种简正振动，而线性分子为 $3n-5$。因此，水分子具有 3 种振动模式，而二氧化碳分子具有 4 种振动模式。对于大多数生物分子和复杂的化学分子，实验观察到的简正振动数量往往小于理论数量。这是由于：①有些简正频率超出了测试范围；②有些简正振动的信号太微弱而很难被观察到；③一些简正振动的频率相近而重合在一起；④有些简正振动不改变分子极化率，因而没有拉曼散射活性。

（3）拉曼散射的选择定则（selection rule）

如果分子的振动引起分子极化率的改变，则分子具有拉曼活性。对于简单的对称分子（如二氧化碳分子），对称伸缩振动会改变分子极化率而具有拉曼活性，而反对称伸缩振动和弯曲振动不改变分子极化率从而没有拉曼活性。对于不对称分子（如水分子）的各种振动模式都具有拉曼活性。

22.4.2　拉曼光谱测定的主要参量和样品要求

拉曼光谱能获得的主要参量包括谱峰位置、强度和退偏振比（depolarization ratio）。由于反斯托克斯散射强度太低，普通的拉曼光谱仪一般只检测斯托克斯散射。

拉曼光谱的峰位反映了振动频率的信息，是入射光和散射光波数的差值。频率的国际标准单位是赫兹（Hz），但由于习惯和方便，在振动光谱中，横坐标一般用波长 λ 的倒数 $1/\lambda$ 即波数（v' 或 $\bar{v}$）来表示，单位一般是 cm^{-1}。拉曼光谱峰位的位置与激发光或散射光的频率无关，只与振动能级有关。拉曼光谱的指认与红外吸收光谱类似，将在 24.4 节详细阐述。

拉曼光谱是一种散射光谱，因此峰的强度也由散射理论给出的一致［式（22-4）和式（22-14）］，即拉曼峰的强度与入射光波长的四次方成反比，与分子极化率变化的平方成正比，与浓度成正比。拉曼峰强度与浓度之间的线性关系，使得拉曼光谱中不同化学基团的拉曼峰之间可以进行定量比较。

退偏振比是反映基团各向异性程度的一个拉曼参量。如果入射光是平面偏振光，则退偏振比 ρ 由以下公式定义：

$$\rho = I_{s\perp}/I_{s//} = 3\alpha_a^2/(45\alpha_i^2 + 4\alpha_a^2), \tag{22-26}$$

其中，α_i 和 α_a 分别是分子极化率的各向同性和各向异性部分，$I_{s\perp}$ 和 $I_{s//}$ 分别是垂直和平行于入射光方向上偏振的散射光强度。退偏振比的大小取决于分子极化性质的变化和分子键的对称性，其值在 0~3/4 之间。对于高度对称的分子（如 CH_4 和 SF_6），分子极化率各向同性，其对称振动模式的退偏振比为 0。退偏振比可以提供有关分子对称性的信息，从而有助于拉曼光谱的指认。

由于非弹性散射光强度很弱，现代拉曼光谱仪一般采用激光作为光源，其波长范围通常涵盖从紫外到近红外的波段。为了避免入射光的影响，拉曼散射一般在垂直于入射光的方向上进行测量；而为了尽量消除弹性散射光对信号的干扰，需要分辨能力强大的色散系统。随着激光技术和信号检测技术的不断发展，拉曼光谱仪也越来越多样化，表面增强拉曼散射、共振拉曼散射（知识窗 22-3）、相干反斯托克斯拉曼散射、共聚焦显微拉曼散射、单分子拉曼散射等技术都在快速发展。这也使得拉曼散射技术对样品的要求越来越低。拉曼散射检测时需要注意的事项有：

知识窗 22-3

共振光散射技术

大多数光散射研究中，激发光波长一般远离吸收带，也被称为非共振光散射。当激发光波长位于或接近分子的吸收带时，电子吸收电磁波的频率与散射频率相同而发生共振。在吸收带中，分子因特异性产生光吸收而产生很大的电子电荷移动或分子变形，振动引起的分子极化率变换会急剧增大。散射的强度与分子极化率的平方成正比，因而此时会发生强烈的散射现象，这种现象被称为共振光散射（resonance light scattering），包括共振瑞利散射和共振拉曼散射。与非共振时的散射类似，共振光散射的光强度与浓度成正比，对粒子大小很敏感。当带有生色团的小分子化合物结合到生物大分子上时，共振光散射强度会因为分子大小的急剧变化而显著增强，因此共振光散射还被发展为灵敏检测小分子 – 蛋白质相互作用的手段。

一般情况下，共振光散射的光强度会比非共振光散射高两到三个数量级，而某些条件下，这种增强可达到十几个数量级。因此，共振光散射就提供了一种高灵敏度和高选择性探测生色团振动能级相关信息的手段（图 22-13）。由于很多生物分子都含有能发生共振光散射的基团，如血红素、类胡萝卜素、黄素、视紫红质、各种含铜与铁的化合物、叶绿素等，因此共振光散射技术常常被用于含有这些生色团分子的光谱分析和显微成像。除了天然生色团以外，快速发展的人工生色团作为标记物扩大了共振光散射的应用范围。

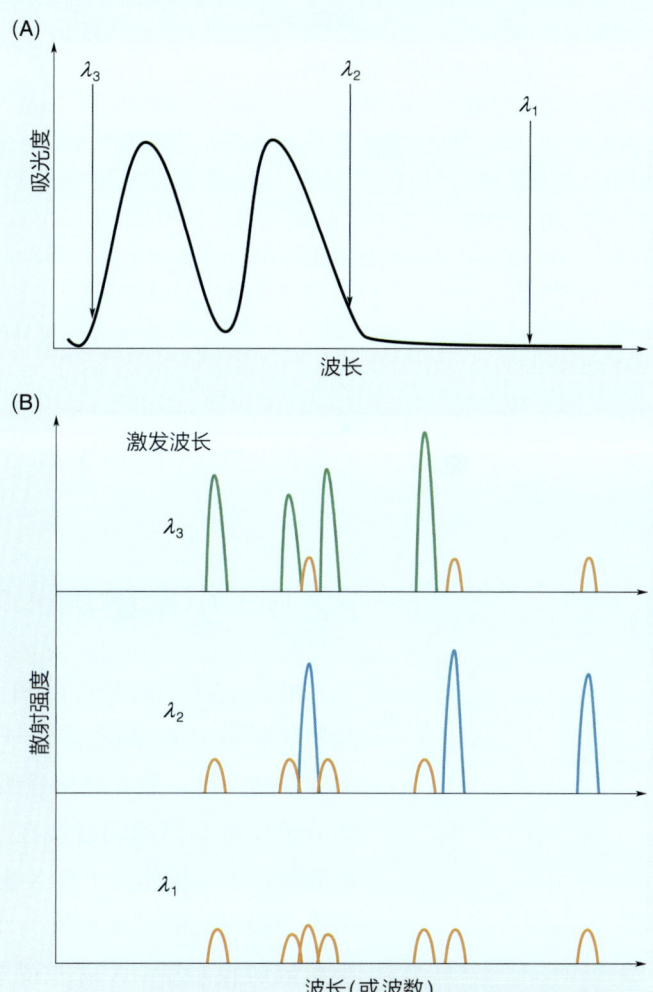

图 22-13 共振光散射技术进行选择性共振激发示意图
（A）假设某分子含有两个吸收带，λ_2 和 λ_3 分别位于两个吸收带中，而 λ_1 处不存在选择性吸收峰。（B）当激发光波长为 λ_1 时，所获得的谱图为常规的散射光谱。当激发光波长为 λ_2 或 λ_3 时，可以对特定生色团进行选择性共振激发。

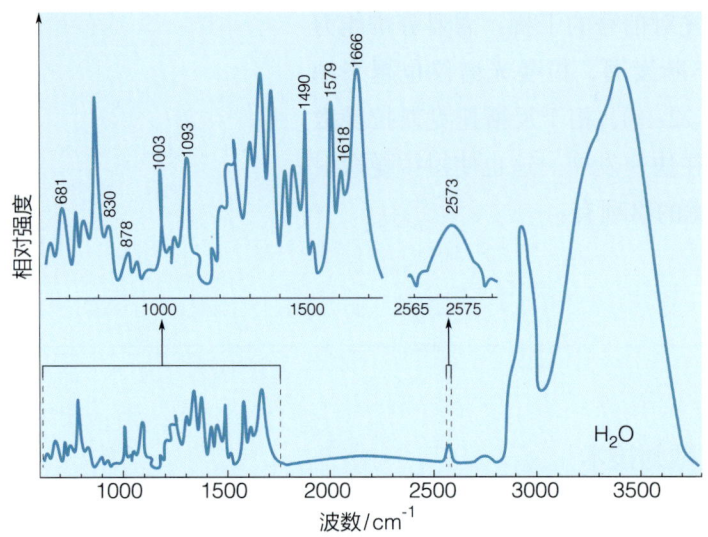

图 22-14　生物系统拉曼光谱示例

P22 病毒的拉曼光谱。其中，3000～3700 cm^{-1} 为溶剂峰，约 2900 cm^{-1} 为病毒蛋白和 DNA 中脂肪烃的 C—H 伸缩振动。病毒蛋白和 DNA 中特征基团的拉曼峰包括：dG（681 cm^{-1}），DNA 骨架（830 和 1093 cm^{-1}），Trp（878 cm^{-1}），Phe（1003 cm^{-1}），dA 和 dG（1490 和 1579 cm^{-1}），Tyr 和 Trp（1618 cm^{-1}），以及蛋白质的酰胺 I 带（1666 cm^{-1}）。2573 cm^{-1} 出现的小峰来源于 S—H 伸缩振动，病毒中 S—H 的数量大约占总化学键数量的 1/20000。（数据自 Thomas G J. *Annu Rev Biophys Biomol Struct*, 1999, 28: 1-27）

① 拉曼散射的强度与激发波长的四次方成反比，但拉曼光谱峰的分布和相对强度并不依赖于激发光波长，因此可以根据样品情况选择激发波长。选择时，需要样品对激发光的透光率高，避免样品对激发光具有特异性吸收。

② 根据式（22-14）可知，水分子的散射能力很弱，因此拉曼光谱和拉曼成像都适合于生物样品检测。这时选择的激发光波长需要避免对生物样品的结构产生破坏或对实验动植物产生影响。由于不同波长的光穿透能力不一样，因此选择合适波长的激发光可以检测生物样品不同层或不同厚度的信息。此外，选择不同的激发光波长也会影响显微成像的空间分辨率。

拉曼光谱的样品要求较低，检测范围涵盖了各种液体、固体、病毒颗粒、动植物细胞和活体生物，拉曼光谱可以看作是特定生物或化学分子的"指纹"图谱，因此在生物、医药、化学、材料、环境、食品等领域都有着广泛应用。在化学和药学领域，拉曼光谱是指认分子结构的基本技术。在生物学研究中，除了拉曼成像以外，拉曼光谱在生物分子的结构特征和生物物理性质研究中也是常用的工具（图 22-14）。

22.5　小角散射

根据 22.1 节的分析可知，如果采用紫外 - 可见光作为辐射源，大多数生物分子的形状因子 $P(\theta)$ 的值接近于 1，因此无法获得生物分子的形状和结构相关信息。生物分子的尺度一般在纳米量级，若想通过散射技术获得结构信息，需要采用波长与生物分子尺度相当的辐射源在小的角度范围内进行检测。使用 X 射线作为辐射源的小角散射技术就被称为小角 X 射线散射（small angel X-ray scattering，SAXS），而使用中子作为辐射源的技术被称为小角中子散射（small angel neutron scattering，SANS）。在小角散射技术中，X 射线或中子与物质相互作用的程度通常用散射长度（scattering length）b 或散射长度密度（scattering length density）ρ 来表示。散射振幅与 b 成正比，因此 b 反映了每一种同位素小角散射的基本能力，其量纲为长度单位，大小在 10^{-12} cm 量级，值可正可负。散射长度密度 ρ 是单位体积物质的散射长度，是体积 V 内所有原子散射贡献的加和，即

$$\rho = \frac{1}{V}\sum_i b_i \qquad (22-27)$$

虽然可见光、X 射线和中子作为辐射源跟样品有不同的相互作用，但是有着相同的式（22-18）来描述散射强度。在小角散射中，可以对公式（22-18）略作变形以引入 ρ 和 q 的影响：

$$I(q) = n\Delta\rho^2 V^2 P(\theta) S(\theta), \quad (22-28)$$

其中，n 是体系中粒子的数量密度，$\Delta\rho = \rho_{溶质} - \rho_{溶剂}$。

SAXS 和 SANS 两种小角技术虽然都可以反映样品的结构信息，但存在以下两方面的差异（图 22-15）：① SAXS 被核外电子散射，而一般情况下 SANS 的散射体是原子核；② SAXS 和 SANS 具有不同的原子序数依赖性。与可见光与核外电子的相互作用类似，X 射线被核外电子散射的能力 ρ 与原子序数（原子量）成正比，因此原子序数最小的氢原子以及其同位素氘原子的 X 射线散射都很小，而生物分子中常见的碳原子、氮原子和氧原子的 X 射线散射能力并无太大差别。与 X 射线散射不同的是，中子散射的强度和相位与原子序数并无明显关系。如氢原子中子散射的 b 为 -3.741×10^{-13} cm，而氘原子中子散射的 b 为 6.671×10^{-13} cm。也就是说，氢原子的中子散射与其它原子存在 180° 的相位差，因此为绝对值较小的负值；而氘原子的中子散射为较强的正值。此外，蛋白质、核酸、脂质、糖类等生物分子具有独特的元素组成，这也使得不同类型生物分子的 ρ 也显著不同。因此在中子散射研究中可以利用这些特性，通过调整水溶液中 H_2O 和 D_2O 的比例来获得不同的衬度，或通过对生物分子中的氢原子进行氘代，以对生物分子复合物中不同的生物分子进行选择性观测（图 22-15）。

当溶剂中含有比例为 a 的重水时，$\rho_{溶剂}$可以通过下式进行计算：

$$\rho_{溶剂} = (1-a)\rho_{H_2O} + a\rho_{D_2O}。 \quad (22-29)$$

如果利用中子散射研究一个蛋白质 – 核酸复合物，可以调节水溶液中 H_2O 和 D_2O

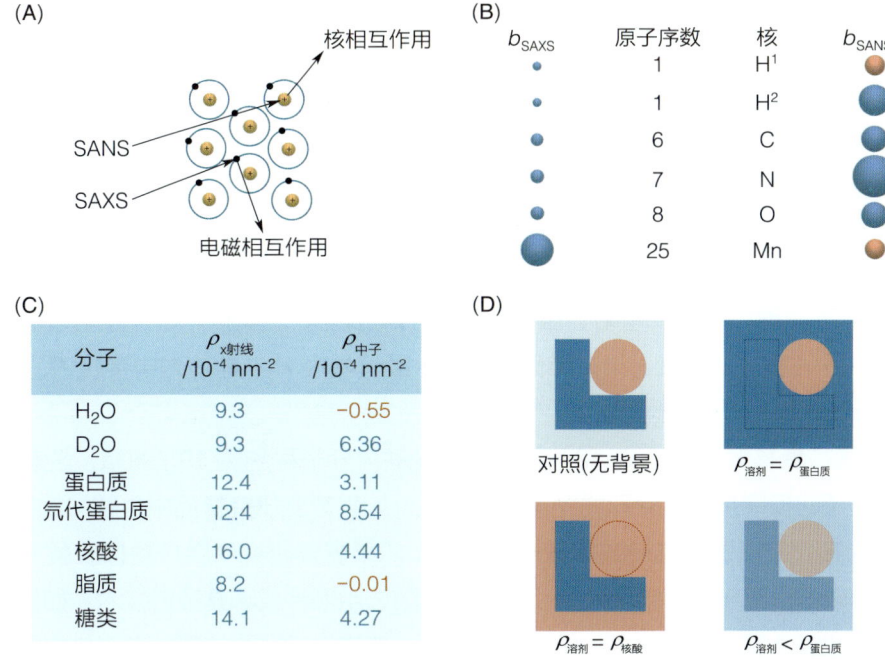

图 22-15 SAXS 与 SANS 的区别

（A）SAXS 与 SANS 具有不同的物质相互作用。（B）SAXS 与 SANS 具有不同的原子序数依赖性。圆的大小为散射长度 b 大小的示意图，反映了散射能力；蓝色和红色的圆分别代表值为正或负。（C）水溶液和生物大分子的散射长度密度 ρ。（D）SANS 研究中，可以通过调节溶剂中的氘气比例来进行选择性观测。示意图中显示的是利用 SANS 观察一个蛋白质 -DNA 复合物，其中蓝色的 L 形状分子为蛋白质，红色的圆形分子为 DNA。

的比例以获得不同的 $\rho_{溶剂}$。当 $\rho_{溶剂} = \rho_{蛋白质}$ 时，扣除背景之后的中子散射只来源于复合物中的核酸组分；同理 $\rho_{溶剂} = \rho_{核酸}$ 时，可以选择性观测复合物中的蛋白质组分。

小角散射的散射强度表达公式与 22.1 节中所介绍的散射理论基本公式完全一致，因此利用小角散射同样可以获得分子量 M、回转半径 R_g、第二维里系数 B 等参量。由于小角散射的辐射源波长与常见的生物大分子或复合物的尺度相近，因此还可以根据式（22-28）来获得分子的形状信息。与 X 射线晶体衍射、核磁共振或冷冻电镜等高分辨率结构生物学技术不同的是，利用 SAXS 或 SANS 只能通过对实验获得的 $I(q)$ 曲线进行拟合，以获得低分辨率的分子形状或结构信息（可参见本章扩展阅读中的文献）。在实践中，通常通过小角散射、核磁共振、生物信息学预测以及高分辨率结构生物学等多种技术的联用，以获得生物分子在溶液中更全面的结构信息和结构动力学行为。

※ 本章小结

本章重点介绍了各种光散射技术的基本原理、所能获得的主要参量和信息及其在生物学中的应用。从原理上来说，不同光散射技术的物理本质是一致的。不同技术通过适当的模型简化，从不同侧面反映了所测量样品中分子的大小、结构、形状和分子运动等信息。因此，每一种技术都有一定的样品局限性和测试要求，以保证相应数理模型的可用性。如对于静态光散射，若所测样品是超大的生物分子复合物，此时需要考虑分子大小和形状对测量结果的可能影响；对于动态光散射，实践中常常被用于测量生物分子的分子量，但需要注意的是分子量标准曲线是基于所测分子是球蛋白且水化程度相近的假设。需要特别指出的是，近年来拉曼散射和小角散射技术都获得了快速发展。各种增强拉曼技术极大推动了拉曼散射在细胞和生物活体等更复杂生物系统中的应用，而小角散射技术在复杂生物系统的高分辨率结构解析中也发挥着越来越重要的作用。限于篇幅，本章并没有给出太多的应用实例，读者可以在文献中进一步理解光散射技术在生物系统中的应用场景。

※ 思考题

1. 从理论上进行分析，散射技术是否能够获得原子分辨率的结构信息？

2. 静态光散射、动态光散射、拉曼散射和小角散射，这些技术中哪些可以获得生物大分子的以下信息：分子量、第二维里系数 B、回转半径 R_g、流体力学半径 R_h、多分散性、是否存在—SH、分子形状？

3. 牛胰核糖核酸酶 A 含有 124 个氨基酸残基，分子量约为 13.7 kDa，含有四对二硫键，在一定的极端条件下会形成少量的二聚体。如果想要研究样品中牛胰核糖核酸酶 A 的寡聚态分布，应该选用哪种或哪些散射技术？如果想要研究牛胰核糖核酸酶 A 与磷酸缓冲液中的磷酸根离子的非特异性相互作用，应该选用哪种或哪些散射技术？如果想获得牛胰核糖核酸酶 A 在不同温度下的结构转变曲线，应该选用哪种或哪些散射技术？

4. 谷胱甘肽（glutathione，GSH）是由谷氨酸、半胱氨酸和甘氨酸结合，含有巯基的三肽，具有还原型（G-SH）和氧化型（G-S-S-G）两种形式。某同学拟采用动态光散射和小角散射研究还原型和氧化型谷胱甘肽的转变过程，是否合适？

5. 某同学拟采用拉曼散射测定红细胞中血红素与氧气和二氧化碳结合的情况，是否合适？

※ 扩展阅读

图书

Svergun D I, Koch M H J, Timmins P A, et al. Small angle X-ray and neutron scattering from solutions of biological macromolecules[M]. Oxford: Oxford University Press, 2013.

综述

Bloomfield V A. Quasi-elastic light scattering applications in biochemistry and biology[J]. Annu Rev Biophys Bioeng, 1981, 10:421-450.

Carey P R. Resonance Raman spectroscopy in biochemistry and biology[J]. Q Rev Biophys, 1978, 11(3):309-370.

Han X X, Rodriguez R S, Haynes C L, et al. Surface-enhanced Raman spectroscopy[J]. Nat Rev Methods Primers, 2021, 1:87.

Jeffries C M, Ilavsky J, Martel A, et al. Small-angle X-ray and neutron scattering[J]. Nat Rev Methods Primers, 2021, 1:70.

Pecora R. Quasi-elastic light scattering from macromolecules[J]. Annu Rev Biophys Bioeng, 1972, 1:257-276.

Petry R, Schmitt M, Popp J. Raman spectroscopy—a prospective tool in the life sciences[J]. Chemphyschem, 2003, 4(1):14-30.

Slotboom D J, Duurkens R H, Olieman K, et al. Static light scattering to characterize membrane proteins in detergent solution[J]. Methods, 2008, 46(2):73-82.

Stetefeld J, Mckenna S A, Patel T R. Dynamic light scattering: a practical guide and applications in biomedical sciences[J]. Biophys Rev, 2016, 8(4):409-427.

Thomas G J Jr. Raman spectroscopy of protein and nucleic acid assemblies[J]. Annu Rev Biophys Biomol Struct, 1999, 28:1-27.

Wen J, Arakawa T, Philo J S. Size-exclusion chromatography with on-line light-scattering, absorbance, and refractive index detectors for studying proteins and their interactions[J]. Anal Biochem, 1996, 240(2):155-166.

Yu N T. Raman spectroscopy: a conformational probe in biochemistry[J]. CRC Crit Rev Biochem, 1977, 4(3):229-280.

研究论文

Jeffries C M, Graewert M A, Blanchet C E, et al. Preparing monodisperse macromolecular samples for successful biological small-angle X-ray and neutron-scattering experiments[J]. Nat Protoc, 2016, 11(11):2122-2153.

Kendrick B S, Kerwin B A, Chang B S, et al. Online size-exclusion high-performance liquid chromatography light scattering and differential refractometry methods to determine degree of polymer conjugation to proteins and protein-protein or protein-ligand association states[J]. Anal Biochem, 2001, 299(2):136-146.

Skou S, Gillilan R E, Ando N. Synchrotron-based small-angle X-ray scattering of proteins in solution[J]. Nat Protoc, 2014, 9(7):1727-1739.

23 晶体衍射技术

在本书第 4 章 "晶体学导论"中，我们以历史为线索，回顾了 X 射线晶体结构测定发展历程中做出关键贡献的科学家及其成果，这有助于读者对 X 射线晶体衍射及其在蛋白质结构测定中的应用有一个全景式的初步认识。随着技术的成熟，蛋白质晶体结构测定已经趋向于程式化和自动化，尤其是针对衍射能力强的单晶。然而，这并不意味着基础理论知识不再重要。相反，缺乏相关理论知识常导致晶体结构测定实践中的困难甚至错误。本章将以较短的篇幅简要介绍蛋白质晶体学理论及其技术。首先阐述晶体点阵理论、晶体结构对称性和 X 射线衍射的原理，然后以蛋白质晶体结构测定实验步骤为主线，介绍蛋白质晶体生长、衍射数据采集与处理、相位求解与优化、模型构建与修正以及模型质量评估等关键理论知识。希望通过本章的学习，读者能够熟悉蛋白质晶体结构解析的基本流程，为未来的实际操作打下理论基础。

23.1 晶体的点阵结构和晶胞

晶体是原子、离子或分子在空间中按一定周期重复排列所形成的具有规则外形的固体。与非晶体相比，晶体具有独特宏观特征，例如晶体内部不同部分物理性质相同（均匀性），不同方向上物理性质不同（各向异性），在合适条件下晶体生长过程中能自发形成封闭的凸多面体外形（自限性），同种晶体两个对应晶面的夹角相同（晶面角守恒），晶体外形和内部结构具有对称性，以及能够对 X 射线产生衍射效应等。这些独特宏观性质本质上是由晶体微观结构的周期性和对称性特征所决定的，例如，晶体内部原子周期性排列形成的纳米尺度光栅能够对 X 射线产生衍射效应。

23.1.1 点阵与结构基元

为更好描述晶体结构的周期性，我们引入点阵（lattice）和结构基元（motif）两个概念。首先定义晶体结构中周期重复性出现的最基本部分为结构基元，它具有相同的化学组成、相同的化学结构、相同的空间取向和相同的周围环境。将结构基元用一个几何点来代替，假设结构基元在空间中无限重复，则无限个阵点形成了点阵，每个阵点都具有相同的周围环境。点阵是晶体结构周期性的抽象，在点阵中的每个阵点上安放结构基元就得到了晶体结构（图 23-1）。换言之，晶体结构是点阵和结构基元的组合。按连接任意两个阵点的矢量移动点阵，得到的新点阵和原来点阵完全重复，即点阵和所对应的晶体结构具有平移对称性，它是所有晶体具有的最基本微观结构特征。

23.1.2 晶胞

利用不同方向的平行直线族，我们可以将三维点阵中所有阵点连接起来形成网格，此网格中的重复单元为一个平行六面体格子（晶格），晶格和其所包含的结构内容称为晶胞（unit cell）（图 23-2）。晶胞的大小和形状由从晶格一个顶点出发的 3 个基本平移矢量 a、b、c 决定，可以由 6 个标量参数表示，分别为三个矢量的长度 a、b、c 以及它们两两之间的夹角 α、β、γ（图 23-2）。晶胞中每个原子的空间位置可以用分数坐标来表示，即用原子沿 a、b、c 三个方向投影的分数坐标表示其在晶胞中的

图 23-1 晶体结构可表示为点阵和结构基元的组合
图示晶体结构中，结构基元由两个原子组成。将每个结构基元用一个在其固定位置（例如一个原子中心）的黄色几何点代替，该晶体结构则抽象为具有周期性的点阵与结构基元的组合。

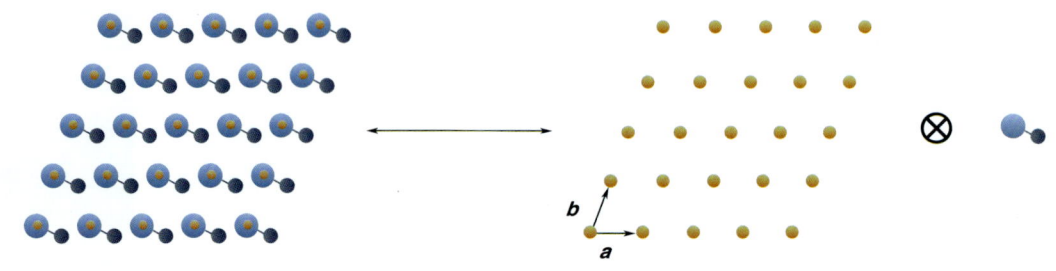

位置（图 23-2）。晶胞有规则地沿着 **a**、**b**、**c** 三个方向堆积形成晶体，晶体结构可以用晶胞表示。因此研究晶体结构要解决两个问题：一是晶胞的大小形状，即晶胞六参数；二是晶胞所含内容物，即晶胞所包含的每个原子的空间位置。在晶体对 X 射线的衍射过程中，晶胞大小和形状决定衍射线的方向，晶胞内容物决定衍射线的强度和相位。X 射线晶体衍射技术直接收集衍射线的方向和强度数据，通过数学方法或实验技术间接获得相位信息，最终计算出晶胞大小形状和内容物，完成晶体结构测定过程。

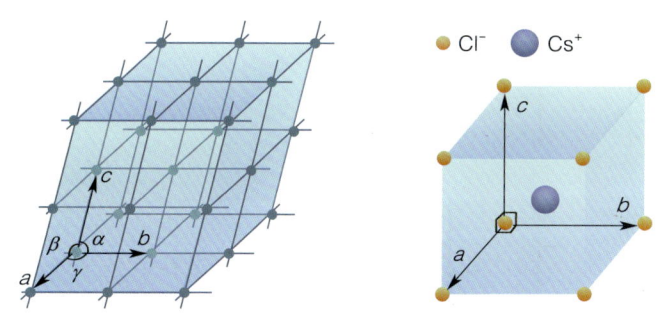

图 23-2　晶格和晶胞示意图

左图点阵中的晶格由 a、b、c、α、β、γ 所定义，晶格及所包含的结构内容组成晶胞。右图为氯化铯晶体中的立方晶胞，晶格为一简单立方体，所含结构内容为一个铯离子和一个氯离子，其在晶胞中的分数坐标分别为（1/2，1/2，1/2）和（0，0，0）。

23.2　对称操作

在晶体学范围内，对称是指物体经过旋转（rotation）、反映（reflection）、反演（inversion）、平移（translation）等操作后保持不变的性质。晶体学中的对称操作是旋转、反映、反演或平移，或者是它们的组合，又可以分为点对称操作（被操作物体至少有一点不发生位移的操作）和空间对称操作（被操作物体所有点发生位移的操作）。

23.2.1　点对称操作

点对称操作包括旋转、反映、反演、旋转反演和旋转反映，所对应的对称操作元素为旋转轴、反映面、反演中心、旋转反演轴和旋转反映轴。旋转反演轴和旋转反映轴有一一对应的关系，因此晶体学中只选用旋转反演对称和旋转反演轴。

（1）旋转轴

物体围绕轴逆时针旋转一个角度（360°/n）后与自身重合，则具有 n 次旋转对称性，该轴称为 n 次旋转轴（图 23-3）。由于点阵平移对称性的制约，晶体学中只存在 1、2、3、4 和 6 次旋转对称轴，旋转角度分别为 360°、180°、120°、90° 和 60°。1 次 360° 旋转表示不动，又称为恒等操作，所以任何物体都具有一次旋转对称，仅有一次旋转对称的物体实际上没有任何对称性。旋转轴国际符号为 1、2、3、4 和 6（图 23-3）。

（2）反映面

物体中存在一个平面，使其分开的两部分互为镜像的关系，则具有反映对称性，该平面称为反映面、

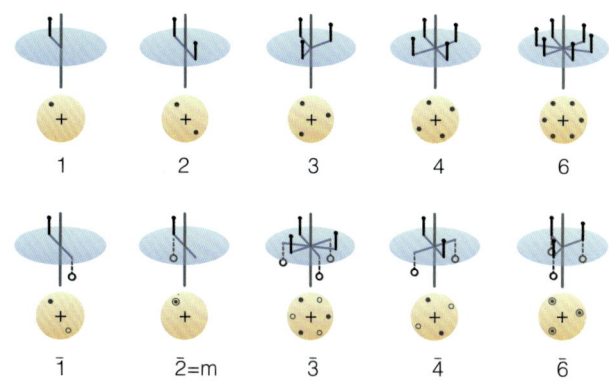

图 23-3　晶体学中的点对称操作

每个示意图包括点对称操作国际符号、操作所联系起来的等效点以及等效点的平面投影图。

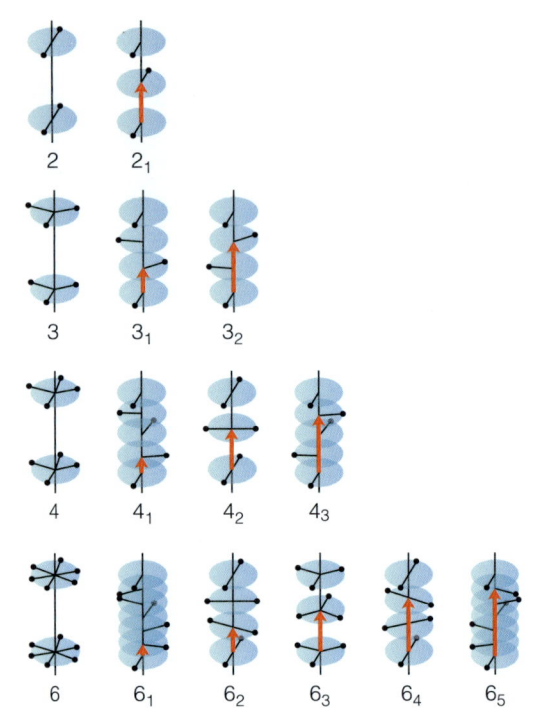

图 23-4　2、3、4、6 旋转轴及所对应的 11 种螺旋轴

镜面或对称面，其国际符号为 m（图 23-3）。

（3）反演中心

从物体上任何点向反演中心引直线，总可以在延长线上等距离处遇到另一个等同的点，则具有反演对称性或中心对称性。该点称为反演中心或对称中心，其国际符号为 $\bar{1}$（图 23-3）。

（4）旋转反演轴

物体绕一固定轴逆时针旋转 360°/n，再依据轴上一固定点进行反演操作后保持不变，则具有旋转反演对称性，该轴称为旋转反演轴或旋转反轴。与旋转轴类似，晶体学中旋转反演轴只能是 1、2、3、4 和 6 次旋转反演轴，国际符号分别为 $\bar{1}$、$\bar{2}$、$\bar{3}$、$\bar{4}$ 和 $\bar{6}$（图 23-3），其中 $\bar{1}$ 与反演中心等效，$\bar{2}$ 与反映面等效，$\bar{3}$ 可表示为 3 次旋转轴与反演中心的组合，$\bar{6}$ 可表示为 3 次旋转轴与垂直于该轴的反映面的组合，而 $\bar{4}$ 为一独立的点对称操作。

23.2.2　空间对称操作

空间对称操作是指考虑了平移的对称操作。除了单纯平移操作，还包括平移和旋转轴或镜面组合产生的两类新对称操作——螺旋旋转和滑移反映，对应的对称操作元素分别为螺旋轴和滑移面。

（1）螺旋轴

旋转和平移组合形成螺旋旋转，它表示绕轴逆时针旋转 360°/n，并沿着轴的方向平移 $(T/n) \cdot m$，T 是该方向的周期，n 为轴次，$m = 1, 2, \cdots, n-1$。螺旋轴的国际符号为 n_m，包括 2_1、3_1、3_2、4_1、4_2、4_3、6_1、6_2、6_3、6_4 和 6_5（图 23-4）。

（2）滑移面

反映和平移组成形成滑移反映，它表示经过滑移面先进行反映操作，然后沿平行于该面的轴向或对角线方向进行平移。

23.2.3　对称操作等效点系和矩阵表达形式

空间中一个点（x, y, z）经由某个对称操作后，会产生其它一系列空间坐标不同的点，但这些点是经由对称操作联系起来的，称为等效点（equivalent point），这些点共同组成了一套等效点系（equivalent point system）。在晶体结构中，如果有一个原子在（x, y, z）坐标点，那么该对称操作联系起来的等效点系中其它点位置也必定存在该原子。例如沿 b 轴方向二次旋转轴 2 联系的等效点系坐标为（x, y, z）和（$-x, y, -z$），而沿 b 轴方向的二次螺旋轴 2_1 联系的等效点系坐标为（x, y, z）和（$-x, y+1/2, -z$）。等效点坐标变换也能够以矩阵的形式表示，相比于代数表达形式，矩阵表示更加有利于计算。等效点坐标变换的矩阵操作 W 包含一个 3×3 旋转矩阵 R

和一个平移向量 T，表示为 $W(R, T)$。对一个连接 (x, y, z) 和原点的矢量 r 进行 W 操作得到一个连接等效点与原点的新矢量 $r' = Rr + T$。

例如沿 b 轴方向二次旋转轴 2 变化的矩阵操作为：

$$r' = \begin{bmatrix} -1 & 0 & 0 \\ 0 & 1 & 0 \\ 0 & 0 & -1 \end{bmatrix} \begin{bmatrix} x \\ y \\ z \end{bmatrix} + \begin{bmatrix} 0 \\ 0 \\ 0 \end{bmatrix} = \begin{bmatrix} -x \\ y \\ -z \end{bmatrix}, \quad (23-1)$$

此时
$$R = \begin{bmatrix} -1 & 0 & 0 \\ 0 & 1 & 0 \\ 0 & 0 & -1 \end{bmatrix}, T = \begin{bmatrix} 0 \\ 0 \\ 0 \end{bmatrix}. \quad (23-2)$$

而沿 b 轴方向二次螺旋轴 2_1 变化的矩阵操作为：

$$r' = \begin{bmatrix} -1 & 0 & 0 \\ 0 & 1 & 0 \\ 0 & 0 & -1 \end{bmatrix} \begin{bmatrix} x \\ y \\ z \end{bmatrix} + \begin{bmatrix} 0 \\ \frac{1}{2} \\ 0 \end{bmatrix} = \begin{bmatrix} -x \\ y + \frac{1}{2} \\ -z \end{bmatrix}, \quad (23-3)$$

此时
$$R = \begin{bmatrix} -1 & 0 & 0 \\ 0 & 1 & 0 \\ 0 & 0 & -1 \end{bmatrix}, T = \begin{bmatrix} 0 \\ \frac{1}{2} \\ 0 \end{bmatrix}. \quad (23-4)$$

23.3 晶系、点群与空间群

晶系、点群到空间群均为按照对称性对晶体的分类方法，也反映了对晶体对称性从宏观到微观的认识过程。晶系的划分只是考虑晶体宏观上呈现的特征对称性，点群分类则在宏观对称性上考虑所有可能的点对称操作组合。晶系和点群反映的宏观对称性都能在晶体外部多面体上得到体现。平移操作是否出现是晶体宏观对称性和微观对称性的分水岭，将我们对晶体结构的对称性认识带入到微观，晶体结构根据具有的全部对称性细分为 230 种空间群。

23.3.1 晶系与布拉维格子

根据晶体结构所呈现的特征（最小）对称性，可以将所有晶体分为 7 组，称为 7 个晶系（表 23-1）。例如第 2 组单斜晶系的特征对称元素为 1 个 2 次对称轴（包含旋转轴和螺旋轴）或对称面（包含镜面和滑移面），第 4 组四方晶系至少需要存在 1 个 4 次对称轴，第 7 组立方晶系的特征对称元素为立方晶胞体对角线方向的 4 个 3 次对称轴。一个晶系的特征对称元素对该晶系晶胞形状有了要求，根据晶胞形状的特征，7 个晶系分别命名为三斜、单斜、正交、三方、四方、六方和立方晶系。例如，特征 4 次旋转轴或 4 次旋转反演轴要求四方晶系晶胞形状必然为四方，即晶胞 6 参数中 $a = b$，$\alpha = \beta = \gamma = 90°$。

表 23-1　晶系、特征对称元素、布拉维格子、点群及生物大分子晶体中空间群

晶系	特征对称元素	晶胞参数	点群	布拉维格子类型	生物大分子晶体中出现的空间群
三斜晶系	无	$a \neq b \neq c$, $\alpha \neq \beta \neq \gamma \neq 90°$	1, $\bar{1}$	P	P1
单斜晶系	1个2次对称轴或对称面	$a \neq b \neq c$, $\alpha = \gamma = 90°$, $\beta \neq 90°$	2, m, $\dfrac{2}{m}$	P, C	P2, P2$_1$, C2
正交晶系	3个互相垂直的2次对称轴或两个互相垂直的对称面	$a \neq b \neq c$, $\alpha = \beta = \gamma = 90°$	222, mm2, **mmm**	P, I, C, F	P222, P222$_1$, P2$_1$2$_1$2, P2$_1$2$_1$2$_1$, I222, I2$_1$2$_1$2$_1$ C222$_1$, C222, F222
四方晶系	1个4次对称轴	$a = b \neq c$, $\alpha = \beta = \gamma = 90°$	4, $\bar{4}$, $\dfrac{4}{m}$, 422, 4mm, $\bar{4}$2m, $\dfrac{4}{m}$mm	P, I	P4, P4$_1$, P4$_2$, P4$_3$, I4, I4$_1$, P422, P42$_1$2, P4$_1$22, P4$_1$2$_1$2, P4$_2$22, P4$_2$2$_1$2, P4$_3$22, P4$_3$2$_1$2, I422, I4$_1$22
三方晶系	1个3次对称轴	$a = b \neq c$, $\alpha = \beta = 90°$, $\gamma = 120°$; 或 $a = b = c$, $\alpha = \beta = \gamma \neq 90°$	3, $\bar{3}$, 32, 3m, $\bar{3}$m	P, R	P3, P3$_1$, P3$_2$, R3, P312, P321, P3$_1$12, P3$_1$21, P3$_2$12, P3$_2$21, R32
六方晶系	1个6次对称轴	$a = b \neq c$, $\alpha = \beta = 90°$, $\gamma = 120°$	6, $\bar{6}$, $\dfrac{6}{m}$, 622, 6mm, $\bar{6}$m2, $\dfrac{6}{m}$mm	P	P6, P6$_1$, P6$_5$, P6$_2$, P6$_4$, P6$_3$, P622, P6$_1$22, P6$_5$22, P6$_2$22, P6$_4$22, P6$_3$22
立方晶系	4个立方体对角线方向上的3次对称轴	$a = b = c$, $\alpha = \beta = \gamma = 90°$	23, **m$\bar{3}$**, 432, $\bar{4}$3m, **m$\bar{3}$m**	P, I, F	P23, P2$_1$3, I23, I2$_1$3, F23, P432, P4$_2$32, P4$_3$32, P4$_1$32, I432, I4$_1$32, F432, F4$_1$32

注：点群中黑体标出的为11个劳厄群。

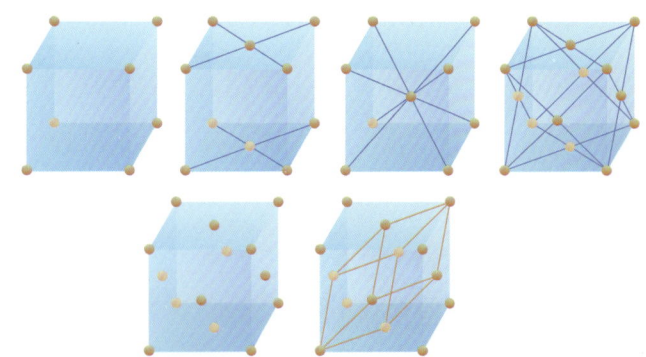

图 23-5　初基晶胞及带心晶胞

上图从左至右依次为初基晶胞（P）、单面心晶胞（C）、体心晶胞（I）以及全面心晶胞（F）。下图显示立方全面心晶胞（左）也可简化为黄色连线所示的菱面体初基晶胞（右），但特征对称性由立方对称降低为三方对称。

如果只是为了反映晶体结构的周期性特征，我们可以取体积最小的晶胞，其对应的晶格只在顶角上有阵点，一个晶胞中含有的阵点数目为1（每个顶角的阵点为8个相邻格子共享），称为初基晶胞（图23-5）。理论分析表明，有些晶系的晶胞可以在体心、单面心或全面心处存在阵点，此时晶胞含有的阵点数目大于1，称为非初基晶胞（图23-5）。例如七个晶系中共有14种不同的初基晶胞和非初基晶胞，对应14种不同的空间格子，也称为14种布拉维格子（表23-1）。布拉维格子的表示符号中，P代表初基格子，C代表单面心（即C面带心），I和F代表体心和全面心格子，R代

表三方晶系中的 R 心六方格子。选择非初基晶胞是为了体现最高的特征对称性，例如面心立方晶胞的特征对称元素为沿体对角线方向的 4 个 3 次对称轴，如果我们取初基晶胞，则是一个菱面体，特征对称降低为只是一个沿菱面体长轴的 3 次对称轴（图 23-5）。

23.3.2 点群

晶体的宏观对称性是指晶体在点对称操作（旋转、反演、反映和旋转反演）作用下保持不变的性质，反映晶体外部凸多面体和宏观物理性质的对称。理论证明，前面所述所有晶体学点对称操作通过一共同点的组合，又不产生上述操作以外的其它对称操作，共有 32 种组合，称为晶体学 32 种点群，决定了晶体的 32 种宏观对称类型。32 个点群各有自己的特征对称元素，决定了它们所属的晶系（表 23-1）。

32 个点群国际符号分别由 1 个、2 个或 3 个点对称元素国际符号组成，并根据晶胞 a、b、c 3 个单位矢量来定义国际符号中 3 个位置代表的方向。例如第 3 号点群 2 属于单斜晶系，表示沿着 b 方向有 2 次旋转轴；第 5 号点群 $\frac{2}{m}$ 同样属于单斜晶系，相比点群 2，增加了垂直于 2 次旋转轴的镜面。第 8 号正交晶系点群 222 表示存在沿 a、b、c 方向的 3 个交于一点且两两垂直的 2 次旋转轴。32 个点群中有 11 个点群具有中心对称性质，即它们包含反演中心对称元素，又称为 11 个劳厄群（表 23-1）。在不考虑反常散射情况下，11 个劳厄群反映了晶体衍射空间的对称性，此部分内容将在 23.5.4 节中作进一步说明。

23.3.3 空间群

由于晶体尺寸远大于内部排列原子的间距，晶体结构微观上可以被认为无限大，因此晶体结构微观对称性除了包括点对称操作外，还可以包括平移、螺旋旋转和滑移反映 3 种空间对称的操作。所有点对称和空间对称操作的组合组成 230 种对称操作群，称为 230 种空间群。值得注意的是，生物大分子是手性分子，仅存在一种对映异构体，生物大分子晶体的空间群不能包括引起手性分子异构体发生转换的对称操作，包括镜面、对称中心、旋转反演、滑移反映，因此生物大分子晶体中可能出现的空间群数量比较少，总共只有 65 种（表 23-1）。

空间群国际符号中，第一个大写英文字母表示晶胞格子类型，分别为初基 P 格子、底心 C 格子、体心 I 格子、面心 F 格子或 R 心六方格子，后面三个符号和点群符号类似，表示晶体中三个方向上的对称性。例如第 3 号空间群 P121（简写形式为 P2）表示晶体结构中晶胞为初基格子，沿 b 轴方向存在 2 次旋转轴，等效点系坐标为 (x, y, z) 和 $(-x, y, -z)$。第 4 号空间群 P12$_1$1（简写形式为 P2$_1$）的晶体结构也具有初基晶胞，但其沿 b 轴方向为 2$_1$ 螺旋轴，等效点系坐标为 (x, y, z) 和 $(-x,$

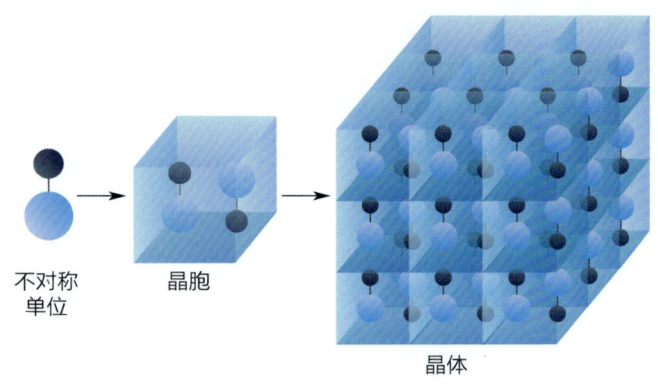

图 23-6 不对称单位、晶胞和晶体结构示意图

不对称单位包含的结构内容为两个原子,晶胞包含由一个 2 次旋转轴联系起来的两个不对称单位,晶胞在三维空间周期排列形成晶体结构。

$y + 1/2$,$-z$)。第 5 号空间群 C121(简写形式为 C2)表示晶体结构中沿 **b** 轴方向为 2 次旋转轴,但其晶胞带有 C 面心,其等效点系坐标为(x,y,z)、($-x$,y,$-z$)、($1/2 + x$,$1/2 + y$,z)、($1/2 - x$,$1/2 + y$,$-z$)。因此,P2、P2$_1$ 和 C2 代表了 3 种不同晶体结构的对称性,但这 3 种晶体具有相同的点群 2 代表的宏观对称性,均属于单斜晶系。

晶胞是晶体结构周期性排列的基本重复单位,空间群所表示的结构对称性又可以将晶胞分成等效的若干部分,该部分中所含内容物的结构相同,称为不对称单位。从不对称单位出发,利用空间群的全部对称操作,可以准确地充满整个晶胞,晶胞周期性排布进而显示整个晶体结构(图 23-6)。因此,一个晶胞不对称单位包含描述晶体结构所需要的全部信息。例如前述空间群和 P2 和 P2$_1$ 的晶体结构中,一个不对称单位的体积为晶胞体积的二分之一,而 C2 空间群晶体结构中,一个不对称单位的体积为晶胞体积的四分之一。对每个空间群所含内容的详细描述,包括标号、所属晶系和点群、对称元素分布、等效点系坐标、不对称单位划分等,均在《国际晶体学表 A 卷》中列出。

23.4 晶体的衍射方向

当入射 X 射线照射晶体时,在 X 射线电场作用下受迫振动的电子成为新的辐射波源,向空间各个方向辐射出与入射波同频率的球形散射波(相干散射)。在一个原子系统中,核外所有电子的散射波都可以近似地看作是由原子中心发出。因此,晶体中的原子都可以被看成点波源,原子的周期排列使这些点波源产生的相干散射波之间有固定的位相关系,必然在某些方向上始终互相叠加,在另一些方向上始终互相抵消,从而出现衍射。所以,晶体对 X 射线的衍射,实质上是大量原子散射波互相干涉的结果。每种晶体对 X 射线的衍射花样包括两部分内容,第一部分为衍射线的空间分布规律(每条衍射线的方向),第二部分为每条衍射线的强度。衍射线的方向由晶胞的大小、形状以及晶体的方位决定,而衍射线的强度则取决于原子种类以及它们在晶胞中的位置。本节我们将讲述劳厄方程和布拉格方程两个基本方程,以及倒易点阵和反射球两个重要工具,从而帮助理解晶体的衍射方向。

23.4.1 劳厄方程

劳厄方程(Laue equation)处理衍射方向的基础是将晶体三维点阵分解为格子基本矢量 **a**、**b**、**c** 方向的三个一维点阵,不考虑阵点所代表的结构基元内容,将阵点视为点散射中心。首先考虑一个方向直线点阵上周期排布阵点对 X 射线散射波相干加强的条件，然后将其扩展到三维情况，得到劳厄方程组。

首先考虑和 $\boldsymbol{a}$ 矢量平行的一条直线点阵，其一维周期长度为 a，入射和衍射 X 射线与此直线点阵夹角分别为 α_0 和 α，则通过两个相邻阵点的入射和衍射线光程差 $AN-BM$ 为 $a(\cos\alpha - \cos\alpha_0)$（图 23-7）。只有在光程差为波长整数倍，即满足公式 $a(\cos\alpha - \cos\alpha_0) = H\lambda$ 情况下，两条衍射线才能够同相叠加，其中 H 为衍射指数。显然，与这一直线点阵成 α 衍射角的衍射线，并不只是在一个方向上，以直线点阵为轴线且夹角为 α 的衍射圆锥上任何一条直线都满足方程 $a(\cos\alpha - \cos\alpha_0) = H\lambda$（图 23-7）。当 α_0 为 90° 时，衍射指数 H 为 0 的圆锥成为垂直于直线点阵的平面，而衍射指数 H 相反的圆锥则沿直线点阵对称排布。扩展到 $\boldsymbol{b}$ 和 $\boldsymbol{c}$ 方向，我们可得到类似的两个方程：$b(\cos\beta - \cos\beta_0) = K\lambda$ 和 $c(\cos\gamma - \cos\gamma_0) = L\lambda$。因此，空间点阵发生衍射的方向需要同时满足以上三个方程，这三个方程组称为劳厄方程组。其中，a、b、c 为空间点阵沿三个轴方向的周期长度，α_0、β_0 和 γ_0 为入射线与三个轴的夹角，α、β 和 γ 为衍射线与三个轴的夹角，H、K、L 为任意整数，HKL 三联体称为衍射线的衍射指数，其代表的三维点阵衍射方向为三个直线方向点阵衍射圆锥的交线方向（图 23-7）。如果用 $\boldsymbol{S}_0$ 和 $\boldsymbol{S}$ 来代表入射和衍射方向的基本矢量，劳厄方程组可改写成矢量表达形式：$\boldsymbol{a} \cdot (\boldsymbol{S}-\boldsymbol{S}_0) = H\lambda$；$\boldsymbol{b} \cdot (\boldsymbol{S}-\boldsymbol{S}_0) = K\lambda$；$\boldsymbol{c} \cdot (\boldsymbol{S}-\boldsymbol{S}_0) = L\lambda$。

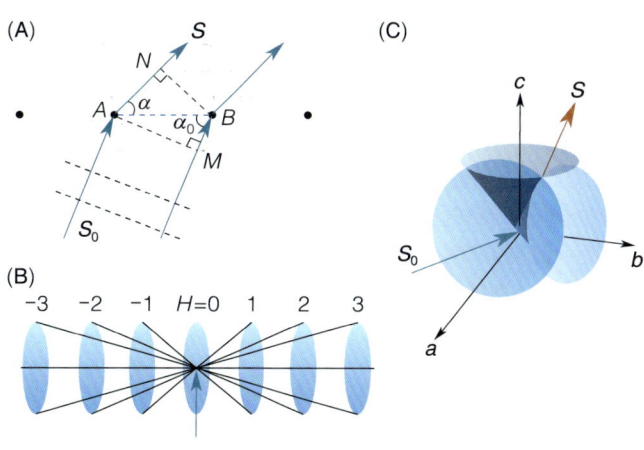

图 23-7 劳厄方程
（A）一维直线点阵列的衍射。（B）入射角为 90° 时，沿一维直线点阵列对称分布的衍射圆锥。（C）三个方向直线点阵的衍射圆锥交于 S 方向，该方向代表三维晶体的衍射方向。

23.4.2 布拉格方程

布拉格方程（Bragg equation）处理衍射方向的基础是在晶体三维点阵中划分出不同取向的点阵平面族，每一个点阵平面族由互相平行、间距相等的无数个点阵平面组成。类似镜面对可见光的反射，假设点阵平面能够对入射 X 射线产生反射，则同一族中不同点阵平面产生的反射 X 射线只有在满足布拉格方程的基础上能够相干加强，所以晶体衍射可以看成是点阵平面族对 X 射线的选择性反射。

为了描述点阵平面族，首先取一个平面在格子 $\boldsymbol{a}$、$\boldsymbol{b}$、$\boldsymbol{c}$ 上的截距，再取它们的倒数，最后化为互质的三个整数，用（hkl）表示，称为点阵平面族的面指数或密勒指数（图 23-8）。当入射 X 射线与点阵面族的夹角为 θ 时，间距为 d_{hkl} 的相邻两个点阵平面的反射 X 射线的光程差为 $2d_{hkl}\sin\theta$（图 23-8），只有当光程差为波长的整数倍时，即 $2d_{hkl}\sin\theta = n\lambda$，反射 X 射线相干加强。这就是产生可观测 X 射线的反射（衍射）条件，该方程称为布拉格方程，其中 2θ 角称为衍射角，n 称为衍射级数。当波长一定，对应 n 为 1、2、3……时，点阵平面族（hkl）对 X 射线可产生第 1 级、第

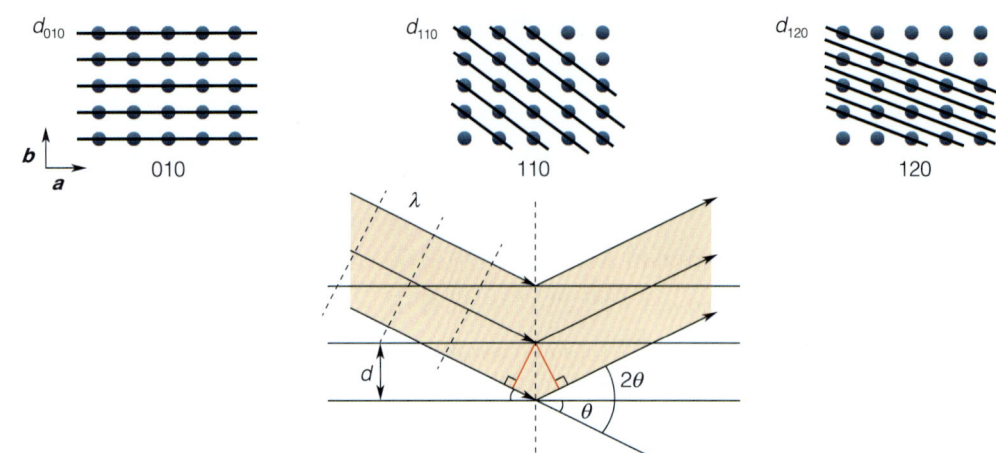

图 23-8 点阵面密勒指数与布拉格方程

上图示意三个点阵平面族及其密勒指数（010）、（110）和（120）。下图示意入射 X 射线与点阵面族的夹角为 θ、间距为 d_{hkl} 的相邻两个点阵平面的反射 X 射线的光程差为 $2d_{hkl}\sin\theta$。

2 级、第 3 级等衍射，对应衍射角为 θ_1、θ_2、θ_3……。例如，点阵平面族（110）产生的第 1 级衍射指数为 110，第二级衍射指数为 220，第三极衍射指数为 330，以此类推。我们也可以将布拉格方程简写成 $2d_{HKL}\sin\theta = \lambda$，其中，$d_{HKL} = d_{hkl}/n$，HKL 为衍射指数，衍射指数 H、K、L 不需为互质的整数。此简写的含义为将（hkl）面族的高级衍射 $H = nh$，$K = nk$，$L = nl$（n 为 2、3、4 等大于 1 的整数）看成是一组新面族的 1 级衍射，此面族与（hkl）面族平行，但其面间距为（hkl）面族面间距的 $1/n$。

23.4.3 倒易点阵

我们已了解点阵是反映晶体结构周期性的一个重要概念，晶体结构可以描述为点阵和结构基元的组合。从晶体结构点阵出发，我们可以定义另一种点阵，称为倒易点阵（reciprocal lattice）。倒易点阵简洁系统地表示出晶体正空间点阵中的所有点阵平面族，因而使用倒易点阵解释晶体衍射方向非常简单明了，是理解晶体衍射的重要概念和数学工具。

对于以 $\boldsymbol{a}$、$\boldsymbol{b}$、$\boldsymbol{c}$ 为基本矢量定义的正空间点阵，我们定义如下三个矢量 $\boldsymbol{a}^* = \boldsymbol{b}\times\boldsymbol{c}/V$，$\boldsymbol{b}^* = \boldsymbol{c}\times\boldsymbol{a}/V$，$\boldsymbol{c}^* = \boldsymbol{a}\times\boldsymbol{b}/V$，其中 $V = \boldsymbol{a}\cdot(\boldsymbol{b}\times\boldsymbol{c})$（图 23-9）。以 $\boldsymbol{a}^*$、$\boldsymbol{b}^*$、$\boldsymbol{c}^*$ 为基本矢量形成的新点阵即为以 $\boldsymbol{a}$、$\boldsymbol{b}$、$\boldsymbol{c}$ 为基本矢量的正空间点阵的倒易点阵。$\boldsymbol{a}$、$\boldsymbol{b}$、$\boldsymbol{c}$ 三个基本矢量形成正空间点阵中的格子，$\boldsymbol{a}^*$、$\boldsymbol{b}^*$、$\boldsymbol{c}^*$ 三个倒易基本矢量形成倒易点阵中的格子，这两种格子的体积之间也存在倒易关系，即 $V\cdot V^* = 1$。正空间点阵中，连接坐标为 mnp（m、n、p 均为整数）的阵点与正空间原点的矢量为 $m\boldsymbol{a} + n\boldsymbol{b} + p\boldsymbol{c}$。倒易点阵中，连接坐标为 HKL（H、K、L 均为整数）的倒易阵点与倒易点阵原点的倒易矢量为 $\boldsymbol{H} = H\boldsymbol{a}^* + K\boldsymbol{b}^* + L\boldsymbol{c}^*$。倒易矢量 $\boldsymbol{H}$ 具有

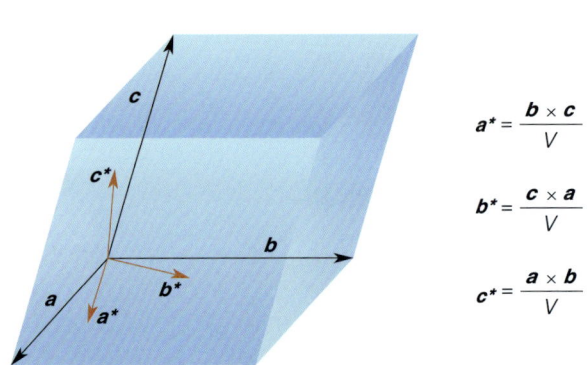

图 23-9 正空间点阵基本矢量（$\boldsymbol{a}$，$\boldsymbol{b}$，$\boldsymbol{c}$）与对应倒易空间点阵基本矢量（$\boldsymbol{a}^*$，$\boldsymbol{b}^*$，$\boldsymbol{c}^*$）

两个重要特征：一是 **H** 的方向与正空间中的（HKL）点阵平面族垂直，二是 **H** 的长度为正空间（HKL）点阵平面族中面间距的倒数。

23.4.4 反射球

利用反射球和倒易点阵，我们可以用一幅简明的几何图形来表达布拉格方程。反射球（reflex sphere）为一半径为 $1/\lambda$ 的球体，晶体位于反射球的球心 C，CO 为入射 X 射线方向，CP 为衍射线方向，入射 X 射线穿出反射球的点 O 为倒易点阵的原点（图 23-10）。由简单几何可知，**OP** 的长度为 $2\sin\theta/\lambda$，其方向垂直于反射面。如果要满足布拉格方程，$2\sin\theta/\lambda$ 应该等于 $1/d$。那么此时 **OP** 恰好满足前面所述倒易矢量的两个重要性质，即其与正空间点阵面族垂直且长度为该面族面间距的倒数。因此，我们也可以说当坐标为（H，K，L）的倒易阵点与反射球面相交时，反射球球心与该倒易阵点的连线方向即为衍射指数为 H、K、L 的衍射方向（图 23-10）。注意在反射球中，晶体所在位置 C 点和倒易点阵原点 O 并不重合，它是为了处理衍射方向的需要，不必追求其意义。

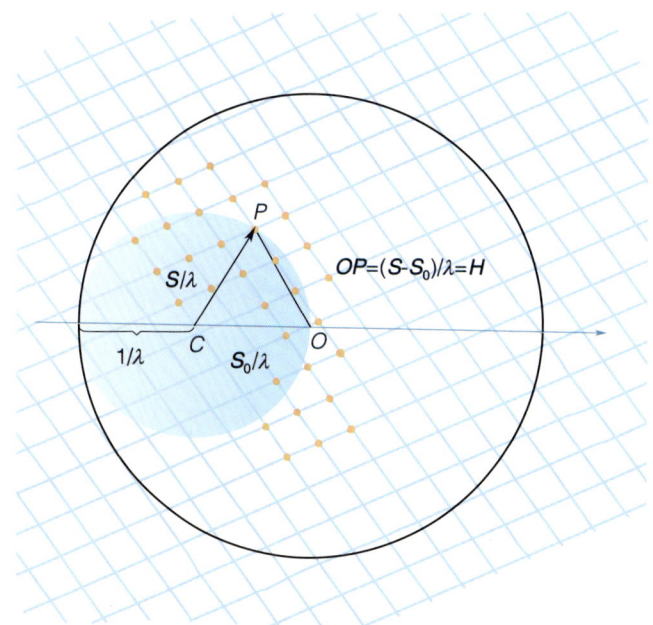

图 23-10　倒易点阵与反射球

反射球球心为 C 点，半径为 $1/\lambda$。CO 为入射 X 射线方向，**OP** 为倒易矢量 $\bm{H} = H\bm{a}^* + K\bm{b}^* + L\bm{c}^*$，当倒易阵点 P 与反射球相交时，$\triangle COP$ 表示的几何关系满足布拉格方程，CP 表示指数为 HKL 的衍射方向。

当晶体处于静止状态时，位于反射球面上倒易阵点所代表的正空间点阵面族和入射 X 射线的方位和波长恰好满足布拉格方程，即会发生指数为 H、K、L 的衍射。而此时位于反射球内和球外的倒易阵点代表的正空间点阵面族则不满足布拉格方程，不会产生衍射。但如果我们绕一个轴转动晶体，以倒易空间原点为球心，$2/\lambda$ 为半径球体范围内的倒易阵点都有机会通过反射球面，即这些倒易阵点代表的正空间点阵面族都有机会对入射 X 射线产生衍射（图 23-10）。因此转动晶体是收集晶体完整衍射点的一个重要方法，同时对波长为 λ 的入射 X 射线来说，能够和反射球面相交的倒易矢量的长度最长为 $2/\lambda$，也即能够产生衍射的正空间点阵面族的面间距最小为 $\lambda/2$，也称为最大分辨率。该结论也可以通过布拉格方程直接推导出来，即 $\sin\theta = \lambda/2d \leq 1$，也即 $d \geq \lambda/2$。

23.5　晶体的衍射强度

上一节我们讨论了入射 X 射线穿过晶体发生衍射的条件和方向，在劳厄方程、布拉格方程、反射球中，我们看到衍射方向与入射 X 射线波长、入射 X 射线和晶体方位关系、晶体点阵格子形状和大小（点阵平面间距）等几何因素相关。本节我们要讨论的衍射线强度则与晶胞内容，即晶胞中原子种类及其位置相关。电子是散射 X 射线的最基本单元，因此本节讨论从电子的散射开始，再逐步扩展到原子的散射、晶胞的散射、整个晶体衍射线的强度。

23.5.1　一个电子的散射

假设原点 O 点处有一电子，被强度为 I_0 的入射 X 射线照射发生受迫振动产生散射，P 点离电子距离为 R，P 点处的散射 X 射线强度由汤姆孙公式（Thomson formula）确定为 $I_0\left(\dfrac{e^2}{mc^2}\right)^2 \dfrac{1}{R^2} \dfrac{1+\cos^2 2\theta}{2}$，其中 I_0 为入射 X 射线强度，e 为电子电荷，m 为电子质量，c 为光速，2θ 为散射方向与入射方向的夹角。汤姆孙公式有两个重要结论：①一束非偏振的入射 X 射线经过电子产生的球形散射波，其散射强度在不同方向上有差异，沿入射 X 射线方向的散射强度（2θ 为 0° 或 180°）比垂直原入射方向（2θ 为 90° 或 270°）大一倍。汤姆孙公式中反映散射强度与散射角度关系的因子 $\dfrac{1+\cos^2 2\theta}{2}$ 称为偏振因子。②当入射 X 射线照射一个原子时，原子核外所有电子都会发生受迫振动，原子核也会发生受迫振动。但原子核的质量远远大于电子（质子质量是电子质量的 1836 倍），汤姆孙公式表明散射强度与散射粒子质量平方成反比。因此，原子对 X 射线的散射主要由电子所产生。

23.5.2　一个原子的散射与原子散射因子

前面讨论晶体衍射方向时，我们利用了一个近似，即在一个原子系统中，核外所有电子的散射波都可以近似地看作是由原子中心发出。此时，原子中的 Z 个电子都集中在原子中心，各电子散射波之间没有位相差，原子散射波的振幅是位于原子中心一个电子散射波振幅的 Z 倍，原子散射波强度是一个电子散射波强度的 Z^2 倍。但由于原子尺度和 X 射线波长在同一数量级，同时实际原子核外电子分处于不同轨道，因此不同电子的散射波之间存在位相差，使实际原子散射波振幅降低，不是一个电子散射波振幅的 Z 倍，而是小于 Z 的一个数，称为原子散射因子 f（atomic scattering factor），其物理意义为一个原子的散射振幅和一个电子的散射振幅的比值。某元素的原子序数 Z 是固定的，但该元素原子的 f 随着 $\sin\theta/\lambda$ 的增大而减小，当 θ 为 0° 时，f 取得最大值 Z。

在以上的讨论中，我们假设原子核外的电子密度为球形对称，电子在整个原子空间中自由运动，因此电子的散射如同自由电子。但实际情况是，电子受到原子核的束缚，束缚电子的散射能力和自由电子有区别，散射位相也有差别，这种效应称为反常散射。当考虑反常散射效应时，原子散射因子的表达式为 $f = f_0 + f' + if''$，f_0 为正常原子散射因子，是一个实数，f' 和 f'' 为与波长相关的反常散射因子，使 f_0 在实部和虚部都有一个修正，虚部 f'' 和实部 $f_0 + f'$ 的位相差为 90°。在生物大分子晶体结构测定中，原子反常散射效应被用来解析衍射线相位，具体内容请参见 23.9.1 节中的共振和反常散射方法。

23.5.3　一个晶胞的散射与结构因子

原子散射因子反映一个原子中所有电子散射波的合成，我们现在讨论一个晶胞中所有原子散射波的合成。晶胞中有 n 个原子，其对入射 X 射线散射波的振幅（原子散射因子）分别为 $f_1, f_2, \cdots, f_n$，和通过原点散射波的相位差分别为 $\alpha_1, \alpha_2, \cdots, \alpha_n$，则晶胞中 n 个原子互相叠加形成的散射波，用指数形式表达 $F = \sum_{j=1}^{n} f_j e^{i\alpha_j}$。如果晶体结构中第 j 个原子在晶胞中的位置用分数坐标 (x_j, y_j, z_j) 表示，则原点至该原子的矢量表示为 $\boldsymbol{r}_j = x_j \boldsymbol{a} + y_j \boldsymbol{b} + z_j \boldsymbol{c}$。该原子的散射波与通过原点散射波的光程差表示为 $\boldsymbol{r}_j \cdot (\boldsymbol{S} - \boldsymbol{S}_0)$，则相位差 α_j 为 $2\pi \boldsymbol{r}_j \cdot (\boldsymbol{S} - \boldsymbol{S}_0)/\lambda$。指数为 H、K、L 的衍射发生时，由劳厄方程可知 $(\boldsymbol{S} - \boldsymbol{S}_0)/\lambda$ 为倒易矢量 $\boldsymbol{H} = H\boldsymbol{a}^* + K\boldsymbol{b}^* + L\boldsymbol{c}^*$，则位相差 α_j 可用矢量形式表达为 $2\pi \boldsymbol{H}^T \cdot \boldsymbol{r}_j$，$\boldsymbol{H}^T$ 为倒易空间 1×3 行矢量，$\boldsymbol{r}_j$ 为正空间 3×1 列矢量，$2\pi \boldsymbol{H}^T \cdot \boldsymbol{r}_j$ 可简写为 $2\pi \boldsymbol{H} \boldsymbol{r}$ 或 $2\pi(Hx_j + Ky_j + Lz_j)$。此时晶胞中所有原子散射波的叠加和 $F = \sum_{j=1}^{n} f_j e^{i\alpha_j}$ 又可表示为 $F_H = \sum_{j=1}^{n} f_j e^{i2\pi \boldsymbol{H} \boldsymbol{r}_j}$ 或者 $F_H = \sum_{j=1}^{n} f_j e^{i2\pi(Hx_j + Ky_j + Lz_j)}$。$F_H$ 称为衍射 HKL 的结构因子，其模量 $|F_H|$ 称为结构振幅，其物理意义为一个晶胞中所有原子散射波的振幅与一个电子散射波振幅的比值。

上面讨论结构因子时，晶胞中的原子是分立的，每个原子的散射能力用原子散射因子表示。如果晶胞中原子分布用连续的电子密度函数 ρ 表示，结构因子的表达形式又可改写为 $F_H = \int \rho(\boldsymbol{r}) e^{2\pi i \boldsymbol{H} \boldsymbol{r}} d\boldsymbol{r}$，该式表示衍射 HKL 的结构因子是晶胞中电子密度函数的傅里叶变换。根据傅里叶变换的性质，电子密度函数就可以表示为结构因子的逆傅里叶变换，$\rho(\boldsymbol{r}) = \frac{1}{V} \int F_H e^{-2\pi i \boldsymbol{H} \boldsymbol{r}} d\boldsymbol{H}$，或以加和的形式表示为 $\rho(\boldsymbol{r}) = \frac{1}{V} \sum_H F_H e^{-2\pi i \boldsymbol{H} \boldsymbol{r}}$。如果将 F_H 表示为 $|F_H| e^{i\alpha}$，则电子密度函数可表示为 $\rho(\boldsymbol{r}) = \frac{1}{V} \sum_H |F_H| e^{i(-2\pi \boldsymbol{H} \boldsymbol{r} + \alpha)}$，其中结构因子振幅 $|F_H|$ 可以从实验测量得到的衍射线强度 I_H 经过计算得到，但是结构因子的相位信息不能被测量得到，因此生物大分子结构解析过程中的相位问题需要通过重原子同晶置换、反常散射、分子置换法等方法解决，关于这些方法的详细介绍请见 23.9 节。

23.5.4　衍射空间对称性

我们已详细叙述了晶体结构（正空间）的对称性，即由 32 个点群所代表的晶体宏观对称性，以及由 230 个空间群所代表的包括微观对称元素的晶体结构所有对称性。那么，这些正空间对称性如何决定衍射空间（倒易空间）的对称性？

衍射线强度 I_H 可以通过实验方法在衍射角 2θ 处测量得到，其数值正比于结构因子振幅 $|F_H|$ 的平方，即 $I_H \propto |F_H|^2$。在没有反常散射发生的情况下，指标为 H、K、L 和 $-H$、$-K$、$-L$ 的结构因子振幅相同，相位角相反，但指标为 H、K、L 和 $-H$、$-K$、$-L$ 的衍射线强度相等，衍射空间存在中心对称性。

正空间中的对称变换可以用矩阵操作 $W(R, T)$ 表示，其中 R 为 3×3 旋转矩阵，T 为平移向量，对一个矢量 r 的矩阵操作 W 得到一个新的矢量 $r' = Rr + T$。如果此操作作用于结构因子 F_H，即

$$F_H = \sum_{j=1}^{n} f_j e^{i2\pi H \cdot (Wr_j)} = \sum_{j=1}^{n} f_j e^{i2\pi H \cdot (Rr_j + T)} = \sum_{j=1}^{n} f_j e^{i2\pi H \cdot (Rr_j)} e^{i2\pi HT}$$

$$= \sum_{j=1}^{n} f_j e^{i2\pi (HR) r_j} e^{i2\pi HT},$$

即 $F_H = F_{HR} e^{i2\pi HT}$，又可改写为 $F_{HR} = F_H e^{-i2\pi HT}$。由此可知，$W(R, T)$ 作用于结构因子 F_H 得到新的结构因子 F_{HR}，振幅相同，而 $\alpha_{HR} = \alpha_H - 2\pi HT$。由以上推导，我们可知：①由对称操作所联系起来的结构因子振幅相同，即对称操作所联系的衍射点强度相同；②如果对称操作中包含平移操作，此平移操作不影响结构因子的振幅，但使对称操作联系的结构因子相位之间存在确定的关系 $\alpha_{HR} = \alpha_H - 2\pi HT$。

由以上讨论，我们可知衍射空间强度的对称性决定于晶体结构的点群对称性，在不考虑反常散射的情况下，衍射空间强度分布还存在着额外的对称中心，因此衍射空间的对称性可以用 11 个劳厄群表示（32 个点群中含有对称中心的点群数目为 11 个）。例如空间群为 P222 和 P2$_1$2$_1$2$_1$ 的晶体结构在正空间对称性不同，但它们在衍射空间具有相同的对称性 $\frac{2}{m}\frac{2}{m}\frac{2}{m}$，又可简写为 mmm。

如果晶体结构中存在非初基平移操作，衍射空间中的一些衍射点强度将有规律地为零，称之为衍射空间的系统消光。这些非初基平移操作包括带心格子（体心、全面心和单面心）、螺旋轴以及滑移面中存在的非初基平移。下面我们以空间群 P2$_1$ 为例说明系统消光规律，空间群 P2$_1$ 中的等效点为 (x, y, z) 和 $(-x, y+1/2, -z)$。(x, y, z) 位置上原子散射波的相位角为 $2\pi(Hx + Ky + Lz)$，$(-x, y+1/2, -z)$ 位置上相同原子散射波的相位角为 $2\pi[-Hx + K(y + 1/2) - Lz]$，两个散射波之间的相位差为 $(4Hx - K + 4Lz)\pi$。考虑到 x 和 z 为原子在晶胞中任意分数坐标，因此只有在 $H = 0$、$L = 0$ 和 K 为奇数时，相位差 $(4Hx - K + 4Lz)\pi$ 确切为 π，两个散射波将相互抵消，因此空间群 P2$_1$ 晶体衍射空间 0K0 轴上，当 K 为奇数时的 0K0 衍射点强度为零，产生系统消光现象。表 23-2 列出了生物大分子晶体中非初基平移操作引起的衍射消光规律。

表 23-2　生物大分子晶体衍射点消光规律

对称元素	衍射点消光规律
沿 a、b 或 c 方向 2_1 螺旋轴	H00、0K0 或 00L：奇数
沿 c 方向 4_2 和 6_3 螺旋轴	00L：奇数
沿 c 方向 3_1、3_2、6_2 和 6_4 螺旋轴	00L：不为 3 的倍数
沿 a 或 c 方向 4_1 和 4_3 螺旋轴	H00 或 00L：不为 4 的倍数
沿 c 方向 6_1 和 6_5 螺旋轴	00L：不为 6 的倍数
C 单面心晶胞	H+K：奇数
I 体心晶胞	H+K+L：奇数
F 全面心晶胞	H、K、L：奇偶性不同

23.6　晶体生长的基本原理

蛋白质晶体生长是通过创造过饱和溶液环境，使蛋白质分子有序排列形成三维周期性晶体的过程。其基本原理基于热力学驱动和动力学控制：当溶液浓度超过溶解度（过饱和）时，系统趋向降低自由能，促使溶质分子析出；而缓慢接近相变边界（如通过蒸汽扩散、透析或温度调节）可控制成核速率与晶体质量。关键因素包括蛋白质纯度（高于 95%）、溶液条件（pH、离子强度、沉淀剂）以及界面能（通过添加剂调节），最终实现分子间特异性相互作用（如氢键、疏水作用）主导的周期性堆叠，形成具有 X 射线衍射能力的单晶。该过程本质是平衡分子间作用力与溶剂化效应，使蛋白质从无序沉淀转向高度有序的晶态。

23.6.1　优质晶体的重要性

为了提高信噪比，在利用电磁波探测分子空间排列时，需要将分子周期性地排列，形成三维光栅（见图 4-6）。通过这种方式，实际上我们得到了所有分子的平均成像［见式（4-2）］。平均成像的细节和最终分辨率主要取决于两个因素：分子本身的均一性和分子排布的精确性。只有当这两个条件都得到满足时，我们才能观察到分子平均成像的细节，并获得较高的分辨率（图 23-11）。

23.6.2　提升分子均一性的方法

针对蛋白质分子的均一性，可以采用分子生物学方法进行优化。首先，通过改变编码蛋白质的基因序列，可以调整其结构和表达水平，从而提高均一性。例如，引入点突变、使用优化的启动子和信使 RNA 序列可以增强蛋白质的稳定性和表达效率。

图23-11 晶体中分子的周期排列（A）和衍射的分辨率（B）

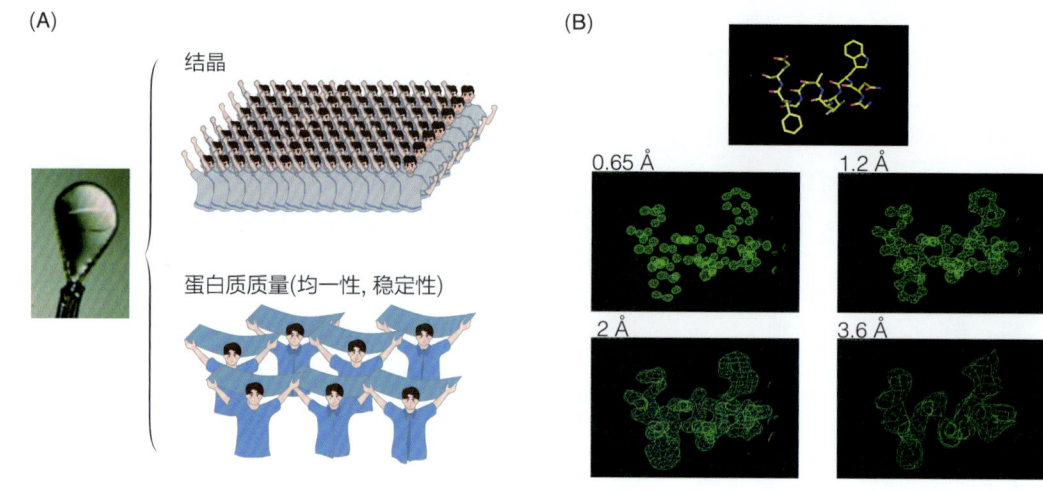

其次，利用分子生物学技术去除分子中的柔性片段，并添加适当的折叠辅助剂，有助于正确折叠蛋白质，防止其聚集和非特异性相互作用。这些辅助剂包括小分子化合物、融合伴侣蛋白和融合标签等。最后，蛋白质在形成复合物时通常更加稳定和均一，通过与其它蛋白质或辅助因子相互作用，可以提高目标蛋白质的均一性。这可以通过共表达、共沉淀或交联等方法实现。根据具体的研究需求，选择适合的方法或多种方法的组合可以有效地改善蛋白质分子的均一性（图23-12）。

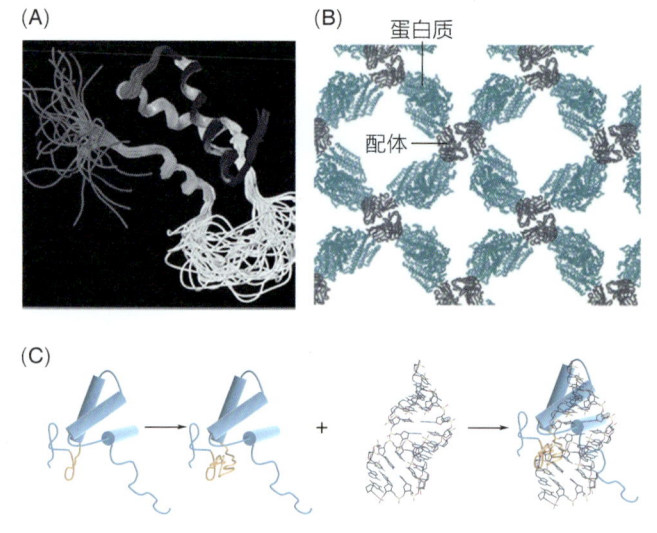

图23-12 提高蛋白质分子均一性的策略
（A）柔性区截短：蛋白质分子中柔性较大的区域可能导致构象异质性，通过截除柔性区域可增强分子刚性，提高均一性。（B）配体或抗体稳定：在蛋白质分子中引入小分子配体或结合抗体，可锁定其构象，减少动态波动，从而促进结晶。（C）复合物稳定：通过与互作蛋白或核酸分子形成复合物，可稳定目标蛋白的特定构象，降低构象多样性，提高结晶成功率。这些策略通过减少结构动态性、增强分子刚性或固定特定构象，优化蛋白质的均一性，从而改善晶体生长条件。

23.6.3 晶体生长的方法与策略

一旦蛋白质分子自身达到了足够的均一性，接下来的步骤就是将分子按周期排列，以形成晶体，这一过程也称为晶体生长（crystal growth）。晶体生长是指物质从溶液、气相或固相中有序排列形成晶体的过程（图23-13）。晶体生长的基本过程包括成核、晶胞生长和晶体成长。在成核阶段，溶液中的溶质聚集形成微小的晶核。接着，晶核周围的溶质逐渐结晶生长，形成晶胞。最后，晶胞之间的结晶生长将晶体扩大到适当的尺寸。

晶体生长受到多种因素的影响，主要包括温度、pH、浓度和溶剂条件。此外，添加剂、离子浓度、搅拌条件以及晶体生长容器的选择等其它因素也会对晶体生长产生影响。因此，结晶空间可以被视为一个高维度的搜索空间，其中各维度可以连续地、大量地被采样。然而，对于每一个蛋白质样品，系统性地探索所有的条件是不切实际的。因此，我们采用了一种类似于最优化搜索算法的方法。首先，将整个空间划分为一定数量的粗粒度网格。在这些网格点上，我们寻找可能的结晶条件，一旦在这些网格点上发现晶体，我们就在该条件附近进行进一步的优化。最终，我们可以得到高质量的晶体（图 23-14）。生物大分子结晶数据库（BMCD）收录了所有已知的蛋白质结晶条件。对这些条件进行总结和分析，以离散采样结晶空间，可以得到常用的商业化结晶试剂盒。

在蛋白质结晶领域，最常用的两种方法是悬滴法和坐滴法（图 23-15），这两种方法都属于蒸汽扩散技术。这两种方法都需要一个含有纯化的蛋白质、缓冲液和沉淀剂的液滴，以及一个含有相似缓冲液和沉淀剂但浓度更高的大体积缓冲液，以达到平衡。在最初阶段，蛋白质溶液的液滴中沉淀剂的浓度不足以诱发结晶，但随着水分从液滴蒸发并转移到大体积缓冲液中，沉淀剂的浓度逐渐增加到适合结晶的水平。由于该体系处于平衡状态，这些最适宜的条件将持续保持直至结晶过程完成。悬滴法和坐滴法的主要区别在于液滴的设置方式。在悬滴法中，液滴被悬置在封闭容器的盖子下，而在坐滴法中，液滴被置于容器的底部。无论是哪种方法，都需要精细地控制实验条件，逐步在液滴中增加沉淀剂的浓度，以触发蛋白质的结晶。

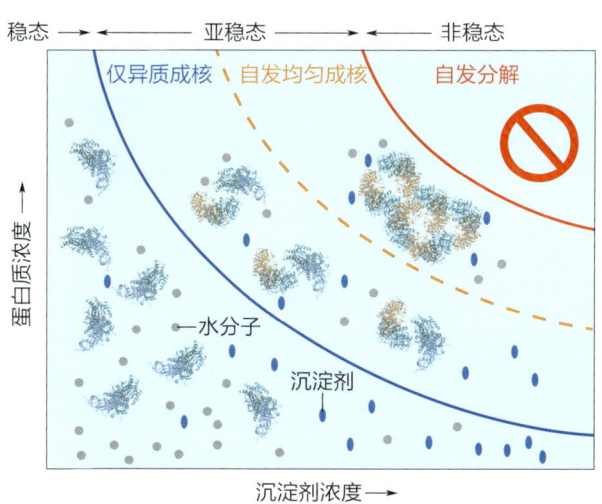

图 23-13 蛋白质结晶相图

图中展示了蛋白质结晶过程中关键的热力学参数关系。在给定温度下的基本溶解度相图中，随着沉淀剂浓度的增加，溶液中可达到的最大蛋白质浓度会降低，反之亦然。在溶解线和分解线之间形成亚稳态区域，表示溶液处于超饱和状态，这种情况下，溶液最终会经历动力学成核事件，达到平衡状态并分离成含有蛋白质的相（如沉淀物或晶体）和饱和蛋白质溶液。

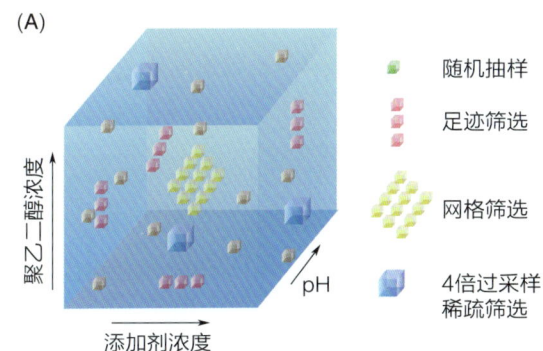

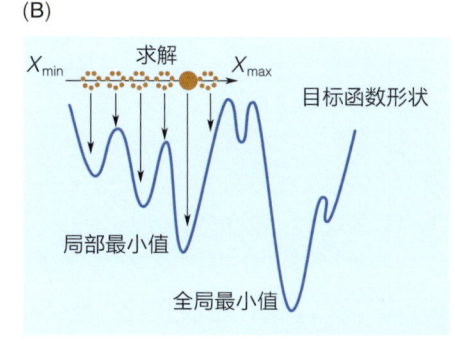

图 23-14 搜寻结晶空间的方法

蛋白质结晶条件的筛选过程在数学上可类比于多维参数空间中的最优化问题，其核心目标是寻找使晶体成核与生长达到最佳平衡的极小值点（即最优结晶条件）。具体搜索策略通常分为两个阶段：①粗筛阶段（全局搜索）。采用网格点扫描法（如稀疏矩阵筛选），在广阔的结晶条件空间（包括沉淀剂种类、pH、温度、离子强度等变量）中建立低分辨率采样点。②精修阶段（局部搜索）。在粗筛确定的候选条件附近，通过梯度搜索（如增减沉淀剂浓度、微调 pH 或添加添加剂）逐步逼近最优条件。（A）蛋白质结晶条件的优化涉及多个变量（如沉淀剂浓度、pH、温度、离子强度、添加剂等），这些参数构成一个高维条件空间，而最优结晶条件对应于该空间中的一个或若干"可行域"。（B）数学上多维参数空间中的最优化问题。

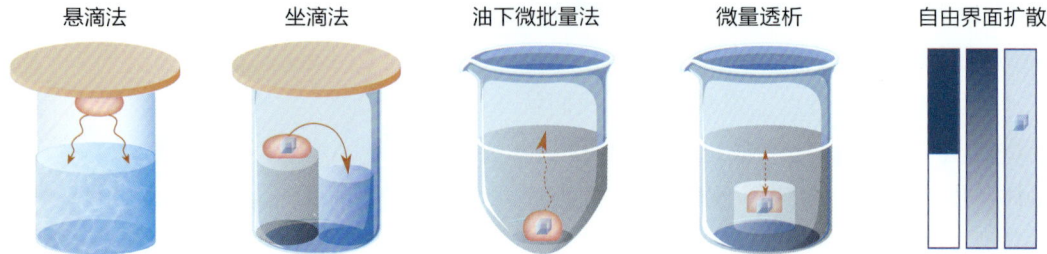

图 23-15　常见结晶技术的示意图

悬滴蒸发扩散是小规模手动设置中常用的方法，而坐滴蒸发扩散则更适用于机器设置。无须额外密封要求和易于微型化使得自动化的油下微批处理筛选更受青睐，尽管收集晶体较为困难。在微批量孔中使用硅油可以部分交换溶剂蒸气（由虚线箭头表示）。微量透析难以微型化，但可用于培养非常大的晶体。微型自由界面扩散筛选芯片越来越受欢迎，但自动化和收集问题仍然有待解决。以上每种方法都以不同的路径穿越结晶相图空间，而相同的化学筛选条件可能会产生差异很大的结果。

23.6.4　晶体尺寸对衍射的影响

在晶体学中，晶体的概念可以被描述为原子或分子排列的单胞密度和周期性平移晶格的卷积公式［见式（4-1）］。当晶格是无限大时，周期性的晶格可以简化为狄拉克 δ 函数。但是，如果晶格的尺寸是有限的，那么可以将其理解为无限晶格与描述晶体形状的三维阶梯函数的数学乘积（图 23-16）。根据傅里叶卷积定理（见知识窗 4-5），周期性的 δ 函数应该与描述晶体的三维阶梯函数的傅里叶变换进行卷积运算。以一维情况下沿着 b 方向为例，假设晶格在 b 方向上有 N 个晶胞，晶体阶梯函数 $f(x)$ 可以是 sinc 函数：$\dfrac{\sin\pi Sb}{\pi Sb}$。不同晶体尺寸的影响是：当 $N=1$（单个晶胞）时，sinc 函数极宽，衍射峰严重展宽（接近连续分布），难以分辨布拉格峰；当 $N=5$（5 个晶胞）时，sinc 函数主峰变窄，衍射峰可部分分辨；当 $N\gg1$（宏观晶体）时，sinc 函数趋近于 δ 函数，衍射峰尖锐，符合理想晶体模型。

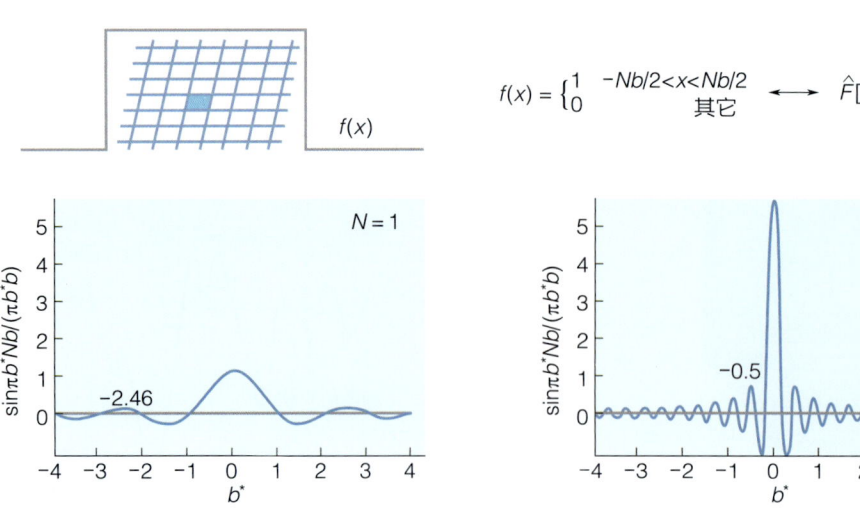

$$f(x) = \begin{cases} 1 & -Nb/2 < x < Nb/2 \\ 0 & \text{其它} \end{cases} \longleftrightarrow \hat{F}[f(x)] = \frac{\sin\pi NSb}{\pi S}$$

图 23-16　晶体尺寸对衍射峰展宽的影响

在 X 射线晶体学中，有限尺寸的晶体可以视为理想无限晶体与一个方波函数（矩形函数）的乘积，该方波函数定义了晶体的实际边界。根据卷积理论，这一空间域的乘积对应于倒易空间中的卷积操作，即晶体的结构因子 $F(S)$ 会与方波函数的傅里叶变换发生卷积。假设这个方波函数沿着晶体的 b 方向，大小为 N 个晶胞，那么它的傅里叶变化就定义为：当 $-Nb/2 < x < Nb/2$ 时，$f(x) = 1$；其它情况下，$f(x) = 0$（图 23-16）。函数 $f(x)$ 的傅里叶变换为 $\hat{F}[f(x)] = \dfrac{\sin\pi NSb}{\pi S}$，我们可以通过 $N = 1$ 和 $N = 5$ 的例子来解释。当 $S = 0$ 时，$\hat{F}[f(x)]$ 取得最大值，两侧有数个次级峰。随着晶胞数量 N 的增加，次级峰逐渐靠近最大值。当 N 趋向无穷大时，阶梯函数的傅里叶变换将趋近于狄拉克 δ 函数，此时所有的衍射强度都集中在布拉格峰上（参见 4.6.2 节）。然而，如果晶胞数量 N 较小，则阶梯函数会与布拉格峰进行卷积，衍射强度会在阶梯函数的倒易空间方向上展宽。因此，晶体的尺寸会影响衍射的分辨率。通常情况下，较大的晶体会产生更高的分辨率，因为它们具有更强的衍射信号。而较小的晶体可能会导致较弱的衍射信号或更宽的峰，从而降低分辨率。

23.6.5 制备重原子衍生物

在蛋白质晶体学中，为了解决相位问题，需要引入适当的重原子。制备重原子衍生物晶体的常用方法包括：①直接法，通过浸渍（soaking）或共结晶（co-crystallization）将重原子引入蛋白质晶体中。所使用的重原子化合物可以是含有重原子（如溴、碘或汞）的小分子配体，也可以是能够与蛋白质特定位点共价结合的化学试剂。②替代法，在蛋白质晶体中替换部分天然原子（通常是硫或碳原子），以添加重原子。替代通常采用高电子密度的化合物（如硒代甲硫氨酸）或人工合成的非天然氨基酸（如稳定异硒酰胺）来实现。③预衍生法，通过在蛋白质晶体形成之前，将蛋白质样品与重原子化合物进行反应，生成带有重原子标记的蛋白质，然后使用这些带有重原子标记的蛋白质进行结晶实验。经常使用的重原子试剂如表 23-3 所示。

表 23-3 制备重原子衍生物常用的化合物

可供选择的重原子种类	常用试剂	适用范围
单一金属离子	K_2PtCl_4、$KAu(CN)_2$、K_2HgI_4、$UO_2(C_2H_3O_2)_2$、$HgCl_2$、对氯汞苯甲酸磺酸盐（PCMBS）、$K_3UO_2F_5$	可溶性蛋白
	MeHgOAc、EMTS、PCMB、K_2PtCl_4、$K_2Pt(NO_2)_4$、orange Pt、TMLA、$KAu(CN)_2$、$OsCl_3$、Na_3IrCl_6、$YbCl_3$、Ta_6B_{12}	膜蛋白
内在金属元素或通过替代具有相似价态的重金属		用锶代替钙
硒代		硒代甲硫氨酸
多金属簇化合物		Ta_6Br_{12}、Au11、W12
惰性气体		高压压入氙和氪
卤化物、三碘化物、固体碘、硒代尿素衍生物		NaCl、KCl

23.7 数据采集

蛋白质晶体 X 射线衍射数据收集是通过高能 X 射线与有序排列的蛋白质分子相互作用，获取其三维结构信息的关键实验步骤。该过程首先需要筛选形态完整、尺寸适宜的优质晶体，经冷冻保护处理后，在液氮低温条件下进行衍射实验。使用同步辐射光源或实验室 X 射线发生器产生高强度 X 射线束，配合高灵敏度面积探测器记录衍射花样。通过精细调控晶体旋转角度（0.1~1(°)/ 帧）、曝光时间（0.1~1 s/ 帧）和探测器距离（150~400 mm）等参数，系统采集晶体在不同方位的衍射数据。理想的数据集应具备高分辨率（通常 1.5~3.0 Å）、高完整性（大于 95%）和良好的信噪比（$I/\sigma(I)>2$）。对于特殊需求如相位确定，还需采集多 / 单波长反常散射（MAD/SAD）数据。整个数据收集过程需平衡辐射损伤与数据质量，必要时采用多晶体数据合并策略以获得完整结构信息。获得的高质量衍射数据将为后续的结构解析和精修奠定基础。

23.7.1 晶体的冷冻保护

晶体长时间暴露在 X 射线下会导致辐射损伤，降低衍射分辨率。为了最小化辐射损伤，常采用样品冷却、在低温下进行数据采集的方法。在冷冻保护过程中，向蛋白质晶体中加入冷冻保护剂溶液，以防止晶态冰的生成，并减少冰晶对晶体结构的破坏。冷冻保护剂可以起到屏障的作用，取代蛋白质周围的水分子，减少形成冰晶。常用的冷冻保护剂有甘油、乙二醇、蔗糖和聚乙二醇（PEG）。这些冷冻保护剂具有降低溶液冰冻点的特性，可以保护晶体不受冰晶的影响。选择冷冻保护剂应考虑蛋白质晶体的大小、性质以及结构分析方法的具体要求（表 23-4）。冷冻保护过程通常涉及

表 23-4　探索可能的冷冻保护缓冲剂的选择策略

母液的关键成分	推荐的冷冻保护剂 / 方案
所有成分	添加 15%~25% 的甘油（在约三分之二的情况下有效）；通过油（例如石蜡、Paratone-N 或 NVH）拖拽
PEG（分子量小于 4000）	增加聚乙二醇（PEG），添加小分子量的 PEG
PEG（分子量大于 4000）	添加低分子量的聚乙二醇（注意：高分子量的聚乙二醇具有较差的冷冻保护性能，并且非常黏稠）
crystal screens solution Ⅰ（14）	Garman & Mitchell（*J Appl Crystallogr*, 1996, 29: 584–587）给出的所需的甘油浓度
crystal screen solutions Ⅰ and Ⅱ（14）	McFerrin & Snell（*J Appl Crystallogr*, 2002, 35: 538–545）给出的所需的 PEG400、乙二醇、甘油和 1,2- 丙二醇浓度
2- 甲基 -2,4- 戊二醇（MPD）	增加 MPD 浓度
盐（注意：低盐浓度需要比高盐浓度更高的冷冻保护剂浓度）	添加 MPD 和 / 或乙二醇、甘油、混合糖（如 15% 海藻糖 + 15% 蔗糖）；增加浓度 / 添加盐（例如 8 mol/L 的甲酸钠或丙二酸盐）；用有机溶剂替换盐
当上述方法都无效时	测试 20% L-（+）-2,3- 丁二醇

逐渐增加冷冻保护剂在晶体溶液中的浓度。通常通过逐步添加或将晶体浸泡在逐渐增加浓度的冷冻保护剂溶液中来实现。这种逐渐的过程有助于避免渗透性休克，并减小对晶体晶格的损害。一旦得到足够的冷冻保护，蛋白质晶体会被迅速冷冻，投入液氮或其它低温介质中，通常在 –150°C 以下。快速冷冻的过程会快速凝固溶液，同时保持晶体的结构，防止晶态冰的生成。正确的冷冻保护对于成功进行蛋白质晶体学实验至关重要，可以确保在冷冻、运输和储存过程中保持晶体的结构完整性。

23.7.2 晶体的初步检测

将含有晶体的冷冻环安装到衍射仪测角器头或样品支架上（图 23-17），以 90° 间隔收集两张衍射图像，确认以下内容：①样品是否为单晶？②衍射的最高分辨率是多少？③是否存在冰环？④相邻衍射点是否有重叠？⑤晶体的镶嵌度是否足够小？

23.7.3 单色旋转方法

在使用单波长入射光的情况下，对于任何特定的晶体取向，只有少数的倒易晶格点可以处于衍射位置（见图 4-18），而其中大部分不会位于厄瓦耳球的表面上。最终的衍射点数量取决于倒易晶格的密度，也就是取决于晶胞的尺寸。具有较小晶胞尺寸且倒易晶格稀疏的小分子晶体可能在某些取向下不会产生任何衍射点。生物大分子晶体的晶胞尺寸远大于所使用的辐射波长，因此在任何晶体取向中都会有多个倒易晶格点（衍射）位于厄瓦耳球的表面上。

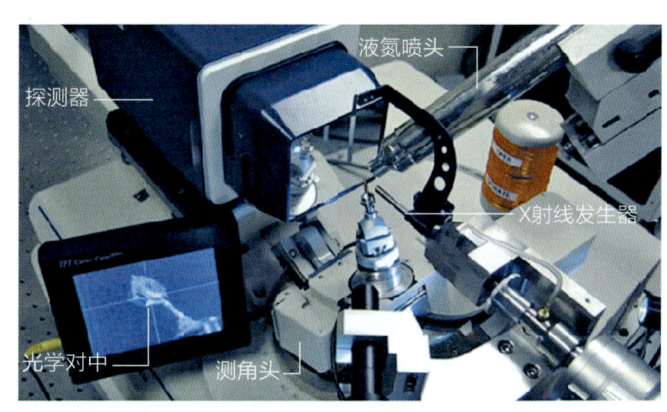

图 23-17 使用衍射仪评估晶体的品质

当晶体在 X 射线暴光期间不旋转或仅旋转很小角度，如所谓的"静止"或"准静止"照片，衍射图案将由一组同心椭圆排列的斑点组成，这些椭圆起源于倒易晶格中的一族平行平面。然而，如果晶体旋转，平面的起始和结束取向形成两个相交的椭圆，其中所有的衍射都记录在它们之间的月牙内（图 23-18）。同一椭圆内的所有衍射均来自同一倒易晶格层，并代表与一个公共轴平行的实空间晶格平面。由于衍射按照平行平面家族进行排列，探测器上会有一族同心椭圆。如果倒易晶格平面与 X 射线束垂直或与探测器平面平行，椭圆将更加明显。晶体的生物大分子晶胞尺寸会产生更明显的椭圆，而在小结构的衍射图案中，椭圆则不可辨认。

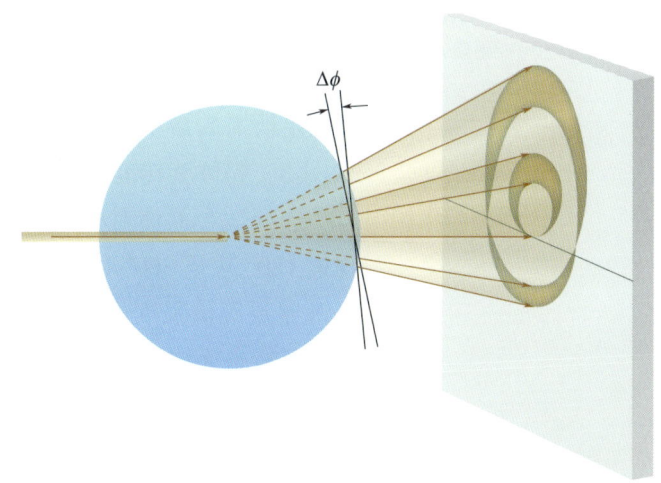

图 23-18 蛋白质晶体 X 射线衍射数据收集的旋转法示意图
晶体旋转时，来自倒易晶格中相同平面的衍射会形成一个由两个椭圆限定的弯月形，这两个椭圆对应于旋转的起始和结束位置。

23.7.4 设置数据收集参数

数据收集是结构分析过程的最后一个实验环节。采集高质量的衍射数据可以减少后续计算的额外负担,因此在收集数据时需要仔细设置一些参数,如回摆角度的大小、旋转起始位置、总的旋转范围、晶体到探测器的距离等。

（1）设置回摆角度

在细切片方法（fine-slicing）中,旋转方法的几何形状没有实际限制。对于宽切片,需要考虑一些因素来选择每个单次曝光的旋转范围。原则上,它应该足够小,以避免相邻月牙的重叠（图 23-19）。最大允许的旋转范围为

$$\Delta\varphi = \frac{180d}{\pi a} - \eta, \qquad (23-5)$$

其中,因子 $180/\pi$ 将弧度转换为角度,η 是晶体的镶嵌度和束线发散度的综合效应,d 是数据的最高分辨率,a 是沿 X 射线方向的单胞的长度。

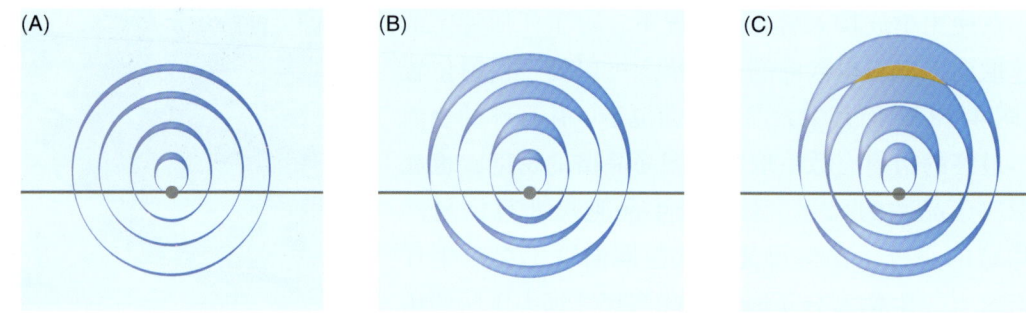

图 23-19 一系列月牙是由倒易晶格中平行平面族产生的

相邻月牙之间的间隙取决于平面之间的距离或者与平面垂直方向的单位晶胞尺寸。如果旋转范围很小（**A**）,月牙很窄,间隙很宽。随着旋转范围的增加（**B**）,月牙变宽,间隙变小。如果进一步增加旋转范围（**C**）,月牙开始重叠,并且两个相邻月牙的衍射轮廓也可能重叠。

（2）旋转起始位置

同心椭圆的衍射代表倒易晶格的主方向（图 23-20）。数据采集从同心椭圆开始,仅需进行最小旋转角度范围的收集,即可确保所有唯一的衍射点至少被测量一次,从而满足所需的最小完整数据收集条件。

（3）整体旋转范围

选择适合晶体对称性的整体旋转范围是影响数据完整性最重要的因素。原则上,收集 180° 甚至 360°（对于低对称性的反常信号）的数据总能确保最大的完整性。这也将导致等价强度的多次测量,从而获得更准确的数据。然而,一些晶体即使被冷冻,可能也无法抵抗第三代或第四代同步辐射源的强辐射。通过分析晶体对称性与旋转方法的几何关系,可以确定当所有唯一衍射至少测量一次时所需的最小完整数据收集条件,尽快达到高完整性需要遵循最佳策略。

表 23-5 列出了不同类别晶体在各种典型方向上所需的旋转范围。假设探测器位于中心位置（即 2θ 角为 0）,考虑到选择最佳旋转范围的重要性,从测试的第一组衍射照片（23.7.2 节）确定晶体的方向和对称性,然后决定从哪里开始以及覆盖多大的

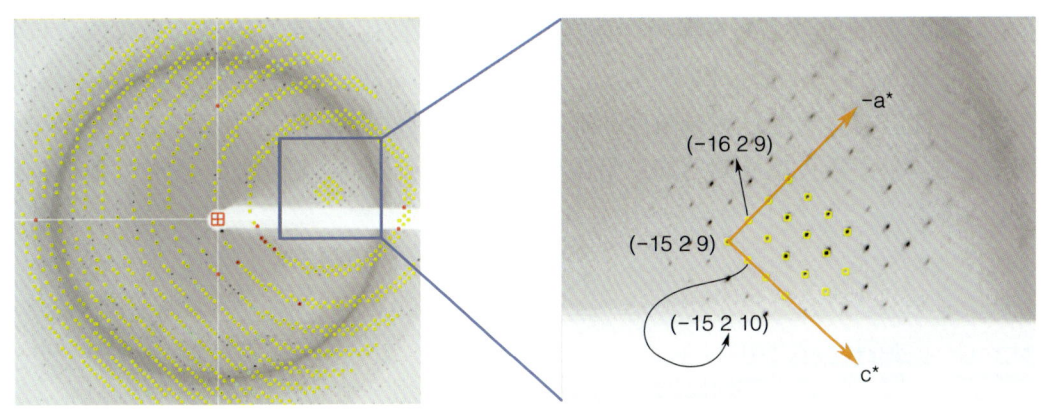

图 23-20 旋转的起始方向

旋转范围是非常有利的。大多数常用积分软件提供了策略工具，可以快速有效地进行这样的估计。

表 23-5　不同晶体类型所需的旋转范围（θ）

点群	母体数据 /(°)	反常散射数据 /(°)
1	180（any）	$180 + 2\theta_{max}$（any）
2	180（b）；90（ac）	180（b）；$180 + 2\theta_{max}$（ac）
222	90（ab 或 ac 或 bc）	90（ab 或 ac 或 bc）
4	90（c 或 ab）	90（c）；$90 + \theta_{max}$（ac）
422	45（c）；90（ab）	45（c）；90（ab）
3	60（c）；90（ab）	$60 + 2\theta_{max}$（c）；$90 + \theta_{max}$（ab）
32	30（c）；90（ab）	$30 + \theta_{max}$（c）；90（ab）
6	60（c）；90（ab）	60（c）；$90 + \theta_{max}$（ab）
622	30（c）；90（ab）	30（c）；90（ab）
23	约 60	约 70
432	约 35	约 45

注：主轴方向用括号表示；any 代表晶体的任意起始位置；ac、bc 分别代表 ac、bc 平面中的任意矢量。

（4）晶体与探测器之间的距离

晶体与探测器之间的距离越远，记录的衍射图案中的信噪比就越好，这是因为背景区域随着距离的平方增加而增加，而衍射峰的剖面幅度变化较小。因此，距离应根据衍射的最大分辨率进行调整。建议在 90° 角的两个图像上进行检查（23.7.2 节），因为某些晶体显示在一个方向上的衍射更远，显示出各向异性。一个关键且困难的决策是判断有意义的强度延伸多远，而初始图像应通过最大对比度进行仔细的目视检查。建议应留有一些安全余量，即将距离设置得比这种检查结果稍微近一些。在某些情况下，还必须考虑其它因素。如果晶胞尺寸非常大，将探测器距离设置为最大衍射分辨率会导致衍射峰显著重叠，那么最好为了完整获取数据而牺牲分辨率，并将距离设置为衍射峰分离的位置。如果探测器设置允许，可以使用2θ臂或简单的垂直位移将其从中心位置移动，通过这样的偏移，可以收集到更高的衍射角和更高分辨率的数据。然而，可能需要更大的总旋转角度才能获得完整的数据，这仅适用于当重叠是由于长轴与探测器平面重合造成时。如果是由弯月的重叠引起的，则增加距离和探测器偏移将无济于事。

23.8 数据处理

数据处理是指从X射线探测器记录的原始图像中提取衍射强度估计值（及其标准误差）的过程。数据处理的起始点是一系列的衍射图像，每个图像由一个二维平面探测器记录，在固定旋转轴上以较小角度旋转晶体（通常每张图像旋转0.2°～1.0°）。处理的结果是一个数据集，其中包含了图像上记录的所有衍射的密勒指标（h, k, l），其强度估计$I(h, k, l)$和标准偏差$\sigma(I)$。

23.8.1 峰搜索

在衍射图像中，斑点的位置是倒易晶格的畸变投影。峰搜索会得到一组$\{X, Y, i\}$三元组，其中i表示发现位置为$\{X, Y\}$的峰的图像编号（图23-21）。对于在宽切片模式下采集的数据，衍射发生的角度事先是未知的，但可以通过图像摆动范围的中间值来近似估算。

然后，以厄瓦耳球的球心为原点，建立实验室坐标系（图23-22）。假设晶体到探测器的距离为D，在垂直于X射线束的平面探测器上记录位于$\{X, Y\}$位置的衍射点时，其对应的倒易空间坐标为

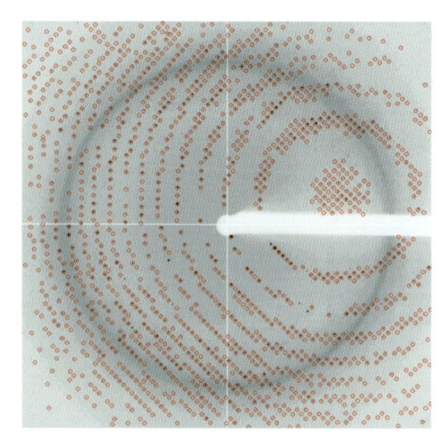

图23-21　在衍射照片上进行峰搜索

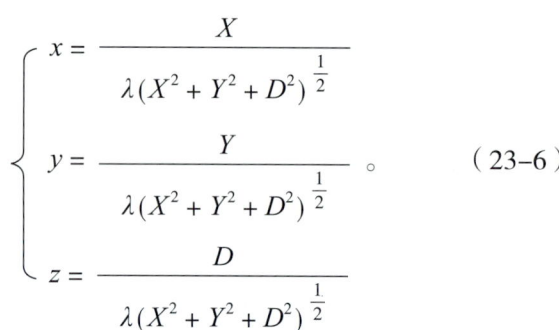

$$\begin{cases} x = \dfrac{X}{\lambda(X^2 + Y^2 + D^2)^{\frac{1}{2}}} \\ y = \dfrac{Y}{\lambda(X^2 + Y^2 + D^2)^{\frac{1}{2}}} \\ z = \dfrac{D}{\lambda(X^2 + Y^2 + D^2)^{\frac{1}{2}}} \end{cases} \quad （23-6）$$

23.8.2 自动指标化

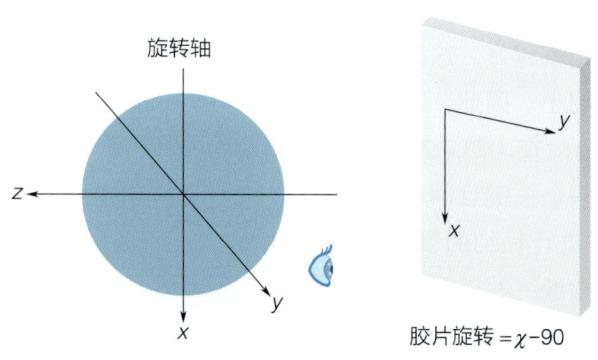

图23-22　HKL2000软件中的实验室坐标系

指标化是用来确定晶胞参数、可能的劳厄对称性和

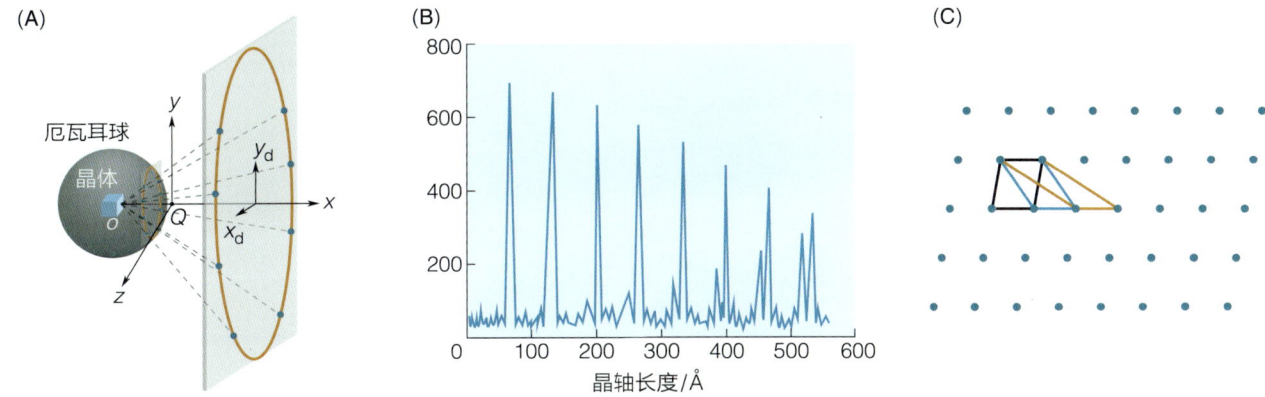

图 23-23 傅里叶自动指标化法
（**A**）厄瓦耳球示意图。晶体位于厄瓦耳球中心（O）处，X 射线入射光束沿 x 轴方向传播，倒易点阵原点（Q）位于 X 射线束穿出厄瓦耳球的位置。实验坐标系由正交轴系 x、y、z 定义，其中晶体旋转轴与 z 轴平行。x_d 和 y_d 定义了探测器坐标系。（**B**）一维快速傅里叶变换指标化分析示意图。此方法特别适用于大分子复合物晶体的快速指标化，通过一维分析即可确定主要晶轴参数，为后续三维数据收集提供关键取向信息。（**C**）Niggli 约化晶胞求解方法。通过约化变换将任意原始晶胞转换为标准化的唯一形式。

晶体取向的方法（需要强度信息才能准确找到对称性），通常包括快速傅里叶变换（FFT）和差向量法。差向量法是通过分析计算的倒易点之间的矢量差来推导出倒易晶胞的组合方向矩阵（即包含倒易晶格尺寸和晶体相对于实验室坐标系的取向），目前在广泛使用的程序套件 XDS 中使用。快速傅里叶变换法直接产生实空间晶胞参数，其基础是倒易晶格是实空间晶格的傅里叶变换，这种直接、可靠的自动指标化使得数据处理变得容易获得，成为许多生物大分子晶体学家首选的程序（图 23-23）。自动指标化对探测器几何描述的准确性要求很高。自动指标化将晶格的原点移动到最近的布拉格晶格点。确定了一个晶格之后，必须找到 Niggli 约化晶胞（Niggli reduced cell）。在图 23-23 所示的二维示例中，黑色单元对应于约化晶胞，而橙色或蓝色晶胞则由自动指标化得到。

23.8.3 晶格对称性

自动指标化只能获取 Niggli 约化晶胞，这实际上属于单斜晶系，没有任何对称性。要获取高对称晶胞，需要测试《国际晶体学表》（A 卷）中的 44 个矩阵，以找到可能的最高对称性（图 23-24）。

23.8.4 衍射几何参数调整

积分步骤的准确性取决于衍射峰位置的精确度。自动指标化仅提供晶体的大致取向，如果探测器参数的初始值不确定，那么此步骤的结果将不准确。可以采用非线性最小二乘拟合过程来改进预测。通过最小化三个类型函数（图 23-25）之和的方程来

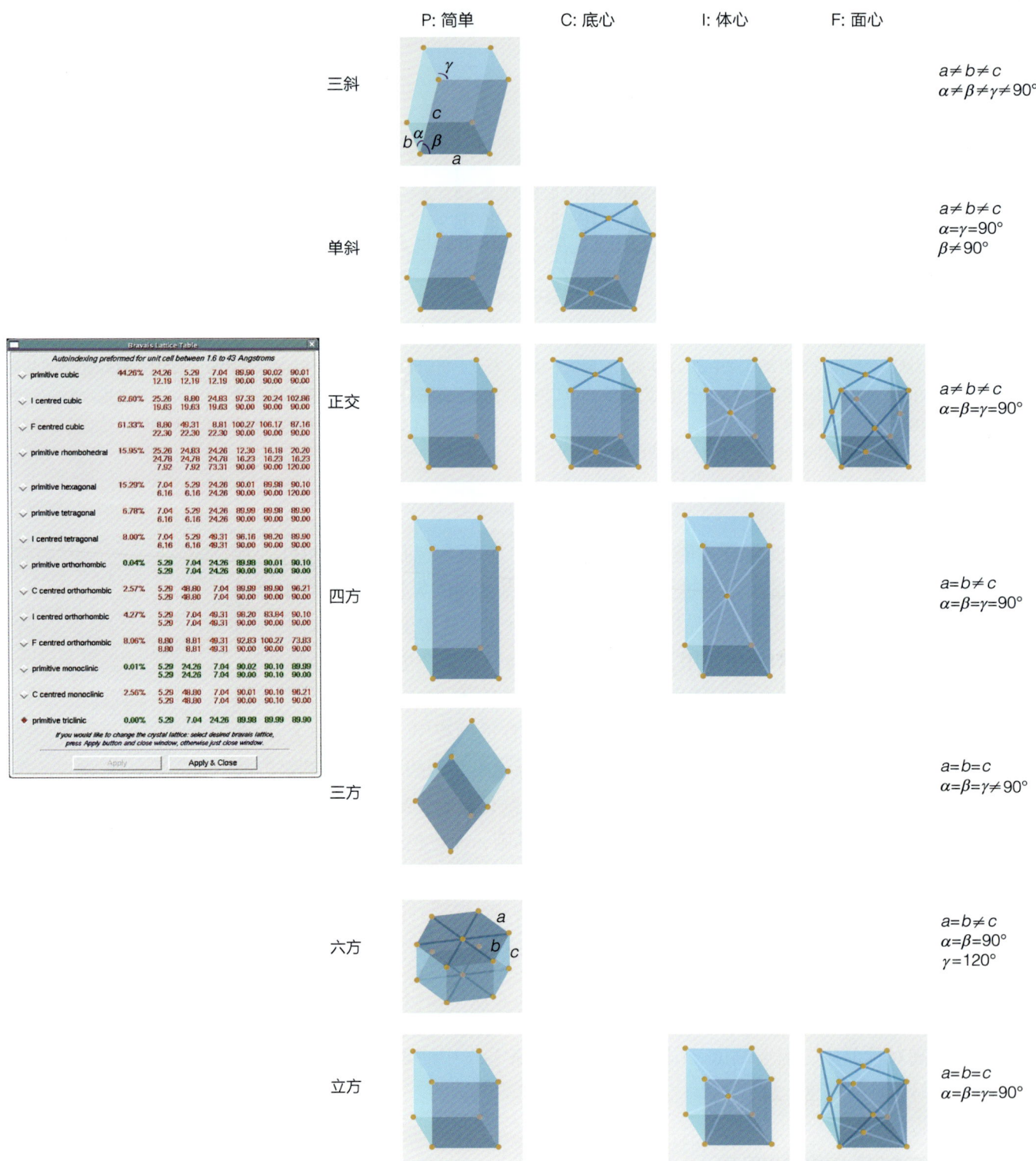

图 23-24 确定高对称性

在完成衍射花样指标化后,最终需要解决的是晶体对称性问题。基于已获得的约化基矢,可以寻找与其度量性质相符的最高可能布拉维系对称性。根据《国际晶体学表》的 44 种晶格特征,系统检验各要素的对称性关系,在预设的容差范围内判定晶格所属的布拉维类型。

23.8.5 衍射点强度的总和与轮廓拟合方法

确定积分强度有两种截然不同的方法：总和积分和轮廓拟合（图 23-26）。总和积分只需要将斑点区域内的所有像素值相加，然后减去估计的背景贡献值。轮廓拟合则假设已知实际斑点形状或轮廓（在二维或三维中），并通过寻找比例因子来推导强度，该比例因子将已知（或标准）轮廓应用于观察到的斑点轮廓时给出最佳拟合。在实践中，轮廓拟合需要两个单独的步骤：确定标准轮廓和评估轮廓拟合强度。轮廓拟合可以减小与低强度相关的随机误差，但对于非常高的强度则没有改进。轮廓拟合在估计饱和衍射和处理未完全分辨的衍射斑点方面提供了额外的优势。

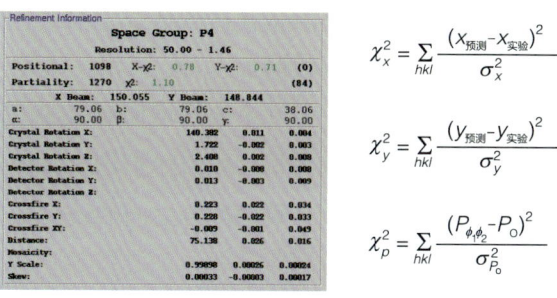

$$\chi_x^2 = \sum_{hkl} \frac{(x_{预测} - x_{实验})^2}{\sigma_x^2}$$

$$\chi_y^2 = \sum_{hkl} \frac{(y_{预测} - y_{实验})^2}{\sigma_y^2}$$

$$\chi_p^2 = \sum_{hkl} \frac{(P_{\phi_1\phi_2} - P_O)^2}{\sigma_{P_O}^2}$$

图 23-25　晶体和探测器参数的优化

23.8.6 数据还原

在一组 X 射线衍射图像上进行衍射点积分，得到一份衍射强度的列表之后，通常会对数据进行一系列操作，这一系列操作被称为"数据还原"。这些过程包括确定点群和可能的空间群，将所有数据放在一个共同的尺度上，确定是否拒绝收集的数据的某些部分或削减分辨率，并从强度中估计结构振幅$|F|$。数据的内部一致性统计还提供了数据集整体质量的良好指标。数据还原试图纠正由于数据收集期间实验条件的变化对测量强度的影响，例如入射光强度的变化、晶体被照射的体积、主要或次要束的吸收以及平均辐射损伤。一般通过尝试使对称相关或重复测量的衍射强度相等来完成，即尽可能使数据内部自洽一致：

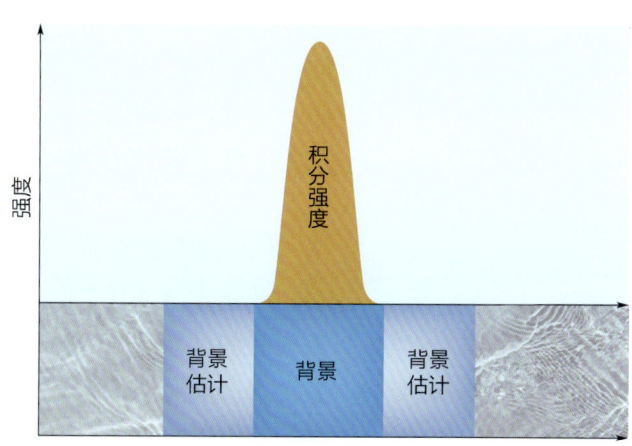

图 23-26　衍射点强度的积分

$$\Psi = \sum_h \sum_l w_{hl}(I_{hl} - g_{hl}\langle I_h \rangle)^2 + \text{parameter\_restraint\_terms}, \quad (23\text{-}7)$$

其中，$\langle I_h \rangle$ 是 I_h 衍射点的 l 次测量结果的平均。

23.8.7 数据品质评估

一旦将所有强度归一化，并获得每个强度的误差估计，我们可以评估数据的内在一致性和信噪比。我们可以根据图像编号（相当于时间或晶体旋转）以及分辨率对数据进行分析，以检测辐射损伤强弱或不一致的数据区域，并确定最高分辨率的截断点。需要注意的是，对称相关的观察可能受到相同系统误差的影响，导致内在一致性测量往往低估真实误差。传统上，我们通过 R 因子来评估内在一致性。通过冗余度加权的 R_{meas}（$R_{\text{r.i.m.}}$）相对于 R_{merge} 有所改进，因为它对数据的冗余度不敏感，而 R_{merge} 则随着冗余度的增加而增加，即使平均强度在改善。$R_{\text{p.i.m.}}$ 提供了合并多个观测后的数据质量估计。另一种用于分析内在一致性的替代方法是将观测结果随机分成两部分，然后计算两部分之间的线性相关系数 $CC\frac{1}{2}$。

$$R_{\text{merge}} = \sum_h \sum_i |I_{hi} - \langle I_h \rangle| \Big/ \sum_h \sum_i \langle I_h \rangle,$$

$$R_{\text{meas}} = R_{\text{r.i.m.}} = \sum_h \sum_i \left[\left(\frac{n_h}{n_h - 1}\right)^{\frac{1}{2}} |I_{hi} - \langle I_h \rangle|\right] \Big/ \sum_h \sum_i \langle I_h \rangle, \quad (23\text{-}8)$$

$$R_{\text{p.i.m.}} = \sum_h \sum_i \left[\left(\frac{1}{n_h - 1}\right)^{\frac{1}{2}} |I_{hi} - \langle I_h \rangle|\right] \Big/ \sum_h \sum_i \langle I_h \rangle。$$

23.8.8 结构因子强度的分布及孪晶检测

（1）威尔逊分布

威尔逊分布（Wilson distribution）是一种概率分布，用于描述结构因子的情况。假设我们已知晶胞中的原子类型（即散射因子 f），并假设每个原子可位于晶胞中的任意位置，其对结构因子的贡献相位可以取任意值。威尔逊分布在数据调整和确定整体热运动方面非常有用。

① 非中心对称晶体　晶体的结构因子计算公式可表示为

$$F = \sum_{j=1}^N f_j e^{2\pi i h r_j} = \sum_{j=1}^N f_j \cos 2\pi h r_j + i \sum_{j=1}^N f_j \sin 2\pi h r_j = A + iB。 \quad (23\text{-}9)$$

结构因子的实部和虚部分别记为 A 和 B，它们分别是多个随机变量的求和。根据中心极限定理，A 和 B 各自服从正态分布。为了表征这两个正态分布，我们分别计算 A 和 B 的均值以及方差：

$$\langle A \rangle = \sum_{j=1}^N \langle f_j \cos 2\pi h r_j \rangle = 0, \quad (23\text{-}10)$$

$$\langle B \rangle = \sum_{j=1}^N \langle f_j \sin 2\pi h r_j \rangle = 0, \quad (23\text{-}11)$$

$$\sum_A = \langle A^2 \rangle - \langle A \rangle^2 = \sum_{j=1}^N \langle (f_j \cos 2\pi h r_j)^2 \rangle = \frac{1}{2} \sum_{j=1}^N f_j^2, \quad (23\text{-}12)$$

$$\sum_B = \langle B^2 \rangle - \langle B \rangle^2 = \sum_{j=1}^N \langle (f_j \sin 2\pi h r_j)^2 \rangle = \frac{1}{2} \sum_{j=1}^N f_j^2。 \quad (23\text{-}13)$$

根据均值和方差，我们可以推导出 A 和 B 的概率分布：

$$P(A) = N_A \exp\left(-A^2 \Big/ \sum_{j=1}^N f_j^2\right),$$

$$P(B) = N_B \exp(-B^2 / \sum_{j=1}^{N} f_j^2)。 \quad (23\text{-}14)$$

假设 A 和 B 是相互独立的，(A, B) 的联合概率可以表示为 $P(A)$ 和 $P(B)$ 的乘积：

$$P(A, B) = P(A)P(B) = \exp\left(-\frac{A^2 + B^2}{\sum_{j=1}^{N} f_j^2}\right) = \exp(-|F|^2 / \sum_{j=1}^{N} f_j^2)。 \quad (23\text{-}15)$$

强度和结构因子振幅的概率密度函数：

$$P(|F|^2) = \exp(-|F|^2 / \sum_{j=1}^{N} f_j^2),$$

$$P(|F|) = (2 / \sum_{j=1}^{N} f_j^2) |F| \exp(-|F|^2 / \sum_{j=1}^{N} f_j^2)。 \quad (23\text{-}16)$$

归一化结构因子定义为 $E = \dfrac{F}{\sqrt{\sum_{j=1}^{N} f_j^2}}$，则概率简化为

$$P(E^2) = \exp(-E^2),$$
$$P(E) = 2E \exp(-E^2)。$$

② 中心对称晶体　同样的方法可以推导出中心对称晶体的归一化结构因子的概率密度函数如下：

$$P(E) = \sqrt{\frac{2}{\pi}} \exp\left(-\frac{E^2}{2}\right)。 \quad (23\text{-}17)$$

根据非中心对称密度函数和中心对称密度函数，我们可以计算得到一个统计量（表 23-6），用于区分非中心和中心对称晶体。

表 23-6　非中心对称和中心对称晶体中归一化结构因子的统计量

统计量	非中心对称	中心对称
$\langle E \rangle$	$\sqrt{\pi}/2 \approx 0.886$	$\sqrt{2/\pi} \approx 0.798$
$\langle E^2 \rangle$	1	1
$\langle |E^2-1| \rangle$	$2/e \approx 0.736$	$\sqrt{8/e\pi} \approx 0.968$
威尔逊比率 $M = \dfrac{\langle E \rangle^2}{\langle E^2 \rangle}$	$\pi/4 \approx 0.785$	$2/\pi \approx 0.637$

（2）孪晶现象

在晶体学领域，孪晶并不罕见，尽管长期以来一直被认为是确定结构时最严重的潜在障碍之一。随着面探测器的使用，孪晶的检测和孪生晶体衍射照片的处理得到了极大的改进。计算机软件的发展也使以前难以处理的孪晶问题现在可以获得与非孪晶样品相当的结果。因此，从孪晶晶体中确定结构变得越来越常见。

① 定义　当晶体结构的空间群所隐含的对称性低于晶胞（或超晶胞）的实际对称性时，就可能会出现孪晶现象。用堆砌砖块来类比：砖块的整体形状或轮廓是

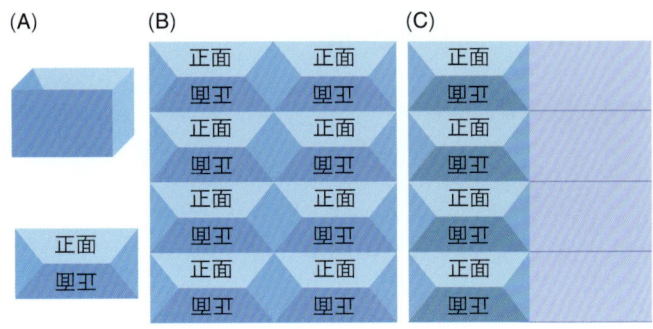

图 23-27　一个关于孪晶的简单模型
（**A**）一块砖；砖的顶部有一个凹陷处，凹陷处的两侧刻有"正面"字样。（**B**）一堆砖，所有的砖都通过平移与彼此相关。这类似于构成单个晶体的晶胞之间的关系。（**C**）这里有些砖被倒置放置。砖仍然可以拼接在一起，因为当我们将砖翻转时，使用了砖的轮廓或整体形状的对称元素。这类似于孪晶中晶胞之间的关系。在（B）和（C）中，这些图形旨在表示整个晶体。

mmm，但如果我们考虑一侧的"凹陷"以及上面刻有"正面"的字样，点群对称性仅为 2（这堆砖的"空间群"将是 P2）（图 23-27A）。堆砌砖块一般的方式是所有砖块的放置方向相同，如图 23-27B 所示，注意到砖块是通过与页面垂直的二重轴或简单平移相互关联的，这两种操作都是空间群的元素。然而，也可以将一些砖块倒置放置（图 23-27C）。砖块的整体形状以及边缘之间的 90° 角度，使这种方式成为可能，而不会影响砖块的堆叠。在将某些砖块倒置时，我们使用了 mmm 点群而不是 2/m 点群的对称操作中的二重轴。图 23-27B 类似于单晶体，图 23-27C 就类似于孪晶了。在图 23-27C 中，存在两个区域变体：同一区域内的砖块（对应于晶胞）通过平移相互关联；不同区域的砖块通过平移加上在砖块的轮廓或整体形状的点对称性中发生的旋转相互关联。这个额外的对称操作在晶体学中对应于孪生定律。在替代方向上的砖块比例对应于孪晶缩放因子，在这个例子中为 0.5。

每个孪晶区域都会产生自己的衍射图案；在衍射仪上测量到的是所有这些图案的叠加，其强度根据区域因子进行加权。来自不同区域的衍射图案的相对方向与区域的相对方向相同，因此如果它们通过绕 a 轴旋转 180° 相互关联，那么它们的衍射图案也是如此。图 23-28 展示了 $\beta = 90°$ 的单斜晶体结构的孪晶情况。孪晶在晶体学中是一个问题，因为它导致了非对称关系的衍射之间的叠加或重叠。在对孪晶晶体进行结

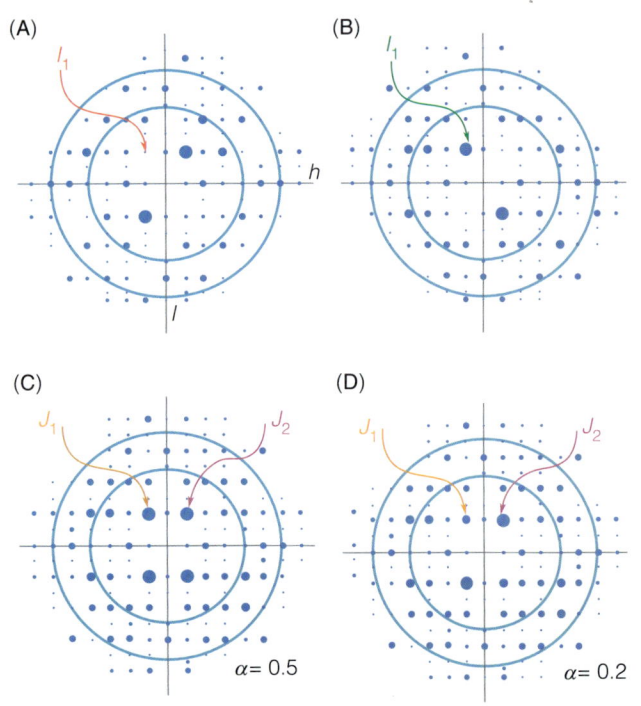

图 23-28　垂直于 a 轴的二重旋转对 P2₁/c 空间群的单斜晶体（$\beta = 90°$）的衍射图案产生孪晶效应
这里只展示了 h0l 区域显示出的特殊现象。（**A**）来自单一晶体的 h0l 区域的衍射图案，可能代表了孪晶的一种情形。（**B**）与（A）相似，但经过绕 a^* 轴（或 h 轴）的旋转，这与单胞的 a 轴对齐，呈现出孪晶的另一个区域的衍射图案。（**C**）将（A）和（B）叠加在一起，模拟了具有区域比例因子为 0.5 的孪晶，即两个区域以相等的比例存在。（**D**）模拟了具有区域比例因子为 0.2 的孪晶，其中晶体由 80% 的一个区域 A 和 20% 的另一个区域 B 组成。每个图案的 $|E^2-1|$ 值分别为：（A）和（B）为 1.015，（C）为 0.674，（D）为 0.743。对于中心晶体结构，理想（非孪晶）$|E^2-1|$ 值为 0.97，这表示衍射图案具有强衍射和弱衍射的存在；而在非中心分布中，强度更均匀分布，理想值为 0.74。

构分析时，准确地确定哪些衍射对特定强度测量有贡献非常重要，这就是孪晶规则的作用。

孪晶晶体测量得到的强度是根据两个孪晶区域的体积比例进行合并的：

$$J_1 = \alpha I_1 + (1-\alpha) I_2, \quad (23\text{-}18)$$

$$J_2 = (1-\alpha) I_1 + \alpha I_2。 \quad (23\text{-}19)$$

其中，I_1 和 I_2 代表与孪晶操作相关联的一对衍射点的测量强度；J_1 和 J_2 表示这些衍射点的真实强度，即来自非孪晶晶体的衍射；α 是孪晶比例，即较小孪晶成分的体积分数。

② 孪晶的识别　在小分子和生物大分子晶体学领域，已经提出并实践了多种基于强度分布的测试方法，包括 $N(Z)$ 测试、H 测试、L 测试等（表23-7）。

表23-7　关于非孪晶和孪晶晶体的各种统计公式

强度分布	统计公式			
累加强度分布				
非中心对称衍射				
非孪晶	$_1N(z) = 1 - \exp(-z)$			
50% 孪晶	$_1N(z, 0.5) = 1 - (1 + 2z)\exp(-z)$			
α 孪晶	$_1N(z, \alpha) = \{\alpha[\exp(-z/\alpha) - 1] - (1-\alpha)\exp[-z/(1-\alpha)] - 1\}/(1-2\alpha)$			
中心对称衍射				
非孪晶	$_{-1}N(z) = erf\left(\dfrac{z}{2}\right)^{\frac{1}{2}}$			
50% 孪晶	$_{-1}N(z, 0.5) = 1 - \exp(-z)$			
累加 $S(H)$ 分布				
非中心对称衍射	$S(H) = H/(1-2\alpha)$			
中心对称衍射	$S(H) = \arccos\dfrac{H}{(2\alpha-1)}/\pi$			
I 和 H 的分布矩	$\langle I^2 \rangle / \langle I \rangle^2$	$\langle F \rangle^2 / \langle I \rangle$（威尔逊比率）	$\langle H \rangle$	$\langle H^2 \rangle$
非中心对称衍射			$\dfrac{1}{2} - \alpha$	$\dfrac{(1-2\alpha)^2}{3}$
非孪晶	2.0	0.785 ($=\pi/4$)	0.5	0.333
50% 孪晶	1.5	0.885	0.0	0.0
中心对称衍射			$\dfrac{2(1-2\alpha)}{\pi}$	$\dfrac{(1-2\alpha)^2}{3}$
非孪晶	3.0	0.637 ($=2/\pi$)	0.637	0.5
50% 孪晶	2.0	0.785	0.0	0.0

续表

L 的分布矩和 $N(\vert L\vert)$ 的累加分布	$\langle \vert L \vert \rangle$	$\langle L^2 \rangle$	$N(L)$	$N(\vert L \vert)$
非中心对称				
非孪晶	1/2	1/3	$(L+1)/2$	$\vert L \vert$
孪晶	3/8	1/5	$\dfrac{(L+1)^2(2-L)}{4}$	$\dfrac{\vert L \vert(3-L^2)}{2}$
中心对称非孪晶	$2/\pi$	1/2	$\dfrac{\arccos(-L)}{\pi}$	$\dfrac{2}{\pi}\arcsin L$

23.9 解决蛋白质晶体学中相位问题的方法

在蛋白质晶体学中，相位问题（phase problem）是结构解析的核心挑战。由于 X 射线衍射实验仅能记录衍射点的振幅（强度开方），而丢失了相位信息（即结构因子的复数角度），因此需要借助特定方法恢复相位，才能通过傅里叶逆变换计算电子密度图。以下是主要求解策略的分类与原理。

23.9.1 实验相位解决方法

（1）同晶置换法

最早用于解决蛋白质晶体衍射相位的方法是多对同晶置换法（multiple isomorphous replacement，MIR）。佩鲁茨及其合作者证明了向血红蛋白晶体中引入的汞原子可以用于确定相位，这称为单对同晶置换法（single isomorphous replacement，SIR）。在单对同晶置换法中，来自单个重原子衍生物的相位信息是不确定的，通常每个衍射点提供两种选择。然而，通过引入第二个特异衍生物可以解决这种不确定性，正如贝弗特（Johannes Bijvoet）对马钱子碱的分析所提出的，并由哈克（David Harker）进行了代数和图形化的详细说明。哈克的相位图解释了来自单一同晶衍生物的不确定性（图 23-29），以及如何通过引入第二个衍生物来解决这个问题（图 23-30）。布洛（David Blow）和罗斯曼（Michael Rossmann）提出，来自单个重原子衍生物的反常散射信号也可用于解决相位的不确定性。他们首次提到了具有反常散射的多对同晶置换法（multiple isomorphous replacement with anomalous scattering，MIRAS）用于还原血红蛋白的结构，并首次使用了具有反常散射的单对同晶置换（single

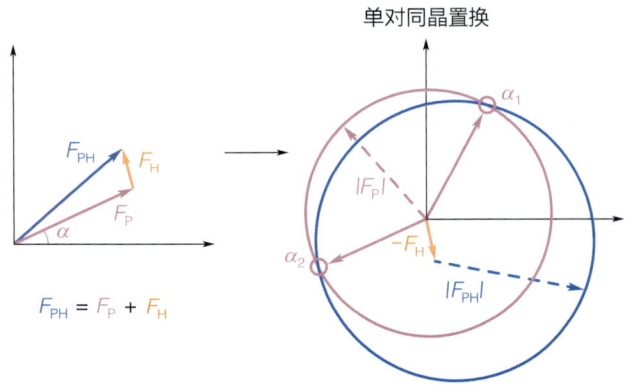

图 23-29　展示单对同晶置换法原理的哈克图
通过引入第二个重原子 F_{PH2}，相位问题得以解决。

isomorphous replacement with anomalous scattering，SIRAS）用于红铁蛋白的结构解析。

理论上，单个衍生物的同晶置换差异为
$$|F_{\text{PH}}|^2 - |F_{\text{P}}|^2 = |F_{\text{H}}|^2 + 2|F_{\text{P}}||F_{\text{H}}|\cos(\varphi_{\text{P}} - \varphi_{\text{H}})。$$
$(|F_{\text{PH}}| - |F_{\text{P}}|)^2$ 的帕特森图近似等于 $|F_{\text{H}}|^2$ 的帕特森图，利用它就可以解析出重原子的位置。但单个重原子衍生物的相位信息是不确定的。

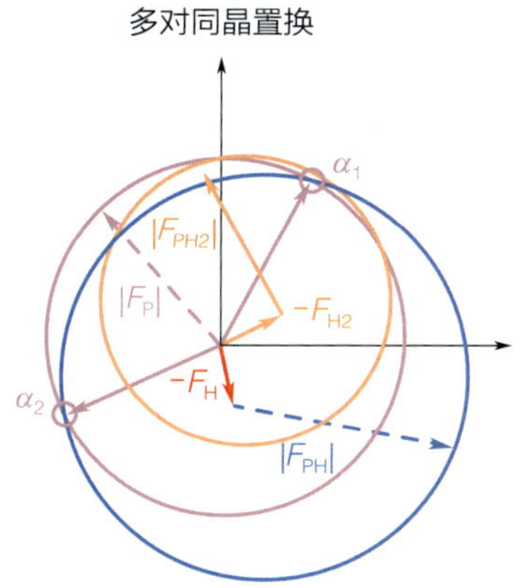

尽管在解析 6 Å 肌红蛋白结构时，衍射点数量较少，但通过哈克图解法对每一个衍射点进行手动求解，取得了很好的成功，其中使用了五个重原子衍生物。然而，这种方法费力且充满困难。1959 年，布洛和克里克提出了不闭合误差（图 23-31）和"最佳傅里叶"作为概率加权的方法，使得相位求解可以程序化，加快了相位求解和结构解析的速度。布洛–克里克的不闭合误差被定义为
$$\varepsilon(\varphi) = |F_{\text{PH}}| - |F_{\text{P}}(\varphi) + F_{\text{H}}|，$$
相位概率分布呈现为
$$P(\varphi) = N\exp\left[-\frac{\varepsilon^2(\varphi)}{2E^2}\right]，$$
这里，$E^2 = \langle \varepsilon^2(\varphi_c)\rangle$ 表示的是不闭合误差的方差。

图 23-30 展示多对同晶置换法原理的哈克图

（2）共振和反常散射方法

反常散射是由 X 射线能量与基态核心轨道和未占据外层轨道之间的跃迁能量之间的共振引起的，这是一种量子现象。在吸收边附近，由于反常散射的存在，散射因子会发生修正，表达式如下：
$$f = f^0(S) + f'(\lambda) + \mathrm{i}f''(\lambda)。 \quad (23\text{-}21)$$
其中，f' 和 f'' 分别代表了反常散射因子的实部和虚部修正量。

由于核心电子轨道靠近原子核附近，而外层电子相对扩散，所以正常的散射 $f^0(S)$ 会随着衍射矢量幅度的增加而平滑地减小。正常的散射 $f^0(S)$ 取决于散射角度，而不直接取决于波长。相比之下，f' 在散射角度上几乎没有变化，但在靠近吸收边共振时，它对波长非常敏感。

通过光电吸收而被排出的电子与吸收成比例，并且在此过程中会发射出荧光光子（见图 4-22）。这为测量 f'' 谱提供了一种方法。反过来，可以通过 Kramers-Kronig

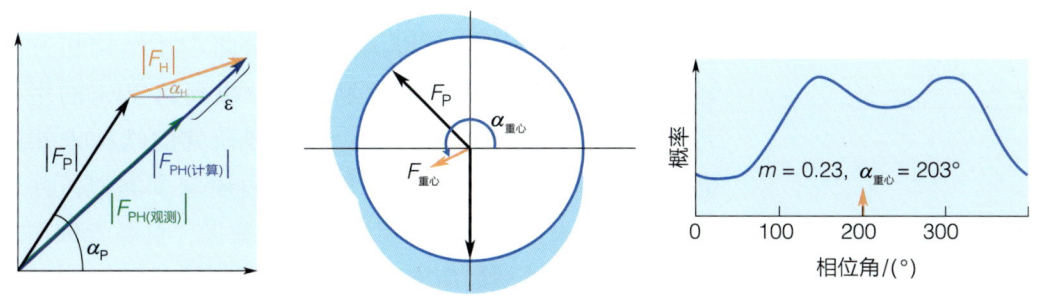

图 23-31 在单对同晶置换法实验中单个衍射的相位概率

$F_{\text{重心}}$ 代表了分布的重心。$m = 0.23$ 意味着 76° 的相位误差，因为 $\cos 76° = 0.23$。

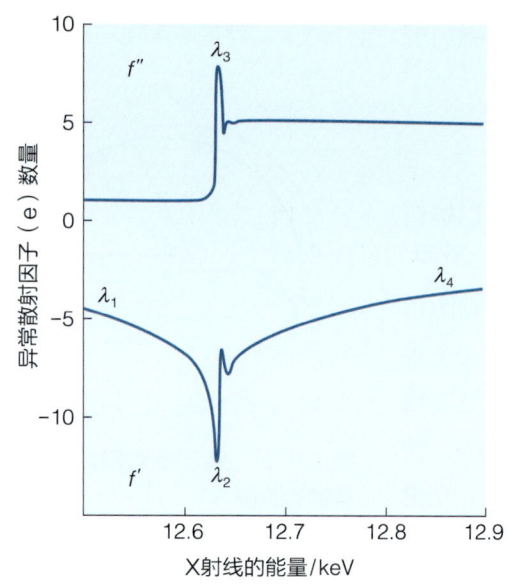

图 23-32　f' 和 f'' 随波长的变化

变换从 f'' 值确定 f' 谱（图 23-32）。

多波长反常散射（multi-wavelength anomalous dispersion，MAD）是利用蛋白质中的重元素（如硒、汞等）在吸收边附近产生的反常散射效应来解决结构相位问题的方法。MAD 方法的基本原理如下：

① 选择多个波长　在实验中选择多个不同波长的 X 射线，通常涵盖蛋白质中重元素的吸收边附近。

② 收集散射数据　在每个波长下，收集蛋白质晶体的 X 射线衍射数据。

③ 解析蛋白质结构　通过比较不同波长下的衍射数据，计算出蛋白质结构因子的差异部分，从而得到重元素的位置和分布信息。

④ 相位计算　使用差异部分的数据，结合重元素的位置信息，计算蛋白质结构的相位（图 23-33）。

MAD 方法克服了传统同晶置换法中相位问题的困难，利用不同波长下的衍射数据确定蛋白质结构的相位信息。该方法广泛应用于生物大分子的结构研究。为了充分利用 MAD 技术，通常需要合适的蛋白质晶体和实验条件，并借助专业软件和技术进行数据处理和结构计算。

单波长反常散射（single-wavelength anomalous dispersion，SAD）是一种利用单一波长的 X 射线衍射数据，通过反常散射效应解析蛋白质晶体结构相位的方法。

23.9.2　分子置换法

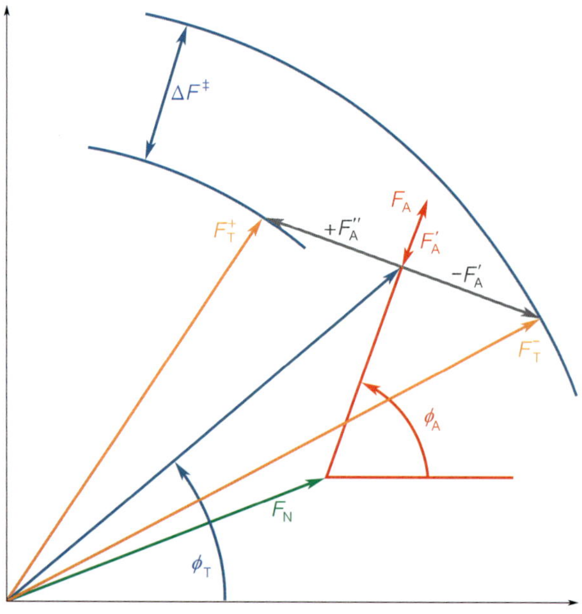

分子置换法（molecular replacement method）是一种解析蛋白质结构的计算方法，它利用已知的分子结构模型来解决相关分子的未知晶体结构（见图 4-23）。分子置换法通过提供新结构的相位的初始估计来解决晶体学相位问题，这些相位是从先前已知结构中获得的，而不是利用实验方法（如同晶置换法或者反常散射法）解决。随着已知结构数据库（PDB）的扩大，分子置换法的使用自然变得更加普遍。特别是蛋白质结构预测方法的突破，AlphaFold 预测模型的精度已经可以满足大部分蛋白质结构相位的解析了。分子置换法目前已经用于解决高达 70% 的生物大分子结构。其基本原理是：如果要研究的结构未知的蛋白质分子与另一个结构已知的蛋白质分子类似，并且已经收集了未知结构的一组衍射强度数据，只要尝试在未知晶体中已知模型的所有可能的取向（orientation）与位置

图 23-33　单波长反常散射相位求解的哈克图

（position），并找到预测的衍射与观察的衍射最匹配的位置。此时，未知晶体的相位就可以从模型计算的相位中"借用"，并使用这些借用的相位和实验观察到的振幅计算一个初始的电子密度图。最后用常规的晶体学修正技术加以修正，最终获得精确的分子结构。

分子置换法的关键是确定分子在晶胞中的取向与位置。帕特森函数包含了分子在晶胞中的取向和位置信息。分子内矢量集合与分子取向紧密相关，分子间矢量集合与分子位置紧密相关。可以通过计算晶体的帕特森函数和模型晶胞的帕特森函数（模型晶胞构建：含一个结构已知的搜索分子）来解决分子取向问题；相对晶体帕特森函数旋转模型帕特森函数，观察两个帕特森函数符合情况，当搜索分子与目标分子取向一致时，帕特森函数符合最好，从两个帕特森函数符合最好的旋转角度，可推出分子在晶胞中的取向。两个帕特森函数的匹配度可以用乘积函数或者相关系数表征，也可以在倒易空间计算帕特森乘积函数，其表示为

$$RF(R) = \int_{r_{min}}^{r_{max}} P_{observed}(u) P_{model}(R, u) du 。$$

观测晶体的帕特森函数 $P_{observed}(u)$ 和旋转后的模型帕特森函数 $P_{model}(R, u)$ 乘积在半径 r_{max} 内进行积分，并排除掉原点附近的影响。在任意旋转 R 下，如果晶体帕特森函数和旋转后的模型帕特森函数中的峰值重合，点 u 的贡献才会很大。这个函数可以在帕特森空间中进行评估，可以在任何体积上进行，不一定必须是球形，也可以通过倒易空间中的傅里叶变换来评估。倒易空间版本可以通过巧妙的因式分解实现快速计算，即"快速旋转函数"，但仅适用于球形体积。

解决分子位置问题可以构造一个与晶体的几何和对称性等同的模型晶体，让取向已知的搜索分子在此模型中平移，计算搜索分子处于不同位置时模型的帕特森函数，并与晶体的帕特森函数相比较，两者符合最好时，给出分子位置信息。晶胞平移 t 的帕特森平移函数定义为观测和模型帕特森函数的乘积，并对整个晶胞进行积分：

$$T2(t) = \int_V [P_{observed}(u) - \sum_{j=1}^{N_{sym}} P_{jj}(u)] [P_{model}(u, t) - \sum_{j=1}^{N_{sym}} P_{jj}(u)] du,$$

其中，$P_{observed}(u)$ 是在点 u 处的晶体帕特森函数，$P_{model}(u,t)$ 是通过搜索向量 t 移动的模型帕特森函数，$P_{jj}(u)$ 是计算的自向量，N_{sym} 是对称操作数量。相对于旋转函数，平移函数是一个需要考虑所有的对称操作的三维搜索函数，既可以在帕特森空间计算，也可以通过快速傅里叶变换高效地在倒易空间中进行。

23.10 密度修正

密度修正是蛋白质晶体学中用于优化电子密度图的关键计算技术，旨在通过引入先验知识和物理约束，修正初始相位误差，提高电子密度的可解释性，从而辅助蛋白

质模型的构建与优化。

23.10.1 相位概率分布

（1）Sim 概率分布

为了评估相位求解的准确性，西姆（G. A. Sim）于 1960 年推导出 Sim 概率公式。假设部分结构已知且部分 F_c 是正确的，所有误差都源自 F_c 和 F_o 的不闭合误差（图 23-34）。

根据余弦定理

$$|\Delta F|^2 = |F_o|^2 + |F_c|^2 - 2|F_o||F_c|\cos\Delta\alpha, \qquad (23-22)$$

不闭合误差符合正态分布，因此相位误差的概率分布可表示为：

$$P(\Delta\alpha) = \exp\left(-\frac{|\Delta F|^2}{\sigma_\Delta^2}\right) = N\exp(X\cos\Delta\alpha), \qquad (23-23)$$

其中，N 是概率密度的归一化因子，$X = \dfrac{2|F_o||F_c|}{\sigma_\Delta^2}$。

接着，分别计算 $\sin\Delta\alpha$ 和 $\cos\Delta\alpha$ 的平均值：

$$\langle\sin\Delta\alpha\rangle = \int_{-\pi}^{\pi}\sin\Delta\alpha\frac{\exp(X\cos\Delta\alpha)}{2\pi I_0(X)}\mathrm{d}(\Delta\alpha) = 0, \qquad (23-24)$$

$$\langle\cos\Delta\alpha\rangle = \int_{-\pi}^{\pi}\cos\Delta\alpha\frac{\exp(X\cos\Delta\alpha)}{2\pi I_0(X)}\mathrm{d}(\Delta\alpha) = \frac{I_1(X)}{I_0(X)}。 \qquad (23-25)$$

品质因子可以通过以下方式计算：

$$m = \sqrt{\langle\sin\Delta\alpha\rangle^2 + \langle\cos\Delta\alpha\rangle^2} = \langle\cos\Delta\alpha\rangle = \frac{I_1(X)}{I_0(X)}, \qquad (23-26)$$

其中 I_1 和 I_0 分别代表贝塞尔函数的一阶和零阶形式。

（2）Luzzati 分布

然而，在结构解析的早期阶段，一些结构几乎不可能是完全没有误差的。卢扎蒂（Par Luzzati）认为每个原子的坐标都存在 Δx_j 的误差（图 23-35），因此，在 F_c 上引入

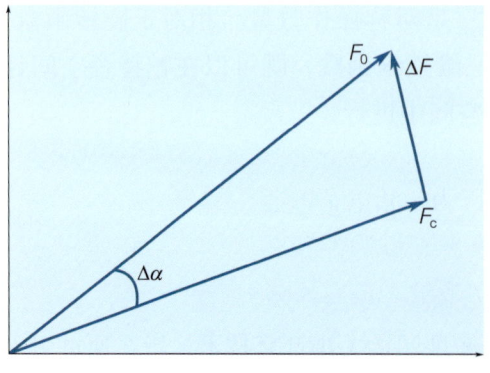

图 23-34 Sim 概率模型

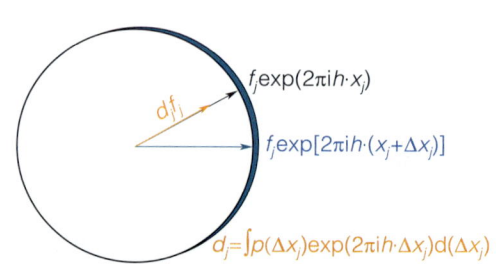

图 23-35 Luzzati 的原子坐标误差分析

一个 D 参数,它会减小 F_c 的幅值,但不改变相位方向。

（3）Srinivasan 分布和 σ_A

斯里尼瓦桑（K. Srinivasan）考虑到了 Luzzati 的坐标误差对结果的影响,重新推导了 Sim 概率分布（图 23-36）：

$$P(\Delta\alpha) = \exp\left(-\frac{|F_o - DF_c|^2}{\sigma_\Delta^2}\right)。 \quad (23\text{-}27)$$

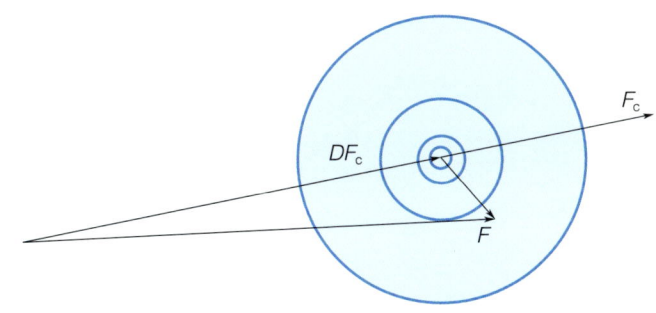

图 23-36　考虑 Luzzati 坐标误差后的概率模型

简化整个公式,引入归一化结构因子：

$$E_o = \frac{F_o}{\sqrt{\varepsilon\sum_{j=1}^{N} f_j^2}}, \quad (23\text{-}28)$$

$$E_c = \frac{F_c}{\sqrt{\varepsilon\sum_{j=1}^{P} f_j^2}}。 \quad (23\text{-}29)$$

概率分布被简化为

$$P(\Delta\alpha) = \exp\left(-\frac{|E_o - \sigma_A E_c|^2}{1-\sigma_A^2}\right), \quad (23\text{-}30)$$

其中

$$\sigma_A = D\sqrt{\frac{\sum_P}{\sum_N}}。$$

（4）引入傅里叶变化的权重因子

鉴于在 Sim 概率中,品质因子 m 可以有效地表示相位误差,因此在进行电子密度的傅里叶计算时,将品质因子作为权重因子可以改善最终的电子密度图。

$$\rho^{(r)} = \sum_h F(h) e^{i\phi_c} e^{-2\pi i h \cdot r} \quad (23\text{-}31)$$

$$\rho'^{(r)} = \sum_h mF(h) e^{i\phi_c} e^{-2\pi i h \cdot r} \quad (23\text{-}32)$$

23.10.2　修正电子密度

密度修正是 X 射线晶体学中的一项技术,旨在改善从晶体学数据中获取的电子密度图的质量,以便更好地解释和构建生物大分子结构模型。其基本思想是利用晶体中电子密度分布的统计信息和假设来调整和优化初始的电子密度图,因为初始电子密度图通常存在噪声和不完整性（图 23-37）。密度修正方法多种多样（图 23-38）,其中一种常用的方法是溶剂平滑法,该方法假设围绕生物大分子的溶剂区域的电子密度是均匀的。通过估计并从电子密度图中减去溶剂区域的贡献,可以增强与生物大分子

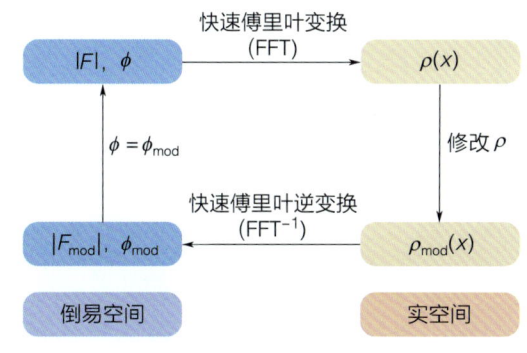

图 23-37　电子密度修正的流程图

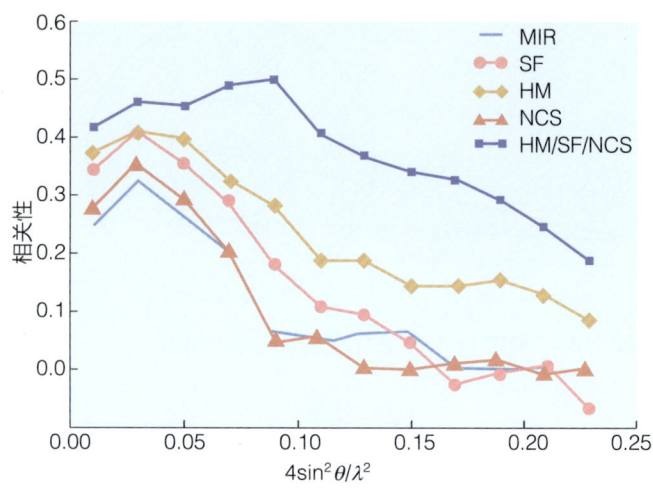

图 23-38　各种技术对电子密度的修正效果
MIR，多对同晶置换法；SF，溶剂平滑；HM，直方图匹配；NCS，非晶体学对称。

本身相对应的电子密度。其它密度修正技术包括直方图匹配、非晶体学对称平均、多晶平均和最大似然方法。这些方法的目标是提高信噪比、减少模型偏差，并提高电子密度的准确性。密度修正通常与模型构建和精修过程迭代结合使用。修正后的电子密度图用于指导手动或自动模型构建，将生物大分子的原子坐标放置到电子密度中，然后对模型进行精修，并反复进行此过程直至收敛。

电子密度修正技术同时有助于克服 SIR 和 SAD 方法中衍射点相位的奇异性，特别是在辐射损伤的影响下，SAD 方法结合密度修正逐渐取代了 MAD 方法。

23.11　蛋白质结构的建模、精修和验证

随着计算机技术的不断发展，模型的建立、结构的精修调整以及评估算法都已经转化为计算机程序。用户现在只需下载 CCP4 或者 PHENIX 程序包，通过简单的图形界面即可完成相关计算。由于这一领域已经高度自动化，因此本章只作简略的介绍，具体的算法细节不再详述，可以参考本章"扩展阅读"列表中的综述文章。

23.11.1　搭建原子模型

X 射线晶体学仅用于检测晶体中原子周围的电子分布状态。模型的搭建需要根据电子密度确定原子核的位置以及相应的元素。模型的搭建可分为手动搭建和自动搭建两种方式。手动搭建通常在 O 或者 Coot 程序中进行，首先将电子密度图简化为山脊线的表示，然后识别出单个完整的分子，并逐步添加 C_α 原子、主链骨架、侧链等。自动搭建通常采用模板匹配算法，根据电子密度图的分辨率不同，采用不同的算法（图 23-39）。

23.11.2　结构精修

蛋白质结构精修（protein structure refinement）是对已解析的初步蛋白质结构进行进一步优化和改进的过程。其目标在于通过调整原子位置和结构参数，以使蛋白质结构更加准确、合理，并符合实验数据（图 23-40）。

将实验观测数据（如 X 射线衍射数据）作为约束条件，引导精修过程，通过调整原子位置和键长、键角等几何参数，以更好地符合实验数据。在精修中，常常需要

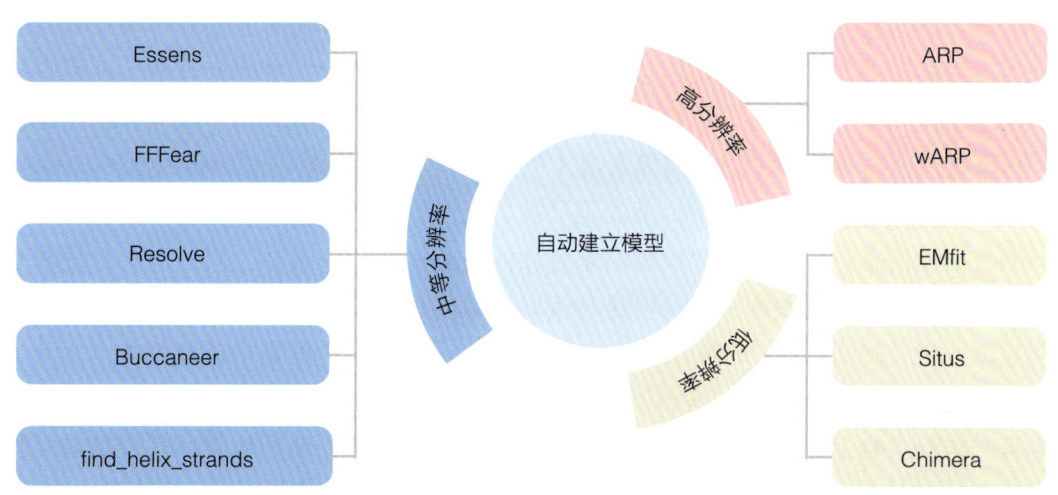

图 23-39 自动搭建模型的程序选择

强加额外的约束条件，并修复由于初始模型不准确导致的错误或缺失的共价连接。通过蛋白质结构精修，可以提高结构的准确性和可信度，并为进一步的功能研究、药物设计和结构生物学研究提供更可靠的基础。

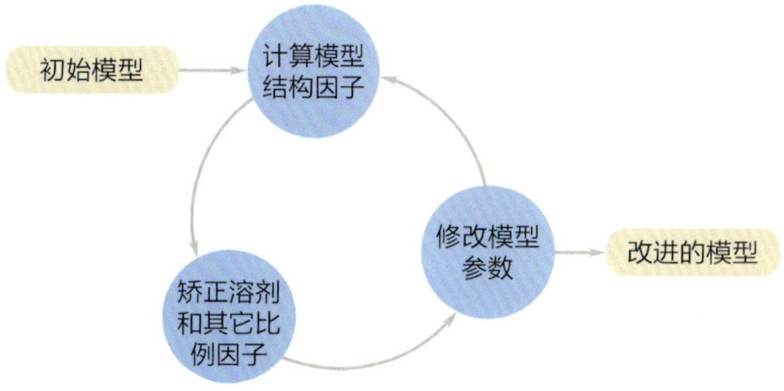

23.11.3 验证和评估蛋白质结构模型

图 23-40 结构精修的流程图

过去 50 年里，X 射线晶体学在仪器设备、方法和软件等方面取得了长足的进步，但晶体学家仍有可能会犯错误。当晶体学数据的分辨率很高，并且晶体学家经验丰富时，模型可能不会有重大错误。然而，如果分辨率较低，并且晶体学家缺乏经验，那么出现严重错误的可能性就会大大增加。在最佳情况下，有缺陷的结构可能只引起有限的关注，然而任何严重的错误都会污染结构数据库，如 PDB。在最坏的情况下，一个广为人知的结构中的严重错误可能会阻碍科学的发展，这种情况已经在 ABC 转运蛋白结构研究中发生了 5 次。

首先，模型在化学上应具有意义：键长、键角和扭转角应具有合理的数值；非标准化合物（如配体和辅助因子）应具有正确的原子类型；立体中心应具有正确的手性；平面基团应为平面等。模型在物理上也应具有意义：非共价键合的原子之间不应有不良接触或原子重叠（包括显式或隐式氢原子的存在）；蛋白质结构内核应紧密堆积；应有许多有利的氢键相互作用；电荷应主要与其它电荷相互作用等。温度因子应显示合理的形式：各向同性或者各向异性（例如，沿着侧链或依据溶剂接触的程度）等。显然，模型在晶体学方面也应该有意义：模型应解释（并且在未使用"测试集"衍射点的情况下）实验数据，而不做出不合理的假设，并且最低程度地过拟合（或"欠拟合"），配体结构通常应与其自身密度很好地匹配等。许多化学、物理和晶体学条件是由精修程序强加的约束，这使得这些检查从验证的角度来看不那么有用。该模型应该遵循这些条件，因此，任何这样的统计量（例如，常规的 R 值和与理想值的键长均方根偏差）并不能提供模型正确性的独立证据。事实上，有研究证明，即便是一个错误的模型，也可以通过精修计算得出传统 R 值和统计数据。另一方面，当然也要严格审查这些质量检查中的任何异常值（例如，非同寻常的短或长共价键）。

为了进行模型验证，评估模型的预测性质更为有用。一般来说，可以使用三种类型的数据和信息：模型与构建模型时未使用的先验知识的一致性、对所研究系统未使用的特定观察结果的预测，以及可进行实验测试的性质的预测。使用"测试集"的衍射点进行交叉验证（R_{free} 是第二类中的重要示例）。这三类中的其余部分基本上涵盖了这样一个要求，即好的模型应该符合我们所了解的关于生物大分子结构的所有知识，也符合实验生物学和生物化学。就生物大分子而言，基础物理和化学原理表现为经验观察到的结构规律。例如，非键相互作用导致蛋白质主链可采用的一组有限扭转角（表现在拉氏图上）和氨基酸残基的侧链（表现在优选构象的丰度上）。空间上相隔许多键但相互靠近的原子之间的相互作用受相同力量的支配，这导致高分辨率、经过良好精修的结构中观察到的有利相互作用（疏水残基相互堆积，亲水残基形成氢键，带电残基可能形成盐桥）。比较相关分子（复合物、突变体、直系同源物、旁系同源物）的结构也可以用于验证：任何意外的差异都应该得到合理解释，或者至少得到一个看似合理的解释。最后，应该根据所研究的分子的整体生物学和生物化学数据来审查结构。理想情况下，该结构应该解释已知的机制、底物偏好、突变和抑制剂的影响，等等。如果这些数据不可用或被认为是不可靠的，可以根据模型设计实验以评估其预测价值。可以利用专业的结构验证软件和数据库，如 MolProbity、Procheck、WHAT_CHECK 等，进行全面的蛋白质结构验证分析。

※ 本章小结

本章首先介绍了晶体点阵理论、晶体结构对称性和 X 射线衍射的原理，随后介绍了蛋白质晶体结构测定过程中各个实验步骤背后的基本原理，包括晶体生长、衍射数据收集与处理、相位求解与密度修正、模型搭建、结构精修以及结构模型的评估。总体而言，X 射线晶体学方法测定生物大分子结构在技术上已非常成熟，对所研究的生物大分子或复合物没有分子量大小的限制，结构测定的分辨率与精度也是目前各种方法中最高的，一直以来是结构生物学研究的主流方法。X 射线晶体学方法也有缺点，主要的问题是需要制备衍射能力强的单晶，同时测定的结构是生物大分子紧密堆积在晶体中的时间和空间平均静态结构，不能直接反映生理条件下的动态变化。随着极高亮度和极高聚焦性的 X 射线自由电子激光的不断发展，串行晶体学技术已得到应用，单分子散射技术也成为可能，期待未来技术的发展能够使 X 射线散射技术有效应用于研究单分子的结构及其动态过程。

※ 思考题

1. 为什么晶体只有 1、2、3、4、6 次对称轴？
2. 如何科学评估蛋白质晶体衍射数据的可收集性？
3. 衍射数据质量评价的指标有哪些？

※ 扩展阅读

综述

Cowtan K. Fitting molecular fragments into electron density[J]. Acta Crystallogr D Biol Crystallogr, 2008, 64(Pt 1):83-89.

Cowtan K. Recent developments in classical density modification[J]. Acta Crystallogr D Biol Crystallogr, 2010, 66(Pt 4):470-478.

Dauter Z. Data-collection strategies[J]. Acta Crystallogr D Biol Crystallogr, 1999, 55(Pt 10):1703-1717.

Dauter Z, Jaskolski M. How to read (and understand) Volume A of *International Tables for Crystallography*: an introduction for nonspecialists[J]. J Appl Crystallogr, 2010, 43:1150-1171.

Evans P. Scaling and assessment of data quality[J]. Acta Crystallogr D Biol Crystallogr, 2006, 62(Pt 1):72-82.

Evans P, McCoy A. An introduction to molecular replacement[J]. Acta Crystallogr D Biol Crystallogr, 2008, 64(Pt 1):1-10.

Kleywegt G J. On vital aid: the why, what and how of validation[J]. Acta Crystallogr D Biol Crystallogr, 2009, 65(Pt 2):134-139.

Leslie A G W. The integration of macromolecular diffraction data[J]. Acta Crystallogr D Biol Crystallogr, 2006, 62(Pt 1):48-57.

Morris R J. Statistical pattern recognition for macromolecular crystallographers[J]. Acta Crystallogr D Biol Crystallogr, 2004, 60(Pt 12):2133-2143.

Otwinowski Z, Minor W. Processing of X-ray diffraction data collected in oscillation mode[J]. Methods Enzymol, 1997, 276:307-326.

Rossmann M G. Processing oscillation diffraction data for very large unit cells with an automatic convolution technique and profile fitting[J]. J Appl Crystallogr, 1979, 12:225-238.

Taylor G. Introduction to phasing[J]. Acta Crystallogr D Biol Crystallogr, 2010, 66(Pt 4):325-338.

Tronrud D E. Introduction to macromolecular refinement[J]. Acta Crystallogr D Biol Crystallogr, 2004, 60(Pt 12):2156-2168.

24 吸收和发射光谱

光与介质粒子的相互作用会使光的特性发生以下变化：因介质对光波的吸收和散射，会使光强度减弱；不同波长的光在介质中传播速度不同，并按不同的折射角散开，会发生光的折射和色散。介质粒子吸收了光子能量以后，由低能态跃迁到高能态。高能态是不稳定的，当粒子从高能态跃迁回低能态时，多余能量以光的发射、热、电、力、声、化学反应等形式进行释放。其中，光电效应和光化学反应已经在第 12 章中进行了介绍，光的力学效应（光镊）将在第 27 章介绍，本章主要介绍光的吸收和发射现象。在光与物质相互作用的过程中，各种光学现象可能同时发生，但由于样品性质各异，实验中观察到的光学现象可能以某一种为主。比如，对于理想体系，如果样品对入射光具有特异性吸收，那么光强度的减弱主要来源于光的吸收，此时可以忽略约占光吸收千分之一的光散射现象。本章所讨论的光吸收和光发射，都是指可以忽略光散射影响的理想体系。在化学和生物学研究中，电子运动状态、化学键的性质、核－电子和核－核相互作用是结构和功能分析中重要的信息，因此在实践中最常用的吸收光谱是紫外－可见吸收光谱、红外吸收光谱和磁共振吸收谱（第 25 章），而最常见的发射光谱是紫外－可见光区域的荧光技术。

24.1 光的吸收和发射

人们对于光与物质相互作用的观察由来已久。17 世纪，牛顿和惠更斯（Christiaan Huygens，1629—1695）为代表的"微粒学派"和"波动学派"之争极大促进了光学研究。19 世纪初，威廉·沃拉斯顿（William Hyde Wollaston，1766—1828）和约瑟夫·冯·夫琅禾费（Joseph von Fraunhofer，1787—1826）观察到太阳光谱中的暗线，这些暗线后来被称为夫琅禾费线。对太阳光谱中神秘暗线的追寻极大地促进了经典光学理论的发展。19 世纪中叶，古斯塔夫·基尔霍夫（Gustav Robert Kirchhoff，1824—1887）和罗伯特·本森（Robert Bunsen，1811—1899）等发现，每种化学元素在加热到炽热时都有自己特有的颜色或光谱，在实验室中能够重现太阳光谱中观察到的暗线，从而能够通过发射光谱识别日冕中的吸收原子，也由此开创了光谱分析这门学科。20 世纪初，伴随量子力学的发展，狄拉克等提出和完善了光子发射和吸收的量子力学理论。20 世纪 50 年代，艾伦·沃尔什（Alan Walsh，1916—1998）建立了原子吸收光谱法。自此之后，大多数的化学、生物、材料等分析实验室都会拥有一台吸收分光光度计。由于吸收或发射光谱可以反映原子或分子的能级结构、能级寿命、电子运动状态、分子的结构、化学键的性质、分子–分子之间相互作用等多方面信息，吸收光谱仪和发射光谱仪在 20 世纪下半叶都得到了快速发展，并为物理学、化学和生物学等许多领域提供了重要的定性或定量的分析测定方法。

按照研究对象，吸收光谱和发射光谱可分为原子光谱和分子光谱。19 世纪和 20 世纪物理学家们的研究已经为各种元素的原子吸收光谱和发射光谱提供清晰的物理图景。在现代分析方法中，利用原子吸收光谱的元素分析法在无机化学和生物无机化学中也是常用的科学工具，本书中主要介绍分子光谱。按照第 2 章介绍的量子力学基本理论，分子的总能量是基本粒子及其相互作用的各种量子化能量的总和，分子中特定能级跃迁的量子化能量变化所对应的电磁波范围涵盖了从 γ 射线到无线电波的宽阔领域（图 24-1）。

24.1.1 光与物质相互作用的经典理论

按照经典物理理论，组成介质的原子或分子内的带电粒子被准弹性力保持在其平

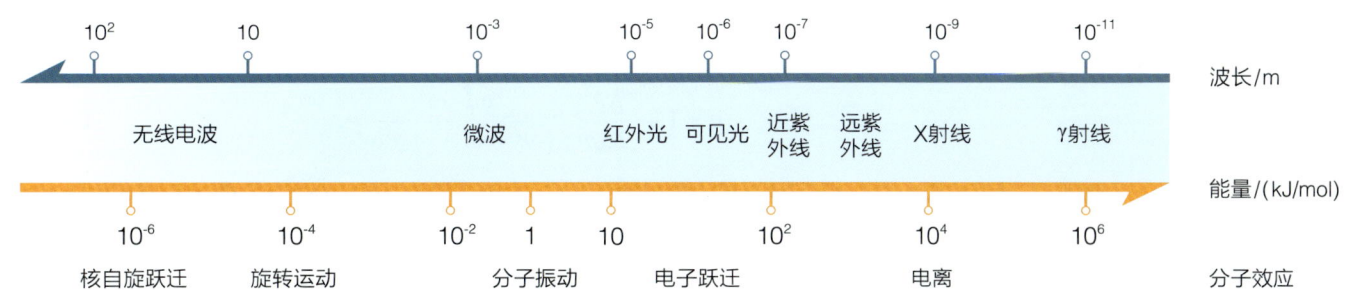

图 24-1 分子运动与能级跃迁所需能量的对应关系

衡位置附近，并具有一定的固有振动频率。在入射光的作用下，介质发生极化，带电粒子依入射光频率作强迫振动。由于带正电荷的原子核质量远大于电子质量，在光吸收的极短时间内可视为正电荷中心不动，而负电荷相对于正电荷作振动，负电荷中心指向正电荷中心的矢径为 r。正、负电荷电量的绝对值 q 相同，构成了一个简谐振动电偶极子，其电偶极矩 p 为

$$p = qr。$$

如果入射光场 E 为

$$E = E_0 e^{-i\omega t}，\tag{24-1}$$

按照牛顿力学，对于原子核-电子构成的单原子体系，若 $-e$ 和 m 分别为电子的电荷和质量，r 为电子与核之间的距离，f 是弹性系数，g 为阻尼系数，则作强迫振动的电子的运动方程为

$$m\frac{d^2 r}{dt^2} = -eE - fr - g\frac{dr}{dt}。$$

上式中，等号右边的三项分别为电子受到的入射光电场强迫力、准弹性力和阻尼力。若设衰减系数 $\gamma = g/m$，而电子的固有振动频率 $\omega_0 = \sqrt{f/m}$，则上式可变为

$$\frac{d^2 r}{dt^2} + \gamma\frac{dr}{dt} + \omega_0^2 r = -\frac{eE}{m}。$$

该方程是描述光与介质相互作用经典理论的基本方程。结合式（24-1），解此方程，得到电子在入射光场作用下的位移 r 为

$$r = \frac{-e/m}{(\omega_0^2 - \omega^2) - i\gamma\omega} E_0 e^{-i\omega t}，$$

则电偶极矩为 p 的 N 个粒子的极化强度 P 为

$$P = Np = -Ner = \frac{Ne^2/m}{(\omega_0^2 - \omega^2) - i\gamma\omega} E_0 e^{-i\omega t}。$$

由电磁场理论，极化强度和电场的关系为

$$P = \varepsilon_0 \chi E。$$

其中，ε_0 为真空中的介电常数，χ 为电极化率。由此可以得到描述介质极化特性的电极化率 χ 的表达式。对于稀薄气体等理想系统，$|\chi| \ll 1$。根据电磁学理论，复折射率 $\tilde{n} = n + i\eta$、介质中的相对介电常数 ε_γ、电极化率 $\chi = \chi' + i\chi''$ 三者之间有如下关系：

$$\tilde{n} = \sqrt{\varepsilon_\gamma} = \sqrt{1+\chi} \cong 1 + \frac{1}{2}\chi = 1 + \frac{1}{2}\chi' + \frac{i}{2}\chi'' = n + i\eta$$

由此可以得到复折射率实部和虚部分别为

$$n = 1 + \frac{Ne^2}{2\varepsilon_0 m} \frac{\omega_0^2 - \omega^2}{(\omega_0^2 - \omega^2)^2 + \gamma^2 \omega^2}，\tag{24-2}$$

$$\eta = \frac{Ne^2}{2\varepsilon_0 m} \frac{\gamma\omega}{(\omega_0^2 - \omega^2)^2 + \gamma^2 \omega^2}。\tag{24-3}$$

为了更明确复折射率实部和虚部的意义，介质中沿 x 方向传播的电磁波可以写作

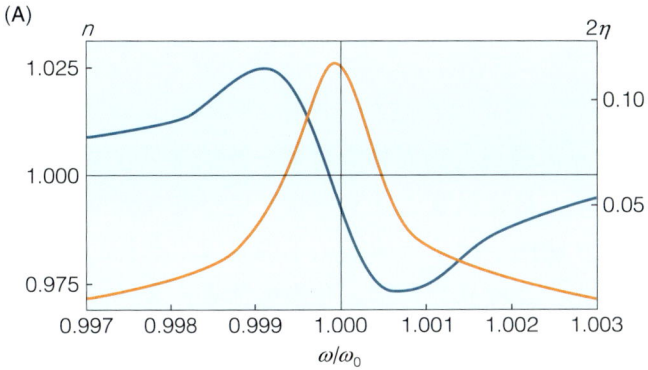
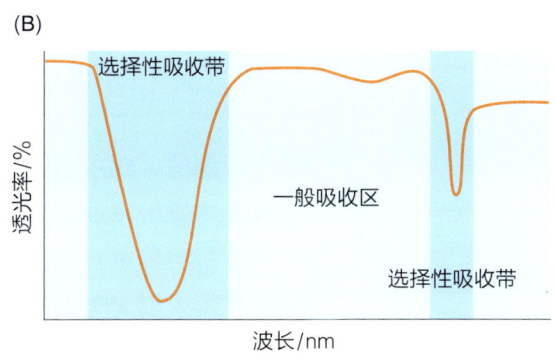

图 24-2 光的色散曲线和吸收曲线示意图
（A）按照式（24-2）和式（24-3）绘制的理论色散曲线和吸收曲线。（B）以水分子的红外吸收为例，展示一般性吸收与选择性吸收的示意图。

$$E = E_0 \exp\left[i\left(\frac{2\pi}{\lambda}\tilde{n}x - \omega t\right)\right] = E_0 \exp\left(-\frac{2\pi}{\lambda}\eta x\right) \exp\left[i\left(-\frac{2\pi}{\lambda}nx - \omega t\right)\right]$$

$$= E_0 \exp(-k\eta x)\exp[i(-k\eta x - \omega t)],$$

其中 $k = 2\pi/\lambda$ 为真空中光的波数。由此可见，复折射率描述了介质对光传播特性（振幅和相位）的作用。其中，实部 n 是表征介质影响光传播相位特性的量，即通常所说的折射率；虚部 η 是表征介质影响光传播振幅特性的量，通常称为消光系数。通过 n 和 η 即可描述光在介质中传播的色散和吸收特性。由于 n 和 η 都是入射光频率的函数，根据上式可以得到 $n(\omega)$ 和 $\eta(\omega)$ 随入射光频率 ω 变化的理论曲线，即色散曲线和吸收曲线（图 24-2）。对于色散曲线，固有振动频率 ω_0 附近区域为反常色散区，而远离 ω_0 的区域为正常色散区。对于吸收曲线，当 $\omega = \omega_0$ 时具有最强的共振吸收，也被称为物质的选择性吸收带；当 ω 远离 ω_0 时吸收迅速减弱，而此时 η 很小且近似为常数的区域被称为一般吸收区（图 24-2）。

对于更一般的情形，可以类似上面的过程对其它类型电偶极子的强迫振动进行推导。若测试样品中含有电荷和质量分别为 q_j 和 m_j 的 N_j 个电偶极子的固有振动频率为 ω_j，则复折射率的表达式可以写为

$$\tilde{n}^2 = 1 + \sum_j \frac{N_j q_j^2}{\varepsilon_0 m_j} \frac{1}{(\omega_{0j}^2 - \omega^2)^2 + i\gamma_j^2 \omega^2}。$$

此时，色散曲线和吸收曲线会具有多个色散区和吸收带。

除了真空以外，介质中总是存在电偶极子的，因此除了真空以外没有任何一种介质对任何波长的电磁波均完全透明。常说的透明，也并非指没有吸收，而是只有很少的一般性吸收。也正因为此，不同的吸收光谱和发射光谱技术需要选择合适的光学材料制作光学器件，不同光谱技术使用的光学器件，特别是不同种类仪器的样品杯通常不能混用。比如，常见的石英玻璃的透光区段一般为 180 ~ 4000 nm，对紫外-可见光区是透明的，但在红外区具有强吸收。因此石英可以用来制作紫外-可见吸收光谱仪中的各种透镜等光学器件，而红外光谱仪的样品杯通常使用萤石（CaF_2，透光波段一般为 125 ~ 9500 nm）或溴化钾等在红外区没有选择性吸收的材料制作。

24.1.2 朗伯-比尔定律

朗伯-比尔定律（Lambert–Beer law）描述了吸光物质对某一波长光吸收的程度与吸光物质的浓度及样品厚度之间的关系，是光吸收的基本定律，也是分光光度法和比色分析法等进行定量分析的理论基础。朗伯-比尔定律适用于满足以下条件的理想系统：①入射光为垂直照射的平行单色光；②样品为均相、非散射体系；③样品分子之间无相互作用；④光与样品之间只有光吸收过程，无荧光、光化学、光电效应等现象发生。对于该理想系统，假设入射光强度为 I_0 的平行单色光，在通过光程为 l 的样品后，由于样品对光的吸收，透射光强度降低至 I，则有

$$dI = -\alpha_a N I dl。$$

其中，α_a 为吸收系数，N 为样品粒子密度。对上式进行积分，易得

$$I = I_0 e^{-\alpha_a N l} = I_0 10^{\frac{1}{\ln 10}\alpha_a N l} = I_0 10^{-\varepsilon c l} = I_0 10^{-A},$$
$$A = \lg(I_0 / I) = \varepsilon c l。$$

其中，A 为吸光度，ε 为摩尔吸收系数或摩尔消光系数，c 为样品物质的量浓度。当 l 的单位为 cm，c 的单位为 mol/L 时，ε 的单位为 L·mol^{-1}·cm^{-1}。

若引入上一节中所述的消光系数 η 描述光强度的减弱，则粒子密度为 N 的介质中沿 l 方向传播的电磁波的光强度为

$$I = |E|^2 = I_0 e^{-2k\eta N l},$$

由此可知

$$\alpha_a = 2k\eta = 4\pi\eta/\lambda。$$

由于吸收系数 α_a 是波长 λ 的函数，而消光系数 η 也与入射光频率有关，因此对于理想系统，当样品中含有多种吸光组分时，由于各组分间不存在着相互作用，则吸光度具有加和性，即在某一波长下样品的总吸光度是各组分在该波长下吸光度的加和，即

$$A = \sum_i \varepsilon_i c_i l。$$

根据朗伯-比尔定律，当 l 不变时，A 与 c 之间应该成正比关系。但实际测定时，标准曲线常会出现偏离朗伯-比尔定律的现象，这通常源于实验系统偏离了上述的理想系统。在生物和化学测量中，最常见的偏离原因是样品存在杂质、样品的不均一性（非均相体系）、样品浓度过高以及样品因生物化学反应随时间产生变化。一般地，测试样品应过滤以去除可能的杂质；吸光度在 0.1~0.8 之间，以使得检测处于线性范围且测量误差较小。如吸光度不在此范围，可适当稀释或浓缩样品再进行测定。

24.1.3 光与物质相互作用的量子理论简介

通过量子理论对光与介质相互作用进行严格的定量计算可参阅电动力学等物理学专业教材。本小节主要在第 2 章对量子力学初步介绍的基础上，从能级角度进行简单

的定性分析。

考虑辐射电磁场与分子的相互作用，磁相互作用一般可忽略，由于生物或化学分子的直径一般远远小于紫外-可见光范围的辐射波长，则电场只需保留线性阶而忽略高阶项，从而此时可以只考虑电偶极矩。对于多原子组成的分子，基态和激发态的波函数可近似分解成电子波函数 Ψ_{el}、振动波函数 Ψ_{vib} 和自旋波函数的乘积。电偶极矩不依赖于自旋，或者说不同多重态间的电子跃迁禁阻，此时仅需考虑基态和激发态的电子波函数 Ψ_{el} 和振动波函数 Ψ_{vib}（图 24-3）。如果用量子数 v 和 v' 描述电子基态和激发态的振动波函数，则有电子基态波函数和第一激发态波函数：

$$\Psi(S_0, v) = \Psi_{el}(S_0) \cdot \Psi_{S_0, vib}(v),$$
$$\Psi(S_1, v') = \Psi_{el}(S_1) \cdot \Psi_{S_1, vib}(v')。$$

根据弗兰克-康登原理（Frank-Condon principle），分子中电子跃迁的时间尺度远小于分子振动，电子跃迁前后的一瞬间，分子内原子核的相对距离和动量几乎与跃迁前完全一样，由此产生的态被称为弗兰克-康登态。此时，电子激发态与基态具有相似的振动能级结构。相应地，$S_0 \to S_1$ 的电子跃迁可形象地描述成垂直跃迁（图 24-3）。吸收了光子能量的激发态通常比基态更易极化、极性更大，因此激发态键长通常大于基态键长。弗兰克-康登原理指出，在分子从它的电子基态向激发态跃

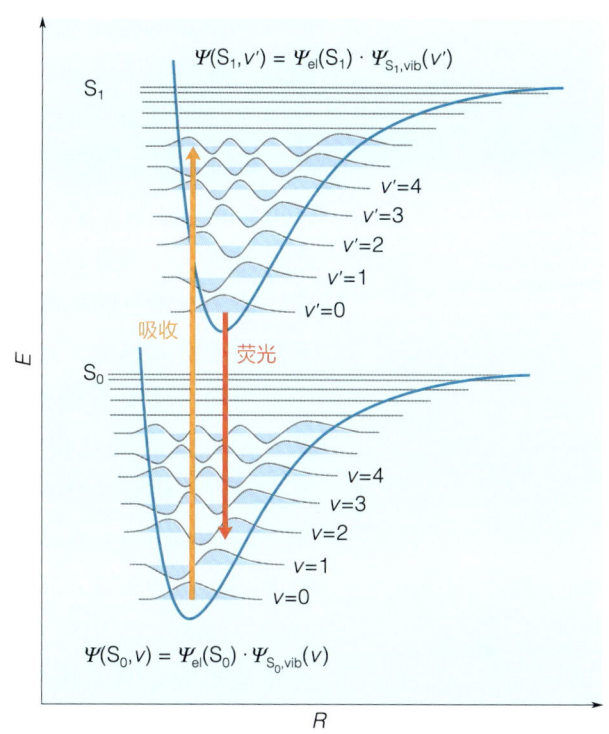

图 24-3 弗兰克-康登原理
对于多原子组成的分子，基态和激发态的波函数可近似分解成电子波函数 Ψ_{el} 和振动波函数 Ψ_{vib} 乘积。根据弗兰克-康登原理，电子激发态与基态具有相似的振动能级结构，但激发态通常比基态更易极化、极性更大，因此激发态键长更长。光吸收和光发射可以由跃迁偶极矩描述，即由电偶极矩在跃迁前后波函数间的期望值描述。详见正文中的描述。

迁的过程中，基态的振动波函数与激发态的振动波函数将发生重叠，当基态和激发态的振动波函数有效重叠程度最大时，相应的跃迁发生的概率最大。基态和激发态的振动波函数重叠的程度被称为弗兰克-康登因子，而跃迁的强度与弗兰克-康登因子的平方成正比。由于基态和激发态键长不一致，因此从 $v = 0$ 到 $v' = 0$ 的跃迁发生概率很小。光吸收由跃迁偶极矩描述，即由电偶极矩在跃迁前后波函数间的期望值描述。$S_0(0) \to S_1(v')$ 的跃迁偶极矩

$$p_{S_0(0) \to S_1(v')} = \langle \Psi_{el}(S_0) \Psi_{S_0, vib}(0) | \Psi_{el}(S_1) \Psi_{S_1, vib}(v') \rangle$$
$$= \langle \Psi_{el}(S_0) | \Psi_{el}(S_1) \rangle \langle \Psi_{S_0, vib}(0) | \Psi_{S_1, vib}(v') \rangle,$$

等号右边乘积中的两项即为电子跃迁偶极矩和弗兰克-康登因子。

类似地，当分子中的电子处于基态时，振动能级之间的跃迁有振动跃迁偶极矩

$$p_{i \to j} = \langle \Psi_i | \Psi_j \rangle。$$

通过量子力学计算可知，对于振动能级之间的跃迁，$\Delta v = \pm 1$ 的跃迁是被允许的，也被称为振动光谱的选择定则（选律）。

当外加电磁波照射到某个样品上时，它引起由基态到激发态的跃迁概率和激发态

跃迁到基态的概率相等，因此净吸收大小取决于两个能级上粒子数（布居数）分布之差。如果加上电磁波后基态和激发态的分布趋于平衡，即处于高能态的粒子数始终等于处于低能态的粒子数，这时再进行激发就不会产生净吸收，这种现象称为饱和（saturation）。分子在受到一个扰动后重新回到玻尔兹曼平衡状态的过程称为弛豫（relaxation）。对于紫外 – 可见 – 红外吸收来说，弛豫主要取决于高能态自发回到低能态的过程，一般都很迅速，因此在测试中无须过于注意弛豫时间。在磁共振波谱技术中，由于能级之间的能量差很小，自发弛豫发生的概率很低，需要样品分子之间的相互作用来完成弛豫，此时需要考虑弛豫和饱和对测试的影响（详见第 25 章）。

当物质中具有选择性吸收的分子被激发到高能态以后，分子从不稳定的高能态跃迁回低能态的过程中，多余能量具有多种可能的释放路径，而哪条路径为主通常取决于分子的结构和激发态的性质，以光发射方式返回基态时的发射光称为荧光（fluorescence）或磷光（phosphorescence）。雅布朗斯基图（Jabłoński diagram，也称 Perrin–Jabłoński diagram）是 1933 年亚历山大·雅布朗斯基（Aleksander Jabłoński，1898—1980）提出的，描述了物质与光的相互作用过程中，吸收能量和释放能量的分子能态变化和光物理化学过程（图 24-4）。

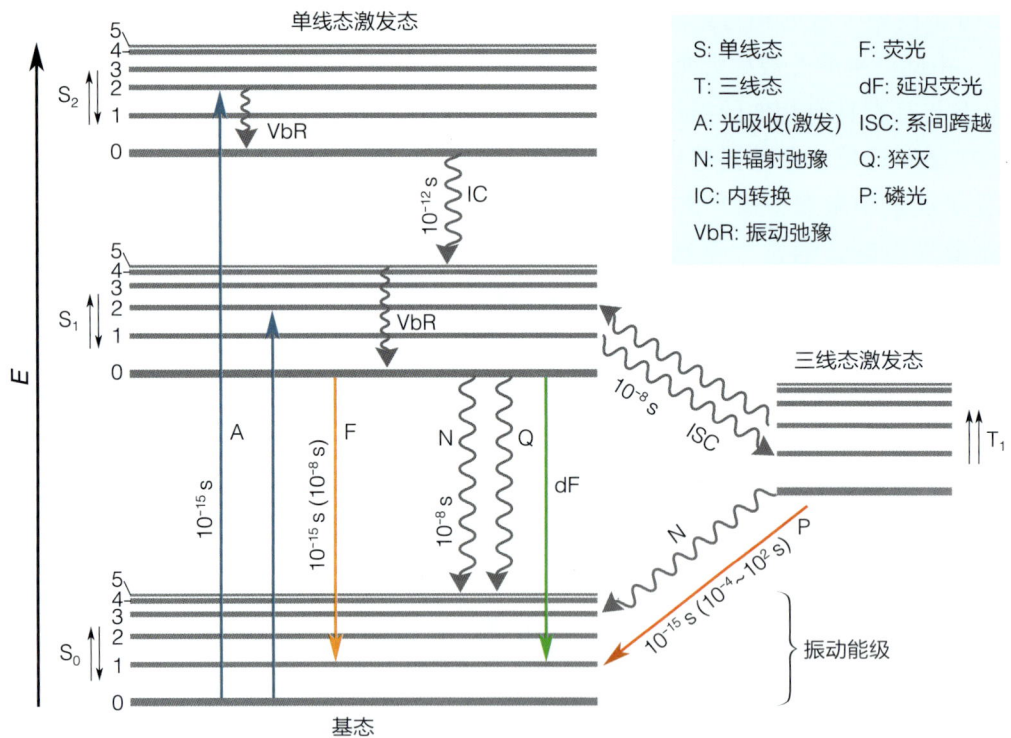

图 24-4 雅布朗斯基图

左侧的 S 表示单重态或单线态，右侧的 T 表示三重态或三线态。A 代表电子吸收光跃迁。VbR 是同一个电子能级的振动能级跃迁，是激发态分子中的能量再分配于多种振动模式的过程，分子通过振动跃迁获得的能量通过碰撞再转移给介质分子。IC 是不同电子高能态之间的跃迁，不改变电子自旋状态，被称为内转换。ISC 是同一个电子能级的自旋状态发生改变的跃迁，称为系间跨越。N 和 Q 代表非辐射跃迁，激发态的多余能量转移给介质分子或猝灭剂 Q，最终以热等方式释放。F、dF 和 P 代表激发态分子的自发辐射，F 和 dF 不改变自旋状态，称为荧光；P 改变自旋状态，称为磷光；dF 表示从 T_1 回到 S_1 再次发射的延迟荧光。图中跃迁箭头旁的数值表示跃迁过程的时间尺度，其中括号内的数值表示荧光、磷光的寿命。

在光物理化学领域，有三个关于发射光谱的早期经验法则。这三个法则并非来源于严格的理论推导，而是早期观察的经验总结，因此均存在多种例外情形（知识窗 24-1）。

24.1.4 吸收光谱、激发光谱和发射光谱

吸收光谱是指在一个波长范围内的不同波长光源作用下，物质吸收能力（吸光度或吸收系数）随波长变化的曲线。吸收曲线中谱峰或吸收带的出现反映了物质在相应波长处具有特异性吸收。

激发光谱是指在不同波长激发光源的激发下，测量某一波长处的荧光强度的变化，然后以激发光波长为横坐标，以固定波长处的荧光强度为纵坐标所绘制的图，即为激发光谱。激发光谱反映了不同波长的激发光的相对效率。根据雅布朗斯基图可知，一般情况下激发光谱与吸收光谱正相关，选择进行测量的发射波长仅影响峰强，并不影响峰位和谱形，因此可以通过激发光谱或吸收光谱选择适当的激发波长。需要注意的是，当分子具有多个激发态时，激发光谱与吸收光谱之间的相关性可能会出现偏离。

知识窗 24-1

发射光谱的三个早期经验法则

（1）斯托克斯位移（Stokes shift）。19 世纪，乔治·斯托克斯（George Stokes，1819—1903）观察到，一种矿物——萤石（fluospar）在受到紫外光照射后能发出比激发光波长长的光。采用萤石这个词的词头，他把这种光命名为荧光。荧光波长比激发光长这一现象则被人称为斯托克斯位移。发射光谱中的斯托克斯位移可以用弗兰克-康登原理（图 24-3）和雅布朗斯基图（图 24-4）很好地进行解释。斯托克斯位移的概念也被推广到了其它光谱学领域（如拉曼光谱），观测波长比激发波长短的现象则被称为反斯托克斯位移。

（2）卡莎规则（Kasha's rule）。20 世纪 50 年代，迈克尔·卡莎（Michael Kasha，1920—2013）通过实验和经验推导提出：分子所发射的光子（荧光或磷光）只能从激发态的最低态激发。在雅布朗斯基图中，如果分子具有多个激发态（如图 24-4 中的 S_1 和 S_2），不同的激发态之间存在非辐射跃迁，被称为内转换。内转换速率与不同激发态之间的能量差相关。一般情况下，内转换速率往往比辐射跃迁速率快四个数量级，因此内转换在荧光发射之前就已经完成。在此情形下，卡莎规则是成立的，且可以推论出荧光的波长、寿命、峰形、强度等属性均与激发波长无关。卡莎规则的前提是内转换速率极快，当不同激发态之间的能量差很大时，卡莎规则将不再适用，这样的有机分子被称为反卡莎规则（anti-Kasha's rule）体系。

（3）镜像规则（mirror-image rule）。根据弗兰克-康登原理（图 24-3），激发态和基态具有相似的振动能级分布。同时，从 S_0 的最低振动能级跃迁到 S_1 各振动能级的概率与由 S_1 的最低振动能级跃迁到 S_0 各振动能级的概率也相近，因此吸收谱与发射谱呈镜像对称关系。但当分子具有多个激发态（如图 24-4 中的 S_1 和 S_2），或分子激发态的构型发生变化导致 S_0 和 S_1 的振动能级分布不同时，镜像规则将不再适用。

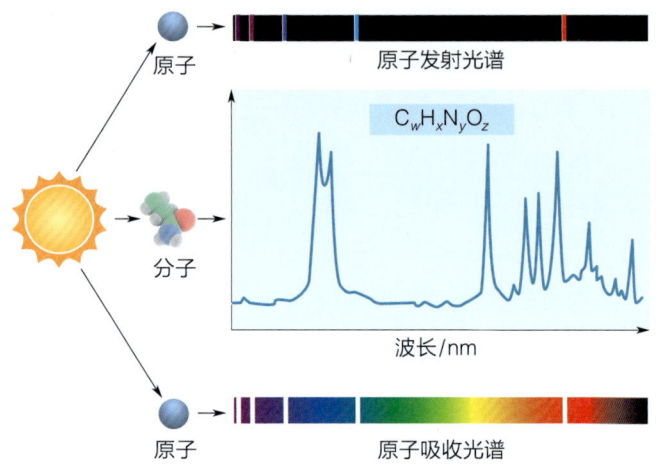

图 24-5　原子光谱与分子光谱的比较

发射光谱是指固定激发光源的波长，测量不同波长处的荧光强度，然后以荧光波长为横坐标，以荧光强度为纵坐标作图，即为发射光谱。发射光谱反映了荧光中不同波长的光成分的相对强度。根据雅布朗斯基图，发射谱中的谱峰位置取决于能级结构，与在吸收带中所选择的激发波长无关，不同的激发波长仅影响峰强。

一般地，吸收谱、激发谱和发射谱都包含若干谱峰（图 24-5），谱峰所能反映的主要信息包括：

（1）谱峰位置，简称峰位，通常用频率、波长或能量轴上的最大吸收位置来表示，最大吸收所对应的波长一般记为 λ_{max}，最大发射所对应的波长一般记为 E_{max}。对于光吸收来说，谱峰位置反映的是选择定则，即能态之间发生概率最大的跃迁。当入射电磁波的能量与能级之间的能量差相匹配（共振）时，吸收概率最大。

（2）谱峰宽度，通常用半高宽（full width at a half maximum，FWHM，$\Delta\nu_{1/2}$）或半高半宽（half width at half height，HWHH）来表示。由于原子的核外电子能级只包含了电子波函数，不涉及化学键的振动波函数，因此原子吸收光谱和原子发射光谱通常呈现窄的谱线结构，谱线之间分辨率高。每一种原子都具有特异的核外电子能级结构，因此利用原子吸收光谱和原子发射光谱中的特异谱线可以进行元素分析。分子吸收光谱和发射光谱的谱峰宽度通常远大于原子光谱（图 24-5），谱峰宽度不仅与振动能级的结构有关，也与激发态寿命有关。由于谱峰具有一定的宽度，所以当两个谱峰距离过近时将产生重叠（图 24-5）。

（3）谱峰强度，通常用吸收系数、吸收度、光强度或光子数来表示，λ_{max} 所对应的摩尔消光系数一般记为 ε_{max}。一般地，谱峰强度与产生跃迁的分子的总数量有关。也就是说，吸收谱和发射谱都可以用于确定样品的量。发射谱的谱峰强度除了受光吸收程度和检测效率的影响以外，自发辐射概率还容易受到各种环境因素的干扰，因此一般使用吸收谱来进行定量分析。

（4）峰形。根据 24.1.1 节中的理论计算，理想系统中简单分子的谱峰大多是洛伦兹（Lorenz）线形。对于复杂的生物分子，由于极性溶剂和/或各向异性的影响，其谱峰经常会偏离洛伦兹线形，而更符合高斯（Gauss）线形或沃伊特（Voigt）线形。生物分子的吸收谱和发射谱通常会有严重的重叠问题，在对谱进行提高分辨率的数学处理时需要考虑峰形的影响。

24.2 紫外-可见吸收光谱

24.2.1 紫外-可见吸收光谱的选择定则

紫外-可见吸收光谱也被称为电子光谱，这是因为紫外-可见光的光子能量与电子能级之间的能量差相当（图24-1），紫外-可见光可以激发分子中的电子产生能级之间的跃迁。在分子中，电子能级通常用分子轨道来描述。根据分子轨道理论（参见第2章），当两个原子形成化学键时，两个原子参与化学键形成的原子轨道将线性组合形成新的分子轨道。从电子波函数来看，线性组合就是两个原子轨道波函数的叠加或相减，使得一个分子中不同的分子轨道的能量是不同的。所以形成分子轨道以后，轨道总数量不变而轨道能级改变。其中，能量低于相应原子轨道能量的分子轨道被称为成键轨道，反之称为反键轨道，而能量相等时不形成化学键则被称为非键轨道。

在有机化合物或生物分子中，常见的分子成键轨道包括 σ 轨道、π 轨道和某些过渡族金属化合物中的 δ 轨道，对应的反键轨道为 σ*、π* 和 δ*。分子中没有参与成键的电子被称为非键电子或 n 电子，主要指位于 N、O、P、S、卤素等原子的外层孤对电子。当有机化合物或生物分子吸收紫外-可见光后，外层电子主要的跃迁类型有以下三种（图24-6）：

① 成键轨道与反键轨道之间的跃迁，如 σ→σ*、π→π*；
② 非键电子被激发到反键轨道的跃迁，如 n→σ*、n→π*；
③ 某些含有过渡族金属以及镧系和锕系元素的化合物中，由于配基的影响，使得原本简并的 d 或 f 轨道分裂成几组能量不等的轨道。若轨道是未充满的，当吸收光子后，电子会发生跃迁，被称为 d-d 跃迁和 f-f 跃迁。

这几种主要跃迁所需能量大小的顺序一般为：σ→σ*>n→σ*>π→π*>n→π*。在有机化合物和生物分子中，σ→σ* 跃迁所需能量最高，一般发生在真空紫外区。如乙烷 C—C 键的 σ→σ* 跃迁，λ_{max} 约为 135 nm（图24-6）。由于氧气在

图24-6 有机化合物或生物分子紫外-可见光谱主要的跃迁类型和波长范围
（A）紫外-可见吸收光谱的主要电子跃迁方式。（B）主要电子跃迁方式的紫外-可见吸收波长范围。

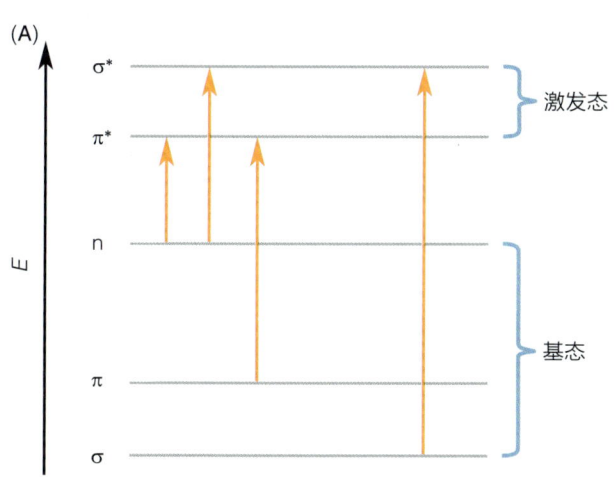
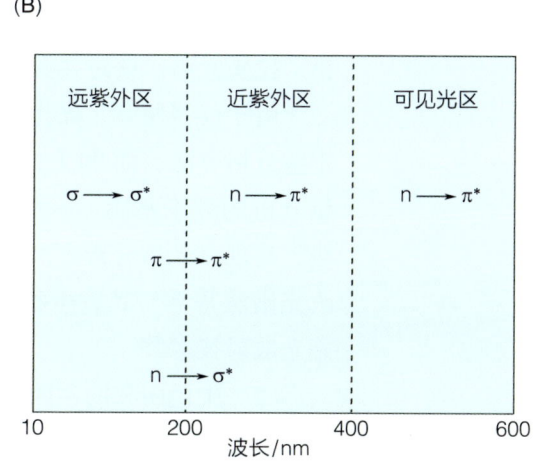

200 nm 以下的远紫外区和真空紫外区具有强吸收，以及氘灯光源的波长范围限制，一般紫外－可见分光光度计只提供约 185～850 nm 范围的单色光，因此一般无法检测 $\sigma \rightarrow \sigma^*$ 跃迁吸收带。

N、O、S、卤素等含有 n 电子的饱和基团，如—NH_2、—OH、—SH 等，可能产生 $n \rightarrow \sigma^*$ 跃迁，λ_{max} 在 190 nm 左右；而含有杂原子的不饱和基团，如 >C=O、>C=S、—N=N—等，会发生 $n \rightarrow \pi^*$ 跃迁，λ_{max} 在 300 nm 左右。$n \rightarrow \sigma^*$ 和 $n \rightarrow \pi^*$ 跃迁发生的概率均较小，因此其摩尔吸收系数较小（$\varepsilon_{max} < 100$ L·mol^{-1}·cm^{-1}）。

有 π 轨道的基团，如 >C=C<、—C≡C—、>C=O，以及芳香族化合物的共轭体系的 π 键等，会发生 $\pi \rightarrow \pi^*$ 跃迁，一般位于近紫外区，λ_{max} 在 200 nm 左右，ε_{max} 通常大于 10^4 L·mol^{-1}·cm^{-1}，为强吸收带。由于 $\sigma \rightarrow \sigma^*$ 跃迁需要在真空中检测，且 $n \rightarrow \sigma^*$ 和 $n \rightarrow \pi^*$ 跃迁概率小，因此 $\pi \rightarrow \pi^*$ 跃迁是有机化合物和生物分子中最容易观测的吸收带。

24.2.2　紫外－可见吸收光谱给出的主要信息和影响因素

（1）紫外－可见吸收光谱给出的主要定性和定量信息

由于紫外－可见吸收光谱主要检测样品中电子能级的跃迁，不同类型的基团通常具有不同的主要跃迁方式。因此在有机化合物结构鉴定中，谱峰的位置和强度可以用来定性分析可能存在的官能团类型。如利用紫外光谱在紫外区是否透明，可以定性分析有机化合物的分子骨架中是否含有共轭结构体系或是否含有芳香环；利用可见光区含有金属的有机化合物谱峰的精细结构，可以定性分析金属的配位情况等。由于紫外谱峰宽度很大经常造成谱峰重叠，可以利用二阶导数谱或高阶导数谱提高谱的分辨率。

从原理上来分析，由于各种有机化合物和生物分子都具有独特的化学结构和空间结构，原则上每种物质就会有其特有的、固定的吸收光谱曲线。但值得注意的是，紫外－可见吸收光谱常见的跃迁方式并不能很好地区分不同官能团，因此只根据紫外－可见吸收光谱不能完全确定有机分子的化学结构，现在也较少用于有机化合物和生物分子的结构鉴定。有机化合物的结构鉴定需要使用对化学结构更敏感的红外吸收光谱、拉曼光谱、核磁共振波谱、质谱以及其它的物理和化学方法共同进行分析。

由于仪器便宜、操作简便、灵敏度高等特点，紫外－可见吸收光谱法是最常用的定量分析方法，而 24.1.2 节中所述的朗伯－比尔定律是紫外－可见吸收光谱法进行定量分析的理论基础。一般情况下，紫外－可见吸收光谱法的检测限大约在 μg/mL 量级，是现有光谱分析方法中灵敏度最高的技术之一。借助其高灵敏度，紫外－可见吸收光谱法常常与其它生物物理技术偶联，如分子筛、停－流仪、第 19 章中介绍的静态光散射技术等。

（2）生色团和助色团

分子中能产生强烈的特异性吸收带的基团被称为生色团或发色团（chromophore）。

有机化合物和生物分子中的生色团一般是吸收系数较大的强吸收（通常 $\varepsilon_{max} > 5000$ L·mol^{-1}·cm^{-1}）、含有不饱和键的基团。生物分子中，一些 ε_{max} 小于 5000 但大于 100 L·mol^{-1}·cm^{-1} 的基团也被称为生色团（如酪氨酸和苯丙氨酸侧链的芳香环）。由 24.2.1 节可知，生色团电子跃迁的方式主要为 n→π* 或 π→π*，在生物分子中最常见的生色团是共轭体系的 π 键。通常情况下，由于其它基团贡献较小，分子的吸收谱主要体现为生色团谱峰的线性组合。当多个生色团形成共轭体系时，生色团之间会产生相互影响。其吸收光谱与单一生色团相比，随着共轭体系变大，吸收峰红移，吸收强度增加。

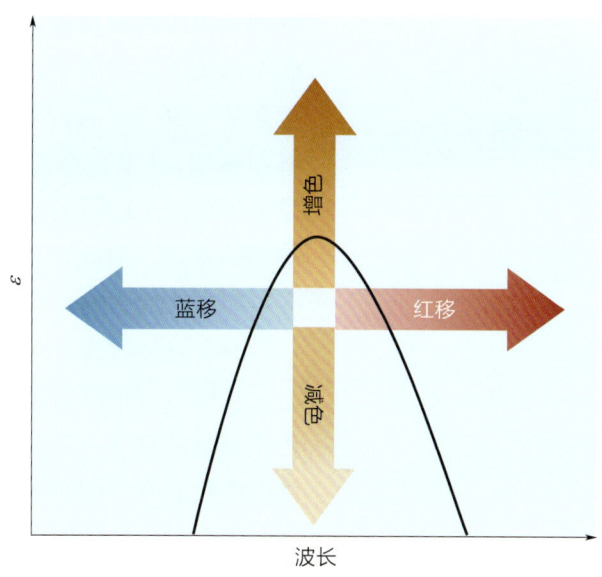

图 24-7　助色团对生色团峰位和峰强的不同影响

广义上来说，助色团（auxochrome）指的是分子中能够改变生色团光吸收的基团。由于紫外–可见光吸收来源于分子轨道的跃迁，因此助色团中通常含有孤对电子，如—OH、—OR、—NR$_2$、—X（卤素）等。助色团的作用机制主要是影响分子轨道的基态和激发态的能量状态和稳定性等。助色团对生色团峰位或峰强产生的影响包括（图 24-7）：蓝移或短移（hypsochromic shift，向短波长方向移动）、红移或长移（bathochromic shift，向长波长方向移动）、增色效应（hyperchromic effect，吸收增强）和减色效应（hypochromic effect，吸收减弱）。助色团也可能同时对峰位和峰强造成影响。如在苯环上引入—OH 等取代基，通常会使得谱峰发生红移和增色。

（3）溶剂的影响

溶剂对紫外–可见吸收光谱的影响包括两个方面：溶剂对紫外–可见光的吸收和溶剂对样品生色团峰位、峰强和峰形的影响（也称为溶剂效应）。

由于电子跃迁方式不同，不同的溶剂在紫外–可见光区的峰位和吸收系数都有着较大区别，因此在进行紫外–可见吸收光谱测量时，要考虑选用溶剂或缓冲液对测量结果的影响。常见的极性溶剂中，水的紫外吸收基本不影响主要的生色团谱峰。常用的有机溶剂中，氯仿会影响波长小于 247 nm 的区域，丙酮、乙醛和苯等在紫外区具有强吸收不适合作为紫外–可见吸收光谱的溶剂。

非极性溶剂分子一般不影响紫外–可见吸收光谱，而极性溶剂分子与生色团的静电相互作用或形成氢键等都会影响外层电子的能级状态。特别需要指出的是，能级结构或每个能级的稳定性是依赖于环境的，因此紫外–吸收对溶剂的极性和pH都很敏感。在极性溶剂中，激发态具有更强的极性，导致 π* 比 π 更稳定，基态与激发态之间的能级能量差减小，因此溶液极性增强会导致 π→π* 跃迁红移。同时 n→π* 跃迁，基态比激发态极性大，极性溶剂分子与 n 电子形成更稳定的氢键，氢键的形成会使得 n 电子的能级能量降低大约一个氢键的能量，非键电子的稳定也造成跃迁概率下降，因此氢键的形成会促使极性溶液中的 n→π* 跃迁蓝移和减色。

极性溶液的 pH 增加通常会导致紫外–可见吸收谱峰的红移。此外，如果生色团或助色团中含有可解离的基团，pH 值的变化往往会造成较大影响。如苯酚在碱性介质中形成苯酚阴离子，其在紫外区的最大吸收峰 λ_{max} 会从 270 nm 红移到 287 nm，ε_{max} 也会从 1450 L·mol^{-1}·cm^{-1} 增加到 2600 L·mol^{-1}·cm^{-1}。类似地，酪氨酸的酚羟基侧链在碱性 pH 下也会发生解离，因此可以利用 pH 滴定的方法研究蛋白质中的酪氨酸是处于可溶蛋白质的非极性内部还是暴露于极性溶剂中。由于核酸和蛋白质都具有可解离的基团，因此在利用紫外 – 可见光吸收进行生物分子定量分析时，要注意 pH 改变可能带来的影响。

（4）立体效应

立体效应指因有机化合物或生物分子的空间位阻和立体构象等因素导致吸收光谱产生变化的现象。空间位阻可以影响生色团之间的相互作用或共轭效应。如同分异构体的取代基在空间排列不同，一般反式结构空间位阻较小，生色团之间能够更好地共轭，因此反式结构的分子通常具有更大的 λ_{max} 和 ε_{max}。

在一些有机化合物和大多数生物大分子中，原本并不共轭的生色团（如蛋白质一级序列中距离很远的芳香环氨基酸），由于空间结构使得生色团之间互相靠近，产生相互作用，也能造成 λ_{max} 和 ε_{max} 的改变。这也使得处于不同构象状态（如天然态、中间态和变性态）的生物大分子的 ε_{max} 并不相同。因此理论上来说，使用变性态的生物大分子进行浓度测定等定量分析可以得到更准确的结果。比如对于核酸分子，双螺旋结构或更高级结构的氢键和碱基相互作用，以及 3′,5′- 磷酸二酯键的形成都造成减色效应，DNA 变性以后由于减色效应消失导致其紫外吸收会变大。因此可以用紫外吸收光谱监测核酸的变性和复性过程。DNA 或 RNA 分子的紫外吸收要小于碱基紫外吸收的总和，这也使得 DNA 或 RNA 分子水解以后的紫外吸收会变大。

24.2.3　紫外 – 可见吸收光谱在生物学中的应用

大多数糖类和饱和脂类分子中，最主要的是 $\sigma \rightarrow \sigma^*$ 跃迁，在近紫外区和可见光区吸收很小。也正因为此，紫外 – 可见吸收光谱分析通常被用来进行核酸和蛋白质的定量分析、结构变化和相互作用研究。此外，一些代谢物、金属化合物和特异性染料的紫外 – 可见吸收也经常被用于研究生物大分子结构变化、生化反应动力学的监测和显微成像等。例如，考马斯亮蓝 R-250（R 代表淡红色）和 G-250（G 代表淡绿色）在与蛋白质结合后 λ_{max} 红移而呈现蓝色，因此经常被用于蛋白质浓度的定量分析（Bradford 方法）或凝胶电泳显色。

（1）核酸的紫外 – 可见吸收特性

核酸的主要基团包括碱基、核糖或脱氧核糖以及磷酸基团。其中，核糖或脱氧核糖和磷酸并非生色团，而碱基具有共轭双键，是核酸的主要生色团。碱基的主要吸收带在 40 ~ 290 nm 的紫外波段。由于碱基化学结构上的差别，不同核苷酸的吸收带峰位和峰形具有较大区别，其 pH 依赖性也显著不同。

大多数情况下，DNA 和 RNA 的紫外吸收曲线并无太大区别，其 λ_{max} 都在 260 nm 左右。DNA 的 ε_{max} 的范围是 6000~8000 L·mol^{-1}·cm^{-1}，RNA 的 ε_{max} 大约在 7000~10 000 L·mol^{-1}·cm^{-1}。核酸在 260 nm 的吸光度常以 A_{260} 或 OD_{260}（optical density）表示。在实践中为了方便计算，常以核酸的比吸光系数计算溶液中核酸的量。核酸的比吸光系数是指浓度为 1 μg/mL 核酸水溶液的 A_{260} 值。天然态的双链 DNA 的比吸光系数为 0.020，变性 DNA 和 RNA 的比吸光系数为 0.022~0.024，寡核苷酸的比吸光系数约为 0.05。实践中，可以通过计算 A_{260}/A_{280} 与 A_{260}/A_{230} 的比值来评估核酸纯度，具体方法在生物化学或分子生物学等教材中已经有详细介绍。

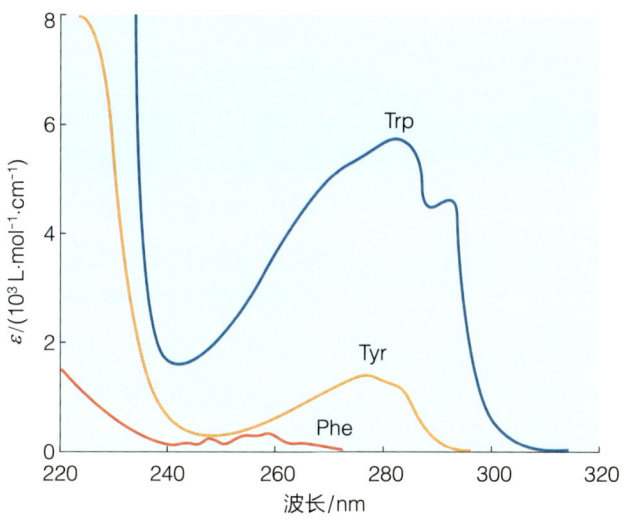

图 24-8　三种芳香族氨基酸的紫外吸收光谱

（2）蛋白质的紫外-可见吸收特性

蛋白质由 20 种常见 α-氨基酸残基组成。根据 α-氨基酸的化学结构可知，常见氨基酸在可见光区域均没有明显的吸收，在远紫外区（185~230 nm）均有紫外吸收。在近紫外区，主要的生色团是三种芳香族氨基酸，即苯丙氨酸（Phe）、酪氨酸（Tyr）和色氨酸（Trp）。此外，虽然半胱氨酸在 260 nm 以上并没有紫外吸收，但胱氨酸或蛋白质中的二硫键在近紫外区有吸收。三种芳香族氨基酸的吸收谱特征与苯环、苯酚和吲哚环的紫外吸收谱相近（图 24-8），但峰位、峰形和吸收系数会被氨基酸中的其它基团或蛋白质结构影响。

对于蛋白质来说，肽链骨架的酰胺基团在 190 nm 的远紫外区具有强吸收，其强度大约是近紫外区吸收的一百倍左右，且 A_{190} 只与肽键数量有关而与含有的氨基酸种类无关。但由于远紫外吸收容易受到仪器、样品杯、缓冲液等的影响，实践中一般采用芳香族氨基酸在 280 nm 的近紫外吸收（A_{280}）进行定量分析。由图 24-8 可知，蛋白质的 A_{280} 主要来源于色氨酸和酪氨酸芳香环侧链的吸收，以及可能存在的二硫键的少量贡献，而苯丙氨酸在 280 nm 几乎无吸收。蛋白质中游离半胱氨酸和二硫键的数量可以通过生化方法测定。因此，根据蛋白质一级序列中酪氨酸、色氨酸、胱氨酸的数量 N_{Tyr}、N_{Trp}、$N_{胱}$，以及经天然蛋白质数据修正后的摩尔消光系数 ε_{Tyr}、ε_{Trp}、$\varepsilon_{胱}$，就可以计算得到相应蛋白质的理论 ε_λ 值：

$$\varepsilon_\lambda = N_{Tyr}\varepsilon_{Tyr} + N_{Trp}\varepsilon_{Trp} + N_{胱}\varepsilon_{胱}。$$

当波长为 280 nm 时，根据天然态蛋白质修正后的 $\varepsilon_{Tyr} = 1490$，$\varepsilon_{Trp} = 5500$，$\varepsilon_{胱} = 125$，单位为 L·mol^{-1}·cm^{-1}。对于含有色氨酸的蛋白质，理论 ε_λ 值的误差一般小于 5%；但对于不含有色氨酸的蛋白质，其误差可能大于 10%。需要注意的是，该方法无法用于预测含有在紫外-可见光区有吸收的辅基或过渡族金属离子的蛋白质（如结合金属离子的各种超氧化物歧化酶）。

（3）生物分子-过渡族金属复合物的紫外-可见吸收特性

在过渡族金属的络合物中，过渡族金属离子的紫外-可见吸收特性不仅取决于过渡族金属离子自身的性质，还取决于参与络合的配基性质和配位情况。比如，

$[Co(H_2O)_6]^{2+}$ 的配位情况是八面体，λ_{max} 和 ε_{max} 分别为 513 nm（溶液呈现红色）和 10 L·mol^{-1}·cm^{-1}；而 $[CoCl_4]^{2-}$ 的配位对称性低，λ_{max} 和 ε_{max} 分别为 667 nm（溶液呈现蓝色）和 600 L·mol^{-1}·cm^{-1}。在蛋白质浓度测定中常用的 BCA 法（bicin choninic acid asssy，二喹啉甲酸法）中，蛋白质在碱性环境下通过双缩脲反应将 Cu^{2+} 还原成 Cu^+，而 Cu^+ 可以高度特异性结合 BCA 钠盐，形成络合物 Cu^+-BCA 以后，工作试剂由原来的苹果绿变为紫色，在 562 nm（溶液呈现紫色）处有最大吸光值，吸收值与蛋白质浓度成正比。利用金属离子与有机化合物或生物分子形成络合物以后，紫外-可见吸收 λ_{max} 和 ε_{max} 的变化（特别是可见光区的颜色变化），可以发展出多种多样的定量方法。除了应用于生物分子定量以外，还可以通过金属离子浓度滴定曲线研究生物分子-过渡族金属离子的结合常数等生物物理和生物化学性质（图 24-9）。

（4）紫外-可见吸收光谱研究生物大分子的结构变化

对于生物大分子，由于结构中氢键和立体效应的影响，天然态和变性态的 λ_{max} 和 ε_{max} 通常会有较大变化，可以通过测量不同状态下的 λ_{max} 和 ε_{max} 获得转变曲线，从而推算结构转换时的热力学常数。值得注意的是，由于生物大分子的紫外-可见吸收光谱包含了众多生色团的吸收，吸收峰的严重重叠导致谱峰较宽且对结构上的精细变化不够敏感，因此现在大多数情况下会采用对结构变化更灵敏的技术来监测生物大分子的结构变化。

（5）紫外-可见吸收光谱研究生化反应动力学

许多有机化合物或生物分子都具有特异的紫外-可见吸收。如果生化反应中，一种具有紫外-可见吸收反应物的浓度发生变化或者某种反应物可以特异结合染料，则可以测量不同时间的紫外-可见吸收来获得反应动力学。利用这一特性，已经发展了多种酶促反应动力学的测活方法（图 24-10）。

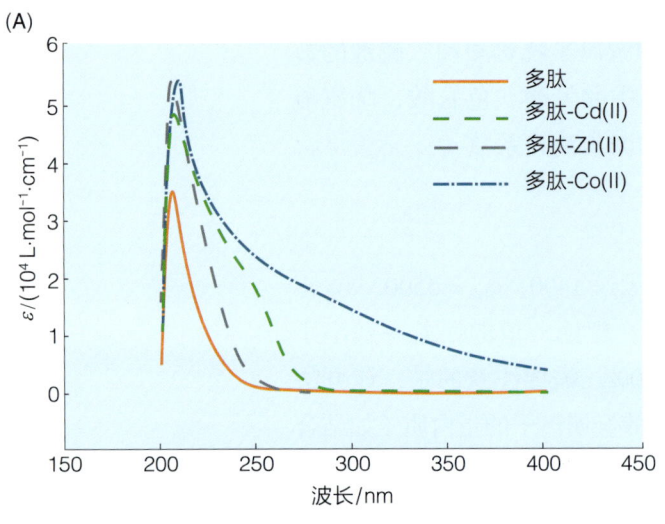
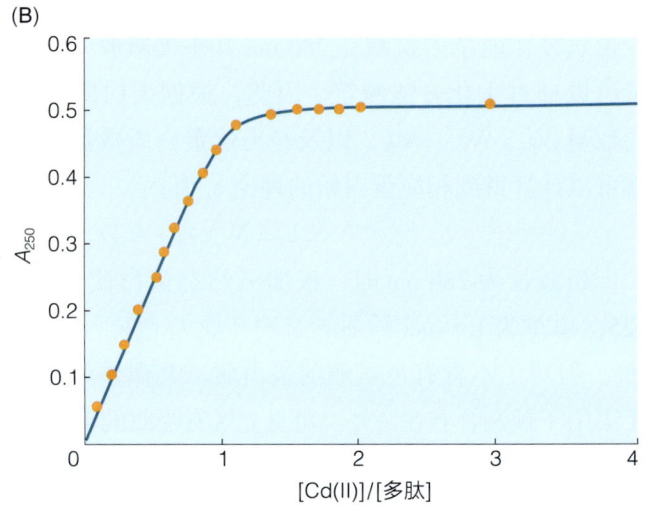

图 24-9 紫外-可见吸收光谱研究一个多肽与不同过渡族金属离子的结合（A）多肽与不同金属离子络合物的紫外-可见吸收光谱。（B）利用 250 nm 紫外吸收的变化研究多肽与 Cd^{2+} 的结合常数，实线为拟合曲线。（数据自 Cheng Y S, et al. J Inorg Biochem, 2005, 99(10): 1952-1962）

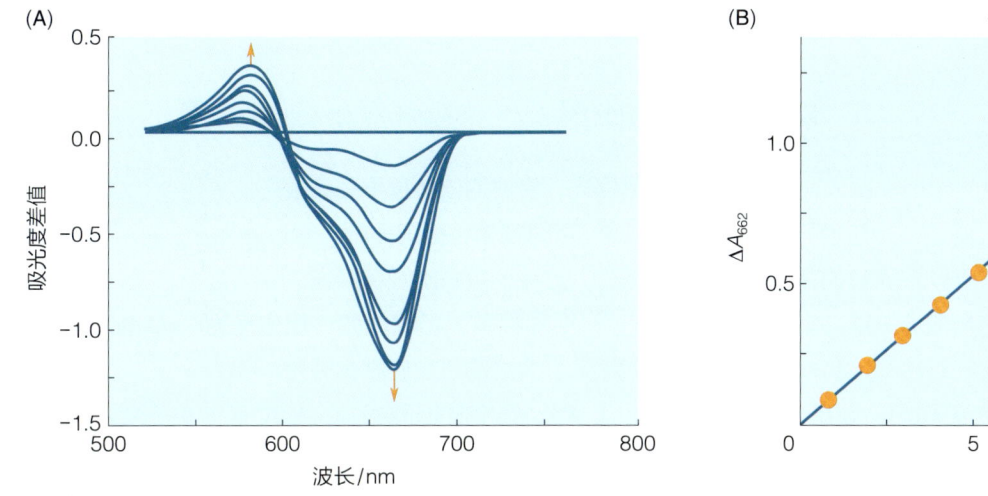

图 24-10 基于紫外-可见吸收的酶测活方法示意图
（A）酶与底物反应后的紫外-可见吸收光谱差谱。（B）利用特定波长处紫外-可见吸收值的变化可以获得酶动力学曲线。

24.3 圆二色光谱

24.3.1 圆二色光谱的基本原理和主要参量

（1）圆双折射与圆二色性吸收

当一束平面偏振光（可以看作是振幅、频率相同，旋转方向相反的两束圆偏振光）（知识窗 24-2）通过介质传播时，如果介质对左旋和右旋圆偏振光折射率和光吸收的影响不同，则该介质被称为具有光学活性（optical activity），具有光学活性的物质也被称为手性物质（图 24-12）。光学活性物质对折射率 $n_左$ 和 $n_右$ 的不同影响被称为圆双折射（circular birefringence），而对光吸收 $A_左$ 和 $A_右$ 的不同影响被称为圆二色性吸收、圆二色性或圆二色（circular dichroism，CD）。圆双折射和圆二色性吸收分别反映了光学活性物质对偏振光相位和幅度的影响（知识窗 24-3）。

当波长为 λ 的平面偏振光透过光程为 l 的光学活性介质后，圆双折射的存在导致左旋和右旋偏振光分量的相位将不同，重新合成的平面偏振光（若光学活性介质对两者的光吸收相同）或椭圆偏振光（若光学活性介质对两者的光吸收不同）将旋转一个角度 α，称为旋光性，α 随 λ 变化的曲线被称为旋光色散（optical rotatory dispersion，ORD）。容易得到

$$\alpha_\lambda = \frac{\pi l}{\lambda}(n_l - n_r) = \frac{\pi l}{\lambda}\Delta n。$$

实践中还常用比旋光度（specific rotation，$[\alpha]_\lambda$）、摩尔旋光度（molar rotation，$[\varphi]_\lambda$）和平均残基旋光度（mean residue rotation，$[\alpha_{\overline{m}}]_\lambda$），如果样品中光学活性物质的浓度为 c

知识窗 24-2

偏振光的合成和分解

电磁波是横波，其互相垂直的电场矢量 E 与磁场矢量 H 与光波传播方向垂直。如上所述，光与物质的相互作用主要来自电偶极矩的变化，所以下面我们只考虑电场矢量。非偏振光或自然光指的是电场矢量在垂直于传播方向的平面上均匀分布 [图 24-11；式（24-1）]，如果电场矢量在各个方向上的分布不均匀，则是偏振光。如果电场矢量固定在某个特定的方向，电场矢量与传播方向组成的振动面始终保持在一个平面上，则被称为平面偏振光或线偏振光，可以写作

$$E = jE_0\cos\omega t;$$

如果电场矢量以顺时针方向旋转则称为右旋圆偏振光，以逆时针方向旋转则称为左旋圆偏振光，可以写作

$$E_左 = \frac{E_0}{2}(-i\sin\omega t + j\cos\omega t),$$

$$E_右 = \frac{E_0}{2}(i\sin\omega t + j\cos\omega t)。$$

与矢量运算的规则相同，可以得到偏振光之间相互叠加的合成关系（图 24-11）：

① 相同频率、相同振幅、相位也完全相同的两束平面偏振光，合成的依然是平面偏振光；

② 相同频率、相同振幅、相位差为 $\pi/2$ 的两束平面偏振光，合成的是右旋圆偏振光；

③ 相同频率、相同振幅、相位差为 $-\pi/2$ 的两束平面偏振光，合成的是左旋圆偏振光；

④ 相同频率、相同振幅、相位差为 $0\sim\pi/2$ 的两束平面偏振光，合成的是椭圆偏振光；

⑤ 平面偏振光可分解为振幅、频率相同，旋转方向相反的两束圆偏振光，即 $E = E_左 + E_右$；

⑥ 两束振幅、频率相同，旋转方向相反的偏振光也可以合成为一束平面偏振光，即 $E_左 + E_右 = E$；

⑦ 两束圆偏振光振幅相同，但相位不同，合成的平面偏振光的偏振面旋转一个角度 α；

⑧ 两束圆偏振光频率相同，旋转方向相反，但振幅不同，合成的是椭圆偏振光。如果椭圆偏振光的电场矢量分别为 E_a 和 E_b，则合成的椭圆偏振光的椭圆率 θ 为椭圆短轴与长轴之比的反正切：

$$\theta = \arctan\frac{|E_a - E_b|}{E_a + E_b}$$

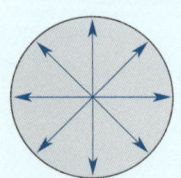
自然光（非偏振光）

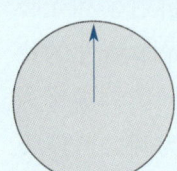
平面偏振光（线偏振光）

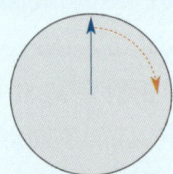
右旋圆偏振光

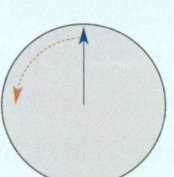
左旋圆偏振光

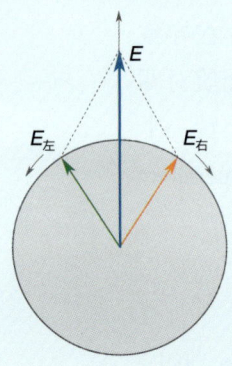

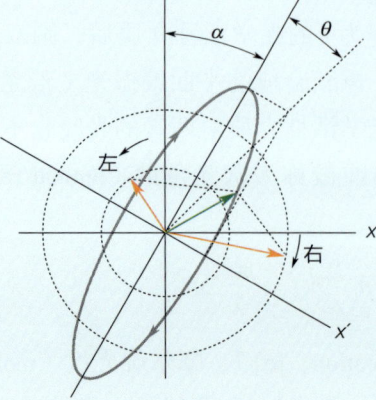

图 24-11　平面偏振光、圆偏振光及其合成与分解示意图

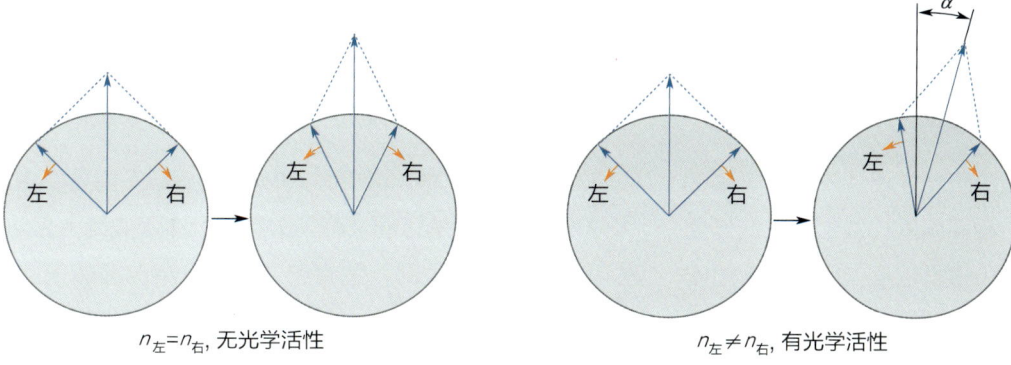

图 24-12 旋光性与光学活性

（单位为 g/mL），光程为 l（单位为 dm），光学活性样品分子的摩尔质量为 m（单位为 g/mol），平均残基摩尔质量为 $\overline{m}$（单位为 g/mol，一般为 110～115），则

$$[\alpha]_\lambda = \frac{\alpha_\lambda}{cl},$$

$$[\varphi]_\lambda = [\alpha]_\lambda \frac{m}{100},$$

$$[\alpha_{\overline{m}}]_\lambda = [\alpha]_\lambda \frac{\overline{m}}{100}。$$

类似地，可以得到圆二色性吸收 ΔA_λ 或 $\Delta\varepsilon_\lambda$：

$$\Delta A_\lambda = A_l - A_r,$$

$$\Delta\varepsilon_\lambda = \Delta A_\lambda / cl。$$

如上所述，当光学活性介质对左旋和右旋圆偏振光的光吸收不同时，入射的平面偏振光在透过光学活性介质时将变成椭圆偏振光，该椭圆偏振光的椭圆率 θ_λ 与圆二色吸收之间的关系为

$$\theta_\lambda = \frac{2.303 \times 180}{4\pi}\Delta A_\lambda \approx 33\Delta A_\lambda。$$

与旋光度类似，文献中还经常使用比椭圆率（specific ellipticity，$[\psi]_\lambda$）、摩尔椭圆率（molar ellipticity，$[\theta]_\lambda$）和平均残基椭圆率（mean residue ellipticity，$[\theta_{\overline{m}}]_\lambda$），易得

$$[\psi]_\lambda = \frac{\theta_\lambda}{cl},$$

$$[\theta]_\lambda = [\psi]_\lambda \frac{m}{100} \approx 3300\Delta\varepsilon_\lambda,$$

$$[\theta_{\overline{m}}]_\lambda = [\psi]_\lambda \frac{\overline{m}}{100}。$$

需要注意的是，常见的 CD 光谱仪给出的测量值一般为椭圆率，单位常为 mdeg，需要通过上述公式转换为文献中的常用单位。

（2）选择定则

光学活性物质由于结构的不对称性，可导致相关的光学跃迁涉及的电荷运动既含

知识窗 24-3

旋光色散与圆二色性之间的关系

旋光性和圆二色性都是由于光学活性物质分子中的结构不对称生色团与左、右旋圆偏振光发生不同的作用所引起的。与 24.1.1 节中光和物质相互作用中的折射率和消光系数类似，旋光性和圆二色性是同一个光学现象中的两个相关方面。旋光性和圆二色性可以由 Kronig-Kramers 变换相互联系起来：

$$[\varphi(\lambda)] = \frac{2}{\pi}\int_0^\infty \theta(\lambda')\frac{\lambda'}{\lambda^2-\lambda'^2}\mathrm{d}\lambda',$$

$$[\theta(\lambda)] = \frac{2}{\pi\lambda}\int_0^\infty \varphi(\lambda')\frac{\lambda'^2}{\lambda^2-\lambda'^2}\mathrm{d}\lambda'.$$

因此，只要在测量中获得旋光色散（ORD）和圆二色性（CD）曲线的任何一个，都可以通过 Kronig-Kramers 变换获得另外一个，ORD 和 CD 所能提供的信息是等价的，ORD 和 CD 产生的基础是偏振光与物质相互作用中有选择性的吸收，因此吸收谱、ORD 谱和 CD 谱的谱峰之间存在以下关系（图 24-13）：

① 吸收谱中，每一个谱峰反映的都是生色团的选择性吸收带，吸收值均为正值，但吸收峰不能反映生色团是否具有光学活性。

② CD 谱中，只有选择性吸收存在的时候才可能观测到 CD 谱峰，但不是每一个吸收峰都存在 CD 谱峰，只有光学活性生色团才有 CD 谱峰。CD 谱峰峰形与吸收谱一致，可以为正峰也可以为负峰。CD 谱峰为正峰时称为正科顿效应，为负峰时是负科顿效应。

③ ORD 谱中，ORD 曲线在吸收谱峰或 CD 谱峰 λ_{max} 处的数值为 0，在光学活性的整个吸收带两端不能到达基线。因此，一个光学活性生色团的旋光性并不仅限于吸收带区域，而是在所有波长处都能引起旋光性。因生色团的不对称性或其所在环境诱导的不对称性产生的光学活性，使 ORD 曲线在吸收带的两侧存在着峰和谷。

与吸收谱和 ORD 谱相比，CD 谱具有以下明显优点：① 由于吸收谱均是正值，若同时存在几个吸收峰，且这些吸收峰峰宽较大时，就会产生难以分辨的谱峰重叠。② 对于 ORD 谱，由于一个生色团在所有波长处都能引起旋光性，任意波长处的旋光性是分子中所有生色团贡献之和，且其极值处的波长与吸收谱并不一致。如果同时存在几个旋光带，就很难分析。③ 没有光学活性的生色团没有 CD 现象，使得 CD 谱比吸收谱简单。同时，CD 谱峰可正可负，且其 λ_{max} 与吸收谱 λ_{max} 是一致的，也相当于提高了谱的分辨率。因此在实践中，CD 谱而不是吸收谱或 ORD 谱被广泛用于生物大分子的结构分析。

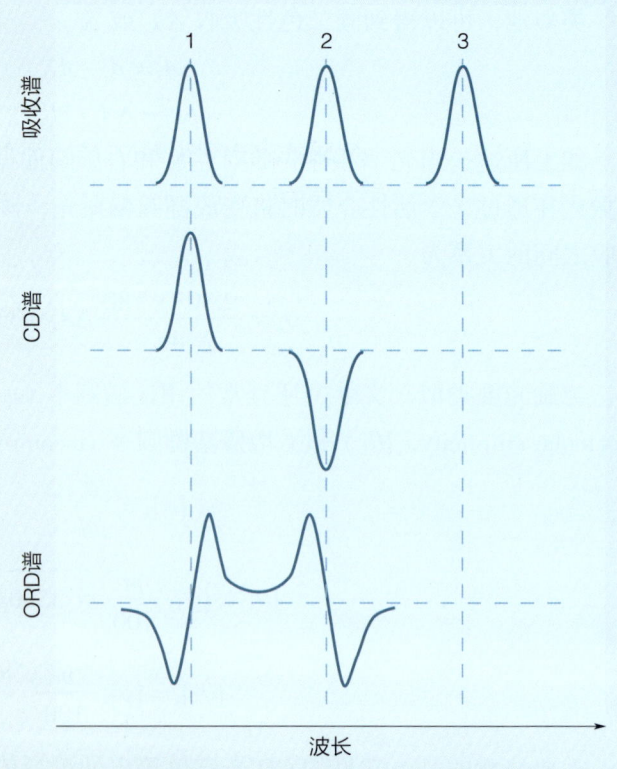

图 24-13 吸收谱、CD 谱与 ORD 谱之间的关系

有平移运动（即电偶极矩 $p \neq 0$），又含有转动（即磁偶极矩 $\mu \neq 0$）。如果 $\langle p \rangle \cdot \langle \mu \rangle \neq 0$，即两个跃迁偶极矩不互相垂直时，电子被激发时将螺旋运动，螺旋的方向取决于电偶极矩和磁偶极矩两个矢量之间的夹角（图 24-14）。除了电子自身的螺旋运动以外，如果两个谐振子相互耦合，总的效果是电荷的旋转与平移运动，也会产生光学活性。螺旋运动的电子与左旋和右旋圆偏振光的交变电磁场相互作用时将产生不同的影响，即产生旋光性和圆二色性吸收。对映体的磁偶极矩旋转方向相反，因此对映体的旋光性也会相反，其 CD 光谱也呈镜像对称关系（图 24-15）。

对称结构的分子，如果 $\mu = 0$ 或电荷运动 $\langle p \rangle \cdot \langle \mu \rangle = 0$，则是不具有旋光性的非光学活性物质。呈现旋光性的生色团一定是不对称的——既没有对称中心，也没有对称平面，这存在两种可能：一种可能是生色团本身就是不对称的；另一种可能是由分子内周围基团的不对称微扰所引起的，如分子中的空间效应导致对称生色团的运动受限（图 24-16）。

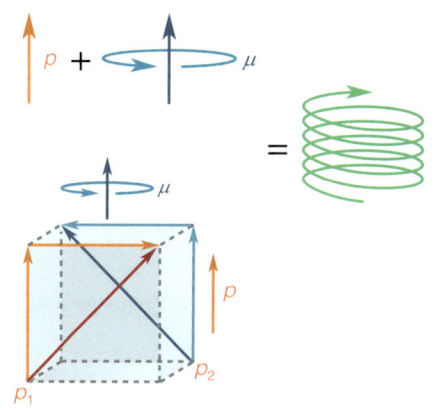

图 24-14 电偶极矩和磁偶极矩不互相垂直（上）或谐振子耦合（下）时，电荷产生螺旋运动

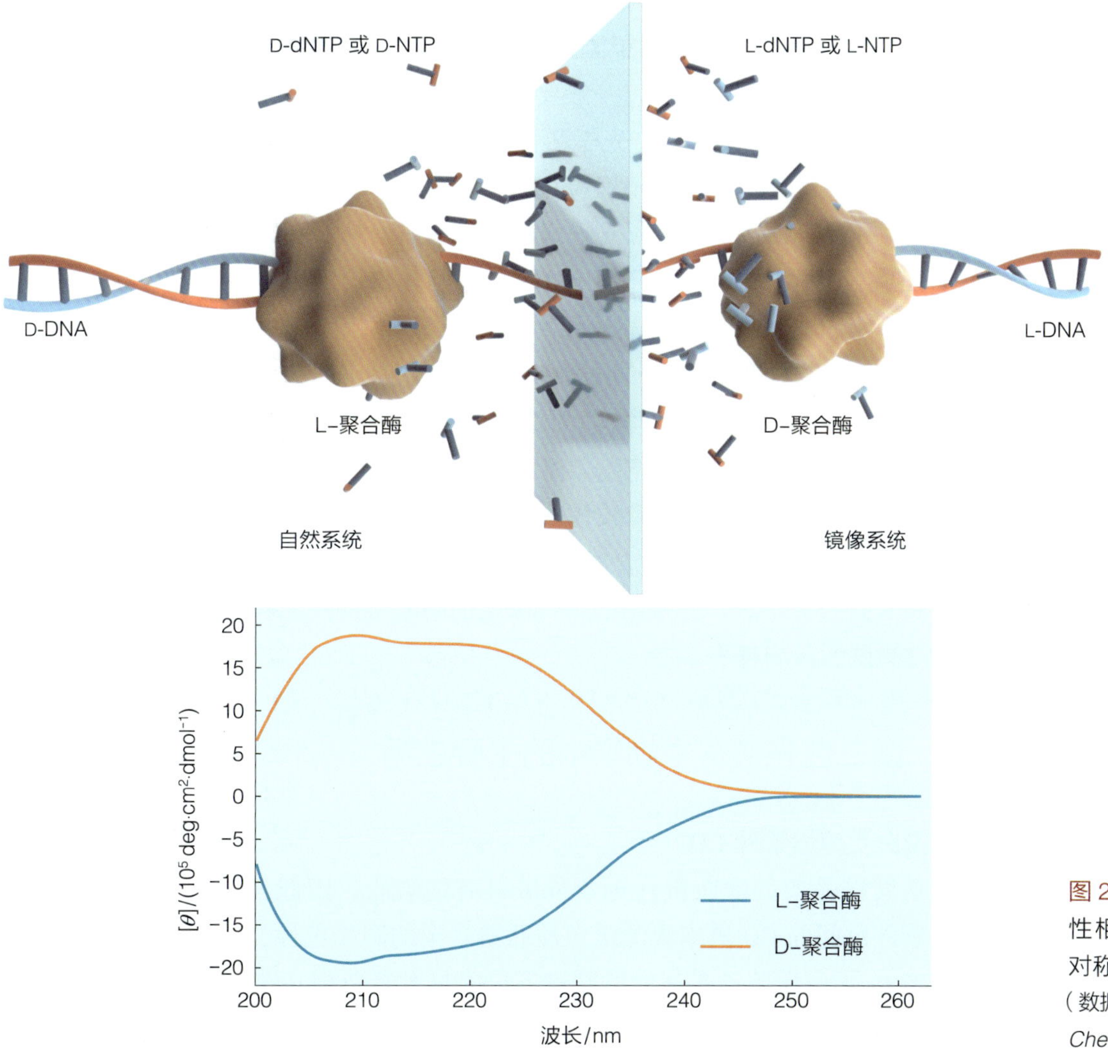

图 24-15 对映体的旋光性相反，CD 光谱呈镜像对称

（数据自 Wang Z M, et al. *Nat Chem*, 2016, 8(7): 698-704）

 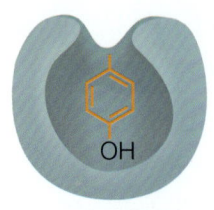

对称化合物　　　　游离酪氨酸　　　　结合口袋中的酪氨酸
无光学活性　　　　仅具有弱光学活性　　具有强光学活性

图 24-16　无光学活性物质和光学活性生色团

第二种情况在生物大分子中更为普遍。如苯丙氨酸和酪氨酸侧链的芳香环是对称基团，因此自由的苯丙氨酸和酪氨酸分子基本没有光学活性。在具有规则结构的蛋白质中，疏水性强的苯丙氨酸和酪氨酸侧链经常位于蛋白质疏水内部，因而受到较强的疏水相互作用而不能自由旋转，此时处于规则结构中的苯丙氨酸和酪氨酸侧链的芳香环会具有明显的光学活性。

如果施加一个外加磁场，磁场会与生色团的磁偶极矩相互作用，从而可能导致磁场下磁偶极矩的方向发生偏转，此时除了自然旋光性以外，分子中的对称生色团也可能被诱导出磁致旋光性，而不对称生色团的旋光性也可能会改变，这种技术被称为磁圆二色（magnetic CD，MCD）。

24.3.2　圆二色光谱的样品要求

同大多数吸收光谱一致，圆二色光谱的测试体系应为真溶液体系，即样品的主要光学现象来自圆二色性吸收，除了测试样品外，样品杯和缓冲液没有光学活性，光散射可忽略。为了进行定量计算，一般要求 $0.1 < \Delta A < 1$，样品的浓度在 0.1 mg/mL 量级。CD 光谱的样品杯一般为没有光学活性的石英杯，不能与紫外-可见吸收样品杯混用。常见的 CD 光谱样品杯的光程为 0.1 cm，对于高浓度样品可以选择短光程样品杯，而低浓度样品可以通过选择长光程样品杯增加信号的信噪比。

由于 CD 谱经常需要获得在远紫外区域的完整光谱，所以在溶剂或缓冲液选择上比紫外-可见吸收光谱严苛。溶剂或缓冲液的盐离子浓度通常会影响 CD 谱的波长下限。同时，由于生物样品的浓度一般远小于溶剂或缓冲液中有机分子的浓度，溶剂或缓冲液中的有机化合物即便只有微弱的旋光性也可能对灵敏度和信噪比造成较大影响。比如对于 1 mm 光径的样品杯，当溶剂为 4∶1 的乙醇/甲醇、纯水、10 mmol/L 的磷酸缓冲液和 100 mmol/L 的磷酸缓冲液时，CD 谱的波长下限分别约为 200 nm、180 nm、182 nm 和 190 nm。因此，生物样品的 CD 测量一般不选用有机溶剂，而是选用低浓度和低盐的缓冲液，最常用的为低浓度的磷酸缓冲液。样品杯光程越短，溶剂或缓冲液对测试的影响越小。

24.3.3　圆二色光谱在生物学中的主要应用

（1）蛋白质的远紫外 CD

蛋白质肽链骨架的酰胺键在远紫外区具有强吸收，因此经常测量 180～250 nm 左右的远紫外区间的 CD 谱来观测蛋白质肽链骨架的圆二色性，被称为远紫外 CD 谱（far-UV CD）。蛋白质肽链骨架的酰胺键形成了具有复杂相互作用的谐振子。由于不同的二级结构中，肽键会具有不同的二面角和空间结构，因此二级结构会对谐振子偶极矩的空间分布造成大的影响，而三级结构和四级结构的影响则很小。正因为此，远紫外 CD 谱常常被用来研究蛋白质的二级结构及其变化。对标准蛋白质的研究显示，不同的二级结构具有迥异的远紫外 CD 谱特征（图 24-17）：

① 100% 的 α 螺旋：在 208～210 nm 和 222 nm 呈两个极小值而出现双负特征峰谱形，在 191～193 nm 附近具有很强的正特征峰极大值；

② 100% 的 β 折叠：在 210～225 nm 间存在一个极小值而呈单负特征峰谱形，在 190～200 nm 间呈现很强的正特征峰极大值；

③ 100% 的 β 转角：在 206 nm 附近有一个正的弱 CD 谱带，在 190～200 nm 间没有明显的峰存在；

④ 100% 无规卷曲或无序结构：在 190～200 nm 间存在一个负 CD 谱带，在 220～230 nm 间呈现可正可负的弱 CD 谱带。

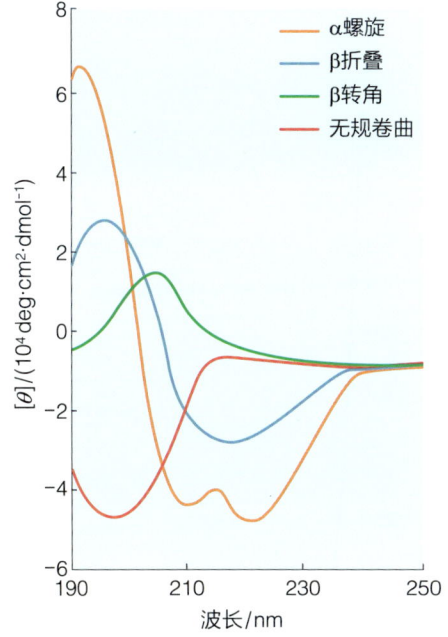

图 24-17 蛋白质三种主要二级结构的标准 CD 谱形

一般地，含有各种二级结构蛋白质的 CD 谱可以看作是一定比例的 α 螺旋、β 折叠、β 转角和无规卷曲结构 CD 谱的线性组合，因此可以通过拟合获得蛋白质中各种二级结构的相对比例。但是值得注意的是，通过 CD 谱进行二级结构预测的各种算法都需要基于以下假设的前提：

① 基准蛋白或参考蛋白的三维结构在水溶液中保持不变；

② 各种二级结构对总谱的贡献具有可加和性；

③ 仅肽链骨架生色团和肽链二级结构对远紫外 CD 有贡献，三级结构和氨基酸残基的侧链生色团对远紫外 CD 谱的贡献可以忽略；

④ 每一个二级结构元素可用一个标准 CD 谱描述，组成二级结构元素的氨基酸残基的数量和周围化学环境对 CD 谱的影响可忽略。

这些假设在实践中可能出现不满足的情形，此时通过 CD 谱进行二级结构预测的准确性也就会降低。

（2）蛋白质的近紫外和可见光 CD

对于大多数在近紫外 - 可见光区域没有选择性吸收的氨基酸，也同样不会表现出圆二色性。因此蛋白质中近紫外区的圆二色性主要来自三种芳香族氨基酸。值得注意的是，虽然苯丙氨酸的紫外吸收系数 ε 很小，但也可能具有明显的圆二色性。三种芳香族氨基酸和二硫键的近紫外谱没有固定的特征，CD 谱峰可正可负，取决于芳香环在结构中所处的化学环境。一般地，苯丙氨酸残基的 CD 峰在 255、261 和 268 nm 附近，酪氨酸残基的 CD 峰在 277 nm 左右，而在 279、284 和 291 nm 是色氨酸残基的信息，二硫键的变化信息反映在整个近紫外 CD 谱上（图 24-18）。与紫外 - 可见吸收光谱相比，近紫外 CD 谱具有较好的分

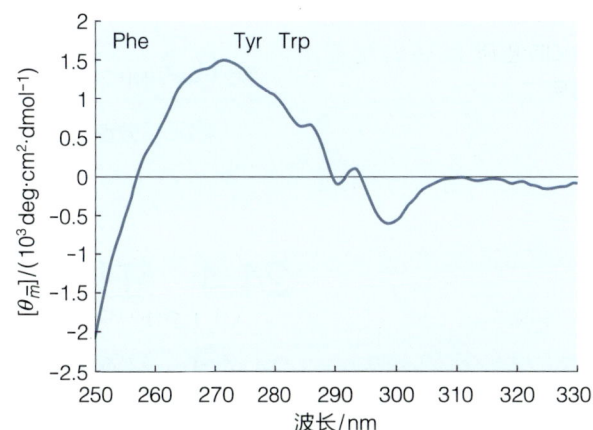

图 24-18 近紫外 CD 谱反映了芳香族氨基酸残基所处的化学微环境

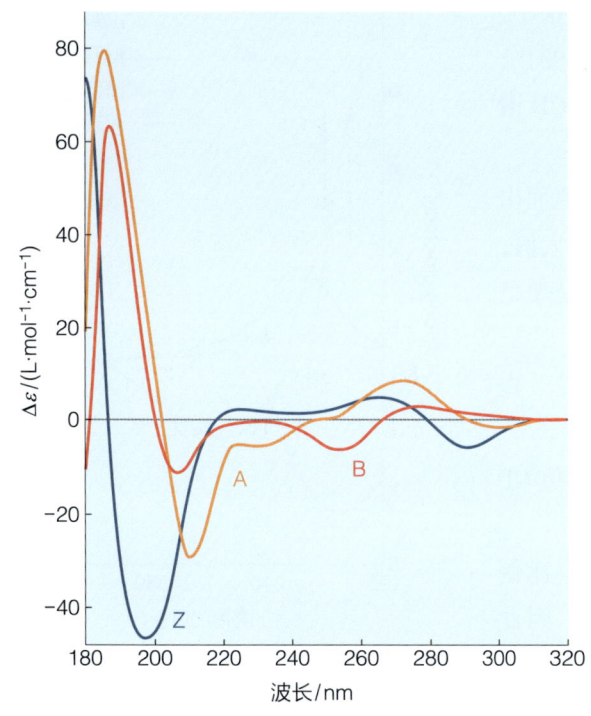

图 24-19 三种不同构型 DNA 的近紫外 CD 谱

辨率，而且谱峰强度主要取决于其在结构中的不对称程度而与 ε 相关性小。因此，近紫外 CD 谱可以灵敏地反映蛋白质中三种芳香族氨基酸以及二硫键所处微环境的扰动，能用来研究蛋白质三级结构的精细变化。

在可见光区域，吸收光谱和 CD 光谱的贡献都主要来自蛋白质中的色素辅基或络合的过渡族金属离子。可见光 CD 光谱可以反映蛋白质 – 辅基相互作用、金属离子的配位情况和氧化还原状态等。

（3）核酸的圆二色性

碱基是平面结构，一般旋光性都比较弱，因此核苷和核苷酸单体分子在紫外区的圆二色性吸收都比较小。对于 DNA 和 RNA，由于碱基之间的相互作用，在溶液中呈现出明显的 CD 谱。DNA 和 RNA 的 CD 谱形状几乎不改变，在 280、250、220 和 190 nm 左右呈现正或负的极大值。其中，260 nm 附近的两个峰一般是符号相反的科顿效应。DNA 和 RNA 的 CD 谱中极大值处的相对强度对构象或构型极其敏感，如 DNA 的 A、B、Z 三种构型具有显著区别，常常被用来研究 DNA 的构型转换（图 24-19）。

（4）圆二色光谱研究生物分子的结构变化和相互作用

远紫外和近紫外 CD 光谱可以很灵敏地给出蛋白质和核酸等生物大分子的二级结构和三级结构信息，因此被广泛用于研究蛋白质和核酸分子的平衡态折叠路径、折叠动力学、构象变化、结构转换和相互作用等（参见扩展阅读部分、第 7 章和第 9 章）。除了上面介绍的蛋白质和核酸 CD 光谱以外，一些具有强紫外 – 可见吸收的不对称生物小分子和处于结合态的金属离子等也具有强烈的 CD 信号，常被用来研究分子之间的相互作用和结构变化等（图 24-20）。

图 24-20 不同波长范围的 CD 谱所反映的结构信息

24.4 红外吸收光谱

24.4.1 红外吸收光谱的选择定则

红外吸收光谱（infrared spectroscopy，也简称为红外光谱或 IR 光谱）和拉曼光谱（参见 22.4 节）被统称为振动光谱。红外光谱与紫外 – 可见吸收光谱一样，都是研究样品分子对光的吸收，因此它们都是吸收光谱。大多数分子振动能级之间的能量差与电磁波谱红外区段的能量相匹配，这种电磁辐射的能量比电子能级跃迁时吸收的能量小得多。样品分子吸收紫外－可见光，引起的是电子能级之间的跃迁，因此紫外－可见吸收光谱属于电子光谱；样品分子吸收红外光引起的是振动能级和转动能级之间的跃迁，所以红外光谱是振动光谱。

红外吸收光谱是直接测量分子振动能级共振吸收能量的技术，而拉曼光谱通过拉曼散射间接探测分子振动能级的信息（图 24-21）。分子的振动能级和振动模式参见 22.4 节。虽然红外吸收光谱和拉曼光谱都能够提供分子振动能级的信息，但由于光散射和光吸收不同的物理本质，红外吸收光谱和拉曼光谱的选择定则、样品要求和给出的谱图都会有所区别。

根据 24.1 节中的理论分析，在振动过程中发生振动偶极矩的变化（图 24-22），从而在红外区具有选择性吸收的振动模式被称为具有红外活性。红外吸收光谱的强度主要取决于分子振动时的偶极矩变化，而偶极矩的变化又与分子的振动模式有关。一般来说，振动的对称性越高，振动偶极矩的变化越小，谱带强度就越弱。基团的极性越强，振动偶极矩在振动过程中的变化也就越大，其红外吸收就越强。因此，具有固有偶极矩的极性基团都具有明显的红外活性，如 $>\!\!C\!\!=\!\!O$、$>\!\!C\!\!=\!\!N\!\!-$、$\geqslant\!\!P\!\!=\!\!O$ 等。对称基团的对称振动不改变振动偶极矩，一般没有明显的红外活性。如 $>\!\!C\!\!=\!\!C\!\!<$ 基团对称伸缩时，振动偶极矩的净变化为 0，因此红外吸收也为 0。类似地，胱氨酸的二硫键，呼吸蛋白中的双氧基团，也很难测出红外吸收。

与具有红外活性的振动模式不同，拉曼活性需要分子振动时分子极化率随之改变，也就是伴随着诱导偶极矩的变化。因此，具有对称中心的分子或基团的各种振动模式，如果有红外活性，则没有拉曼活性；反之，如果没有红外活性，则拉曼活性比较明显（图 24-23）。大多数有机化合物和生物分子中的基团是没有对称中心的，因而通常都同时具有红外活性和拉曼活性。当然，具体到某个基团的某个振动模式，红外活性和拉曼活性的强弱可能有所不同。如乙烯分

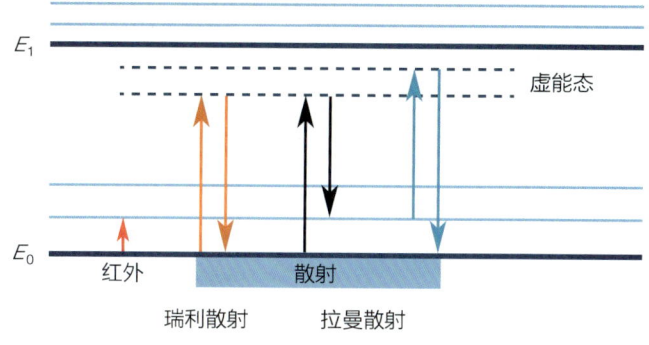

图 24-21　红外吸收光谱与拉曼散射的能级图

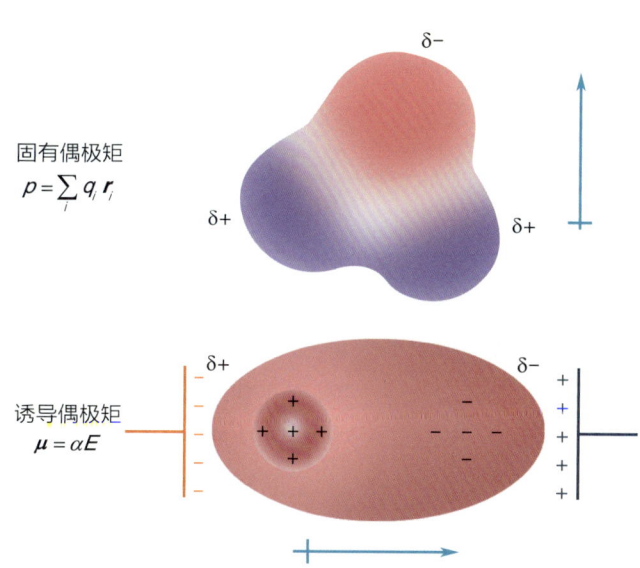

图 24-22　红外吸收光谱与拉曼散射不同的选择定则

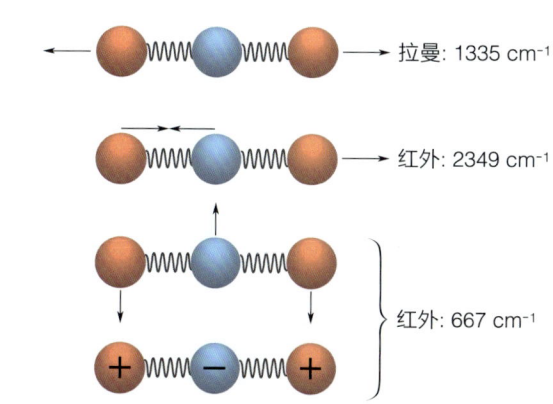

图 24-23　CO_2 分子四种振动模式具有的红外活性和拉曼活性

子的扭曲振动，极化率和振动偶极矩都不改变，则既无红外活性又无拉曼活性。

红外吸收与拉曼散射具有不同的选择定则，使得红外吸收光谱与拉曼光谱具有强互补性。比较红外吸收光谱和拉曼光谱的差异，也可以为分子振动模式的对称性提供信息。

24.4.2　红外吸收光谱测定的主要参数和样品要求

（1）振动频率

红外吸收光谱是红外吸收随入射光波长或频率变化的曲线（图 24-24），一般的测试范围为中红外区，即 4000～400 cm^{-1}。与拉曼光谱一样，红外吸收光谱中横坐标通常以波数 $\nu' = 1/\lambda$ 来表示，单位一般是 cm^{-1}。红外吸收光谱横坐标是分子的振动频率范围，而拉曼散射光谱横坐标反映的是拉曼散射光与入射光的频率之差。每一个红外谱峰的 λ_{max} 或 ν'_{max} 就是某一基团的一个振动模式的共振频率。影响振动频率的主要因素取决于振动模式的固有振动频率 $\omega = \sqrt{k/\mu}$，含氢官能团的折合质量最小，因此 X—H（X 一般为 C、N、O 等）的反对称伸缩振动具有最高的振动频率，而 X—Y（X 和 Y 可以是 C 或杂原子中的任何一个）的变角振动频率最低（参见 22.4.1 节）。

由于振动频率主要取决于化学键的键力常数和形成化学键原子的折合质量，因此即便有其它因素影响，不同有机物或生物分子中的同一基团的振动频率变化不大。由此，可以将有机化合物的红外吸收光谱图划分为官能团区（也称为特征区，一般为 4000 cm^{-1} 至 1500 cm^{-1} 左右）和指纹区（一般为 1500 cm^{-1} 左右至 600 cm^{-1}），如图 24-25 所示。在官能团区，红外吸收峰具有较好的分辨率，每一个红外吸收峰都和一定的官能团相对应，不同官能团的不同振动模式在红外光谱中会呈现出固定的谱图模式。因此在有机化合物结构分析中，官能团区是指认化合物中主要官能团是否存在的主要区域，在有机化合物中，各种官能团得到特征频率可以利用分子振动模型进行理论计算，计算结果与实验数据有较好的吻合，因此官能团的指认可以参考各种官能团振动频率的理论值或与标准谱图库对照。官能团区中，对于蛋白质尤为重要的是官能团 Ⅰ 区（3600～2700 cm^{-1}）和 Ⅱ 区（1800～1600 cm^{-1}）。其中，Ⅰ 区的红外吸收峰

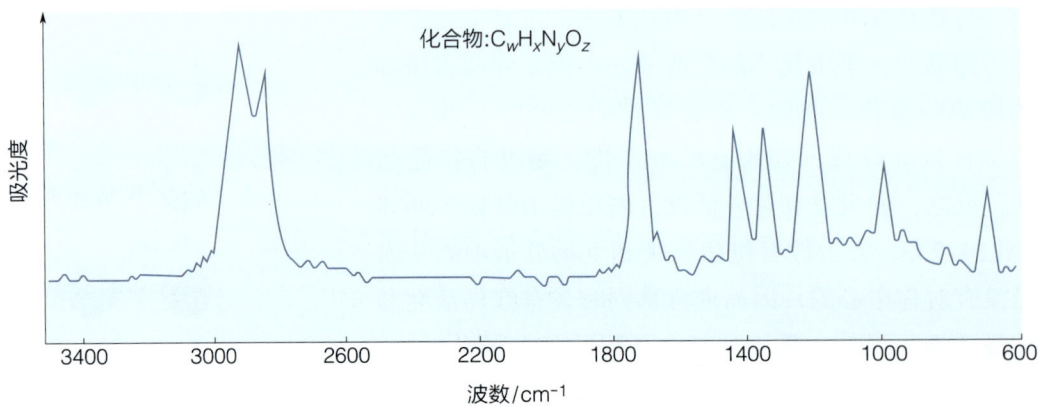

图 24-24　典型的红外吸收光谱示例

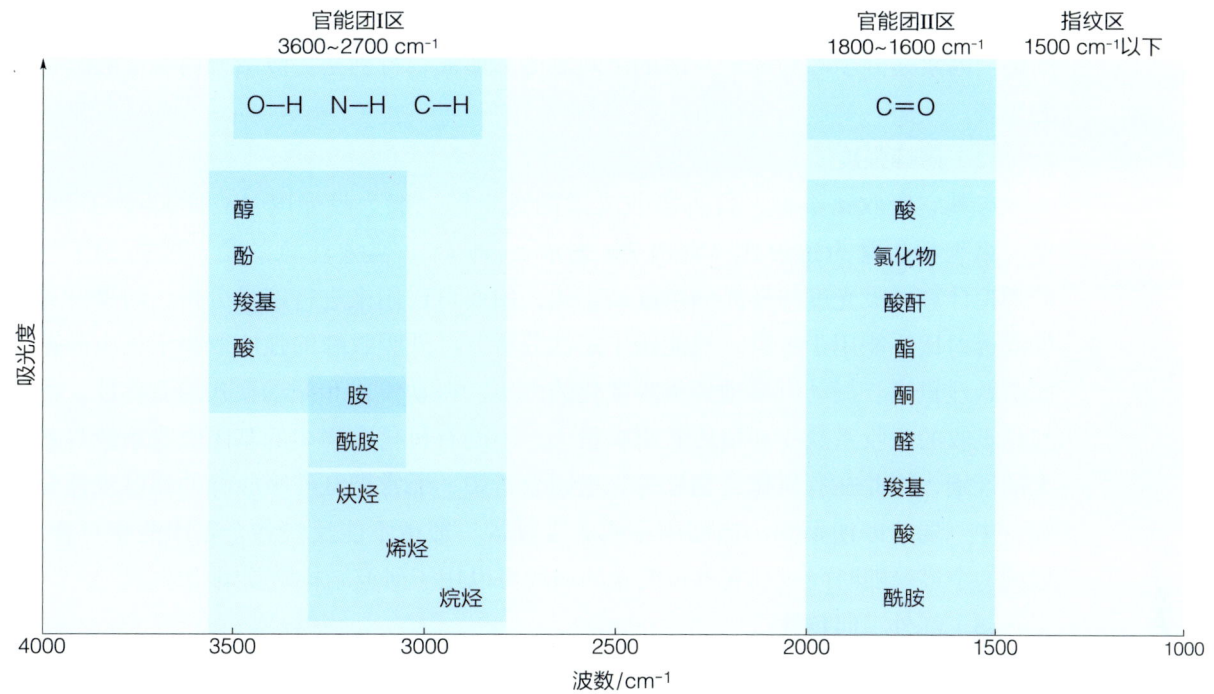

图 24-25 红外吸收谱的分区

主要来源于含 X—H 的伸缩振动,而 II 区主要来源于 X—Y 的伸缩振动和 X—H 的变角振动。指纹区主要来源于 X—Y 的伸缩振动、弯曲振动、振动间的耦合、骨架振动等,各种吸收频率数目多,重叠严重,很难一一进行指认,但结构上的细微变化可以在指纹区谱图上有反映。

红外吸收中,除了振动能级 $v_0 \rightarrow v_1$ 跃迁(称为基频)以外,还可能产生倍频、泛频、费米共振峰等。比较明显的 X—H 倍频峰一般出现在近红外区,不在红外吸收光谱的中红外区检测范围内,而其它复杂振动方式的峰一般都很弱,在生物大分子的红外吸收研究中可以忽略。

基团的振动频率可能受到内部因素(电子效应、氢键的影响、振动耦合以及费米共振等)和外部因素(氢键作用、浓度效应、温度效应、样品状态、制样方式以及溶剂极性等)的影响。其中电子效应包括诱导效应、共轭效应和中介效应。诱导效应指由于取代基具有不同的电负性,通过静电诱导作用,使得分子中电子云分布发生变化,从而改变了化学键的键力常数,使得基团的特征振动频率发生位移。共轭效应是指共轭体系中的电子云密度平均化,使得原来双键的电子云密度降低,键长增加,力常数变小,最后导致吸收频率向低频率方向移动。中介效应是指当含有孤对电子的原子与具有多种键的原子相连时,可以产生类似的共轭作用。氢键会使电子云密度平均化,从而使伸缩振动频率降低。分子内氢键不受浓度的影响,分子间氢键则受浓度的影响。振动耦合是当两个振动频率相同或相近的基团相邻并具有一个公用原子时,由于一个键的振动通过公用原子使另一个键的长度发生变化,产生一个微扰作用,从而形成强的振动相互作用,结果是使振动频率发生变化,一个向高频移动,另一个则向低频移动,谱带产生分裂。费米共振指当一个振动的倍频与另一个振动的基频接近时，发生相互作用而产生很强的吸收峰或发生分裂的现象。在生物大分子中，最常见的影响因素是分子内和分子 – 溶剂之间氢键的形成，特别是二级结构内氢键的影响尤为显著。

（2）谱峰强度

与其它吸收谱类似，红外吸收光谱的纵坐标一般为吸光度 A（图 24-24）。文献中，纵坐标也常为透射比（常用 $T\%$ 表示），即 I/I_0。需要注意的是，根据 24.1 节中的理论计算，吸光度与样品的浓度成正比，因而可以用来进行定量分析，而透射光强度或透射比不能用于定量，只能用于定性分析。红外吸收峰的强度取决于相应的振动能级跃迁概率、振动时振动偶极矩变化的大小、振动模式和振动模式的对称性。由于红外吸收的吸收系数受环境因素影响很大，不同有机化合物中的基团吸收系数有着较大的区别，因此在有机化合物红外光谱图分析中，通常把红外吸收峰的强度定性分为强、中、弱。即使是同一谱图中不同的吸收带一般也不能反映各个基团的相对含量，但同一个谱峰随时间或其它参量变化的曲线可以用于研究结构转换动力学。

（3）红外二向色性

红外二向色性（infrared dichroism）是一个用来表征样品各向异性的一个红外光谱参量。当样品中分子随机排列时，振动偶极矩变化的方向是不重要的。但当分子取向有规则时，若样品的偶极矩与入射电磁波的电场矢量 E 在一个方向上，则它们之间的相互作用最大。所以当入射电磁波的偏振面绕对称轴转动时，有序样品体系所吸收的入射红外偏振光的比例会发生变化。

为了研究晶体、分子定向的物质（如拉直的头发或蚕丝等）或有确定空间结构取向的生物大分子（如在膜中具有固定取向的 α 螺旋等），可以记录两个光谱：一个是当 E 与晶轴平行时记录的，另一个是在 E 与晶轴垂直时记录的（在拉直的头发、蚕丝等样品中则是平行和垂直于拉伸的方向）。这时，两个光谱表现出明显的差异，在一个方向上的吸收率要比另一个方向上高，这与有关化学键排列的方向有关（图 24-26）。这种差异可以用二向色性比 $R = A_{//}/A_{\perp}$ 来度量，$A_{//}$ 和 $A_{\perp}$ 分别是在平行和垂直方向测定的吸光度。当 $R > 1$ 时，相应的键趋向平行于轴排列，当 $R < 1$ 时，则是垂直于轴排列。更普遍的情形，可以把振动偶极矩看作是一个空间矢量，通过不同方向的测量值之间的关系，可以推导出振动偶极矩的空间取向。

（4）红外吸收光谱的样品要求

红外吸收光谱的样品需要对红外光波段透明，由于红外光波长大于大多数的生物分子粒径，具有很强

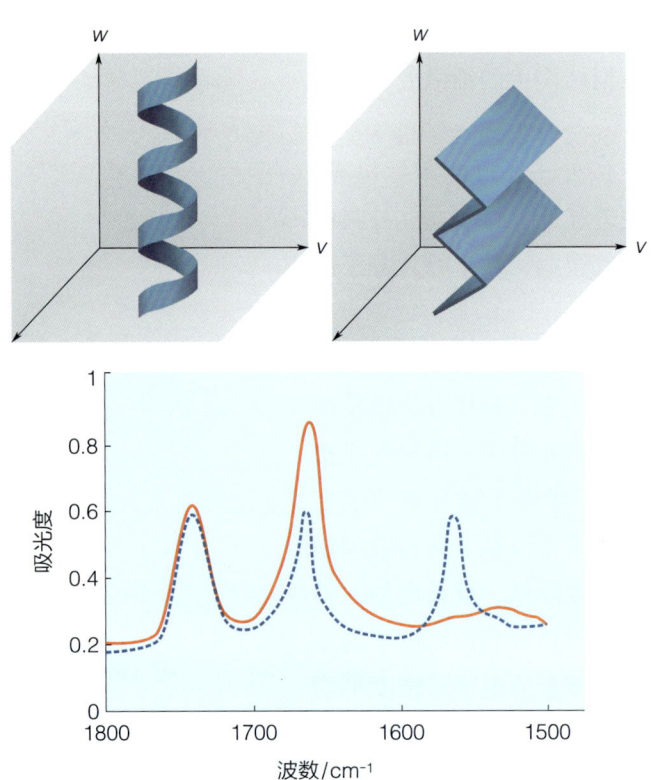

图 24-26 多聚谷氨酸定向样品的红外吸收光谱

上图显示的是具有固定取向的 α 螺旋和 β 折叠结构。下图实线和虚线红外光谱分别是入射光平行或垂直于多聚谷氨酸形成的 α 螺旋的轴。值得指出的是，β 折叠会呈现出与 α 螺旋相反的红外二向色性。

的穿透性，因此红外吸收光谱的样品可以是气体、液体、固体甚至是不均一相的混合物。需要注意的是，一些常见的样品池材质（如玻璃、石英等）对红外光具有强吸收，因此红外吸收测试中一般使用在中红外区具有透明区的盐玻璃（表 24-1）。

振动能级之间的能量差远低于电子能级，所以红外吸收光谱需要较高的样品浓度和增加采样次数才能获得较好的信噪比。红外吸收光谱样品的浓度一般是 0.1%～10%。

表 24-1 常见红外样品池的红外透明区

红外样品池材料	红外透明区波数 /cm^{-1}
KBr	4000～400
NaCl	4000～600
ZnSe	4000～600
ZnS	4000～750
BaF$_2$	4000～800
CaF$_2$	4000～1100
CsI	4000～200

对于有机化合物，通常采用在红外区只有很少吸收带的四氯化碳、二硫化碳、氯仿等作为液体样品的溶剂。对于生物样品，需要采用水溶液作为溶剂。水的强红外吸收正好处于官能团区的重要谱带位置，会影响样品的红外谱带。所以在生物样品的红外吸收光谱测量中，常常使用重水（D_2O）而非普通的 H_2O 作为溶剂。由于折合质量不同，X—D 的振动频率会红移到生物分子主要吸收带一侧，有利于提高谱图质量（图 24-27）。

由于常见溶剂都具有明显的红外吸收，因此在红外吸收谱测试中，除了需要采集样品的红外吸收曲线以外，还需要采集同样条件下的溶剂或缓冲液曲线作为本底，以通过扣除本底获得样品的吸收曲线。当使用水或重水作为溶剂时，需要适当调整缓冲液谱的系数，以得到满意的谱。如果用 H_2O 配制缓冲液，应使样品谱 2300～1800 cm^{-1} 范围内基本是平的，且波动小于信号峰中最小幅度的 20%。如果用 D_2O 配制缓冲液，1220 cm^{-1} 处的 D_2O 变角振动吸收峰应消失。

红外吸收光谱测试范围宽广，已经被广泛应用于各行各业。为了满足各种测试

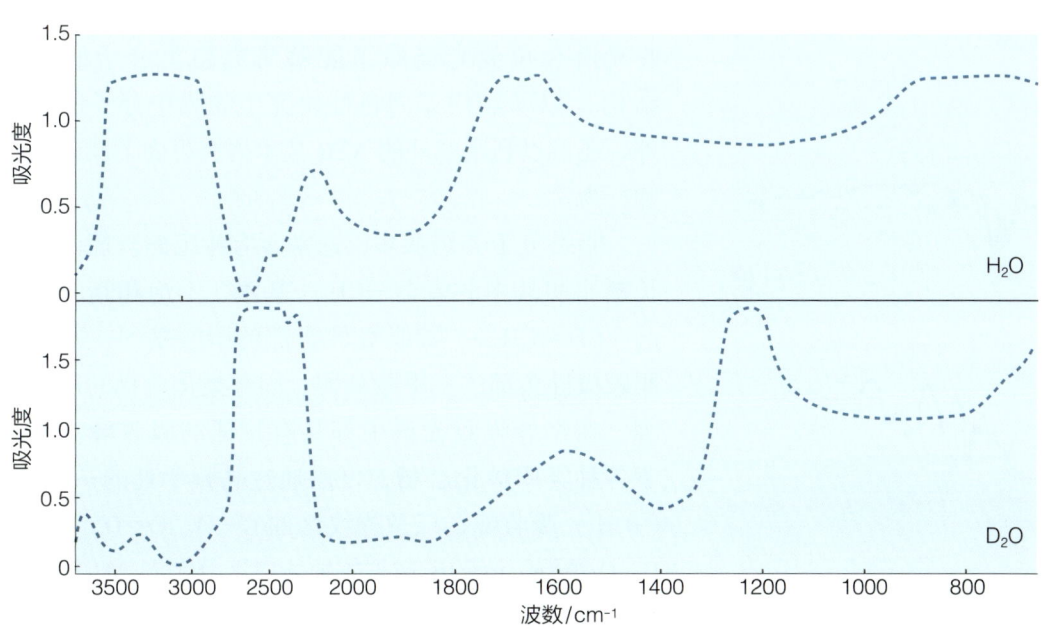

图 24-27 溶剂为水和重水时的红外光谱图比较

需求，仪器厂商还发展了多种多样的红外测试附件，如衰减全反射（attenuated total reflection，ATR）池、漫反射附件、光声谱附件、显微红外附件等。其中，ATR 光谱与吸收光谱类似，也会有特征频率的变化和强度的变化。由于 ATR 测试中光穿透样品的深度一般在微米量级，这使得 ATR 特别适合用于研究表面或界面上的样品。ATR 对测量含水的生物样品也十分有利，可以将水对红外光的吸收容易控制在一定范围内，样品厚度重复性也比用透射样品池要好得多，易于扣除含水的本底。

24.4.3　红外吸收光谱在生物学中的应用

生物大分子通常具有大量的官能团和复杂的三维空间结构，这使得生物大分子的振动光谱中通常含有大量的简正振动，从而会造成谱峰严重重叠，很难分辨和指认每个官能团所对应的谱峰。但大多数生物大分子都是由有限的基本单元脱水缩合以后形成的，具有特定结构，基本单元的大量重复且其振动偶极矩会受到所处二级结构的影响从而表现出一致性，因此虽然生物大分子的红外吸收光谱不利于每个官能团的指认，但能灵敏反映其高级结构的特征和变化。同时，官能团的振动频率会受到生物大分子三维空间结构中化学环境和空间位阻的影响，活泼氢的氘代也会引起振动频率较大程度的红移。这些特性使得红外吸收光谱被广泛用于生物大分子的结构变化研究。

（1）脂类和生物膜的振动光谱研究

脂类分子除了在生物体中起重要调控作用以外，还组成包括细胞膜和细胞内膜系统的生物膜。细胞的众多生物学功能和生化反应都发生在细胞膜上，但研究生物膜系统的生物物理技术相对较少。红外吸收光谱和拉曼光谱除了能够研究脂类分子的化学结构，以及利用二向色性研究生物膜中分子的取向外，还可以利用红外的 ATR 技术研究界面上膜的性质和行为。

脂类分子类别众多，通常含有特定的官能团，如长链脂肪酸中的多个—CH_2—基团、不饱和脂肪酸中的—CH=CH—、磷脂极性头部的磷酸基团、磷脂酰胆碱极性头部的三甲胺基团、固醇类化合物的甾体等等，在红外吸收光谱中都具有特征的吸收峰。如对于各种类固醇化合物，可以通过高频率处的—OH 和—CH_2—吸收峰，以及指纹区的 C—O、C=O、C=C、P—O 等特征峰的出现很好地予以区分（图 24-28）。

双亲性的脂类分子（如磷脂、长链脂肪酸盐、烷

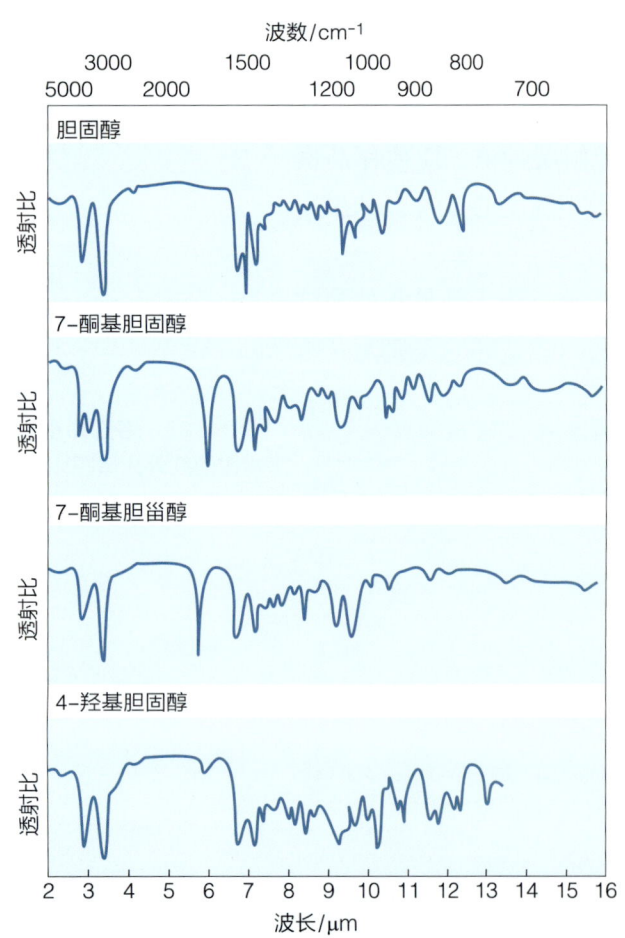

图 24-28　胆固醇和类固醇的红外吸收光谱
（数据自 Rosenkrantz H, et al. *J Biol Chem*, 1952, 195(2): 509-514）

基羧酸盐等各种表面活性剂）在超过临界浓度以后，在水溶液中会自发形成胶束或类膜结构，在水和空气的界面，会自发形成单分子层膜结构（LB膜）。烷基链中的—C—C—、—C=C—和—CH$_2$—等基团的伸缩振动对构象很敏感。此外，红外吸收光谱也可以很好地根据基团特征峰区分双亲性分子的极性头部和疏水尾部。利用普通的振动光谱以及红外ATR技术，可以研究水溶液和界面上双亲性脂类分子的结构和相变、膜中各种脂类分子的相互作用（如磷脂和胆固醇的相互作用）、药物和金属离子与膜的相互作用、膜与蛋白质的相互作用等。

（2）核酸的振动光谱研究

振动光谱可以用于研究单链、双链和三链DNA和RNA的螺旋结构、各种RNA的特定空间结构、核酸的水化、核酸与金属离子或药物之间的相互作用、DNA不同构型之间的转换等。样品范围包括了晶体、粉末、纤维和溶液等各种状态下的单体核苷酸、寡聚核苷酸或大的DNA和RNA分子。红外吸收谱中不同区域内的振动谱特征带可以快速提供核酸各部分结构的信息，包括碱基配对、碱基堆积、螺旋结构的形成以及核酸的高级结构等信息。这些信息可以通过振动峰的位置、强度和偏振等参数反映出来。

核酸特征谱带主要出现在 1800~800 cm^{-1} 范围内。一般地，1800~1500 cm^{-1} 范围内有碱基的振动峰，该振动峰对碱基对和碱基堆积非常敏感。在 1500~1250 cm^{-1} 范围内，碱基与核糖之间的振动耦合产生了反映了糖苷键转动、核酸骨架构象和核糖折叠（pucker）的核苷特异信息。核酸骨架构象沿核糖-磷酸链方向的振动产生了 1250~1000 cm^{-1} 范围内的强特征带。核糖/核糖-磷酸的振动在 1000~800 cm^{-1} 的范围内产生了核糖折叠各种振动模式的可靠特征带。

（3）蛋白质的振动光谱特性

与研究蛋白质和多肽的结构和构象变化的其它各种光谱学方法相比，振动光谱可以应用于更广泛的样品体系。在振动光谱中，除了可以研究具有强吸收特征峰的官能团（如芳香族氨基酸侧链）的结构特征和周围微环境以外，多肽和蛋白质中的肽链骨架会产生一系列被称为酰胺吸收带的红外吸收带（表 24-2）。其中，位于大约 1700~1600 cm^{-1} 之间的酰胺 I 带对于结构分析最重要，酰胺 I 带的 80% 贡献是来自 C=O 键上的伸缩振动，同时也和 C=O 旁的 C—N 伸缩振动和 N—H 变角振动有关。酰胺 I 带对与肽键有关的氢键及跃迁偶极子之间的耦合非常敏感。跃迁偶极子之间的耦合引起了酰胺 I 带的分裂，即包含多个具有不同共振频率的吸收峰。因此，酰胺 I 带对肽和蛋白质的二级结构的变化非常敏感，是研究蛋白质结构和构象变化最常用的谱带。酰胺 II、III 和 V 带也能提供蛋白质和多肽的构象信息（表 24-3）。

蛋白质的各种二级结构中，大部分在红外和拉曼光谱的酰胺 I 带都有特征的振动频率，但在 H$_2$O 中，α 螺旋和无规卷曲会有谱峰重叠，而在 D$_2$O 中，无规卷曲的振动频率红移到 1643 cm^{-1}，可以跟螺旋结构的振动频率更好区分（表 24-4）。对于酰胺 II 带，当溶剂从 H$_2$O 换为 D$_2$O 时，谱峰位置将发生较大幅度的红移，因此红外光谱可以

表 24-2　蛋白质酰胺吸收带的分布和主要振动模式

吸收带	特征波数 /cm^{-1}	主要振动模式
酰胺 A	3300	N—H 伸缩
酰胺 B	3100	酰胺 Ⅱ 的一次泛频，费米共振
酰胺 S	1390~1400	C—H 弯曲 + N—H 弯曲 + C—C 伸缩
酰胺 Ⅰ	1610~1700	C=O 伸缩 + N—H 弯曲 + C—N 伸缩
酰胺 Ⅱ	1530~1580	N—H 在平面中弯曲 + C—N 伸缩
酰胺 Ⅲ	1200~1340	C—N 伸缩 + N—H 在平面中弯曲
酰胺 Ⅳ	630	O=C—N 在平面中弯曲
酰胺 Ⅴ	730	N—H 在平面外弯曲
酰胺 Ⅵ	600	C=O 在平面外弯曲

表 24-3　蛋白质二级结构在红外和拉曼光谱酰胺带中的特征波数范围

单位：cm^{-1}

二级结构	酰胺振动带	红外光谱	拉曼光谱
α 螺旋	酰胺 Ⅰ	1648~1655	1648~1655
	酰胺 Ⅱ	1540~1545	未观察到
	酰胺 Ⅲ	1270~1320	1270~1320
	酰胺 Ⅴ	约 660	约 660
β 折叠	酰胺 Ⅰ	1630~1635（⊥），1690~1695（∥）	1660~1680
	酰胺 Ⅱ	1520~1525（∥），1550~1555（⊥）	未观察到
	酰胺 Ⅲ	1220~1235（∥）	1225~1240
	酰胺 Ⅴ	约 700	未确定
无规卷曲	酰胺 Ⅰ	1655~1660	1655~1665
	酰胺 Ⅱ	1550~1570	未确定
	酰胺 Ⅲ	1240~1255	1240~1250
	酰胺 Ⅴ	未确定	未确定

通过监测酰胺 Ⅱ 带谱峰强度的变化来反映氢氘交换的动力学过程（图 24-29）。到目前为止，检测氢氘交换的技术主要有红外光谱、核磁共振波谱学和质谱技术。虽然红外光谱无法给出氨基酸水平的氢氘交换信息，但优势是操作简便、对样品形态包容度高、能够获得动力学信息。

由于蛋白质红外吸收光谱的谱峰半高宽一般都较大，谱峰重叠严重，特别是经常用于结构分析的酰胺 Ⅰ 带一般都呈现出有少量肩峰的一个大峰。在实践中，可以通过提高谱图分辨率的技术压缩谱峰半高宽或拟合分峰的方法来帮助进行定量分析（知识窗 24-4）。

表 24-4 H₂O 和 D₂O 作为溶剂时，蛋白质二级结构在红外吸收光谱酰胺 I 带和酰胺 II 带的特征波数范围

单位：cm⁻¹

蛋白质二级结构类型	酰胺 I 带		酰胺 II 带	
	H₂O	D₂O	H₂O	D₂O
α 螺旋	1652（强）	1650（强）	1546（强）	—
	1646（弱）	1644（弱）	1516（弱）	
3₁₀ 螺旋	1659～1666	1659～1666	—	
无规卷曲	1656	1643	1520	—
反平行 β 折叠	1632（强）	1632（强）	1530（强）	1450
	1690（弱）	1675（弱）	1510（弱）	
平行 β 折叠	1630（强）	1632（强）	1530（强）	
	1645（弱）	1648（弱）	1550（弱）	
分子间 β 折叠	1610～1625（强）	1610～1625（强）	—	
	1670～1695（弱）	1670～1695（弱）		
β 转角	1660～1670（弱）	1660～1670（弱）	—	
	1670～1680（弱）	1670～1680（弱）		

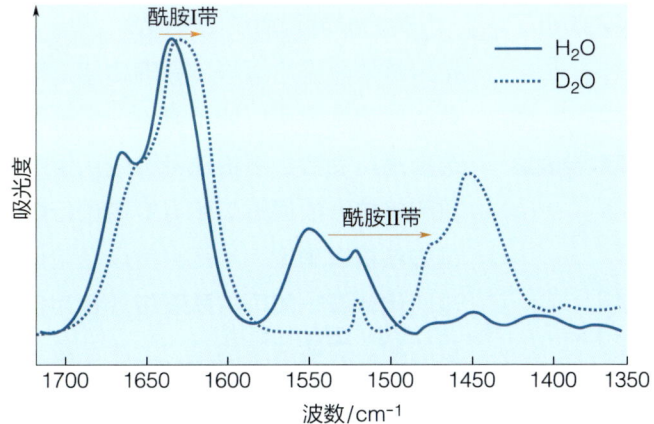

图 24-29 蛋白质形成的淀粉样纤维

在 H₂O（实线）和 D₂O（虚线）中红外吸收光谱的酰胺 I 带和酰胺 II 带。当溶剂为 D₂O 时，酰胺 I 带轻微红移，而酰胺 II 带则显著红移。

24.5 荧光光谱

如图 24-4 所示，当分子吸收能量从基态 S_0 跃迁到激发态 S_1 后，如果以光发射途径从 S_1 回到 S_0，则发射光被称为荧光。若分子从 S_1 通过系间交叉转变为三线态激发态 T_1 后，再从 T_1 通过光发射途径回到基态 S_0，则发射光被称为磷光。从基态 S_0 跃迁到激发态 S_1 所需的能量可能来源于热、化学反应、紫外-可见光、红外光、X 射线等。当分子仅需吸收一个激发光子，即可实现从 S_0 到 S_1 的跃迁时，这就是常见的单光子激发（参见第 27 章）。如 24.1.3 节所述，由于分子在振动能级间弛豫带来的能量

知识窗 24-4

提高红外吸收光谱分辨率的几种方法

常用的提高分辨率的方法包括拟合分峰（fitting）、去卷积（deconvolution）和二阶导数（second-derivative），都已经是红外吸收光谱处理分析中的常规方法。这些方法的基础是把酰胺带看作是彼此独立的各种二级结构振动谱峰的线性叠加。由于提高分辨率的技术通常以损失一定的信噪比为代价，因此在进行相应的数学处理之前，关键之处是先要获得高质量的红外吸收光谱，在测试过程中采取措施减少空气中水分子的影响，通过多次采样提高信噪比，并合理扣除缓冲液本底。

导数谱可以通过减小谱峰半高宽提高分辨率。偶数阶导数能产生相应于吸收峰的极大值，因此它比奇数阶导数更有用。尽管四阶导数的谱线比二阶导数更窄，但由于它对原吸收曲线 A 中的噪声更加敏感，谱线过于复杂，难于分析，因此很少采用。二阶导数谱峰的半高宽近似为原吸收峰半高宽的 1/3，因此大大改进了分辨率。

二阶导数谱峰对峰强的影响也很容易计算得到。假设红外吸收谱为最一般情形的沃伊特近似，其数学表达式如下：

$$A(v) = \frac{A_0}{\left[1+c\frac{(v-v_0)^2}{w^2}\right]\exp\left[\frac{1}{2}(1-c)\frac{(v-v_0)^2}{w^2}\right]},$$

则容易得到

$$\left.\frac{d^2 A}{dv^2}\right|_{v=v_0} = -\frac{2A_0}{w^2}.$$

其中，A_0 和 A 为红外吸收峰的最大峰位 v_0 和频率 v 时的吸光度，w 为半高半宽（HWHH）。因此二阶导数谱中谱峰高度会受到峰宽平方的调制，越窄的原始谱峰在二阶导数谱中的相对峰高就会越高，而宽峰在二阶导数谱中可能峰强很低。在各种蛋白质二级结构中，α 螺旋红外谱峰的半高半宽一般为 20 cm^{-1} 左右，而 β 折叠红外谱峰的半高半宽一般为 5~10 cm^{-1}，使得二阶导数谱中 β 折叠的峰更尖锐和明显。需要注意的是，谱峰宽度会受到溶剂、温度、蛋白质结构等多种因素影响，因此采用二阶导数谱进行定量计算要格外慎重。

一个红外吸收光谱可以表示为谱峰位置函数（如狄拉克 δ 函数）和谱线形状函数（洛伦兹函数或高斯函数，或两者的混合）的卷积。因此，从测得的吸收谱原则上就可以用傅里叶去卷积算法得到谱线位置函数。在去卷积计算中，需要选择合理的参数使得既提高谱峰分辨率又不引起谱峰畸变。在使用去卷积谱时需要注意，谱峰强度会在处理中很好地得到保持，但谱峰位置常常会跟原始谱中的振动频率有所差别（参见 26.1.1 节）。

拟合分峰是通过曲线拟合计算，将各个酰胺带进一步分解为若干个谱峰分量的合成。拟合计算所需要的参数的初始值可以如下确定：峰形可以根据实际情况选择高斯函数、洛伦兹函数或沃伊特函数等；峰的数目和峰位一般通过二阶导数谱进行确定；峰高一般通过去卷积谱确定；半高半宽以经验值作为初始值。通过迭代计算，即可将酰胺带分解为各二级结构谱峰分量的和。需要注意的是，上述定量分析方法的前提之一是不同二级结构的单位物质的量的吸收度是相等的。但这一假定并未得到验证。模型多肽多聚赖氨酸得到的结果显示，不同二级结构的单位物质的量的吸收度差别可达 30%。此外，由于含有多个参数，曲线拟合的计算结果可能并不是唯一的，而是多解的。计算初始值的选取带有一定程度的主观性，有可能影响曲线拟合的结果。

耗散，单光子激发时荧光波长要比激发光长，同理单光子激发时磷光波长也要比激发光长。然而，一些分子会存在多光子激发过程，即在极短时间内（$10^{-16} \sim 10^{-18}$ s）吸收两个甚至多个光子，实现从 S_0 到 S_1 的跃迁，并随后发出比激发光波长更短的荧光或磷光。通常来说，当分子跃迁到 S_1 后，会在很短的时间内（约 10^{-8} s）发出荧光并回到 S_0，分子发出荧光前在 S_1 的停留时间（驻留时间）被称为荧光寿命。而分子抵达 T_1 后，需要较长时间（通常为 $10^{-4} \sim 10^2$ s）才能发出磷光，对应的分子在 T_1 的停留时间被称为磷光寿命。在有机化合物和生物分子研究中，荧光技术是常用的分析手段，而磷光技术的应用很少。本节要介绍的荧光，是指物质在吸收紫外－可见光后发出的波长较长荧光的单光子激发过程。双光子荧光在生命科学中的组织成像领域应用较多。由于光吸收是光发射的基础，产生荧光的生色团也被称为荧光团、荧光基团或荧光分子（fluorophore）。荧光的发生在 24.1 节中已经描述，荧光显微镜将在第 26 章中介绍，本节主要介绍荧光光谱的主要参数、影响因素和在生物系统中的应用。

24.5.1　荧光光谱的主要参数及其影响因素

（1）荧光峰位

发射谱中的荧光峰称为发射峰，激发谱中的荧光峰称为激发峰。在发射谱中最大荧光强度的位置称为荧光峰位，一般记为 E_{max}，单位一般为 nm。由于荧光峰位对环境的极性和荧光团的运动都非常敏感，因此 E_{max} 是荧光光谱最重要的参数之一。

由于光吸收是产生光发射的基础，因此 24.2.2 节中影响生色团紫外－可见光吸收的各种因素（如温度、pH、周围化学环境的极性等）也都会对荧光光谱，特别是 E_{max} 产生影响，如温度升高通常会导致荧光峰位红移。一般来说，荧光分析的灵敏度至少要比吸收光谱高 2~3 个数量级，因此荧光对周围的化学环境更为敏感。环境因素除了影响荧光团的光吸收性质以外，还会通过影响激发态的性质来影响荧光光谱的性质。下面以溶剂效应来简单分析环境因素对荧光可能产生的复杂影响。

溶剂对荧光的影响可以分为一般溶剂效应（general solvent effect）和特殊溶剂效应（specific solvent effect）。一般溶剂效应涉及生色团的偶极矩与周围溶剂诱导产生的反应场（reaction field）之间的相互作用。由于生色团从基态跃迁到激发态以后，其偶极矩取向将发生变化，从而导致极性溶剂分子偶极矩整体发生取向变化。由图 24-30 可知，周围环境极性的增大将使得更多能量通过偶极矩之间的相互作用转移到溶剂分子，从而导致荧光团的 E_{max} 发生红移。特殊溶剂效应是生色团处于激发态时与溶剂发生化学反应的结果，包括形成氢键、酸碱反应、形成电子转移复合物等。形成电子转移复合物是指受到光激发时，复合物中发生电子从荧光生色团向另一个基团的转移，在光合作用过程中往往常见。特殊溶剂效应往往只需要很小浓度的反应试剂就足以产生较大影响。

与溶剂效应类似，当荧光团周围的化学环境发生变化时，E_{max} 也会产生较大变

图 24-30 极性溶剂分子偶极矩在基态和激发态的不同取向对荧光团能级的影响

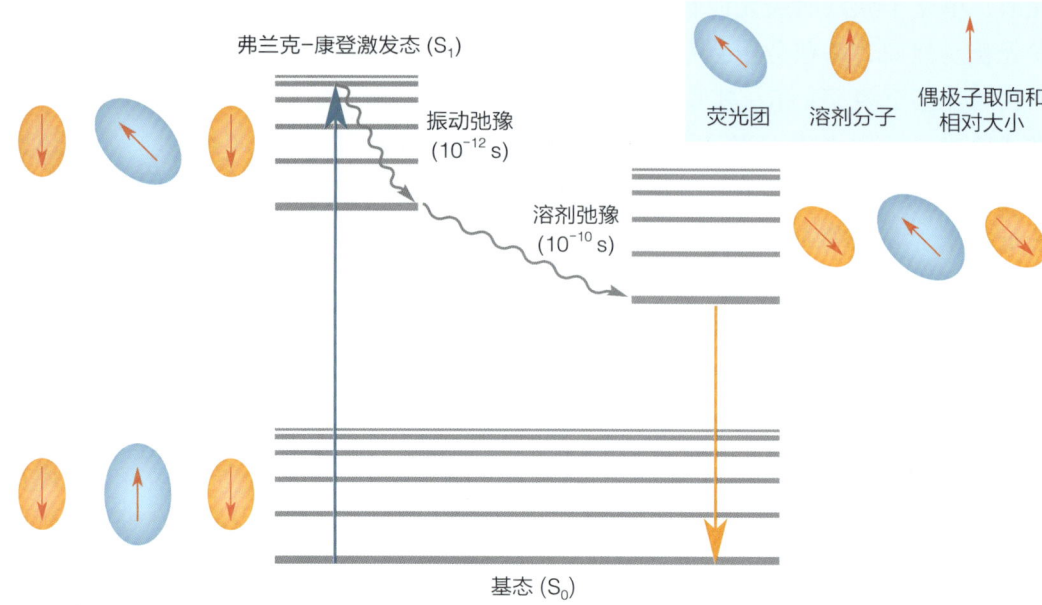

化。因为 E_{max} 可以灵敏监测蛋白质结构中荧光团周围化学环境的变化，从而在蛋白质折叠（第 7 章）、分子相互作用（第 9 章）等领域得到广泛应用。利用该性质，也可以灵活设计和使用外源荧光探针。如荧光探针 1- 苯胺基萘 -8- 磺酸盐可以特异结合蛋白质的疏水暴露部位。当游离在水溶液中的 ANS 分子结合到蛋白质疏水部位以后，其 E_{max} 将蓝移，同时荧光强度增大（图 24-31）。对荧光探针的浓度进行滴定，通过 E_{max} 或荧光强度的滴定曲线也可以推算出生物分子结合的荧光探针数量和结合常数。

（2）荧光寿命

根据量子力学原理，荧光强度的衰减一般为指数衰减过程。对于单指数衰减过程，光激发之后，样品的荧光强度降到 $t = 0$ 时荧光强度的 $1/e$ 所需要的时间，称为

图 24-31 不同极性的溶剂对 1- 苯胺基萘 -8- 磺酸盐荧光的影响

荧光寿命，常用 τ 表示，单位一般为 ns。如果样品中全部分子都以发射荧光的方式回到基态，则有

$$I(t) = I(0)e^{-k_F t} = I(0)e^{-t/\tau_F}。$$

其中，$I(0)$ 是 $t = 0$ 时的荧光强度，$I(t)$ 是 t 时的荧光强度，τ_F 为固有荧光寿命，$k_F = 1/\tau_F$ 为荧光的固有衰减速率常数（图 24-32）。荧光寿命反映了被激发的荧光团在最低电子激发态 S_1 的振动能级基态停留的平均时间。

处于激发态的分子，除了通过发射荧光回到基态以外，还会通过非辐射方式回到基态（图 24-4），其结果是加快了激发态分子回到基态的过程（有时也称退激过程），结果是荧光寿命降低。如果各种非辐射方式回到基态的速率常数之和为 $\sum k_i$，则实际测量得到的 τ 为

$$\tau = 1/k = 1/(k_F + \sum k_i)。$$

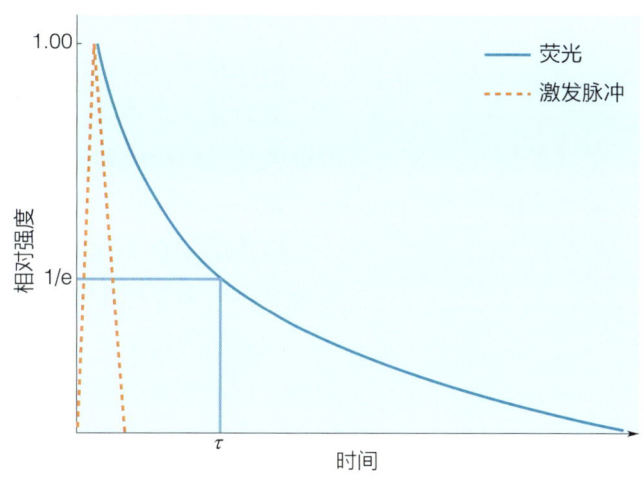

图 24-32 荧光寿命

荧光寿命不仅受到荧光团的结构和动力学的影响，而且也会受荧光团所处化学环境的影响。如对于荧光探针 1-苯胺基萘-8-磺酸盐，在水溶液中的荧光寿命大约在 100 ps，而结合到蛋白质疏水部位以后，其荧光寿命会延长到 8~10 ns；蛋白质中，色氨酸的荧光寿命受到蛋白质结构很大的影响，通常在 0.1~8 ns 之间变动。如果一个生物分子中存在多个结合常数不同的荧光探针结合位点，即存在强结合位点和弱结合位点，而结合常数不同通常也会导致观测到的荧光寿命不同（图 24-33）。假设每个结合位点的占比为 α_i，荧光寿命为 τ_i，则有

$$I(t) = I(0) \sum_i \alpha_i e^{-t/\tau_i}。$$

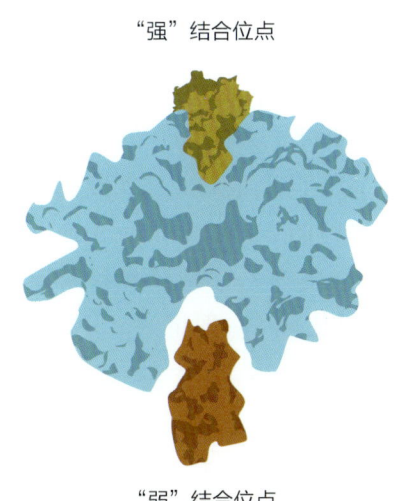

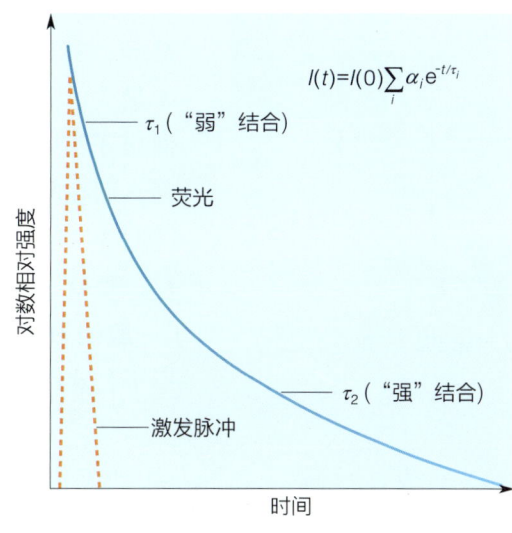

图 24-33 分子中存在多个不同结合常数的结合位点对荧光寿命的影响

（3）量子产率

荧光量子产率是物质荧光特性中最基本的参数之一，它表示物质发射荧光的效率。荧光量子产率通常用 ϕ 来表示，定义为发射量子数 n_{em} 和吸收量子数 n_{ex} 之比，即由荧光发射造成的退激分子在全部退激分子中所占的比例，又称为荧光效率：

$$\phi = n_{em}/n_{ex} = \tau/\tau_F。$$

因为必须事先知道仪器的修正因子，因此 ϕ 的绝对值较难用实验方法测量。实际测量中大多采用相对法，即用已知量子产率的标准样品与待测样品进行比较。

荧光团的量子产率既取决于荧光团本身的结构和动力学性质，也受到所处环境的影响。对于非芳香环的不饱和烃类，辐射跃迁回到基态的概率一般都很小。对于芳香环分子，荧光的量子产率很高，且由于没有 n 电子，一般没有磷光途径。多个芳香环之间的刚性共轭一般都增大量子产率。杂环化合物荧光的量子产率一般很低，而磷光的量子产率相对较高。也正因此，核酸中的嘧啶和嘌呤基团一般没有荧光现象。金属离子自身一般没有荧光现象，但结合到有机分子以后经常会表现出荧光现象，据此已经发展出了多种金属离子的特异性探针。

（4）荧光强度

荧光强度 F 取决于激发态的初始分布与量子产率 ϕ 的乘积，这里的 F 指的是向各个方向上发射的荧光强度的总和。实际上，谱仪在光路 90° 方向所能收集的只是其中的一小部分，因此还需要乘以仪器因子 Z。根据朗伯-比尔定律和弗兰克-康登原理，可得到在 λ_{em} 处测得的荧光强度 $F(\lambda_{em})$ 为

$$F(\lambda_{em}) = 2.3 I_0 \varepsilon(\lambda_{ex}) c l \phi Z。$$

其中，$\varepsilon(\lambda_{ex})$ 为激发波长 λ_{ex} 处的摩尔消光系数，c 为样品浓度，I_0 为入射光强度，l 为光程（样品池光径）。

（5）荧光各向异性

荧光各向异性（anisotropy）也称为荧光偏振或荧光极化（polarization）。从 24.1.1 节中介绍的经典物理的观点来看，电子能级的跃迁相应于一个电偶极子的振动，其振动方向和电场变化方向一致时被激发的概率最大，并随两者间夹角余弦的平方 $\cos^2\theta$ 而变化。电偶极子发射的荧光在与电偶极子方向垂直的方向上最强，而在与电偶极子平行的方向上最弱。在实际测量中（图 24-34），在与入射光平行的方向收集的荧光强度为 $I_\parallel$，垂直方向收集的荧光强度为 $I_\perp$，则荧光各向异性（一般记为 A 或 r）和荧光极化率（一般记为 P）分别由以下公式给出：

$$A = r = \frac{I_\parallel - I_\perp}{I_\parallel + 2I_\perp},$$

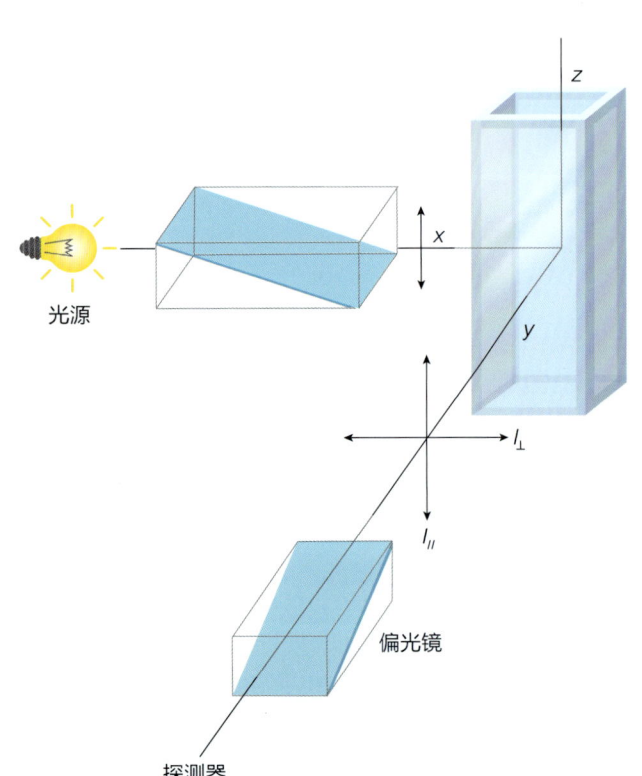

图 24-34　荧光各向异性的测量

$$P = \frac{I_{//} - I_{\perp}}{I_{//} + I_{\perp}}。$$

由此可见，荧光各向异性和荧光极化率只是同一个性质的不同度量方法，它们之间可以互相转换。

对于溶液中的分子，其分布是随机的，而且从吸收到发射的时间之内，分子本身已经产生了转动，因此荧光偏振的程度将减小。在分子朝向无规律但不能自由运动的溶液中，荧光极化率的值被称为本征极化率 P_0 或本征各向异性 A_0。本征各向异性 A_0 的值由下面的公式给出：

$$A_0 = \frac{2}{5} \times \frac{3\cos^2\theta - 1}{2}。$$

因此，当跃迁偶极矩和入射平面偏振光振动方向一致时具有最大的 $A_0 = 0.4$，而垂直时具有最小值 -0.2。当角度为 $54.7°$ 时 $A_0 = 0$，因此 $54.7°$ 也被称为魔角（magic angle）。

溶液中的分子在激发态的寿命期间通常都会有一定的运动，此时测量值就会与 P_0 或 A_0 不等。通过测量各向异性的快速动力学曲线，可以由下式获得转动相关时间 D_T：

$$A(t) = A_0 e^{-t/\theta} = A_0 e^{-6D_T t}。$$

当荧光探针或荧光团结合到生物大分子或复杂的生物体系上时，由于复合物的分子大小远大于小分子荧光团的大小，其转动相关时间或荧光各向异性都会发生显著变化。此外，若荧光团的运动受限，其荧光各向异性也会受到明显影响。因此，利用荧光各向异性可以研究蛋白质与小分子荧光团的相互作用、蛋白质聚集或相变、生物膜的性质和相变、细胞中荧光团所处环境的变化等（图 24-35）。

（6）荧光漂白和荧光猝灭

如果一个处于激发态的供体荧光团的能量被邻近的受体荧光团吸收，会发生荧光共振能量转移（fluorescence resonance energy transfer，FRET）现象，FRET 技术在单分子测量中的应用将在第 27 章介绍。

利用高能激光照射样品（如一个细胞）的某一特定区域，通过光化学反应使该区域内的荧光团不可逆地被破坏，被称为荧光漂白（photobleaching）。荧光漂白之后，由于荧光团或带有荧光团的标记分子的布朗运动，非漂白区域的荧光团向漂白区域运动使得漂白区的荧光以指数过程恢复，被称为荧光漂白恢复（fluorescence recovery after photobleaching，FRAP）。如果利用高能激光持续破坏大部分区域而只留下指定区域的荧光团，指定区域的荧光强度会以指数过程消失，被称为荧光漂白损失技术（fluorescence loss in photobleaching，FLIP）。FRAP 和 FLIP 都可以通过测定特定区域荧光强度的随时间变化的曲线获得荧光团的迁移速率。FRAP 和 FLIP 常常被用来研究细胞膜或细胞内部结构中分子的运动和相变过程（参见第 10 章）。

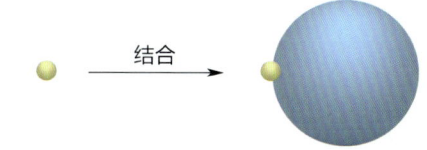

图 24-35 荧光各向异性的应用举例
当荧光探针或荧光团结合到生物大分子或复杂的生物体系上时，由于复合物的分子大小远大于小分子荧光团的大小，其荧光各向异性会发生显著变化。

如果溶液中的一些分子通过碰撞或相互作用，能够与荧光的辐射跃迁路径互相竞争，使得激发态的荧光团中的一部分以非辐射的弛豫过程回到基态，被称为荧光猝灭（quenching）。引起荧光猝灭的分子被称为猝灭剂（quencher），常见的猝灭剂包括氧气、碘化物、丙烯酰胺等。天然的生物系统中也普遍存在荧光猝灭现象，如光合作用中色素分子吸收光能后，通过荧光猝灭将吸收的光能以非辐射跃迁的方式进行转移；一些天然蛋白质（如动物眼睛中特异表达的晶状体蛋白）的内源荧光团会被空间上邻近的带电氨基酸猝灭，以避免发射荧光干扰眼睛细胞的生理功能等。

荧光团的量子产率、荧光强度或荧光寿命与猝灭剂浓度之间的关系可以用斯特恩-沃尔默（Stern-Volmer）方程描述：

$$\frac{F_0}{F} = 1 + k_q \tau_0 Q = 1 + K_D Q,$$

其中，F_0 和 F 分别为没有猝灭剂和加入猝灭剂的荧光强度，k_q 为猝灭速率常数，τ_0 为没有猝灭剂时的荧光寿命，Q 为猝灭剂浓度，K_D 为斯特恩-沃尔默猝灭常数。

根据猝灭剂的作用机制不同，荧光猝灭可分为静态猝灭、动态猝灭和混合猝灭三种情形。静态猝灭是指处于基态的荧光团与猝灭剂相互作用形成稳定的无辐射跃迁的复合物，动态猝灭是指猝灭剂与激发态的荧光团互相碰撞或发生荧光共振能量转移使荧光猝灭的现象，混合猝灭是猝灭剂的作用中既有静态猝灭也有动态猝灭。静态猝灭、动态猝灭和混合猝灭可以通过猝灭剂滴定曲线对温度响应的不同进行区分。利用荧光猝灭，可以研究生物大分子的构象变化、与小分子的相互作用等。如利用丙烯酰胺作为猝灭剂，可以研究酶在结合底物前后的构象变化或蛋白质不同折叠中间态的结构特征等。

24.5.2 荧光光谱的样品要求

由于荧光灵敏度极高，荧光光谱很容易受到各种因素的干扰。根据在荧光峰位和荧光寿命的分析，荧光会受到样品的温度、pH 值以及样品中杂质的存在等因素的影响。一般来说，这些环境因素对荧光强度的影响要远大于对荧光峰位的影响（图 24-36）。因此在光谱学和成像的定量测量中，为了得到可靠的结果，实验设计和操作中需要尽可能考虑和设法减少这些因素的影响，保证样品尽量接近理想溶液体系。一些需要考虑的因素包括：

① 选择合适的样品浓度或探针浓度；
② 对样品进行过滤和抽气，避免杂质和溶氧的影响；
③ 样品处理过程中尽量避光或避免强的环境光对样品造成光损伤；
④ 在实验过程中对样品池进行温控；
⑤ 选择合适的激发光波长，避免拉曼散射等其它光学现象的影响；
⑥ 选择恰当的激发光强度，避免对荧光团产生不可逆的影响（如光漂白）；

(A) 荧光团浓度过高，建议使用稀释溶液 OD≤0.05

(B) 溶剂或样品杯不干净，建议始终检查背景

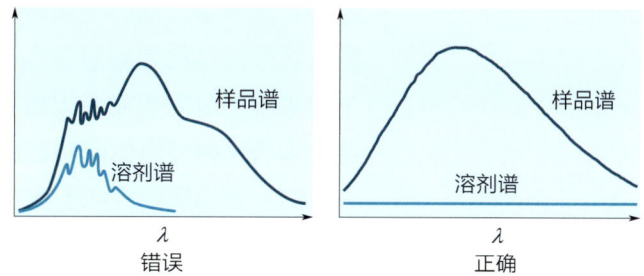

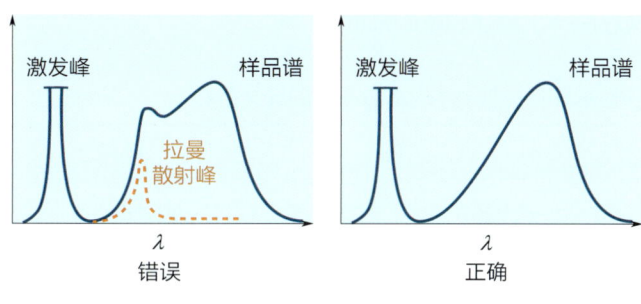

(C) 出现拉曼散射峰，建议优化激发波长和滤光片

(D) 样品中有杂质，建议始终对样品进行过滤和脱气

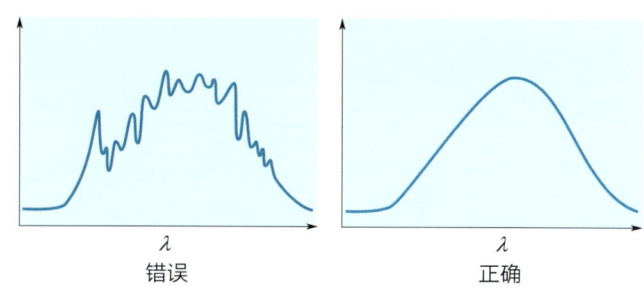

⑦ 在对多个靶标进行多色荧光标记时，选择合适的荧光探针组和激发光波长以避免串色。

图 24-36　荧光光谱实验中的常见错误和解决办法

24.5.3　荧光光谱在生物学中的主要应用

在各种常用的光谱分析技术中，荧光光谱具有显著的特点：

① 灵敏度极高，接近于放射性同位素标记技术；

② 众多参数和衍生技术所能提供的信息量大，能够反映生物或有机分子的浓度、结构、运动、周围化学环境等信息；

③ 标记方便，标记技术多样且商品化的探针众多；

④ 适用范围广，可以应用于简单的理想溶液、离体的复杂生物分子体系、细胞、活体等多种情形。

本小节主要介绍荧光光谱在生物分子中的典型应用，荧光分析在显微镜和单分子领域的应用将在第 26、27 章介绍。

生物分子的荧光分析技术可以简单分为内源荧光和外源荧光。外源荧光是指生物体系内原本不存在，通过标记或外源加入的方法对生物体系中的特定物质进行研究的方法。内源荧光也称为自发荧光，是指生物分子本身具有荧光团，在不进行标记的情况下可以直接利用生物分子的荧光团进行研究。生物分子中重要的天然荧光团包括芳香族氨基酸、维生素和叶绿素等各种天然色素、NADH 和 FAD 等辅酶以及一些稀有核苷酸或核酸类似物等。大多数的核酸分子一般没有荧光。一些稀有核苷酸或核酸类

似物（如 2- 氨基嘌呤和异黄蝶呤）虽然具有荧光，但在掺入核酸以后，其荧光往往会因天然碱基之间的堆积而被猝灭，因此可以通过观测这些核酸类似物荧光的猝灭来研究核酸的结构和动力学。天然荧光团在生物体内广泛存在，因此生物样品通常都有一定程度的自发荧光。天然荧光团的主要生物学功能并非是为了发射荧光，而多是生物分子的结构稳定性或功能所需。

（1）蛋白质的内源荧光

在近紫外区，蛋白质的主要生色团中，肽链骨架没有荧光，而三种芳香族氨基酸的摩尔消光系数和荧光量子产率都具有较大差别（表 24-5；图 24-37）。由于苯丙氨酸的摩尔消光系数和量子产率都非常低，且常用的蛋白质荧光激发波长（280～300 nm）不在其吸收带内，因此一般都可以忽略苯丙氨酸荧光的贡献。

表 24-5　三种芳香族氨基酸在中性 pH 的水溶液中的荧光参数

荧光参数	Trp	Tyr	Phe
λ_{ex}/nm	295	280	260
λ_{em}/nm	约 350	约 304	282
ε_{max}/(L·mol^{-1}·cm^{-1})	5600	1400	200
ϕ_F	0.13	0.14	0.02
τ_F/ns	约 3.1	约 3.6	约 6.8
$\varepsilon_{max}\phi_F$	728	196	4

对于不含有色氨酸的蛋白质，其内源荧光光谱与自由酪氨酸荧光相似，当激发波长 λ_{ex} = 280 nm 时，λ_{em} 在 304 nm 附近，且 λ_{em} 对蛋白质的构象状态并不敏感。酪氨酸的酚羟基侧链在碱性 pH 下会发生解离，不仅会影响其紫外吸收性质，也会使得其发射谱的 λ_{em} 红移到 345 nm 左右，与色氨酸的发射谱产生重叠。空间上相互靠近的酪氨

图 24-37　三种芳香族氨基酸的吸收谱和发射谱

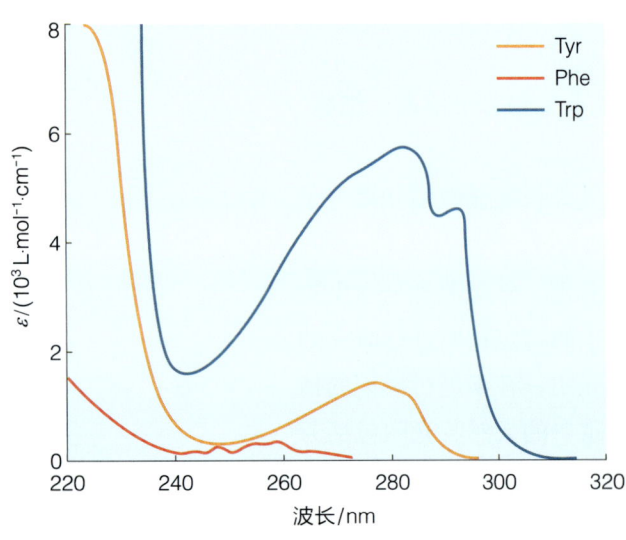
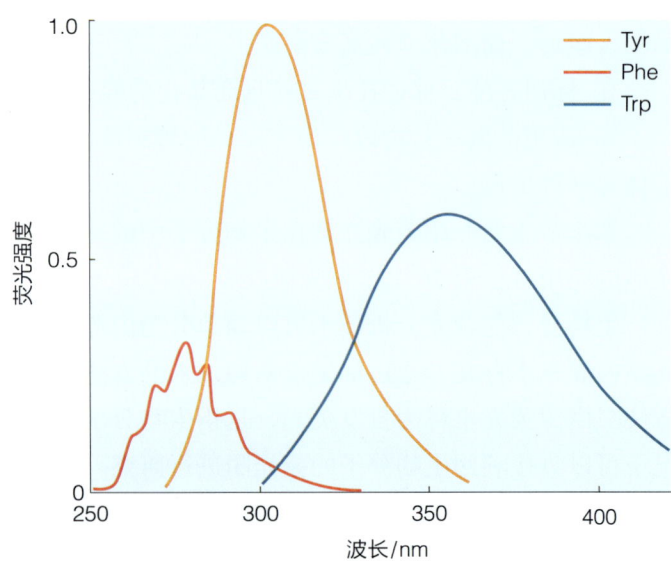

酸侧链会形成激基缔合物（excimer），也会使得酪氨酸荧光红移到 330～340 nm。

大多数的蛋白质中都含有少量色氨酸，其内源荧光光谱主要表现出色氨酸的特征。这一方面由于色氨酸的摩尔消光系数远大于酪氨酸，从而使得色氨酸的荧光敏感度（$\varepsilon_{max}\phi_F$）远高于酪氨酸；另一方面是由于酪氨酸与色氨酸之间会发生能量共振转移。根据酪氨酸和色氨酸不同的吸收带，当激发波长 λ_{ex} = 280 nm 时，将同时激发蛋白质中的色氨酸和酪氨酸；而当 $\lambda_{ex} \geq$ 295 nm 时，将主要激发色氨酸。相比于酪氨酸，色氨酸的荧光量子产率和发射峰位对吲哚侧链周围微环境的极性都很敏感。自由色氨酸或完全变性蛋白质中色氨酸的发射峰位 λ_{em} 一般在 350 nm 附近。处于蛋白质结构时，非极性环境和结构刚性使得色氨酸 λ_{em} 会蓝移到 320～350 nm 之间，并伴随着量子产率的增加和荧光寿命的延长。由于色氨酸在蛋白质结构稳定性中一般起着重要作用，以色氨酸为主要贡献者的蛋白质内源荧光光谱被认为是蛋白质三级结构的灵敏探针，常常被用来研究蛋白质的构象变化和相互作用。

根据大量实验的经验和对简化模型的理论解释，可以将蛋白质中的色氨酸分成四种主要类型（图 24-38）：A&S 型色氨酸的荧光峰位位于 320 nm 左右，可能主要来源于处于蛋白质结构内部刚性的非极性核心的色氨酸；Ⅰ型色氨酸的荧光峰位位于 330 nm 左右，可能是处于蛋白质分子内部极性较低区域的色氨酸；Ⅱ型色氨酸峰位在 340 nm 附近，位于天然蛋白质分子的表面结构中但又不完全暴露于溶剂或部分暴露于溶剂中的色氨酸侧链基团；Ⅲ型色氨酸峰位在 350 nm 左右，来源于完全暴露于水溶液中的色氨酸侧链基团。根据上述分类，可以通过谱峰拟合获得每一种类型的色氨酸荧光团在蛋白质内源荧光中的贡献。由于蛋白质中色氨酸的数量一般不多，有时可以将某种类型的色氨酸荧光团定位到一个特定的色氨酸残基。

在蛋白质的色氨酸内源荧光光谱的分析中，常常会使用参数 A（parameter A）和相图分析（phase diagram）。参数 A 是色氨酸发射谱 λ_{em} 左右两侧的两个波长处荧光强度的比值（如 F_{320}/F_{365}），简单推理可知参数 A 是色氨酸发射谱位置和谱图形状的一种简单度量方法。当色氨酸发射谱较宽且包含多个色氨酸荧光团组分时，由于谱峰顶部较平坦，λ_{em} 的测定误差较大，而谱峰强度受环境因素影响误差也会较大。参数 A 由于通过两个波长处荧光强度的比值消除了一部分误差，可以获得更光滑的曲线用于定量分析，但理论上参数 A 获得的结果应该与荧光峰位和荧光强度一致。相图是比较 λ_{em} 左右两侧的两个波长处荧光强度的相互依赖关系（如 F_{320} 和 F_{365}）。理论上，如果一个蛋白质处于二态构象变化的过程中，不同波长处荧光强度的变化同步而呈现线性关系。因此，如果一个蛋白质构象变化过程中存在一个或多个中间态，则相图上将呈现多条直线的线性组合。相图分析不适用于存在旁路中间态的构象

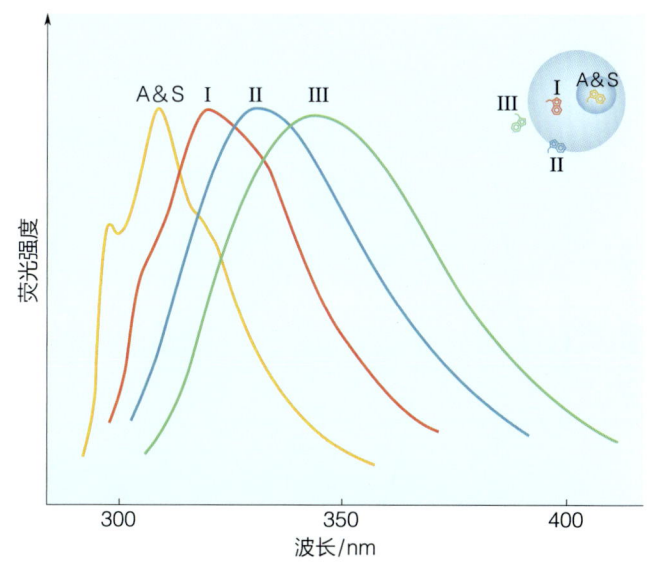

图 24-38　四种主要的色氨酸荧光团的化学环境和发射谱

变化过程或蛋白质错误折叠形成聚集体的过程。值得注意的是，参数 A 和相图分析都是辅助的荧光光谱分析方法，并不会带来额外的信息，其分析结果的可靠性同样也需要其它生物物理技术的证实。

（2）天然色素的内源荧光

色素分子都具有对可见光强吸收的生色团，但并非都能发射出荧光。天然色素是指从动植物中提取的具有着色作用的天然物质。许多维生素（如维生素 A、B_2、B_{12}、C 等）、参与光合作用的色素分子（如叶绿素 a、b、c_1、c_2，类胡萝卜素，藻胆素）、参与呼吸作用的辅酶（如 NADH、FAD）等都含有荧光团（图 24-39），利用荧光光谱可以鉴定色素的存在及含量、光合作用过程中能量的吸收与传递、辅酶的结合和酶作用机制等。需要注意的是，因为荧光的辐射跃迁途径会与激发态通过其它非辐射途径进行竞争，而天然色素作为辅酶广泛参与各种氧化还原反应，因此天然色素的荧光量子产率一般不高。此外，由于色素分子中通常含有不饱和键或容易被氧化还原的基团，过渡族金属离子的氧化作用或与色素分子的相互作用通常会使天然色素分子的紫外–可见吸收性质和荧光量子产率发生改变。如动物血红蛋白的血红素由于具有卟啉环而具有自发荧光，但铁离子的结合会抑制血红素的自发荧光。

（3）外源荧光

天然荧光分子的种类和量子产率都很有限，通常也不能对生物体系中的特定物质或区域进行研究。为了研究多数不发光的生物分子，人们广泛利用能高效稳定产生荧光的天然分子或人工设计的分子，通过外源荧光分子与所研究对象的特异性结合或化学标记，大大拓展了荧光分析在生物、化学、医学等领域的应用范围。根据分子性质的不同，外源荧光可以简单分为小分子的荧光染料、荧光蛋白和量子点等（参见第 26、27 章）。

小分子的荧光染料或荧光探针与所检测对象特异性相互作用或共价结合，荧光染料所处的化学微环境发生变化，从而导致其荧光性质发生改变，可以灵敏地反映所处

图 24-39 NADH 和 FAD 的吸收谱和发射谱

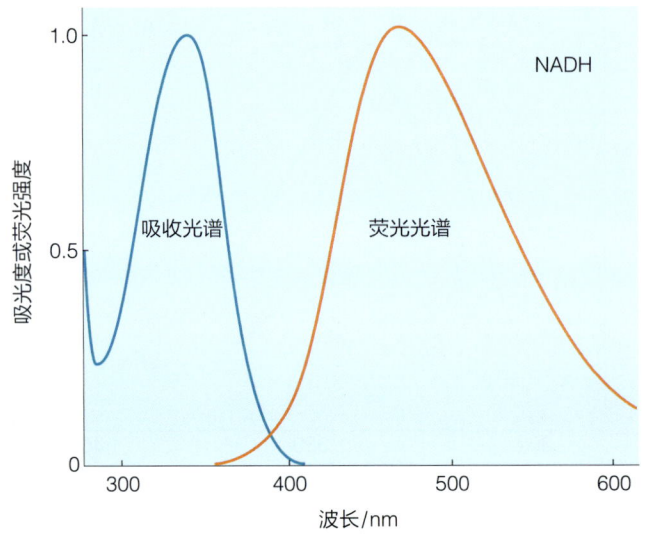
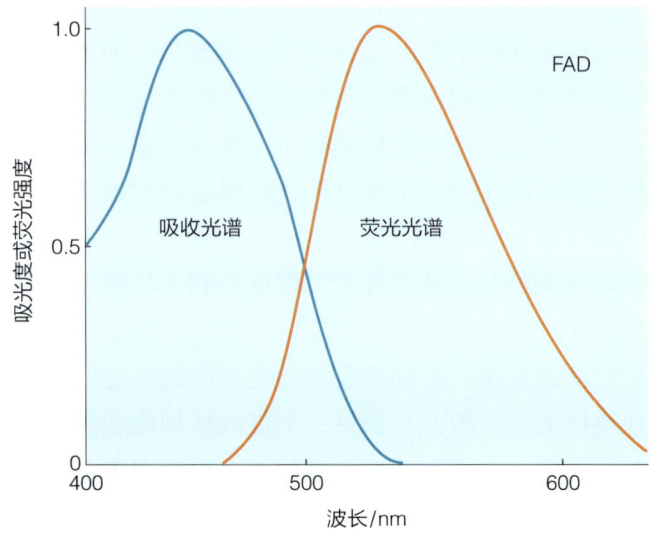

微环境的变化。到目前为止，已经发展出了特异性检测核酸、蛋白质、淀粉样纤维、脂类和生物膜、细胞骨架系统、各种细胞器、各种离子和细胞常见代谢物、细胞内 pH 等的多种多样的商品化荧光染料或荧光探针。选择和使用荧光染料或荧光探针时除了 24.5.2 节中所列的注意事项以外，还需要考虑以下影响因素：

① 不同的荧光染料由于化学结构不同，斯托克斯位移的值差别很大，如 BODIPY 染料只有 10 nm 左右，而 Cy 系列染料有 20~30 nm。斯托克斯位移的大小会影响荧光实验中激发波长和发射波长的选择。如果斯托克斯位移太小，就不能使用说明书中所列的激发峰位 λ_{ex} 和发射峰位 λ_{em} 进行激发和检测，以免发生干扰。

② 不同的荧光染料虽然都含有强吸收生色团，但摩尔消光系数和量子产率都差距很大。摩尔消光系数和量子产率与荧光强度有关，从而使得不同的荧光染料可能具有迥异的工作浓度。使用过浓的荧光染料会造成荧光团之间产生堆积和碰撞，都可能产生荧光猝灭，从而使荧光分析的定量关系偏离了线性范围，可能给出错误的结果。

③ 不同的荧光染料稳定性差别巨大。24.5.1 节中介绍的光漂白是一种普遍现象，几乎所有的荧光团都会有漂白现象。由于化学结构和稳定性存在差异，不同染料荧光漂白的难易程度差别很大，比如荧光素很容易发生光漂白，而结构不同的 AF488 则比较稳定。与化学染料分子不同的是，量子点由于发光原理不同，几乎很难发生光漂白。光漂白对荧光实验的干扰性很大，特别是动态示踪相关的实验需要在不同时间点对同一样品多次激发，应选择合适的荧光染料和避免过度照射。

量子点（quantum dot）技术于 20 世纪 70 年代就引起了物理学家、化学家、电子工程学家的广泛关注，其特殊的光学性质使得它在生物医药领域也展现出越来越大的应用前景。由于量子点粒径很小（约 1~100 nm），量子效应使得宏观材料的连续能带变成具有分子特性的分立能级结构，因此其光学行为与有机荧光团很相似，可以发射荧光。量子点的光吸收和光发射特征取决于量子点的体积大小，即量子点颗粒尺度越小，其吸收带和荧光发射峰位也相应蓝移。与有机荧光团相比，量子点激发谱和发射谱半高宽狭窄、斯托克斯位移大、不易光漂白等特点，但到目前为止制备工艺还比较复杂，导致成本也比有机荧光团昂贵。

荧光蛋白的发现源于对生物发光现象的研究。自 1992 年维多利亚水母绿色荧光蛋白（green fluorescence protein，GFP）以及 1994 年 GFP 被首次作为标签用于体内荧光标记以后，各种颜色的荧光蛋白被广泛应用于生物和医学等领域的研究。与小分子荧光染料和量子点不同，由基因编码的荧光蛋白作为一种独特的工具使细胞和器官组织的生命活动及结构能够被实时动态看到，从而在生命科学和医学等领域被广泛应用。现在发现的荧光蛋白是大约 220~240 个氨基酸残基组成的约 25 kDa 的小蛋白质。荧光蛋白的荧光团由 65—67 位的三个氨基酸（Ser-Tyr-Gly）残基组成（编号依据维多利亚水母绿色荧光蛋白），包裹在由 11 个 β 折叠形成的 β 桶结构中从而避免溶剂分子的猝灭。荧光蛋白的使用简便，一般将目的基因与荧光蛋白基因共同编码，从而可以通过荧光蛋白观察到目的蛋白的细胞内定位、运动、相互作用、相变等状态。除了直接观察目的蛋白以外，荧光蛋白还作为各种荧光传感器可视化细胞内酶的活性，监测细胞内各种离子、代谢物和各种信号分子的浓度变化，以及观察启动子活性等其它重要的细胞生理活动（参见本书第三部分）。

※ 本章小结

本章重点介绍了生物学研究中常见的光吸收和光发射技术的基本原理、所能获得的主要参量和信息以及在生物学中的应用。从原理上来说，光吸收是众多光谱学技术的基础，因此生色团结构、吸收特性和周围环境与特定光谱技术的应用场景和所能获得的信息密切相关。由于光吸收和光发射技术可以提供生物大分子二级结构、三级结构和生色团或荧光团周围化学环境的信息，吸收光谱和发射光谱被广泛应用于生物大分子的结构变化、运动、相互作用等研究。大多数光吸收和光发射技术都非常灵敏，因此在实践中要特别注意每一种光谱学技术的样品要求，避免样品体系不纯净或测试参数不正确引入假象。此外，由于光吸收和光发射技术一般给出的是低分辨率结构信息，一方面可以参照高分辨率结构对谱图进行解析，另一方面也要避免对谱图所给信息的过度解读。近年来，光吸收和光发射技术在单分子和成像领域都快速发展，这两部分内容将在第 26 章和第 27 章中进行介绍。

※ 思考题

1. 光吸收、光发射和光散射技术中，哪些技术能够用来获得生物大分子的二级结构信息？哪些技术能够获得分子的大小和形状（四级结构）信息？哪些技术能够获得生色团周围化学微环境信息？

2. 荧光漂白恢复、荧光漂白损失、荧光猝灭、荧光共振能量转移在原理上有什么不同？哪些技术可以用来研究溶液体系中分子的布朗运动？哪些技术可以用来研究分子之间的相互作用？

3. 由于红外光谱和拉曼光谱都能够检测分子中振动能级跃迁相关的信息，通常也被统称为振动光谱。红外光谱和拉曼光谱在技术原理上有什么不同？所提供的信息有何不同之处？如果一个蛋白质样品分别溶解在 H_2O 和 D_2O 中，其红外光谱和拉曼光谱会发生哪些变化？

4. 脊椎动物晶状体中的蛋白质发生聚沉是白内障发生的主要分子机制之一。αA-晶状体蛋白是脊椎动物晶状体中的热激蛋白，单体分子量约为 20 kDa，在溶液中通常以平均 24 聚体的多分散性寡聚体存在，一级序列中存在多个酪氨酸和 1 个色氨酸。人类遗传学研究发现 αA-晶状体蛋白的 R116H 突变导致先天显性白内障。为了研究该突变的致病机理，请利用本书第五部分所阐述的生物物理技术，设计实验研究该突变对 αA-晶状体蛋白的结构和稳定性产生的可能影响。

5. 下图显示了不同核苷酸紫外－可见吸收谱，请根据核苷酸的化学结构分析不同核苷酸具有不同吸收谱的可能原因。

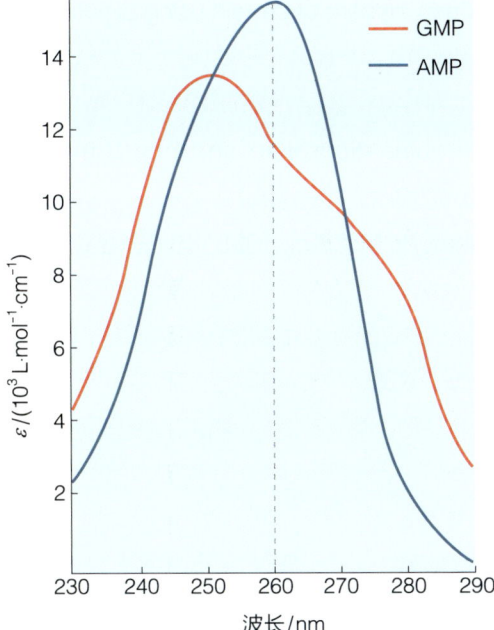
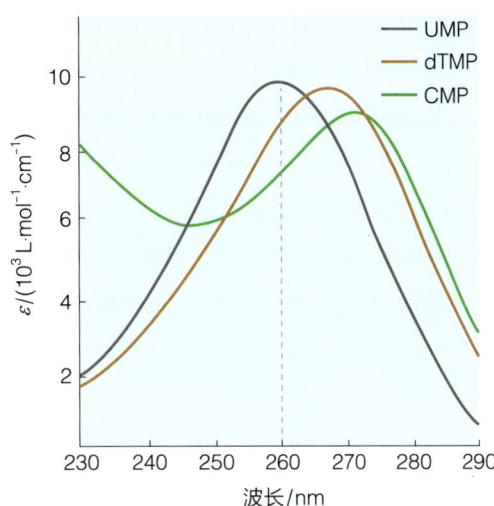

※ 扩展阅读

图书

Lakowicz J R. Principles of fluorescence spectroscopy[M]. 3rd ed. New York: Springer, 2010.

综述

Banyay M, Sarkar M, Graslund A. A library of IR bands of nucleic acids in solution[J]. Biophys Chem, 2003, 104(2):477-488.

Dirac P M. The quantum theory of the emission and absorption of radiation[J]. Proc R Soc Lond A, 1927, 114(767):243-265.

Edelhoch H. Spectroscopic determination of tryptophan and tyrosine in proteins[J]. Biochemistry, 1967, 6(7):1948-1954.

Fermi E. Quantum theory of radiation[J]. Rev Mod Phys, 1932, 4(1):87-132.

Kelly S M, Jess T J, Price N C. How to study proteins by circular dichroism[J]. Biochim Biophys Acta, 2005, 1751(2):119-139.

Millar D P. Time-resolved fluorescence spectroscopy[J]. Curr Opin Struct Biol, 1996, 6(5):637-642.

Pace C N, Vajdos F, Fee L, et al. How to measure and predict the molar absorption coefficient of a protein[J]. Protein Sci, 1995, 4(11):2411-2423.

Robert J M. Vibrational spectroscopy: a "vanishing" discipline?[J]. Chem Soc Rev, 2005, 34(9):743-752.

Smith P K, Krohn R I, Hermanson G T, et al. Measurement of protein using bicinchoninic acid[J]. Anal Biochem, 1985, 150(1):76-85.

研究论文

Kypr J, Kejnovska I, Renciuk D, et al. Circular dichroism and conformational polymorphism of DNA[J]. Nucleic Acids Res, 2009, 37(6):1713-1725.

Royer C A. Fluorescence spectroscopy[J]. Methods Mol Biol, 1995, 40:65-89.

25

磁共振波谱

在结束光谱学的精彩旅程以后，我们继续踏入另一个引人入胜的领域：磁共振波谱学。不管是紫外、可见还是红外光谱，都是由外层电子的跃迁产生的。而磁共振现象顾名思义，它的出现需要外磁场的存在。此时，原子核和电子由于其固有的自旋属性将在磁场中产生能级分裂，从而能够吸收特定频率的电磁波。原子核的共振吸收发生在无线电波段，称为核磁共振；电子的共振吸收发生在微波波段，称为电子自旋共振。核磁共振部分接续第5章关于核磁的基本概念及其在结构生物学中的应用，介绍了该现象的量子力学描述、脉冲序列的原理，以及核磁方法在研究生物大分子构象动态方面的应用。电子自旋共振的部分则简要介绍了该方法的基本原理、定点自旋标记技术，及其在生物大分子结构和动态表征上的重要应用。需要特别注意的是，核磁共振的量子力学理论理解起来有一定难度，但实际上波函数和算符分别对应着线性代数中的向量和矩阵，学习中要将两者联系起来。

25.1 核磁共振波谱学

在第 5 章中我们介绍了核磁共振的基本理论和应用。假定有一个分子量 15 kDa 的蛋白激酶，我们想用液态核磁共振方法来研究它的结构和功能。首先我们希望确认这个蛋白激酶是否和底物结合，以及结合强度和结合界面。我们表达 ^{15}N 标记的蛋白质并采集 HSQC 二维谱，然后加入未标记的底物再次采集同样的二维谱。如果能观察到部分谱峰的位置或者强度发生了变化，则说明蛋白质确实和底物有结合。结合强度可以通过拟合谱峰位置（或强度）随底物浓度变化的曲线获得；结合界面可以通过将谱峰变化值映射到蛋白激酶三维结构上获得（参见 5.3.4 节），但要做到这一点需要利用一套三维实验指认出各个谱峰所对应的氨基酸残基（参见 5.4.1 节）。再进一步还可以通过一系列二维和多维实验获得结构约束，解析出蛋白激酶的溶液态三维结构。但是，若想理解这些二维和三维核磁实验的原理，必须对核磁共振的量子力学理论有一个初步认识。值得一提的是，核磁共振的量子力学描述可以作为第 2 章中量子力学基本理论的极佳示例。

25.1.1 核磁共振的量子力学描述

第 5 章介绍的核磁经典力学理论（参见 5.2 节）只能描述少数简单的核磁共振实验，比如一维氢谱。为了描述大多数更加复杂的核磁共振实验，有必要引入核磁的量子力学理论。实际上，核磁共振本质上就是带有自旋的原子核在磁场中发生的量子力学现象，只有用量子力学理论才能给出严谨完备的描述。

（1）核自旋的波函数和算符

和其它物理体系一样，核自旋体系的量子力学状态也是用波函数（wave function）来描述，波函数 Ψ 的分布遵循薛定谔方程（Schrödinger equation）。本书第 2 章介绍了薛定谔方程的基本知识（2.5.2 节），并着重讨论了它在电子轨道和分子键中的应用（2.5.3 节）。这里我们探讨在磁场中的核自旋体系如何用该方程来描述。为方便起见，我们先简要复习薛定谔方程，并重点引入算符（operator）的概念。

算符在量子力学理论中非常重要，因为每个可观测的物理量都可以用一个对应的算符来表示。在数学上，算符是施加在某个函数上的一种运算，会产生一个新的函数。需要特别注意的是，当有多个算符存在时，算符的施加顺序是不可随意交换的。例如，$af(x)$ 和 $\ln f(x)$ 分别是对函数 $f(x)$ 进行线性缩放和取自然对数的算符，但是 $\ln af(x) \neq a\ln f(x)$。

在波谱学中，最核心的观测量是共振频率，而共振频率在本质上代表的是能量（$E = \hbar\omega$），所以对于能量算符我们赋予了一个专门的名字，即哈密顿算符 $\hat{H}$。通常情况下 $\hat{H}$ 是随时间变化的，这时薛定谔方程是含时的[*]：

---

[*] 与 2.5.2 节中的公式相比，方程中没有出现 $\hbar$，这是因为可以通过公式中物理量单位的选择（例如原子单位制）使得 $\hbar = 1$。

$$\mathrm{i}\frac{\partial \Psi(\boldsymbol{r},t)}{\partial t} = \hat{H}\Psi(\boldsymbol{r},t)。 \tag{25-1}$$

波函数 $\Psi(t)$ 的取值是复数，$\Psi(t)$ 里包含了描述该自旋体系所需要的所有状态信息。在时刻 t，体系处在某个自旋状态的概率为 $|\Psi(t)|^2 = \Psi^*(t)\Psi(t)$，其中"*"表示复共轭（知识窗 25-1）。由于我们假设在自旋空间里总是存在这么一个自旋体系，概率密度在全空间的积分必然等于 1，此即归一化的要求：

$$\int \Psi^*(\boldsymbol{r},t)\Psi(\boldsymbol{r},t)\mathrm{d}\boldsymbol{r} = 1,$$

其中 r 代表自旋空间变量。既然波函数里包含了自旋体系的所有状态信息，那么如何将这些信息提取出来呢？这时我们就需要对波函数施加一个合适的算符。

在核磁实验中，施加的射频场大小相对于静磁场强度可以忽略，大多数情况下 $\hat{H}$ 可被视为不随时间变化，此时薛定谔方程可以简化为如下不含时的形式：

$$\hat{H}\Psi(\boldsymbol{r}) = E\Psi(\boldsymbol{r})。$$

根据该方程，在对波函数施加了哈密顿算符后，我们可以提取出自旋体系的能量（或者说共振频率）。

在自旋体系的量子力学描述中，除了哈密顿算符，还有两个算符特别重要，即描述自旋角动量模平方的算符 $\hat{I}^2$ 和描述自旋角动量在 z 方向（即静磁场方向）分量的算符 $\hat{I}_z$。显然，这两个算符均可以从波函数中提取出相应的观测量，即 $\hat{I}^2\Psi = I(I+1)\Psi$ 以及 $\hat{I}_z\Psi = m\Psi$ [参见式（5-1）和式（5-2）]。

在上述几个例子中，算符作用在波函数上得到了该波函数和某个常数的乘积。具有这样特性的波函数被称为该算符的本征函数（eigenfunction），对应的状态则称作本征态（eigenstate），而得到的常数被称为本征值（eigenvalue）。哈密顿算符的本征值即为该量子体系的能级（energy level），而哈密顿算符的本征状态则称作该体系的定态（stationary state）或者能量本征态（energy eigenstate）。

知识窗 25-1

波函数的概率解释

薛定谔受到德布罗意的波粒二象性的启发，在 1926 年正式发表了薛定谔方程。由于该方程与经典物理学的波动方程形似，因此薛定谔将方程中的 Ψ 称为波函数。有意思的是，薛定谔本人最初对波函数的物理意义也不清楚。1926 年夏天，玻恩第一次提出了波函数的概率解释，即 Ψ 的模平方代表粒子处在某状态的概率。这一解释破除了经典物理学的决定论思想，诠释了量子力学的统计本性，成为量子力学的基本假设之一。除了对波函数的统计诠释，玻恩还与约尔当以及海森堡共同创建了矩阵力学，而矩阵力学和薛定谔的波动力学是量子力学的不同表述形式。1932 年海森堡单独获得诺贝尔物理学奖，第二年去信给玻恩表示"问心有愧"，因为工作是由三人共同完成的。而玻恩本人直到 1954 年才与博特共享了诺贝尔物理学奖，此时他已年过七旬，所以这是一个名副其实的迟到的诺奖。

我们先考虑一种简单的情况，即体系里只有一个自旋量子数为 1/2 的原子核。这种情形下，存在两个本征波函数，记作 Ψ_α 和 Ψ_β，对应的自旋磁量子数分别为 1/2 和 -1/2。可以证明这两个本征波函数是正交的，即 $\int \Psi_\alpha^* \Psi_\beta \mathrm{d}\sigma = 0$，也就是说，自旋向上和自旋向下是截然分明的状态，没有重叠的部分。一般情形下，1/2 自旋核的波函数可以表示为两个本征波函数的线性叠加：$\Psi = c_\alpha \Psi_\alpha + c_\beta \Psi_\beta$。假设对单个原子核的能量进行一次测量，如果该原子核处于某个能量本征态，那么每次测量总是得到该本征态对应的能量值；如果原子核处于两个本征态的叠加，那么单次测量得到的将是两个能级中的一个，处在 α 能级的概率是 $|c_\alpha|^2$，处在 β 能级的概率是 $|c_\beta|^2$。如果是对宏观样品进行能量测量，那么测量值（或者说能量算符的期望值）是 $\langle H \rangle = \int \Psi^*(t) \hat{H} \Psi(t) \mathrm{d}\sigma = E_\alpha |c_\alpha|^2 + E_\beta |c_\beta|^2$，注意这里利用了 $\hat{H}\Psi_\alpha = E_\alpha \Psi_\alpha$ 和 $\hat{H}\Psi_\beta = E_\beta \Psi_\beta$。如果我们测量的不是能量，而是其它观测量 Q，那么只要把 $\hat{H}$ 替换为 Q 对应的算符 $\hat{Q}$，上述处理方式同样适用。

上面讨论的本征值和本征函数很容易令人联想到线性代数里的本征值和本征向量，它们确实有内在联系。要建立这种联系，我们需要用本征波函数作为基底，对自旋体系的状态空间进行线性化。要达到这个目的，我们首先引入狄拉克符号（Dirac notation）来简化波函数的表示形式，即波函数 Ψ 可以用 $|\Psi\rangle$ 表示，而其复共轭 Ψ^* 可以用 $\langle \Psi|$ 表示，其中 "$|\rangle$" 称为右矢符号（ket），"$\langle|$" 称为左矢符号（bra）。使用狄拉克符号，一个 1/2 自旋核的波函数可以写成下面的形式：

$$|\Psi\rangle = c_\alpha |\alpha\rangle + c_\beta |\beta\rangle,$$

其中 $|\alpha\rangle$ 和 $|\beta\rangle$ 分别代表 α 态和 β 态的本征函数。

左矢和右矢的乘积则代表积分操作，例如 $\int \Psi_1^* \Psi_2 \mathrm{d}\sigma = \langle \Psi_1 | \Psi_2 \rangle$。而观测量 Q 的期望值可以写成 $\langle Q \rangle = \int \Psi^*(t) \hat{Q} \Psi(t) \mathrm{d}\sigma = \langle \Psi | \hat{Q} | \Psi \rangle$。以 $|\alpha\rangle$ 和 $|\beta\rangle$ 作为自旋空间的正交基，那么波函数就可以表示为列向量，而波函数的复共轭则用行向量表示，其中符号 "†" 代表对向量或者矩阵的共轭转置运算：

$$\begin{cases} |\alpha\rangle = \begin{bmatrix} 1 \\ 0 \end{bmatrix}, \ |\beta\rangle = \begin{bmatrix} 0 \\ 1 \end{bmatrix}, \ |\Psi\rangle = \begin{bmatrix} c_\alpha \\ c_\beta \end{bmatrix} \\ \langle \alpha | = [1 \ 0], \ \langle \beta | = [0 \ 1], \ \langle \Psi | = [c_\alpha^* \ c_\beta^*] = |\Psi\rangle^\dagger \end{cases}$$

在与线性空间建立了联系后，一个波函数就可以类比为二维平面中的一个向量，而二维平面由两个正交基 $[1, 0]^\mathrm{T}$ 和 $[0, 1]^\mathrm{T}$ 来定义，分别是 x 轴和 y 轴的单位向量，如图 25-1 所示。

同理，归一化条件也可以用向量乘法来表达，即波函数所对应向量的模平方等于 1：

$$\langle \Psi | \Psi \rangle = \begin{bmatrix} c_\alpha^* & c_\beta^* \end{bmatrix} \begin{bmatrix} c_\alpha \\ c_\beta \end{bmatrix} = |c_\alpha|^2 + |c_\beta|^2 = 1。$$

（2）自旋算符的矩阵表示

当把波函数用向量表示后，很自然地，对波函数做某

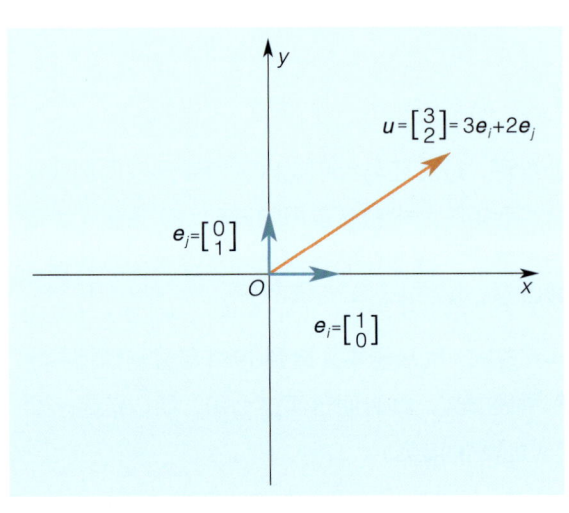

图 25-1　二维向量在平面直角坐标系中的表示方法

种运算的算符就可以用矩阵来表示。对于一个 1/2 自旋核来说，算符就表示为一个 2×2 的矩阵。算符的本征值和本征函数对应着矩阵的本征值和本征向量。我们可以通过两个本征向量——$|\alpha\rangle$ 和 $|\beta\rangle$，以列向量和行向量相乘的形式人为地定义下面四种算符：

$$\begin{cases} |\alpha\rangle\langle\alpha| = \begin{bmatrix} 1 \\ 0 \end{bmatrix}\begin{bmatrix} 1 & 0 \end{bmatrix} = \begin{bmatrix} 1\times 1 & 1\times 0 \\ 0\times 1 & 0\times 0 \end{bmatrix} = \begin{bmatrix} 1 & 0 \\ 0 & 0 \end{bmatrix} \equiv \hat{I}^{\alpha}, \\ |\alpha\rangle\langle\beta| = \begin{bmatrix} 1 \\ 0 \end{bmatrix}\begin{bmatrix} 0 & 1 \end{bmatrix} = \begin{bmatrix} 1\times 0 & 1\times 1 \\ 0\times 0 & 0\times 1 \end{bmatrix} = \begin{bmatrix} 0 & 1 \\ 0 & 0 \end{bmatrix} \equiv \hat{I}^{+}, \\ |\beta\rangle\langle\alpha| = \begin{bmatrix} 0 \\ 1 \end{bmatrix}\begin{bmatrix} 1 & 0 \end{bmatrix} = \begin{bmatrix} 0\times 1 & 0\times 0 \\ 1\times 1 & 1\times 0 \end{bmatrix} = \begin{bmatrix} 0 & 0 \\ 1 & 0 \end{bmatrix} \equiv \hat{I}^{-}, \\ |\beta\rangle\langle\beta| = \begin{bmatrix} 0 \\ 1 \end{bmatrix}\begin{bmatrix} 0 & 1 \end{bmatrix} = \begin{bmatrix} 0\times 0 & 0\times 1 \\ 1\times 0 & 1\times 1 \end{bmatrix} = \begin{bmatrix} 0 & 0 \\ 0 & 1 \end{bmatrix} \equiv \hat{I}^{\beta}。 \end{cases}$$

我们先考察 $\hat{I}^{\alpha}$ 和 $\hat{I}^{\beta}$，将这两个算符分别作用于本征函数 $|\alpha\rangle$ 和 $|\beta\rangle$：

$$\begin{cases} \hat{I}^{\alpha}|\alpha\rangle = |\alpha\rangle\langle\alpha|\cdot|\alpha\rangle = |\alpha\rangle \\ \hat{I}^{\alpha}|\beta\rangle = |\alpha\rangle\langle\alpha|\cdot|\beta\rangle = 0 \end{cases},$$
$$\begin{cases} \hat{I}^{\beta}|\alpha\rangle = |\beta\rangle\langle\beta|\cdot|\alpha\rangle = 0 \\ \hat{I}^{\beta}|\beta\rangle = |\beta\rangle\langle\beta|\cdot|\beta\rangle = |\beta\rangle。 \end{cases}$$

由此可见，$\hat{I}^{\alpha}$ 的本征函数为 $|\alpha\rangle$，$\hat{I}^{\alpha}$ 从 $|\alpha\rangle$ 提取出的信息为 1（即 100%），从 $|\beta\rangle$ 提取出的信息为 0（即 0%）；$\hat{I}^{\beta}$ 的本征函数为 $|\beta\rangle$，$\hat{I}^{\beta}$ 从 $|\alpha\rangle$ 提取出的信息为 0（即 0%），从 $|\beta\rangle$ 提取出的信息为 1（即 100%）。因此，$\hat{I}^{\alpha}$ 算符代表 α 态，$\hat{I}^{\beta}$ 算符代表 β 态，如图 25-2 所示。这两个算符合称为投影算符（projection operator）。

图 25-2　算符 $\hat{I}^{\alpha}$ 和 $\hat{I}^{\beta}$ 在能级图上的表现形式

我们再考察 $\hat{I}^{+}$ 和 $\hat{I}^{-}$，同样将它们分别作用于 $|\alpha\rangle$ 和 $|\beta\rangle$：

$$\begin{cases} \hat{I}^{+}|\alpha\rangle = |\alpha\rangle\langle\beta|\cdot|\alpha\rangle = 0 \\ \hat{I}^{+}|\beta\rangle = |\alpha\rangle\langle\beta|\cdot|\beta\rangle = |\alpha\rangle \end{cases},$$
$$\begin{cases} \hat{I}^{-}|\alpha\rangle = |\beta\rangle\langle\alpha|\cdot|\alpha\rangle = |\beta\rangle \\ \hat{I}^{-}|\beta\rangle = |\beta\rangle\langle\alpha|\cdot|\beta\rangle = 0 \end{cases}。$$

由此可见，$\hat{I}^{+}$ 会把 β 态转化为 α 态，而 $\hat{I}^{-}$ 会把 α 态转化为 β 态。从 β 态到 α 态，磁量子数升高一个单位，因此 $\hat{I}^{+}$ 称作升算符（raising operator）；从 α 态到 β 态，磁量子数降低一个单位，因此 $\hat{I}^{-}$ 称作降算符（lowering operator）。$\hat{I}^{+}$ 代表从高能级向低能级的跃迁，而 $\hat{I}^{-}$ 代表从低能级向高能级的跃迁，如图 25-3 所示。

$\hat{I}^{\alpha}$、$\hat{I}^{\beta}$、$\hat{I}^{+}$ 和 $\hat{I}^{-}$ 这四个算符矩阵彼此正交，构成了一个完备的算符空间。它们的非零元分别占据了 2×2 的方阵的四个位置。根据四个算符的物理意义可知，方阵的主对角元代表着分布在两个能级上原子核的丰度（population），副对角元代表着能级跃迁导致的相位相干性（coherence），即核磁信号：

$$\begin{bmatrix} \hat{I}^{\alpha} & \hat{I}^{+} \\ \hat{I}^{-} & \hat{I}^{\beta} \end{bmatrix}。$$

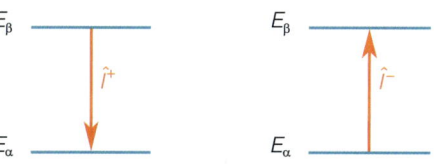

图 25-3　算符 $\hat{I}^{+}$ 和 $\hat{I}^{-}$ 在能级图上的表现形式

算符矩阵还可以用在笛卡尔坐标系中，这在分析核磁实验时往往更为方便。下面我们从 $\hat{I}^\alpha$、$\hat{I}^\beta$、$\hat{I}^+$ 和 $\hat{I}^-$ 四个算符出发来推导笛卡尔坐标系中的四个算符。首先把 $\hat{I}^\alpha$ 和 $\hat{I}^\beta$ 进行重新组合。$\hat{I}^\alpha + \hat{I}^\beta$ 代表两个能级上丰度之和，值总是为 1（即 100%），可以用单位矩阵 $\hat{E}$ 表示，那么有 $(\hat{I}^\alpha + \hat{I}^\beta)/2 = \hat{E}/2$。$\hat{I}^\alpha - \hat{I}^\beta$ 代表处于 α 态和 β 态的原子核的丰度之差，所以 $(\hat{I}^\alpha - \hat{I}^\beta)/2$ 表示 α 态的丰度高于 50% 的部分或者 β 态丰度低于 50% 的部分。根据核磁共振的矢量模型，这个值与静磁场激发出的宏观磁化矢量成正比，我们把它记作 $\hat{I}_z$。由此，我们得到了两个新的算符，$\hat{E}/2$ 和 $\hat{I}_z$。通过矩阵的加减运算可以得到 $\hat{E}/2$ 和 $\hat{I}_z$ 的矩阵形式：

$$\begin{cases} \dfrac{\hat{I}^\alpha + \hat{I}^\beta}{2} = \left(\begin{bmatrix} 1 & 0 \\ 0 & 0 \end{bmatrix} + \begin{bmatrix} 0 & 0 \\ 0 & 1 \end{bmatrix} \right)/2 = \dfrac{1}{2}\begin{bmatrix} 1 & 0 \\ 0 & 1 \end{bmatrix} \equiv \dfrac{1}{2}\hat{E}, \\[2mm] \dfrac{\hat{I}^\alpha - \hat{I}^\beta}{2} = \left(\begin{bmatrix} 1 & 0 \\ 0 & 0 \end{bmatrix} - \begin{bmatrix} 0 & 0 \\ 0 & 1 \end{bmatrix} \right)/2 = \dfrac{1}{2}\begin{bmatrix} 1 & 0 \\ 0 & -1 \end{bmatrix} \equiv \hat{I}_z \circ \end{cases}$$

接着我们对 $\hat{I}^+$ 和 $\hat{I}^-$ 进行重新组合。$\hat{I}^+$ 代表着从高能级到低能级的跃迁，对应正的频率，即逆时针转动；$\hat{I}^-$ 代表着从低能级到高能级的跃迁，对应负的频率，即顺时针转动。正向和反向的转动组合起来能得到简谐振动，如图 25-4 所示。

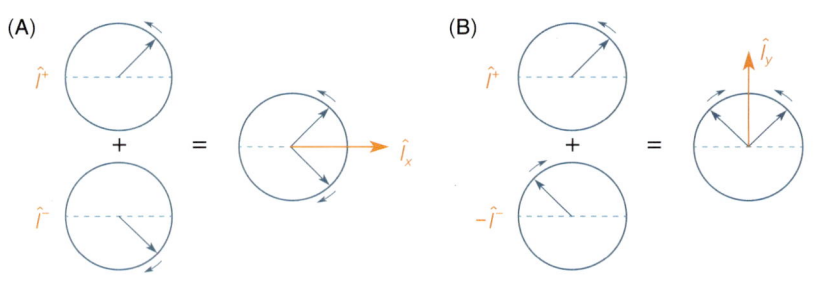

图 25-4 两个沿相反方向转动的矢量可以合成为一个简谐振动的矢量
（A）如果两个转动矢量的初始位置都在正 x 轴，那么得到的是在 x 轴上的简谐振动。
（B）如果两个转动矢量的初始位置都在正 y 轴，那么得到的是在 y 轴上的简谐振动。

由此，我们就得到了 $\hat{I}_x$ 和 $\hat{I}_y$：

$$\begin{cases} \dfrac{\hat{I}^+ + \hat{I}^-}{2} = \left(\begin{bmatrix} 0 & 1 \\ 0 & 0 \end{bmatrix} + \begin{bmatrix} 0 & 0 \\ 1 & 0 \end{bmatrix} \right)/2 = \dfrac{1}{2}\begin{bmatrix} 0 & 1 \\ 1 & 0 \end{bmatrix} \equiv \hat{I}_x, \\[2mm] \dfrac{\hat{I}^+ - \hat{I}^-}{2i} = \left(\begin{bmatrix} 0 & 1 \\ 0 & 0 \end{bmatrix} - \begin{bmatrix} 0 & 0 \\ 1 & 0 \end{bmatrix} \right)/2i = \dfrac{1}{2i}\begin{bmatrix} 0 & 1 \\ -1 & 0 \end{bmatrix} \equiv \hat{I}_y \circ \end{cases}$$

其中，$\hat{I}_y$ 项的分母多了一个 i。这一点不难理解，因为沿 x 轴的简谐振动和沿 y 轴的简谐振动只有在相位差为 90° 时才能合成为转动，即 $\hat{I}^+ = \hat{I}_x + i\hat{I}_y$，$\hat{I}^- = \hat{I}_x - i\hat{I}_y$，而虚数 i 就代表 90° 相移。

这四个笛卡尔坐标系算符同样构成了一个完备的算符空间。它们在能级图上对应的表示见图 25-5。

当体系中有两个自旋核时，算符的矩阵形式拓展为 4×4，可以由两个大小为 2×2 的算符矩阵进行外积获得。

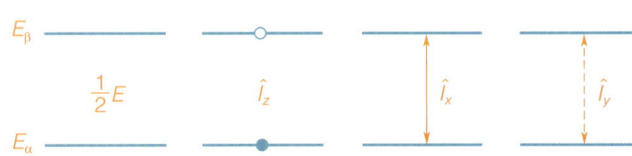

图 25-5 笛卡尔坐标系下的四个算符在能级图上的表现形式
$\hat{E}/2$ 和 $\hat{I}_z$ 代表自旋在两个能级上丰度的极化状态，其中空心圆圈表示丰度低于平均值，实心圆表示丰度高于平均值，没有圆圈代表丰度为平均值（即 50%）。$\hat{I}_x$ 和 $\hat{I}_y$ 代表向上跃迁和向下跃迁的混合态，其中 $\hat{I}_y$ 的虚线表示 90° 的相移。

我们以 I 和 S 分别代表第一个和第二个自旋核。基于笛卡尔坐标系下的四个基算符 $\hat{E}/2$、$\hat{I}_z$、$\hat{I}_x$ 和 $\hat{I}_y$，可以得到如下 16 个双自旋体系的标准化基算符*：$\hat{E}/2$、$\hat{S}_z$、$\hat{S}_x$、$\hat{S}_y$、$\hat{I}_z$、$2\hat{I}_z\hat{S}_z$、$2\hat{I}_z\hat{S}_x$、$2\hat{I}_z\hat{S}_y$、$\hat{I}_x$、$2\hat{I}_x\hat{S}_z$、$2\hat{I}_x\hat{S}_x$、$2\hat{I}_x\hat{S}_y$、$\hat{I}_y$、$2\hat{I}_y\hat{S}_z$、$2\hat{I}_y\hat{S}_x$、$2\hat{I}_y\hat{S}_y$。例如，$2\hat{I}_z\hat{S}_y$ 和 $\hat{I}_z$ 可以按照如下的方法获得：

$$2\hat{I}_z\hat{S}_y = 2 \times \frac{1}{2}\begin{bmatrix} 1 & 0 \\ 0 & -1 \end{bmatrix} \otimes \frac{1}{2}\begin{bmatrix} 1 & -i \\ i & 0 \end{bmatrix} = \frac{1}{2}\begin{bmatrix} 0 & -i & 0 & 0 \\ i & 0 & 0 & 0 \\ 0 & 0 & 0 & i \\ 0 & 0 & -i & 0 \end{bmatrix},$$

$$\hat{I}_z = \hat{I}_z \otimes \hat{E} = \frac{1}{2}\begin{bmatrix} 1 & 0 \\ 0 & -1 \end{bmatrix} \otimes \begin{bmatrix} 1 & 0 \\ 0 & 1 \end{bmatrix} = \frac{1}{2}\begin{bmatrix} 1 & 0 & 0 & 0 \\ 0 & 1 & 0 & 0 \\ 0 & 0 & -1 & 0 \\ 0 & 0 & 0 & -1 \end{bmatrix}。$$

类似地，$\hat{I}^{\alpha}$、$\hat{I}^{\beta}$、$\hat{I}^+$ 和 $\hat{I}^-$ 这四个基算符也可以生成 16 个双自旋体系的基算符，此处不再赘述。

和单自旋体系类似，双自旋体系的基算符也可以用能级图来展示，图 25-6 给出了部分算符的能级示意图。注意 $\hat{S}_z = \hat{E}\hat{S}_z = (\hat{I}^{\alpha}+\hat{I}^{\beta})\hat{S}_z$，$2\hat{I}_z\hat{S}_z = \dfrac{(\hat{I}^{\alpha}-\hat{I}^{\beta})(\hat{S}^{\alpha}-\hat{S}^{\beta})}{2} = \dfrac{1}{2}(\hat{I}^{\alpha}\hat{S}^{\alpha}-\hat{I}^{\alpha}\hat{S}^{\beta}-\hat{I}^{\beta}\hat{S}^{\alpha}+\hat{I}^{\beta}\hat{S}^{\beta})$。而像 $2\hat{I}_y\hat{S}_x$ 这样的算符，也是进行类似的展开后再绘制能级示意图。

综上所述，单自旋体系存在 4 种基算符，而双自旋体系存在 16 种基算符。无论是单自旋还是双自旋体系，其任意一个状态都可以表示为相应基算符的线性叠加，或者说表示为相应能级示意图的线性叠加。而后者正是自旋算符的物理图像。

（3）核磁共振的哈密顿算符和密度矩阵

如前文所述，在核磁共振中最重要的算符是哈密顿算符。哈密顿算符可以用上面

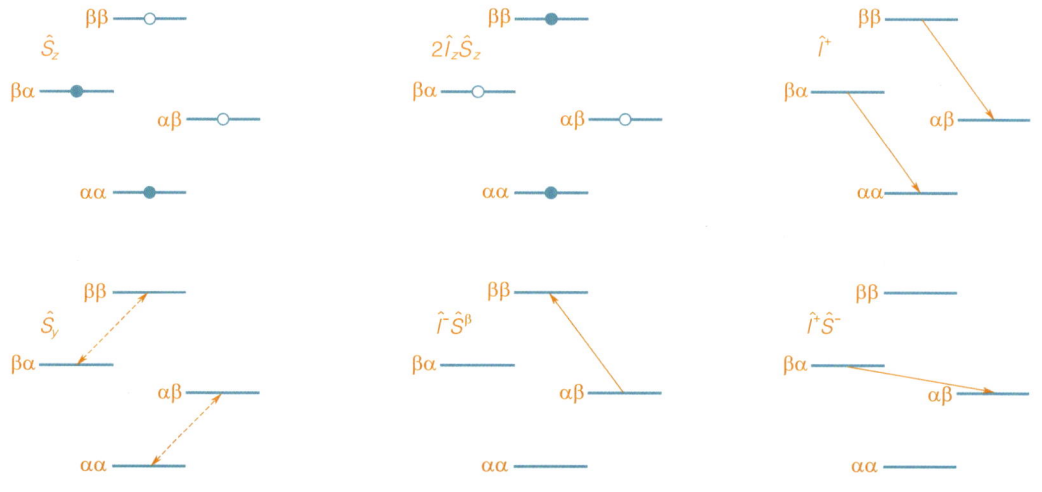

图 25-6 部分双自旋体系的算符在能级图上的表现形式

$\hat{S}_z$ 和 $2\hat{I}_z\hat{S}_z$ 代表自旋的极化状态，其中空心圆圈表示丰度低于平均值，实心圆表示丰度高于平均值。$\hat{I}^+$、$\hat{S}_y$、$\hat{I}^-\hat{S}^{\beta}$ 和 $\hat{I}^+\hat{S}^-$ 代表能级间的跃迁。

---

* 部分算符前的系数 2 是出于归一化的要求。

介绍的基算符来表示，常用的哈密顿算符包括自由进动（free precession）、脉冲和 J 耦合等类型，如表 25-1 所示。

表 25-1　核磁共振中常用的哈密顿算符

算符类型	算符表示形式
自由进动（化学位移）	$\hat{H}_{\text{Zeeman}} = \omega_0 \hat{I}_z$（实验室坐标系） $= \Omega_0 \hat{I}_z$（旋转坐标系）
脉冲	$\hat{H}_{\text{pulse}} = \omega_1 \hat{I}_x$ (x-pulse) 或 $\omega_1 \hat{I}_y$ (y-pulse)
J 耦合	$\hat{H}_{\text{J}} = 2\pi J \hat{I}_z \hat{S}_z$（弱耦合近似）

上面介绍的算符是用于描述单个分子中自旋体系的状态，实际的核磁样品里含有大量的分子。而核磁实验操纵和检测的是宏观磁化矢量，是全体分子中某个磁矩的宏观平均。单个分子中某个自旋核的微观磁矩总是与它的自旋角动量成正比，例如 $\mu_z \propto \hat{I}_z$，$\mu_x \propto \hat{I}_x$（参见 5.2.2 节）。假设单个自旋核的波函数可以表示为 $[c_\alpha, c_\beta]^{\text{T}}$，那么我们可以定义这样一个算符来表示该自旋核的状态：

$$|\Psi\rangle\langle\Psi| = \begin{bmatrix} c_\alpha \\ c_\beta \end{bmatrix} [c_\alpha^* \quad c_\beta^*] = \begin{bmatrix} c_\alpha c_\alpha^* & c_\alpha c_\beta^* \\ c_\beta c_\alpha^* & c_\beta c_\beta^* \end{bmatrix}。$$

对核磁样品的测量相当于对样品中所有感兴趣的自旋核所对应的算符取了系综平均（ensemble average），由此我们就得到了密度算符，其矩阵形式如下：

$$\hat{\rho} = \overline{|\Psi\rangle\langle\Psi|} = \begin{bmatrix} \overline{c_\alpha c_\alpha^*} & \overline{c_\alpha c_\beta^*} \\ \overline{c_\beta c_\alpha^*} & \overline{c_\beta c_\beta^*} \end{bmatrix}。$$

以单自旋体系为例（双自旋体系也可类似处理），在采用笛卡尔坐标系下的基算符时，密度矩阵可以写成

$$\hat{\rho}(t) = a_E \hat{E} + a_x(t)\hat{I}_x + a_y(t)\hat{I}_y + a_z(t)\hat{I}_z, \tag{25-2}$$

其中，a_E 对应体系里自旋核的总数，是一个不随时间变化的常数，我们不需要关心。a_x、a_y、a_z 对应宏观磁化矢量的三个分量，即

$$M_x \propto a_x(t), \quad M_y \propto a_y(t), \quad M_z \propto a_z(t)。$$

在得到某个自旋状态的密度矩阵 $\hat{\rho}$ 后，观测量 Q 的期望值可以通过如下公式计算：

$$\langle Q \rangle = \text{tr}\{\hat{\rho}\hat{Q}\} = \text{tr}\{\hat{Q}\hat{\rho}\},$$

其中，tr 代表矩阵的迹。在下个小节，我们将讨论在核磁实验中密度矩阵如何随时间演化。

25.1.2　核磁实验的脉冲序列

在运行核磁实验的时候，我们首先把核磁样品加载到磁体中央的探头线圈中，然后施加核磁脉冲序列（pulse sequence），最后检测探头线圈中产生的核磁信号。核磁脉冲序列是核磁实验的灵魂，由一系列受到精确控制的脉冲（pulse）和时间延迟

（delay）组成，很多核磁实验的脉冲序列还会包含梯度场（gradient field）。在核磁实验开始前，样品里的自旋体系处于平衡状态，外加磁场在样品中激发出宏观磁化矢量 M_z，根据式（25-2），其对应的密度矩阵是 $\hat{\rho}(0) = \hat{I}_z$。因此核磁实验本质上就是从密度矩阵 $\hat{I}_z$ 出发，经过脉冲序列的演化后得到可测量的新的密度矩阵。

那么密度矩阵如何在脉冲序列的作用下演化呢？在知识窗 5-2 中，我们从牛顿运动方程推导出了经典力学框架下描述核磁共振现象的布洛赫方程。类似地，我们也可以从含时的薛定谔方程 [式（25-1）] 出发推导出量子力学框架下描述核磁共振现象的刘维尔 – 冯·诺依曼方程（Liouville-von Neumann equation）：

$$\frac{\mathrm{d}}{\mathrm{d}t}\hat{\rho} = -\mathrm{i}[\hat{H}, \hat{\rho}]。$$

方程里出现的中括号代表算符的对易运算，其定义为

$$[\hat{A}, \hat{B}] = \hat{A}\hat{B} - \hat{B}\hat{A}。$$

这个微分方程的解是

$$\hat{\rho}(t) = \mathrm{e}^{-\mathrm{i}\hat{H}t}\hat{\rho}(0)\mathrm{e}^{\mathrm{i}\hat{H}t},$$

其中 $\hat{H}$ 是核磁脉冲序列运行过程中作用于自旋体系的哈密顿算符（表 25-1）。这个公式的形式是 $\hat{\rho}(0)$ 被夹在两个互逆的指数算符中间，因此又称为三明治公式（sandwich formula）。在计算密度矩阵的演化时，需要把脉冲序列按脉冲和时间延迟分割成多个时间区域，各区域中 $\hat{H}$ 保持不变。在每个区域运用刘维尔 – 冯·诺依曼方程，即可从始态密度算符推导出终态密度算符。这样从 $\hat{\rho}(0) = \hat{I}_z$ 出发，依次运用该方程，即可获得核磁脉冲结束时待测核磁信号的密度算符。

最后，我们以 HSQC 实验为例，简要分析其脉冲序列（图 25-7）。该脉冲序列可以分为三段：从（1）到（2），宏观磁化矢量从自旋核 H 传递到 N；从（2）到（3），磁化矢量在 ^{15}N 上进行时长为 t_1 的演化；从（3）到（4），磁化矢量从自旋核 N 传递到 H。最后在 t_2 上采集 FID。下面我们对这三个阶段逐一进行说明。

从（1）到（2）：

初始状态的密度矩阵算符是 H_z，经过第一个 90° 脉冲后变成 $-H_y$。在随后的 $2\tau_1$ 的时间中，由于两个同时施加的 180° 脉冲的存在，无须考虑化学位移的演化，在 J 耦合哈密顿量的作用下算符转化为 $2H_xN_z$。最后，两个同时施加的 90° 脉冲使得算符变为 $2H_zN_y$。在该算符中，H 保持在 z 轴而 N 转到 xy 平面做进动，因此 $2H_zN_y$ 和 N_y

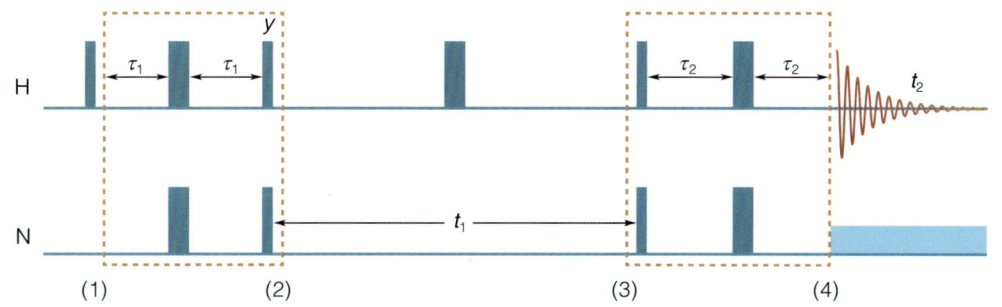

图 25-7 NH–HSQC 的脉冲序列

窄竖条代表 90° 脉冲，宽竖条代表 180° 脉冲，浅蓝色实心横条代表去耦脉冲。时长 τ_1 和 τ_2 均被设置为 $1/(4J)$，其中 J 为 ^{1}H 和 ^{15}N 之间的 J 耦合常数。

一样都代表转移到 N 上的磁化矢量。

从（2）到（3）：

在此过程中由于 N 上未施加 180° 脉冲，因此 $2H_zN_y$ 将在 N 上进行化学位移的演化，而 J 耦合的演化无须考虑。算符经演化变成 $2H_zN_y\cos\Omega_N t_1$，此时我们称算符带上了 ^{15}N 化学位移的标签。

从（3）到（4）：

这是第一阶段的逆过程，算符 $2H_zN_y$ 演化为 H_x，再加上前一阶段添加的 ^{15}N 化学位移的标签，在（4）这个时间点密度矩阵算符成为 $H_x\cos\Omega_N t_1$。

最后就是 FID 的采集，即 H_x 在 xy 平面进动，为算符进一步带上了 ^{1}H 化学位移的标签。由于在此阶段对 N 进行去耦，可忽略 J 耦合的影响。由此我们就同时测量到了 N 上的共振频率和 H 上的共振频率。

蛋白质的所有 NH 基团在脉冲序列的作用下同时完成上述过程，最终我们就得到了二维 HSQC 谱。

25.1.3 核磁共振的弛豫和构象动态研究

生物大分子在溶液中广泛存在从皮秒到秒以及更慢时间尺度的构象动态（知识窗 25-2）。构象的动态性与生物大分子的功能息息相关，例如酶的催化、配体的识别、折叠与去折叠、别构调控、生物大分子机器的装配等。与 X 射线晶体衍射和冷冻电镜方法相比，核磁共振方法在研究生物大分子构象动态方面有显著的优势，在各个

知识窗 25-2

蛋白质构象动态的早期研究

物理学家费曼（Richard Feynman，1918—1988）曾经说过，生命所做的一切都可以通过原子的抖动（jiggling）和摇摆（wiggling）来理解。生物大分子的功能不仅由其结构决定，也与其构象动态息息相关。在 20 世纪中叶蛋白质晶体结构解析方法建立后的一段时期，蛋白质分子被描绘成具有比较刚性的静态结构。到了 70 年代，蛋白质内在的动态性通过计算和实验方法的发展被逐步揭示出来。在计算层面，卡普拉斯（Martin Karplus，1930—2024）和合作者在 1977 年首次将分子动力学模拟应用在蛋白质上。该模拟以包含 58 个氨基酸残基的 BPTI 蛋白为对象，尽管使用的力场比较粗糙，在真空中进行，且时长也仅仅只有 9.2 皮秒，但这一开创性的工作改变了我们对于蛋白质结构相对刚性的看法。在实验层面，核磁波谱学家在同一时期通过检测 BPTI 蛋白和溶菌酶上芳香残基侧链亚氨基的 ^{1}H 谱峰，发现这些芳香环存在翻转运动。由于芳香环常常位于蛋白质的疏水核心，这些结果表明蛋白质分子很可能广泛存在着内部运动。此后，随着同位素标记方法和多维核磁谱的出现，以及脉冲序列和硬件的不断进步，核磁共振技术在生物大分子构象动态研究中发挥了关键作用，并且通过与分子动力学模拟的深度融合，为这一领域的研究提供了强有力的工具。

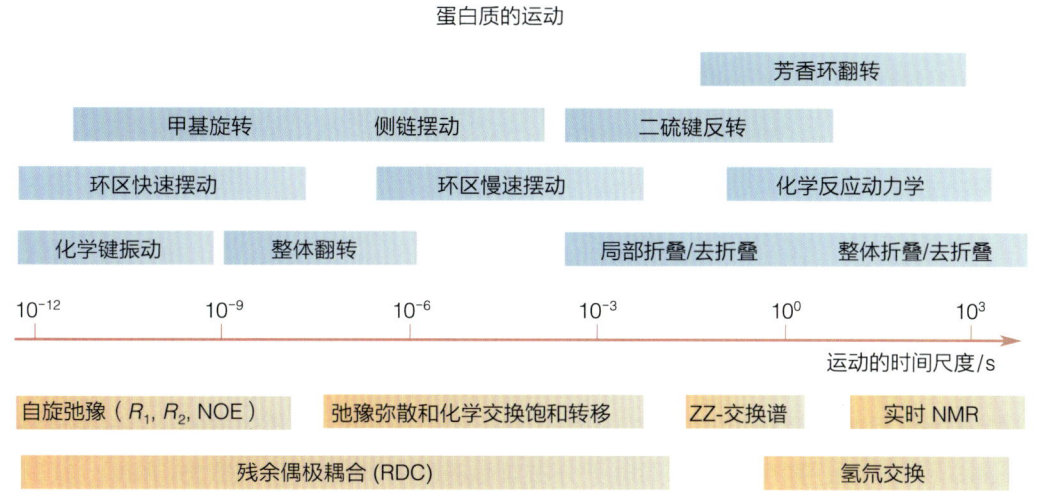

图 25-8 核磁共振可以在原子分辨率上表征生物大分子跨越十多个数量级时间尺度的运动

这里以蛋白质分子为例,时间轴上方是蛋白质在各个时间尺度上的运动,下方是适用的核磁共振技术。

时间尺度上都有相应的核磁方法来测量(图 25-8)。

这里我们重点介绍两类这样的方法,一类是自旋弛豫方法(spin relaxation)(参见 5.3.1 节),另一类是基于构象交换的测量方法。前者通过对 R_1、R_2、NOE 等自旋弛豫速率的测量,可以探测皮秒到纳秒时间范围的构象动态。后者可以检测微秒到秒时间范围的构象转换,尤其是丰度低、寿命短的瞬态构象,其中包括弛豫弥散(relaxation dispersion, RD)、化学交换饱和转移(chemical exchange saturation transfer, CEST)以及 ZZ- 交换谱(ZZ-exchange spectroscopy)等方法。仍以前文中提到的蛋白激酶为例。酶的催化功能与其结构上的柔性息息相关,而自旋弛豫方法可以揭示该蛋白质中各个残基内部运动的幅度和快慢,有助于我们深入理解其功能。此外,蛋白激酶在生理条件下有时候存在一个或多个低丰度构象。某些疾病相关突变或者配体结合通过改变酶蛋白在多种构象间的平衡来调控其生理功能,因此通过弛豫弥散等方法对这些低丰度构象进行原子分辨率的测量具有重要的生物学意义。

(1) 自旋弛豫方法

^{15}N 的 R_1/R_2/NOE 是在蛋白质中应用最为普遍的自旋弛豫方法。要理解这种方法,我们需要先解释自旋弛豫是如何与蛋白质的运动产生关联的。我们以一个包含 76 个氨基酸残基的泛素蛋白为例,这个蛋白质在水溶液中的运动过程可以通过分子动力学模拟来获得(图 25-9)。对于这类折叠得很好的蛋白质来说,存在两种运动:一种是在水溶液里随机的整体翻转运动(overall tumbling),另一种是分子的内部运动(internal motion)。在两种运动的作用下,蛋白质的每个 N—H 键都在不停地做重定向运动(reorientation)。自旋弛豫方法的目的就是获取每个 N—H 键重定向运动的幅度和快慢。

分子运动与自旋弛豫速率有密切关系。弛豫过程实际上是自旋体

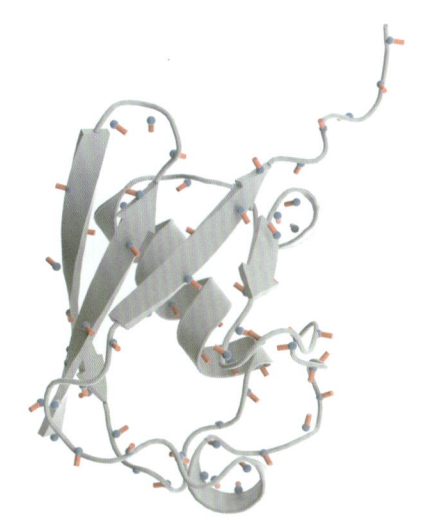

图 25-9 泛素蛋白分子动力学模拟的快照

三维构象上展示的是主链上每个 NH 基团,蓝色小球代表 N 原子,红色小棍代表 N—H 键。

图 25-10 受运动调制的附加磁场产生的两种机制（A）附近原子核对所测核通过偶极相互作用施加的局部磁场。（B）化学位移各向异性作用，即测量核周边电子分布（这里以芳香环的离域电子为例）对外加静磁场的屏蔽作用。

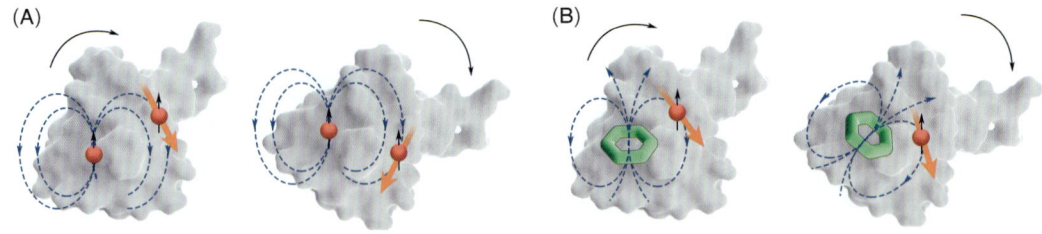

系从非平衡态回到平衡态的过程。在这个过程中，除了外加的静磁场，原子核还会感受到分子运动所导致的附加磁场的波动。这种附加磁场的来源主要有两个：一个是空间上邻近的自旋核对所测原子核的偶极相互作用（dipolar interaction），即邻近核发出的磁场作用在测量核上（图 25-10A）；另一个是化学位移各向异性（chemical shift anisotropy，CSA），即测量核周围电子分布对静磁场的屏蔽作用（图 25-10B）。这两种作用都受到分子运动的调制，因此产生的附加磁场也随着分子运动而产生波动。这种附加磁场的波动包含了不同的频率分量，有些频率分量正好与 ^{15}N 所在自旋体系中的能级差匹配，因此能够帮助自旋体系更快地回复到平衡态。换句话说，分子运动导致了附加磁场的波动，而这种波动包含的某些频率分量对弛豫速率产生了贡献。所以，通过分析测量到的弛豫速率，我们就可以推导出分子的运动情况。

那么，从分子运动出发该如何定量磁场波动在各个频率上的成分呢？我们先考虑偶极相互作用。对于 ^{15}N 来说，由于紧邻的 H^N 与它距离最近且旋磁比也最大，所以 ^{15}N 受到的偶极相互作用绝大多数来自 H^N。然后是 ^{15}N 的化学位移各向异性作用。人们经过测量发现，化学位移各向异性效应最大的方向与 N—H 键的方向大体上是重合的。综合上述两方面的因素，N—H 键的重定向运动主导了 ^{15}N 所感受到的磁场波动。由此可见，^{15}N 的弛豫速率与分子运动的关系比较简单，易于进行定量分析，而且 NH-HSQC 谱图性质优良，因此 ^{15}N 的自旋弛豫测量获得了广泛的应用。

下面以泛素蛋白为例来解释如何在分子运动与弛豫速率之间建立定量关系。我们首先讨论如何从泛素蛋白的分子动力学模拟轨迹计算自旋弛豫速率。在此基础上，我们才可以讨论如何从测量的自旋弛豫速率获得每个 N—H 键重定向运动的参数。

N—H 键重定向运动可以通过自相关函数（autocorrelation function）来定量描述。对于一个随时间随机波动的信号，我们可以计算该信号与其自身沿时间轴平移 τ 之后的相关系数，而该相关系数对 τ 的函数就是自相关函数。在 $\tau=0$ 时，两个信号完全相同，相关系数为 1；当 τ 逐渐增大时，相关系数逐渐衰减，衰减的快慢反映了随机波动的快慢（图 25-11）。

图 25-11 自相关函数（A）随时间快速波动的信号（左）和对应的自相关函数（右）。（B）随时间慢速波动的信号（左）和对应的自相关函数（右）。

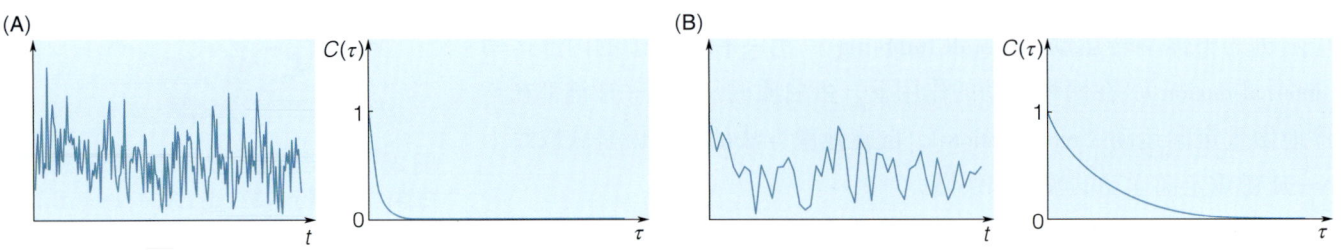

知识窗 25-3

N—H 键重定向运动的自相关函数

从分子动力学模拟出发，我们可以提取每一个 N—H 键随时间变化的轨迹，如图 25-12 所示。将这一轨迹序列平移后与其自身按下面的公式计算相关系数：

$$C(\tau) = \langle P_2(\boldsymbol{u}(0) \cdot \boldsymbol{u}(\tau)) \rangle。$$

其中 $P_2(x) = (3x^2 - 1)/2$，是二阶勒让德函数；$\boldsymbol{u}(0)$ 和 $\boldsymbol{u}(\tau)$ 分别为两条轨迹的重叠部分中来自原始轨迹和来自平移 τ 时间后轨迹的 NH 单位矢量。得到的随时间衰减的自相关函数可以分解为一个或多个指数衰减项 $a_i e^{-t/\tau_i}$ 的加和，其中 a_i 代表第 i 个运动组分的幅度，τ_i 代表该运动组分的特征时间。

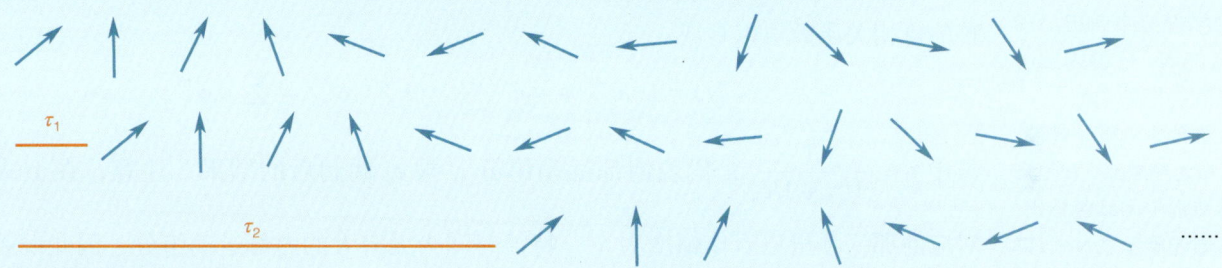

图 25-12　自相关函数的计算
分子动力学模拟轨迹中提取出的某个 NH 矢量的时间序列（第 1 行），以及将该矢量序列沿时间轴滑移 τ_1 和 τ_2 之后的序列（第 2、3 行）。

如前所述，对于泛素这类有固定三维结构的蛋白质来说，其分子内运动与蛋白质在溶液中的整体翻转运动可以被清楚地分开，并且前者被后者所调制。此时蛋白质每个 N—H 键的自相关函数（知识窗 25-3）都是描述内部运动的自相关函数与描述整体翻转运动的自相关函数的乘积：

$$C(t) = C_{\mathrm{I}}(t) C_{\mathrm{O}}(t)。$$

我们假定蛋白质的整体翻转是各向同性的[*]，其特征时间记作 τ_{m}，那么 $C_{\mathrm{O}}(t) = e^{-t/\tau_{\mathrm{m}}}$。更重要的部分是 $C_{\mathrm{I}}(t)$，因为内部运动与蛋白质功能更相关。要从分子动力学轨迹得到 $C_{\mathrm{I}}(t)$，我们需要把轨迹里的每个构象都转到与初始构象相同的朝向，这样就消除了整体翻转运动。如果对泛素蛋白在 α 螺旋、连接环和无序尾部这三个区域里各选择一个氨基酸残基的 N—H 键，分别代表刚性、有一定柔性和非常有柔性这三种情况，计算得到的 $C_{\mathrm{I}}(t)$ 如图 25-13 所示。

这三个残基的内部运动自相关函数经过衰减后都出现了一个平台区。残基越有柔性，N—H 键空间朝向的分布越分散，平台值越低。我们把平台区的高度定义为序参数（order parameter），用 S^2 表示，取值范围是 0～1，0 代表完全无序，1 代表完全刚性。位于平台区之前的衰减曲线可以分解成一个或多个指数衰减项，每个衰减项的特

---

[*]　整体形状大体上是球形的蛋白质都符合这种情况。

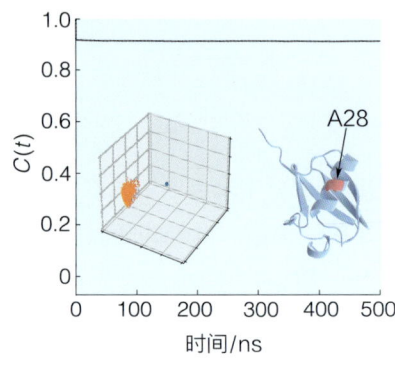 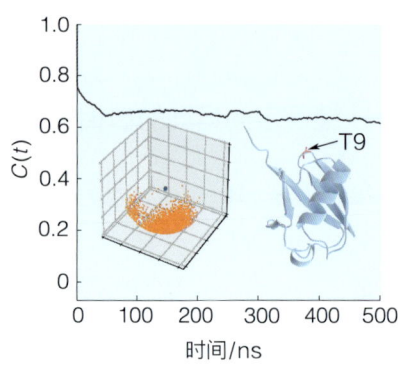 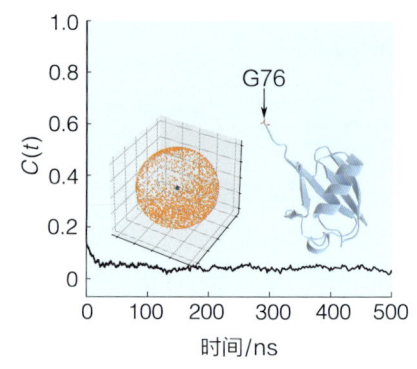

图 25-13 泛素蛋白分子动力学模拟中 A28、T9 和 G76 的 N—H 键内部运动对应的自相关函数

三个残基分别处在 α 螺旋、连接环和无序尾部，在蛋白质三维结构中用红色标出。每个子图还展示了 N—H 键中氢原子在以氮原子为中心的球面上的散点分布图。

征时间记作 τ_i'，因此 $C_I(t) = a_1 e^{-t/\tau_1'} + a_2 e^{-t/\tau_2'} + \cdots + S^2$，其中 $a_1 + a_2 + \cdots + S^2 = 1$。而完整的自相关函数可以写成：

$$C(t) = (a_1 e^{-t/\tau_1'} + a_2 e^{-t/\tau_2'} + \cdots + S^2) e^{-t/\tau_m} = \sum_i a_i e^{-t/\tau_i}$$

其中 $\tau_i = \dfrac{1}{1/\tau_i' + 1/\tau_m}$，代表内部运动组分 τ_i' 被 τ_m 调制后的结果。注意，在上式中 S^2 对应的那一项可以看作幅度为 S^2，特征时间为无穷大的内部运动组分，因此调制后的特征时间为 τ_m。

接下来我们需要从自相关函数中获得不同频率下的分量，方法是施加傅里叶变换然后取实部，得到的函数称为谱密度函数（spectral density function）：

$$J(\omega) = \mathrm{Re}\left(\frac{1}{5}\int_{-\infty}^{\infty}\sum_i a_i e^{-t/\tau_i} \cdot e^{-i\omega t}\mathrm{d}t\right) = \frac{2}{5}\sum_i \frac{a_i \tau_i}{1 + \omega^2 \tau_i^2}$$

^{15}N 的纵向弛豫速率 R_1、横向弛豫速率 R_2 以及 ^{15}N 和 ^{1}H 之间的交叉弛豫速率 σ_{NH} 是由 $J(\omega)$ 在不同频率分量的线性加和来决定的*，反映了分子运动导致的局部磁场波动中特定频率分量对弛豫速率所产生的贡献（知识窗 25-4）。

从自旋弛豫速率的公式出发，我们可以绘出三种自旋弛豫速率对 N—H 键重定向特征时间的依赖曲线（图 25-14）。由图中可见，R_1 对纳秒尺度（0.1 ns 到十几纳秒）的运动比较敏感，R_2 对慢速运动（慢于十几纳秒）很敏感，而 NOE 对快速运动（几百皮秒）比较敏感。生物大分子的分子量越大，在水溶液中的整体翻转运动就越慢，因而每个化学键的重定向运动也越慢，进而导致 R_2 比较大，谱峰展宽明显。这就解释了我们在 5.3.1 节中提到的分子量大小对核磁测量的限制。

到目前为止，我们可以从分子动力学模拟轨迹出发，提取出每个 N—H 键重定向运动的特征参数，然后计算出自旋弛豫速率 R_1、R_2 和 NOE。那么如果我们已经通过实验得到了这三组自旋弛豫速率，如何才能从中提取出关于 NH 重定向运动的特征参数呢？这时我们需要做无模型（model-free）分析（也称作 Lipari-Szabo 分析）。

无模型分析方法的前提条件是分子的整体翻转运动与内部运动之间有比较清晰

---

* 在 R_2 表达式中有一项 R_{ex} 代表化学交换的贡献，将在下文中讨论。

> **知识窗 25-4**
>
> ## ^{15}N 自旋弛豫速率的公式
>
> 自旋弛豫速率 R_1、R_2 和 NOE 可以表达为下面的公式:
>
> $$\begin{cases} R_1 = \dfrac{d^2}{4}[J(\omega_H-\omega_N)+3J(\omega_N)+6J(\omega_H+\omega_N)] + c^2 J(\omega_N), \\[4pt] R_2 = \dfrac{d^2}{8}[4J(0)+J(\omega_H-\omega_N)+3J(\omega_N)+6J(\omega_H)+6J(\omega_H+\omega_N)] + \dfrac{c^2}{6}[4J(0)+3J(\omega_N)] + R_{ex}, \\[4pt] \sigma_{NH} = \dfrac{d^2}{4}[6J(\omega_H+\omega_N)-J(\omega_H-\omega_N)]. \end{cases}$$
>
> 其中,$c = \Delta_N/\sqrt{3}$,$d = \mu_0 \hbar \gamma_H \gamma_N /(4\pi r_{HN}^3)$,分别是偶极相互作用和化学位移各向异性所对应的常数;Δ_N 是以 Hz 为单位的 ^{15}N 化学位移各向异性值,μ_0 为真空磁导率;ω_H 和 ω_N 分别为 ^{1}H 和 ^{15}N 的拉莫尔频率。实验测量的 NOE 值与 σ_{NH} 有如下关系:
>
> $$NOE = 1 + \dfrac{\gamma_H}{\gamma_N} \cdot \dfrac{\sigma_{NH}}{R_1}.$$

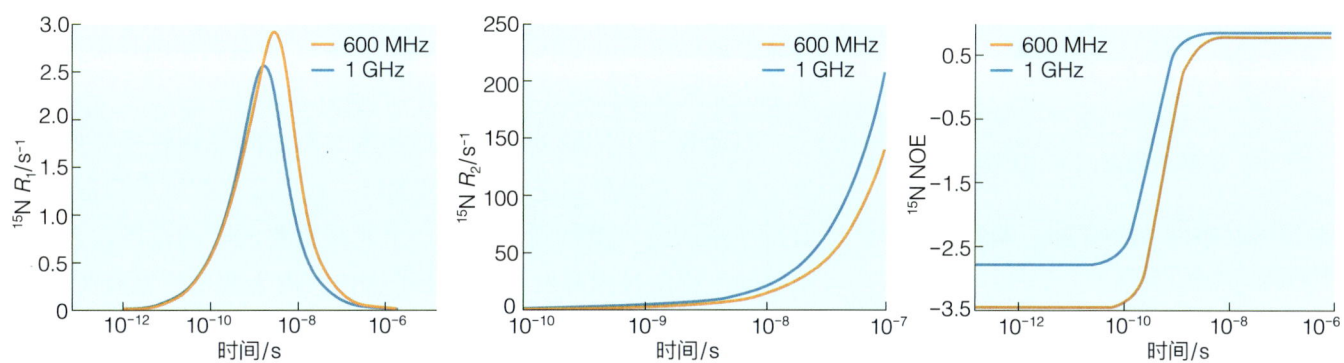

图 25-14　^{15}N R_1、R_2 和 NOE 对 N—H 键重定向运动特征时间的依赖曲线
橙线和蓝线分别对应 600 MHz 核磁仪和 1 GHz 核磁仪下的模拟结果。

的界限,通常折叠得比较好的生物大分子都满足这个条件。该方法假定每个残基的内部运动只有一个主要成分*。以 ^{15}N 自旋弛豫实验为例,内部运动可由每个 N—H 键各自的内部运动的特征时间来代表。同时,所有的 N—H 键都要经历共同的整体翻转,同样可以由一个单独的整体翻转特征时间来代表。从自旋弛豫的实验数据出发,我们不仅可以得到蛋白质分子整体翻转的特征时间,更重要的是可以获得每个残基内部运动的序参数和特征时间,后两者分别反映了残基的空间动态性和时间动态性(知识窗 25-5)。

---
* 对蛋白质的大多数残基位点,该假定都是成立的。少数位点的内部运动存在两种或更多的主要成分,此时需要用拓展的无模型方法来处理。

> **知识窗 25-5**
>
> ## 无模型分析方法
>
> 假设蛋白质某个残基 N—H 键的内部运动特征时间为 τ_e，并且整体翻转运动是各向同性的，特征时间记作 τ_m，那么自相关函数可以写为
>
> $$C(t) = C_I(t)C_O(t) = [(1-S^2)e^{-t/\tau_e} + S^2]e^{-t/\tau_m}$$
>
> 相应的谱密度函数为
>
> $$J(\omega) = \frac{2}{5}\left[S^2 \frac{\tau_m}{1+\omega^2\tau_m^2} + (1-S^2) \frac{\tau}{1+\omega^2\tau^2} \right]$$
>
> 其中 $\tau = (1/\tau_m + 1/\tau_e)^{-1}$，是内部运动受整体翻转调制后的约化特征时间。
>
> 如果 ^{15}N 自旋弛豫实验一共测到了 n 个残基的数据，那么已知的弛豫速率一共有 $3n$ 个，未知的则有 n 个 S^2、n 个 τ_e、1 个 τ_m，共计 $2n+1$ 个参数。由此我们就可以利用自旋弛豫速率的公式（知识窗 25-4）拟合出整体翻转特征时间 τ_m 以及每个残基的 S^2 和 τ_e，其中 S^2 反映每个残基在空间上的动态性，而 τ_e 反映每个残基在时间上的动态性。

（2）弛豫弥散方法

生物大分子在溶液中除了有丰度很高、自由能最低的基态（ground state，GS）构象外，还存在着高自由能构象状态，称为激发态（excited state，ES）或者瞬态（transient state）。激发态构象由于丰度低、寿命短，难以用其它生物物理手段来表征其结构，因此有时也被称作不可见状态（invisible state）。核磁共振的弛豫弥散方法是检测激发态构象并表征其结构的强有力工具。

假定有一个核酸分子在基态和激发态之间互相转换，如果构象交换发生在微秒到毫秒时间尺度内，就适合应用弛豫弥散方法。值得注意的是，微秒到毫秒是一个非常重要的时间范围，大多数重要的生物学过程都发生在这个范围内。由于两个构象有所区别，总有一些原子核在两个构象中的化学位移有差别。我们可以用一个两态模型来表示在两种化学位移之间切换的原子核（图 25-15）。

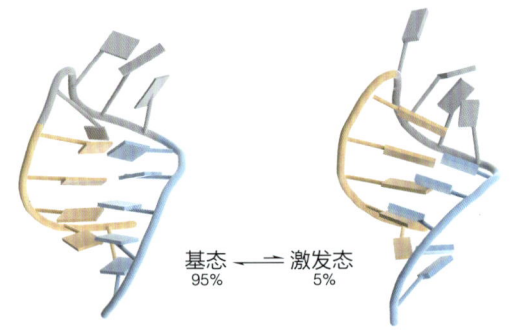

图 25-15　在基态和激发态之间转换的 RNA 分子

在两个状态之间碱基对发生了滑移，构象交换发生在微秒到毫秒的时间尺度内。

弛豫弥散方法包括 CPMG（Carr-Purcell-Meiboom-Gill）和 $R_{1\rho}$ 这两种实验。在 5.4.4 节中我们解释了中速化学交换会导致谱峰展宽（或者说 R_2 的增大），而微秒到毫秒的时间尺度通常就处于中速交换的范围。这种谱峰展宽效应也是该方法的名称中"弥散"两字的由来。为了获取化学交换的信息，我们需要用某种方法对交换产生的谱峰展宽效应进行调制，CPMG 和 $R_{1\rho}$ 采用的是基于自旋回波（spin echo）的方法。假设样品中的待测原子核有的处于基态，有的处于激发态，然后我们让这些原子核经历一个自旋回波脉冲序列，那么只要在这段时间内没有发生化学交换，这些原子核由于化学位移不同所产生的分散效应将被完全消除（图 25-16A）。CPMG 方法使用由一系列等距排列的 180° 脉冲组成的脉冲队列（图 25-16B）。而 $R_{1\rho}$ 方法使用一段连续的长脉冲，实际上相当于多个 180° 脉冲头尾相连（图 25-16C），因此与 CPMG 本质上是一样的。

180°脉冲队列对谱峰展宽有抑制作用，脉冲越密集，抑制作用越显著（图 25-17A、B）。当测量不同脉冲队列频率下的 R_2 弛豫速率（$R_{2,\text{eff}} = R_2 + R_\text{ex}$），会得到一条逐渐衰减的曲线（图 25-17C）。对这样的曲线进行拟合，就能获得激发态的丰度 p_B、正向反

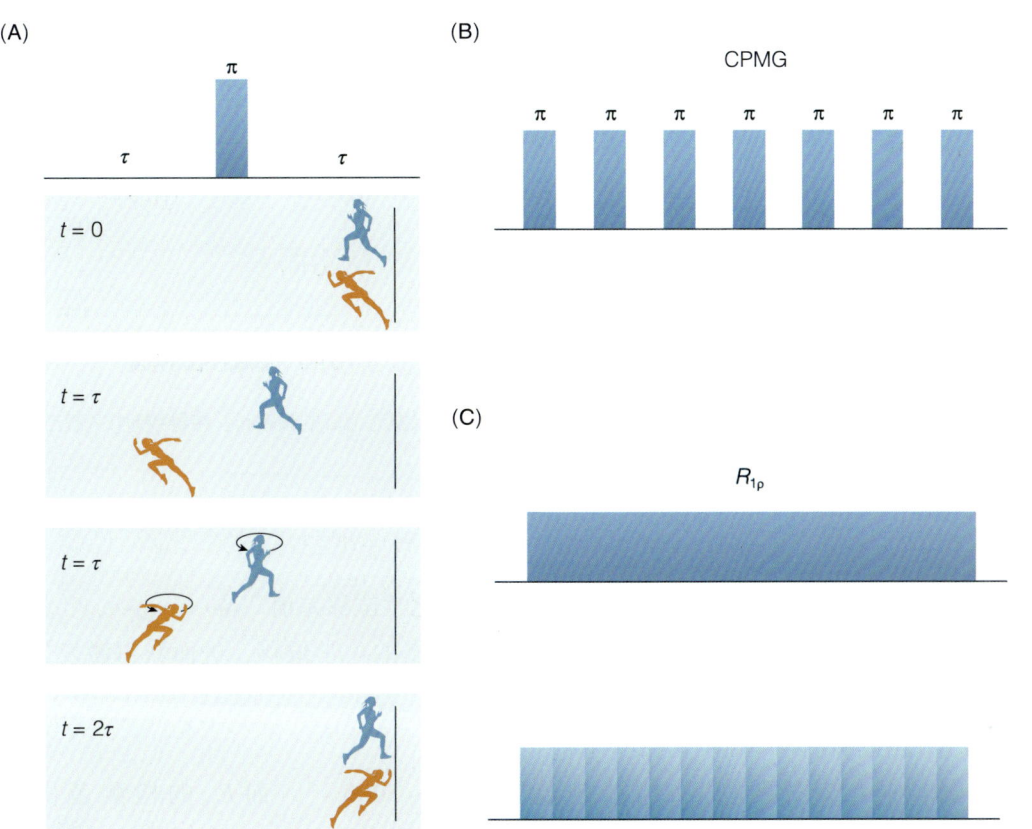

图 25-16 CPMG 和 $R_{1\rho}$ （A）自旋回波可以消除由于化学位移不同而产生的分散效应。用两个速度不同的人代表化学位移不同的两种状态。在时间零点，两人同时出发；经过 τ 时间，两人拉开差距；然后180°（π）脉冲令两人同时折返，再经过 τ 时间，两人同时回到起点。（B）CPMG 方法应用了一系列等距排布的 180° 脉冲。（C）$R_{1\rho}$ 方法应用一段连续的长脉冲，可以等效为多个 180° 脉冲头尾相连。

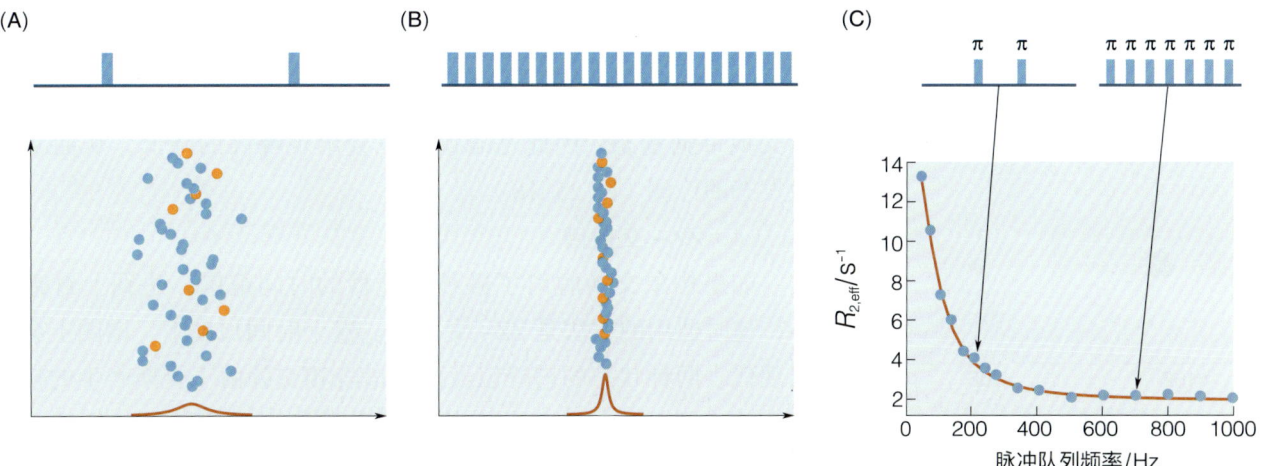

图 25-17 CPMG 脉冲队列可以抑制化学交换导致的谱峰展宽 （A）低频的脉冲队列对谱峰展宽的抑制效果较小。（B）高频的脉冲队列对谱峰展宽的抑制效果显著。（C）当存在化学交换导致的谱峰展宽效应时，测量不同脉冲队列频率下的表观 R_2（即 $R_{2,\text{eff}}$），可以得到一条衰减的曲线。增大脉冲队列频率会让 $R_{2,\text{eff}}$ 逐渐接近 R_2。

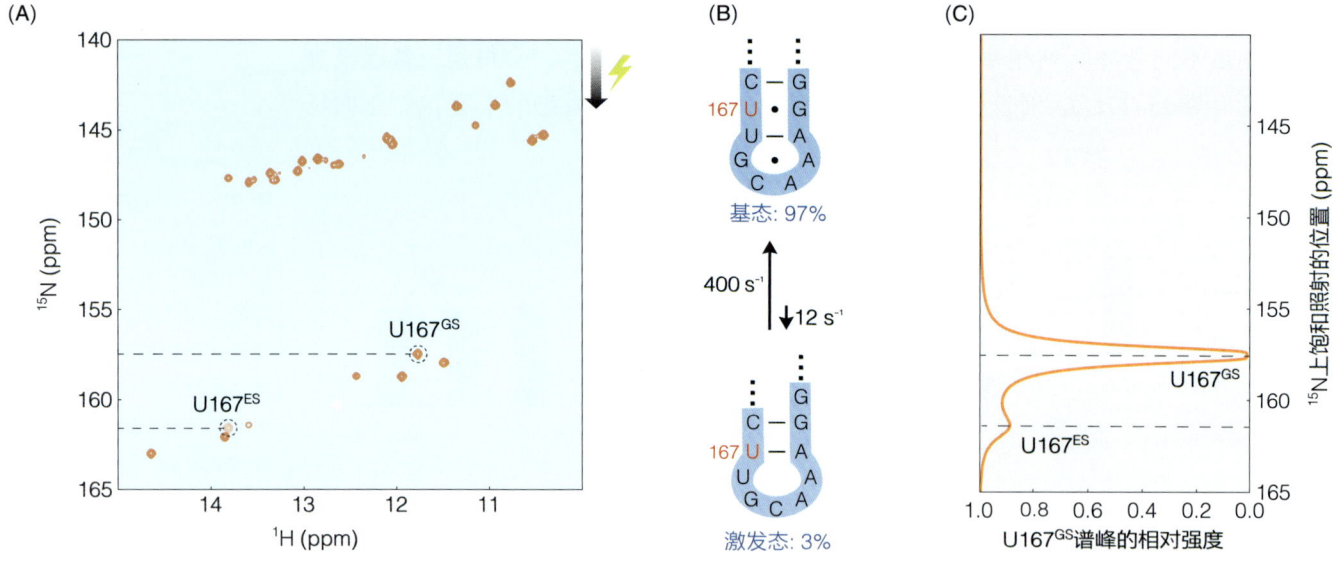

图 25-18 化学交换饱和转移的原理
GS 代表基态，ES 代表激发态。假设 U167 的基态谱峰位于左边谱图中的上方虚线圆圈处，而不可见的激发态谱峰位于下方虚线圆圈处，那么当 B_1 扫描到 U167 激发态谱峰的频率时，将导致 U167 基态谱峰峰高的降低。

应速率 k_1、逆向反应速率 k_{-1} 以及激发态与基态的化学位移差值* $\Delta\omega = \omega_{ES} - \omega_{GS}$。其中 $\Delta\omega$ 的信息尤为重要，因为从中我们可以得到激发态的化学位移，进而获得激发态的构象信息。

（3）化学交换饱和转移

CPMG 对化学交换（k_{ex}）的检测范围是 50~5000 s^{-1}，而 $R_{1\rho}$ 的检测范围是 50~100 000 s^{-1}。对于构象交换更慢的过程，可以采用化学交换饱和转移实验，其测量范围是 20~300 s^{-1}。该方法把很弱的连续波脉冲施加到样品上**，在不同的脉冲频率下测量基态谱峰的强度。由于饱和现象，当扫描到基态谱峰的频率时会出现基态谱峰峰高的严重下降。如果存在激发态，那么当扫描到激发态谱峰的频率时，激发态信号的饱和效应会被化学交换带到基态，因此基态谱峰也会出现峰高的降低，从而实现对激发态的检测（图 25-18）。

（4）ZZ- 交换谱

如果构象交换脱离了微秒到毫秒的时间范围，达到上百毫秒到秒，这时适用的方法是 ZZ- 交换谱。这个时间尺度下，谱图上会同时出现代表两种状态的谱峰以及两个谱峰相交处由于交换产生的较弱的交叉峰（图 25-19）。ZZ- 交换谱要求激发态达到较高的丰度，如果

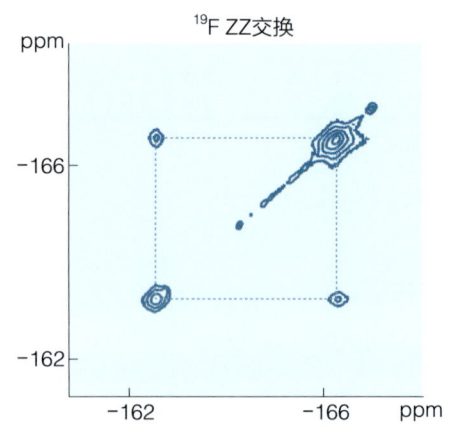

图 25-19 ZZ- 交换谱的示例

---

* 对 CPMG 方法，得到的是化学位移差值的绝对值，因此通常需要在两台不同场强的核磁仪上采集数据以确定该值的正负号。而 $R_{1\rho}$ 方法则没有这个问题。

** 使用强度很弱的脉冲是因为脉冲越弱，在频域上的激发范围越窄，有利于它对频率的精细扫描。

丰度较低，那么交叉峰不容易被检测到。

25.2 电子顺磁共振波谱学

电子顺磁共振（electron paramagnetic resonance，EPR）又称电子自旋共振（electron spin resonance，ESR），是研究包含有未成对电子的顺磁性物质如自由基、过渡金属离子、空穴等的波谱学方法。自 1944 年苏联物理学家叶夫根尼·扎沃伊斯基（Yevgeny Zavoisky，1907—1976）首次从固体 $CuCl_2 \cdot 2H_2O$ 中检测到顺磁共振吸收现象以来，EPR 技术已有 80 多年的历史。在这 80 多年中，EPR 技术的基础理论、实验技术和仪器设备等诸多方面均有了很大发展。EPR 技术最初被物理学家用来研究某些复杂原子的电子结构、晶体结构、原子偶极矩及分子结构等问题。20 世纪 60 年代末，由于低温技术、自旋捕捉、原位检测和自旋标记等新技术的发展，EPR 技术被逐步引入化学和生物学领域，用来研究复杂有机化合物中的化学键、电子密度分布，生物体系内的自由基以及自旋标记的生命大分子等。20 世纪 70 年代以来，美国、德国和日本等发达国家都在不断进行仪器改进和技术创新，随着商业化 EPR 谱仪的推出，EPR 领域得到迅猛发展。20 世纪末，世界上 EPR 技术的发展更加活跃，进入了脉冲、多频和活体成像等 EPR 技术发展的新时代。随着现代科学技术的不断发展，EPR 目前已在物理学、化学、材料科学、生命科学、医学等许多领域获得了越来越广泛的应用。

25.2.1 电子顺磁共振的基本原理

和 NMR 一样，EPR 也是磁共振波谱学的一个分支。与 NMR 主要研究原子核自旋磁矩在外磁场中的核塞曼分裂以及与射频场相互作用引起的能级间的共振跃迁不同，EPR 研究电子自旋磁矩在外磁场中的电子塞曼分裂以及与微波场相互作用引起的能级间的共振跃迁。顾名思义，EPR 现象包含三个要素：未成对电子、外加磁场和共振。对 EPR 原理的精准描述需要量子力学的理论，难度较高，因此本节尽量使用比较容易接受的语言来介绍 EPR 的基本原理。

（1）共振条件

宏观物质由原子或离子组成。原子或离子由原子核和核外电子组成，除 ^1H 外，原子核由质子和中子组成。质子、中子和电子等微观粒子均具有内禀的特征即自旋磁矩，因此，宏观物质毫无例外都是磁性物质。宏观物质的磁性主要由包含于其中的未成对电子的磁矩决定，这是因为电子自旋磁矩比原子核磁矩至少大三个数量级。对于不含未成对电子的物质，根据泡利不相容原理，同一原子轨道处于成对状态的两个电子自旋方向相反，因而各轨道上由成对电子自旋运动产生的磁矩相互完全抵消，这种分子为抗磁性物质。只有含有一个或一个以上未成对电子的物质，在外磁场作用下才能呈现顺磁性，这是 EPR 研究的对象。

如果将电子的自旋看作为绕其自身轴的旋转运动，假设外静磁场 $\boldsymbol{B}$ 沿着实验坐标系的 z 方向，则自旋角动量 $\boldsymbol{S}$ 绕磁场 $\boldsymbol{B}$ 的进动轨迹描绘出一个锥面（见图 5-3）。电子自旋角动量 $\boldsymbol{S}$ 的允许值为 $\sqrt{S(S+1)}\hbar$，S 代表自旋量子数，其在磁场方向的分量为 S_z，而垂直于磁场方向的分量 S_x 和 S_y 不可单独测定。根据泡利原理，单个电子的自旋量子数 $S=\frac{1}{2}$，对应的磁量子数 m_s 只能取 $\pm\frac{1}{2}$ 两个值，$m_s=\frac{1}{2}$ 的自旋可用上自旋（↑）或 α 表示，$m_s=-\frac{1}{2}$ 的自旋可用下自旋（↓）或 β 表示，即每个轨道最多只能容纳自旋方向相反的两个电子。对 2 个或 2 个以上的未成对电子体系，总自旋量子数 S 的最大值是 $1, \frac{3}{2}, 2, \cdots$。$m_s$ 的允许值可从 $-S$ 到 $+S$ 依序增加一个单位，共给出（$2S+1$）个沿任意方向的分量。

电子带有电荷 e，带电体的旋转会产生磁场，这样一个旋转着的电子就好比一个小磁偶极子。在力学上可用 $\boldsymbol{\mu}$ 描述磁偶极矩，它具有方向性，因而是一个矢量。根据量子力学，电子的自旋磁矩 $\boldsymbol{\mu}$ 和自旋角动量 $\boldsymbol{S}$ 间存在如下关系：

$$\boldsymbol{\mu} = -g_e\mu_B\hat{S}。$$

其中，g 为无量纲因子，称为 g 因子，自由电子的 g（即 g_e）为 2.0023；μ_B 称为玻尔磁子，常作为有效磁矩的单位，量值为 $\dfrac{e\hbar}{2m_e}=9.2740\times 10^{-24}$ J/T，其中 e 为电子的电荷，$\hbar$ 为约化的普朗克常量，m_e 为电子静止质量；$\hat{S}$ 为自旋角动量算符，它在磁场方向的分量为 S_z，可用它的本征值即磁量子数 m_s 表示。

根据经典电磁学，如果将一个磁偶极矩 $\boldsymbol{\mu}$ 放在磁场 $\boldsymbol{B}$ 中，它们之间会产生一个相互作用能 E：

$$E = -\boldsymbol{\mu}\cdot\boldsymbol{B} = -\mu B\cos\theta。$$

其中，θ 是 $\boldsymbol{\mu}$ 和 $\boldsymbol{B}$ 之间的夹角，负号表示它为吸引能。当 $\theta=0$ 时，$E=-\mu B$，自旋磁矩和外磁场平行时能量最低，体系最稳定；当 $\theta=\pi$ 时，$E=\mu B$，即自旋磁矩和外磁场反平行时，能量最高，体系最不稳定。对于电子，其在磁场中的磁相互作用能可为 $E=-\boldsymbol{\mu}\cdot\boldsymbol{B}=-(-g_e\mu_B\hat{S})\cdot\boldsymbol{B}=g_e\mu_B B m_s$。由于电子自旋磁矩在外磁场中有两种取向（α 和 β），其 m_s 只能取 $+\frac{1}{2}$ 和 $-\frac{1}{2}$ 两个值，对应的电子能量分别为 $E_\alpha=\frac{1}{2}g_e\mu_B B$ 和 $E_\beta=-\frac{1}{2}g_e\mu_B B$，即电子自旋磁矩在外磁场中的磁相互作用能被裂分为两个能级，这就是电子自旋磁矩在外磁场中能量的塞曼分裂。两个塞曼能级之间的间距 $\Delta E=g_e\mu_B B$ 随磁场强度的增加而线性增大，如图 25-20 所示。

用适当频率 ν 的电磁波（微波）可激发两个塞曼能级之间的跃迁。若电磁辐射的激发能量 $h\nu$ 正好等于两个塞曼能级之间的间距 ΔE，即

$$\Delta E = h\nu = g\mu_B B_{res}, \tag{25-3}$$

则处于两能级间的电子发生受激跃迁，导致部分处于低能级中的电子吸收微波的能量跃迁到高能级，这就是电子顺磁共振现象。式（25-3）称为电子顺磁共振的基本条件，v 的单位是 Hz，而 B_{res} 代表共振磁场的磁感应强度。塞曼能级间的跃迁，涉及电子自旋磁矩取向的改变，因此只有电磁辐射引起电子磁矩的重新取向，跃迁才能发生。为了使跃迁发生，电磁波（微波）必须在垂直于静磁场的方向上施加，使振荡磁场的一个分量垂直于静磁场。微波频率很容易满足振荡磁场垂直于静磁场的要求。

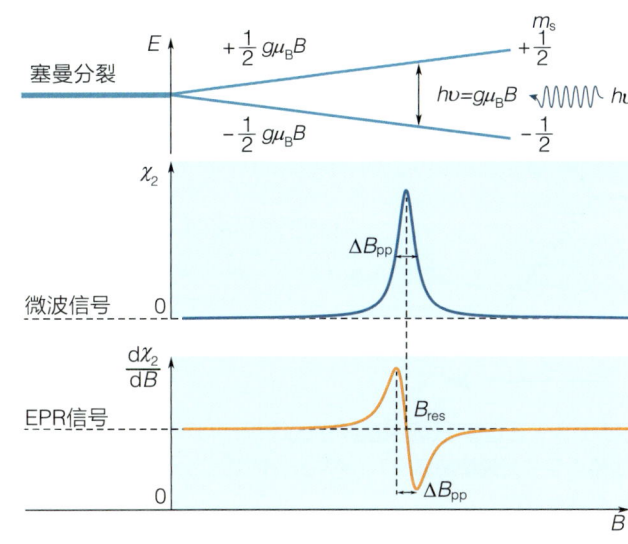

图 25-20 电子在外磁场中的能级分裂示意图

从式（25-3）可知，改变辐射频率或磁感应强度都可以满足共振条件，因而检测顺磁样品的共振吸收有两种方法。第一种是固定磁场不变，塞曼能级的间距固定，然后改变微波频率直至发生共振吸收；第二种方法是固定微波频率，然后改变磁感应强度。从技术角度出发，磁场均匀连续且精细的变化更容易实现，因此目前的 EPR 波谱仪一般采用固定微波频率，改变磁感应强度的方式来发生共振。与 NMR 图谱不同，EPR 图谱的横坐标为磁场，一般用毫特斯拉（mT），纵坐标通常用信号强度对磁场的一阶导数曲线表示（称为一阶微分谱线），如图 25-20 所示。一般情况下 EPR 信号十分微弱，被噪声淹没，需要采取特殊的检波方式，在实际工作中，常常观测的是电子顺磁共振吸收信号的一阶微分信号。信号的高低或积分面积代表信号的强度，波峰到波谷之间的磁感应强度变化为 EPR 信号的线宽 ΔB_{pp}。

（2）g 因子

在 NMR 中，处于不同化学环境的 H 原子核的共振频率有差异，产生共振吸收峰的位移，称为化学位移 δ。与化学位移 δ 类似，g 值也可反映分子结构和原子结构信息。从未成对电子的顺磁共振条件 $hv = g\mu_B B$ 看，h、μ_B 为常量，在微波频率固定后，v 亦为常量，g 值与共振磁场 B_{res} 二者成反比关系，因此 g 值可以表明共振磁场的大小。g 值是顺磁共振中的最重要参量之一。

g 值在本质上反映出一种物质分子内局部磁场的特征，这种局部磁场主要来自轨道磁矩。自旋运动与轨道运动的耦合作用越强，则 g 值对 g_e（自由电子的 g 值）的增值越大，因此 g 值能提供分子结构的信息。对于只含 C、H、N 和 O 的自由基，g 值非常接近 g_e，其增值只有千分之几。当单电子定域在硫原子时，g 值为 2.02～2.06。多数过渡金属离子及其化合物的 g 值就远离 g_e，原因是它们原子中轨道磁矩的贡献很大。

（3）超精细相互作用

如果顺磁分子在磁场中只有未成对电子和磁场的相互作用，从共振条件 $B_{res} = hv/g\mu_B$ 可知，所有 EPR 图谱只有一条谱线，它们的区别至多反映在 g 因子、线宽和线型上，而得不到更多的信息。在实际的顺磁分子中，未成对电子不仅与外磁场有相互

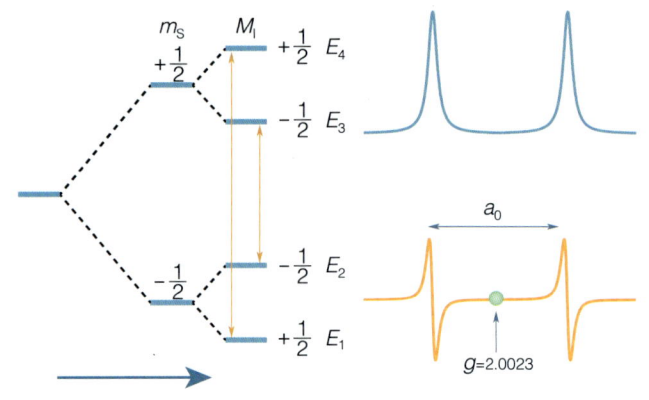

图 25-21 在固定磁场中氢原子的能级
虚线相当于在无超精细情况下 $h\nu = g\mu_B B$ 的跃迁，实线相当于超精细结构允许的跃迁。

作用，还会与附近的磁性核之间有磁相互作用，这种未成对电子自旋和磁性核自旋的相互作用称为超精细耦合或超精细相互作用，导致处于不同环境下的电子的顺磁共振波谱之间存在十分细微的差别，并会引起谱线分裂，称为超精细线或超精细结构。两个超精细谱线之间的间距被称为超精细耦合常数 a，可用于表示相互作用的大小。通过分析谱线数目、谱线间距以及相对强度，可以判断与电子相互作用的磁性核的种类、数量及相互作用的强弱，因而有助于确定自由基等顺磁物质的分子结构。

以氢原子为例，氢原子包含一个未成对电子 $\left(S = \dfrac{1}{2}\right)$ 和一个核自旋量子数 $I = \dfrac{1}{2}$ 的氢核。氢原子中的未成对电子在受到外加磁场 B_0 的作用同时也受到氢核自旋磁矩的附加磁场 B_{local} 的作用，并因此产生对应的共振磁场 B_{res}：

$$B_{\text{res}} = B_0 + B_{\text{local}},$$
$$B_{\text{local}} = a_0 M_I。$$

这里的 a_0 就是超精细耦合常数。

氢原子的核自旋角动量 $M_I = \pm \dfrac{1}{2}$，因此就有下式：

$$B_{\text{res}} = B_0 \pm \dfrac{1}{2} a_0,$$

因此一共将产生两条谱线：$B_{\text{res1}} = B_0 - \dfrac{1}{2} a_0$ 和 $B_{\text{res2}} = B_0 + \dfrac{1}{2} a_0$。两条谱线的距离等于 a_0（图 25-21）。超精细结构能够反映与未成对电子相关的磁性核的数目、核自旋大小、空间排布和化学键性质等情况，是鉴别自由基品种的"指纹"信息。

25.2.2　电子顺磁共振波谱仪

观察 EPR 现象的仪器称为电子顺磁共振波谱仪。一般 EPR 波谱仪都是固定频率、改变磁场来实现电子顺磁共振的，因此称为扫场式。根据共振条件 $h\nu = g\mu_B B$，对自由电子 $g = 2.0023$，当频率为 9.8 GHz（1 GHz $= 10^9$ Hz）时，共振磁场为 0.350 T [1 T $= 10^4$ G（高斯）]。实际上，当磁感应强度在几到几百 mT 之间改变，辐射频率与磁感应强度保持着简单的比例关系是比较容易实现的。

根据固定的频率，EPR 谱仪可以分为若干型号，最常用的 X 波段（X-band，9～10 GHz），其次是 Q 波段。表 25-2 列出了典型波段、频率及对应的共振磁感应强度。针对不同的研究对象，微波的波段选择也有所不同。

表 25-2　常用 EPR 谱仪所采用的典型波段、频率及对应的共振磁感应强度

微波波段	频率范围 /GHz	典型 EPR 共振频率 /GHz	典型 EPR 磁感应强度 /mT
L	1 ~ 2	1.5	5.4
S	2 ~ 4	3.0	110
C	4 ~ 8	6.0	220
X	8 ~ 12	9.5	340
K	18 ~ 26	23	1 820
Q	26 ~ 50	36	1 300
V	50 ~ 75	50	1 800
W	75 ~ 110	95	3 400

　　EPR 波谱仪由微波桥、磁场系统、传导系统、检测系统等关键部分组成，共同实现对样品中未成对电子自旋行为的测量（图 25-22）。微波桥使用速调管或耿氏二极管作为微波源，确保微波的稳定和高能输出。磁场系统包括电磁体和超导磁体，前者适用于 X 波段及以下的低频测量，后者则能在低温下提供高稳定性和均匀性的强磁场，适用于高频测量。传导系统通过隔离器、衰减器、环形器、波导管等器件精确控制微波的传导。样品室确保样品与微波和磁场的有效交互。探测器测量样品吸收的微波信号，放大器则增强信号以提高信噪比。数据采集系统记录并存储 EPR 信号，而工作站则负责调整和控制仪器的各项参数。这些组件的协同作用使得 EPR 谱仪能够提供样品结构和性质的详细信息。

　　不同的 EPR 谱仪可能会在具体构造和性能方面有所不同，以满足不同的研究需求。长期以来，商业化 EPR 波谱仪主要由欧美国家生产提供，其中性能和品种方面处于领先地位的是 Bruker 公司的产品。近年来，国仪量子自主研制的国产 EPR 波谱仪

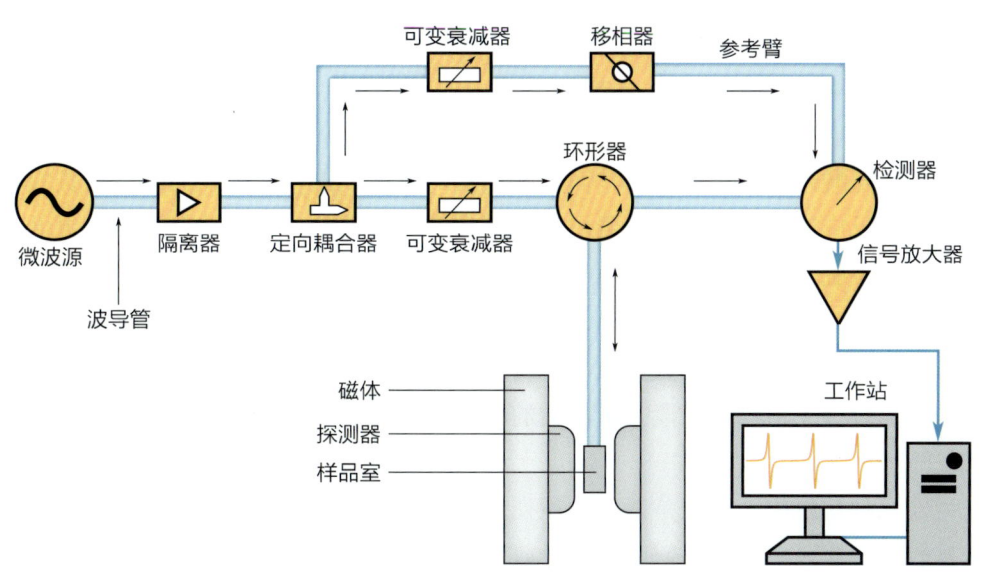

图 25-22　电子顺磁共振波谱仪的基本组成

也得到较快发展。典型的 EPR 波谱仪如图 25-23 所示。

25.2.3 定点自旋标记技术

早期 EPR 技术要求被检测的对象是含有未成对电子的顺磁性物质。由于大多数生命物质如蛋白质、DNA 或 RNA 本质上是抗磁性的，其结构中不含未成对电子，或者其中顺磁性成分的含量非常低，限制了 EPR 技术在生命科学研究中的应用。随后人们提出可将自旋标记物（spin label，某些稳定的自由基或顺磁性的报告基团）引入到被研究样品的特定位点，从而产生 EPR 信号并进行后续的实验分析，这种方法被称为定点自旋标记（site-directed spin labeling，SDSL）。定点自旋标记技术的发展极大拓展了 EPR 技术在生命科学中的应用。

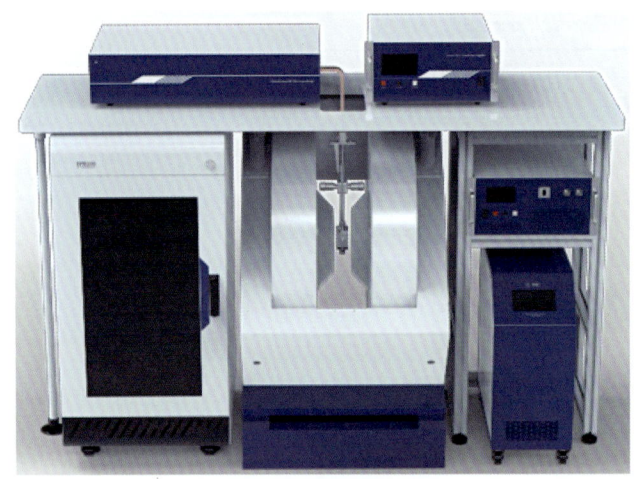

图 25-23 商业化电子顺磁共振波谱仪

实现生物大分子的定点自旋标记，首先要选择合适的自旋标记物。对自旋标记物的基本要求是：①它本身应容易合成并且足够稳定，其中官能团可以根据被研究分子的需要而改变；②能以某种方式结合到被研究体系的特定位点并对被研究体系的原始结构和功能扰动非常小；③标记物本身的 EPR 波谱相对简单，易于解释；④对所在位置周围环境的变化极为敏感，从而在实验体系中需要加入的标记物浓度很低。

目前人们已发展出多种多样的自旋标记物（图 25-24）。在大多数情况下，由于氮氧自由基及其衍生物的尺寸较小和已存在多种商业化产品，氮氧自由基及其衍生物是首选的生物大分子自旋标记物。其它的自旋标记物，包括顺磁镧系金属离子、三苯甲基自由基（triarylmethyl radical）等也在蛋白质和 DNA 的自旋标记中得到广泛应用。

近年来，人们通过将分子生物学中的点突变技术、非天然氨基酸技术相结合，发展了多种蛋白质定点自旋标记的策略（图 25-25），主要有共价标记、分子生物学融合嵌入和金属离子置换反应等。

① 共价标记

蛋白质定点共价标记主要是基于半胱氨酸侧链巯基的化学反应。在蛋白质中，含有氨基的赖氨酸残基的丰度较高，而半胱氨酸的丰度较低。溶剂朝向的半胱氨酸具有较高的化学反应选择性，而一个蛋白质中存在多个溶剂朝向的半胱氨酸概率更低。对于含有多个半胱氨酸的蛋白质，由于每个半胱氨酸在蛋白质三维结构中化学环境和空间结构的差异，反应活性会有差异，因此可以通过改变自旋标记物中活化基团的活性达到选择性修饰。而在目标蛋白质中没有溶剂朝向的半胱氨酸情况下，可以根据蛋白质结构，通过分子生物学手段在蛋白质的特定位点通过基因突变方法引入溶剂朝向的半胱氨酸。

另外一种共价修饰路线是以生物正交的方式在目标蛋白质的特定位点上引入非天然氨基酸，该非天然氨基酸或带有与金属离子配位的基团，能直接与顺磁金属离子配

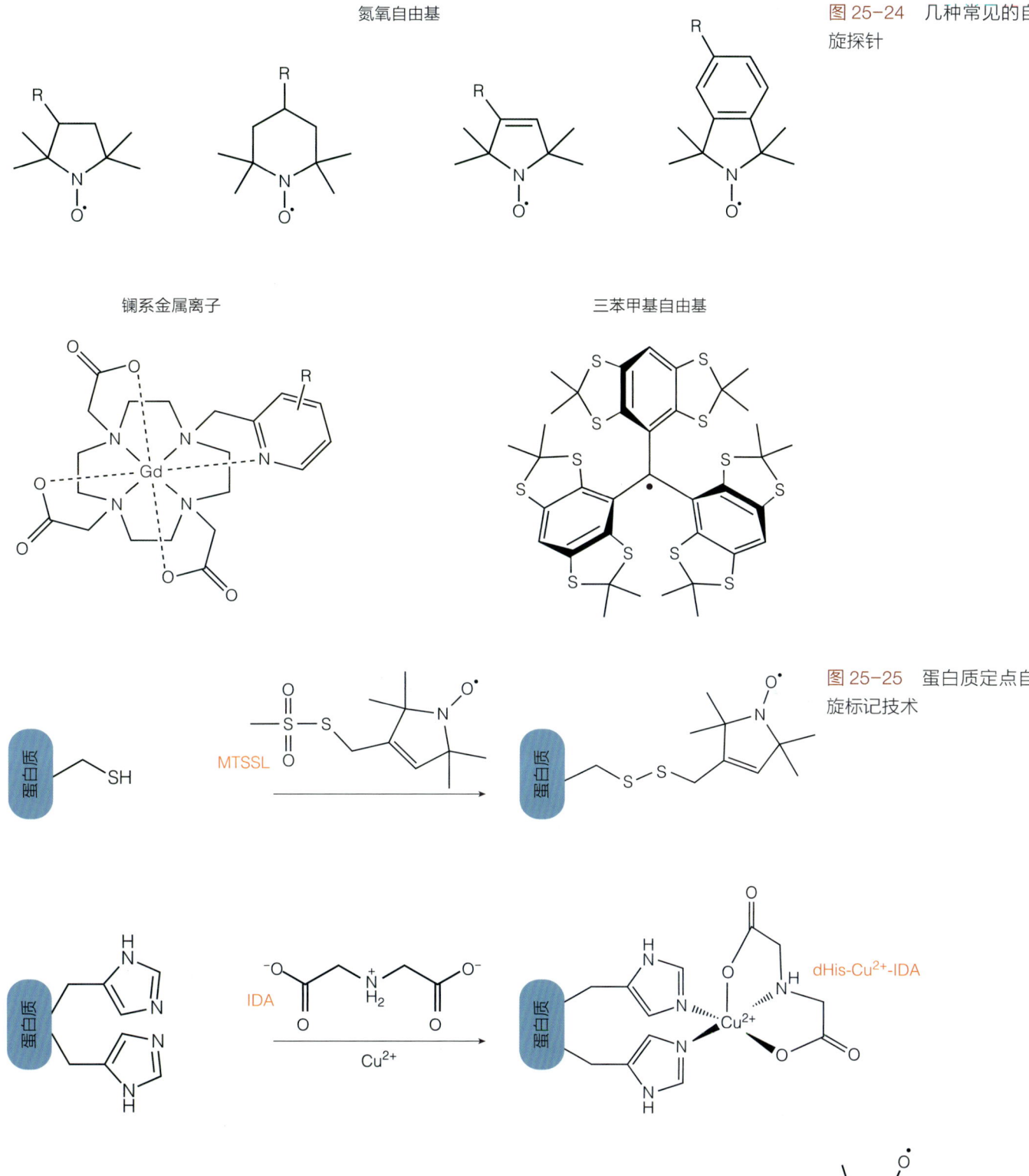

图 25-24 几种常见的自旋探针

图 25-25 蛋白质定点自旋标记技术

位，或带有叠氮或炔基，可以进一步通过点击化学进行反应，或有其它能进一步偶联的基团。

② 融合嵌入和金属离子置换反应

根据顺磁金属离子的配位特性和分子生物学技术，可以在蛋白质上引入顺磁金属结合中心。Cu^{2+} 可以与 N 端的 Gly 和 His 氨基酸形成稳定配合物，因此可以在蛋白质的 N 端引入 Gly 和 His 两个氨基酸残基与 Cu^{2+} 结合，这类顺磁标记可以通过 EPR 研究蛋白质动态构象变化。

蛋白质上的钙离子结合位点通常具有 EF 手形（EF-hand）序列，人们通过优化 EF 手形的氨基酸序列，筛选出对顺磁稀土金属离子结合的多肽片段，并把该肽段融合到蛋白质的 N 端、C 端或者蛋白质的某个中间环区，以此实现对顺磁稀土离子的结合。

近年来，RNA 的研究日益受到重视。人们也发展了多种 RNA 的定点自旋标记方法，主要有固相化学合成法、模板指导酶促法、非天然碱基法等，限于篇幅，具体细节可参考扩展阅读材料。

25.2.4 电子顺磁共振波谱及其应用

根据微波辐照的持续性，EPR 波谱仪可分成连续波谱仪（continuous wave EPR，cw-EPR）和脉冲式波谱仪（pulsed EPR）。在 cw-EPR 实验中，微波辐射源是连续波，而脉冲 EPR 实验的辐射源是短而强的微波脉冲。结合生物大分子定点自旋标记技术和 EPR 技术（SDSL-EPR），通过分析自旋标记物的 EPR 波谱，可获取生物大分子的结构、构象动态、相互作用等各种信息。下面简要介绍通过 EPR 实验如何获得生物大分子的局域动力学信息以及自旋标记物间的距离信息。

（1）EPR 与局域动力学信息

相比于脉冲式波谱仪，连续波谱仪的设备费用相对较低，技术过程也相对简单，通常可在室温下开展，并具有更高的灵敏度。通过分析 cw-EPR 谱线的线型特征，通常可获取顺磁金属离子的价态、成键情况、诱导效应、共轭离域等电子效应，以及电子－电子的间距（小于 15 Å），运动相关时间 τ_c 等信息。

氮氧自由基是生物大分子定点自旋标记中最常用的自旋标记物。由于氮氧自由基氧原子上的未成对电子（电子自旋量子数 $S = 1/2$）与其成键的氮原子（核自旋量子数 $I = 1$）之间存在超精细相互作用，通过 SDSL 技术连接到生物大分子上的氮氧自由基（如 MTSL）在 X 波段 EPR 谱仪上测量得的 cw-EPR 谱图是典型的三线谱。由于氮氧自由基中的塞曼相互作用和超精细耦合是各向异性的，氮氧自由基相对于外磁场的方向能够影响 EPR 信号。反过来 EPR 信号也能够反映氮氧自由基的旋转扩散（rotational diffusion）运动情况。

EPR 方法能够检测的运动时间尺度跟实验的微波频率有关，高频 EPR 更容易观察非常快的运动。通常，氮氧自由基在 X 波段的 cw-EPR 谱图对分子在皮秒到微秒范围内的运动情况比较敏感，而通过使用饱和转移 EPR 方法（saturation transfer EPR）

则能够将运动检测范围延伸至毫秒级别。因此 SDSL-EPR 能够检测的运动时间尺度涵盖了生物大分子执行许多重要生理功能的时间尺度。EPR 探测的运动情况可分成三个层次：转动相关时间（rotational correlation time）τ_c 为 0.1~2 ns 的快运动；τ_c 范围为 2~100 ns 的慢运动；τ_c 大于 100 ns 的极慢运动。其中，快运动和慢运动的时间尺度小于氮氧自由基的横向弛豫时间 T_2（约为 15~30 ns），因此快运动和慢运动会对 cw-EPR 谱图的线型产生影响。反过来，cw-EPR 谱图的线型能够反映分子的运动速度情况以及运动受限情况。图 25-26 中的 EPR 谱图分别对应着不同转动相关时间的氮氧自由基。当氮氧自由基旋转运动非常快时（比如水溶液中），则 cw-EPR 谱图表现为各向同性，三条谱峰几乎是等高的。而当氮氧自由基旋转运动逐渐减小，EPR 谱图的谱线峰宽则会逐渐增大，并伴随着谱峰高度降低。而当氮氧自由基的运动非常慢，达到运动受限极限时，其 EPR 谱图则类似于低温冷冻样品或者固体粉末样品的"粉末谱"（powder spectrum）。

EPR 谱线线型对于蛋白质内部的运动性非常敏感。对于那些具有多种运动组分的蛋白质，或者那些在空间上与其它位点侧链发生相互作用的位点，它们的 EPR 谱图通常会呈现出多种不同的谱线形状，反映了不同的运动状态。

（2）EPR 与距离测量

在蛋白质等生物大分子中同时标记上两个自旋标记物，就能够使用 EPR 方法测

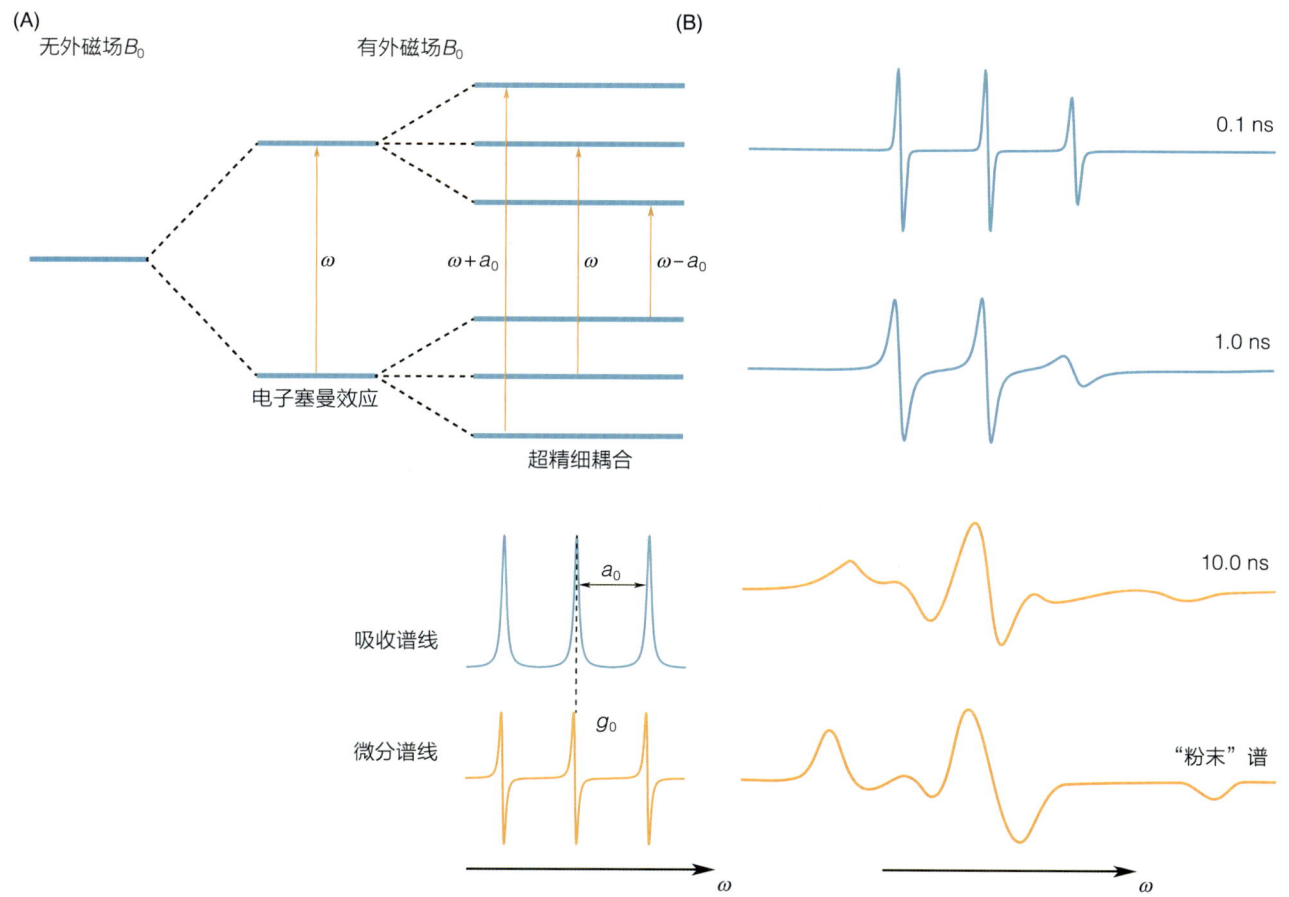

图 25-26 氮氧自由基的超精细相互作用以及分子内运动与线型的关系

量两个自旋标记物之间的距离信息。EPR 方法测量距离的基本原理是相隔一定距离范围的两个自旋标记物 A 和 B 之间存在偶极 – 偶极相互作用 ω_{AB}，ω_{AB} 由以下公式给出：

$$\omega_{AB}(\theta, r) = -\frac{\mu_0 g_A g_B \mu_B^2}{4\pi \hbar} \frac{1}{r_{AB}^3}(3\cos^2\theta - 1)。$$

其中，μ_0 是真空磁导率，g_A 和 g_B 是两个自旋标记物的 g 值，μ_B 是玻尔磁子，$\hbar$ 是约化普朗克常量，r_{AB} 是自旋标记物之间的距离，θ 是自旋标记物之间的矢量与磁场之间的角度。

同其它能够在生物大分子中进行距离测量的方法相比，EPR 距离测量技术具有诸多优势：①距离测量范围广（8~80 Å）；②能够在多种环境中进行检测，从室温到液氮低温，从水溶液到去污剂或者磷脂，甚至能在细胞膜原位进行距离测量；③ EPR 距离测量过程中受到的干扰很少。

根据使用的 EPR 技术不同，生物大分子中的 EPR 距离测量可分为连续波 EPR 距离测量和脉冲 EPR 距离测量。

① 基于 cw–EPR 的距离测定

cw–EPR 距离测量适用于两个自旋标记物之间的距离为 8~25 Å，其基本原理是：较短距离（8~20 Å）的两个电子自旋之间的偶极 – 偶极相互作用会使得 cw–EPR 谱图发生明显的增宽效应，此时的 cw–EPR 谱图的线宽包含两部分的贡献，其中一部分是没有偶极 – 偶极相互作用的单自旋 cw–EPR 谱图，而另一部分就是偶极 – 偶极相互作用产生的增宽函数的卷积。因此，只要对增宽部分的谱图进行去卷积就可得到增宽函数，进而得到距离信息。在实际 cw–EPR 距离测量过程中，经常需要在生物大分子样品中加入甘油或者蔗糖从而提高黏度，有时甚至需要在液氮低温条件下收集蛋白质样品的 cw–EPR 谱图，其目的是降低生物大分子的整体运动，从而避免偶极 – 偶极相互作用被平均掉。当自旋标记物之间的距离大于 25 Å 时，偶极 – 偶极相互作用导致的谱线增宽变得非常微弱，cw–EPR 距离测量方法变得不再适用，此时可使用脉冲 EPR 距离测量方法。

② 基于脉冲 EPR 的距离测定

相比于 cw–EPR，脉冲 EPR 距离测量方法的一般可测距离范围是 18~60 Å。如果对生物大分子进行全氘代并使用氘代溶剂，在较低样品浓度下则能将可测距离极限提高到 100 Å 以上甚至是 160 Å。自 2000 年以来，人们发展了多种脉冲 EPR 方法并广泛用于生物大分子的结构生物学研究，其中脉冲电子 – 电子双共振 [pulsed electron-electron double resonance, PELDOR，又称双电子共振（double electron-electron resonance, DEER）] 技术是目前最常见的生物大分子距离测定方法。如图 25-27，常用的 PELDOR 脉冲序列包含 4 个脉冲，可分成观测脉冲（detection pulse）和激发脉冲（pump pulse）。PELDOR 脉冲序列是一种远程检测回波的过程，该过程通过在观测频率 ω_A（对应电子自旋 A）处施加一个 π/2 脉冲和两个 π 脉冲，以及在激发频率 ω_B（对应电子自旋 B）处施加一个常见的翻转角度为 π 的泵浦脉冲来产生。第二个观测脉冲在第一个脉冲之后延迟 τ_1 施加。随后，自旋系统的自由演化（FID）在进一步延

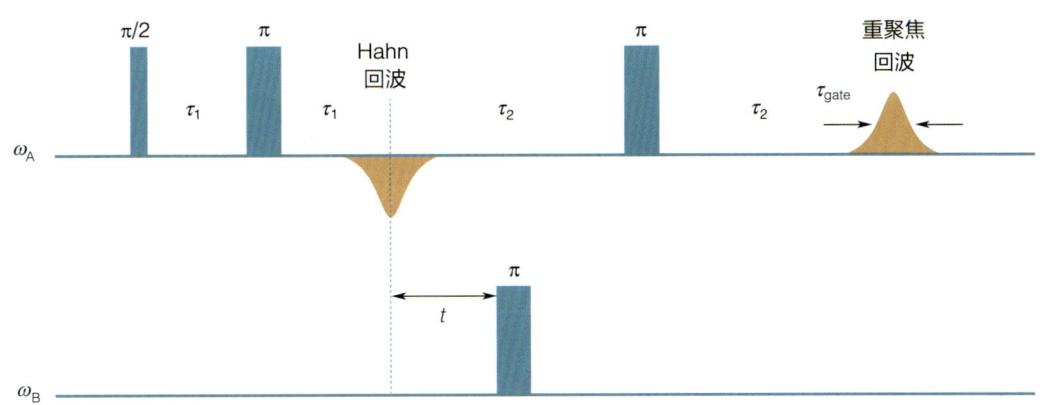

图 25-27 PELDOR 实验的四脉冲序列

迟 τ_1 处产生一个主要的 Hahn 回波（PE），其强度在进一步延迟 τ_1 时达到最大。第三个观测脉冲在这个回波的最大值之后延迟 τ_2 施加。因此，在这最后一个观测脉冲之后延迟 τ_2 处出现一个重聚焦回波（RE）。信号相位被调整，使得 RE 具有最大的正幅度。由于偶极-偶极相互作用的存在，在含有 A 和 B 两个自旋探针的体系中，通过对 B 自旋的反转，泵脉冲导致 A 自旋处的局部磁场发生变化。如果观察自旋 A 的回波强度，能够得到与自旋 B 的翻转时间（t）相关的多重振荡衰减信号（PELDOR 信号），该信号的振荡频率和偶极-偶极相互作用有关，包含着距离信息。

PELDOR 测量得到的谱图需要通过去卷积方法或者拟合方法进行分析才能得到距离数据。虽然脉冲 EPR 的距离计算较为复杂，但相较于连续波 EPR，脉冲 EPR 的数据处理有 DeerAnalysis、DeerLab 以及基于神经网络的 DeerNet 等成熟的距离计算软件。

③ 距离信息与构象动态变化

PELDOR 等实验提供的距离信息可用于生物大分子的构象动态研究，或作为结构约束用于生物大分子结构的计算模拟。例如，人们通过 SDSL-EPR 技术测定了不同偏向性配体引起的血管紧张素 Ⅱ-1 型受体（AT1R，一种 G 蛋白耦联受体）胞内区域 10 对自旋标记位点间的距离分布变化（如图 25-28），结果表明不同功能组别的配体

图 25-28 基于 PELDOR 实验的距离分布信息用于研究偏向性激动剂引起的 GPCR 构象动态变化
（引自 Wingler L M, et al. Cell, 2019, 176(3): 468-478）

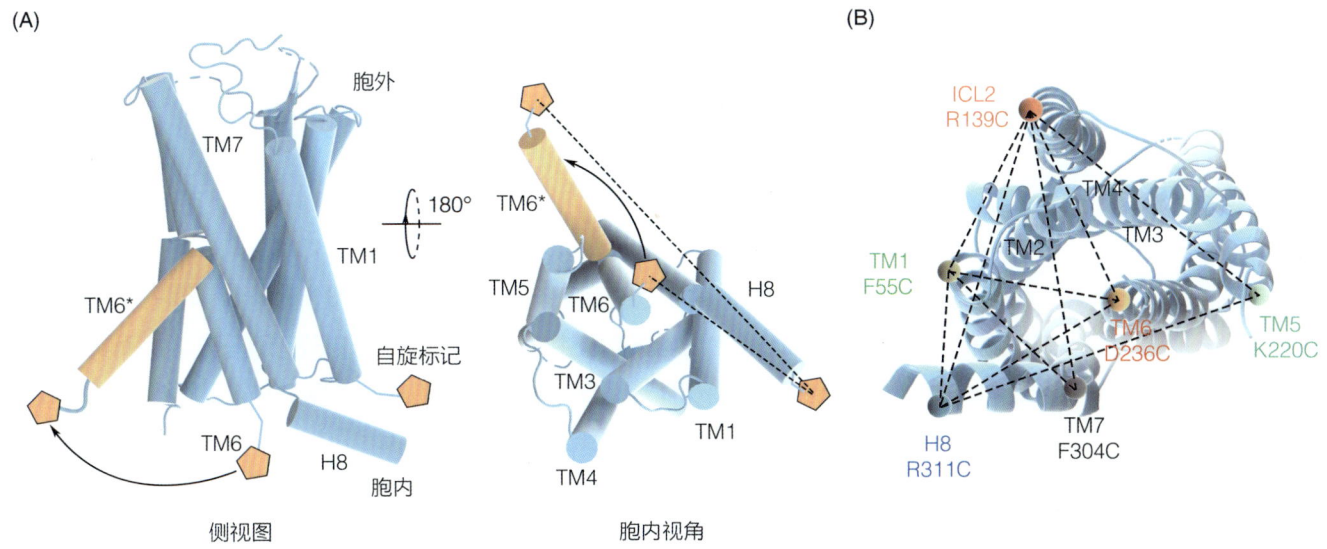

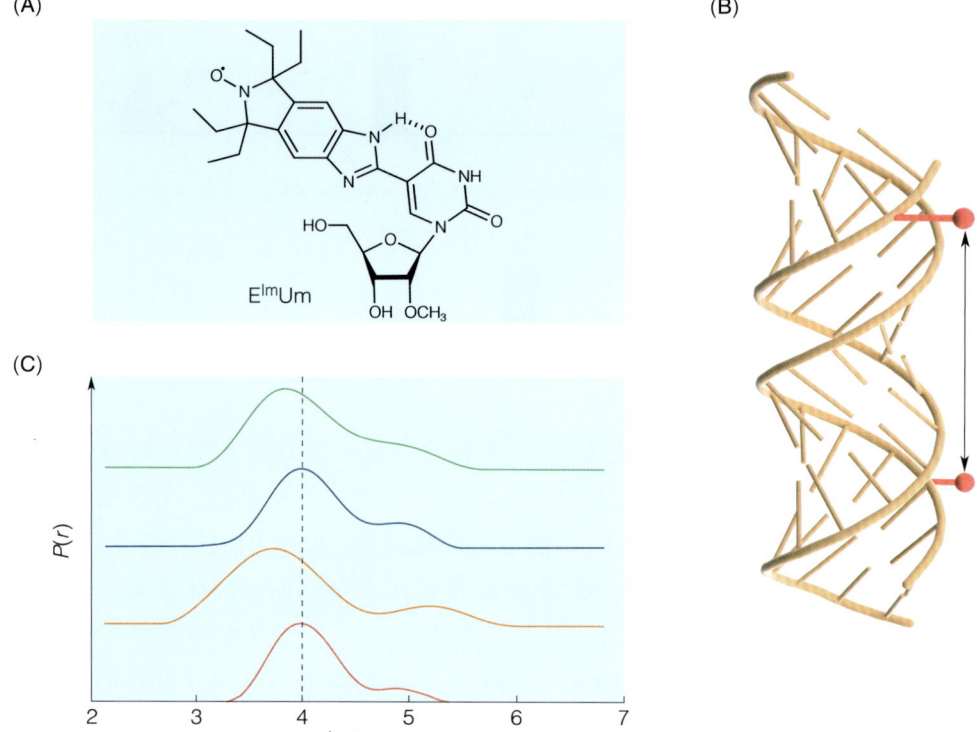

图 25-29 应用 PELDOR 技术开展活细胞内 RNA 结构的研究
（A）新型氮氧自由基探针。（B）双链 RNA 上标记的两个相距 15 个核苷酸的顺磁探针。（C）PELDOR 在缓冲液（红色）、爪蛙卵母细胞内（橙色）、胞质提取物（蓝色）以及 200 mg/mL 溶菌酶溶液（绿色）里测量到的探针间距。（引自 Collauto A, et al. *Angew Chem Int Ed Engl*, 2020, 59(51): 23025-23029）

合对 AT1R 的构象景观产生完全不同的效应。

（3）活细胞 EPR 研究

由于活细胞内环境难以在体外进行复刻模拟，直接在活细胞内原位探索生物大分子的结构和构象动态具有重要意义。谱学方法，包括 NMR 和 EPR 等，由于其非侵入性、无损伤和高选择性等特点，在活细胞原位结构研究中可发挥独特优势。

SDSL-EPR 技术是捕捉细胞内 RNA 结构和动态信息的有力手段。例如，人们将一种未成对电子被四个乙基保护的新型氮氧自由基探针引入一段双链 RNA，并通过显微注射的方法将 RNA 递送至爪蛙卵母细胞内，随后直接开展 PELDOR 实验。结果揭示，相比于体外实验，在爪蛙卵母细胞中，自由基探针间距离分布变近，表明 RNA 的双链结构在活细胞内的拥挤环境下被轻微压缩（图 25-29）。

※ 本章小结

核磁共振和电子自旋共振的发展历程紧密交织，互相促进。其中值得一提的是新兴的动态核极化技术。它通过激发电子自旋共振信号，并将其传递到原子核，从而实现了信号的极大增强。这一技术的出现体现了两种方法之间的紧密关联。与光的吸收和发射现象相比，核磁共振和电子自旋共振具有更长的弛豫时间，从而为方法学开发提供了广阔的空间。磁共振方法博大精深，本章只是介绍了基础知识。感兴趣的读者可以进一步阅读参考文献中的专业书籍。最后，直接测量活细胞内生物大分子的结构和动态是结构生物学的前沿方向，而两种磁共振方法都为胞内测量提供了重要工具，为我们理解生物体内复杂的分子互作及其功能带来了新的视角。

※ 思考题

1. 从微观上看，自旋量子数为 1/2 的原子核在磁场中产生的磁矩总是分布在上下两个锥面上；从宏观上看，大量这样的自旋合成的宏观磁化矢量可以在横向射频场作用下转到 xy 平面上。请描述两个锥面上的微观磁矩如何能够合成为一个在 xy 平面上的宏观磁化矢量。

2. 请画出双自旋体系算符 $\hat{I}_z$、$\hat{I}_x$、$\hat{I}^-\hat{S}^-$ 和 $2\hat{I}_x\hat{S}_z$ 的能级示意图。

3. 假设你用 600 MHz 的核磁仪测量一个 8 kDa 的蛋白质，发现谱峰展宽非常严重，以致于多数谱峰难以清晰地辨认。请问有哪些因素可能导致这种现象？

4. 什么样的生物大分子不适合用无模型分析方法来处理它的弛豫数据？什么方法比较适合这类生物大分子？

5. 请比较核磁共振和电子顺磁共振两种方法的特点以及在应用场景上的区别。

※ 扩展阅读

图书

孔学谦. 固体核磁共振原理 [M]. 北京：高等教育出版社，2023.

苏吉虎，杜江峰. 电子顺磁共振波谱：原理与应用 [M]. 北京：科学出版社，2022.

Abragam A. The principles of nuclear magnetism[M]. Oxford: Oxford University Press, 1961.

Cavanagh J, Fairbrother W J, Palmer A G Ⅲ, et al. Protein NMR spectroscopy: principles and practice[M/OL]. 2nd ed. Amsterdam: Academic Press, 2007.

Kowalewski J, Mäler L. Nuclear spin relaxation in liquids: theory, experiments, and applications[M]. 2nd ed. Boca Raton: CRC Press, 2017.

综述

Claxton D P, Kazmier K, Mishra S, et al. Navigating membrane protein structure, dynamics, and energy landscapes using spin labeling and EPR spectroscopy[J]. Methods Enzymol, 2015, 564:349-387.

Huang K Y, Fang X Y. A review on recent advances in methods for site-directed spin labeling of long RNAs[J]. Int J Biol Macromol, 2023, 239:124244.

Jeschke G. The contribution of modern EPR to structural biology[J]. Emerg Top Life Sci, 2018, 2(1):9-18.

研究论文

Collauto A, von Bülow S, Gophane D B, et al. Compaction of RNA duplexes in the cell[J]. Angew Chem Int Ed Engl, 2020, 59(51):23025-23029.

Wingler L M, Elgeti M, Hilger D, et al. Angiotensin analogs with divergent bias stabilize distinct receptor conformations[J]. Cell, 2019, 176(3):468-478.

26 显微成像

显微成像技术是一种通过放大和增强样本的细节来观察物质微观结构的技术，被广泛用于多个不同的研究领域，包括生物学、医学、材料科学和纳米科技等，是人类理解微观世界的最基本工具和手段。显微成像技术使用各种可见或不可见光波甚至电子波作为基本的探测源，借助透射或扫描成像等多种手段来实现对微观物质结构的成像探测，使人们能够看到肉眼无法观察到的微观世界。本章将首先介绍显微成像技术的一些基本概念，然后介绍两个主要的显微成像手段（光学显微镜和电子显微镜）的基本成像原理和数据分析方法。

26.1 显微成像中的关键原理和概念

光学显微镜主要由光学玻璃透镜构成，是最常见的显微成像技术之一。它使用可见光来照亮样本，并通过透射或反射光来观察样本的细节。传统光学显微镜的最高分辨率通常在几百纳米到几微米之间，超分辨光学显微镜分辨率可达纳米水平，可以用于观察细胞、组织和其它生物样本的结构。光学显微镜具有成本低、易于操作和对样本无损伤等优点，在生物学研究中得到了广泛应用。

电子显微镜是一种使用电子束而不是可见光来观察样本的显微成像技术。电子显微镜分为透射电子显微镜（transmission electron microscope，TEM）和扫描电子显微镜（scanning electron microscope，SEM）两种类型。透射电子显微镜采用穿透样品的电子束来观察样品，用于观察样品的内部结构；借助一定的算法，还可以通过计算展示出样品的三维结构。扫描电子显微镜通过在样品表面进行栅格扫描的电子束来激发信号并形成图像，用于观察样本的表面形貌和元素分布等信息。相对于光学显微镜，电子显微镜具有高分辨率和高放大倍数的优点，可以提供高至原子级或纳米级分辨率的样本结构信息，目前最高分辨率可以达到几十皮米级别，可直接显示出样品中的原子排布，但同时建造成本也非常高。

除了光学和电子显微镜，还有许多其它的显微成像装置和技术。例如，原子力显微镜（AFM）通过探针与样本表面的相互作用来产生图像，可以观察到样本表面的原子尺度形貌和力学相关的性质。荧光显微镜在光学显微镜的基础上利用荧光染料来标记样本中的特定分子或结构，使其在激发光下发射荧光信号，从而观察到样本的分子分布和活动。近场光学显微镜（NSOM）利用纳米尖端和光学探测器的相互作用来产生图像，可以实现亚纳米级别的分辨率。这些显微成像技术各有特点，可以根据不同的需求选择合适的技术。

显微成像技术是生物学和医学研究的必备技术和工具，可以帮助研究细胞和组织的结构与功能，从而促进对生命活动的理解以及疾病的诊断和治疗。随着新技术的不断涌现和不同使用场景下的需求增加，人们发展出了各种不同的显微成像技术。这些成像技术所基于的基本原理千差万别，但又经常存在很多的共同点和相似点。本节将对这些成像技术所涉及的一些共有的基本原理和概念进行简要的介绍。

（1）光路

每一个显微成像系统都是由很多个光学元件组成的。这些光学元件处于光传播的一条通路上，这条通路被称为光路。在大部分的光学系统中，光沿光路的传播是可逆的。光路的可逆性是光学系统的一个重要性质，经常被用于光学系统的原理分析。通常来说光学元件的主光轴都需要与光路对齐或相互平行，两者的偏离会造成系统分辨率的降低。

（2）像与衍射

在大多数情况下，光学系统能够对所观察物体直接成像，反映出物体中组成元素的结构特征和元素间的空间位置关系。而衍射是一种样本结构的间接反映，是像或样本结构的一种空间变换。在显微成像的光学系统中，这种变换可以由傅里叶变换来描述。相应地，由透镜组成的光学系统是一种傅里叶光学系统，从样品的光波出射面（物平面）到像平面，光波中携带的结构信息经历了两次连续的傅里叶正变换。在阿贝成像原理（见图 6-3）中光波从物平面传播到后焦面的过程是一次傅里叶正变换，在后焦面上形成了衍射；光波从后焦面再继续传播到像平面，则经历了另一次傅里叶正变换，在像平面上形成了图像。

（3）傅里叶变换

傅里叶变换是一种数学工具，以法国数学家约瑟夫·傅里叶的名字命名。傅里叶变换被广泛地用于多个不同的工程领域，尤其是信号处理相关领域。傅里叶变换的本质是傅里叶级数展开，其基本思想是把一个原函数展开为一系列给定的基函数的权重和，这里的权重通常被称为傅里叶系数。由于基函数是已知的，那么只要知道这些权重，就可以把原始的复杂函数描述出来。因此傅里叶系数构成了对原函数的一种新的描述方式。傅里叶变换包含正变换和逆变换两种互为逆运算的变换操作。傅里叶正变换是从原函数来求解傅里叶系数的过程。而傅里叶逆变换，就是根据傅里叶系数来复原出原函数的过程。在光学系统中，傅里叶级数中的基函数恰好是平面波的波函数。因此，通过傅里叶变换，我们就可以把样品的像或样品中发出的光转换为一系列平面波函数的权重和。

凸透镜成像的光学过程，恰好也是一个傅里叶变换的过程。处在凸透镜的物平面上的样品发出的光，在经过凸透镜后，被凸透镜按照传播方向来进行了分解（例如，图 6-3 中用红、蓝和绿色箭头描述的光线），在每个方向上分解出来一束沿单一方向传播的平面光，然后这些平面光又被进一步分别会聚在后焦面的不同位置上，形成了衍射图像。这一成像过程与凸透镜的几何光学作图法不谋而合。在作图法中，从样品中发出的相同方向的光，都被会聚到了后焦面上的一个光点上（图 6-3 中后焦面上的红、蓝和绿色圆点）。每个光点和透镜中心点的连线，平行于从样品中发出的这束光的传播方向。衍射图像上的每一个光点上的波函数都可以被认为是一个傅里叶系数。这个光点到衍射图像的中心点的距离被称为空间频率，通过布拉格散射定律的推导，可知其单位为长度的倒数。结合几何作图法来看（图 6-3），这个空间频率实际上对应于相应的光从样品中发出时的散射角。每个衍射图像都有一个中心原点，对应于后焦平面和主光轴的交点。从后焦面上发出的光，继续往前传播并且干涉叠加，最终在像平面上生成物体的像，这一过程又是一个傅里叶正变换的过程。由于经历了两次傅里叶正变换，单个玻璃凸透镜会成一幅倒立的像。这里需要特别解释的是，如果图像经历一次正变换和一次逆变换，傅里叶变换是可以完全复原出图像原貌的，而不是成倒立的关系。傅里叶正变换和逆变换在物理含义和数学上几乎是完全一样的，其差别仅仅是坐标方向上的正负反转。因此，在很多分析过程中，经常把由傅里叶变换联系的两个空间互相考虑为对方的傅里叶空间，而忽略坐标方向上的差异。

在凸透镜成像的过程中，凸透镜的功能就像一台计算机，以光速来把描述物体的函数进行傅里叶变换。同时，人们也可以在光路中加入诸如光阑和相位板等光学器件，来对傅里叶变换后得到的信号进行干预，以影响最终的成像效果。由于凸透镜成像和傅里叶变换的等效性，人们也可以在计算机中实现这些操作，进而以更加灵巧的方式，依托傅里叶变换的基本性质，对图像中的信号进行分析和处理。

（4）波函数、像强度与功率谱

波函数是量子力学中的一个基本概念。在上述的光学系统概念描述中，所有光波都可以用波函数来描述。波函数是一个复数函数，与时间无关的波函数被称为定态波函数，其一般形式是 $\psi(r) = A(r)e^{i\varphi(r)}$，其中 $A(r)$ 是波振幅，$\varphi(r)$ 是波相位，i 是虚数单位，r 是空间位置坐标。显微成像过程是不随时间变化的，仅仅是空间位置的函数，因此，成像过程一般可用定态波函数来描述。在图像的观察中，所有的探测器，包括荧光屏和我们的眼睛，都只能探测到光波（可见光波或电子波）波函数的强度 $I(r) = |\psi(r)|^2 = \psi(r)\psi^*(r) = A^2(r)$。在这个强度公式中可以看到，相位部分 $e^{i\varphi(r)}$ 是无法被探测到的，也就是说，在探测过程中被丢掉了。所以，我们在显微镜中观察到的图像或者衍射都是波函数的强度信息。根据波粒二象性原理，波函数的强度反映了粒子（光子或电子）在空间位置 r 出现的概率密度。对应于图像中观测到的波函数强度，称为像强度，正比于每个位置上出现的电子个数。在使用傅里叶变换的数学分析中，对一幅图像做傅里叶变换得到的傅里叶空间图像，也是一个复函数图像，可对其中复数像素的振幅（强度）和相位进行分析；计算其强度得到的频域图像被称为功率谱。功率谱反映了图像的傅里叶空间中不同位置上的信号强度，是分析信噪比和图像分辨率等图像信息的常用工具。

（5）分辨率

分辨率是显微镜最核心的性能指标。分辨率的定义为光学系统能区分的最近的两个点之间的距离。尽管这一定义适用于所有的光学成像系统，但对不同的系统来讲，实际分辨率的估计方法经常是不同的。对于以透镜为主体的光学显微镜来讲，透镜系统都是有一定尺寸的，也就是说光在系统中的传播是受到一个通光孔径大小的限制的，这样的系统被称为衍射受限系统。这样的限制给成像系统引入了一个点扩展函数，使得即使是在不考虑成像系统的各种像差的最理想情况下，一个无穷小的点在成像后都会被展宽成一个中心亮斑和周围环绕的同心圆环（图 26-1）。当两个相邻小点分别被展宽后就可能融合在一起，而变得无法区分。瑞利判据定义了衍射受限系统所能达到的分辨率极限，其具体形式是 $0.61\lambda/NA$，其中 λ 表示光波的波长，NA 表示光学系统或物镜的数值孔径。数值孔径 $NA = n\sin\alpha$ 与光折射介质的折射率 n 和物镜的孔径角 α 有关。对于光学显微镜来讲，可见光的波长通常在 400~800 nm 范围内，根据瑞利判据得到的极限分辨率通常在 200 nm 左右。而对于电子显微镜，其波长为几皮米，由瑞利判据得到的分辨率极限远高于实际所能达到的分辨率，因此，目前电子显微镜的分辨率限制因素主要与光源相干性、透镜像差、样品本身的性质甚至是原子的热振动幅度有关。不依赖透镜成像的扫描电子成像方式主要依赖于电子探针的尺寸以及样品本身的性质等因素。

（6）点扩展函数

影响分辨率的许多因素，本质上都可以被视为一种点扩展函数的作用。点扩展函

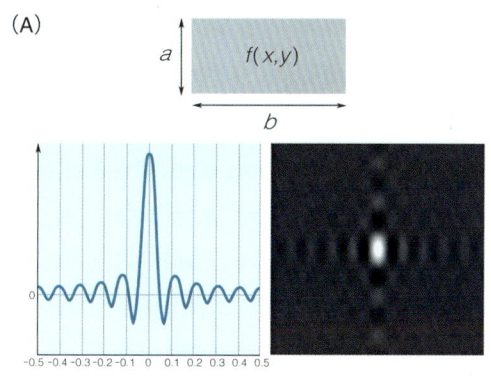

图 26-1　一个矩形和圆形孔径光阑函数的傅里叶变换

（A）一个长宽各为 10 和 20 个单位长度的矩形窗口函数 $f(x,y)$ 及其傅里叶变换 $F(u,v)$。（B）一个直径为 10 个长度单位的圆形窗口函数 $f(x,y)$ 及其傅里叶变换 $F(u,v)$。下方的傅里叶变换图中展示了 $F(u,v)$ 函数的图像全貌（右），以及过图像中心的截线上的函数变化（左）。如果考虑矩形和圆形窗口 $f(x,y)$ 为频域的滤波窗口，那么 $F(u,v)$ 就是图像域的点扩展函数。图的最下方给出了 $F(u,v)$ 函数的具体函数解析表达式，其中 J_1 表示一阶贝塞尔函数。从图中可以看出，两个函数曲线中主极大峰附近的第一个零点位置的 x 轴坐标的倒数等于这个方向上物体函数的宽度，体现了物体的实空间尺寸和傅里叶空间尺寸的倒数关系。

数不仅在光学系统中，而且在各种信号传输系统中，都是一个关键元素和重要的数学工具，其被用于描述信号在传输过程中的衰减和失真情况。在图像的分析中，点扩展函数可以理解为一个理想的无限小的点经过成像系统后被扩展成一个光斑，对这个光斑的函数表述被称为这个成像体系的点扩展函数。这种扩展的直接结果是图像变得模糊。这就像我们通过一块毛玻璃或戴着不合适的眼镜去观察一些小光点，原本很锐利的小光点都变成了一个个的光斑，导致无法清晰地分辨这些小光点中蕴藏的细节，同时靠得很近的光斑会融合在一起，变得无法区分。从数学上讲，点扩展是一种卷积操作，通常是结合傅里叶变换的卷积定理来进行描述和应用的（知识窗 26-1）。依据卷积定理，对一个图像信号在频域中施加一个滤波操作（该操作由一个滤波函数

知识窗 26-1

卷积与点扩展

卷积是在工程应用和数学分析中的一个重要的函数间运算，反映了一个函数对另外一个函数的逐点扩展操作。在使用傅里叶变换的场景下，卷积经常和乘积相对应，二者之间的关系由卷积定理来描述。卷积定理描述了两个函数乘积的傅里叶变换等于分别对这两个函数进行傅立叶变换之后的卷积，即 $\mathcal{F}[f(x)*g(x)] = \mathcal{F}[f(x)] \otimes \mathcal{F}[g(x)]$，其中符号 $\otimes$ 表示卷积运算。或者说，对两个函数的乘积运算等同于在傅里叶空间中对这两个函数的傅里叶变换进行了卷积操作，反之亦然。人们经常借助傅里叶变换来把复杂的卷积操作转化为简单的乘积操作。通过这个性质，在某个空间（实空间或傅里叶空间）的点扩展可以理解为其相应傅里叶变换后的空间中的乘积操作，从而降低计算复杂度。

定义），等价于对这幅图像上的每一个点施加一个点扩展函数的影响。这里的点扩展函数由滤波函数的傅里叶变换函数所定义。我们前面在讨论分辨率时所提到的衍射受限系统，就可以理解为光学系统在衍射空间中受到一个孔径光阑（可理解为一种滤波函数）的影响，造成了高分辨率信号的衰减；而这个孔径光阑（图26-1B）在图像空间中表现为一个点扩展函数，导致了图像的模糊，或者说分辨率的降低。

（7）采样定理与尼奎斯特频率

由于成像中图像采集所用的相机是由一系列检测单元构成的，每一个检测单元的信号被记录为一个像素点，因而图像数据一般是用一个二维（也可以是多维的，如三维、四维和五维等，其中空间、时间、不同信号通道等都可以作为一个额外的维度）的像素点阵来进行存储的。因为原始图像是连续信号，而图像数据是仅包含有限个像素点的离散信息，这意味着在图像采集的过程中，相机对显微镜所产生的图像信号进行了离散化采样。而采样的精细程度决定了能够保留的图像信息的多少。打个比方，如果我们用一幅只有 10×10 个像素点的图像来记录一个人的头像，那么人的眼睛和鼻子可能是模糊的，甚至是融合在一起无法区分的。而如果我们改用 10 000×10 000 个像素点来存储这幅图像，则可能会精细到每一根头发丝都可以被清晰地记录和区分出来。从这里可以看出，图像的采样率实际上决定了一幅图像所能记录到的图像信号的精细程度，或者说决定了图像所能包含的信息的最高分辨率。采样率和最高分辨率之间的关系可以用尼奎斯特 - 香农采样定理来进行说明。我们可以直观地描述采样定理为：为了完整地记录图像中的所有信号，采样频率需要大于图像中最高信号频率的两倍。如果用像素尺寸（采样的间隔）来定义采样频率，那么图像所能记录的图像信号的最高分辨率是像素尺寸的两倍。这个图像信号的最高分辨率对应的空间频率，也被称为尼奎斯特频率。形象一点地说，如果一幅图像的像素尺寸是 1 μm，那么这幅图像所能存储信息的最高分辨率就是 2 μm。这里的尼奎斯特频率对应于 2 μm 的分辨率。

图 26-2　胡克的显微镜
（经 Science Photo Library 授权使用）

26.2　光学显微技术

光学显微成像技术是基于光学原理，对样本的影像进行放大以便于观察其细微结构的一类技术。根据普遍接受的说法，首个光学显微镜诞生于1590年，其发明者为两位荷兰籍眼镜制造者汉斯·扬森（Hans Janssen，生卒年份未详）与扎哈里亚斯·扬森（Zacharias Janssen，生卒年份未详）。他们将两个镜片置于同一镜筒之中，成功构造出了该装置。英国人罗伯特·胡克（Robert Hooke，1635—1703）对显微镜基础设计作出了改进，增加了一些部件，如放置样品的载物台、照明系统以及粗动和微动调焦机构（图26-2）。大约在1670年，荷兰人安东尼·范·列文虎克（Antony van Leeuwenhoek，1632—1723）发明了一个简单的可放大

200 倍的显微镜（图 26-3），并首次实现了对单细胞包括细菌、原生动物、肌肉细胞和精子的观测。这些部件经过不断改进，已成为现代光学显微镜的基本组成部分。显微镜结构的不断进步带动了光学显微成像的发展。围绕提高对比度和分辨率，出现了明场、暗场、相差、微分干涉相差、共聚焦、全内反射显微技术以及近几年快速发展的超高分辨显微技术等。本节将围绕以上技术进行简要的介绍。

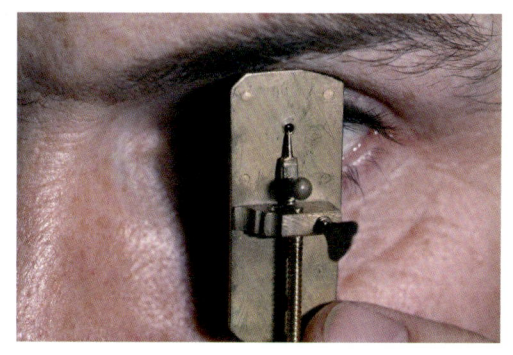

图 26-3　列文虎克的显微镜
（经 Science Photo Library 授权使用）

26.2.1　透射光学显微技术

明场显微技术是最基础的光学显微镜技术（图 26-4A）。会聚并透过样品的照射光会被样品吸收一部分，从而在亮背景下形成暗图像，并被投影到胶片或相机上成像。明场显微成像的对比度源自于样品对于透射光的吸收。而生物样品由于对于光吸收能力较弱，通常对比度较差，因此需要通过染色来增加对比度。明场显微成像常应用于常规镜检、病理和染色标本。

暗场显微成像是利用小物体对于光的散射和衍射来提高成像对比度的光学显微镜技术（图 26-4B）。该技术利用遮挡透过标本的直射光，实现斜射照明，以利用散射光和衍射光来观察标本，形成暗背景下明亮的样品成像。主要适用于能够发生光散射和衍射的样品和聚合物，如硅藻，细菌的鞭毛、纤毛，微丝，微管等。为了遮挡透过样品的直射光，暗场显微成像时所用物镜的数值孔径要小于聚光镜的数值孔径，导致其分辨率下降。因此暗场显微技术是通过牺牲空间分辨率来提高其对比度的。

偏光显微成像的工作原理基于光的偏振现象（图 26-4C）。当光通过偏光片时，只有与偏光片振动方向相同的光能够通过。偏光显微镜含两个偏光片，一个在聚光镜中，用于产生偏振光，被称为起偏器；一个在样品和目镜之间，用于检测通过样品后光的偏振，被称为检偏器。通常情况下，起偏器和检偏器的偏振方向相互垂直，只有经过样品后偏振方向发生变化的透射光才能通过检偏器从而被检测到，而偏振方向不变的光线则都会被检偏器挡住，提供暗背景。通常来说，分子规律排布产生的结构才能显著影响光的偏振。因此，偏光显微镜特别适合用于检测有序的细胞和亚细胞结构，如细胞分裂过程中的纺锤体纤维、植物细胞中淀粉和木质素的聚合物、细胞膜的脂质双分子层等。

相差显微成像的原理是利用光透过样品后产生的相位差异来进行成像（图 26-4D）。由于光在介质中的波长与介质的折射率之间存在反比关系。当光透过不同折射率的样品或不同厚度的样品时，即便其传播距离相同，光的相位也会发生微小变化。而相差显微技术通过在光路中引入相位调制器，增强这些微小的相位差异，将其转变为可视光强的明暗变化，从而提高样品细节的对比度。荷兰科学家弗里茨·塞尔尼克（Frits Zernike，1888—1966）于 1930 年发明了相差显微镜，并因此荣获了 1953 年诺贝尔物理学奖。相差显微镜技术实现了对无标记的活细胞以及未经染色的生物标本中亚细胞

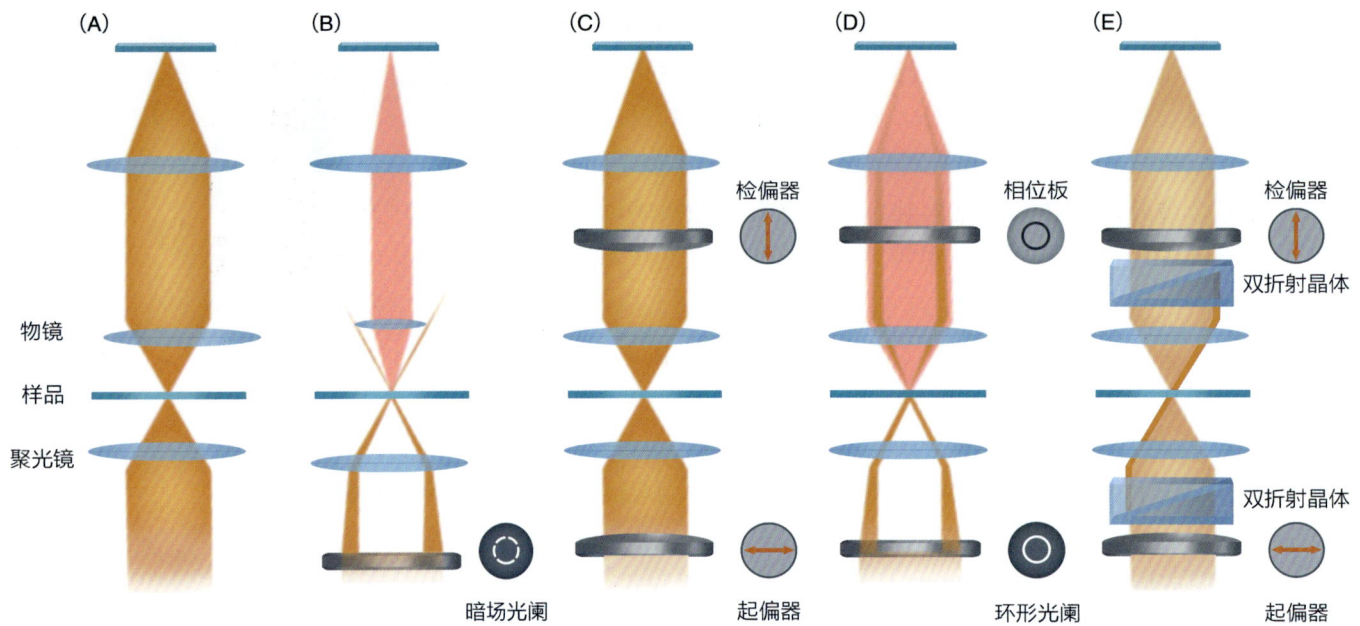

图 26-4 代表性光学显微镜技术原理示意图
（A）明场显微技术，利用透过样品的照射光进行成像。（B）暗场显微技术，其中透过样品的照射光（橙色）被遮挡，而利用散射光和衍射光（粉色）进行成像。（C）偏光显微技术，照射光通过起偏器后再照射在样品上，而透过样品的照射光需经过检偏器后再进行成像。（D）相差显微技术，透射光（橙色）和衍射/散射光（粉色）存在相位差，通过相位板增强这些微小的相位差异，从而进行成像。（E）微分干涉相差显微技术，利用起偏器和双折射晶体将入射光分成在空间位置上细微偏移的两束振动方向相互垂直的线偏振光（浅橙色和深橙色），并利用双折射晶体和检偏器增强通过样品后这两束光之间的相位差，从而进行成像。

结构的微观观察，该技术在生物学研究中扮演了极为关键的角色。

微分干涉相差显微成像是利用偏振光的干涉效应，将待测样本中的微小厚度差异，转化为明暗对比度的差异，进而提升其视觉对比度以及立体感观的光学显微成像技术（图 26-4E）。在相差显微镜的基础上，1952 年波兰科学家乔治·诺马尔斯基（Georges Nomarski，1919—1997）发明了微分干涉相差显微镜。其原理是利用光学器件将入射光分成两束振动方向相互垂直的线偏振光。在经过样品的过程中，这两束线偏振光之间存在空间位置的细微偏移。当它们通过样品的折射率不一致时，会导致这两束光之间存在光程差和相位差，并通过干涉作用以信号强度的不同显现，从而提供样品精细结构的信息。据此可知，微分干涉显微术能够生成一种高对比度且展示样品结构的立体影像，其所产生的图像在立体感方面相较于相差显微镜更强。

26.2.2 荧光显微技术

荧光显微技术利用荧光现象来观察和研究样本，在生物学、医学、化学、材料科学和环境科学等领域中有广泛应用。在进行荧光显微成像前，通常使用染色或荧光蛋白融合等方法对目标分子或细胞结构进行特异性标记。随后利用特定波长的光源激发目标荧光团并采集激发产生的荧光信号，从而获得目标分子和细胞结构的位置、组成和相应动态等信息。由此可见，荧光显微技术是从分子层面研究细胞和亚细胞结构和动态的重要技术手段，被广泛用于观测细胞的分裂、信号转导和细胞凋亡等重要生物过程。

荧光显微镜的常用激发光源有汞灯、氙灯、金属卤素灯、发光二极管（LED）和激光。激光具有高功率密度、单色性、高方向性和相干性等特点，是高灵敏度和高分辨率的荧光显微镜的主要光源。在大多数利用激光的荧光显微镜中，物镜不仅采集样品发出的荧光从而进行显微成像，同时也将激光会聚以激发样品。此时物镜行使着成像物镜和照明聚光镜双重功能。

在荧光显微镜的激发光路和荧光检测光路中，通常都安装有滤光片。激发光路中的滤光片使得特定波长范围的激发光照射到样品上，减少光毒性和对发射荧光的干扰；而检测光路中的滤光片是要将强度远高于荧光的激发光过滤掉，并尽量减小不同波长荧光团之间的信号串扰。此外，在物镜后方还有二向色镜，用于反射短波长的激发光，并透过长波长的荧光，从而将激发光路和荧光检测光路分开。测量中需要基于待测荧光团的吸收光谱和发射光谱选取合适的二向色镜和滤光片，通常一起安装在滤光块中，置于物镜之后（图 26-5A、B）。

荧光显微技术有两种主要的成像方式，分别是点扫描成像和面成像，其代表分别是激光扫描共聚焦显微镜和宽场荧光显微镜（图 26-5C、D）。激光扫描共聚焦显微镜利用聚焦激光激发待测样品中百纳米到微米尺度的一个很小的区域，并利用光电二极管（photodiode）或光电倍增管（photomultiplier tube，PMT）等点检测器捕捉样品中这一小区域发出的荧光信号；通过扫描聚焦光束顺序激发并采集待测样品不同区域的荧光信号，从而重构出样品的二维甚至三维荧光图像。宽场荧光显微镜通过采用平行光线，以较为均匀的方式激发样品中从百微米至毫米尺度的广泛区域，结合电荷耦合

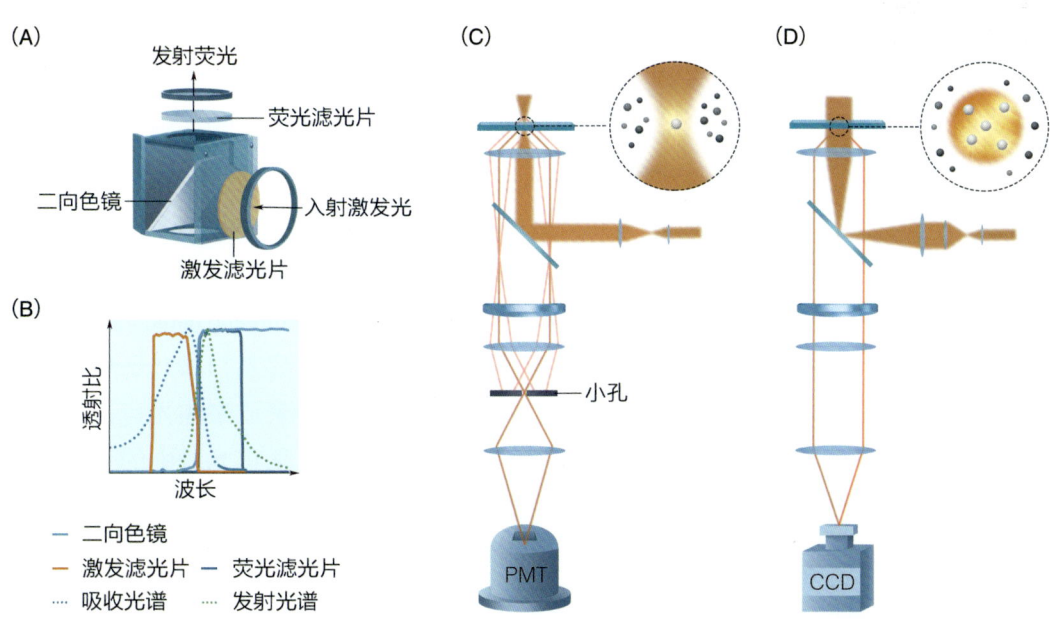

图 26-5 荧光显微滤镜组合光路示意图

（A）荧光滤光片块示意图。其中包含激发滤光片、荧光滤光片和二向色镜。（B）基于荧光团的吸收光谱和发射光谱，选取合适的滤光片和二向色镜。（C）激光扫描共聚焦显微镜原理示意图。其中小孔与焦点相互共轭，即焦点内发出的荧光（橙色）可以大部分通过小孔并被探测器检测到，而非焦点发出的荧光（粉色）则大部分不能通过小孔。这一设计减少了非焦点区域带来的干扰信号，提高了图像分辨率和信噪比。（D）宽场荧光显微镜原理示意图。在显微镜示意图中，光源均从图的右方入射，照亮处于上方的样品，荧光信号被处于下方检测器（PMT 或 CCD）捕捉。

器件（charge-coupled device，CCD）或互补金属氧化物半导体（complementary metal oxide semiconductor，CMOS）等相机直接采集二维荧光图像。在此基础上，通过物镜和待测样品的相对移动，采集不同焦平面下的二维图像并重构得到样品的三维图像。

激光扫描共聚焦显微镜的优势在于其在检测光路中装有与激发焦点共轭的小孔（图 26-5C），能够减少非焦点区域带来的干扰信号。因此其图像分辨率和信噪比均比宽场显微镜更好，但缺点是成像时间更长且成本相对较高。

在激光扫描共聚焦显微镜的基础上，发展出了具有更高的扫描和成像速率的转盘式共聚焦显微镜，更适合研究活细胞及其内部动态过程。转盘式共聚焦显微镜大多采用的是双转盘共聚焦系统，即一个包含大量微透镜的转盘和一个包含大量针孔的转盘。两个转盘之间的微透镜和针孔都是一一对应的。通过高速旋转转盘，实现多点同步扫描，不仅大大提高了采集速度，也意味着可以使用高量子产率的面阵相机取代 PMT，从而降低激发光功率，减少对样品的光漂白和光损伤。

26.2.3 超分辨荧光显微技术

德国物理学家恩斯特·阿贝（Ernst Abbe，1840—1905）曾经指出，由于受光学衍射极限的影响，传统光学显微成像的分辨率约为入射光波长的一半。因此，科学家们一直在不断努力，试图寻找突破光学显微成像分辨极限的方法。最近二十年以来，超分辨率显微技术打破了光学衍射极限，将生物荧光显微成像分辨率提高到纳米级的亚细胞器和大分子尺度。有科学家甚至把超分辨显微镜叫做"显纳镜"（nanoscope）。这一系列的先进超分辨荧光显微技术，在前沿科学研究中得到了广泛地应用，促进了生命科学研究的快速发展。

光学显微成像系统的点扩展函数决定了其空间分辨率。在成像系统中，当两个点靠得太近，使其间距小于扩展函数时，它们就不能被分辨。因此，可以从两个方向入手实现超分辨：对点扩展函数进行调制，使其变得更小；让两个靠近的点不同时发光。

（1）受激辐射损耗超分辨技术

受激辐射损耗（stimulated emission depletion，STED）是一种典型的超分辨技术。在激光扫描共聚焦显微技术中，激发光通过物镜后，会聚成聚焦光斑，可由仪器的点扩展函数所描述。位于聚焦光斑中的荧光分子可被激发至激发态。激发态分子在回到基态的过程中，可发出被检测到的荧光信号（图 26-6）。

此时，若在聚焦光斑周边产生一个环形光（图 26-6

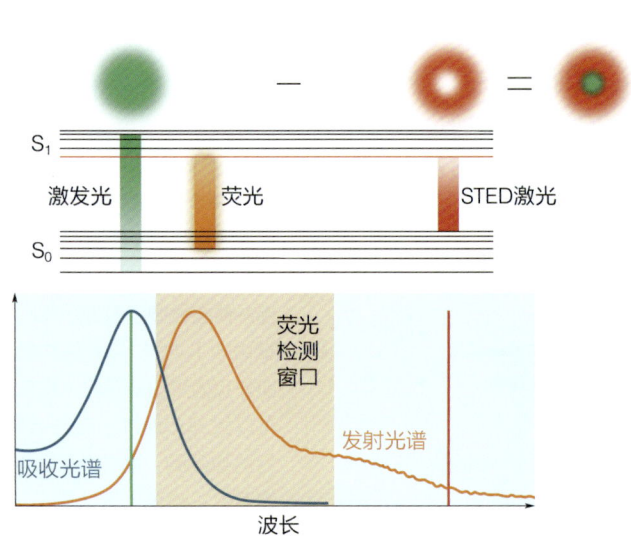

图 26-6 STED 成像的基本原理示意图

其中激发光（绿色）经过物镜后会聚成聚焦光斑，而 STED 激光（红色）环绕该聚焦光斑，并在光斑外围与之重叠。这种设计使得位于激发光斑外围的分子在 STED 激光的作用下返回基态，并释放出波长处于荧光检测窗口之外的光子。这一过程导致聚焦光斑外围分子产生的荧光强度显著减弱。相比之下，由于聚焦光斑中心的分子受到的 STED 激光影响较小，其荧光强度所受影响不大。因此，最终检测到的荧光区域缩小，即有效激发区域减小，从而提高了成像的分辨率。

中 STED 激光），且环形光的光强足以显著促使处于激发态的荧光分子发生受激辐射过程，即处于激发态的荧光分子在 STED 激光光子的激励下，会回归至基态，并在此过程中释放一个与 STED 激光光子特征相同的光子。受激辐射所产生的光子波长与 STED 激光的波长一致，其分布极为狭窄。而荧光光子波长分布则显得较为宽广。基于这一差异，通过选用适当的滤光片，可以有效地滤除由受激辐射产生的光子，进而专门收集源自激发场中心区域的荧光信号。基于上述原理，激发光源与环形 STED 激光相结合产生的有效点扩展函数会变得更窄，这意味着有效激发区域变小，从而使得成像的分辨率得以提高。

在 STED 成像技术中，有效点扩展函数取决于激发光的点扩展函数被 STED 环形光所擦除的程度（即擦除后剩余的区域大小）。因此，该技术的分辨率可表达为

$$d = \frac{0.61\lambda}{\text{NA}\sqrt{1+I_{\text{STED}}/I_{\text{s}}}}。$$

其中，I_{STED} 代表 STED 光功率，I_{s} 是饱和功率，λ 是激发光的波长，NA 是物镜的数值孔径。

（2）单分子定位超分辨技术

单分子定位显微技术（single-molecule localization microscopy，SMLM）是另一类主流荧光超分辨技术，又包括光激活定位显微成像技术（photo-activated localization microscopy，PALM）、随机光学重构显微成像技术（stochastic optical reconstruction microscopy，STORM）、点积累纳米成像显微技术（point accumulation for imaging in nanoscale topography，PAINT）等。上面我们提到，当两个或多个荧光点之间的距离小于点扩展函数时，它们就不能被分辨。而单分子定位显微技术都采用了相同的基本原理，即避免荧光分子处于持续发光状态，而是通过各种手段调节荧光分子在发光状态（亮态）和不发光状态（暗态）之间转变。使得在任意成像时刻，点扩展函数范围内一般只有一个处于发光状态的荧光分子，以完成对这个发光分子的精准定位。当大部分荧光分子都历经亮暗态转变，并被定位后，会得到以定位精度为"分辨率"的图像（图 26-7）。而对单个荧光分子的定位精度可以近似估算为

$$d = \frac{0.61\lambda}{\text{NA}\sqrt{N}},$$

其中，N 是为进行分子定位所采集到的光子数。如果原始点扩展函数是 300 nm，采集到的光子数是 900 个，则理论上可以提升 30 倍的分辨率，达到 10 nm 的定位精度。在实际应用中，定位精度还受到像素尺寸（采样间隔）、相机和背景噪声等因素的影响［见式（27-1）］。

在单分子定位超分辨技术中，考虑到尼奎斯特 - 香农采样定理，要想达到 10 nm 的分辨率，就需要至少 5 nm 的采样间隔，也就是每间隔 5 nm 标记有一个

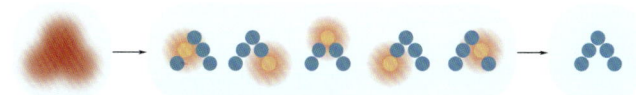

图 26-7 基于随机单分子定位的 SMLM 超分辨原理图
当多个荧光点之间的距离小于成像系统的光学衍射极限时，它们将无法被分辨，只能产生一个模糊的像。而 SMLM 技术通过调节荧光分子在亮态和暗态之间的转变，使得在光学衍射极限内只有一个处于发光状态的荧光分子，并完成对这个发光分子的精准定位。通过多轮循环，使得大部分荧光分子被定位并进行累积从而得到超分辨图像。

荧光分子。因此，需要"密集标记、稀疏定位"。这对于"每次成像，在一个点扩展函数范围内只有一个分子发光"提出了很大挑战。

（3）结构光照明显微技术

回顾本章26.1节的内容，图像分辨率的本质源于成像系统的所获取的图像为样本真实的像与点扩展函数经卷积的结果，而这一卷积过程会导致图像模糊和失真。点扩展函数的傅里叶变换是光学传递函数（optical transfer function，OTF）。用频域的语言描述，光学显微镜是一个低通滤波器，在光学传递函数通带以外的高频细节无法通过该系统进行观察，因而限制了成像系统的分辨率。

结构光超分辨技术（structure illumination microscopy，SIM）利用结构光照明激发样品，可以将原先处于高频区域的样品精细结构，通过频域搬移的原理将其移动到低频，从而实现超分辨成像。这在频域上可以解释为：当用频率为f_1的结构光照明包含高频信息f_0的样品时，将产生f_0-f_1和f_0+f_1两个混频。其中，f_0-f_1是一个低频信号，可以被光学显微系统观测到。因此，当成像系统的光学传递函数截止频率为$f_{cut-off}$时，利用频率为f_1的结构光照明，可以把原来处于$f_{cut-off}+f_1$频率上的高频信息搬移到可观测频域$f_{cut-off}$内。实际应用中，结构光超分辨技术一般可以将空间分辨率提高2倍。如果在结构光照明中引入非线性效应，可以进一步提升f_1从而提高空间分辨率，代表性的非线性结构光技术有饱和结构照明显微技术（saturated SIM）和非线性结构照明显微技术（nonlinear SIM）。

实际应用中，通过分解高频和低频信息，并把相应的高频信息搬到正确的位置，就可以恢复样品的高频部分，从而实现超分辨成像。由于结构光超分辨技术依赖频域移动和计算实现超分辨，因此它需要对照明条纹的方向、频率进行准确量化，并严格分离低频和高频信息，否则容易出现计算带来的伪影。

（4）小结

从以上的介绍中可以看到，超分辨显微成像的一个思路是从另一个维度引入"距离"，从而分辨空间距离在光学衍射极限内的分子。在单分子定位超分辨技术中，通过引入时间调制，让两个近距离的分子在不同时间发光，分别实现精准空间定位。可以理解为在时间维度上增加"距离"，使它们不再重叠。在受激辐射损耗超分辨技术中，通过引入光谱调制，让两个近距离的分子一个发出荧光（自发辐射），一个发出STED光（受激辐射）。所发光的波长不同，从而在光谱上增加"距离"，实现两者的区分。

应当注意到，在不同的应用中，对空间分辨率和时间分辨率的需求是不同的。需要累积成像的单分子定位技术虽然具有极高的空间分辨率，但因为时间分辨率不足，难以应用于活细胞成像。而结构光等技术虽然空间分辨率只有约100 nm，但得益于其较高的时间分辨率，适合需要高速成像的应用。目前还有更多的超分辨成像技术被不断开发出来（知识窗26-2）。

知识窗 26-2

前沿超分辨成像技术

MINFLUX（minimal photon fluxes，最小光子通量显微成像）是一种将单分子定位与 STED 中的环形光结合，实现高空间定位精度、低光强激发的超分辨技术。MINFLUX 通过一个环形激发光，利用"光强越强，分子越偏离中心"的概念，通过在一个分子周围进行 3~4 次不同位置的环形光照明，仅需少量光子即可精确计算出分子的位置，实现 1 nm 的空间定位精度。

ROSE（repetitive optical selective exposure，重复光学选择定位成像）是将单分子定位与网格状结构光照明相结合的技术，可以大幅提升可定位的分子数和分辨率，实现高通量、高精度单分子定位成像与单分子追踪。

偏振结构光技术利用偏振激发，在获得空间超分辨信息的同时，提取样品中荧光分子的偶极取向，从而揭示被标记分子的空间取向信息。

图像扫描显微术（image scanning microscopy）的超分辨技术，是在激光扫描共聚焦显微术的基础之上，采用面阵探测器取代单点探测器，并融合虚拟数字针孔技术，借助于像素重定位及解卷积图像重构算法，从而将传统共聚焦显微技术的空间分辨率提高一倍。

基于荧光分子随机涨落的超分辨成像技术，包括超分辨光学涨落成像（super-resolution optical fluctuation imaging，SOFI）、荧光闪烁与漂白的贝叶斯分析技术（Bayesian analysis of blinking and bleaching）等，通过统计荧光分子的发光涨落特性实现对荧光分子的超分辨成像。与单分子定位超分辨技术相比，它不需要严格的单分子态（即在一个点扩展函数范围内只有一个分子发光），只需要荧光分子具有涨落发光特性，即每个分子的荧光强度随时间波动变化。因此其光学系统简单，且可以做到更高的采样速度和时间分辨率。

膨胀显微技术（expansion microscopy），通过化学处理将样品等比例膨胀放大，从而在相同的光学成像系统中，获得高数倍的等效分辨率。

26.3 冷冻透射电子显微学技术

冷冻透射电子显微学技术，简称为冷冻电镜技术，经过最近十年左右的快速发展，分辨率获得了突破性的提高，达到近原子甚至原子分辨率水平。该技术对于生物大分子复合物的结构解析分辨率已经与蛋白质晶体学技术相当。高分辨率的实现使冷冻电镜成为结构生物学领域中至关重要的生物大分子结构解析工具。

冷冻电镜的光学结构和成像原理与光学显微镜非常相似，都是利用物镜将穿透样品的光进行成像，并结合利用物镜凸透镜成像的光学原理对图像衬度进行干预。但是，冷冻电镜采用了波长更短的电子束作为光源以及使用存在较大像差的磁透镜作为成像的基本原件，在具体的成像衬度控制和图像分析方法上又和光学显微镜有显著的差异。本节将在前面第 6 章和本章前几节显微镜成像原理的基础上，深入介绍冷冻电镜成像的基本原理、图像分析和生物大分子结构解析的基本原理。

26.3.1 相位衬度成像与衬度传递函数以及成像参数的测量

相位衬度成像是冷冻电镜生物样品成像的最基本方法，而衬度传递函数是相位衬度成像的核心。相位衬度成像过程利用衬度传递函数实现了把样品出射波函数中携带的结构信息转换为图像衬度的过程。这一转换过程并不是简单直接的，衬度传递函数会受到多种光学系统参数的影响，并进而对图像衬度的形成产生影响。在实际应用中，人们多是通过调整衬度传递函数中的光学参数，主要是离焦值，来实现特定的成像衬度目标。在这一过程中，图像的衬度并不一定能够直接反映样品的结构。因此，在相位衬度成像完成之后，还需要借助一定的图像处理手段来消除衬度传递函数对结构信息的影响，从图像中恢复出真实完整的结构信息。

本节将介绍相位衬度成像和衬度传递函数的基本数学原理，并在此基础上阐述衬度传递函数的基本性质及其对图像衬度的影响，以及衬度传递函数测量和修正的基本思路和方法。

26.3.1.1 相位衬度成像的基本原理

在透射电镜中，相位衬度成像是通过物镜来实现的，相应的成像过程可以用凸透镜的成像过程来描述。当一束电子波穿过样品之后，在样品的出射面上形成出射波，然后经历物镜的成像作用，最后在像平面上形成图像（图26-8）。在这里，物体对入射波所施加的影响通常用一个透射函数 $q(r)$ 来描述，也被称为像光栅函数。当一束沿主光轴入射的均匀平行光（简单地考虑为波振幅为1且到达样品入射面时相位为0的均匀平面波）穿过样品后，受到物体透射函数的影响，在物体出射面上形成出射波 $q(r)$，其中 r 表示垂直于主光轴的出射面上的位置坐标。根据阿贝成像原理，出射波到达后焦面形成衍射波 $Q(u)$，继续传播到像平面形成像面波 $\psi(r)$。衍射波和像面波的形成对应于两次连续的傅里叶正变换，即

$$Q(u) = \mathcal{F}[q(r)], \quad (26\text{-}1)$$

$$\psi(r) = \mathcal{F}[Q(u)]。 \quad (26\text{-}2)$$

其中，$\mathcal{F}$ 表示傅里叶正变换；u 表示傅里叶空间中的空间频率，也对应于后焦面上的位置坐标；简单起见，其中的 r 描述相对于样品上的位置，不受像平面上放大倍数的影响。

在理想成像条件下，像平面上的像强度由像面波函数计算得到：

$$I(r) = |\psi(r)|^2 = |\mathcal{F}(\mathcal{F}(q(r)))|^2 = |q(-r)|^2。 \quad (26\text{-}3)$$

在上述公式中，$q(r)$ 经历两次连续的傅里叶正变换，形成倒立的波函数 $q(-r)$，相应地，图像相对于物体也是倒立的。图像方向的变化并不会导致我们对图像的不同解释，因此，在后面为了简化对基本概念的阐

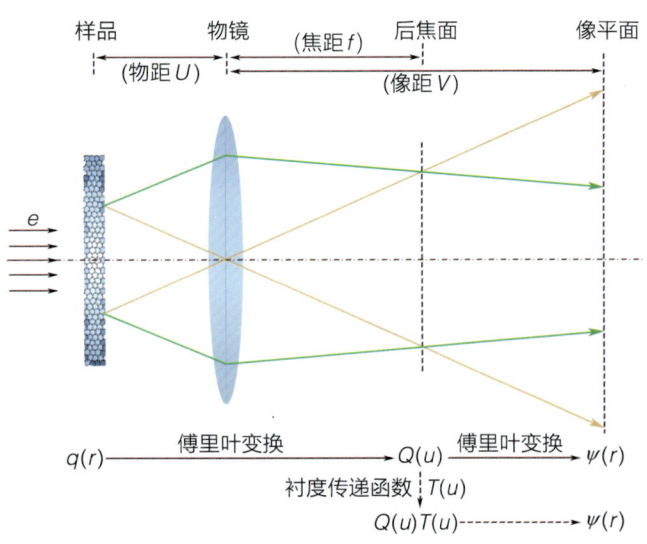

图 26-8　相位衬度成像的光路示意图

释，我们将忽略掉对 $q(\boldsymbol{r})$ 进行连续正变换而引入的负号。对于很薄的相位物体，其透射函数可近似为简单的复数形式：

$$q(\boldsymbol{r}) = \mathrm{e}^{-\mathrm{i}\sigma\varphi(\boldsymbol{r})} \text{。} \tag{26-4}$$

其中，i 是虚数单位，σ 是一个电子与物质的相互作用常数，$\varphi(\boldsymbol{r})$ 是沿电子束入射方向上样品的投影电势。把式（26-4）代入式（26-3），得到像强度 $I(\boldsymbol{r}) = 1$，这意味着像上没有任何衬度。因此，在理想成像条件下，相位物体经过物镜后并不能有效成像。

观察式（26-3）可以发现，样品的结构信息 $\varphi(\boldsymbol{r})$ 实际上是包含在像面波函数的相位中的。如何才能够将相位中包含的结构信息转化为可以显示的强度（衬度）信息呢？为了解决这个转化的问题并且让像中的信息容易解释（易于数学建模），首先需要选择更薄的样品让投影电势非常弱，即 $\sigma\varphi(\boldsymbol{r}) \to 0$，以满足弱相位物体条件。在此条件下，式（26-4）可以被近似简化为

$$q(\boldsymbol{r}) = \mathrm{e}^{-\mathrm{i}\sigma\varphi(\boldsymbol{r})} \approx 1 - \mathrm{i}\sigma\varphi(\boldsymbol{r})\text{，}$$

代入式（26-1）得到后焦面上的衍射波函数

$$Q(\boldsymbol{u}) \approx \mathcal{F}[1-\mathrm{i}\sigma\varphi(\boldsymbol{r})] = \delta(\boldsymbol{u}) - \mathrm{i}\sigma F(\boldsymbol{u})\text{。}$$

其中，$\delta(\boldsymbol{u}) = \mathcal{F}(1)$ 是狄拉克函数，只在后焦面的原点处有非零值，表示透射束；$F(\boldsymbol{u}) = \mathcal{F}[\varphi(\boldsymbol{r})]$ 对应于样品投影结构的结构因子，表示分布在后焦面上的衍射束。此时，如果我们能在位于后焦面的衍射束上乘上一个虚数单位 i，即

$$Q(\boldsymbol{u}) \approx \delta(\boldsymbol{u}) - \mathrm{i}\sigma F(\boldsymbol{u}) \times \mathrm{i} = \delta(\boldsymbol{u}) + \sigma F(\boldsymbol{u})\text{，} \tag{26-5}$$

并代入式（26-2），计算像强度得到

$$I(\boldsymbol{r}) = |\mathcal{F}[\delta(\boldsymbol{u}) + \sigma F(\boldsymbol{u})]|^2 = |1 + \sigma\varphi(\boldsymbol{r})|^2\text{。}$$

此时就把样品的投影势信息体现到了像强度中，从而使像强度能够反映出样品的结构信息，实现相位衬度成像。同样地，也可以把虚数单位 i 乘到透射束上去，同样能得到类似的效果。这里不再重复推导。

这里虚数单位 i 的物理含义是什么呢？根据复数的欧拉公式 $\mathrm{e}^{\mathrm{i}x} = \cos x + \mathrm{i}\sin x$，计算得到

$$\mathrm{e}^{\mathrm{i}\frac{\pi}{2}} = \cos\frac{\pi}{2} + \mathrm{i}\sin\frac{\pi}{2} = \mathrm{i}\text{，}$$

可知虚数单位 i 表示的是 90° 的相位变化。因此，实现相位成像的基本逻辑是在后焦面上为衍射束和透射束之间引入一个 90° 的相对相位变化。在光学显微镜中，人们通过在后焦面上插入一个中心有小孔的塞尔尼克相位板来实现相位衬度成像，使透射束可以无改变地通过，而衍射束在穿过相位板时，被附加一个额外的 90° 相位变化。

作为对上述相位成像思路的一个普遍性数学表述，可以把后焦面上的相位变化用一个函数 $T(\boldsymbol{u})$ 来描述，这个函数就是衬度传递函数。进一步地，得到衍射波和像面波函数在相位衬度成像条件下的一般形式：

$$Q(\boldsymbol{u}) = \mathcal{F}[q(\boldsymbol{r})] \times T(\boldsymbol{u})\text{，} \tag{26-6}$$

$$\psi(\boldsymbol{r}) = \mathcal{F}[Q(\boldsymbol{u})] = q(\boldsymbol{r}) \otimes \mathcal{F}[T(\boldsymbol{u})]\text{，}$$

其中，符号 $\otimes$ 表示卷积运算。

26.3.1.2 衬度传递函数

在实际的电子光学成像系统中，在衍射束或透射束中直接引入一个精确的 90° 相位变化通常是难以实现的。透射电镜的相位衬度成像通常是利用物镜的像差来实现衬度传递函数的。这一衬度传递函数是复函数，是电镜系统所有像差的函数，具有如下形式：

$$T(\boldsymbol{u}) = A(\boldsymbol{u}) e^{i\chi(\boldsymbol{u})}, \tag{26-7}$$

其中 $A(\boldsymbol{u})$ 和 $\chi(\boldsymbol{u})$ 分别为衬度传递函数的振幅项和相位项，相位项在相位衬度成像过程中发挥核心作用。

（1）相位项

影响相位项的因素主要有物镜的离焦、球差和像散。

① 离焦

当图 26-8 中的物距 U、焦距 f 和像距 V 满足高斯聚焦条件

$$\frac{1}{U} + \frac{1}{V} = \frac{1}{f}$$

时，称为正焦。透射电镜的物镜是高倍放大透镜，像距远大于物距，因此，根据上式有 $U \approx f$。在像距不变的条件下，如果改变物镜电流使焦距有增量 Δf，那么物距也将有大约 Δf 的改变。因此，改变焦距和物距可以获得等价的效果。进一步地，如果物距或焦距中仅有一个改变 Δf，那么像距将发生改变（图 26-9A）。此时，如果保持像的观察面位置处于原来的正焦位置不变（在电镜中，观察面由后续透镜决定，通常是固定不变的），将导致观察面偏离实际像平面位置，称为离焦成像，Δf 被称作离焦量。$\Delta f > 0$ 时，像平面与透镜处于观察面同侧，称为过焦；$\Delta f < 0$ 时，则处于两侧，称为欠焦。离焦对相位项的贡献为

$$\chi_{\Delta f}(\boldsymbol{u}) = \pi \lambda \Delta f u^2,$$

其中 λ 为电子波的波长。

② 球差

由于物镜对不同散射角的电子波会聚能力不同，通常是离光轴越远物镜的会聚能力越强，这使得穿过透镜的电子束不能会聚于一点（图 26-9B），称为球差效应，常用符号 Cs 表示。球差是一种典型的几何像差，与透镜的形状有关。球差对相位项的贡献为

$$\chi_{Cs}(\boldsymbol{u}) = \frac{\pi}{2} Cs \lambda^3 u^4。$$

③ 像散

像散是由物镜中磁场的不对称性引起，导致物镜在不同方向上有不同的焦距。因此，像散与方位角 θ 有关（图 26-9C）。在像散不大的时候，离焦量随方位角的变化近似符合一个椭圆形的规律变化。设定沿椭圆长轴方向的离焦量为 Δf_1，对应方位角为 θ_0，沿短轴方向的离焦量为 Δf_2，则方位角为 θ 方向上的离焦量为

$$\Delta f = \Delta f_1 \cos^2(\theta - \theta_0) + \Delta f_2 \sin^2(\theta - \theta_0)。$$

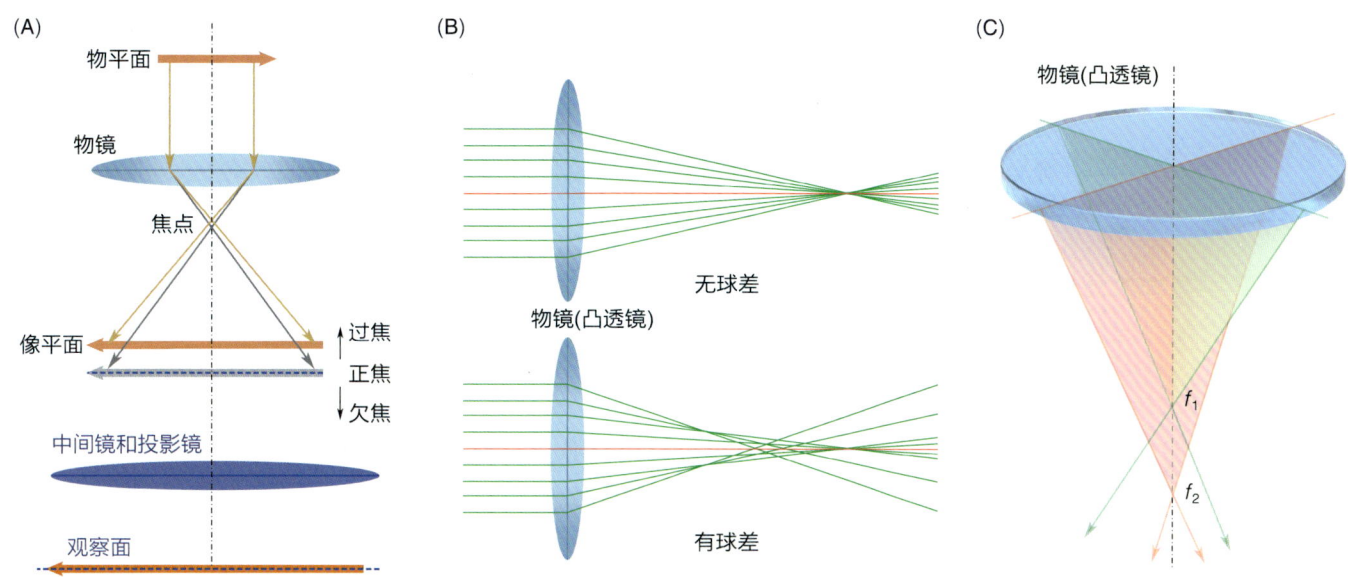

图 26-9 构成衬度传递函数的几个主要的像差原理示意图。（**A**）离焦。图中对物镜像平面的观察是通过调节中间镜和投影镜组合的物平面位置（位于物镜理论像平面位置的紫色虚线）来实现的。此处可以认为中间镜和投影镜组合的物平面位置在成像系统中是固定不变的，离焦是针对物镜像平面相对于此平面的偏离而言的。（**B**）球差。图中画出了无球差和有球差存在时物镜对光线的不同会聚情况。（**C**）像散。图中 f_1 和 f_2 分别表示两个垂直方向上光会聚的不同焦距。

现代电子显微镜上通常都配备有消像散器，根据经验完全可以把像散消除到可以忽略的程度，所以在理论推导中一般不考虑像散对传递函数的影响。

综上，将离焦和球差在后焦面上引起的相位变化合并，得到衬度传递函数的相位项：

$$\chi(\boldsymbol{u}) = \pi\lambda\Delta f u^2 + \frac{\pi}{2} Cs\lambda^3 u^4。$$

（2）振幅项

衬度传递函数的振幅项受到物镜光阑、色差和束发散的影响。

① 物镜光阑

物镜后焦面上的物镜光阑限制了参与成像的衍射束数目，半径为 a 的物镜光阑用函数表示为

$$A_a(u) = \begin{cases} 1 & u \leq a \\ 0 & u > a \end{cases}。$$

② 色差

电镜的色差主要指加速电压和物镜电流的波动，导致电子波能量分散，造成物镜焦距有一定分布，决定了光源的时间相干性。色差对成像的作用可以用物镜后焦面上光源的时间相干性的衰减包络函数 $e^{-\chi_D}$ 来表示，其中

$$\chi_D(\boldsymbol{u}) = \frac{1}{2}\pi^2\lambda^2 D^2 u^4，$$

D 是色差引起的离焦量高斯分布的均方差。

③ 束发散

光源有一定的尺寸，从光源各点发出的电子波使入射波有一定的发散，称为束发散度。这种因光源的空间分布对入射波相干性造成的影响，称作空间相干性。如果光源呈高斯分布，束发散角为 α，则光源空间相干性的包络函数形式为 $e^{-\chi_a}$，其中

$$\chi_a(\boldsymbol{u}) = \pi^2 \alpha^2 u^2 (Cs\lambda^2 u^2 + \Delta f)^2。$$

将上述对振幅项有贡献的因素合并起来，得到

$$A(\boldsymbol{u}) = A_a(\boldsymbol{u}) e^{-\chi_D(\boldsymbol{u}) - \chi_a(\boldsymbol{u})}。$$

综上，衬度传递函数 $T(\boldsymbol{u})$ 中的相位项 $e^{i\chi(\boldsymbol{u})}$[式（26-7）]是复数函数，描述了附加到结构衍射信息上的附加相位变化，是实现相位衬度成像的核心因素。而振幅项 $A(\boldsymbol{u})$ 是实数函数，主要引起衍射振幅随空间频率的衰减，是影响电镜信息分辨率的核心因素。

26.3.1.3 衬度传递函数对实际成像的影响

由电镜系统像差引入的衬度传递函数并不是简单地对透射束或衍射束改变 90° 的相位，我们还需要进一步的分析，以了解衬度传递函数对成像的实际影响。

将衬度传递函数公式（26-7）和式（26-5）一起代入式（26-6）后，得到后焦平面上的衍射波函数：

$$\begin{aligned} Q(\boldsymbol{u}) &= [\delta(\boldsymbol{u}) - i\sigma F(\boldsymbol{u})] \times A(\boldsymbol{u}) e^{i\chi(\boldsymbol{u})} \\ &= \delta(\boldsymbol{u}) - i\sigma F(\boldsymbol{u}) A(\boldsymbol{u}) e^{i\chi(\boldsymbol{u})}。 \end{aligned}$$

对上式进行傅里叶变换，得到像面波函数：

$$\begin{aligned} \psi(\boldsymbol{r}) &= \mathcal{F}[\delta(\boldsymbol{u}) - i\sigma F(\boldsymbol{u}) A(\boldsymbol{u}) e^{i\chi(\boldsymbol{u})}] \\ &= \mathcal{F}\{\delta(\boldsymbol{u}) - i\sigma F(\boldsymbol{u}) A(\boldsymbol{u}) [\cos\chi(\boldsymbol{u}) + i\sin\chi(\boldsymbol{u})]\} \\ &= 1 + \sigma\varphi(\boldsymbol{r}) \otimes [A(\boldsymbol{u})\sin\chi(\boldsymbol{u})] - i\sigma\varphi(\boldsymbol{r}) \otimes [A(\boldsymbol{u})\cos\chi(\boldsymbol{u})]。 \end{aligned}$$

进一步计算像强度，得到

$$I(\boldsymbol{r}) = |\psi(\boldsymbol{r})|^2 \approx 1 + 2\sigma\varphi(\boldsymbol{r}) \otimes [A(\boldsymbol{u})\sin\chi(\boldsymbol{u})]。$$

由于在弱相位物体近似条件下 $\sigma\varphi(\boldsymbol{r})$ 是小量，因此在上面的推导中忽略了其高阶项。基于上述公式，可以得到图像强度的傅里叶变换为

$$\mathcal{F}[I(\boldsymbol{r})] = \delta(\boldsymbol{u}) + 2\sigma F(\boldsymbol{u}) A(\boldsymbol{u}) \sin\chi(\boldsymbol{u})。 \tag{26-8}$$

在上面的两个公式推导中，函数项 $A(\boldsymbol{u})\sin\chi(\boldsymbol{u})$ 在实空间中被卷积到了我们所期望解析的结构投影势函数上，影响了从图像到结构的直接解释。在傅里叶空间中，该函数项造成了对结构因子项 $F(\boldsymbol{u})$ 的干扰。由于在实际的电镜观测中我们无法直接观察到式（26-7）中所提到的复数形式的衬度传递函数，只能获取到像平面上以图像强度形式展示的信号，这也是最终能用于分析的目标数据。因此，在习惯中，人们通常又把这一从像强度中导出的函数项称为衬度传递函数。为了避免造成混淆，在本书中我们将此函数项称为图像衬度传递函数，并简记为

$$H(\boldsymbol{u}) = A(\boldsymbol{u})\sin\chi(\boldsymbol{u})。$$

在后续中的图像处理中，所用到的衬度传递函数也多数都是基于该函数。

图像衬度传递函数本身是一个实函数，包含一个振幅项和一个正弦项。振幅项与

式（26-7）中的振幅项一样，造成了傅里叶空间中信号整体上的衰减。正弦项的取值范围在 –1～1 之间，其数值越接近于零，则意味着对局部信号的衰减越强。同时，正弦项的取值可以为负值。根据复数的欧拉公式，我们可以推算得到

$$e^{i\pi} = \cos\pi + i\sin\pi = -1,$$

由此可知，负值意味着 180° 的相位变化。因此，除了对信号造成局部衰减之外，取负值的正弦项还会对衍射信号引入一个额外的 180° 相位变化。图 26-10 给出了一个典型的欠焦成像条件下图像衬度传递函数的具体形式。在图中，我们除了看到振幅项作为一个外部衰减包络对整体信号尤其是高频信号造成的衰减，还能看到正弦项引入了复杂的影响，体现为一个高频率的振荡扰动，且不仅仅是振幅上的，也是相位上的。从与图像衬度的关系角度，低频信号通常贡献了物体结构的低分辨率轮廓信息。而且在大多数信息传递系统中，包括这里的透射电镜，低频信号的强度通常远高于高频信号。在大部分的成像条件下，只有低频信号是直接肉眼可见的，而高频信号经常被隐藏在噪声之下，无法被直接观察到。当我们采用欠焦成像条件时，正弦项在低频部分取的是负值。由于低频信号在图像的衬度显示中占据了主要地位，图像衬度传递函数对低频信号施加的这个负值意味整个图像衬度的反转。因此，在欠焦成像条件时，我们看到的图像中的物体，比如说蛋白质，都是显示为黑色衬度的；而在空白区域或者物质密度比较小的地方，其衬度是白色的。而如果我们改用过焦条件成像，那么图像的衬度就会被反转过来，黑变白，白变黑。这种变化也恰恰说明了，相位衬度像并不一定能直接反映样品结构。此外，我们也看到衬度传递函数在原点附近（低频区域）接近于 0，也就是说这部分最低频的信号会被显著地衰减掉。然而这部分信号恰恰是对图像衬度的展示至关重要的，这也是为什么生物电镜图像衬度非常低的一个重要原因。

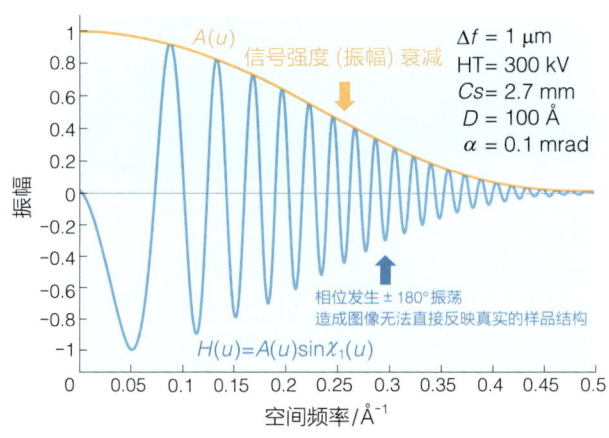

图 26-10　典型的图像衬度传递函数

图中红色曲线是衬度传递函数的振幅包络函数，蓝色曲线是衬度传递函数。绘制此函数的电镜参数列于图的右上角。

26.3.1.4　衬度传递函数的测量与修正

根据式（26-8），从电镜图像中消除衬度传递函数影响的方法是显而易见的。将该公式稍加变形即可求解出结构因子

$$F(\boldsymbol{u}) = \frac{\mathcal{F}[I(\boldsymbol{r})]}{2\sigma A(\boldsymbol{u})\sin\chi(\boldsymbol{u})},$$

再对其进行傅里叶逆变换即可得到样品的投影电势分布函数 $\varphi(\boldsymbol{r}) = \mathcal{F}^{-1}[F(\boldsymbol{u})]$。在该公式中，狄拉克函数 $\delta(\boldsymbol{u})$ 被忽略掉了，因其只在原点透射束处有非零值，而图像衬度传递函数是作用在所有衍射束上面的。根据这个公式，如果需要消除衬度传递函数的影响，首先需要做的是获得图像衬度传递函数的具体解析形式。

根据前面的推导，我们已经有了衬度传递函数的解析表达式，只需要测定其中的具体参数就可以了。在与衬度传递函数相关的所有参数中，只有离焦量参数是可变

的，其它的参数包括球差、色差和束发散角等都是固定无法调节或者需要保持在能调节到的最佳值上，在数据采集过程中都是固定不变的。因此，衬度传递函数的测量，实际就是要测量成像时的离焦量的数值。在有物镜像散的情况下，也需要测量像散的具体参数。此外，在这个表达式中，振幅项并不会影响到对结构的解释，只是对分辨率有所影响。从信号的角度来讲，一旦信号被衰减掉了（体现为信噪比降低），是无法通过除以一个衰减数值而被恢复出来的。因此，消除衬度传递函数造成影响的主要目标是消除正弦项对衍射相位的扰动。

那么接下来的问题是如何从图像中得到衬度传递函数的信息并对其进行测量。实际很容易实现，只需要计算图像的功率谱。

在生物样品电镜相位衬度像的功率谱中（图 26-11），我们经常能看到很多同心的圆环。如果围绕功率谱的中心，对图像做一个旋转平均就能够得到一条振荡的曲线。这些圆环和曲线中的振荡被称为索恩环（Thon ring），对应于图像衬度传递函数中的正弦项。之所以能在功率谱中直接观察到衬度传递函数的形态，是因为衬度传递函数在傅里叶空间中是乘在图像信号 $F(\boldsymbol{u})$ 之上的。对于大多数生物样品来讲，其中的原子和分子的分布从宏观统计上来看可以认为是随机的，相应地，其信号是弥散地分布在傅里叶空间中的。当把一个振荡起伏的中心对称分布的图像衬度传递函数直接乘上去之后，就刻画出来了一些振荡的圆环，从而使我们能够直接观察到图像衬度传递函数的振荡。

接下来的测量问题就变得非常简单了，通常的方法是基于图像拟合的。由于已经知道了图像衬度传递函数的解析表达式，只需给定一个离焦量就可以模拟出索恩环的图像，然后将其与实验图像的功率谱进行匹配以判断相似度，再依托一定的参数搜索算法就可以最终估计出离焦量。当图像中存在轻度的物镜像散时，这些图像衬度传递函数相关的圆环会变成椭圆形。那么只要在模拟参数中考虑像散相关的参数，就可以用类似的匹配搜索算法来测定离焦及相散。

在测定出图像衬度传递函数之后，根据前面的讨论，图像衬度传递函数修正也就变得简单直接了，直接在傅里叶变换之后的图像中除掉图像衬度传递函数即可。只是在除的时候，图像衬度传递函数中存在零点，直接与零或很小的衬度传递函数值相除

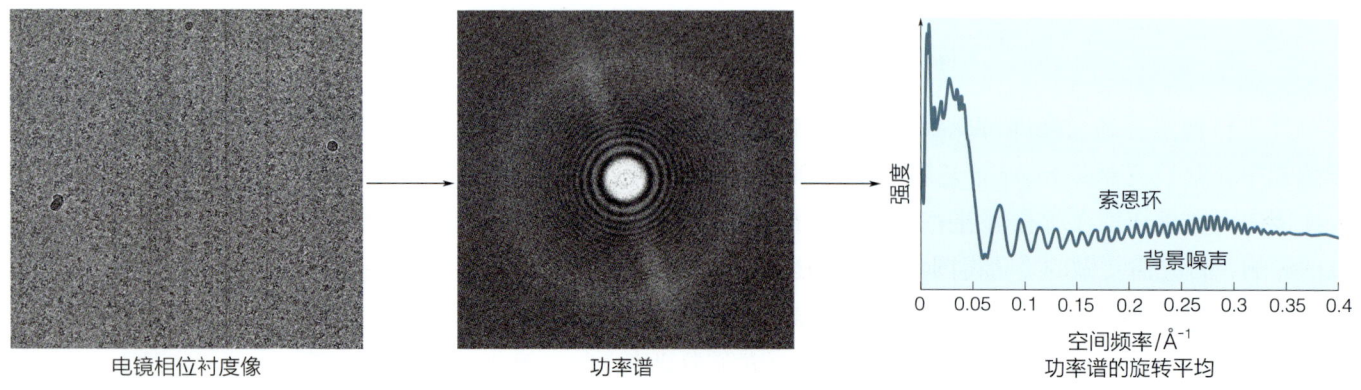

图 26-11 电镜图像的功率谱和索恩环

或会导致相关信号和噪声的过度放大。为了避免这个问题，人们通常不会采用直接除以图像衬度传递函数的方法。实际上，在图像衬度传递函数的修正中，相位的修正是比振幅的修正更加重要的。所以，在大多数的电镜图像处理中，常用的方法是把图像衬度传递函数为负值的信号区域乘以 -1，使其相位变正确即可，而不对振幅做过多处理。对于图像衬度传递函数的振幅来讲，当其数值接于近于零时，意味着这个频率上的信号并没有被电镜的成像系统传递过来，是丢失掉的。在实际的应用中，一个被更普遍采用的方法是把多张图像中的信号叠加起来以弥补单张图像中信号的损失，该方法将在后续三维重构方法中进行介绍。

26.3.2 生物大分子单颗粒三维重构技术

单颗粒分析技术只需要对处于样品中随机取向的大量生物大分子进行一次拍照，就可以获得同一个分子结构沿不同方向的投影。这样做的好处是可以把所有可用的电子辐照剂量集中在一张照片之上，在蛋白质结构被辐照损伤之前，尽最大可能获得高信噪比的投影图像以降低后续分析处理的难度。然而这样也有缺点，一方面是分子间结构上的不一致都会导致三维重构的失败或分辨率降低，这对前期的蛋白质分离纯化提出了较高的要求，使之占据了结构解析流程中相当一部分时间；另一方面，每一个蛋白质投影的方向是未知的，这使得三维重构的成败和分辨率严重依赖于方向测定算法的精度以及由此而产生的巨大计算量。

下面将首先阐述单颗粒分析的核心原理和方法，然后对整个结构解析的技术流程做简要的介绍。

26.3.2.1 单颗粒样品制备的基本方法

单颗粒样品制备的基本目标是制备出颗粒均匀分散且方向随机的薄片状样品。制备方法包含冷冻和常温染色两种制备方法。冷冻样品制备是将生物大分子直接快速冷冻起来，用于冷冻电镜直接成像，该方法也是获得生物大分子高分辨率结构的最基本方法。常温染色制备通常被称为蛋白质负染技术，是使用重金属盐染色的方式来保存生物大分子的一些粗略轮廓结构信息。该方法不需要将样品进行冷冻，简单快捷，但分辨率最高只能达到 1~2 nm。

不管使用哪种样品制备方式，都需要使用标准的电镜载网和支持膜来承载样品（图 26-12A）。电镜载网通常是 3 mm 直径的金属微栅网格，其材质通常是铜或金。支持膜通常是一层 10 nm 左右厚度的非晶碳膜，平铺在金属载网上。支持膜上通常有很多 1~2 μm 直径的圆形小孔或不规则小孔。这些小孔将来被用于承载样品溶液薄膜，或者进一步承载更薄的连续碳膜或者石墨烯等超薄膜材料用于吸附蛋白质颗粒。

冷冻样品制备的基本要求是把蛋白质颗粒冻结在一层非常薄的非晶态冰层（通常称为玻璃态冰）里，冰层厚度通常为几十纳米。这样的厚度保证了电镜成像时能够满足弱相位物体近似的条件。如果冰层过厚，最终单颗粒三维重构的分辨率将会被显著影响。因此，单颗粒冷冻样品制备的目标是尽量获得薄的冰层。冷冻样品制备的第

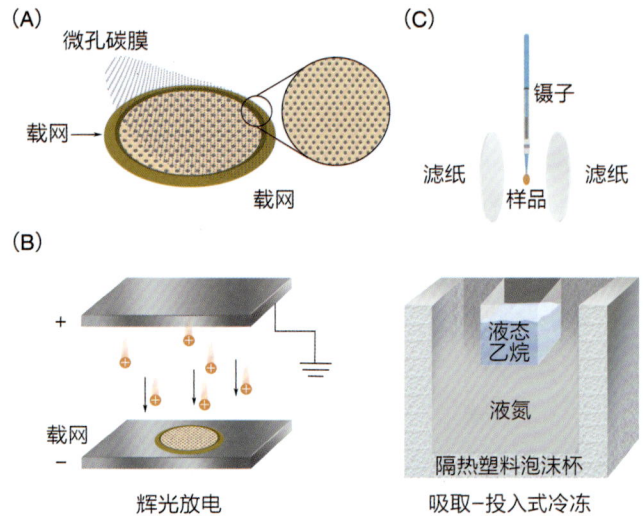

图 26-12 单颗粒样品制备的微孔支撑膜和吸取-投入式冷冻方法流程

（A）电镜的标准样品载网示意图。带网格的铜载网上铺有一层布满小孔的碳膜。（B）使用辉光放电对载网表面进行亲水化处理。通过上下两个电极的射频辉光放电将稀薄气体电离形成等离子体，电离出的阳离子在偏压的驱动下轰击载网表面使之变得亲水。（C）吸取投入式单颗粒冷冻样品的制备装置示意图。底部是一个双层的碗，最外层塑料泡沫制成的隔热层，其中装满液氮，用于冷却放置在最内层的液态乙烷。镊子夹着载网（载网上有一滴样品悬混液），被两片滤纸吸干多余悬混液后，快速投入液态乙烷中进行冷冻。

一步是对带有支持膜的电镜载网进行射频辉光放电表面处理，利用离子轰击，使碳支持膜的表面变得亲水（图 26-12B）。第二步把包含蛋白质颗粒的悬混液，约 2~3 μL，滴到载网支持膜上，并用滤纸把多余的溶液吸走（图 26-12C）。此时残留在支持膜微孔里的蛋白质溶液会形成一层薄膜。第三步把电镜载网迅速投入被液氮冷却的液态乙烷（-180℃左右）中进行冷冻（图 26-12C）。因为液态乙烷具有非常高的比热，能够快速把蛋白质溶液薄膜中的热吸走，形成玻璃态冰。此时，蛋白质颗粒就被冷冻在这层薄冰里，可以用于后续的冷冻电镜成像。近来，人们也经常在支持膜上的微孔里铺上一层超薄的单层或多层石墨烯单晶薄层，并通过特殊的处理使石墨烯变得亲水以吸附溶液中的蛋白质颗粒。石墨烯超薄膜的引入经常会有助于控制蛋白质的分布以及获得比传统方法更薄的冰层厚度以改善相位衬度成像的质量，最终提高三维重构的分辨率和对小分子量蛋白质的结构解析能力。

负染样品制备技术是冷冻样品制备技术的一个重要补充。通常用于早期样品结构信息的获取以及样品的快速检测。负染样品制备需要铺有连续碳膜的电镜载网（图 26-13）。首先通过辉光放电处理使碳支持膜表面变得亲水，然后把包含蛋白质的溶液滴到支持膜上。此时，溶液中的部分蛋白质就会吸附到碳膜上。之后通过多步清洗和染色步骤，对吸附在碳支持膜上的蛋白质进行染色并晾干。在晾干的过程中残留的重金属盐会紧紧地包裹蛋白质颗粒并精确地刻画出蛋白质的内外轮廓形态。样品中的蛋白质在晾干的过程中已经被破坏或降解。这一过程有点类似于铸造中使用的倒沙模工艺，重金属盐就是倒模用的沙子。用于染色的盐经常是铀或钨等大原子序数的重金属盐。这些重金属元素在电镜下具有非常高的电子散射能力并且具有很好的电子辐照耐受能力，这都有助于获得高衬度高信噪比的电镜图像。在最终的电镜观察中，人们看到的是重金属盐包裹的蛋白质降解后留下的空洞，而不是蛋白质本身。相应地，电镜负染样品成像和冷冻样品成像时看到的蛋白质本身的衬度是相反的，所以这项技术被称作负染。

26.3.2.2 图像的相似性分析

基于第 6 章的讨论，三维重构是冷冻电子显微学中生物大分子及其复合物结构解析的核心步骤。三维重构的实现依赖于获取中心截面定理中的两个关键要素：生物样本的二维投影以及这些投影的方向信息。只有当这两个要素都被获取后，才能进行三维重构。对于单颗粒分析而言，每一个目标分子在电镜样品中的三维空间取向是未知的。因此，在获取到每个分子的投影图像后，确定每一个分子的投影方向是首要任

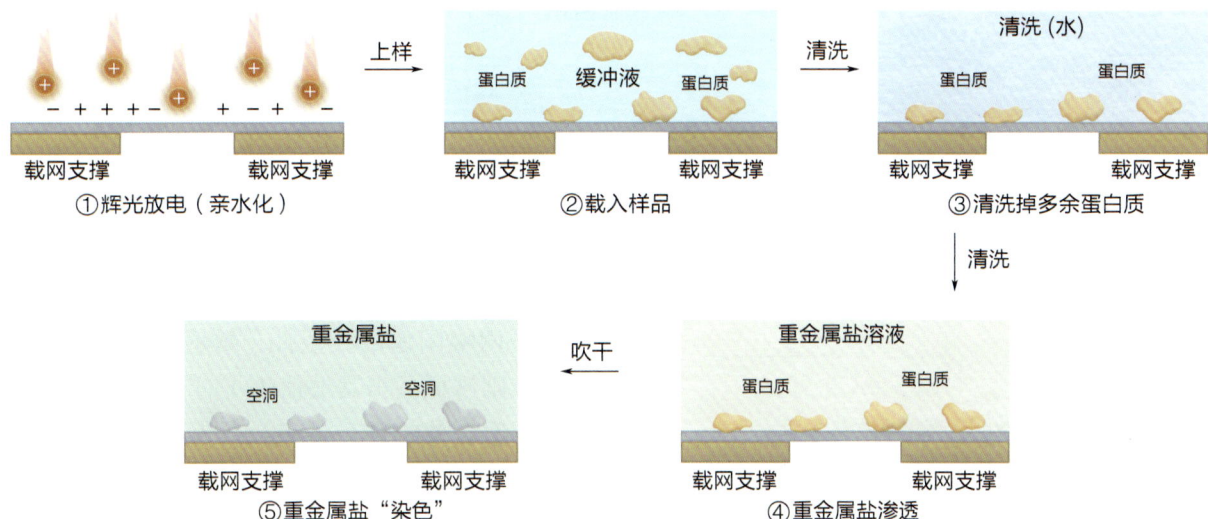

图 26-13　单颗粒负染样品的制备
第 1 步是辉光放电处理以使支持膜表面变得亲水。第 2 步是将蛋白质溶液滴到支持膜上。此时溶液中的部分蛋白质会被吸附到支持膜上。第 3 步是用去离子水清洗支持膜表面以去除多余的蛋白质溶液和没有被吸附的蛋白质。第 4 步是将重金属盐溶液滴到支持膜表面。此时重金属盐会渗透到蛋白质的缝隙中去，实现染色。第 3 步和第 4 步经常被重复多次，以确保蛋白质被重金属盐充分渗透。最后使用滤纸吸或吹干的方式去除多余的溶液，并晾干。

务。投影参数的确定在多数算法中是通过实验图像与三维模型的计算投影图像的配准来实现的，即通过图像匹配算法找出与实验图像最像的三维模型投影，将生成该模型投影的方向参数作为实验图像的投影参数。在此过程中，图像相似性的精确评估至关重要，直接关系到取向角度参数测量的准确性。

人们已经发展了多种图像分析技术以衡量图像间的相似性。其中，基于相关系数的方法因其简单有效而被广泛采用，并在其基础上发展出了基于相位残差的相似性评估方法。在基于相关系数的方法之外，统计推断方法的应用催生了基于带噪声图像统计特性的评估手段，如基于高斯白噪声假定的图像似然度，并在低信噪比的单颗粒分析中发挥了重要的作用，成为目前图像相似性分析的主流方法。

在本节中，我们将详细探讨图像相似性分析的原理与思路，特别关注其在电镜图像信号处理中的内在逻辑，以期为读者提供一个全面而深刻的技术框架。

（1）相关系数（correlation coefficient，CC）与图像的高维空间矢量描述方法

对于两幅含有 N 个像素的同样大小的图像 f 和 g，用下角标 $i\in[1,N]$ 表示图像中像素的线性索引，相关系数定义为

$$\begin{aligned}
\mathrm{CC} &= \frac{\sum_i (f_i - \bar{f})(g_i - \bar{g})}{\sqrt{\sum_i (f_i - \bar{f})^2}\sqrt{\sum_i (g_i - \bar{g})^2}} \\
&= \frac{1}{N}\sum_i \frac{f_i - \bar{f}}{\sigma_f} \cdot \frac{g_i - \bar{g}}{\sigma_g} \\
&= \frac{1}{N}\sum_i \tilde{f}_i \cdot \tilde{g}_i
\end{aligned} \tag{26-9}$$

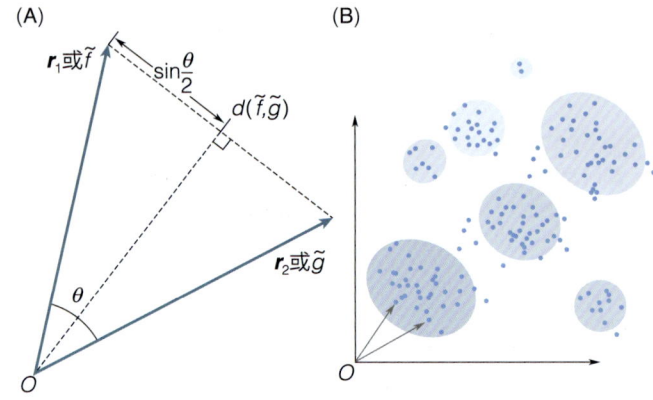

图 26-14　高维空间中图像的矢量描述与相似性
（A）矢量关系示意图。（B）分布在高维空间中的矢量示意图。图中的每一个原点都对应一个从原点出发的单位矢量。为清晰起见，图中只示意性地画出了两个端点对应的矢量。相似的矢量端点相互靠近成簇，近似地用红圈来描述。横纵两个坐标轴示意多维空间坐标系，其原点为 O。

其中 $\bar{f}$ 和 $\bar{g}$ 分别是图像 f 和 g 中所有像素的均值，$\sigma_f = \sqrt{\dfrac{1}{N}\sum_i (f_i - \bar{f})^2}$ 和 $\sigma_g = \sqrt{\dfrac{1}{N}\sum_i (g_i - \bar{g})^2}$ 分别是图像 f 和 g 中像素值的标准差，$\tilde{f}_i = \dfrac{f_i - \bar{f}}{\sigma_f}$ 和 $\tilde{g}_i = \dfrac{g_i - \bar{g}}{\sigma_g}$ 分别为图像 f 和 g 的归一化图像，求和遍历图像中所有的像素。相关系数的取值范围在 –1 到 1 之间，其大小反映了两幅图像的相似性，数值越大，相似性越高；反之，则越低。当其取值为 1 时，表示两幅图像完全相同；取负值时表示负相关；为 0 时，则完全线性无关，或者说完全不同。公式中引入的归一化图像 $\tilde{f}$ 和 $\tilde{g}$ 与原图像相比仅仅是像素的整体取值范围发生了变化，其中包含的图像特征信息并没有发生变化。在图像处理前，人们通常会对所有的图像进行归一化处理，以简化后续的图像相似度计算。

此时读者可能会疑惑，为什么把两幅图像的像素值一对一相乘求和，就能衡量图像的相似度呢？我们下面从矢量运算的几何角度，来解释相关系数背后的数学含义。

首先，考虑三维空间中从同一点出发的两个单位矢量（图 26-14A），$r_1 = (x_1, y_1, z_1)$ 和 $r_2 = (x_2, y_2, z_2)$，其长度满足 $|r_1| = \sqrt{x_1^2 + y_1^2 + z_1^2} = 1$ 和 $|r_2| = \sqrt{x_2^2 + y_2^2 + z_2^2} = 1$，计算两个矢量的内积，得到夹角 θ 的余弦值：

$$\cos\theta = r_1 \cdot r_2 = x_1 x_2 + y_1 y_2 + z_1 z_2 \text{。} \tag{26-10}$$

当夹角 θ 为 0° 时，两个矢量完全重合，其夹角余弦值为 1，意味着两个矢量完全相同；当夹角为 90° 时，两个矢量垂直，其夹角余弦值为 0，两个矢量完全正交，是线性无关的，可以认为其完全不同。因此，两个单位（或者说长度相同）矢量之间的夹角（或者其余弦值）反映了两个矢量的相似度。

在上述矢量模型的基础上，我们把之前讨论的两个归一化后的图像 $\tilde{f}$ 和 $\tilde{g}$ 考虑为两个 N 维空间中的单位矢量（图 26-14A），$\tilde{f} = (x_1, x_2, \cdots, x_i, \cdots, x_N)$ 和 $\tilde{g} = (x'_1, x'_2, \cdots, x'_i, \cdots, x'_N)$，其中 x_i 和 x'_i 表示图像 $\tilde{f}$ 和 $\tilde{g}$ 中第 i 个像素的像素值。对比式（26-10）和式（26-9），我们可以看到，在高维空间矢量的定义下，归一化互相关系数实际上是对应于图像相应高维空间矢量的内积或夹角 θ 的余弦值。进一步地，在一些算法中，人们也经常使用图像的欧拉距离

$$d(\tilde{f}, \tilde{g}) = \sqrt{(x_1 - x'_1)^2 + (x_2 - x'_2)^2 + \cdots + (x_N - x'_N)^2}$$
$$= 2\sin\frac{\theta}{2} = \sqrt{2 - 2\cos\theta} \tag{26-11}$$

来描述图像的相似度。依托简单的推导或矢量端点距离与夹角的几何关系，从上式中可见，欧拉距离和夹角余弦是直接关联的。因此，相关系数、欧拉距离和高维矢量夹角这三者之间的关系是一致的。在实际的计算中，人们经常借助互相关计算来比较或

搜索相似的图像（知识窗 26-3）。

另一方面，图像的高维空间矢量描述和相关系数的定义，实际上为依据图像的相似性进行聚类分析提供了理论基础。可以想象，有一系列归一化后的图像需要根据其相似性进行聚类分析，如果把每一幅图像都考虑为高维空间中从原点 O 发出的一个单位矢量，简单起见，可以用矢量的端点来描述这个矢量。那么，越相似的图像，它们的端点在高维空间中就越靠近（图 26-14B）。因此，依据图像相似度的聚类分析实质上就是在高维空间找出那些聚集的点簇。冷冻电镜中的很多图像分类或结构三维异质性分类分析算法，例如，单颗粒二维和三维分类中常用的 k 均值（k-means）聚类算法，都可以依托此图像高维空间描述的方法进行建模分析。

（2）相位残差（phase residual）

对于两幅同样大小的图像 $f(x)$ 和 $g(x)$ 分别进行傅里叶正变换，得到两幅复数图像 $F(u)$ 和 $G(u)$，其中 x 和 u 分别表示实空间和傅里叶空间中的像素位置。可以在傅里叶空间用相位残差 $\Delta\phi$ 来衡量两幅图像相似度，其定义为

$$\Delta\phi = \arccos\left(\mathrm{Re}\left(\frac{\sum_{u_0 \leq u \leq u_1} w(u)F(u)G^*(u)}{\sum_{u_0 \leq u \leq u_1} w(u)|F(u)||G(u)|}\right)\right)$$

知识窗 26-3

图像的互相关计算

图像的相关系数定义了一种图像相似度的衡量方法，然而在实际的应用中，图像中目标物体可能存在位置上的相对偏移，只有将两幅图像中相应的目标物体图像平移对齐后才能计算物体图像间的相关系数。这一个过程也可以被理解为在图像 $f(x)$ 中搜索目标图像 $g(x)$ 的位置（这里用 x 表示图像中的位置坐标，可以是任意维度的）。相应的位置偏移搜索一般是通过互相关（cross correlation）计算来实现。

实数图像的互相关计算考虑目标（或称为模板）图像 $g(x)$ 划过图像 $f(x)$，并在划过的每个位置上计算相关系数。该过程可用公式描述为

$$CC(\tau) = \sum_x f(x)g(x-\tau), \quad (26\text{-}12)$$

其中 $g(x-\tau)$ 描述了将图像 $g(x)$ 平移 τ 的操作，求和过程等同于式（26-9）中的相关系数计算过程。在计算得到的互相关图像 $CC(x)$ 中，相关系数最大的位置相对于图像中心的偏离对应于两幅图像的相对偏移，此时的系数值反映了两幅图像对齐后的相关系数。

在实际计算中，式（26-12）涉及的计算量很大，人们通常利用快速傅里叶变换来加速计算：

$$CC(x) = \mathcal{F}^{-1}\{\mathcal{F}[f(x)] \times \mathcal{F}[g(x)]^*\}, \quad (26\text{-}13)$$

其中，$\mathcal{F}$ 和 $\mathcal{F}^{-1}$ 分别表示傅里叶正变换和逆变换，$*$ 表示求复数共轭，$\times$ 表示对应像素的逐个相乘。

另外，把式（26-13）中的 $g(x)$ 换成 $f(x)$，也就是说，图像 $f(x)$ 和自己计算互相关，称为自相关（autocorrelation）。可以看到，此时在式（26-13）中，$\mathcal{F}[f(x)] \times \mathcal{F}[f(x)]^* = |\mathcal{F}[f(x)]|^2$ 是图像的功率谱。而对功率谱的傅里叶逆变换得到的函数被称为帕特森函数（见第 4 章），因而，自相关得到的图像也就是帕特森函数。

$$= \arccos\left(\mathrm{Re}\left(\frac{\sum_{u_0 \leq u \leq u_1} w(u)|F(u)||G(u)|e^{i[\phi_F(u)-\phi_G(u)]}}{\sum_{u_0 \leq u \leq u_1} w(u)|F(u)||G(u)|}\right)\right)。 \quad (26\text{-}14)$$

其中，求和遍历给定的空间频率范围 $[u_0, u_1)$ 内的所有像素，分母项为振幅归一化因子，$w(u)$ 通常为人为指定的权重因子，*表示复数共轭，$\phi_F(u)$ 和 $\phi_G(u)$ 分别是 $F(u)$ 和 $G(u)$ 的复数相位，Re 表示取复数的实部。

相位残差给出了在指定的空间频率范围内的两幅复数图像的加权平均相位差异。尽管图像的振幅中也包含了图像中的结构信息，这里通常将其考虑为对信号可信度的权重。此外，在一些应用中也经常根据对信号参与程度的额外要求再附加一个权重 $w(u)$。当两幅图像完全相同时，相位残差为 0，当图像完全不同时，相位残差为 $\pi/2$。使用相位残差作为两幅图像相似度的衡量是基于人们通常认为相位信息相对于振幅更加可靠。相对于相关系数，使用相位残差有多个优势。首先是可以直接在傅里叶空间中计算，从而能够直接地选择在指定的空间频率（或者说分辨率）范围内进行图像相似度比较，并可以方便地使用额外的权重因子 $w(u)$ 调整不同空间频率下的相位残差对总体相位残差 $\Delta\phi$ 的贡献；此外，由于中心截面定理通常是在傅里叶空间中实现的，使用相位残差可以减少图像在实空间和傅里叶空间中的反复切换，降低计算强度。

此外，如果将相位残差公式（26-14）与式（26-13）和知识窗 6-6 中的 FSC 分辨率估计公式比较，可以看到，这几个公式在形式上是基本一致的。因此，相位残差和 FSC 本质上都是相关系数方法的一种变体。

（3）似然度（likelihood）

对于冷冻电镜三维重构的结构 V，通过电镜成像，得到一系列观测图像数据 X。对于单颗粒分析，在获取图像数据 X 的同时，由于蛋白质颗粒的随机取向分布，丢失了投影方向信息，更广义地讲，也缺失了位置信息（相对颗粒中心的平移）以及在样品中的高度（可理解为该蛋白质颗粒相对于样品平均离焦量的局部偏离）等信息。这些丢失的信息被称为隐变量，这里用符号 ϕ 表示。从中心截面定理的角度来看，(X,ϕ) 构成了重构所需要的完整数据。单颗粒三维重构的目标是要基于 X 来找出隐变量 ϕ，最终求解出 V。事实上，我们要求解的不仅仅是一个结构 V，例如，当构象柔性存在时，V 可以是具有不同构象的多个结构。同时，由于噪声的存在以及求解过程中存在的不确定性，从统计的角度来讲，求解的结构还应包括数据本身的噪声以及求解的不确定性导致的偏差，例如模型噪声的方差 σ^2，以及对隐变量估计的方差 μ^2 等。这些待求解的信息可以统一用统计模型参数 $\Theta = \{V, \sigma^2, \mu^2\}$ 来描述。在不同的技术发展阶段或文献中，Θ 中包含的内容会有所变化，将在下一节中详述。

在上述多元因素与噪声或各种不确定性的存在条件下，简单地用之前的相关系数类的方法来评估两幅图像（或者说观测照片与模型或模型投影）之间的相似度是不全面的。为了解决这个问题，从结构解析过程的全局出发，人们发展了以概率的方式来描述实验观测图像和重构模型相似度的方法，称为似然度。基于一个给定的模型 Θ 和一些已知的先验信息 Υ，观测到 X 的概率被定义为似然度：

$$\mathcal{L}(\Theta) = P(X|\Theta,\Upsilon) = \int P(X|\phi,\Theta,\Upsilon)P(\phi|\Theta,\Upsilon)\mathrm{d}\phi。$$

其中，$P(X|\phi,\Theta,\Upsilon)$ 为给定 Θ 和 ϕ 时观测到 X 的条件概率，类似于传统意义上的相似度，$P(\phi|\Theta,\Upsilon)$ 是给定 Θ 时 ϕ 出现的概率。似然度 $\mathcal{L}$ 是模型 Θ 的函数，观测量 X 是常数。$P(\phi|\Theta,\Upsilon)$ 的意义在于 $P(X|\phi,\Theta,\Upsilon)$ 描述的相似度受给定的 ϕ 角度的正确性（例如，可能位于某些取向的可能性）的影响，最终给出的似然度是考虑所有角度可能性后积分的结果。

$P(X|\phi,\Theta,\Upsilon)$ 可基于电镜图像的噪声模型求出，推导如下。在傅里叶空间中，电镜的二维图像可建模为

$$X_i = H_i^{\Delta f} R_i^{\phi}(V) + \xi_i,$$

其中，X_i 是样品电镜投影图像傅里叶变换图 X 中第 i 个像素的值；$H_i^{\Delta f}$ 是离焦量为 Δf 时，第 i 个像素上衬度传递函数的值；R_i^{ϕ} 是对三维结构密度图 V 在给定的 ϕ 方向上投影并计算傅里叶变换图的操作算子，其中的下标表示图像中的第 i 个像素的值；ξ_i 是 X_i 像素上的噪声。把上式简单变换可得到观测噪声为

$$\xi_i = X_i - H_i^{\Delta f} R_i^{\phi}(V)。$$

假设傅里叶空间中每个像素上的噪声都是独立的，且是服从零均值高斯分布的白噪声。那么基于先验 Υ 在 Θ 的 ϕ 方向上观测到图像 X 的概率密度是观测到图像中每个像素上高斯噪声的概率积：

$$P(X|\phi,\Theta,\Upsilon) = \prod_{i=1}^{N} \frac{1}{2\pi\sigma_i^2} \exp\left(\frac{|H_i^{\Delta f} R_i^{\phi}(V) - X_i|^2}{-2\sigma_i^2}\right), \quad (26-15)$$

其中，N 是图像 X 中像素的个数，σ_i^2 是第 i 个像素上噪声方差。由于上式存在连乘，实际计算中经常对似然度取对数，将连乘转换为求对数和，得到对数似然度。

在前述的互相关方法和相位残差方法中，图像的相似度实质是比较两幅图像中信号的相似度。而式（26-15）中，似然度依赖的是图像中的噪声。在生物冷冻电镜的场景下，通过低剂量成像获得的生物大分子图像通常信噪比很低，也就是说噪声是占主导地位。因此，基于噪声统计的方式被认为在处理低信噪比数据时具有优势。而实际上，互相关类的方法和似然度方法在实质上存在一致性。仔细观察式（26-15），可以看到其指数中的分子部分类似于计算实验图像 X_i 和计算投影图像 $H_i^{\Delta f} R_i^{\phi}(V)$ 间的欧拉距离（等同于相关系数）。因此，在处理噪声很低的图像（例如很大分子的图像）时似然度方法逼近于相关系数类方法。

26.3.2.3 相似度与三维重构迭代算法

在第 6 章中我们介绍了单颗粒三维重构所采用的迭代精修算法框架。在此框架之上，结合不同的相似度衡量方法，就构成了完整的单颗粒三维重构算法。对中阶段依据相似度评估来确定取向角度参数，重构阶段依据对中阶段得到估计参数或指标重构出新的三维模型。到目前为止，单颗粒三维重构算法的发展大致经历过三种不同的算法阶段，包括结合 AM 算法和相关系数的最大相关算法（maximum cross-correlation,

MCC）的 AM-MCC 算法，把 EM 和最大似然估计算法（maximum-likelihood estimation，MLE）结合的 EM-MLE 方法，以及把 EM 和最大后验概率（maximum a posteriori，MAP）算法结合的 EM-MAP 方法。AM 算法和 EM 算法非常类似，主要差别是 EM 算法中开始用概率的方式来考虑估计过程。

在最早期，人们主要使用 AM-MCC（包括相位残差）的算法。在对中阶段找到一组合适的取向参数 ϕ，以最大化观测到的数据图像 X 与已有重构 V（或者说其投影）的相关系数，这也等价于最小化二者间的欧拉距离：

$$\mathrm{argmax}_{\phi} \mathrm{CC}(X^r, R^{\phi,\Delta f}(V)) = \mathrm{argmin}_{\phi} \sum_{i=1}^{N} |R_i^{\phi}(V) - X_i^r|^2 \, \text{。}$$

其中，R 描述对三维重构 V 的投影（若在傅里叶空间中使用则附加进行傅里叶变换）操作，其上角标 ϕ 和 Δf 表示投影和成像相关的参数，X^r 为图像 X 的实空间版本，下角标 i 为像素索引。在重构阶段，按照求得的最佳取向参数 ϕ，在傅里叶空间中计算三维重构为

$$V = \frac{\sum_{i,j} w_j \cdot R_{i,j}^{-\phi_j}(H_{i,j}^{\Delta f} \cdot X_{i,j})}{\sum_{i,j} |w_j \cdot R_{i,j}^{-\phi_j} \cdot H_{i,j}^{\Delta f}|^2 + C} \, \text{。}$$

其中，下标 i 和 j 分别表示像素和照片的索引，求和遍历全部的照片和像素，$-\phi$ 表示把图像反投影到三维结构，w_j 为与照片质量相关的权重系数；公式中的分母为归一化系数，其中的常数 C 是需要用户指定的一个超参数，在算法发展早期主要用于避免分母出现零值或过小的值，后来被逐渐考虑为维纳滤波常数，发挥滤波的作用。在这一时期，要求解的取向参数 ϕ 和模型参数 Θ（三维重构 V）都被认为是确定的存在。注意，此时上一节提出的模型参数 $\Theta = \{V\}$，其中仅包含三维重构 V。

随着基于似然度的统计方法的发展，最早引入单颗粒三维重构的是基于最大似然估计的 EM-MLE 方法。相对于传统的 AM-MCC 方法，EM-MLE 开始考虑取向参数 ϕ 存在的概率分布；模型参数 Θ 被扩充为 $\{V, \sigma^2, \mu^2\}$，包含了模型相关统计量，但模型本身仍然是确定的。而按照前面似然度讨论中的参数系统设定，在算法的期望步骤，最大似然的优化目标是使体系中的所有数据照片与模型间的似然度最大化，即

$$\mathrm{argmax}_{\Theta} \mathcal{L}(\Theta) = \mathrm{argmax}_{\Theta} P(X|\Theta, \Upsilon) \, \text{。}$$

在重构（最大化）阶段，在傅里叶空间中计算三维重构为

$$V^{n+1} = \frac{\sum_{i,j} \int P(\phi|X, \Theta^n, \Upsilon) R_{i,j}^{-\phi_j}(H_{i,j}^{\Delta f} \cdot X_{i,j}) \mathrm{d}\phi}{\sum_{i,j} \int P(\phi|X, \Theta^n, \Upsilon) R_{i,j}^{-\phi_j}(|H_{i,j}^{\Delta f}|^2) \mathrm{d}\phi + C} \, \text{。} \quad (26\text{-}16)$$

其中，$P(\phi|X, \Theta^n, \Upsilon)$ 是给定第 n 轮迭代的模型 Θ^n 时投影参数 ϕ 的概率分布，对 ϕ 的积分表示最终得到重构是使用角度概率分布作为权重的平均，上角标 $n+1$ 表示第 n 轮迭代的下一轮。这里 $P(\phi|X, \Theta, \Upsilon)$ 存在的意义在于，所有照片都在所有的投影角度（参数）上插入，参与重构，只是不同参数位置上参与重构的权重不同。这是与最大互相关方法的主要区别。在最大互相关方法的重构中，每张照片只在模型匹

配度最好的投影参数方向上参与重构。当模型中不存在噪声时，$P(\phi|X, \Theta, \Upsilon)$ 变为一个狄拉克函数，也就说只在具有最大似然度的位置 ϕ 上不为零，此时最大似然方法等价于最大互相关方法。$P(\phi|X, \Theta, \Upsilon)$ 可以结合贝叶斯公式通过下述的推导过程来计算：

$$P(\phi|X, \Theta, \Upsilon) = \frac{P(\phi, X|\Theta, \Upsilon)}{P(X|\Theta, \Upsilon)} = \frac{P(\phi, X|\Theta, \Upsilon)}{\int P(\phi, X|\Theta, \Upsilon)d\phi}。$$

其中，

$$P(\phi, X|\Theta, \Upsilon) = P(X|\phi, \Theta, \Upsilon)P(\phi|\Theta, \Upsilon),$$

$P(X|\phi, \Theta, \Upsilon)$ 可根据式（26-15）计算，$P(\phi|\Theta, \Upsilon)$ 为投影角度参数在给定模型参数时的概率分布。

进一步地，作为对最大似然方法的改进，人们又发展了基于最大后验估计的 EM-MAP 方法。相对于最大似然估计，MAP 方法进一步考虑了模型 Θ 存在的概率分布，不再仅仅最大化似然度 $P(X|\Theta, \Upsilon)$，而是最大化后验概率 $P(\Theta|X, \Upsilon)$。根据贝叶斯定理，这里的后验概率可分解为

$$P(\Theta|X, \Upsilon) \propto P(X|\Theta, \Upsilon)P(\Theta|\Upsilon),$$

其中相对于似然度 $P(X|\Theta, \Upsilon)$ 多乘了一项 $P(\Theta|\Upsilon)$。$P(\Theta|\Upsilon)$ 是模型 Θ 的先验概率，表示在给定的先验信息条件下，得到模型 Θ 的可能性，其计算公式为

$$P(\Theta|\Upsilon) = \prod_l \frac{1}{2\pi\tau_l^2} \exp\left(\frac{|V_l|^2}{-2\tau_l^2}\right)。$$

其中，l 表示模型 V 中存在的多种不同构象的索引，τ^2 是信号的功率谱（考虑重构 V 为信号）。这里假定在傅里叶空间中，每个像素上的信号都是独立且零均值分布的，因此，τ^2 的强弱实际上可以作为一种先验，来指示模型 Θ 的可靠程度。基于模型先验概率的引入，对模型优化的方向增加了进一步的约束，从而有可能获得更稳定的结果。在此基础上，三维重构的计算公式为

$$V^{n+1} = \frac{\sum_{i,j}\int P(\phi|X, \Theta^n, \Upsilon) R_{i,j}^{-\phi_j}\left(\frac{H_{i,j}^{\Delta_f} \cdot X_{i,j}}{\sigma_{i,j,n}^2}\right)d\phi}{\sum_{i,j}\int P(\phi|X, \Theta^n, \Upsilon) R_{i,j}^{-\phi_j}\left(\frac{|H_{i,j}^{\Delta_f}|^2}{\sigma_{i,j,n}^2}\right)d\phi + \frac{1}{\tau_n^2}}, \quad (26-17)$$

其中，相对于最大似然方法的重构式（26-16），多了 τ^2 和 σ^2 的因子。公式中的 $1/\tau^2$ 作为引入的模型相关的先验信息，对重构进行滤波。例如，当重构出的信号很弱时（τ^2 很小），$1/\tau^2$ 的值很大，使式（26-17）的分母相对变大，起到类似低通滤波的作用。σ^2 不是因为 MAP 方法而引入的，是针对非白噪声而引入的算法修正。上述概率统计方法都在傅里叶空间中对噪声和信号分布的独立性进行了假定，尤其是对噪声的零均值高斯白噪声的假定构成了似然度分析的基础。然而，白噪声的假定不是完全成立的。因为人们发现，在傅里叶空间中，噪声并不是在全空间中以同样的方差分布的，实际上是非"白"的。或者说，噪声是随空间频率变化的带"色"的噪声，一般认为仅仅在同一空间频率上是白噪声。因此在不同空间频率上单独计算 σ^2，以消除不

同频率上噪声的统计差异。总体来讲，目前对噪声的这些假定通过大量实验的验证，基本能够成立。未来更进一步地对噪声分布进行更精确建模，或许能进一步推动三维重构算法的发展。

基于概率统计的算法，主要是 EM-MAP 方法，目前已经是单颗粒三维重构方法的主流方法。在基础的五维取向参数（参见 6.4.2 节）的基础上，通过引入更多的三维重构体系参数，例如构象柔性聚类、局部离焦、高阶像差以及等更高维度参数的精细建模，基于概率统计的方法展现了显著的算法可靠性和精确性，显著推高了单颗粒结构解析的分辨率，在实现原子/近原子分辨率结构解析的过程中发挥了重要的作用。

26.3.2.4 单颗粒结构解析的技术流程

目前冷冻电镜单颗粒技术已经发展出了一套完整的生物大分子结构解析技术流程（图 26-15），整个计算的自动化程度也越来越高。一般的技术流程包括以下步骤：

① 单颗粒数据的采集和预处理。用于制备单颗粒样本的电镜支持膜通常具有规则排列的小孔结构，蛋白分布于小孔中的薄膜冰层中。因此，依托自动化的数据采集软件可以逐个地对小孔进行拍照。目前每天的数据采集量大概能达到数千张，每张照片中所包含的生物大分子颗粒通常有几百甚至上千个。在获取到照片之后，通常需要对获取的照片进行预处理，包括剔除坏的照片、消除照片中的样品漂移以及测定电镜的离焦量参数等。

② 蛋白质颗粒的挑选。早期人们经常使用预先提供的蛋白质颗粒模板，通过图像匹配的方式从蛋白质照片中自动把单颗粒照片挑选出来，以降低人工挑选的工作强度。目前，基于深度学习的目标检测算法已经被大量地用于冷冻电镜单颗粒照片中的颗粒挑选，其精度和准确度以及自动化程度都获得了大幅提升。

③ 图像的二维分类和平均。二维分类是单颗粒图像处理中的一个关键步骤，用于把上一步挑选出来的颗粒照片按照二维图像的相似性进行分类，并把分到同一类中的照片进行对齐后平均，以获得一张高信噪比的平均照片。二维分类的整体算法非常类似于单颗粒三维分类的算法，只是其重构的目标不是一个三维结构，而是一系列的

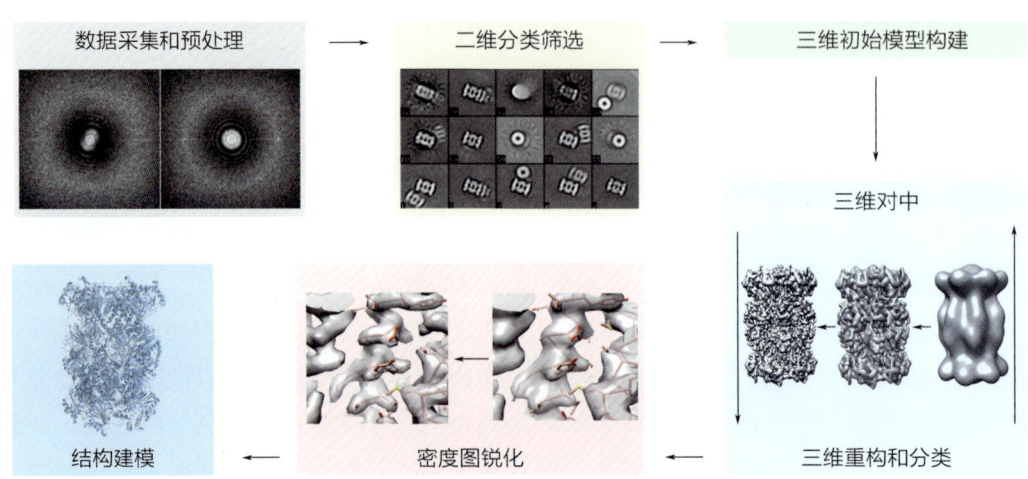

图 26-15 单颗粒三维重构的技术流程图

二维类平均照片。通过二维分类和平均可以进一步对颗粒进行筛选，以去除那些被错误挑选的颗粒，并可以对蛋白质颗粒的结构信息进行初步的分析观察。

④ 对上一步挑选出来的蛋白质颗粒进行三维重构分析，包括进行适当的三维分类。三维分类的主要目标是把具有构象异质性的颗粒分离开来，同时进一步去除那些不太好的颗粒。最后对每一类中的颗粒进行最终的三维重构分析，以获得高分辨率的结构。这是冷冻电镜单颗粒重构的最核心步骤，也是耗时最多的步骤。

⑤ 对最终获得的三维重构结果进行进一步的图像增强处理，以及建立结构模型。通过冷冻电镜单颗粒三维重构最终获得的是蛋白质的电势密度图，反映的是生物大分子中原子电场的电势密度。在不同的分辨率下可以看到不同的结构特征（图 26-16）。当分辨率低于 20 Å 的时候，通常只能看到蛋白质的轮廓；在 10~20 Å 分辨率之间，蛋白的局部结构域轮廓被逐渐地体现出来；在 4~10 Å 之间，随着分辨率的升高，将逐渐能够看到蛋白质中的一些二级结构，比如 α 螺旋、β 折叠以及一些稳定性比较好的单链（loop）结构；当分辨率位于 2~4 Å 之间时，就可以清晰观察到蛋白质结构中氨基酸侧链的轮廓。通常在这个分辨率下构建结构模型已经是相对简单了。当分辨率高于 1.5 Å 甚至达到 1 Å 的时候，分辨率进入到了原子分辨率阶段。这时已经能够直接看到碳、氧和氮这些原子的球状的密度。进一步提高分辨率到 1 Å 以内，就有可能看到更轻的氢原子。

冷冻电镜三维重构提供的电子密度图为生物大分子结构的研究提供了最直接的实验测量结果。依托这些电子密度图目前人们发展了各种不同的结构建模技术，为理解生物大分子的功能结构以及基于结构的药物设计提供了重要的实验数据基础。总之，冷冻电镜单颗粒技术已经成为生物大分子结构解析的重要手段，并仍在高速发展。

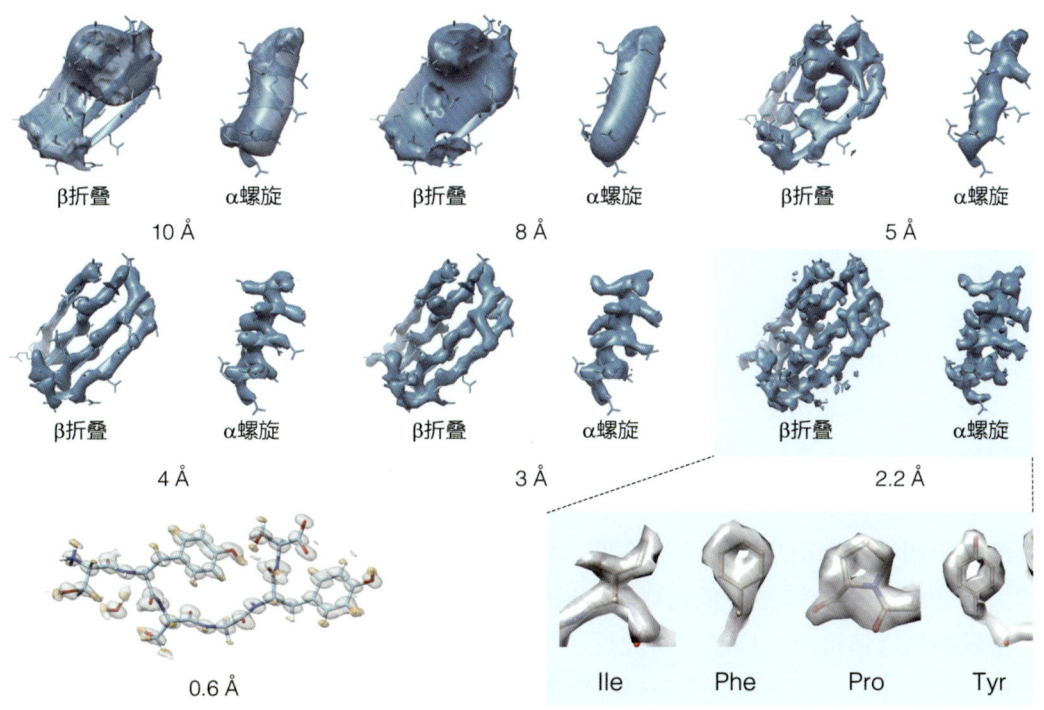

图 26-16　不同分辨率下的蛋白质二级结构

26.3.3 冷冻电子断层成像技术的基本原理

从表面上看，冷冻电子断层成像技术本身要比单颗粒技术简单得多，因为它可以直接获得方向已知的投影照片进行重构。然而，实际上冷冻电子断层成像技术本身面临更多的技术挑战，并且相对于冷冻电镜单颗粒技术来讲，目前其技术成熟度要低得多。

由于低信噪比和缺失楔问题，对冷冻电子断层成像重构出来的密度图进行直接识别和分析通常是困难的，且分辨率不高。为了解决这些问题，人们发展了子断层重构平均（sub-tomogram averaging）的方法。细胞整体的三维重构和细胞原位生物大分子的子断层重构平均技术，目前已经成为冷冻电子断层成像技术发展的关键方向。

（1）冷冻电子断层成像样品制备的基本方法

用于冷冻电子断层成像观察的样品大致可以分成两类。一类是病毒这种比较小的生物体，另一类是细胞或组织这样的样品。对于前者，通常使用类似于制备单颗粒样品的投入式快速冷冻的制备方法。对于后者，往往需要借助于一定的样品冷冻和切割技术。

单颗粒技术中所使用的液态乙烷投入式冷冻方法，通常只能冷冻厚度不超过几微米的生物样本。对大多数游离细胞和病毒来讲，可以使用这种方法制备。对于更厚的样品，通常需要使用高压冷冻的方法来对样品进行冷冻。高压冷冻的基本原理是基于勒夏特-布劳恩原理（Le Chatelier-Braun principle）。常压下水分子之间以能量最低的六边形氢键结合方式结晶，会导致体积膨胀 1/9。而 204.5 MPa 的高压会抑制这种六方冰晶形成。通过高压下的快速冷冻可实现大约 200 μm 厚度以内含水生物样品的玻璃化固定。经验上，为了尽量避免不完全（混杂了晶态冰）的玻璃化固定，控制在 100 μm 以内最佳。对于更厚的样品，比如动植物的组织，在高压冷冻之前还需要预先进行切片，以使厚度减到适合高压冷冻的厚度。

冷冻后的生物样品还需要被继续减薄，以满足弱相位物体近似的条件，以及将样品对透射电子的吸收和非弹性散射控制在较低的水平。通常来讲，最终的样品厚度一般不能超过 200 nm。在早期，人们经常使用金刚石刀切片的方式来对冷冻样品进行切割。这种机械方法切割可以制备薄至几十纳米厚度的样品，但主要问题是会引入比较大的机械应力，导致样品破碎或者引起内部结构受到应力发生改变。在近年来，人们开始使用聚焦离子束（focused ion beam，FIB）来对样品进行切割（图 26-17）。被聚焦加速的离子（常用镓离子）轰击样品表面的一定区域，可以实现对指定样品区域的物质去除。将聚焦的离子束以近乎于平行样品表面的掠射角入射（通常 10°~15°），切割两个相邻的小窗口，就能够在两个窗口之间切割出一个很薄的薄片区域（图 26-17）。聚焦离子束方法主要依托双束扫描电镜中的离子束进行切割。利用电子束和离子束激发的信号还可以对样品进行成像，用来进行切割过程中的辅助定位。目前聚焦离子束方法已经发展为冷冻电子断层成像样品制备的最有潜力的和主要的技术手段。

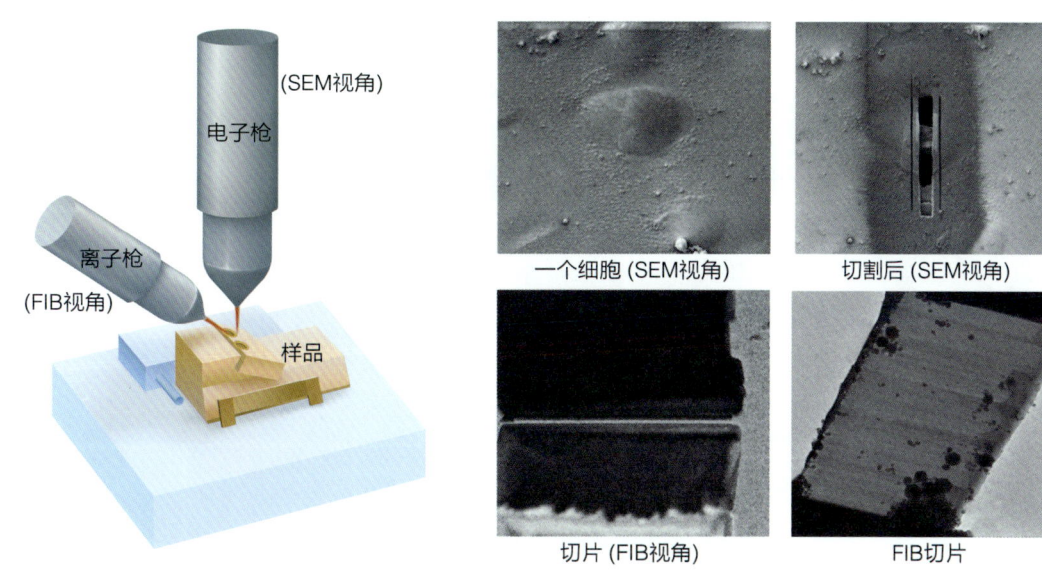

图 26-17 聚焦离子束切割方法制备细胞等冷冻生物样品

在样品的切割制备过程中，样品定位是一个非常关键的问题。冷冻电镜工作的分辨率在纳米和原子分辨率尺度，在给定的相机尺寸下，这相应地导致成像的视野会非常小，通常在 0.5~1 μm 范围。进一步考虑到不超过 0.2 μm 的样品厚度，要在一个数微米甚至数百微米的冷冻样品中找到一个这样大小的目标区域，甚至生物大分子，经常是困难的。为此伴随着聚焦离子束切割技术的发展，人们也逐渐发展出了多种样品定位技术。一种技术被称为光电联用技术（correlated light-electron microscopy，CLEM），这种技术把光学荧光显微镜和电子显微镜成像结合起来。该技术需要在生物大分子上引入荧光标签进行荧光成像，然后再将光学显微镜的照片和电子显微镜的照片通过一定的方式匹配对齐，在电镜下定位出样品的位置（图 26-18A），然后依托定位信息再进行相应的切割或者数据采集工作。另一种方法是利用双束扫描电镜的二次电子成像能力，利用电子在切割的表面上扫描产生的二次电子实现对细胞的成像（图 26-18B），然后再依托对细胞结构的理解，找到感兴趣的样本区域。

（2）冷冻电子断层成像的基本原理

冷冻电子断层成像的数据采集方法可在获得投影像的同时获得投影的角度参数，相对单颗粒方法显得比较简单直接。然而，方法实现中面临的诸多系统性问题导致冷冻电子断层成像仍然是一项极具挑战的工作。

在获得冷冻电子断层成像的系列倾转数据之后，首先需要对拍摄到的照片进行对齐。这是由于冷冻电镜的样品台的机械稳定性不理想，且存在校准误差，这会导致图像平移和角度误差，难以满足高分辨率冷冻电子断层成像的角度精度要求。同时，样品在电子束的辐照下也会发生变形，导致局部投影条件的变化。此外，由于每一张照片成像所使用的电子剂量非常低，导致信噪比非常差，给照片的精确对齐带来了困扰。为了提高对齐精度，一个常用的方法是冷冻之前在样品中添加一些 5~10 nm 直径的金颗粒。这些金颗粒在电镜成像时几乎不透光，因此具有很高的衬度，可用来辅助对电镜照片的对齐。对于一些结构信息鲜明的生物样品，随着冷冻电镜成像技

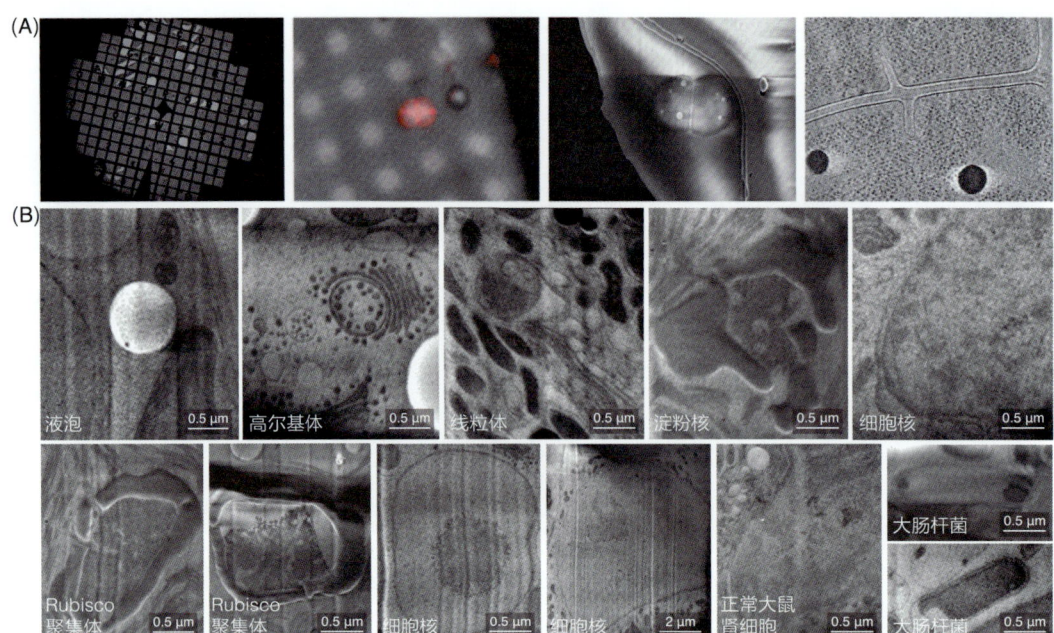

图26-18 聚焦离子束切割时的冷冻样品定位（A）光电联用方法。其中从左到右依次为电镜载网图像，冷冻条件下的荧光成像（红色荧光），聚焦离子束对荧光标记区域切割后看到的细胞轮廓，以及使用透射电镜拍摄的切割出的细胞像。（B）细胞二次电子成像方法。图中显示了在聚焦离子束切割出的平面上，使用二次电子成像对各种不同的亚细胞结构进行成像的结果。（A，引自Sexton D L, et al. *Curr Res Struct Biol*, 2022, 4:1-9；B，引自Lin C, et al. *J Struct Biol*, 2023, 215(3): 108005）

术的发展，图像质量越来越高，一些基于图像特征追踪的对齐方法也被越来越多地采用。

在完成对齐之后，下一步就可以进行三维重构了。对于单颗粒三维重构，按照中心截面定理，通常是在傅里叶空间中进行截面插值来实现的。而对于冷冻电子断层成像数据来讲，每张照片都很大，覆盖亚微米大小的区域，具有几千个像素的图像宽度。对这样大的照片进行傅里叶变换和三维重构，计算代价通常是很高的。因此，在冷冻电子断层成像的三维重构中，人们经常采用实空间重构的方法。实空间重构的算法在原理上完全等价于傅里叶空间中重构的中心截面定理。

最具代表性的一种算法被称为权重背投影算法（weighted back-projection，WBP）。背投影可以认为是投影的一个逆过程（图26-19A）。在投影的过程中，图像上每一个点的数值是把三维物体上沿投影方向与这个投影点相对应的各点求和之后得到的。背投影就是反过来，当先有了投影后，把投影图像上任意一个像素点沿投影方向扫过三维物体，给每个被扫过的点都附加这个像素点的值。这一操作与在傅里叶空间中插入一个与投影方向垂直的截面是等效的。然而，在傅里叶空间中观察这些插入的截面时，会发现低频区域（靠近傅里叶空间中心原点的区域）中用于插值的像素（图6-13A中截面上的圆点）的密度是要远高于高频区域的像素密度。这种信号（插值像素）分布的不均匀会在图像中引入假象。为了消除这个问题，就需要对不同频率上的信号施加不同的权重，以均衡信号的分布。因此，整体的算法被称为权重背投影算法。

还有一种被称为代数重构（algebraic reconstruction）的方法，其中最常用的是同步迭代重构技术（simultaneous iterative reconstruction technique，SIRT）的算法。该算法的底层也是基于背投影算法的，只是在权重计算的机制上采用不同的思路

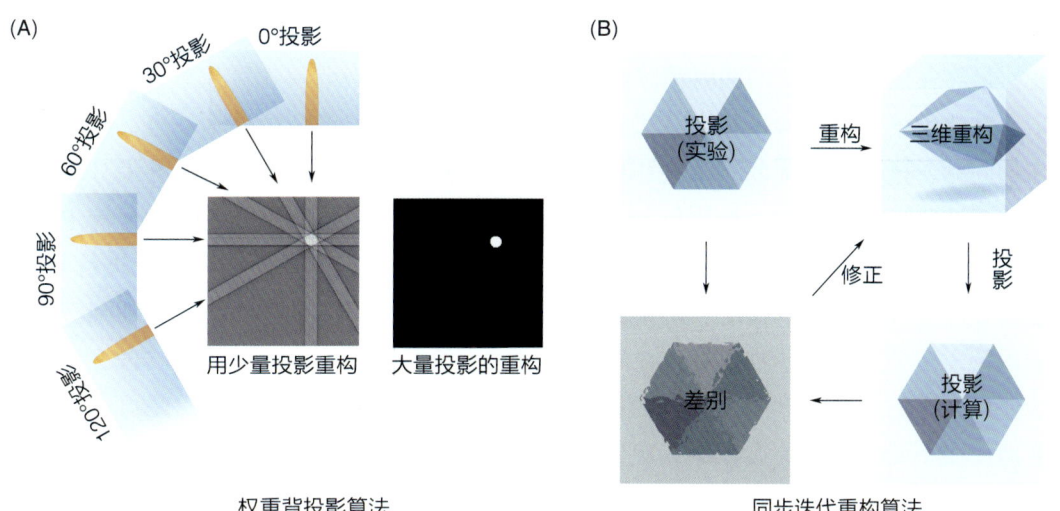

图 26-19 冷冻电子断层成像的三维重构算法示意图

（图 26-19B）。该算法的优化目标是将重构好的三维密度图重新投影回实验照片时能够重现实验照片中的图像信息。如果二者的信息不一致，那么就将这个信息的差异作为一种修正，更新三维重构的密度图。迭代这个过程，直到投影和实验数据的一致性达到指定的标准。

由于低信噪比和缺失楔问题，冷冻电子断层成像重构出来的密度图通常非常难以解释。特别是在沿着信息缺失的方向上，分处上下层的蛋白质颗粒会变得模糊，甚至融合起来难以分辨（见图 6-14）。因此，如何补全缺失的信号以及增强图像的显示，对冷冻电子断层成像来讲是至关重要的。随着人工智能技术的发展，利用人工神经网络对生物结构信息的学习能力，依托一定的训练信息来补全以及改善图像中的结构信息的技术正在快速发展。

（3）子断层重构平均与原位生物大分子结构解析

通过冷冻电子断层成像方法生成的密度图，虽然其中包含了高分辨率的结构信息，但由于受到信噪比和缺失楔问题的影响，其直观分辨率通常不高，一般在 1.0～2.0 nm 分辨率的范围内。因此，为了提高分辨率，解析其中的原位生物大分子结构，需要进行进一步的处理，这就是子断层重构平均技术。子断层重构平均技术的原理和方法与单颗粒技术非常相似，其基本思路是从细胞的冷冻电子断层成像密度图中（图 26-20A），挖取出感兴趣的蛋白质颗粒（图 26-20B），通过对大量颗粒的对齐和平均，来获得高分辨率的生物大分子三维重构（图 26-20C）。该技术与单颗粒技术非常类似，主要区别是子断层重构平均技术的输入数据是三维的颗粒数据，而不是颗粒的二维投影图像。原则上来讲，在细胞中分布的蛋白质颗粒是随机取向的。因此，尽管每一个局部蛋白质颗粒都受到缺失楔问题的

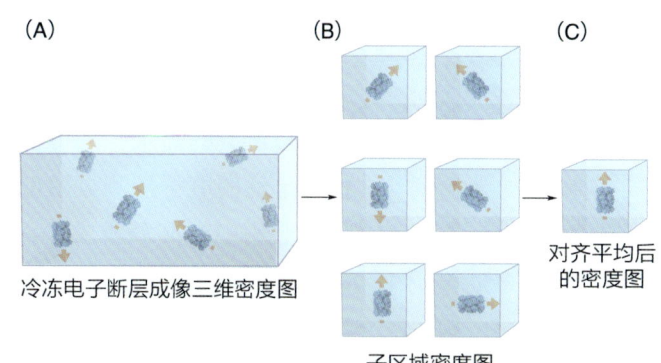

图 26-20 子断层重构平均原理示意图
（A）在细胞的三维重构密度图中挑选颗粒。（B）使用类似单颗粒技术的方法对颗粒进行三维对齐，测定颗粒取向。（C）将对齐的颗粒进行三维重构。

影响，但当对大量取向不同的颗粒进行平均之后，不同颗粒之间的信息可以互相补偿，最终在提高信噪比的同时消除缺失楔问题。

在使用子断层重构平均方法进行结构解析时，相对于单颗粒技术，也存在一些特殊的问题，这是在实际的技术使用中所需要处理和解决的。由于要解析的大分子颗粒是处于细胞环境之中的，被周围的蛋白质等细胞物质所围绕，目前有两种比较主要的处理方式。一种是从重构好的三维细胞结构密度图中直接挖取所需的颗粒进行处理，这种方法的优点是原理简单，但缺点是挖取的颗粒的数据质量受限于整个细胞三维重构质量，主要受大面积样品在电子束辐照时发生的弯曲变形的影响。另一种方法是直接使用原始的倾转系列照片进行最终的三维重构计算。这种方法的优点是可以最大限度地使用不受影响的原始数据，能够更精确地处理不同颗粒的局部离焦量和样品形变引起的问题。但缺点是计算复杂度较高，且受到蛋白质在细胞投影路径上其它重叠蛋白质信号的影响，使最终角度测定精度受限。

尽管目前子断层重构平均方法仍面临诸多困难，尤其是在数据采集效率和数据处理方法方面，但该技术展现出了巨大的应用潜力，使得在细胞原位直接测定生物大分子的高分辨率结构成为可能。

26.3.4 新技术与新进展

使用透射电子显微镜观察生物样品始于上世纪30年代，但对生物样品的观察始终面临着诸多技术挑战，如辐照损伤、样品冷冻以及数据分析算法复杂等。因此，直到2000年之后，冷冻电镜技术才逐步实现了原子级分辨率的结构成像和解析，成为生物大分子或细胞结构高分辨率研究的重要工具。这些进展与多个技术的突破密切相关。

相机技术发展在实现原子分辨率的技术突破中处于至关重要的地位。透射电子显微镜的分辨率在几十年前就已经能够达到原子分辨率，但主要局限在材料科学领域，针对那些无机的晶体材料，比如金属、陶瓷和半导体材料。这些材料对电子辐照损伤耐受度比较高，可承受数百甚至数万电子每平方埃的辐照。因此，通过单次成像就可以直接实现原子分辨率的结构观察。但是，对于不耐辐照的生物样品，冷冻电镜技术就需要应对低剂量成像所带来的一系列问题，从而对冷冻电镜成像和相机的性能产生了比较苛刻的需求。一方面因成像的信噪比很低（通常低于0.1，甚至0.01），需要相机有足够的电子探测灵敏度。另一方面生物样品一般要求亚微米级的成像面积（材料科学应用中的高分辨成像面积通常在几纳米到几十纳米尺寸范围内），以保证足够的数据获取效率或适配样品的尺寸，这就需要在相对较低的放大倍数下成像。从采样定理的角度来看，就是要求相机在接近于采样定理极限分辨率（尼奎斯特频率）的条件下拍照。由于相机的信息记录能力在接近于相机的尼奎斯特频率时会迅速衰减，相应的相机性能评估指标被称为探测器量子效率（detective quantum efficiency，DQE），反映了在不同的空间频率下相机输入和输出信号的谱信噪比的比值。DQE通常在傅里叶空间中随空间频率的增加而衰减。在早期的冷冻电镜成像中（图26-21），人们曾经

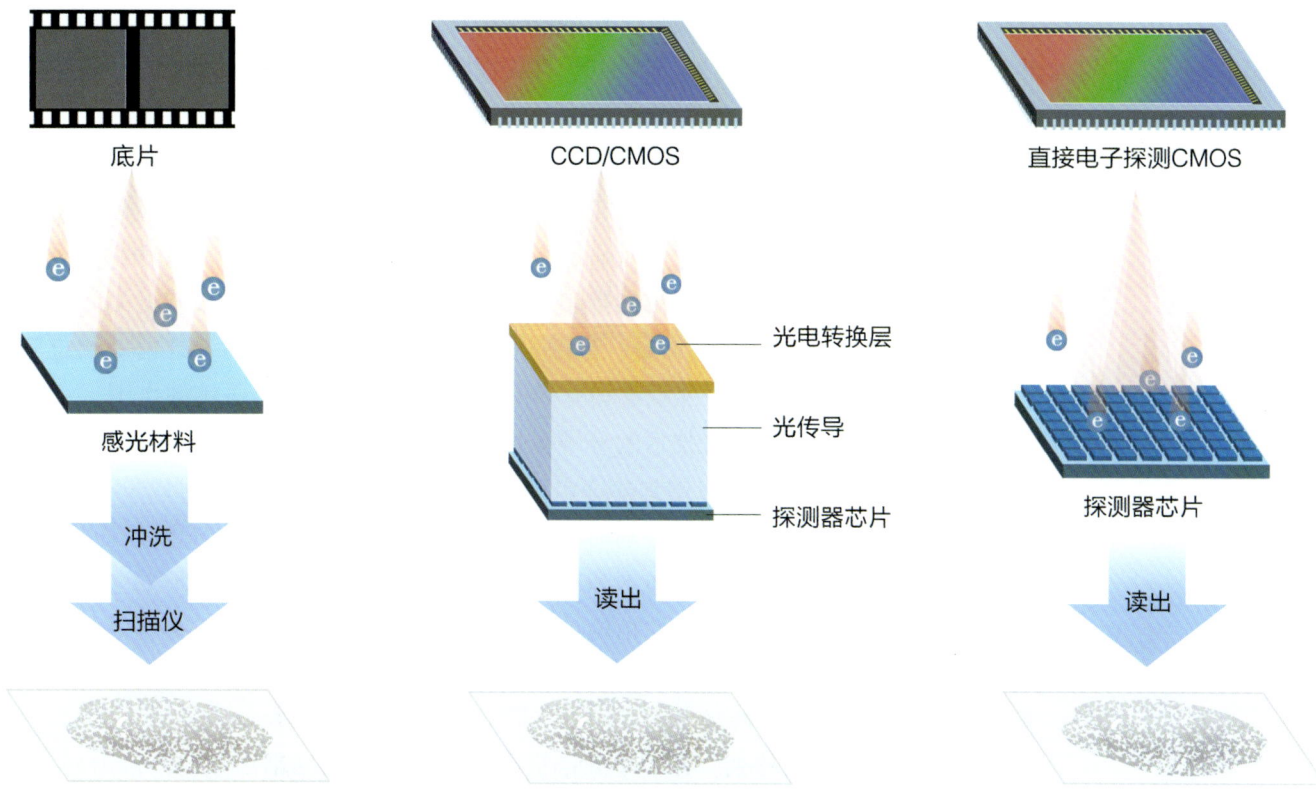

图 26-21　冷冻电镜相机原理示意图

早期电镜以底片方式来记录图像（左）。底片本身利用感光材料来直接记录电子信号，中间转化过程较少，因此对信号的记录能力较强。但其主要缺点是需要定影—显影—扫描这一系列复杂的数字图像产生流程，效率很低，且无法实时看到图像。以 CCD（也有部分基于 CMOS 的）为主的数码相机具有实时的图像记录效率。但是，由于探测器对高能电子辐照耐受能力差，导致形成数码图像需要通过光电转换—光传导—探测器记录的复杂过程，使得图像信号在转换过程中发生显著损失，在生物样品成像条件下无法记录高分辨率信号。直接电子探测相机可以直接探测电子，不需要复杂的电－光转化过程，且快可实现每秒数十到上千帧图像记录的速度。

使用过底片以及具有光电转换层的 CCD 相机，这些相机需要扫描仪扫描或者需要电子到光子的能量转换和传输，导致成像效率很低或者 DQE 随空间频率增加而迅速衰减，无法满足冷冻电镜生物样本高分辨率成像的需求。

为了能够改善相机的高频信号记录能力，人们发展了能够直接探测电子的直接电子探测相机（图 26-21）。直接电子探测技术在 2013 年前后取得快速进展，并且在直接电子探测的基础上实现了电子计数，类似于光学显微镜中的超分辨率荧光技术，从而使相机的信息记录分辨率得到显著提高。同时，直接电子探测相机都具有很高的帧率，这使得拍摄具有多帧的电影模式照片成为可能，改变了之前以单张照片为主的拍照方式。电影模式照片是由一系列连续拍摄的照片（帧）组成，且每帧照片的曝光时间极短，以至于可以忽略样品在曝光期间的运动。电影模式使得追踪冷冻电镜样品在成像时的漂移并实现漂移纠正成为可能。此外，对于多帧的图像，每一帧所记录时样品的累积电子辐照损伤是不一样的。人们研究发现，辐照损伤首先影响的是高分辨率信号，而低分辨率信号可以容忍很大的辐照剂量。这就使得可以按照受辐照的多少对不同帧里的信号施加不同的权重，在尽量保持可用的图像信号同时，也尽量减少受到辐照损伤的结构信号的干扰。最终电子直接探测相机和电子计数技术的应用将单颗粒冷冻电镜技术从亚纳米分辨率推高至近原子甚至原子分辨率。

算法的快速发展一直是冷冻电镜技术发展的一个关键推动力。在相机技术发展的同时，基于贝叶斯统计推断的单颗粒三维重构算法的应用在很大程度上提升了单颗粒三维重构和三维分类的精确度和可靠性，直接助力了冷冻电镜分辨率革命的实现。此外，单颗粒三维重构算法的发展也推动了各种像差计算纠正技术的发展。对每个大分子颗粒的衬度传递函数中离焦量、像散、束倾斜以及各种高阶相差的精确测定和纠正，在推高冷冻电镜单颗粒三维重构分辨率至原子水平中发挥了关键的作用。

随着冷冻电镜结构解析技术的分辨率越来越高，应用范围越来越广。基于人工智能的各种算法技术也逐渐渗透到冷冻电镜技术之中。这些技术大概可以分为几大类：一类是用于蛋白质颗粒识别和分割的目标检测技术；一类是针对冷冻电镜密度图的信息修复的，例如各种图像降噪技术和冷冻电子断层成像中的缺失楔消除技术；还有一类是针对三维重构以及动态柔性结构分析的。这些人工智能技术的应用显著提高了冷冻电镜技术的技术能力和可应用的范围，使得高精度甚至是动态的生物分子结构信息更加易于获得和易于解释。

除了上述提到的技术，还有更多的新兴技术正在不断地被应用于冷冻电镜领域，例如在硬件方面有相位板、图像能量过滤器、图像色差矫正器等，在新的成像原理方面还有叠层成像、扫描透射成像等来自材料科学领域的技术。新的技术和思路的发展正在推动冷冻电镜技术不断向前发展，使之成为在原子水平上理解生命过程的最直接也是最有力的工具。

26.4　扫描电子显微学技术

扫描电子显微镜（scanning electron microscope，SEM）是透射电镜之外的另一种电子显微镜子类型，广泛应用于材料科学和生命科学等微观结构研究领域。与透射电镜不同，扫描电镜利用聚焦的电子束在样品表面进行栅格式扫描成像。扫描电镜除了用于研究样品表面的结构形貌之外，还可使用丰富的激发信号来形成与成分或样品表面状态相关的图像。

26.4.1　成像原理与二次电子像

扫描电子显微镜的结构主要由两部分组成：一部分是光源部分，用于产生会聚的电子束并控制电子束在样品表面进行栅格式逐点扫描；另一部分是探测器，用于探测从样品表面上激发出来的信号。扫描栅格与图像的像素栅格点对点对应。在每个扫描点上激发出来的信号被探测器探测到之后，相应的信号强度会被记录到图像对应的像素之上。不同于透射电镜的多像素探测器（相机），扫描电镜的探测器是一种单像素探测器。同一台扫描电镜中可能会有多个不同的探测器，位于不同位置或有不同的探测原理，用于接收不同的激发信号。

来自光源的入射电子（或称初级电子）打到样品后，会与样品的表面发生相互作用，激发出多种不同的信号（图26-22）。这些信号主要包括背散射电子、二次电子、X射线、俄歇电子、阴极荧光等带电粒子和光子。这些信号被不同的探测器接收到，进而产生样品图像。二次电子和背散射电子是扫描电镜成像的最常用信号。

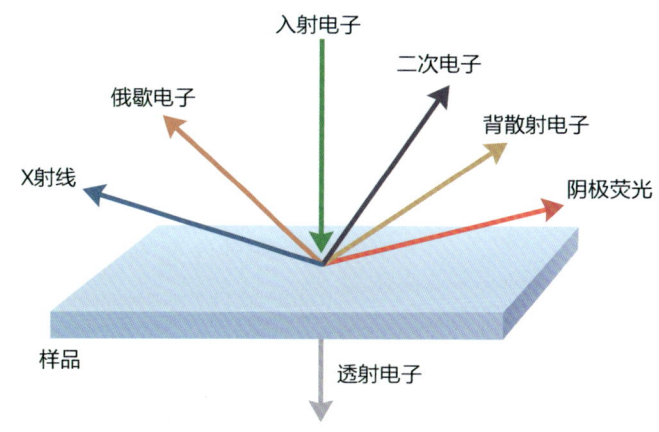

图 26-22　入射电子与样品相互作用

背散射电子是初级电子束与样品中原子核进行弹性散射或非弹性散射后产生的与初级电子入射方向大致相反的高能电子，范围最大可达样品数百纳米的深度。背散射电子从样品表面逃逸出去的方向和数量与初级电子入射方向和样品表面之间的夹角有关，从而能够表征样品表面的形貌信息，形成形貌衬度。同时，背散射电子的产率与样品平均原子序数也相关。平均原子序数越高，背散射电子越多，图像就越明亮。因此，被散射电子也常被用于原子序数衬度成像。

二次电子是初级电子与样品表面弱束缚价电子产生非弹性散射而激发的电子，能量一般小于 50 eV，产生深度在样品表面 10 nm 内。二次电子对样品表面形状非常敏感，产生形貌衬度，能有效地反映出样品表面的形貌细节。一般来讲，二次电子的激发与样品成分关系不大，因此二次电子像的衬度主要是与样品的形貌相关的。同时，由于二次电子的能量比较低，其从样品表面逃逸的概率受到样品表面电荷电场的显著影响，使其成像衬度易于受到样品表面电场状态的影响。扫描电镜中二次电子有多种不同的产生方式，通常被划分为几个不同的类型。由入射的初级电子轰击样品直接激发的二次电子，被称为一型二次电子。由背散射电子在样品内运动激发的二次电子，称为二型二次电子。由初级电子和样品台、电镜腔室壁以及电子枪极靴发生碰撞而产生的二次电子，称为三型二次电子。一型二次电子的发射位置直接和电子激发位置相关，位置精度最高，因此一型电子的成像分辨率最高。二型二次电子是在背散射电子逃逸出样品时激发，其逃逸位置相对于入射电子位置可能有较大的差别，因此其成像分辨率不如一型二次电子高。三型二次电子一般被归为系统背景噪声。二次电子的成像分辨率最高可达到 5 ~ 10 nm。

26.4.2　生物样品表面形貌表征

扫描电镜在生命科学中的应用多数是为了获取生物样品表面的精细结构特征。由于扫描电镜的样品台区域和透射电镜类似，是一个真空环境，从而也需要对样品的含水问题进行处理，例如冷冻或干燥。此外，多数生物样本及其表面都是电的不良导体，电子束入射导入的电荷经常会对二次电子成像造成显著的干扰，产生大面积阴影或导致图像模糊。因此，生物样本一般需要经过一定的表面处理或样品制备流程后才能使用扫描电镜进行观察。

根据样品的结构特点和研究目的不同，扫描电镜中的样品处理方法也不尽相同。对于表面干燥的样品，如植物种子、花粉、毛发和昆虫外壳等，经过表面清理就可以直接置于样品台上成像观察（图 26-23A）。对于外层含水量较少的样品，比如植物的茎、叶、细菌和藻类等样品，常用的方法是经过快速冷冻和表面升华后，再放入扫描电镜观察（图 26-23B、C）。对于动植物组织内部、培养的细胞和水生生物等含水量较大的样品，需要经过取材、化学固定、脱水、干燥和树脂包埋等过程后，才能放入扫描电镜中观察（图 26-23D）。

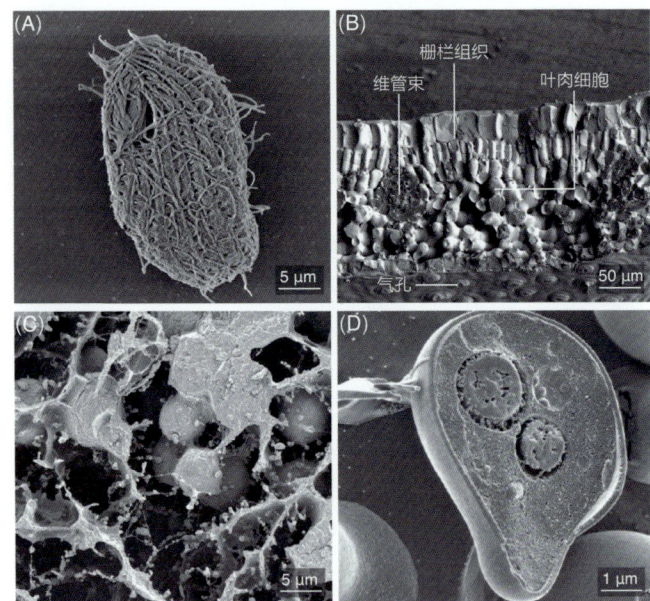

图 26-23　扫描电镜观察不同类型样品表面特征
（A）四膜虫表面。（B）植物叶片断面，显示植物栅栏组织、叶肉细胞、维管束和气孔。（C）乳滴混合液。（D）酵母细胞断面。（A，刘炳成惠赠；B-D，李晓敏惠赠）

26.4.3　冷冻蚀刻技术

冷冻刻蚀技术（freeze-etching）是一种用于观察含水生物样本精细结构特征的技术，能够观察到断裂面上细微的膜性结构及膜上蛋白质。该技术流程包括如下的步骤（图 26-24A）：首先用液氮或者液氦快速冷冻样品，然后将冷冻后的样品快速转移到冷冻蚀刻仪器中，用刀片断裂样品。冷冻的样品往往会从结构相对脆弱的地方断裂开，比如膜上磷脂双分子层间的疏水位置。这样就会暴露出膜上的蛋白质。在真空中升华可以进一步增加蛋白质在膜上的浮雕效果。而后沿 45°入射角在样品表面镀上一层细腻的重金属膜，比如铂，用于形成形貌对比衬度；之后再沿 90°喷镀一层碳膜，以稳定重金属膜，形成一层复型膜。然后使用腐蚀的方法将生物组织去除，取下复型膜。之后将复型膜移到电镜载网上进行扫描电镜或者透射电镜观察。样品也可以在镀完重金属膜后直接利用扫描电镜观察断裂面细节。冷冻刻蚀的样品通过快速冷冻制备，其展示结构接近于活体状态。图 26-24B、C 是使用扫描电镜观察叶绿体断裂面展示的不同光强对叶绿体膜上光合作用蛋白质分布排列的影响。冷冻蚀刻制备的复型膜，具有很强的立体感且能耐受电子束轰击和长期保存。

26.4.4　扫描电镜三维成像技术

扫描电镜相对于透射电镜来讲具有巨大的样品室空间，从而可以集成样品切割装置来实现对样品的微加工，以及实现基于微加工的三维成像。扫描电镜中常用的微加工装置有金刚石刀连续切片装置和聚焦离子束装置。集成了聚焦离子束装置的扫描电

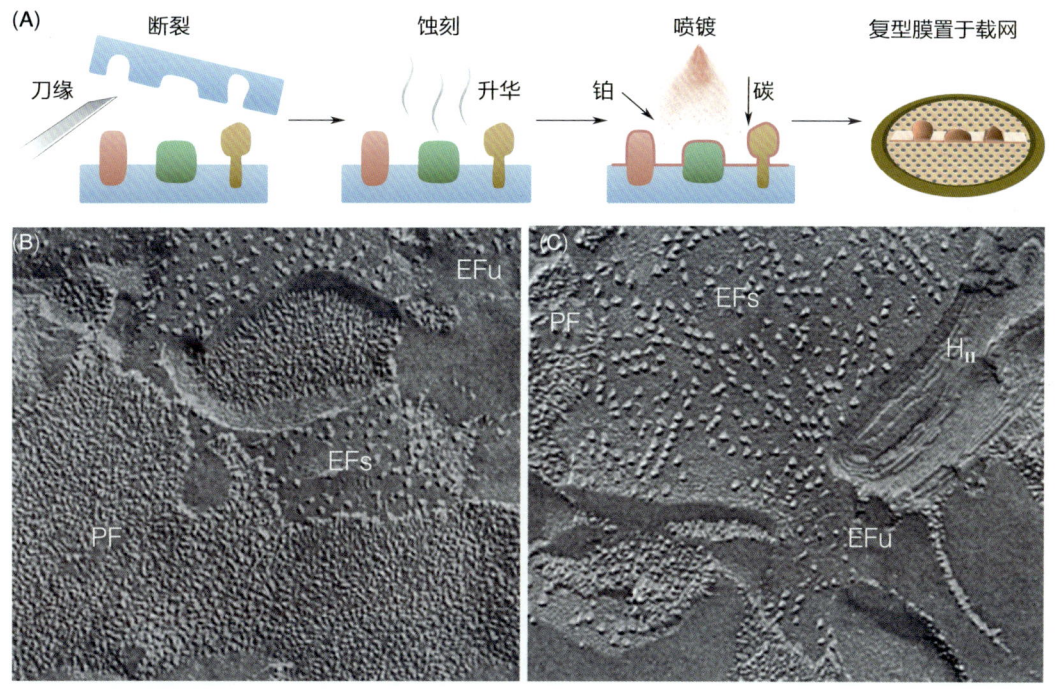

图 26-24 冷冻蚀刻技术流程和应用
（A）冷冻蚀刻技术步骤。（B）高光强条件下的叶绿体类囊体膜。（C）低光强条件下的叶绿体类囊体膜。图中 EF（exoplasmic fracture）表示基粒内断裂后暴露出的断裂面，PF（protoplasmic fracture）表示叶绿体基粒外表面断裂面。EF 后的 s 表示叶绿体基粒垛叠处的膜区域（stacked membrane），u 表示叶绿体基粒非垛叠处的膜区域（unstacked membrane）。（B、C，引自 Kirchhoff H, et al. Biochemistry, 2007, 46 (39): 11169-11176.©2007 American Chemical Society）

镜也被称为双束扫描电镜。扫描电镜中集成的金刚石刀连续切片装置通常只在常温下切割经过树脂包埋处理的生物样品，可以把一个样品切成多个连续的薄片。聚焦离子束切割是一种物质去除型的切割方式。因此，使用聚焦离子束切割通常是为了观察切割后暴露出来的平面区域，可以用于常温和冷冻两种样品的切割。基于样品切割的三维成像技术大概有两种主要的思路或方法。

一种方法是将体样品切割为一系列薄片后再通过分析获得三维结构信息，主要针对经过树脂包埋处理的常温体样品。大块体样品首先经过金刚石刀连续切割，形成适合透射电镜成像的薄片。然后，将这些薄片转移到透射电镜中，用前述的电子断层成像方法进行成像和三维重构。最后，通过将所有切片的三维重构密度图拼接起来，得到体样品的三维密度图。这种方法获得的三维结构分辨率主要受限于样品成像分辨率以及染色和树脂包埋处理后能够保留下来的样品结构细节。这种方法的另一个显著缺点是数据采集、样品保存和三维重构过程比较复杂。

另一种方法是以连续切片方式不断地暴露出新表面，通过表面成像，拼接重构出样品的三维结构。这种方法操作起来比较简单，重构出的结构分辨率在切割方向上由切片厚度决定，在平行于切片的方向上由扫描电镜成像分辨率决定。对于切割表面成像，需要根据不同的样品形式选择不同的方法。常温染色样品因采用了重金属染色，成像衬度来自重金属元素，因此常用背散射电子成像。对于直接冷冻未经染色处理的含水生物样品，其成分主要是生物体本身的碳、氢、氧和氮等轻元素，背散射电子像衬度差，可以用二次电子来成像。根据切割去除的方法不同，该方法又分为两类。一类是基于金刚石刀切割的方法，主要用于染色和包埋处理后的常温样品，常见方法有系列块表面扫描电镜技术（serial block-face SEM，SBF-SEM）和自动化带收集超薄切片扫描电镜成像技术（automatic tape-collecting ultramicrotome SEM，ATUM-SEM）。另一类是使用聚焦离子束进行切割的方法，例如聚焦离子束扫描电镜技术（focused ion beam SEM，FIB-SEM）。下面对这几个方法进行更加详细的介绍。

系列块表面扫描电镜技术（SBF-SEM）是将配有金刚石刀的超薄切片机整合到扫描电镜中（图 26-25A）。在扫描电镜真空腔室内对树脂包埋的样品块用金刚石刀在原位进行削片，用扫描电镜对暴露出来的切面拍照成像，而后再沿着样品厚度（z 轴）的方向不断切片，并对新鲜的切面连续成像，这样进行下去就可以获取样品沿 z 轴的一系列二维照片，然后将这些二维照片合并重叠就能够得到大尺度样品的三维结构。目前该技术的分辨率能达到 xy 面内 5 nm，z 轴方向上 10 nm。z 轴方向上的分辨率取决于金刚石刀切片时的厚度。自动化带收集超薄切片扫描电镜成像技术（ATUM-SEM）也是在切片机上用金刚石刀对样品进行连续超薄切片，但在切片的同时使用一个连续转动的收集带来收集切片，并将切片转移到硅片上按次序保存（图 26-25A）。之后，再使用扫描电镜成像对切片成像，获取连续的一系列二维照片，并将照片按层拼接重构出三维结构。ATUM-SEM 技术相对于 SBF-SEM 的优势是可将切片和成像分开，获得图像的同时也能将样品保存下来，供科研人员对珍贵样品反复研究；也可以将切片用于透射电镜，提高了数据采集利用率和实验操作上的灵活性，但分辨率较第一种方法低。这两种方法处理的样品的尺度都能到毫米级。

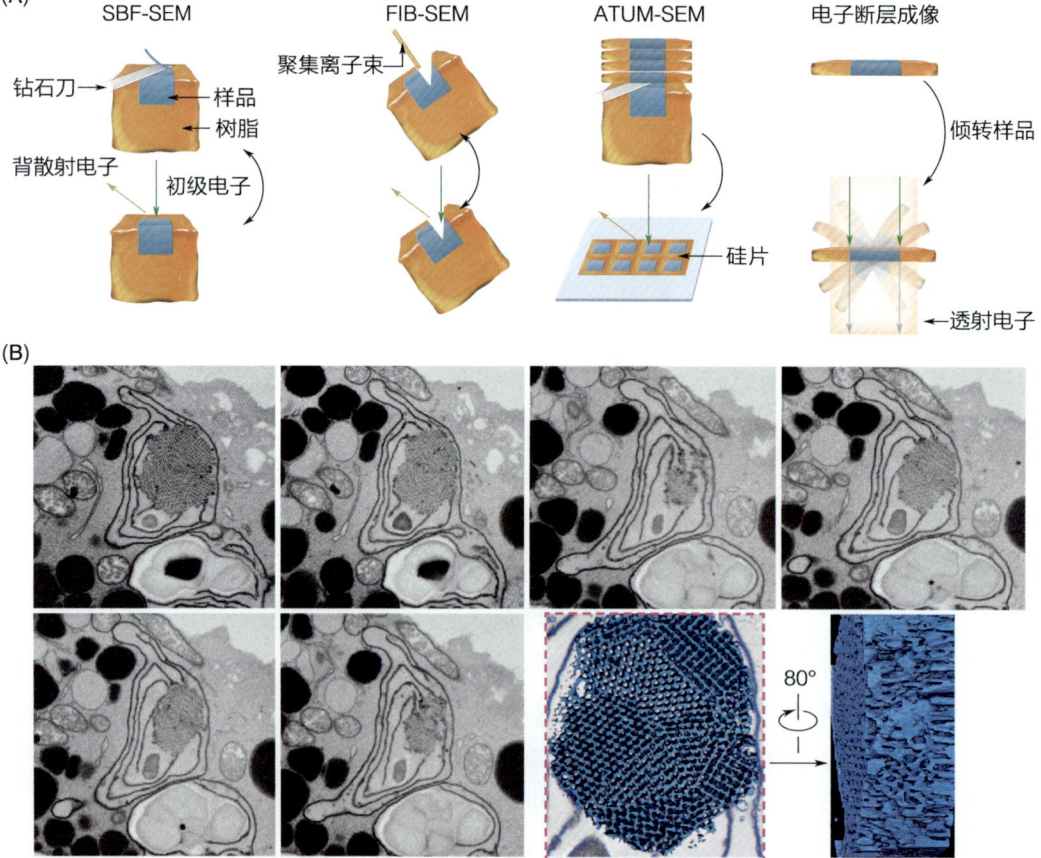

图 26-25　利用扫描电镜研究样品三维结构技术　（A）几种扫描电镜和透射电镜研究样品三维结构技术示意图。（B）用 FIB-SEM 研究高等植物未光照叶绿体的黄化质体三维结构。

SBF-SEM 和 ATUM-SEM 都是采用钻石刀对样品进行剪切，这个过程中有可能出现褶皱和碎片，且切割应力会影响生物结构，不利于扫描成像。而且使用金刚石刀切割也很难保证切片厚度和精准度。为了解决这个问题，近年来聚焦离子束被越来越多地使用，以提高切割精度和消除切割引入的结构应力破坏问题。聚焦离子束扫描电镜技术（FIB-SEM）在扫描电镜舱室中用聚焦离子束取代金刚石刀对样品进行连续减薄，在暴露出样品表面后进行扫描电镜成像。这个过程与 SBF-SEM 相似，但是聚焦离子束减薄更加精准，切割出的表面也更加平整。目前该技术的分辨率能达到 xy 平面内 3 nm，z 轴方向上 3 nm。而且该方法不仅限于常温染色包埋样品，也适用于冷冻含水生物样品。FIB-SEM 目前是微米级尺度下获取样品三维结构的分辨率最高的方法。作为一个示例，图 26-25B 展示了叶绿体光形态建成过程中未见光时黄化质体（etioplast）的结构。该样品使用高压冷冻方法冷冻，在冷冻替代后经树脂包埋制备成常温样品。然后，利用聚焦离子束按 5 nm 步长消减厚度，得到整个黄化质体的一系列照片，最终重构得到三维结构密度图。密度图中展示了一个网格结构（prolamellar body）。

上面基于切片的成像技术是对样品切开后的刨面进行扫描成像的。刨面通常是平整的，形貌信息非常微弱。因此，对于经过树脂包埋后的染色生物样品，主要是利用背散射电子进行成像，反映出样品中重金属染色剂在不同生物结构中的分布状态，得到反映样品结构的成像信息。对于冷冻之后的含水生物样本，其中不包含重金属元素，二次电子成像信号很弱，但人们发现在特定成像条件下可以使用二次电子成像的方式来获得生物结构的图像。这里二次电子的衬度产生可能与切割暴露出的细胞内容物的极性结构有关，含水量较高的区域通常体现为明亮的衬度，而脂类成分较高的区域以及蛋白质聚集体都显示为较暗的衬度。这种二次电子成像的分辨率基本能够达到常温样品同样的水平，可实现对不同生物样品各种膜结构、细胞器、核仁、异染色质、核孔复合体等结构精准成像（图 26-26）。

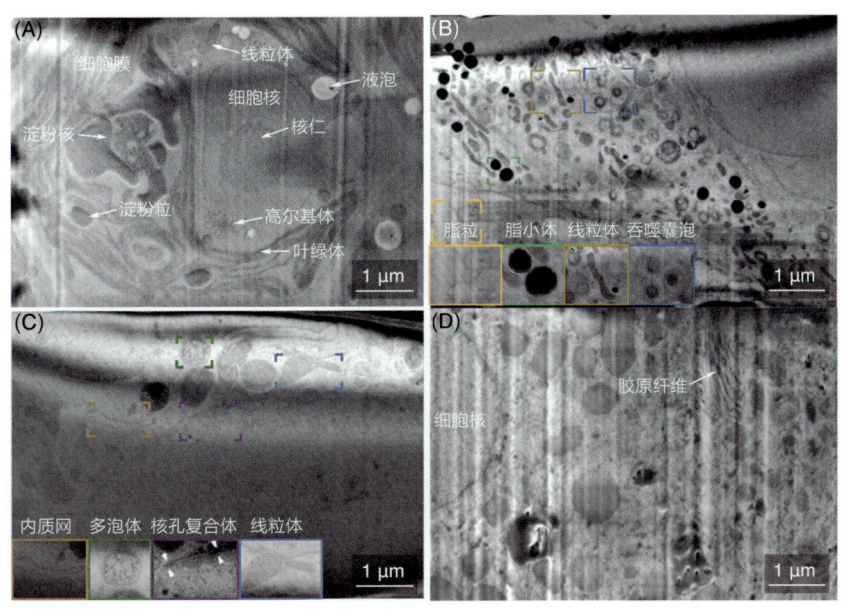

图 26-26 通过聚焦离子束切割暴露出的冷冻含水生物样品切面的二次电子像
（A）衣藻。（B）人皮肤鳞癌细胞。（C）HeLa 细胞。（D）小鼠肝脏组织。

※ 本章小结

显微成像技术是现代科学研究中用于观察和分析物质微观结构的重要工具。该技术通过各种方法放大样本细节，使研究者能够洞察到肉眼无法分辨的微观世界，对于生物学、医学、材料科学和纳米科技等领域的发展具有深远的影响。

在本章中，我们介绍了显微成像的基本原理和多种类型的显微镜，涉及使用不同类型的波（光波或电子波）作为探测源，并通过透镜或电子束扫描等手段实现成像。光学显微镜利用可见光照明样本，并通过透射或反射光观察，具有成本低廉、操作简便的特点，但其分辨率受限于光波的衍射特性。相比之下，电子显微镜使用电子束，能够达到更高的分辨率，甚至达到原子级别，但设备成本较高。显微成像中的一些关键概念包括光路、透镜成像原理、像与衍射、傅里叶变换、波函数、分辨率、点扩展函数和采样定理等。这些概念共同构成了显微成像的理论基础，对于理解和改进成像技术至关重要。

本章还详细介绍了各种显微镜所采用的成像技术，主要包括光学显微技术、冷冻透射电子显微学三维重构和扫描电子显微成像技术。光学显微技术通过不同的成像模式（如明场、暗场、偏光、相差等）提高成像对比度和分辨率。我们着重探讨了超分辨率成像技术，这些技术通过各种方法突破了传统光学衍射极限，实现了更高分辨率的成像。例如，受激辐射损耗技术和单分子定位技术等。冷冻透射电子显微学方法通过结合使用电子束和特殊的样品制备技术，实现了生物大分子结构的原子级分辨率三维结构重建。单颗粒三维重构技术是一项关键技术，它允许研究者从随机取向的生物大分子颗粒中获取结构信息。通过计算方法确定颗粒的取向并进行三维重构，可以获得接近原子分辨率的结构密度图。冷冻电子断层成像技术则适用于非重复性生物样本，如细胞和细胞器，通过样品的旋转和成像，构建出细胞内的三维结构密度图。扫描电子显微镜则通过电子束与样品相互作用产生的信号来观察样品的表面形貌和成分分布。扫描电子显微镜的三维成像技术利用了样品切割和微加工技术，如聚焦离子束和连续切片技术，来获取样品的三维结构信息。这些技术能够提供高分辨率的三维图像，有助于研究者更好地理解样品的微观结构。

本章希望通过基本原理和常用技术原理的介绍，让读者能够理解显微成像的基本概念和应用；并通过对一些问题的探讨，使读者可以对显微成像技术的原理和应用有更全面的认识。

※ 思考题

1. 为什么说傅里叶变换和理想凸透镜在功能上是非常一致的？

2. 如何理解点扩展函数和卷积计算，二者的关系是什么？在一个光学系统中，点扩展函数是如何影响分辨率的？

3. 结构光超分辨通过条纹来实现频域搬移，所能移动的频域范围由什么决定？线性结构光能够实现的最高分辨率是多少？

4. 受激辐射损耗超分辨利用环形光的损耗效应实现超分辨。其损耗效率由什么决定？有哪些方法可以实现低功率下的超分辨？

5. 如果要实现 20 nm 的单分子定位超分辨成像，则样品的染色浓度需要达到多少分子每平方微米？如果物镜的数值孔径是 1.4，发射波长是 600 nm，则探测的光子数 N 要达到多少以上，才可以实现这一分辨率？

6. 透射电镜成像的三种衬度形成理论的共同点是什么？

7. 透镜的像差对一个显微镜来说一般是不利的，但是，为什么在透射电镜中物镜像差反倒成了实现相位衬度成像的关键因素？这些像差对透射电镜成像是否也存在一些负面效应呢？

8. 结合之前章节的学习，厄瓦耳反射球作图的原理和中心截面定理之间的关系是什么？

9. 单颗粒三维重构的分辨率是如何估计的？影响单颗粒三维重构分辨率的因素有哪些？

10. 冷冻电子断层成像技术和单颗粒技术的异同点有哪些？

11. 基于扫描电镜的生物成像和透射电镜生物成像有哪些原理上的不同？二者可以互相取代吗？为什么？

12. 生物样品的冷冻为什么一定要形成非晶态的冰？

※ 扩展阅读

图书

陈梦谪. 金属物理研究方法：第二分册 [M]. 北京：冶金工业出版社，1982.

王蓉. 电子衍射物理教程 [M]. 北京：冶金工业出版社，2002.

李方华. 电子晶体学与图像处理 [M]. 上海：上海科学技术出版社，2009.

南京工学院数学教研组. 积分变换 [M]. 北京：高等教育出版社，1978.

Frank J. Three-dimensional electron microscopy of macromolecular assemblies[M]. 2nd ed. Oxford: Oxford University Press, 2006.

Lakowicz J R. Principles of fluorescence spectroscopy[M]. 3rd ed. New York: Springer, 2010.

Murphy D B, Davidson M W. Fundamentals of light microscopy and electronic imaging[M/OL]. 2nd ed. Hoboken: Wiley-Blackwell, 2013.

综述

Jacquemet G, Carisey A F, Hamidi H, et al. The cell biologist's guide to super-resolution microscopy[J]. J Cell Sci, 2020, 133(11):jcs240713.

Sahl S J, Hell S W, Jakobs S. Fluorescence nanoscopy in cell biology[J]. Nat Rev Mol Cell Biol, 2017, 18(11):685-701.

研究论文

De Rosier D J, Klug A. Reconstruction of three dimensional structures from electron micrographs[J]. Nature, 1968, 217(5124):130-134.

Dubochet J, Chang J J, Freeman R, et al. Frozen aqueous suspensions[J]. Ultramicroscopy, 1982, 10(1/2):55-61.

Grant T, Grigorieff N. Measuring the optimal exposure for single particle cryo-EM using a 2.6 Å reconstruction of rotavirus VP6[J]. eLife, 2015, 4:e06980.

Henderson R, Unwin P N T. Three-dimensional model of purple membrane obtained by electron microscopy[J]. Nature, 1975, 257(5521):28-32.

Li X M, Mooney P, Zheng S, et al. Electron counting and beam-induced motion correction enable near-atomic-resolution single-particle cryo-EM[J]. Nat Methods, 2013, 10(6):584-590.

Liao M F, Cao E H, Julius D, et al. Structure of the TRPV1 ion channel determined by electron cryo-microscopy[J]. Nature, 2013, 504(7478):107-112.

Lin C, Zhang L, Zhang Z Y, et al. Locating cellular contents during cryoFIB milling using cellular secondary-electron imaging[J]. J Struct Biol, 2023, 215(3):108005.

Marton L. Electron microscopy of biological objects[J]. Nature, 1934, 133(3372):911.

Merk A, Bartesaghi A, Banerjee S, et al. Breaking Cryo-EM resolution barriers to facilitate drug discovery[J]. Cell, 2016, 165(7):1698-1707.

Sigworth F J. A maximum-likelihood approach to single-particle image refinement[J]. J Struct Biol, 1998, 122(3):328-339.

Taylor K A, Glaeser R M. Electron diffraction of frozen, hydrated protein crystals[J]. Science, 1974, 186(4168):1036-1037.

27 单分子技术

单分子技术是指在微观尺度上，对单个或少数几个分子进行测量与操控的相关技术的集合。依据所测得的物理信号类型，单分子技术可大致分为三个主要类别：电学技术、光学技术和力学技术。由于篇幅有限，在本章中我们将简要介绍其中具有代表性的技术方法。

微观尺度上的分子结构、其动态变化以及分子间的相互作用构成了生命过程的基础。对分子性质的精确测量与表征，是生物物理学研究不可或缺的一部分。由于测量技术灵敏度的限制，研究者长期无法直接观测单个分子，而必须将大量分子同步至一致的状态，以便利用X射线晶体衍射、等温滴定量热法、表面等离子共振等系综测量技术测量大量分子的宏观或均一的物理和化学性质，包括解析分子的结构、定量热力学和动力学参数等。

自20世纪70年代以来，测量技术的灵敏度得到了突破性的提高，这使研究者有能力直接测量并分析单个分子的性质，无需耗费大量时间与精力将众多分子同步至同一状态或构象。单分子分析技术带来的技术革新，使得研究人员仅需少量样本，便能在非平衡态乃至平衡态下，定量地表征分子的动态行为，测量相互作用的动力学和热力学参数，揭示传统系综测量中隐藏的分子瞬态、分子间异质性、平行反应路径等关键信息，从而深化了我们对分子性质与功能的理解。

尽管生命体的细胞内含有大量的生物大分子，然而某些承担关键生化过程的生物大分子浓度却仅维持在纳摩尔至皮摩尔水平，表明这些至关重要的生物大分子在细胞中的数量极为有限。单分子技术的高灵敏度以及表征分子层面自发随机过程的理论模型，为研究这类生物大分子和其调控的生化过程提供了卓越的技术手段和理论基础。

27.1 单分子的特性

通常来说，单个分子的性质表现出以下特性（图 27-1）：

首先，在单分子水平测量得到的物理量，如电信号、光信号和力信号，往往都呈现出离散化的特性，即分子只停留在一些特定的状态。由于状态之间不存在其它中间态，因而分子在不同状态之间的转变都呈现出突跃的特性。与之相对应的，系综测量得到的往往是大量分子性质的加和或平均，因而其整体性质的改变通常呈现为渐变性。

其次，在单分子层面对动态过程进行表征时，最直观的物理量是分子在特定状态中的停留时间（又被称为驻留时间）。通过对大量分子在某一特定状态下驻留时间的统计，我们能够获得该类分子离开该状态的随时间变化的概率分布，从而进一步计算出分子发生化学反应或是在不同状态之间转变的反应速率常数。

再次，鉴于分子在各个不同状态之间的转变是在其转变概率的支配下随机发生的，因此，即使起始状态相同的分子，它们随时间演变的过程也并不一致。转变概率所固有的随机性导致了分子间的非均质性，故在实验研究中需对众多分子进行测量，以期得到在统计学上具有可靠性的结果。

最后，处于热力学平衡状态的宏观系统，其内部各类分子的组成比例以及可测量的各种物理量均不会随时间而变化。然而，在微观尺度上，分子处于动态平衡中，即在各个可及的状态之间自发地、随机地发生转变，并且在统计意义上遵循热力学平衡的原则。因此，即便对处在热力学平衡状态的系统进行单分子级别的测量，也能够准确量化其重要的动力学和热力学参数，这是通过宏观的系综测量所无法实现的。

27.2 单分子电学技术

27.2.1 膜片钳

人类第一次实现对单个蛋白质分子的活动进行观测，来自对离子通道的电学研究。离子通道是一类特殊的膜蛋白，开放之后允许特定的离子跨越细胞膜流动。离子通道是细胞电活动的基础，其动力学特性和结构特点在本书第12章中有详细的描述。早期对离子通道的研究集中在大量离子通道共同作用产生的宏观电流。例如，当一个细胞的膜电位从 –100 mV 快速

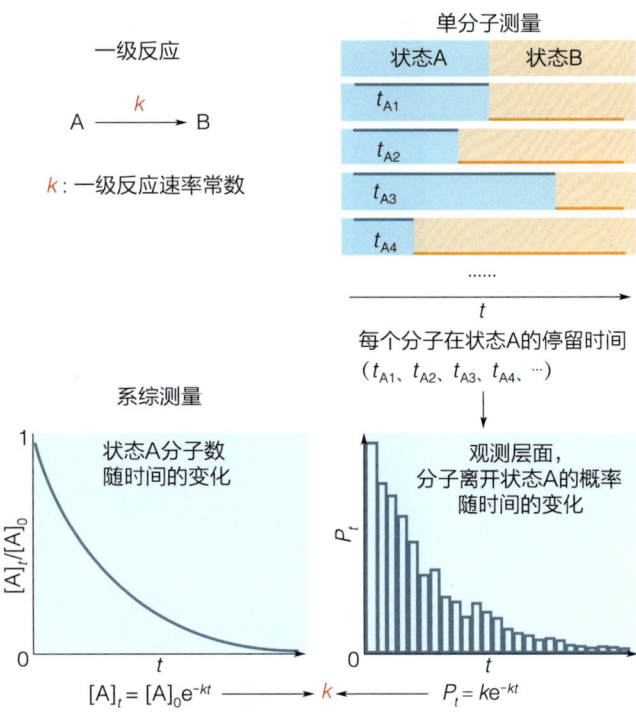

图 27-1 单分子测量的特性

在单分子层面，观察到的分子驻留在特定状态，其在不同状态间的转变过程表现出突跃性，即变化呈现方波形态。相对而言，通过系综宏观测量得到的大量分子性质，则呈现出逐渐过渡的渐变特征。在单分子测量中，通过统计分子在各个状态的停留时间，可以定量出分子离开某一特定状态的概率。这一概率，其本质为宏观层面的反应速率常数在微观层面即单个分子层面上的具体体现。

去极化到 +50 mV 时，电压门控钾通道产生的电流会逐渐增大，直到达到平衡态（图 27-2；平均电流，参见 12.2.1 节）。很早人们就意识到，单个离子通道的动力学并不遵从这样连续变化的曲线，而是可能呈现出量子化和离散化的特性。单个离子通道在开放和关闭的状态中快速切换（即单通道的电流是一系列"方波"），两个状态切换的概率受到膜电位的调控。细胞中电压门控钾通道的电流随电压变化的动力学曲线，来自大量通道产生的电流叠加在一起的结果（知识窗 27-1）。

1976 年，德国神经科学家贝尔特·萨克曼（Bert Sakmann）和埃尔温·内尔（Erwin Neher）一起报道了膜片钳（patch clamp）技术，首次实现了对单通道电流的记录。萨克曼和内尔将玻璃毛细管拉制成尖端很细的微电极，尖端开口直径约 3～5 μm。利用微距操作器精细地移动玻璃电极，将其尖端开口贴附在细胞膜上。这样，流过电极的电流全部来自玻璃电极开口处吸附的那一小片细胞膜（这一技术因此称为膜片

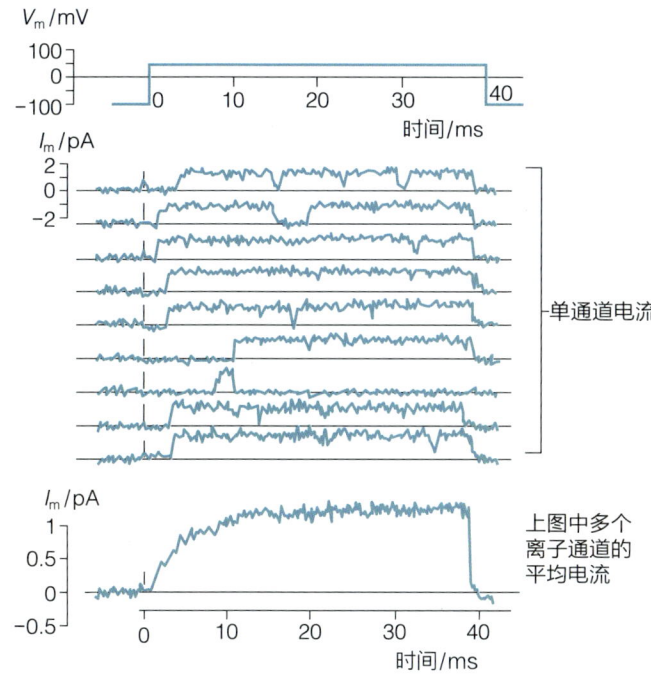

图 27-2 电压门控钾通道的单通道电流与多个离子通道的平均电流

（改编自 Hille B. *Ion Channels of Excitable Membranes*, 3rd ed. Sinauer Associates, 2001）

知识窗 27-1

从宏观电流推测单通道性质

如何从宏观的电流推测单个离子通道的性质？早在单分子技术产生以前，人们就尝试使用波动分析（fluctuation analysis）的数学方法解决这一问题。如果观察一个细胞中某种离子通道的总电流曲线，会发现它并不完全是平滑的，上面会有很多噪声。除仪器噪声外，这些噪声主要源自不同的通道分子的随机开放和关闭过程。利用波动分析方法能从电流的噪声中获得关于单通道电流的信息。当离子通道群体具有特定的均值电流时，如果电流的噪声（方差）较大，表明开放的离子通道数量较少，但每个通道的电流较大；反之，如果电流的噪声（方差）较小，表明离子通道数量较多，但是单通道电流较小。可见通过分析离子通道群体总电流的均值和方差之间的关系，可以揭示单个离子通道的部分性质。波动分析方法虽然取得了很多重要的结果，但毕竟只是一种间接手段，并不是对单个离子通道的直接观测，因此有很多局限性。首先，波动分析方法通常假设单个离子通道的状态转换是接近瞬时的，即单通道电流是方波，这一假设缺乏严格的依据。此外，有一些单通道的性质难以通过波动分析的方法研究，例如：单个通道的电流是否是全或无的？是否有多种亚开放的中间状态？为了回答这些重要的科学问题，人们长期以来渴望能有一种方法直接观测流过单个离子通道的电流。

钳）。因为电极开口很小，如果某种离子通道在细胞膜上的密度较小，可以做到在这片膜上只有单个通道蛋白。最初的实验在青蛙肌肉细胞膜上进行，成功记录到了单个乙酰胆碱受体（AChR）的电流（图 27-3A；知识窗 27-2）。实现单通道记录的一个关键是提高玻璃电极和细胞膜之间的密封性。如果玻璃电极与细胞膜之间有缝隙，与细胞外液不绝缘，那么实验系统中各种电流就会都被记录电极接收到，从而干扰对电极尖端细胞膜上单通道的记录。萨克曼和内尔发展了很多技巧来增强玻璃电极与细胞膜贴合的紧密度（如抛光电极开口等）。在最早实现单通道记录的报道中，玻璃电极在膜片钳状态下的尖端阻抗约为 40 MΩ，现在的膜片钳实验通常可以实现大于 1000 MΩ 的尖端阻抗，意味着玻璃电极和细胞膜结合地极其紧密。

膜片钳技术是人类第一次实现了对单个蛋白质分子生理活动的观测。萨克曼和内尔因这项具有划时代意义的研究，荣获了 1991 年度的诺贝尔生理学或医学奖。膜片钳记录证明了单个离子通道在不同状态之间的切换是非常快速的，印证了自霍奇金和赫胥黎以来神经科学家基于宏观电流做出的大量推测。例如，在霍奇金 - 赫胥黎模型中，电压门控钠通道在膜电位去极化时开放概率增大，但是之后会快速进入失活状态（参见 12.2.1 节）。单通道记录的结果印证了这一点，电压门控钠通道的开放状态全都集中在膜电位去极化的初期。单通道记录同时也拓展了对电压门控钠通道门控机制的理解。离子通道在不同状态之间的切换是一个随机过程，通过对这个随机过程进行建模，拟合单通道记录中测量到的数据，如一个钠通道开放后距离关闭的时间间隔分布，可以表征离子通道存在哪些状态以及这些状态之间切换的概率。这些定量建模分

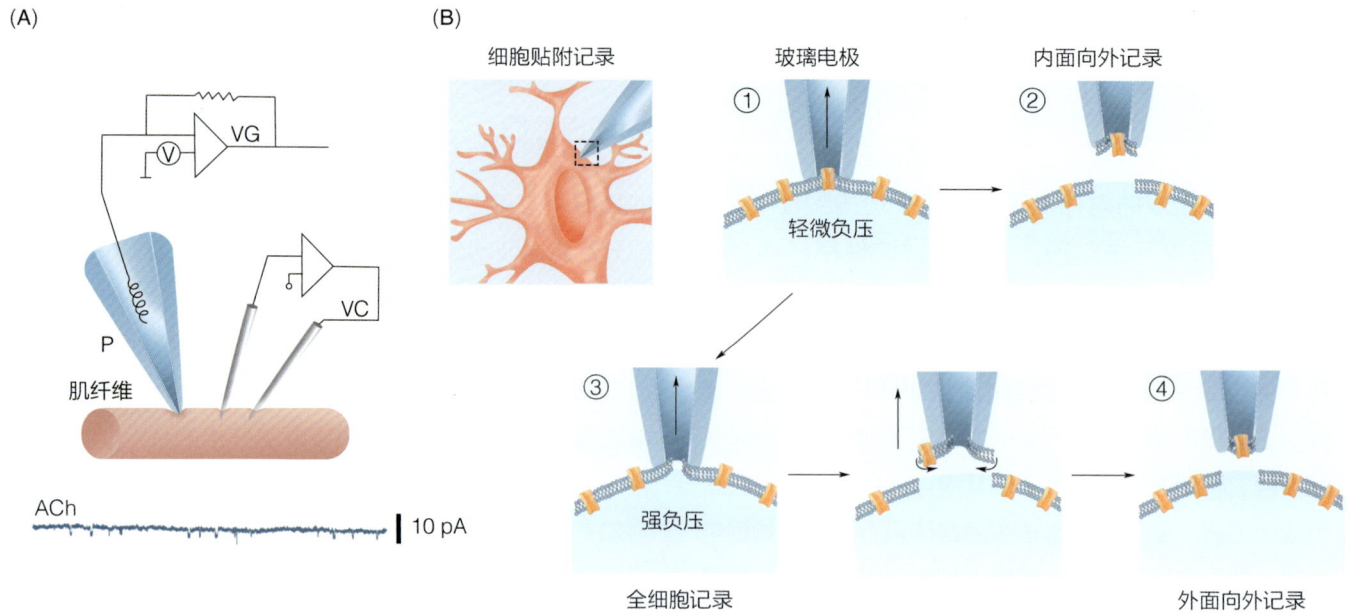

图 27-3　膜片钳记录

（A）萨克曼和内尔在青蛙肌细胞上进行的膜片钳记录。两根电极插入肌肉细胞内部通过传统的电压钳（VC）方式控制肌细胞内部的电压。玻璃电极（P）贴合在细胞膜上记录单个乙酰胆碱受体的电流，玻璃电极内部的溶液中添加了配体乙酰胆碱（ACh）。VG 为虚拟接地电路。（B）不同的膜片钳记录模式。(A，改编自 Sakmann B, et al. Nature, 1976, 260(5554): 799-802)

> **知识窗 27-2**
>
> ### 膜片钳的不同记录模式
>
> 在萨克曼和内尔最初的报道中，玻璃电极贴在完整的细胞表面，这种记录的方式称为细胞贴附（cell-attached）记录模式（图 27-3B ①）。之后人们开发出了不同的记录模式以适应不同类型的研究。在实现了细胞贴附后，将玻璃电极移开细胞，这时电极开口处的那一小片细胞膜会被"拉"离细胞，留在玻璃电极尖端。由于此时细胞膜原本位于细胞内的一侧朝向电极外的溶液，因此这种模式称为内面向外（inside-out）记录模式（图 27-3B ②）。在细胞贴附基础上，在玻璃电极中制造一个短促的负压，将电极尖端那一小片细胞膜吸破，使电极与整个细胞的内部联通，这种模式称为全细胞（whole-cell）记录模式（图 27-3B ③）。全细胞记录在神经科学研究中有很多重要的应用，有兴趣的读者请参考本章后推荐的神经科学教科书。在实现了全细胞记录之后，可以利用玻璃电极将其开口附近处的细胞膜"拉"离细胞，留在电极尖端。由于细胞膜是疏水的脂双层，在水性溶液中会迅速在电极开口处聚成完整的一片。这时，细胞膜原本位于细胞外的一侧朝向电极外的溶液，因此这种模式称为外面向外（outside-out）记录模式（图 27-3B ④）。同样是记录在电极尖端的一小片细胞膜，为什么要发展出内面向外和外面向外等不同模式呢？这是为了研究不同药物或生物分子对离子通道的影响。在内面向外的记录模式中，可以在溶液中加入与离子通道细胞内侧结合的药物、生物分子，研究它们对离子通道的影响。相反，在外面向外的记录模式中可以方便地在溶液中加入能够与离子通道细胞外侧结合的药物、生物分子。

析发现霍奇金-赫胥黎模型并不能完全解释实验结果。在霍奇金-赫胥黎模型中，钠通道的三个激活门和一个失活门是完全独立的，因此钠通道开放的概率是所有这些门开放概率的乘积。但是单通道记录的结果表明，钠通道不同状态的转换并不独立，只有当通道进入到开放状态或某些特定的关闭状态时，才可能进一步进入失活状态。

膜片钳技术不仅在基础科学中有巨大意义，很多以离子通道为靶点的药物开发也依赖于膜片钳技术。膜片钳记录需要精细地操纵玻璃电极贴合细胞表面，对实验者的操作技能有很高的要求。为了提高实验通量，很多公司、科研机构都开发了膜片钳操作机器人。目前这些机器人在复杂样品（如脑片、完整脑）的处理上还不能替代经过良好训练的人类，但是在处理相对简单的样品（如体外培养细胞）时已经展现出很强大的功能，在制药业中得到了广泛的应用。

27.2.2 纳米孔技术

与膜片钳类似，纳米孔技术是通过检测跨越膜通道的离子电流来分析单分子性质的生物传感技术。其核心原理在于，在一种能隔绝溶液中离子穿透的膜体上，形成一个纳米尺度的孔洞（知识窗 27-3）。当膜两侧施加电压时，所诱发的离子电流被该膜所阻隔，此时纳米孔洞便成为了该系统中唯一的离子电流穿越通道。因此，电化学电极所检测到的离子电流为通过该纳米孔的离子电流（即过孔电流）。在纳米孔实验中，研究人员通常会尽量创造一个与待测分子尺寸近似的孔洞。举例来说，对于单链核酸的检测，一般会采用直径为 1～2 nm 的孔洞；而对于单个蛋白质颗粒的检测，则通常使用数纳米至十几纳米大小的孔洞。单分子的过孔行为对纳米孔原本的离子电流造成显著影响（图 27-4A），其影响的程度直接关联于待测分子的尺寸、结构、电荷、极性等物理化学属性，以及它们与纳米孔的相互作用。因此，借助纳米孔离子电流的变化，可对不同特性的过孔分子进行检测与分析。纳米孔技术无须对待测分子进行修饰或固定处理，这带来了两项优势：首先，同一纳米孔能够连续不断地测量多个不同的单分子，实现单位时间内的高通量测量；其次，由于待测分子无需标记，故分子性质不受修饰基团的干扰，同时也降低了实验样品制备的复杂程度。

知识窗 27-3

生物纳米孔和固态纳米孔

基于形成纳米孔的材料性质，纳米孔技术常被划分为生物纳米孔和固态纳米孔两大类（图 27-4B、C）。生物纳米孔通常由天然或改造的孔状膜蛋白（纳米孔蛋白）在人工脂膜上组装而成，基本模拟了细胞膜上的跨膜孔状通道蛋白。虽然自然界存在的跨膜孔蛋白种类繁多，但为了适应纳米孔检测的需求，通常需要选择热稳定性好，易于组装上膜，在高电场作用下门控不显著的孔蛋白。常用的有 α- 溶血素、MspA、CsgG、气溶素、PA63、ClyA、FhuA、SPP1 等。科学家们也尝试通过对部分非膜蛋白或者 DNA 折纸进行化学修饰，形成疏水的跨膜区，从而构建可以嵌入磷脂双分子层的纳米孔道。近年来，科学家们也通过人工智能从头设计等方式，创制了在自然界中尚未发现的纳米孔道蛋白。这些工作为未来进一步拓展纳米孔检测技术提供了广阔的想象空间。生物纳米孔技术，凭借其由蛋白质折叠与组装所形成的孔道结构，达到了埃级别的精度，因而在检测一致性和稳定性上有很大的优势。此外，通过对构成生物纳米孔的蛋白质进行氨基酸序列突变，能够对纳米孔内部的物理尺寸及化学性质进行精准调控，从而显著提升对被测分子的识别能力。同时，生物纳米孔技术亦允许在纳米孔的特定位置连接上核酸、蛋白质等其它生物大分子，进而深入研究不同分子间的相互作用。然而，在生物纳米孔研究初期，由于人工脂膜的稳定性不足，导致生物纳米孔检测器件在应用过程中易发生破膜现象，且储存时间较短。近年来，随着两亲嵌段聚合物替代传统的磷脂用于形成支撑纳米孔蛋白的膜体，生物纳米孔器件的稳定性得以大幅增强，其在冷藏条件下的储存期限已可延长至数月之久。

与生物纳米孔不同，固态纳米孔是在固态材料的薄膜上通过微纳加工或者电化学刻蚀的方式形成纳米级别的孔道。固态纳米孔相对于生物纳米孔具有更高的稳定性，但受限于微加工技术，无法做到原子级别的加工精密度，因此对于小分子检测的灵敏度和大分子的测序分辨率有一定的限制。近年来，也有研究在硅芯片上先实现通透的微米级窗口，在其上转移石墨烯、二硫化钼等二维材料并打孔的方法实现分子级别厚度的纳米孔，在提高分辨率方面有一定的潜力。相对于生物纳米孔，固态纳米孔除了在稳定性方面具有明显的优势外，通过微纳加工技术，可以实现 3 nm 以上尺寸和形状的控制，比较适合较大分子，例如蛋白质颗粒和大分子复合物。此外，除了检测过孔电流，固态纳米孔还可以在孔内或孔旁集成纳米晶体管、隧穿电极等器件，通过检测分子电荷电势、电流分压以及分子介导的隧穿电流实现对单分子过孔行为的多模态检测。

至今，纳米孔技术已经被广泛应用于各类生物标志物的检测和研究，例如核酸、蛋白质等大分子，以及氨基酸、单糖等小分子。由于纳米孔器件可以对其穿孔的带电分子施加电场力，因此可以用来进行单分子力谱研究。有别于原子力显微镜、光镊、磁镊等本章后续部分将要介绍的单分子力谱技术，纳米孔力谱通过施加在穿孔的带电分子上的电场力，来解开待测分子的高级结构或者破坏分子间相互作用。该技术不仅无须将待测分子固定在表面上，从而简化实验流程、提升实验通量，而且能够提供具有亚纳米级空间精度和毫秒级时间精度的动力学信息。因此，纳米孔也常被用来研究单分子蛋白质的构象变化和化学反应的动力学参数。在众多应用领域中，基因测序是纳米孔的经典应用之一（图27-4D、E）。纳米孔测序技术具有超长的测序读长，可以实现上百万碱基长度的核酸序列的连续完整读取，也具有速度快、小型化等特点。但相比于桑格测序和下一代测序技术，纳米孔测序技术在准确性方面相对不足。其不足不仅源于分子的热运动以及单分子的随机性所导致的干扰，还受到连续同种碱基序列

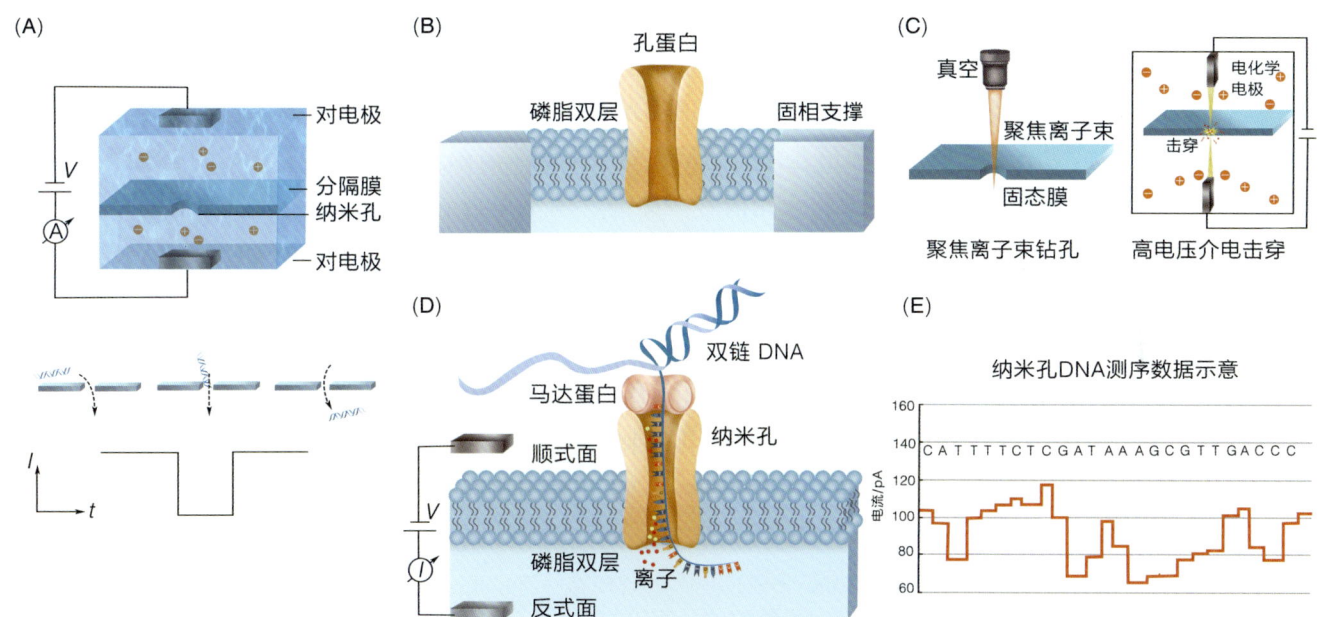

图 27-4　纳米孔技术
（A）纳米孔检测装置的基本组成，包括电化学电极、分隔溶液的膜和纳米尺度的孔洞。单个生物分子穿过纳米孔时对原本的过孔电流产生影响。纳米孔的过孔电流通常在 $10^{-12} \sim 10^{-9}$ A 的区间。当溶液的盐离子浓度较高时，单分子的过孔过程通常表现为纳米孔离子电流的瞬间降低，其降低的程度与分子在孔中的构象所造成的阻碍效应相关；而在一些低盐条件下，带电分子双电层的离子浓度可能高于溶液离子浓度，其过孔过程可能表现为瞬时离子电流的增加。（B）通常在含有微米尺寸大孔的固相支撑上，通过自组装形成磷脂双分子层。然后，利用孔蛋白对磷脂双分子层的亲和性，自组织嵌入磷脂膜中，形成生物纳米孔。（C）固态纳米孔器件常以硅晶圆为基底，形成悬空的氮化硅或者氧化硅的薄膜，随后利用聚焦离子束刻蚀或电化学击穿等方法在薄膜上形成固态纳米孔。（D）纳米孔测序技术利用电场力引导单链核酸分子连续地穿过纳米孔，并记录过孔电流的变化，从中进行碱基识别。通常使用小尺寸的生物纳米孔以实现单碱基分辨率；而加入马达蛋白对单链 DNA 的穿孔速度进行控制，以避免过快的过孔速度导致分辨率的下降。常用的马达蛋白有核酸聚合酶和解旋酶，过孔速度可降低到每秒数十个到数百个碱基。（E）DNA 测序中过孔电流示意图。根据纳米孔收缩区的尺寸和形貌的不同，每一个电流平台的信号会受到 3～6 个相邻或间隔的碱基的影响。单链 DNA 的步进式过孔运动导致纳米孔收缩区内核酸序列发生了变化，因此其引起的过孔电流从一个平台跳跃到了下一个平台，从这些信号中可以获得碱基序列的信息。纳米孔测序技术最早于 1989 年由戴维·迪默（David Deamer）教授提出。

的影响，诸如 poly A、poly T、poly G、poly C 序列会导致产生持续的电流平台，从而对碱基数的准确判定构成挑战。因此，在处理连续同种碱基序列时，纳米孔测序法常常会出现插入或删除的错误。具有双收缩区的纳米孔蛋白能够在一定程度上减少连续同种碱基序列误判的问题，如基于 CsgF 蛋白的纳米孔能够实现对 9 个碱基以内的连续同种碱基序列进行精确分辨。纳米孔测序技术已经广泛应用于多个领域，包括基因组组装、结构变异研究、微生物的快速鉴定、肿瘤融合基因的检测，以及遗传病的诊断等。这些应用展示了纳米孔测序技术在生物医学研究和临床诊断中的潜力与价值。

27.3 单分子荧光技术

单分子荧光技术通过观测荧光标记的单个或少数几个生物分子来获得其数量、位置、构象、运动和相互作用等信息。

为了精准的捕捉源自单个分子发出的荧光信号，单分子荧光技术使用高灵敏度的荧光显微镜系统来检测和记录荧光信号。通常使用高功率和高单色性的激光做为激发光源，采用高数值孔径的物镜提高采集效率，最后通过高量子产率的单光子检测器读取单个分子的微弱荧光信号。此外，用于单分子荧光测量的荧光团需要有较高的吸光系数和荧光量子产率，从而能够高效地吸收激发光并将吸收的能量转化为荧光信号，并具有较窄的荧光发射光谱、较高的光稳定性和抗光漂白能力，以及较低的毒性和较好的生物相容性。在体外测量中，主要使用光稳定性较好的花菁系列（Cy3 和 Cy5）、Alexa 系列和 Atto 系列等有机荧光染料，并利用除氧剂和三线态猝灭剂进一步提高荧光团的光稳定性；而在细胞实验中，则通常使用荧光蛋白或蛋白融合标签（如 Halotag、CLIP-tag、SNAP-tag）。无机发光材料，如量子点和上转换材料，在体外和细胞内均有使用（表 27-1）。

表 27-1 常见荧光团

荧光团	特性
有机荧光团	分子量通常在 1000 Da 以下，大小在 1 nm 以下。在合适的除氧剂和三线态猝灭剂的条件下，光稳定性较强，光漂白前发出的光子数可达百万量级。是长时程单分子荧光测量，尤其是体外单分子 FRET 测量中最常用的荧光团。
荧光蛋白	由 200 多个氨基酸构成，分子量约为 27 kDa，大小为 2~3 nm。其优点是可以进行蛋白质的融合表达。光稳定性较差，光漂白前发出的光子数通常在几万个，对除氧剂和三线态猝灭剂不敏感。
量子点	无机纳米结晶体，尺寸从几纳米到几十纳米，并根据其大小发出特定波长的荧光。量子点通常不会光漂白，但单个量子点的荧光强度不稳定。在单分子荧光测量中主要用于单分子定位和追踪。
上转换材料	一类红外线激发下能发出可见光的发光材料。其发光机理是发光中心相继吸收两个或多个光子，再经过无辐射弛豫达到发光能级，由此跃迁到基态放出一可见光子。上转换材料主要为稀土化合物，尺寸从几纳米到几十纳米。在单分子荧光测量中主要用于单分子定位和追踪。

基于测量手段的不同，单分子荧光技术可以粗略地被划分为单分子荧光成像和单分子荧光光谱这两大类，基于技术自身特点和在应用中采集到信息的差异性，下面将分为三小节分别介绍。

27.3.1 单分子荧光检测和追踪技术

1989—1990 年，科学家们在液氮温度下首次成功观测到单个分子的光吸收和荧光发射信号。几年后，埃里克·贝齐格（Eric Betzig）和威廉·莫纳（William Moerner）等人进一步实现了在室温下测量单个碳菁染料（carbocyanine）和单个绿色荧光蛋白（green fluorescent protein，GFP）的荧光信号（图 27-5），为单分子荧光技术在生物学中的应用奠定了基础。

全内反射荧光显微技术（total internal reflection fluorescence microscopy，TIRF 显微技术）是当前单分子荧光成像的主流技术手段。全内反射荧光显微镜通过改变激发光的入射角度，使其超过玻片界面与样品溶液的折射临界角，从而实现激发光的全内反射。一方面避免激发光进入样品的深层，另一方面在界面的样品侧形成深度为几百纳米的隐逝波，仅激发在这一区域内的荧光分子，避免了溶液和样品深层中的荧光分子被激发产生的背景荧光，从而大大提高了信噪比，有助于对源自单个分子的荧光信号的捕捉和定量（图 27-6A、B）。

图 27-5B 中单个 GFP 分子荧光信号曲线展示出单分子荧光信号的重要特性，即单个荧光分子在发光状态时，其荧光强度基本保持恒定。因此当单个荧光团在发光和不发光状态之间转变时，其荧光强度也呈现典型的离散化两态转变。基于这一特性，判断成像中的一个荧光亮点是否源自单个荧光团的金标准是：该荧光点的荧光强度呈现台阶式单步猝灭的特征（图 27-6C）。而当荧光点的强度呈现多台阶式的下降，则表明该点包含多个荧光分子，且发光分子数与猝灭台阶数相对应。基于这一原则发展的单分子光漂白台阶计数（single-molecule fluorescence imaging based photobleaching step counting）技术被用于定量表征蛋白质分子的寡聚状态。

利用基于相机的 TIRF 显微技术进行单分子成像时，由于相机的时间分辨率较低，

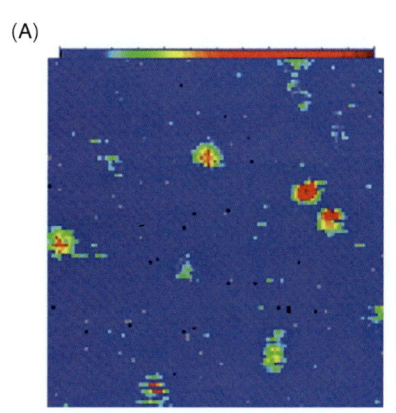
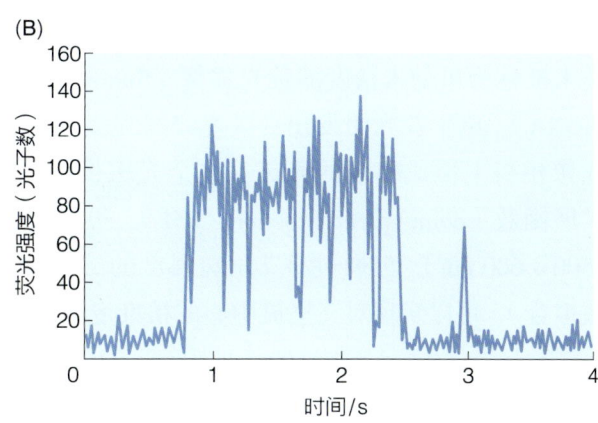

图 27-5 GFP 的单分子荧光图像和曲线
（A）利用共聚焦显微镜采集的包埋在聚丙烯酰胺中的 GFP 单分子荧光图像。（B）一个 GFP 分子发出的荧光光子数随时间的变化。（A、B，引自 Moerner W E, et al. Science, 1999, 283(5408): 1670-1676）

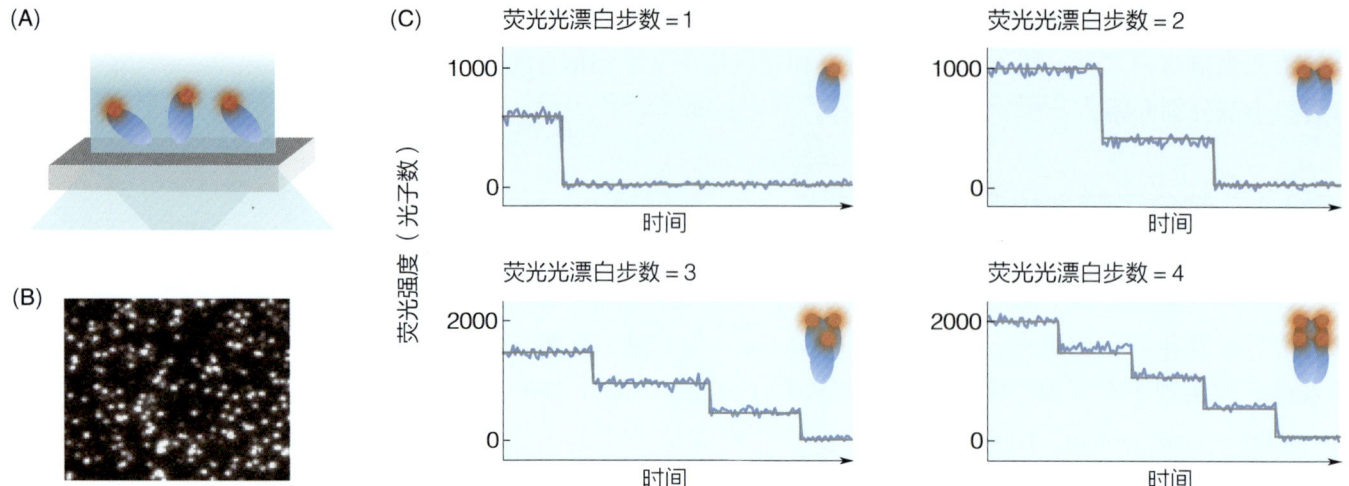

图 27-6　基于 TIRF 的单分子荧光成像

（A）TIRF 显微技术利用激发光全内反射时在溶液界面上产生的隐逝波激发固定在表面的分子上所带的荧光团，降低了溶液内荧光团带来的背景信号。（B）在 TIRF 照明时利用 EMCCD 相机采集到的源自单个荧光团的荧光信号。（C）包含单步和多步猝灭的单分子荧光曲线，通过猝灭曲线的台阶式下降的行为，表征荧光团数量，进而推测蛋白质的寡聚状态。

完全无法捕捉溶液分子的自由扩散行为，因而溶液中游离的荧光分子虽会贡献背景荧光信号，但不会在成像区域内产生明亮的荧光点。但当荧光标记的分子与玻片表面固定的其它分子发生瞬时或稳定的相互作用时，由于荧光分子在溶液中的扩散行为被限制，从而在成像区域内产生源自单个分子的明亮荧光点（图 27-7A）。基于这一特性，并结合合适的实验设计，利用单分子荧光技术可以直接捕捉分子复合体的动态组装过程和分子间的相互作用。比如研究者利用四色荧光团标记的核糖体大小亚基、tRNA 和翻译起始因子，在单分子水平实时观测组装过程中标记分子的出现和消失顺序，捕捉了翻译起始过程中各个分子的组装过程、顺序和相互调节关系，并首次揭示了翻译起始过程中的平行组装途径和同时结合了翻译起始因子 2 和氨酰 tRNA 的核糖体瞬时中间态（图 27-7B、C）。基于酶催化过程中自发荧光的明暗变化，人们利用单分子酶动力学揭示了生物分子的异质性（知识窗 27-4）。

除了利用单分子荧光信号的出现和消失来表征生物分子的组装和解离，单分子荧光成像还可以用于对分子空间位置的纳米级定位和追踪（知识窗 27-5），其相应技术被称为单纳米精度的荧光成像（fluorescence imaging with one-nanometer accuracy, FIONA）。单个荧光团发出的荧光经过显微镜成像系统后，由于光学衍射现象，会在成像相机上形成模糊的光斑。这个光斑被称为"艾里斑"，反映了此成像系统的点扩展函数（point spread function, PSF）。虽然模糊的艾里斑的直径与荧光的波长相当（500~600 nm），但通过对艾里斑强度的二维空间分布进行拟合（如利用二维高斯函数拟合），可以实现对艾里斑中心的精准定位。定位精度可以近似表述为

$$\sigma_i = \sqrt{\frac{s_i^2}{N} + \frac{a^2}{12N} + \frac{8\pi s_i^2 b^2}{a^2 N^2}} \, 。 \tag{27-1}$$

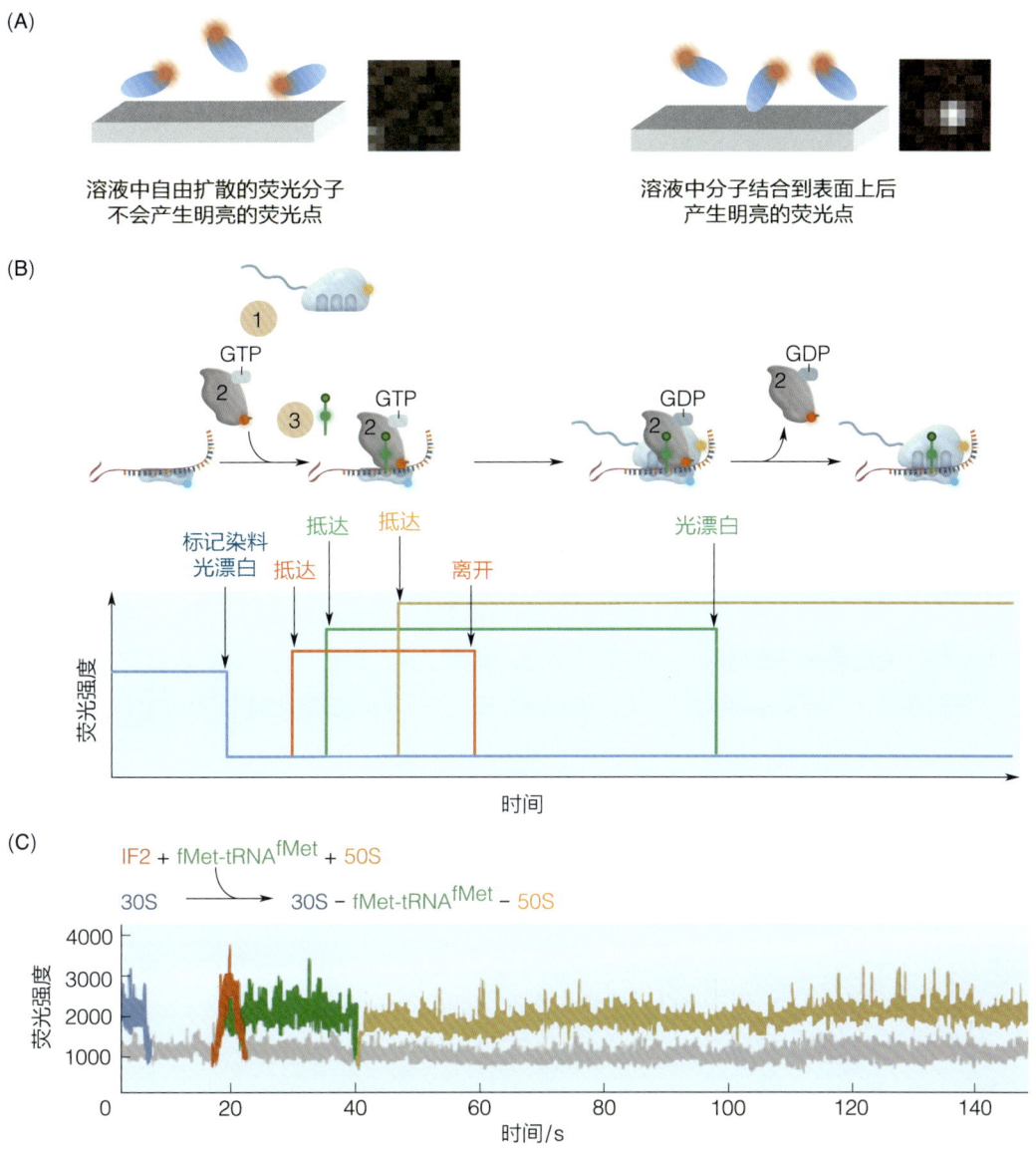

图 27-7 基于 TIRF 的多色单分子荧光捕捉复合物的动态组装过程
（A）基于相机的 TIRF 显微技术观测溶液中自由扩散的荧光分子与表面或表面固定分子的结合过程。（B）利用多色单分子荧光测量翻译起始过程中复合物的动态组装过程的实验设计和对应的理想单分子荧光曲线。（C）对应实验中测量得到的单分子荧光曲线。（B、C，改绘自 Tsai A, et al. *Nature*, 2012, 487(7407): 390-393）

其中 i 表示二维平面上相互正交的 x 或 y 轴方向，s_i 为艾里斑在 i 方向上的标准差（又称为分布宽度），a 为检测器的像素尺寸（通常为 100 nm 左右），b 为背景的标准差，N 为定位所用的光子数。基于以上公式，当定位所用光子数在 10 000 左右时，单个维度上的理论定位精度可达 1 nm 左右。定位精度主要由艾里斑大小和检测器的像素尺寸，即式（27-1）中的前两项所决定的。从式中可以看出定位精度与 $\sqrt{N}$ 近似成反比，也就是当光子数降低到原来的 1% 时，定位精度下降到原来的 10%。

27.3.2 单分子荧光共振能量转移

单分子荧光共振能量转移（single-molecule fluorescence resonance energy transfer，smFRET，单分子 FRET）技术，也被称为单分子 Förster 共振能量转移技术，于 1996

知识窗 27-4

"龙生九子，各有不同"——生物分子的异质性

在宏观尺度，我们对生物个体间的差异性已经习以为常。但在微观层面，我们却常常默认相同的分子具有相同的性质，包括具有相同的酶活性并选择相同的分子反应途径。除非能在宏观系综测量中捕捉到显著的分子间差异性，否则我们通常都默认相同分子保持良好的均一性和一致性，并在此默认的基础上进行数据分析和建模。单分子技术使得我们可以在微观层面直接测量各个分子的行为，从而能够摒弃以往在数据分析中对分子间均一性和一致性的默认假设，直接揭示隐藏在宏观系综测量中分子的异质性和差异性。

1998 年谢晓亮团队对胆固醇氧化酶的单分子酶动力学研究是这个领域极其重要的开创性工作（有关酶反应动力学，请参考 18.1 节）。在他们的实验条件下，具有天然荧光的胆固醇氧化酶的氧化态在氧化胆固醇后，转变为无荧光的还原态，随后被溶液中的氧气氧化又进入有天然荧光的氧化态，并持续以上循环。利用单分子荧光技术可以实时观测胆固醇氧化酶在氧化态和还原态之间的动态转变过程，并可以进一步定量表征不同底物和底物浓度对这一转变过程的影响，从而进行单分子酶学的分析。包括定量测量胆固醇氧化酶与底物胆固醇的结合速率常数 k_1 和随后氧化过程的速率常数 k_2。从中，首先揭示出分子间酶活性的显著差异（图 27-8）。活性最强和最弱分子之间相差达 4~5 倍，远高于实验测量误差。其次，即便是对于同一个胆固醇氧化酶分子，其酶活也呈现

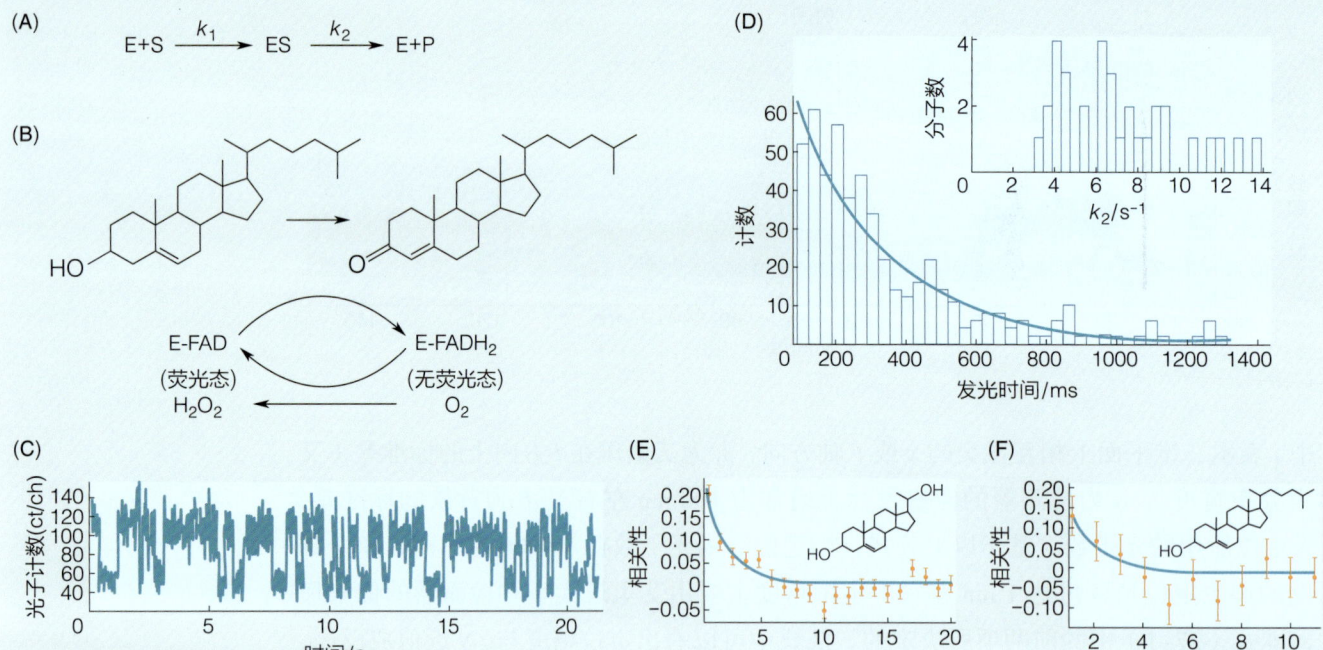

图 27-8 单分子酶动力学研究

（A）胆固醇氧化酶（以 E 表示）氧化胆固醇（以 S 表示）过程的反应式，其中酶和底物结合的速率常数为 k_1，催化反应的速率常数为 k_2。（B）胆固醇氧化酶氧化胆固醇后被氧气氧化的循环示意图。其中氧化态 E-FAD 有荧光，还原态 E-FADH$_2$ 没有荧光。（C）单个胆固醇氧化酶在氧化还原的循环中捕捉到的单分子荧光曲线。（D）从单分子荧光曲线中可以测量每次在 E-FAD 和 E-FADH$_2$ 态的停留时间，并从中定量出反应速率常数。其中不同分子的酶催化活性（k_2）呈现出显著差异。（E、F）通过相关分析，发现同一个分子的酶活也呈现出随时间的波动。底物分别是 5-孕烯 -3β-20α- 二醇（E）和胆固醇（F）。（改编自 Lu H P, et al. Science, 1998, 282(5395): 1877-1882）

随时间的波动（特征时间 0.6～1 s）。这一开拓性的工作，不但提出了并实现了单分子酶动力学的测量，还进一步揭示了酶分子间的异质性和单个分子随时的异质性，为我们从分子层面认知生命过程提供了革新性的技术和思路。

知识窗 27-5

肌球蛋白 V 的步进式运动

在合适的溶液条件下，单个有机荧光团在光漂白前可发出几万到几百万个光子。通过合理地调节激发光功率密度和成像时的采集帧率（即曝光时间），可以在纳米精度上对单个分子的运动行为进行实时追踪。而定位精度和追踪时长是相互制约的，需要根据实验目的和需要进行权衡。2003 年，研究者实现了 1 nm 精度的单分子荧光定位技术在生物学上的开拓性应用：他们定量测量了荧光标记的肌球蛋白 V（myosin V）在微丝上步进式的实时运动行为，揭示了肌球蛋白 V 采用交替行进（hand over hand）这一运动模式（图 27-9）。荧光蛋白、有机荧光小分子和量子点（表 27-1）都可以用于单纳米精度的单分子荧光成像。通常来说，荧光蛋白的光稳定性较弱，因此定位精度较差，追踪时长较短；而量子点则具有最强的光稳定性，可以进行长时间追踪，因此常被用于活细胞内的长时程单分子追踪。而细胞内背景较高，通常难以达到式（27-1）推算的 1 nm 分辨率。

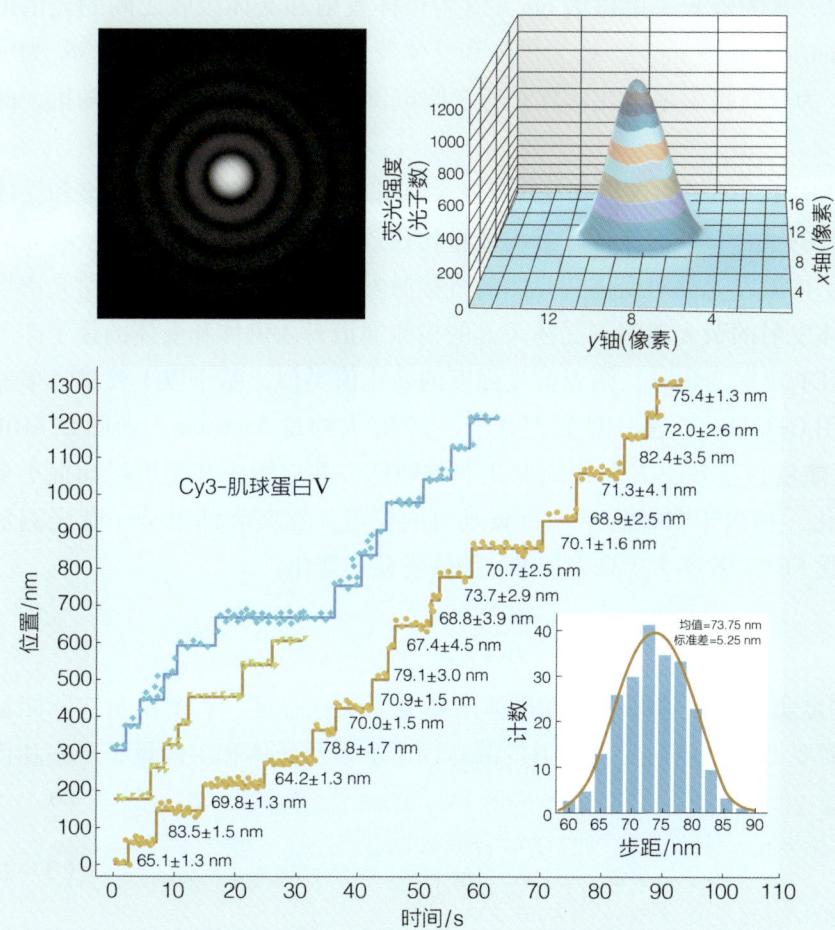

图 27-9　基于单分子荧光成像的纳米级定位和追踪

源自单个荧光团信号所呈现的艾里斑的二维和三维展示，通过对艾里斑强度拟合对其中心的精准定位，从而揭示肌球蛋白 V 在微丝上的步进式运动行为。（肌球蛋白 V 运动的数据改绘自 Yildiz A, et al. Science, 2003, 300(5628): 2061-2065）

年首次在双链 DNA 上实现。单分子 FRET 通过实时观测两个或多个荧光团荧光强度的变化，获取其相对距离变化的信息，从而得以实时观测分子内动态变化和分子间相互作用。迄今为止，单分子 FRET 已被广泛应用于研究多种重要的生物分子，包括 DNA 合成酶、核糖体、G 蛋白耦联受体、Cas 家族蛋白等。

荧光共振能量转移（FRET）是指当两个荧光分子之间距离很近时，其中一个处在激发态的荧光分子可以通过非辐射机制将能量传递给另一个荧光分子，使得给出能量的供体荧光分子在回到基态的同时，让接收能量的受体荧光分子跃迁到激发态。分子吸收和荧光发射相关的背景知识请参见第 24 章。供体和受体分子之间的能量转移效率（E）与两个分子之间的距离（R）的关系如下：

$$E = \frac{1}{1+(R/R_0)^6}。$$

R_0 是能量转移效率为 50% 时供体和受体分子之间的距离，主要由供体和受体的光谱性质所决定（图 27-10A、B），其计算式如下（单位为 nm）：

$$R_0 = 0.021 \sqrt[6]{J\kappa^2 \Phi_D n^{-4}},$$

$$J = \int \overline{I_D} \varepsilon_A \lambda^4 d\lambda。$$

其中 $\overline{I_D}$ 是供体归一化的荧光发射光谱（$\int \overline{I_D} d\lambda = 1$），$\varepsilon_A$ 是受体的摩尔消光系数（单位为 L·mol^{-1}·cm^{-1}），λ 为波长（单位为 nm），J 为供体发射和受体吸收之间的光谱重叠（单位为 L·mol^{-1}·cm^{-1}·nm^4），κ^2 为供体和受体荧光团的偶极取向因子，Φ_D 为供体的量子产率，n 为介质折射率。在估算时通常假定供体和受体荧光团取向随机，此时 κ^2 取值为 2/3。

对于单分子 FRET，理想的供体和受体荧光对要求如下：①供体发射光谱和受体的吸收光谱有一定的重合，从而保证较好的能量转移效率；②供体和受体的吸收光谱尽量分开，减少供体激发光源对受体荧光团的直接激发；③供体和受体的发射光谱尽量分开，减少供体发射的荧光泄漏到受体荧光的检测通道；④供体和受体的量子产率类似，以确保 FRET 效率变化时，两者荧光强度的变化值类似。基于以上要求，单分子 FRET 中常使用 Cy3 和 Cy5 这一对荧光分子，其 R_0 大约是 5~6 nm。如图 27-10B 所示，在 R_0 附近能量转移效率 E 对距离变化非常敏感，在应用中甚至可以捕捉小至 0.3 nm 的距离变化，相当于双螺旋中一个碱基对的长度。在实际的单分子荧光测量中，通常利用表观 FRET 效率 E_{app} 来表征 FRET 的强弱和变化：

$$E_{app} = \frac{I_A}{I_A + I_D},$$

其中 I_A 和 I_D 分别是实验测量到的受体和供体的单分子荧光强度。若要定量实际能量转移效率 E，则需要考虑供体对受体通道的漏光因子 χ 以及受体和供体量子产率和检测效率的矫正因子 γ：

$$E = \frac{I_A - \chi I_D}{(I_A - \chi I_D) + \gamma I_D}。 \tag{27-2}$$

通常在单分子 FRET 测量中，若是仅关注分子的动态行为，那么并不需要进行

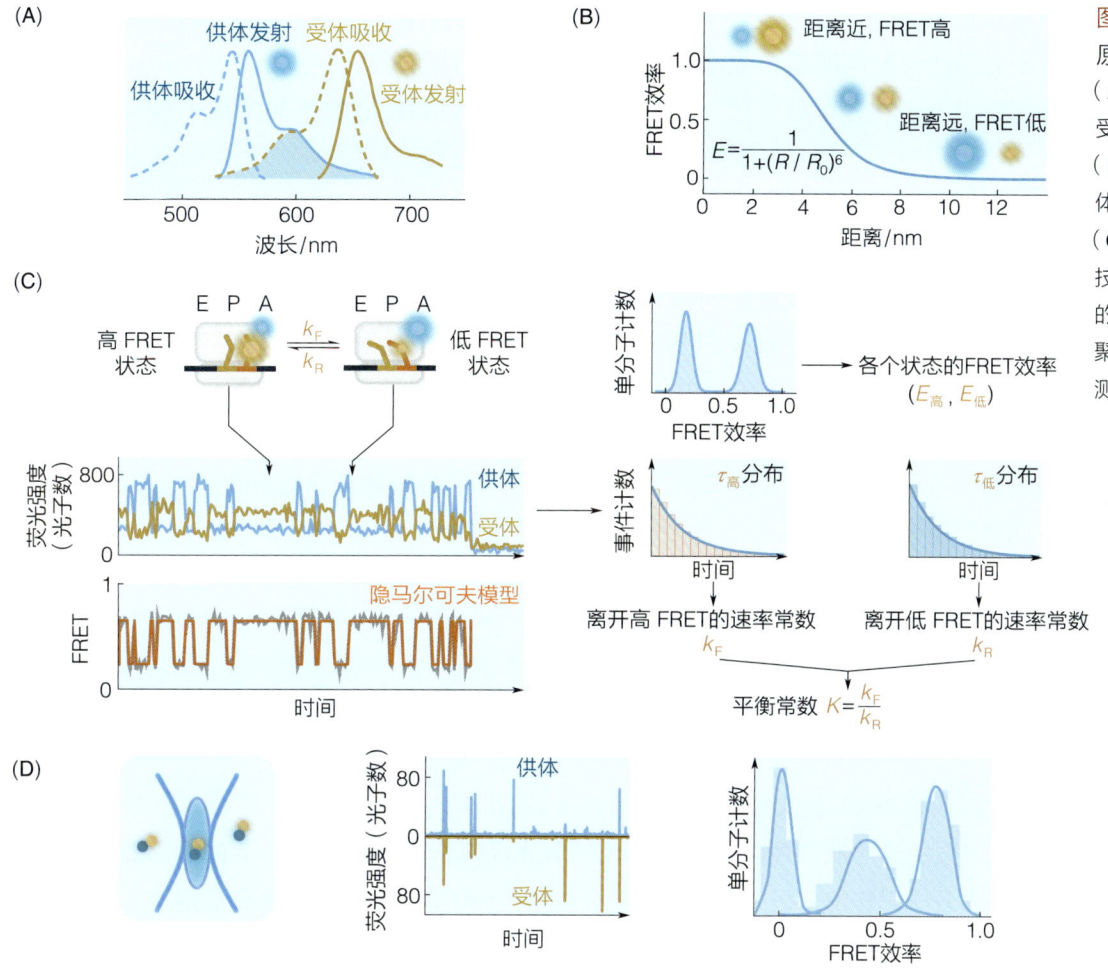

图 27-10 单分子 FRET 原理和测量示意图
（A）发生 FRET 的供体和受体荧光团光谱示意图。（B）FRET 效率与供体和受体之间距离关系的示意图。（C）基于相机的 TIRF 显微技术进行单分子 FRET 测量的流程示意图。（D）基于共聚焦显微技术的单分子 FRET 测量的流程示意图。

FRET 效率的校准；若是要定量表征标记位点间的距离，那么必须利用式（27-2）进行校准，并考虑标记位点和荧光分子间柔性链的贡献。利用电子自旋共振技术也可以进行标记位点间相对距离的精准测量，具体请参考 25.2 节。

利用装配有单光子检测灵敏度的电子倍增电荷耦合器件（electron multiplying charge-coupled device，EMCCD）相机或科学级互补金属氧化物半导体（scientific complementary metal oxide semiconductor，sCMOS）相机的 TIRF 显微镜可以长时间捕捉固定在玻璃片表面单个分子的荧光和 FRET 信号随时间的变化（图 27-10C）。由于相机设备的硬件限制，其极限时间分辨率为 1~10 ms 附近。而采用装配有雪崩光电二极管（avalanche photodiode，APD）单光子点检测器的共聚焦荧光显微镜，则可以在毫秒甚至亚毫秒尺度捕捉溶液中自由扩散的单分子的 FRET 效率，但无法对同一个分子进行长时间追踪（图 27-10D）。

图 27-10C 的曲线展示了处在热力学平衡下的一个核糖体分子 FRET 信号随时间的变化。从中可以直观地看到热力学动态平衡在分子水平的体现。虽然单个分子的行为存在自发的随机性，但其在不同状态之间的转变概率是由相应过程的化学反应速率常数所决定的，而分子在各个状态的停留时间占总观测时长的比例也是由相应的化学

平衡常数所决定。基于这一物理化学规律，即便体系处在热力学平衡状态，通过对单个分子的长时间测量，或通过对大量单分子的平行测量，可以定量表征出分子可及状态数、分子在各个状态之间转变过程的速率常数和相应的平衡常数（知识窗 27-6，知识窗 27-7）。

在利用 TIRF 显微技术进行单分子荧光成像的过程中，待测的分子通过与连接分子的结合被固定于显微镜玻片表面，从而能够进行较长时间的观测。这一设计也使得实验者能够在单分子成像的同时，更换被成像分子所处的溶液，从而捕捉在非平衡态下不可逆过程中的分子动态行为。以细菌核糖体为例，利用合适的荧光标记和 FRET 荧光对，研究者得以捕捉在蛋白质翻译这一非平衡态过程中，核糖体对氨酰 tRNA 的筛选、tRNA 在核糖体中的移动直至解离等诸多过程，完整地阐释了核糖体高特异性的起源、抗生素抑制翻译的细节，以及翻译过程中核糖体与下游 mRNA 二级结构间相互调制等重要分子机制。

知识窗 27-6

利用单分子 FRET 实时捕捉核糖体动态构象

自从利用 TIRF 显微技术在双链 DNA 上实现了单分子 FRET 测量后，这一技术被快速地推广并应用于研究许多重要且复杂的生物大分子。在诸多研究领域中，负责蛋白质翻译过程的核糖体，是早期便已成熟运用该技术进行研究的对象。2004 年，研究者利用核糖体内处在 A 位点和 P 位点，两个相邻的 tRNA 结合位点上的 Cy3 标记 tRNA 和 Cy5 标记 tRNA 之间的 FRET 信号，首次揭示了室温下细菌核糖体自发在两个 FRET 构象态之间的实时动态转换（图 27-10C）。

不同 FRET 态的产生是因为 A 位点和 P 位点上相邻 tRNA 的荧光团标记位点间相对距离的显著变化。基于这一单分子 FRET 测量结果，研究者推测，在当时所熟知的经典构象（classic state）之外，核糖体还存在一个新的未知构象，后被称为杂合构象（hybrid state）。细菌核糖体在这两个不同的全局构象态之间转换对其执行蛋白质翻译功能是极其重要的。在这一结果的指导下，研究者利用结构生物学手段解析了核糖体的杂合构象。

知识窗 27-7

如何从单分子 FRET 曲线中定量速率常数和平衡常数

以核糖体在经典构象和杂合构象之间的两态转变过程为例（图 27-10C）。首先利用隐马尔可夫模型（hidden Markov model）等算法从曲线上估计出每一次 FRET 状态转变发生的时间点。随后分别统计核糖体在经典构象和杂合构象的停留时间分布，基于分布利用单指数或多指数衰减函数拟合计算得到核糖体离开相应构象的速率常数。最后，由于两态体系中的两个转变过程互为正逆反应，因而相应速率常数的比值为这一过程的平衡常数。多态体系的计算过程更为复杂，但其原理是相通的。

与 TIRF 显微技术不同，共聚焦单分子荧光显微技术通常用于捕捉在溶液中自由扩散分子的 FRET 信号（图 27-10D）。为了准确地获得源自单个分子的 FRET 信号，待测荧光标记分子的浓度通常控制在 50~100 pmol/L 这一极低浓度，以确保激光焦点内（体积约 1 fL）不会同时存在两个甚至多个待测荧光分子。在这么低的浓度下，大部分时间里激光焦点内并没有荧光分子，此时荧光信号接近于 0。由于随机扩散，使得荧光分子进入焦点后，产生荧光信号的暴增（burst）。荧光分子在焦点内的停留时间在毫秒尺度，并在离开焦点前发出几十到百余个光子。利用这段时间采集到的光子计算得到这个分子在这段时间内的 FRET 效率。通常需要进行几分钟到几十分钟的采集，以积累统计上可靠的数据量。因此共聚焦单分子荧光显微镜常用于测量处于稳态，如已抵达热力学平衡的体系中的单分子 FRET 信号。基于共聚焦显微技术的单分子 FRET 测量常用于捕捉核酸结构的形成和打开、蛋白质分子的折叠和去折叠、蛋白质分子的快速动态过程（如 G 蛋白耦联受体）和不适合进行表面固定的分子动态和构象。

27.3.3　荧光相关光谱

荧光相关光谱（fluorescence correlation spectroscopy，FCS）是荧光涨落谱中最为普遍的一种技术。该技术通过荧光信号强度波动的相关性分析，能够定量地提取出导致荧光强度变化的各种物理和化学过程的动力学信息。值得注意的一点是，荧光相关光谱的理论框架构建于 1972 年，但直到荧光蛋白的发现，才推动了这一技术在生物学中的广泛应用。尽管荧光相关光谱是对于荧光强度波动进行相关性分析的各类技术的泛称，并未对所采用的显微成像技术类型作出明确限制，然而，大多数荧光相关光谱测量采用的是共聚焦荧光显微技术。因此，本书将主要围绕共聚焦荧光显微技术进行原理阐述。

上节中提到，利用共聚焦显微技术进行单分子 FRET 测量的合适工作浓度为 50~100 pmol/L，而进行荧光相关光谱测量的浓度区间要广得多（100 pmol/L~10 μmol/L），最佳浓度在 10 nmol/L 附近，对应聚焦体积内平均分子数为 10 个左右。在此条件下，聚焦体积内发出的荧光信号会呈现看似无规律的随机涨落变化。而导致荧光强度涨落的原因有很多，包括溶液中分子的布朗运动导致聚焦体积内荧光分子数随时间的波动、荧光分子进入不发光的三线态、分子发生构象变化导致荧光团发光效率的改变、检测器检测光子的量子效应带来的亮暗变化等。而荧光相关光谱就是通过相关分析，从看似杂乱无章的信号中定量表征所有影响荧光涨落的动态过程，这在原理上与动态光散射（参见 22.3.1 节）是一致的。但荧光相关光谱计算相关时所用的归一化方式不同，其工作浓度比动态光散射要低，测量灵敏度更高，且包含的信息更为丰富。简单来说，荧光相关曲线 $G(\tau)$ 是表征 t 时刻和 $(t+\tau)$ 时刻（其中 τ 为延迟时间）信号强度的相似程度。对源自同一荧光检测信号进行的相关分析被称为自相关（auto-correlation），计算式为

$$G(\tau) = \frac{\langle \delta F(t) \cdot \delta F(t+\tau) \rangle}{\langle F(t) \rangle^2}。 \quad (27\text{-}3)$$

其中 $F(t)$ 是 t 时刻的荧光强度，$\langle F(t) \rangle$ 是测量时间内的平均荧光强度，$\delta F(t)$ 和 $\delta F(t+\tau)$ 分别是 t 时刻和 $t+\tau$ 时刻荧光强度与平均荧光强度的差值，$\langle \delta F(t) \cdot \delta F(t+\tau) \rangle$ 是其乘积的平均值。一般情况下，$\lim_{\tau \to \infty} G(\tau) = 0$。但请注意，部分研究者使用的相关计算式为

$$G(\tau) = \frac{\langle \delta F(t) \cdot \delta F(t+\tau) \rangle}{\langle F(t) \rangle^2} + 1。$$

在本教材中，我们将使用式（27-3）和 $\lim_{\tau \to \infty} G(\tau) = 0$，这样避免了在表达式中额外加 1。

对于只包含三维扩散的理想相关曲线，利用下式可从曲线中定量出聚焦体积内的平均分子数 $\langle N \rangle$ 和分子在聚焦体积内的扩散时间 τ_D（图 27-11A）：

$$G_{3D}(\tau) = \frac{1}{\langle N \rangle} \cdot \frac{1}{\left(1 + \dfrac{\tau}{\tau_D}\right) \cdot \sqrt{1 + \dfrac{\tau}{\omega^2 \tau_D}}}。 \quad (27\text{-}4)$$

其中，$\omega = \omega_z/\omega_{xy}$，$\omega_z$ 和 ω_{xy} 分别是 z 轴和 xy 平面上从聚焦体积中心到激发光场强度衰减到 e^{-2} 位置的距离，从中可以定量聚焦体积 $V = \pi^{3/2} \omega_{xy}^2 \omega_z$；$\tau_D = \omega_{xy}^2/4D$，$D$ 为分子的扩散系数。在实验中，通常先用已知扩散系数的标准荧光团对聚焦体积的尺寸进行标定。在此基础上，一方面可以定量待测样品在聚焦体积内的平均分子数 $\langle N \rangle$，从而定量其分子浓度；另一方面通过测量待测样品的扩散时间 τ_D 也得以定量其扩散系数 D，并据此计算分子水合半径并估算其分子量。

式（27-4）反映出荧光相关光谱的一个重要特性。虽然共聚焦荧光显微镜捕捉的是源自溶液中自由扩散分子发出的荧光，并不能对单个分子进行长时间追踪，而且在荧光相关光谱的主要工作浓度区间，焦点内的分子数都大于 1，并没有单独捕捉源自

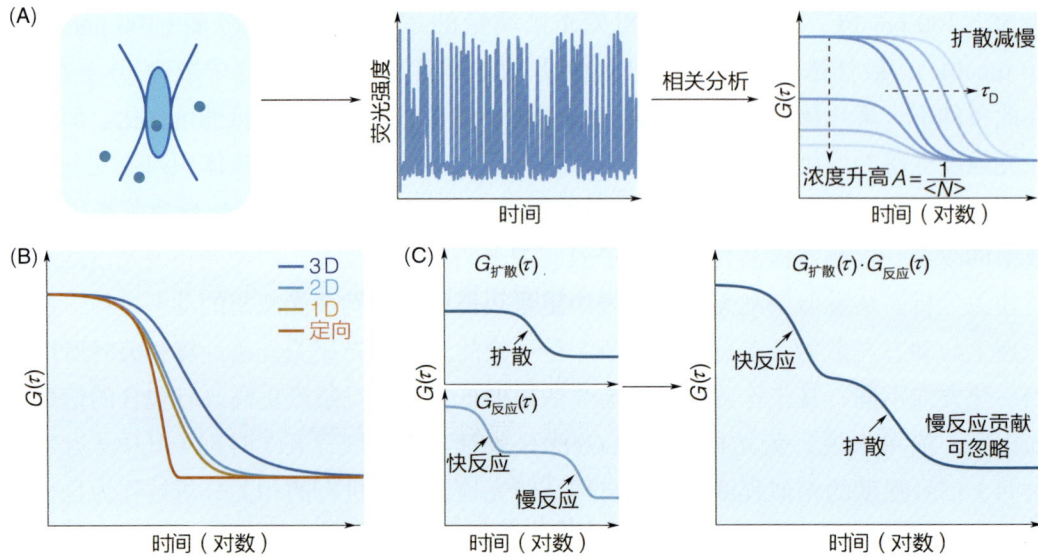

图 27-11 荧光自相关光谱原理示意图
（A）荧光自相关光谱流程示意图。（B）荧光标记分子不同运动模式下的荧光自相关曲线。（C）以分子扩散运动和反应为例，这两者均对荧光自相关曲线有贡献。然而，在所测得的相关曲线中，唯有那些反应速率快于分子扩散速率的化学反应和分子动态方得以显著地显现。

单个分子的荧光信号。然而，可以看到相关曲线 $G(\tau)$ 的在 y 轴的截距与焦点内的平均分子数呈倒数关系。焦点内分子数越多，相关曲线截距越小（图 27-11A）。这是因为荧光相关光谱捕捉到的相关信号源自焦点内分子数波动带来的荧光信号涨落。当焦点区域内的分子数量增加，分子数目的波动与总分子数量之间的比值便会降低，进而导致相关值的下降。因此，荧光相关光谱是在单分子水平进行定量测量的技术。

式（27-4）是分子三维扩散时的相关曲线表达式，二维扩散、一维扩散和定向运动等不同运动行为会产生不同的荧光相关曲线（图 27-11B），对应不同的相关表达式：

$$G_{2D}(\tau) = \frac{1}{\langle N \rangle} \cdot \frac{1}{1+\frac{\tau}{\tau_D}},$$

$$G_{1D}(\tau) = \frac{1}{\langle N \rangle} \cdot \frac{1}{\sqrt{1+\frac{\tau}{\tau_D}}},$$

$$G_{定向}(\tau) = \frac{1}{\langle N \rangle} \cdot \frac{1}{\left(1+\frac{\tau}{\tau_D}\right)\cdot\sqrt{1+\frac{\tau}{\omega^2\tau_D}}} \cdot \exp\left(-\frac{(v_x^2+v_y^2)\cdot\tau^2}{\omega_{xy}^2}\cdot\frac{1}{1+\frac{\tau}{\tau_D}}\right)$$

$$\cdot \exp\left(-\frac{v_z^2\cdot\tau^2}{\omega_z^2}\cdot\frac{1}{1+\frac{\tau}{\omega^2\tau_D}}\right),$$

其中 v_x、v_y 和 v_z 是待测分子在 x、y 和 z 方向上的定向运动速率。

当在分子运动行为之外，还存在其它分子内或分子间的动态过程导致荧光强度的变化，那么此时的相关曲线为运动项 $G_{运动}(\tau)$ 和动态项 $G_{动态}(\tau)$ 两部分的乘积。

$$G(\tau) = G_{运动}(\tau) \cdot G_{动态}(\tau) \tag{27-5}$$

当分子动态（如分子构象变化和分子间反应）导致荧光分子在理想的亮暗两态之间转变时，其动态项对应的表达式为

$$G_{动态}(\tau) = 1 - F + Fe^{-\frac{\tau}{\tau_F}}。 \tag{27-6}$$

其中，F 是荧光分子在完全不发光的暗态中的占比，$\tau_F = \frac{1}{k_+ + k_-}$ 是分子在亮暗态之间转变的特征弛豫时间，k_+ 和 k_- 分别是亮暗态之间的正向和逆向转变速率常数。从式（27-5）看出（图 27-11C），荧光相关光谱可以捕捉到比分子在激发场内运动更快的动态过程，如单线态-三线态转换过程、核酸和蛋白质的折叠等，但却无法捕获比分子在激发场内运动更慢的动态过程（知识窗 27-8）。需要重点强调的是，由于常见的荧光团在激发时均会产生显著的三线态，因此在拟合荧光相关曲线时的需要同时考虑扩散[式（27-4）]和三线态[式（27-6）]贡献，要利用这两式的乘积进行实验数据的拟合。

当两束不同波长的激光聚焦在同一位置，分别激发两种不同荧光团，并采集对应的荧光信号分别为 $F_B(t)$ 和 $F_R(t)$（B 和 R 分别指代不同的荧光通道）。对这两个

知识窗 27-8

拓展共聚焦单分子荧光显微镜的时间窗口

基于共聚焦的单分子荧光显微镜通常装配有雪崩光电二极管，从而可在纳秒尺度的时间分辨率下捕获每个光子的抵达时间。但其测量分子动态过程的时间窗口受限于待测分子在激光焦点内的停留时间，通常在毫秒尺度，因而难以捕捉更慢的动态过程。有两类常见策略可以在维持其纳秒级时间分辨率的同时，拓展测量时间窗口（图 27-12）。一类是通过将待测目标分子固定在微米小球或玻片表面，结合分子捕获技术或纳米微控平台，延长分子在焦点内的停留时间，从而将时间窗口拓展到秒量级。另一类则是利用微流控技术，通过恒定流速下的多种溶液混匀触发反应，从而让不可逆的动态过程在微流控通道中处于稳态。请注意，此时并非平衡态。通过对通道中不同空间位置的测量，实现对反应过程中各个时间点的高时间分辨的测量。类似的，对于反应过程可达小时尺度的慢速过程，在测量中也近似于稳态，因而无需特殊装置即可直接实现高时间分辨率下对反应过程中各个时刻的测量。

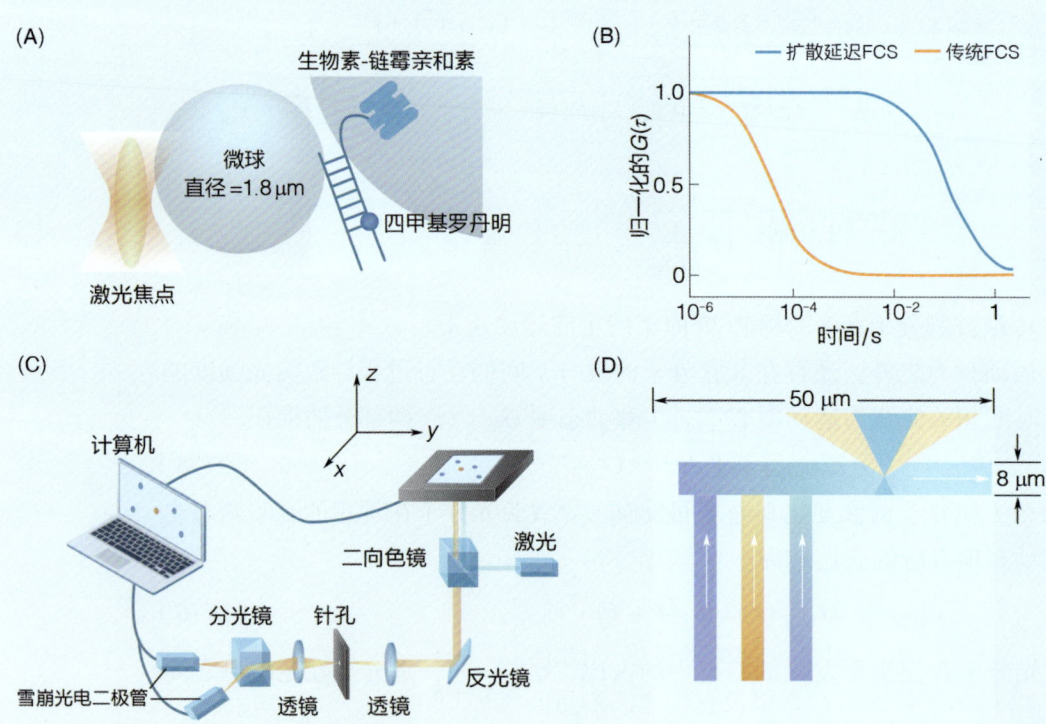

图 27-12　拓展共聚焦 FCS 测量时间窗口的技术
（A）将目标分子连接在微米小球上，从而降低扩散系数，延长目标分子在激发场中的停留时间。（B）利用 A 图所示的扩散延迟 FCS 技术，将测量时间窗口从传统 FCS 的毫秒量级拓展到秒量级。（C）将目标分子固定在玻片上，利用纳米微控平台，控制玻片与物镜和激发场的相对运动速度，从而实现对测量时间窗口的可控拓展。（D）利用微流控技术实现不可逆动态过程的稳态分布。

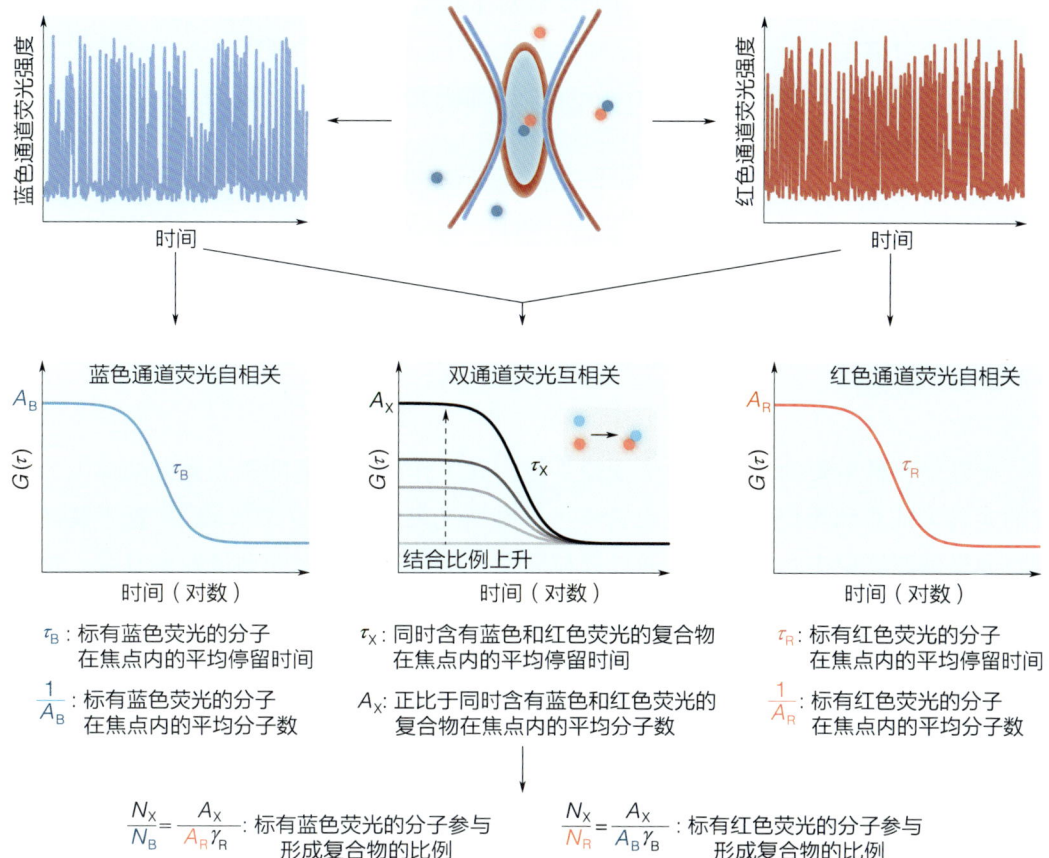

图 27-13 荧光互相关光谱原理示意图

结合荧光自相关光谱和荧光互相关光谱，既可以测量标记有特定荧光团的分子的大小和浓度，也可以同时定量包含两种荧光团的复合体的大小和浓度。γ_B 和 γ_R 为激光重合度的矫正因子。

不同荧光信号进行的相关分析被称为荧光互相关光谱（fluorescence cross-correlation spectroscopy，FCCS），其计算式与式（27-3）类似，为

$$G_X(\tau) = \frac{\langle \delta F_B(t) \cdot \delta F_R(t+\tau) \rangle}{\langle F_B(t) \rangle \cdot \langle F_R(t) \rangle}。$$

利用互相关曲线中计算得到的特征扩散时间 τ_X、不同的荧光通道的自相关曲线的振幅 A_B 和 A_R、互相关曲线的振幅 A_X，可从中定量包含两种荧光团分子的水合半径和在所有标记分子中所占比例（图 27-13）。基于以上原理，FCCS 被用于定量分子间的相互作用和结合常数，也被用于定量纳米尺度下的液-液相分离过程。在实际测量中，需要对两束激光焦点的大小，以及它们之间的重合度做精细的校准（图 27-13 中 γ_B 和 γ_R）。

27.4 单分子力谱

单分子力谱技术是 20 世纪 90 年代发展起来的一类新技术。这些技术借助微米尺度的小球或探针来标记纳米尺度的生物大分子，并利用光场、磁场或原子间相互作用等方式实现对微球或探针操控的同时精准测量其空间位置，从而获得生物大分子的微

观结构变化和运动学行为等信息，进而实现对生物大分子力学性质和生物学功能的研究。单分子力谱在分子水平上深化了对生物大分子运动机理的理解，是推动现代生物物理学科发展的一类重要研究技术。相关理论和研究示例请参见第11章和第14章中分子马达的力学。

主要的单分子力谱技术包括：光镊、磁镊和原子力显微镜等。这些力谱技术在工作原理上各有差异，因此各自具有不同的特点，主要体现在测量的时间与空间精度、操控力的大小以及数据采集通量等方面。接下来，将逐一介绍。

27.4.1 光镊

光镊是一种重要的单分子力学操控手段，其工作原理是借助激光光束的梯度力形成的光阱来捕获和操控微观颗粒或物体。以高斯光束为例（图27-14A），置于其内的颗粒如果偏离光束中心，光束1通过颗粒而发生折射，出射光的动量发生改变，根据动量守恒原理，会产生图中F_1方向的动量或力予以补偿，而较强光束2会比较弱光束1产生更大的动量转移而产生更大的力，其合力F_{net}即高斯光束产生指向光束中心的光压力，将颗粒拉回到光束中心。在高斯光束高度聚焦的情况下，光束的中心区域光强最强，置于其中的颗粒受到指向聚焦光束中心的光压力而被束缚在其中。力的大小可通过胡克定律

$$F = -\alpha x$$

计算得到，其中x是颗粒偏移量，α是弹性系数。α可由式

$$\alpha = k_B T / \langle (\delta x)^2 \rangle$$

计算得到，k_B是玻尔兹曼常量，T是热力学温度，$\langle (\delta x)^2 \rangle$是颗粒在空间位置上的涨落。而移动光阱的空间位置可以控制微观颗粒跟随移动，实现对微观颗粒的操控。

在光镊操控过程中，通常选取具有较高介电常数的微米级别的微球。将微球与

图27-14 光镊操控示意图
（A）光阱捕获微观颗粒原理图。F_1和F_2分别为光束1和光束2施加在颗粒上的力。当颗粒偏离光束中心，不同光强区域产生的合力F_{net}会将颗粒拉回到光束中心。（B）光镊连接DNA和操控示意图。（C）光镊拉伸DNA的力-延伸曲线。

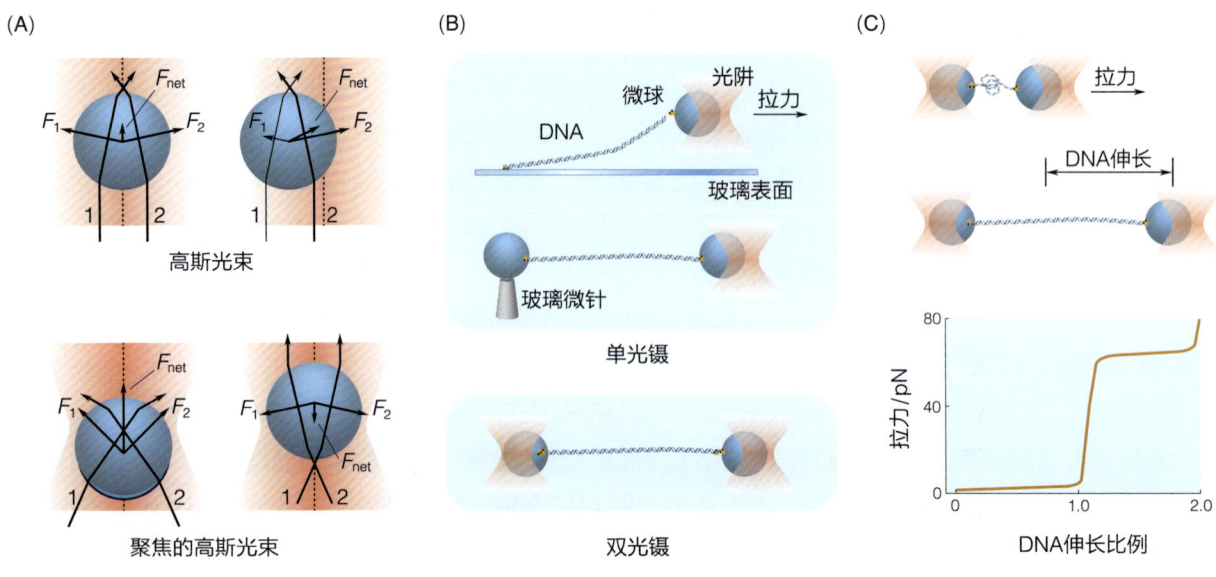

生物大分子的一端连接，而另一端或连接在玻璃表面或固定的微球表面（单光镊，图 27-14B），或者连接在另一激光光束固定的微球上（双光镊）。通过光阱操控微球的空间位置来拉伸所连接的生物大分子，通过测量微球与另一端之间的距离变化，来表征生物大分子的长度变化，从而阐述生物大分子的结构变化和相应的力学响应（图 27-14C；知识窗 27-9）。光镊在操控微球的同时，由于激光光强极高，其照明的微球的像具有极高的信噪比，因此可以利用高速采样相机，在毫秒甚至亚毫秒尺度，对微球成像并实现纳米甚至亚纳米精度的定位。因此光镊同时具备高的时间和空间测量精度。

光镊操控力源于微球与光阱中心的偏移量 x。偏移量越大，所产生的拉力越大。其操控力的量级在皮牛（pN）尺度，一般可以实现 0.1 ~ 100 pN 的拉力大小。光镊的优势在于高时间和空间精度地测量生物大分子的力学拉伸情况，但由于无法施加切向于微球的力而无法实现对生物大分子的旋转操控。近年来，人们利用微纳米加工方法制备了微米尺寸的棱柱体来代替微球。由于棱柱体的形状不似微球中心对称，因此当操控激光光束旋转的时候，棱柱体会跟随激光光束旋转，从而运用光镊实现了对生物大分子的旋转操控。

知识窗 27-9

DNA 的力学研究

遗传信息蕴含在 DNA 的碱基序列中，那么遗传信息如何被访问，即 DNA 双螺旋结构如何被打开，其碱基序列如何被访问，这些是生命科学领域的至关重要的科学问题，而 DNA 的力学性质在遗传信息访问过程中扮演着重要的角色。1996 年，卡洛斯·布斯塔曼特（Carlos Bustamante）等运用光镊操控技术对双螺旋 DNA 的力学性质进行了测量。研究中发现（图 27-14C）：拉力 $F < 5$ pN 时，拉力克服 DNA 熵变而引起 DNA 长度随着拉力的增大而显著增大；当拉力 $F < 50$ pN 时，处于 B 构型 DNA 的长度随拉力而发生等比弹性变化，该比值（弹性模量）为 $(3.5 \pm 0.3) \times 10^8$ Pa（150 mmol/L NaCl 浓度）；当拉力 $F = 65$ pN 时，DNA 弹性变化区间结束，DNA 在 2 pN 的拉力变化区间内长度增加 1.7 倍，DNA 的右手螺旋结构被逐渐拉开，形成类似于梯状的碱基对相互平行的过拉伸构型（S 构型），碱基间距从 0.34 nm 增大到 0.58 nm。随着拉力减小，DNA 可逆恢复到初始状态。该研究建立了量化的分子模型，阐释了 DNA 的力学性质，为理解生命过程中 DNA 结构变化以及相应过程的调节和调控机制奠定了力学模型的基础。

2005 年，史蒂文·布洛克（Steven Block）等借助光镊的高时间、高空间精度的优势，系统地解析了 RNA 聚合酶的转录动力学过程。发现 RNA 聚合酶通过消耗核苷三磷酸（NTP）存储的化学能来驱动其在 DNA 上的步进式运动。每消耗一个 NTP，RNA 聚合酶向前步进一个碱基。饱和 NTP 浓度下的平均速率约为十几个碱基每秒。此外，光镊操控技术还被广泛应用于生物大分子的构型变化、分子之间的相互作用乃至细胞层面的操控和相互作用等生命科学领域的研究中，助力探索分子层面的生命现象和规律。

然而，高强度激光照明会对生物大分子的活性产生影响，如使 DNA 分子断裂或蛋白质分子构象改变等，或在水溶液中产生活性氧破坏生物大分子而致其失活。为了克服以上负面影响，人们一般采用生物分子和水分子吸收均较弱的红外波段激光进行操控（如 1060 nm）。这极大地减弱了强激光对生物大分子的光照损伤，但长时间观测后仍然会使溶液温度显著升高，因此需要引入温度控制系统。从光镊的工作原理可以看出，光镊每次只能操控并测量一个生物大分子，这限制了其数据采集通量。为了克服低通量问题，研究人员采用了微型流体池，能够并行地对多个微球进行操控与测量，一定程度上改善了光镊测量通量的局限。

20 世纪 70 年代初，阿瑟·阿什金（Arthur Ashkin，1922—2020）发明了光镊，并首次运用激光光束捕获并操控微观颗粒和细菌等微观物体，开创性地实现了对微观生物物质的操控，荣获了 2018 年的诺贝尔物理学奖。随后，在广大科研工作者的共同努力下，光镊技术被广泛应用于生命科学的研究中，解决了许多生命科学领域中的重要科学问题。

27.4.2 磁镊

与光镊不同，磁镊运用磁场来操控微球，进而实现操控生物大分子的目的。磁镊操控中选用超顺磁微球，使其连接到生物大分子的一端，另一端连接到显微镜玻片表面，所连接的生物大分子可以是 DNA、RNA、蛋白质等（图 27-15A）。施力方式采用永磁铁或电磁铁，将其移动靠近并磁化超顺磁微球，借助产生的吸引作用来施加作用力。其作用力的方向沿磁场梯度方向，作用力大小可以通过改变磁铁与磁球之间的距离来调整，一般可以实现 0.01~100 pN 的拉力。

磁镊操控过程中，生物大分子的长度变化远小于磁场梯度范围，因此固定磁镊位置可以得到恒定的拉力。而在光镊操控技术中，施力大小取决于颗粒与光阱中心的偏移量，若在操控过程中生物大分子的长度发生变化，则需要实时调节光阱来保持光阱与微球的相对位置来维持恒定拉力。以磁球–DNA 分子连接为例（图 27-15A），拉力

图 27-15 磁镊测量示意图
（A）磁镊操控示意图。（B） $F < 0.5$ pN 的恒力模式下旋转操控 DNA 的延伸–旋转曲线，淡蓝色背景表示线性变化区间。（C）磁镊旋转操控下，借助转录泡尺寸来识别基因转录起始、延伸和终止等阶段。

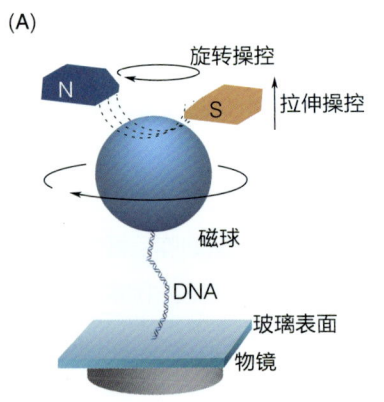

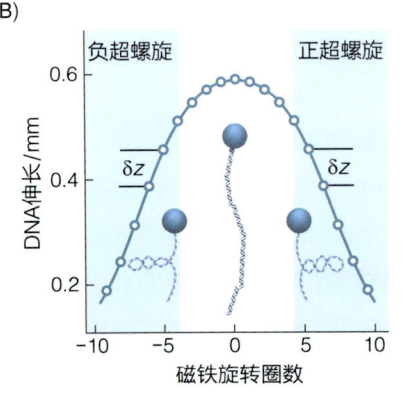

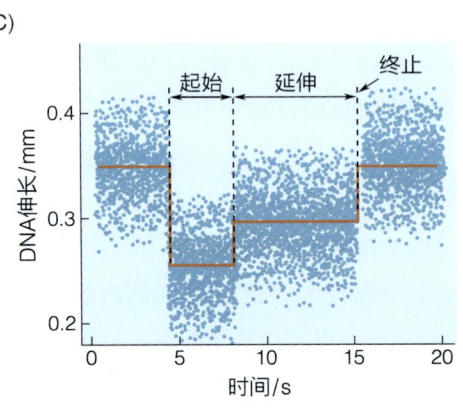

大小可以借助公式

$$F = k_B T L / \langle (\delta x)^2 \rangle$$

来估算，其中 k_B 是玻尔兹曼常量，T 是热力学温度，L 是 DNA 与玻片表面连接点到磁球中心的距离，$\langle (\delta x)^2 \rangle$ 是磁球位置在沿垂直于 DNA 方向上的布朗涨落。拉力越大，磁球的布朗涨落越小，对磁球位置的定位越准确，即测量精度越高；反之，则测量精度降低。磁镊系统的漂移对拉力测量有显著影响，可以借助傅里叶变换（参见第 26 章）到频域空间，在频域空间去掉低频的漂移信号再计算拉力。随着高速相机技术的发展，磁镊可以通过高频率采样，再进行数据平均的方法来提高其空间测量精度，可达到纳米甚至亚纳米的空间精度和毫秒级的时间精度。

磁镊有别于光镊的一个特点是，磁镊可以通过旋转磁铁来旋转磁球，进而旋转操控连接到磁球上的生物大分子。旋转操控中有代表性的应用是 DNA 超螺旋的研究。生理条件下，DNA 是右手螺旋，那么沿着右手螺旋状态方向继续扭转 DNA，会使 DNA 的右手螺旋越来越紧，进而形成 DNA 自身缠绕的超螺旋状态，称为正超螺旋；当反方向扭转 DNA，会使 DNA 的右手螺旋变得松散，形成 DNA 自身反向缠绕的超螺旋状态，称为负超螺旋。大部分生命体基因组 DNA 都是处于负超螺旋状态的。磁镊操控 DNA 旋转可以实现正、负超螺旋状态，进而模拟生理条件下的 DNA 旋转状态，从而研究超螺旋状态对 DNA 上重要分子生物学过程的调控机制（**知识窗 27-10**）。另外，磁镊中所施加的磁场并不局限于某一个磁球，而是可以覆盖并超过整个观察视

知识窗 27-10

基于磁镊的 DNA 超螺旋研究

20 世纪 90 年代，特伦斯·斯特里克（Terence Strick）等发明了磁镊，并首次应用到 DNA 旋转操控和力学性质的研究中。当拉力 $F \geq 0.45$ pN 时，DNA 上的负超螺旋受拉力影响而消失，导致其力学拉伸性质与线性 DNA 相同；而当 $F < 0.45$ pN 时，DNA 上的负超螺旋恢复，从而展现出有别于线性 DNA 的力学拉伸性质。正超螺旋 DNA 也存在类似特征，只是其性质转变点为 3 pN。

值得一提的是，当 $F < 0.5$ pN 时（图 27-15B），DNA 正、负超螺旋的伸长曲线均体现为 DNA 长度随超螺旋数目的线性变化。且正、负超螺旋的伸长曲线的斜率基本相同，约等于一个正、负超螺旋的尺寸（每个超螺旋约 60 nm）。在该线性变化区间内，DNA 双螺旋与超螺旋之间可相互转变，即打开一个双螺旋（双螺旋减少一个），等价于新增一个正超螺旋，表现为负超螺旋 DNA 长度增加约 60 nm 或正超螺旋 DNA 减少约 60 nm。由于一个 DNA 双螺旋包括 10 个碱基，那么打开一对碱基将对应 6 nm 的长度变化。基于这一原理，可实现 DNA 单碱基对打开和形成的高精度测量。斯特里克等将该测量技术应用到基因转录过程的研究中，解析了 RNA 聚合酶打开 DNA 双螺旋形成转录泡的动态变化，精准捕捉了转录过程中的起始、延伸和终止阶段（图 27-15C）。磁镊高通量数据采集的优势，使得研究者平行高通量地测量多个 RNA 聚合酶分子的动态行为。

野,对视野里的所有磁球连接的生物分子进行平行操控和观测,具备高通量数据采集的优势。磁镊一般采用LED照明,其光强远低于光镊的激光照明,因此其光毒性可以忽略不计,适用于长时间数据采集。

27.4.3 原子力显微镜

原子力显微镜是基于扫描隧道显微镜发展起来的工具,不要求真空环境,可以测量导体和非导体材料,也可以在水溶液环境中测量生物大分子结构变化、分子间的力学相互作用等信息。原子力显微镜的工作原理是:通过固定在悬臂上的探针针尖与待测样品表面的原子产生相互作用力(图 27-16A),导致悬臂发生微幅起伏,借助于被悬臂所反射的激光束,对上述起伏予以放大,从而精确地识别探针尖端与样品表面之间的相互作用信息。其空间测量精度可达到亚纳米级别。

与光镊和磁镊类似,利用原子力显微镜操控生物大分子需要对探针针尖进行修饰,以将待研究的生物大分子连接在探针针尖。随后精密控制探针 z 方向位移来拉伸生物大分子,从而可研究外力拉伸下生物大分子结构变化和生物大分子间的相互作用等,这被称为力学操控模式(图 27-16A)。原子力显微镜的施力范围大致介于 0.01~10 nN,其灵敏度达到 1~10 pN,适用于需求较大拉伸和操控力的相关研究领域。典型的应用场景包括:表征生物大分子离子键、共价键的断裂,定量测定生物大分子之间结合的相互作用力大小,捕捉蛋白质或复杂结构 RNA 的折叠和去折叠过程及其中重要的中间态,并从中解析出蛋白质或 RNA 折叠途径和势能面。近年来,人们通过微纳加工方法设计并制备了小尺寸、超高频探针,提高探针的机械响应速率并优化系统反馈速率,把原子力显微镜的时间分辨率提高到了微秒尺度,从而捕捉到蛋白质折叠和去折叠过程中众多新的中间状态,拓展了人们对生物大分子结构动态变化和组装机理的理解。

除了力学操控模式外,原子力显微镜的探针还可以扫描样品表面,从而得到样品形貌的原子级高精度图像,即扫描成像模式(图 27-16B)。原子力显微镜的扫描模式一般用于表征样品表面的形貌,在生命科学领域中则广泛应用于空气中或水溶液中生

图 27-16 原子力显微镜操控和测量示意图
(A)原子力显微镜力学操控示意图和蛋白质去折叠过程的力-延伸示意曲线。
(B)原子力显微镜扫描成像示意图,样品是内嵌有发夹结构的双链 DNA。

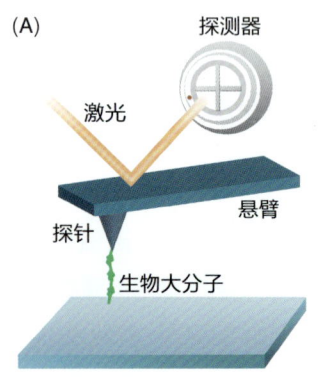
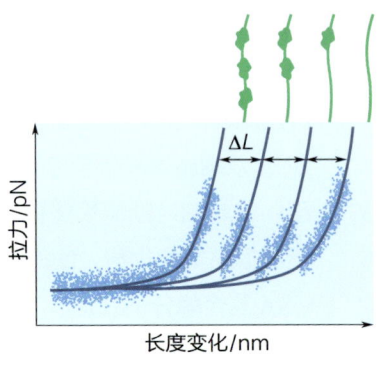
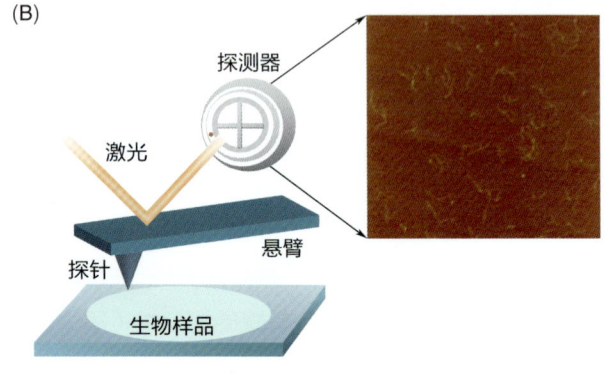

物样品的高分辨成像，既可以观测生物大分子的静态空间分布情况，也可以观测生物大分子的动态相互作用和变化，例如细胞膜表面生物大分子的有序组装和解离等过程。高速原子力显微镜的发展更将追踪生物反应过程的时间分辨率提高到几十毫秒量级。

27.4.4 声镊

声镊（acoustic tweezers）是一种新型的单分子技术，其利用声波力对单个分子或微尺度物体进行操控和测量。其概念最早可以追溯到20世纪70年代，当时科学家们开始探索利用声波在流体中操纵微粒的可能性。由于可以很容易地产生 $10^3 \sim 10^6$ Hz 范围内的声波，声镊可以在超过五个数量级（$10^{-7} \sim 10^{-2}$ m）的空间范围内直接操纵粒子。声波是一种机械波，可以通过压电晶体等振动源产生。当声波通过液体传播时，它会在介质中引起压力和位移的变化，从而对微尺度物体施加力。当两个频率相同的声波相遇时会产生干涉，生成驻波，导致产生波峰和波节。颗粒会被限制在这些驻波的固定位置（波节）。通过调节声波的频率、振幅和相位，可以精确地控制微粒的位置、方向和运动，得以解决其它粒子操纵技术的局限性（图27-17）。随着技术的发展，声镊逐渐成为一种强大的工具，用于探索微尺度和生物体系中的力学特性和相互作用。

声镊技术的应用包括单分子力学测量、细胞操作、生物分子相互作用的研究以及微尺度器件的开发等。声镊可以测量单个分子的力学特性，揭示分子的机械行为和性质。通过操纵蛋白质或者核酸等生物大分子，捕捉和定量表征其生化过程中的实时动态构象变化，如解旋酶解旋、分子马达运动和大分子去折叠和折叠等过程，从而深入阐释其结构和功能的关系（图27-18）。声镊不但可以高通量并行地捕捉单分子水平

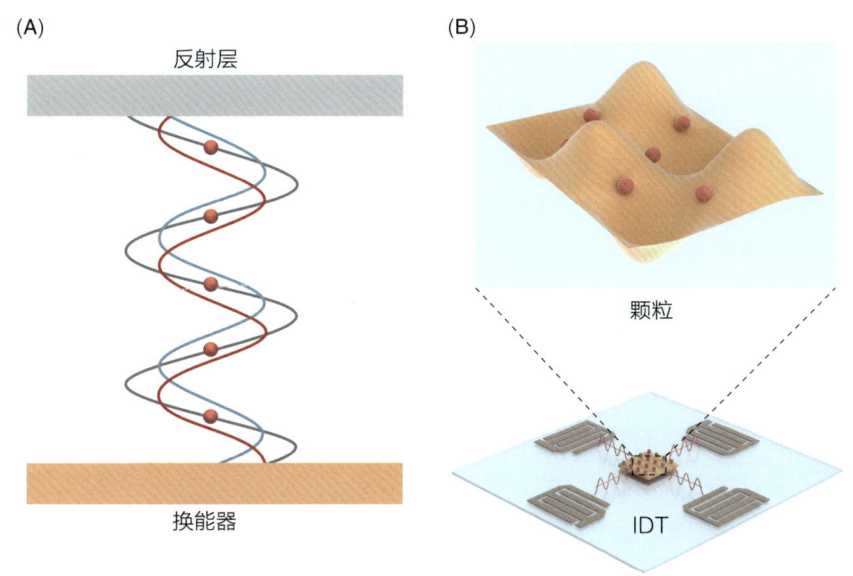

图27-17 声镊示意图
（A）一种典型的基于声体波的驻波镊设备。换能器产生的声波（红色曲线）与反射层产生的回波（蓝色曲线）形成驻波（灰色曲线），颗粒（红色圆点）被限制在驻波的波节，通过声波频率与匹配层和反射层之间的距离来调节驻波的波形实现对颗粒的操纵。（B）基于声表面波的驻波镊使用叉指换能器（interdigitated transducer, IDT）产生机械波。两个相对方向的探头产生的波叠加能形成驻波，四组IDT用于产生二维压力节点场，对粒子进行捕获和图案化。

的动态过程，还可以操纵细胞的位置和运动，研究细胞的形态变化和细胞间的相互作用，以及对细胞器的操控和施力等（知识窗 27-11）。

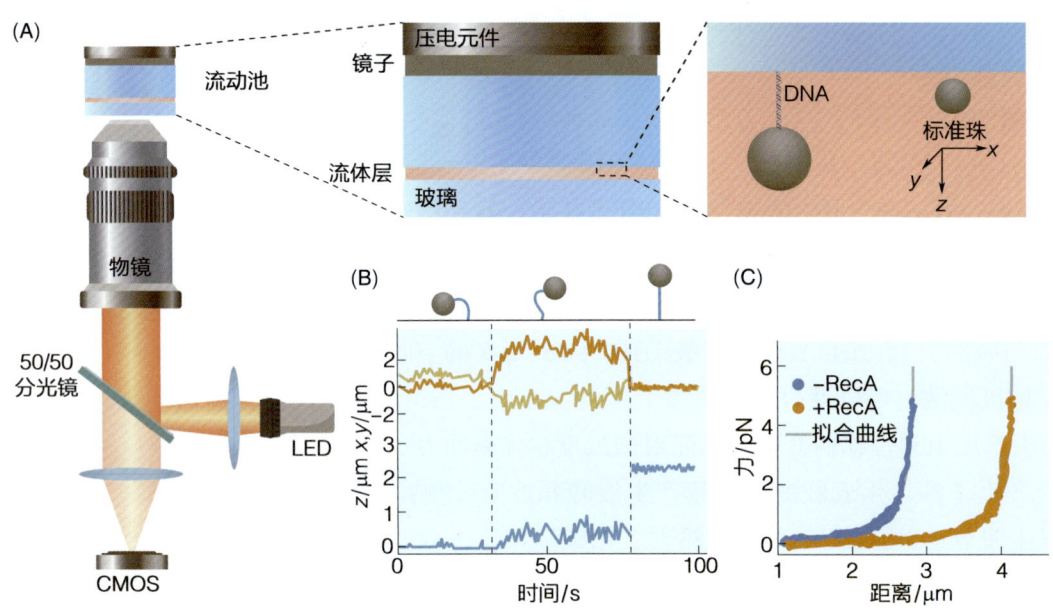

图 27-18　使用声镊进行单分子操纵和测量　（A）集成在流动池中的声镊装置。CMOS，互补金属氧化物半导体相机；LED，照明光源。流动池由两块玻片组成，中间有一个流体室。产生声波的压电晶体连接在上部的玻片上。DNA 分子的一端被连接到上层玻片，另一端连接在微球上，并在作用于微球的声力下被拉伸。（B）与 DNA 相连的一个微球在声镊控制下的空间轨迹。声镊通过操控微球的位置进而控制与之相连接的 DNA 的伸长和收缩。（C）8.4 kb 长度的双链 DNA 在没有 RecA 和有 1 μmol/L RecA 条件下的力 - 延伸曲线。RecA 与 DNA 的结合显著改变了 DNA 的力学性质。（改编自 Sitters G, et al. Nat Methods, 2015, 12(1): 47-50）

知识窗 27-11

声镊的优势

声镊在进行生物物理研究时，具有一些显著的优势：①非接触性和非破坏性：声镊操作不依赖于与物体的直接物理接触，通过声波力实现对微粒的操纵和控制，避免了传统操纵方法（如光镊或机械探针）可能引起的损伤、干扰和污染。因而在处理敏感样品方面具有显著优势。②高精度和可控性：声镊可以精确地操纵微粒的位置、方向和速度，提供了对单个分子或细胞的精准操作。③样品多样化：声镊可用于操纵不同类型的微粒，包括固体微粒、细胞、细胞器等。并对样品的折射率、电磁学性质没有明显要求，这使得它在生物学、医学和材料科学等领域中具有广泛应用。④良好的生物相容性：声镊应用的声功率（0.01～10 W/cm²）和频率（1 kHz～500 MHz）与用于临床诊断的超声波成像（小于 1 W/cm², 2～18 MHz）相似。在声镊装置中放置长达三十分钟的红细胞和斑马鱼胚胎等生物样品，其存活率并未有显著变化，且胚胎发育率等指标亦未受显著影响。声镊技术成功避免了激光引发的光毒性问题，在活细胞成像领域的应用具有显著优势，尤其对于结合荧光等多种方法所进行的复杂生物成像时，展现出优异的兼容性。

※ 本章小结

在本章中，我们首先阐述了单分子测量技术相较于传统系综测量所呈现的独具特色的性质。继而，我们将内容细分为电学、光学和力学三个领域，概述了各种有代表性的单分子测量技术的基础原理以及其应用实例。尽管早在 1976 年，科学界便已经实现了对单个离子通道电学特性的测定，然而，单分子技术在生物学领域的广泛运用主要是近 20 年来的现象。因此，单分子测量技术目前仍然处于一个快速发展与不断完善的时期。借助于新兴的物理学、化学、信息科技，例如探针技术、标记化学方法以及人工智能等，单分子测量技术的应用范围、测量信息的时空分辨率、精确度、覆盖广度以及信息维度将得到进一步的拓展。而多种单分子技术的融合，如单分子电学、光学和力学等技术的联合使用，实现多维度信息的直接关联，也是该领域目前重要的发展方向。需要指出的是，单分子测量技术通常并不遵循一个固定的标准流程。研究者在实验设计、数据收集以及分析过程中，往往根据自身所面对的科学问题，享有较高的自主性。因此，单分子技术的个性化和自由化也限制了数据的通用性和算法的共享性。实现数据收集、分析、展示和存储的自动化、标准化和规范化，是单分子测量技术走向成熟的重要方向。总之，单分子技术通过在微观层面直接对单个或者少数几个分子进行精准测量和操控，已成为解析分子动态行为和功能的重要生物物理学工具。

※ 思考题

1. 系统性地对比两位同学用餐的快慢，可以只通过单次用餐所花费的时间吗？为什么用于对比用餐快慢的物理量是用餐所花时间，而一般不使用用餐速度这个物理量？如何统计午餐时某食堂就餐的各位同学所花时间？如果不能对就餐同学进行个性化测量，唯一可测量信息是任意时刻食堂内的就餐人数，请设计一理想实验，统计就餐同学所花时间。

2. ACF 是染色质重塑因子，通过水解 ATP 来促进核小体在双链 DNA 上滑动。研究者构建了一个体外单分子 FRET 实验模型。在此实验中，当向已组装在双链 DNA 上的核小体体系中加入 ACF 和 ATP 时，可实时捕捉到核小体与 DNA 的相对运动，并可从单分子 FRET 曲线中定量从加入 ACF/ATP 到首次相对运动发生的表观速率常数（k_1）和随后持续运动的表观速率常数（k_2）。研究者发现，k_1 和 k_2 都与 ATP 浓度呈正相关；而只有 k_1 与 ACF 浓度呈正相关，k_2 几乎不受 ACF 浓度影响。请考虑，ACF 是否参与了核小体与 DNA 首次相对运动后的持续运动过程？请提出一个合理的分子模型解释以上实验现象。

3. 我们在 27.1 节中提到，单个分子在不同状态之间的转变是由概率决定。转变概率引入的随机性导致了分子间异质性，因而在实验中需要对大量分子进行测量，从而获得在统计上可靠的结果。在这进行一个简单的估算来加深理解。

以图 27-1 中从 A 到 B 的一级反应为例。从观测者角度，分子在 t 时刻离开 A 状态的归一化概率密度为 $P_t = ke^{-kt}$。假设在一理想实验中，可对这个过程进行精准测量，记录下每个分子在 A 停留的时间。在不考虑测量误差的理想情况下，测量有限数量的 N 个分子在 A 状态停留时间的平均值为 $\langle t_A \rangle$。请估算当 $k = 1 \text{ s}^{-1}$ 时，$\langle t_A \rangle$ 的理论值为多少（当 $N \to \infty$ 时）？请分别估算 $N = 1$、4、9、100、10 000 时测量得到的 $\langle t_A \rangle$ 的噪声（即标准差）分别是多少？基于以上估算，你发现测量分子数（N）和信噪比（$\langle t_A \rangle$ 的理论值与其噪声的比值）之间的关系了吗？

4. 基于单分子力谱技术的原理，思考进一步提高其时空分辨率的可能性。

5. 文中介绍了单分子力谱技术在分子水平的应用，请思考这些技术能否应用于更高维度，比如细胞层面的力学操控，以及这些技术之间的优势差异有哪些？

6. 除了利用光场、磁场、原子间相互作用或超声波等媒介操控生物分子外，还有哪些媒介可用于生物分子的操控？

7. 通常在纳米孔检测中，驱动核酸穿过纳米孔的力是什么？对于带正电荷的生物分子，一般是需要将分子加入到纳米孔电极的阳极端还是阴极端才能观察到单分子穿过纳米孔的离子电流信号？当生物分子穿过纳米孔时，一般会对过孔电流产生什么样的影响？

※ 扩展阅读

图书

Bai C L, Wang C. Single molecule chemistry and physics: an introduction[M]. Berlin: Springer, 2006.

Branton D, Dearmer D W. Nanopore sequencing: an introduction[M]. Singapore: World Scientific Publishing, 2019.

Heller I, Dulin D, Peterman E J G. Single molecule analysis: methods and protocols[M]. 3rd ed. New York: Humana Press, 2024.

Hinterdorfer P, Van Oijen A. Handbook of single-molecule biophysics[M]. Dordrecht: Springer, 2009.

Iqbal S M, Bashir R. Nanopores: sensing and fundamental biological interactions[M]. New York: Springer, 2011.

Komatsuzaki T, Kawakami M, Takahashi S, et al. Single-molecule biophysics: experiments and theory[M]. Hoboken: John Wiley & Sons, 2011.

Luo L. Principles of neurobiology[M]. 2nd ed. Boca Raton: CRC Press, 2021.

Noy A. Handbook of molecular force spectroscopy[M]. New York: Springer, 2008.

Selvin P R, Ha T. Single-molecule techniques: a laboratory manual[M]. Cold Spring Harbor: Cold Spring Harbor Laboratory Press, 2008.

综述

Ha T, Fei J, Schmid S, et al. Fluorescence resonance energy transfer at the single-molecule level[J]. Nat Rev Methods Primers, 2024, 4:22.

Neuman K C, Nagy A. Single-molecule force spectroscopy: optical tweezers, magnetic tweezers and atomic force microscopy[J]. Nat Methods, 2008, 5(6):491-505.

28

质谱方法

本章旨在为读者提供现代质谱技术和应用的简要介绍。质谱通过测量样品中分子或其碎片离子的质荷比（m/z）来鉴定样品中的分子种类，并确定其结构或序列。质谱的发展是人类探索自然和追求精准测量的体现。约瑟夫·汤姆孙（Joseph Thomson，1856—1940）搭建了最早的质谱仪用于测量电子质量，为理解原子结构奠定了基础。在过去的一百多年里，质谱仪的三个核心部件——离子源、质量分析器和检测系统，经历了快速发展。质谱技术的每一次进步都推动着原子物理学、化学、材料科学、生命科学和医学等相关领域的迅速发展。谁能想到理查德·斯莫利（Richard Smalley，1943—2005）仅凭一张质谱图发现的富勒烯，竟驱动了整个纳米材料领域的发展！

电喷雾和基质辅助激光解吸附电离技术的发展，使质谱成为生物分子鉴定和分析的主要工具之一。电喷雾质谱可以测量分子量从几十到几亿的分子、蛋白质复合物或病毒颗粒；而色谱–串联质谱联用系统可以在 15 min 内完成细胞中 1 万种以上的蛋白质定性与定量分析，成为系统解析蛋白质序列、翻译后修饰和蛋白质组的强大工具，也是代谢组学、脂质组学和糖组学分析的重要利器。此外，质谱与其它化学生物学方法的联用也成为生物物理学研究中不可或缺的工具，广泛用于蛋白质高级结构、蛋白质和配体相互作用、蛋白质复合物及蛋白质机器的解析。

28.1 质谱的基本原理

质谱（mass spectrometry，MS）是一种化学分析技术，通过测量带电原子或分子的质荷比（m/z），来鉴定样品中化合物的组成及结构。这些带电的原子或分子被称为离子，质谱图的横轴标注的是离子的质荷比，纵轴则表示离子的信号强度。胰岛素是人类历史上第一个用于治疗糖尿病的药物。桑格耗时十年时间解析出胰岛素的序列，并于1958年获得诺贝尔化学奖。牛胰岛素B链的序列为FVNQHLCGSHLVEALYLVCGERGFFYTPKA，其分子式为$C_{157}H_{233}N_{40}O_{41}S_2$，平均分子量为3400.97。图28-1展示了牛胰岛素B链的分子离子峰的质谱图，第一个峰的质荷比为1133.57。根据相邻同位素峰之间的间距（0.333），可以推测该离子携带三个正电荷，因此该分子离子峰对应的牛胰岛素B链实际分子量为3397.69。这个测量值与预测的分子量（3400.97）之间的差异并非由于测量不准确，而是因为这一簇峰实际上包含了胰岛素B链分子的离子。

28.1.1 原子和分子的稳定同位素分布和分子量

对于分子式为A_mB_n的化合物，其化学式分子量 = A的原子量 × m + B的原子量 × n。1913年，弗朗西斯·阿斯顿（Francis Aston，1877—1945）通过质谱测量发现氖气中存在两种同位素——^{20}Ne和^{22}Ne，其原子数比例为9∶1，这一发现打破了此前人们认为只存在放射性同位素的认知局限，首次揭示了稳定同位素的存在。同位素是指具有相同核电荷（质子数）但原子质量不同的原子。同一元素的同位素具有相同数目的质子和不同数目的中子，例如氢元素有三种同位素：氢、氘和氚。它们的原子核均只有一个质子，但中子的数量分别为0、1和2。氚是放射性的，不属于氢元素的稳定同位素。自然界中大多数元素都有多种同位素，元素的原子量是依据其同位素在自然界中的天然丰度计算得到的加权平均原子量。例如，碳元素有两种稳定同位素——^{12}C和^{13}C，原子质量分别是12.0000 u和13.0033 u（u为统一原子质量单位，等同于Da，1 u = 1.660 540 × 10^{-27} kg），它们在自然界中的天然丰度分别为98.89%和1.109%。由此计算得到碳原子的平均原子质量是12.0110 u。同样，氢元素的稳定同位素有氢（1.0078 u）和氘（2.0141 u）在自然界的天然丰度分别为99.985%和0.015%，因此氢原子的平均原子质量为1.0082 u。这些元素形成化合物后，其同位素也以相应的比例出现在化合物中，成为鉴别化合物组成的重要参考指标。

化合物的分子量是组成该化合物的所有原子量的总和，这解释了为何胰岛素B链分子的离子在

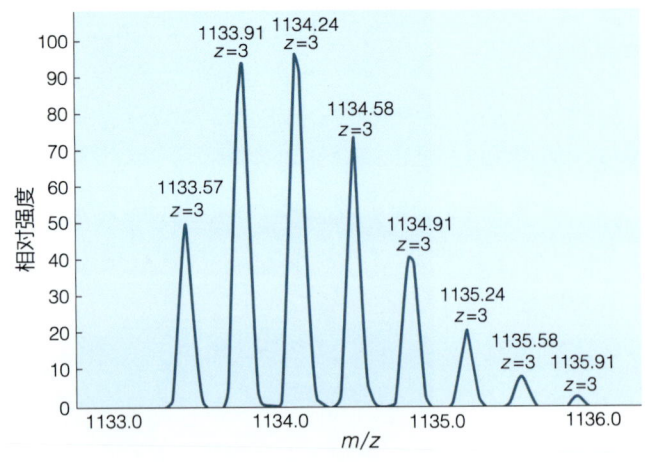

图 28-1　牛胰岛素B链分子质谱图

质谱图上呈现出一组峰（图 28-1）。用各元素天然丰度最高的同位素的质量计算得到的分子质量被定义为该分子的单一同位素质量（monoisotopic mass），对应的离子峰即为单一同位素峰。例如，H_2O 的单一同位素质量等于 18.010 565 u（即 $2 \times 1.007\ 825\ u + 1 \times 15.994\ 915\ u$），而图 28-1 中的第一个峰代表胰岛素 B 链分子的单一同位素质量。分子的平均分子质量则是质谱图中各个同位素峰的质量和相对丰度的加权平均。对于只含有碳、氢、氧、氮、硫和磷的有机分子或生物分子，质谱图中单一同位素峰就是一组同位素峰中质量最小的峰。随着离子质量的增加，单一同位素峰的相对强度会逐渐降低，直至不再成为相对丰度最高的峰（基峰）。这是因为当分子中碳原子数较大时，所有碳原子都是 ^{12}C 的概率会低于含有 ^{13}C 的概率。因此，图 28-1 展示的胰岛素 B 链的质谱图中，离子峰顶部的数字对应于分子含不同同位素的质荷比，而纵轴的强度则代表含不同同位素分子的相对丰度。值得注意的是，单一同位素离子（m/z：1133.57）并非基峰；次第一同位素峰（m/z：1133.91）主要对应于包含一个 ^{13}C 同位素的分子，原因在于 ^{13}C 同位素在 C 原子中的占比相对较高（1.109%）。

28.1.2 质谱分辨率和分子量的准确测量

分辨率可用于分子的定性和定量表征，是光谱学和化学分析中最重要的概念之一。分辨率在不同谱学技术中的定义有所不同。在光谱学中，分辨率指检测器在波长方向上区分两个谱峰之间的波长间隔，而分辨力则是波长与分辨率的比值。在色谱学中，分辨率定义为两个相邻色谱峰的保留时间差与平均峰宽的比值。在质谱分析中，分辨率和分辨力这两个术语通常可以互换使用，表征质谱仪区分 m/z 峰和相差一个增量 $m/z + \Delta(m/z)$ 峰的能力，可以用下列公式表示：

$$R = \frac{m/z}{\Delta(m/z)},$$

其中，$\Delta(m/z)$ 可以是峰高一半时的峰宽，或者是谷值为峰高的 10% 时两个峰之间的差值。对于两个等高且质量分别为 m_1 和 m_2 的峰，当这两质谱峰重叠部分的高度低于峰高的 10% 时（图 28-2），仪器的峰谷分辨率可以定义为

$$R = \frac{m_1}{m_2 - m_1}。$$

这种定义有助于量化质谱仪在分析复杂样品时的性能。

目前，质谱仪的质量分辨率常用质荷比与半高峰宽的比值来表征，分辨率越高，分子同位素峰越窄。图 28-3 展示了不同分辨率下牛胰岛素和人肌红蛋白的质谱图。值得注意的是，只有当分辨率大于 10 000 时，才能准确测量胰岛素单一同位素峰的质量，而当分辨率小于 10 000 时，仅能检测到胰岛素分子的平均分子

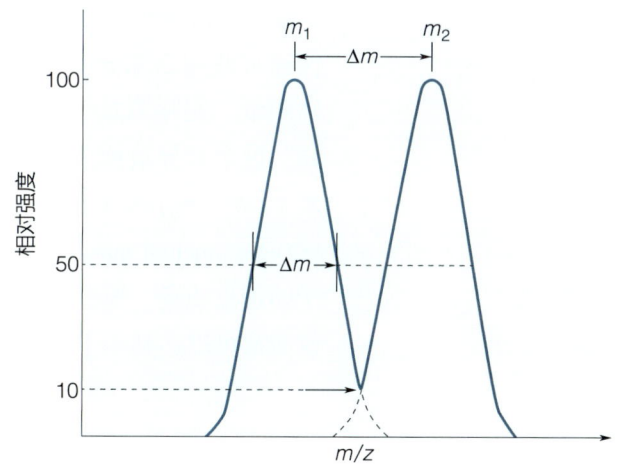

图 28-2　质谱分辨率的计算

图 28-3　不同分辨率下牛胰岛素（A）和人肌红蛋白（B）分子的质谱图

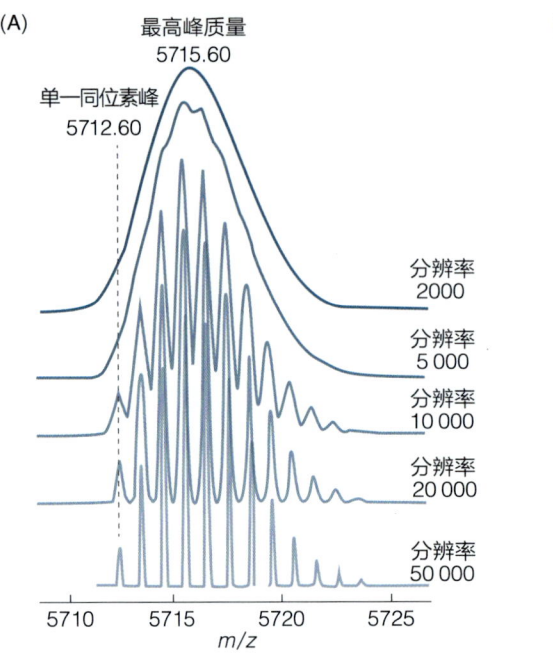
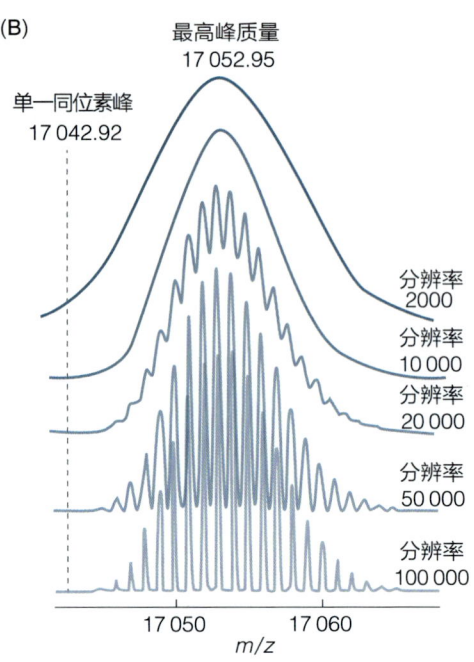

量。显然，单一同位素峰的质量可用于更准确地推测分子的元素组成及经验分子式（empirical formula）。对于肌红蛋白而言，由于单一同位素峰的相对丰度较低，即使在高分辨率 100 000 条件下，也只能获得平均分子量。高分辨率质谱图中峰的半峰宽较窄，可以更好地区分质量相近的分子。严格来说，除单一同位素峰外，分子的其它同位素峰都有不同的同位素组合（例如 ^2H、^{18}O），具有极高分辨率的质谱能够将这些同位素峰分开。

分子量的测量准确度在很大程度上取决于质谱仪的性能参数，如分辨能力、扫描速率、扫描方法、峰的信噪比和峰形。理论上，分子量的准确测量只与校正后的仪器的质量稳定性有关，而与分辨率没有必然关系。实际上，分辨率高的仪器产生的峰更窄，可以更好地确定峰顶点的位置，进而得到更精确的分子单同位素质量或平均分子量。高准确度的分子量测定可以直接用于确定待测化合物的分子式。商业化的质谱仪通常使用已知分子量的标准物质作为外标，以校正质量轴，从而实现分子量的准确测量。实际测量中，仪器测得的分子量与待测分子的理论分子量之间总会存在差异。这个差异被称为质量测量误差，可以表示为绝对质量误差（$m_e - m_p$）或者相对误差 [$(m_e - m_p)/m_p \times 10^6$]，其中，相对误差以百万分数（parts per million，ppm）表示，m_e(experimental mass) 为待测分子离子的测量质量，m_p(predicted mass) 为待测分子离子的理论质量。质量误差与质谱仪的类型及数据采集方式有关。目前，高分辨率质谱仪通常可以达到小于 3 ppm 的质量准确度。

28.2 质谱仪的组成和工作原理

现代质谱仪的发展依靠先进的固态电子技术、真空系统、电磁场设计、精密加工以及计算机数据采集与处理技术。尽管质谱仪的类型繁多，但所有的质谱仪都必须包含离子源、质量分析器、检测器和数据采集系统。

28.2.1 电离技术

离子源的主要功能是将中性原子和分子转化成气相带电离子，从而在质谱仪的电场或磁场中基于质荷比的差异实现离子的分离和检测。待测物的电离可以采用多种技术，包括电子撞击电离、化学电离、大气压化学电离、大气压光致电离、快原子撞击电离、电喷雾电离和基质辅助激光解吸电离。经典的电子撞击电离技术通过高能电子与气态中性分子碰撞，使其发生电离。尽管这种电离方法广泛地应用于分析极性较低的有机化合物，但由于其产生的能量会导致分子碎裂，因此这种电离技术不适合用于生物聚合物（如蛋白质、肽段、核糖核酸和多糖）的分析。

发展针对生物聚合物的电离技术在20世纪后期成为质谱领域的研究热点。约翰·芬恩（John Fenn，1917—2010）在临近退休时进入这个领域，成功发展了电喷雾电离（electrospray ionization，ESI）技术，实现了完整生物大分子和聚合物的质谱分析。同期，田中耕一（Koichi Tanaka）意外发现了基质辅助激光解吸电离（matrix-assisted laser desorption/ionization，MALDI）相关的金属纳米颗粒加液体基质电离法。由于电喷雾离子源可以直接与液相色谱仪联用，复杂生物样品经色谱分离后可直接进行质谱分析，因此电喷雾电离目前已成为生物质谱分析中应用最广泛的电离技术。

电喷雾电离技术是大气压离子化方法中最重要的软电离技术，这一过程仅需要一根电喷雾毛细管，即可在常压下将离子从含挥发性溶剂的液相转移到气相，随后气相离子进入高真空质谱仪进行检测（图28-4）。传统的电喷雾毛细管内径约为75 μm，当毛细管与接地的质谱进样口距离约为1 cm时，施加3~4 kV的直流高压可在毛细管顶端产生高达10^6 V/m的强电场，驱动电解质溶液中的正负电荷分离，形成泰勒锥（Taylor cone）。当泰勒锥上的溶剂表面张力低于离子间的静电斥力时，泰勒锥开始喷

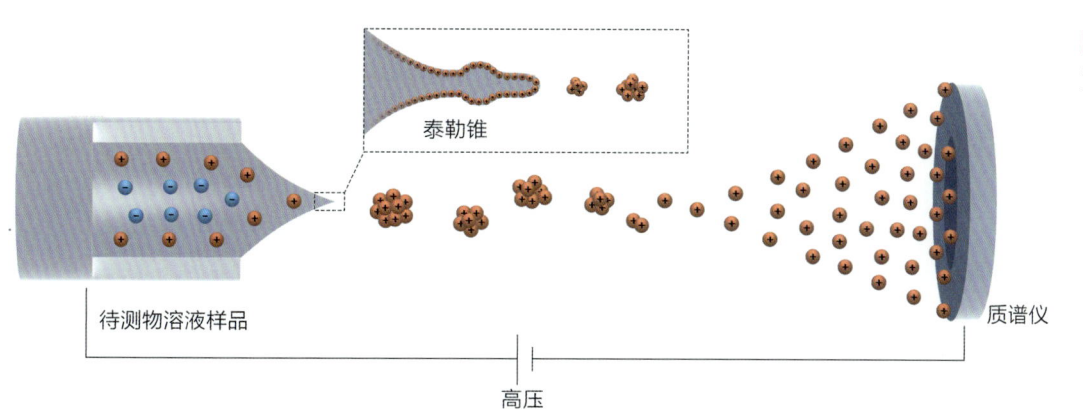

图28-4 电喷雾电离示意图

射大量带电的细小射流。在射流运动过程中，溶剂迅速挥发，液滴体积缩小，导致电荷密度增加，促使液滴进一步裂解成更小的液滴。在溶剂挥发和库仑斥力的共同作用下，气态离子从液滴中产生并进入质量分析器完成质谱分析。

降低电喷雾毛细管的内径不仅有助于形成更小的液滴，还可以显著降低液体流速。例如，利用内径小于 5 μm 的硼硅玻璃毛细管制作的电喷雾喷针，可以实现 20 ~ 50 nL/min 的稳定电喷雾。这项技术被称为纳升电喷雾电离（nano-electrospray ionization，nanoESI）。与传统电喷雾电离产生的初始液滴直径（1 ~ 2 μm）相比，纳升电喷雾电离产生的液滴直径小于 200 nm。纳升电喷雾电离可在正离子和负离子模式下使用纯水等高极性溶剂，样品消耗量极低，适合微量蛋白、肽段和代谢物的分析。电喷雾电离技术具有无与伦比的优势：①作为软电离技术，可以完整地将生物聚合物从液相转移到气相；②能够产生多价离子，使得生物聚合物分子的质荷比更适合质谱检测；③可与液相色谱直接连接，实现混合物分离和鉴定的一体化和自动化。

28.2.2　质量分析器

质谱仪的核心部件是质量分析器，其作用是将不同质荷比的离子分开并实现质量测定。常用的质量分析器包括扇形磁场（magnetic sector）双聚焦质量分析器、飞行时间（time of flight，TOF）质量分析器、四极杆（quadrupole rod）质量分析器、离子阱（ion trap）质量分析器、傅里叶变换离子回旋共振（Fourier transform ion cyclotron resonance，FTICR）质量分析器、静电场轨道阱（orbitrap）质量分析器以及 2023 年夏天投入市场的非对称轨道无损（asymmetric track lossless，Astral）质量分析器。下面介绍三种常用的质量分析器。

飞行时间质量分析器的原理非常简单：对离子源产生的离子施加一个脉冲电场，使得不同质荷比的离子具有相同的起始动能，并同时飞入长度固定的无场飞行区。由于不同质荷比的离子速度不同，它们在飞行管中的飞行时间也不同，质量小的离子飞行速度快，因此比质量大的离子更早到达检测器（图 28-5）。基质辅助激光解吸电离与飞行时间质谱的组合称为 MALDI-TOF 质谱系统，是生物医学测试中常用的分析

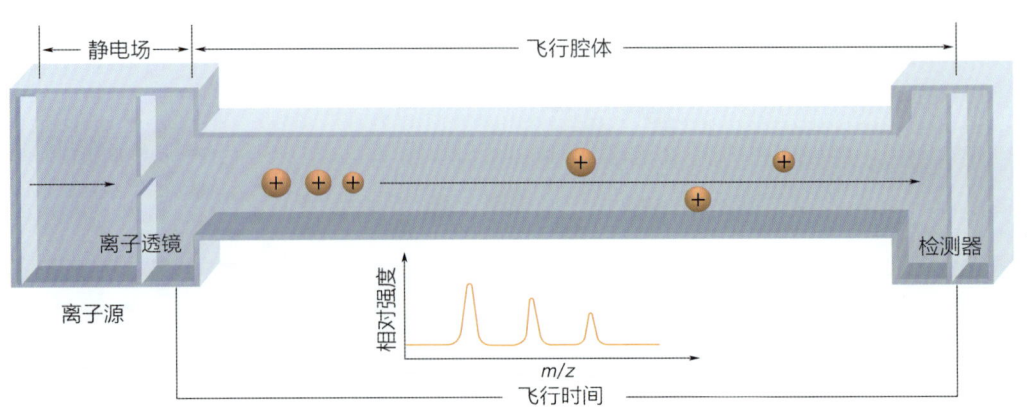

图 28-5　飞行时间质谱仪示意图

工具。TOF 仪器的主要优点包括：① TOF 质量分析器的 m/z 范围可以达到 10^5 量级；② 谱图采集速率快，接近 10^3 Hz，能够瞬时产生完整的质谱谱图；③ 离子损失少，有助于实现高灵敏度检测；④ 设计和构造相对简单。现代 TOF 仪器能够进行精确的质量测量和串联质谱分析。

四极杆质量分析器是由沃尔夫冈·保罗（Wolfgang Paul，1913—1993）在 20 世纪 50 年代开发的，其结构由四个沿 z 轴方向延伸的几何形状完全相同的双曲面棒状电极组成。从横截面（xy 平面）看，这四个电极对称排列，其中 x 轴方向和 y 轴方向的两个电极分别用导线连接（图 28-6A）。在 x 轴和 y 轴的两对电极之间施加高频交流电压，当离子沿 z 轴方向进入四极杆电场时，受到与其电性相反的一对电极的吸引及与其电性相同的另一对电极的排斥而发生偏转。由于施加在电极上的电压是高频交流电压，离子在任何一个方向上发生偏转的时间极短，不足以到达与其电性相反的电极。随着在 x 轴和 y 轴方向上的吸引力和排斥力快速周期性变化，离子在四极杆电场中也发生周期性偏转（xy 平面）的渐动（z 轴方向）。在 x 轴和 y 轴两对电极之间还可以同时施加直流和交流电压，使得指定 m/z 范围外的离子无法顺利通过四极杆电场，从而选择目标离子。如果施加在电极上的直流电压强度为 U，高频交流电压强度为 V（频率为 ω），则作用在离子上的电势为 $\phi_0 = U + V\cos\omega t$。通过调节直流和交流电压的强度，可使一个具有较小的 m/z 范围的离子保持稳定的飞行轨迹，顺利穿过四极杆电场，而该质荷比范围外的其它离子则被滤掉。通过连续改变直流电压和交流电压的强度，可使不同质荷比的离子依次通过四极杆到达离子检测器，完成一次质量分析。由于理想双曲面电极的加工和装配较为困难，四极杆质量分析器中常采用圆柱形电极替代双曲面电极，通过调整四极杆围绕界面的半径使其电场分布接近于理想双曲面电极产生的电场（图 28-6B）。四极杆质谱仪结构简单、成本低、易于操作和维护，但质量分辨率较低，且扫描速度慢。

研发理想的质量分析器无疑是质谱领域永恒的话题。为此，科特·布朗尼（Curt Brunnee，1928—2023）在 1987 年撰写了一篇长达 113 页的综述，这篇题为"是否存在理想的质量分析器？"的综述激励了正在攻读博士学位的亚历山大·马卡洛夫（Alexander Makarov）。11 年后，马卡洛夫开发出了静电场轨道阱质量分析器。更令人惊叹的是，2005 年以轨道阱为基础的商业质谱仪问世。如今轨道阱质谱仪已遍布

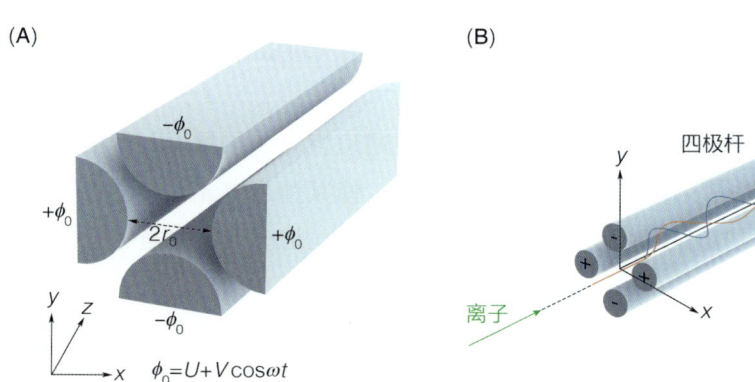

图 28-6 四极杆质量分析仪

（A）4 个电极的分布示意图。
（B）离子传输示意图。

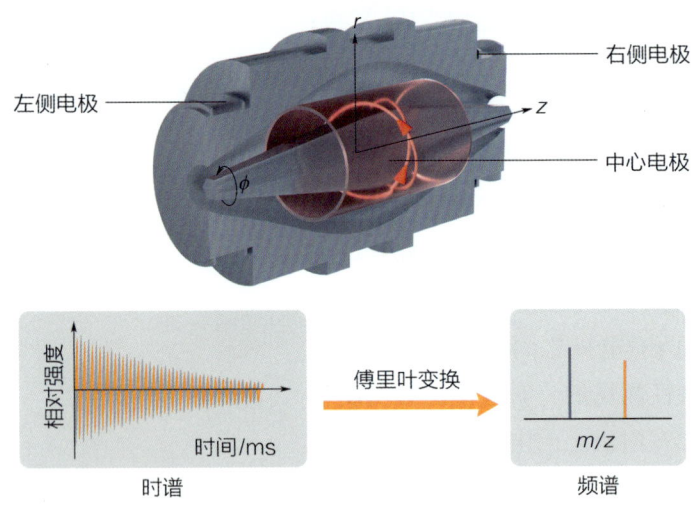

图 28-7 轨道阱质量分析仪示意图

全球的质谱实验室。轨道阱是一种不依赖磁场或射频电场来激发离子运动的离子阱,离子在由纺锤形中央电极和桶状外电极组成的静电场中运动(图 28-7)。中央电极对离子的静电引力与离子径向运动的离心力相互抵消,维持离子运动轨迹的稳定性。除径向运动外,轨道阱中的离子还会围绕中心电极在两个外部电极之间轴向振荡。不同质荷比的离子具有不同的轴向振荡频率,形成独立运动的离子束。各离子束在经过中间位置的检测器时会产生镜像电流,不同质荷比的离子产生具有不同轴向谐振频率 ω_z 的正弦波形镜像电流。镜像电流信号通过快速傅里叶变换转换成频谱信号,可用于准确读取离子的质荷比。静电场轨道离子阱在离子质量检测方面具有高达 5×10^5 的分辨率和小于 1 ppm 的质量测量精度。近十年来,轨道阱质谱仪已成为生物分子检测尤其是蛋白质组学中最常用的质量分析仪器。但对马卡洛夫而言,轨道阱并不是理想质量分析器的终点,近十年来,他的团队又开发了以飞行时间质谱为基础的非对称轨道无损质量分析器,为生物聚合物分析,包括单细胞蛋白质组学,提供了高通量和高灵敏度的检测仪器。

28.2.3　离子检测器

最简单的离子检测器是法拉第杯,其原理是离子撞击杯壁,通过电荷转移产生电流,并由高阻抗电阻器放大测量。法拉第杯测量的电流与入射离子的数量和电荷相关,检测灵敏度较低。

随着扫描型质谱仪的发展,电子倍增器成为最广泛使用的质谱检测器。这些检测器放大高能离子撞击倍增电极表面释放的次级电子,能够将离子电流放大约 10^8 倍。电子倍增的原理是次级电子加速撞击更高电压的电极表面,释放出更多电子。通过与多个倍增极(dynode)碰撞,能够产生类似于雪崩的电子流,被灵敏的前置放大器检测。次级电子级联放大也可在连续电子倍增管中进行,这种检测器被称为隧道电子倍增器(channeltron electron multiplier,CEM)或隧道电子管(channeltron),与离散式倍增极相比,其结构更紧凑,成本更低。

电光离子检测器也是常用的离子检测器,它将微通道板电子倍增器与光电倍增管结合,实现离子的计数检测。其原理是将正离子加速,使其撞击电光转换器产生次级电子,次级电子被加速后撞击荧光屏,释放出大量的光子。这些光子再进入光电倍增器中以级联方式完成信号扩增。

FTICR 和轨道阱仪器则不使用离子计数检测器,而是利用外电极上感应出的镜像电流实现离子数量的检测。

28.2.4 串联质谱/复合型质谱及其蛋白质序列解析

尽管分子质量的精确测量可以推导出分子式,但无法提供分子结构信息,这是仅基于分子质量的质谱分析的一个重大缺陷。为获得分子结构信息,串联质谱技术应运而生。串联质谱(tandem mass spectrometry)也被称为质谱/质谱(MS/MS)联用。串联质谱是通过获得特定质荷比离子的碎片信息,推断出分子的结构或序列。串联质谱至少包括两步,即一级质谱(MS^1)和二级质谱(MS^2)分析。通常使用MS^2、MS^3和MS^n表示串联质谱检测的级数。串联质谱有两种基本的仪器构架:第一种是空间串联质谱,在空间上串联安装两个质量分析器,利用第一个质量分析器(Q1分析器)隔离出特定质荷比离子,并在中间过渡区域(Q2碰撞池)进行碎裂,最后将碎片送入第二个质量分析器(Q3分析器)进行质量分析(图28-8A);第二种是时间串联质谱,其原理是利用离子阱类型的质量分析器,按时序进行离子选择、离子隔离、碎裂和碎片离子检测(图28-8B)。时间串联质谱更容易扩展为多级质谱分析,即多级前体离子的选择和多级碎片离子的检测。

离子通常在碰撞池中解离成碎片。最常用的解离方法是碰撞诱导解离(collision-induced dissociation,CID),也称为碰撞活化解离(collision-activated dissociation,CAD)。CID通过加速分子离子使其获得较高动能,随后使其与惰性气体分子发生碰撞,从而将动能转化为内能,使分子发生碎裂。CID常采用氩气或氮气作为碰撞气体,待测分子离子与气体分子发生低能碰撞后产生碎片。当振动能量超过一定阈值时,会导致键能较低的共价键断裂。蛋白质和肽段类离子的肽键可被质子活化,键能降低,因此CID会引起肽键断裂,产生在二级质谱图(即MS/MS或MS^2)中检测

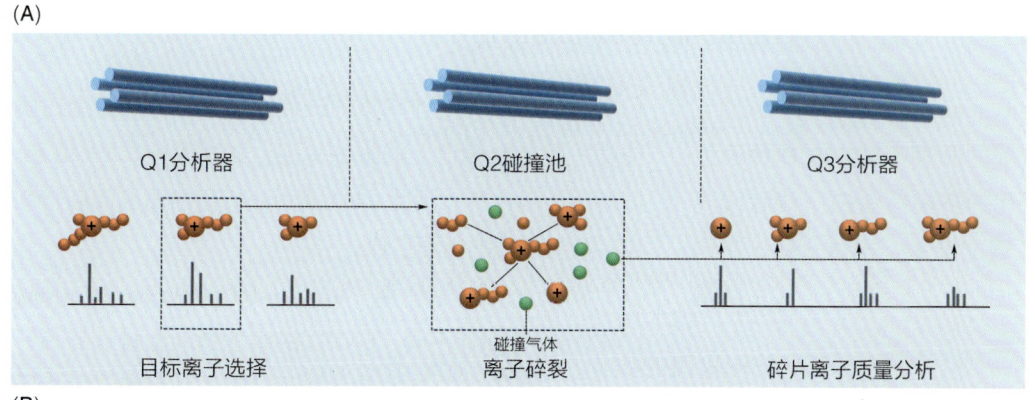

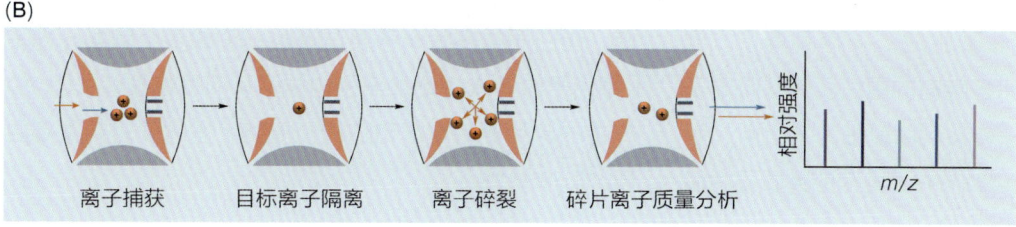

图28-8 串联质谱示意图
(A)三重四极杆质谱仪示意图。(B)时间串联质谱仪示意图。

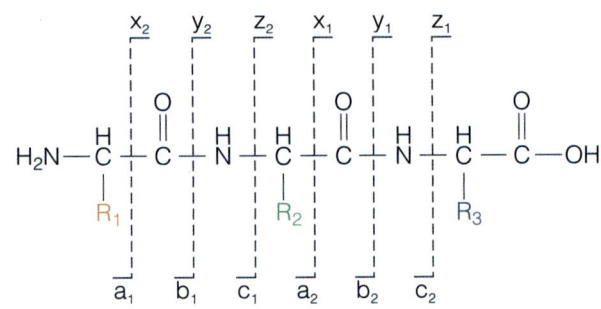

图 28-9 肽段碎片化产生的二级离子示意图

其中 a、b、c 序列离子由包含肽段 N 端的碎片产生，x、y、z 序列离子由包含肽段 C 端的碎片产生

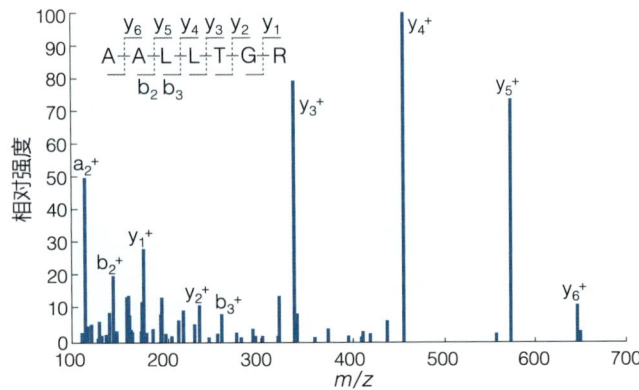

图 28-10 经 CID 碎裂后的肽段离子二级谱图

到的 b 序列离子和 y 序列离子（图 28-9）。这些碎片峰的质量差可用于确定蛋白质和肽段的氨基酸序列。其它常用的离子碎裂方式见知识窗 28-1。

在大部分二级质谱图中，相邻两个碎片离子峰的质量差等于某个氨基酸残基的质量。通过测量碎片峰的质量，我们可以确定肽段的序列。图 28-10 展示了一张标注了碎片离子峰特征的肽段的二级谱图。根据相邻两个 b 离子或 y 离子的质量差，我们可以推断出该肽段离子的序列。数据库搜索软件的开发极大地提高了二级谱图的解析能力，可在 1 min 内解析上万张二级谱图。

从串联质谱的概念出发，将不同类型的质量分析器整合成复合型仪器是近 30 年来质谱发展的趋势。这些复合型仪器为生物医学研究提供通用且经济的解决方案。复合型仪器有多种组合，从早期的多扇区、反射飞行时间（reflectron TOF，ReTOF）质谱仪、TOF/TOF 质谱仪、三重四极杆质谱仪、四极杆-飞行时间（quadrupole-TOF，QTOF）串联质谱仪、线性离子阱-静电场轨道离子阱（linear ion trap-orbitrap，LIT-orbitrap）串联质谱仪、四极杆-静电场轨道离子

知识窗 28-1

其它常见的碎裂方式

电子捕获解离（electron capture dissociation，ECD）：与 CID 基于碰撞能量再分配的原理不同，ECD 是通过低能量的自由电子与质子化的多电荷蛋白质或肽段离子反应放热，引起 N—C_α 键的断裂，形成 c 和 z 序列离子。ECD 主要用于运行维护成本较高的 FT ICR 质谱仪上。

电子转移解离（electron transfer dissociation，ETD）：其碎裂原理与 ECD 类似，主要生成 c、z 序列离子。但 ETD 是阴离子与质子化的带多电荷的蛋白质或肽段离子反应，将一个电子从阴离子转移到肽段阳离子上引起肽段碎裂。ECD 和 ETD 可以裂解带有高电荷的大质量肽段和完整蛋白质，得到完整的碎片信息，且可保留蛋白质或肽段氨基酸侧链上的修饰基团，如磷酸化、N- 和 O- 糖基化、磺化等，因此 ETD 成为分析蛋白质翻译后修饰和完整蛋白质的重要工具。

紫外光诱导解离（ultraviolet photodissociation，UVPD）：与 CID 不同，UVPD 的原理是能量较高的紫外光光子与质子化的带多电荷的蛋白质或肽段离子发生反应，蛋白质或多肽离子通过吸收一个或多个紫外光光子（每光子约 6 eV）增加离子内能，从而发生裂解。UVPD 产生的碎片更为丰富和随机，提高了质谱仪对完整蛋白质的测序能力。

阱（quadrupole-orbitrap，Q-orbitrap）串联质谱仪到最新的 timsTOF 质谱仪和 Astral 质谱仪。这些复合型仪器可以实现多个质量分析器的联用，提高检测速度、分析通量和检测灵敏度。例如，Astral 质谱仪能够在 1 s 内采集 200 张 MS/MS 质谱图，在 15 min 内鉴定上万个蛋白，成为系统生物学研究的重要工具。

28.3 质谱方法在系统生物学和化学生物学中的应用

分析表明，人类基因组有约 2 万个编码基因，这些基因通过可变剪接和翻译后修饰（post-translational modification，PTM）在单个细胞中产生近百万种蛋白质变体，参与调控复杂的生物学过程。因此，自 2003 年科学家们成功绘制人类基因组图谱以来，研究者们的探索重心逐渐转向人类蛋白质组。同时，代谢物作为蛋白质活性和功能的表征，其变化也反映出细胞的生命活动以及机体的生理或病理过程。28.2 节中介绍的串联质谱技术是准确鉴定蛋白质种类、翻译后修饰和代谢物的重要工具，蛋白质组学和代谢组学则为生物过程中的复杂调控网络、机制和功能提供了系统解析的手段。本节将简要介绍几种常用的组学技术。

28.3.1 蛋白质组学

蛋白质组学（proteomics）利用质谱技术系统研究生物体中的多种蛋白质，旨在从整体角度确定细胞或组织内动态变化的蛋白质组成、表达水平与修饰状态，鉴定蛋白质之间的相互作用，从而揭示蛋白质的功能和生命活动规律。蛋白质组学包括对特定细胞或器官的蛋白质种类、表达水平及变化（定量蛋白质组学）、蛋白质的生物学功能（功能蛋白质组学）、蛋白质相互作用网络（相互作用蛋白质组学）、蛋白质的结构（结构蛋白质组学）的分析，并探究翻译后修饰对蛋白质结构和功能的影响（修饰蛋白质组学）。纳升液相 – 串联质谱联用系统（nano liquid chromatography-tandem mass spectrometry，nano LC-MS/MS）是蛋白质组学分析中最常用的技术。蛋白质组学分析主要采用两种策略：自下而上法（bottom-up）和自上而下法（top-down）（图 28-11）。

自下而上法是目前蛋白质组学中使用最广泛的技术。该方法首先利用蛋白酶将蛋白质分解成肽段，这些肽段通过色谱柱分离后，进入质谱仪进行分析；基于质谱分析产生的一级和二级谱图进行数据库搜索和匹配，以鉴定样品中蛋白质。蛋白质组学数据库包含所有蛋白质酶解产生的理论肽段序列信息。自下而上法可以鉴定蛋白质种类、修饰类型和位点、突变位点等，并提供蛋白质的定量信息。

自上而下法是直接对完整蛋白质进行质谱分析。该方法能够获得蛋白质变体的信息，包括完整序列、修饰种类、修饰程度及组合等。然而，由于缺乏高通量的完整蛋白质分离方法和高效的质谱碎裂技术，自上而下法尚未广泛应用于蛋白质组学分析。因此，以下介绍的蛋白质组学技术主要采用自下而上法。

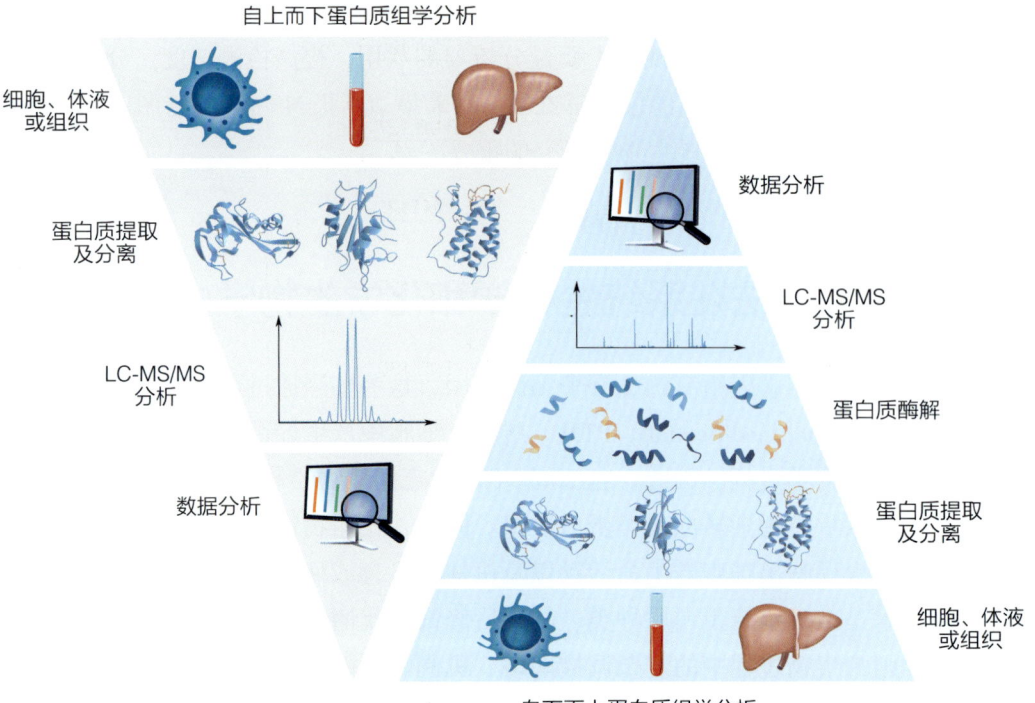

图 28-11 基于高分辨质谱的蛋白质组学分析策略

（1）定量蛋白质组学

定量蛋白质组学通过稳定同位素标记或非标记的方式研究不同样品之间蛋白质组的变化情况，主要的三种定量蛋白质组学方法如图 28-12 所示。

细胞培养中氨基酸稳定同位素标记（stable isotopic labeling using amino acids in cell culture，SILAC）技术是将带有不同稳定同位素标记的氨基酸掺入细胞或模式动物的蛋白质中，以进行不同状态下细胞或模式动物中蛋白质组的同时定量分析。常用的稳定同位素标记氨基酸包括 ^{2}H、^{13}C 和 ^{15}N 标记的赖氨酸或精氨酸。SILAC 技术不仅可以用于分析不同条件（如基因编辑、药物刺激等）下细胞或模式生物的蛋白质组变化，还可以用于建立目标蛋白质互作网络，或用于确定蛋白质合成和降解的速率。

等量标签（isobaric mass tag）标记技术是对蛋白质酶解后产生的肽段进行化学标记，将源自不同样品的肽段标记上不同的稳定同位素标签。目前使用最广泛的两种商品化等量标签试剂为 iTRAQ 和 TMT，它们均由反应基团、平衡基团和报告离子基团三部分组成。等量标签标记的定量蛋白质组学方法可以同时分析最多 35 个样品的蛋白质组，但缺点是样品制备过程较为复杂，实验成本较高。

非标记定量蛋白质组学是利用肽段在质谱中的相对丰度进行定量分析。相对丰度的计算可以使用肽段的色谱峰面积或色谱峰最高点的信号强度。该方法适用于临床队列的蛋白质组学分析。由于实验中每个样品独立进行 LC-MS/MS 分析，因此非标记定量蛋白质组学的数据可靠性与重现性依赖于样品制备过程与质谱仪器状态。

（2）翻译后修饰蛋白质组学

蛋白质的翻译后修饰种类复杂多样。9.5 节介绍了组蛋白修饰与非组蛋白修饰的

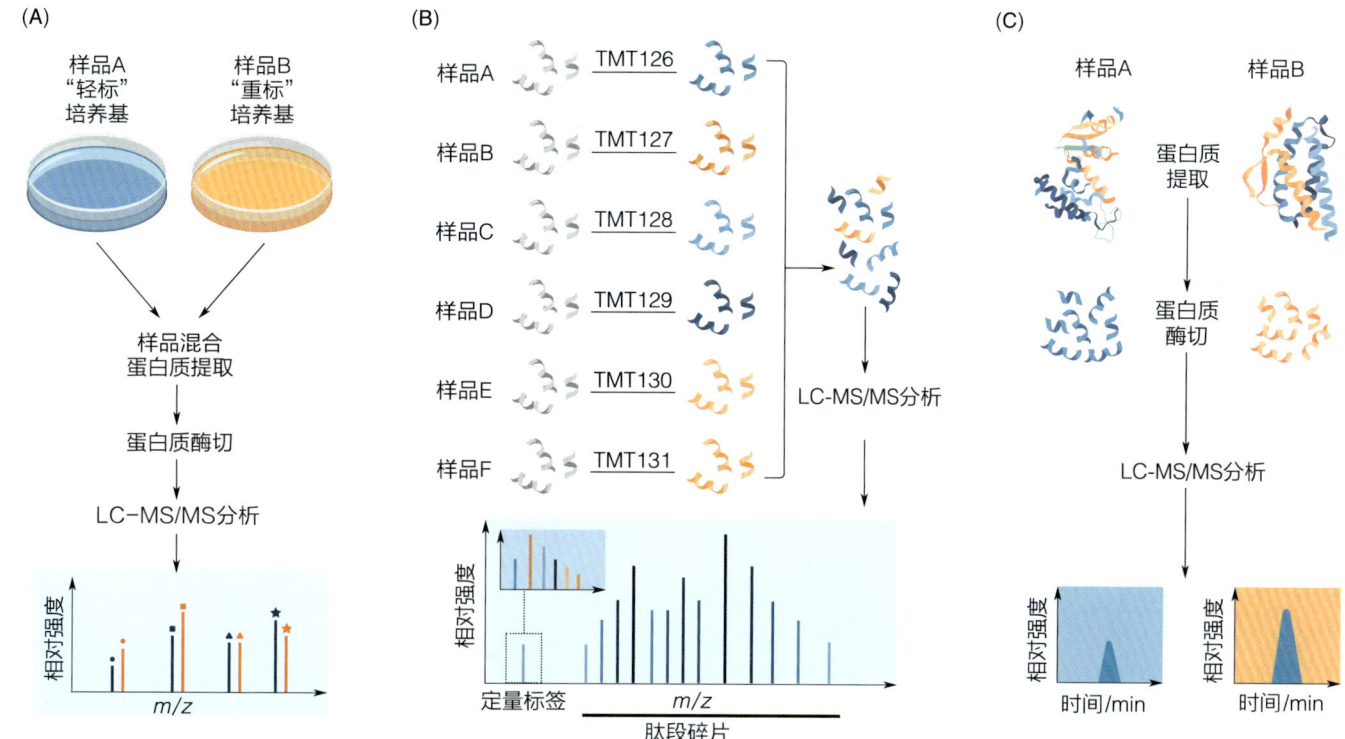

图 28-12 三种主要的定量蛋白质组学方法图示

（A）SILAC 技术，其主要过程为：经过轻标氨基酸与重标氨基酸标记的两种细胞样品混合后提取蛋白质组分，酶切后使用质谱对"轻标"与"重标"肽段进行定量分析。（B）等量标签标记定量蛋白质组学技术，以 TMT 标记为例展示等量标签标记原理，6 种样品（A～F）的蛋白质经酶切后分别使用 6 种 TMT 标签试剂（TMT126～131）进行标记，标记完成后进行混合，二级质谱中肽段碎片用于氨基酸序列鉴定，同时报告离子的相对信号强度（定量标签）用于不同样品来源的肽段定量。（C）非标记定量蛋白质组学技术，每种样品经过蛋白质酶切后，分别进行质谱分析，色谱峰面积或色谱峰最高点的信号强度用于不同样品中同一蛋白质或肽段的相对定量。

主要类型与功能。质谱技术可以对翻译后修饰的蛋白质进行系统性分析，也被称为翻译后修饰蛋白质组学。翻译后修饰蛋白质组学不仅可以解析翻译后修饰类型，还能够鉴定被修饰的氨基酸残基位点。下面将以磷酸化、糖基化和泛素化这三种常见蛋白质修饰为例简要介绍翻译后修饰蛋白质组学的分析方法。

磷酸化修饰主要发生在丝氨酸、苏氨酸或酪氨酸残基，是最常见的蛋白质翻译后修饰类型。蛋白激酶和磷酸酶通过动态调控蛋白质磷酸化修饰的水平以调节细胞的信号转导。发生磷酸化修饰的蛋白质或肽段会有 $n \times 79.9663$ Da（n 表示磷酸化修饰的个数）的质量正偏移。如图 28-13 所示，磷酸化肽段的二级质谱中的 b、y 系列离子可用于鉴定氨基酸序列和修饰位点。如果修饰位点为丝氨酸或苏氨酸，其二级碎片会存在 98 Da 的中性丢失（即分子中不带电荷的基团丢失），可用于进一步确认磷酸化修饰位点。

糖基化修饰也是一种常见的蛋白质修饰类型，真核生物主要有 N- 糖基化和 O- 糖基化两类糖基化修饰。N- 糖基化发生在天冬酰胺残基的侧链胺基上，而 O- 糖基化则发生在丝氨酸或苏氨酸侧链羟基上。糖基化修饰基团一般为聚糖形式，即多种单

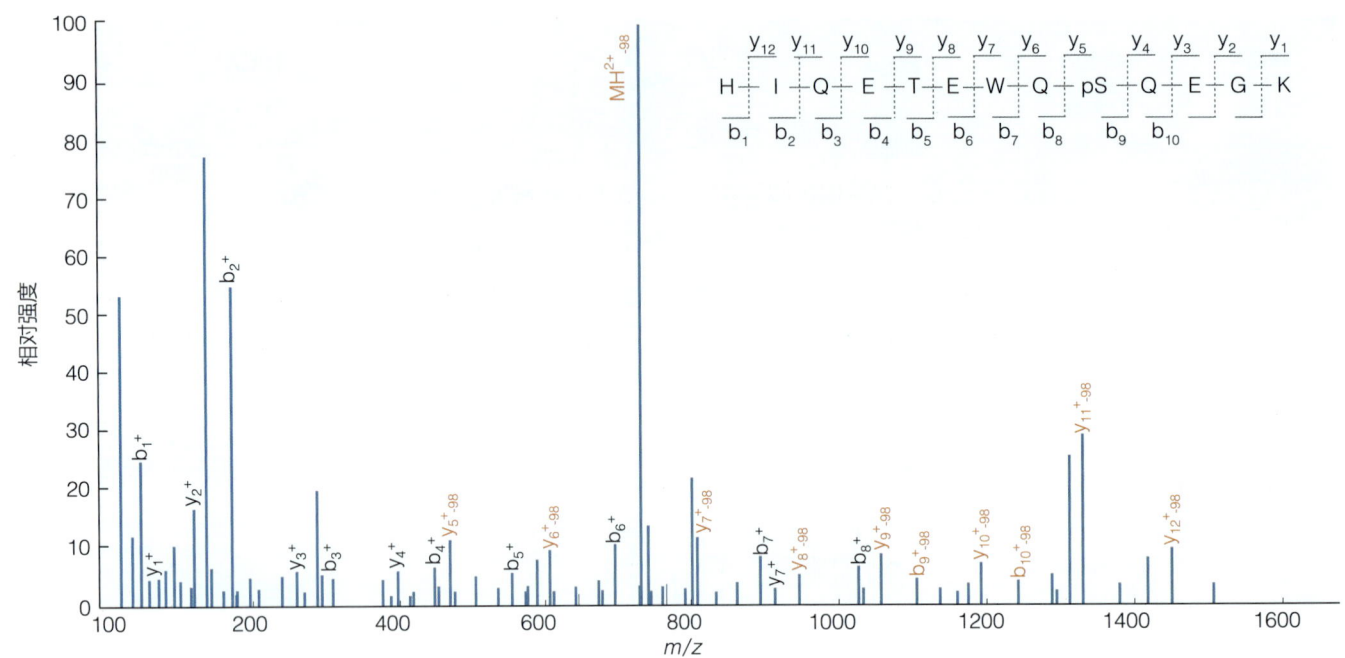

图 28-13 磷酸化肽段的 MS² 质谱图

该图为 SPARCL1 蛋白的一条磷酸化肽段(序列为 HIQETEWQSQEGK)的二级质谱图,图中标记了 b、y 系列的离子。该肽段有 13 个氨基酸残基,C 端为赖氨酸,谱图中检测到 $y_1 \sim y_3$ 离子和 $b_1 \sim b_{10}$ 离子,以及发生中性丢失(−98)后的 $y_5 \sim y_{12}$ 和 $b_9 \sim b_{10}$ 离子,提示第 9 位丝氨酸(S294)被磷酸化修饰。其中 MH^{2+}_{-98} 为双电荷分子离子中性丢失(−98)产生的碎片离子。

糖通过糖苷键形成的多糖。糖蛋白质组学(glycoproteomics)的目的是鉴定蛋白质发生糖基化修饰的残基位点和糖型,而糖组学(glycomics)则进一步解析聚糖结构、单糖组成、糖苷连接方式以及糖序列。糖组学分析使用去糖基化酶释放蛋白质上修饰的糖基。由于糖肽中糖苷键相较于肽键更弱,CID 优先碎裂糖苷键,无法产生丰富的肽段序列信息,因此蛋白质组学研究中常采用电子捕获解离(ECD)或电子转移解离(ETD)。其中 ETD 用于表征肽段序列及修饰位点,而 CID 则用于表征寡糖结构。

磷酸化与糖基化修饰的蛋白质通常丰度较低,因此蛋白质组学分析中需进行富集。常用的磷酸化和糖基化蛋白质组学富集方法见知识窗 28-2。

泛素化修饰是在蛋白质的赖氨酸侧链氨基上连接一个或多个含有 76 个氨基酸的泛素蛋白。自下而上法中胰蛋白酶将蛋白质大分子酶解成肽段,泛素化修饰的蛋白质会产生含有双甘氨酸修饰的赖氨酸(K-GG)的肽段,因此蛋白质泛素化修饰的鉴定依据为赖氨酸残基存在 114.043 Da(G-G)的质量偏移。泛素化修饰蛋白质组学常利用抗体富集包含 K-GG 的肽段,然后通过质谱对修饰肽段进行定性和定量分析。

28.3.2 代谢组学与脂质组学

代谢组学(metabonomics)通过系统分析生物体内所有的代谢产物,包括氨基酸、糖类和脂质,以解析生命过程,是功能基因组学的重要组成部分。代谢组学这一概念于 1999 年正式被提出,随后该技术逐渐被应用于研究生物体代谢调控及发现小分子标志物,以用于疾病诊断、预测和疗效评价。近年来,脂质组学(lipidomics)作为代谢组学的一个分支,逐渐发展成为一个独立的技术领域。

> **知识窗 28-2**
>
> ### 磷酸化和糖基化蛋白质组学富集方法
>
> 目前富集磷酸化肽段的方法有：①固相金属亲和色谱法，即通过带正电的金属离子如 Fe^{3+}、Cu^{2+} 等与带负电的磷酸基团结合，对磷酸化肽段进行富集。②金属氧化物/氢氧化物亲和色谱法，如 TiO_2 在酸性条件下带正电，可与阴离子结合，其中与磷酸根的结合作用最强。③离子交换色谱法，利用磷酸化肽段在低 pH 下仍带负电的特性进行分离和富集。④抗体富集法，利用针对磷酸化修饰酪氨酸的抗体富集含磷酸化酪氨酸的肽段。
>
> 糖基化蛋白质组学富集方法主要有：①凝集素亲和技术。多种凝集素被用于富集带有不同糖链的糖蛋白和肽段，如伴刀豆凝集素可富集 N- 糖基化的糖链；大豆凝集素（soybean agglutinin，SBA）可富集含有半乳糖的糖基化蛋白；麦胚凝集素（wheat germ agglutinin，WGA）可富集含 N- 乙酰葡萄糖胺基团或唾液酸的糖蛋白。②肼化学富集法。利用高氯酸盐等将糖蛋白氧化成醛，通过连接在树脂上的肼富集带有被氧化的醛基的肽段。③亲水作用色谱法。利用糖肽中糖基的强亲水性特征，与亲水固定相结合，从而与非糖基化肽段分离。

生物体的代谢产物具有多种多样的化学结构，这给代谢组学分析技术的发展带来困难和挑战。哺乳动物的代谢组中有超过 20 000 种代谢物分子，植物的初级和次级代谢产物总数超过 400 000 种，而目前的代谢组学技术只能鉴定出其中不足 30% 的分子。代谢组学分析流程主要包括代谢产物提取、色谱分离和质谱数据采集三个部分（图 28-14）。

代谢组学分析可以使用直接进样模式，其优点是能够在 2～3 min 完成高通量分析。然而，由于生物样品代谢物组成复杂，所有分子同时进入质谱检测时，会因离子化竞争产生抑制效应，从而影响痕量分子的分析。色谱-质谱联用能够富集代谢产物并减少单位时间内进入质谱仪的分子种类，使复杂的代谢物组分在不同时间完成分析，提高了检测灵敏度。液相色谱（liquid chromatography，LC）或气相色谱（gas

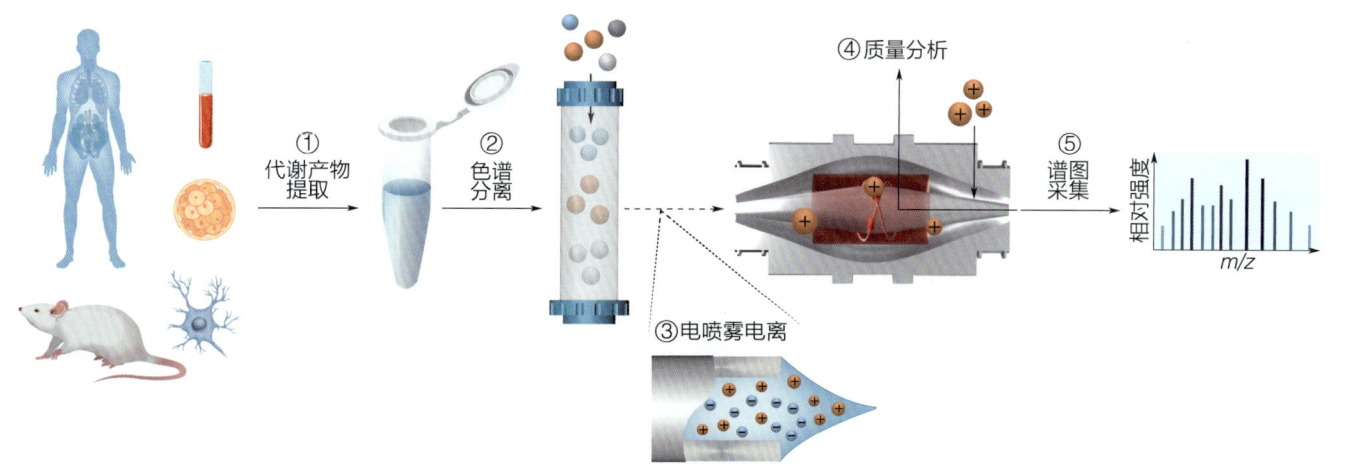

图 28-14 代谢组学分析流程

> **知识窗 28-3**
>
> ## 离子淌度
>
> 离子淌度（ion mobility）的核心原理是测量电场驱动下离子在具有气体阻尼环境的漂移管中的迁移速率。不同离子由于横截面积、电荷量和结构差异，在漂移管中具有不同迁移速率，以此实现分离。离子淌度可用于分析代谢物的同分异构体。离子淌度质谱仪具有结构简单、快速、灵敏和小巧便携的特点，在安检、化学武器、爆炸物与毒品检测、在线检测等领域被广泛应用。

chromatography，GC）是代谢组学分析中最常用的色谱技术。气相色谱-质谱联用（GC-MS）主要用于挥发性代谢物分析，如植物中的酯类、酚类等挥发性风味物质；非挥发性代谢物则通过化学衍生化，变为可挥发性物质后，再进行 GC-MS 分析。液相色谱-质谱联用（LC-MS）仪操作简单并具有更广的分子适用性，其中反相液相色谱和亲水作用色谱使用最为普遍。色谱-质谱联用技术可以利用质荷比、色谱保留时间和信号强度这些三维信息实现代谢产物的定性和定量，还可结合离子淌度（知识窗 28-3）分析代谢物的结构和构象。

28.3.3　蛋白质-配体复合物分析

蛋白质-配体相互作用可以改变蛋白质的分子结构，影响其生物功能。鉴定蛋白质-配体复合物的组成是理解蛋白质-配体相互作用的关键。9.6 节已经介绍了蛋白质与配体相互作用的检测技术，其中亲和纯化质谱技术是研究蛋白质-配体复合物的重要工具。该技术可以利用代谢组学筛选与蛋白质互作的小分子配体，也可以利用蛋白质组学鉴定相互作用的蛋白质。

邻近标记质谱可用于分析活细胞中的蛋白质-蛋白质相互作用和蛋白质复合物。该技术原理是将目标蛋白质与生物素连接酶等标记酶融合表达，对目标蛋白质的邻近蛋白质进行生物素等标记，随后富集被标记的蛋白质并进行质谱分析（图 28-15）。

近年来，热蛋白质组构象分析（thermal proteome profiling，TPP）被广泛应用于鉴定小分子的靶标蛋白。TPP 技术利用蛋白质与配体相互作用后热稳定性增加这一特

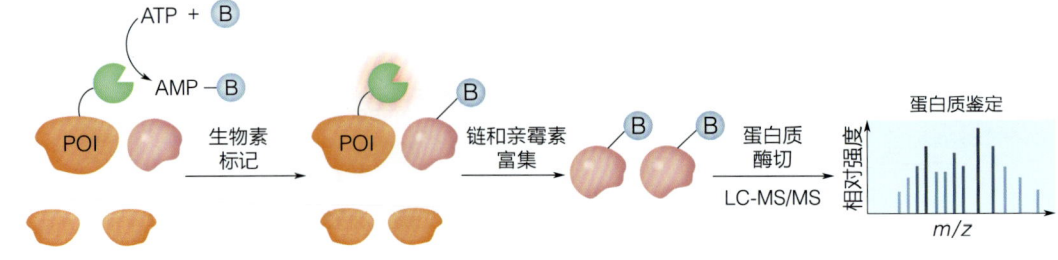

图 28-15　邻近标记质谱分析流程

以基于生物素连接酶（BioID，TurboID）的方法为例，该方法通过目标蛋白质与生物素连接酶融合表达，生物素连接酶将生物标记到邻近蛋白质上，通过链和亲霉素对修饰蛋白进行富集后，利用蛋白质组学鉴定与目标蛋白相互作用的蛋白质大分子。图中 POI 为目标分子，连接的绿色部分为生物素连接酶，B 表示生物素

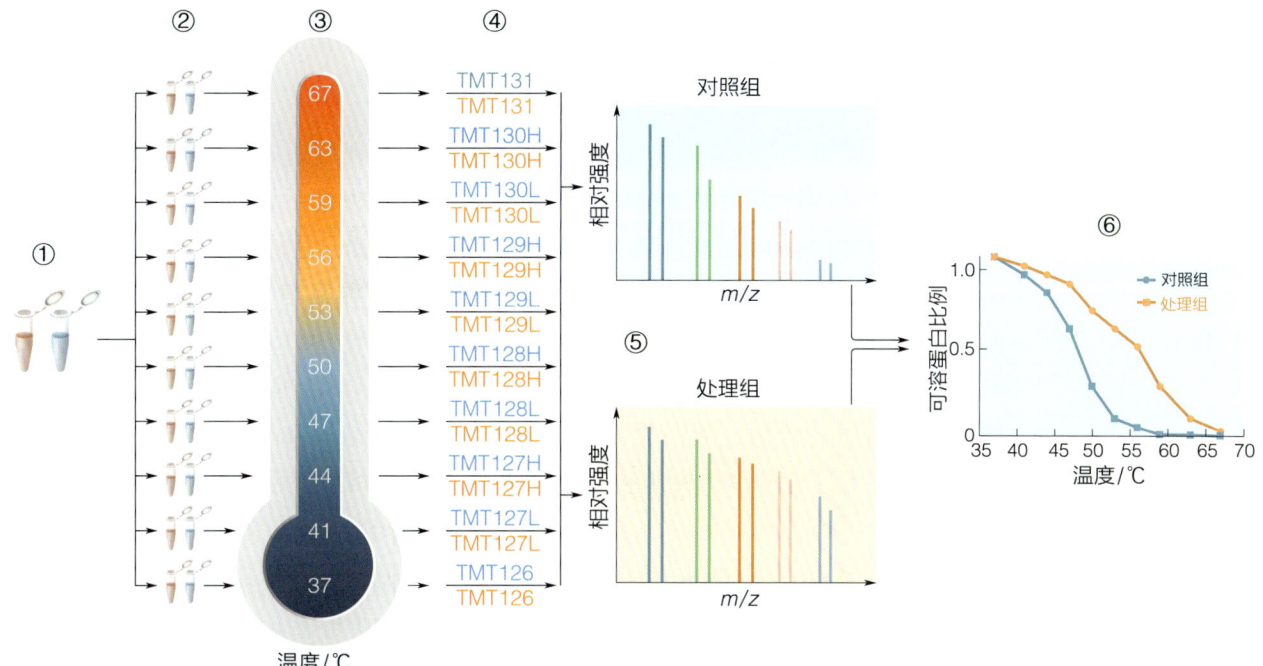

图 28-16　热蛋白组学分析流程

以细胞裂解液为对象进行 TPP 分析的 6 个步骤：①提取细胞裂解液并分成两份，分别进行小分子或对照处理；②将小分子处理组和对照组的细胞提取物分为 10 等份；③将每份样品在不同温度下加热；④超速离心后提取上清液，即为可溶蛋白质，利用胰蛋白酶进行酶切，并使用 TMT 试剂分别进行标记；⑤使用质谱进行 TMT 标记的定量蛋白质组学分析；⑥分析每种蛋白质在小分子处理组和对照组中的热稳定曲线。方法中使用的温度梯度可根据实验需求调整。

性来鉴定与配体结合的靶蛋白。其原理为：利用蛋白质组学分析不同温度下可溶蛋白含量变化，获得蛋白质的热稳定曲线，对比有无小分子的情况下蛋白质热稳定曲线，即可确定该小分子的靶蛋白（图 28-16）。TPP 技术的优势在于不需要对小分子进行化学改造，适用于复杂体系的蛋白质靶点研究。

28.4　质谱方法在结构生物学中的应用

　　蛋白质结构的确立是理解其功能的基础。结构生物学利用冷冻电镜、X 射线晶体学、核磁共振波谱学等生物物理技术来解析蛋白质的结构。同时，以质谱为基础发展起来的分析方法，包括非变性质谱技术、化学交联质谱分析、氢氘交换质谱分析和化学标记质谱等，也为蛋白质复合物的结构解析提供重要信息。其中，非变性质谱技术可以提供蛋白质复合物的组成和配比关系；而化学交联质谱、氢氘交换质谱和化学标记质谱则能够鉴定蛋白质复合物的作用界面。本节将概述非变性质谱、化学交联质谱和氢氘交换质谱技术。

28.4.1 非变性质谱技术

非变性质谱（native mass spectrometry）是一种利用电喷雾技术将蛋白质或蛋白质复合物从非变性溶剂中直接喷入质谱进行分析的方法。该技术采用质谱兼容的溶剂体系和温和的电离方式，最大程度地保持生物大分子的折叠状态和非共价相互作用，从而提供蛋白质或蛋白质复合物的分子质量、寡聚态、构象、异质性，以及蛋白质-配体结合、复合物中蛋白质亚基相互作用和化学计量学等信息。非变性质谱不仅可用于分析常规蛋白质和蛋白质复合物，还可用于各种大分子组装体的分析，如核糖体蛋白质复合物、蛋白质-脂质复合物、核酸结构和非共价蛋白质-药物复合物等。该技术具有灵敏、快速和专一等特点，现已广泛应用于结构生物学和生物制药等领域。

非变性质谱分析的关键在于离子源和质量分析器的选择。目前 ESI 尤其是 nanoESI 是非变性质谱中最常用的电离方法。在特定条件下，ESI 能够维持分子内和分子间的非共价相互作用，将非共价结合的蛋白质复合物完整地转移至气相中并被质谱仪检测，从而获得复合物的分子量、亚基组成的化学计量比和相互结合形式等信息。与变性条件下电离的蛋白质相比，非变性条件下电喷雾电离产生的蛋白质大分子带有较少数目的电荷，因此需要利用具备高 m/z 检测能力的质量分析器进行检测。常用的质谱仪包括四极杆-飞行时间串联质谱仪、轨道阱质谱仪或 FTICR 质谱仪。

非变性质谱分析流程包括样品前处理、质谱检测和数据处理（图 28-17）。样品前处理中需将蛋白质置换至醋酸铵或碳酸氢铵等挥发性盐溶液中，以维持蛋白质的天然状态，并减少盐离子与蛋白质形成加合物造成的信号损失，然后利用电喷雾等离子源将蛋白质离子化后送至质谱仪中进行质量测定。数据处理流程通常包括离子价态分布的确定、去卷积、数据库比对、验证和可视化。去卷积能够从电荷分布获得蛋白质或复合物分子的分子量，从而获得样品中包含的蛋白质变体、蛋白质复合物的结构组成以及复合物亚基的化学计量学信息。

尽管非变性质谱技术已取得显著进展，但仍有较大的改进空间，包括简化样品处理过程，提升仪器灵敏度、分析通量和自动化程度，实现内源性蛋白质复合物的直接或原位分析。非变性质谱与冷冻电镜、氢氘交换质谱、交联质谱等技术的有机结合将推动结构生物学的发展，助力新药研发。

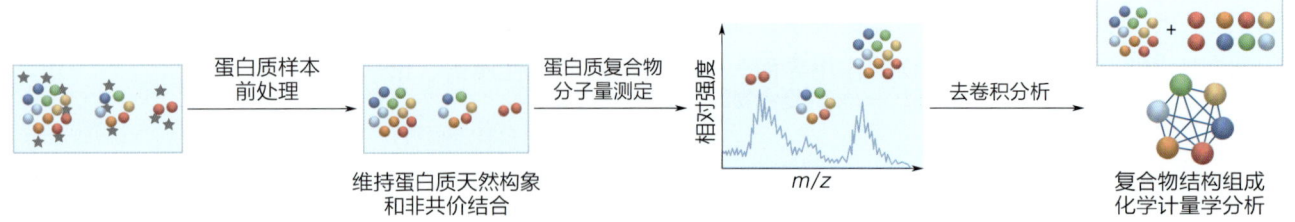

图 28-17 非变性质谱分析流程

非变性质谱分析包括三个主要流程，分别是蛋白样品前处理（即除盐）、质谱检测和质谱数据处理。

膜蛋白及其复合物的结构一直是结构生物学的研究热点。冷冻电镜的发展极大地加速了膜蛋白复合物的结构解析。常用的细胞膜蛋白提取方法是利用表面活性剂胶束，但这种方法无法准确确定复合物亚基的化学计量和脂质分子的配比。通过非变性质谱检测，可以提供这些方面的信息。例如，图 28-18 展示了多个直接从大肠杆菌内膜分离获得的蛋白质复合物的质谱图，包括能够结合一个或两个 $HemeO_3$ 和 HemeB 因子以及心磷脂分子的 $(CyoB)_2(CyoC)_1(CyoD)_1$（图 28-18A）、AppX 和 CydX 及 CydAB 形成的异源四聚体（图 28-18B）、ExbD 和 ExbB 五聚体孔形成的 Ton 复合物（图 28-18B）、跨越内外膜的多药物外排泵 $(AcrB)_3(AcrZ)_2(AcrA)_1(TolC)_1$ 和 $(MdtB)_2(MdtA)_3(TolC)_2$（图 28-18C），以及与 SecY 或 SecYG 或 SecYEG 结合的 ATP 酶。由此可见，非变性质谱能够确定膜蛋白质复合物在天然状态下的化学计量，并揭示传统结构生物学方法难以检测的蛋白质相互作用。

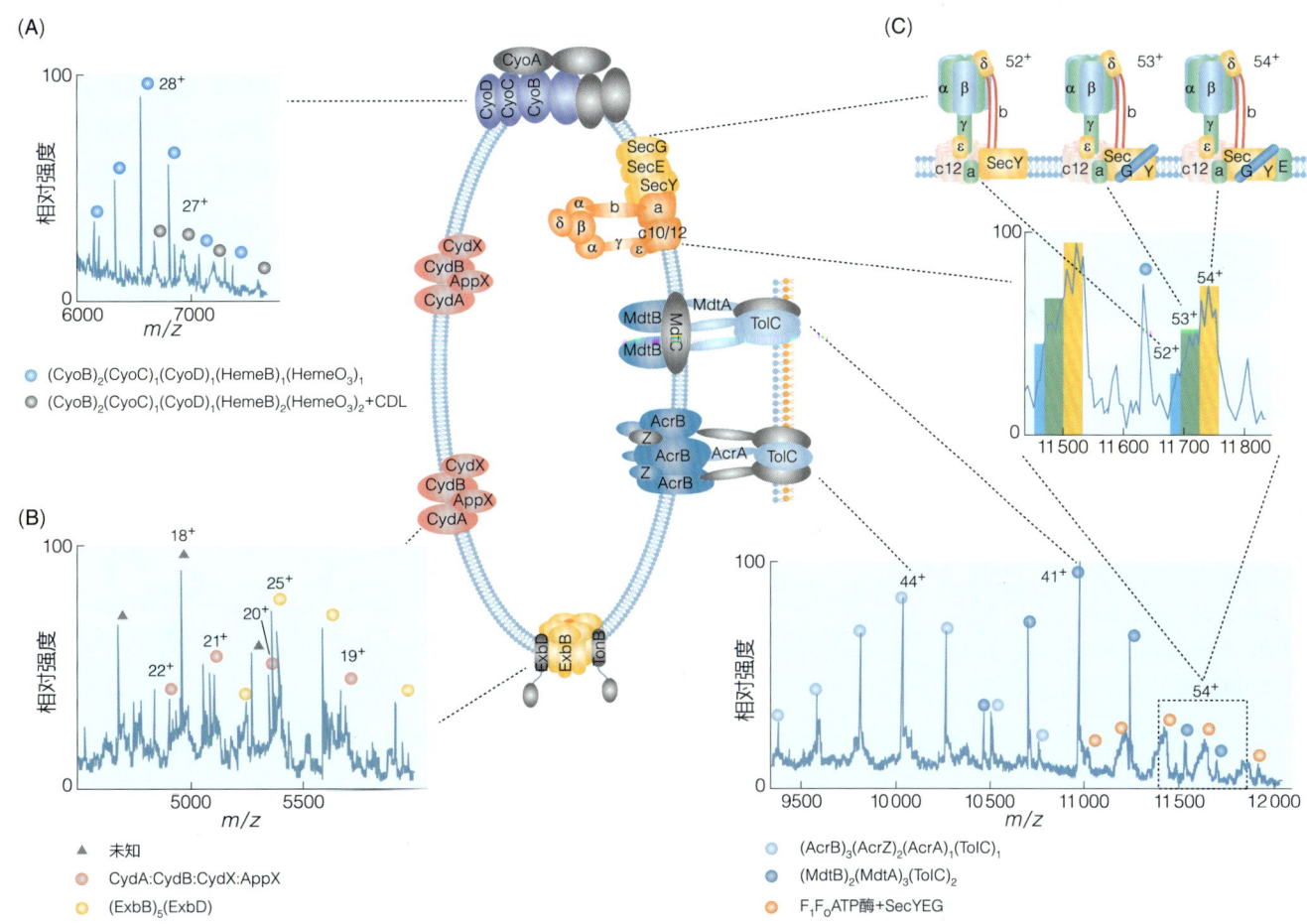

图 28-18　大肠杆菌内膜细胞色素、多药物转运蛋白形成的 Ton 复合物、ATP 酶与 SecYEG 转位子形成的复合物的非变性质谱
（A）细胞色素 bo3 氧化酶的质谱图。CDL，心磷脂（cardiolipin）。（B）CydAB 细胞色素 bd 氧化酶（红色）和五聚体 ExbB 及其复合物（黄色）的质谱图。（C）多药物外排泵 AcrAB、MdtAB 以及 ATP 酶的质谱图，ATP 酶分别和 SecY（蓝色）、SecYG（绿色）或 SecYEG（黄色）结合，电荷价态分别为 52^+、53^+ 和 54^+ 的复合物。灰色为质谱没有检测到的亚基。（数据自 Chorev D S, et al. Science, 2018, 362 (6416): 829-834）

28.4.2 化学交联质谱技术

化学交联质谱（chemical crosslinking mass spectrometry，CXMS）技术是研究蛋白质结构及蛋白质复合物相互作用界面的重要工具。该技术利用化学交联剂将蛋白质内部或蛋白复合物中各亚基之间邻近的氨基酸残基以共价键形式连接，然后通过质谱技术鉴定发生交联的氨基酸位点，为解析蛋白质结构和蛋白质-蛋白质相互作用的界面提供线索。

在过去20多年中，化学交联质谱由最初分析纯化的蛋白质复合体发展到解析细胞中的蛋白质相互作用网络。目前，绝大多数化学交联质谱实验采用自下而上蛋白质组学方法，即在交联反应后对共价连接的蛋白质进行蛋白酶消化，利用液相色谱-质谱方法分析酶切后的肽段混合物，从而鉴定蛋白质复合物亚基的相互作用界面（图28-19）。新型交联试剂和分析软件的开发促进了化学交联质谱技术的发展。交联剂通常由两个反应基团和它们之间的交联臂组成，反应基团负责与特定的氨基酸反应，交联臂的长度决定了被连接分子之间的距离，并可在交联臂上添加功能基团以实现交联肽段的富集或定量分析。目前最常使用的交联剂是基于琥珀酰亚胺酯的交联剂，如DSS、BS3和DSSO。这三者均为连接氨基的交联剂，具有臂长适中（10.1~11.4 Å）和反应特异性好的优点。

与传统的蛋白质结构解析和相互作用研究技术相比，化学交联质谱技术的优势在于能够捕获强度较弱或瞬时的蛋白质结构及相互作用，且能够实现活细胞原位蛋白质复合物分析，获取蛋白质柔性区域结构、膜蛋白质和大蛋白质组合的结构信息。

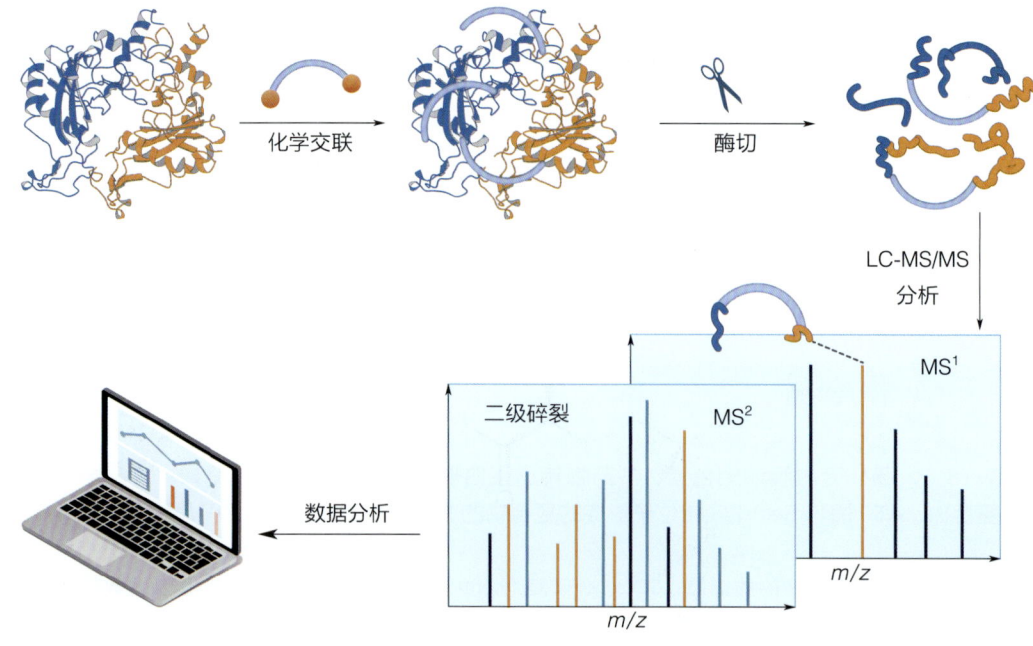

图28-19 化学交联质谱技术流程

化学交联质谱技术包括4个步骤，分别是交联剂交联反应、酶切、液相色谱-质谱联用（LC-MS/MS）分析和数据处理。

28.4.3　氢氘交换质谱技术

氢氘交换质谱（hydrogen-deuterium exchange mass spectrometry，HDX-MS）技术是将具有天然构象的蛋白质或复合物溶入氘水中进行氢和氘的交换，然后通过质谱测量蛋白质不同序列片段的氢氘交换速率，以获得蛋白质的构象信息。蛋白质中的氢原子分为三类（图 28-20）：第一类是与蛋白质中心碳原子相连的氢原子（C—H），不发生氢氘交换；第二类是蛋白质 N 端和氨基酸侧链上的氢原子（—OH，—SH，—NH），氢氘交换速率快，难以用质谱检测；第三类是蛋白质主链上的酰胺氢原子，其交换速率相对缓慢，氢氘交换质谱技术主要检测这类氢原子的氢氘交换速率。蛋白质的氢氘交换速率受反应的环境（如 pH、温度、压力、离子强度和有机溶剂比例）以及蛋白质结构与构象的影响。位于蛋白质表面的酰胺氢原子发生较快的氢氘交换；相反，形成氢键或被埋藏在结构内部的酰胺氢原子，以及与配体结合区域的酰胺氢原子，氢氘交换速率则非常缓慢。通过测量不同条件下主链酰胺氢原子的氢氘交换速率，可以解析蛋白质结构、蛋白质 – 蛋白质或蛋白质 – 配体相互作用、变构效应以及翻译后修饰引起的构象变化。

20 世纪 50 年代，研究人员首次发现蛋白质中的氢原子和重水中的氘原子存在交换现象。他们使用密度梯度管测定氢氘交换速率，并将氢氘交换应用于蛋白质动力学研究，奠定了氢氘交换技术的理论基础。90 年代初期，研究人员将电喷雾电离质谱与氢氘交换技术结合，发展了氢氘交换质谱技术。目前，氢氘交换质谱技术主要基于自下而上的蛋白质组学方法，流程如图 28-21 所示。将进行了不同时长氢氘交换反应的蛋白质样品进行低温酸性猝灭和快速酶解，随后采用液相色谱 – 质谱联用技术分析酶解肽段物，并利用软件进行数据分析，从而得到不同肽段的氢氘交换速率。氢氘交换技术能够采用自动化前处理与进样分析，精准控制氢氘交换反应的时长。氢氘交换质谱技术已成为结构生物学研究领域的重要工具，主要用于研究蛋白质折叠、动力学、结构变化、蛋白质与配体的相互作用以及蛋白质聚合状态。

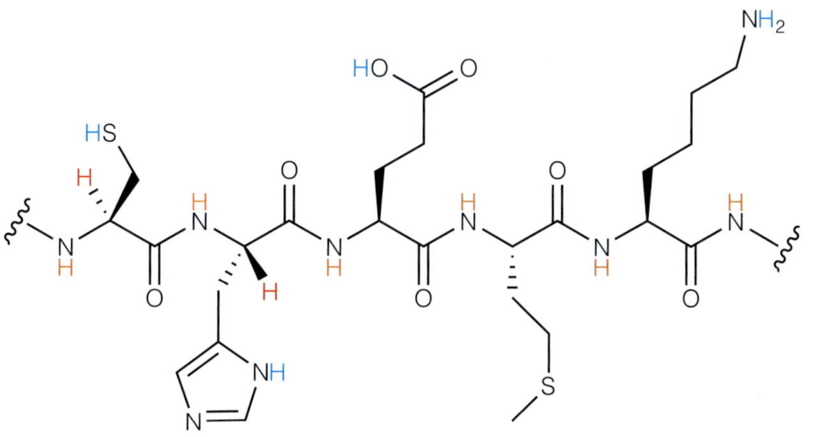

图 28-20　蛋白质中的三种氢原子图示

图中展示了三种具有不同交换速率的氢原子：与中心碳原子相连的氢原子（红色）、侧链氢原子（蓝色）、主链的酰胺氢原子（黄色）。

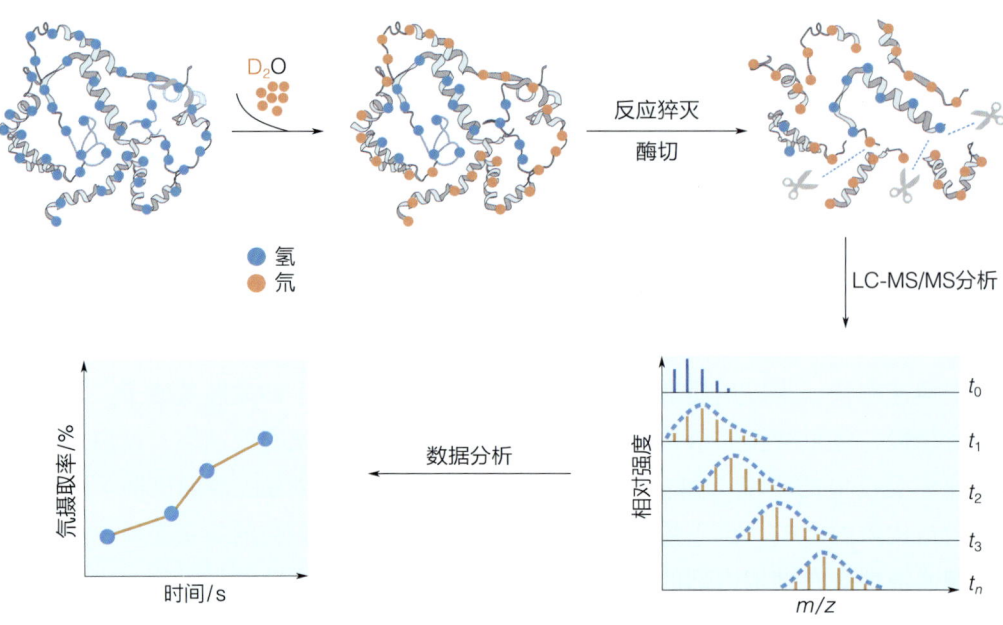

图 28-21 氢氘交换质谱技术流程图
氢氘交换质谱分析包括 4 个步骤，分别为氘标记、反应猝灭及酶切、质谱数据采集和分析。

氢氘交换质谱的技术优势在于实验简单、样品需求量少和实验周期短，因此该技术经常被用于分析膜蛋白、无序蛋白和超大蛋白质复合物，以及蛋白质的动态变化，与经典的蛋白质结构研究方法形成互补。该技术存在的问题是需要高纯度蛋白质样品并且严格控制设备的环境温度，数据分析复杂以及数据解析自动化程度低。这些问题的解决将会进一步推动氢氘交换质谱技术在复杂蛋白质样品结构生物学研究和生物制药领域中的应用。

人畜共患拉沙病毒（Lassa virus）是危及人类生命的病毒。这种病毒编码一个 L 聚合酶，负责病毒基因组的转录和复制。在复制后期，多功能 Z 蛋白与 L 聚合酶相互作用，关闭 RNA 合成并启动病毒颗粒的组装。然而，Z 蛋白调控 L 聚合酶活性的机制尚不清楚。研究人员利用冷冻电镜解析了拉沙病毒的 L 聚合酶与 Z 蛋白及病毒 RNA 形成的复合物的结构，并根据冷冻电镜和结构模拟结果推测，Z 蛋白可能将 L 聚合酶的基序 D 和 E 固定，以限制 L 聚合酶发挥功能所需的构象变化（图 28-22A）。通过氢氘交换分析，研究人员发现基序 D 和 E 的肽段在野生型 Z 蛋白存在下的氘代率显著降低，表明这些基序在与 Z 蛋白结合时流动性受到限制（图 28-22B、C）。作为阴性对照，Z 蛋白 Trp35Ala 突变体未能显著改变拉沙病毒的 L 聚合酶的氢氘交换速率。与野生型 Z 蛋白相比，Phe36Ala 突变体的结合可以降低 L 聚合酶的氘代率，但程度较轻。氢氘交换质谱的结果表明，Z 蛋白结合诱导了 L 聚合酶的两个催化基序的构象变化，从而抑制 RNA 合成。这一结果补充了冷冻电镜数据的不足，证实了结构模拟的推测。

索　引

A

阿贝成像　168
阿伦尼乌斯方程　13
阿米巴样迁移　395
爱因斯坦关系　41
安芬森法则　221
鞍节点分岔　533
暗场显微成像　749
暗场像　173
暗电流　386
暗反应　12
奥斯特瓦尔德熟化　309

B

八面体　107
半分裂　451
半峰宽　148
半融合　448
饱和　145
保守序列　59
背散射电子　781
被动组装　410
被动组装模型　410
本征波函数　714
本征函数　713
本征态　713
本征值　713
崩塌频率　415
比较建模法　224
边缘稳定性　197

变构效应　68
变构效应子　69
表观 FRET 效率　802
表面等离子体共振　294
表面张力　9,316
表位　267
别构效应　495
波动分析　791
波函数　380,712,746
玻恩-奥本海默近似　48
玻尔兹曼分布　23
玻尔兹曼熵　25
玻璃态冰　188
泊松分布　487,506
补救频率　415
不饱和度　440
不动点　530,554
不对称单位　630
不可逆性抑制剂　281
不确定性原理　44
不一致性前馈　528
布尔逻辑　514
布拉格方程　117,631
布拉维格子　113,628
布朗运动　505

C

擦除子　282
采样定理　748
残余偶极耦合　157

侧向扩散　446
叉形分岔　538
差示扫描荧光法　293
常染色质　82
超高压电镜　167
超结构　108
超精细耦合　732
超精细耦合常数　732
超精细相互作用　732
超敏响应　500
衬度传递函数　172,756
成核　414
弛豫　147
弛豫弥散方法　726
持续长度　327,328
持续性分子马达　424
重定向运动　721
出射波　173,756
初基晶胞　628
初级电子　781
触觉受体　342
穿透能力　167
穿线法　225
串联质谱技术　827
磁矩　141
磁量子数　141
磁镊　812
从头开始法　225
粗粒化模拟　259

D

搭建原子模型　660
代数重构　776
代谢网络　512,555
代谢组学　832
单分子定位显微技术　753
单分子光漂白台阶计数　797
单分子技术　789
单分子（颗粒）追踪　314
单分子力谱　795,809
单分子酶动力学　800
单分子荧光　796
单分子荧光共振能量转移　799
单股纤维模型　410
单核苷酸多态性　76
单颗粒分析　166,763
单纯光精度的荧光成像　798
单输入调控元件　550
单一同位素峰　821
单一同位素质量　821
胆固醇　441,446
蛋白融合标签　796
蛋白质从头设计　250
蛋白质－蛋白质相互作用网络　512
蛋白质翻译后修饰　283
蛋白质幻想算法　251
蛋白质设计　245
蛋白质受力解折叠　334
蛋白质数据库　221
蛋白质折叠　58,195
蛋白质组学　829
氮氧自由基　159,736
倒易点阵　632
倒易空间　118
倒易矢量　632
等量标签标记技术　830
等温滴定量热法　292

等效点　626
低复杂度区域　203
低复杂度序列　310
狄拉克符号　714
狄拉克函数　757
第二维里系数　607
点对称操作　625
点扩展函数　746,752,798
点群　113,629
点扫描成像　751
点阵　624
电磁力　7
电光离子检测器　826
电化学势　41
电镜载网　763
电喷雾电离　823
电压感受器　364
电压门控离子通道　361
电子倍增电荷耦合器件　803
电子波　168
电子传递　379
电子计数　190,779
电子密度函数　635
电子枪　167
电子顺磁共振　729
电子自旋　729
电子自旋共振　729,803
淀粉样纤维　207
叠加平均　183
定点自旋标记　734
定量蛋白质组学　830
定量模型　481
定态　713
动力冲程模型　427
动力学稳定性　198
动态不稳定性　415
动态光散射　611

动态力谱学　339
动作电位　360
读取子　282
对称　625
对易运算　719
多尺度模拟　259
多重序列比对　226
多对同晶置换法　128
多分散性　613
多股纤维模型　411
多价相互作用　310
多晶平均　660

E

厄瓦耳反射球　176
厄瓦耳效应　176
二次电子　781
二次电子成像　775
二级化学位移　157
二级结构　62
二级质谱　827
二级质谱图　827
二硫键　70
二十面体对称　107
二态模型　508
二态系统　489
二维流体相　437
二维谱　153
二项分布　486

F

发动蛋白　452
发射光谱　672
法拉第杯　826
法诺因子　506
翻译后修饰蛋白质组学　830
翻转运动　446

反常散射　131
反竞争性抑制剂　281
反馈　528
反射球　176,633
反式　61
反斯托克斯线　605
反应中心　376
范德瓦耳斯力　72
芳香笼　276
飞行时间质量分析器　824
非变性质谱　836
非标记定量蛋白质组学　830
非持续性分子马达　424
非初基晶胞　628
非规范碱基配对　89
非键连相互作用　256
非晶体学对称平均　660
非竞争性抑制　495
非竞争性抑制剂　281
非弹性散射　603
非线性　546
非协同折叠　211
非洲猪瘟病毒　106
菲克定律　38
分辨率　148,181,746,821
分岔　533
分泌型抗体　267
分泌型免疫球蛋白　267
分子伴侣　201
分子动力学模拟　158,239,258
分子对接　239
分子轨道　52
分子轨道理论　48
分子轨道杂化理论　49
分子极化率　603
分子胶　279
分子力学　257

分子马达　322,406,422
分子置换法　131,656
丰度　715
封闭系统　28
弗兰克–康登原理　669
弗洛里–哈金斯溶液理论　307
辐照损伤　185
负超螺旋　508
负反馈　528,539
负染　763,764
复杂液体　304
傅里叶变换　143,153
傅里叶变换离子回旋共振质量
　　分析器　824
傅里叶壳层相关系数法　181
傅里叶系数　745
傅里叶正变换　745
富半胱氨酸肽　277

G

概率　22
高维空间矢量　767
高压冷冻　774
戈德曼整流　357
功率谱　746
共价键　50
共进化信息　227
共聚焦单分子荧光显微技术　805
共受体　268
共现性网络　512
共振光散射　617
共轴堆积　95
共转录折叠　216
构象动态　720
构象选择机制　204
孤立系统　27
固态纳米孔　794

固体　303
固有无序蛋白质　203
固有无序区域　310
光电联用技术　775
光电效应　51
光反应　12
光合作用　105,372
光阱　810
光敏视网膜神经节细胞　387
光镊　810
光学活性　679
光学显微成像技术　748
光遗传学　385
光转导　386
规范碱基配对　89
过焦　758
过孔电流　793,794

H

哈密顿算符　712,718
亥姆霍兹自由能　28
合胞体　554
合胞原胚　555
核磁滴定实验　162
核磁共振　140
核磁三维结构　156
核苷酸　74
核孔复合物　105
核糖拉链　101
核糖体　105
核小体　82,283
核自旋体系　712
赫布型可塑性　369
横桥　423
横向弛豫　147
红外二向色性　690
红外吸收光谱　686

宏观磁化矢量 143
宏观电流 790
后焦面 169
后期促进复合物 552
胡斯坦碱基配对 80, 89
互相关 767
互信息 227
滑动实验 425
滑移键 339
化学计量矩阵 559
化学计量系数 559
化学交换 161, 726
化学交换饱和转移 728
化学交联剂 838
化学交联质谱 838
化学势 32
化学探测方法 217
化学位移 149
化学位移各向异性 722
化学位移扰动 154
化学位移映射 153
化学主方程 506
环肽 277
回转半径 607
霍普夫分岔 541
霍奇金－赫胥黎方程 363
霍奇金－赫胥黎模型 792

J

机械刚性 418
机械力敏感通道 8
机械门控通道 MscL 和 MscS 345
机制性模型 481
肌动蛋白 408
肌球蛋白 422
积分反馈控制 573
基函数 745

基算符 717
基态 726
基序 65
基因调控网络 512, 546
基质辅助激光解吸电离 823
激动剂 268
激发光谱 671
激发态 726
激光扫描共聚焦显微镜 751
激活子 501
激酶 287, 498
吉布斯分布 24
吉布斯自由能 28
吉尼尔图 608
级联传递 278
极限环 541
几何作图法 745
加速电压 167
甲基化 283
假结结构 97
间充质样迁移 394
剪接体 105
简单估算 484
碱基 74
碱基对 87
碱基翻转 286
碱基三联体 87
碱性亮氨酸拉链结构域 66
键连相互作用 255
降算符 715
交替优化算法 181
酵母双杂交系统 288
阶跃函数 502
接触图谱 228
接合点拓扑结构 96
拮抗剂 280
结构光超分辨技术 754

结构基元 624
结构精修 660
结构因子 607, 635, 757
结构域 65
结合位点 266
解离常数 495
解链模式 331
解旋酶 324
金属离子 211, 215
金属离子–核心模体 101
进动 144
近紫外 CD 谱 685
晶胞 624
晶体 112, 624
晶体生长 638
晶系 627
竞争性抑制 495
竞争性抑制剂 281
静电场轨道阱质量分析器 824
静电相互作用 71
静态光散射 609
聚光镜 167
聚集物老化 318
聚焦离子束 774
聚焦离子束扫描电镜技术 785
均方位移 314

K

卡普拉斯方程 152
开放系统 28
科学级互补金属氧化物半导体 803
可逆性抑制剂 281
可行域 586
克莱默斯速率公式 43
空间尺度 4
空间对称操作 626
空间晶格理论 113

空间频率　745
空间取向　179
空间群　113, 629
库恩长度　328
快速失活　366
宽场荧光显微镜　751
扩散　314
扩散定律　36
扩散方程　38
扩散结合　216
扩散系数　806

L

拉东变换　186
拉曼散射　605
拉莫尔频率　142
拉普拉斯公式　317
拉伸模式　331
拉氏图　61
郎之万方程　40
朗伯 – 比尔定律　668
劳厄方程　630
劳厄群　629
冷冻电镜　165
冷冻电镜单颗粒分析　177
冷冻电镜技术　165
冷冻电子断层成像　166, 184
离焦　758
离散化　790, 797
离子检测器　826
离子键　50
离子阱质量分析器　824
离子淌度　834
离子通道　489, 790
离子选择性　357
离子源　823
理想气体　20

力场模型　255
力敏感受体　341
力探针　332
力学操控模式　814
力 – 延伸曲线　810
利文索尔伴谬　196, 222
连续动力学模型　519
连续介质模型　400
链置换　217
两亲性蛋白　435
两态模型　161, 726
亮氨酸拉链　273
量子点　796
量子力学　712
量子隧穿效应　379
猎物 – 捕食者模型　480
裂隙基因　554
邻接矩阵　512
邻近标记质谱　834
临界堆积参数　439
临界胶束浓度　436
磷酸化　498
磷酸化酪氨酸　287
磷酸化修饰　287, 831
磷酸酶　287, 498
磷脂　431
灵敏度　148
刘维尔 – 冯·诺依曼方程　719
流平衡　560
流平衡分析　557, 584
流平衡分析方法　560
流体力学半径　611
流体镶嵌模型　444
卢里亚 – 德尔布吕克实验　486
孪晶检测　650
轮廓长度　327
逻辑门　514

螺旋 – 环 – 螺旋　67
螺旋 – 转角 – 螺旋　272
洛伦兹函数　148

M

麦克斯韦分布　22
脉冲序列　147, 718
酶切位点　336
门控电荷　364
蒙特卡罗模拟　259
米氏反应动力学　494
密度矩阵　718
密度修正　657
免疫沉淀　289
免疫球蛋白样结构域　66
面成像　751
描述性模型　481
敏感性系数　499
明场显微技术　749
明场像　173
模拟退火　261
模体　65, 547
膜重塑　443
膜出芽　452
膜蛋白　433
膜电位　350, 360
膜分裂　447, 451
膜流动性　446
膜片钳　790
膜融合　441, 447
膜弹性理论　453
膜糖　435
膜形态　442
膜脂　431
摩尔消光系数　672
末端聚合　409
母源基因　556

母源形态生成素 556

N
纳米孔测序 796
纳米孔蛋白 794
纳米孔技术 793
纳升电喷雾电离 824
纳升液相-串联质谱联用系统 829
钠钾 ATP 酶 351
内部运动 721,723
能级 713
能级图 716
能量传递 377
能量均分定理 21
能量守恒 558
能斯特平衡电位 10
能斯特方程 355
能斯特关系 41
能斯特-普朗克方程 352
尼奎斯特频率 748
逆锁键 339,340
黏度 315
黏弹性 316
黏着斑 327,336
凝集素 279
扭矩 323

O
欧拉角 179
欧拉距离 766
偶极相互作用 722

P
帕特森函数 767
排列介质 158
庞加莱-本迪克松定理 554
泡利不相容原理 48

配体 266
配体门控离子通道 366
配位键 70
碰撞活化解离 827
碰撞诱导解离 827
片层结晶相 437
片层凝胶相 437
片层液晶相 437
片段组装法 226
偏光显微成像 749
漂移纠正 779
漂移速度 352
平动扩散系数 611
平衡常数 804
平衡电位 355
平衡生长 586
平均分子质量 821
谱峰指认 155
谱密度函数 724
谱信噪比 778

Q
期望最大化 181
齐姆图 608
气相色谱-质谱联用 834
启动子 500,505
前焦面 169
前馈 526
前馈网络模体 549
欠焦 758
亲和纯化 289
氢氘交换 694
氢氘交换速率 839
氢氘交换质谱 839
氢键 50,71
球差 758
驱动蛋白 423

趋触性迁移 397
趋化性 572
趋化性迁移 397
趋硬性迁移 397
去卷积 836
去磷酸化 498
权衡 585
权重背投影算法 776
全内反射荧光显微技术 797
缺失楔 185
缺失锥 185
群体细胞迁移 397

R
染色体 81
染色质 74
染色质环 84
热变性的熔解温度 206
热蛋白质组构象分析 834
热力学稳定性 195
热漂移检测 293
热荧光法 293
人工智能方法 241
溶剂平滑法 659
蠕虫状链模型 329
乳糖操纵子 515
瑞利散射 603
弱相位物体 172,757
弱相位物体近似 172

S
三级结构 65
三级结构模体 95
三链螺旋 87
三链螺旋结构 94
三明治公式 719
三维重构 165

索引

三维流体相　439
散射长度　618
散射长度密度　618
散射角　170
散射矢量　607
扫描成像模式　814
扫描电子显微镜　780
色差　759
色素分子　374
栅格式扫描成像　780
熵力　30
上转换材料　796
伸缩振动　615
深度神经网络　228
渗透压　30
升算符　715
生长速率　585
生色团　674
生物磁感应　373
生物电　10
生物膜　430
生物膜模型　445
生物纳米孔　794
生物样品磁性　372
声镊　815
时间尺度　5，503
识别螺旋　272
矢量模型　143
势能计算　223
势能曲面　222
视蛋白　11
视黄醛　382
视紫红质　384
适应性　572
受激辐射损耗　752
受体结合区　267
受体酪氨酸激酶　269

疏水相互作用　73，436
输入函数　546
输入–输出函数　502
束发散　760
数值孔径　746
拴绳拉力模型　341
双分子荧光互补　290
双节线　306
双孔钾通道　345
双链RNA结合结构域　276
双螺旋结构　94
双束扫描电镜　783
双稳态　532
双自旋体系　717
顺磁弛豫增强　159
顺式　61
瞬时受体电位通道　345
瞬态　726
斯莫鲁霍夫斯基方程　41
斯托克斯线　605
四级结构　68
四极杆质量分析器　824
四链体　87
四乙基胺　357
四元环–环受体模体　99
似然度　768
搜索算法　223
速率常数　790，804
算符　712
算符空间　715
随机行走　35
隧道电子倍增器　826
隧道电子管　826
缩短阶段的回缩速率　415

T

踏车行为　414

肽键　60
肽平面　60
弹性　315
弹性模量　315
弹性散射　602
探测器量子效率　778
糖蛋白质组学　832
糖基化修饰　831
糖类结合结构域　279
糖脂　431
糖组学　832
梯度场　719
甜麦圈效应　9
听觉受体　343
停留时间　790
通道视紫红质　384
同步迭代重构技术　776
同晶置换法　654
同源蛋白　59
同源二聚体　102
同源域　272
统计力场　223
统计模型参数　768
投影　174，175
投影参数　180
投影电势　757
投影镜　168
透射电镜　165
透射电子显微镜　165
透射函数　756
透射束　171，757
突触　367
图像衬度传递函数　760
图像漂移校正　190
退偏振比　616
拓扑　513
拓扑相关结构域　84

W

外周膜蛋白 434
弯曲振动 615
弯曲刚度 417,418
威尔逊分布 650
微分干涉相差显微成像 750
微管 407
微管蛋白异二聚体 408
微晶电子衍射 166
微丝 407
微吸管技术 317
伪足 395
位点结合 216
位置信息 555
吻式环 98
稳定同位素 820
稳定性 531
稳健性 570
沃丁顿景观 535
沃森-克里克碱基配对 78
无模型分析 724
无膜细胞器 301,302
物镜光阑 168,759
物平面 169
物质守恒 560

X

吸取-投入式冷冻 764
吸收光谱 671
吸引域 532
吸引子 532
希尔函数 497,502
希尔系数 497
系列块表面扫描电镜技术 783
系统消光 636
系综 204
细胞波兹模型 399

细胞顶点模型 399
细胞二次电子成像 776
细胞骨架 406
细胞命运决定 535
细胞培养中氨基酸稳定同位素标记
　　技术 830
细胞迁移 393
细胞信号转导 278
细菌鞭毛 323
细菌视紫红质 381
纤维极性 414
酰胺 I 带 693
酰胺氢原子 839
线性规划 557
线性肽 277
相变温度 440
相差显微成像 749
相场模型 400
相的多态性 437
相分离 301
相分离的热力学平衡 305
相分离介导的出芽 452
相关系数 767
相位残差 767
相位衬度 172
相位问题 121,654
相位物体 172
相位相干性 715
相位项 758
像差 758
像衬 170
像光栅函数 756
像面波 756
像平面 169
像散 758
消光系数 667
小分子信号 278

小沟三联体 98
小角 X 射线散射 618
小角散射 607,618
小角中子散射 618
写入子 282
锌指 67
锌指结构域 273
信号通路 278
信号转导 521
信号转导级联 500
信噪比 148
形貌衬度 781
形状因子 607
修饰 282
溴结构域 66
虚能态 606
序参数 723
悬滴法 639
旋光色散 679
旋节线 306
旋转酶 508
旋转异构体 62,248
旋转异构运动 445
旋转运动 445
选择性过滤器 358
薛定谔方程 45,712
雪崩光电二极管 803

Y

压痕深度 316
雅布朗斯基图 670
延伸速率 415
盐桥 72
衍射 744
衍射波 756
衍射衬度 172
衍射束 757

验证和评估蛋白质结构模型 661
赝接触位移 159
杨氏模量 315
液滴分裂 317
液滴融合 317
液体 303
液相色谱-质谱联用 834
一级结构 60
一级质谱 827
一维氢谱 150
一致性前馈 527
乙酰辅酶A 283
异染色质 82
异质性 800
抑制振荡子 542
抑制子 501
隐变量 768
隐逝波 797
荧光猝灭 702
荧光蛋白 707,796
荧光峰位 697
荧光各向异性 700
荧光共振能量转移 290,802
荧光光谱 695
荧光互相关光谱 809
荧光量子产率 700
荧光漂白 701
荧光漂白恢复技术 314
荧光屏 168
荧光强度 700
荧光寿命 699
荧光团 796
荧光显微技术 750
荧光显微镜 796
荧光相关光谱 805
荧光涨落谱 805
营养品质 586

优化生长 584
有机荧光染料 796
右手螺旋 64
诱导契合 266
诱导契合机制 204
原体 68
原子力显微镜 315,814
原子散射因子 634
原子序数衬度 781
圆二色性吸收 679
圆双折射 679
远紫外CD谱 684

Z

甾醇 432
占空比 425
张力探针 332
张力系绳 332
折叠过渡态 198
折叠中间态 198
折叠中间体 213
折射率 667
振荡 541
振动光谱 686
振动模式 615
振幅项 759
整合膜蛋白 434
整合素 327,395
整体翻转运动 721,723
正超螺旋 508
正反馈 528
正焦 758
脂锚定蛋白 434
脂膜张力门控模型 341
脂质结合结构域 280
脂质聚集体 437
脂质相变 439,440

脂质相多态性 441
脂质组学 832
直方图匹配 660
直接电子探测相机 190,779
直接关联分析 227
质荷比 820
质厚衬度 171
质量测量误差 822
质量分析器 824
质量守恒 558
质量作用定律 34,494
质谱 820
致密交叠调控子 550
中间镜 168
中间丝 407
中间丝蛋白 408
中心截面 174
中心截面定理 174
重力 6
重原子衍生物晶体 641
周期性振荡 554
主动力 419
主动组装 410
主动组装模型 413
助色团 675
驻留时间 790
转录爆发 508
转录效应结构域 67
转录抑制子 516
转录因子 270,501
转盘式共聚焦显微镜 752
子断层重构平均 774,777
紫外-可见吸收光谱 673
自调控模体 547
自动化带收集超薄切片扫描电镜
　成像技术 783
自上而下法 829

自下而上法 829	APD 803	H3K4me3 284
自相关 767	ATP 合酶 322	HEAT 重复 67
自相关函数 722	ATP 酶 322	Holliday 交叉 81
自旋 140	A 小沟相互作用 98	HSQC 153,719
自旋标记物 734	A 型结构 80	i 模体 90
自旋弛豫 721	BAR 超家族蛋白 443	J 耦合 150,158
自旋量子数 140	BAR 结构域 443	Kramers 理论 338
自旋向上 141	Bell 模型 338	K 同源结构域 276
自旋向下 141	bromo 结构域 285	K 转角 98
自旋-自旋耦合 150	B 型 DNA 78	Leontis-Westhof 分类和展示系统 91
自抑制模体 547	$C^+ \cdot G$-C 碱基三联体 89	m^6A 修饰 286
自由感应衰减 148	CPMG 方法 726	MET 通道 343
自由连接链模型 328	CYK 算法 236	MWC 模型 497
自由能 16,28	C 反应蛋白 280	N^6-甲基腺嘌呤 276
自由能景观 42,199	Dembo 模型 338	NMDA 受体 368
自由能曲面 221	DNA 包装马达 325	NOESY 155
自组织 17,299	DNA 超螺旋 813	NOE 效应 156
自组织性 546	DNA 甲基化 285	NSF 450
纵向弛豫 147	DNA 结合蛋白 242	Nussinov 算法 232
纵向刚度 417	DNA 结合结构域 67,270	$p53$ 274
组蛋白 82	EMCCD 803	PHD 284
组合逻辑 517	ESCRT-Ⅲ 452	PIEZO 蛋白 342
最大后验概率 770	FCCS 809	PrePPI 244
最大后验估计 771	FCS 805	$R_{1\rho}$ 方法 726
最大似然方法 660	FIONA 798	RaptorX-Contact 228
最大似然估计算法 770	FRET 802	RNA 的层次性折叠 210
最大相关算法 769	FSC 181	RNA 的多层次结构 84
最优生长 584,585	^{19}F 核磁共振 160	RNA 的一级结构 85
左手螺旋 64	GHK 电流密度方程 354	RNA 的二级结构 87
坐滴法 639	GHK 电压方程 356	RNA 的三级结构 93
	Goldbeter-Koshland（G-K）函数 499	RNA 二级结构预测 232
	GTP 帽模型 416	RNA 分子伴侣蛋白 217
3′,5′-磷酸二酯键 85	G 蛋白 268	RNA 化学修饰 87
5mC 285	G 蛋白耦联受体 268	RNA 结合蛋白 242
AAA 家族蛋白 326	G 四分体 90,100	RNA 结合结构域 275
AlphaFold2 229	G 四链体 81,90	RNA 聚合酶Ⅱ 105
AlphaFold-Multimer 245	g 因子 730	RNA 链的走向 85

RNA 三级结构预测　237

RNA 三链体　100

RNA 设计　252

RNA 识别结构域　276

RNA 四级结构　102

RNA 四链体　100

RNA 折叠　208

SANS　618

SAXS　618

sCMOS　803

SH2 结构域　66，287

SH3 结构域　278

smFRET　799

SNARE　448，449，450

SNARE 复合物介导的膜融合　448

S 转角　99

TATA 结合蛋白　274

TMEM63/OSCA 家族　346

Top7　250

TROSY　159

T 框核糖开关　103

T 细胞受体　268

U·A-U 碱基三联体　89

X 射线的原子散射振幅　187

X 射线衍射数据收集　642

YTH 结构域　276

ZDOCK3　244

ZZ- 交换谱　728

Z 型结构　80

α 微管蛋白　408

β 发夹　67

β 微管蛋白　408

郑重声明

高等教育出版社依法对本书享有专有出版权。任何未经许可的复制、销售行为均违反《中华人民共和国著作权法》，其行为人将承担相应的民事责任和行政责任；构成犯罪的，将被依法追究刑事责任。为了维护市场秩序，保护读者的合法权益，避免读者误用盗版书造成不良后果，我社将配合行政执法部门和司法机关对违法犯罪的单位和个人进行严厉打击。社会各界人士如发现上述侵权行为，希望及时举报，我社将奖励举报有功人员。

反盗版举报电话　　（010）58581999　58582371
反盗版举报邮箱　　dd@hep.com.cn
通信地址　　北京市西城区德外大街4号　高等教育出版社知识产权与法律事务部
邮政编码　　100120

读者意见反馈

为收集对教材的意见建议，进一步完善教材编写并做好服务工作，读者可将对本教材的意见建议通过如下渠道反馈至我社。

咨询电话　　400-810-0598
反馈邮箱　　gjdzfwb@pub.hep.cn
通信地址　　北京市朝阳区惠新东街4号富盛大厦1座　高等教育出版社总编辑办公室
邮政编码　　100029

防伪查询说明

用户购书后刮开封底防伪涂层，使用手机微信等软件扫描二维码，会跳转至防伪查询网页，获得所购图书详细信息。

防伪客服电话　　（010）58582300